Poetiken

Poetiken

Autoren – Texte – Begriffe

Herausgegeben von
Monika Schmitz-Emans, Uwe Lindemann
und Manfred Schmeling

unter Mitarbeit von
Kai Fischer, Anne Rennig
und Christian Winterhalter

De Gruyter

Dieser Band ist text- und seitenidentisch
mit der 2009 erschienenen gebundenen Ausgabe.

ISBN 978-3-11-026811-9
e-ISBN 978-3-11-021596-0

Bibliografische Information der Deutschen Nationalbibliothek

Die Deutsche Nationalbibliothek verzeichnet diese Publikation in der Deutschen Nationalbibliografie; detaillierte bibliografische Daten sind im Internet über http://dnb.d-nb.de abrufbar.

Satz: Meta Systems GmbH, Wustermark
Druck und Bindung: Hubert & Co. GmbH & Co. KG, Göttingen
∞ Gedruckt auf säurefreiem Papier

Printed in Germany

www.degruyter.com

Inhalt

Vorbemerkung der Herausgeber: „Poetik" und „Poetiken" VII
Abkürzungsverzeichnis XIII

Lexikonteil A–Z 1

Poetikdozenturen und -vorlesungen im deutschsprachigen Raum (in Auswahl)/Georg-Büchner-Preis 445
- Frankfurter Poetik-Vorlesungen 445
- Georg-Büchner-Preis 450
- Dresdner Chamisso-Poetikdozentur 452
- Dresdner Poetikdozentur zur Literatur Mitteleuropas 453
- Grazer Poetikvorlesungen 453
- Heidelberger Poetik-Dozentur 455
- Innsbrucker Poetik-Vorlesungen 455
- Internationale Jenaer Poetik-Vorlesungen „Literatur zu Beförderung der Humanität" 455
- Leipziger Poetikvorlesungen 457
- Münchner Poetikvorlesungen 457
- Paderborner Gastdozentur für Schriftstellerinnen und Schriftsteller am Institut für Germanistik und Vergleichende Literaturwissenschaft der Universität Paderborn 457
- Poetik-Dozentur der Akademie der Wissenschaften und der Literatur an der Universität Mainz 460
- Tübinger Poetik-Dozentur 463
- Zürcher Poetikvorlesung 465

Bibliografie 467
Register 479

Vorbemerkung der Herausgeber
„Poetik“ und „Poetiken“

Reflexionen über Dichtung, über Voraussetzungen, Funktionen und Effekte dichterischer Texte, über poetische Gattungen, Darstellungsweisen und Kommunikationsformen, über die Beziehung zwischen dichterischer Rede und ihren Gegenständen haben die Entstehung dichterischer Werke seit der Antike begleitet. Die Vorstellungen davon, was überhaupt Dichtung ist, unterliegen dabei in hohem Maße dem historischen Wandel, der kulturell-diskursiv bedingten Ausdifferenzierung; hinzu kommen Ausdifferenzierungen auf synchroner Ebene. Der Begriff „Dichtung“ und sein jüngerer Nachfolger, der Begriff „Literatur“, entziehen sich insofern von vornherein jedem Versuch einer endgültigen Definition. Jean-Paul Sartre hat in seiner Abhandlung „Qu'est-ce que la littérature?“ dargestellt, welche semantischen Verschiebungen im französischen Sprachraum zwischen dem Mittelalter und dem 20. Jahrhundert an den Begriffen „lettres“, „belles lettres“ und „littérature“ zu beobachten sind (↑Sartre). Ähnlich komplex ist die Semantik von „Dichtung“, „schöne Literatur“ und „Literatur“, ganz zu schweigen von der Polyvalenz des in verschiedenen Sprachräumen unterschiedlich verstandenen Begriffs „Poesie“ („poiesis“, „poésie“, „poetry“, „poesia“ etc.). Das vorliegende Lexikon vermittelt durch die Berücksichtigung von Autoren und Werken, die Rekonstruktion von Fragestellungen und Thesen, die Erläuterung von Begriffen und Erkenntnisinteressen im Feld der Poetik von der Antike bis zur Gegenwart einen Einblick in die komplexe Semantik der Begriffe „Dichtung“ und „Literatur“ sowie der ihnen zugeordneten Unterbegriffe.

In der jüngeren Literatur und Literaturtheorie sind im Umgang mit der Frage nach dem Literarischen, seinen Bedingungen, Spielformen und Leistungen besonders starke Ausdifferenzierungen zu beobachten. Doch werden bereits in den dichtungstheoretischen Erörterungen antiker Autoren solche Themen berührt und Positionen bezogen, welche in modifizierter Form bis in die Gegenwart hinein Anlass zu Diskussionen und Positionsbestimmungen geben. Wenn Platon den Dichtern als den Verfassern von Fiktionen vorwirft zu lügen, so konstatiert Hans Blumenberg nicht ohne Recht, die Geschichte der abendländischen Reflexion über Literatur bestehe im Wesentlichen aus der Auseinandersetzung mit diesem Vorwurf (↑Blumenberg, ↑Platon). Und wenn bereits Aristoteles die poetischen Fiktionen als Darstellungen dessen, was zwar nicht wirklich ist, aber möglich wäre, rechtfertigt und der Dichtung eine ‚philosophische‘ Qualität zugesteht, weil sie sich über das Besondere hinaus dem Allgemeinen zuwende, so begründet er damit eine lange Tradition des Insistierens auf dem spezifischen Erkenntnisanspruch und Wahrheitswert dichterischer Darstellungen (↑Aristoteles). Die Beiträge des Lexikons zu modernen und zeitgenössischen Autoren illustrieren auf vielfältige Weise, dass Dichtung (Literatur, Poesie) inzwischen zwar einerseits schon lange nicht mehr der theoretischen *Rechtfertigung* bedarf, andererseits aber eine anhaltende und anhaltend nachdrückliche Erfordernis an *kritischer Reflexion* über das Dichterische (Literarische, Poetische) besteht, ein Vergewisserungsbedürfnis, das literarische Autoren mit Literaturtheoretikern und Lesern verbindet.

Wer entscheidet darüber, was den Anspruch darauf erheben darf, als Dichtung zu gelten, und unter welchen Voraussetzungen? Gibt es verbindliche oder auch nur intersubjektiv konsensfähige Kriterien der Unterscheidung dichterischer Werke von anderen Texten bzw. Diskursen, und was implizieren solche Unterscheidungen? Oder ist die Belehrung über das Wesen des Dichterischen als solche längst historisch obsolet geworden? Wie selbstverständlich setzt die letzte Frage voraus, dass alle Verständigung über Dichtung historisch und diskursiv eingebunden ist; eben diese Einsicht ist aber ihrerseits eine historisch bedingte. Die Beiträge des vorliegenden Lexikons illustrieren nicht allein, welch verschiedene Antworten auf die Fragen nach dem Dichterischen, seiner Bestimmbarkeit, seiner Genese und seiner Funktion (sowie auf viele weitere, daraus abgeleitete Fragen) gegeben wurden und werden. Sie machen zudem deutlich, von welch verschiedenen Seiten her die entsprechenden Fragen angegangen wurden – und dass zwischen Theoretikern und literarischen Autoren hier keine Grenze gezogen werden kann. Denn gerade letztere beteiligen sich nachhaltig am Prozess der Reflexion über Dichtung (Literatur, Poesie). Entsprechend viele Artikel des Lexikons gelten ja auch Autoren, die in erster Linie als Dichter und Schriftsteller bekannt sind.

Eine weitere durch das Stichwort „Poetik“ provozierte Grundsatzfrage gilt den spezifischen Merkmalen der damit suggerierten Schreibweise: Gibt es überhaupt einen spezifischen Diskurs namens „Poetik“, eine poetikspezifische Denk-, Sprech- oder Schreibweise? Sind inhaltliche Kriterien maßgeblich für die mögliche Charakterisierung eines Textes als Beitrag zur Geschichte der Poetik? Anlässlich des Versuchs, poetologische von nichtpoetologischen Texten abzugrenzen, stellen sich analoge Schwierigkeiten wie anlässlich der Differenzierung zwischen poetischen und nichtpoetischen Texten. Das Lexikon *Poetiken* setzt sich diesen Schwierigkeiten notgedrungen aus. Sie konkretisieren sich vor allem bei der Auswahl zu berücksichtigender Autoren und Texte. Schon ein erster Blick auf die vorgestellten Ansätze zur poetologischen Reflexion zeigt, dass Poetik nicht an eine spezifische Form und Schreibweise gebunden ist. Neben Texten, die sich ausdrücklich als theoretische Auseinandersetzungen mit Dichtung verstehen, stehen andere, die eine implizite poetologische Dimension besitzen. Oft bedienen sich Theoretiker der Dichtung bewusst und gezielt keines theoretisch-distinkten oder sachlich-beschreibenden Vokabulars, sondern geben ihren Reflexionen über Dichtung literarisch-poetische Formen.

Insofern das Lexikon nicht chronologisch, sondern nach Autorennamen geordnet ist, bildet es das Dargestellte in einer ahistorischen Ordnung ab; die alphabetische Struktur verleiht dem zeitlich Differenten eine künstliche Gleichzeitigkeit. Abgesehen von der Praktikabilität einer solchen Anordnung von Informationen kommt in ihr auch der Gedanke zum Ausdruck, dass Poetik ebenso wie Dichtung nicht veraltet wie andere kulturelle Erzeugnisse, die dann, wenn sie aktuellen Ansprüchen nicht mehr genügen, ausgemustert und durch neue Produkte ersetzt werden. Gleichwohl werden Epochenbegriffe verwendet, um behandelte Autoren, Fragestellungen und Begrifflichkeiten zu charakterisieren – in Berücksichtigung des heuristischen Wertes, den Epochenbegriffe besitzen können, auch wenn sie Konstrukte sind.

So unterschiedlich die Bestimmungsversuche von Modernität und von modernespezifischen Themen in Texten über Dichtung ausfallen mögen – als konsensfähig gelten darf dabei doch die These von der hohen Darstellungsreflexivität entsprechender Schreibweisen (und der daraus resultierenden Tendenz literarischer Texte, ihre eigene Poetik zu entwerfen).[1] Das vorliegende Lexikon illustriert dies durch Berücksichtigung sehr unterschiedlicher Texte und Textformen – nicht zuletzt auch bedeutender Werke des weltliterarischen Kanons, deren implizite Poetik jeweils als wichtiger Beitrag zur Geschichte der abendländischen Poetik anzusehen ist.

Vor allem als Folge der Abkehr von der Regelpoetik im 18. Jahrhundert wird der Weg für Individualpoetiken frei, die sich bei jedem Autor, ja sogar

---

1 Gottfried Benn konstatiert in *Probleme der Lyrik* (1956), dass es im Feld der modernen Lyrik verschiedene Autoren gebe, welche als Lyriker und als Theoretiker bzw. Essayisten Gleichranginges geleistet hätten. Autoren wie Poe, Baudelaire, Mallarmé, Valéry, Eliot, Pound und die Surrealisten seien am Prozess des Dichtens nicht minder interessiert als am dichterischen Werk selbst, teilweise sogar stärker an Ersterem. Gerade die modernen Lyriker böten „geradezu eine Philosophie der Komposition und eine Systematik des Schöpferischen“ (G. Benn: Probleme der Lyrik. In: Ders.: Gesammelte Werke. 8 Bde. Hg. v. D. Wellershoff. Bd. 4: Reden und Vorträge. Wiesbaden 1968. S. 1053–1096, hier S. 1060.)

von Werk zu Werk unterschiedlich ausprägen können. Strategien poetischer Reflexion übernehmen insofern die Funktion von Normen und Regeln, als sie der Selbstbegründung des dichterischen Textes – oder, je nach Blickwinkel und Akzentsetzung, auch der Demonstration seiner Unbegründbarkeit gelten. Jedenfalls ergibt sich seit der romantisch-autonomieästhetischen Forderung nach einer „Poesie der Poesie" ein verstärkter Bedarf der literarischen Autoren selbst, über ihr Tun und dessen Produkte zu reflektieren. Zugleich und im Zusammenhang damit kommt es in der Romantik im Zeichen der Leitkonzepte Reflexivität und Potenzierung zu einer Entdifferenzierung zwischen poetischem und poetologischem Schreiben. Die Integration poetologischer Themen und Reflexionen in die literarischen Werke erfolgt weitläufiger als zuvor und unter Entwicklung immer neuer Darstellungsstrategien. Die Literatur des 20. und 21. Jahrhunderts behält diesen reflexiven Grundzug weitgehend bei.

Wenn sich dichterische Arbeit und poetologische Reflexion nicht mehr als getrennte, sondern als tendenziell integrative Prozesse präsentieren, so kann dies wiederum als wichtige Voraussetzung dafür betrachtet werden, dass sich literarische Autoren in der Moderne vielfach explizit theoretisch über Literatur äußern. Zwischen erzählerischer und essayistischer Darstellungsform beispielsweise entstehen vielfache Übergangsformen.[2] Das Lexikon verdeutlicht die Breite des Spektrums entsprechender Schreibweisen. Es reicht vom Grundsatzmanifest über Dichtung bis zum konkret projektbezogenen Werkstattbericht oder zum Arbeitstagebuch.

Zum Aufbau des Lexikons

Die Artikel des Lexikons beziehen sich jeweils auf einzelne Autoren und sind – aufgrund der Konzeption des Lexikons als Autoren-Lexikon – in alphabetischer Folge angeordnet. Querverweise gelten anderen Artikeln, ein Stichwortregister verdeutlicht die netzwerkartige Struktur poetologischer Reflexion und ermöglicht die Herstellung weiterer Zusammenhänge. Berücksichtigt werden zum einen Autoren, die sich als Philosophen, Ästhetiker, Literaturtheoretiker und Literaturkritiker mit der Frage nach Wesen, Genese, Funktionen und Formen der Literatur (Dichtung, Poesie) auseinandergesetzt

2 Natürlich haben auch vormoderne literarische Autoren neben ihren dichterischen Texten dichtungstheoretisch relevante Werke verfasst. Während es aber in früheren Zeiten üblich war, die entsprechenden Werkgruppen als kategorial getrennt zu betrachten, erscheint es aus moderner Perspektive sinnvoll, sie integrativ zu behandeln – was sich u. a. in Werkausgaben niederschlägt. In verschiedenen Textsorten (Abhandlungen, Vorlesungen, Tagebüchern, Briefen etc.) wird greifbar, dass Reflexion das dichterische Arbeiten begleitet.

haben, zum anderen literarische Autoren, deren Werke die Auseinandersetzung mit diesen (und verwandten) Themen dokumentieren. Informiert wird dabei nicht nur über theoretische Abhandlungen, Poetikvorlesungen und poetologische Essays, sondern auch über ausgewählte literarische Werke des (europäischen) weltliterarischen Kanons, die durch ein hohes Maß an impliziter poetologischer Reflexion geprägt sind, die poetologische Reflexion also in die poetische Darstellung selbst integrieren. Hier sollen im Wesentlichen die jeweils besonderen Akzentsetzungen und die jeweiligen inhaltlichen und strukturellen Konsequenzen des poetologischen Interesses der Autoren erschlossen und dargelegt werden.

Auf *Dichterpoetiken* liegt ein besonderer Schwerpunkt des Lexikons. Die Auswahl der zu behandelnden Autoren folgt darüber hinaus – vor allem bei älteren Poetiken – dem Kriterium der *Bedeutung innerhalb der Poetikgeschichte.* Allerdings mussten um der Begrenzung des Umfangs willen weitere Auswahlkriterien festgelegt werden. So beschränkt sich die Darstellung bis auf wenige Ausnahmen auf den *westlichen Kulturkreis.* Die Dokumente moderner und hier wiederum die zeitgenössischer Poetiken werden in höherem Maße und vielfach ausführlicher berücksichtigt als ältere dichtungstheoretische Texte. Dennoch ist es ein Anliegen, gerade die Kontinuität sichtbar zu machen, mit welcher bestimmte Grundfragen von der Antike bis zur Gegenwart aufgegriffen, dabei dann freilich unterschiedlich ausformuliert und beantwortet worden sind.

Unter den *literarischen Werken*, die als Träger ästhetisch-poetologischer Ideen erwähnt und kommentiert werden, finden vor allem die besonders wirkungsmächtigen Beispiele Berücksichtigung. Ein Schwerpunkt liegt mit Blick auf den primären Adressatenkreis des Lexikons auf der *deutschsprachigen* Literatur. Gerade diese Vorentscheidung ist natürlich kontingent. Weil Themen und Reflexionsformen der Poetik sinnvoll nur in transnationalem Rahmen betrachtet werden, behandelt das Lexikon insgesamt Autoren aus verschiedenen Ländern der westlichen Welt.

Sollte die *Auswahl der behandelten Autoren* Wünsche übrig lassen, sollte der Benutzer also Artikel zu Autoren vermissen, die ihm als gleichermaßen berücksichtigenswert erscheinen wie die tatsächlich behandelten, so bestätigt gerade eine solche Einschätzung doch immerhin die grundsätzliche Bedeutung des Themas „Poetiken“. Offen im Sinne von erweiterungsfähig ist das Lexikon *Poetiken* nicht zuletzt wegen der Aktualität seines Gegenstandes. Poetikvorlesungen, Abhandlungen über das Schreiben, seine Bedingungen, Funktionen und Effekte, poetologisch-reflexive Schreibweisen sowie Strategien der Interaktion dichtungstheoretischer Begriffe und Konzepte in fiktionalen Werken spielen in der Gegenwart eine wie es scheint zunehmend wichtige Rolle im Literaturbetrieb.

Eine Aufstellung am Ende des Bandes informiert in Auswahl über *Poetikvorlesungen und -dozenturen* im deutschsprachigen Raum. Weiterführende Forschungsliteratur (Monografien und Sammelbände) zum Thema wird in einer abschließenden *Auswahlbibliografie* verzeichnet, deren Schwerpunkt aus praktischen Erwägungen auf der deutschsprachigen Forschungsliteratur liegt.

Wesentlichen Anteil an der Realisierung des Lexikons hatten die Wissenschaftlichen Mitarbeiterinnen und Mitarbeiter Angelika Baumgart, Kai Lars Fischer, Anne Rennig, Patrick Stoffel und Christian Winterhalter, in deren Händen Organisation und Redaktion des Bandes lagen. Ihnen sei für ihr großes Engagement herzlich gedankt.

Der Dank der Herausgeber gilt außerdem der Fritz Thyssen Stiftung für Wissenschaftsförderung, die das Projekt großzügig finanziell unterstützt hat.

Abkürzungsverzeichnis

ägypt.	ägyptisch
allg.	allgemein
amerik.	amerikanisch
AT	Altes Testament
Aufl.	Auflage
Ausg.	Ausgabe
austral.	australisch
Bd./Bde.	Band/Bände
bes.	besondere besonders
BPR	Büchner-Preis-Rede
brasil.	brasilianisch
brit.	britisch
Bsp.	Beispiel
bspw.	beispielsweise
bzw.	beziehungsweise
ca.	circa
chin.	chinesisch
christl.	christlich
dän.	dänisch
DASD	Deutsche Akademie für Sprache und Dichtung
d. h.	das heißt
d. i.	das ist
ders.	derselbe
dies.	dieselbe
Diss.	Dissertation
DPV	Dresdner Poetikvorlesung
dt.	deutsch
ebd.	ebenda
elsäss.	elsässisch
engl.	englisch
Erstausg.	Erstausgabe
europ.	europäisch
f.	folgende
ff.	fortfolgende
Faks.-Dr.	Faksimile-Druck
Fass.	Fassung/Fassungen
fernöstl.	fernöstlich
FPV	Frankfurter Poetikvorlesung
Frankfurt/M.	Frankfurt am Main
Freiburg i. Br.	Freiburg im Breisgau
frz.	französisch
geb.	geboren
gen.	genannt
german.	germanisch
gesellschaftl.	gesellschaftlich
ggf.	gegebenenfalls
GöPV	Göttinger Poetikvorlesung
GPV	Grazer Poetikvorlesung
gr.	griechisch
Hg.	Herausgeber
Hg. v.	Herausgegeben von
insb.	insbesondere
IPV	Innsbrucker Poetikvorlesung
ir.	irisch
israel.	israelisch
ital.	italienisch
jap.	japanisch
Jh.	Jahrhundert
jüd.	jüdisch
Kap.	Kapitel
kathol.	katholisch
kelt.	keltisch

kosmopolit.	kosmopolitisch
kuban.	kubanisch
lat.	lateinisch
lateinamerik.	lateinamerikanisch
lit.	literarisch
ma./MA	mittelalterlich/ Mittelalter
mexik.	mexikanisch
mongol.	mongolisch
MPV	Münchner Poetikvorlesung
n. Chr.	nach Christus
Nachdr.	Nachdruck
neulat.	neulateinisch
niederländ.	niederländisch
Nlg.	Nachlieferung
norweg.	norwegisch
Nr.	Nummer
Nrn.	Nummern
orient.	orientalisch
österreich.	österreichisch
östl.	östlich
paläst.	palästinensisch
polit.	politisch
poln.	polnisch
portug.	portugiesisch
protestant.	protestantisch
publ.	publiziert
PV	Poetikvorlesung
rev.	revidiert
röm.	römisch
roman.	romanisch
russ.	russisch
S.	Seite
schwed.	schwedisch
schweizer.	schweizerisch
sizilian.	sizilianisch
skandinav.	skandinavisch
slaw.	slawisch
sog.	sogenannt
sowjet.	sowjetisch
Sp.	Spalte
span.	spanisch
tschech.	tschechisch
teilw.	teilweise
u. a.	unter anderem
u. d. T.	unter dem Titel
usw.	und so weiter
u. v. a.	und viele andere
u. v. a. m.	und viele andere mehr
übers.	übersetzt
Übers.	Übersetzung
v. a.	vor allem
v. Chr.	vor Christus
vgl.	vergleiche
westl.	westlich
z. B.	zum Beispiel
z. T.	zum Teil

A

Addison, Joseph (1672–1719)

Zum empiristischen Umkreis von ↑Shaftesbury und F. Hutcheson gehörend, fungiert A. als ideengeschichtliche Gelenkstelle zwischen einer die Assoziationslehre R. Descartes' aufgreifenden Rezeption J. Lockes und ↑Burkes späteren ästhetischen Ausführungen zum Erhabenen. Seine Abhandlung *Über die Vergnügungen der Einbildungskraft* (*On the Pleasures of Imagination*, 1712; dt. 1782), die A. 1712 in den Nrn. 411–421 seines seinerzeit stilprägenden Essayblattes *The Spectator* publizierte, geht von einem Imaginationsbegriff aus, der de facto sämtliche Bewusstseinsinhalte des Menschen miteinschließt. Besonderes „Vergnügen" („pleasure") zu bereiten, vermag laut A. ein Bewusstseinsgegenstand entweder im Aufbau einer bestimmten Spannung zwischen Natur und Kunst oder aufgrund der ihm eigenen (physischen wie stilistischen) „Größe" („greatness"), „Schönheit" („beauty") oder Novität („novelty"). Die die Lust des Rezipienten mehrende Spannung zwischen Natur und – mimetisch gedachter – Kunst entsteht, wenn die Natur Züge bewussten Arrangements zu tragen scheint, oder aber wenn Kunst die Natürlichkeit ihrer Produkte suggeriert. Liegt jedoch, wie in allen Fällen von Semiose, der artifizielle Charakter des Kunstwerks offen zutage, so resultiert nach A. ein zusätzliches Vergnügen aus einer dem Menschen wesenhaften Lust an der Auffindung von Ähnlichkeiten, die sich auch auf die Relationierung von Werk und Dargestelltem erstreckt. Zudem vermag der die Natur nachbildende Künstler – ebenso wie das die Erfahrung (re-)prozessierende imaginative Bewusstsein – die Natur selbst durch (willentliche oder unwillentliche) Auswahl, (Neu-)Komposition und effektive Lenkung des Blicks an Vergnügungspotenzial zu übertreffen.

Ausgaben: The Spectator. 5 Bde. Hg. v. D. F. Bond. Oxford 1965; The Miscellaneous Works. 2 Bde. Hg. v. A. C. Guthkelch. Clair Shores, MI 1978; The Tatler. 3 Bde. Hg. v. D. F. Bond. Oxford u. a. 1987; Über die Vergnügungen der Einbildungskraft. In: Auszug des englischen Zuschauers nach einer neuen Übersetzung. 8 Bde. Bd. 6. Berlin 1782. S. 84–93.

Forschungsliteratur: M. G. Ketcham: Transparent Designs. Reading, Performance, and Form in the Spectator Papers. Athens, GA 1985; Ch. A. Knight: J. A. and R. Steele. A Reference Guide, 1730–1991. New York u. a. 1994.

Ekbert Birr

Adorno, Theodor Wiesengrund (1903–1969)

Im Werk des Mitbegründers der Kritischen Theorie A. nimmt die Beschäftigung mit Kunst und Literatur einen wichtigen Platz ein, insb. in den Bänden *Noten zur Literatur* (1958–1974) und *Kulturkritik und Gesellschaft I* (1955) sowie in der postum veröffentlichten *Ästhetischen Theorie* (1970). Bei A. findet man keine systematisch ausgearbeitete Kunst- bzw. Literaturtheorie, sodass die Bestimmung dessen, was Kunst bzw. Literatur ist und welche Funktion ihr zukommt, nur verständlich wird vor dem Hintergrund von A.s allg. ästhetischen Überlegungen und ihren gesellschaftstheoretischen Implikationen.

Leitend für die Bestimmung der Wirkungsweise und der Funktion von Kunst ist A.s in seiner *Ästhetischen Theorie* ausgeführte These vom „Doppelcharakter der Kunst als autonom und als fait social". Im Anschluss an die idealistische Tradition (↑Kant) behauptet A. die Autonomie der Kunst als Geltungssphäre, die sich externen Zwecksetzungen notwendig widersetzen muss. Das Kunstwerk ist einerseits der Gesellschaft entgegengesetzt; andererseits aber bleibt es als faktisch Gegebenes immer auch auf diese bezogen. Darüber hinaus unterliegt das Kunstwerk der Geschichte (↑Hegel), ist also mit historischem Gehalt aufgeladen. Allerdings spiegelt es die Wirklichkeit, auch die historische, nicht einfach wider. Auf den Bereich der Literatur selbst bezogen heißt das, dass der Text sich zwar der alltäglichen – geschichtlich bedingten – Sprache bedient, diese aber ihrer alltäglichen Bedeutung entleert. Das Widerstandspotenzial der lit. Sprache liegt für A. in der Differenz zur kommunikativen Funktion von Sprache: Inkommunikabilität und Referenzlosigkeit werden auf diese Weise für das lit. Kunstwerk maßgeblich. Beispielhaft realisiert findet A. die Konzeption von moderner Literatur in den Werken von ↑Beckett und ↑Celan.

A.s Konzeption des Verhältnisses von Literatur und Gesellschaft vermeidet zum einen die Kurzschlüsse rein soziologischer oder marxistischer Theoriebildung (↑Lukács). Zum anderen versucht A. einen von ihm als mustergültig angesehenen Kanon moderner Literatur gegen den Vorwurf der gesellschaftl. Wirkungslosigkeit zu rehabilitieren. A.s Literatur-Konzeption hat allerdings nur wenig auf die Literaturproduktion der dt. Nachkriegszeit gewirkt, auch wenn mit seinem Namen die in diesen Jahren häufig polemisch geführte Debatte über die Unmöglichkeit von Literatur nach Auschwitz verbunden wird. Auch bei den Studenten der 1968er Generation fand A.s Konzeption keine Aufnahme, da sie sein Festhalten an einem als elitär empfundenen Kanon zugunsten einer an Programmen der historischen Avantgarden orientierten Neubewertung der Kunst ablehnten.

Ausgaben: Ästhetische Theorie. Frankfurt/M. 1973; Noten zur Literatur. Frankfurt/M. 1981; Kulturkritik und Gesellschaft I. Frankfurt/M. 1997.

Forschungsliteratur: B. Lindner/W. M. Lüdke (Hg.): Materialien zur ästhetischen Theorie T. W. A.s. Frankfurt/M. 1980; G. Schwering/C. Zelle (Hg.): Ästhetische Positionen nach A. München 2002.

Kai L. Fischer

Aischylos (um 525/24 – um 456/55 v. Chr.)

Die *Orestie* (*Oresteia*, 458 v. Chr.) des A. ist die einzige erhaltene tragische Inhaltstrilogie der Antike. Der Stoff um den Gattenmord durch Klytaimnestra und den Muttermord durch Orestes wird in drei zusammenhängenden Tragödien entwickelt, wobei die Handlung mehrere Tage umfasst und an mehreren Orten spielt: der *Agamemnon* und die *Choephoren* in Mykene, die *Eumeniden* in Delphi und Athen (vgl. dagegen die drei Einheiten von Handlung, Ort und Zeit). Ein Kerngedanke der Trilogie findet seinen prägnanten Ausdruck in der Formel „durch Leid Einsicht": Der Tat folgt Leid, das zur Erkenntnis führt, die wiederum nach A.s Theologie die Voraussetzung für Entsühnung ist: Die Erinnyen werden zu Eumeniden, zu „wohlwollenden Göttinnen". Erst seit dem 19. Jh. gewinnt A., nicht zuletzt unter dem Einfluss von ↑Nietzsches *Geburt der Tragödie* (1872), wieder an Bedeutung. ↑Wagner diente die *Orestie* als Modell seiner *Ring*-Tetralogie. E. O'Neill transponierte den Mythos in seiner Trilogie *Mourning Becomes Electra* (1931) in das Jahr 1865 des amerik. Bürgerkrieges. Auch ↑Hauptmann gestaltete den Stoff in seiner *Atriden-Tetralogie* (1948) neu. Anders als bei A. haben die Dramen O'Neills und Hauptmanns kein erlösendes Ende. Auf dem Boden einer antinaturalistischen Stimmung und getragen von der Idee des Gesamtkunstwerkes brachte H. Oberländer die erste bedeutende Wiederinszenierung der *Orestie* 1900 in Berlin auf die Bühne. P. Steins und G. Lavaudants Inszenierungen der *Orestie* in Berlin (1980) bzw. Paris (1999) bekunden anhaltendes Interesse an A.

Ausgaben: Tragoediae. Hg. v. M. L. West. Stuttgart 1990; Die Orestie des A. Hg. v. B. Seidensticker. München 1997; Tragödien. Hg. v. B. Zimmermann. Zürich u. a. ^{6}2005.

Forschungsliteratur: H. Flashar: Inszenierung der Antike. Das griechische Drama auf der Bühne der Neuzeit 1585–1990. München 1991; B. Zimmermann: A. In: Der Neue Pauly. Bd. 1. Stuttgart u. a. 1996. Sp. 350–357; A. Bierl: Die Orestie des A. auf der modernen Bühne. Theoretische Konzeptionen und ihre szenische Realisierung. Stuttgart u. a. ^{2}1999; B. Zimmermann: Die griechische Tragödie. In: Der neue Pauly. Bd. 14. Stuttgart u. a. 2000. Sp. 316–323.

Markus Schauer

Alberti, Conrad (d. i. Conrad Sittenfeld) (1862–1918)

A.s knapper Text *Die zwölf Artikel des Realismus* (1889) entwickelt ein von Ch. Darwin und E. Haeckel beeinflusstes Kunstprogramm. Kunst solle dazu beitragen, „Erkenntnis des Wesens der Welt" zu erlangen, was für A. Erkenntnis der Naturgesetze bedeutet. Kunst ist A. zufolge diesen Gesetzen einerseits unterworfen, und zwar bes. „dem Gesetz der organischen Fortentwickelung", „des Kampfes ums Dasein" und den Gesetzen der Evolution. Andererseits veranschauliche Kunst die Naturgesetze, indem sie ihre „Synthese […] in individuellen Formen" leiste. Das Kunstwerk sei ein Individuelles, durch das die Naturgesetze hindurchscheinen. Für die Gegenwart bestimmt A. „vier Wurzeln der modernen Kunst". Sie soll erstens „national" die als natürlich verstandene Nationalität des Künstlers ausdrücken. Sie soll zweitens „demokratisch" keine Standesunterschiede kennen. Drittens soll der Künstler ein „subjektiver Realist" sein, der darstellt, was er durchdacht und geistig geprüft hat. Dies ist keine Lizenz zu genialischer Freiheit, da A. die „[Selbst-] Unterdrückung" der „Persönlichkeit" des Künstlers fordert. Viertens nämlich soll die Kunst „objektiv realistisch" die Darstellung der „realen Natur" leisten, die in sämtlichen Aspekten als schön gilt, während „das Phantastische, Naturwidrige" hässlich sei. A.s „Realismus" ist identisch mit dem, was heute literarhistorisch gemeinhin „Naturalismus" heißt, und wendet sich gerade gegen jene Literatur, die heute „realistisch" genannt wird.

Ausgaben: Die zwölf Artikel des Realismus. Ein litterarisches Glaubensbekenntnis. In: Die Gesellschaft. Monatsschrift für Litteratur und Kunst 5/1 (1889). S. 2–11.

Forschungsliteratur: A. Strieder: „Die Gesellschaft". Eine kritische Auseinandersetzung mit der Zeitschrift der frühen Naturalisten. Frankfurt/M. u. a. 1985.

Sebastian Susteck

Allemann, Beda (1926–1991)

Der Literaturwissenschaftler A. gehörte zu den ersten Vertretern seines Fachs, die die Autorenpoetik als selbstständiges und zentrales Gebiet literaturwissenschaftlicher Arbeit begriffen und erschlossen haben. Seine Monografien und Studien zu ↑Rilke, ↑Kleist, ↑Kafka und anderen wichtigen Vertretern der lit. Moderne stellten die poetologische Dimension der jeweils untersuchten Werke in den Mittelpunkt. A. betonte stets die Verbindung poetologischer Reflexion und konkreter dichterischer Praxis und stellte heraus, dass eine „abstrakte Poetik nach gleichermaßen naturwissenschaftlichem Vorbild" nie geschrieben worden ist. Die Bindung poetologischer Reflexion an das jeweils eigene Œuvre der Dichter sei jedoch keineswegs ein Einwand „gegen die Relevanz und ‚Allgemeingültigkeit' der Dichterpoetik". A. hat 1969 eine Sammlung mit theoretischen Texten wichtiger Vertreter der lit. Moderne herausgegeben. Im Vorwort weist er darauf hin, dass gerade die Dichter selbst, wenn sie über Dichtung sprechen, sich dem Anspruch verweigern, systematische Theorien zu entwickeln. Der programmatische Band *Ars poetica* (1966) versammelt Beiträge von ↑Eliot, ↑Enzensberger, ↑George, ↑Hofmannsthal, ↑James, ↑Yeats, ↑Musil, ↑Mandel'štam, ↑Pound, ↑Apollinaire, ↑Valéry, W. Majakovskij, ↑Lorca, ↑Claudel, ↑Forster, ↑Woolf, A. Verwey, ↑H. Mann, ↑Brecht, ↑Th. Mann, ↑Warren, ↑Broch, ↑Spender, ↑Sartre, ↑Döblin, J. Supervielle, ↑Benn, ↑Camus, ↑Butor, ↑Sarraute, ↑Robbe-Grillet, ↑Paz, ↑Ionesco, ↑Bachmann, ↑Celan.

Ausgaben: Ars poetica. Texte von Dichtern des 20. Jh.s zur Poetik. Darmstadt [2]1971.

Monika Schmitz-Emans

Andrič, Ivo (1892–1975)

A. äußert sich zwar in zahlreichen Interviews zum künstlerischen Schaffen, zu seiner persönlichen Arbeitsweise und zur Literaturszene Jugoslawiens, doch bleibt er dabei betont zurückhaltend und weicht jeden Verallgemeinerungen mit Geschick aus. Im Gegensatz dazu stellt seine Nobelpreisrede von 1961 (*Über die Erzählung und das Erzählen*; *O priči i pričanju*) ein knappes poetologisches Programm dar. Auffallend ist die ethische Fundierung der Narration: Eine wahre Erzählung kann und soll – wie im Falle Scheherazades – den Tod verhindern, den Henker blenden und den Stummen ein Sprachrohr sein. Eine Kunst um der Kunst willen kommt für A. nicht in Betracht. Literatur hat vielmehr einen Auftrag zu erfüllen, der sich angesichts existenziell bedrohlicher Situationen zu profilieren scheint. Sie gibt den Menschen Orientierung im Leben und umgekehrt: Der Sinn der menschlichen Geschichte lässt sich aus erzählten Geschichten herauslesen. Wenngleich A. neben dieser ethischen Bestimmung der Narration keine technischen oder thematischen Präferenzen zu erkennen gibt – das Erzählen könne Zuflucht zur Phantasie oder zur historiografischen Analyse nehmen –, so ist seine persönliche Vorliebe für historische Themen und eine realistische Darstellung nicht zu übersehen. In seinem künstlerischen Werk, das die beste Umsetzung der programmatischen Rede darstellt und seinerseits viele metapoetische Aussagen enthält, widmet sich A. primär der Geschichte seiner Heimat Bosnien. Dabei sind es die dunklen Seiten des Lebens, Konfliktsituationen aller Art, bes. die Konfrontation von Orient und Okzident, die A. als Ausgangslage wählt, um seine narrative Botschaft zu überbringen. Diese dürfte in der extrem ausgewogenen, wertfreien, „diplomatischen" Schreibweise zu suchen sein. Auch angesichts größter Grausamkeiten vermeidet A. jede Parteinahme und inszeniert dergestalt die Hoffnung auf einen zukünftigen zwischenmenschlichen Dialog. Einen ähnlichen Blick auf individuelle Absonderlichkeiten und kollektive Leiden erkennt A. in den Zeichnungen des span. Malers F. de Goya (*Goya*, 1962; *Goja*, 1928; *Gespräch mit Goya*, 1962; *Razgovor sa Gojom*, 1934). Wie die Titelgebungen A.s indizieren (*Die Brücke über die*

Žepa, 1963; *Most na Žepi*, 1925; *Brücken*; *Mostovi*, 1933; *Die Brücke über die Drina*, 1953; *Na Drini ćuprija*, 1945) und in der Forschung vielfach betont wird, kann die Brücke als zentrales Symbol seines Gesamtwerkes aufgefasst werden.

Ausgaben: Sabrana djela. Zagreb 1963; Sabrana djela. Sarajevo 1976; Pisac govori svojim delom. Belgrad 1994; Die Brücke über die Drina. Zürich 1953; Francisco de Goya. 2 Essays mit 8 Bildtafeln. München 1962; Die Brücke über die Žepa. Hamburg 1963.

Forschungsliteratur: B. Milanović (Hg.): I. A. u svjetlu kritike. Sarajevo 1977; C. Hawkesworth: I. A. Bridge between East and West. London u. a. 1984; Ž. B. Juričić: The Man and the Artist. Essays on I. A. Lanham u. a. 1986; P. Palavestra: Knjiga o A. Belgrad 1992; W. S. Vucinich (Hg.): I. A. Revisited. The Bridge Still Stands. Berkeley 1995.

Andrea Zink

Anonym

Das Leben des Lazarillo de Tormes: seine Freuden und Leiden (*La vida de Lazarillo de Tormes y de sus fortunas y adversidades*, 1554; dt. 1614) steht zusammen mit dem *Guzmán de Alfarache* (1599/1604) von M. Alemán für eine spezifische Kombination von Erzählmodus, Motivik und Rollenzeichnung, die für einen einflussreichen Strang der europ. Erzählprosa Vorbildcharakter annimmt. Der Text enthält einen Prolog und sieben Kapitel, die in autobiografischer Fiktion episodisch den Werdegang einer sozialen Randfigur, des Jungen Lázaro, referieren: seine unterprivilegierte Herkunft, die Reihung von Dienstverhältnissen bei unterschiedlichen Herren, seine lebensbedrohende Armut, schließlich sein vermeintliches gesellschaftl. Arrivieren als öffentlicher Ausrufer. Dabei ermöglicht insb. die Ich-Erzählhaltung der Dienerrolle die Satire an den Vertretern der damaligen Stände. Stilistisch wie motivgeschichtlich steht der *Lazarillo* in der Tradition der ma.-karnevalesken Ausdrucksformen. 1559 auf den Index gesetzt, dokumentiert er, in welchem Maße durch den Wechsel von grotesker, frivoler Rede ins Druckmedium deren subversives Potenzial gesteigert wird. Gleichsam von immenser, europaweiter Wirkung inspiriert der *Lazarillo* alsbald den pikaresken Narrationstyp und avanciert im Zuge der gattungsgeschichtlichen Festschreibung des Schelmenromans (*novela picaresca*) zum entsprechenden Archetyp. Im engeren oder weiteren Sinne rekurrieren zahlreiche kanonisierte Autoren auf sein Modell (u. a. F. de Quevedo, ↑Cervantes, H. J. C. Grimmelshausen, A. Lesage, ↑Defoe). Zahlreiche Aufnahmen finden sich noch in der Moderne und Gegenwartsliteratur (Bsp. J. Hašek, ↑Th. Mann, ↑Böll, ↑Grass, J. Steinbeck).

Ausgaben: La vida de Lazarillo de Tormes y de sus fortunas y adversidades. Hg. v. A. Blecua. Madrid 1982; Lazarillo de Tormes/Klein Lazarus vom Tormes. Hg. v. H. Köhler. Stuttgart 2007.

Forschungsliteratur: M. Bataillon: Novedad y fecundidad del „Lazarillo de Tormes". Madrid 1968; H. Heidenreich (Hg.): Pikarische Welt. Schriften zum europäischen Schelmenroman. Darmstadt 1969; V. Roloff: Mittelalterliche Farcenkomik bei Rabelais und im „Lazarillo de Tormes". In: Zeitschrift für romanische Philologie 103 (1987). S. 49–67.

Jan-Henrik Witthaus

Apollinaire, Guillaume (1880–1918)

A. definiert den Kubismus und damit die Grundsätze seiner eigenen Poetik in *Die Maler des Kubismus* (1956; *Les peintres cubistes. Méditations esthétiques*, 1913). Es ist eine Kunst der Vorstellung und Vereinigung der drei Tugenden Reinheit, Einheit und Wahrheit. Dabei nimmt die Kunst eine vierte Dimension, das Unendliche, auf und stilisiert sie zum Idealen. Erst so entsteht ein neues Maß an Vollkommenheit, das dem Gegenstand Proportionen verleiht, die seiner Plastizität entsprechen. A. unterscheidet dabei vier Richtungen, den wissenschaftlichen, naturhaften, instinktiven und orphischen Kubismus. Die höchste Vollendung liege im orphischen, da er Poesie und strenge Gesetzmäßigkeit vereinige und konkreter Ausdruck des Geistigen sei (*Bestiarium oder Das Gefolge des Orpheus*, 1959; *Le bestiaire ou Cortège d'Orphée*, 1911). In der Überschreitung der konventionellen Darstellungsprinzipien durch Formlosigkeit und fehlende Interpunktion löst diese Kunst das eindeutige Sinnpotenzial auf und ersetzt dies durch vielfältige Ambivalenzen. Rhythmus und Zäsur der Verse stimulieren analog zur Technik der kubistischen Perspektive eine neue Rezeption. Auch das Prinzip der Simultaneität wird von der bildenden Kunst auf die Dichtung übertragen (*Alkohol*, 1976; *Alcools*, 1913). Die kalligrafische Auflösung der Gedichte auf der Seite steht in *Kalligramme* (1953 in Auszügen; *Calligrammes*, 1918) im Vordergrund, sie intensiviert die Aussagen und zwingt den Leser zu einer zweidimensionalen Wahrnehmung und Interpretation durch den Geist und die Augen und korrespondiert dem von ↑Marinetti propagierten Grundsatz „parole in libertà" („Wörter in Freiheit").

Im Vorwort zu *Die Brüste des Tiresias* (1987; *Les mamelles de Tirésias*, 1917) formulierte A. ebenfalls die Abkehr vom mimetischen Kunstprinzip und die Hinwendung zu einer neuen, von ihm als surreal bestimmten Poetik und Theaterpraxis (*drame surréaliste*). Diese Begriffsprägung nimmt ↑Breton auf, versteht sie jedoch inhaltlich neu. A. versteht unter Surrealisms die Interpretation der Wirklichkeit durch die Phantasie, z. B. die Imitation des Gehens durch die Erfindung des Rades. Sein Theaterkonzept akzentuiert den Raum: Eine doppelte Bühne (Mittel- und Ringbühne) setzt den Akzent auf die Aktion und Interaktion mit dem Zuschauer; die Abweichung von der konventionellen Funktion der Sprache im herkömmlichen Sprechtheater macht sie zur Waffe eines avantgardistischen Kunstverständnisses.

Ausgaben: Œuvres complètes de G. A. 4 Bde. Hg. v. M. Décaudin. Paris 1965–1966; Poetische Werke. Hg. v. G. Henniger. Neuwied u. a. 1969.

Forschungsliteratur: F. Simonis: Die Lyrik G. A.s Inspiration zwischen Erinnerung und Prophetie. Bonn 1967; V. Neumann: Die Zeit bei G. A. München 1972; I. Bruemann: A. und die deutsche Avantgarde. Hamburg 1988; J. Grimm: G. A. München 1993; A. Hicken: A., Cubism and Orphism. Aldershot u. a. 2002; L. Zukofsky: The Writing of G. A. Middletown, CT 2004.

Angelika Baumgart

Ariosto, Ludovico (1474–1533)

Für die poetologischen Diskussionen v. a. des späteren 16. Jh.s war A.s Stanzenepos *Der rasende Roland* (*Orlando furioso*, 1505–1515; dt. 1632–1636) von zentraler Bedeutung; die in den drei Fass. (1516, 1521, 1532) erfolgende Modifikation der lit. Form kann als implizite Epenpoetik der ital. bzw. europ. Renaissance verstanden werden. In Ablösung der höfischen von der humanistischen Kultur setzt A. die Verwendung der Volkssprache (*volgare*) gegen das Neulatein des Quattrocento; trotz seiner mäzenatischen Einbindung in Ferrara orientierte er sich an der Sprache der Florentiner ↑Dante, ↑Boccaccio und ↑Petrarca und förderte damit die Herausbildung einer allg. ital. Literatursprache. Von Fass. zu Fass. verminderte A. die regionalen bzw. dialektalen und lat. Einflüsse und verfeinerte den Text in Metrik und Klangstilistik: Sein Elfsilber und die Ottaverime als Strophenform wurden zum poetischen Muster für das Cinquecento.

Gattungspoetologisch geht A. mit *Der rasende Roland* völlig neue Wege: Er vermischt die Traditionen antiker Epik und ma. Ritterdichtung zum „romanzo", drängt die ritterliche, die Kreuzzugshandlung zugunsten der Liebesthematik und des Wahnsinns des Protagonisten Orlando in den Hintergrund; die Einsträngigkeit ma. Epen wird tendenziell durch Episodenhaftigkeit und Fragmentarisierung aufgelöst, und im Mäzenatenkontext erfordertes Fürstenlob wird in die lit. Fiktion eingebunden. Nach ↑Scaligers Wieder-Entdeckung der Poetik des ↑Aristoteles entfacht sich in der zweiten Hälfte des Cinquecento eine rege Diskussion über das Verhältnis des *rasenden Roland* zu dem dort formulierten Regelsystem.

Ausgaben: Orlando furioso. Hg. v. C. Segre. Mailand 1990; Die Historia vom Rasenden Roland. Hg. v A. Aurnhammer u. a. Stuttgart 2002.

Forschungsliteratur: H. Frenzel: A. und die romantische Dichtung. Köln u. a. 1962; K. Stierle: Der Schein der Schönheit und die Schönheit des Scheins in A.s „Orlando furioso". In: K. W. Hempfer (Hg.): Ritterepik der Renaissance. Stuttgart 1989. S. 243–276.

Benedikt Jeßing

Aristophanes (um 445–um 385 v. Chr.)

Im Zentrum der Komödie *Die Frösche* (*Batrachoi*, 405 v. Chr.) steht der Agon zwischen ↑Euripides und ↑Aischylos um Qualität und Wert von Dichtung, als deren Inbegriff die Tragödie verstanden wird. Durch Abgrenzung zum Sophismus, dessen opportunistische wie auch relativistische Grundgedanken Ablehnung finden, kristallisieren sich die Kriterien der Kunstfertigkeit und der Lehrfunktion heraus. Dem Dichter steht demnach nicht nur das Recht, sondern auch die Pflicht der Kritik zu, indem er sich um wahre *sophia* zu bemühen hat. Die stark akzentuierte Komponente polit. Engagements lässt sich auf reale Kriegsumstände zurückführen, doch ist die Grundsätzlichkeit der Forderung nicht zu leugnen. Dabei umgibt die religiöse Dimension auf spielerische Weise den Hoheitsanspruch von Dichtkunst. Dieses Bühnenstück entstand in der Spätphase der auf den attischen Raum begrenzten Alten Komödie, zu deren Koryphäen A. zählt. Anlässlich eines Dionysos-Festes, den Lenäen, aufgeführt, setzte es sich im Rahmen des traditionellen Theateragons als Sieger gegen *Die Musen* (*Mousai*) des Phrynichos und *Kleophon* des Dichters Platon durch und erfuhr bald darauf die für die Antike seltene Ehre einer Wiederaufführung. Ihre Wertschätzung liegt in der exemplarischen Einheit der Kunstform der Komödie begründet, wobei im Gegensatz zur Tragödie dem polit. Element konstitutive Funktion zukommt.

Ausgaben: A., Frogs. Hg. v. K. Dover. Oxford u. a. 1993; Die Frösche. Stuttgart 1994.

Forschungsliteratur: K. J. Dover: Aristophanic Comedy. Berkeley u. a. 1972; H.-J. Newiger (Hg.): A. und die alte Komödie. Darmstadt 1975; E.-R. Schwinge: Griechische Tragödie und zeitgenössische Rezeption: A. und Gorgias. Zur Frage einer angemessenen Tragödiendeutung. Hamburg 1997; M. Holtermann: Der deutsche A. Die Rezeption eines politischen Dichters im 19. Jh. Göttingen 2004.

Annamaria Frömgen

Aristoteles (384–322 v. Chr.)

Die *Poetik* (*Peri poiētikēs*, um 335 v. Chr.) des A. hat die Geschichte der Dichtungstheorie und Ästhetik von der Antike bis zur Gegenwart wie kaum ein anderes Werk geprägt. Der überlieferte Text besitzt vermutlich nur den Charakter eines Rohentwurfs, und ein mutmaßlich geplanter zweiter Teil ist nicht überliefert. Normativ zwar bestimmt die *Poetik* als den spezifischen Gegenstand von Dichtung den Bereich menschlicher Handlungen, fordert dabei allerdings keine Darstellungen ethisch bes. vorbildlicher Handlungen, ist also in diesem Sinne nicht normativ. Die Festlegung der Dichtung auf die Nachahmung menschlicher Handlungen beruht auf der anthropologischen Prämisse, alle Menschen empfänden Lust an Nachahmungen; empirisch fundiert ist die *Poetik* zudem insofern, als A. sich auf konkrete lit. Werke, etwa die Epen ↑Homers und die Tragödien des ↑Sophokles bezieht. Der zugrunde gelegte Handlungsbegriff ist komplex: Er umfasst Gefühle, Gedanken, Worte und Taten, also alles, wofür der Mensch verantwortlich ist. Auch der Nachahmungsbegriff (*mimesis*) ist komplexer, als es spätere Übersetzungen ahnen lassen, die ihn im Sinn einer das Ausgangsobjekt einfach verdoppelnden Imitation verstanden.

Die Bedeutung der *Poetik* beruht v. a. darauf, dass A. implizit der Verurteilung dichterischer Darstellung bei ↑Platon als lügenhaft entgegentritt. Für Platon sind ästhetische Fiktionen von der Sphäre der Ideen und damit von der Wahrheit noch weiter entfernt als die an sich schon defizitären Objekte sinnlicher Wahrnehmung. A. konzipiert demgegenüber eine spezifisch poetisch vermittelte Erkenntnis, indem er zwischen Dichtung und Geschichtsschreibung differenziert und erstere als Verbündete philosophischen Wissens deutet. Zentral sind dabei die Begriffe des Wahrscheinlichen, Notwendigen und Möglichen im neunten Kapitel der *Poetik*. Während der Geschichtsschreiber darstellen muss, was geschehen ist, spielt es für den Dichter keine Rolle, ob seine handelnden Personen wirklich gelebt haben. Er stellt dar, was geschehen könnte, vermittelt also eine Erkenntnis des Möglichen – im Unterschied zur Geschichtsschreibung als Darstellung des Wirklichen. Lehrt der Historiker Besonderes, so macht der Dichter Allgemeines erkennbar, und darum ist die Dichtung „philosophischer" als die Historiografie.

A. bestreitet übrigens nicht, dass es außer menschlichen Handlungen auch andere Gegenstände poetischer Darstellung gibt. Er lässt aber die Mimesis anderer Gegenstände (wie die der Natur in der Lyrik oder die der Götter in den Götterhymnen) unberücksichtigt und konzentriert sich auf die nähere Bestimmung dessen, was poetisch dargestellte Handlungen ausmacht und was sie bewirken. Solche Handlungen sind – so die entscheidende Voraussetzung – keineswegs beliebig, sondern sie ergeben sich aus dem so und nicht anders beschaffenen Charakter einer bestimmten Person in einer bestimmten Situation. (A. geht davon aus, dass die Tragödie zu seiner Zeit als Gattung die in ihr liegenden Möglichkeiten bereits voll entwickelt habe.)

Den Wirkungsaspekt von Dichtung bes. akzentuierend, betrachtet A. Dichtung als Vermittlung von Einsichten über ethisch relevantes Verhalten; der Leser bzw. Zuschauer muss dabei nicht selbst die leidvollen Erfahrungen gemacht haben, die die Tragödie darstellt. Dichtung macht es vielmehr möglich, an Erfahrungen anderer teilzuhaben, und erweitert damit die eingeschränkte Perspektive des Einzelnen. Um ihren Zweck zu erfüllen, muss die ästhetische Mimesis den Rezipienten ansprechen und bewegen. Von den zu Beginn der *Poetik* genannten Künsten, denen allen die Nachahmung menschlicher Handlungen gemeinsam ist, ist dazu die Dichtung, und hier wiederum die Tragödie, am besten disponiert. In den einzelnen Tragödienhandlungen spiegeln sich allg. Möglichkeiten menschlichen Verhaltens. Darum kann die jeweilige poetisch dargestellte Handlung etwas Allgemeines sein. Sie führt vor Augen, was sich aus dem Charakter (Habitus) eines einzelnen Menschen mit Wahrscheinlichkeit oder Notwendigkeit als Handlung in einer bestimmten Situation ergibt. Da die Möglichkeiten in der Zusammensetzung der Charaktere ebenso mannigfaltig sind wie die Situationen, in denen Menschen handeln, sind der Dichtung als Medium zur Nachahmung menschlicher Handlung keine Grenzen gesetzt.

Dass die Reflexion über Dichtung sich auf A.s Konzeption des Wahrheitsbegriffs bes. stimulierend auswirkt, verdeutlicht die folgende Paraphrase seiner Thesen: Wahr ist Dichtung weder, weil sie getreu das gegebene Wirkliche, noch, weil sie ein dem in der Wirklichkeit Gegebenen möglichst nahekommendes Wahrscheinliches abbildet. Denn die Wirklichkeit enthält keine Ordnungsprinzipien, die dem Anspruch auf Wahrheit genügten; sie ist kontingent und widersprüchlich. Wahr ist Literatur durch die Mimesis eines Allgemeinen, das als Allgemeines weder in der Wirklichkeit anzutreffen ist noch auf reiner Imagination beruht. Vielmehr setzt die Darstellung eines Allgemeinen in diesem Sinne das Wissen vom Wesen der menschlichen Seele, von den Prinzipien der Ethik sowie Menschenkenntnis differenzierter Art voraus.

Zentrales Thema der Tragödie ist die menschliche Fehlbarkeit. Geht es der Tragödie primär darum, den Zuschauer das Handeln der Figuren in seiner Motivation besser verstehen zu lassen, so sind Stoffe dabei relevanter als Charaktere. Es geht, anders gesagt, nicht primär darum, Charakterstudien zu betreiben (und etwa die heterogenen Eigenschaften eines komplexen Charakters wie Ödipus additiv darzustellen); zu zeigen ist vielmehr, wie ein spezifischer Charakter (etwa Ödipus) in spezifischen Situationen denkt, fühlt, handelt.

Der Rezipient des Dramas reagiert auf das Dargestellte mit *phobos* (Schaudern) und *eleos* (Jammer): Er erkennt, dass er ebensolchen Gefährdungen ausgesetzt ist wie der dramatische Protagonist; er fühlt mit, da dessen charakterlich bedingte Fehlentscheidungen und Fehlhandlungen unverhältnismäßig schwerwiegende und leidvolle Folgen haben. Voraussetzung dafür ist allerdings, dass der Protagonist weder extrem gut noch extrem schlecht ist, sondern die Teilnahme des Zuschauers als mittlerer Charakter gestattet. Der Rezipient lernt vom Drama keine abstrakten, universell anwendbaren Verhaltensregeln, sondern entwickelt ein vertieftes Verständnis für handelnde Menschen. Indem die Tragödie im Zuschauer *phobos* und *eleos* erzeugt, bewirkt sie zugleich eine Reinigung (Katharsis) von diesen Affekten (vgl. das sechste Buch der *Poetik*). Die Katharsis beruht auf dem angemessenen Begreifen und dem Mitempfinden eines tragischen Handlungsverlaufs.

Die *Poetik* des A. wurde in der Frühen Neuzeit wegweisend für die Formulierung literaturtheoretischer Positionen, die sich dabei aber zugleich an der Poetik des ↑Horaz orientierten und meist stoisch geprägt waren. Literatur, so forderte man in Anknüpfung an A.s Konzeption dichterisch vermittelter Wahrheit, solle eine den Regeln der Wirklichkeit (der „Natur") gemäße und insofern wahrscheinliche Geschehensfolge sowie allg. Verhaltensmuster darstellen. Nachhaltig rezipiert wurde insb. der Begriff der Katharsis; noch für ↑Lessing ist die Befreiung des Zuschauers von Leidenschaften wie Furcht und Mitleid konstitutiv für die Wirkung des Dramas.

Die Bestimmung des Wesens dichterischer Darstellung über den Begriff des Möglichen ist für die Geschichte der Theorien dichterischer Fiktionen sowie für die der Legitimation von Dichtung als Erkenntnisform sui generis äußerst folgenreich gewesen. Von ihr ausgehend verstanden etwa Aufklärungspoetiker wie ↑Bodmer, ↑Breitinger und ↑Gottsched – mit unterschiedlichen Akzenten – die Dichtung als Nachahmung möglicher

Welten, und in der Literatur selbst besitzen Reflexionen über das Mögliche, wie sie etwa in ↑Musils *Mann ohne Eigenschaften* mit dem Begriff des „Möglichkeitssinns“ verknüpft werden, einen dezidiert poetologischen Sinn. Auch das nicht überlieferte zweite Buch der *Poetik* des A. hat Literaturgeschichte gemacht: Der Protagonist in ↑Ecos Roman *Il nome della rosa* rekonstruiert es auf der Basis gelehrten Wissens als legitimatorische Abhandlung über die Komödie und das Lachen sowie als imaginierte Rechtfertigung poetischer Subversion.

Ausgaben: Aristotelis De arte poetica liber. Hg. v. R. Kassel. Oxford 1965; Poetik. Hg. v. M. Fuhrmann. Stuttgart 1982; Poetics. Hg. v. S. Halliwell. Cambridge, MA u. a. ^{2}1999.

Forschungsliteratur: M. Fuhrmann: Einführung in die antike Dichtungstheorie. Darmstadt 1973; W. Söffing: Deskriptive und normative Bestimmungen in der Poetik des A. Amsterdam 1981; V. Cessi: Erkennen und Handeln in der Theorie des Tragischen bei A. Frankfurt/M. 1987; M. Puelma: Der Dichter und die Wahrheit in der griechischen Poetik von Homer bis A. In: Museum Helveticum 46 (1989). S. 65–100; M. Davis: Aristotle's Poetics. The Poetry of Philosophy. Lanham, MD 1992; A. Zierl: Affekte in der Tragödie. Orestie, Oidipus Tyrannos und die Poetik des A. Berlin 1994; S. Halliwell: Aristotle's Poetics. Chicago ^{2}1998; Ø. Andersen (Hg.): Making Sense of Aristotle. Essays in Poetics. London 2003; B. Kappl: Die Poetik des A. in der Dichtungstheorie des Cinquecento. Berlin u. a. 2006; H. Flashar (Hg.): Aristoteles, Poetik. Berlin 2007.

Ulrike Zeuch

Arp, Hans/Jean (1887–1966)

A.s Naturbegriff als sein zentraler Topos kreist um die Vorstellung eines verborgenen „Wesentlichen“ als ewige, ordnungsstiftende, abstrakte Instanz. Die „Natur“ der Dinge bildet zum einen, als vorausgesetztes Prinzip, die Basis, andererseits, im sinnstiftenden Versuch sich ihr anzunähern und sie zu extrahieren, das Ziel der künstlerischen Produktion. A. probt die Reduktion von Wirklichkeit auf ihren elementaren Gehalt mit den Mitteln sprachlicher Abstraktion. Diese ist zunächst Konsequenz der Artikulation unmittelbarer Wahrnehmung von Ereignissen und Objekten und damit verknüpfter Assoziationen. Indem sich das Subjekt im Prozess individueller assoziativer Perzeption von einer bloßen Oberflächenanalyse abhebt, erhält es Einblick in die Natur des Gegenstands. Dieser Abstraktionsprozess geschieht auf der Textebene durch das Spiel mit der Vieldeutigkeit der einzelnen Worte und deren von konventioneller Semantik abgelösten Neu- oder Re-Kombination (*Von den Zeichnungen aus der Kokoschka-Mappe*, 1913). Die Sprache selbst wird also auf ihre wesentlichen Elemente reduziert, die nun in freier Konfiguration zu neuen Bedeutungsmustern zusammengefügt werden können. So flexibel die Wortkombinationen, so offen sind A.s Texte, die einer permanenten Transformation unterliegen und daher oftmals in mehreren Variationen existieren. A.s abstrakte Poetik bezieht darüber hinaus den aktiven Rezipienten in das Natur-Erlebnis ein, indem sie durch ihre mehrdeutigen und variablen Wort- und Satzkonstellationen zahllose Anregungen für eigene Gedankenbilder bietet.

Die lyrische Annäherung an die Transzendenz des Wesentlichen hebt sich spätestens in A.s „automatischen Gedichten“ (↑Breton) ganz von logischen Zusammenhängen ab. Das „Gesetz des Zufalls“ als Manifestation der schöpferischen Natur wird im unmittelbaren, aus dem Unbewussten heraus erfolgenden Schreiben nachvollzogen. „Nur unter völliger Hingabe an das Unbewusste“ kann „reines Leben“ erschaffen, die Trennung von Kunst und Natur aufgehoben werden. A.s Ablösung lyrischer Sprache von semantischer Eindeutigkeit und die damit gewonnene Möglichkeit freier Wortkombination findet sich v. a. in der Konkreten Poesie (↑Gomringer), der Stuttgarter Schule (↑Heißenbüttel, ↑Harig) und der Wiener Gruppe (↑Artmann, ↑Jandl) fortentwickelt, welche die sprachlichen Gestaltungselemente der Dichtung entbunden von ihrer intentionalen Bedeutungsträchtigkeit nach rein klanglichen bzw. typografischen Kriterien anordnen.

Ausgaben: Unsern täglichen Traum: Erinnerungen, Dichtungen und Betrachtungen aus den Jahren 1914–1954. Hg. v. P. Schifferli. Zürich 1955; Gesammelte Gedichte. Hg. v. M. Arp-Hagenbach u. a. Zürich 1963–1984.

Forschungsliteratur: R. Döhl: Das literarische Werk H. A.s 1903–1930. Stuttgart 1967; H. Bollinger (Hg.): H. A. Ein Lese- und Bilderbuch. Zürich 1986; J. Winkelmann: Abstraktion als stilbildendes Prinzip in der Lyrik von H. A. und K. Schwitters. Frankfurt/M. 1995.

Norman Ächtler

Artaud, Antonin (1896–1948)

Für A. ist Poesie anarchisch; sie stellt alle Beziehungen zwischen den Gegenständen sowie die Bedeutung aller Formen infrage. Der Gedanke der Auflehnung gegen die etablierte Ordnung durchzieht die Schrift *Das Theater und sein Double* (*Le théâtre et son double*, 1938; dt. 1969), die zu den einflussreichsten Werken der Theaterästhetik des 20. Jh. gehört. Einfluss nimmt A. auf Dramatiker wie J. Genet, ↑Ionesco, ↑Beckett, auf J. Grotowski und P. Brook. In dem darin enthaltenen Manifest *Theater der Grausamkeit* (*Théâtre de la cruauté*) bestimmt A. die radikale Abkehr vom Dramentext, indem er sich der magischen und rituellen Inszenierung einer ursprünglichen Theaterpraxis zuwendet. Dem abendländischen stellt A. dabei das orient. Theater gegenüber, um die ‚Prostitution' des Theaters durch die abendländische Tradition mit der orient. Idee des reinen Theaters zu konfrontieren. Das Reine liegt für ihn in der Abkehr vom Dialog; Geschriebenes und Gesprochenes gehört für A. nicht auf die Bühne, sondern ins Buch. Die Bühne sei ein körperlicher Ort, der die Sinne befriedigen solle und nicht den Intellekt. In einer körperlichen Sprache, erzeugt durch Sprachbilder und Bewegungen, liege der ideale Ausdruck, der das Ersetzen der Sprach- durch eine Raumpoesie ermögliche. Erst die Inszenierung entfalte alle Bewusstseinsebenen und alle Sinne als „tätige Metaphysik". Das Verwirklichen dieser Metaphysik erfolge mit der Regression zum magischen Ursprung der Sprache selbst als einer religiösen und rituellen Beschwörung.

A. versteht Metaphysik als Verwirklichung der Poesie, deren Basis Imagination und Anarchie ihm als Mittel gegen Logos und Psychologie gilt und zur Erneuerung des Lebens durch Magie und Ritual führen soll. Zentralbegriff dieses Theaters ist die Grausamkeit als eine Regression zur Vitalität des kollektiven Ursprungs. Die eingesetzten Mittel sollen eine Unmittelbarkeit des Theatergeschehens für die Zuschauer erzeugen, die nicht – wie im traditionellen Theater – von der Aktion getrennt, sondern, körperlich mit hineingezogen, eine Affektreinigung erfahren. Die Aufnahme der antiken Katharsis zur Reinigung von den zivilisatorischen Neurosen folgt nicht den traditionellen, moralischen oder didaktischen Intentionen, sondern zielt auf eine rein körperliche Wirkung ab. A.s Manifeste sind radikale theoretische und poetische Versuche der Standortbestimmung des modernen Theaters.

Ausgaben: Œuvres complètes. 26 Bde. Paris 1956 ff.; Werke in Einzelausgaben. München 1990 ff.

Forschungsliteratur: G. Kaschel: Text, Körper und Choreographie: Die ausdrückliche

Zergliederung des A. A. Frankfurt/M. 1981; K. A. Blüher: A. A. und das „Nouveau Théâtre" in Frankreich. Tübingen 1991; B. Mattheus: A. A.: 1896–1948. Leben und Werk des Schauspielers, Dichters und Regisseurs. München 2002; A. Morfee: A. A.s Writing Bodies. Oxford u. a. 2005.

Angelika Baumgart

Arteaga, Esteban de (1747–1799)

Der 1767 mit seinem Orden aus Spanien ausgewiesene und im ital. Exil lebende Jesuit A. hat mit seinen auf Spanisch erschienenen *Philosophische Untersuchungen über die Schönheit als Gegenstand aller nachahmenden Künste* (*Investigaciones filosóficas sobre la belleza ideal considerada como objeto de todas las artes de imitación*, 1789) einen der wichtigsten und umfassendsten Beiträge der span. Literatur zur Ästhetik des 18. Jh.s vorgelegt.

Wegen ihrer deutlichen Bezugnahme auf ↑Aristoteles' Poetik gelten die *Untersuchungen* als Beleg für die neoklassizistische Orientierung der span. Ästhetik; dichtungstheoretisch liegt ihre Bedeutung darin, dass A. unter Berufung auf J. Lockes Philosophie eine Überwindung der normativen Poetik zugunsten einer auf das Gefühl (*sentimiento*) und den Geschmack (*gusto*) des Kunstrezipienten gerichteten Poetik vollzieht. Im Zentrum soll demnach die Wirkung der Schönheit (*belleza ideal*) auf den Kunstbetrachter stehen; A. widmet sich jedoch im Wesentlichen der Schönheit selbst und beschreibt anhand zahlreicher Beispiele, wie die *belleza ideal* sich im kreativen Schöpfungsprozess und im vollendeten Kunstwerk manifestiert. Richtungsweisend ist dabei, dass A. die Trennung von Naturschönheit und Kunstschönheit („belleza en las artes imitativas") vollzogen und die Kunstschönheit dabei als vom jeweiligen Betrachter wahrgenommene Eigenschaft eines Objektes definiert hat. Neuartig ist demnach, die Schönheit als psychologisches Abstraktum beschrieben zu haben und zugleich zu versuchen, sie methodisch und wissenschaftlich zu fassen. A. analysiert daher die Beziehung zwischen der schöpferischen Nachahmung (*imitación*), der für ihn überaus wichtigen künstlerischen Vorstellungskraft (*imaginación*) und der *belleza ideal* in den verschiedenen Künsten. Der Dichtkunst widmet er das dritte Kapitel der *Untersuchungen*. Die ideale Schönheit offenbare sich in der Literatur, wenn die Ausdrucksmittel des Dichters – Vers und Metrum – in ihrer Verknüpfung mit vier Konstituenten der *belleza ideal* (Handlung, Darstellung der Charaktere, Sprache und Stil) das ästhetische Gefallen der Leser und Zuhörer erzeugen. Anhand einer Gegenüberstellung der poetologischen Charakteristika von Epos und Drama gelangt A. zu dem Ergebnis, dass das Epos die genannten vier Aspekte in idealtypischer Weise verknüpft und deshalb die vollkommenste Repräsentation der idealen Schönheit ist. Eine solche Aufwertung von subjektivem Geschmacksempfinden, Gefühl und schöpferischer Kreativität weist bereits auf die Romantik voraus.

Ausgaben: Investigaciones filosóficas sobre la belleza ideal considerada como objeto de todas las artes de imitación. Paris 1789; La belleza ideal. Hg. v. P. M. Batllori. Madrid 1943; Investigaciones filosóficas sobre la belleza ideal. Hg. v. F. Molina. Madrid 1999.

Forschungsliteratur: E. M. Rudat: Las ideas estéticas de E. d. A. Orígenes, significado y actualidad. Madrid 1971; H. C. Jacobs: Schönheit und Geschmack. Die Theorie der Künste in der spanischen Literatur des 18. Jahrhunderts. Frankfurt/M. 1996; F. Molina: E. d. A. (1747–1799). Madrid 1998; M. Batllori: Estètica i musicologia neoclàssiques: E. d. A. Valencia 1999.

Cerstin Bauer-Funke

Artmann, Hans Carl (1921–2000)

A. hat sich nur selten explizit poetologisch geäußert, und selbst bei den wenigen Äußerungen handelt es sich um mehrfach gebrochene Texte. Seine *Acht-Punkte-Proklamation des poetischen actes* (1953) bestimmt das Dichter-Sein nicht über den Begriff der Autorschaft, sondern als Lebenshaltung. Der „poetische act" ist nicht Handlung eines Literaten, sondern die bes. Fähigkeit, „alogische gesten" ausführen bzw. wahrnehmen zu können. Dabei kann die Proklamation selbst als Entwurf einer „alogischen geste" verstanden werden. In *Ein Gedicht und sein Autor* (1967) skizziert A. eine Ästhetik des Augenblicks, derzufolge es der Poesie zukommt, intensive Momente von Sprache zu erzeugen. Dabei entwickeln die vom Autor komponierten Worte eine Eigendynamik, die ihn selbst überraschen kann. In die gleiche Richtung zielt die Vorrede der Prosasammlung *Unter der Bedeckung eines Hutes* (1973), in der „die folgenden texte als bloße inhaltsverzeichnisse für den leser" bezeichnet werden.

Die mit *Sprachlosigkeit* überschriebene BPR (1997) macht einerseits deutlich, dass es A. in seiner Dichtung darum geht, „über die phantasie das reale [...] zu bannen". Andererseits führt sie das Anliegen, sich reflektierend über Poesie zu äußern, ad absurdum. Diese verstreuten poetologischen Anmerkungen werden durch A.s Werk bestätigt. V. a. seine Lyrik entfaltet das Eigenleben einer nicht-referenziell gedachten Sprache. Das Dichten in fremden Stimmen – A.s Gedichte vergegenwärtigen Lyrik verschiedener Sprachen und Epochen – kann als Versuch verstanden werden, sich in Sprechweisen zu begeben, die nicht vom Autorsubjekt kontrolliert werden. Auch A.s Prosatexte zeigen keinen kohärenten Personalstil, sondern präsentieren verschiedene Posen des Literarischen. Ferner kommt es A. darauf an, Dichtung an ihre Lautlichkeit rückzubinden: Dies zeigt sich in der konkreten auditiven Poesie der 1950er Jahre (Gemeinschaftsarbeiten mit F. Achleitner, K. Bayer, G. Rühm) ebenso wie in den Wiener Dialektgedichten und in A.s Auftritten als suggestiver Rezitator seiner Texte. Während sich A.s poetologische Haltung bis in die 1950er Jahre zwischen den Polen Surrealismus und Konkrete Poesie verorten lässt, entwickelt er in der Folge eine seinen Texten immanente Sprachästhetik, die in der deutschsprachigen Literatur dieser Zeit singulär ist.

Ausgaben: Das poetische Werk. 10 Bde. Unter Mitwirkung des Autors hg. v. K. Reichert. Berlin u. a. 1993–1994; Gesammelte Prosa. 4 Bde. Hg. v. K. Reichert. Salzburg u. a. 1997.

Forschungsliteratur: K. Reichert: Poetik des Einfalls. Zur Prosa A.s. In: Gesammelte Prosa. Bd. 4. S. 233–267.

Nikolaus Schneider

Arvatov, Boris Ignat'evič (1896–1940)

A. bemühte sich als einer der führenden Theoretiker des LEF (Linke Kunstfront) um eine Synthese der russ. Avantgardekunst mit den Anforderungen der proletarischen Kulturrevolution. A. konstatiert eine tief greifende Krise der bürgerlichen Kultur, die nur sog. Staffelei-Kunstwerke hervorgebracht habe. Mit diesem Begriff bezeichnet A. nicht nur Gemälde, sondern auch Musikstücke und lit. Texte, die eine rein dekorative Funktion ausüben. Die neue proletarische Kunst solle das Leben nicht abbilden, sondern gestalten und organisieren. Staffelei-Kunstwerke hingegen sind für A. nur Waren für begüterte Feinschmecker und haben jede Verbindung zum Leben verloren. Der dekadenten bürgerlichen Kunst stellt A. einen proletarischen Monismus gegenüber: Während der bürgerliche Schriftsteller oder Kunstmaler sich empört von einem Journalisten oder einem Handwerker-Maler abhebe, versuche die proletarische Kunst diesen Werkfetischismus zu überwinden. Die Beherrschung der Technik soll direkt in die Beherrschung der Kunst führen. Damit beabsichtigt A.

jedoch keine neue Ästhetik, sondern eine Optimierung des Produktionsprozesses. Das vollkommene Kunstwerk definiert A. als „geschickt konstruierten Gegenstand von hoher Qualität, dessen Form von seiner Gebrauchsfunktion bestimmt wird". Letztlich vereinigen sich in der Produktionskunst Ingenieur und Künstler zu einem Beruf. Damit verschwindet auch die entfremdete Arbeit: Kunst und Produktion verschmelzen zu einer organischen Einheit. Mit diesem Programm wird auch das bürgerliche Leitkonzept des Schönen eskamotiert und durch das Kriterium der sozialen und technischen Zweckmäßigkeit ersetzt. A. versucht zwischen Marxismus und Formalismus (↑Šklovskij) zu vermitteln: Er nimmt die formalistische Unterscheidung von poetischer und praktischer Sprache auf, fordert aber die Überwindung dieser bürgerlichen Dichotomie in einer sozialistischen Kunst, in der das Poetische gleichzeitig das Praktische ist. Eine ähnliche Entwicklung erwartet A. von der abstrakten Avantgardekunst, die er als historische Brücke bezeichnet, die von der Arbeiterklasse überschritten werden muss, damit sie ihre schöpferische Autonomie erreichen kann. A.s Diskussion der Produktionskunst mündet in eine Kunstsoziologie, die zentrale Einsichten von ↑Bourdieu vorwegnimmt: Gesellschaftl. Klassen werden nach ihren Geschmackspräferenzen unterschieden.

Ausgaben: Iskusstvo i klassy. Moskau 1923; Iskusstvo i proizvodstvo. Moskau 1926; Sociologičeskaja poėtika. Moskau 1928; Ob agit. i proziskusstve. Moskau 1930; Kunst und Produktion. München 1972; Poetische und praktische Sprache. In: H. Günther/K. Hielscher (Hg.): Marxismus und Formalismus. München 1973.

Forschungsliteratur: H. Günther/K. Hielscher: Zur proletarischen Produktionskunst A.s. In: A.: Kunst und Produktion. München 1972. S. 116–133; M. Zalambani: B. A., théoricien du productivisme. In: Cahiers du monde russe 40/3 (1999). S. 415–446.

Ulrich Schmid

Auerbach, Erich (1892–1957)

Die Kategorie „Mimesis", dargestellte Wirklichkeit, begründet den Realismus in der Literatur. Unter Realismus versteht A. die „Einbettung der beliebig alltäglichen Personen und Ereignisse in den Gesamtverlauf der zeitgenössischen Geschichte". Die Art des Geschichtsbewusstseins bestimmt den Wirklichkeitsgehalt des jeweiligen Werkes. Es setzt im Gegensatz zur geschichtslosen Antike mit der Bibel ein und ist bis zum Ende des MA.s von der Figuraldeutung geprägt. Diese strukturiert die Geschichte nach einem „Heilsplan" im Sinne von Ankündigung und Erfüllung, *figura* und *figuram implere.*

Seit dem Humanismus dominiert die Sicht des „perspektivischen geschichtlichen Blickes", der die Moderne insgesamt auszeichnet. Die Vorläufigkeit und gewaltige Beschleunigung des Geschehens bedingen u. a. die moderne Schreibweise des Bewusstseinromans, der „die Wirklichkeit in vielfältige und vieldeutige Bewußtseinsspiegelungen auflöst".

Die Geschichte der abendländischen Literatur ist die Geschichte der „Stilmischung". Durch sie gewinnt der Mensch „mehr Zeiten-, Schicksals- und Bewußtseinstiefe". Die Stilmischung ermöglicht die ernste lit. Darstellung von „Personen beliebigen Standes mit all ihrer praktisch-alltäglichen Lebensverflechtung".

Mimesis, Realismus, liegt vor, wenn „zeitgeschichtliche politische und soziale Bedingungen" auf „genaue und reale Weise in die Handlung verwoben" sind. Ein Roman kann nicht „ohne die genaueste und detaillierteste Kenntnis der politischen Lage, der gesellschaftlichen

Schichtung und der wirtschaftlichen Verhältnisse eines ganz bestimmten geschichtlichen Moments", von dem er handelt, verstanden werden. Begründer des modernen Realismus sind ↑Stendhal und ↑Balzac. ↑Zola wird als sein letzter großer Vertreter angesehen. Innerhalb der von ihnen begrenzten Epoche stehen die Brüder Goncourt und ↑Flaubert für einen bloß „ästhetischen Realismus". Damit entsprechen sie der *objective theory*, dem *l'art pour l'art* (vgl. M. H. Abrams). Im hermetisch symbolistisch aufgefassten Bewusstseinsroman sind „Wirklichkeitsfülle und Lebenstiefe" unhistorisch in einem „beliebige[n] Augenblick" sichtbar. Grad und Art des Realismus entscheidet sich für A. am Grad der Stilmischung und der Geschichtlichkeit der Handlung.

Ausgaben: Typologische Motive in der mittelalterlichen Literatur. Krefeld 1964; Figura. In: Gesammelte Aufsätze zur romanischen Philologie. Ausgew. u. hg. v. F. Schalk/G. Konrad. Bern u. a. 1967. S. 55–92; Mimesis: dargestellte Wirklichkeit in der abendländischen Literatur. Bern u. a. 1967.

Forschungsliteratur: M. H. Abrams: The Mirror and the Lamp. Romantic Theory and the Critical Tradition. New York 1958; A. Mahler: Die Welt in A.s Mund – europäische Literaturgeschichte als Genealogie ‚realistischer' Ästhetik. In: Poetica 29 (1997). S. 255–269.

Harald Bost

B

Bachelard, Gaston (1884–1962)

B.s Interesse an der dichterischen Einbildungskraft resultiert aus seinen wissenschaftshistorischen Studien. Der rationale Fortschritt des wissenschaftlichen Geistes wird demnach durch einen naiven Empirismus gehemmt, der sich generalisierter Bilder bedient, die letztlich aus den sinnlichen Gewissheiten der Kindheit stammen. Diese Erkenntnishindernisse können nur durch eine phänomenologisch disziplinierte Psychoanalyse des Imaginären angemessen analysiert und rationalisiert werden. Mit dieser Methode entfernt sich B. jedoch zunehmend von der rationalen Wissenschaftsgeschichte und widmet sein Spätwerk der Unmittelbarkeit des dichterischen Bildes, wie er es bes. in den lit. Verarbeitungen der vier Elemente und des Raumes am Werk sieht. In der *Poetik des Raumes* (*La poétique de l'espace*, 1957; dt. 1960) wird die Poetik konsequent als direkte Ontologie beschrieben. Der poetische Akt ist nicht Echo einer Vergangenheit, sondern insistierende Aktualität. Das bedeutet eine Umkehrung der (psychologischen) Kausalität, wie sie E. Minkowski im „Widerhall" und ↑Freud in der „Nachträglichkeit" entwickelt haben: „Durch den Aufklang eines Bildes werden Echos in der fernen Vergangenheit geweckt. [...] In diesem Widerhall bekommt das Bild die Klangfülle des Seins". B. entwickelt, ähnlich wie ↑Schmidt, eine Theorie des Tagtraums (*rêverie*; ↑Rousseau), um der produktiven Überdeterminiertheit der (dichterischen) Imagination gerecht zu werden. Der homogene Raum der Physik ist eine Abstraktion, der die Mannigfaltigkeit von gelebten Orten entgegensteht, wie sie von den Dichtern in Hütten, Häusern, Schachteln, Schubladen, Muscheln, Nestern usw. entworfen werden. Die Poetik des Raumes wird zu einer assoziativen, an der Romantik, der Psychoanalyse und der *écriture automatique* geschulten „Topo-Analyse", die geometrische Evidenzen fernhält um einen „Raum des Anderswo" zu lesen. B.s prominenteste Schüler ↑Barthes und ↑Foucault haben diese topologische Poetik für Semiologie und Diskursanalyse fruchtbar gemacht.

Ausgaben: La poétique de l'espace. Paris 1957; Poetik des Raumes. Frankfurt/M. 2001.

Forschungsliteratur: P. Quillet: B. Paris 1964; F. Rötzer: Die Melancholie eines Aufklärers. Bemerkungen zu B.s pluraler Philosophie. In: G. B.: Die Flamme einer Kerze. München u. a. 1988. S. 109–130.

Peter Risthaus

Bachmann, Ingeborg (1926–1973)

Die Frankfurter PV, die B. 1959/60 als erste Autorin hielt, erschienen im vierten Band der Werkausgabe von 1978. Sie behandeln u. d. T. *Probleme zeitgenössischer Dichtung* in fünf Teilen die großen Themen der lit. Moderne: das Ich und die Welt, dichterisches Sprechen und Verstummen, Moral und Geschichte im Verhältnis zur Literatur. B. beschreibt in „Fragen und Scheinfragen" die Position des modernen Dichters, seinen Weg, der nur über die real gemachte Erfahrung führen könne. Sie eröffnet ein Panorama von Autoren (u. a. ↑Kleist, ↑Kafka, ↑Musil), deren Weg zwischen Sprechen und Schweigen verlaufen sei. ↑Hofmannsthals Chandos-Brief wird ausführlich zitiert. Laut B. kann nur eine neue (moralische) Erfahrung Grundlage eines dichterischen Werks sein, da sie zu einer Erkenntnis treibe, die nur in einer neuen Sprache zu formulieren sei. In „Über Gedichte" spricht B. sich zudem für die Krise und das Missglückte aus, welche ein gutes Gedicht von technisch routinierten, aber belanglosen Texten als unnachahmlich abheben. Das schreibende Ich und sein Ort in der Dichtung interessieren B. insofern, als Gedicht und Roman eine Vielheit an „Ichs" behauptbar machten. In der Moderne sei das Ich die Möglichkeit des Autors, Leben zu Sprache zu machen, und dadurch selbst Ort der Geschichte zu sein, statt die Geschichte als Ort zu wählen. Das Ich sei gezwungen, zu sprechen, um existent zu sein, es könne sich selbst nicht entziehen (↑Beckett). Der Umgang mit Namen verweist für B. direkt darauf, wie mit dem Benannten selbst umgegangen wird. Sie lenkt den Blick auf die diskursive Macht der Namen in der Gesellschaft, darauf, wie in der Literatur deren Verwischung und Auflösung unmittelbar die Identität des Benannten betreffe. Gegen jegliche Unterdrückung lit. Werke, ihre Stigmatisierung als Vergangenheit stellt Bachmann in der letzten Vorlesung die Literatur als Utopie. Sie sei immer unterwegs von der in der Realität gebrauchten, medial kontaminierten Sprache zu einer anderen.

Ihre Rede zur Verleihung des Hörspielpreises der Kriegsblinden 1959 stellt B. u. d. T. *Die Wahrheit ist dem Menschen zumutbar*. Der Text ist eine Skizze der auch in den Frankfurter PV behandelten Fragestellungen. Noch deutlicher stellt sie hier den Schmerz als Voraussetzung für lit. Schreiben und die Wahrheit als Kriterium für das schriftstellerische Sehen und Tun heraus. Somit hat der Autor die gesellschaftl. Aufgabe, Täuschungen für die Menschen sichtbar zu machen.

Die BPR *Ein Ort für Zufälle* (1964) enthält einen kurzen, aber wichtigen Verweis auf B.s Begriff des „Zufalls", hier von ↑Büchner adaptiert. Der „Zufall", also physische und psychische Versehrtheit, ist gleichzeitig eine Bewegung, nämlich das „Zufallen" auf einen Menschen von Außen. Dies hat B. in ihrer späten Prosa wiederholt aufgegriffen und variiert.

In der titellosen Rede zur Verleihung des Anton-Wildgans-Preises (1972) verbindet B. Schreiben und Existieren: Das Leben als schreibende Instanz sei vom restlichen Leben abgekoppelt. Daher sei die Existenz als Autor von einem einsamen, asozialen Zwang gekennzeichnet. Demgegenüber steht ein geringer gesellschaftl. Einfluss des Schriftstellers, der nur an einer besseren, phrasenlosen Sprache arbeiten könne, die ihm letzten Endes immer „Strafe" bleibe.

Im 1983 erschienenen Gesprächsband *Wir müssen wahre Sätze finden* äußert sich B. reflexiv über ihre Lyrik und Prosa. In Anlehnung an ↑Goethes Konzept von Gelegenheitsdichtung spricht sie explizit von der Wirklichkeit als „Grund und Boden" des Schreibens, was jedoch keine realistische Vorgehensweise bezeichnet. Der Schriftsteller müsse Erfahrung nicht nur vermitteln, sondern den Leser an seinen Ort mitnehmen. Bes. poetologische Gedanken kommen der Arbeit am Todesarten-Komplex zu: Im Zuge der späten Prosa habe sie gelernt, Figuren als offene, aufgelöste anzulegen, was sich mit einer weiblichen Form von Sprechen in Beziehung bringen lässt. B. deutet die Kultur und Gesellschaft der Moderne als im Kriegszustand befindlich. Der Terror zwischen den Menschen, zu dessen negativsten Auswüchsen der Faschismus zählt, resultiere aus der historischen Unterdrückung eines weiblichen Diskurses zugunsten des modern-aufgeklärten männlichen. Diese „Krankheit an der Zeit" versucht B. in einer neuen Sprache als Wahrheit zu schildern. Dabei setzt sie das sprechende Ich im Text und das schreibende Ich teilweise in eins.

Weitere Aspekte poetologischer Überlegungen B.s sind ablesbar aus Paralipomena ihres Todesarten-Projekts und *Malina* (1971) als dem einzig daraus fertiggestellten Roman: Identität bzw. deren Unmöglichkeit; die Moderne als Krieg, in dem sich das Individuum herausbildet, um zu zerstören oder zerstört zu werden; die Sprache als neues Denken sind auch hier Themen. Inhaltlich geht es in den Todesarten-Texten um die Verschränkung von privater bzw. innerer und geschichtlicher bzw. äußerer Wirklichkeit, um die Kontinuität des Faschismus in der Nachkriegszeit, um Frauengestalten, die zum Tod geführt werden. In einer Vorrede zu *Das Buch Franza* (1979 postum) unterscheidet B. männliches und weibliches Sprechen noch einmal nachdrücklich: Das Erstere enthalte ein verbrecherisches Denken, das Zweite falle diesem zum Opfer. *Malina* lässt sich im Hinblick auf diese Positionen B.s durchaus als poetologischer Roman lesen. Einerseits reflektiert B. in der Doppelgängerfigur des männlichen Malina, der sich im zerstörten Ich bildet, die Geburt der Moderne auf dem Grund historischer Katastrophen; andererseits arrangiert B. mit dem Verschwinden des Ichs in der Wand als Aufzeichnungsfläche das Verschwinden des Schreibenden im Text. Der Roman sei das sprechende Ich.

Ausgaben: Malina. Frankfurt/M. 1971; Werke. Bd. 4. Hg. v. C. Koschel/I. v. Weidenbaum/C. Münster. München u. a. 1978; Wir müssen wahre Sätze finden. Gespräche und Interviews. Hg. v. C. Koschel/I. v. Weidenbaum. München u. a. 1983; Das Buch Franza. Das „Todesarten"-Projekt in Einzelausgaben. Hg. v. M. Albrecht/D. Göttsche. Bd. 2. München u. a. 1995.

Forschungsliteratur: H. L. Arnold (Hg.): I. B. Text + Kritik. München 1984; G. Kohn-Waechter: Das Verschwinden in der Wand. Destruktive Moderne und Widerspruch eines weiblichen Ich in I. B.s „Malina". Stuttgart 1992; K. Bartsch: I. B. Stuttgart u. a. [2]1997.

Jörg Albrecht

Bachtin, Michail Michajlovič (1895–1975)

Im Westen haben B.s literaturwissenschaftliche Konzepte „Dialogizität", „Polyphonie", „Chronotopos" und „Karneval" große Resonanz gefunden (↑Kristeva hat ihre Intertextualitätstheorie explizit auf B. aufgebaut), während frühe philosophische Termini wie „Außerhalbbefindlichkeit" oder „Abschließung" weitgehend unbekannt geblieben sind. Der Grund für diese einseitige Rezeption liegt zum einen in der poststrukturalistischen Anschließbarkeit des Dialogizitätskonzepts und zum anderen in der durchaus religiös imprägnierten Normativität des Frühwerks. Lange Zeit beschränkte sich B.s Wirkung auf sein berühmtes Dostoevskij-Buch, das 1929 erschien und 1963 in stark überarbeiteter Form neu aufgelegt wurde (*Probleme der Poetik Dostoevskijs*, 1971; *Problemy poètiki Dostoevskogo*, 1963). B. erblickt ↑Dostoevskijs innovative Leistung in der Etablierung des polyphonen Romans: Die Wahrheit des lit. Entwurfs stützt sich bei Dostoevskij nicht mehr auf das Machtwort eines gottgleichen Autors, sondern ergibt sich aus dem Stimmenkonzert autonomer Bewusstseine. Dabei sind die einzelnen Stimmen oft jedoch nicht unvermischt, sondern beziehen sich bereits auf mögliche Repliken. B. nennt diese Verwendung direkter Rede das „zweistimmige Wort", das in seiner Intention gleich (Stilisierung) oder verschieden (Parodie) gerichtet sein kann. Schließlich führt B. noch einen „aktiven Typ" des zweistimmigen Wortes ein, bei dem das „fremde Wort" von außen dialogisch auf den Text einwirkt. B. leitet aus dem Dialogizitätsprinzip weit reichende inhaltliche und gattungstheoretische Folgerungen ab. Als Gegendiskurs zum Alltag etabliert sich der Karneval, dessen Wirkungen auch die Romanpoetik Dostoevskijs affizieren. B. definiert sogar den Roman nachgerade als polyphones Genre, das seinen Ursprung in der Parodie nimmt. Die Gattung des Romans wird je nach Verwendung eines bestimmten Raum-Zeit-Modells weiter aufgegliedert: Der Bildungsroman bevorzugt den linearen Chronotopos des Wegs, der Abenteuerroman hingegen rafft oder dehnt die Zeit und lässt auch ein Vertauschen der einzelnen Episoden zu. B. hatte bereits in seinen frühen Arbeiten auf die ästhetische Produktivität hingewiesen, die sich aus einer diskursiven Distanz ergibt. Entscheidend war dabei das Konzept der „Außerhalbbefindlichkeit", die es dem Autor erlaube, seinen Helden ästhetisch „abzuschließen". Die Aufhebung dieser Distanz führt laut B. zu einer unzulässigen Identifikation von eigener und fremder Position und verunmöglicht schließlich nicht nur ein ästhetisches, sondern auch ein ethisches Verhältnis zum „Anderen". Während in dieser frühen Konzeption das ästhetische „Abschließen" eines Helden durch den Autor noch positiv gewertet wird, erscheint später gerade die Offenheit der Charaktere, die selbst das „letzte Wort" über sich sagen können, als Haupterrungenschaft von Dostoevskijs Poetik.

Ausgaben: Sobranie sočinenij. Moskau 1996 ff.; Probleme der Poetik Dostoevskijs. München 1971; Die Ästhetik des Wortes. Frankfurt/M. 1979; Rabelais und seine Welt. Volkskultur als Gegenkultur. Frankfurt/M. 1987; Formen der Zeit im Roman. Untersuchungen zur historischen Poetik. Frankfurt/M. 1989; Autor und Held in der ästhetischen Tätigkeit. Frankfurt/M. 2008; Philosophie der Handlung. Berlin 2008.

Forschungsliteratur: K. Clark/M. Holquist: M. B. Cambridge, MA u. a. 1984; C. Emerson/G. S. Morson: M. B. Creation of a Prosaics. Stanford 1990; G. Tihanov: The Master and the Slave. Lukács, B. and the Ideas of their Time. Oxford u. a. 2000.

Ulrich Schmid

Balde, Jacob (1604–1668)

Das poetologische Hauptwerk des Jesuiten und bedeutenden neulat. Lyrikers ist die lat. verfasste, ursprünglich als *Dissertatio* dem *Vultuosae Torvitatis Encomium* vorangestellte literarkritische Schrift *De studio poetico*. Sie stellt eine der wichtigsten Reflexionen auf Voraussetzungen und Verfahren der hochbarocken *argutia*-Bewegung und des Concettismus dar. Gegen die technisch-didaktischen Verslehren der älteren Jesuitenpoetik (J. Pontanus, J. Masen, F. Strada) verwirft B. jede einengende Bindung an normative Regeln und fordert die „potentia expedita" („freie Schaffenskraft") und „felix inventio" („glückliche Erfindung") als basale Voraussetzung jeder poetischen Produktion. Diese bewegt sich in einem ambivalenten Gleichgewicht zwischen Originalität auf der einen und „glücklicher Nachahmung" der klassischen Autoren, allen voran des ↑Horaz, auf der anderen Seite. Die Forderung nach *novitas* als der „Seele der Dichtung" verbindet sich mit dem Vorstellungskomplex des *poeta creator*: „DEUS ex nihilo; Poëta ex cerebro" („Gott erschuf aus nichts, der Dichter aus seinem Gehirn"). Einen solchen freien Umgang mit der Tradition sieht B. im spätantiken Dichter Claudian verwirklicht; unter den neueren Dichtern wird J. Barclay, der Autor der *Argenis*, lobend erwähnt. Bemerkenswert sind B.s Überlegungen zum Verhältnis der Dichtkunst zur Malerei. Beide Künste werden im Horizont des rhetorischen *evidentia*-Begriffes in ein Analogieverhältnis gesetzt, da Dichter und Maler gleichermaßen „im Tempel ihrer Phantasie Idole (*idola*)", d.h. Bilder herstellen. Als bevorzugte

Gattung gilt B. neben der Satire das Epigramm, da es durch seine Bindung an *brevitas*, Paradoxie und Pointe der *argutia*-Poetik breitesten Spielraum gewährte.

Ausgaben: J. B., Dissertatio de studio poetico (1658). Hg. v. Th. Burkard. München 2004.

Forschungsliteratur: E. Schäfer: Deutscher Horaz: C. Celtis, G. Fabricius, P. Melissus, J. B. Die Nachwirkung des Horaz in der neulateinischen Dichtung Deutschlands. Wiesbaden 1976.

Jörg Robert

Ball, Hugo (1886–1927)

Nicht selten erschöpft sich die literaturgeschichtliche Einordnung B.s in der Etikettierung „Mitbegründer des Dadaismus". Diese Charakterisierung unterschlägt jedoch die Vielgestaltigkeit seines Schaffens, das vom Engagement für ein expressionistisches Theater über das Zürcher Cabaret Voltaire und Dada bis hin zu den polit.-theologischen Schriften der Spätphase reicht. Zentral für das gesamte Werk und die poetologische Reflexion B.s, die sich v. a. in Essays, Briefen und den zu dem autobiografischen Text *Die Flucht aus der Zeit* (1927) umgearbeiteten Tagebüchern vollzieht, ist die Sorge um die Sprache, um das „Wort".

Die Suche nach einer erneuerten poetischen Sprache speist sich u. a. aus B.s intensiver Rezeption älterer sprachphilosophischer Theorien (etwa J. Böhme, ↑Hamann, ↑Herder, W. v. Humboldt) sowie aus der theoretischen Reflexion der Romantik (↑Novalis) und hat ihren Ausgangspunkt in der Kritik an der „vermaledeiten", „konventionellen Sprache" der Gegenwart (*Das erste dadaistische Manifest*, 1916). Hinsichtlich des Versuchs der künstlerischen Umsetzung dieser neuen Sprache können die auf erfundenen Wörtern basierenden Lautgedichte B.s als paradigmatisch gelten (Gedichtzyklus *Gadji beri bimba*, 1916), welche die klangliche Dimension der Sprache in den Vordergrund rücken. B. bezeichnet die Lautgedichte auch als „Verse ohne Worte": „Man ziehe sich in die innerste Alchimie des Wortes zurück, man gebe auch das Wort noch preis, und bewahre so der Dichtung ihren letzten heiligsten Bezirk."

Die Revolutionierung der poetischen Sprache ist für B. somit kein ausschließlich künstlerisches Unternehmen; die neue Sprache deutet vielmehr im utopischen Vorschein jenen versöhnten Zustand an, in dem Wort und Ding wieder zusammenfallen, die verlorene Adamitische Sprache wiedergefunden und auch die gesellschaftl. Entfremdung der Moderne aufgehoben ist. In der Beschwörung der neuen Sprache hat der Dichter als Sprachrohr an jener höheren Ordnung Anteil, wird zum Sprachmagier (womit B. an Vorstellungen des Symbolismus und der Romantik anknüpft). Mag B.s Rück-/Hinwendung zum Katholizismus vordergründig als Bruch mit seinem expressionistischen und dadaistischen Engagement erscheinen, so ist sie doch vielmehr die konzeptuelle Weiterführung jener Idee einer Magie des Wortes und der Ineinssetzung des Dichters mit dem Priester oder Magier. (Über die Rolle des Künstlers in der Gegenwart äußert sich B. auch ausführlich in seinem Essay *Der Künstler und die Zeitkrankheit*, 1926.)

Während B.s Verfahren der Lautdichtung von der Konkreten Poesie oder etwa ↑Jandl intensiv rezipiert wurden, sind die mit seiner Poetik verbundenen ideologischen Positionen jedoch nur bedingt geteilt oder abgelehnt worden.

Ausgaben: Die Flucht aus der Zeit. Luzern 1947; Der Künstler und die Zeitkrankheit. Ausgewählte Schriften. Hg. v. H. B. Schlichting. Frankfurt/M. 1984; Sämtliche Werke und Briefe. 10 Bde. Göttingen 2003 ff.

Forschungsliteratur: H.-B.-Almanach. Hg. v. der Stadt Pirmasens. Pirmasens 1977 ff.; D. Kammler: Wirklichkeit als Sprachansicht. Zur

Entwicklung sprachlicher Vernunft im Raum der Philosophie des Deutschen Idealismus. Ein Beitrag zum Verständnis der Lautdichtung H. B.s. Hamburg 1987; M. Schmitz-Emans: Die Sprache der modernen Dichtung. München 1997.

Christian Winterhalter

Balzac, Honoré de (1799–1850)

Mindestens wirkungsgeschichtlich kann B. als Begründer und Hauptvertreter des Realismus in Frankreich gelten. Dabei hat B. sich weder selbst als Realist bezeichnet noch programmatisch mit dem Realismus auseinandergesetzt. Das Etikett des Realismus verdankt er seinem Hauptwerk, der 91 Romane und Erzählungen umfassenden *Menschlichen Komödie* (*La comédie humaine*, 1842–1848; dt. 1908–1911). In einer diesem Zyklus vorangestellten Vorrede (*Avant-Propos*, 1842) erläutert B. seine Darstellungsintentionen, den Aufbau und Zusammenhalt des Werkes. Zwei Aspekte sind bes. hervorzuheben: Nach dem Untergang der alten ständischen Ordnung versucht B. in Anlehnung an die zeitgenössische Biologie (G. Saint-Hilaire, G. L. L. de Buffon), durch systematische Erfassung und Klassifikation von sozialen Typen wieder eine Ordnung herzustellen. Auffällig ist jedoch, dass er der Gesellschaft eine größere soziale Durchlässigkeit bescheinigen muss als dem durch Abstammung und Milieu strikt determinierten Tierreich: „Die soziale Stellung hat Zufälle, die die Natur sich nicht herausnimmt; denn die soziale Stellung ist eine Addition von Natur und Gesellschaft.“ *Die Menschliche Komödie* führt anhand von ca. 3000 z.T. wiederkehrenden Figuren aus allen Ständen, Schichten und Berufen die ungeheure Dynamik dieser Gesellschaft vor, in der, da formal alle gleich sind, prinzipiell jedem jeder Weg offensteht. Vielfältig überkreuzen und überlagern sich in den diversen Schicksalen die Zeit der Revolution, des Empire, der Restauration und des Bürgerkönigtums, der Raum der Hauptstadt und der Provinz. Einblick in die neue Komplexität und Vermitteltheit aller Lebensverhältnisse gibt der *Oberst Chabert* (*Le colonel Chabert*, 1832; dt. 1844), der unter Napoleon einen ruhmreichen Namen erwarb, sich in der Gesellschaft aber, in die er nach Jahren der Abwesenheit als tot geglaubter Lebender zurückkehrt, vergeblich um die Anerkennung seiner Identität bemüht. *Vater Goriot* (*Le père Goriot*, 1834–1835; dt. 1835) geht an der abgöttischen Liebe zu seinen beiden Töchtern zugrunde, die ihn schamlos bis zum letzten Groschen ausnehmen, da er nicht wahrhaben will, dass der Wert der Gefühle sich nun quantitativ am Geld bemisst. Unter dem programmatischen Titel *Verlorene Illusionen* (*Illusions perdues*, 1837–1844; dt. 1845) weitet B. die Verrechenbarkeit von Werten und Idealen auf die Bereiche der Literatur und des Journalismus aus und zeigt am Bsp. der Entwicklung des Pressewesens zugleich auf, wie die ökonomisch-technische Entwicklung der Desillusionierung zuarbeitet. Weil er in der Ökonomie die Triebkraft der Gesellschaft erkennt, erklärt ↑Lukács B. zum bedeutendsten Vertreter des Realismus. Diese marxistische Deutung prägt im 20. Jh. die Programmatik des sozialistischen Realismus und die Literaturwissenschaft der DDR. Die Vertreter des Nouveau Roman in Frankreich erklären B. in den 1950er Jahren zu ihrem Antipoden. In strikter Opposition zur Poetik B.s plädiert ↑Robbe-Grillet für einen „neuen Roman“ ohne psychologische Charaktere und spannungsreiche Geschichte. Die Hinwendung zur *écriture*, die sich zeitgleich im frz. Strukturalismus vollzieht, hat eine Neuinterpretation auch des Realismus zur Folge. Jüngere Arbeiten stellen die erzähltechnischen und semiotischen Verfahren heraus, die den *effet de réel* erzeugen, der B.s Romane scheinbar so unmittelbar in der Wirklichkeit verankert. Auch der Realismus ist demzufolge nicht primär mimetisch, sondern als ästhetische Strategie zu deuten.

Ausgaben: La comédie humaine. 12 Bde. Hg. v. P.-G. Castex. Paris 1976–1981; Die menschliche Komödie. 20 Bde. Hg. v. E. Wesemann. Frankfurt/M. 1996; Écrits sur le roman. Anthologie. Hg. v. S. Vachon. Paris 2000.

Forschungsliteratur: G. Lukács: B. und der französische Realismus. Berlin 1952; A. Robbe-Grillet: Sur quelques notions périmées (1957). In: Pour un nouveau roman. Paris 1963. S. 25–44; H. U. Gumbrecht u. a. (Hg.): H. d. B. München 1980; J. Küpper: B. und der Effet de réel. Amsterdam 1986; S. Vachon (Hg.): B. Une poétique du roman. Saint-Denis u. a. 1996; R. Warning: Die Phantasie der Realisten. München 1999; A. del Lungo: L'incipit romanesque. Paris 2003; G. Gengembre: La comédie humaine de B. Analyse de l'œuvre. Paris 2004.

Franziska Sick

Barth, John (geb. 1930)

Die zentralen poetologischen Aussagen B.s liegen in zwei Aufsätzen vor. Der frühere Text, *The Literature of Exhaustion* aus dem Jahre 1967, stellt eine unmittelbare Reaktion auf die Theorien M. McLuhans und die „intermedia arts" dar. B. stellt darin die These auf, dass die Zukunft der Literatur nicht in medialen Experimenten wie ungebundenen, vom Leser beliebig zusammensetzbaren Romanen liege, und erteilt allen Konzepten eine Absage, die künstlerische Autorschaft infrage stellen. Moderner Kunst und Literatur mangele es an Virtuosität und, als deren Bedingung, an einem Bewusstsein für die Historizität des eigenen Tuns. Die Mehrzahl seiner Zeitgenossen stecke entweder noch in der Ästhetik der Jahrhundertwende fest oder sei, wie der Nouveau Roman (↑Robbe-Grillet), innovativ, aber ohne emotionale Tiefe. B. nimmt lediglich ↑Nabokov, ↑Beckett und ↑Borges von diesen Vorwürfen aus, um am Bsp. des Letzteren zu erläutern, wie es angesichts der titelgebenden „erschöpften Möglichkeiten" zu erreichen sei, die Nachfolge der lit. Moderne anzutreten.

Während Becketts Ästhetik wie die J. Cages der Selbstauflösung zustrebe, verstehe Borges es, in seinen Texten die Schwierigkeit des Schreibens von origineller Literatur mit der Frage nach deren Notwendigkeit zu verbinden. Die Weltliteratur stelle, wie in Borges' *Bibliothek von Babel*, ein Labyrinth dar, und die Fähigkeit des begabten Künstlers liege darin, den kürzesten Weg durch dieses Labyrinth zu finden. Als Thema für Literatur bleibe nur die Frage, ob diese ihre Möglichkeiten ausgeschöpft habe und von anderen Medien verdrängt werde. Literatur als Repräsentation des Lebens sei nicht mehr möglich, nur noch Literatur über Literatur.

Im 1980 veröffentlichten Aufsatz *The Literature of Replenishment* unterzieht B. die gerade ihren ersten Höhepunkt erreichende Diskussion der lit. Postmoderne einer Untersuchung. Er diskutiert den Stand der Forschung und schließt sich den Standpunkten R. Alters und I. Hassans an, wenn auch mit der Einschränkung, dass Schriftstellern durch literaturwissenschaftliche Erkenntnisse keine Beschränkungen auferlegt würden. Verglichen mit der Moderne sei die Postmoderne v. a. politischer und zugänglicher. Postmoderne Literatur habe das Potenzial, die erschöpften Möglichkeiten der Ästhetik des Hochmodernismus zu überwinden und damit die Literatur der Wiederbelebung zu sein, da sie verinnerlicht habe, was Dichter aller Zeiten beschäftigt hat: die Unmöglichkeit der Originalität.

Ausgaben: The Literature of Exhaustion. In: The Atlantic Monthly 220 (1967). S. 29–34; The Literature of Replenishment. In: The Atlantic Monthly 245 (1980). S. 65–71.

Forschungsliteratur: U. Alart: ‚Exhaustion' und ‚Replenishment'. Die Fiktion in der Fiktion bei J. B. Heidelberg 1984; E. B. Safer. The Essay as Aesthetic Mirror: J. B.s ‚Exhaustion' and ‚Replenishment'. In: Studies in American Fiction 15 (1987). S. 109–117.

Hans-Joachim Backe

Barthes, Roland (1915–1980)

B.s Wirken als Philosoph und Literaturtheoretiker nimmt seinen Ausgang vom Strukturalismus, den er aber nicht als systematische Methode, sondern als eine Tätigkeit verstanden wissen will, bei der es darum geht, ein Objekt so zu rekonstruieren, dass dessen Funktionsregeln transparent werden (*Die strukturalistische Tätigkeit*, 1966; *L'activité structuraliste*, 1963). Partielle Berührungspunkte bestehen zum russ. Formalismus mit seiner Akzentuierung funktionaler Zusammenhänge und seinen ideologiekritischen Tendenzen. Zentrales wissenschaftliches Paradigma ist bei B. die Semiologie, wobei er mit F. de Saussure die Bedeutung sprachlicher Zeichen auf deren Differenzqualitäten zurückführt. Die strukturalistische Tätigkeit besteht in der Zerlegung und neuen Zusammenfügung („découpage" und „agencement") dieser partikulären Elemente, von denen der Sinn einer Äußerung abhängt. Dabei wird keine dem Text inhärente stabile Bedeutung rekonstruiert, sondern ein Simulacrum erzeugt, um das Funktionieren des Textes transparent zu machen. In seiner Auseinandersetzung mit *Mythen des Alltags* (*Mythologies*, 1957; dt. 1964) versteht B. „Mythen" als sekundäre Bezeichnungssysteme („Sprachen"), in denen sich Ideologien und Machtverhältnisse zu konsolidieren suchen. Seine Auffassung der semiologischen Arbeit als einer nicht-systematischen, „abenteuerlichen" Praxis, bei der dem Semiologen von Seiten der Zeichen selbst etwas „widerfährt" (*Das semiologische Abenteuer*, 1988; *L'aventure sémiologique*, 1985), bedingt den Übergang von strukturalistischen zu poststrukturalistischen Positionen. Die Konzeption des Autors als bedeutungsstiftender Instanz wird wie bei ↑Foucault radikaler Kritik unterzogen; die Formel vom „Tod des Autors" geht maßgeblich auf B. zurück. Zentrale Bedeutung gewinnt bei B., ähnlich wie bei ↑Derrida, der Terminus *écriture*, der funktional an die Stelle des Saussureschen Begriffs der *parole* tritt (vgl. *Am Nullpunkt der Literatur*, 1959; *Le degré zéro de l'écriture*, 1953). Konzeptionell ist die *écriture* die Antagonistin der „Stimme", des traditionell angenommenen personalen Moments sprachlicher Äußerungen, das lange als Ursprung des Sinns galt. Für B. gibt es keinen personalen Sinnursprung; jeder Sprachbenutzer ist stets schon absorbiert vom Text als einem uneinheitlichen und unfixierbaren Ort. An die Stelle des *auteur* tritt der *scripteur* als jemand, der nicht „vor" oder „nach" dem Text existiert, sondern nur „während" des Textes. Dieser Befund wird insb. auf das Erzählen bezogen, das B. abgrenzt von sprachlichen Versuchen der Einwirkung auf die Wirklichkeit: Im lit. Erzählen sterbe der Autor, beginne die Schrift. B. fasst Texte als prozessual auf, fokussiert das Schreiben als Praxis und bedient sich dabei der linguistischen Kategorie des Performativen: Der Äußerungsakt und sein Gegenstand sind deckungsgleich. Texte werden nicht durch einen einheitlichen Sinn zusammengehalten, sondern stellen vieldimensionale Räume dar, in denen die Schreibweisen (*écritures*) interagieren, sich vereinigen oder bekämpfen. Sie sind nicht originell, existieren also nicht nur für diesen Text, sondern letzterer ist ein Gewebe von Zitaten heterogener kultureller Provenienz; die Arbeit des Schriftstellers besteht in der Mischung und Verbindung dieser Zitate. Mit dieser These wird B. zu einem Hauptvertreter der semiologisch fundierten Intertextualitäts-Theorie. Zwischen Schreibenden und Lesern besteht für ihn kein kategorialer Unterschied; „Lektüre" wird zur zentralen Kategorie (vgl. *S/Z*, 1970; dt. 1976). Auch der Semiologe spielt mit dem ihm gebotenen Text-Material weiter. Literatur bildet Wirklichkeit nicht ab, sondern überlagert sie mit ihren eigenen sprachgebundenen Konstruktionen. An die Stelle einer schreibend zu vermittelnden und lesend zu entziffernden Bedeutung tritt als Voraussetzung des lit. Prozesses *Die Lust am Text* (*Le plaisir du texte*, 1973; dt. 1974), die Bejahung des Spielerischen und Zufälligen, die sich bei B. mit der Betonung der materiellen und somatischen Dimension von Schreib- und Leseprozessen verbindet. Die Erfahrung der Materialität von Texten hat eine erotische Komponente, und die Musik als eine Kunst, die von aller Bedeutungssuggestion frei ist, kommt der Lust am Lautlichen bes. entgegen. Neben F. de Saussure gehört ↑Nietzsche mit seiner These von der Fiktionalität allen theoretischen Wissens, seiner Kritik an festen Begrifflichkeiten und am Projekt der Wahrheitssuche zu B.s wichtigsten Wegbereitern. Die späte essayistische Erzählung über die Fotografie, *Die helle Kammer* (*La chambre claire*, 1980; dt. 1985), schließt an die semiologisch-literaturtheoretische Kritik des Glaubens an im Text präsente Signifikate und feststellbare Bedeutungen an, insofern sie erstens den phantomatischen Charakter fotografisch repräsentierter Erscheinungen hervorhebt, und zweitens sich selbst einer Lektüre als systematische Theorie der Fotografie verweigert. Dieser Text über das Lichtbild, die Suche nach einem Bild der Mutter, die Erinnerung und den Tod hat nicht nur den theoretischen Diskurs über Fotografie geprägt, sondern auch viele lit. Texte zum Thema Fotografieren stark beeinflusst.

Ausgaben: Œuvres complètes. 5 Bde. Hg. v. É. Marty. Paris 2002; Am Nullpunkt der Literatur. Hamburg 1959; Mythen des Alltags. Frankfurt/M. 1964; Die Lust am Text. Frankfurt/M. 1974; S/Z. Frankfurt/M. 1976; Die helle Kammer. Bemerkungen zur Photographie. Frankfurt/M. 1985; Das semiologische Abenteuer. Frankfurt/M. 1988.

Forschungsliteratur: J. D. Culler: R. B. New York 1983; H.-H. Henschen (Hg.): R. B. München 1988; D. Kolesch: R. B. Frankfurt/M. u. a. 1997; O. Ette: R. B. Eine intellektuelle Biographie. Frankfurt/M. 1999; C. Brune: R. B. Literatursemiologie und literarisches Schreiben. Würzburg 2003.

Monika Schmitz-Emans

Bataille, George (1897–1962)

B.s in *Die Literatur und das Böse* (*La littérature et le mal*, 1957; dt. 1987) gesammelten Essays über E. Brontë, ↑Baudelaire, J. Michelet, ↑Blake, ↑Sade, ↑Proust, ↑Kafka und J. Genet stammen aus den Jahren 1946 bis 1957. In dieser Zeit verfasste B. auch Vorreden zu eigenen älteren Texten, so zum Roman *Das Blau des Himmels* (*Le bleu du ciel*, 1957, geschrieben 1935; dt. 1967) und zur Erzählung *Madame Edwarda* (1941/45, Vorwort 1956; dt. 1977).

Nach der Erfahrung des Krieges, polit. Enttäuschungen und kurzlebigen Gruppenaktivitäten der 1930er Jahre (*Contre-Attaque*, *Acéphale*, *Collège de Sociologie*) beginnt B.s verstärkte Beschäftigung mit Literatur. Allein in der Literatur zeige sich die „Souveränität" des Bösen „unabhängig von einer zu schaffenden Ordnung", d. h. jenseits von Vorteilsbeschaffung und Zweckrationalität, durch die es sich nur graduell vom Guten unterscheide. Auf den „verfemten Teil" („la part maudite"), das Ausgeschlossene, Formlose, besinnt sich B.s Heterologie bereits seit den 1930er Jahren im Rahmen einer „allgemeinen Ökonomie", die Verschwendungsprozesse kosmologischer, biologischer, religiöser, wirtschaftlicher und kultureller Art thematisiert; Einkreisung und Ausschluss des Verfemten (als Böses, aber auch als Heiliges) werden dabei als

Momente primärer kultureller Ordnungssetzung gedacht.

B. lehnt sowohl die repräsentative Funktion von Literatur als auch die *littérature engagée* (↑Sartre) und „falsche" Negationen wie das Selbstdementi des späten ↑Rimbaud schroff ab. Literatur im „vollen" Sinne ist dagegen Überschreitung *(transgression)*, Kommunikation des Bösen und damit einer intensiven Schulderfahrung, ohne die auch das Erotische nichtig wird. In diesem theoretischen Rahmen bedeutet Überschreitung nicht anarchischer Umsturz, sie ist Erfahrung des Bösen und Affirmation des Gesetzes zugleich.

Schreiben ist für B. niemals kontinuierlicher Prozess, sondern instabiler Zustand. Dies zeigt sich im „geschichteten" Charakter seines Romans *Abbé C.* (*L'abbé C.*, 1950; dt. 1966). Hier finden sich kurze Vor- bzw. Nachworte eines fingierten Herausgebers, schubweise angefertigte Notate und nachholende Erzählungen verschiedener Erzählstimmen; die Überschreitungen entziehen sich so der deutenden Fixierung.

B. war unter den ersten surrealistischen Dissidenten und begründete später die Zeitschrift *Critique*. Ihn verband freundschaftlicher Austausch mit ↑Blanchot. In den 1960er Jahren wurde sein Denken u. a. durch die Gruppe *Tel Quel* und ↑Foucault rezipiert.

Ausgaben: Œuvres complètes. Paris 1970–1988; Das Blau des Himmels. München 1969; Das obszöne Werk. Reinbek 1977; Die Literatur und das Böse. Emiliy Brontë – Baudelaire – Michelet – Blake – Sade – Proust – Kafka – Genet. München 1987; Abbé C. München 1990.

Forschungsliteratur: R. Bischof: Souveränität und Subversion. G. B.s Theorie der Moderne. München 1984; H. Finter (Hg.): B. lesen. Die Schrift und das Unmögliche. München 1992; A. Hetzel (Hg.): G. B. Vorreden zur Überschreitung. Würzburg 1999.

Pierre Mattern

Batteux, Charles (1713–1780)

In Anknüpfung an eine bis in die Antike zurückreichende Tradition der Analogisierung der Künste sowie im Rekurs auf den schon dort zentralen Mimesisbegriff charakterisiert B. als verbindendes Prinzip aller Künste die Nachahmung der Natur (*Einleitung in die schönen Wissenschaften*, 1756–1758; *Cours de belles lettres ou principes de la littérature*, 1747–1750). Allerdings sei vom Kunstwerk zusätzlich Schönheit zu fordern, sodass die nachzuahmende Natur selektiv wahrgenommen werden müsse (*Einschränkung der schönen Künste auf einen einzigen Grundsatz*, 1751; *Les beaux-arts réduits à un même principe*, 1746). Hierzu ist das Genie disponiert, das sich nicht nur durch seine Kreativität, sondern auch durch seinen guten Geschmack hervortut; unter dessen Einfluss gestaltet sich das künstlich Erzeugte als schön. Wird auch generalisierend die Natur als Gegenstand aller ästhetischen Darstellungen bestimmt, so erfährt der Nachahmungsbegriff doch insofern eine Ausweitung, als ihm auch dichterische Fiktionen subsumiert werden, sofern diese leicht als „möglich" vorstellbar sind; der Wirklichkeit ordnet B. die „Wahrheit", der Kunst die „Wahrscheinlichkeit" zu, gestattet dem Dichter aber neben Sujets aus der historischen und natürlichen Welt auch solche aus Mythos und Fabel. Wahres, Gutes und Schönes stehen in enger Korrelation. Mögliches, das zugleich schön ist, hat als Sujet den Vorzug vor unschönen Realitäten. Die Dehnbarkeit seines Nachahmungskonzepts belegen auch die musikästhetischen Thesen: Wie ↑Dubos deutet er die Musik als Affektausdruck (*Einschränkung der schönen Künste*). In seiner *Traité de la construction oratoire* (1763) erörtert B. Grundsätze und Spielformen poetischer Sprachgestaltung, auch unter Einbeziehung der rhythmischen und klanglichen Dimension. Mit B.s Theorie ästhetischer Nachahmung wird das Mimesis-Konzept von ↑Aristoteles modifiziert. Bei aller Lizenz in der Darstellung des Möglichen nimmt er die künstlerische Darstellung in den Dienst der Erkenntnis über reale Dinge. Damit bereitet er den Weg für ↑Diderots Vorstellungen von der didaktischen Dimension der Kunst. Diverse Ästhetiker der Aufklärung, darunter auch ↑Breitinger und ↑Mendelssohn, haben an B. angeknüpft. In *Einleitung in die schönen Wissenschaften* knüpft B. an antike Inspirationsideen an und deutet die poetische Begeisterung als einen Zustand, in welchem die Seele sich dem Gegenstand überlasse; in solche Raserei versetzt, können die Empfindungen den Verstand überwältigen. ↑Gottsched publizierte 1754 einen durch eine eigene Abhandlung (weitgehend affirmativ) kommentierten *Auszug aus des Herrn Batteux Schönen Künsten.*

Ausgaben: Cours de belles lettres ou principes de la littérature. 4 Bde. Frankfurt/M. u. a. 1755; Einleitung in die schönen Wissenschaften. 4 Bde. Leipzig 1756–1758; Les beaux-arts réduits a un même principe. Nachdr. d. Ausg. v. 1773. Genf 1969; Einschränkung der schönen Künste auf einen einzigen Grundsatz. Nachdr. d. Ausg. v. 1770. Hildesheim u. a. 1976.

Forschungsliteratur: F. R. Hausmann (Hg.): Französische Poetiken. Teil I. Texte zur Dichtungstheorie vom 16. bis zum Beginn des 19. Jahrhunderts. Stuttgart 1975; I. von der Lühe: Natur und Nachahmung. Untersuchungen zur B.-Rezeption in Deutschland. Bonn 1979; J. H. Petersen: Mimesis – Imitatio – Nachahmung. München 2000.

Monika Schmitz-Emans

Baudelaire, Charles (1821–1867)

In verschiedenen Schriften zur Kunst, Literatur und Musik legt B. das theoretische Fundament seiner Ästhetik der Modernität (*modernité*) dar, die er insb. in seinem Gedichtzyklus *Die Blumen des Bösen* (*Les fleurs du mal*, 1857 u. 1861: Neuaufnahme von 35 Gedichten; dt. 1891) und den Prosagedichten *Pariser Spleen* (erstmalig in Deutschland veröffentlicht u. d. T. *Novellen und kleine Dichtungen in Prosa*, 1904; *Le spleen de Paris*, 1869) poetisch umsetzt.

Mit seinem Aufsatz *Der Maler des modernen Lebens* (*Le peintre de la vie moderne*, 1863; dt. 1906) kennzeichnet B. Modernität als das Flüchtige, Kontingente und Transitorische. Die Modernität beschreibt somit einerseits Strukturen der sinnlichen und existenziellen Erfahrung des modernen Subjekts, insb. im Lebensraum der industrialisierten Großstadt, und kategorisiert andererseits konkrete künstlerische Verfahren wie die Karikatur. Paradigmatisch erhebt B. den Karikaturisten C. Guys zum idealtypischen modernen Künstler. Der Begriff der Modernität korrespondiert bei B. mit einer komplexen Auffassung von Schönheit („beauté"), die sich durch Dauer, Ewigkeit und Unveränderlichkeit auszeichnet und dadurch dem Ideal annähert. Prinzip der Modernität sowie Aufgabe der Kunst als „Mnemotechnik des Schönen" ist es, im Flüchtigen, Banalen oder Hässlichen der Alltagswelt überzeitliche Schönheit aufscheinen zu lassen und „aus dem Vergänglichen das Ewige herauszuziehen". Mit dem Flaneur porträtiert B. einen Beobachter der Menschenmassen, dem die simultane Erfahrung der Partizipation an der Bewegung der Menge und der Isolation in der Anonymität der Masse ästhetischen Genuss bereitet. („Für den vollkommenen Flaneur, für den leidenschaftlichen Beobachter ist es ein unendlicher Genuss, Aufenthalt zu nehmen in der Vielzahl, in dem Wogenden, in der Bewegung, in dem Flüchtigen und Unendlichen. Draußen zu sein, und sich doch überall zu Hause zu fühlen; die Welt zu sehen, mitten in der Welt zu sein, und doch vor der Welt verborgen zu bleiben"). So weist der Flaneur Affinitäten zum Künstler auf, dem es folglich zukommt, mit Hilfe der Imagination den beobachteten Alltagserfahrungen in dissonanten, ambivalenten Bildern Ausdruck zu verleihen, um in ihnen Schönheit zu erwecken und diese zu fixieren. Bereits in seiner Schrift über E. Delacroix im *Salon von 1846* (*Salon de 1846*, 1846; dt. 1977) zitiert B. mehrfach die Vorstellung der wahrnehmbaren Welt als „Wörterbuch" bzw. Zeichenreservoir, das dem Künstler Material liefert, welches dieser mit Hilfe der Imagination und Erinnerung umwandeln muss. Erst durch die nachträglich erinnernde, imaginierende Reflexion der wahrgenommenen Phänomene kann der Künstler der Falle der reinen Mimesis entgehen und zu einer vollendeten Darstellung gelangen. Die Imagination, der B. im *Salon von 1859* (*Salon de 1859*, 1859; dt. 1989) als „Königin der Fähigkeiten" gar göttliche Schöpferkraft zuspricht, eröffnet ihm die geheimen Analogien und Korrespondenzen, die einer oberflächlichen Schau verborgen bleiben. In der Akzentuierung der Flüchtigkeit und der Aufwertung von Erinnerung und Imagination als kreative Verfahren der Bildgewinnung mit poetischem Potenzial bereitet B. den Weg für ↑Prousts Poetik der Erinnerung.

In B.s die moderne Dichtung begründendem Zyklus *Die Blumen des Bösen* findet das Modernitätsprinzip im Gedicht *An eine, die vorüberging* (*À une passante*) eine bes. prägnante poetische Form. Das lyrische Ich flaniert durch die Straßen, als eine Frau, mit der Hand den Saum ihres Kleides hebend, vorübergeht. Ihr vom Rock freigelegtes Bein avanciert in der Perspektive des Flaneurs zum skulpturalen Kunstobjekt. Sein aufkeimendes Begehren wird jäh gebrochen, als die Frau ebenso schnell wieder in der Masse verschwindet, wie sie aufgetaucht ist („Ein Blitz ... und dann die Nacht! – Flüchtige Schönheit, von / deren Blick ich plötzlich neu geboren war, soll ich dich in der / Ewigkeit erst wiedersehen?"). Der banalen Situation einer zufälligen flüchtigen Begegnung auf der Straße ist im Medium des Gedichts Dauerhaftigkeit verliehen, die zugleich auf der Ebene der poetischen Bildlichkeit mit der ästhetisierenden skulpturalen Erstarrung des Frauenbeins inszeniert wird. Den Rahmen des Zyklus *Die Blumen des Bösen* bildet die elementare „Spannung zwischen Satanismus und Idealität" (↑Friedrich), die auf B.s Auffassung des Menschen als durch den Sündenfall selbstverschuldet zu Verderbnis, Verbrechen und Sittenlosigkeit verdammtes Wesen basiert, das sich dem Ideal immer nur vergeblich annähern, es aber nie erreichen kann. Das Ideal findet im gleichnamigen Gedicht seine Bestimmung in der Schönheit der Kunst, die durch Gewährsmänner wie ↑Shakespeare, ↑Aischylos und Michelangelo aufgerufen wird. Insb. im Gedicht *Die Schönheit* (*La beauté*) wird das Bestreben der Künstler, Schönheit über mimetische Verfahren zu gestalten, als Utopie entlarvt, die dem vergeblichen Streben nach dem Ideal entspricht. Dagegen setzt B. mit der Unterabteilung der *Pariser Bilder* (*Tableaux parisiens*) Gedichte, die eindeutig seiner Ästhetik der Modernität verpflichtet sind und die Stadt als ambivalenten Ort urbaner Hässlichkeit ausweisen, an dem das Schöne gelegentlich blitzartig aufscheint. In bizarr-grotesken Bildern prallen schockartig heterogene Elemente aufeinander. Selbst ein am Straßenrand verfaulender Kadaver gerät in *Ein Aas* (*Une charogne*) zum ästhetischen Objekt. Die lüsternen, grotesk entstellten Körper von Bettlern, Prostituierten und Alten bevölkern die Straßen der Metropole, die im *Pariser Traum* (*Rêve parisien*) der kalten Schreckenslandschaft einer anorganischen, arkadischen Traumstadt gegenübergestellt wird. Deren erhabene Metallarchitektur erweist sich letztlich als flüchtiger Traumgegenstand, als der Schlafende erwacht und zurückkehrt in eine „kläglich träg und kalte Welt".

Der Zyklus *Der Wein* (*Le vin*) bezieht sich thematisch auf B.s Essay *Die künstlichen Paradiese* (*Les paradis artificiels*, 1860; dt. 1901), worin er die Sinneserfahrungen und Ausnahmezustände des Geistes im Haschisch-Rausch schildert. Dem Anfangsstadium des Rausches billigt er den Vergleich mit der dichterischen Erfahrung zu; die im finalen Stadium erfolgende Selbstapotheose hingegen verurteilt er als unmoralische Selbsttäuschung. Parallel zu den *Blumen des Bösen* entstanden die Prosagedichte *Pariser Spleen*. Sie geben in banal-bizarren Bildern die dissonante Welterfahrung im Großstadtmilieu, v. a. aus der Perspektive des isolierten, von der Masse entfremdeten Künstlers wieder, wobei B. durch Stilmischungen, die Ambivalenz der Bilder und sprachliche Musikalität in der neuartigen Form des Prosagedichts eine poetische Wirkung von hoher Evokationskraft erzielt, die durchaus im Kontrast zu den thematisierten Gegenständen steht. B.s zumeist mit Großstadt-Motiven verbundene Ästhetik des Hässlichen greift einerseits auf die Schauerliteratur ↑Poes und ↑Hoffmanns zurück und stellt andererseits Motive, Perspektiven und sprachliche Bilder der durch Anonymität gekennzeichneten Massengesellschaft etc. bereit, welche erneut von den dt. Expressionisten aufgegriffen werden und u. a. die Lyrik J. R. Bechers, G. Heyms und ↑Benns prägen. Gesellschaftl. Verfall, die breite Armut in den von Industrialisierung geprägten Metropolen sowie menschliches Elend avancieren dort zu zentralen Themenkreisen. Die scharfe Kontrastierung von menschlicher Verwesung und dichterischer Sprache etwa in Benns *Morgue*-Dichtungen liest sich als Zuspitzung der Ästhetisierung des Hässlichen bei B. Auf das Ideal des Schocks, der Heterogenes dialektisch zusammenführt, rekurriert ↑Benjamin in den geschichtsphilosophischen Überlegungen seines *Passagenwerks*, das B. als paradigmatischen Vertreter der Epoche der Moderne vorstellt. Mit seinem Aufsatz *Über das Wesen des Lachens, insbesondere über das Komische in der Kunst* (*De l'essence du rire et généralement du comique dans les arts plastiques*, 1855; dt. 1922) legt B. eine eigene Theorie des Lachens und des Grotesken vor, die in Auseinandersetzung mit Autoren wie C. R. Maturin und Hoffmann bzw. den Künstlern W. Hogarth, P. Gavarni, F. de Goya etc. entstand. Das Groteske gilt B. als reinste Form des Komischen, das Lachen als Ausdruck tiefsten inneren und letztlich unauflösbaren Zwiespalts zwischen dem Satanischen und dem moralischen Ideal.

Ausgaben: Œuvres complètes. 2 Bde. Hg. v. C. Pichois. Paris 1975–1976; Sämtliche Werke/Briefe in acht Bänden. Hg. v. F. Kemp/C. Pichois. München u. a. 1975 ff.

Forschungsliteratur: J. Austin: L'univers poétique de B. Symbolisme et symbolique. Paris 1956; H. Friedrich: Die Struktur der modernen Lyrik. Von der Mitte des 19. bis zur Mitte des 20. Jahrhunderts. Reinbek 1973; W. Benjamin: C. B. Ein Lyriker im Zeitalter des Hochkapitalismus. Frankfurt/M. 1974; J.-P. Sartre: B. Ein Essay. Reinbek 1978; T. Greiner: Ideal und Ironie. B.s Ästhetik der ‚modernité' im Wandel vom Vers- zum Prosagedicht. Tübingen 1993; J. Hiddleston: B. and the Art of Memory. Oxford u. a. 1999; H. Doetsch: Flüchtigkeit. Archäologie einer modernen Ästhetik bei B. und Proust. Tübingen 2004.

Katrin Fischer-Junghölter

Baudrillard, Jean (1929–2007)

In B.s Hauptwerk *Der symbolische Tausch und der Tod* (*L'échange symbolique et la mort*, 1976; dt. 1982) treten Zeichenwelten an die Stelle konkreter Realität. Diese Simulationen verweisen ausschließlich auf sich selbst und interagieren nur noch mit anderen Simulationen. Simulation ist für B. kein Gegenbegriff zur Realität, sondern die Realität ist selbst schon eine spezifische Simulationsform. Das Simulationsgeschehen ist ein Vorgang der Realisierung von Wirklichkeit, die durch Zeichen konstruiert wird. B. bezeichnet diese Dominanz der Zeichen als Semiokratie, die über das postindustrielle Zeitalter herrscht. Durch die Ununterscheidbarkeit von Bezeichnendem und Bezeichneten wird die objektive Realität ausgelöscht und zu einer künstlichen Hyperrealität, in der alles zum Zeichen wird. B.s Theorien stützen sich auf die Zeichentheorie von F. de Saussure. In dem Kapitel „Kool Killer oder der Aufstand durch Zeichen" („Kool Killer ou l'insurrection par les signes") beschreibt B. die Möglichkeit des Widerstands gegenüber dem herrschenden Prinzip der Bezeichnung. Die amerik. Graffitis der 1970er Jahre setzen der urbanen Anonymität neue Zeichen entgegen. Die Pseudonyme der Graffiti-Künstler brechen als leere Signifikanten in die Sphäre der städtischen Zeichen ein und lösen diese durch ihre bloße Präsenz auf.

Ausgaben: L'échange symbolique et la mort. Paris 1976; Der symbolische Tausch und der Tod. B. und die Todesrevolte. München 1982.

Forschungsliteratur: R. Bohn/D. Fuder (Hg.): B. Simulation und Verführung. München 1994; F. Blask: B. zur Einführung. Hamburg 1995; M. Junge: Soziologie der Simulation: J. B. In: St. Moebius/L. Peter (Hg.): Französische Soziologie der Gegenwart. Konstanz 2004. S. 325–354; P. Gente/B. Könches/P. Weibel (Hg.): Philosophie und Kunst. J. B. Eine Hommage zu seinem 75. Geburtstag. Berlin 2005.

Simone Sauer

Baumgart, Reinhard (1929–2003)

B. geht in seinen Frankfurter PV über die *Aussichten des Romans* (1966/67) von einer Krise des Erzählens aus: Sprache lässt nicht Gegenstände erscheinen, sondern einen Zustand ihrer selbst. Dadurch wirkt jedes der Elemente realistischen Erzählens – Tatsachenerfindung bzw. -erinnerung, Perspektive, Verallgemeinerbarkeit – fragwürdig, wenn nicht überholt. Die Verbindlichkeit des Erzählten ist nicht mehr an gemeinsam erfahrene Wirklichkeit gebunden, sondern an das „Gewährs-Ich" der erzählenden Figur; lit. Moral bleibt textimmanent. Im unvermeidlichen Gegenstandsbezug ist der Film der Literatur voraus. Realistisch in neuem Sinn ist „dokumentarische Literatur", wenn sie Wörter als Realien erscheinen lässt. Der Roman bewältigt nun nicht, wie es das nunmehr veraltete Werk-Konzept vorsah, außersprachlichen Stoff, sondern er bezeugt die Erfahrung, dass Sprache anonym vorfabriziert ist. Aufgabe der Literaturkritik wird es, ihr Augenmerk vom gelungenen Werk auf den interessanten Schreibvorgang zu verschieben (↑Barthes).

Damit hatte B. auf zwei Entwicklungen der späten 1960er Jahre hin- und vorausgewiesen: die dokumentarische Literatur einerseits (E. Runge), andererseits eine von B. später so genannte „erste Postmoderne" (H. Fichte, U. Brandner, H. Achternbusch). Doch aus jeweils unterschiedlichen Gründen ist es in Deutschland, so B., weder nach 1930 noch um 1968 oder in den 1980er Jahren gelungen, das Ende der lit. Moderne produktiv zu reflektieren. So müssen Autoren einer sehr breit gedachten realistischen Erzähltradition immer wieder von Neuem versuchen, Fremdreferenz bei unvermeidlicher Einsicht in die Selbstreferenz lit. Schreibens aufrechtzuerhalten – ohne in engagierter Selbstaufgabe oder selbstreflexivem Leerlauf zu verschwinden. Solche Bemühungen hat B. zuweilen über mehrere Jahrzehnte z. B. bei ↑Johnson, ↑M. Walser, ↑Handke und ↑Bachmann verfolgt und kommentiert (*Deutsche Literatur der Gegenwart*, 1994). Auf die Rede vom „Tod der Literatur" reagiert B. in *Addio* (1995): Die Literatur habe ihre eigenen Krisengeschichten immer schon selber erzählt (Krisen der Rezeption, der

Mimesis, der Ausdrucksmittel und der Autorschaft).

B. schrieb zwei frühe Romane (*Der Löwengarten*, 1961; *Hausmusik*, 1962) sowie eine Reihe von Erzählungen (*Panzerkreuzer Potjomkin*, 1967; *Glück und Scherben*, 2002), in denen es immer wieder um die problematische Verdoppelung der Ereignisse durch Erzählung und Bild geht. B. nahm an Tagungen der Gruppe 47 als Lektor, Autor und Kritiker teil. V. a. in den PV schließt er an Positionen ↑Adornos an.

Ausgaben: Der Löwengarten. Olten u. a. 1961; Hausmusik. Ein deutsches Familienalbum. Olten u. a. 1962; Panzerkreuzer Potjomkin. 12 Erzählungen. Neuwied u. a. 1967; Aussichten des Romans oder Hat Literatur Zukunft? [FPV]. Neuwied u. a. 1968; Deutsche Literatur der Gegenwart. Kritiken – Essays – Kommentare. München u. a. 1994; Addio. Abschied von der Literatur. Variationen über ein altes Thema. München u. a. 1995; Glück und Scherben. Drei lange Geschichten, vier kurze. München u. a. 2002.

Forschungsliteratur: D. Wohlleben: Schwindel der Wahrheit. Ethik und Ästhetik der Lüge in Poetik-Vorlesungen und Romanen der Gegenwart. Freiburg i. Br. u. a. 2005. S. 95–124.

Pierre Mattern

Baumgarten, Alexander Gottlieb (1714–1762)

In Abgrenzung zur traditionellen Logik des Verstandes konzipiert B. eine Logik des unteren Erkenntnisvermögens, die er als Ästhetik bezeichnet. Mit dieser Wissenschaft von der sinnlichen Erkenntnis („scientia cognitionis sensitivae") begründet B. die Ästhetik als philosophische Disziplin, schließt terminologisch aber vielfach an Rhetorik und Poetik an. Bereits seine Dissertationsschrift *Philosophische Betrachtungen über einige Bedingungen des Gedichtes* (*Meditationes philosophicae de nonnullis ad poema pertinentibus*, 1735) bestimmt das Gedicht als vollkommene sinnliche Rede („oratio sensitiva perfecta"). Damit spricht B. der sensitiven Erkenntnis eine originäre Vollkommenheit zu und erklärt undeutliche, aber sinnlich reichhaltige Vorstellungen für bes. poesiefähig. Die *Aesthetica* (1750/1758) zielt auf eine erweiterte Theorie der freien Künste (*theoria liberalium artium*), basierend auf der Fähigkeit der *cognitio sensitiva*, einen Reichtum an materialen oder individuellen Eigenschaften eines Gegenstandes zu erfassen, der in der Abstraktion verloren geht. Nach B. bilden die sinnlichen Vermögen wie Witz, Scharfsinn, Gedächtnis, Einbildungskraft, Dichtungs- und Beurteilungsvermögen ein *analogon rationis* und bringen insb. in der schönen Kunst eine ästhetische Wahrheit komplementär zur Wahrheit des Verstandes hervor. Dichtungstheoretisch entwickelt B. in Anlehnung an C. Wolff eine Theorie von heterokosmischen poetischen Erfindungen und begreift lit. Fiktionen als Darstellungen von Begebenheiten in anderen möglichen Welten. B. untersucht die Repräsentation von Schönheit durch die Kunst, charakterisiert aber auch Kunsterfahrung und ästhetische Wahrnehmung im Allgemeinen. Die Dissertation wie die *Aesthetica* sind dabei von einer Spannung im Begriff der „Vollkommenheit" geprägt. Einerseits intendiert B. eine metaphysische Theorie über die Vollkommenheit der Welt, die in der Kunst sinnlich zugänglich ist, andererseits entwickelt er einen Begriff von sinnlichen, aber zugleich erkenntnisrelevanten Fähigkeiten und erhebt deren Vervollkommnung zum Ziel des Ästhetikers. Sein Schüler G. F. Meier folgt B. programmatisch und legt noch vor dem Erscheinen der *Aesthetica* die *Anfangsgründe aller schönen Wissenschaften* (1748–1750) vor. B. ergreift durch die Integration des Wunderbaren für ↑Bodmer und ↑Breitinger Partei und wird von Th. J. Quistorp, einem Anhänger ↑Gottscheds, der Bevorzugung dunkler und regelloser Gedanken in der Dichtung bezichtigt. Während sich später ↑Herder auf B. beruft, kritisiert ↑Kant B.s Ansatz, der Theorie des Schönen den Begriff einer verworrenen Erkenntnis zu Grunde zu legen.

Ausgaben: Aesthetica. Hildesheim 1961; Metaphysica. Hildesheim 1963; Texte zur Grundlegung der Ästhetik. Lat.-dt. Hg. v. H. R. Schweizer. Hamburg 1983; Meditationes philosophicae de nonnullis ad poema pertinentibus. Philosophische Betrachtungen über einige Bedingungen des Gedichtes. Hg. v. H. Paetzold. Hamburg 1983; Ästhetik. Lat.-dt. 2 Bde. Hg. v. D. Mirbach. Hamburg 2007.

Forschungsliteratur: U. Franke: Kunst als Erkenntnis. Die Rolle der Sinnlichkeit in der Ästhetik des A. G. B. Wiesbaden 1972.

Achim Vesper

Becker, Jurek (1937 – 1997)

B.s drei Frankfurter PV *Warnung vor dem Schriftsteller* (1990) behandeln das Wirkungsgefüge von Literatur und Staat bzw. Gesellschaft. Biografisch motiviert, konkretisiert er dieses anhand der jeweiligen Situation in der DDR und der BRD.

B.s Poetik ist einerseits durch einen emanzipatorischen Zug in der Tradition der *littérature engagée* (↑Sartre) geprägt. Die entsprechenden poetischen bzw. polit. Ansprüche führen andererseits zur Klage über Inkongruenzen zwischen eigener Ethik und je aktuellem allg. Wertekanon; B.s Programm weist deutlich idealistische Züge auf. Manifest wird dies in einer Gegenüberstellung von als dominant und mangelhaft empfundener zeitgenössischer Trivialliteratur und einer polit. ambitionierten Literatur, die B. einfordert. Deren wichtigstes Thema, nämlich die gesellschaftl. Verhältnisse und Missverhältnisse gelungen, d. h. gesellschaftl. wirksam darzustellen, bedürfe einer poetisch-visionären Kontrastierung (B. verweist auf ↑Brecht). Spuren Brechts trägt auch B.s Postulat, Literatur kommuniziere nicht objektivistisch und plakativ, sondern diene subjektiv dem Rezipienten als Impuls und Informationsquelle im gesellschaftl. und autoreflexiven Erkennen.

Diese Politisierung widerspricht scheinbar B.s Grundsatz, Literatur sei grundsätzlich nicht zu funktionalisieren. Tatsächlich wendet sich letzterer aber ausschließlich gegen Kommerzialisierung, Opportunismus und staatliche Instrumentalisierung (explizit gegen den sozialistischen Realismus). Die gesellschafts- und staatskritische Stellungnahme hingegen ist für B. die wichtigste Motivation des Autors. Mit der Zuschreibung überdurchschnittlicher Anteilnahme am gesellschaftl. Prozess sowie hohen missionarischen und opponierenden Potenzials hebt B. den Schriftsteller deutlich von der Masse ab.

Da die zunehmende Gleichgültigkeit der Masse jedoch die Wirkungskraft von Literatur massiv hemme, beschränkt B. fruchtbare Rezeption auf polit. Umbruchsphasen; nur deren Spannungsfeld erzeuge ausreichende Empfangs- und Erkenntnisbereitschaft beim Rezipienten. Außerhalb dieser historischen Nischen dominiere eine negative, nivellierende Beeinflussung der Literatur durch das gesellschaftl. Umfeld, deren Extreme Zensur und marktwirtschaftliches Diktat sind. B.s Poetik, der marxistischen Literaturtheorie nahestehend, gründet auf einer teleologischen Geschichtsauffassung.

Ausgaben: Warnung vor dem Schriftsteller [FPV]. Frankfurt/M. 1990.

Forschungsliteratur: H. L. Arnold (Hg.): J. B. Text + Kritik. München 1992; H. Wetzel: Schreiben, um nicht zu versinken. In: P. M. Lützeler (Hg.): Poetik der Autoren. Beiträge zur deutschsprachigen Gegenwartsliteratur. Frankfurt/M. 1994. S. 208 – 234; C. Riordan (Hg.): J. B. Cardiff 1998.

Florian Küthmann

Beckett, Samuel Barclay (1906–1989)

Von einer Poetik des ir. Schriftstellers B. als einer zusammenhängenden und veröffentlichten Reflexion der eigenen schriftstellerischen Tätigkeit kann nicht gesprochen werden. Vielmehr entwickeln sich seine poetologischen Positionen zunächst in Auseinandersetzung mit den Poetiken von ↑Joyce und ↑Proust. Den Kern seiner ästhetischen Konzeption bildet seine Rezeption moderner Malerei, insb. der niederländ. Brüder G. und B. van Velde. Daneben gibt es zahlreiche Interviews und Gelegenheitsäußerungen, unter denen der „German Letter" vom 9. 7. 1937 an den dt. Verleger A. Kaun eine zentrale Stellung einnimmt. Diese theoretischen Schriften stellen eine wichtige Ergänzung zu der in den lit. Texten entfalteten immanenten Poetik dar und leiten jeweils die unterschiedlichen Schaffensphasen ein.

B.s Frühwerk wird eingeleitet durch den literaturkritischen Aufsatz *Dante ... Bruno. Vico ... Joyce.* (1929), in dem er die philosophischen Grundlagen und sprachlichen Verfahren von Joyces letztem Roman *Finnegans Wake* analysiert. B.s frühe Romane von *Traum von mehr bis minder schönen Frauen* (*Dreaming of fair to middling women*, postum 1992; dt. 1996) bis *Murphy* (1938; dt. 1959) bezeugen in ihrer Gelehrsamkeit und der Aufbietung zahlreicher Sprachen seinen Versuch, den Weg Joyces weiter zu beschreiten. Doch bereits der Roman *Watt* (1953; dt. 1970) führt B. an einen Endpunkt seiner sprachlichen Möglichkeiten im Englischen und trägt dazu bei, vom Englischen ins Französische zu wechseln.

Die in dem Band *Disjecta* (1983) erstmals vollständig versammelten Texte zur Kunst leiten die zweite Phase in B.s Werk ein. Als Gelegenheitsarbeiten zur Unterstützung seiner Malerfreunde konzipiert, bieten sie ihm zusätzlich die Möglichkeit, die neue Sprache – das Französische – zu erproben. Vorausgegangen waren zunehmende Zweifel an der lit. Nutzbarkeit eines „offiziellen Englisch", wie B. sie im „German Letter" äußert. Jedoch bleibt diese Skepsis nicht auf das Englische begrenzt, sondern weitet sich aus zu einer generellen Absage an die Möglichkeit sprachlicher Darstellung. Am Stil des ersten Textes zur Malerei der van Veldes – *Die Malerei der van Veldes oder Die Welt und die Hose* (*La peinture des van Velde ou Le monde et le pantalon*, 1946; dt. 1990) –, der eine Mischung poetischer, assoziativer und umgangssprachlicher Elemente enthält, offenbart sich die Unmöglichkeit, Erfahrungen in adäquater Weise diskursiv zu erfassen. Diesem zunehmenden Sprachzweifel korrespondiert die Einsicht in den notwendig scheiternden Prozess künstlerischer Tätigkeit. Zwar gäbe es weiterhin den Zwang sich auszudrücken, doch misslingt sowohl der malerische als auch der lit. Ausdruck aufgrund der instabilen Beziehung des Künstlersubjekts zum Objekt der Repräsentation. Wiederholt weist B. in der Auseinandersetzung mit der Malerei der Brüder van Velde darauf hin, dass der konventionelle Abbildungsprozess nicht länger praktiziert werden könne. Dabei greift B. in dem Text *Maler der Verhinderung* (*Peintres de l'empêchement*, 1948; dt. 2000) auf Überlegungen zur Subjekt-Objekt-Relation aus seinem Essay zu *Proust* (1931; dt. 1960) zurück. Sowohl das Subjekt als auch das Objekt der Repräsentation entzögen sich der Möglichkeit zur Repräsentation, da beide einem kontinuierlichen Prozess der Auflösung und Verfestigung unterstehen, der nicht stillgestellt werden könne. Einziges Sujet des Künstlers könne somit nur die Darstellung der Unmöglichkeit der künstlerischen oder lit. Repräsentation sein. In der Konfrontation der Mangelhaftigkeit des Mediums Sprache mit der Instabilität der Subjekt-

Objekt-Relation liegt das notwendige Scheitern des Schriftstellers begründet.

Einen ersten adäquaten Ausdruck fand diese ästhetische Konzeption in der parallel zu den Texten zur Malerei entstandenen Roman-Trilogie *Molloy* (1951; dt. 1954), *Malone stirbt* (*Malone meurt*, 1951; dt. 1958) und *Der Namenlose* (*L'Innommable*, 1953; dt. 1959), die gekennzeichnet ist durch eine fortschreitende Reduktion, deren sukzessive Verdrängung konventioneller narrativer Elemente die Gattungszuschreibung Roman selbst problematisch werden lässt. Äußeres Merkmal dieses Reduktionsprozesses ist die kontinuierliche Abnahme des Umfangs seiner Texte, die in *Schlecht gesehen schlecht gesagt* (*Mal vu mal dit*, 1981; dt. 1983), *Aufs Schlimmste zu* (*Worstward Ho*, 1983; dt. 1989) und *Immer noch nicht mehr* (*Stirrings still*, 1988; dt. 1991) kulminiert.

Einer ähnlichen Entwicklung unterliegt auch B.s Theater. Vom Welterfolg *Warten auf Godot* (*En attendant Godot*, 1952; dt. 1953) über die Folgestücke *Endspiel* (*Fin de partie*, 1957; dt. 1957) und *Glückliche Tage* (*Happy Days*, 1961; dt. 1962) verringert sich nicht nur die Anzahl, sondern, in einer analogen Bewegung zu den Romanen, auch die Mobilität der Figuren. Ihren vorläufigen Abschluss findet die Entleerung der Bühne in dem Kurzstück *Atem* (*Breath*, 1969; dt. 1970), in dem nicht mehr als ein wenig Müll auf der Bühne zu sehen ist, und der Zuschauer ausschließlich Atemgeräusche hören kann. B.s späte Stücke – u. a. *Nicht Ich* (*Not I*, 1973; dt. 1974), *Damals* (*That Time*, 1974; dt. 1976), *Tritte* (*Footfalls*, 1975; dt. 1976) und *Katastrophe* (*Catastrophe*, 1982; dt. 1983) – sind charakterisiert durch einen minimalen dramatischen Gehalt mit einer gleichzeitigen Aufwertung anderer theatraler Elemente wie Beleuchtung, Kulissen etc. Somit kann man B.s Theaterarbeiten als Vorwegnahmen eines postdramatischen Theaters ansehen. Darüber hinaus hat B. zahlreiche Hörspiele – u. a. *Alle die da fallen* (*All that fall*, 1957; dt. 1957), *Aschenglut* (*Embers*, 1958; dt. 1963), *Cascando* (1963; dt. 1963), *Worte und Musik* (*Words an music*, 1962; dt. 1964) – und Stücke für das Fernsehen – u. a. *He Joe* (*Eh Joe*, 1967; dt. 1968), *Geister-Trio* (*Ghost Trio*, 1976; dt. 1978), *Quadrat I+II* (1981) – verfasst sowie das Drehbuch zu dem Film *Film* (1965; dt. 1967).

B.s Werk wurde weit über die Grenzen der Literatur hinaus rezipiert. Für den Philosophen ↑Adorno, der B. die *Ästhetische Theorie* widmen wollte, war sein Werk die beispielhafte Realisierung seiner Konzeption von moderner Literatur als utopischer Fluchtpunkt in der Gesellschaft. Zahlreiche bildende Künstler aus dem Bereich der Concept Art (u. a. B. Nauman) und der Minimal Art (z. B. S. LeWitt) sowie bedeutende Komponisten des 20. Jh.s (u. a. G. Kurtág, Ph. Glass) berufen sich auf B. als maßgeblichen Anreger. Im Bereich der Literatur beziehen sich insb. Schriftsteller aus dem anglo-amerik. Bereich auf B. als Vorläufer. Dabei bildet sein Werk nicht bloß einen Gegenstand der Bewunderung, sondern eine Anschlussmöglichkeit für die eigene schriftstellerische Produktion in so unterschiedlichen Werken wie dem von P. Auster, B. S. Johnson und ↑Federman.

Ausgaben: Three Novels. Molloy, Malone dies, The Unnamable. New York 1965; Collected Shorter Prose 1945–1980. London 1984; Collected Poems 1930–1978. London 1984; Collected Shorter Plays. London u. a. 1984; The Complete Dramatic Works. London u. a. 1986; Werke. 10 Bde. Hg. v. E. Tophoven/K. Birkenhauer. Frankfurt/M. 1976; Disjecta. Miscellaneous Writing and a Dramatic Fragment. London 1983; Das Gleiche nochmal anders. Texte zur Bildenden Kunst. Frankfurt/M. 2000.

Forschungsliteratur: M. Brunkhorst (Hg.): B. und die Literatur der Gegenwart. Heidelberg 1988; Th. Hunkeler: Echos de l'ego dans l'œuvre de S. B. Paris 1997; P. Brockmeier: S. B. Stuttgart 2001; P. Heinemann: Potenzierte Subjekte – Potenzierte Fiktionen. Ich-Figurationen und ästhetische Konstruktion bei Jean Paul und S. B. Würzburg 2001; R. Breuer: S. B. Eine Einführung. München 2005; G. Schubert: Die Kunst des Scheiterns. Die Entwicklung der kunsttheoretischen Ideen S. B.s. Münster u. a. 2007.

Kai L. Fischer

Benjamin, Walter (1892–1940)

Das Werk des Schriftstellers und Philosophen B. kann in zwei Phasen eingeteilt werden: erstens in eine esoterisch-metaphysische und zweitens in eine polit. inspirierte, materialistisch ausgerichtete. Die erste Werkphase wird bestimmt durch die Auseinandersetzung mit der lit. Tradition. Ausgehend von der Erarbeitung eines Kritik-Begriffs unter Berufung auf die kunstphilosophischen Theorien der Frühromantik in *Der Begriff der Kunstkritik in der deutschen Romantik* (1920) gelangt B. in seiner abgelehnten Habilitationsschrift über den *Ursprung des deutschen Trauerspiels* (1928) zu einer folgenreichen Rehabilitierung der Allegorie.

Dient die Bestimmung des Begriffs der Kritik zunächst als Reflexion einer möglichen Erkenntnis des impliziten „Wahrheitsgehaltes" im Kunstwerk (*Goethes Wahlverwandtschaften*, 1924–1925), so wandelt sich B.s Selbstverständnis in der materialistischen Phase. Kritik wird nun im Sinne von Marx als Kritik an den Verhältnissen verstanden, was gleichzeitig bewirkt, dass die Frage nach dem polit. Element jeder künstlerischen Praxis in den Vordergrund rückt (*Der Autor als Produzent*, 1934).

Dass B. die Qualitäten der Allegorie wieder zugänglich gemacht hat, kann als sein eigentlich literarhistorisches Verdienst angesehen werden. B. legt anhand des Trauerspiels dar, inwiefern die Allegorie die adäquate „Ausdrucksform" einer Epoche sein konnte, in der der Zusammenhang zwischen Dingen und Wörtern durch keine Einheit stiftende Totalität mehr gewährleistet werden konnte. Die Möglichkeit, von nun an alles mit allem zu kombinieren und so neuartige bedeutungsvolle Verbindungen zu erschaffen, ist nach B. die grundlegende Qualität der Allegorie. In den 1930er Jahren greift B. seine Thesen zur Allegorie während seiner ↑Baudelaire-Lektüre wieder auf und stellt einen Zusammenhang zwischen der Allegorie und der Ware im Kapitalismus her (*Charles Baudelaire. Ein Lyriker im Zeitalter des Hochkapitalismus*, veröffentlicht 1969 postum).

Die zweite Werkphase wird v. a. bestimmt durch B.s Interesse am technischen Fortschritt der Massenmedien und der damit einhergehenden Medienkonkurrenz. Insb. sein dem Film gewidmeter und breit rezipierter Aufsatz über *Das Kunstwerk im Zeitalter seiner technischen Reproduzierbarkeit* (1935, weitere Fass. 1936–1939; 1963 erstmals vollständig in dt.) bildet einen frühen Höhepunkt medientheoretischer Reflexion, wobei seine Auseinandersetzung mit ↑Brechts Radiotheorie auch praktische Folgen zeitigte. An B.s Frühwerk wurde hauptsächlich in Form dekonstruktiver Lektüren angeschlossen (↑de Man). Seine medientheoretischen Texte gelten als der Beginn einer wissenschaftlichen Analyse der (Massen-)Medien und wurden in diesem Sinne intensiv rezipiert.

Ausgaben: Gesammelte Schriften. 7 Bde. Frankfurt/M. 1972–1989.

Forschungsliteratur: D. Schöttker: Konstruktiver Fragmentarismus. Form und Rezeption der Schriften W. B.s. Frankfurt/M. 1999; M. Opitz/E. Wizisla (Hg.): B.s Begriffe. 2 Bde. Frankfurt/M. 2000; U. Steiner: W. B. Stuttgart u. a. 2004; B. Lindner (Hg.): B.-Handbuch. Leben – Werk – Wirkung. Stuttgart u. a. 2006.

Kai L. Fischer

Benn, Gottfried (1886–1956)

Als wichtigster poetologischer Text B.s gilt seine Marburger Rede *Probleme der Lyrik* (1951). Prämissen dichterischer Produktion sind die Erfahrung der Sprache als stark sinnlich-konnotativ aufgeladenem „Wort“ sowie die Fähigkeit zur bewussten Selbstanalyse des dichterischen Schaffensprozesses. Der moderne Lyriker ist daher zumeist auch Essayist; seine Produktivität ist auf Einsamkeit angewiesen.

In der Vorkriegszeit setzt B.s poetologische Reflexion mit einem „Doppeltext“ ein, der in der Folge ihren Kernbestand ausmacht: *Epilog und Lyrisches Ich* (1921/1927). Schon hier ist die Bildproduktion des Subjekts weitgehend als physiologischer Prozess begriffen. Sprache zerfällt in Begriff und Halluzination (*Akademierede*, 1932); der produktive „Dämmerzustand“ kann auch durch halluzinogene Drogen erzeugt werden (*Zur Problematik des Dichterischen*, 1930). Das gedruckte Substantiv wird zum Faszinationsobjekt und zum Speicher unabsehbarer archaischer Inhalte; es kann aus Mythologie, aus Slang, Fachterminologien, Mode- und Umgangssprache stammen.

Neben ↑Nietzsches „Physiologie der Kunst“ greift B. auch idealistische Prämissen auf, wenn er in den das Subjekt überschwemmenden Reizen eine „innere Form“ angelegt sieht, der es im Gedicht gerecht zu werden gilt. Sein anthropologisch angelegter Künstler- und Genie-Aristokratismus geht als statisch beharrender „Geist“ auf Distanz zu „Leben“ und Geschichte. Dichtung wirkt erst langfristig, als erworbene Sensibilität für Formbewusstsein, auf eine kollektive „Erbmasse“ (*Soll die Dichtung das Leben bessern?*, 1956). Alle auf antinaturalistische Stilisierung abzielenden Aktivitäten fasst B. (seit 1934) u. d. T. *Ausdruckswelt* zusammen. Zentraler Begriff ist Form; Artistik heißt die poetologische Haltung, bei der Prozesse der Formgebung immer maßgeblich für den Inhalt sind. Das avancierte Poem löst als „Wirklichkeitszertrümmerung“ die Synthesen der Lebenswelt auf, es ist monologisch und „absolut“, negiert die üblichen kollektiven Sinngebungen („Gerede“, Religion) vor dem Hintergrund eines von B. kulturkritisch konstatierten Substanz- und Werteverfalls. B. reflektiert seine Poetik auch in Gedichten, so in *Ein Wort*, *Statische Gedichte* und *Die Form* – (alle 1948).

B.s Konzept „absoluter Prosa“ wendet sich gegen die Kategorien des psychologischen Romans (Person, Beziehung, Handlung), und setzt gegen sie die Selbstbezüglichkeit des „Existenziellen“. Auch hier spielt die Suggestivität von Substantiven eine große Rolle („Summarisches Überblicken“); die späte Prosa wird (seit *Weinhaus Wolf*, 1949) ganz vom Essay überformt (*Roman des Phänotyp*, 1949). Bereits der frühe Prosa-Zyklus *Gehirne* (1916) baut ganz auf der Differenz von rationaler und subrational-faszinierender Sphäre auf.

B.s Glaube an erbbiologische Gegebenheiten (*Das Genieproblem*, 1930), demzufolge noch das artistische Vermögen zu absoluter Naturferne aus der Natur abzuleiten ist („Bionegativität“), bringt B. kurzzeitig in Beziehung zum Nationalsozialismus, dem gegenüber er den Expressionismus als „letzte Kunst“ rechtfertigen will (*Bekenntnis zum Expressionismus*, 1933). Er reflektiert in dieser Situation zunehmend polemisch – und seit 1938 mit Veröffentlichungsverbot belegt – die Beziehungen zwischen Staat und Kunst (*Dorische Welt*, 1934; *Kunst und Drittes Reich*, 1949).

Im westl. Nachkriegsdeutschland machte B.s Marburger Rede Positionen modernistischer Poetologie zwischen G. de Nerval, ↑Baudelaire, ↑Mallarmé und ↑Valéry geltend, galt dadurch in den 1950er und frühen 1960er Jahren als „ars poetica der heutigen Generation“ (↑Friedrich) und bietet durch den Formbegriff auch weite literaturkritische Anschlussmöglichkeiten.

Ausgaben: Gesammelte Werke in der Fassung der Erstdrucke. 4 Bde. Hg. v. B. Hillebrand. Frankfurt/M. 1982–1990; Sämtliche Werke. Stuttgarter Ausgabe. Hg. v. G. Schuster/H. Hof. Stuttgart 1986 ff.

Forschungsliteratur: E. Lohner: Passion und Intellekt. Die Lyrik G. B.s. Neuwied u. a. 1961; B. Hillebrand: Artistik und Auftrag. Zur Kunsttheorie von B. und Nietzsche. München 1966; R. Grimm: Die problematischen Probleme der Lyrik. In: H. O. Burger/K. von See (Hg.): Festschrift für Gottfried Weber. Bad Homburg u. a. 1967. S. 299–328; R. Anacker: Aspekte einer Anthropologie der Kunst in G. B.s Werk. Würzburg 2004; Ch. Schärf: Der Unberührbare. G. B. – Dichter im 20. Jahrhundert. Bielefeld 2006; Ch. M. Hanna: G.-B.-Bibliographie. Sekundärliteratur 1957–2003. Berlin u. a. 2006.

Pierre Mattern

Bergson, Henri (1859–1941)

B.s Schrift *Das Lachen* (*Le rire. Essai sur la signification du comique*, 1900; dt. 1914) definiert ihren Gegenstand als korrigierende, soziale „Abwehrreaktion“ gegenüber der Vermischung des Menschlichen mit dem Mechanischen. Sie fügt sich damit in die lebensphilosophisch-antideterministische Ausrichtung der Philosophie B.s ein. Die Schrift behandelt die Gebiete der Situations-, Wort- sowie Charakterkomik. Es geht ihr dabei um Konstruktionsregeln, um Herstellungsverfahren des Komischen.

Lachen ist für B. eine Reaktion zugunsten des Verstandes: Es setzt ein, wenn mechanische Kräfte sich an die Stelle des Verstandes setzen und sich so zeitweise der Kontrolle entziehen. Zum Lachen reizt die Überwältigung des Lebens durch die Materie, entweder direkt durch die Gesetze der Mechanik oder indirekt durch Assoziation. Nachahmendes Verhalten wird komisch, wenn es den Automatismus des Anderen vor Augen führt. In diesem Sinn ist Komik von Satire kaum zu trennen. Dabei weist B. der Komödie im Wesentlichen eine normative Funktion zu. Der Dichter schöpft hier aus dem Fehlverhalten der Anderen und stellt es durch Typen dar. Die Tragödie verfährt dagegen eher deskriptiv, insofern sie untergründig vorhandene Verhaltensmöglichkeiten beschreibt. Ihr Dichter handelt introspektiv, ihr Bereich ist das Individuum.

Schon in *Zeit und Freiheit* (*Essai sur les données immédiates de la conscience*, 1889; dt. 1911) beschreibt B. Dichtkunst produktions- und rezeptionsästhetisch: der Dichter kommuniziert Affekte nicht durch Bezeichnungen, sondern durch Bilder, die erst durch die Regelmäßigkeit eines Rhythmus auf eine aufnehmend-selbstvergessene Seele wirken. Wie Hypnose teilt sich Dichtung unterhalb der Schwelle sprachlicher Konvention mit und praktiziert (wie auch manche Komikformen) den „Übergang vom Verschwommenen zum Bestimmten“. So führt B. auf eine introspektive Zeiterfahrung in Poesie oder Romanprosa hin. Das Schöpferische soll nicht in Neukombination diskreter Elemente bestehen, sondern in der Erfahrung der Unteilbarkeit der Zeit, die selber Bewegung und Veränderung ist (Dauer, „durée“). Dies steht im Gegensatz zur herkömmlichen Wahrnehmung, die zwecks Messbarkeit und Erreichbarkeit räumliche Modelle privilegieren muss.

Die viel diskutierte Beziehung v. a. von *Materie und Gedächtnis* (*Matière et Mémoire*, 1896; dt. 1908) zu ↑Proust erscheint zwar thematisch eng (Gedächtnis, Erinnerung), ist in der jeweiligen Ausarbeitung jedoch verschieden: Vergangenheit ist für B. nicht mehr unmittelbar zugänglich, sondern teilt sich immer nur in Erinnerungsbildern mit.

Ausgaben: Œuvres. Hg. v. A. Robinet. Paris ²1963; Das Lachen. Ein Essay über die Bedeutung des Komischen. Darmstadt 1988; Materie und Gedächtnis. Eine Abhandlung über die Beziehung zwischen Körper und Geist. Hamburg 1991; Zeit und Freiheit. Hamburg 1994.

Forschungsliteratur: V. Jankélévitch: H. B. Paris 1959; P. A. Y. Gunter: H. B. A Bibliography. Bowling Green, OH ²1986; D. R. Maxwell: The Abacus and the Rainbow. B., Proust, and the Digital-Analogic Opposition. New York u. a. 1999.

Pierre Mattern

Bernhard, Thomas (1931 – 1989)

Nie und mit nichts fertig werden, der Titel der BPR (1970) des „Österreichbeschimpfers“ B. ist Programm. Fertig werden mit der Arbeit, „weiter, rücksichtslos weiter, oder aufhören, schlußmachen“, ist daher sowohl Verweis auf B.s ästhetisch-poetologische Auffassung als auch auf seine Lebensphilosophie: die Überzeugung von der Sinnlosigkeit der Kunst wie des Lebens. Angesichts eines makabren Welttheaters ist Schöpfung zugleich Vernichtung, werden Sätze und Wörter aufgebaut, um zerhauen und abgetötet zu werden. Die Ästhetik des „Geschichtenzerstörers“ (*Drei Tage*, 1970) B. ist somit eine fragmentarische, seine Poetik eine der Künstlichkeit, eine antimimetische, denn B. konstruiert eine Welt mit sprachlichen Mitteln. Etwas verständlich zu machen ist allerdings unmöglich (↑Wittgenstein), die Wahrheit lässt sich grundsätzlich nicht sagen, denn „wer denkt, löst auf, [...] zersetzt“. Mittels endlos variierter Wiederholungen und kreisförmiger Satzstrukturen versucht B., den Wörtern ihre Klarheit abzuzwingen, denn „in der Finsternis wird alles deutlich“. Seine Erzähltechnik dient auch der ästhetischen und poetologischen Reflexion (*Im Keller*, 1976; *Ein Kind*, 1982; *Auslöschung*, 1986).

B.s lit. Arbeit muss als fortlaufendes künstlerisches Projekt verstanden werden. Dies erklärt die Homogenität zwischen beiden Werkkomplexen (Prosa- und Bühnenwerk), die Strukturparallelen (assoziativ-polyperspektivischer Berichtstil, rhythmisch-musikalische Monologe von Geistesmenschen, Rollenprosa, Übertreibung, superlativisches Sprechen, Steigerung, distanzierendes Erzählen, Ironie), die thematisch-motivischen Übereinstimmungen (Themen: Schuld, Angst, Ekel, Grausamkeit, Gleichgültigkeit, Krankheit, Tod, Wahnsinn und Verzweiflung; Motive: Zerfall aller stabilen Existenzgefüge, Selbstverlust und Einsamkeit, Mangel an identitätsstiftenden Zusammenhängen, Schwierigkeit der Sprachfindung) sowie die intertextuellen Beziehungen. Durch Einbindung empirischer Fakten in den Fiktionszusammenhang wird die Grenze zwischen Fiktionalität und Authentizität verwischt. Der radikale Künstler lehnt sich gegen die lebensfeindliche Natur und geistesfeindliche Gesellschaft auf, weiß aber gleichzeitig vom notwendigen Scheitern dieser Auflehnung. Bei aller Radikalität des „Übertreibungskünstlers“ mischt sich jedoch Komik in Welthass, Verachtung und Misanthropie. In seinen Texten beruft sich B. auf ↑Montaigne, A. Schopenhauer, B. Pascal, ↑Novalis. Rezeption seiner Autorenpoetik v. a. in den Arbeiten ↑Jelineks.

Ausgaben: Nie und mit nichts fertig werden [BPR]. In: DASD (Hg.): Jahrbuch 1970. Heidelberg 1971; Werke. Hg. v. M. Huber/W. Schmidt-Dengler. Frankfurt/M. 2003 ff.

Forschungsliteratur: J. Dittmar (Hg.): Th. B., Werkgeschichte. Frankfurt/M. 1981; W. Huntemann: Artistik und Rollenspiel. Das System Th. B. Würzburg 1990; H. L. Arnold (Hg.): Th. B. Text + Kritik. München ³1991; F. Eyckeler: Reflexionspoesie. Berlin 1995; M. Mittermayer: Th. B. Stuttgart 1995; H. Höller: Th. B. Reinbek 1998; C. Kappes: Schreibgebärden. Zur Poetik und Sprache bei Th. B., P. Handke und B. Strauß. Würzburg 2005.

Eva Werth

Bhabha, Homi K. (geb. 1949)

B. steht in der Tradition des „kolonialen Diskurses" ↑Saids, der Dekonstruktion ↑Derridas sowie der psychoanalytischen Theorie ↑Lacans. In seinem Werk *Die Verortung der Kultur* (*The Location of Culture*, 1994; dt. 2000), einer Sammlung von zwischen 1985 und 1992 verfassten Aufsätzen, entwickelt er ein Konzept kultureller Hybridisierung, das sich gegen Polaritäten wie Selbst/Anderer oder das abendländische Homogenitätsdenken richtet. Ausgehend von der These, dass das Verhältnis zwischen Kolonialherren und Kolonisierten auf wechselseitigem Einfluss beruhe und keiner Partei ermögliche, sich ihrer kulturellen Authentizität zu versichern, betrachtet B. die Kultur als einen Ort des „beyond". Er verortet sie in einem „dritten Raum" des Dazwischen, in dem stetige und konfliktträchtige Verhandlungsprozesse von Nationalität, Identität und sozialen Interessen stattfinden. Der Begriff des dritten Raums zielt also auf einen an sich „unrepräsentativen Ort", in dem sich die Kultur als Fluss vielfältig synchron und diachron gespeister Bedeutungen und Praktiken konstruiert und die „Übersetzung" kultureller Differenzen und Artikulationsweisen praktiziert. Dies betrifft auch die Literatur. B. veranschaulicht dies am Bsp. von Autoren wie T. Morrison, D. Walcott oder ↑Rushdie, die sich im „in-between" befinden und durch ihr Schreiben postkoloniale Erfahrung vermitteln. Ihnen weist er eine Führungsrolle zu, da sie eine Literatur aus der Zwischenperspektive der Kolonisierten, Emigrierten und Minderheiten vertreten.

Ausgaben: The Location of Culture. London 1994; Die Verortung der Kultur. Tübingen 2000.

Forschungsliteratur: E. Bronfen/B. Marius: Hybride Kulturen. Einleitung zur anglo-amerikanischen Multikulturalismusdebatte. In: E. Bronfen u. a. (Hg.): Hybride Kulturen. Beiträge zur anglo-amerikanischen Multikulturalismusdebatte. Tübingen 1997. S. 1–29.

Maria Oikonomou

Bichsel, Peter (geb. 1935)

B.s Frankfurter PV von 1982, zunächst als *Geschichten über Literatur* angekündigt, erhielten bei der Publikation den Titel *Der Leser. Das Erzählen*. Auf programmatische Weise führt B. hier vor, dass man dem Erzählen nur gerecht werden kann, indem man erzählt. Allerdings ist auch jede Geschichte, zumindest implizit, immer zugleich eine Meta-Geschichte, alle Literatur stets „Literatur über Literatur". Als Sequenz von Geschichten nimmt für den Menschen auch sein Leben Gestalt an. Dies macht die anthropologische und soziokulturelle Relevanz des Erzählens aus. Erzählt wird jedoch nicht nur, um für sich und sein Leben eine Form zu finden, sondern manchmal auch, um von sich selbst abzulenken, ja „um nicht reden zu müssen". Die Doppelbödigkeit von Geschichten beruht insofern darauf, dass sie keine definitive Vergewisserung über ihren Gegenstand zulassen. Warum man schreibt, lässt sich theoretisch nicht begründen; entsprechend sperren sich B.s Frankfurter PV dagegen, auf abstrahierende Thesen gebracht zu werden. Sie bestehen aus Erzählungen, die von der Gefangenschaft in Geschichten und von der Freiheit des Erzählers gegenüber dem Faktischen handeln – und von paradoxen Spannungen zwischen lit. Autonomie und lit. Engagement.

U. d. T. *Das süsse Gift der Buchstaben* erschienen 2004 gesammelte Reden zur Literatur. U. a. würdigt B. hier ↑Jean Paul, verteidigt das „Recht auf Biographie", formuliert ein ironisches „Lob des Nichtlesers" und macht – in Anknüpfung an seine langjährige kritische Auseinandersetzung mit dem (Selbst-)Bild der Schweiz – „Bemerkungen zu einer Literatur, die Schweizer Literatur genannt wird". Seiner identitätsstiftenden Beziehung zur dt. Sprache gilt die PV „Eingesperrt in Sprache", ein Bekenntnis zum Schriftdeutschen.

U. d. T. *Geschichten zur falschen Zeit* erschienen 1979 gesammelte Zeitungskolumnen (1975–1978) zu aktuellen gesellschaftl., kulturellen und polit. Anlässen, darunter etwa der Text „Schreiben ist nicht ohne Grund schwer". B.s Verknüpfung von autoreflexiver Poetik und kritischer Zeitgenossenschaft dokumentieren auch die folgenden Kolumnensammlungen.

Seine *Kindergeschichten* (1969) erzählen von Figuren, die willkürlich den Sprachgebrauch ändern, ganze Kontinente in die Welt hineinlügen oder Chinesisch lernen, um es wieder vergessen zu können. Auch die späteren Erzählungen gelten den Kernthemen sprachliche Fiktion, Kommunikation und narrativer Selbstentwurf. Ein autoreflexives Erzählverfahren, das die narrative Konstitution von Welt darstellt, prägt den Roman *Die Jahreszeiten* (1967) ebenso wie spätere fiktionale Texte (z. B. *Zur Stadt Paris. Geschichten*, 1993).

Ausgaben: Kindergeschichten. Neuwied u. a. 1969; Geschichten zur falschen Zeit. Darmstadt u. a. 1979; Der Leser. Das Erzählen [FPV]. Darmstadt u. a. 1982; Das süsse Gift der Buchstaben. Reden zur Literatur. Frankfurt/M. 2004.

Forschungsliteratur: H. Bänziger: P. B. Weg und Werk. Bern 1984; H. Hoven (Hg.): P. B.: Auskunft für Leser. Darmstadt u. a. 1984.

Monika Schmitz-Emans

Bienek, Horst (1930–1990)

In den Münchner PV *Das allmähliche Ersticken von Schreien. Sprache und Exil heute* (1987) nähert sich B. über fünf „Einkreisungen" seiner autobiografisch motivierten Poetik an. Er alterniert zwischen einem „Ich", das die Identifizierung mit ihm zulässt, und einem distanzierten „Er", um dieselbe zu sabotieren; nicht seine Person, sondern seine schicksalhafte, zufällige Biografie, die so viele in diesem Jahrhundert teilten, soll im Vordergrund stehen.

B. beginnt seine schriftstellerische Arbeit mit dem *Traumbuch eines Gefangenen* (1957) v. a. als Lyriker und ist als junger Autor in ↑Brechts Meisterklasse am Berliner Ensemble. Bekannt sind jedoch bes. seine thematisch sich aus der Biografie „aufdrängenden" Prosawerke, der Roman *Die Zelle* (in dem er seine von 1951–1955 währende Gefangenschaft in U-Haft und in einem sowjet. Arbeitslager verarbeitet) sowie die Romantetralogie *Gleiwitz*, bestehend aus den Romanen *Die letzte Polka* (1975), *Septemberlicht* (1977), *Zeit ohne Glocken* (1979) und *Erde und Feuer* (1982). Die Entstehung seines „Lebenswerks" *Gleiwitz* erläutert er ausführlich in *Beschreibung einer Provinz* (1983). Von poetologischer Relevanz ist B.s Suche nach einer Sprache, die ihm den gleichzeitigen Ausdruck von Dokumentarischem (von historischen Ereignissen wie dem Ausbruch des Zweiten Weltkriegs, autobiografischen Erfahrungen) und Fiktivem (etwa im Aufteilen der Erfahrungen auf mehrere fiktive Figuren, Bildsprache) ermöglicht: B. bezeichnet dies als „poetischen Realismus". Vorbilder sind v. a. die Amerikaner ↑Faulkner, T. Wolfe, T. Capote. Das Hauptanliegen seiner PV ist jedoch das Exildasein von Künstlern. Sein eigenes Selbstverständnis als Exilierter und sein Finden von „Heimat" über die Arbeit an der Oberschlesien-Tetralogie, die ihm seine Kindheit in der „verlorenen" Provinz in Erinnerung ruft, ist Anlass für ein emotional-polit. Plädoyer für das „Recht auf ein *geistiges Asyl*" der (auch sprachlich) Entwurzelten, deren „Schreie", also ihre künstlerische Existenz, im gleichgültigen Deutschland „allmählich erstickt" statt erhört würden.

B. selbst unterstützte unbekannte Autoren über die „neue reihe" bei dtv, und das postulierte ‚Zuhören' war Grundlage seines Poetikenprojekts, den *Werkstattgesprächen mit Schriftstellern* (1962), in denen sich B. mit arrivierten und aufstrebenden Autoren wie ↑Böll, ↑Frisch, ↑Canetti bzw. ↑Johnson auseinandersetzte, um aus Sicht eines Lesers „Zugang zum Werk" zu erhalten.

Die Bayerische Akademie der Schönen Künste vergibt jedes Jahr den H.-B.-Preis für Lyrik.

Ausgaben: Werkstattgespräche mit Schriftstellern. München 1962; Beschreibung einer Provinz. Aufzeichnungen, Materialien, Dokumente. München u. a. 1983; Das allmähliche Ersticken von Schreien. Sprache und Exil heute [MPV]. München u. a. 1987; Gleiwitz. Eine oberschlesische Chronik in vier Romanen. München 2000.

Forschungsliteratur: B. lesen. Materialien zu seinem Werk. Hg. v. M. Krüger. München u. a. 1980; T. Urbach (Hg.): H. B. Aufsätze – Materialien – Bibliographie. München u. a. 1990.

Anne Rennig

Biermann, Wolf (geb. 1936)

Im Rahmen seiner Heinrich-Heine-Gastprofessur an der Universität Düsseldorf entwirft B. eine „Poetik in acht Gängen" (*Wie man Verse macht und Lieder*, 1997), deren ästhetisches Fundament in der grundsätzlichen Ablehnung der Auffassung liegt, Aufgabe des Dichters oder polit. Sängers sei, die Welt zu erklären. In Anlehnung an ↑Platons Höhlengleichnis verficht B. stattdessen die Meinung, der Dichter zeige lediglich ein rein subjektiv reflektiertes Schattenbild der Wirklichkeit. Die objektive Welt interessiert in Gedicht und Lied nur bezüglich ihrer Wirkung auf das dichtende Subjekt und insoweit ihre Darstellung Einblick in dessen Gefühlswelt gewährt. Übertragen auf B.s Werk erscheint die Thematisierung des Privaten aber nicht etwa als Ausdruck einer Introvertiertheit des Autors, sondern als bewusst eingesetztes Mittel einer zunächst unterschwelligen, im Zuge von B.s wachsender Isolation in der DDR dann immer schärferen Gesellschaftskritik. Dem postulierten egozentrischen Rezipienten bietet sich im Vergleich mit dem Lyriker-Ich die Möglichkeit zur Selbstreflexion und somit auch zur Überprüfung der eigenen Position im totalitären System.

Den fundamentalen Kern von Gedicht und Lied bildet somit das Ich des Dichters, wobei dieses Lyriker-Ich für B. im Gegensatz zu anderen Gattungen nicht mehr klar vom lyrischen Ich zu trennen ist. Voraussetzung hochwertiger Kunstproduktion ist dem Dichter deshalb ein selbstbewusstes Leben, das in sich selbst bereits den Stoff für qualitätsvolle Gedichte birgt. Dieses durch zwei Diktaturen unterdrückte Selbstbewusstsein aber galt es nach B. in der poststalinistischen DDR erst wieder und gerade für die Kunst als zentrales Element zu etablieren, was einem Großteil angepasster Lyriker jedoch nicht gelungen sei. Deren lit. Produktion wird von B. konsequenterweise als wertlos abgetan. Sein eigenes Schicksal als verbotener, polit. isolierter Dissident erscheint dagegen als beispielhaft stilisiert: Die autobiografische Dimension der Lieder und Gedichte wird zum Spiegel der gesellschaftl. Missstände in der DDR.

B.s Wirken als polit. Liedermacher und Lyriker setzt sich über die Ausbürgerung 1976 hinaus bis heute fort und bleibt künstlerisch seinem von Einflüssen des Volks- und Arbeiterliedes, der Balladenliteratur sowie vom Werk ↑Brechts geprägten Stil treu.

Ausgaben: Alle Lieder. Köln 1991; Alle Gedichte. Köln 1995; Wie man Verse macht und Lieder. Eine Poetik in acht Gängen. Köln 1997; Über Deutschland unter Deutschen. Essays. Köln 2002.

Forschungsliteratur: J. Rosellini: W. B. München 1992; R. Berbig (Hg.): In Sachen B. Protokolle, Berichte und Briefe zu den Folgen einer Ausbürgerung. Berlin 1994; E. Hagen: Eva und der Wolf. Düsseldorf u. a. 1998; H. Rupieper/L. Tautz: „Warte nicht auf bess're Zeiten …" Oskar Brüsewitz, W. B. und die Protestbewegung in der DDR 1976–1977. Dokumentation. Halle 1999.

Norman Ächtler

Birken, Sigmund von (1626–1681)

B.s *Vor-Ansprache* (1669) zu A. Ulrichs höfisch-historischem Roman *Die durchleuchtige Syrerinn Aramena* (1669–1673) ist der älteste ernsthafte Versuch einer Theorie des höfisch-historischen Romans. B. nennt diesen „GeschichtGedicht", verwendet also den Begriff Roman noch nicht. Dabei unterscheidet er zwei Formen, die sich durch die Kombination faktualer und fiktionaler Elemente unterscheiden. Der erste Typ erzählt eine Geschichte mit Anspruch auf Wahrhaftigkeit unter Verwendung erdichteter Namen und fiktiver Ausschmückungen, während der zweite Typ im Bereich des Fiktionalen bleibt. Für beide gilt das Gebot der Wahrscheinlichkeit, das die Grenzen der Fiktion absteckt. Es soll den Erfolg des moraldidaktischen Programms garantieren. B.s Theorie basiert auf eschatologischen Vorstellungen, die durch die exemplarischen Geschichten von Tugend-Belohnung und Laster-Bestrafung als geschichtsphilosophischem Prinzip zur Anschauung gebracht werden. Gerade der zweite, fiktionale Typ des „GeschichtGedichts" erlaubt es wegen seiner größeren gestalterischen Freiheit besser, dieses Programm ästhetisch umzusetzen.

B.s Vorrede ist von sprachpatriotischen Argumenten geprägt, die im Zusammenhang seiner Mitgliedschaft in der „Fruchtbringenden Gesellschaft" (seit 1655) zu sehen sind. Insb. geht es darum, den Rückstand der dt. gegenüber den europ. Nachbarliteraturen aufzuholen. Dieser Kontext ist auch für die *Teutsche Redebind und Dicht-Kunst* (1679) prägend. Das zeigt sich in dem ambitionierten Versuch, für alle fremdsprachigen poetologischen Termini dt. Übersetzungen zu prägen. Einflüsse der Sprachtheorie ↑Schottels liegen vor, wenn B. das Deutsche den drei „HauptSprachen", also den Heiligen Sprachen Hebräisch, Griechisch und Latein, als gleichwertig zuordnet. Er folgt also den sprachpuristischen und -patriotischen Programmatiken der Sprachgesellschaften. Zweite Determinante seiner Poetik ist der christl. Glaube. Schon auf dem Titelblatt verspricht er, seine „Anweisung zur Teutschen Poesy mit Geistlichen Exempeln" zu versehen. Dies prägt die Gattungspoetik, bei deren Abhandlung B. den Beispielen aus der weltlichen Poesie durchgängig auch Exempel aus der geistlichen Dichtung zur Seite stellt.

Das Buch besteht aus zwei Teilen und einer ausführlichen Vorrede, welche die für die Barockpoetik eigentümliche topische Apologie der Poesie durch Nachweis ihrer Anciennität enthält. Sie wird bei B. durch Verweis auf die Bibel beantwortet: Die Dichtung hat ihren Ursprung im Paradies, nicht erst in der späteren Hirtendichtung der heidnischen Antike. Die zwei Teile der Poetik behandeln zuerst die „Redebind-Kunst" und dann die „Dichtkunst". Unter ersterer Überschrift handelt B. Prosodik, Metrik und den Schmuck durch rhetorische Figuren und Tropen ab. Neben der strengen Alternation, die ↑Opitz in seinem *Buch von der deutschen Poeterey* vorgeschrieben hatte und die zu Jambus und Trochäus als einzig möglichen Versfüßen führt, erlaubt B. (wie vor ihm bereits A. Buchner und Ph. v. Zesen propagierten) auch Daktylus und Anapäst. Der zweite Teil wird von detaillierten Ausführungen zum Verhältnis von dichterischer Kunstlehre und Anlage des Dichters eingeleitet. Sie dienen dazu, den „SylbenKlecker und Reimträumer“, der nur die mechanische „Redebind-Kunst“ beherrscht, vom wahren Poeten zu unterscheiden. B. bezieht sich auf die antike Unterscheidung von *poeta* und *versificator* und auf verschiedene Topoi aus dem Arsenal der dichterischen Inspirationstheorie zurück, betont aber immer wieder die Notwendigkeit von Schulung und Übung. Die Dialektik von *ars* und *natura* aus der Rhetorik wird also keineswegs, wie die Forschung bisweilen meint, in Richtung einer platonisierenden Poetik (↑Platon) verschoben. Dies lässt B. nur für die christl. Poesie gelten, die vom Heiligen Geist ‚eingehaucht‘ ist.

Die Gattungspoetik nimmt den Rest des Buches ein und folgt pragmatischen Gesichtspunkten. Die Ausführungen der *Aramena*-Vorrede zu den „neuen *GeschichtGedichte*[n] / welche ingemein Romanzi oder Romains genennt werden“, sind hier eingearbeitet, bei der Behandlung der Schauspiele greift B. auch auf seine eigene dichterische Produktion zurück.

Ausgaben: Vor-Ansprache zum Edlen Leser [1669]. In: A. Schöne (Hg.): Das Zeitalter des Barock. Texte und Zeugnisse. München ^{3}1988. S. 34–38 [Auszug]; Teutsche Rede-bind und Dicht-Kunst. Hildesheim u. a. 1973 [Nachdr. d. Ausg. Nürnberg 1679].

Forschungsliteratur: L. Fischer: Gebundene Rede. Tübingen 1968; C. Wiedemann: Engel, Geist und Feuer. Zum Dichterselbstverständnis bei Johann Klaj, Catharina von Greiffenberg und Quirinus Kuhlmann. In: R. Grimm/ C. Wiedemann (Hg.): Literatur und Geistesgeschichte. Berlin 1968. S. 85–109; W. Voßkamp: Romantheorie in Deutschland. Stuttgart 1973; Th. Verweyen: Dichtungstheorie und Dichtungsverständnis bei den Nürnbergern. In: J. R. Paas (Hg.): Der Franken Rom. Nürnbergs Blütezeit in der zweiten Hälfte des 17. Jahrhunderts. Wiesbaden 1995. S. 178–195.

Dietmar Till

Blake, William (1757–1827)

B. wurde wegen seiner Disposition zu visionären Erfahrungen des Übersinnlichen und seines darauf beruhenden unkonventionellen poetisch-malerischen Œuvres für wahnsinnig gehalten. So steht bereits seine eigene Person programmatisch für die antiklassizistischen und antirationalistischen Tendenzen der romantischen Poetik, die auch seine Werke prägen. In B.s von Lektüren der Bibel, J. Miltons und mystischen Schriften genährten Imaginationen werden Mensch und Natur spiritualisiert. Er bedient sich als Maler wie als Dichter einer expressiven Bildsprache und entwirft eine Privatmythologie aus german., jüd. und antiken Elementen. Mit den engl. Romantikern verbindet den rebellischen B. seine kulturkritisch motivierte Opposition gegenüber dem Rationalismus mit seinem Nützlichkeitsdenken und seiner begrifflichen Disziplin, positiv gesagt: seine Forderung nach einer ästhetischen Erneuerung des menschlichen Welt- und Selbstbezugs mit moralisch-kulturellen Implikationen. Emphatisch propagiert B. den Individualismus und die individuelle Freiheit, der am Ende der *Vermählung von Himmel und Hölle* (*Marriage of Heaven and Hell*, 1790–1793; dt. 1975) ein Chor huldigt. Inspiration, Vision und Imagination sind Kernbegriffe seiner Ästhetik. Trotz der stark religiösen Prägung seiner Ideen- und Bilderwelt stellt B. die Kunst nicht etwa in den Dienst der Vermittlung theologisch-religiöser Wahrheiten, sondern begreift sie als inkommensurabel und autonom. Kunst kündet von der Zerrissenheit der Welt, ihrer Spaltung in ein Reich des Lichts und der Finsternis, die allerdings nicht vollständig hoffnungslos ist, da Imagination und Kunst sie antizipatorisch überwinden können. Malerei und Dichtung vermitteln die übersinnlichen Offenbarungen der Träume. Über seine Imaginationen ist der Mensch mit der göttlichen Sphäre verbunden, ja eins mit Gott. Letztlich wirkt aber das Zusammenspiel der satanischen und der göttlichen Sphäre stimulierend auf die ästhetische Produktivität. Es gibt keinen Fortschritt ohne Antagonismen („contraries“) wie den zwischen Anziehung und Abstoßung, Vernunft und Kraft, Liebe und Hass – und in *Die Vermählung von Himmel und Hölle*, wo diese metaphysische Ästhetik des Antagonistischen ausformuliert wird, stellt sich B. auf die Seite der dynamischen Kräfte des Teufels. Im Innern des Einzelnen wiederholen sich die kosmischen Konflikte. Eine von Antagonismen durchwaltete Kunst drückt insofern auch die Sphäre menschlicher Emotionen aus. Der zu seiner Zeit verkannte B. galt den Präraffaeliten als Vorbild und wird seit ca. 1920 als Wegbereiter moderner Dichtung und Ästhetik betrachtet.

Ausgaben: The Complete Writings of W. B. Hg. v. G. Keynes. London u. a. 1957; Werke. Hg. v. G. Klotz. Berlin 1958; Zwischen Feuer und Feuer: poetische Werke. Hg. v. T. Eichhorn. München 1996.

Forschungsliteratur: H. U. Seeber: Romantik und Viktorianische Zeit. In: ders. (Hg.): Englische Literaturgeschichte. Stuttgart 1991. S. 217–305; M. Eaves (Hg.): The Cambridge Companion to W. B. Cambridge u. a. 2003; E. Larrissy: B. and the Modern Literature. Basingstoke u. a. 2006.

Monika Schmitz-Emans

Blanchot, Maurice (1907–2003)

B.s Denken zeigt sich von ↑Bataille, E. Lévinas, ↑Sartre und ↑Heidegger beeinflusst. Doch B. konfrontiert zum einen Sartres Ethik der Existenz einer *littérature engagée* von Anfang an mit einer Ethik der Sprache; zum anderen kehrt er Heideggers Existenzphilosophie um. Die in *Das Unzerstörbare* (*L'espace littéraire*, 1955; dt. 1991) versammelten Texte zu ↑Mallarmé, ↑Rilke, ↑Kafka und ↑Hölderlin geraten in einer kontemplativen, die Differenz zwischen poetischer Praxis und Theorie aufhebenden, selbstbefragenden *écriture* zu einer Reflexion über die Literatur selbst. Für diese prägend sind das Primat der Abwesenheit und die Negation sowie eine Autoreferenzialität der Sprache, die ihre unendliche Supplementarität zeitigt (↑Derrida). Die „ursprüngliche Erfahrung“ des Dichters, die B. anhand des Orpheus-Mythos beschreibt, bedeutet die Begegnung mit dem Unsagbaren, d. h. mit dem Nichts, in dem sich die Literatur dem Schweigen nähert. Das Erzählte tritt hinter die reflexive Selbstthematisierung des Schreibens zurück, in dessen Prozess das Subjekt in eine „neutrale Rede“, ein anonymes „man“, verwandelt wird (↑Beckett, ↑Butor) und das „unaufhörliche Raunen“ des Werks dessen Konkretion in ihre radikale Abwesenheit, d. h. Unmöglichkeit, versetzt.

Obwohl B. keiner Schule oder Strömung zuzurechnen ist, hatte sein Werk Einfluss auf den Nouveau Roman (↑Robbe-Grillet, ↑Sarraute), die Nouvelle Critique (↑Barthes, ↑Foucault, ↑Kristeva) und nahezu sämtliche Vertreter des Poststrukturalismus (↑Lacan).

Ausgaben: L'espace littéraire. Paris 1955; Das Unzerstörbare. Ein unendliches Gespräch über Sprache, Literatur und Existenz. München u. a. 1991.

Forschungsliteratur: F. Collin: B. et la question de l'écriture. Paris 1971; G. Poppenberg: Ins Ungebundene. Über Literatur nach B. Tübingen 1993; G. Bruns: B. The Refusal of Philosophy. Baltimore 1997.

Sebastian Hartwig

Blankenburg, Christian Friedrich von (1744–1796)

Die Abhandlung *Versuch über den Roman* (1774) gilt als erste dt. Romantheorie.

Der Roman der Aufklärung wird hier als eine eigenständige und ästhetisch wertvolle Gattung bewertet und theoretisch erörtert. B. analysiert den Roman als zeitgemäße Weiterentwicklung des antiken Epos mit dem Akzent auf Handlungen und Empfindungen des Menschen. Nach B. bietet der aufklärerische Anspruch des selbstverantwortlichen Handelns dem neuen Genre breiten Raum. Introspektionen erlauben die Ausgestaltung des Romanhelden zu einer komplexen Figur, deren Charakter vor dem Hintergrund psychologischer Kausalität entwickelt wird: „Der Dichter muß bey jeder Person seines Werkes gewisse Verbindungen voraussetzen, unter welchen sie in der wirklichen Welt das geworden ist, was sie ist. [...] und diese Eigenthümlichkeiten [...] werden einen Einfluß auf ihre Art zu denken, und ihre Art zu handeln [...] haben“. Angeregt durch B.s Theorie entwickeln u. a. ↑Wieland, dessen erste Fass. der *Geschichte des Agathon* (1766) B. noch als modellhafter Roman erschien, und ↑Goethe Romanfiguren, die eine realistische Lebensgeschichte aufweisen (3. Fass. der *Geschichte des Agathon*, 1794; *Wilhelm Meisters Lehrjahre*, 1795).

Ausgaben: Versuch über den Roman. Hg. v. E. Lämmert. Stuttgart 1965.

Forschungsliteratur: K. Wölfel: F. v. B.s „Versuch über den Roman“. In: R. Grimm (Hg.): Deutsche Romantheorien. Beiträge zu einer historischen Poetik des Romans in Deutschland. Frankfurt/M. u. a. 1968. S. 29–60; W. Voßkamp: Romantheorie in Deutschland von M. Opitz bis F. v. B. Stuttgart 1973; G. Mayer: Der deutsche Bildungsroman. Von der Aufklärung bis zur Gegenwart. Stuttgart 1992.

Martina Schönenborn

Bloom, Harold (geb. 1930)

In *Einflußangst. Eine Theorie der Dichtung* (*The Anxiety of Influence. A Theory of Poetry*, 1973; dt. 1995) formuliert der seit den 1950er Jahren in Yale lehrende B. eine in doppeltem Sinn revisionistische Theorie lyrischer Texte. Seit der Renaissance versucht jeder Dichter, den Einfluss seiner Vorgänger zu überwinden, indem er deren größte Gedichte durch eigene Texte revidiert, d. h. verbessert und ersetzt. Zentral ist dabei die Missdeutung („Misprision“), ein kreativer Leseakt, bei dem der rezipierende Dichter das nicht ausgeschöpfte Potenzial des Vorgängers für sich fruchtbar macht. B. benutzt, auf ↑Freuds Konzept des Ödipuskomplexes Bezug nehmend, die Metapher von konkurrierenden Vätern und Söhnen, die Familienszenen von Neid, Angst und Aggression durchleben. All dies gesteht B. aber nur wenigen „starken Dichtern“ zu, sodass seiner Theorie ein impliziter Kanon zugrunde liegt, dessen Ausformulierung das Zentrum seiner späteren Schriften wie *Genius. Die hundert bedeutendsten Autoren der Weltliteratur* (*Genius: A Mosaic of One Hundred Exemplary Creative Minds*, 2002; dt. 2004) bildet. Dieses in seiner Selbstbezüglichkeit dekonstruktivistisch anmutende Verständnis von Lyrik ist bewusst elitär und widersprüchlich, da die Überhöhung von Dichterfürsten in mythische Dimensionen letztlich mit desillusionierenden freudianischen Ansichten unvereinbar ist. Dennoch lobt selbst B.s schärfster Kritiker ↑Eagleton dessen Anliegen, eine humanistische Alternative zu strukturalistischen Ansätzen zu entwickeln.

Ausgaben: The Anxiety of Influence. A Theory of Poetry. New York 1973; Einflußangst. Eine Theorie der Dichtung. Basel u. a. 1995; The Western Canon. The Books and School of the Ages. New York u. a. 1994; Genius: A Mosaic of One Hundred Exemplary Creative Minds. New York 2002; Genius. Die hundert bedeutendsten Autoren der Weltliteratur. München 2004.

Forschungsliteratur: G. Allen: H. B. A Poetics of Conflict. New York u. a. 1994. G. Allen/

R. Sellars (Hg.): The Salt Companion to H. B. Cambridge 2007.

Hans-Joachim Backe

Blumenberg, Hans (1920–1996)

B. hat die Metaphorologie begründet, derzufolge sich die Geschichte des Denkens und Wissens als Geschichte von Metaphern für den Weltbezug des Menschen darstellen lässt. Solche Grundmetaphern sind Licht-, Lesbarkeits-, Maschinen-, Höhlen- und Seefahrtsmetaphern, die zwar interpretiert, nicht aber auf Begriffe reduziert werden können. Der Wandel historischer „Sinnhorizonte und Sichtweisen selbst" wird an ihrer Geschichte ablesbar; Metaphorologie fragt insofern nach der „Substruktur des Denkens" (*Paradigmen zu einer Metaphorologie*, 1960). Poetologisch relevant sind etwa B.s Studien zur Lesbarkeitsmetaphorik, in welcher sich ein menschliches Sinnverlangen an die natürliche Welt ausdrückt, das aus Sicht der Moderne unerfüllbar ist.

In *Arbeit am Mythos* (1979) verknüpft B. Philosophie und Poetik auf einer weiteren Ebene. Mythen bezeugen ein Bedürfnis nach Aneignung der dem Menschen widerständigen, unverständlichen und erschreckenden Welt. Keineswegs Antagonist des philosophischen Denkens, ist der Mythos für B. bereits „ein Stück hochkarätiger Arbeit des Logos". In Mythen erhält das Unbestimmte und Numinose einen Namen, das Unheimliche wird ansprechbar und so ins Vertraute überführt. Wenn B. als Metaphorologe und Mythentheoretiker sprachbildliche und narrative Reaktionen auf den „Absolutismus der Wirklichkeit" erörtert, so korrespondiert dies poetologischen Thesen von der Notwendigkeit des Erzählens und der Literatur. V. a. mit seinen Studien zum Selbstverständnis der Neuzeit und der Moderne erschließt B. zudem ein Feld, das komplexe thematische Verbindungen zur Literatur unterhält.

Die Poetikgeschichte hat B. in der Abhandlung *Wirklichkeitsbegriff und Möglichkeit des Romans* (1964) als die Geschichte des Mimesisbegriffs panoramatisch umrissen. ↑Platons These von der Lügenhaftigkeit der Dichtung habe der Poetik ihr Leitthema vorgegeben, wobei man implizit vorausgesetzt habe, ästhetische Gebilde seien durch ihren Wirklichkeitsbezug zu legitimieren. In der Antike habe dem daraus abgeleiteten Mimesis-Postulat ein Wirklichkeitsbegriff zugrunde gelegen, demzufolge Realität durch momentane Evidenz bezeugt wird; in der Neuzeit habe der Mensch dem Natürlichen das Künstlerische gegenübergestellt, und in der Moderne stehe Kunst weitgehend im Zeichen des Ungenügens am Vorgegebenen und der Überbietung von Natur (*Licht als Metapher der Wahrheit*, 1957).

Seine Metaphorologie ist einem sprachreflexiven Philosophieren verpflichtet, das die Bindung des Intellekts an Bilder und damit an sinnliche Erfahrung hervorhebt. Wenn sie als eine „Theorie der Unbegrifflichkeit" auch den philosophisch-begrifflichen Diskurs als unhintergehbar metaphorisch betrachtet und insofern den Primat des Begriffs bestreitet, so bereitet sie den Weg für die Dekonstruktion (↑Derrida, ↑de Man).

Ausgaben: Paradigmen zu einer Metaphorologie. Bonn 1960; Ausblick auf eine Theorie der Unbegrifflichkeit. In: Schiffbruch mit Zuschauer. Frankfurt/M. 1979. S. 75–93; Arbeit am Mythos. Frankfurt/M. 1979; Die Lesbarkeit der Welt. Frankfurt/M. 1981; Begriffe in Geschichten. Frankfurt/M. 1998; Ästhetische und metaphorologische Schriften. Frankfurt/M. 2001.

Forschungsliteratur: F. J. Wetz: H. B. zur Einführung. Hamburg 2004; S. Waldow: Der Mythos der reinen Sprache. W. Benjamin, E. Cassirer, H. B. Allegorische Intertextualität als

Erinnerungsschreiben der Moderne. Paderborn u. a. 2006.

Monika Schmitz-Emans

Boccaccio, Giovanni (1313–1375)

Bereits der Titel des Werkes, *Decameron* (*Il decamerone*, 1349–1353; dt. um 1471), verweist auf die prägende Struktur des Novellenzyklus bzw. auf die programmatische, Ordnung schaffende Kraft des Erzählens: Über zehn Tage hinweg erzählen die zehn Mitglieder der „onesta brigata“, die vor der Pest in Florenz (1348) auf einen Landsitz geflohen sind, täglich jeweils eine Novelle (also zehn Novellen pro Tag, einhundert insgesamt). Diese Binnenerzählungen werden zum einen vom „Proemio“ und der „Conclusione“ eingerahmt, zum anderen geht den Novellen eine Rahmenerzählung voraus (Pest in Florenz als Impuls zur Konstitution der Erzählergruppe). Insb. im „Proemio“ und im Kapitel des ersten Tages finden die poetischen Prinzipien des *Decameron* implizite Erläuterung durch den Rahmenerzähler.

Dabei wird die dem strukturellen und moralischen Verfall entgegengesetzte Regelhaftigkeit von Erzählsituation und Erzählinhalten akzentuiert: Unter dem Vorsitz des jeweils für einen Tag ernannten Königs, der die Thematik der Novellen bestimmt, kommt die aus sieben Frauen und drei Männern bestehende Runde der Binnenerzähler zu einer festen Tageszeit an einem festgelegten Ort zusammen. Die Abgeschiedenheit des Landsitzes betont zusätzlich das Prinzip der strukturellen Geschlossenheit und Ordnungsstiftung. Diese wird kontrastiert und aufgelockert durch die auch im „Proemio“ hervorgehobene Vielfalt der Themen innerhalb des Rahmenthemas sowie durch die geregelte Aufbrechung des Themenzwangs (1. und 9. Tag, „privilegio di Dioneo“). Rahmenerzähler und Binnenerzähler sind allesamt durch das höfische Ideal der *cortesia* verbunden: Tugendhaftigkeit, geistige und sprachliche Beweglichkeit sowie die Fähigkeit zu ebenso großer wie beherrschter Leidenschaft in Liebesdingen prägen das Novellenkonzept B.s inhaltlich, v. a. aber auch strukturell, indem sie zum rhetorisch-sprachlichen sowie erzählerischen bzw. die Erzählungen motivierenden Prinzip erklärt werden.

Geschlossene und zyklische Form, Zeitbezogenheit sowie das Zusammenspiel von Rahmen- und Binnenerzählung wurden nicht nur vorbildlich für die anonymen *Cent nouvelles nouvelles* (1440) und M. de Navarres *Heptaméron* (1558), sondern gelten auch als wegweisend für das novellistische Erzählen in Europa bis heute.

Ausgaben: Decameron di G. B. Hg. v. N. Sapegno. Turin 1983; Das Dekameron. 2 Bde. Frankfurt/M. 1997.

Forschungsliteratur: P. Brockmeier (Hg.): B.s Decameron. Darmstadt 1974; J. Söffner: Das Decameron und seine Rahmen des Unlesbaren. Heidelberg 2005.

Stephanie Wodianka

Bodmer, Johann Jakob (1698–1783)

Im Wettstreit der Aufklärungs-Poetologien zwischen Zürich und Leipzig, der die literaturtheoretische Debatte im zweiten Viertel des 18. Jh.s prägt, ist B. zusammen mit ↑Breitinger wichtigster Opponent zu ↑Gottsched und seinen Leipziger Schülern. Die überaus wichtige und z. T. auch sehr polemisch geführte Debatte ist zum einen eine Kontroverse um die rhetorisch-poetologische Kategorie des Geschmacks (Geschmacksdebatte), zum anderen um die „malende Poesie“, d. h. die Organisation und Qualität der lit. Beschreibung (*Ekphrasis*), um das *ut-pictura-poesis*-Modell von Literatur und damit auch um die Hierarchie im Wettstreit der Künste (Paragone). Die verschiedenen Facetten der Kontroverse zeigen sich an den Schriften B.s wie z. B. *Anklagung Des verderbten Geschmackes* (1728) und *Brief-Wechsel von der Natur des Poetischen Geschmackes* (1736) einerseits und an der mit Breitinger verfassten Wochenschrift *Die Discourse der Mahlern* (1721–23) sowie B.s *Critische[n] Betrachtungen über die Poetischen Gemählde der Dichter* (1741) andererseits. In ihrer poetologischen Bedeutung bes. hervorzuheben sind B.s Abhandlungen *Von dem Einfluss und Gebrauche der Einbildungs-Krafft* (1727) und *Critische Abhandlung von dem Wunderbaren in der Poesie und dessen Verbindung mit dem Wahrscheinlichen* (1740). Während Gottsched und die Leipziger mit ihrer klassizistisch geprägten Kunstauffassung die Ordnung der Gattungen, die Regelhaftigkeit und dementsprechend die Erlernbarkeit der Dichtkunst in den Vordergrund stellen und poetologisch insb. die angemessene Entfaltung und Gestaltung der Fabel betonen, heben B. und Breitinger die sinnliche Anschaulichkeit (Metaphorizität) der poetischen Rede bes. hervor. Die beiden Schweizer setzen deshalb in ihrer Poetologie bei der Bestimmung des anthropologischen Vermögens der Einbildungskraft an. Mit ihrer Aufwertung der Phantasie verändert und erweitert sich auch die Mimesis-Konzeption, die den Gegensatz der Darstellung von Wirklichem (Historie) und Möglichem (Fiktion) bei ↑Aristoteles aufgreift und zu einer modernen Kunstauffassung weiterzuentwickeln beginnt. Dichterische Nachahmung der Natur umfasst nun nicht mehr nur das Wahrscheinliche, das im Schein der Kunst abgebildete („nachgeahmte") Wirkliche, sondern auch das von der Einbildungskraft imaginierte Mögliche. Die dichterische Einbildungskraft kann sich dieser Welt des ‚Wunderbaren' zuwenden; auch diese erlangt so einen Anschein von Wahrheit, ja sie verfügt sogar über eine ‚höhere' Wahrheit. Da z. B. die ‚Heilige Poesie' sich diesem Wunderbaren widmet, übersetzt B. J. Miltons *Paradise Lost* und fördert ↑Klopstock und ↑Wieland. Zu B.s großer Bedeutung für die Entwicklung der Poetik und die aufklärerische Herausbildung der Ästhetik als einer eigenständigen philosophischen Disziplin tritt so auch seine Leistung als wichtiger Vermittler der engl. Literatur (↑Pope, J. Milton), darüber hinaus aber auch der mittelhochdt. (Minnesang) und der Weltliteratur (↑Dante, ↑Cervantes), womit er nicht zuletzt zur Entstehung einer Literaturgeschichtsschreibung im späteren Verlauf des 18. Jh.s beiträgt.

Ausgaben: Brief-Wechsel von der Natur des Poetischen Geschmackes. Stuttgart 1966 [Nachdr. d. Ausg. Zürich 1736]; Critische Abhandlung von dem Wunderbaren in der Poesie und dessen Verbindung mit dem Wahrscheinlichen. Stuttgart 1966 [Nachdr. d. Ausg. Zürich 1740]; Critische Betrachtungen über die Poetischen Gemählde der Dichter. Frankfurt/M. 1971 [Nachdr. d. Ausg. Zürich 1741]; zusammen mit J. J. Breitinger: Schriften zur Literatur. Hg. v. V. Meid. Stuttgart 1980.

Forschungsliteratur: H. O. Horch/G.-M. Schulz: Das Wunderbare und die Poetik der Frühaufklärung. Gottsched und die Schweizer. Darmstadt 1988; D. Till: Transformationen der Rhetorik. Untersuchungen zum Wandel der Rhetoriktheorie im 17. und 18. Jh. Tübingen 2004. S. 394–432.

Lothar van Laak

Boileau-Despréaux, Nicolas (1636–1711)

Die Dichtkunst (*L'art poétique*, 1674, dt. 1745) resümiert die lit. Debatten der frz. Klassik. Der Titel zeigt die Anlehnung an ↑Horaz' *Ars poetica* und die daraus rezipierte Betonung der Kunstfertigkeit („ars") neben der unerlässlichen Begabung (frz. „talent") des Autors. B.s Lehrgedicht gliedert sich in vier Gesänge. Gesang 1 und 4 erläutern allg. poetologische

Prinzipien; der zweite bespricht kleinere Gattungen, vornehmlich die Lyrik, der dritte Tragödie, Epos und Komödie. Der Roman wird nicht diskutiert.

Wie die frz. Klassik begreift B. Literatur als Nachahmung der Natur, wobei Natur das Wesen des Menschen und eine durch die Vernunft („raison") geordnete Natur meint, wie sie die Antike beispielhaft erfasst habe. Die Vernunft wird als universale, nahezu metaphysische Instanz aufgefasst; das individuelle Vermögen ist nur ihr Abglanz. Sie richtet sich nicht wie bei R. Descartes auf die Infragestellung der Autoritäten; die Antike gilt vielmehr als ihr Sprachrohr. Die Vernunft fungiert als oberstes Prinzip des Literaturschaffens. Sie ermöglicht die Überführung der Natur ins Kunstwerk mithilfe universaler, bereits von der Antike erkannter Regeln.

Unter den Regeln gibt es allgemeine: Ein Kunstwerk muss gefallen und darf nicht die dem gesunden Menschenverstand („bon sens") entsprechende Wahrscheinlichkeit („vraisemblance") oder die Sittlichkeit („bienséance") verletzen. Ausgeschlossen sind das Wunderbare des ‚Barock', das Burleske, das Hässliche, das Kreatürliche und moralisch Verwerfliche. Blutige Ereignisse z. B. sind von der Theaterbühne zu bannen und in die Form eines Berichts zu verlagern. Die außergewöhnliche Realität ist auf das Wahrscheinliche hin zu korrigieren. „Vraisemblance" wird auch erreicht durch psychologisch stringente Charakterzeichnung (Tragödie) und historisch korrekte Beschreibung der Zeitumstände. Lit. Stoffe und Themen seien antiken Vorbildern zu entnehmen, für deren Nachahmung B. insgesamt plädiert. Er fordert zudem inhaltliche und sprachliche Klarheit; er kritisiert Emphase und Preziosität.

Die bes. Regeln betreffen die einzelnen Gattungen. Insb. die Tragödie als Gipfel der klassischen Gattungshierarchie unterliegt konkreten Vorschriften, etwa der von ↑Aristoteles abgeleiteten Einheit von Zeit, Ort und Handlung. Die Tragödie stellt Leidenschaften, v. a. die Liebe dar, die aber als Laster zu kennzeichnen sind und nicht ins Amoralische abgleiten dürfen.

Die Regeln wirken auch in der Kunstrezeption: Der gute Geschmack („bon goût"), der der universalen Vernunft nahe steht, beurteilt die Einhaltung der Regeln und damit die Schönheit und Wahrheit eines Werkes.

B. übersetzte und kommentierte außerdem (Pseudo-)↑Longinos' Schrift *Über das Erhabene* (1674), die mit der irrationalen Wirkung des Sublimen in einer der klassischen Regelpoetik konträren Tradition steht. In der *Dichtkunst* äußert sich die parallele Arbeit zu Longinos etwa in der Relativierung der Regeln. B.s Übersetzung leitete die europaweite Longinos-Rezeption des 18. Jh.s ein.

B.s *Dichtkunst* ist ein Referenzpunkt der Antikenverfechter in der späteren *Querelle des anciens et des modernes.* Die Schrift gilt als Autorität für die Poetik der frz. Klassik, der sog. *doctrine classique*, bis zu deren grundlegender Infragestellung durch die Romantik.

Ausgaben: Œuvres complètes. Hg. v. F. Escal. Paris 1966; Art poétique/Die Dichtkunst. Hg. v. R. Schober. Halle 1968.

Forschungsliteratur: R. Bray: La formation de la doctrine classique en France. Paris 1927; C. Zelle: Die doppelte Ästhetik der Moderne. Revisionen des Schönen von B. bis Nietzsche. Stuttgart u. a. 1995.

Astrid Bauereisen

Böll, Heinrich (1917 – 1985)

B.s Frankfurter PV (1964) liefern keineswegs ein auch nur näherungsweise geschlossenes poetologisches System. Vielmehr umkreist B. hier Aspekte seiner dichterischen Selbstauffassung sowie seines Verständnisses von lit. Kommunikation in der bundesrepublikanischen Gesellschaft. Grundsätzlich verortet B. den Schriftsteller an einem eigenen historischen, sozialen und regionalen, in positivem Sinne provinziellen Ort: Er sieht in einem solchen „Provinzialismus für eine gute Weile unsere einzige Möglichkeit, vertrautes Gelände zu schaffen, Nachbarschaft zu bilden, wohnen zu können", nur eine solche Heimat ermögliche „Humanes, Soziales, Gebundenes […], Heimat, deren Name Nachbarschaft, Vertrauen einschließt". Er begreift den Schriftsteller als „gebunden" an die mentalen und sprachlichen Dispositionen dieser ‚Provinz', zudem auch „an Zeit und Zeitgenossenschaft, an das von einer Generation Erlebte, Erfahrene, Gesehene und Gehörte".

Produktionsästhetisch gewendet resultiert aus dieser Gebundenheit B.s „Ästhetik des Humanen": der Schriftsteller müsse „Formen und Stile […] entwickeln, die der Moral des Zustands entsprechen", „Worte sammeln, Syntax studieren, analysieren, Rhythmen ergründen – es würde sich herausstellen, welchen Rhythmus, welche Syntax, welchen Wortschatz das Humane und Soziale in unserem Land hat". Über diese „Ästhetik des Humanen" definiert B. die spezifisch polit. Funktion lit. Kommunikation in der unmittelbaren Nachkriegszeit sowie in der Mitte der 1960er Jahre mittlerweile saturierten bundesrepublikanischen Gesellschaft: Er wendet sich scharf gegen den blanken Ästhetizismus einer Literatur (vgl. ↑Benn), „die das Nichtssagende in musterhafter Schönheit ausdrückt, den Menschen der Humanität, Gebundenheit, Sozialität entkleidet, ihn nichtssagend in nichtssagende Umgebung stellt; die Sprache in ihrem eigenen Leib hält, nichts nach außen dringen läßt; keine Mitteilung, kein Wort, das Alarm auslöst". Vielmehr komme der zeitgenössischen Literatur höchste Verantwortung in einer Epoche nichtssagender Politik, Kirche, Gesellschaft zu. Literatur wird hier zum Gegenbild ideologisch durchgesetzter öffentlicher Selbstauffassung, zur „notwendige[n] Ergänzung zu einem Bild, das in Diskussionen, Ministerreden, im diplomatischen Stil, in Export- und Importziffern als oberflächlich hingetupftes Selbstporträt immer den Plakaten von Reisegesellschaften gleicht".

Ausgaben: Frankfurter Vorlesungen. Köln 1966; Werke. Kölner Ausgabe. Hg. v. Á. Bernáth. Köln 2002 ff.

Forschungsliteratur: J. Vogt: H. B. München 1978; B. Sowinski: H. B. Stuttgart u. a. 1993; L. Żyliński: H. B.s Poetik der Zeitgenossenschaft. Toruń 1997.

Benedikt Jeßing

Bölsche, Wilhelm (1861–1939)

Eine Vielzahl der Schriften des Schriftstellers, Redakteurs und Publizisten B. widmet sich der Popularisierung von naturwissenschaftlichen Erkenntnissen, insb. der Theorien Ch. Darwins. Seine Programmschrift *Die naturwissenschaftlichen Grundlagen der Poesie* (1887) wird dem Naturalismus zugerechnet. Er selbst gebraucht den Begriff Realismus: „Realistisch nenne ich diese Aesthetik, weil sie unserem gegenwärtigen Denken entsprechend nicht vom metaphysischen Standpuncte, sondern vom realen, durch vorurtheilsfreie Forschung bezeichneten ausgehen soll." B.s Ziel ist die Weiterentwicklung und Aktualisierung der Literatur auf der Basis der Naturwissenschaften. Wie ↑Zola versteht er poetische Schöpfung als ein „in der Phantasie ausgeführtes Experiment", betont aber die Bedeutung der Genialität. Erworbenes Wissen verhilft bloß in zweiter Instanz dazu, „sein schöpferisches Wollen nach vernünftigen Gesetzen zu regeln." Aufgabe des Realismus ist die Erziehung des Menschen.

B.s Themen sind einerseits die Willensunfreiheit (Der Dichter kann logische Gestalten schaffen, da menschliches Handeln immer Ergebnis äußerer Veranlassung und innerer Disposition ist); andererseits die Unsterblichkeit (Zwar ist wissenschaftlich kein Fortleben der individuellen Seele nachweisbar, aber „wir haben Grund zu glauben, dass dieses Physische vor unseren Augen nicht das echte Cosmische, das eigentlich Wahre und Seiende ist, sondern bloss ein mattes und lückenhaftes Gleichniss desselben."). Die Poesie soll sich der Welt hinter der physischen Welt annehmen. Drittes Thema ist die Liebe: Sie wird bisher als etwas überirdisch Göttliches oder als Verrücktes, Teuflisches dargestellt. Jetzt muss sie realistisch gezeigt werden: als Erscheinung des menschlichen Geisteslebens, die zum „Zeugungsacte" hinleitet; B. lobt die Vorarbeit Zolas, kritisiert aber dessen Interesse am Pathologischen. Dichtung soll sich dem Normalen, Natürlichen, Gesetzmäßigen (das B. nicht weiter definiert) zuwenden. Realistische Dichtung soll immer ein Ideal verfolgen: das Leben darzustellen, wie es ist, aber mit der Tendenz zum Glück. Aufgabe der Literatur ist es (in Anlehnung an, aber auch Umkehrung von Zola) den Sieg des Glückes in Folge wachsender, durch Generationen vererbter Gesundheit zu zeigen.

Ausgaben: Die naturwissenschaftlichen Grundlagen der Poesie. Prolegomena einer realistischen Ästhetik. Hg. v. J. J. Braakenburg. München u. a. 1976; Werke und Briefe. Wissenschaftliche Ausgabe. Hg. v. H.-G. Roloff. Berlin 2005 ff.

Forschungsliteratur: W. Hamacher: Wissenschaft, Literatur und Sinnfindung im 19. Jahrhundert. Studien zu W. B. Würzburg 1993.

Claudia Schmitt

Booth, Wayne Clayson (1921–2005)

B.s Lehrer R. S. Crane führte die Gruppe der Neo-Aristotelischen Literaturwissenschaftler an, die sich um die Mitte des 20. Jh.s kritisch vom primär am poetischen Sprachgebrauch interessierten *New Criticism* absetzten, um – orientiert an den von ↑Aristoteles benannten vier Gründen des dichterischen Werks – nach der Instanz des Dichters, den Wirkungsabsichten des Werks, seiner sprachlichen Form und seinen Inhalten zu fragen. B. verknüpft diesen holistischen Ansatz mit den textanalytischen Verfahrensweisen des *New Criticism*. Lit. Texte sind rhetorische Phänomene, die Rückschlüsse auf persuasive Absichten und zweckorientierte Strategien zulassen. Als Analytiker der lit. Rhetorik untersucht er die kommunikativen Verfahrensweisen dessen, der schreibt. In *Die Rhetorik der Erzählkunst* (*The Rhetoric of Fiction*, 1961; dt. 1974) entwickelt er Beschreibungskategorien für narrative Texte, darunter die in Anknüpfung an P. Lubbock (*The Craft of Fiction*, 1921) ausgearbeitete Differenzierung zwischen den Darstellungsmodi des *showing* und des *telling*. Wegweisend wurden die Konzepte des impliziten Autors, des Reflektors und des unzuverlässigen Erzählers, der ein anderes Wertesystem als der Autor vertreten kann, sowie komplementär dazu das des postulierten Lesers. Im Gegenzug zu literatur- und texttheoretischen Ansätzen, welche die Autonomie des Werks gegenüber dem Autor, wenn nicht sogar den Konstruktcharakter der Autorinstanz, behaupten, ist der Autor für B. zentral: als Bedingungsgrund der Illudierung, der Erzeugung ironischer Komplexität, der ethischen Profilierung, als Vermittler wahrer Einsichten sowie als prophetischer Visionär. Ein Autor kann sich maskieren, aber verschwinden kann er nicht. Aus der Betonung der ethischen Dimension lit. Texte ergeben sich Wertungskriterien: Auktoriale Einmischung in die Narration dient der Konturierung moralischer Positionen. Das unpersönliche Erzählen hingegen verzichtet hierauf; es ist mehrdeutig und für B. daher aus ethischer Sicht problematisch. Die Frage nach textimmanenten Wertesystemen und den Strategien ihrer Vermittlung ist auch für andere Schriften konstitutiv, so für *A Rhetoric of Irony*, einer Erörterung der Instabilität von Wertesystemen, und für *Modern Dogma and the Rhetoric of Assent* (beide 1974). Literatur wie Literaturwissenschaft stehen für B. im Dienst ethischer Zielsetzungen. Mit *The Company We Keep* (1988) hat er maßgeblich zur Profilierung des so genannten *Ethical Criticism* beigetragen. In seinem Konzept der *coduction* verbindet er ein dialogisches Modell der lit. Kommunikation als einer Auseinandersetzung mit dem Anderen und als kritische Reflexion über eigene und fremde Wertesysteme.

Ausgaben: The Rhetoric of Fiction. Chicago 1961; Die Rhetorik der Erzählkunst. Heidelberg 1974; A Rhetoric of Irony. Chicago 1974; Modern Dogma and the Rhetoric of Assent. Notre Dame, IN 1974; Critical Understanding. The Powers and Limits of Pluralism. Chicago u. a. 1979; The Company We Keep. An Ethics of Fiction. Berkeley u. a. 1988.

Forschungsliteratur: P. Rawlings: American Theorists of the Novel. H. James, L. Trilling, W. C. B. London u. a. 2006.

Monika Schmitz-Emans

Borchers, Elisabeth (geb. 1926)

B. hat als Lektorin und Übersetzerin bei Suhrkamp sowie als Schriftstellerin tiefen Einblick in die Facetten dichterischen Schaffens gewonnen. Insb. als Lyrikerin profitiert sie von ihrem lebenslangen Arbeiten mit Sprache, von ihrem hochreflektierten Sprachbewusstsein: Aus ihrer anfänglichen poetischen, bildhaften Sprache entwickelt sie eine radikal reduzierte, puristische Lyrik.

In ihren Frankfurter PV versucht sie, unter vielfachem Rekurs auf Vorbilder, die Begeisterung für Sprache, aber auch das disziplinierte Arbeiten mit ihr zu vermitteln; ihr Themenspektrum reicht von ersten Lektüreerfahrungen in der Kindheit („Haus der Kindheit") zur Zeit des Nationalsozialismus bis hin zu konkreter ‚Gedichtspraxis' und der Frage, wie ein Gedicht entsteht („Anfänge oder das Geheimnis des Anfangs"). Dies erläutert sie am Bsp. eines ihrer ersten und bekanntesten Gedichte, *eia wasser regnet schlaf*, das bei seiner Veröffentlichung 1960 in der *FAZ* für empörte Leserreaktionen sorgte. Die Auseinandersetzung damit ist Anlass einer poetologischen Standortbestimmung der Autorin: Lyrik als von der Nachrichtenrealität losgelöster „Traum" von „Weltverbesserern", Form gleich Inhalt.

Auf die Frage „Wozu Gedichte?" findet B. keine „bündige" Antwort; wichtig ist ihr jedoch die Unterscheidung zwischen poetischer Sprache der Lyrik und gewöhnlicher, „verödeter" Alltagssprache, „die außerstande ist, uns mit unseren Freuden und unserer Trübsal aufzufangen"; Lyrik vermittle Gefühle, „Wahrheiten und Einsichten" mit Hilfe von „Zauberworten". B. eröffnet über mehrere Beispiele „Lichtwelten", eigene Begegnungen mit Gedichten und ihre Offenbarungen (↑Eichendorff, ↑Brecht). In „Das Amt des Übersetzers" widmet sie sich einer ‚Berufsgruppe', die wie kaum eine andere auf das genaue, skeptische Arbeiten mit der (Mutter-) Sprache angewiesen ist und zudem des „literarischen Lesens und Begreifens" fähig sein muss. Tatsächlich ist das pathetische „Amt" im Sinne von ‚Berufung' zu verstehen (hier führt B. ↑Rilke und ↑Celan als Bsp. an). Das den Lichtwelten gegenübergestellte Motiv der „Abgedunkelten Räume" stammt zweifach aus ihrer Erinnerung: positiv besetzt als Erinnerung an einen Kindheitssommer; negativ als Erinnerung an die unter Verfolgungswahn leidende N. Sachs. Am Bsp. mehrerer Lyrikerinnen (z. B. H. Kräftner, E. Lasker-

Schüler, E. Dickinson, S. Plath) werden weitere Motive ‚psychischer Verdunklung', großer Einsamkeit, des Schmerzes, des Abschieds und der Vergänglichkeit evoziert, welche B.s Werk nachhaltig prägen.

Ausgaben: Lectori salutem. Mainz 1978; Wer lebt. Frankfurt/M. 1986; Von der Grammatik des heutigen Tages. Frankfurt/M. 1992; Was ist die Antwort. Frankfurt/M. 1998; Eine Geschichte auf Erden. Frankfurt/M. 2002; Lichtwelten. Abgedunkelte Räume [FPV]. Frankfurt/M. 2003.

Forschungsliteratur: S. Kleinschmidt: Zurückgelassene Blicke. E. B.s Poetik des Abschiednehmens. In: Neue deutsche Literatur 51/550 (2003). S. 11–20; M. Zingg: Lichtwelten. In: NZZ vom 24./25. Juli 2004.

Anne Rennig

Borges, Jorge Luis (1899–1986)

Zwar lässt sich bei B. zwischen narrativen und lyrischen Texten einerseits, literaturkritischen und kulturwissenschaftlichen Essays andererseits differenzieren, doch die Grenze zwischen beiden Bereichen ist nicht nur wegen vieler inhaltlicher Affinitäten zwischen Erzählungen, Gedichten und Essays durchlässig, sondern v. a. deshalb, weil B. gern szientifische Darstellungsformen in lit. Texte implantiert. Die berühmtesten seiner Erzählungen variieren das Muster des philologischen, kulturwissenschaftlichen oder historiografischen Diskurses über imaginäre Gegenstände. Meist berichtet ein Erzähler mit dem Gestus des wissenschaftlichen Beobachters von fiktiven Personen, Ereignissen oder Objekten, die teilweise die Grenzen dessen sprengen, was im Horizont konventioneller Begriffe vorstellbar erscheint. Auch die in Form wissenschaftlicher Kompendien gehaltenen Darstellungen imaginärer Wesen und Träume spielen mit der Grenze zwischen lit. und wissenschaftlichem Diskurs (*Einhorn, Sphinx und Salamander. Buch der imaginären Wesen*, 1982; *El libro de los seres imaginarios*, 1967; *Buch der Träume*, 1981; *Libro de sueños*, 1976).

Erst postum erschienen, ediert auf der Basis von Tonbändern, die Vorträge, die B. 1967/68 im Rahmen der Harvard Lectures gehalten hatte (*Das Handwerk des Dichters*, 2002; *This Craft of Verse*, 2000). Sie erörtern eine Fülle der Themen, die B. auch in früheren literaturtheoretischen Texten behandelt hatte: so die Beziehung zwischen Literatur und Traum, die Merkmale der poetischen Sprache, die Metapher, das Erzählen, die Einbindung jedes Dichters in die Tradition, die Frage der Übersetzbarkeit von Gedichten, die Form des Buches, die Bibliothek als konkreten und zugleich imaginären Raum und die Beziehung zwischen Dichtung und Wissen.

B. wirkt zunächst als Literaturkritiker und Essayist, bevor er zum lit. Erzähler wird. Er verfasst seit den 1920er Jahren eine Fülle von Rezensionen und Essays zu Autoren, lit. Werken und Textsorten. Seine frühen Texte gelten v. a. kanonischen Werken der Weltliteratur, aber auch der Geschichte des Tangos sowie Fragen der Vermittlung, Tradierung und Vernetzung von lit. Werken. Er akzentuiert stets stärker die Einbettung des Einzeltextes in literarhistorische Zusammenhänge als die individuelle Einzelleistung. Der Schriftsteller erscheint bei ihm eher als Medium denn als auktoriale Instanz.

Das Themenfeld um Buch und Bibliothek, Schrift und Lektüre findet sich bei B. unter verschiedensten Akzentuierungen reflektiert. Er ist v. a. der topischen Gleichsetzung von Welt und Buch und ↑Mallarmés Idee eines Universalbuchs verbunden. Insofern besitzen implizit auch seine Reflexionen über Erfahrung, Zeit und Geschichte eine poetologische Dimension.

In *Die Bibliothek von Babel* (*La biblioteca de Babel*, 1941; dt. 1970) wird das Universum selbst mit einer Bibliothek identifiziert, die alle möglichen Bücher in sich enthält. Natur und Geschichte, individuelles und kollektives Leben sind in Textform enthalten, zusammen mit allen möglichen Interpretationen und Gegeninterpretationen. Der Raum der Literatur erscheint hier als der Raum des Möglichen, innerhalb dessen das Wirkliche nur ein verschwindend kleines Segment darstellt; alle konkrete Erfahrung ist in B.s imaginärem Textuniversum immer schon antizipiert. Die Kriminalerzählung *Der Garten der Pfade, die sich verzweigen* (*El jardín de senderos que se bifurcan,* 1941; dt. 1970) entwirft anlässlich des fiktionalen Berichts über ein labyrinthisch-verzweigtes Romanprojekt das Modell einer sich analog in alternative Zeitreihen verzweigenden Zeit, als deren Folge sich die Wirklichkeit zu einem Gefüge paralleler Welten multipliziert. Der fiktive Forschungsbericht über *Tlön, Uqbar, Orbis tertius* (1941; dt. 1970) informiert über ein von einer Gelehrtengesellschaft geschaffenes imaginäres Universum, das sich in mehrere Teilwelten staffelt und auf rätselhafte Weise schließlich in die Realität einsickert. In den imaginierten Reichen gelten andere physikalische Gesetze, sodass etwa die Imagination reale Objekte hervorzubringen vermag; die Umformung der Welt vollzieht sich aber v. a. durch den Siegeszug der Sprache des Reiches von Tlön. Hier wie in anderen Erzählungen wird der Primat der Imagination auf selbstreferenzielle Weise narrativ dargestellt. Der biografische Essay über den Schriftsteller Pierre Menard (*Pierre Menard, autor del Quijote*, 1941; *Pierre Menard, Autor des Quijote*, 1970) schließlich steht im Zeichen paradoxaler Reflexion über das Konzept der Autorschaft. Menard, der den *Don Quijote* von ↑Cervantes im 20. Jh. noch einmal schreibt, bekommt Originalität attestiert, nicht obwohl, sondern weil er den Vorgängertext unter verändertem Vorzeichen genau wiederholt.

B.s lit. und theoretische Schriften sind durch eine Reihe gemeinsamer Kernthemen eng miteinander vernetzt. Dazu gehören neben dem Buch v. a. die Zeit und die Ewigkeit, der Gedanke des Unendlichen sowie die Indifferenz zwischen Wirklichem und Möglichem. Die These von der Idealität der Zeit wird gedanklich wiederholt durchgespielt, der paradoxale Gedanke des Unendlichen auf seine Abgründe hin ausgelotet. Ein in diesem Zusammenhang immer wieder einfallsreich abgewandeltes Motiv ist das des Labyrinths. B. identifiziert Welt, Bibliothek und Labyrinth; er weist dem individuellen Ich dabei nur die Rolle eines Statisten, eines desorientierten Suchers und Kopisten zu. Auch „Borges" wird bei B. zur lit. Figur, eingesogen vom die Wirklichkeit umfassenden Universum des Imaginären.

B. präsentiert sich als Erbe der abendländischen lit. Tradition von der Antike (der er v. a. über das Mythologem des Labyrinths verpflichtet ist), über das MA (etwa wenn er sich als Philologe mit den Kenningar befasst) bis zur Moderne. Er selbst hat v. a. durch seine fiktionalen Forschungsberichte, seine Spiele mit den Grenzen zwischen differenten Fiktionsebenen sowie mit der Grenze zwischen werkinterner und -externer Realität anregend auf viele Autoren gewirkt, so auf wesentliche Vertreter des lateinamerik. Romans (↑Vargas Llosa, G. García Márquez), aber auch auf Erzähler wie ↑Calvino und ↑Eco.

Ausgaben: Obras completas. Buenos Aires 1974; Gesammelte Werke. München u. a. 1980 ff.; This Craft of Verse. Hg. v. C. A. Mihailescu. Cambridge, MA u. a. 2000; Das Handwerk des Dichters. München u. a. 2002.

Forschungsliteratur: G. Massuh: B. Eine Ästhetik des Schweigens. Erlangen 1979; D. Foster: J. L. B. An Annotated Primary and Secondary Bibliography. New York u. a. 1984.

Monika Schmitz-Emans

Bourdieu, Pierre (1930–2002)

Für die Überlegungen des Soziologen B. zur Kunst sind insb. zwei Bücher aufschlussreich: In *Die feinen Unterschiede* (*La distinction*, 1979; dt. 1982) untersucht er die Rezeption von Kunstwerken; in *Die Regeln der Kunst* (*Les règles de l'art*, 1992; dt. 1999) steht die künstlerische Produktion im Zentrum. Rezeption und Produktion sind dabei über die Theorie vom „Feld" der Kunst miteinander verbunden, auf dem es vornehmlich um Distinktionsgewinne und um die Erwirtschaftung von „kulturellem Kapital" geht, das dann gegebenenfalls in ökonomisches, soziales oder symbolisches Kapital konvertiert werden kann. Im 19. Jh. gelingt es demnach im immerwährenden Kampf des Neuen gegen das Alte, ein „literarisches Feld" zu etablieren, auf dem eine relativ autonome Kunst nach Regeln beurteilt wird, die der Kunstbetrieb im Austausch und in der Aushandlung von Konkurrenzverhältnissen selbst setzt. B. zielt damit auf die „Entschleierung" der Kunst als „Glaubensuniversum", zu dem sich das einzelne Kunstwerk homolog verhält – in den *Regeln der Kunst* zeigt B. anhand von ↑Flauberts *Éducation sentimentale* exemplarisch, wie die Sensibilität des Künstlers für Distinktionsqualitäten das Werk zu einer Analyse seiner eigenen Entstehungsbedingungen macht. Das literaturwissenschaftliche Interesse an der Feldtheorie erklärt sich daraus, dass B.s Zugang zur Literatur produktions-, werk- und rezeptionsästhetische Beobachtungsmöglichkeiten in einem ebenso flexiblen wie schlüssigen Modell zusammenführt.

Ausgaben: La distinction. Critique sociale du jugement. Paris 1979; Die feinen Unterschiede. Kritik der gesellschaftlichen Urteilskraft. Frankfurt/M. 1987; Les règles de l'art. Genèse et structure du champ littéraire. Paris 1992; Die Regeln der Kunst. Genese und Struktur des literarischen Feldes. Frankfurt/M. 1999.

Forschungsliteratur: J. Jurt: Das literarische Feld. Das Konzept P. B.s in Theorie und Praxis. Darmstadt 1995; M. Joch/N. Ch. Wolf (Hg.): Text und Feld. B. in der literaturwissenschaftlichen Praxis. Tübingen 2005.

Steffen Martus

Braun, Volker (geb. 1939)

Den wohl wichtigsten poetologischen Beitrag B.s, seine BPR *Die Verhältnisse zerbrechen* aus dem Jahr 2000, wird man auf den ersten Blick wohl kaum als Poetik einstufen. Bei oberflächlicher Betrachtung scheinen sich die Ausführungen des ostdt. Dramatikers, Erzählers, Lyrikers und Essayisten in radikaler Gesellschaftskritik zu erschöpfen. B. betont, dass der nach dem Zusammenbruch der Sowjetunion nahezu allgegenwärtige Kapitalismus das Rätsel, wie der (Einzel-)Mensch in der Gesellschaft existieren könne, keineswegs gelöst habe. Er betreibt die ernüchternde Autopsie der Nachwendegesellschaft im Stil und mit dem Scharfblick des Naturforschers ↑Büchner, weist immer wieder Parallelen zwischen dessen Zeit und der Gegenwart auf und lässt Büchner-Zitate zu Kommentaren der Jahrtausendwende werden. Dabei wird deutlich, dass B. – wiederum ähnlich wie der Vormärzschriftsteller – gegen die bei ihm und beim Leser sich einstellende Resignation keine polit. oder philosophischen Panazeen (mehr) kennt. Liest man den Text genauer, so zeigen sich seine poetologischen Dimensionen. So ist in B.s Überlegungen immer wieder vom Drama die Rede, und schon die Tatsache, dass damit einmal das vom Autor gestaltete Bühnenstück, dann aber auch das reale historische Geschehen bezeichnet wird, ist poetologisch (wie auch ‚kulturpoetologisch') bemerkenswert. Werden für B. einerseits Zeitgeschichte und Gegenwart zu Dramen, die den Stücken Büchners gleichen, so weisen andererseits sowohl die Dramen Büchners als auch die Schauspiele, welche die Wirklichkeit uns bietet, auf eine unserer heutigen Situation angemessene Dramendichtung hin. Wer die Lage der Zeit erkannt hat, dem bleibt nur Büchners „unversöhnte Dichtart". Mit Büchner muss er zum lit. Anthropologen werden und darf vor den Abgründen, in die er dabei blicken muss, nicht zurückschrecken. Ein „archäologisches", d. h. in alle (Un-) Tiefen der menschlichen Verhältnisse vordringendes Schreibverfahren („Gang in die Tiefe") fordert der in seiner Jugend im Tiefbau beschäftigte B. bereits in seiner poetologischen *Leipziger Vorlesung* von 1989. In diesem früheren Text verbindet er allerdings mit dem dichterischen Handeln noch mehr Hoffnung auf einen gesellschaftl. Wandel.

Ausgaben: Leipziger Vorlesung. In: Texte in zeitlicher Folge. Halle u. a. 1993. S. 173–192; Die Verhältnisse zerbrechen [BPR]. In: DASD (Hg.): Jahrbuch 2000. Göttingen 2001. S. 134–140.

Forschungsliteratur: G. Labroisse: Interpretative Überlegungen zu V. B.s Rede zur Verleihung des Georg-Büchner-Preises 2000: „Die Verhältnisse zerbrechen". In: R. Jucker (Hg.): V. B. in Perspective. Amsterdam u. a. 2004. S. 239–257.

Misia Doms

Brecht, Bertolt (1898–1956)

B.s poetikgeschichtliche Hauptleistung besteht in der Entwicklung einer marxistisch-materialistischen Variante des Anti-Illusionismus, dessen Geschichte in Deutschland bis dahin überwiegend an die Entwicklung der idealistischen Ästhetik gebunden war. Der Anti-Illusionismus betrachtet die künstlerische Kommunikation in erster Linie als einen Erkenntnisprozess, bei dem der Rezipient nicht auf dem Wege der Identifikation oder der Immersion in die fiktionale Welt hineingezogen werden soll, sondern bei dem er der fiktiven Handlung distanziert gegenüberstehen soll, um sie kritisch zu reflektieren und im Hinblick auf ihre Explikationskraft zu bewerten.

Ihren idealtypischen Ausdruck findet diese Konzeption in B.s Theatertheorie, wie er sie insb. in seinen Schriften *Über eine nichtaristotelische Dramatik* (1933–1941), *Der Messingkauf* (1937–1951) und *Kleines Organon für das Theater* (1949) ausformuliert hat. Auf der Basis einer marxistischen Geschichtsmetaphysik erklärt B. darin die Epoche des aristotelischen Theaters (↑Aristoteles), das auf Einfühlung setze und den Zuschauer zur Passivität verdamme, für beendet. Nun, da das „wissenschaftliche Zeitalter" angebrochen sei, finde der Rezipient an der bloßen Widerspiegelung des Wirklichen und an der Identifikation mit den Protagonisten kein Gefallen mehr. Vielmehr bestehe sein größtes Vergnügen darin, die auf der Bühne gezeigte Strukturanalyse der gesellschaftl. Realitäten mit seiner eigenen Gesellschaftsauffassung abzugleichen und durch eine solche zugleich kritische und vergnügliche Auseinandersetzung Wege zu einer freiheitlichen Umgestaltung der Natur und der Gesellschaft zu finden und zu beschreiten.

Die Aufgabe des Schauspielers sei es demgemäß nicht länger, den Zuschauer durch eine möglichst perfekte Identifikation mit der zu spielenden Figur zu täuschen, ihn also vergessen zu lassen, dass er im Theater sitzt. Vielmehr könne und müsse der Schauspieler im Kampf zwischen den Klassen Partei ergreifen und ggf. seine Distanz zu der zu spielenden Rolle erkennbar machen. In eine ähnliche Richtung zielen auch die sonstigen „V-

Effekte" (Verfremdungseffekte), zu denen bspw. die Kommentierung des Handlungsgeschehens durch eine Regiefigur, das Mitsprechen von Regieanweisungen, die kommentierende Liedeinlage oder die direkte Ansprache des Publikums gehören. Da sich die Kommunikationssituation des Theaters durch den Einsatz solcher Effekte tendenziell derjenigen des (auktorial erzählten) Romans oder des Epos annähert, hat sich für diese Theaterkonzeption B.s die – zuvor allerdings schon für die Dramenpoetik E. Piscators eingeführte – Bezeichnung „Episches Theater" eingebürgert.

In seinen zahlreichen Dramen hat B. die Ästhetik des Anti-Illusionismus mit unterschiedlicher Konsequenz und unterschiedlichem Erfolg in die Praxis übertragen. Während seine Lehrstücke wie z. B. *Das Badener Lehrstück vom Einverständnis* (1929) oder *Die Maßnahme* (1931) sowohl in formal-ästhetischer als auch in polit. Hinsicht geradezu rigoristisch in der Umsetzung des neuen Theaterkonzeptes sind, können Werke wie *Die Gewehre der Frau Carrar* (1937) und *Leben des Galilei* (drei Fass.: 1938/39, 1945/46, 1954–1956) kaum bzw. nur in bestimmten Teilen und Fass. als „episch" im oben erläuterten Sinn bezeichnet werden. Am Bsp. der – B.s Intentionen zunächst völlig verfehlenden – Rezeption des Stückes *Mutter Courage und ihre Kinder* (1949; 1941 uraufgeführt) lässt sich demonstrieren, dass B.s Vorannahmen hinsichtlich der Dispositionen des Publikums des „wissenschaftlichen Zeitalters" nicht unproblematisch waren und sind. B. reagierte, indem er nach der Züricher Uraufführung von 1941 Textänderungen vornahm, die eine Identifikation mit der Titelheldin zusätzlich erschweren sollten.

Die Vorläufer der Theatertheorie und -praxis B.s sind Gegenstand ausgedehnter Forschungen geworden. Neben der marxistischen Ästhetik im engeren Sinne sind unter diesem Gesichtspunkt bes. der Entfremdungsbegriff ↑Hegels, das Praxiskonzept von K. Korsch, die Dramenkonzeption E. Piscators, die Soziologie F. Sternbergs, das Volkstheater K. Valentins und natürlich die sowjet. und sozialistische Theaterkunst (K. S. Stanislawski, W. E. Meyerhold u. a.) näherer Analyse unterzogen worden. Auch der – z. T. beträchtliche – Einfluss von B.s Mitarbeiterinnen (E. Hauptmann, M. Steffin, R. Berlau u. a.) ist von der B.-Forschung inzwischen im Detail aufgearbeitet worden. Obwohl B.s Theatertheorie vor dem Hintergrund all dieser Einfluss-Studien nur noch in Teilen als individuelle Originalschöpfung verstanden werden kann, besteht doch kein Zweifel daran, dass sein „Episches Theater" entscheidend zur Ablösung naturalistischer Dramen- und Bühnenstile beigetragen hat.

Als Lyriker hat B. in Übereinstimmung mit seinen ästhetischen Prämissen schon früh Stellung gegen die Ausdrucks- und Erlebnislyrik der Impressionisten, Neuklassiker und Neuromantiker bezogen. In seinem Aufsatz *Über reimlose Lyrik mit unregelmäßigen Rhythmen* (1939) kritisiert er die einlullende Wirkung konventioneller, verbrauchter Vers- und Strophenformen und plädiert – in Übereinstimmung mit den Entmetrisierungstendenzen der Neuen Sachlichkeit und allg. der modernen Lyrik – für eine weniger verinnerlichte, nüchternere, prosanähere Gedichtsprache. In seiner eigenen Lyrik hat sich B. überwiegend an diese Postulate gehalten (*Hauspostille*, 1927; *Svendborger Gedichte*, 1939; *Buckower Elegien*, 1953 u. a.), wenngleich es auch hier einzelne Texte wie z. B. das vielzitierte Gedicht *Erinnerung an die Marie A.* aus der *Hauspostille* gibt, die sich offenbar problemlos mit den Erwartungen traditionalistisch orientierter Lyrikleser in Übereinstimmung bringen lassen.

Von B.s zahlreichen sonstigen Werken ist unter poetikgeschichtlichen Aspekten noch v. a. seine Radiotheorie zu erwähnen, die heute als wichtiger früher Beitrag zur Medienästhetik wahrgenommen wird. Allerdings konnte die Forschung zeigen, dass B. in wichtigen Punkten nicht über die Ideen und Postulate von Zeitgenossen wie ↑Döblin, ↑Benjamin oder F. Wolf hinausgelangt ist. Sowohl in seinen eigenen Radiostücken (u. a. *Der Ozeanflug*, 1929) als auch in seinen diversen kurzen Schriften zur Radiotheorie setzt er sich jedoch in bemerkenswert fortschrittlicher Weise für neue Formate wie z. B. die dokumentarische Rundfunk-Direktübertragung oder das experimentelle Hörspiel ein, und er fordert sogar, obwohl die technischen Möglichkeiten hierzu noch kaum gegeben waren, die Weiterentwicklung des neuen Mediums zu einer „interaktiven", die Wünsche und Kommentare der Rezipienten mit einbeziehenden Kunstform.

Dass B.s Werke heute fraglos zum Kanon der Weltliteratur gehören und von der internationalen Bildungselite fast aller Länder und Kontinente breit rezipiert werden, obwohl sein dezidierter Marxismus und sein Engagement in der DDR bis in die 1960er Jahre hinein in Teilen dieser Eliten harsche Ablehnung provozierten, ist auf die Übereinstimmung seines Anti-Illusionismus mit der in diesen Teilen des Publikums verbreiteten Ästhetik der Distanzierung sowie auf seinen entschiedenen Antifaschismus und auf seine Position als Exilautor zurückzuführen. Darüber hinaus hat sich sein in den 1960er Jahren durch Neu-Editionen seiner Aufsätze bekannt gewordenes Konzept eines historisch relativierten, neuen Realitäten mit neuen künstlerischen Formen begegnenden Realismus, wie er es in Abgrenzung von ↑Lukács v. a. im Kontext des Expressionismus-Streites der späten 1930er Jahre entwickelt hatte, als stimulierender Beitrag nicht nur zu den Debatten der Studentenrevolte von 1968, sondern allg. zur internationalen Realismus-Diskussion erwiesen.

Ausgaben: Gesammelte Werke. 8 Bde. Hg. v. E. Hauptmann. Frankfurt/M. 1967–1982; Werke. Hg. v. W. Hecht. Berlin u. a. 1988 ff.

Forschungsliteratur: B.-Jahrbuch. 1971 ff. [bis 1973 u. d. T. „B. heute"]; H. Brüggemann: Literarische Technik und soziale Revolution. Reinbek 1973; H. Claas: Die politische Ästhetik B. B.s vom „Baal" zum „Caesar". Frankfurt/M. 1977; B.-Journal. 1983–1986; J.-W. Joost/K.-D. Müller/M. Voges (Hg.): B. B. Epoche – Werk – Wirkung. München 1985; W. Mittenzwei: Das Leben des B. B. oder Der Umgang mit den Welträtseln. 2 Bde. Frankfurt/M. 1987; J. Knopf: B.-Handbuch. 5 Bde. Stuttgart u. a. 2001–2003; H. Häntzschel: B.s Frauen. Reinbek 2002.

Jost Schneider

Breitinger, Johann Jakob (1701–1776)

B. ist zusammen mit ↑Bodmer in der literaturtheoretischen Debatte um etwa 1740 der wichtigste Opponent zur klassizistischen Kunstauffassung und Regelpoetik ↑Gottscheds und seiner Leipziger Schüler. Gottscheds *Versuch einer critischen Dichtkunst* (1730) stellt B. in diesem Wettstreit der Aufklärungs-Poetologien zwischen Zürich und Leipzig schließlich seine *Critische Dichtkunst* (1740) entgegen. Wie für Gottscheds Poetik auch formuliert dieser Titel den aufklärerischen Anspruch, Poetik als (selbst-)kritische Aufgabe zu betreiben, d. h. bei der Formulierung der Poetik zugleich stets deren Bedingungen, Grundlagen und Möglichkeiten mitzureflektieren sowie im Gestus kritisierenden Raisonnements andere Positionen und Beispiele einzubeziehen. B.s *Critische Dichtkunst* geht von der Bestimmung des Verhältnisses von Malerei und Dichtung und von der „Erklärung der poetischen Mahlerey" aus, bevor sie sich der Naturnachahmung widmet, die für Gottsched Ausgangspunkt der poetologischen Bestimmungen ist. Dieser Unterschied ist programmatisch zu verstehen, stellen doch die Bildlichkeit und der „mahlerische Ausdruck der Poesie“ zentrale Aspekte von B.s Poetik dar, wie sie auch in seiner *Critische[n] Abhandlung Von der Natur den Absichten und dem Gebrauche der Gleichnisse* (1740) entwickelt werden. In der *Critische[n] Dichtkunst* betont B. zudem das bes. Interesse an der ‚Neuheit‘ der ästhetischen Gegenstände und ihrer Darstellung, er erweitert die Möglichkeiten der Fiktion um das Wunderbare und profiliert eine „hertzrührende Schreibart“. In diesen Akzentsetzungen werden die traditionellen Kategorien der Rhetorik (die *inventio* und der Affektausdruck des *movere*) und der Poetik (Mimesis) in poetologische Grundauffassungen transformiert, wie sie die Innovations-, die Genie- und die Wirkungsästhetik in der zweiten Hälfte des 18. Jh.s charakterisieren und wie sie dann auch in der romantischen Poetik wichtig werden. Wenn auch die Forderung nach einer „poetischen Mahlerey“ und mit ihr das Prinzip des *ut pictura poesis* nach der grundsätzlichen Kritik in ↑Lessings *Laokoon* (1766) poetologisch nurmehr in geringerem Maß akzeptiert werden, sind B.s Erweiterung des Mimesis-Konzepts durch die Möglichkeit der Darstellung des Wunderbaren, die Orientierung an der ästhetischen Wirkung und die Aufwertung und Hochschätzung der Einbildungskraft für die weitere Entwicklung von grundsätzlicher und bleibender Bedeutung.

Ausgaben: Critische Dichtkunst. 2 Bde. Stuttgart 1966 [Nachdr. d. Ausg. Zürich 1740]; Critische Abhandlung Von der Natur den Absichten und dem Gebrauche der Gleichnisse. Stuttgart 1967 [Nachdr. d. Ausg. Zürich 1740]; zusammen mit J. J. Bodmer: Schriften zur Literatur. Hg. v. V. Meid. Stuttgart 1980.

Forschungsliteratur: W. Bender: J. J. Bodmer und J. J. B. Stuttgart 1973; A. Wetterer: Publikumsbezug und Wahrheitsanspruch. Der Widerspruch zwischen rhetorischem Ansatz und philosophischem Anspruch bei Gottsched und den Schweizern. Tübingen 1981; H.-M. Schmidt: Sinnlichkeit und Verstand. Zur philosophischen und poetologischen Begründung von Erfahrung und Urteil in der dt. Aufklärung (Leibniz, Wolff, Gottsched, Bodmer und B., Baumgarten). München 1982; U. Möller: Rhetorische Überlieferung und Dichtungstheorie im frühen 18. Jh. Studien zu Gottsched, B. und G. Fr. Meier. München 1983.

Lothar van Laak

Brentano, Clemens (1778–1842)

Die Poetik B.s stellt keinen kohärenten Werkbestandteil dar. Allerdings lässt sie sich rekonstruieren, indem einerseits die weit gestreuten selbst- und kunstreferenziellen Äußerungen gebündelt werden, und indem andererseits das Œuvre als Reflex einer impliziten Poetik gelesen wird. Ein Ausgangspunkt für Ersteres ist das 8. Kapitel im 2. Teil des *Godwi* (1801), wo mit dem „Romantischen“ Grundlegendes für B.s Dichtung definiert wird: Jenes sei „ein Perspectiv“, „eine Uebersetzung“; der Dichter wird hierbei als „Mittler“ funktionalisiert. Das Golem-Gleichnis in der Theaterrezension *Die kleinen Auvergnaten; Die seltsame Audienz* (1814), mit dem B. alleine Gott als Schöpfer im engeren Sinne anerkennt, verdeutlicht die kreative Beschränkung dieses Autorenkonzepts. Weiterhin wendet B. den Blick vom Dargestellten auf das Darstellen und charakterisiert das Kunstwerk diadisch: Es bezeichne seinen Gegenstand nicht allein, sondern gebe „seiner Bezeichnung selbst noch ein Colorit.“ Die vielgestaltige Verwendung und Verarbeitung von fiktiven und historisch-konkreten Vorlagen in B.s Werk spiegelt dieses Selbstverständnis wider. Nicht nur in seinem Roman *Godwi* tritt mit „richtiger Begrenzung“ die Normativität von B.s Autorenkonzept zutage, auch in seinen Theaterkritiken fordert er „Maß und Ziel“ ein. Dies drückt nicht nur die Ablehnung von Manierismen aus, sondern ebenfalls die Prämisse einer objektiven

„Wahrheit“, die Gegenstand von Kunst sei. Im ersten *Brief an Runge* (21. 1. 1810) erweitert B. mit der Klage über die Differenz zwischen Wahrheit und Poesie das Normative zu einem bipolaren Spannungsfeld und erläutert implizit sowohl diese Differenz als auch seine Frustration: Als zentrale Instanz im künstlerischen Prozess wird eine unbegriffliche emotionale Ebene erkennbar, die gleichsam Projektionsfläche des Außerpoetischen wie Quelle und Antrieb für das Poetische ist. Die Überführung dieser Quelle in Kunst bezeichnet B. als Darstellung von „innen nach außen“. Diese sei zwar die einzig „wahre“, doch leide sie andererseits zwangsläufig unter einem Verlust an Authentizität. Das „überfließende Herz“ als Urgefäß und Ursprung der Dichtung problematisiert B. auch in Gedichten wie *Frühlingsschrei* und *Ein Becher voll.* Das erste entwickelt stärker als das zweite zudem einen heilsgeschichtlichen Blick auf (die eigene) künstlerische Produktion, der einerseits B.s Religiosität, andererseits die triadische Geschichtsauffassung widerspiegelt, die der Text *Inbegriff des historisch-romantischen Dramas* (1814 in *Die Gründung Prags*) transportiert. Analog dazu und kongruent zur normativen Übersetzungspoetik idealisiert B. in *Das Märchen von Gockel, Hinkel und Gackeleai* (1838) Poesie zum Surrogat für das verlorene Paradies.

Das Moment der Entgrenzung, das B.s Werk auf gattungsästhetischer, personaler und medialer Ebene durchzieht, ist als das Prinzip zu erkennen, mittels dessen B. seine eher intuitive als reflektierte Poetik im Sinne einer Universalpoesie umsetzt. Obwohl Poetik und Werk eine eigene Spezifik aufweisen, lassen sie sich eindeutig in der Tradition der (Früh-)Romantik verorten.

Ausgaben: Werke. 4 Bde. Hg. v. F. Kemp. München 1963–1968; Sämtliche Werke und Briefe. Stuttgart u. a. 1975 ff.

Forschungsliteratur: H. M. Enzensberger: B.s Poetik. München 1961; B. Gajek: Homo Poeta. Zur Kontinuität der Problematik bei C. B. Frankfurt/M. 1971; D. Dennerle: Kunst als Kommunikationsprozess. Zur Kunsttheorie C. B.s. Bern u. a. 1976.

Florian Küthmann

Breton, André (1896–1966)

B. räumt der Welt hinter der rationalen Wirklichkeit wie dem Traum und dem Wahnsinn hohe Bedeutung ein. In jedem Augenblick existiert nach B. im Bewusstsein ein unbekannter Satz. Die Technik der *écriture automatique* findet eine erste Anwendung in *Die magnetischen Felder* (*Les champs magnétiques*, 1920; dt. 1981), einem Schlüsseltext der Moderne. In der Programmschrift des Surrealismus *Manifest des Surrealismus* (*Manifeste du surréalisme*, 1924; dt. 1968) fordert B. Freiheit des Geistes und bestimmt die Imagination zur letzten Bastion gegen den Rationalismus. Als Vorreiter für eine Erneuerung sieht er ↑Freud und die Psychoanalyse. Beim Herstellen eines Gleichgewichts zwischen Wachzustand und Traum im Idealtypus des schlafenden Logikers kommt der „récrit de rêves“ („Traumaufzeichnung“) eine zentrale Funktion zu. B. begreift den Wachzustand als ein Interferenzphänomen, das in einer Synthese der Gegensätze von Wirklichkeit und Traum in einer absoluten Realität der „Surrealität“ aufzuheben wäre. Über den psychischen Automatismus soll der Ablauf des Denkens selbst notiert und das Diktat der Vernunft unterlaufen werden. Programmatisch gibt das *Manifest des Surrealismus* eine Anleitung zur Kunstproduktion. Sie weist dem Dichter die Funktion einer Registriermaschine zu. Der Roman *Nadja* (1928; dt. 1960) bestimmt programmatisch das Leben als die Instanz, die in den Zufällen Gestalt gewinnt und dadurch mit dem Unbewussten korrespondiert. Doch erst mit *L'Amour fou*

(1937; dt. 1970) begründet B. theoretisch die Verwandtschaft zwischen Zufall und Unbewusstem: Der Zufall ist die Gestalt, in der sich jene äußere Notwendigkeit manifestiert, welche im menschlichen Unbewussten am Werk ist. Die fruchtbare Umarmung des „objektiven Zufalls" mit dem „objektiven Humor" (*Anthologie des schwarzen Humors*, 1971; *Anthologie de l'humour noir*, 1940) bildet die Grundlage für alle Hervorbringungen des Menschen. Mit dem Infragestellen der sozialen Ordnung und in Auseinandersetzung mit dem Marxismus in *Zweites Manifest des Surrealismus* (*Second manifeste du surréalisme*, 1930; dt. 1968) stellt B. die revolutionäre Kraft des Surrealismus heraus, der eine intellektuelle und moralische Bewusstseinskrise auslöse und die geistige Standortbestimmung vorantreibe. Der Kulminationspunkt von B.s Bemühen um den Einklang von Kunst und Leben lautet: „Vivre la poésie". B. und der Surrealismus beeinflussten Autoren wie ↑Ionesco, ↑Beckett und J. Genet und Theoretiker wie ↑Lacan und ↑Barthes.

Ausgaben: Œuvres complètes. 3 Bde. Hg. v. M. Bonnet. Paris 1988 ff.; Die Manifeste des Surrealismus. Reinbek 1968; Anthologie des schwarzen Humors. München 1971; Nadja. Frankfurt/M. 1974; L'amour fou. Frankfurt/M. 1975; Die magnetischen Felder. München 1981.

Forschungsliteratur: M. Hilke: L'écriture automatique. Das Verhältnis von Surrealismus und Parapsychologie in der Lyrik von A. B. Frankfurt/M. u. a. 2002; J. Held: Avantgarde und Politik in Frankreich. Revolution, Krieg und Faschismus im Blickfeld der Künste. Berlin 2005.

Angelika Baumgart

Brinkmann, Rolf Dieter (1940–1975)

B. äußert sich in Essays zu poetischen Techniken eigener und fremder Texte. In *Der Film in Worten*, 1968 als Nachwort in der Anthologie *ACID* abgedruckt, beschreibt und vollzieht er eine Praxis der lit. Montage, die er mit J. Kerouac den „Film in Worten" nennt. Alltag, populäre Kultur und mediale Ereignisse werden zum Thema, Oberflächen zum Gegenstand von Poesie. Vorbild sind die amerik. Beat-Schriftsteller. Texte von Rocksongs, Zitate aus Film und Medientheorie (M. McLuhan, L. Fiedler) werden kompiliert. Der rationalen westl. Kultur, den „kulturellen Wörtern", wird die Sinnlichkeit von Bildern entgegengestellt. B. fordert die absolute Gegenwart.

In der erweiterten Neuausgabe von *Westwärts 1&2* (2005) findet sich *Ein unkontrolliertes Nachwort zu meinen Gedichten (1974/1975)*. B. präzisiert hier den Begriff der Gegenwart, teilt sie in eine vergangene, welche paradoxerweise die Wirklichkeit dominiere, und eine gegenwärtige, die anzustreben sei. Mit der vergangenen Gegenwart bzw. der abendländischen Kultur per se kontrastiert B. das Fragmentarische des Gedichts. Zivilisatorische Programmierungen enthalten für B. noch das Gedankengut des 19. Jh.s. Dem polyphonen und polyvisuellen Gedicht spricht er zu, durch assoziative Offenheit logischen Abfolgen zu entkommen, aus „gespenstischer" Wirklichkeit lebendige zu machen.

Neben diesen beiden Texten sind poetologisch relevant die postum erschienenen Skizzenbücher, insb. *Schnitte* (1988), als Entwicklung, Dokumentation und Reflexion von B.s dichterischem Beitrag zu einer inter- bzw. transmedialen Literatur. Zusätzlich zu nennen sind Tonbandaufnahmen, die B. im Winter 1973/74 in Köln erstellte. Auf ihnen skizziert er die Möglichkeit eines Erzählens in „Atemgeräusche[n]", „[Sprech-]Pausen" und „Tonfall".

B. wurde zu seiner Zeit als Protagonist der dt. Popliteratur gesehen. Zunehmend herausgearbeitet wird seit Mitte der 1990er Jahre seine Rolle als Repräsentant einer „Grundlagenforschung der Gegenwart".

Ausgaben: Rom, Blicke. Reinbek 1979; Erkundungen für die Präzisierung des Gefühls für einen Aufstand: Träume/Aufstände/Gewalt/Morde. REISE ZEIT MAGAZIN. Die Story ist schnell erzählt. (Tagebuch). Reinbek 1987; Schnitte. Reinbek 1988; Der Film in Worten. In: ACID. Neue amerikanische Szene. Hg. v. R. D. Brinkmann/R. R. Rygulla. Nachdr. Erftstadt 2003. S. 381–399; Ein unkontrolliertes Nachwort zu meinen Gedichten (1974/1975). In: Westwärts 1&2. Gedichte. Erweiterte Neuausgabe. Reinbek 2005. S. 256–330; Wörter Sex Schnitt. Originaltonaufnahmen 1973. Hg. v. H. Kapfer/K. Agathos, unter Mitarbeit v. M. Brinkmann. München 2005.

Forschungsliteratur: K. Herrmann: Bewußtseinserkundungen im „Angst- und Todesuniversum". R. D. B.s Collagebücher. Bielefeld 1999; E. Schumacher: Gerade Eben Jetzt. Schreibweisen der Gegenwart. Frankfurt/M. 2003.

Jörg Albrecht

Broch, Hermann (1886–1951)

B. stellt in seinem theoretischen wie in seinem lit. Werk die Möglichkeiten und die Berechtigung von Dichtung in einer Zeit des Zerfalls der traditionellen Werte radikal in Frage, hofft aber zugleich auch auf einen lit. Neubeginn, auf eine Kunst, die wieder Mythos wird und die Totalität des Universums darzustellen vermag. Dies sei realisierbar durch neue Formen (innerer Monolog, ständiger Wechsel des Erzählstils etc.) und Methoden. In seinen Romanen *Die Schlafwandler* (1930–1932), *Die Verzauberung* (1935) und *Der Tod des Vergil* (1945) sprengt er die Grenzen des realistischen Erzählens; statt bloßer Schilderung der Wirklichkeit soll diese für die Dimensionen des Ethischen und Religiösen transparent gemacht werden. B. sieht im modernen Roman ein Medium, seine Poetologie, seine Kulturtheorie und seine Erkenntnistheorie mittels wissenschaftlicher und künstlerischer Elemente umzusetzen. Aufgabe der Literatur sei es, sich mit Problemen zu befassen, die der Wissenschaft teils nicht mehr, teils noch nicht zugänglich sind. In der Schlafwandlertrilogie (*1888 Pasenow oder Die Romantik*; *1903 Esch oder Die Anarchie*; *1918 Huguenau oder Die Sachlichkeit*) thematisiert B. anhand von drei Figuren der wilhelminischen Zeit den Zerfall der Werte. Kontrapunktisch werden Motive der einzelnen Romane miteinander verwoben. Der Erzählstil wird immer wieder durchbrochen von Geschichten in Versform oder durch Essays, in denen B. den geschichtsphilosophischen Hintergrund des Romans und die Vereinsamung des modernen Menschen analysiert. Im *Tod des Vergil* wählt B. wieder die Fragwürdigkeit der Dichtung als Thema. In Form eines inneren (Fieber-)Monologs werden hier die Grenzen des modernen Romans überschritten. In rhythmisch gehobener Prosa, die immer wieder in Verse übergeht, beleuchtet B. die Rolle des Dichters in der Situation seiner Epoche des „Nicht-Mehr" und „Noch-Nicht". B. bringt auf diese Weise seine ihn ständig quälende Skepsis gegenüber der Berechtigung des Ästhetischen, seinen Zweifel, „ob Dichten heute noch eine legitime Lebensäußerung sei" zum Ausdruck, zugleich aber auch die religiöse Bedeutung, die er dem Dichter zuschreibt.

Theoretisch ist B.s Auseinandersetzung in seinen Essays (*Dichten und Erkennen*, 1955 postum). B.s Werk ist jedoch als Einheit zu betrachten, Theorie und Dichtung gehen ineinander über; er lokalisiert sich durch seine ständige Reflexion über das Schreiben in einer Zwischenstellung zwischen den Generationen und Stilen, Epochen und Tendenzen, zwischen Konservatismus und Neuerung, Moderne, Avantgarde bzw. Postmoderne. In den 1960er Jahren wird B. oft in Zusammenhang mit ↑Kafka, ↑Gide, ↑Musil,

↑Joyce, aber auch J. Dos Passos, C. Fuentes, S. Sontag oder M. Kundera erwähnt, in den 1980er Jahren rezipiert man ihn im Rahmen der Postmoderne-Diskussion (↑Derrida, ↑Baudrillard, ↑Lyotard).

Ausgaben: Kommentierte Werkausgabe. Hg. v. P. M. Lützeler. Frankfurt/M. 1974–1981.

Forschungsliteratur: M. Durzak: H. B. Dichtung und Erkenntnis: Studien zum dichterischen Werk. Stuttgart u. a. 1978; P. M. Lützeler: H. B. Eine Biographie. Frankfurt/M. 1985; M. Kessler/P. M. Lützeler (Hg.): H. B. Das dichterische Werk: neue Interpretationen. Tübingen 1987; dies. (Hg.): B.s theoretisches Werk. Frankfurt/M. 1988; P. M. Lützeler: Die Entropie des Menschen. Studien zum Werk H. B.s. Würzburg 2000; M. Kessler (Hg.): H. B. Neue Studien. Tübingen 2003.

Fridrun Rinner

Buch, Hans Christoph (geb. 1944)

Schon in seinen literaturkritischen Essays aus den 1970er Jahren (z. B. in der Sammlung *Das Hervortreten des Ichs aus den Wörtern*, 1978) fordert der zu dieser Zeit stark unter dem Einfluss der Studentenbewegung stehende Schriftsteller und Journalist B. eine Einheit von ästhetischem und polit. Engagement. Sein Interesse für außereurop. Kulturen kommt (neben einer Vielzahl von Reportagen aus Krisenregionen) v. a. in seinen Haiti-Romanen (u. a. *Die Hochzeit von Port-au-Prince*, 1984) zum Ausdruck. Hier wird eine historische Aufarbeitung des westl. Imperialismus mit grotesk-phantastisch verarbeiteten Elementen der haitianischen Kultur gemischt. Dabei besteht jedoch stets die Gefahr, dass die Parodie kolonialer Diskurse in ihre unkritische Reinszenierung mündet.

Literaturtheoretisch fruchtbar wird dieses Interesse für Kolonialgeschichte und Ethnologie in den 1990 gehaltenen Frankfurter PV, die in dem Band *Die Nähe und die Ferne. Bausteine zu einer Poetik des kolonialen Blicks* (1991) veröffentlicht wurden. B. untersucht die Auswirkungen des Kolonialismus auf die Repräsentation von Nähe und Ferne in der dt. Literatur vom späten 18. bis zur Mitte des 20. Jh.s und stellt dabei eine wechselseitige Durchdringung fest, in der das Nahe fern und das Ferne nah wird, ein Prozess, den er mit dem Begriff der Verfremdung (↑Šklovski, ↑Brecht) zu erfassen sucht. Für B. repräsentieren die Reiseberichte A. v. Humboldts die idealisierende Gesamtschau der dt. Klassik, die in der nachfolgenden Epoche zerfällt: die Beschleunigung des Reisens zerstört den Reiz des Exotischen, trivialisierte Orient- und Amerikabegeisterung bietet einen Fluchtweg aus der als bedrückend empfundenen Wirklichkeit, während die dt. Provinz in Dorfgeschichte und Heimatroman immer mehr einem ethnografischen, verfremdenden Blick unterworfen wird.

B.s Frankfurter PV lenken den Blick auf ein lange vernachlässigtes Phänomen, nämlich auf die Repräsentation der (überseeischen) Fremde in der dt. Literatur und darüber hinaus auf die Dialektik von Nähe und Ferne im Allgemeinen. Doch trotz einzelner Hinweise auf die polit. Relevanz bleibt B.s Behandlung des Themas weit entfernt von dem Abstraktionsgrad und theoretischen Anspruch, der postkolonialen Theoretikern wie ↑Bhabha, ↑Said oder G. C. Spivak zu Weltruhm verholfen hat.

Ausgaben: Das Hervortreten des Ichs aus den Wörtern: Aufsätze zur Literatur. München 1978; Die Hochzeit von Port-au-Prince. Frankfurt/M. 1984; Die Nähe und die Ferne. Bausteine zu einer Poetik des kolonialen Blicks [FPV]. Frankfurt/M. 1991.

Forschungsliteratur: S. Zantop: Der (post-)koloniale Blick des „weißen Negers“. H. Ch. B.: „Karibische Kaltluft“. In: P. M. Lützeler (Hg.): Schriftsteller und „Dritte Welt“: Studien zum postkolonialen Blick. Tübingen 1998. S. 129–152.

Jeanne Ruffing

Bucharin, Nikolaj Ivanovič (1888–1938)

B. gehörte in den 1920er Jahren neben L. D. Trockij zu den führenden Kulturpolitikern des jungen Sowjetstaates. Die um einen Ausgleich zwischen Revolutionskunst und Avantgarde bemühte ZK-Resolution *Über die Politik der Partei im Bereich der schönen Literatur* (*O politike partii v oblasti chudožestvennoj literatury*; dt. 1972) aus dem Jahr 1925 stammt zu weiten Teilen aus seiner Feder. Im Zuge der Stalinisierung des öffentl. Diskurses wurde B. 1929 aus der Partei ausgeschlossen. Dennoch hielt B. auf dem 1. Schriftstellerkongress in Moskau 1934 eine vorsichtig lavierende Grundsatzrede. B. warnte vor einer rücksichtslosen Proletarisierung der Literatur und mahnte schriftstellerische Qualität sowie die Integration des kulturellen Erbes ein. Das Ziel der Kunst liege in der Aneignung und Wiedergabe von Erfahrung sowie in der Charakterbildung, in der Erzeugung einer spezifischen Gruppenpsychologie. Vor diesem Hintergrund kritisierte B. verschiedene alternative Ästhetikmodelle: ↑Kants Ästhetik erscheint unsinnig, weil sie eine interesselose Anschauung postuliert; ähnliches gilt für die Poetik des Modernismus, die das Wort fetischisiere und in nebelhafte Mystik versinke. Auch der Formalismus (↑Šklovskij) mit seiner Beschränkung auf die poetologischen Organisationsstrukturen eines Kunstwerks vernachlässige den gesellschaftl. Kontext. Detailliert setzte sich B. in seinem Referat mit ↑Žirmunskijs Position auseinander. Einerseits stimmte B. Žirmunskijs Forderung zu, Form und Inhalt eines Kunstwerks nicht zu trennen, andererseits monierte er, dass Žirmunskij die Rolle der Kunst als eines Überbauphänomens nicht genügend erkannt habe. B. unternahm einen partiellen Rettungsversuch für den Formalismus: Er rechtfertigte die Analyse einzelner formaler Elemente in der Kunst und warnte vor einer rein inhaltlichen Literaturwissenschaft, die das Kunstwerk auf seinen sozialen Ideengehalt reduziert. Für die Kunstproduktion forderte B. eine vorurteilsfreie Darstellung aller ideologischen Positionen. Diese künstlerische Gestaltungsfreiheit wollte B. im Stil des sozialistischen Realismus zusammengefasst sehen. B.s Referat rief den erbitterten Protest von zahlreichen stalinistischen Kulturfunktionären hervor, sodass B. Selbstkritik üben musste.

Ausgaben: Gete i ego istoričeskoe značenie. Leningrad 1932; Proletarische Revolution und Kultur. Frankfurt/M. 1971; Über Dichtung, Poetik und die Aufgaben des dichterischen Schaffens in der UdSSR. In: Sozialistische Realismuskonzeptionen. Dokumente zum 1. Allunionskongress der Sowjetschriftsteller. Hg. v. H. Schmitt/G. Schramm. Frankfurt/M. 1974. S. 286–345.

Forschungsliteratur: S. Heitman: N. I. Bukharin. A Bibliography with Annotations, Including the Locations of His Works in Major American and European Libraries. Stanford 1969; H. Günther: Die Verstaatlichung der Literatur. Entstehung und Funktionsweise des sozialistisch-realistischen Kanons in der sowjetischen Literatur der 30er Jahre. Stuttgart 1984; K. Eimermacher: Die sowjetische Kulturpolitik 1917–1932. Von der Vielfalt zur Bolschewisierung der Literatur. Bochum 1994.

Ulrich Schmid

Büchner, Georg (1813–1837)

Wenngleich das Œuvre des mit 23 Jahren sehr jung verstorbenen Autors, Naturwissenschaftlers und Revolutionärs in einem schmalen Band zu fassen ist und seine Äußerungen zur Poetik sich auf wenige Zeilen beschränken, übte er dennoch auf die moderne Literatur einen kaum zu überschätzenden Einfluss aus. Mit B.s Dramatik setzt die Moderne ein, insofern er von der Struktur des aristotelischen Theaters (↑Aristoteles) abweicht, offene dramatische Formen wählt und neue Stoffe aufgreift. An diese Tendenzen knüpft die Literatur des ausgehenden 19. wie des 20. Jh.s an.

B. äußert sich nur an drei Stellen zu kunsttheoretischen Fragen: In der Literatur- und Kunstbetrachtung von Camille und Danton im zweiten Akt von *Dantons Tod* (1835), im sog. „Kunstgespräch" der Novelle *Lenz* (1835) (J. M. R. ↑Lenz) und im Brief an die Familie vom 28. 7. 1835. In Verteidigung seines Revolutionsdramas gegen den Vorwurf der Unsittlichkeit postuliert B., der Dichter habe „der Geschichte, wie sie sich wirklich begeben, so nahe als möglich zu kommen." Die Differenzierung zwischen sittlich oder unsittlich, schön oder hässlich dürfe nicht die Richtschnur ästhetischer Urteile bilden, sondern „das Gefühl, daß Was geschaffen sei, Leben habe, [...] sei das einzige Kriterium in Kunstsachen" (*Lenz*). Dieses Programm unterscheidet sich erheblich von klassischen Vorbildern künstlerischer Mimesis. Denn B. geht es dezidiert nicht um die Abbildung eines Ideals. Er differenziert den Idealismus in der Kunst, den er als „schmählichste Verachtung der menschlichen Natur" (*Lenz*) ablehnt, von einer realistischen Kunst, die eher auf der Gasse als im Theater zu finden sei (*Dantons Tod*). Als Idealisten sieht er ↑Schiller, dem er als positive Leitbilder ↑Goethe und ↑Shakespeare entgegenstellt. B. bedient sich einer Sprache, die Mundart und Obszönitäten einschließt, montiert dokumentarisches Material und wählt Stoffe und Milieus, die zuvor nicht als tragödientauglich eingestuft waren. Sein durch das Studium der Frz. Revolution gewonnenes deterministisches Menschenbild führt ihn auch hinsichtlich der Figurengestaltung zu einer Absage an klassizistische Muster. Eher ‚Verhandelte' als Handelnde, sind seine Protagonisten durch eine psychologische Perspektive charakterisiert, die die Annahme einer Autonomie des menschlichen Handelns als illusorisch zurückweist: B.s Danton fühlt sich nicht mehr als Herr des polit. Geschehens, Lenz verfällt dem Wahnsinn, und mit Woyzeck betritt ein Anti-Held die Bühne.

Zeitlich dem Realismus nahestehend, bereitete B. entscheidend die Literatur des Naturalismus und des Expressionismus vor. Auf ihn rekurrieren die Autoren des Absurden und des Epischen Theaters, insb. ↑Brecht, ↑Weiss und ↑Müller. Nach B. ist der bedeutendste dt. Literaturpreis benannt.

Ausgaben: Sämtliche Werke und Briefe. 2 Bde. Hg. v. W. R. Lehmann. Hamburg 1967 u. 1971; Sämtliche Werke und Schriften. Marburger Ausgabe. Hg. v. B. Dedner u. a. Darmstadt 2000 ff.

Forschungsliteratur: T. Buck: „Man muß die Menschheit lieben." Zum ästhetischen Programm G. B.s. In: H. L. Arnold (Hg.): G. B. Text + Kritik. München 1981. S. 15–34; A. Meier: G. B.s Ästhetik. München 1983; D. Goltschnigg: G. B. und die Moderne. Texte, Analysen, Kommentar. 3 Bde. Berlin 2001–2004.

Christiane Leiteritz

Bürger, Gottfried August (1747–1794)

B.s Fragmentsammlung *Von der Popularität der Poesie* (1824 postum) behandelt Ideen aus den *Vorreden* seiner *Gedichte* (1778 und 1789). Eine Erörterung von „Popularität" findet sich ebenfalls in *Aus Daniel Wunderlichs Buch* (1776).

Da Poesie B. zufolge auf Einbildungskraft und Empfindungsvermögen wirkt – und damit allg. anthropologische Gegebenheiten anspricht – ist vollkommene Poesie stets populär. Produktionsästhetisch wirkt sich B.s Nähe zum Sturm und Drang nicht aus: Dichtung wirkt zwar durch Anschaulichkeit, Lebendigkeit und Leidenschaft, diese lassen sich aber spontan nicht erzielen, verlangen vielmehr ästhetischen Kalkül und philologische Sorgfalt (*Rechenschaft über die Veränderungen in der ‚Nachtfeier der Venus'*, 1802 postum). Poetik beschäftigt sich laut B. mit den Mitteln zur poetischen Vervollkommnung. Dazu nutzt sie die Analyse von Volksliedern und ermittelt mögliche Gegenstände und Verfahrensweisen der Poesie. Gattungspoetisch privilegiert B. Romanze und Ballade sowie das Epos, das er für deren natürliche Syntheseform hält.

B. wendet die Poetizitätskriterien in der Nachfolge ↑Baumgartens gegen die Regel- und Mimesispoetiken. Er lehnt den Begriff der „Nachahmung" ab, spricht lieber von „Darstellung", später – in den Göttinger Vorlesungen (1825 postum) – von *Metapoesis.*

Für die ablehnende Rezeption maßgeblich wurde die prinzipielle Absage an das Popularitätskonzept B.s durch ↑Schiller (1791). Auch die distanzierte Würdigung durch B.s früheren Mitarbeiter ↑A. W. Schlegel (1800) arbeitet die Widersprüche der Popularitätsidee heraus.

Ausgaben: Sämtliche Werke. Hg. v. G. u. H. Häntzschel. München u. a. 1987; Lehrbuch der Ästhetik. Berlin 1994 [Nachdr. d. Ausg. v. 1825].

Forschungsliteratur: H.-J. Ketzer: Untersuchungen zur Herausbildung der ästhetischen Auffassungen G. A. B.s. Ein Beitrag zur Geschichte der Erforschung der Kunstwirkung und der sozialen Wertorientierung durch Kunst. Leipzig 1988.

Pierre Mattern

Burger, Hermann (1942–1989)

Das gesamte Werk des *poeta doctus* B., der sein Schaffen selbst in der Nachfolge von Vorbildern wie ↑Kleist, ↑Kafka oder ↑Bernhard situiert hat, ist in einem Maße von der Reflexion und lit. Inszenierung theoretischer und poetologischer Fragen wie der Beziehung des in seiner Identität unsicheren Subjekts zur Sprache sowie dem Verhältnis von Lesen, Schreiben und Leben geprägt, dass man von einem gleichsam ‚poetologischen Schreiben' sprechen könnte. Auch explizit hat sich B. zu seinen poetologischen Prinzipien geäußert. Vorstufen finden sich in Essays und v. a. in den Reden *Verfremdung zur Kenntlichkeit* (1983) und *Schreiben als Existenzform* (1984). Beide gehen – teils nur leicht verändert – in die Frankfurter PV (1985/86) ein. Die Vorlesungen, unter dem auf Kleist anspielenden Titel *Die allmähliche Verfertigung der Idee beim Schreiben* (1986) veröffentlicht, können als der poetologische Haupttext B.s gelten, insofern hier die Überlegungen zu Motivation und Techniken des Schreibens mit konkreten Werkstattberichten zu einem Gesamtbild verknüpft werden.

Zweierlei war laut B. für seinen Weg zum Schriftsteller konstitutiv: zum einen das Lernen als Leser, „als Beobachter fremder Techniken", zum anderen eine grundsätzliche Haltung der Welt gegenüber, die Entscheidung, „die Welt als Sprache" zu sehen. Sprache ist Weltzugang und zugleich in ihrer Vermitteltheit und Kontingenz Symptom der unaufhebbaren Entfremdung von der Welt, d. h. immer auch mit Verlust und der Angst vor Verstummen und Tod verbunden. Diese Ambivalenz wird in B.s Texten mit ihren existenziell gefährdeten Protagonisten manifest, die in den Frankfurter PV ausführlich thematisiert werden; charakteristisch sind die „Beschreibungswut" in *Schilten* (1976), der exzessive Fremdwortgebrauch in *Diabelli, Prestidigitateur* (1979) und der Gebrauch pseudowissenschaftlicher Neologismen in *Die künstliche Mutter* (1982).

Eng mit der Sprachreflexion verbunden ist B.s „Technik der schleifenden Schnitte zwischen Realem und Irrealem". Die scheinbar vollendeten Tatsachen der Realität werden in der Spracharbeit umgestülpt und mit Fiktivem zu einer „Pararealität" kombiniert. Ziel ist eine „Verfremdung zur Kenntlichkeit", die den Leser das Bekannte in ganz anderen Perspektiven und in seiner Brüchigkeit wahrnehmen lassen soll. Die Aussage, dass „Fiktion [...] immer Opposition zum Bestehenden" ist, hat neben der erkenntnis- und sprachkritischen auch eine existenzielle Dimension, die B. stark auf die eigene, von Depression geprägte Biografie bezieht: „Schreiben als Existenzform heißt, die komplementären Erfindungen suchen zu diesem Leben, das als Rohfassung nicht genügt." In vielen der kurz vor dem Suizid entstandenen Texten verliert die „Selbstverschriftlichung" B.s zunehmend ihre ironische Brechung, sodass Leben und Literatur kaum noch voneinander zu unterscheiden sind.

Ausgaben: Die allmähliche Verfertigung der Idee beim Schreiben [FPV]. Frankfurt/M. 1986; Verfremdung zur Kenntlichkeit. Fünf Reden. Aarau 1995.

Forschungsliteratur: T. Beckermann: Schreib-Existenz. H. B., Die allmähliche Verfertigung der Idee beim Schreiben. In: P.-M. Lützeler (Hg.): Poetik der Autoren. Beiträge zur deutschsprachigen Gegenwartsliteratur. Frankfurt/M. 1994. S. 155–167; M. Schmitz-Emans: Wort-Zaubereien bei H. B. Zur Artistik der Sprachenmischung in der Moderne. In: C. Baumberger u. a. (Hg.): Literarische Polyphonien in der Schweiz. Bern u. a. 2004. S. 41–70; E. Hammer: „Das Schweigen zum Klingen bringen". Sprachkrise und poetologische Reflexion bei H. B. Hamburg 2007.

Christian Winterhalter

Burke, Edmund (1729–1797)

B.s *Philosophische Untersuchung über den Ursprung unserer Ideen vom Erhabenen und Schönen* (*A Philosophical Enquiry into the Origin of Our Ideas of the Sublime and Beautiful*; dt. 1773) erscheint in einer ersten Fass. 1757, die B. 1759 in einer zweiten Fass. um Reflexionen über den Geschmack und einen Exkurs zur Macht ergänzt. Die Leistung der Abhandlung liegt nicht in der Originalität der Gedankengänge. Wirkungsmächtig ist die *Philosophische Untersuchung* vielmehr aufgrund ihrer systematisierenden Verbindung poetologisch-ästhetischer und erkenntnistheoretischer Reflexion.

Zunächst erfahren ↑Addisons Kategorien des Neuen, des Schönen und des Großen eine Neuordnung. Neuheit wird als Voraussetzung ästhetischer Wirkungskraft bestimmt. Wesentlicher ist jedoch, dass B. aus der Unterscheidung zwischen dem Schönen und dem Großen eine stringentere Entgegensetzung macht, die er im einleitenden Abschnitt erkenntnistheoretisch untermauert. Auf dem Empirismus J. Lockes aufbauend führt B. das Erhabene und das Schöne auf die einfachen Ideen des Schmerzes und des Wohlgefallens zurück. Die physiologische Wirkung des Schönen und des Erhabenen stets beachtend, wird die Gefühlsgenese in den Abschnitten zum Erhabenen (2), zum Schönen (3) und deren Erzeugung (4) mittels der Bestimmung jener objektiven Qualitäten präzisiert, die die ästhetischen Grunderlebnisse zu evozieren vermögen. Die in der zeitgenössischen Diskussion gängigen Referenzpunkte werden anzitiert und zu Kriterienkatalogen zusammengeführt, die alsbald den Anschein der empirischen Beschreibung abstreifen, um einen präskriptiven, produktionsästhetischen Charakter anzunehmen.

Damit wird eine doppelte, aber keine ausbalancierte Ästhetik des Schönen und des Erhabenen entworfen. Während die Rezeption des Schönen als ein spontanes Abbilden des kleinen, leicht variierten Gegenstands begriffen wird, aktiviert das Undeutliche, das Gewaltige des Erhabenen die höheren kognitiven Prozesse der Assoziation und Antizipation. Hieraus folgt die größere Intensität des Erhabenen ebenso wie die Privilegierung des

Wortes gegenüber den bildenden Künsten im abschließenden, dem sprachlichen Medium gewidmeten Abschnitt (5), der eine implizite Kritik an ↑Horaz und damit eine Antizipation der Position ↑Lessings beinhaltet.

Jenseits der ästhetischen Theorie hat die Abhandlung ihren größten Einfluss auf den Schauerroman. In *Gaston de Blondeville* (1826) unterscheidet A. Radcliffe zwischen dem Verfahren des Horrors und der psychologischen Vorgehensweise des Terrors, die sie explizit mit B. und implizit mit ihrer eigenen dichterischen Praxis verbindet.

Ausgaben: A Philosophical Enquiry into the Origin of Our Ideas of the Sublime and Beautiful. Oxford u. a. 1990; Philosophische Untersuchung über den Ursprung unserer Ideen vom Erhabenen und Schönen. Hamburg 1989.

Forschungsliteratur: W. J. T. Mitchell: Iconology: Image, Text, Ideology. Chicago u. a. 1986; C. Zelle: Die doppelte Ästhetik der Moderne. Stuttgart u. a. 1995.

Mary Ann Snyder-Körber

Butler, Judith (geb. 1956)

Weder in feministischen Theorien noch in B.s gendertheoretischen Studien bezeichnet „Geschlechtsidentität" eine natürliche Gegebenheit. Während jedoch die Ersteren zwischen „sex" als biologischem Geschlecht und „gender" als kulturellem, wenn nicht linguistischem Konstrukt unterscheiden, schließt B. an ↑Foucaults Kritik des Subjektbegriffs an und behandelt Geschlechtsidentität als diskursive Strategie und normative Kategorie der Macht. In ihrem ersten gendertheoretischen Werk *Das Unbehagen der Geschlechter* (*Gender Trouble,* 1990; dt. 1991) stellt sie die These von der Konstruiertheit der Geschlechtsidentität zur Diskussion und versucht, das Verhältnis von *gender* und Geschlecht neu zu erschließen. So sei *gender* dem biologischen Geschlecht weder übergeordnet noch untergeordnet, sondern, gerade in seiner Rolle als Identitätsmarker, zunächst als Produkt einer auf Geschlechterdifferenz basierten sexuellen Praxis zu verstehen, und zwar der Heterosexualität. Auch in *Körper von Gewicht* (*Bodies that Matter*, 1993; dt. 1995) wird Geschlechtsidentität weniger als ideologisches Konstrukt betrachtet denn als Produkt bestimmter gesellschaftl. Normen, die die sexuelle Praxis reglementieren und dadurch die körperliche Materialität bedingen.

Die Frage, wie die Materialität des Körpers im diskursiven Rahmen gesellschaftl. Machtkonfiguration zu verstehen sei, versucht B. durch eine Poetik der Performativität zu beantworten. Auch wenn Performativität im Sinne von Performanz oder Theatralität, nicht zuletzt von Travestie gemeint ist, verwendet B. den Begriff vorwiegend in Anlehnung an J. L. Austins Theorie der Sprechakte. Austin bezeichnet jene Sprechakte als performativ, die die bezeichnete Handlung zugleich auch vollziehen, wie z. B. gratulieren. Die Wiederholung von sozialen Geschlechtsmerkmalen in der Praxis soll Geschlechtsidentitäten stiften, und zwar in einer Art mimetischer Rekonstruktion des normativen Diskurses, die wiederum zum Objekt alternativer Praktiken wie Parodie und Travestie werden kann. In *Hass spricht. Zur Politik des Performativen* (*Excitable Speech: A Politics of the Performative*, 1997; dt. 1998) untersucht B. den juristischen Status derogativer Aussagen rassistischer, homophober oder pornografischer Natur, die als „verletzendes Sprechen" angeklagt und deren Urheber vor Gericht gebracht wurden. Da die Entscheidung selbst über die Performativität solcher Sprechakte, und damit ihre potenzielle Gewalt, auf die Rechtsstruktur überlagert wird, führe die juristische Aktion zur weiteren Zentralisierung der Macht, die die Fiktion von einem Subjekt „vor dem Gesetz“ erst produziert. Dennoch bleibt der Rückgriff auf normative Diskurse nicht ohne Wirkung, denn durch Wiederholung werden Normen uminterpretiert, rekonstruiert und letzten Endes auch geändert.

Die ethischen Aspekte der Performativität in der narrativen Praxis der Autobiografie und der Psychoanalyse untersucht B. in den Adorno-Vorlesungen (2002), veröffentlicht u. d. T. *Kritik der ethischen Gewalt* (2003). Da Selbsterzählen immer einen Adressaten voraussetzt, wird der narrative Versuch, „Rechenschaft von sich selbst zu geben“, zur Frage ethischer Verantwortung: „Ich erzähle, und dabei binde ich mich, ich gebe Rechenschaft von mir selbst, ich biete einem anderen eine Erklärung in Form einer Geschichte an, die vielleicht bündig angibt, wie und warum ich bin“.

Ausgaben: Gender Trouble: Feminism and the Subversion of Identity. New York 1990; Das Unbehagen der Geschlechter. Frankfurt/M. 1991; Bodies That Matter: On the Discursive Limits of „Sex“. New York 1993; Körper von Gewicht. Die diskursiven Grenzen des Geschlechts. Berlin 1995; Excitable Speech: A Politics of the Performative. New York 1997; Hass spricht. Zur Politik des Performativen. Berlin 1998; Kritik der ethischen Gewalt. Adorno-Vorlesungen 2002. Frankfurt/M. 2003.

Forschungsliteratur: P.-I. Villa: J. B. Frankfurt/M. 2003; H. Bublitz: J. B. zur Einführung. Hamburg ^{2}2005.

Florentina Costache

Butor, Michel (geb. 1926)

B. hat neben einem breiten, durch experimentelle Schreibweisen geprägten lit. Œuvre viele Essays zu Literatur, Kunst und kulturellen Gegebenheiten verfasst, wirkte als Professor für moderne frz. Literatur und legte ausführliche Studien über ↑Baudelaire und ↑Rimbaud vor. Für ihn greifen lit. Schreiben und außerlit. Verfahren der Konstitution und Vermittlung von Wissen eng ineinander. Geprägt durch phänomenologische Studien und ein philosophisches Interesse an rationaler Durchdringung der Welt, will der Schriftsteller eine an sich opake Wirklichkeit erhellen. Einen Schlüssel zu B.s narrativen Experimenten bietet die Abhandlung *Der Roman als Suche* (*Le roman comme recherche*, 1955; dt. 1963): Als eine Form des „Berichtens“ ist der Roman ein Sonderfall menschlicher Verständigung über Wirklichkeit. Weil er von unverifizierbaren fiktionalen Gegenständen spricht, kann sich die Aufmerksamkeit auf die Modalitäten der Darstellung konzentrieren – und damit auf (plurale) Formen der Modellierung erfahrener Welt. Als Erprobung neuer Darstellungsmöglichkeiten ist das Erzählen ein „Labor“; Formexperimente sind nicht anti-„realistisch“, sondern in dem Sinn „realistisch“, dass sie neue Darstellungsangebote für eine sich ständig wandelnde Welt entwickeln. In späteren Werken entfernt sich B. sukzessiv von vertrauten Formen romanhafter Narration. Seine *Improvisationen über M. B.* (*Improvisations sur M. B.*, 1993; dt. 1996), ein literaturtheoretisches Selbstporträt, beziehen sich auf eigene Werke und explizieren deren Modellcharakter. Seine Essays (darunter die *Repertoire*-Bände) behandeln diverse Typen kultureller Phänomene in ihren komplexen Wechselbeziehungen; Kulturen sind für B. Netzwerke von Texten. Eingehende Reflexionen gelten den Künsten und ihren Medien: dem Bild, der Schrift, der Musik, dem „Buch als Objekt“. V. a. die komplexen Beziehungen zwischen Sprachlichem und Bildlichem beschäftigen den Erzähler und Theoretiker B. immer wieder, so in den *Illustrations* (1964–1976) und in der Abhandlung *Die Wörter in der Malerei* (*Les mots dans la peinture*, 1969; dt. 1992). Alle Wahrnehmung von Bildern sei, so die Kernthese, immer schon von Wörtern begleitet und vorgeprägt, sodass es kein reines, sprachindifferentes Sehen gebe. Was Bilder zeigen, beruht in der abendländischen Wortkultur auf Texten. Gerade hier findet die Literatur ein weites Experimentierfeld für Entzifferungen und neue Bedeutungszuschreibungen vor. Zudem gehen visuelle und sprachliche Elemente in vielen Werken eine enge Verbindung ein, durch die sie in ein Verhältnis wechselseitiger Interpretationen treten. Konstitutiv für alle Kulturen sind Systeme der Chiffrierung und Lese-Weisen; Literatur widmet sich ihrer Reflexion. In Anknüpfung an die traditionsreiche Analogie von Lesen und Reisen (und damit von Text und „Welt") fordert B. für die Gegenwart eine neue Wissenschaft von den Bewegungsformen im Raum und in der Welt der Texte: die Iterologie (*Répertoire IV*). B. unterscheidet zwischen eher konservativen lit. Genres, welche etwa Kompensationsbedürfnisse befriedigen – Science-Fiction-Romane, Liebesromane und andere Unterhaltungsliteratur – und solchen Schreibweisen, welche es auf Veränderung anlegen (*Improvisationen*). Wie ↑Bachtin deutet er den Karneval als Inbegriff der Umcodierung, des nicht-konformen Gebrauchs von Symbolsprachen – und als Modell lit. Subversion (*Improvisationen*). Die Aktivierung des Lesers ist dabei Voraussetzung.

Ausgaben: Répertoire I–V. Paris 1960–1982; Repertoire. 3 Bde. München 1963–1965 [Auszüge in dt.]; Illustrations I–IV. Paris 1964–1976; Les mots dans la peinture. Genf 1969; Die Wörter in der Malerei. Frankfurt/M. 1992; Improvisations sur M. B. L'écriture en transformation. Paris 1993; Improvisationen über M. B. Schreibweise im Wandel. Graz u. a. 1996.

Forschungsliteratur: F. Wolfzettel: M. B. In: W.-D. Lange (Hg.): Französische Literatur der Gegenwart in Einzeldarstellungen. Stuttgart 1971. S. 402–427; M. Schmitz-Emans: Ästhetik und Kulturwissenschaft bei M. B. In: P. Geyer/C. Jünke/R. Zaiser (Hg.): Romanistische Kulturwissenschaft? Würzburg 2004. S. 277–298.

Monika Schmitz-Emans

Byron, George Gordon Noël, Lord (1788–1824)

B.s dichtungstheoretische Aussagen gestalten sich oft widersprüchlich und bewegen sich zwischen klassizistischer, romantischer und moderner Poetik. Seine Positionen entwickelte er kaum argumentativ in selbstständigen poetologischen Schriften, vielmehr findet eine kritische Auseinandersetzung mit der zeitgenössischen Dichtung und ihrer Poetik v. a. in seinen – weitgehend in gereimter Versform geschriebenen – lit. Texten statt. Dazu zählen die frühen satirischen Texte wie auch die späteren komischen Versepen (*Beppo*, 1817; dt. 1837, *Don Juan*, 1818–1824; dt. 1837), für die der Wechsel zwischen fiktionalem *plot* und der Stimme eines Ich-Erzählers charakteristisch ist, der sich in die zeitgenössischen ästhetischen Debatten in humoresker, teils auch beißender Manier einmischt.

Die frühe satirische Schrift *Englische Barden und schottische Rezensenten* (*English Bards and Scotch Reviewers*, 1809; dt. 1827) ist in der zweiten, erweiterten Fassung eine scharfe Literatur- und Theaterkritik, die auf eine spöttische Rezension von B.s Gedichtsammlung *Stunden der Muße* (*Hours of Idleness*, 1807; dt. 1841) der *Edinburgh Review* reagierte. In dem Vorwort zur zweiten Aufl. greift B., um das Anliegen seines Textes zu beschreiben, auf den Topos des satirischen Dichters als Arzt zurück. Die Zeiten seien, besonders was den lit. Geschmack betreffe, so degeneriert, dass nur durch ‚ätzende' Mittel die „grassierenden *rabies* des Versemachens" kuriert werden könnten. Neben der Kritik an der Masse und Qualität der von ökonomischen Interessen geleiteten Literaturproduktionen ist B.s Satire zugleich eine Auseinandersetzung mit der zeitgenössischen Dichterschule, die von R. Southey, ↑Wordsworth und ↑Coleridge repräsentiert wird. Angeprangert wird die neue Mode dieser Schule, die der am frz. Geschmack gebildeten älteren Dichtung, für die v. a. ↑Pope stand, Künstlichkeit vorwarf und sich stattdessen am Natürlichen orientierte. In dieser ästhetischen Debatte bezieht B.s Text schon allein durch seine Form Stellung auf Seiten der klassizistischen Dichtung Popes. Die in elegant-witziger Manier gehaltene Streitschrift ist in strenger poetischer Form („heroic couplets") geschrieben und steht in der horazischen Tradition versifizierter Dichtungslehre, die in der engl. Literatur hauptsächlich durch Popes Werk vermittelt wurde.

Explizit gemacht wird diese Tradition in dem Text *Andeutungen nach Horaz: Ein Seitenstück in englischen Versen zu dem Brief ‚Ad Pisones de arte poetica', als Fortsetzung der ‚Englischen Barden und schottischen Rezensenten' gedacht* (*Hints from Horace: Being an Allusion in English Verse to the Epistle ‚Ad Pisones de Arte Poetica' and Intended as a Sequel to ‚English Bards and Scotch Reviewers'*; dt. 1865), der 1811 geschrieben, 1821 nochmals stark überarbeitet und erst postum 1831 zum ersten Mal veröffentlicht wurde. B.s Imitation von ↑Horaz orientiert sich an dem Originaltext, den er durch kontemporäre Verweise aktualisierte. Nach dem Willen des Autors hätte sein Text Seite an Seite mit dem lat. Original abgedruckt werden sollen. In diesem Sinne steht der Text ganz in der Tradition der *aemulatio* klassizistischer Kunstauffassungen. Wie Horaz' Dichtungslehre beginnt auch B.s Gedicht mit der berühmten Anweisung an den Dichter, dem Bildnis einer Frau keinen Fischschwanz anzufügen, also das Monströse in der Dichtung dem *decorum* entsprechend zu vermeiden. Zugleich sprengen B.s Anmerkungen in den „prose notes", die, anders noch als die geografisch-kulturellen Informationen in *Junker Harolds Pilgerfahrt* (*Childe Harold's Pilgrimage*, 1812, 1816, 1818; dt. 1836) nicht im Anhang, sondern unten auf der Seite des Verstextes hätten stehen sollen, in ihrer Fülle die Geschlossenheit des Verstextes und überschreiten insofern auch das Original. Unter der Hand wandelt sich der Text, der als Imitation der horazischen Poetik Maß und *decorum* einfordert, in seiner überbordenden Form genau in jenes von Horaz aus der Dichtung verbannte Monster, mit dem schon ↑Montaigne die abschweifende Erzählart seiner *Essais* charakterisiert hatte. Insofern geht B.s Text über die reine Imitation und Adaptation hinaus und wird zu einem Bsp. für (schöpferische) Deviation.

Nicht zufällig erwachte B.s Interesse an seinem unveröffentlichten Text erneut 1820/21 im Kontext der Kontroverse um Pope, die sich 1819 zu einem mit national(istisch)en Interessen durchsetzten Literaturstreit ausweitete. Vor diesem Hintergrund steht B.s einziger während seines Lebens veröffentlichter Prosa-Essay *Letter to John Murray Esqre* (1821). Hatte B. schon in *Englische Barden* die Schule der ‚Naturals' (Wordsworth, Coleridge, W. L. Bowles, R. Southey) verspottet, so bezog er spätestens mit dem Vorläufer zur *Bowles/Pope Controversy*, dem Text *Some Observations upon an Article in Blackwood's Edinburgh Magazine* (1820), kämpferisch Stellung gegen das ‚falsche System' der führenden engl. Romantiker. Im Kontext der Erhabenheitsdebatte (↑Burke, ↑Kant), wurde Natur seit der Mitte des 18. Jh.s als Gegenstand der Dichtung gewonnen, wohingegen das Künstliche unter kulturkritischen Vorzeichen abgewertet wurde. Der *Letter to John Murray* verteidigt die Rolle des Gemachten und Geformten, des Künstlichen in der Kunst, ihre „*super-artificial*[*ity*]". B.s Kritik an der Ästhetik des Sublimen bezieht sich nicht nur auf das Naturerhabene als Gegenstand der Dichtung, sondern auch auf die Aspekte der Produktion und Rezeption. Das zielt in produktionsästhetischer Hinsicht auf den genialischen Dichter und seinen Enthusiasmus sowie auf die ‚modische' Betonung von der Imagination und Phantasie. Rezeptionsästhetisch hingegen greift B. mit Blick auf Coleridge die „obscurity" – also Dunkelheit und Unverständlichkeit – der Texte für den Leser an und fordert stattdessen eine ethische Dichtung.

Zeitgleich zur Bowles/Pope-Kontroverse entstand B.s wichtigstes fiktionales Werk, das Versepos *Don Juan*, in dem die Angriffe auf die ‚Naturals' und ihre Poetologie erneut zentrales Thema sind. Die *ottava-rima*-Form des Textes ermöglichte es B., heterogene Themen auf engem Raum zu kombinieren und dabei komisch-groteske Effekte zu erzeugen, die durch das Spiel mit der strengen Reimform, die die Artifizialität des Kunstwerks betont, noch verstärkt werden. Das hohe Maß an Intertextualität öffnet den Fragment gebliebenen Text ebenso wie die Vielzahl der Digressionen, in denen der Erzähler die Handlung abrupt unterbricht, um über seine Dichtung – ihre Rezeption und Produktion – zu reflektieren. Auf die Tradition des digressiven Schreibens verweist B. selbst in seinen Briefen, wenn er *Don Juan* mit ↑Sternes *Tristram Shandy* oder Montaignes *Essais* vergleicht. Die in *Don Juan* implizit entwickelte Poetik betont v. a. die Kontingenz und Materialität des Schaffens- und Rezeptionsprozesses, die – so heißt es dort etwa – oftmals vom Genuss des ‚grünen Tees' bestimmt würden.

B.s Stellung als europ. Romantiker, seine gleichzeitige Affinität zum Klassizismus Popes sowie seine skizzierten theoretischen Stellungnahmen, die in der lit. Praxis subvertiert werden, machen eine Zuordnung zu einer der zeitgenössischen Schulen schwierig. Gleichermaßen distanzierte B. sich von den romantischen Bestrebungen seiner Zeitgenossen wie von einer klassizistischen Dichtungsauffassung, von der seine Texte selbst sich auch weitgehend entfernen. Seine Bedeutung für die europ. Literatur ist kaum zu überschätzen; neben der inhaltlichen Faszination am Weltschmerz des „Byronic Hero", die in der ersten Hälfte des 19. Jh.s ganz Europa erfasste, ist es poetikgeschichtlich v. a. das komische Epos *Don Juan*, das zeitgenössische Autoren wie ↑Heine, ↑Puškin, A. de Musset oder J. Słowacki beeinflusste und eine anhaltende Wirkung zeigte.

Ausgaben: B.s Letters and Journals. 12 Bde. Hg. v. L. A. Marchand. Cambridge, MA 1974–1982; The Complete Miscellaneous Prose. Hg. v. A. Nicholson. Oxford 1991; The Complete Poetical Works. 7 Bde. Hg. v. J. J. McGann. Oxford 1980–1993; Sämtliche Werke. 3 Bde. Hg. v. S. Schmitz. München 1996.

Forschungsliteratur: J. J. McGann: Fiery Dust: B.s Poetic Development. Chicago u. a. 1968; J. Chandler: The Pope Controversy: Romantic Poets and the English Canon. In: Critical Inquiry 10 (1984). S. 481–509; A. Rutherford (Hg.): B. Augustan and Romantic. Basingstoke u. a. 1990; J. Stabler: B., Poetics and History. Cambridge u. a. 2002; D. Bone (Hg.): The Cambridge Companion to B. Cambridge 2004; R. A. Cardwell (Hg.): The Reception of B. in Europe. 2 Bde. London u. a. 2004.

Alexandra Böhm

C

Calvino, Italo (1923–1985)

C.s 1985 entstandene Harvard Lectures *Sechs Vorschläge für das nächste Jahrtausend* (*Sei proposte per il prossimo millennio*, 1988; dt. 1991) gelten der Frage nach der Zukunft der Literatur, an die der Autor glaubt. Erörtert werden die Qualitäten, welche die lit. Tradition an die Zukunft vererben sollte: „Leichtigkeit", „Schnelligkeit", „Genauigkeit", „Anschaulichkeit", „Vielschichtigkeit" („Leggerezza", „Rapidità", „Esatezza", „Visibilità", „Molteplicità"). Ein sechster Abschnitt über Konsistenz blieb wegen C.s Tod ungeschrieben. Die Vorlesung zur „Leichtigkeit" beleuchtet die Beziehung der lit. Fiktion zur Lebenswirklichkeit: Literatur transformiert den „schweren" Erfahrungsstoff; sie leistet damit einen Beitrag zur Bewältigung des Lebens. Unter dem Stichwort „Schnelligkeit" beschreibt C. das Erzählen als eine „magische" Operation mit der Zeit. Durch präzisen und kalkulierten Sprachgebrauch soll, so fordert die Vorlesung über „Genauigkeit", die Literatur einem nachlässigen und korrupten Alltagssprachgebrauch entgegenwirken. Das Ideal lit. Anschaulichkeit korrespondiert der visuellen Prägung lit. Imagination; C. fordert vom Dichter konturenscharfe Bilder. Die Vorlesung über „Vielschichtigkeit" gilt dem modernen Roman als einem enzyklopädischen „Vernetzungswerk".

Der Aufsatz *Kybernetik und Gespenster* (*Cibernetica e fantasmi*; in *Kybernetik und Gespenster*, 1984; *Una pietra sopra*, 1980) modelliert die Genese lit. Werke. C. beschreibt den Vortrag des prähistorischen Stammeserzählers als ein Spiel, das aus dem alltäglich-praktischen Sprachgebrauch hervorgeht. Der Erzähler erprobt mögliche Kombinationen der vertrauten Elemente von Geschichten. Doch unerwartet kann beim Erzählexperiment das bisher Unsagbare ins Spiel kommen, das wie ein Gespenst auf eine Artikulationsmöglichkeit gelauert hat. Die Kunst des Erzählers erscheint als ein Vorstoß gegen sprachliche Tabus und ein Vordringen ins noch Sprachlose. Um das näherungsweise zu charakterisieren, was damit „zur Sprache" kommt, wählt C. die psychologische Kategorie des „Unbewussten". In der Essaysammlung *Kybernetik und Gespenster* finden sich darüber hinaus diverse weitere poetologische Abhandlungen, darunter *Philosophie und Literatur* (*Filosofia e letteratura*), Aufsätze über „das Komische" („il comico"), „das Erotische" („l'erotico"), „das Phantastische" („il fantastico") und den *Roman als Schauspiel* (*Il romanzo come spettacolo*). Mit der Problematik einer Differenzierung zwischen Erfahrung und Fiktion sowie der für einzelne eigene Werke prägenden Struktur der *mise en abyme* setzt sich C. in der Abhandlung *Die Ebenen der Wirklichkeit in der Literatur* (*I livelli della realta in letteratura*) auseinander.

Poetologisch relevante Aussagen finden sich auch in C.s zahlreichen Essays über andere Autoren und deren Werke, die aus verschiedenen Anlässen entstanden und teilweise nachträglich in Sammelbänden zusammengefasst wurden, so auch in *Warum Klassiker lesen* (*Perché leggere i classici*, 1991; dt. 2003) und *Geschriebene und nicht geschriebene Welt* (*Mondo scritto e mondo non scritto*, 2002). Mit der Welt des Volksmärchens hatte sich C. bereits intensiv auseinandergesetzt, als er in den 1950er Jahren eine Sammlung ital. Märchen zusammenstellte (*Italienische Märchen*, 1975; *Fiabe italiane*, 1956).

Außerdem prägen Momente expliziter poetischer Autoreflexion C.s lit. Werk seit der in den 1950er Jahren entstandenen Romantrilogie *Unsere Vorfahren* (*I nostri antenati*, 1960; dt. 1981), die durch ihr hohes Maß an Intertextualität geprägt ist und damit indirekt auf die Abhängigkeit eines jeden lit. Werkes von seinen „Vorfahren" hinweist. Die Reflexionen der Erzählerfiguren C.s über ihr eigenes Tun nehmen Bezug auf zentrale literaturtheoretische Konzepte; dies gilt auch für die Tarockgeschichten *Das Schloß, darin sich Schicksale kreuzen* (*Il castello dei destini incrociati*, 1973; dt. 1978), wo eine Gruppe stummer Reisender sich mittels der Blätter des Tarock Geschichten erzählt, die dann von einem Haupterzähler hypothetisch und konjektural verbalisiert werden. In *Die unsichtbaren Städte* (*Le città invisibili*, 1972; dt. 1977) demonstriert der Erzähler Marco Polo die Macht der Imagination durch Schilderung von Phantasiestädten, in denen sich von der Realität unerfüllte Sehnsüchte und Hoffnungen konkretisieren. Im Roman *Wenn ein Reisender in einer Winternacht* (*Se una notte d'inverno un viaggiatore*, 1979; dt. 1983) ist der Leser („lettore") Protagonist; er liest Romanfragmente, deren Fortsetzungen verschwunden sind. Seine Komplementärfigur ist der Schriftsteller Silas Flannery, in dem sich Reflexionen über den „Tod des Autors" (vgl. ↑Barthes) personifizieren, insofern seine Schreibkrisen auf grundlegende Brüche im Konzept der souveränen Autorschaft verweisen. Der Roman bietet als Komposition aus künstlichen Romanfragmenten nicht allein eine Enzyklopädie der Romanliteratur, sondern auch ein Kompendium literaturtheoretischer Konzepte in narrativer Form. Sein gesamtes Personal verweist auf Instanzen, welche am lit. Prozess beteiligt sind, sowie auf literatur-, zeichen- und texttheoretische Theoreme.

Die Bedeutung der Literatur für die Gesellschaft hat C., der als junger Mann der PCI beitrat und dabei doch gegen die neorealistische ästhetische Doktrin aufbegehrte, stets unterstrichen. Im zeitgenössischen Diskurs über das Problem der Autorschaft bezieht C. eine Position, die, an Barthes erinnernd, den Primat eher bei der Tradition und den Zeichenreservoirs als beim individuellen Schriftsteller sieht. Das Lesen ist bei C. eine Metapher für den Erkenntnisprozess. Insofern handeln seine Texte dort, wo sie vom Lesen erzählen, mittelbar auch von den Möglichkeitsbedingungen und Spielregeln des Erkennens. Deutlich wird dies v. a. in der Geschichte *Herr Palomar* (*Palomar*, 1983; dt. 1985) und im Roman über den anonymen Leser in *Wenn ein Reisender in einer Winternacht*. Mit der Wissenschaft und der Philosophie verbindet die Literatur v. a. das Ideal der Präzision, dessen Einlösung zu den schwersten ihrer selbstgestellten Aufgaben gehört. C.s Interesse am Medium der Schrift und seinen konkreten Erscheinungsformen steht in engem Zusammenhang mit seinem Bestreben, der Literatur auf den Grund zu gehen. Literatur bringt die Welt in eine schriftliche Gestalt – und zwar nicht nur die wirkliche Welt, sondern auch die unendliche Zahl möglicher Welten, welche mit jener konkurrieren. C.s poetologische Reflexion gilt zudem den Beziehungen zwischen Texten und Bildern; er registriert einen unablässigen Transfer zwischen der Welt der Bilder und der der Worte; einzelne seiner eigenen Werke sind dadurch geprägt (*Das Schloß, darin sich Schicksale kreuzen*; *Cosmicomics*; 1989; *Cosmicomiche vecchie e nuove*, 1984). V. a. im späteren Werk C.s machen sich Einflüsse aus der Chaostheorie geltend. Die Literatur schafft Zonen von

Ordnung in einem an sich chaotischen Universum. Davon handeln die Geschichten um Herrn Palomar, mit welchen C. an die Geschichte der Lesbarkeitsatopik anknüpft. Palomar versucht in beispielhafter Weise, die – an sich unlesbare – Welt zu entziffern, und unterstellt dabei eine Ordnung der Dinge, die trotz ihres hypothetischen Charakters als Leitvorstellung unverzichtbar ist. Literatur erscheint als Reflexion nicht allein über den Akt der Namengebung im Chaos des Unbenannten – starke Affinitäten bestehen hier zu Ideen des Metaphorologen ↑Blumenberg –, sondern auch über die Kontingenz solcher Benennung und den Widerstand der Dinge gegen das Wort.

C. hat der Gruppe *Oulipo* (↑Perec, ↑Queneau) zeitweilig angehört. Deren Versuche, neue Textgenerierungsverfahren zu erproben, insb. ihre Vorliebe für kombinatorische Verfahren der Literaturproduktion, haben sein Werk mitgeprägt.

Ausgaben: Fiabe italiane. Turin 1956; Italienische Märchen. Zürich 1975; Il castello dei destini incrociati. Turin 1973; Das Schloß, darin sich Schicksale kreuzen. München u. a 1978; Se una notte d'inverno un viaggiatore. Turin 1979; Wenn ein Reisender in einer Winternacht. München u. a. 1983; Una pietra sopra. Discorsi di letteratura e società. Turin 1980; Kybernetik und Gespenster. Überlegungen zu Literatur und Gesellschaft. München u. a. 1984; Palomar. Turin 1983; Herr Palomar. München u. a. 1985; Cosmicomiche vecchie e nuove. Mailand 1984; Cosmicomics. München u. a. 1989; Lezioni americane. Sei proposte per il prossimo millennio. Mailand 1988; Sechs Vorschläge für das nächste Jahrtausend. München u. a. 1991; Perché leggere i classici. Mailand 1991; Warum Klassiker lesen? München u. a. 2003.

Forschungsliteratur: S. Eversmann: Poetik und Erzählstruktur in den Romanen I. C.s. Zum Verhältnis von literarischer Theorie und narrativer Praxis. München 1979; U. Schulz-Buschhaus: Zwischen „resa“ und „ostinazione“: Zu Kanon und Poetik I. C.s. Tübingen 1998; S. Chessa Wright: La poetica neobarocca in C. Ravenna 1998.

Monika Schmitz-Emans

Camus, Albert (1913–1960)

„Außerhalb eines menschlichen Geistes kann es nichts Absurdes geben. So endet das Absurde wie alle Dinge mit dem Tod. Es kann aber auch außerhalb dieser Welt nichts Absurdes geben“, so C. in seinem philosophischen Essay *Der Mythos von Sisyphos. Ein Versuch über das Absurde* (*Le mythe de Sisyphe. Essai sur l'absurde*; dt. 1950), der im Sommer 1942, einige Monate nach seinem Roman *Der Fremde* (*L'étranger*; dt. 1948) erschien. C. kommentiert hier philosophisch, was er dort, wie später auch in seinen Theaterstücken *Caligula* (1942; dt. 1959) und *Das Missverständnis* (*Le malentendu*, 1944; dt. 1959), künstlerisch zu gestalten suchte. Sein Denken stellt C. in die Tradition von ↑Nietzsche, ↑Kierkegaard, ↑M. Heidegger, K. Jaspers sowie von M. Scheler und ↑Husserl, ohne aber den rettenden „Sprung“ in die Religion, den Selbstmord oder das „Sein der Transzendenz“ (↑Sartre) anzuerkennen. C. geht es um das Aushalten des bewusstgewordenen Widerspruchs, der Begegnung des Menschen mit der Welt als Zwiespalt zwischen dem sehnsüchtigen, menschlichen Geist und der enttäuschenden, schweigenden, dinghaften Welt. Das Absurde – diese Sinnlosigkeit des auf sich selbst zurückgeworfenen menschlichen Daseins, verkörpert durch die mythologische Gestalt des Sisyphos – leben, heißt, ihm die Stirn zu bieten. Später wird C. die Erfahrung der Absurdität in *Der Mensch in der Revolte* (*L'homme révolté*, 1951; dt. 1953), verkörpert durch die Gestalt des Prometheus, weiterentwickeln, der nicht mehr nach dem Prinzip „solitaire“, sondern „solidaire“ handelt.

Ausgehend von einer „scharfsichtigen Gleichgültigkeit“ („lucidité“) variiert der

Künstler dichterisch die Möglichkeiten des Abenteuers des Absurden (Don Juan, Schauspieler, Eroberer als typische Beispiele der absurden Lebensweise). Kunst bestimmt C. als den Ort des Absurden schlechthin, den Roman als die indirekte „Inkarnation eines intellektuellen Dramas". Die fiktive Welt besteht aus sinnlichen Wahrheiten, dem beschreibenden Sichtbarmachen der Erfahrungen ohne Erklärungs- oder Lösungsangebote. Wie die philosophischen Romanciers ↑Balzac, ↑Sade, H. Melville, ↑Stendhal, ↑Dostoevskij, ↑Proust, A. Malraux, ↑Kafka erschafft C. sein Universum, erzählt er keine Geschichten. Der absurde Künstler schafft für nichts, ohne Zukunft muss er dem Leeren seine Farben geben.

Dem engagierten Künstler, Schriftsteller und Philosophen C. wurde 1957 der Literaturnobelpreis verliehen. Er gehört als skeptischer Aufklärer zur Tradition der frz. Moralisten, Humanisten und Idealisten. Seine Autorenpoetik des Absurden wirkte auf das Absurde Theater mit Autoren wie ↑Beckett, ↑Ionesco, H. Pinter, ↑Hildesheimer, ↑Dürrenmatt, ↑Frisch und T. Pynchon sowie den Nouveau Roman (↑Robbe-Grillet) und später auch auf ↑Bernhard.

Ausgaben: Œuvres complètes. 2 Bde. Paris 2006; Der Fremde. Boppard u. a. 1948; Dramen. Hamburg 1959; Der Mythos von Sisyphos. Ein Versuch über das Absurde. Reinbek 1988; Der Mensch in der Revolte. Reinbek 1997.

Forschungsliteratur: H. Wernicke: A. C.: Aufklärer – Skeptiker – Sozialist. Hildesheim u. a. 1984; R. Rutkowski: Zwischen Absurdität und Illusion. Frankfurt/M. 1986; A. Pieper (Hg.): Die Gegenwart des Absurden. Tübingen u. a. 1994; H. Wittmann: A. C. Kunst und Moral. Frankfurt/M. u. a. 2002; B. Sändig: A. C. Autonomie und Solidarität. Würzburg 2004; P. V. Zima: Der gleichgültige Held. Trier ^{2}2004.

Eva Werth

Canetti, Elias (1905–1994)

In den explizit poetologischen Reden (*Hermann Broch*, 1936; *Georg Büchner*, 1972; *Der Beruf des Dichters*, 1976) behandelt C. nur Teile seiner Poetik. Um sie zu rekonstruieren, ist daher das gesamte Werk heranzuziehen, insb. *Die Blendung* (Roman, 1935), *Masse und Macht* (Essay, 1960) und die autobiografischen Schriften (*Die gerettete Zunge*, 1977; *Die Fackel im Ohr*, 1980; *Das Augenspiel*, 1985).

C.s Poetik basiert auf dem Antagonismus von Leben und Tod, wobei C. den Tod in allen ihm zugeschriebenen Manifestationen bekämpft. Dem Leben werden Verwandlung, Mythos (= Kunst) und Masse zugeordnet, dem Tod hingegen Erstarrung, Wissenschaft und Individuum. Zwischen physischem und symbolischem Tod wird nicht unterschieden, der Tod ist bei C. gleichbedeutend mit der Verdinglichung des Lebendigen. Entrinnen kann man dem Tod nur durch Verwandlung, da sie die Identifizierung unterläuft, auf der die Verdinglichung beruht.

Ort der Verwandlung ist die Masse, sie bildet das Reservoir der Verwandlungsmöglichkeiten. D. h., je größer die Masse, desto größer das Verwandlungspotenzial und desto ferner ist jeder Teil der Masse dem Tod. Das macht sie zu C.s Utopie, denn in der unendlich großen Masse gibt es keinen Tod. Ihre Gegenfigur ist der Machthaber: Er will sich von seinem eigenen Tod durch den Tod der anderen befreien.

In seiner Anthropologie internalisiert C. mit der „Masse in uns" dieses Modell: Die Menschen sind positiv aufgefasste Schizophrene. Aufgabe des Dichters ist es, die „Masse in ihnen" zu vergrößern, zu ‚ver-dichten'. Über das Buch und die Verwandlung als übersteigerte Identifikation nimmt der Leser die Figuren in sich auf, er vergrößert seine innere Masse und steigert so seine Verwandlungs- und Lebensfähigkeit. Literatur hat für C. also eine existenzielle Funktion.

Die Internalisierung der Masse gilt auch für C.s Figuren; bei ihnen besteht die innere Masse aus den Gestalten der Literatur und der Philosophie. Auf diese Weise realisiert C. seine Poetik *avant la lettre* mit der Hypertextualität. Sie wird nicht als postmodernes Verweisspiel inszeniert, sondern dient C. dazu, bestimmte Traditionen für sich zu aktivieren (Lebensphilosophie, Pantheismus) und andere zu verwerfen (Szientismus, Idealismus).

Zeitlich gehört C. zwar der Moderne an, auch der Begriff „Masse" steht in diesem Zusammenhang, aber C.s Darstellungsmittel und die Grundhaltung seiner Poetik sind eher der romantischen Tradition und dem 19. Jh. verpflichtet, wie der emphatische Dichter-Begriff zeigt.

Ausgaben: Die Blendung. München u. a. 1992; Die Fackel im Ohr. Lebensgeschichte 1921 – 1931. München u. a. 1993; Masse und Macht. München u. a. 1994; Die gerettete Zunge. Geschichte einer Jugend. München u. a. 1994; Das Augenspiel. Lebensgeschichte 1931 – 1937. München u. a. 1994; Aufsätze Reden Gespräche. München u. a. 2005.

Forschungsliteratur: B. Meili: Erinnerung und Vision. Bonn 1985; P. Friedrich: Die Rebellion der Masse im Textsystem. München 1999; S. Hanuschek: E. C. Biographie. München u. a. 2005; K. Kirsch: Die Masse der Bücher. Eine hypertextuelle Lektüre von E. C.s Poetik und seines Romans „Die Blendung". Sulzbach 2006.

Konrad Kirsch

Cascales, Francisco (1564 – 1642)

C. verstand sich als Lehrmeister der volkssprachigen Literaten seiner Zeit, die nach seiner Auffassung dem Irrtum verfallen waren, man könne lediglich aufgrund natürlicher Begabung („natura"), doch ohne theoretische Reflexion („ars") und konkrete Regeln („preceptos") sprachliche Kunstwerke hervorbringen. Mit seinen *Poetischen Tafeln* (*Tablas poéticas*, 1617) wollte er ihnen, so die Aussage des Prologs, das dringend benötigte, auf den antiken Autoritäten basierende Regelwissen als „Gesetzestafeln" und „Schwimmhilfen" („tablas de salvación") im Meer der Irrtümer und des allg. Schiffbruchs der span. Dichtung geben.

Die *Poetischen Tafeln* fußen auf den poetologischen Lehren von ↑Aristoteles und ↑Horaz sowie dem umfangreichen Schrifttum ihrer ital. Kommentatoren (v. a. F. Robertello, A. S. Minturno, ↑Tasso). C. unternahm es zwar, die verschiedenen Autoritäten zu harmonisieren, folgte aber in besonderem Maß den Auffassungen von Horaz, dessen *Epistola ad Pisones* er in seiner eigenen Ausgabe in ein logisch kohärentes, klares, doch auch höchst eigenwilliges System zu bringen versuchte, wie es sich im Original nicht darstellt (*Epistola Horatii Flacci de Arte poetica in methodum redacta*, 1639).

In den *Poetischen Tafeln* behandelt C. das gesamte System der Dichtung („poesía") in zwei Teilen zu jeweils fünf Tafeln. Teil 1 ist den Grundprinzipien allen Dichtens („la poesía in genere") gewidmet. Einleitend wird Dichtung über alle Gattungsspezifika hinweg als die „kunstvolle Nachahmung mit Worten" („arte de imitar con palabras") verstanden. Tafel 1 benennt die allg. Prinzipien dieser Nachahmung („imitación") sowie die Zielsetzung der Kunst sowohl in der Nachfolge von Aristoteles als Katharsis sowie im Gefolge von Horaz als Unterhaltung und nützliche Belehrung („agradar y aprovechar"). Tafel 2 erörtert, Aristoteles weiter folgend, die Prinzipien der Handlung und der Handlungsführung („fabula"), 3 die Charaktere („costumbres"), 4 den sittlichen Gehalt der Dichtung („sentencias") und Tafel 5 deren sprachliche Gestaltung („dicción"). Teil 2 behandelt die einzelnen lit. Gattungen („la poesía in specie„). Tafel 1 ist der

Epik („épica mayor“) gewidmet, unter der das Epos, aber auch Ritter- und Schäferroman verstanden werden; 2 beschreibt die kleineren epischen Gattungen (Ekloge, Elegie und Satire); 3 die Tragödie, 4 die Komödie und 5 die Lyrik („poesía lírica“). Mit dieser Gliederung werden zum ersten Mal für die span. Dichtung die drei Grundformen der Dichtung („épica“, „scénica“, „lírica“) systematisch unterschieden und im Einzelnen beschrieben. Bei der Dramatik unterscheidet C. scharf zwischen Tragödie und Komödie, wobei die aristotelische Ständeklausel strikt beachtet wird. Während die Tragödie auf die Erweckung von Mitleid und Furcht („misericordia y miedo“) zielt, will die weitaus leichtere Komödie Unterhaltung und Lachen („pasatiempo y risa“) hervorrufen. Die Mischform der *tragicomedia*, die im Grunde vollkommen der Form der *comedia* in der Dichtungspraxis seit ↑Vega entspricht, wird nachdrücklich als monströs und aller Kunst widersprechend verworfen.

In der span. Kritik ist der systematische, klare und umfassende Charakter der Poetik von C. stets lobend hervorgehoben worden; sie erhebt die *Tablas* zusammen mit der *Philosophia Antigua Poética* von ↑López Pinciano in den Rang der besten span. Renaissance-Poetiken. Zugleich wird aber auch betont, dass den *Tablas* jede Originalität fehlt, was sie als bloßes, wenn auch gelungenes und verdienstvolles Resümee der europ. klassizistischen Renaissance-Poetik, bisweilen sogar als Plagiat erscheinen lässt. Überdies wird auf den grundsätzlichen Anachronismus der *Tablas* hingewiesen, verkennen sie doch als bloß theoretisches, auf dem antiken und ital. Schrifttum basiertes Konstrukt die originellsten dichterischen Schöpfungen des span. Barock – Vegas *comedia*, die neuen Formen des Romans wie die *novela picaresca* und den *Don Quijote* von ↑Cervantes sowie die Lyrik Góngoras. Allerdings nimmt er mit seiner Vorstellung des *concepto* als Kern (lyrischen) Dichtens eine zentrale Idee von ↑Gracián vorweg. In seinen späten *Philologischen Briefen* (*Cartas filológicas*, 1634) spricht sich C. überraschenderweise für das „regellose“ Theater seines Freundes Vega und gegen das häufig geforderte, allerdings meist theologisch begründete Verbot der *comedia*-Aufführungen aus, setzt sich aber zugleich an die Spitze der zahlreichen Góngora-Gegner.

Eine direkte Wirkung auf die Dichtungspraxis seiner Zeit scheint C. mit seiner Regelpoetik nicht gehabt zu haben; er wurde jedoch eine der Hauptquellen der antibarocken neoklassizistischen Präzeptistik bei ↑Luzán und in den *Orígenes de la poesía castellana* (1754) von L. J. Velázquez de Velasco. Als einzige Poetik des *Siglo de Oro* wurden die *Poetischen Tafeln* im 18. Jh. (1779) noch einmal aufgelegt.

Ausgaben: Epistola Horatii Flacci de Arte poetica in methodum redacta. Murcia 1639; Cartas filológicas. 3 Bde. Hg. v. J. García Soriano. Madrid 1961–1969; Tablas poéticas. Hg. v. B. Brancaforte. Madrid 1975.

Forschungsliteratur: M. Newels: Die dramatischen Gattungen in den Poetiken des Siglo de Oro. Wiesbaden 1959; A. García Berrio: Formación de la teoría literaria moderna. 2 Bde. Madrid u. a. 1977–1980; J. L. Pérez Pastor: La traducción del licenciado F. de C. del „Ars poetica“ de Horacio. In: Criticón 86 (2002). S. 21–39; A. García Berrio: Introducción a la poética clasicista: comentario a las „Tablas poéticas“ de C. Madrid 2006.

Manfred Tietz

Celan, Paul (1920–1970)

C. hat sich öffentlich nur selten poetologisch geäußert. Seine Stellungnahmen finden sich insb. in den beiden Dankesreden *Ansprache anlässlich der Entgegennahme des Literaturpreises der Hansestadt Bremen*

(1958) und *Der Meridian. Rede anlässlich der Verleihung des Georg-Büchner-Preises* (1960). Auch in der *Ansprache vor dem hebräischen Schriftstellerverband* (1969), seiner Dankesrede für die Einladung nach Israel, hat er sich knapp geäußert sowie in brieflichen Antworten auf Umfragen zur Situation der Poesie. Grundsätzlich ist jedoch seine gesamte Dichtung metapoetisch fundiert: die Gedichte ebenso wie seine einzige Prosaschrift *Gespräch im Gebirg* (1960) und die kleine Aphorismensammlung *Gegenlicht* (1949). Der Kommentar zu den Bildern seines Malerfreundes Jené während seiner kurzen Wiener Zeit, *Edgar Jené und der Traum vom Traume* (1948), ist ebenfalls als eine frühe Poetik zu betrachten. Schließlich sei noch die einzige veröffentlichte französischsprachige poetologische Äußerung erwähnt: „La poésie ne s'impose plus, elle s'expose". Sie ist insofern von entscheidender, bisher nicht genügend gewürdigter Bedeutung, als sich C. damit dezidiert von der traditionellen, dem hermeneutischen Verstehen verpflichteten Poesie der subjektiven Gefühlsaussprache distanziert. Die ständige Präsenz poetologischer Reflexionen bezeugen ebenfalls die zahlreichen Berichte über die Begegnungen mit dem Dichter sowie seine umfassende Korrespondenz. Die privaten Zeugnisse bestätigen einmal mehr seine öffentlichen Stellungnahmen und seine poetologischen Positionen in den Gedichten.

Die im Mai 1945 entstandene und 1952 in Deutschland veröffentlichte *Todesfuge*, die den Dichter einer breiteren Öffentlichkeit bekannt macht, lässt in eindringlicher Weise grundlegende metapoetische Voraussetzungen anschaulich werden. Das Gedächtnis der unter dem Nazi-Regime verfolgten und im Holocaust umgekommenen Juden, in welches auch die Erinnerung an den Tod seiner Eltern in einem ukrain. Arbeitslager einbegriffen ist, bildet den folgenreichen Ursprung seiner Dichtung. Damit liefert die *Todesfuge* den Gegenbeweis gegen ↑Adornos kurz zuvor geäußerte These, dass es unmöglich sei, nach Auschwitz Gedichte zu schreiben. C. trägt die Sprache im Gegenteil in den Bereich des Unaussprechbaren, des Leids und des Todes. Von dorther, aus einer unheilbaren Wunde heraus, spricht er, jedoch nicht in der Weise des subjektiv-klagenden Sprechens über etwas; das traditionelle poetische Subjekt existiert nicht mehr, vielmehr hat es eine Vermittlerfunktion inne für die Bilder, die jetzt sprechen. Diese konzentrieren sich auf ein präzises Detail, das eine metonymische Annäherung an das Unaussprechliche evoziert. Dank ihrer Präzision brechen sie in eine „unabdingbare Vielstelligkeit" auf. Die Mehrdeutigkeit, die auch die Oppositionen in die Unentschiedenheit versetzt – „Scheide das Nein nicht vom Ja" (*Sprich auch du*) – ist zum Mittel der Erkenntnis geworden (↑Szondi). Damit sind die Bilder nicht mimetisch zu lesen, sondern in konkreter Dreidimensionalität vorzustellen. Das Gedicht eröffnet einen Raum, in dem die Erinnerung als Appell und Anredemöglichkeit zur Sprache kommt. C. schreitet ihn ab, durchschreitet und überschreitet ihn schließlich, während sich sein Erscheinungsbild – das des Raumes sowie sein eigenes – verwandelt. Gedichte sind für ihn in diesem Sinne Wirklichkeitssuche und zugleich Wirklichkeitsentwurf. „Um solche Wirklichkeiten geht es, so denke ich, dem Gedicht" (*Bremer Rede*). Das Ich, oft nur im Modus der Aussage (*énonciation*) durch die Art und Weise des Sprechens hindurch erfahrbar, bleibt dennoch immer an Ort und Zeit, die die Bilder transportieren, erkennbar. Denn die das Gedicht auslösenden „Daten", die von jedem Gelebten ausgehen können – eine Begegnung oder auch verfehlte Begegnung, ein Wort, ein Ort, ein Ereignis, Gelesenes –, sind den Bildern immer mitgegeben. Das Gedicht erweist sich als „gestaltgewordene Sprache eines Einzelnen" (*Meridian*), aber zugleich auch als ein in der Gegenwart angesiedelter Erinnerungsraum und darüber hinaus als Dialog dieses Einzelnen, der das „Andere" um einer „Begegnung" (*Meridian*) willen befragt. Letztere zeigt die Richtung an, die die Dichtung einschlägt in einem ständigen Unterwegssein, wobei die imaginäre Schwestergestalt, auf die sich das rekurrente Du implizit oder explizit immer auch bezieht, den Leitstern bildet.

Mit den beiden poetologischen Prämissen der Dialogizität der Dichtung und des sich seines Daseins bewussten sprechenden Ichs bezieht C. Stellung gegen ↑Heideggers monologische Sprachauffassung, in der der Sprecher abwesend ist und nur die Sprache spricht. C. dagegen schreibt „unter dem Neigungswinkel seines Daseins, dem Neigungswinkel seiner Kreatürlichkeit" (*Meridian*). Seine Gedichte sind eine „Atemwende" (*Meridian*), ein Verstummen, ein Denken und „Verhoffen" (*Meridian*), aber auch ein „Händedruck" (*Brief an Hans Bender*). Der in seiner Kreatürlichkeit exponierte Mensch hat sich in die Ferne des Ursprungsortes der Bilder, an dem sie einer ständigen Verwandlung unterworfen sind (*Traum vom Traume*), zurückgezogen. Die Verwandlung ist ein weiteres sinnkonstitutives, Wirklichkeit erschaffendes Element der Dichtung. Noch im Rückgriff auf vorhandenes Bildmaterial eingesetzt in der *Todesfuge*, in der sich Margaretes „goldenes Haar" in „Schlangen" verwandelt, verwendet C. die Technik bald für den Aufbau seiner eigenen Bildwelt: die „ver-/krüppelnden Worte" sind auch die „geraden", die „Krücke" wird zur „Schwinge" (*... rauscht der Brunnen*); er verbindet sie schließlich mit seinem Verfahren der Wortschöpfung und seinem metonymischen Sprechen: die „Schlafgestalten" verwandeln sich in „Sprachschatten", in die metonymischen Schattenexistenzen, die die Sprache allein erschaffen kann; mittels Zufuhr von „Blut", in dem sich metonymisch der Dichter zu erkennen gibt, werden sie zu „Bildzeilen", in denen die Transformation des Bluts selbst sichtbar ist (*Alle die Schlafgestalten*).

Während sich das Gedicht derart auf der Grenzlinie des „Schon-nicht-mehr" und „Immer-noch" behauptet und „eine starke Neigung zum Verstummen" (*Meridian*) zeigt, wird es im *Zeitgehöft*-Band (1976 postum) radikaler als zuvor zu einer „Unendlichsprechung von lauter Sterblichkeit und Umsonst" (*Meridian*). Hier werden nicht wie bisher vorhandene Orte negiert und neue aufgebaut, vielmehr schließt die Mehrdeutigkeit der Bilder seine eigenen in den vorausgehenden Gedichtbänden gerade eroberten poetologischen Positionen negierend ein, sodass sein Ort, von dem her er spricht, immer weiter in ein instabiles Draußen entschwindet. Hingegen nimmt das angeredete ferne Du an Gegenwärtigkeit zu: „Du – ganz, ganz wirklich. / Ich – ganz Wahn" (*Ich kenne dich*).

Am Ende seiner Dichtung hat C. die letzte Diesseitigkeit der Sprache überschritten und steht in dem Nichts und Nirgend einer zeitlichen Jenseitigkeit, in der es eine konkrete metonymische Nachbarschaft mit dem Du gibt: „Das seidenverhangene Nirgend / widmet dem Strahl seine Dauer, // ich kann dich hier / sehn. // Eingehn dürfen bei euch, ausgehn –" (*Das seidenverhangene Nirgend*). Seine wenn auch schwer, aber dennoch zu entziffernden Bilder gelten ihm nur noch als ein „Zungenentwurzeln" (*Du liegst hinaus*), worauf das Sprechen tatsächlich enden wird. C. hat sich letztlich an den idealen Nicht-Ort der „U-topie" (*Meridian*) mit der Zeit des angesprochenen Du, in dem alle umgekommenen Juden erinnert sind, hingeschrieben. Seine Dichtung ist „eine Art Heimkehr" (*Meridian*).

Ausgaben: Werke. Historisch-kritische Ausgabe. Frankfurt/M. 1990 ff.; Werke. Tübinger Ausgabe. Hg. v. J. Wertheimer. Frankfurt/M. 1996 ff.; Gesammelte Werke in sieben Bänden. Frankfurt/M. 2000; P. C./G. C.-Lestrange: Briefwechsel. Hg. v. B. Wiedemann. Frankfurt/M. 2001.

Forschungsliteratur: I. Chalfen: P. C. Eine Biographie seiner Jugend. Frankfurt/M. 1979; P. Solomon: P. C. L'adolescence d'un adieu. Castelnau-le-Lez 1990; W. Emmerich: P. C. Reinbek 1999; I. Shmueli: Sag, daß Jerusalem ist. Über P. C.: Oktober 1969 – April 1970. Eggingen 2000; B. Wiedemann (Hg.): P. C. – Die Goll-Affäre. Dokumente zu einer „Infamie". Frankfurt/M. 2000; H.-M. Speier (Hg.): Gedichte von P. C. Stuttgart 2002. J. Lehmann/ P. Goßens/M. May (Hg.): C.-Handbuch. Stuttgart 2008.

Sieghild Bogumil-Notz

Celtis, Conrad (Protucius) (1459 – 1508)

Die *Ars versificandi et carminum* (ca. 1486) C.s stellt das erste poetologisch bedeutsame Zeugnis des dt. Humanismus dar. In der Tradition der ma. *Artes versificatoriae* bietet sie ein praktisches Lehrbuch zur Abfassung lat. Verse und Strophen, das neben der Prosodie auch kursorisch Fragen der Stoff- und Gattungswahl bis hin zu Rhetorik und Stilistik behandelt. Der weit überwiegende Teil der metrisch-technischen Partien entstammt verbreiteten ma. Kompendien (v. a. dem *Doctrinale* des A. de Villa Dei). Im Rückgriff auf ital. Quellen (N. Perotti) erweitert C. diesen Regelbestand um die lyrisch-äolischen Versmaße (sapphisch, alkäische Ode u. a.), die in der ma. Poetik noch randständig waren. Hinzu kommt der genuin humanistische Appell, durch konsequente *imitatio* modellfähiger antiker Autoren (↑Vergil, ↑Horaz, ↑Seneca, ↑Juvenal) zu wahrer *eloquentia* und *elegantia* zurückzufinden. Eine programmatische Definition von Dichter und Dichtung (*officium poetae*) betont die Universalität poetischer Themenwahl und reflektiert im Horizont des rhetorischen *evidentia*-Begriffs über die abbildende Funktion des Verses. Neu an der *Ars versificandi* sind v. a. Anspruch und Selbstbewusstsein des Dichters, die sich in einer Reihe rahmender Paratexte zu erkennen geben. Die bedeutendste dieser Beigaben stellt die abschließende sogenannte Apollo-Ode dar. Sie ist zugleich ein erstes Exempel horazisch-äolischer Metrik und fordert im Sinne der *translatio*-Idee den Transfer und Import humanistischer Kultur und Dichtung von Italien in ein vorerst noch ‚barbarisches' Deutschland.

Ausgaben: Ars versificandi et carminum. Leipzig ca. 1486.

Forschungsliteratur: F. J. Worstbrock: Die „Ars versificandi et carminum" des K. C.: Ein Lehrbuch eines deutschen Humanisten. In: B. Moeller u. a. (Hg.): Studien zum städtischen Bildungswesen des späten Mittelalters und der frühen Neuzeit. Göttingen 1983. S. 462 – 498; J. Robert: K. C. und das Projekt der deutschen Dichtung. Studien zur humanistischen Konstitution von Poetik, Philosophie, Nation und Ich. Tübingen 2003. S. 20 – 103.

Jörg Robert

Cervantes y Saavedra, Miguel de (1547 – 1616)

C.s Hauptwerk, *Der sinnreiche Junker Don Quijote de la Mancha* (*El ingenioso hidalgo Don Quijote de la Mancha*, 1605/1615; dt. 1621), steht neben ↑Rabelais' *Gargantua et Pantagruel* am Beginn der neuzeitlichen Literatur und markiert den Beginn der Entwicklung des modernen Romans. Obwohl C. keine explizit poetologischen Schriften hinterließ, ist die Wirkung hinsichtlich der Entwicklung der Gattung des Romans nicht zu überschätzen. Handelt der erste Teil noch von den Abenteuern des Helden Don Quijote, thematisiert der zweite Teil die Entstehungsgeschichte des ersten und rückt damit das

Verhältnis von Realität und Fiktion in den Vordergrund. Angelegt als Parodie auf die zeitgenössischen Ritterromane entfaltet der Roman sein poetologisches Programm in zahlreichen, teils satirischen Exkursen sowohl zum Ritterroman als auch zur damals beliebten Schelmen- und Schäferdichtung. Die metafiktionale Struktur des Textes bildete das Vorbild für ↑Sternes *Tristram Shandy* und ↑Diderots *Jacques le fataliste*. Die Romantiker übernahmen die Technik der Illusionsdurchbrechung (↑Tieck) und die poetologische Figur des „Buches im Buch" (↑Hoffmann). ↑F. Schlegel erkannte in C.s Roman einen Vorläufer seines Konzeptes einer „progressiven Transzendentalpoesie". Bis ins 20. Jh. hinein stellt der Roman den Ausgangspunkt für erzähltechnische Innovationen dar (↑Joyce, ↑Eco). Darüber hinaus haben sich eine Vielzahl bildender Künstler (P. Cézanne, P. Picasso, S. Dalí) und Komponisten (F. Mendelssohn, R. Strauss) des Stoffes angenommen. Die unverminderte Faszination bis heute schlägt sich zusätzlich in unzähligen Bearbeitungen, Parodien und Plagiaten nieder.

Ausgaben: Don Quijote de la Mancha. 2 Bde. Hg. v. F. Rico. Barcelona 1998 ff.; Gesamtausgabe. Hg v. A. M. Rothbauer. Stuttgart 1964.

Forschungsliteratur: E. C. Riley: Don Quixote. London u. a. 1986; A. J. Cascardi (Hg.): The Cambridge Companion to C. Cambridge u. a. 2002; M. de Riquer: Para leer a C. Barcelona 2003; Ch. Strosetzki (Hg.): M. d. C.' „Don Quijote". Explizite und implizite Diskurse im „Don Quijote". Berlin 2005.

Michael Nehring

Champfleury [d. i. Jules François Félix Husson] (1821–1889)

Als Autor, Kunst- und Literaturkritiker sowie Kunstsammler zählt Ch. zu den wichtigsten Repräsentanten des frz. Literaturbetriebs des 19. Jh.s. Im März 1857 erscheint – als Reaktion auf die 1856–1857 von E. Duranty herausgegebene Zeitschrift *Réalisme* – Ch.s Sammelband *Der Realismus* (*Le réalisme*), der verschiedene Stellungnahmen zu lit. und bildkünstlerischen Ausprägungen des Realismus vereint. Neben zahlreichen eigenen lit. Werken, die der mimetischen Darstellung („Wer Realität sagt, meint Aufrichtigkeit") alltäglicher, auch hässlicher Details verpflichtet sind, gilt Ch. v. a. wegen dieses Manifests als ‚Apostel' des frz. Realismus, einer Strömung, die sich als Reaktion auf romantische und idealistische Kunstauffassungen zunächst in der bildenden Kunst, dann in der Literatur herausbildet und vom Naturalismus abgelöst wird. Voraussetzung für die realistische Darstellung ist die genaue Beobachtung von Natur und Gesellschaft sowie deren neutrale, wahrheitsgetreue Wiedergabe. Ch. ist lit. Vertreter und theoretischer Verfechter eines sensualistischen Realismus, der v. a. stilistisch bestimmt ist: Ziel ist die getreue Wiedergabe von Eindrücken mittels schlichter Ausdrucksweise: „Ich versuche vor allem, meine Eindrücke in möglichst einfacher Sprache aufrichtig wiederzugeben". Ch.s häufig als banal verurteilte, schmucklose, scheinbar a-rhetorische Prosasprache ist Ausdruck eines gezielten Stilwillens: die Nachahmung der natürlichen Sprache dient der Steigerung der Authentizität in der Darstellung.

Ausgaben: Du réalisme. Lettre à Madame Sand. In: L'artiste vom 2. September 1855; Le réalisme. Genf 1967 [Nachdr. d. Ausg. Paris 1857]; Ch./G. Sand: Du réalisme. Correspondance. Hg. v. L. Abélès. Paris 1991.

Forschungsliteratur: Ch. Baudelaire: Les contes de Ch. In: Le corsaire-satan vom 18. Januar 1848; E. Zola: Les romanciers naturalistes. Paris 1881; E. Fauquet: Ch. ou le Réalisme. In: Ch.: Maître Palsgravius et autres inédits. Paris 1997. S. 9–32; Ph. Hamon: Imageries. Littérature et image au XIXe siècle. Paris 2001; Ridiculosa 9 (2002): J. Ch.

Andrea Landvogt

Chiabrera, Gabriello (1552–1638)

Die Dichtung Ch.s lebt von der Spannung zwischen der Tradition und deren Überwindung. Dass klassische Vorbilder im Namen der Innovation überholt werden dürfen, ist die Kernaussage der *Dialoge über die Dichtkunst* (*Dialoghi dell'arte poetica*). In den fünf Gesprächen, die mit Ausnahme des letzten (*Il Forzano, discorso sovra il sonetto del Petrarca „Se lamentar augelli, o verdi fronde"*, 1626) zu Ch.s Lebzeiten unveröffentlicht blieben, wird nach dem Modell des platonischen Dialogs über Fragen der Poetik und Verskunst diskutiert. In *Il Vecchietti, dialogo intorno al verso eroico volgare* (1811) wird am Bsp. von G. G. Trissinos *L'Italia liberata dai Goti* (1547–1548), ↑Tassos *Mondo creato* und L. Alamannis *Coltivazione de' Campi* die These aufgestellt, die ungereimten Verse seien besser geeignet für die erzählende Dichtung als der danteske Kettenreim oder der Achtzeiler. Der Reimzwang habe selbst unumstrittene Klassiker wie ↑Dante, ↑Petrarca, ↑Ariost und Tasso unvermeidlich zu Fehlern, Redundanz, überflüssigen Textzusätzen oder Übergang zum umgangssprachlichen Register verleitet, denn „mit gereimten Versen zu dichten, ist kein unmögliches, aber doch ein mühsames Unterfangen". In *L'Orzalesi, ovvero della tessitura delle canzoni* (1826) werden ungereimte Verse schon bei traditionellen Vorbildern wie Petrarca und Dante nachgewiesen und somit gerechtfertigt. In *Il Geri, dialogo della tessitura delle canzoni* (1826) werden vielfältige Versarten gegen den ausschließlichen Gebrauch von Elfsilbern und Siebensilbern verteidigt. Schließlich wird in *Il Bamberini, ovvero degli ardimenti del verseggiare* (1826) der Grundsatz aufgestellt: „Beim Dichten darf man [...] alles tun, vorausgesetzt, man tut es gut". Die Tradition gilt also nicht mehr als ein strenges Gesetz, denn selbst die klassischen Dichter zeigen einen freien Umgang mit Regeln. Die modernen Dichter seien den antiken keineswegs unterlegen. Entscheidend für den Erfolg einer Dichtung sei letztendlich das Urteil des Publikums und nicht die Treue zu einer abstrakten Poetik. In seinem dichterischen Werk experimentiert Ch. mit allen möglichen Versarten, vom Vier- bis zum Zwölfsilber, mit Vorliebe für den gleitenden Reim, aber auch mit ungereimten Versen. In den verschiedenen Ausgaben seiner epischen Dichtung *Firenze* (1615, 1628, 1637) geht er z. B. vom klassischen Achtzeiler zu frei gereimten Elfsilbern über. Wegen seiner Aufforderung, die Tradition zu überwinden und neue Wege zu suchen, kann Ch. als Vorläufer einer neuen Dichtergeneration betrachtet werden. An seiner Dichtung bewunderten die Nachfolger v. a. die metrischen Innovationen und die Musikalität der Verse.

Ausgaben: Canzonette, rime varie, dialoghi. Hg. v. L. Negri. Turin 1952; Lettere (1585–1638). Hg. v. S. Morando. Florenz 2003.

Forschungsliteratur: E. N. Girardi: Esperienza e poesia di G. Ch. Mailand 1950; P. L. Cerisola: L'arte dello stile: poesia e letterarietà in G. Ch. Mailand 1990; F. Bianchi/P. Russo (Hg.): La scelta della misura. G. Ch.: l'altro fuoco del barocco italiano. Genua 1993; D. Conrieri: Scritture e riscritture secentesche: Ch., Marino, Tesauro, Segneri, Brignole Sale, Frugoni. Lucca 2005.

Tatiana Bisanti

Chiellino, Gino Carmine (geb. 1946)

Unter den Titel *Ich in Dresden* stellte der aus Kalabrien stammende, seit seiner Jugend in Deutschland lebende Lyriker und Literaturwissenschaftler Ch. seine Chamisso-Vorlesungen von 2001. Den Titel kommentierend vergleicht er sich mit dem Italienreisenden ↑Goethe. Wurde die Dresdner PV in Erinnerung an Chamisso als Dichter zwischen zwei Kulturen und Sprachen eingerichtet, so korrespondiert dies genau der Kernthematik von Ch.s Vorlesungen wie auch seinem leitenden dichterischen und literaturwissenschaftlichen Interesse: Einerseits durch den geografisch-kulturellen Raum Süditaliens geprägt, andererseits vorwiegend auf dt. schreibend, thematisiert Ch. in lyrischen und in theoretisch-diskursiven Texten immer wieder die eigene Situierung zwischen differenten sprachlichen und kulturellen Sphären, Probleme der Vermittlung zwischen Sprachen und Lebensformen, die Situation des Migranten, interkulturelle Missverständnisse, die bes. Herausforderung der Migrationssituation für den Schriftsteller, die aus bikultureller Prägung resultierende bes. Sensibilität für Sprachliches, die Beziehung zwischen Sprache, individueller und kultureller Identität sowie zwischen Sprache und Gedächtnis. In den Vorlesungen kommentiert er vorwiegend eigene, darunter auch mehrsprachige Gedichte (das Kalabresische tritt neben das Italienische und Deutsche) v. a., um diese Texte biografisch zu kontextualisieren und an ihnen die Möglichkeiten einer interkulturellen Dichtung zu explizieren. Selbstbewusst stellt sich Ch. in eine Reihe mit großen Dichtern mehrfacher sprachlich-kultureller Prägung (darunter J. Conrad, ↑Pessoa, ↑Beckett, ↑Nabokov, ↑Rushdie, denen kurze Porträts gewidmet sind). Mit dem Thema interkulturelles Schreiben verknüpft werden gesellschaftskritische Beobachtungen zur Situation der Migranten in Deutschland sowie literaturtheoretische Reflexionen zur Dialogizität der Sprachen und zur Kartierbarkeit des lit. Feldes jenseits nationallit. Grenzziehungen.

Ausgaben: Die Fremde als Ort der Geschichte. In: I. Ackermann/H. Weinrich (Hg.): Eine nicht nur deutsche Literatur. Zur Standortbestimmung der „Ausländerliteratur". München u. a. 1986. S. 13–15; Interkulturelle Literatur in Deutschland. Ein Handbuch. Stuttgart u. a. 2000; Ich in Dresden [DPV]. Dresden 2003.

Forschungsliteratur: I. Amodeo: G. Ch.: Der Bruch als Kontinuität. In: C. Lüderssen/S. A. Sanna (Hg.): Letteratura de-centrata. Italienische Autorinnen und Autoren in Deutschland. Frankfurt/M. 1995. S. 114–119.

Monika Schmitz-Emans

Chrétien de Troyes (um 1140–1190)

Ch.s Texte verbinden auf geschickte Weise Erzählen und poetologische Reflexion. V. a. in *Perceval oder die Erzählung vom Gral* (*Le roman de Perceval ou Le conte du Graal*, um 1190; dt. 1929) sind epische Handlung (die Darstellung ritterlicher Abenteuer) und Nachdenken über das Erzählen eng verknüpft. Schon der Prolog des Versromans lässt diese Doppelung der Bezugsebenen deutlich werden. So dient die berühmte Eingangsformel der Vorrede „Wer wenig sät, wird wenig ernten" („Qui petit seme petit quialt") zum einen als Antizipation auf der Handlungsebene, die den persönlichen Einsatz des Ritters als Bedingung weltlicher bzw. religiöser Qualifikation hervorhebt, zum anderen jedoch auch als poetologische Metapher, die, in Reminiszenz an das biblische Gleichnis vom Sämann, den epischen Schreibvorgang nach dem Modell des Aufkeimens einer Saat als Entfaltung poetischer Ideen begreift. Ein weiteres Konzept, in dem fiktive Handlungsebene und immanente Poetik des höfischen Romans konvergieren, ist das der *Quête* (*queste*), der Suche, das v. a. im *Perceval* als ein den Werdegang des Helden vorantreibendes Prinzip wirksam ist. Dabei prägt die Idee der *Quête* nicht nur die in doppeltem Kursus sich entfaltende Folge ritterlicher Bewährungsproben; in einem übertragenen Sinn ist sie auch Movens des epischen Schreib- und Lektüreprozesses. In seinem Kernstück, dem rätselhaften Geschehen auf der Gralsburg, enthält der *Perceval* überdies eine Poetik des Rituals. Der Gral als mythisch-sakraler Gegenstand steht im Zentrum kultischer Vollzüge, die an den christl. Messritus erinnern. Höfische Artuswelt und Gralssphäre werden so in der Weise einander gegenüber gestellt, dass sie sich wechselseitig beleuchten und ergänzen.

Der Percevalstoff, insb. das Gralsmotiv und die Figur des Fischerkönigs, gaben den Anstoß zu vielfältigen lit. und künstlerischen Adaptionen (W. v. Eschenbach, ↑Wagner); die Thematik der *Quête* wirkt dabei insb. in der modernen Lyrik (↑Eliot, Y. Bonnefoy) fort.

Ausgaben: Le roman de Perceval ou Le conte du Graal. Hg. v. K. Busby. Tübingen 1993; Le roman de Perceval ou Le Conte du Graal. Hg. v. F. Olef-Krafft. Stuttgart 2003.

Forschungsliteratur: K. Busby/D. Kelly/ N. J. Lacy (Hg.): The Legacy of C. d. T. 2 Bde. Amsterdam 1987–1988.

Linda Simonis

Christensen, Inger (geb. 1935)

Diverse poetologische Essays der dän. Lyrikerin Ch. erschienen zuerst in dt. Sprache u. d. T. *Der Geheimniszustand und das „Gedicht vom Tod“* (*Hemmelighedstilstanden*, 2000; dt. 1999). Schon die Integration des Gedichts, das vom Tod, von der Trauer und vom Schreiben handelt, in die dichtungstheoretischen Überlegungen betont die Offenheit der Grenze zwischen poetischem und poetologischem Diskurs. Thematisch untereinander vernetzt, erörtern die Essays die Beziehungen zwischen sprachgebundenem dichterischem Ich, seiner Sprache und den Dingen auf fundamentaler Ebene. In *Der naive Leser* werden komplementäre Gedankenspiele skizziert: die Hypothese, das Ich bediene sich der Sprache, und die Gegenthese, die Sprache bediene sich des Ichs. Vielfach ausgehend von Meditationen über Wörter und Sprache erscheint Kunst als eine Inventarisierung der Dinge und ihrer Bilder. Schreiben ist Umsetzung des Staunens über die Welt (*Das Mysterium der Realitäten*), Ausdruck einer inneren Verbundenheit mit den Dingen und Teilhabe an deren „Geheimniszustand“, ihrer Unbegründbarkeit und begrifflichen Unermesslichkeit (*Der Geheimniszustand*). Die Suche nach evokativen „richtigen“ Namen für die Dinge steht im Zeichen der Hypothese, Sprache und Welt drückten einander wechselseitig aus (*Die Seide, der Raum, die Sprache und das Herz*). In den Spuren von ↑Novalis deutet Ch. die Poesie nicht als diskursive Mitteilung von Wahrheiten, sondern als Partizipation an deren Mysterium, wobei alles Äußere ein „in Geheimnißzustand erhobnes Innre“ darstellt. Das Programm einer poetischen Entschlüsselung der Welt, im Rekurs auf Novalis *Lehrlinge zu Sais* und die Idee einer Chiffrenschrift der Natur expliziert, korrespondiert der Vorstellung vom Dichter als einer zunächst rezeptiven Instanz, einer Art Medium, welches das Zufällige aufnimmt und ordnet (*Die ordnende Wirkung des Zufalls*). Ihrer medialen Rolle werden Dichter v. a. dann inne, wenn die Worte selbst unversehens den Arbeitsprozess vorantreiben und Gedichte sich scheinbar selbst schreiben. Die Notwendigkeit der Kunst betont Ch. in *Unsere Erzählung von der Welt*. Bei den austral. Aborigines findet sich die korrespondierende Vorstellung, die Welt müsse im Gesang immer wieder neu geschaffen werden, um nicht zu sterben (*Alles Wörter*). Die Modellierung des Künstlers als Medium konfligiert mit seiner Deutung als Konstrukteur von Welten. Auf die Differenz zwischen Natur und einer von Menschenhand geschaffenen Abbilder-Welt verweist Ch.s Roman *Das gemalte Zimmer* (*Det malede vaerelse*, 1976; dt. 1989), v. a. anlässlich des Motivs vom Einstieg des Betrachters ins Bild: Als Mantegnas Sohn in eine gemalte Landschaft eintritt, registriert er deren Künstlichkeit. Wie das Œuvre Mantegnas, so sind auch die

Werke anderer Künstler für Ch. Anlass zur ästhetischen Standortbestimmung (so ↑Blake und R. Magritte). Die im Mantegna-Roman erzählten Geschichten runden sich nicht zu einem Ganzen, sondern verweisen auf Verschwiegenes, auf ungelöste Geheimnisse, v. a. auf das des Todes.

Ausgaben: Det malede vaerelse. Kopenhagen 1976; Das gemalte Zimmer. Münster 1989; Hemmelighedstilstanden. Kopenhagen 2000; Der Geheimniszustand und das „Gedicht vom Tod". Essays. München u. a. 1999.

Forschungsliteratur: K. Wechsel: Grenzüberschreitungen zwischen Realität und Fiktion. Engagierte Ästhetik bei I. Ch. und Kjartan Fløgstad. Göttingen 2001.

Monika Schmitz-Emans

Chwin, Stefan (geb. 1949)

Der poln. Anglist, Literaturkritiker und Schriftsteller Ch. weist schon mit dem Titel seiner Dresdner PV *Stätten des Erinnerns* (2000), auf das zentrale Thema seiner lit. Werke und auf seine poetologische Kernthese hin: lit. Schreiben steht im Zeichen der Erinnerung an historische Ereignisse und die mit ihnen verknüpften biografischen Erfahrungen; es setzt sich daher intensiv mit Topografien als Gegenständen und Medien des Erinnerns auseinander. Diese Bindung an Orte und Räume erörtern v. a. die ersten beiden Vorlesungen („Gedächtnisort Danzig/Gdańsk", „Roman und Erfahrung in Mitteleuropa"), die dritte („Literatur und Selbstmord") gilt Schriftstellern, deren Freitod unter verschiedenen Aspekten als Indikator für die Problematik der dichterischen Existenz und die oft tödliche Kollision individuellen Freiheitswillens mit polit. Macht beschrieben wird. In Verbindung damit kommentiert Ch. seinen Roman *Tod in Danzig* (*Hanemann*, 1995; dt. 1997), ein „Buch über die Versuchungen des Todes". Ch.s Dresdner PV korrespondieren seinem Verständnis von Literatur als Medium und Darstellungsform des Erinnerns inhaltlich wie strukturell. Im Beitrag über Danzig als Gedächtnisort erzählt er von der Geschichte Danzigs und von seiner eigenen dort verbrachten Jugend; akzentuiert wird dabei die Bedeutung von Wörtern, insb. von Ortsnamen für die Wahrnehmung und spätere Darstellung dieser poln. und dt. geprägten Stadt, der zweisprachige Palimpsestcharakter Danzigs. Die zweite Vorlesung gilt in der Hauptsache der Erfahrung von Krieg und Zerstörung; in Erinnerung an Episoden aus dem Leben der Eltern erörtert Ch. u. a. Formen des humanen Widerstands gegen Gewalt und Brutalisierung. Auch die dritte Vorlesung ist programmatisches Dokument der Erinnerung. Ch.s Erzählung über die verstorbenen Dichterkollegen S. I. Witkiewicz (Witkacy), T. Borowski, A. Wat, E. Stachura, R. Wojaczek gewinnt ihre poetologische Dimension als Epitaph. Literatur, so Ch., stehe „auf der Seite des Wirklichkeitssinns" und setze sich mit einer unübersichtlichen und vieldeutigen Welt auseinander; nur im Gedenken an die oft belastende Vergangenheit erschließt sich Gegenwart.

Ausgaben: Haneman. Danzig 1995; Tod in Danzig. Berlin 1997; Stätten des Erinnerns. Gedächtnisbilder aus Mitteleuropa. [DPV]. Dresden 2005.

Forschungsliteratur: A. Sproede: S. Ch. – Philologe und Erzähler. In: S. Ch.: Stätten des Erinnerns. Gedächtnisbilder aus Mitteleuropa [DPV]. Dresden 2005. S. 155–179.

Monika Schmitz-Emans

Coleridge, Samuel Taylor (1772–1834)

C.s Erzählgedichte *Kubla Khan* (1798; dt. 1959), zu dem der Dichter die inspirierende Vision in einem Opiumtraum empfangen haben will, und *Der alte See-*

mann (*The Rime of the Ancient Mariner*, 1798; 1800 überarbeitet u. d. T. *The Ancient Mariner. A Poet's Reverie*; dt. 1898) sind Hauptwerke der engl. Romantik. Als ein zentrales romantisches Manifest gilt die gemeinsam mit ↑Wordsworth verfasste Gedichtsammlung *Lyrical Ballads* (1798 und 1800), in deren Vorwort Wordsworth das Programm einer neuen, stilistisch revolutionären Poesie umreißt. C.s philosophisch-literaturkritisches Hauptwerk *Biographia Literaria* (*Biographia Literaria. Biographical Sketches of my Literary Life and Opinion*, 1817; dt. 1927) beruht auf einer Synthese philosophischer Studien und literaturkritischer Beobachtungen mit den Erfahrungen eines Dichters. In Auseinandersetzung mit Wordsworth und auf der Basis von Notizen aus der eigenen Dichterbiografie geht es C. um die Darlegung des wahren Charakters poetischer Diktion und um eine Ableitung der für Dichtung und Kritik maßgeblichen poetischen Regeln aus philosophischen Grundsätzen. Bei ausdrücklicher Würdigung des Dichters Wordsworth distanziert sich C. von dessen Poetik einer natur-, volks- und damit (angeblich) ursprungsnahen Lyrik. Gegen die im Vorwort zu den *Lyrical Ballads* propagierte poetische Orientierung an Sprache und Lebensformen der einfachen Leute als einem Reservoir dichtungserneuernder Impulse führt C. die Vielfalt und Diversität der Sprachen unterschiedlicher Gesellschaftsklassen und ihr Eigenrecht ins Feld. Prägend für seine philosophischen und poetologischen Reflexionen ist v. a. die Auseinandersetzung mit der dt. idealistischen Philosophie (↑Kant, J. G. Fichte, ↑Schelling). Angeregt u. a. durch ↑Jean Paul, erörtert er das schöpferische Potenzial der Einbildungskraft, wobei er zwischen Imaginationen erster und zweiter Ordnung differenziert. Die „imagination" (dichterische Einbildungskraft) überbietet die bloße „fancy" (Vorstellungs- oder Erinnerungskraft; diese ist „nichts anderes als eine Art Erinnerung", immerhin unabhängig von Zeit und Raum). Sie unterscheidet das Genie vom bloßen Talent. Poetische Imaginationen verwandeln die Inhalte menschlicher Erfahrung kreativ, lassen sie in neuem Licht erscheinen und synthetisieren sie auf eigene, gleichsam magische Weise. C.s Poetik der Imagination verbindet sich mit dem Theorem einer autonomen Kunst. Seine Aufwertung der Imagination ist eine Reaktion auf gesellschaftl., polit. und ökonomische Modernisierungstendenzen. Denn in letzteren dokumentiert sich eine Hegemonie des abstrakten Verstandes und des Nützlichkeitsdenkens, die als problematisch und tendenziell inhuman empfunden wird. Anders als der kalkulierende, berechnende und analytische Verstand wird die Imagination als eine Instanz der Synthese und des Entwurfs alternativer Welten geschätzt.

Ab 1808 hat C. durch eine Vortragsreihe über Philosophie und Literatur die engl. ↑Shakespeare-Rezeption geprägt; zudem bahnte er den Weg für die engl. Auseinandersetzung mit dt. Dichtung und Philosophie, wenngleich sein eigener praktischer Anteil daran nicht so groß war. Seine lyrischen Hauptwerke sind poetologische Dichtungen. Mit der Ballade *Der alte Seemann*, die von der Reise des schuldbeladenen Seemanns ins Eis und in die völlige Isolation handelt, stellt C. – der mit der Frz. Revolution sympathisierte und in seiner Jugend die Errichtung eines kommunistischen Gemeinwesens projektierte – einen Figurentypus vor, der in der lit. Moderne vielfach variiert und dabei nicht zuletzt zur Projektionsfigur dichterischen Selbstverständnisses wird: den rebellischen, alle menschlichen und göttlichen Ordnungen hinter sich lassenden, jede Autorität in Frage stellenden Helden. *Kubla Khan* thematisiert das Hineinragen einer imaginär-phantastischen Sphäre in die Alltagswelt, v. a. in Träumen. Das Reich von Xanadu und der dort von Kubla Khan errichtete Palast sind Sinnbilder des Schönen in Natur und Kunst; in der Quelle eines heiligen Flusses bespiegelt sich die magische, machtvolle, im Alltag aber auch vom Versiegen bedrohte poetische Imagination.

Ausgaben: The Portable C. Hg. v. I. A. Richards. New York 1950; The Collected Works of S. T. C. Hg. v. K. Coburn. London 1969 ff.; Englischer Besuch in Hamburg im Jahre 1798. Hg. v. K. Loewenfeld. Hamburg 1927 [Auszüge aus Biographia Literaria]; Gedichte. Heidelberg 1959; Gedichte. Hg. v. E Mertner. Stuttgart 1973.

Forschungsliteratur: F. A. Uehlein: Die Manifestationen des Selbstbewußtseins im konkreten „Ich bin“: Endliches und Unendliches Ich im Denken S. T. C.s. Hamburg 1982; Th. McFarland: Originality and Imagination. Baltimore, MD u. a. 1985; H. W. Breunig: Verstand und Einbildungskraft in der englischen Romantik. S. T. C. als Kulminationspunkt seiner Zeit. Münster 2002; L. Newlyn (Hg.): The Cambridge Companion to C. Cambridge u. a. 2002.

Monika Schmitz-Emans

Corneille, Pierre (1606–1684)

Zusammen mit ↑Racine und Molière ist C. einer der Hauptvertreter des frz. klassischen Theaters, das unter Ludwig XIV und Richelieu um die Mitte des 17. Jh.s aufblühte. Zeitweilig gehörte er dem von Richelieu berufenen Kollektiv der „Cinq auteurs“ an, das gemeinsam klassizistische Dramen verfasste. C. hat ein umfangreiches dramatisches Œuvre hinterlassen; neben vielen klassischen Tragödien (teilweise auf der Basis antiker Stoffe) stehen Komödien, und das Genre der Tragikomödie wird mit *Clitandre oder Die befreite Unschuld* (*Clitandre ou L'innocence délivrée*, 1632) und *Der Cid* (*Le Cid*, 1637; dt. 1650) gerade durch C. vervollkommnet. Verbindendes Thema seiner erfolgreichen Dramen ist die Auseinandersetzung zwischen herausragenden Individuen und (absolutistischem) Staat. C. propagiert eine Ethik der Selbstdisziplin. Dem dramatisch vermittelten polit. Modell zufolge ist eine Aussöhnung der Interessen von Individuum und Allgemeinheit möglich, wenn sich der Einzelne frei der Staatsräson unterwirft. Mit ästhetischen und dramaturgischen Fragen setzt C. sich anlassbezogen immer wieder auseinander, in „Vorreden“ („préfaces“), „Ankündigungen“ („avertissements“) und anderen „Untersuchungen“ („examens“). Die klassizistische Konzeption des Theaters seiner Epoche prägt er maßgeblich mit. Als ihm Vertreter der Académie française in der „Querelle de Cid“ Verstöße gegen die Normen des klassischen Theaters (Regel der drei Einheiten) vorwerfen, überarbeitet er das Stück. Seit *Horatius* (*Horace*, 1641; dt. 1662) orientiert er sich an der klassischen Dramaturgie. In drei Abhandlungen u. d. T. *Abhandlung über die dramatische Kunst* (*Discours sur l'art dramatique*), gedruckt als Einführungen in die drei Bände der Werkausgabe von 1660, wendet er sich jedoch gegen eine selbstzweckhaft-penible Befolgung der dramaturgischen Regeln und betont das Recht der historischen Wahrheit: *Abhandlung über den Nutzen und die Einteilung des Dramas* (*Discours de l'utilité et des parties du poème dramatique*), *Abhandlung über die Tragödie und ihre Behandlung gemäß der Wahrscheinlichkeit oder Notwendigkeit* (*Discours de la tragédie et des moyens de la traîter selon le vraisemblable ou le nécessaire*) und *Abhandlung über die drei Einheiten: Handlung, Zeit und Ort* (*Discours des trois unités d'action, de jour et de lieu*). C. beruft sich zwar auf ↑Aristoteles und ↑Horaz, betont aber das Recht des Dichters, diese eigenständig zu interpretieren, und bezieht damit eine vermittelnde Position in der später so genannten *Querelle des anciens et des modernes.* Er beharrt auf dem Vorteil, den ihm seine dramaturgische Erfahrung gegenüber reinen Gelehrten verschaffe; dies zielt auf d'Aubignacs kurz zuvor publizierte *Pratique du théâtre*. Die Unterhaltung des Publikums ist prioritär gegenüber der Einhaltung der Regeln, welche allein praktische Funktionen besitzen; so befördern die drei Einheiten die dramatische Illusion. Die Wirkung auf das Publikum hat für C. auch Vorrang vor der Orientierung an abstrakten moralischen Normen, zumal da sich für ihn aus dem Vergnügen am Schauspiel der moralische Nutzeffekt des Dargestellten von selbst ergibt. Er erörtert in seinen drei Abhandlungen Wahrheit, Wahrscheinlichkeit und Notwendigkeit dramatischer Handlungen und unterstreicht – in Absetzung zur geltenden Doktrin – das Recht auf Unwahrscheinliches um der höheren poetischen Wahrheit willen. Die klassische Dramenstruktur (Exposition, Krise, Lösung) rechtfertigt er als logisch; den Alexandriner als klassischen Tragödienvers glaubt er durch Stanzen effektvoll unterbrechen zu dürfen. Dem auf Aristoteles zurückgehenden Programm einer Affektreinigung steht C. distanziert gegenüber. Innovatorisch ist der bei ihm (auch durch einen dramatischen Text von 1650, *Don Sanche d'Aragon*) vorbereitete Bruch mit der Vorstellung, Tragödienhelden müssten dem adligen Stand angehören.

Ausgaben: Œuvres complètes. 3 Bde. Hg. v. G. Couton. Paris 1980–1987; Drei Traktate über die dramatische Dichtung. In: F.-R. Hausmann/E. Gräfin Mandelsloh/H. Staub (Hg.): Französische Poetiken. Bd. I. Texte zur Dichtungstheorie vom 16. bis zum Beginn des 19. Jahrhunderts. Stuttgart 1975. S. 132–168.

Forschungsliteratur: J. Scherer: La dramaturgie classique en France. Paris 1950; W. Mittag: Individuum und Staat im dramatischen Werk P. C.s. Münster 1976; C. Kintzler: Poétique de l'opéra français de C. à Rousseau. Paris 1991; V. Beaudonin: Mètre et rythmes du vers classique: C. et Racine. Paris 2002.

Monika Schmitz-Emans

Craig, Edward Gordon (1872–1966)

Die Textsammlung *Die Kunst des Theaters* (*The Art of the Theatre*, 1905; dt. 1905) bündelt in Form von Aufsätzen und fiktiven Dialogen Reflexionen über eine grundlegende Reform des Theaters. Zahlreiche Theaterschaffende des 20. Jh.s wurden durch C.s Theorie, welche das Theater als eigenständige Kunstform neben den anderen Künsten zu etablieren suchte, stark beeinflusst. Theater sollte nicht länger nur „als interpretierendes Handwerk" begriffen werden, sondern eine vom dramatischen Text losgelöste Autonomie erlangen. Der Gegenstand der Kunst liegt – so C. – nicht in der Natur, sondern in einer imaginären Welt hinter den sichtbaren Dingen. Unter dem Eindruck von ↑Platons Ideenlehre und ↑Blakes Dichtung und Malerei erhoffte sich C. vom Theater die Darstellung der hinter der wahrnehmbaren Wirklichkeit liegenden ideellen Welt, die durch eine symbolische Bühnengestaltung erreicht werden sollte. Das übergeordnete Ziel besteht für ihn darin, jeden einzelnen Arbeitsbereich des Theaters – Schauspielkunst, Dekoration, Beleuchtung, Technik etc. – einer umfassenden Neuerung zu unterziehen, um das Theater somit zu einem „Meisterstück der Mechanik" zu gestalten. Dies liege in erster Linie in den Händen eines idealen Regisseurs, der zuvor alle Bereiche des Theaters erforscht und ausgeübt habe. Auch der Schauspieler habe sich vollkommen dem Konzept des Regisseurs als omnipotentem Schöpfer zu unterwerfen. C. geht in seiner grundsätzlichen Kritik der Schauspielkunst, die seines Erachtens der Effekthascherei huldige und sich einer vollständigen Kontrolle durch den Regisseur somit zwangsläufig entziehe, zunächst dazu über, eine symbolische Gebärdensprache zu entwickeln, die sich die Schauspieler zu Eigen machen müssen. Dadurch könne die „geistige Essenz" einer Figur wiedergegeben werden, ohne dass der Schauspieler seinen eigenen Gefühlen preisgegeben und ausgeliefert sei. Schließlich radikalisiert C. seine Theorie in dem Maße, dass er den Schauspieler komplett durch eine unbelebte Figur, die so genannte „Über-Marionette", ersetzen will, die vom Regisseur frei wie ein Instrument geführt werden könne. In dem rein technischen Gebrauch der Mittel, den C. für seine Vorstellung einer Theaterinszenierung anstrebt, bleibt für das natürliche Erleben und Spiel des Schauspielers kein Platz mehr. Die wesentliche Neuerung in C.s Konzeption liegt in der Ablösung eines auf Text und Schauspielkunst fokussierten Theaters, wie es das 19. Jh. weitgehend dominierte, durch die neue Form des „Regietheaters".

Ausgaben: The Art of the Theatre. Edinburgh u. a. 1905; Die Kunst des Theaters. Berlin u. a. 1905; Über die Kunst des Theaters. Hg. v. D. Kreidt/E. Weber. Berlin 1969.

Forschungsliteratur: J. Fiebach: Von C. bis Brecht. Studien zu Künstlertheorien in der ersten Hälfte des 20. Jahrhunderts. Berlin 1975; P. Simhandl: Konzeptionelle Grundlagen des heutigen Theaters. Berlin 1985; M. Brauneck: Klassiker der Schauspielregie. Positionen und Kommentare zum Theater im 20. Jahrhundert. Reinbek 1988.; Ders.: Theater im 20. Jahrhundert. Programmschriften, Stilperioden, Reformmodelle. Reinbek 1989; C. Balme/K. Lazarowicz (Hg.): Texte zur Theorie des Theaters. Stuttgart 1991.

Liane Schüller

Croce, Benedetto (1866–1952)

C.s ästhetische Theorie wird in den Aufsätzen *Die Literaturkritik* (*La critica letteraria*, 1894) und *Thesen* (*Tesi*, 1900) entwickelt. Kunst wird hier als Ausdruck („espressione") und geistige Aktivität verstanden. Ihr wird ein Erkenntnischarakter zugeschrieben, der nicht auf Logik, sondern auf Intuition („intuizione") basiert. Im Hauptwerk *Ästhetik als Wissenschaft des Ausdrucks und allgemeine Linguistik* (*Estetica come scienza dell'espressione e linguistica generale*, 1902; dt. 1905) wird die Vorrangstellung der logischen Erkenntnis in Frage gestellt und die Autonomie der intuitiven Erkenntnis hervorgehoben. „Das Ergebnis eines Kunstwerks ist eine Intuition", und jede Intuition ist zugleich Ausdruck. Das künstlerische Schaffen erweist sich somit als Prozess der Intuition und des Ausdrucks, der sich unabhängig von konkreten und historischen Kategorien wie Raum und Zeit vollzieht. Literaturkritik versteht sich als ästhetisches Urteil, das geschichtliche und soziokulturelle Fragen ausklammert und die Dichtung als universal und zeitlos darstellt. In „Il carattere di totalità della espressione artistica" (1917) wird die Kunst als Totalität bezeichnet und mit der „ethischen Macht" identifiziert: Sie solle nicht dem Wahren und Guten, sondern nur dem Schönen dienen. Daraus folgt die Verurteilung der Dekadenzdichtung, für C. eine „moderne Krankheit". Eine erneute umfassende Darstellung seiner ästhetischen Lehre findet sich im Aufsatz *Die Dichtung* (*La poesia*, 1936; dt. 1970). Wenn zuvor zwischen Poesie und Nicht-Poesie unterschieden und die Literatur als Ausdruck der letzteren herabgewürdigt wurde, wird nun die Literatur als Spiegel der Gesellschaft und Produkt der Zivilisation aufgewertet: Sie diene nicht nur pragmatischen Zwecken, sondern erfülle auch eine ethische Funktion.

Ausgaben: Estetica come scienza dell'espressione e linguistica generale. Mailand 1990; Ästhetik als Wissenschaft des Ausdrucks und allgemeine Linguistik. Leipzig 1905; La poesia. Introduzione alla critica e storia della poesia e della letteratura. Mailand 1994; Die Dichtung. Einführung in die Kritik und Geschichte der Dichtung und der Literatur. Tübingen 1970; Edizione nazionale delle opere di B. C. Neapel 1991 ff.

Forschungsliteratur: R. Zimmer: Einheit und Entwicklung in B. C.s Ästhetik: der Intuitionsbegriff und seine Modifikationen. Frankfurt/M. u. a. 1985; G. Galasso: C. e lo spirito del suo tempo. Milano 1990; S. Dessì Schmidt: E. Cassirer und B. C. Tübingen 2005.

Tatiana Bisanti

Cueva, Juan de la (1543–1610)

C. wird inzwischen eine bedeutende Rolle im Entstehungsprozess der sog. *comedia nueva*, die mit ↑Vega ihren Höhepunkt erreichte, zugesprochen. Mit seiner auch formal an ↑Horaz anknüpfenden, im Jahre 1606 verfassten Versepistel *Poetisches Exemplar oder Spanische Dichtkunst* (*Exemplar poético o Arte poética española*, 1774 postum) beruft sich der Dramatiker C. auch auf ↑Aristoteles und ital. Poetiken des 16. Jh.s. Er formuliert darin wie seine Vorgänger und eher konventionell feste Regeln für die Dichtkunst, wobei er sich in den ersten beiden Teilen ausführlich mit dem Vers, der Nachahmung und Imitation sowie der Vorbildfunktion ↑Dantes, ↑Petrarcas, ↑Mendozas (Marqués de Santillana), J. Boscáns und G. de la Vegas beschäftigt. Der dritte Teil ist dem Drama gewidmet und zeigt, dass C.s poetologische Überlegungen zum Theater erheblich von der aristotelischen Poetik abweichen, indem sie die Gattungsmerkmale der *comedia nueva* theoretisch fundieren.

Die Bedeutung von C.s Schrift für die span. Literatur liegt demnach nicht nur darin, dass es die erste span. Poetik in Versform ist, sondern v. a. darin, dass C. zentrale poetologische und theaterästhetische Neuerungen fordert. Er wendet sich explizit an seinen Leser, dem er Ratschläge erteilt: Das Theater müsse den jeweiligen Zeitumständen und dem Geschmack des Publikums entsprechen; die fünfaktige Struktur sei zugunsten einer vieraktigen aufzugeben; die Einheit der Zeit sei aufzuheben; die Mischung von Tragischem mit Komischem wird gefordert; erstmals sollen auch Stoffe der nationalen Geschichte sowie zeitgenössische Begebenheiten und Personen Gegenstand dramatischer Werke werden, was zu einer bahnbrechenden thematischen Erweiterung des span. Theaters führt; das Theater habe durch die Darstellung span. Könige auch eine didaktische Funktion. So empfiehlt C. insb. span. Chroniken, Epen und Romanzensammlungen als Fundus für dramatische Stoffe.

Mit diesem wichtigen innovativen Impuls, den er selbst mit einigen seiner zwischen 1579 und 1581 uraufgeführten Dramen vorweggenommen hatte, schafft er auch die theoretische Grundlage insb. für Vega, der wenige Jahre später mit seiner Dramenpoetik die von C. propagierten Erneuerungen mit großem Erfolg weiterführt. C. betont in seinen Ausführungen auch stets seine Vorreiterrolle und verteidigt die span. Dramatiker seiner Zeit, die sich mit der *comedia nueva* poetologisch von den klassischen Regeln der aristotelischen Poetik entfernt haben und stattdessen dem Publikumsgeschmack durch neue dramatische Ausdrucksformen entsprechen wollten.

Ausgaben: Exemplar poético o Arte poética española. In: J. J. López de Sedano (Hg.): Parnaso español. Colección de poesías escogidas de los más célebres poetas castellanos. Bd. 8. Madrid 1774 [Neuaufl. 1924 u. 1986].

Forschungsliteratur: E. Walberg: J. d. l. C. et son „Exemplar poético“. Lund 1904; F. Sánchez Escribano/A. Porqueras Mayo: Preceptiva dramática española: del Renacimiento y el Barroco. Madrid [2]1972; J. Cebrián: Estudios sobre J. d. l. C.: „No tengo duda qu'estrañéis mi nombre“. Sevilla 1991; J. Canavaggio: Nuevas reflexiones sobre J. d. l. C. In: Edad de Oro 16 (1997). S. 99–108.

Cerstin Bauer-Funke

Curtius, Ernst Robert (1886–1956)

In seinem Hauptwerk *Europäische Literatur und lateinisches Mittelalter* (1948) erörtert der elsäss. Romanist C. die grenz- und epochenübergreifende Bedeutung der lat. Literatur speziell des MA.s in rhetorisch-poetologischer Hinsicht. Die spätantik-ma. Latinität, die gegenüber den Volkssprachen das Gros der Überlieferung ausmacht, erhält als Bindeglied zwischen den antik-mediterranen und modern-abendländischen Kulturen eine bildungs- und kulturgeschichtliche Schlüsselrolle, die in 18 Kapiteln und 25 Exkursen begründet wird. Das Spektrum umreißt in etwa das Feld, das das MA dem Quadrivium der Freien Künste zuwies. Statt Antikenrezeption im engeren Sinne geht es um das umfassende lit. Fortleben der Antike im MA, Kontinuitätsaspekte rangieren vor solchen des dialektischen Wandels, gar der Alterität. Das christl.-lat. MA verdrängt nicht, sondern vermittelt und erweitert für C. die antiken Wurzeln europ. Kultur. Poetologische Analyse und kulturpolit. Engagement kreuzen sich hier und schließen C.s Hauptan sein Vorkriegswerk an (so die Zeitdiagnose *Deutscher Geist in Gefahr* (1932), die gegen Bildungsverfall und Rassismus programmatisch die Regeneration der nationalen Kultur aus ihren lat.-europ. Wurzeln stellte). Nachwirkung entfaltete C. in den Volkssprachenphilologien v. a. in einem gesteigerten Bewusstsein für die Rolle des Mittellateinischen und in der von ihm begründeten komparatistischen Toposforschung. Kritisiert wurde indes ein allzu starrer, das Wider- und Eigenständige innerhalb der ma. Literaturen planierender, damit letztlich ahistorischer Formalismus; die von C. propagierte einheitstiftende Kontinuität relativiert u. a. den Funktionswandel des antiken Erbes in der vielseitigen Geschichte seiner Aneignung.

Ausgaben: Deutscher Geist in Gefahr. Stuttgart u. a. 1932; Europäische Literatur und lateinisches Mittelalter. Bern 1948.

Forschungsliteratur: E. J. Richards: Modernism, Medievalism and Humanism: A Research Bibliography on the Reception of the Works of E. R. C. Tübingen 1983; W. Berschin/A. Rothe (Hg.): E. R. C. Werk, Wirkung, Zukunftsperspektiven. Heidelberg 1989; N. F. Cantor: Inventing the Middle Ages. The Lives, Works and Ideas of the Great Medievalists of the Twentieth Century. New York 1991.

Matthias Herweg

D

Dante Alighieri (1265–1321)

Der aus Florenz stammende D. A. wurde v.a. durch sein Hauptwerk *Die göttliche Komödie* (*La Divina Commedia*, ab ca. 1305–1321; dt. 1767–1769) zum ital. Nationaldichter und Begründer des modernen Italienisch. Im polit. Exil entstehen ab 1302 neben der *Göttlichen Komödie* auch die philosophische Schrift *Das Gastmahl* (*Il Convivio*, 1304–1307) sowie, in lat. Sprache, die poetologische Abhandlung *De vulgari eloquentia* (ca. 1304–1305) und die polit. Schrift *Monarchie* (*De Monarchia*, vermutlich zw. 1308 u. 1312).

In einer ersten Phase seines Schaffens dient die Literatur bei D. A. zur Verkündigung der idealisierten Liebe und Schönheit (Kanzonen und Sonette, *La vita nuova*). In einer zweiten Phase erhält die Dichtung einen theoretischen Überbau: D. A. entwirft in *Das Gastmahl* in ital. Sprache ein allegorisch-didaktisches Konzept der Literatur auf Grundlage der Theorie des vierfachen Schriftsinnes, die er hier und später in einem berühmten Brief an Can Grande della Scala erläutert.

In *De vulgari eloquentia* begründet D. A. auf Lateinisch die Poetik der ital. Volkssprache: Dichter ist derjenige, der nach dem Vorbild der großen Dichter der Antike (u.a. ↑Horaz, ↑Vergil, Statius und Lukian) in *volgare* dichtet. Das *volgare illustre* als Sprache der besten Dichter seiner Zeit soll Vorbild der überregionalen ital. Sprache werden und ist dem Lateinischen vorzuziehen. D. A. unterscheidet die Stilhöhen tragisch, komisch und elegisch, von denen die tragische den höchsten Stellenwert besitzt und sich durch gewichtige Gegenstände, erhabenes Versmaß, gehobenen Satzbau und gewählte Wörter auszeichnet. Formal verlangt dieser Stil nach der Kanzone, die D. A. als höchste lyrische Gattung ansieht.

In der *Göttlichen Komödie* führt D. A. schließlich Poetik und bisherige Dichtung zusammen: In *volgare* schreibt er ein streng durchkomponiertes, allegorisches und zahlensymbolisches Versepos in Terzinen, in dem der Protagonist Dante unter Führung des antiken Dichtervorbildes Vergil durch Hölle, Fegefeuer und Paradies wandert und schließlich Gott schauen darf. Der Titel *Komödie* bezeichnet nach D. A.s eigener Definition einen Text, der im Gegensatz zur Tragödie schlecht beginnt und gut endet sowie in der einfachen Sprache des Volkes verfasst ist. Mit dem für ihn typischen Stilmittel des Vergleichs bringt D. A. die fremden Jenseitswelten dem Leser plastisch vor Augen, betont jedoch in Unsagbarkeitstopoi stets die Unzulänglichkeit seiner eigenen dichterischen Sprache und ruft die Musen um Beistand und Inspiration an. Sein Bemühen wird durch die geistige Krönung und dichterische Freisprechung durch Vergil belohnt.

Ausgaben: La divina commedia. Hg. v. N. Sapegno. Mailand u.a. 1957; Le opere di Dante. Testo critico della Società Dantesca Italiana. Hg. v. M. Barbi/E. G. Parodi u.a. Florenz [2]1960; Opere minori. Hg. v. D. Robertis u.a. Mailand u.a. 1979–1996; Die Göttliche Komödie. Ital.-dt. 6 Bde. München 1988.

Forschungsliteratur: U. Prill: D. Stuttgart u.a. 1999; E. Hölter: Der Dichter der Hölle und des Exils. Würzburg 2002; K. Münchberg: D.: die Möglichkeit der Kunst. Heidelberg 2005.

Eva Hölter

Dedecius, Karl (geb. 1921)

D., Autor und Übersetzer, stellte seine Frankfurter PV von 1990/91 wie weite Teile seines früheren Schaffens in den Dienst der Vermittlung poln. Literatur und bezog sich daher nicht auf eigene lit. Texte und Schreiberfahrungen, sondern auf die „Poetik der Polen". Seine Vorträge gelten in historischer Folge den Abschnitten der poln. Literaturgeschichte von der vorletzten Jahrhundertwende bis zur postmodernistischen Gegenwart, den sich wandelnden polit.-gesellschaftl. Rahmenbedingungen des Schreibens in Polen und dem Spektrum lit. Reaktionen auf Zeitgeschichte und individuell-persönliche Erfahrungen; porträtiert werden die Autoren des „Jungen Polen", deren Poetik für D. die „Keimzelle" der weiteren Entwicklungen ist, die kreative „Avantgarde der Zwischenkriegszeit" (darunter J. Przyboś und C. Miłosz), die lit. Vertreter einer „Poetik nach 1945" in ihrer spannungsvollen Auseinandersetzung mit Politik und Zeitgeschichte (T. Różewicz, W. Szymborska, Z. Herbert), schließlich die Repräsentanten einer „Poetik der Pointen", einer selbstkritischen, dem schwarzen Humor, zu Satire und Parodie neigenden Generation, die ein Pendant zur vielfach tragischen oder melancholischen Grundstimmung moderner poln. Literatur darstellen (u. a. K. I. Gałczyński, W. Gombrowicz, S. J. Lec). Dass bei D. die poetologische und die Übersetzerperspektive auf lit. Texte kongruent sind, bestätigen seine zahlreichen Essays zum Thema Übersetzen; gestützt auf viele Beispiele, wird das Thema Übersetzung zum Anlass der Reflexion über das Wesen lit. Texte und ihre Kernthemen, über das Schreiben als Suche nach Antworten, als Verbalisierung des Schweigens, als Schöpfung vieldeutiger Bilder, über poetische Sprache, Lektüre und Interpretation, über die Beziehung der Literatur zu geschichtlicher und persönlicher Erfahrung, über ihre Funktionen in einer vielsprachigen Welt.

Ausgaben: Vom Übersetzen. Theorie und Praxis. Frankfurt/M. 1986; Poetik der Polen [FPV]. Frankfurt/M. 1992.

Forschungsliteratur: Ch. Przemysław: Zur Strategie und Poetik des Übersetzens. Eine Untersuchung der Anthologien zur polnischen Lyrik von K. D. Berlin 2005.

Monika Schmitz-Emans

Deleuze, Gilles (1925 – 1995)

Die heterogenen Arbeiten des frz. Philosophen D. zur Literatur sind nur schwer einzuordnen. Seine Schriften werden jedoch insgesamt über Schlüsselbegriffe wie Differenz, Werden, Deterritorialisierung, Maschine und bes. Rhizom oft als exemplarisch poststrukturalistisch rezipiert. Das aus der Biologie übernommene Rhizom-Konzept, bei D. metaphorisches Modell für bestimmte Strukturtypen, bezeichnet im Unterschied zur zentrischen und nach der Dichotomie oben/unten beschreibbaren Organisation der Baumwurzel ein plurizentrisches und werdendes Wurzelgeflecht mit multiplen Ein- und Ausgängen, in dem sich jeder Punkt mit jedem anderen verbinden kann. Gemeinsam mit F. Guattari untersucht D. in *Kafka. Für eine kleine Literatur* (*Kafka. Pour une littérature mineure*, 1975; dt. 1976) die rhizomatische Bauweise der Textmaschinen ↑Kafkas, die nicht bedeuten, sondern funktionieren und seriell verketten, nicht systemisch-geschlossene Territorien dauerhaft bilden, sondern sich über deterritorialisierende Fluchtlinien immer wieder in ein Außen öffnen. Demnach erzeugen Kafkas Texte z. B. ödipale Konstellationen rein maschinell in Serie, um diese bis ins Absurde wuchern zu lassen und dann wieder aufzulösen. Eine psychoanalytische Interpretation, die über den Begriff des väterlichen Gesetzes und des ödipalisierten Unbewussten argumentiert, würde dagegen bedeutungsvolle Tiefenstrukturen zu dechiffrieren versuchen, um entgrenzte Strukturen gleichsam analytisch zu reterritorialisieren. Literatur mit einem hohen „Deterritorialisierungskoeffizienten", die das Anders-Werden der Sprache befördert und diese aus großen Bedeutungssystemen löst, klassifizieren D. und Guattari mit einem polit. Gestus als minoritäre Literatur. Dazu zählen offenbar auch die meisten anderen von D. untersuchten lit. Texte, u. a. ↑Prousts *À la recherche du temps perdu*, die D. nicht auf das Thema Erinnerung zentriert, sondern über die Analyse von Serien erotisch-sinnlicher und sozialer Zeichen dezentrierend liest, L. Carrolls *Alice in Wonderland*, in dem er die Serienproduktion von Sinn-Paradoxa durch die Instanz des Unsinns nachweist, und H. Melvilles *Bartleby the Scrivener*, in dessen Lektüre er die wiederholte Formel „I would prefer not to" als selbstdekonstruktives Doppel von Wunschartikulation und -suspension aufschließt. Das Konzept des Rhizoms ist zu einer der populärsten Metaphern für transversale Analyseformen jenseits von Einheitsfixierungen und Disziplinen sowie für (post)moderne Formen der Kunst und Kultur avanciert.

Ausgaben: Logique du sens. Paris 1969; Logik des Sinns. Frankfurt/M. 1993; Proust et les signes. Paris 1970; Proust und die Zeichen. Berlin 1993; Kafka. Pour une littérature mineure. Paris 1975; Kafka. Für eine kleine Literatur. Frankfurt/M. 1976 [mit Guattari]; Rhizome. Paris 1976; Rhizom. Berlin 1977 [mit Guattari]; Critique et Clinique. Paris 1993; Kritik und Klinik. Frankfurt/M. 2000.

Forschungsliteratur: M. Ott: Vom Mimen zum Nomaden. Lektüren des Literarischen im Werk von G. D. Wien 1998; P. Gente (Hg.): D. und die Künste. Frankfurt/M. 2006.

Rasmus Overthun

de Man, Paul Michael (1919–1983)

In dem postum herausgegebenen Sammelband *Die Ideologie des Ästhetischen* (*Aesthetic Ideology*, 1996; dt. 1993) schließt der Hauptvertreter der ersten Generation der amerik. Dekonstruktion (↑Bloom, ↑Hartman, J. Hillis Miller) insb. an Ausführungen zu ↑Benjamin und K. Marx in *Der Widerstand gegen die Theorie* (*The Resistance to Theory*, 1986; dt. 1996) an. Vermittels der bereits aus *Allegorien des Lesens* (*Allegories of Reading*, 1979; dt. 1988) vertrauten Unterscheidung von literalem und figurativem Sinn untersucht de M., ausgehend von der Frage, ob und wie Ästhetik und Ideologie einander korreliert sind, Hauptwerke der europ. Philosophie zur Ästhetik (B. Pascal, ↑Hegel, ↑Kant). Bereits in *Der Widerstand gegen die Theorie* hatte de M. auf zwei die Ideologie betreffende wichtige Umstände hingewiesen: zum einen darauf, dass es „beispielsweise verhängnisvoll [wäre], die Materialität des Bezeichnenden mit der Materialität dessen, was es bezeichnet, zu verwechseln", zum anderen darauf, dass „[w]as wir Ideologie nennen, […] genau die Verwechslung von Sprache mit natürlicher Realität, von Bezugnahme auf ein Phänomen mit diesem selbst" ist. Vor diesem Hintergrund fasst de M. Ideologie als ein Problem der Sprache und insgesamt der Textualität auf und bestimmt es infolge dessen als ein ästhetisches. Im Anschluss an ↑Derrida gibt es nach de M. keine Bedeutung, die sich außerhalb der Effekte der Textualität befindet, sodass das Moment des Ideologischen grundsätzlich in den Akt der Lektüre eingeschrieben ist. Ästhetische Ideologie ist nichts anderes als die Illusion, Figurativität und Literalität voneinander unterscheiden zu können; tatsächlich sind ästhetische Objekte jedoch immer schon ideologisch motiviert. Konventionelle Vorstellungen von Ideologie und Ästhetik gründen daher auf einer logozentrischen Struktur, die auch dort noch einen Unterschied zu zeitigen sucht, wo sie Referenz und Objekt miteinander identifiziert. Die Konsequenz für den Akt einer dekonstruktiven Lektüre bedeutet, dass sie immer in dem Ereignis des Lektüreaktes gefangen bleibt.

Ausgaben: Allegories of Reading. Figural Language in Rousseau, Nietzsche, Rilke, and Proust. New Haven u. a. 1979; Allegorien des Lesens. Frankfurt/M. 1989; The Resistance to Theory. Manchester 1986; Der Widerstand gegen die Theorie. In: V. Bohn (Hg.): Romantik. Literatur und Philosophie. Frankfurt/M. 1987. S. 80–106; Aesthetic Ideology. Minneapolis, MN u. a. 1996; Die Ideologie des Ästhetischen. Frankfurt/M. 1993 [Teilübers.].

Forschungsliteratur: J. Derrida: Memoirs for P. de M. New York 1986; Ders.: Mémoires für P. de M. Wien 1988; M. Cebulla: Wahrheit und Authentizität. Zur Entwicklung der Literaturtheorie P. de M.s. Stuttgart 1992; K.-H. Bohrer: Ästhetik und Rhetorik. Lektüren zu P. de M. Frankfurt/M. 1993; R. Gasché: The Wild Card of Reading: On P. de M. Cambridge, MA u. a. 1998.

Sebastian Hartwig

Demski, Eva (geb. 1944)

Die in D.s Romanen erzählten Geschichten stehen in Bezug zur dt. Gegenwartswelt, zu polit. Ereignissen und sich aus der Gesellschaftsstruktur ergebenden psychischen Krisen. Gleichwohl erscheint als die Aufgabe der Literatur nicht einfach das Protokoll des Bestehenden; Literatur solle „verführen, entführen, führen", so heißt es in dem Sammelband *Unterwegs* (1988), der neben Erzählungen und Reportagen auch literaturtheoretische Essays enthält. Gefordert wird eine Synthese von Unterhaltung und künstlerischem Anspruch, eine ernsthafte Auseinandersetzung mit den Themen Macht und Moral. Freilich kann Literatur nach D.s Überzeugung niemals unmittelbar polit. verändernd wirken. Gerade weil sie kein einfaches Abbild der bestehenden Verhältnisse sei, könne die Literatur dem Leser eine „wirklichere Wirklichkeit" zeigen, welche ihn die Dinge aus einer neuen, bislang unvertrauten Perspektive wahrnehmen lasse. Dies gelinge nur dann, wenn der Leser durch spannende und rührende Elemente für den Text eingenommen werde. D.s Paderborner Vorlesungen *Käferchen & Apfel* (1989), in denen diese Positionsbestimmung erfolgt, bestehen zu weiten Teilen aus Zitaten anderer Autoren.

Analog verfährt sie in ihrer Frankfurter PV *Zettelchens Traum oder „Warum sollte der Mensch nicht sein Geheimnis haben? Oder ein Tagebuch?"* (1999), die ganz dem Thema Tagebuch gewidmet ist – in Form einer Collage aus Tagebuchtexten von über 20 Autoren. Unter dem auf ↑Schmidt anspielenden Titel kommentiert sie in der ersten Vorlesung verschiedene Formen, Funktionen und Schicksale des Tagebuchs. Am Ausgangspunkt des Tagebuchschreibens stehe v. a. das Rätsel des eigenen Ichs. Dessen Aufzeichnungen bieten Gedanken, Erfahrungen und Bildern Gelegenheit, „sich festzusetzen", auch wenn das Resultat dann dem Verfall oder der Vernichtung preisgegeben wird. Die zweite Vorlesung („Pracht und Elend des Alltäglichen") erörtert Glücklosigkeit, Trauer und Melancholie als Kernmotiv des diaristischen Schreibens und betont die Vergleichbarkeit von Tagebüchern verschiedener Jahrhunderte, von S. Pepys bis zur Gegenwart. Der Subgattung des Reisetagebuchs in seinen verschiedenen Spielformen gilt die dritte Vorlesung („Papierschiffe und Papiertiger"), die vierte dem Tagebuch als einem Ort der Auseinandersetzung mit Todeserfahrungen, mit dem nationalsozialistischen Schreckensregime, dem Holocaust, dem eigenen nahenden Tod („Dunkle Seiten"), die fünfte dem Thema Liebe, das in Tagebüchern vielfach unter melancholischem Vorzeichen abgehandelt und mit Defizienzerfahrungen verknüpft wird („Von der Liebe").

Ausgaben: Unterwegs. Frankfurt/M. 1988; Käferchen & Apfel. Kleine Anleitung zum Lesen und Verschlingen. Frankfurt/M. 1989; Zettelchens Traum oder „Warum sollte der Mensch nicht sein Geheimnis haben? Oder ein Tagebuch?" [FPV]. Frankfurt/M. 1999.

Forschungsliteratur: K. Makoschey (Hg.): E. D. Bilder und Schriften. Frankfurt/M. 1999.

Monika Schmitz-Emans

De Quincey, Thomas (1785–1859)

Die poetologischen Hauptleistungen des Autobiografen, Essayisten, Kritikers, Antikenkenners und Romantiker-Intimus De Q. berühren insb. drei Bereiche: 1. die Tradition und Gestalt der gr. Tragödie in Abgrenzung zur engl., 2. die Frage einer Poetologie der Prosa, und 3. das Konzept der Autonomieästhetik. Den einzelnen Feldern zuzurechnen sind dabei jeweils zu 1: De Q.s *Theorie der griechischen Tragödie* (*Theory of Greek Tragedy*) von 1840; zu 2: seine Studie zur *Philosophie Herodots* (*The Philosophy of Herodotus*) aus demselben Jahr, zusammen mit der Artikelreihe *Style I–IV* von 1840–1841 und seinem Beitrag zu R. Whatelys *Elements of Rhetoric* von 1828; sowie zu 3: seine 1827 erschienene, 1839 um einen zweiten Teil ergänzte satirische Schrift *Der Mord als eine schöne Kunst betrachtet* (*On Murder Considered as One of the Fine Arts/Second Paper on Murder Considered as One of the Fine Arts*; dt. 1913) – sämtlich publiziert in *Blackwood's Edinburgh Magazine*.

Zu 1: Mit seinem Tragödienverständnis widerspricht De Q. Auffassungen, die ↑A. W. Schlegel in seinen Vorlesungen *Über dramatische Kunst und Literatur* vertreten hatte. So geht De Q. z. B. davon aus, dass das Moment unumgänglichen Schicksals kein essenzieller Bestandteil der Tragödie sei, sondern nur fakultatives Mittel zur Erhöhung und Wirklichkeitsentrückung ihres Personals. Dem unterliegt die Grundthese, sämtliche wesentlichen Züge der gr. Tragödie gingen auf das Zusammenspiel ihres kultischen Ursprungs mit der Weitläufigkeit antiker Theater zurück. So bedingt habe sich eine feierlich stilisierte, ins Monumentalstatueske gesteigerte Form entwickelt, die wie ein Spiel im Spiel eine menschenferne Welt inmitten der Alltagswirklichkeit sichtbar machen solle. Daher auch lege die gr. Tragödie, anders als die engl., keinerlei Wert auf die Darstellung realitätsnah-komplexer Charaktere und ausgeprägter Leidenschaften, wozu auch die stilisierende Maskierung der Akteure passe.

Zu 2: In seiner Diskussion Herodots weist der Essayist De Q. darauf hin, dass Prosa nicht als bloße Absenz gebundener Rede missverstanden werden dürfe, sondern einer eigenen Poetik folge, so wie das Gehen eigene Gesetze habe und nicht bereits als Nichttanzen hinreichend beschrieben sei. Zwar entwickelt De Q. jene Gesetze nicht im Einzelnen, fällt jedoch in seinen diachronen und synchronen Betrachtungen angeblich jeweils (sub-)kulturtypischer Stilbeispiele (*Style I–IV*; *Elements of Rhetoric*) die eigenen Werturteile stets entsprechend dem Kriterium der Einhaltung bzw. Missachtung derartiger Regeln durch die einzelnen Verfasser(gruppen).

Zu 3: In seiner an ↑Kants *Kritik der Urteilskraft* geschulten satirischen Schrift *Der Mord als eine schöne Kunst betrachtet* stellt sich De Q. „wohl als erster Theoretiker auf das Niveau der vollständigen Differenzierung von Kunst und Moral in getrennte Kommunikationssysteme" (N. Werber). Wie der fiktive Verfasser von De Q.s Schrift darlegt, „hat jedes Ding zwei Seiten. Den Mord z. B. kann man von seiner moralischen Seite aus betrachten, wie dies gewöhnlich [...] im Old

Bailey geschieht, […] oder man kann ihn ästhetisch würdigen, wie die Deutschen es nennen würden, d. h. mit Rücksicht auf den künstlerischen Geschmack." Am Radikalbeispiel des Mordes – aber auch an der erfahrungsnäheren Möglichkeit, einen Brand als dramatisches Spektakulum zu rezipieren – beleuchtet De Q. die Effekte der Autonomie ästhetischer Kriterien wie Originalität, Gruppierung und Beleuchtung oder dramatischer Effekt gegenüber der moralischen Beurteilung eines ästhetischen Gegenstandes.

Ausgaben: The Works of Th. De Q. 21 Bde. Hg. v. G. Lindop. London u. a. 2000–2003; Der Mord als eine schöne Kunst betrachtet. Hg. v. N. Kohl. Frankfurt/M. 1984.

Forschungsliteratur: D. D. Devlin: De Q., Wordsworth and the Art of Prose. London u. a. 1983; E. M. Thron: Th. De Q. and the Fall of Literature. In: R. L. Snyder (Hg.): Th. De Q. Norman u. a. 1985. S. 3–19; N. Werber: Literatur als System. Opladen 1992; Ch. J. Rzepka: De Q. and Kant. In: PMLA 115 (2000). S. 93–94.

Ekbert Birr

Derrida, Jacques (1930–2004)

D., frz. Philosoph und zusammen mit ↑de Man Begründer der Dekonstruktion, problematisiert in seinen Arbeiten ein breites Spektrum poetologisch relevanter Fragen, ohne gleichwohl eine systematische Theorie der Literatur zu entwickeln. Insb. kritisiert D. die Vorstellungen der strukturellen Geschlossenheit („clôture"), der bruchlosen semantischen Kohärenz, eines ursprünglichen, auch nachträglich präsenten intentionalen Sinns und schließlich eines finalen Bedeutungsinhalts (Signifikats) von lit. und v. a. philosophischen Texten. Dagegen zeigt er, dass der im Akt des Lesens aktualisierte Prozess des Verweisens sprachlicher Zeichen auf andere Zeichen stets auch Effekte der Streuung, kontextuellen Öffnung, Aufschiebung und Entleerung des Sinns („dissémination") erzeugt. Hintergrund ist ein allg. Modell der Ur-„Schrift" (auch: „différance"), das gleichermaßen Grundlage oraler und literaler Sprache sei. Demnach ist Sprache (Schrift) eine offene Struktur, in der das Zusammenspiel der Differenzen linguistischer Elemente sowohl Konstruktion als auch Destruktion von Sinn bedinge (De-konstruktion). D.s Hauptanliegen – auf der Spur von ↑Nietzsches und v. a. ↑Heideggers Metaphysikkritik – ist der Nachweis der sprachlich-rhetorischen Konstruiertheit hierarchisierender Oppositionen des westl. philosophischen Denkens (Geist/Körper, Bedeutung/Form etc.). Die spezifisch literaturbezogenen Arbeiten betreffen z. B. Formen der „Faltung" des Sinns bei ↑Mallarmé, die lit. Umschrift historisch-biografischer Daten und Namen bei ↑Celan, Funktionsweisen des Titels und der Gattung „Literatur" bei ↑Kafkas *Vor dem Gesetz* sowie das Prinzip vom „ungesättigten Kontext" im Rahmen der Auseinandersetzung mit der Sprechakttheorie J. L. Austins (und J. Searles). D. hat u. a. das Verfahren der dekonstruktiven Literaturkritik maßgeblich beeinflusst.

Ausgaben: L'écriture et la différence. Paris 1967; Die Schrift und die Differenz. Frankfurt/M. 1972; De la grammatologie. Paris 1967; Grammatologie. Frankfurt/M. 1974; La dissémination. Paris 1972; Dissemination. Wien 1995; Préjugés. Devant la loi. In: La faculté de juger. Paris 1985; Préjugés. Vor dem Gesetz. Wien 1992; Schibboleth. Pour Paul Celan. Paris 1986; Schibboleth. Für Paul Celan. Graz u. a. 1986.

Forschungsliteratur: J. D. Culler: Dekonstruktion. D. und die poststrukturalistische Literaturtheorie. Reinbek 1988; G. Bennington/J. Derrida: J. D. Ein Portrait. Frankfurt/M. 1994.

Rasmus Overthun

Deschamps, Eustache [gen. Morel] (um 1344–um 1404)

Die spätma. *Kunst des Verseschmiedens* (*L'art de dictier et de fere chançons, balades, virelais et rondeaulx*) eröffnet 1392 den Diskurs der volkssprachlichen Abhandlungen zur Dichtung. Die Poetik setzt sich aus dem die These exponierenden Exordium (Darstellung des Systems der *septem artes liberales*) und der präskriptiven Darstellung typischer lyrischer Ausdrucksformen des „poète courtois" (Ballade, Sirventois, Virelai, Rondeau, Sote Ballade, Pastourelle, Lai) zusammen. Innerhalb der *septem artes liberales* ordnet D. entgegen der Tradition der *artes poeticae* die Dichtung der Musik und nicht der Rhetorik zu und weist ihr somit eine signifikante Position innerhalb der Künste zu. D. bezeichnet die Dichtung im Rekurs auf Boethius' „musica naturalis" als „musique naturele", verwirft jedoch jegliche transzendente Assoziation. D. negiert die traditionelle Synthese zwischen Musik und Wort, da er zwischen „musique naturele" als melodisch-metrischer Art des Sprechens und „musique artificiele" als Gesangs- bzw. Instrumentalmelodie differenziert. Insofern bricht er mit den theoretischen und praktischen poetologischen Konventionen seiner Vorgänger. Die in der Poetik programmatisch zum Ausdruck gebrachte Autonomie der Klanggestalt des Gedichts verlagert den Fokus auf die stilistisch formalen Elemente wie Metrik, Rhythmus und Reim. Dies führte bei der Dichtergruppe der „Rhétoriqueurs" zu einer hohen formalen Virtuosität. Auch G. Chaucers Werk scheint durch die poetologischen Reflexionen D.s beeinflusst worden zu sein. Die große Popularität D.s im 14. und 15. Jh. wird durch die Kritik ↑Du Bellays im 16. Jh. stark beeinflusst. D.s Werk wurde von der Forschung bis ins 19. Jh. weitgehend ignoriert.

Ausgaben: L'Art De Dictier. Hg. v. D. M. Sinnreich-Levi. East Lansing 1994.

Forschungsliteratur: J.-P. Boudet (Hg.): E. D en son temps. Paris 1997; D. Buschinger (Hg.): Autour d'E. D. Amiens 1999; R. Dragonetti: „La poesie...ceste musique naturele". Essai d'exégèse d'un passage de l'„Art de dictier" d'E. D. In: Fin du Moyen Age et Renaissance. Mélanges de philologie française offerts à R. Guiette. Antwerpen 1961. S. 49–64; D. M. Sinnreich-Levi (Hg.): E. D. French Courtier-Poet. His Work and His World. New York 1998.

Julia Schreiber

Díaz de Rivas, Pedro (1587–1653)

Obwohl er selbst ein angesehener Schriftsteller war, ist D. heute v. a. als bedeutender Kommentator und Freund des span. Barockdichters L. de Góngora bekannt. Durch die Verbreitung der Abschriften von Góngoras mythologischer Dichtung *Fábula de Polifemo y Galatea* (1627) und seiner unvollendeten Dichtung *Soledades* (1636), die die Höhepunkte der kulteranistischen Lyrik des Siglo de Oro darstellen, entbrannte eine langjährige Literaturfehde, die sich an Góngoras elaboriertem Stil entzündete. Góngoras Gegner waren u. a. F. de Quevedo, ↑Vega und J. de Jáuregui, der vermutlich bereits 1614 in seinem *Antídoto contra la pestilente poesía de las „Soledades", aplicado a su autor para defenderle de sí mismo* gegen Góngora und den Gongorismus polemisierte. Wahrscheinlich auf Jáuregui antwortend, trat D. als erster Góngora-Kommentator und zugleich als dessen gelehrtester Verteidiger hervor; zahlreiche andere Autoren folgten D.

In seinen vor 1618 entstandenen *Reden zur Verteidigung des Stiles von „Poliphem" und „Einsamkeiten"* (*Discursos apologéticos por el estilo del „Polifemo" y las „Soledades"*, 1960 postum) listet D. elf gegen Góngora vorgebrachte Vorwürfe auf und entkräftet sie nach humanistischer Methode. Indem er sich auf antike Rhetoriken und deren spätere Auslegungen, auf ↑Aristoteles' und ↑Horaz' Poetiken sowie auf zahlreiche antike und ital. Dichter stützt, arbeitet D. mit großer Gelehrsamkeit die kreative Anverwandlung antiker Stoffe sowie die Neuartigkeit des Góngoraschen Stils heraus. Dabei widmet er sich am umfassendsten dem von ihm widerlegten Vorwurf der Dunkelheit („La oscuridad ininteligible"), d. h. dem bewussten und intentional elitären Dichten und der höchst artifiziellen und komplexen Sprachartistik, die auf Neologismen, gelehrten Anspielungen, Fremdwörtern, Übersetzungen, kühnen Metaphern, geistreichen Antithesen, Wortspielen, Hyperbata, Wiederholungen und der Länge der Satzkonstruktionen beruht. Das Ergebnis solch sprachlicher Kühnheit seien Erhabenheit und Eleganz, die durch ihre Virtuosität und Neuartigkeit überraschen und begeistern und poetologisch gesehen zu einer Erneuerung der lyrischen Ausdrucksformen inspirieren.

Später verfasste D. für den geplanten zweiten Band einer Góngora-Ausgabe eine weitere Verteidigungsschrift, die *Anotaciones al „Polifemo", a las „Soledades" y a la „Canción de Larache"* (als Manuskript von 1624 überliefert).

D.s Bedeutung liegt darin, durch seine poetologischen Kommentare und Quellenforschungen erstmals und umfassend diese neuartige, ‚dunkle', ingeniöse, stark rhetorisierte, die Kreativität und den Einfallsreichtum aufwertende dichterische Poiesis gewürdigt und damit die Barockpoetik erläutert zu haben.

Ausgaben: Los discursos apologéticos por el estilo del „Polifemo" y las „Soledades". Hg. v. E. Joiner Gates. Mexiko-Stadt 1960.

Forschungsliteratur: E. Joiner Gates: Introducción. In: dies.: Documentos gongorinos. Los „Discursos apologéticos" de P. D. d. R. El „Antídoto" de J. de Jáuregui. Mexiko-Stadt 1960. S. 9–30, 71–81; dies.: Sidelights on Contemporary Criticism of Góngora's Polifemo. In: PMLA 75 (1960). S. 503–508; M. Romanos: Sobre aspectos de la elocutio gongorina en el enfoque de uno de sus comentaristas. In: Filología 22/1 (1987). S. 119–135; M. Romanos: Las „Anotaciones" de P. D. d. R. a los poemas de Góngora. In: S. Neumeister (Hg.): Actas del IX Congreso de la Asociación Internacional de Hispanistas. Bd. 1. Frankfurt/M. 1989. S. 583–589.

Cerstin Bauer-Funke

Diderot, Denis (1713–1784)

D. war Philosoph, Theater- und Kunsttheoretiker, Dramatiker, Romancier und Übersetzer und gilt als einer der bedeutendsten Autoren der Aufklärung. In seinem ersten (erotischen) Roman *Die geschwätzigen Kleinode* (*Les Bijoux indiscrèts*, 1748; dt. 1776) werden Geschichten über weibliches Begehren und Sexualität erzählt. Die orientalische, märchenhafte Verkleidung à la *1001 Nacht* (damals sehr in Mode) dient der scheinbaren Legitimierung der erotisch-libertinen Inhalte und macht sie zugleich pikanter. D.s Roman in Dialogform *Le Neveu de Rameau* (*Rameaus Neffe*) erschien erstmals 1805 postum, und zwar in der dt. Übersetzung ↑Goethes; *Jacques le Fataliste et son maître* (*Jacques, der Fatalist, und sein Herr*) 1785 postum als Teil-Übertragung durch ↑Schiller. Erst danach wurden die frz. Fass. publiziert, *Le Neveu de Rameau* kurioserweise in einer Rückübersetzung von Goethes dt. Fass. *Rameaus Neffe* ist ein Caféhaus-Gespräch zwischen „Ich" und dem mittellosen, sich durchschnorrenden Neffen des Komponisten Rameau über Gott und die Welt, insb. gesellschaftl. Zustände und Missstände. Strukturierendes poetisches Prinzip ist der freie Gedankenfluss und die (scheinbare) Imitation des assoziativen Gesprächs.

Auch *Jacques, der Fatalist*, ein Anti-Roman über einen Diener und seinen Herrn, über ihre Auseinandersetzungen, Liebesverwicklungen und Ansichten, ist weitgehend in Dialogform erzählt. Von zentraler Bedeutung ist 1. thematisch das zugleich ernsthaft diskutierte und witzig vorgeführte Problem des freien Willens und 2. poetologisch die fragmentarisierte, ironisch gebrochene, jede harmonische Ganzheit und Sinnstiftung denunzierende und selbstreferenzielle Erzählweise, die nicht zuletzt auf D.s Auseinandersetzung mit ↑Sternes Roman *Tristram Shandy* zurückgeht. In *Die Nonne* (*La religieuse*, 1796 postum; dt. 1797) werden Korruption, Betrug, Verrat und sexueller Missbrauch innerhalb der Klostermauern angeprangert. D.s Dramen *Der natürliche Sohn oder Die auf die Probe gestellte Tugend* (*Le fils naturel ou les épreuves de la vertu*, 1757; dt. 1760) und *Der Hausvater* (*Le père de famille*, 1758; dt. 1760) wurden erst Jahre nach ihrem Erscheinen aufgeführt. Langatmig werden mehr oder weniger belanglose Ereignisse entfaltet, die nur im Kontext der bürgerlichen Familienideologie Bedeutung gewinnen. Teilweise sentimental, teilweise komisch, wurden sie für ↑Lessing, der auf ihre implizite Poetik reagierte, zum Prototyp einer neuen Dramatik, die sich von den repräsentativen Modellen des klassischen (frz.) Regeltheaters abwendet: das entstehende bürgerliche Trauerspiel.

Auch die philosophischen Abhandlungen zu Fragen der Erkenntnistheorie und der Moral sind lebendig, assoziativ, emphatisch und oft in dialogischer Form geschrieben. In dem *Brief über die Blinden zum Gebrauch der Sehenden* (*Lettre sur les aveugles à l'usage de ceux qui voient*, 1749; dt. 1961) geht er nichts Geringerem nach als der Frage nach der Möglichkeit von Erkenntnis und Denken schlechthin. Grundlage dafür sind für D. die Sinne, vornehmlich Sehen, Hören und Fühlen. Was aber geschieht, wenn einer davon ausfällt? Die Relativierung moralischer und auch metaphysischer Positionen aufgrund ihrer Abhängigkeit von der sinnlichen Erfahrung hatte D.s mehrmonatige Internierung in der Bastille zur Folge. Zu seinen philosophischen Hauptwerken zählen die wegen ihrer gedanklichen und formalen Kühnheit erst 1830 postum publizierten *Gespräch zwischen d'Alembert und D.* (*L'entretien entre d'Alembert et D.*; dt. 1961), *D'Alemberts Traum* (*Le rêve d'Alembert*; dt. 1923) und *Fortsetzung der Unterhaltung* (*Suite de l'entretien*) über Probleme der Materie, der Empfindungsfähigkeit, des Verhältnisses von Körper und Seele, der Moral.

Zwischen 1759 und 1781 schrieb D. im Auftrag seines Freundes M. Grimm für dessen *Correspondance littéraire* (eine der Zensur entgehende, da nur handschriftlich an europ. Fürstenhöfe versandte Zeitschrift) ausführliche Besprechungen der alle zwei Jahre stattfindenden offiziellen Kunstausstellungen der Akademie, „Les Salons" (dt. in: *Ästhetische Schriften*, 1967). D. entwickelt einen unverwechselbaren Stil der Kunstbetrachtung fern jeglichen Akademismus: eine Mischung aus Reflexion, Analyse, Polemik und Phantasien über die Bilder. Die affektive Wirkung der Gemälde (etwa der sentimentalen Familienszenen von J. B. Greuze oder der realistischen Porträts und Genreszenen J. S. Chardins) wird in polemischer Abgrenzung gegen die formelhafte, artifizielle und als verlogen denunzierte Rokokomanier etwa F. Bouchers beschworen; Naturnachahmung wird zum Maßstab, bleibt freilich ein dem Ideellen mehr als der ‚Natur' verbundenes Konzept. Die Wirkungsästhetik verbindet D. mit der Analyse des künstlerischen Schaffens und des Stils. In den *Versuchen über die Malerei* (*Essais sur la peinture*, 1796 postum; dt. 1797) systematisiert er seine Überlegungen unter den Stichworten Zeichnung, Farbe, Hell-Dunkel, Ausdruck, Komposition und Architektur.

D.s 1770 entstandenes „Paradox über den Schauspieler" („Paradoxe sur le comédien"; dt. 1964), ebenfalls in der *Correspondance littéraire* verbreitet, wurde zu einem der Schlüsseltexte der Theatertheorie. D. erläutert darin in Absetzung gängiger Vorstellungen vom empfindsamen, „warmen“ Schauspieler, warum der ideale Schauspieler „kalt“, d. h. empfindungslos sein müsse: Er müsse die Zeichen der Affekte genau beobachten und imitieren können, um in den Zuschauern Gefühle hervorzurufen; d. h. er benötigt Distanz, Urteilskraft und Kontrolle. Gerade weil er gefühllos ist, vermag er die Illusion eines fühlenden Menschen hervorzurufen.

Mit J. Le Rond d'Alembert gab er ab 1751 die *Enzyklopädie oder Auf Vernunfterkenntnis gegründetes Lexikon der Wissenschaften, der Kunst und des Handwerks* (*Encyclopédie ou Dictionnaire raisonné des sciences, des arts et des métiers*; dt. 1972 [Ausw.]) heraus, das erste umfassende Kompendium des zeitgenössischen Wissens in 35 Bänden (einschließlich der Supplementbände, Registerbände und der Bände mit Illustrationen). Begonnen hatte das Jahrhundertprojekt 1746 als Übersetzung einer viel kleineren „Cyclopedia“ aus dem Englischen. Die *Enzyklopädie* enthält umfangreiche Artikel von der Philosophie über die Naturwissenschaften bis zum Handwerk. Das Wissen wird systematisiert und mit Hilfe der detaillierten Illustrationen anschaulich gemacht. Zu den Autoren zählten neben D. und d'Alembert selbst bspw. Voltaire, ↑Rousseau, ↑Montesquieu oder der Baron Holbach. Gegner betrachteten das aufgeklärte, liberale und kritische Projekt der „philosophes“ als Gefährdung für Staat und Kirche. Bereits nach dem Erscheinen des 2. Bandes 1752 veranlassten die Jesuiten ein Veröffentlichungsverbot. Jedoch gelang es der einflussreichen Mätresse des Königs, Madame de Pompadour, und dem Direktor der Zensurbehörde, Ch. G. de Lamoignon de Malesherbes, das Verbot rückgängig zu machen. 1759 wurde die königliche Druckerlaubnis zurückgezogen, sodass die heimlich weiter produzierten letzten zehn Bände erst 1765 veröffentlicht werden konnten.

Ausgaben: Œuvres. Hg. v. L. Versini. Paris 1994–1997; Salons. 4 Bde. Hg. v. J. Seznec/J. Adhémar. Oxford 1957–1967; Philosophische Schriften. 2 Bde. Hg. v. Th. Lücke. Berlin 1961; Das erzählerische Werk. 4 Bde. Hg. v. H. Hinterhäuser. Frankfurt/M. u. a. 1966–1967; Ästhetische Schriften. 2 Bde. Hg. v. F. Bassenge. Berlin u. a. 1967; Briefe 1742–1781. Hg. v. J. Borek/H. Hinterhäuser. Frankfurt/M. 1984; Schriften zur Kunst. Berlin u. a. 2005.

Forschungsliteratur: J. Chouillet: D. Paris 1977; R. Galle: D. – oder die Dialogisierung der Aufklärung. In: Neues Handbuch der Literaturwissenschaft. Bd. 13. Hg. v. J. von Stackelberg. Wiesbaden 1980. S. 209–242; J. Schlobach (Hg.): D. D. Darmstadt 1992; R. Darnton: Glänzende Geschäfte: die Verbreitung von D.s „Encyclopédie“, oder: Wie verkauft man Wissen mit Gewinn? Berlin 1993; J. Borek: D. D. Reinbek 2000.

Gertrud Lehnert

Dilthey, Wilhelm (1833–1911)

In seinem 1887 veröffentlichten Essay *Die Einbildungskraft des Dichters* versucht D. die Neubegründung einer Poetik auf der Basis der psychologischen Dimensionen von Erfahrung und der hermeneutischen Möglichkeiten des Verstehens. Schon zu Beginn seiner Schrift setzt er sich von der in seinen Augen obsoleten Tradition der Regelpoetiken seit ↑Aristoteles ab. Diese Form der Poetik ist für ihn durch den Einbruch des Ästhetischen in den Diskurs über Dichtung seit dem 18. Jh. überwunden. Bes. das Werk ↑Goethes, aber auch die Werke zahlreicher anderer europ. Dichter v. a. des 18. und 19. Jh.s sind für D. zeit seines Lebens Garanten dieser neuen Form des Dichtens, bei der das Erlebnis zur zentralen Kategorie und zum Movens künstlerischer Arbeit wird. D. gründet seinen Neuentwurf einer Poetik auf sechs verschiedenen Gefühlskreisen: Neben inneren, d. h. körperlich erfahrenen Gefühlen (1) und Empfindungen (2) bestimmen äußere Sinneseindrücke (3) und zur Form werdende Vorstellungen (4) (Harmonie, Rhythmus etc.) das Erleben des Subjektes. Die weiteren Gefühlskreise beruhen auf materiell wie ideell gerichteten Gefühlsäußerungen wie dem Lebenswillen (5) oder menschlichen Leidenschaften wie Stolz, Mut, Treue (6) etc. Diese allgemeingültigen inneren Grundlagen menschlichen Seins werden in der Dichtung zur äußeren Form gebracht. D. begründet die ästhetischen Dimensionen der Dichtung damit psychologisch und lässt den Formkanon klassischer Poetik hinter sich. Kunst bzw. Poesie beruht auf einem Erlebnis, das durch Verstehen in einen poetischen Ausdruck transformiert wird. Dichtung ist daher auch nicht nur ästhetisches Produkt von Bedeutung, sondern v. a. Ausdruck von Welterfahrung. Die Überarbeitung und Revision der Poetik gegen Ende seines Lebens (1907–1908) bleibt Fragment. Dennoch ist der Einfluss seines Denkens auf die Dichter und die Dichtung der Moderne nicht zu unterschätzen. Verantwortlich dafür ist jedoch nicht der Essay zur Poetologie, sondern zunächst die intensive Rezeption seiner Aufsatzsammlung *Das Erlebnis und die Dichtung* (1906), die mit einigen frühen Aufsätzen zu Goethe, ↑Lessing, ↑Novalis sowie einem späteren (1905) Beitrag zu ↑Hölderlin den poetischen Erlebnisbegriff einer breiten Öffentlichkeit bekannt machte. D.s Vorstellung einer Dichtung, die innere wie äußere Erfahrung zum Ausdruck bringt und zugleich einer höheren Form von Wahrheit verpflichtet ist, hat in der Folge zahlreiche poetische Projekte des 20. Jh.s direkt oder indirekt beeinflusst.

Ausgaben: Das Erlebnis und die Dichtung. Lessing, Goethe, Novalis, Hölderlin. Vier Aufsätze. Leipzig 1906; Die Einbildungskraft des Dichters. Bausteine für eine Poetik. In: Gesammelte Schriften. Bd. 6. Leipzig u. a. 1924. S. 103–241.

Forschungsliteratur: R. Wellek: W. D.s Poetik und die literarische Theorie. In: Merkur 14 (1960). S. 426–436; F. Rodi: Morphologie und Hermeneutik. Zur Methode von D.s Ästhetik. Stuttgart u. a. 1969; K. Sauerland: D.s Erlebnisbegriff. Entstehung, Glanzzeit und Verkümmerung eines literaturhistorischen Begriffs. Berlin u. a. 1972; R. Rosenberg: W. D.s „Verstehenslehre“ und das Problem einer wissenschaftlichen Hermeneutik. In: ders.: Zehn Kapitel zur Geschichte der Germanistik. Literaturgeschichtsschreibung. Berlin 1981. S. 139–181.

Peter Goßens

Döblin, Alfred (1878–1957)

D. hat eine Vielzahl poetologischer Essays und Reden verfasst, von denen die wichtigsten die Arbeit an seinen Romanen begleiten. Aus dem Umfeld des Romans *Die drei Sprünge des Wang-lun* (1915) stammt das Manifest *An Romanautoren und ihre Kritiker. Berliner Programm* (1913). Die *Bemerkungen zum Roman* (1917) resultieren aus der Arbeit am *Wallenstein* (1920), die Akademierede *Der Bau des epischen Werkes* (1928) fällt in die Zeit der Arbeit an *Berlin Alexanderplatz* (1929), der Essay *Der historische Roman und wir* (1936) steht am Beginn der Amazonas-Trilogie *Das Land ohne Tod* (ab 1937) und reflektiert die Rolle des historischen Romans im Exil. Nach dem Zweiten Weltkrieg führt D.s Mainzer Akademierede *Die Dichtung, ihre Natur und ihre Rolle* (1950) eine christl. Perspektive ein, bricht jedoch nicht mit den früheren poetologischen Ansichten.

D. fordert bereits 1913 eine „Wiedergeburt“ des Romans auf dem Hintergrund einer Poetik der „Depersonation“. Beobachtungsweisen der deskriptiven Verhaltenswissenschaften, „Kinostil“ und erzählerische Simultaneität sollen die traditionelle einfühlende Psychologie des über seinen Stoff disponierenden „Autor-Erzählers“ ersetzen. Zwar lässt D. später (1928) eine auktoriale Erzählerinstanz wieder zu. Schreiben sieht er aber stets als einen sich selbst steuernden Prozess an, und zwar aufgrund der kollektiven Prägung des Sprachmaterials und der Arbitrarität der Zeichen. Ausschlaggebend ist nicht die Intention des Autors, sondern dessen Relation zur Sprache: in der anfänglichen „Konzeptionsmasse“ des Einfalls verbinden sich „Erinnerungsreste“ optischer, akustischer, taktiler und sprachlicher Art. Dem gewählten Sprachstil kommt eine eigene „Produktivkraft“, ja ein „Zwangscharakter“ zu, er teilt dem Autor bisher nicht geteilte Vorstellungen und Gefühle mit. Die Handlung wächst unorganisch durch Anlagerung oder Montage, Geschlossenheit erlangt das Werk durch Dynamik und Proportion, die auch den Inhalt mitbestimmen. Von daher liegt die Beziehung zur Musik nahe, der D. seine erste theoretische, auch poetologische Fragen reflektierende Schrift widmete (*Gespräche mit Kalypso. Über die Musik*, 1910).

D.s Poetik zielt auf die Autonomie des Schreibens, nicht des Kunstwerks. Er wendet sich gegen ästhetischen Elitarismus, erwartet aber auch keine polit.-instruktiven Effekte von Literatur; diese wirke eher nach Art der Drogen. D. rezipiert kritisch und produktiv Verfahrensweisen des Naturalismus, Futurismus und Expressionismus, um sie für eine breit angelegte Epik nutzbar zu machen. In der Nachfolge D.s sieht sich ↑Grass.

Ausgaben: Schriften zu Ästhetik, Poetik und Literatur. Hg. v. E. Kleinschmidt. Olten u. a. 1989.

Forschungsliteratur: V. Žmegač: A. D.s Poetik des Romans. In: R. Grimm (Hg.): Deutsche Romantheorien. Beiträge zu einer historischen Poetik des Romans in Deutschland. Frankfurt/M. u. a. 1968. S. 297–320; E. Kleinschmidt: Depersonale Poetik. In: Jahrbuch der deutschen Schillergesellschaft 26 (1982). S. 383–401; W. Schäffner: Die Ordnung des Wahns. Zur Poetologie psychiatrischen Wissens bei A. D. München 1995; G. Sander: A. D. Stuttgart 2001.

Pierre Mattern

Domin, Hilde (1909–2006)

Die Lyrikproduktion der 1932 ins Exil geflohenen D. setzt spät, erst 1951, ein, basiert jedoch auf einer detaillierten Kenntnis insb. der deutschsprachigen und roman. Literatur. Auch nach der Rückkehr nach Deutschland reflektiert die Arbeit an und mit der Sprache der Verfolgten wie der Verfolger ein paradoxes Leben. Aus der Biografie resultierende Spannungen manifestieren sich bei D. oftmals als Appelle und Dialoge. Daneben sind insb. Assonanzen und Rhythmus konstitutiv für das Werk.

Bei allem surrealistischen Einfluss überrascht es daher nicht, dass D. die Rücknahme der Form zugunsten der Aussage verwirft. Ihre Lyrik zielt vielmehr auf über die Form vermittelte individuelle Aneignung ab. Vor dem Hintergrund der Politisierung der Dichtung im Zuge der Studentenproteste wandte sich D. daher ausdrücklich gegen die „serienmäßige Ablieferung versifizierter Leitartikel“. Nicht im Gedicht bezeugter Aktivismus sei vom Dichter gefordert, sondern vielmehr „Wahrhaftigkeit“ und „Zeugenhaftigkeit“. Schreiben sei genuin zweckfrei, „die ‚Zwecke‘ wachsen dem Geschriebenen zu: auf seinem Weg vom Autor zum Leser.“ Dichtung mobilisiere Emotionen wie Ratio gleichermaßen und somit „den Menschen im Leser“.

Hiermit im Einklang steht die von D. wiederholt, v. a. aber in den Frankfurter PV vertretene Poetik des Minimalismus, welche sie als „unspezifische Genauigkeit“ bezeichnet: Durch Auslassung des für den lyrischen Ausdruck nicht zwangsläufig notwendigen Sprachmaterials sollen sich Freiräume (im Sinne der

Leerstellen ↑Isers) einstellen, welche der Leser mit eigenen Erfahrungen füllt. Gedicht wie Rezeption sind somit „Ereignis einer Utopie".

Ausgaben: Wozu Lyrik heute. Dichtung und Leser in der gesteuerten Gesellschaft. München 1968; Gesammelte Gedichte. Frankfurt/M. 1987; Das Gedicht als Augenblick von Freiheit [FPV]. München u. a. 1988; Von der Natur nicht vorgesehen. Autobiographisches. München u. a. 1988; Gesammelte Essays. Heimat in der Sprache. München u. a. 1992.

Forschungsliteratur: B. Lermen/M. Braun: H. D.: „Hand in Hand mit der Sprache". Bonn 1997; B. v. Wangenheim (Hg.): Vokabular der Erinnerungen. Zum Werk von H. D. Frankfurt/M. 1998.

Markus Oliver Spitz

Dorst, Tankred (geb. 1925)

D. hat seine dramatische Produktion stets mit theoretischen Reflexionen begleitet, in deren Mittelpunkt die Frage steht, inwiefern die spezifischen Mittel der unterschiedlichen Theatertraditionen für den zeitgenössischen Betrieb nutzbar gemacht werden können. In den zwei frühen Äußerungen *Die Wirklichkeit auf dem Theater* und *Die Bühne ist der absolute Ort* (beide 1962) erläutert D., welchen Theaterformen Vorbildfunktion bei der Gestaltung seiner frühen Stücke – u. a. *Die Kurve* (1959), *Freiheit für Clemens* (1960), *Gesellschaft im Herbst* (1961) – zukommen könne. In diesem Zusammenhang betont er die Zweitrangigkeit des gesprochenen Worts – und darüber hinaus der Handlung bzw. der Fabel – gegenüber ursprünglicheren Ausdrucksweisen. Letztlich gehe es darum, die Literarizität der Vorlage in der einzelnen Aufführung hinter sich zu lassen und die je spezifische Dynamik der theatralen Aktion jedes Mal neu zu entwickeln. Folgerichtig zählt D. die Pantomime, die *commedia dell'arte*, das Marionettentheater und bestimmte Szenen des chin. Theaters zu seinen Haupteinflüssen. Dem korrespondiert die Ablehnung einer realistischen und/oder psychologischen Dramatik. Die offene Struktur seiner Stücke sowie die Betonung des Spielcharakters führen jedoch nicht zu ästhetischer Unverbindlichkeit, sondern sollen im Gegenteil zu einer Erweiterung des realen Gehalts der dargestellten Konstellationen beitragen. Es gilt, so D., die eigene Erfindung an der Wirklichkeit zu prüfen.

In seiner BPR … *oder die Fragwürdigkeit der Kunst* (1990) schildert D. eine „Phantasie über ein verlorengegangenes Theaterstück" von ↑Büchner, dessen Inhalt aus Szenen aus dem Leben P. Aretinos bestehen sollte. Angesichts der fragmentarischen Informationen über das Stück erörtert er mögliche Verläufe und Schwerpunkte, die das Stück hätte verfolgen können. Gleichsam performativ führt D. den Prozess des Stückeschreibens vor und lässt die Grenze zwischen poetologischer Aussage und poetischer Imagination verschwinden. Das Interesse, das der Dramatiker in seiner Rede der Idee des Fragments entgegenbringt, schlägt sich u. a. in dem Text *Der verbotene Garten. Fragmente über D'Annunzio* (1983) nieder. Den Fragmentcharakter seiner Stücke erörtert D. auch in seinen 2003 gehaltenen Frankfurter PV *Sich im Irdischen zu üben* (2005). Unter Bezugnahme auf die Entstehungs- und Inszenierungsgeschichte einzelner Stücke – u. a. *Merlin oder Das wüste Land* (1981) – reflektiert D. die offene Struktur seiner Arbeiten. Es ist diese Offenheit, die eine produktive Aneignung durch den Regisseur begünstigt und kreative Freiräume eröffnet, die ein konventioneller Theaterapparat nicht zuließe. Neben seiner Arbeit als Dramatiker ist D. auch als Drehbuchautor in Erscheinung getreten, wobei häufig seine eigenen Stücke als Vorlage dienten, so z. B. *Toller. Szenen einer deutschen Revolution* (1968) für den Film *Rotmord* (1969).

Ausgaben: Die Wirklichkeit auf dem Theater In: Theater heute 9 (1962). S. 8; Werkausgabe. Frankfurt/M. 1985 ff.; „... oder die Fragwürdigkeit der Kunst" [BPR]. In: Theater heute 11 (1990). S. 1–4; Sich im Irdischen zu üben [FPV]. Frankfurt/M. 2005.

Forschungsliteratur: G. Erken (Hg.): T. D. Frankfurt/M. 1989; D. Hensing: Sprache, Bild und Spiel. Zur Poetik T. D.s. In: G. Labroisse (Hg.): Das Sprachbild als textuelle Interaktion. Amsterdam 1999. S. 305–326.

Stefanie Schlüter

Dostoevskij, Fedor Michajlovič (1821–1881)

D. hat sich selber nur sehr selten über die Spezifik seiner lit. Produktion geäußert. Die meisten poetologischen Aussagen finden sich in der Privatkorrespondenz und im *Tagebuch eines Schriftstellers* (*Dnevnik pisatelja*; dt. 1921–1923), das D. 1873 und 1876–1880 in St. Petersburg veröffentlichte. Gute Literatur ist für D. immer volkstümliche Literatur, die das russ. Nationalbewusstsein befördert. Seine großen Romane können verstanden werden als Bericht zur geistigen Lage Russlands während ihrer Entstehungszeit. Letztlich versucht D. in seinen narrativen Texten zu erklären, weshalb Russland als der prädestinierte Ort des Heils, an dem Christus erneut erscheinen wird, noch immer im Zustand der Unerlöstheit verharrt. D.s Diagnose ist eindeutig: Der verderbliche Einfluss des Westens (Katholizismus, Sozialismus, Kapitalismus, Rationalismus und Judentum) bringt Russland vom rechten Weg ab. Als leuchtendes Vorbild hält D. dem dekadenten Europa das Ideal einer allumfassenden Versöhnung im Zeichen der russ. Orthodoxie entgegen. In aller Deutlichkeit hat D. seine Konzeption in der *Puškinrede* (*Puškinskaja reč'*; dt. 1992) von 1880 formuliert. Als herausragende und genuin russ. Eigenschaft ↑Puškins nennt D. die Fähigkeit, sich den Geist fremder Völker anzuverwandeln. Diese universale Hermeneutik beansprucht D. auch für sich: Sein eigenes Werk soll die Menschheit der ersehnten brüderlichen Vereinigung näher bringen. D.s Poetik ist also sowohl abbildend als auch prospektiv: Die Darstellung der Wirklichkeit ist gewissermaßen vektoriell auf eine bestimmte Zukunftserwartung ausgerichtet. D. hat diese Doppelstruktur seines Schreibens sehr wohl wahrgenommen und seine Methode als phantastischen Realismus charakterisiert. Besonders aufschlussreich ist in dieser Hinsicht das poetologische Vorwort zur Erzählung *Die Sanfte* (*Krotkaja*, 1876; dt. 1914), in dem er den unwahrscheinlichen Kunstgriff des unmittelbaren Bewusstseinsprotokolls des Ich-Erzählers als ausdrucksstark rechtfertigt. D. weist in diesem Zusammenhang auch explizit auf ↑Hugos *Le dernier jour d'un condamné* hin: Auch hier ist die Unterstellung, dass der Verurteilte seinen letzten Tag unablässig mit Schreiben verbringt, höchst phantastisch. Die Auswahl bes. sensationsträchtiger Stoffe und ihre spannende Aufbereitung stehen im Zentrum von D.s lit. Arbeit. Bereits 1925 wies L. Grossman darauf hin, dass D. bereit war, alle lit. Konventionen zu brechen, nur um seine Leser in Bann zu schlagen. Grossman strich dabei v. a. das Vorbild ↑Balzacs heraus. Wegen ihrer Ausrichtung auf den Effekt wurde D.s Poetik auch als machiavellistisch bezeichnet. H.-J. Gerigk nennt sieben Elemente, die den Kern von D.s suggestiver Kunst bilden: Verbrechen, Krankheit, Sexualität, Religion, Politik, Komik und Erzähltechnik. Letztlich muss angesichts von D.s unbedingtem Willen, dem Leser seine Weltsicht aufzuzwingen, auch ↑Bachtins maßgebliche Analyse *Probleme der Poetik Dostoevskijs* relativiert werden. Zwar lassen sich die Konzepte der Polyphonie, der Dialogizität und des Karnevals mit Gewinn auf D.s Prosa anwenden; gleichwohl findet bei D. kein absolut herrschaftsfreier Diskurs autonomer Bewusstseine statt, alle Dialoge sind letztlich auf das auktoriale ideologische Ziel ausgerichtet.

Ausgaben: Polnoe sobranie sočinenij. 30 Bde. Leningrad 1972–1990; Über Literatur. Leipzig 1976; Tagebuch eines Schriftstellers. Berlin 2003.

Forschungsliteratur: L. Grossman: Poėtika Dostoevskogo. Moskau 1925; M. Bachtin: Probleme der Poetik D.s. München 1971; H.-J. Gerigk: Die Gründe für die Wirkung D.s. In: Dostoevsky Studies 2 (1981). S. 3–26; ders.: Die Sache der Dichtung. Dargestellt an Shakespeares „Hamlet", Hölderlins „Abendphantasie" und D.s „Schuld und Sühne". Hürtgenwald 1991; R. J. Klejman: D. Konstanty poėtiki. Kišinev 2001.

Ulrich Schmid

Drach, Albert (1902–1995)

D.s Poetik proklamiert den Anspruch des Schriftstellers auf dichterische Souveränität. So stellt er in seinem nicht genau datierbaren Aufsatz *Über den Umgang mit Dichtern* die These auf, das einzige Anliegen eines Schriftstellers sei der ständige Kampf für die eigenen Bedürfnisse und Interessen. Die Vorstellung von der dichterischen Autonomie fungiert für D. nicht nur als ein Mittel der radikalen Abkehr von allen sozialen Verpflichtungen, sondern auch als implizite Kampfansage an die Heuchelei und Scheinheiligkeit einer moralisch verkommenen Gesellschaft, die in der Außendarstellung stets ihre Ehrenwertigkeit betont. Die Notwendigkeit dieses Kampfes ergibt sich aus D.s eigenem, biografischem Außenseitertum, das ihm in zweifacher Weise aufgezwungen wurde: So musste er als jüd. Anwalt 1938 vor den Nazis aus Österreich in die Emigration fliehen und wurde nach 1945 in der öffentlichen Wahrnehmung als Schriftsteller so gut wie nicht gewürdigt. D.s wichtigste Waffe in seinem Kampf gegen die selbsternannte „ehrenwerte Gesellschaft" ist der auf die juristische Sprache zurückgehende Protokollstil. Dabei stellen Erzähler in pseudo-objektiven Protokollen verbale, sexuelle und physische Gewalt der Mächtigen gegen Wehrlose und Minderheiten dar. Bei genauerer Betrachtung dienen diese Protokolle aber nur der Denunziation und Verleumdung der Opfer sowie der Rechtfertigung der Täter. Indem D. gerade angesichts der Gewalt den Leser zum Lachen bringt, offenbart sich ein zynischer Humor, der das wahre Gesicht der „ehrenwerten Gesellschaft" entlarven soll, als wesentliches Merkmal seiner Poetik. Dergestalt ist D.s lit. Werk nicht nur als ein ebenso innovativer wie provokanter Beitrag zur Aufarbeitung der Rolle Österreichs im Nationalsozialismus zu bewerten, sondern auch als ein Musterbeispiel gesellschaftskritischer Literatur schlechthin.

Ausgaben: Die „ehrenwerte Gesellschaft" und die Literatur. Dankrede [BPR]. In: DASD (Hg.): Jahrbuch 1988. Darmstadt 1989. S. 120–122; Über den Umgang mit Dichtern. In: B. Fetz (Hg.): In Sachen A. D. Sieben Beiträge zum Werk. Wien 1995. S. 139–162.

Forschungsliteratur: M. Settele: Der Protokollstil des A. D. Recht, Gerechtigkeit, Sprache, Literatur. Frankfurt/M. u. a. 1992; G. Fuchs/G. A. Höfler (Hg.): A. D. Graz u. a. 1995.

Dominik Schmitt

Du Bellay, Joachim (1522–1560)

Als erste Renaissance-Poetik des Französischen repräsentiert die *Verteidigung und Rühmung der französischen Sprache* (*Deffence et Illustration de la Langue Françoyse*, 1549) die poetologische Programmatik der Dichtergruppe der Pléiade. Den poetologischen Diskurs unter dem frühneuzeitlichen Paradigma der humanistischen Erneuerung der nationalsprachlichen Literatur initiierend, proklamiert D. B., als erster Franzose eine vollkommen neue Dichtung einzuführen. Im Gegensatz zur evolutionistischen Perspektivierung der frz. Dichtungshistorie ↑Sébillets bricht die *Verteidigung* in revolutionärer Weise mit der Dichtungskonzeption der Vorgänger und diskreditiert die in der *Art poétique français* gelobten frz. Klassiker. D. B. transzendiert die Konzepte und Implikationen der Vorgänger und löst sich von der der Rhetorik untergeordneten Definition der Dichtung als „seconde art de rhétorique“. Die *Verteidigung* modifiziert den bis ins 16. Jh. dominierenden Glauben an die rein technische Erlernbarkeit des Dichtens, indem sie die wechselseitige Bedingtheit von göttlicher Inspiration und Doktrin betont. Der neoplatonische Aspekt des *furor-poeticus* wird folglich notwendige Komponente der dialektischen Beziehung zwischen „natura“ und „ars“. Die neue Dichtungskonzeption entwirft jedoch nicht nur einen neuen Typus von Dichter, sondern bedarf auch einer in der Gelehrtenwelt anerkannten *langue vulgaire*. So reflektiert D. B. in seiner Sprachkonzeption Teile von S. Speronis *Dialogo delle lingue* und setzt so die ital. „Questione della lingua“ in Frankreich fort. Sein humanistischer Vulgarismus verbindet die aristotelische Auffassung der Gleichwertigkeit aller Sprachen mit der humanistisch geprägten Idee des „nescio quid“, das jeder Sprache in spezifischer Weise inhärent ist, und widerlegt somit das prekäre Sozialprestige der *langue vulgaire* in Frankreich. Die intendierte Ästhetisierung der Sprache lässt sich laut D. B. einzig durch die Nachahmung der antiken und ital. Klassiker realisieren. D. B. revitalisiert und vulgarisiert die antike Tradition der *imitatio auctorum*, indem er sein Konzept auf die frz. Sprache überträgt. Er entkräftet die Problematik des Kopierens und evoziert eine Differenz zwischen Vorbild und Nachahmer, indem er eine puristische Nachahmung im Stil der ‚Ciceronianer‘ ablehnt und die *imitatio* als assimilierenden Akt der Einverleibung und Anverwandlung („innutrition“) definiert.

In seiner der antiken Poetik und Rhetorik verpflichteten Dichtungstheorie (2. Buch) lehnt D. B. sämtliche ma. Gattungen zugunsten des klassischen Gattungskanons (Epigramm, Elegie, Ode, Sonett) ab und fordert den Dichter zur Nutzung des neulat. Versmaßes auf, um die eigene Dichtung zu etablieren. Denn nur eine Dialektik von Tradition und Innovation, die D. B. durch seinen gesamten Text hindurch als eine Art des neuen künstlerischen Paradigmas verfolgt, gewährleistet eine Konstruktion von Vergangenheit, die die Aufgaben der Gegenwart mit einbezieht. Die literarhistorische Evidenz des sehr ambivalent beurteilten Textes liegt in der vehementen Aufforderung zur *translatio studii*, deren erster Schritt durch die Übertragung der hohen Würde des lat. „idìoma“ auf das Französische im Text theoretisch vollzogen wird und die *Verteidigung* so zu einem grundlegenden Moment der frz. Sprachkultur werden ließ.

Ausgaben: La Deffence, et Illustration de la Langue Françoyse. Hg. v. J.-Ch. Monferran. Genf 2001; Œuvres complètes. Hg. v. d'O. Millet. Paris 2003.

Forschungsliteratur: G. Castor: Pléiade Poetics. A Study in Sixteenth-Century Thought and Terminology. Cambridge 1964; G. Cesbron (Hg.): D. B. Angers 1990; J. Rieu: L'Esthétique de D. B. Paris 1995; M. Bizer: La Poésie au miroir. Imitation et conscience de soi dans la poésie latine de la Pléiade. Paris 1995; B. Vinken: D. B. und Petrarca. Das Rom der Renaissance. Tübingen 2001.

Julia Schreiber

Dubos, Jean-Baptiste (1670 – 1742)

D.s *Kritische Betrachtungen über die Dichtung und die Malerei* (*Réflexions critiques sur la poésie et la peinture*, 1719; dt. 1760/61) erscheinen erstmals 1719 und werden von D. bis zu seinem Tod mehrmals überarbeitet und erweitert (1733, 1740). Die *Betrachtungen* sind nicht das Werk eines Spezialisten, der selbst als Schriftsteller, Maler oder Musiker tätig war, sondern das eines gelehrten und viel gereisten Kunstliebhabers, der sich über Jahrzehnte mit Literatur, bildender Kunst, Musik und Theater sowie deren Theorie auseinandergesetzt hat. D. verkehrte mit vielen zeitgenössischen Künstlern und Intellektuellen, u. a. mit ↑Boileau, ↑Perrault sowie mit ↑Addison, von dessen Werk D. maßgeblich beeinflusst wurde. Zu P. Bayle unterhielt er Briefkontakt. J. Locke lernte er während eines Aufenthalts in England persönlich kennen und korrespondierte später mit ihm.

D.s epochemachende Leistung besteht darin, am Beginn der Aufklärung eine neue Lehre des künstlerischen Ausdrucks mit Blick auf den „Prozess der Wahrnehmung und des Kunstkonsums" entworfen zu haben: eine „semiotische Typologie der Künste" (↑Todorov), die den Namen „Ästhetik" verdient hätte, wäre das Wort schon damals erfunden gewesen (↑Baumgarten). Unter dem Einfluss des engl. Empirismus und Sensualismus begreift D. das Schöne nicht mehr als etwas objektiv Gegebenes, das einzig durch die Vernunft zu erfassen sei. Das Schöne trete dem Menschen, so D., vielmehr als sinnliche Erfahrung entgegen und spreche primär dessen Empfindungen und Leidenschaften an. Das Kunstwerk habe v. a. eine die Affekte mobilisierende Wirkung und sei kaum dazu geeignet, an die Vernunft appellierende Wahrheiten und moralische Normen zu vermitteln; es formuliere seine eigenen Wahrheiten, die D. als komplementär zu den Wahrheiten der Vernunft ansieht. An die Stelle der regelpoetischen Trias von Schönheit, Wahrheit und positiver Norm tritt bei D. eine sensualistische Ästhetik, in deren Zentrum die Begriffe Rührung, Gefallen und Geschmack stehen.

Im Zusammenhang mit den angesprochenen Fragen befasst sich D. in seiner Abhandlung nicht zuletzt mit der Verschiedenheit der Künste (insb. im Hinblick auf die Unterschiede zwischen Malerei und Literatur) und nimmt hierbei Gedanken vorweg, wie sie sich später bei ↑Diderot und ↑Lessing, der den dritten Teil von D.s *Betrachtungen* sogar ins Deutsche übersetzt hat, finden werden. Zum anderen reflektiert D. über das Ingenium („génie") des Künstlers und über klimatologische Faktoren, die darauf einen Einfluss haben können, und setzt sich mit dem kritischen Vermögen und dem ästhetischen Urteil auseinander. Bedeutenden Einfluss hatten D.s *Betrachtungen* im deutschsprachigen Raum auch auf ↑Bodmer und ↑Breitinger. Im französischsprachigen Bereich wäre an erster Stelle ↑Rousseau zu nennen.

Ausgaben: Réflexions critiques sur la poésie et la peinture. Paris 1993; Kritische Betrachtungen über die Poesie und die Mahlerey. Kopenhagen 1760/61, Breslau 1769.

Forschungsliteratur: A. Lombard: L'Abbé Du Bos, un initiateur de la pensée moderne. Paris 1913; P. Hazard: Die Krise des europäischen Geistes. Hamburg 1939. S. 466–472; J. B. Barrère: Les „Réflexions critiques" de D. In: ders.: L'idée de goût de Pascal à Valéry. Paris 1972. S. 67–80; A. Becq: Genèse de l'esthétique française moderne. De la raison classique à l'imagination créatrice, 1680–1814. Bd. 1. Pisa 1984. S. 243–265; B. Saint Girons: Esthétiques du XVIIIe siècle. Le modèle français. Paris 1990. S. 17–21; D. Désirat: Le sixième sens de l'Abbé D. In: La Licorne 23 (1992). S. 71–84; T. Todorov: Symboltheorien. Tübingen 1995. bes. S. 125–128; J. Golawski-Braungart: Die Schule der Franzosen. Zur Bedeutung von Lessings Übersetzungen aus dem Französischen für die Theorie und Praxis seines Theaters. Tübingen u. a. 2005. S. 93–148.

Uwe Lindemann

Duden, Anne (geb. 1942)

„Auch das Schreiben ist ein Gewaltakt." So beginnt D. ihre poetologischen Überlegungen aus den Jahren 1995 bis 1999, die sie in dem Band *Zungengewahrsam. Kleine Schriften zur Poetik und zur Kunst* (1999) versammelt hat. Einige der hier publizierten Texte waren schon in Zeitschriften, Katalogen und Anthologien publiziert, andere werden zum ersten Mal in dieser Form vorgelegt. Der titelgebende Essay *Zungengewahrsam* ist die überarbeitete Fass. zweier Poetikdozenturen, die D. 1995/96 in Paderborn und 1996/97 in Zürich wahrnahm, und trägt den Untertitel *Erkundungen einer Schreibexistenz*. D.s poetologischer Erkundungsgang durch die Genese ihres Werkes ist zu diesem Zeitpunkt die konsequente Folge eines poetologischen Wandels: Ende der 1990er Jahre wendet sie sich, nach den sprachlich wie bildlich komplexen, frühen Prosatexten *Übergang* (1982), *Das Judasschaf* (1985) und der weiteren lyrischen Reduktion ihres Sprechens in *Steinschlag* (1993), der Lyrik zu. Als bislang letztes dichterisches Werk erscheint 1999 ihr Lyrikband *Hingegend* mit sechs langen Prosagedichten.

Für D. ist der Wechsel zur Lyrik mehr als nur ein Genrewechsel, sondern hat auch eine grundsätzliche Veränderung der poetischen Sprechposition des lyrischen Subjekts zur Folge. Diese Suche nach einem neuen Sprechen wird im Essay *Zungengewahrsam* auf hohem Niveau reflektiert. Unter der Perspektive der Gewalt unternimmt D. einen Parcours durch ihre „Schreibgeschichte“ und damit durch die Traumata ihres Lebensweges. Dichten bzw. das künstlerische Schaffen ist für D. Ausdruck der Erschütterungen und Veränderungen, die sie als gewaltsamen Eingriff in die menschliche Existenz erlebt. In einem komplexen Prozess kommen diese Erfahrungen in der Kunst zur Sprache. D. folgt in ihrer Darstellung der eigenen biografischen Entwicklung: Der mit einem Umzug verbundene Ortswechsel wird als initiales Trauma erlebt: Hier endet abrupt die kohärente Welt der Kindheit und es entsteht „ein Riß, der unzählige Risse, Verschiebungen und Verrücktheiten, Wahnsinne nach sich zog“. Die Folge der Deformationen ist im Körpergedächtnis festgeschrieben und wird durch den künstlerischen Prozess der Sprachfindung aus dem Innern des Körpers zur Sprache und damit nach Außen gebracht. In diesem Sinne ist der Schreibvorgang, wie auch andere Produktionsformen von Kunst, ein von Gewalt geprägter Prozess, dessen Ergebnisse als seismografische Aufzeichnungen menschlicher Erfahrung verstanden werden. Der stetige Bezug ihrer Werke wie auch der poetologischen Überlegungen zu anderen Dichtern, aber auch zu Komponisten und Malern ist daher nicht nur als strukturelle Intermedialität, sondern als Suche nach parallelen Ausdrucksformen zu verstehen. Erst in den Texten der 1990er Jahre und dann bes. in der späten Lyrik gelingt es D., die Dominanz der Körperlichkeit zu überwinden und allgemeingültigere Ausdrucksformen des Schreibens zu finden.

Ausgaben: Zungengewahrsam. Kleine Schriften zur Poetik und zur Kunst. Köln 1999; Sich verschiebende Horizonte. Zwischen Bildern und Schrift. Stuttgart 2006.

Forschungsliteratur: H. Bartel (Hg.): A. D. – A Revolution of Words. Approaches to Her Fiction, Poetry and Essays. Amsterdam u. a. 2003; T. Ludden: Das Undarstellbare darstellen: Kulturkritik and the Representation of Difference in the Works of A. D. Berlin 2006.

Peter Goßens

Dürrenmatt, Friedrich (1921 – 1990)

Über Literatur reflektiert D. in Essays und Kritiken, Reden und Gesprächen sowie in autobiografischen Texten. D.s Bedürfnis nach klärenden Selbstkommentaren ist charakteristisch. Als Dramatiker berühmt geworden, wendet er sein Interesse zunächst insb. dem Theater zu, das er in Fortsetzung einer langen Tradition, aber unter entschiedener Absage an deren metaphysische Ausprägungsformen als Sinnbild der Welt begreift; entsprechend versteht sich sein Theater stets als „Welttheater", wie D. rückblickend und anlässlich seines „Abschieds von der Bühne" erklärt (*Abschied vom Theater*, 1992). Programmatisch sind D.s Vergleiche zwischen Drama und Komödie: Erstere renne gegen die Welt an und zerschelle, letztere werde zurückgeworfen, falle „auf den Hintern" und lache. Berühmt wurde sein Votum für die Komödie angesichts einer Welt, der nur noch mit komödiantischen Mitteln beizukommen sei. In Erinnerung an ↑Aristophanes verbindet D. mit dem Begriff der Komödie den Anspruch, der heillosen, aus den Fugen geratenen Welt einen Zerrspiegel vorzuhalten, nachdem sie schonungslos analysiert wurde. Komödien erzeugen durch Verfremdung, Übertreibung und Groteske eine Distanz zur Welt. Dieses Selbstverständnis des „finstersten Komödienschreibers" (D. über sich selbst) verbindet sich mit einem philosophischen Skeptizismus, der seinerseits Affinitäten zu konstruktivistischen Thesen besitzt: Der Mensch ist nie „‚im Bilde' über diese Welt", stattdessen muß er sich „Bilder machen"; diese Aufgabe übernimmt zum einen die Wissenschaft, zum anderen die Kunst, erstere durch „Nachdenken" und in begrifflicher Form, letztere durch Neuschöpfung und gleichnishaft (*Vom Sinn der Dichtung in unserer Zeit*, 1956). Der Schriftsteller errichtet aus den Materialien, die er in seiner Gegenwart vorfindet, „Eigenwelten" als Modelle der Realität und als Vorschläge zu deren Interpretation. Während aber die Wissenschaft auf Eindeutigkeit zielt, ist die Kunst im Bündnis mit dem Mehrdeutigen (*Versuche*, 1988). Ihre Darstellung erfolgt von historisch-kontingenten Standorten aus, ist bewusst perspektivisch und hat experimentellen Charakter. Modelle der Wirklichkeit selbst sind D.s in Stücken und Erzählungen gestaltete Fabeln v. a., insofern sie dem Prinzip der „schlimmstmöglichen Wendung" gehorchen. Seine bevorzugten und mehrfach variierten Weltgleichnisse, die sich oft mit mythologischen Reminiszenzen verbinden, hat D. auch theoretisch kommentiert, so das Labyrinth und die Gefangenschaft des Minotaurus, die Situation des ewigen Rebellen, die des von der Welt belasteten Atlas, die des niemals aufgebenden Sisyphos. V. a. seine Reflexionen über die Welt als Labyrinth verdeutlichen den Anspruch des Schriftstellers, Gleichnisse zu schaffen, die aber ihrerseits polyvalent und insofern „labyrinthisch" sind. D.s Kriminalerzählungen korrespondieren Reflexionen über die begrenzte Reichweite des menschlichen Verstandes und die absurde Herrschaft des Zufälligen. D.s *Stoffe I–IX* (1981–1990) sind eine Autobiografie am Leitfaden der im eigenen Werk entfalteten Stoffe und Themen. In sie eingeflochten sind neben Erzählungen auch viele Reflexionen, in denen D.s Selbstverständnis und seine Vorstellungen über Literatur zum Ausdruck kommen.

Ausgaben: Werkausgabe in dreißig Bänden. Zürich 1980 ff.; Stoffe I–III. Zürich 1981; Die Welt als Labyrinth. Ein Gespräch mit Franz Kreuzer. Zürich 1986; Versuche. Zürich 1988; Turmbau. Stoffe IV–IX. Zürich 1990; Abschied vom Theater. In: Gedankenfuge. Essays. Zürich 1992. S. 141–187; Die Entdeckung des Erzählens. Gespräche 1971–1980. Hg. v. H. L. Arnold. Zürich 1996.

Forschungsliteratur: J. Knopf: F. D. München 1988; W. Große: F. D. Stuttgart 1998; H. L. Arnold (Hg.): F. D. Text + Kritik. München 2003.

Monika Schmitz-Emans

E

Eagleton, Terry (geb. 1943)

Seit *Marxism and Literary Criticism* (1976) wird E. als marxistischer Literaturproduzent und -kritiker eingestuft. Allerdings sind hierbei Modifikationen zu konstatieren: Während für den frühen E. Literaturproduktion sowohl eine Basis als auch einen Überbau hat und die Materialität der Texte als Manifestation von Ideologie gedeutet wird, vertritt er später einen Ansatz, welcher Feminismus und Psychoanalyse mit einbezieht, um vulgär-marxistischen Ansätzen und deren neo-liberaler Pauschalverurteilung gleichermaßen zu begegnen.

In E.s *Einführung in die Literaturtheorie* (*Literary Theory. An Introduction*, 1983; dt. 1988) fehlt ein Kapitel zur marxistischen Poetik und Ästhetik. E. geht dort nicht mehr davon aus, dass ein Text eine historisch fundierte, stabile Bedeutung haben könne. Der Gegenstandsbereich der Literaturrezeption mache einen erweiterten Bedeutungszusammenhang notwendig, welchen E. in der Rhetorik erblickt. An gleicher Stelle vertritt E. die These der Verknüpfung von Rhetorik mit Ideologie.

Somit verbleibt marxistische Kulturtheorie für E. in *Die Illusionen der Postmoderne* (*The Illusions of Postmodernism*, 1996; dt. 1997) aktuell, sie stellt seine Gegenposition sowohl zum Ästhetizismus als auch zur „Postmoderne" dar, welcher er vorhält, den Anspruch auf historisch-kritische Wahrheitsfindung aufgegeben zu haben und statt dessen relativistisch zu argumentieren. „Illusorisch" sei in diesem Zusammenhang insb. die Annahme, „Pluralität" stelle per se einen positiven Wert dar.

E.s jüngste Veröffentlichungen behaupten zwar nicht, Literaturtheorie und Poetik wären obsolet geworden; sie scheinen aber gegenwärtig auf dem besten Weg dorthin zu sein, wenn sie kritische Reflexion zugunsten der Beschäftigung mit aus ideologiekritischer Sicht marginalen Phänomenen weitgehend einstellten.

Ausgaben: Marxism and Literary Criticism. London 1976; Literary Theory. An Introduction. Oxford 1983; Einführung in die Literaturtheorie. Stuttgart 1988; The Illusions of Postmodernism. Oxford 1996; Die Illusionen der Postmoderne. Stuttgart u. a. 1997; After Theory. New York 2003.

Forschungsliteratur: D. Alderson: T. E. Basingstoke u. a. 2004.

Markus Oliver Spitz

Eco, Umberto (geb. 1932)

E.s literaturtheoretische Reflexionen, Konzepte und Thesen sind in seine wissenschaftliche Arbeit im Feld der Semiotik eingebettet, auf dem er seit den 1960er Jahren in Erscheinung getreten ist. E. versteht und betreibt Semiotik als kommunikations- und kulturwissenschaftliche Grundlagendisziplin; sein literaturtheoretisches Interesse gilt Prozessen und Vorbedingungen lit. Kommunikation. Semiotik und Sprachphilosophie sind für ihn nicht identisch, stehen jedoch in einer Komplementaritätsbeziehung.

Das offene Kunstwerk (*Opera aperta*, 1962; dt. 1973) analysiert moderne Kunstwerke, deren endgültige Gestalt erst durch den Interpreten realisiert wird; E.s Paradigmen sind die serielle Musik, die informelle Malerei und das Werk von ↑Joyce. In *Lector in Fabula* (1979; dt. 1987) entwirft E. eine Literaturtheorie, die den Leser als Konstrukteur des Werkes und seiner Bedeutungen in den Mittelpunkt rückt. Die Texte begreift er als Maschinen zur Erzeugung von Interpretationen. Jeder Text impliziere einen Modell-Leser, der auf das Angebot des Textes an möglichen Deutungen reagiere, sodass Leser und Text einander letztlich wechselseitig hervorbringen würden. Demgegenüber trete die Instanz des Autors zurück.

E.s im engeren Sinn semiotische Schriften stehen in Verbindung zu seinen literaturtheoretischen Konzepten, insofern auch sie vom Lesen handeln und die Sinnhypothesenbildung durch den Leser als bedeutungskonstitutiven Prozess beschreiben. Seine Zeichenlehre entwickelt E. v. a. in *Einführung in die Semiotik* (*La struttura assente*, 1968; dt. 1972), *Die Form des Inhalts* (*Le forme del contenuto*, 1971), *Zeichen* (*Il segno*, 1971; dt. 1977) und *Semiotik. Entwurf einer Theorie der Zeichen* (*Trattato di semiotica generale*, 1975; dt. 1987). Die Erscheinungswelt ist ein semiotisches Universum, ein Gefüge aus Zeichen, die auf andere Zeichen verweisen, ohne dass jemals ein letzter Grund oder ein Telos dieser Designationen greifbar würde. Wenn natürliche und somatische Phänomene gelesen werden, so als etwas, das im Moment der Wahrnehmung immer schon durch kulturelle Codes überformt, kontextualisiert und erschlossen ist. Als Semiotiker ist E. v. a. durch die Theorien von Ch. S. Peirce geprägt, von dem er die Differenzierung zwischen Deduktion, Induktion und Abduktion übernimmt. Eine Fokussierung des Zeichensystems „Sprache" nimmt E. in *Semiotik und Philosophie der Sprache* (*Semiotica e filosofia del linguaggio*, 1984; dt. 1985) vor. Eine weitere Monografie zur Geschichte der Theorien über die Vielheit der Sprachen (*La ricerca della lingua perfetta nella cultura europea*, 1993; *Die Suche nach der vollkommenen Sprache*, 1994) beleuchtet, wie andere Werke E.s auch, die Anbindung moderner sprachtheoretisch-semiotischer Reflexion an die Tradition.

Mit dekonstruktivistischen Positionen setzt E. sich in *Die Grenzen der Interpretation* (*I limiti dell'interpretazione*, 1990; dt. 1992) kritisch auseinander. Obwohl er Interpretationsprozesse für unabschließbar hält, weil der Prozess, in dem Zeichen auf andere Zeichen verweisen, grundsätzlich endlos sei, möchte er sie doch nicht als beliebig verstanden wissen und hält an der Idee möglicher Fehlinterpretation als eines Missbrauchs von Texten fest, um ein Korrektiv interpretatorischer Willkür zu besitzen.

Die in E.s theoretischen Schriften behandelten Themen wurden in den Roman *Der Name der Rose* (*Il nome della rosa,* 1980; dt. 1982) integriert, der Elemente des Kriminalromans mit denen des historischen und des philosophischen Romans verbindet. E.s frühe Studien zur ma. Ästhetik (*Il problema estetico in San Tommaso*, 1956; *Das ästhetische Problem beim Heiligen Thomas*; *Arte e bellezza nell'estetica medievale*, 1987; *Kunst und Schönheit im Mittelalter*; 1991) haben in der apokalyptisch gefärbten Geschichte einer Serie von Morden in einem spätma. Kloster ebenso ihre Spuren hinterlassen wie seine Semiotik und Literaturtheorie. Im Konflikt zwischen E.s Detektivfigur William (Guglielmo) von Baskerville und dessen Gegenspieler Jorge von Burgos spiegelt sich der Antagonismus zweier Konzepte von Wahrheit und Erkenntnis: Während der dogmatische Theologe Jorge das Konzept eines festen Wahrheitsgrundes und einer absoluten Wahrheit vertritt und alles, was dieser nicht dient, unterdrückt wissen will, glaubt der aufgeklärte Semiotiker William an die endlose Zirkulation der Zeichen. Jedes Zeichengefüge erschließt sich durch den Rekurs auf andere Zeichengefüge, wie sich im Roman zum einen bei der detektivischen Lektüre von Spuren als Zeichen zeigt, zum anderen bei der Erschließung des Inhalts eines verlorenen Textes (des zweiten Buchs der Aristotelischen Poetik), allein durch die Lektüre anderer Texte. Insofern Texte die Lesemuster anbieten, auf deren Grundlage die Welt interpretiert wird, kann es geschehen, dass sie auf den Verlauf der Geschichte selbst Einfluss nehmen, wie sich zeigt, als sich das Geschehen im Roman dem vorgängigen hypothetischen Lesemuster der Apokalypse anpasst. Diese präformierende Kraft von Texten steht auch im Zentrum von E.s zweitem Roman *Das Foucaultsche Pendel* (*Il pendolo di Foucault,* 1988; dt. 1989), in dem auf Texten und Lektüren aufbauende Spekulationen über eine Weltverschwörung einer bisher nur virtuellen Wirklichkeit die Gelegenheit zum Einbruch in die Geschichte selbst verschaffen. E.s dritter Roman *Die Insel des vorigen Tages* (*L'isola del giorno prima*, 1994; dt. 1995) widmet sich mit den Paradoxien der Zeiterfahrung wiederum einem philosophischen Thema, erneut übrigens in den Spuren von ↑Borges. In *Baudolino* (2000; dt. 2001) steht nochmals die Entgrenzung zwischen erdachter und historischer Wirklichkeit im Zentrum, insofern der Held durch planvoll erzeugte Fiktionen den Gang der Geschichte im Sinne seiner Antizipationen lenkt. Das Buch *Die geheimnisvolle Flamme der Königin Loana* (*La misteriosa fiamma della regina Loana*, 2004; dt. 2004), in dem der Erzählerbericht durch Bildmaterialien ergänzt wird, widmet sich dem Thema Erinnerung und der konstitutiven Bedeutung von Medien für die erinnernde Rekonstruktion von Geschichte und Identität.

Im Nachwort zum *Namen der Rose* kommen die maßgeblichen Themen der Poetik E.s zur Sprache (*Postille a Il nome della rosa*, 1983; *Nachschrift zum Namen der Rose*, 1984). Literatur biete Modelle des Erkenntnisprozesses, was sich am Genre der Kriminalerzählung besonders klar zeige. Das Lesen von Texten und die Entzifferung der natürlichen und geschichtlichen Welt bespiegeln einander wechselseitig, wobei jeweils die Vorprägung des Lesers durch frühere Lektüren entscheidend für den Spielraum möglicher Interpretationen sei. Sinnbild des Erkenntnis- und Lektüreprozesses ist u. a. der Gang durch ein Labyrinth, wobei E. zwischen drei Labyrinthtypen unterscheidet: dem Einweglabyrinth, dem Irrgarten und dem Rhizom.

E.s literaturtheoretische Reflexionen wie seine Romane bekräftigen bzw. illustrieren die (durch ↑Bachtin und ↑Kristeva ausformulierte) These von der intertextuellen Faktur lit. Werke und der Polyphonie insb. des Romans. Als Erzähler zitiert er eine Fülle lit. Vorgänger herbei, insb. ↑Borges.

Ausgaben: Opera aperta. Mailand 1962; Das offene Kunstwerk. Frankfurt/M. 1973; La struttura assente. Mailand 1968; Einführung in die Semiotik. München 1972; Il problema estetico in Tommaso d'Aquino. Mailand ^{2}1970; Le forme del contenuto. Mailand 1971; Il segno. Mailand 1971; Zeichen. Frankfurt/M. 1977; Trattato di semiotica generale. Mailand 1975; Semiotik. Entwurf einer Theorie der Zeichen. München 1987; Il nome della rosa. Mailand 1980; Der Name der Rose. Müchen u. a. 1982; Postille a Il nome della rosa. In: Alfabeta 49 (1983). S. 19–22; Nachschrift zum Namen der Rose. München u. a. 1984; Semiotica e filosofia del linguaggio. Turin 1984; Semiotik und Philosophie der Sprache. München 1985; Arte e bellezza nell'estetica medievale. Mailand 1987; Kunst und Schönheit im Mittelalter. München u. a. 1991; Il pendolo di Foucault. Mailand 1988; Das Foucaultsche Pendel. München 1989; I limiti dell'interpretazione. Mailand 1990; Die Grenzen der Interpretation. München u. a. 1992; La ricerca della lingua perfetta nella cultura europea. Rom u. a. 1994; Die Suche nach der vollkommenen Sprache. München 1994; L'isola del giorno prima. Mailand 1994; Die Insel des vorigen

Tages. München u. a. 1995; Baudolino. Mailand 2000; Baudolino. München u. a. 2001; La misteriosa fiamma della regina Loana. Mailand 2004; Die geheimnisvolle Flamme der Königin Loana. München u. a. 2004.

Forschungsliteratur: D. Mersch: U. E. Zur Einführung. Hamburg 1993; H. Schalk: U. E. und das Problem der Interpretation. Ästhetik, Semiotik, Textpragmatik. Würzburg 2000.

Monika Schmitz-Emans

Edschmid, Kasimir (1890–1966)

Die Texte des Novellenbands *Die sechs Mündungen* (1915), des ersten Buches von E., wurden in einer Besprechung von J. Benn in der *Frankfurter Zeitung* (1. 8. 1915) als „Musterbeispiele des literarischen Expressionismus" bezeichnet. Mit mehreren Aufsätzen und Reden, v. a. *Über den dichterischen Expressionismus* (1917), wurde E. zum Wortführer der „neuen Bewegung". Der Ausdruck bedeute einen entschiedenen Ansatz, Vorbereitung, internationale Forderung des Geistes. Aber bereits um 1920 nennt ihn E. „verbrauchtes Abwort" und Schlagwort zweifelhafter Formulierung.

Zunächst habe sich aber eine ganze Generation Europas mit der Idee „Expressionismus" identifiziert. Als allg. Grundsätze formulierte E. Verwesentlichung, Konzentration, Formwille, dichterische Schau, neue Realität, Erhebung, Überschwang, intuitive, direkte, primitive, einfache, kosmische Kunst. Ziel ist der ‚neue Mensch' mit dem Willen zur Steigerung, Freiheit, Güte. Auf der Spitze der großen und maßlosen Gefühle mit dem Herzen als Motor soll sich der ‚neue Mensch' in Ekstasen erheben. Eine „neugöttliche Kraft" muss die Revolte des Geistes gegen die Verzweiflung und für die „Formung" entscheiden. Am Anfang des neuen Wegs steht der anfeuernde „Geist"; aus ihm nur erwächst die Kunst. Sie ist der „Zeit" heftiger ausgeliefert als in früheren Epochen; sie wirkt in die Zeit. Sie begreift das Dasein als große Vision und ist einem Völkerbund zugeneigt.

E. ist der Anwalt der Prosa. Sie werde wieder Dichtung. E. erkennt – am Bsp. des frühen ↑Benn – eine ins Unbekannte „brandende Bedeutungsentwicklung der Prosa, die wahrlich heut fast genau so viel ausdrücken kann wie die Lyrik". Der ganze Raum des expressionistischen Künstlers müsse Vision werden. „Er sieht nicht, er schaut. Er schildert nicht, er erlebt. Er gibt nicht wieder, er gestaltet. Er nimmt nicht, er sucht."

Ausgaben: Die doppelköpfige Nymphe. Aufsätze über die Literatur und die Gegenwart. Berlin 1920; Frühe Manifeste. Epochen des Expressionismus. Darmstadt u. a. 1960; Lebendiger Expressionismus. Auseinandersetzungen. Gestalten. Erinnerungen. Frankfurt/M. u. a. 1964.

Forschungsliteratur: H. Schlösser: K. E.: Expressionist. Reisender. Romancier. Eine Werkbiographie. Bielefeld 2007.

Gerhard Sauder

Eich, Günther (1907–1972)

E. ist bekannt als einer der bedeutendsten dt. Nachkriegsdichter und Begründer des poetischen Hörspiels. Im Mittelpunkt seines Schaffens steht ein komplexer Sprachbegriff, der die Idee von der Aufgabe der Literatur mitprägt. In seiner Rede *Der Schriftsteller vor der Realität* (1956) stellt E. radikal die Möglichkeit der Wahrheitserfahrung in Frage. Die Aufgabe des Dichters besteht folglich darin, Realität durch das Schreiben erst zu schaffen und sich so zu orientieren. „Ich bin Schriftsteller, das ist […] die Entscheidung, die Welt als Sprache zu sehen." Die Sprache der Welt ist ein „Urtext", in dem Worte und Dinge identisch sind. Sie zu lesen ist dem Menschen jedoch unmöglich; er kann sie lediglich durch dichterisches Schreiben in eine uns verständliche Sprache übersetzen. Das Problem der zeitgebundenen Wirklichkeitserfahrung findet in E.s Dichtung Ausdruck in einer oft radikalen Reduzierung narrativer Elemente, bis hin zur Auslassung von Zeitwörtern und Verben. Seine als „Kahlschlaglyrik" bezeichnete Dichtung der Kriegsfolgejahre liest sich als nüchterne Auflistung von Gegenständen, deren „Ursprache" er in den Versen übersetzt.

In seiner BPR (1959) differenziert E. die Idee der „Welt als Sprache" noch weiter in dichterische Sprache und Sprache als Machtinstrument. Ähnlich den Ideen in ↑Camus' *L'homme révolté* spricht E. sich gegen jede Form der politisierenden Dichtung aus. Sprache, die eine polit. Ideologie vertritt, ist demnach instrumentalisierte Sprache im Dienste einer Macht. Der reinen Sprache der Dichtung hingegen, die lediglich versucht, so nah wie möglich an die Ursprache zu gelangen, kommt die Aufgabe der fragenden Kritik zu. Der Fragecharakter ergibt sich aus ihrer Realitätstreue und somit Wertneutralität. Ihre Fähigkeit zur Kritik liegt nicht in Gegenentwürfen zur Welt begründet; sie dementiert vielmehr grundsätzlich die Möglichkeit, Antworten auf die Fragen der Welt zu geben, eben so, wie es die gelenkte Sprache der Macht für ihre Zwecke beansprucht. Ihre lit. Qualität kann daher nicht von Inhalten abhängig sein, denn „die andere Sprache also, die [...] in einem unerforschten Gebiet die erste Topographie versucht", verzichtet auf Inhalte zugunsten eines direkten, authentischen und wertfreien Sprachbegriffs. Mit der konsequenten Umsetzung des Prinzips der Fragestellung und seines Sprachbegriffs hat E., einer der Mitbegründer der Gruppe 47, sowohl auf Schrecken und Propaganda der Kriegsjahre reagiert, als auch auf die Lethargie seiner Zeitgenossen, deren Wertsystem sich in den Jahren des dt. Wirtschaftswunders an einer kapitalistischen oder aber radikal sozialistisch-marxistischen Machtrhetorik orientierte. Nicht zu Unrecht wurde E. immer wieder als „Anarchist" (↑Bichsel) der Nachkriegsliteratur bezeichnet.

Ausgaben: Gesammelte Werke. 4 Bde. Hg. v. I. Aichinger. Frankfurt/M. 1991.

Forschungsliteratur: C. Miesen: Flammen aus der Asche. Essays zum Werk von G. E. Schweinfurt 2003.

Miriam Havemann

Eliot, Thomas Stearns (1888–1965)

Für das Verständnis von E.s poetologischen Überzeugungen ist das Konzept der „Tradition" von zentraler Bedeutung, mit dem sich der Autor im Kontext seiner Zeit gegen traditionskritische Tendenzen der radikalen Avantgarde stellte. In dem programmatischen Essay *Tradition und individuelle Begabung* (*Tradition and the Individual Talent*, 1919; dt. 1950) versteht E. Tradition als enthistorisierte Ordnung, als dynamische Instanz der Autorität, an der sich jeder Dichter orientieren muss, ohne erfolgreiche Vorgänger zu imitieren. Die Aufgabe des Dichters liegt für E. darin, das Wissen um Tradition eigens zu erarbeiten und sich über die Präsenz des Vergangenen bewusst zu werden. E.s Ideal ist ein Dichter, der sich mit einem neuen Werk in die bereits vorhandene lit. Ordnung einfügt, die ihrerseits dadurch eine Umwandlung erfährt. E. tritt für eine „impersonale" Dichtung ein, deren Voraussetzung das bewusste Auslöschen der Subjektivität des Dichters ist. Der Dichter ist ein „Medium", in dem Erfahrungen durch einzigartige und unvorhersehbare Verschmelzungen einer Transformation unterliegen, die erst zur Entstehung des gültigen Kunstwerks führt. Das Hauptziel des Interpreten besteht nach E. darin, den Blick von der Person des Dichters auf die Dichtung zu verlagern und sie vor dem Hintergrund der gesamten Ordnung der lit. Tradition zu betrachten, um so ihren Wert erschließen zu können.

Wichtige dichtungstheoretische Aussagen finden sich in zahlreichen Schriften E.s, die sich sowohl mit der Dichtung i. Allg. als auch mit der kritischen Betrachtung bestimmter Autoren, Werke und lit. Epochen im Besonderen beschäftigen. Der Essay *Die Leistung der Kritik* (*The Function of Criticism,* 1923; dt. 1950) enthält Einsichten in die Bedeutung der kritischen Tätigkeit des Dichters für den schöpferischen Prozess sowie in Ziele, Prinzipien und Verfahren der lit. Interpretation, die in *Die Grenzen der Literaturkritik* (*The Frontiers of Criticism,* 1956; dt. 1958) vertieft werden. Im Vorwort zur Essaysammlung *The Sacred Wood* (1920) unternimmt E. eine Reihe von privativen Definitionsversuchen, die zu keiner abschließenden Wesensbestimmung der Dichtung gelangen. In *Der Nutzen der Dichtung und der Nutzen der Kritik* (*The Use of Poetry and the Use of Criticism,* 1933; dt. 1950) wird die These von der kommunikativen „Autonomie" der Literatur formuliert, die in *Von Poe zu Valéry* (*From Poe to Valéry,* 1948; dt. 1952) um die Einsicht in ihre Autoreferenzialität und in die Reflexivität ihres Zustandekommens erweitert wird. Den Gestaltungsmitteln der dichterischen Sprache und der poetologischen Reflexion des Dichters wendet sich E. in *Musik im Vers* (*The Music of Poetry,* 1942; dt. 1952) zu. Der Essay *Hamlet* (*Hamlet and His Problems,* 1919; dt. 1950) zeigt, wie die Objektivierung individueller Erlebnisse des Dichters vollzogen werden kann. Durch das Auffinden einer „gegenständlichen Entsprechung" („objective correlative"), die die „Formel" einer Emotion darstellt, kann der Dichter eine Atmosphäre evozieren, die das ursprünglich real Erlebte in künstlerisch gültiger Form wiedergibt. In *Die ‚metaphysischen' Dichter* (*The Metaphysical Poets,* 1921; dt. 1950) bedauert E. den Verlust der Harmonie von Denken und (körperlichem) Fühlen in der Dichtung („dissociation of sensibility"), die er zuletzt bei den *Metaphysical Poets* des 17. Jh.s verwirklicht sieht.

E.s dichtungstheoretischer Standpunkt wird von einer zunehmend klassizistischen und kulturkritischen Grundhaltung geprägt, die insb. sein späteres Werk in den Kontext eines abendländisch-christl. Humanismus stellt. Mit seiner Betonung der Autonomie des lit. Werks und der Forderung nach der poetischen Einheit von Intellekt und Gefühl hat E. v. a. das Denken des *New Criticism* angeregt. Auch sein Konzept der Tradition fand in der anglo-amerik. Literaturtheorie (z. B. F. R. Leavis, A. Tate) Resonanz.

Ausgaben: The Sacred Wood. Essays on Poetry and Criticism. London ^{2}1928; Selected Essays. London ^{3}1951; On Poetry and Poets. London u. a. ^{3}1961; Der Vers. Vier Essays. Berlin u. a. 1952; Werke. Frankfurt/M. 1966 ff.

Forschungsliteratur: R. Shusterman: T. S. E. and the Philosophy of Criticism. New York 1988; G. Cianci/J. Harding (Hg.): T. S. E. and the Concept of Tradition. New York u. a. 2007.

Evgenia Grishina

Elísio, Filinto [d. i. Francisco Manuel do Nascimento] (1734–1819)

In einem fiktiven *Brief an F**. J**. M**. De B**.* (*Carta ao Senhor F**. J**. M**. De B**.*, 1826 postum), datiert auf den 6. 6. 1790, entwickelt E. in Versen eine Poetik in deutlicher Anlehnung an die Vorbilder ↑Horaz und ↑Boileau. In dem an seinen Freund F. J. M. de Brito adressierten Brief spricht E. sich für eine Aufwertung der portug. Sprache aus, die vor der Kontamination durch allzu modische Gallizismen bewahrt werden soll. Das Portugiesische soll in seiner Reinheit verteidigt und durch Imitation der Klassiker erneuert werden. Unter Klassikern versteht E. zum einen antike Dichter, insb.

Horaz, dessen *Ars Poetica* die wichtigste Bezugsquelle darstellt, zum anderen portug. Dichter des 16. Jh.s. wie J. de Barros, F. B. de Brito, L. V. de Camões und A. Ferreira. Nur durch die Kenntnis und Imitation lässt sich die Eleganz und Reinheit des Portugiesischen erhalten.

Aufgrund einer fehlenden Übersetzung blieb die Rezeption E.s größtenteils auf Portugal beschränkt, dort gilt er aber als einer der wichtigsten Vertreter des Neoklassizismus und als Wegbereiter für die portug. Frühromantik.

Ausgaben: Obras completas. Bd. 1. Hg. v. F. Moreira. Braga 1998. S. 27–95.

Forschungsliteratur: J. C. Martins: Para uma leitura da poésia neoclássica e pré-romântica. Lissabon 2000. S. 92–110, 162–173; J. C. Carvalho (Hg.): Retóricas. Lissabon 2005.

Heiko Stullich

Engel, Johann Jakob (1741–1802)

E.s spätaufklärerische, an der bildenden Rezeption der Leser orientierte Erzählpoetik, die er in seiner Abhandlung *Ueber Handlung, Gespräch und Erzählung* (1774) theoretisch begründet und im ‚dramatischen Roman' *Herr Lorenz Stark* (1801) umsetzt, ist für die Entwicklung der modernen Erzähl- und Romantheorie von großer Bedeutung. Diese liegt in der konsequenten Verpflichtung des Erzählens auf Anschaulichkeit. Noch stärker als ↑Blankenburg (*Versuch über den Roman*) nähert E. die Erzählung an die Gattung des Dramas an. Dessen Unmittelbarkeit soll das Erzählen dadurch erreichen, dass es sich in ein Gespräch verwandelt. Der Erzählung gelingt dadurch eine genauere „Seelenschilderung". Allerdings kann die Aufhebung in das gesprächshafte Veranschaulichen letztlich auch ein Verschwinden des Erzählers implizieren, da sich die Erzählung als eine kommunikative Handlung zwischen den Figuren vollzieht. Neben der Abhandlung zur Erzählung sind als weitere wichtige theoretische Schriften E.s *Anfangsgründe einer Theorie der Dichtungsarten* (1783) und *Ideen zu einer Mimik* (1785) zu nennen. Deren Ziel ist die analytische Systematisierung und praktische Professionalisierung der Schauspielkunst als „Gebehrdenspiel" von Mimik und Gestik, vermittels derer die Schauspieler „zum Ausdruk der innern Operationen und Empfindungen der Seele" gelangen können. Damit wird für die Aufführung auch körperlich-sinnlich realisiert, was die Erzählpoetik durch Dramatisierung und Veranschaulichung zu verwirklichen sucht.

Ausgaben: Über Handlung, Gespräch und Erzählung. Hg. v. E. Th. Voss. Stuttgart 1964 [Nachdr. d. Ausg. Leipzig 1774]; Ideen zu einer Mimik. Hildesheim 1968 [Nachdr. der Ausg. Berlin 1785 und 1786]; Anfangsgründe einer Theorie der Dichtungsarten aus deutschen Mustern entwickelt. Hildesheim u. a. 1977 [Nachdr. d. Ausg. Berlin u. a. 1783].

Forschungsliteratur: W. Hahl: Reflexion und Erzählung. Ein Problem der Romantheorie von der Spätaufklärung bis zum programmatischen Realismus. Stuttgart u. a. 1971; Ch. Blatter: J. J. E. (1741–1802), Wegbereiter der modernen Erzählkunst. Bern u. a. 1993.

Lothar van Laak

Enzensberger, Hans Magnus (geb. 1929)

Poetologische Fragestellungen beschäftigen E. bereits in seiner 1955 abgeschlossenen Dissertation zu *Brentanos Poetik* (1961). Eine intensive Auseinandersetzung mit der eigenen Schreibpraxis und insb. mit ihrer Stellung in der Nachkriegsgesellschaft dokumentieren die 1964/65 gehaltenen Frankfurter PV zum Thema *Spielen Schriftsteller eine Rolle?*, die allerdings ungedruckt bleiben, sowie verstreute essayistische Äußerungen, etwa 1961 in dem Aufsatz *Scherenschleifer und Poeten*. Darüber hinaus prägen selbstreflexive und selbstreferenzielle Passagen viele lit., v. a. lyrische Texte des Autors, gerade in der ersten Werkphase der 1950er und 1960er Jahre. Seinen zweiten Gedichtband *landessprache* von 1960 versieht er sogar mit einer programmatischen „gebrauchsanweisung". Als wichtige Dokumente für E.s. Poetik können ferner seine BPR aus dem Jahr 1963 und Vorworte zu von ihm herausgegebenen Anthologien, bspw. *Das Wasserzeichen der Poesie oder die Kunst und das Vergnügen, Gedichte zu lesen* von 1985, gelten. Der Autor bezweifelt in seinen poetologischen Überlegungen, etwa im Gegensatz zu ↑Brecht, ein direkt polit. mobilisierendes Potenzial von Literatur. Der Dichter und insb. der Lyriker ziehen sich damit aber keinesfalls in einen artistisch-poetischen Raum zurück, der allein reinem Selbstzweck, manieristischem Spiel oder weltfernem ästhetischen Genuss gewidmet wäre. E. spricht Literatur vielmehr primär kritische und reflexive Funktionen zu und verpflichtet sie auf die Infragestellung des gesellschaftl. Selbstverständlichen, auf die Entlarvung der nicht hinreichend durchdachten Sprachverwendung – gerade im polit. Milieu und in der massenmedialen Kulturindustrie – und auf die Demaskierung von Ideologien. Literatur ist mithin ein Kunstprodukt, das kritische Wahrheiten vermitteln kann, ohne deswegen wirklich gesellschaftsverändernde Kraft zu entfalten. In dieser Fass. bleibt E.s Poetik über alle Wandlungen seines vielfältigen Œuvres hinweg bis zur Ironie des Alterswerks konstant.

Ausgaben: Brentanos Poetik. München 1961; BPR. In: DASD (Hg.): Jahrbuch 1963. Darmstadt 1964. S. 126–136; Scherenschleifer und Poeten. In: H. Bender (Hg.): Mein Gedicht ist mein Messer. Lyriker zu ihren Gedichten. München 1969. S. 144–148.

Forschungsliteratur: V. Bohn: Die Furie des Verschwindens. Zu H. M. E.s Poetik. In: H. D. Schlosser (Hg.): Poetik. Frankfurt/M. 1988. S. 55–66; D. Dujmic: Literatur zwischen Autonomie und Engagement. Zur Poetik von H. M. E., P. Handke und D. Wellershoff. Konstanz 1996; T.-H. Kang: Poesie als Kritik und Selbstkritik. H. M. E.s negative Poetik. Wuppertal 2002; A.-M. Palimariu: Das literatur-theoretische Konzept im Frühwerk H. M. E.s. In: Germanistische Beiträge 17–18 (2003/04). S. 75–104.

Ralf Georg Bogner

Eschenburg, Johann Joachim (1743–1820)

„Poesie ist sinnlich vollkommene, oder möglichst lebhafte Darstellung vermittelst der Rede [...]", so lautet die kurze Definition, die E. zu Beginn seiner Ausführungen „Über die Poesie überhaupt" gibt. Diese Ausführungen über Poesie bilden das zweite Kapitel seines *Entwurfs einer Theorie und Literatur der schönen Wissenschaften*, der 1783 erstmals erschien und für eine zweite Aufl. 1789 überarbeitet und erweitert wurde. 1805 wurde es unter leicht veränderten Titel, nochmals überarbeitet wieder aufgelegt und erreichte bis 1836 insgesamt fünf Aufl. Wie viele andere Arbeiten E.s ist der *Entwurf* die Frucht seiner Tätigkeit als Professor am Braunschweiger *Collegium Carolinum*, aber auch seiner Tätigkeit als Übersetzer zahlreicher poetologischer Essays bes. aus dem Englischen. Der *Entwurf* ist als Lehrbuch angelegt und aufgeteilt in die Bereiche „Ästhetik", „Poetik" und „Rhetorik". Ab der zweiten Aufl. wird das Kapitel zur Ästhetik von einer allg. „Einleitung" in die „schönen Wissenschaften" abgelöst. Damit rückt E. die Dichtung noch deutlicher in den Fokus, auch wenn es nicht sein Anliegen war, mit einer Regelpoetik dichterische Fertigkeiten zu vermitteln. E.s Projekt ist es vielmehr, die Grundlagen der „schönen Wissenschaften" theoretisch wie historisch vorzustellen. Daher legte er einen Leitfaden für einen kosmopolit., d. h. hier: komparatistisch ausgebildeten Literaturunterricht vor. Bes. die achtbändige *Beispiel-*

sammlung (1778–1795), die parallel zur zweiten Aufl. erschien, erhöhte die Brauchbarkeit seines Lehrbuchs und zeigt – wie in den zahlreichen zeitgenössischen Rezensionen zu sehen ist –, dass E. sein Publikum, „Lehrende und Lernende", erreichte. Auch in seinen poetologischen Bemühungen ist E. durchaus innovativ: Unter „schöne Wissenschaften" fasst er die sprachorientierten Künste der „Poesie und Beredsamkeit", die er grundsätzlich von den „schönen Künsten" Malerei, Musik, Tanzkunst u. a. abgrenzt. Alle Künste gehorchen, so E., den Regeln des Geschmacks und der Empfindung, die seit ↑Baumgarten unter dem Begriff der Ästhetik firmieren. In der Poesie kommt jedoch das Dichtungsvermögen bzw. die Phantasie als eine neue Qualität hinzu: Es ist ein Kennzeichen der Dichter, dass sie sich Gegenstände und Bilder vorstellen können, die sie „niemals [...] sinnlich empfunden" haben. Der „Zweck" der poetischen Dichtkunst ist daher nicht die mechanische Umsetzung ästhetischer Regeln, da die primäre Grundlage der Dichtung die Empfindung ist, aus der ihre Vollkommenheit herrührt. Rhetorische und formale Parameter dienen lediglich dazu, die „Seelenfähigkeiten" in eine angemessene Form zu bringen. Poesie ist – und das zeigt E. auch mit einem kurzen literarhistorischen Überblick – Ausdruck natürlicher Fähigkeiten und Empfindungen des Menschen, wogegen die äußere Form den Bedingungen der jeweiligen Kultur und Zeit gehorcht. Ohne, dass er als genuine Poetologie des Sturm und Drang gelesen werden könnte, gingen von E.s Entwurf wesentliche Impulse auf die nachfolgende lit. Entwicklung aus.

Ausgaben: Beispielsammlung zur Theorie und Literatur der schönen Wissenschaften. 8 Bde. Berlin u. a. 1788–1795; Entwurf einer Theorie und Literatur der schönen Wissenschaften. Zur Grundlage bei Vorlesungen. Berlin u. a. [2]1789.

Forschungsliteratur: F. Meyen: J. J. E. 1743–1820. Kurzer Abriß seines Lebens und Schaffens nebst Bibliographie. Braunschweig 1957; M. Pirscher: J. J. E. Ein Beitrag zur Literatur- und Wissenschaftsgeschichte des achtzehnten Jahrhunderts. Münster 1960; R. Paulin: J. J. E. und die europäische Gelehrtenrepublik am Übergang vom 18. zum 19. Jahrhundert. In: Internationales Archiv für Sozialgeschichte der deutschen Literatur 11 (1986). S. 51–72; M. Maurer: Aufklärung und Anglophilie in Deutschland. Göttingen u. a. 1987. Bes. S. 292–331; A. Hölter: J. J. E. Germanist und Komparatist vor dem Scheideweg. In: H. Birus (Hg.): Germanistik und Komparatistik. Stuttgart u. a. 1995. S. 571–592.

Peter Goßens

Esslin, Martin (1918–2002)

In *Das Theater des Absurden* (*The Theatre of the Absurd*, 1961; dt. 1964) spürt E. Gemeinsamkeiten in unterschiedlichen dramatischen Formen der Nachkriegs-Avantgarde v. a. Frankreichs, Englands, Deutschlands und den USA nach. Er befasst sich dabei u. a. mit den Stücken von ↑Beckett, ↑Ionesco, J. Genet, F. Arrabal, ↑Frisch, ↑Hildesheimer, H. Pinter und E. Albee und reiht diese in eine etablierte Literatur- und Theatertradition ein. Den philosophischen Hintergrund für die Dramen bildet der frz. Existenzialismus ↑Sartres und ↑Camus', der die Kategorie des Absurden explizit thematisiert. Während jedoch Sartre und Camus in ihren eigenen Stücken an überkommenen theatralen Formen und streng logischer Argumentation festhalten, spiegelt sich in den dramatischen Ausformungen des Absurden Theaters, die auf einen klaren Aufbau, Logik und Handlung weitestgehend verzichten, der totale Verlust tradierter Werte angesichts von Kriegserfahrung und Chaos. Die handelnden Figuren, die zumeist als Typen oder gar Marionetten gezeichnet sind, stehen häufig desolaten Zuständen gegenüber und bedienen sich in ihrer Konfrontation mit dem Unbegreiflichen einer dekonstruierten Sprache. Reflexionen und Dialoge verharren im Raum, man redet aneinander vorbei. Die von E. ausgewählten Dramatiker des Absurden Theaters verbindet trotz ihrer Heterogenität eine ähnliche dramatische Formensprache.

Ausgaben: The Theatre of the Absurd. Garden City, NY 1961; Das Theater des Absurden. Von Beckett bis Pinter. Reinbek 1987.

Forschungsliteratur: E. Jacquart: Le théâtre de dérision. Beckett, Ionesco, Adamov. Paris 1974; R. Daus: Das Theater des Absurden in Frankreich. Stuttgart 1977; K. Blüher (Hg.): Modernes französisches Theater. Adamov, Beckett, Ionesco. Darmstadt 1982.

Liane Schüller

Euripides (um 485/80 – 406 v. Chr.)

E.s Dramatisierung des Medea-Stoffs, nach der die Titelfigur, um Rache an ihren Gatten zu nehmen, ihre Kinder mit Bedacht tötet, hat stark auf die gleichnamigen Tragödien des Ennius, ↑Ovid und ↑Seneca gewirkt. ↑Aristoteles, der E. wegen seiner unglücklichen Tragödienschlüsse als den „tragischsten" Dichter lobt, kritisiert an dessen *Medea* (*Medeia*, 431 v. Chr.) jedoch die ungenügende Motivation des Schlusses. In der Neuzeit nehmen sich u. a. ↑Tieck (1789), der den „ungefälligen Charakter der Medea" als „zu herbe und auffallend" empfindet, ↑Corneille (1635) sowie F. Grillparzer im dritten Teil seiner Trilogie *Das Goldene Vlies* (1821) des Stoffes an. Im 20. Jh. wird das Potenzial des Medea-Stoffs für verschiedene Konfliktsituationen fruchtbar gemacht. H. H. Jahnns *Medea* (1926) problematisiert die Rassendiskriminierung, J. Anouilhs existenzialistisch anmutende *Médée* (1946) zeigt die Gefahren des ungebändigten menschlichen Selbstverwirklichungsdrangs, mit dem die sich rächende Medea die Welt nach ihren Vorstellungen formt, U. Haas' Roman *Freispruch für Medea* (1987; zum Libretto umgearbeitet für R. Liebermanns gleichnamige Oper) steht für eine kritische Reflexion des Geschlechterkonflikts, wobei, ähnlich wie in ↑Wolfs Roman *Medea: Stimmen* (1996), zur Mythenkorrektur gegriffen wird: Medea tötet bei Haas ihre Kinder nicht.

Ausgaben: Euripides. Fabulae. Bd. 1. Hg. v. J. Diggle. Oxford 1984; Medea in Athen. Die Uraufführung und ihre Zuschauer. Hg. v. H. Ortkemper. Frankfurt/M. u. a. 2001.

Forschungsliteratur: H. Flashar: Inszenierung der Antike. Das griechische Drama auf der Bühne der Neuzeit 1585 – 1990. München 1991; B. Zimmermann: E. In: H. Cancik/H. Schneider (Hg.): Der Neue Pauly. Bd. 4. Stuttgart u. a. 1998. S. 280 – 288 und ders., ebd. Bd. 14. 2000. S. 316 – 323; W. Frick: Die mythische Methode. Komparatistische Studien zur Transformation der griechischen Tragödie im Drama der klassischen Moderne. Tübingen 1998. S. 138 – 170, 402 – 416; H. A. Glaser: Medea oder Frauenehre, Kindsmord und Emanzipation. Frankfurt/M. u. a. 2001.

Markus Schauer

F

Fanon, Frantz Omar (1925–1961)

F.s Kritik kolonialistischer und rassistischer Denkmuster hat die postkolonialistische Literaturwissenschaft und Theorien postkolonialen Schreibens nachhaltig geprägt. In seinem Denken durch die dialektische Philosophie, zumal den Marxismus, durch den Existenzialismus und die Psychoanalyse (↑Freud) beeinflusst, verstand sich F. als Sprachrohr der Unterdrückten. *Schwarze Haut, weiße Masken* (*Peau noire, masques blancs*, 1952; dt. 1980) erörtert die Entfremdung kolonialer Subjekte unter Bezugnahme auf K. Jaspers und ↑Sartre; auch die folgenden Schriften gelten dem Programm eines Denkens, Handelns, Sprechens und Schreibens jenseits der Rassendiskriminierung bzw. als Vorbereitung auf deren Überwindung. Literatur, einerseits Spiegel und Bekräftigung kolonialistischer Haltungen, kann andererseits zum Kampfmittel der unterdrückten Kulturen und ihrer Vertreter werden: Sie soll insb. zum Aufbrechen verfestigter dichotomischer Denkmuster beitragen, die den Schwarzen auf der Basis eurozentrischer und exotistischer Klischees stigmatisieren. Die Überwindung des dualen Denkens und der Spaltung der Welt in Unterdrückte und Unterdrücker beginnt mit solcher Demythisierung festsitzender Stereotype. F.s marxistisch inspiriertes Modell kultureller Entwicklung umreißt drei Phasen: eine erste der Assimilation der unterdrückten Kulturen an die Kultur der Kolonisatoren, eine zweite des sich vorbereitenden Kulturkampfs und eine dritte kämpferische Phase, in welcher die kreativen Kräfte der einst kolonisierten Kulturen zur Geltung kommen und sich, genährt durch die Energie des sozialen Widerstands, zur Geltung bringen. Zu den in F.s Spuren diskutierten Fragen soziologisch und ideologiekritisch motivierter Literaturkritik gehört u. a. die nach der angemessenen Literatursprache für postkoloniale Autoren, nach der Beziehung lit. Kunstwerke zur Zeitgeschichte und nach der Bedeutung der Literatur für die globalisierte Welt. ↑Bhabha und andere Theoretiker des Postkolonialismus haben sich explizit auf F. gestützt.

Ausgaben: Peau noire, masques blancs. Paris 1952; Schwarze Haut, weiße Masken. Frankfurt/M. 1980; Les damnés de la terre. Paris 1961; Die Verdammten dieser Erde. Frankfurt/M. 1966.

Forschungsliteratur: E. Dacy: L'actualité de F. F.: Actes du colloque de Brazaville. Paris 1986; L. R. Gordon (Hg.): F.: A Critical Reader. Oxford u. a. 1996.

Monika Schmitz-Emans

Federman, Raymond (geb. 1928)

Bereits F.s frühe Studie über ↑Beckett (*Journey to Chaos: Samuel Beckett's Early Fiction*, 1965) kann als ein lit. Manifest verstanden werden. Dessen Grundgedanken einer Überwindung des Realismus und der Ratio in der Kunst, einer Suche nach der „reinen Fiktion", die weder Wirklichkeit zu repräsentieren noch menschliche Psyche auszudrücken versucht, und einer Reduktion des Erzählers und der Figuren auf körperlose Stimmen bilden die Basis aller späteren poetologischen Äußerungen F.s. So legt er v. a. im Vorwort des Essay-Bands *Surfiction* (1975; dt. 1992) die Merkmale der zeitgenössischen Literatur dar: Das Schreiben orientiere sich nicht mehr an etablierten Realitätsvorstellungen und müsse daher auch die restriktive Linearität des Textes aufbrechen. Die typografische Innovation, die räumliche Verteilung von Zeichen und Leerstellen auf der Buchseite, die F. etwa in den Romanen *Alles oder Nichts* (*Double or Nothing*, 1971; dt. 1986) bzw. *Take It or Leave It* (1976; dt. 1998) und in seiner konkreten Poesie umsetzt, schaffe anstelle der abstrakten grammatischen eine „paginale Syntax", beteilige den Leser an der textuellen Sinnkonstitution und ermögliche so die Befreiung aus einengenden Wirklichkeitskonzepten. Um deren traditionelle Dualitäten wie real/imaginär oder wahr/unwahr zu löschen, setzt die Fiktion der nur scheinbar teleologisch geordneten Wirklichkeit die Dekonstruktion des Plots, das „Pla(y)giat", die alogische Digression, Simultaneität und Selbstreferenzialität entgegen, die das Schriftmedium als „Unbewusstes" der Literatur an die Textoberfläche heben. (Hierdurch wie auch durch F.s improvisatorisches, an die *écriture automatique* erinnerndes – wiewohl überaus kalkuliertes – Schreiben erklärt sich die Begriffsverwandtschaft zwischen „Surfiction" und „Surrealismus".) Der Text ist reines Medium; die Figuren entbehren aller sozialen, psychologischen und situativen Identität und geraten zu fragmentarischen Wortwesen.

Indem F. die Realität als ausschließlich in Erzählungen existente Illusion versteht, die sich von der Literatur nicht unterscheide, erweisen sich in seinen Texten fiktionaler und faktischer Diskurs als austauschbar. Wie F.s *Critifiction* benannte Essays (1993) mit narrativen Elementen arbeiten, den akademischen Diskurs parodieren, einander unterminieren und das „Nicht-Wissen" in Leben und Fiktion inszenieren, so begegnet man in den Romanen zum einen Listen, Diagrammen oder poetologischen Einschüben, zum anderen autobiografischem Material, das jedoch einer ständigen Hinterfragung und Neuschreibung unterliegt. Im Zentrum steht hierbei die „unsagbare Enormität" des Holocaust – die wiederholt in F.s Werk auftauchende Chiffre X-X-X-X steht für die Deportation und „Auslöschung" seiner Eltern und Geschwister –, der sich die Kunst nur durch unablässige Um-Schreibung, Variation und Inkorporation der Abwesenheit in den Text annähern könne, wie sie F. u. a. in dem polyphon-verdichteten, autoreflexiven und zweisprachig veröffentlichten Kurzroman *Die Stimme im Schrank* (*The Voice in the Closet/La voix dans le cabinet de débarras*, 1979; dt. 1989) betreibt.

Während sich F.s poetologische Anschauungen auf die klassische Moderne (↑Proust, ↑Mallarmé, ↑Joyce, Beckett), das „Sprachdelirium" L.-F. Célines oder Avantgarden wie den Dadaismus und Surrealismus zurückführen lassen, weisen sie in den Konzepten des Rhizomatischen (↑Deleuze) und der arbiträren Montage zugleich auf den computerbasierten Hypertext voraus und machen F. – neben Autoren wie ↑Barth, D. Barthelme oder R. Sukenick – zu einem Hauptvertreter postmoderner Literatur in den USA.

Ausgaben: Double or Nothing. Chicago 1971; Alles oder nichts. Nördlingen 1986; Surfiction – Four Propositions in Form of an Introduction. In: Surfiction. Fiction Now … and Tomorrow. Chicago 1975. S. 5–15; Surfiction: Der Weg der Literatur. Frankfurt/M. 1992; Take It or Leave It. New York 1976; Take it or leave it. Eine übertriebene Geschichte aus zweiter Hand. Hamburg 1998; The Voice in the Closet. Madison 1979; Die Stimme im Schrank. Hamburg 1989; Critifiction: Postmodern Essays. Albany 1993.

Forschungsliteratur: L. McCaffery/T. Hartl/D. Rice (Hg.): F.: A to X-X-X-X. San Diego 1998.

Ulrich Meurer

Fénelon [d. i. François de Salignac de la Mothe] (1651 – 1715)

Der *Brief an die Akademie* (*Lettre à l'Académie*, 1714) entwirft, angeregt durch eine Anfrage der Académie Française, eine Skizze derjenigen Projekte, die F. als die für seine Zeit wichtigsten lit.-kulturellen Aufgaben ansieht. Trotz des mehr offiziellen Anlasses ist der Text ein genuines Programm, das eine wenngleich vorsichtige Erneuerung der Poetik und Kunsttheorie anstrebt. Literarhistorisch interessant ist der *Brief* dabei nicht zuletzt als Text des Übergangs. Sich vom Horizont der klassischen Poetik ablösend, profiliert er einen frühaufklärerischen Kunstbegriff mit ausgeprägten empfindsamen Zügen. Gemäß der akademischen Leitidee einer engen Verbindung von Sprachkultur und Literatur erhält die Rhetorik in diesem Projekt einen wichtigen Stellenwert. F.s Vorschlag unterscheidet sich indes vom Konzept klassischer Eloquenz, insofern er nicht Eleganz, Geschliffenheit und Glanz der Rede empfiehlt, sondern für einen möglichst schlichten Stil plädiert, der den Ideen der „Einfachheit" und der „Natur" folgen solle. Dabei erhalten die antiken Rhetoriken, denen nach F. der moderne Hang zu brillierender „préciosité" noch fern lag, eine Modellfunktion. Mittel der geforderten schlichten, klaren, jedoch nachdrücklichen Rede sind nicht nur *bon sens* und Ratio, sondern auch die Empfindung, die F. als „Seele des Worts" („âme de la parole") begreift.

Das im engeren Sinne poetologische Projekt F.s fächert sich auf in genrespezifische Reflexionen zu Lyrik, Historiografie und Drama. Im Bereich der Lyrik postuliert F. eine freiere, am Sprechrhythmus orientierte Versifikation, im Bereich des Dramas interessiert ihn v. a. die Tragödie, wobei er indes weniger die „tragédie classique" seiner Zeitgenossen als vielmehr ein den antiken Dramen unterstelltes Ideal vor Augen hat. Mit diesem Maßstab übt er Kritik an den Stücken ↑Corneilles und ↑Racines, deren Sprache auf die trügerische Eleganz des „bel esprit" verweise. Im Schlussteil des Briefs bezieht F. Stellung zur *Querelle des anciens et des modernes.* Zwischen den Parteien vermittelnd, wägt er die Vorzüge, aber auch die Beschränkungen der lit. Produktion beider Epochen gegeneinander ab. So entsteht eine gemäßigte Rechtfertigung der modernen Autoren, die ungeachtet der Vorbildfunktion der „anciens" ermuntert werden, am Projekt der *aemulatio* ihrer antiken Vorläufer festzuhalten.

Für die europ. Rezeption einschlägig und auch poetologisch relevant sind zwei lit. Texte F.s, die *Totengespräche* (*Dialogues des Morts*, 1712) und die *Abenteuer des Telemach* (*Les avantures de Télémaque*, 1699). Erproben die *Totengespräche* in der Dialogform ein in der Folge ergiebiges Romanmodell, stellt der *Telemach* im Konnex von *Institution du Prince* und romanhafter Individualgeschichte eine interessante Vorform des aufklärerischen Entwicklungsromans dar.

Ausgaben: Lettre à l'Académie. Hg. v. E. Caldarini. Genf 1970.

Forschungsliteratur: R. Spaemann: Reflexion und Spontaneität. Studien über F. Stuttgart 1963; V. Kapp: Télémaque de F. Tübingen u. a. 1982; M. Haillant: Culture et Imagination dans les Œuvres de F. „Ad usum Delphini". Paris 1982 – 1983.

Linda Simonis

Feuchtwanger, Lion (1884 – 1958)

F.s Poetik ist geprägt von einem aufklärerischen, geschichtsphilosophischen Standpunkt: Auf ↑Hegel gründet seine Ansicht, die Geschichte sei teleologisch, d. h. die langsame, oft auf verschlungenen Bahnen oder durch scheinbare Zufälle, aber immer unaufhaltsam fortschreitende Verwirklichung der Vernunft. Von ↑Nietzsche übernimmt er die Vorstellung, in der Geschichte gebe es sich wiederholende unveränderliche Muster, die von den jeweiligen historischen Bedingungen lediglich verschieden gefärbt werden. Diese Grundsätze erzählerisch zu vermitteln ist der Zweck seiner Werke. Vor diesem Hintergrund erklärt sich F.s Bevorzugung des unter seinen lit. Zeitgenossen (↑Kesten, ↑H. Mann ↑Th. Mann u. a.) durchaus beliebten historischen Romans wie er ihn v. a. in dem Vortrag *Vom Sinn und Unsinn des historischen Romans* (1935) und der Fragment gebliebenen poetologischen Abhandlung *Das Haus der Desdemona* (1961 postum) beschreibt. In Abgrenzung zum historischen Roman nach der Art von A. Dumas, den er als rein eskapistische Unterhaltungsliteratur bezeichnet, versteht F. ihn als ein Mittel das eigene Lebensgefühl und die eigene Weltsicht exakt wiederzugeben. Zwar räumt er ein, dass ein Buch nicht nur einen einzigen Sinn aufweisen könne, doch betont er, die eigene Lesart seiner Texte sei die wünschenswerte. Es gelte, die Vergangenheit für Gegenwart und Zukunft einsichtig zu machen und so einen Nutzen aus ihr zu ziehen. Seine Weltanschauung sowie seine gesellschaftl. und ästhetischen Überzeugungen finden sich werkimmanent in zahlreichen Schriftsteller- und Künstlerfiguren reflektiert.

Unter dem Einfluss der Anfang des 20. Jh.s populären Hinwendung zur Philosophie Indiens (vgl. ↑Hesse, Th. Lessing u. a.), die das Erdulden vor die Tat stellt, versteht F. den Schriftsteller als Beobachter. Im Zuge der Machtergreifung der Nationalsozialisten, die er zunächst unterschätzt, ändert sich seine Einstellung: Er bekennt sich zur marxistischen Revolution, wodurch er und seine Werke später zu teil-zensierten Instrumenten der DDR-Propaganda werden. Mit seinen Zeitgenossen (zu seinen Freunden und Bekannten gehörten ↑Brecht, F. Werfel, H. Mann, Th. Mann, A. Zweig, E. Bloch, ↑Döblin) verbindet F. darüber hinaus die Konzeption von Literatur als international und kosmopolit.

Ausgaben: Centum opuscula. Eine Auswahl. Rudolstadt 1956; Das Haus der Desdemona oder Größe und Grenzen der historischen Dichtung. Hg. v. F. Zschech. Rudolstadt 1961.

Literatur: K. Modick: L. F. im Kontext der zwanziger Jahre. Autonomie und Sachlichkeit. Königstein/Ts. 1981; H. L. Arnold (Hg.): L. F. Text + Kritik. München 1983; W. Müller-Funk (Hg.): Jahrmarkt der Gerechtigkeit. Studien zu F. L.s zeitgeschichtlichem Werk. Tübingen 1987; W. v. Sternburg (Hg.): L. F. Materialien zu Leben und Werk. Frankfurt/M. 1989; H. Wagener: L. F. Berlin 1996.

Christian A. Bachmann

Flaubert, Gustave (1821–1880)

Zu den wichtigsten Quellen für F.s Poetik zählt seine umfangreiche Korrespondenz mit – u. a. – G. Sand, ↑Maupassant, M. Du Camp, C.-A. Sainte-Beuve, den Brüdern Goncourt, H. Taine, ↑Turgenev oder seiner Geliebten, der Schriftstellerin L. Colet. In den Briefen entwickelt er seine literaturkritischen, ästhetischen und poetologischen Positionen, die er nirgendwo systematisch und zusammenhängend fixiert hat: das Bestreben, stets das einzig richtige Wort (*mot juste*) für einen Sachverhalt zu finden; seine Opposition gegen den Sentimentalismus der zeitgenössischen Literatur und die daraus resultierende Entwicklung einer unpersönlichen, verknappten Erzählweise, die den Erzähler hinter das Geschehen zurücktreten lässt (*impassibilité* und *impartialité*); die Auffächerung unterschiedlicher Erzählperspektiven (Fokalisierung); der *style indirect libre* (erlebte Rede), der Gefühle, Gedanken und Reden der Figuren unmittelbar in die auktoriale Erzählung einblendet; seine Verwendung der unterschiedlichen Vergangenheitsformen, etwa zur Fokalisierung;

seine kritische Auseinandersetzung mit der Metapher, die er von ihrem Überschwang zu reinigen und oft durch einen Vergleich zu ersetzen sucht. F.s Konzept von Realismus rührt nicht nur aus der Beobachtung der Realität her, sondern ist immer zugleich eine Poetik der Lektüre und damit der Intertextualität *avant la lettre* und wird darüber hinaus strukturiert von der ständigen Bewegung zwischen Illusion und Desillusion.

Implizite Poetiken sind F.s Romane. 1851 begann er die Arbeit an *Madame Bovary*, die 1856 in der *Revue de Paris* und 1857 als Buch veröffentlicht wurde (dt. 1858). Von der Anklage wegen des vorgeblichen Immoralismus seines Romans wurde F. freigesprochen (im selben Jahr fand der Prozess gegen ↑Baudelaires *Fleurs du Mal* statt). Die Obszönität, die *Madame Bovary* vorgeworfen wurde, lag nicht im Gegenstand als solchem – dem mehrfachen Ehebruch einer Frau –, sondern darin, dass dieser Ehebruch völlig neutral geschildert wird. Das Fehlen eines moralischen Korrektivs innerhalb des Textes ließ die Sittenwächter fürchten, der Roman könne zur Nachahmung anregen. Damit nahm die Rechtsprechung paradoxerweise ein Thema auf, das im Roman selbst thematisiert wird: die Gefahren des Lesens. F.s Protagonistin wird durch ihre Lektüren für das wirkliche Leben verdorben, vergleichbar ihrem berühmtesten Bruder, ↑Cervantes' *Don Quijote* zweieinhalb Jahrhunderte früher. Emma liest romantische und triviale Romane, um „leidenschaftliche Erschütterungen" zu empfinden, und sie glaubt, das „wahre" Leben müsse so sein wie das Leben in ihren Büchern. Sie nimmt sich Liebhaber, um sich als romantische Heldin zu fühlen; sie verschuldet sich für modische Kleidung, um sich in eine andere Existenz zu träumen. Ihr Leben reduziert sich auf den Konsum vorgefertigter Versatzstücke. Konterkariert werden ihre Sehnsüchte durch die Banalität der Realität und die entsprechende Sprache der Figuren (z. B. die derb-realistische Landwirtschaftsausstellung als absurder Hintergrund für eine romantische Liebeserklärung). Am Ende bleibt ihr nur der Selbstmord, der freilich in seiner grauenhaften Hässlichkeit die letzte Illusion eines dramatisch-schönen (Opern-) Abgangs bricht. Im Gegensatz zu dem, was der Roman *Madame Bovary* über das Lesen sagt, fordert er für sich selbst eine kritisch-reflektierte Lektüre. Durch seine neutrale Erzählstruktur und Erzählhaltung positioniert er sich als anti-romantisches modernes Kunstwerk und bringt er sich in einen krassen Gegensatz zu den Texten, über die er spricht. Poetik der Lektüre und Poetik des Schreibens fallen in eins.

Seit 1857 arbeitete F. an seinem historischen Roman *Salammbô* (1862; dt. 1908). 1858 reiste er deswegen nach Tunesien, bereits 1849–1851 hatte F. mit seinem Freund Du Camp den Orient bereist. Der auktorial erzählte Roman spielt zur Zeit des Ersten Punischen Krieges; Grausamkeiten und Gewalt werden ebenso neutral erzählt wie die erotische Besessenheit des libyschen Söldners Mâtho von Salammbô, der Priesterin der Mondgöttin Tanit. Mit der verdichteten und realistischen Erzählweise kontrastiert die üppige Visualität und ausgefeilte Farbsymbolik, die die Fremdartigkeit und Faszination des – imaginierten – Orients konstituieren und zugleich seinerzeit gängige Orientalismen als dekorative Phantasien und exotische Fluchtträume entlarven. Mit den 1869 erschienenen *Lehrjahren des Herzens* (*L'Éducation sentimentale*; dt. 1904/1921) kehrt F. zur Gegenwart zurück. Der (Anti-)Entwicklungsroman eines „mittleren Helden", der sein Leben vertrödelt, statt zu avancieren oder wenigstens sich selbst zu bilden, ist eine scharfsichtige Analyse der frz. Gesellschaft zur Zeit der Julimonarchie und lebt wie *Madame Bovary* vom sprachlich realisierten Gegensatz zwischen Illusion und Desillusion auf individueller wie gesellschaftl. Ebene.

Die Fertigstellung des enzyklopädischen Romans *Bouvard und Pécuchet* (*Bouvard et Pécuchet*, 1881 postum; dt. 1922) wurde von F.s Tod am 8. Mai 1880 unterbrochen. Die implizite Poetik der Lektüre und davon untrennbar die Poetik des (intertextuellen, desillusionierten und desillusionierenden) Schreibens wird hier auf die Spitze getrieben. Die zwei ehemaligen Kopisten Bouvard und Pécuchet lesen sich quer durch die Wissenschaften ihrer Zeit, völlig unsystematisch und ohne jedes Unterscheidungsvermögen zwischen Wichtigem und Unwichtigem. Sie werden nacheinander (Pseudo-)Mediziner, Chemiker, Literaten, Antiquitätenkenner, Gartenkünstler, Magnetiseure, Anatome und noch vieles mehr – und sie reden entsprechend mimikryartig. Bouvard und Pécuchets nur scheinbar komische Orientierungslosigkeit wird hervorgebracht von der unüberschaubaren Fülle des gedruckten Wissens in einer Kultur professioneller Spezialisierung und gesellschaftl. Ausdifferenzierung – und führt deren Scheitern angesichts der Banalisierung von Ideen zu Gemeinplätzen vor. *Das Wörterbuch der Gemeinplätze* (*Dictionnaire des idées reçues*, 1910 postum; dt. 1968), das F. parallel zu seiner Arbeit am Roman in jahrelanger Sammelleidenschaft zusammenstellte, wird in dieser Perspektive zum Buch der Bücher zumindest des 19. Jh.s, das alle anderen in sich enthält (↑Mallarmé, ↑Borges). Das *Dictionnaire* sollte nach F.s Absicht nicht ein einziges Wort enthalten, das von ihm selbst stammte: Strikt an der Willkür des Alphabets orientiert, reiht es Begriffe aneinander, Plattitüden des alltäglichen Gesprächs, die F. in fast allen Romanen zur Schilderung und Entlarvung der Figuren und ihrer sozialen Beziehungen einsetzt.

Analog zum *Dictionnaire* ist der Roman *Bouvard und Pécuchet* eine Montage vorgefundenen Sprachmaterials, das die Protagonisten zu seinen Objekten macht. Der Roman ist eine Bankrotterklärung an die identitätsstiftende Funktion von Literatur und Wissenschaft, eine Enzyklopädie, die zur Posse geworden ist und in der die Bücher die wahren *dramatis personae* sind (L. Trilling).

Ausgaben: Œuvres. 2 Bde. Hg. v. A. Thibaudet/R. Dumesnil. Paris 1951–1952; Correspondance. Hg. v. J. Bruneau. Paris 1973–2007; Œuvres complètes. Hg. v. C. Gothot-Mersch/G. Sagnes. Paris 2001 ff. [bisher veröffentlicht Bd. 1]; Romane und Erzählungen. 8 Bde. Frankfurt/M. 1996.

Forschungsliteratur: U. Schulz-Buschhaus: F. – Die Rhetorik des Schweigens und die Poetik des Zitats. Münster 1995; L. M. Porter (Hg.): A G. F. Encyclopedia. Westport u. a. 2001; T. Unwin (Hg.): The Cambridge Companion to F. Cambridge 2004; T. Logé/M.-F. Renard (Hg.): F. et la théorie littéraire. Brüssel 2005.

Gertrud Lehnert

Fontane, Theodor (1819–1898)

Aus F.s zahlreichen Kritiken, Briefen und Aufsätzen lassen sich Bausteine einer Dichtungstheorie entnehmen, die es erlaubt, ihn als Begründer einer eigenen Spielart des lit. Realismus zu bezeichnen. Dies gilt allerdings erst für die letzten beiden Jahrzehnte seines Lebens und Schaffens, denn bis in die Mitte der 1870er Jahre hinein verstand sich F. nicht als realistischer Romancier, sondern in erster Linie als Lyriker, Reiseschriftsteller und Journalist. An F.s lyrischer Produktion ist poetikgeschichtlich v. a. sein Versuch interessant, den Typus des Kasualgedichtes zu modernisieren, der beim Übergang von der Normpoetik zur Individualpoetik am Ende des 18. Jh.s durch den neuen Typus des Erlebnisgedichtes fast vollständig ersetzt worden war. Tatsächlich gehört ein beträchtlicher Teil seiner zahlreichen Gedichte der Gattung des Gelegenheitsgedichtes an, wobei es neben privaten und halboffiziellen Anlässen nicht selten auch polit.-historische Begebenheiten (Gedenktage) sind, die den Ausgangspunkt seiner lyrischen Produktion bilden. Entstehungskontext und Publikationsort vieler dieser Texte deuten darauf hin, dass F. sie nicht als künstlerische Lyrik im engeren Sinne, sondern als lit. Gebrauchsartikel auffasste, die sich weniger an das Bildungsbürgertum als vielmehr an das Besitzbürgertum und an die intellektuell ambitionierteren Fraktionen der neu entstehenden Mittelschichten richteten. In der F.-Forschung haben diese Texte (deshalb) bisher fast keine Beachtung gefunden. Besser erforscht sind F.s Balladen, die zwar gattungsgeschichtlich dem seit der Klassik vorhandenen Spektrum der Unterarten dieser Gattung kaum etwas Neues hinzufügten, die jedoch in ihrer Konzentration auf das Detail, in der Vielfalt der soziolektalen und dialektalen Stilebenen sowie in der Ausformung eines auf Lebensklugheit und praktischer Toleranz basierenden Humors wesentliche Elemente des im späteren Romanschaffen voll entfalteten Realismus F.s vorwegnehmen.

Eine wichtige Etappe auf dem Weg zu diesem Realismuskonzept stellen auch F.s Reise- und Kriegsberichte dar, deren prominenteste die *Wanderungen durch die Mark Brandenburg* (vier Teile; erschienen 1862, 1863, 1873 und 1882) sind. F. bekennt sich im Schlusswort zum vierten Teil dieses sehr umfangreichen, oft nur in Auszügen publizierten und rezipierten Werkes zum Ideal einer Darstellung im „Plauderton", worunter er eine verbindliche, zugleich informative und unterhaltsame, den Geschmacksdispositionen einer nicht dezidiert intellektuellen Leserschaft entsprechende Diktion versteht. Neben der Liebe zum historischen und geografischen Detail ist es auch hier wieder der typische *bon sens* F.s, der – wenngleich er gelegentlich die Grenze zur *bonhomie* überschreitet – die Entwicklung seines Realismus-Konzeptes vorbereitet.

Charakteristisch für dieses Konzept, das dann die gesamte Romanproduktion F.s prägen wird, ist die Idee der „Verklärung", d. h. einer im Unterschied zu den Naturalisten bes. deutlich hervortretenden Abneigung gegen die einseitige Schilderung des Negativen, Schrecklichen, Extremen, Abstoßenden. Diese – mit dem programmatischen Normalismus der Mittelstandskultur des bürgerlichen Zeitalters perfekt harmonierende – Doktrin der Idealisierung ermöglicht eine Neukonstruktion der herrschenden Vorstellung von Alltäglichkeit als einem „mittleren", extremes Leid ebenso wie vollendetes Glück ausschließenden Normalzustand. Im Hinblick auf F.s bedeutenden Erfolg gerade in den neu entstehenden Mittelschichten kann diese Konzeption nicht nur unter poetikgeschichtlichen, sondern allg. unter mentalitätsgeschichtlichen Gesichtspunkten als relevantes Datum jener Gesellschaftsgeschichte verstanden werden, die F. in seinen Romanen zu beschreiben versuchte.

Gattungsgeschichtlich kann seine Romanproduktion in jene Tradition des Zeit- und Gesellschaftsromans eingeordnet werden, die in Frankreich und Russland schon Jahrzehnte zuvor zu hoher Blüte gelangt war und die dem Roman die Aufgabe zuwies, in Ergänzung – wenn nicht in Überbietung – der Tätigkeit des Historikers einerseits die großen Linien der Geschichtsentwicklung zu veranschaulichen, die der an das Faktische gebundene Historiker leicht aus dem Auge verlieren kann, und andererseits jene Elemente des Alltäglichen zu dokumentieren, die der (damals) vornehmlich an Haupt- und Staatsaktionen interessierte Geschichtsschreiber als irrelevant empfindet und dem Vergessen anheimstellt.

In seinem Aufsatz *Unsere lyrische und epische Poesie seit 1848* hatte F. den Realismus 1853 als eine „Widerspiegelung alles wirklichen Lebens“ definiert und damit eine Unterscheidung zwischen wirklichem und nicht-wirklichem Leben postuliert, deren genauere Bestimmung in Form theoretischer Überlegungen er schuldig blieb. Seine Romane vermitteln jedoch eine recht deutliche Vorstellung davon, auf welche Aspekte des Lebens F. seine Aufmerksamkeit konzentrierte. Insb. ist dies die Herausarbeitung der epochen- und milieuspezifischen, aber dennoch sehr stabilen, ja geradezu unauflöslichen Relation zwischen einer bestimmten Stellung im sozialen Raum und einem bestimmten Habitus: Spezifischen gesellschaftl. und beruflichen Positionen entsprechen in seinen Romanen nicht nur bestimmte Lebensstile und Einstellungen, sondern auch typische Denk- und Sprechweisen, Umgangsformen, Geschmacksneigungen, Stilpräferenzen, Geschlechterrolleninterpretationen, polit. Haltungen u. v. m.

F. erweist sich hier als aufmerksamer Beobachter der Gesellschaft seiner Zeit, der ein außerordentlich facettenreiches Panorama zeitgenössischer Habitus beschreibt und auf diese Weise Einblicke in das gesellschaftl. Leben des bürgerlichen Zeitalters vermittelt, wie sie die Historiografie, die Soziologie und die Psychologie erst viele Jahrzehnte später, im Kontext der Alltags- und Mentalitätsgeschichtsschreibung, zu liefern versuchten und vermochten. Dabei ist allerdings einschränkend anzumerken, dass F.s Werke sein Programm eines lebens- und alltagsnahen Detailrealismus nur innerhalb gewisser Grenzen realisieren. Biografische Zufälle und polit.-weltanschauliche Dispositionen des Autors bewirkten, dass in F.s fiktiven Welten ein zwar breit angelegtes, aber dennoch etliche Lücken aufweisendes Bild der Gesellschaft des 19. Jh.s gezeichnet wird, was sich etwa an seinem Frauenbild, an seiner Darstellung der Dienstboten und allg. der Arbeitswelt sowie an seiner Beschreibung des Phänomens der sozialen Mobilität festmachen lässt. Gleichwohl haben F.s in alle Weltsprachen übersetzten und teilweise mehrfach verfilmten Romanklassiker wie *Frau Jenny Treibel* (1892), *Effi Briest* (1894–1895) oder *Der Stechlin* (1897) nicht nur das literaturwissenschaftliche Verständnis des Begriffs Realismus, sondern auch die populäre Vorstellung von den typischen Lebenswelten des 19. Jh.s maßgeblich beeinflusst.

Ausgaben: Sämtliche Werke. München 1959 ff.; Große Brandenburger Ausgabe. Berlin 1994 ff.

Forschungsliteratur: F.-Blätter. Potsdam 1969 ff.; H.-H. Reuter: T. F. Grundzüge und Materialien einer historischen Biographie. Leipzig ^{2}1976; R. Brinkmann: T. F.: Über die Verbindlichkeit des Unverbindlichen. Tübingen ^{2}1977; W. Müller-Seidel: T. F. Soziale Romankunst in Deutschland. Stuttgart ^{2}1980; Ch. E. Thomas: ‚Ich werde ganz einfach telegraphieren‘. Subjekte, Telegraphie, Autonomie und Fortschritt in T. F.s Gesellschaftsromanen. Ann Arbor 2002; H. Chambers: T. F.s Erzählwerk im Spiegel der Kritik. 120 Jahre F.-Rezeption. Würzburg 2003; B. Heidenreich (Hg.): T. F. – Dichter der deutschen Einheit. Berlin 2003; W. Rasch (Hg.): „Erschrecken Sie nicht, ich bin es selbst“. Erinnerungen an T. F. Berlin 2003; S. Vitz-Manetti: Jenes alles Beste umschließende Etwas, das Gesinnung heißt. Ein Begriff im Werk F.s. Frankfurt/M. u. a. 2004; S. Becker/S. Kiefer (Hg.): „Weiber weiblich, Männer männlich“? Zum Geschlechterdiskurs in T. F.s Romanen. Tübingen 2005; Ph. Frank: T. F. und die Technik. Würzburg 2005; J. Pacholski: Das ganze Schlachtfeld – ein zauberhaftes Schauspiel. T. F. als Kriegsberichterstatter. Wrocław u. a. 2005; W. Rasch: T.-F.-Bibliographie. 3 Bde. Berlin u. a. 2006.

Jost Schneider

Forster, Edward Morgan (1879–1970)

Ansichten des Romans (*Aspects of the Novel*, 1927; dt. 1949) ist eine im mündlichen

Stil belassene Zusammenfassung einer Folge von Vorlesungen, die F. im Rahmen der *Clark Lectures* am Trinity College in Cambridge gehalten hat. F. behandelt sieben Grundkategorien des Erzählens, die er mit Geschichte („story“), Menschen („people“), Fabel („plot“), Phantasie („fantasy“), Prophetie („prophecy“), Modell („pattern“) und Rhythmus („rhythm“) betitelt. F. entfernt sich dabei von einem chronologisch orientierten literarhistorischen Ansatz. Für seine Analysen verwendet er jeweils paarweise Ausschnitte aus oft grundsätzlich verschiedenen Werken, mit deren Hilfe er die Verkettung von Charakterdarstellung und -entwicklung und Handlungsaufbau sowie den Zusammenhang zwischen Realität und Fiktion betrachtet. Dabei zeigt er Ansätze zur Analyse von Stil, Form und Perspektive, wobei er sich bes. für das breit angelegte Erzählen aus verschiedenen Perspektiven einsetzt. Zentral sind auch heute noch die Kapitel, die sich auf Charaktere im Roman beziehen. Hier unterteilt er in flache und runde Charaktere („flat“ und „round characters“), wobei flache Charaktere für F. in den Bereich der Komödie fallen, da sie „als Gerüst eine einzige Idee oder Eigenschaft“ haben, während runde Charaktere der Tragödie angehören, weil sie nicht schematisch gezeichnet, sondern unberechenbar und komplex sind. Ebenfalls zentral sind F.s Ansichten über den Zusammenhang zwischen realer und fiktiver Welt und die Möglichkeiten des Autors, den Leser in die Welt des Romans hineinzuziehen. F. zählt zur sog. *Bloomsbury Group* um ↑Woolf, J. M. Keynes und L. Strachey.

Ausgaben: Aspects of the Novel. Hg. v. O. Stallybrass. London 2000; Ansichten des Romans. Frankfurt/M. 1962.

Forschungsliteratur: J. S. Herz (Hg.): E. M. F.: Centenary Revaluations. Toronto 1982; D. R. Schwarz: The Importance of E. M. F.s „Aspects of the Novel“. In: South Atlantic Quarterly 82/2 (1983). S. 189–205; P. Firchow: Not an Aspect of the Novel: E. M. F. on Point of View in Fiction. In: H. Foltinek (Hg.): Tales and „Their Telling Difference“: Zur Theorie und Geschichte der Narrativik. Heidelberg 1993. S. 263–278.

Alexandra Pfleger

Foucault, Michel (1926–1984)

Jenseits von Hermeneutik und (post)-strukturalistischer Semiotik untersucht der frz. Historiker und Philosoph F. Literatur als einen Gegenstand, der jenseits von einer Theorie der Bedeutung gedacht werden muss. Im Horizont von *Die Ordnung der Dinge* (*Les mots et les choses*, 1966; dt. 1971), in dem er mit kritischem Impuls gegen eine teleologische Ideengeschichte die in Brüchen ablaufende Historie unbewusster Wissensordnungen („episteme“) analysiert, bestimmt er die Literatur unter den Bedingungen der modernen Episteme Mensch als subversiven Gegendiskurs zu den neu entstehenden Humanwissenschaften. In der rein selbstbezüglichen und asignifikanten Literatur der Moderne (zu der F. u. a. ↑Mallarmé, ↑Bataille, ↑Blanchot, ↑Roussel und ↑Borges zählt) erscheine die Sprache in ihrem rohen Sein, das weder in der Form eines hermeneutischen Kommentars auf eine verborgene Intention noch semiologisch auf ein Prinzip der Bedeutung zurückgeführt werden könne, sondern sprachontologisch in seiner materialen und subjektlosen Äußerlichkeit analysiert werden müsse. Seit den späten 1960er Jahren arbeitet F. erstmals eine allg. Theorie des Diskurses aus, dessen immer wieder wechselnde Konzeption zunächst auf eine archäologische Analyse von Diskursen als autonomen Aussageformationen hinausläuft, die anonym (ohne durch die Instanz eines Subjekts des Aussagens reguliert zu sein) Gegenstände, Subjektpositionen, Zusammenhänge und Institutionalisierungsformen des Wissens produzieren. Die kaum erwähnte Literatur wird nun als prinzipiell unterschiedsloser Wissensgegenstand der Diskursanalyse behandelt. Mit der Akzentverschiebung auf eine genealogische Analyse der Machtformen in der Produktion des diskursiv Sagbaren betont F. zwar noch einmal das Ereignishafte der Literatur, zugleich aber die in dieser selbst obwaltenden Mechanismen ihrer diskurspolizeilichen Bändigung. In diesem Zusammenhang ist auch F.s Theorie der Autorfunktion situierbar, die – abseits der Illusion eines autonomen Schöpfersubjekts – rein strukturell die Verknappung des diskursiv in und über Literatur Sagbaren organisiere, u. a. durch die Reglementierung der juristischen Formen der Aneignung, der interpretativen Psychologisierung und der Einrichtung von Subjektstellen lit. Texte (vgl. ↑Barthes' Diktum vom „Tod des Autors"). Ohne je selbst eine kohärente Theorie der Literatur ausgearbeitet zu haben, ist F. u. a. maßgebliche Referenz der historischen Diskursanalyse, Interdiskursanalyse und mediologischen Diskursanalyse der Literatur.

Ausgaben: Les mots et les choses. Paris 1966; Die Ordnung der Dinge. Frankfurt/M. 1971; L'archéologie du savoir. Paris 1969; Archäologie des Wissens. Frankfurt/M. 1973; L'ordre du discours Paris 1971; Die Ordnung des Diskurses. Frankfurt/M. 1977; Schriften zur Literatur. Frankfurt/M. 2003.

Forschungsliteratur: C. Kammler: Historische Diskursanalye (M. F.). In: K.-M. Bogdal (Hg.): Neue Literaturtheorien. Eine Einführung. Opladen ²1997. S. 32–56; A. Geisenhanslüke: Gegendiskurse. Literatur und Diskursanalyse bei M. F. Heidelberg 2008.

Rasmus Overthun

Frank, Manfred (geb. 1945)

Der Tübinger Ordinarius für Philosophie hat in seiner Habilitationsschrift *Das individuelle Allgemeine* (1977) und ausführlicher in einer u. d. T. *Was ist Neostrukturalismus?* (1983) publizierten Vorlesungsreihe einen substanziellen Beitrag zur Modernisierung der Hermeneutik geleistet.

In der Auseinandersetzung mit Theoretikern wie ↑Derrida, ↑Lacan oder ↑Deleuze macht F. unter Berufung auf F. Schleiermacher geltend, dass Textverstehen nicht die möglichst authentische Rekonstruktion von Bewusstseinszuständen eines Autors meint, sondern die methodische Entwicklung rechtfertigbarer Interpretationshypothesen. Verstehen begreift er als dialektisches Miteinander von objektiver Sprachstruktur und freier Individualität, wobei er zeigen kann, dass diese hermeneutische Prämisse keineswegs eine semiotisch obsolete Vorstellung von stabilen Signifikat-Signifikant-Beziehungen voraussetzt, wie sie z. B. noch in G. Steiners konservativ-hermeneutischer Verteidigungsschrift gegen den Poststrukturalismus (*Real presences*) zu finden ist. F. hat der Literatur angesichts der neostrukturalistischen Infragestellung konventioneller Kommunikationsmodelle eine Möglichkeit aufgezeigt, lit. Kommunikation weiterhin als einen Prozess des Verstehens und des Verstandenwerdens aufzufassen, ohne dabei hinter den aktuellen Stand der Semiotik und der Philosophie des Selbstbewusstseins zurückzufallen.

Seine *Einführung in die frühromantische Ästhetik* (1989) zählt zu den Standardwerken der wissenschaftlichen Poetikgeschichte.

Ausgaben: Das individuelle Allgemeine. Textstrukturierung und -interpretation nach Schleiermacher. Frankfurt/M. 1977; Was ist Neostrukturalismus? Frankfurt/M. 1983; Einführung in die frühromantische Ästhetik. Frankfurt/M. 1989.

Forschungsliteratur: M. Schwab: Foreword. In: M. F.: What is Neostructuralism? Minneapolis, MN 1989. S. 10–44; A. Bertinetto: Autocoscienza e soggetività nel pensiero di M. F. Turin 1998.

Jost Schneider

Freud, Sigmund (1865–1939)

F. schuf auf der Grundlage einer aus der Antike rührenden Tradition der „Menschenkenntnis", der neuzeitlichen Psychologie, von Medizin und Neurophysiologie sowie des antiken Mythos die moderne Psychoanalyse. Entstanden als Ätiologie und Therapie psychischer Störungen (*Studien über Hysterie*, 1895), wurde die Psychoanalyse spätestens mit der *Traumdeutung* (1900) zur grundlegenden Theorie der menschlichen Psyche und weitete sich schließlich aus auf Kulturtheorie und Kulturkritik (*Totem und Tabu*, 1912–1913; *Die Zukunft einer Illusion*, 1927; *Das Unbehagen in der Kultur*, 1930) und zu einer Theorie von Literatur und bildender Kunst.

Bahnbrechend ist F.s Entdeckung der Vorherrschaft des Unbewussten und der Wirksamkeit unbewusster Prozesse für alles, was Menschen tun (*Traumdeutung*). Das von den Trieben dominierte Es, also das Unbewusste, nimmt in der menschlichen Psyche den weitaus größten Raum ein. Dem Es sitzt oberflächlich das Ich auf, das die Wahrnehmungen aus der Außenwelt verarbeitet und *idealiter* zwischen ihnen und den Triebansprüchen des Es vermittelt. Das Über-Ich (Gewissen) schließlich wird gebildet durch internalisierte moralische Ansprüche vornehmlich der väterlichen Instanz (*Das Ich und das Es*, 1923). Mittels archäologischer Erinnerungsarbeit sucht die Analyse die ins Unbewusste verdrängten Erlebnisse dem Wissen zugänglich zu machen und damit ihre Wirksamkeit für die Gegenwart zu entschärfen. Bei allem Aufklärungsstreben ist F. freilich klar, dass das „Ich nicht Herr im eignen Haus" ist und nie sein wird.

Sexualität wird für F. zum zentralen Motiv der menschlichen Identität (*Drei Abhandlungen zur Sexualtheorie*, 1905). Der männliche Ödipuskomplex – der Knabe begehrt seine Mutter und tritt in Konkurrenz zum Vater – zerschellt an der Kastrationsangst, sobald das männliche Kind den anatomischen Geschlechtsunterschied, d. h. die vermeintliche „Kastriertheit" der Frauen, zur Kenntnis genommen hat. Daraus freilich entwickelt sich die Möglichkeit der Sublimation, d. h. der Verschiebung der ursprünglich auf Sexuelles gerichteten Libido (= Energie) auf andere, kulturelle Bereiche. Frauen fehlt diese Möglichkeit laut F., da sie aufgrund ihrer anatomischen „Minderwertigkeit"/Kastration nicht dem Druck der Angst ausgesetzt sind.

Da Literatur und Kunst aus der Verdrängung entstehen, enthalten sie immer Spuren des Verdrängten. So entwickelt F. seine Theorie des Ödipuskomplexes am Bsp. des *König Ödipus* von ↑Sophokles und umgekehrt deutet er Literatur und Kunst mit Hilfe seiner Theorie (↑Hoffmanns *Der Sandmann* in *Das Unheimliche*, 1919, *Der Wahn und die Träume in W. Jensens „Gradiva"*, 1907). In *Der Dichter und das Phantasieren* (1908) leitet F. seine Theorie des lit. Schaffensprozesses aus dem Tagträumen ab, das wie der nächtliche Traum v. a. imaginäre Wunscherfüllung ist. Der Dichter phantasiert sich zum unbesiegbaren Helden; durch Verschiebung und Verdichtung wird die ursprüngliche Thematik im fertigen Text so unkenntlich wie der Traumgedanke im aktuellen Traum. Mit *Eine Kindheitserinnerung des Leonardo da Vinci* (1910) begründet F. die psychoanalytische Kunstkritik, indem er – recht waghalsig – Leonardos Homosexualität nicht nur aus Biografischem, sondern v. a. aus seiner eigenen Deutung der „Mona Lisa" und der „Hl. Anna Selbdritt" erschließt.

F. hat die biografisch orientierte Literaturkritik maßgeblich beeinflusst; die psychoanalytisch orientierte Literaturwissenschaft in den 1970er und 1980er Jahren wandte sich zugunsten der Deutung von Konflikten, Komplexen und auch Archetypen (C. G. Jung) innerhalb der

Texte von der fragwürdigen Psychokritik der Autoren ab. Heute stellt die psychoanalytische Literaturwissenschaft kein zentrales Paradigma mehr dar.

Ausgaben: Studienausgabe. 10 Bde. Hg. v. A. Mitscherlich. Frankfurt/M. 1989.

Forschungsliteratur: W. Schönau: S. F.s Prosa. Stuttgart 1968; S. Felman (Hg.): Literature and Psychoanalysis. The Question of Reading: Otherwise. Baltimore u. a. 1982; L. Haesler: Psychoanalyse. Therapeutische Methode und Wissenschaft vom Menschen. Stuttgart u. a. 1994; P. v. Matt: Literaturwissenschaft und Psychoanalyse. Stuttgart 2001; G. Lehnert: F. und der Mythos. In: M. Schmitz-Emans/U. Lindemann (Hg.): Komparatistik als Arbeit am Mythos. Heidelberg 2004. S. 291–304; P. Gay: F. Eine Biographie für unsere Zeit. Frankfurt/M. 2006.

Gertrud Lehnert

Freytag, Gustav (1816–1895)

In zahlreichen Charakterporträts und Kritiken sowie der *Technik*-Abhandlung propagiert F. eine nationale Literatur, die die Vernunftstruktur der Welt erweist, die Realität des Volkslebens zeigt und klassizistischen Formprinzipien gehorcht. Die lang populäre *Technik des Dramas* (1863) stellt unter Bezugnahme auf ↑Aristoteles Schreibregeln für das Drama vor, als dessen Aufgabe die Darstellung einer „Leidenschaft, welche zu einem Tun leitet“, bzw. der Wirkung einer Begebenheit „auf die Menschenseele“ erscheint, was eine Unterscheidung von der Lyrik als reinem Ausdruck seelischer Leidenschaft sowie vom Epos als „Schilderung fesselnder Begebenheiten“ bedeutet. Von der Handlung des Dramas verlangt F. bes. „Einheit“, „Wahrscheinlichkeit“ und „Wichtigkeit und Größe“. Bezüglich seines Baus unterscheidet er die fünf Teile „Einleitung“, „Steigerung“, „Höhenpunkt [!]“, „Fall oder Umkehr“, „Katastrophe“, denen im modernen Drama je ein Akt entspreche. Die Charaktere des Dramas scheinen ihm gegenüber der Handlung sekundär zu sein. Ähnliche Forderungen richtet F. an Roman und Novelle, die ihm keine eigenständigen Gattungen, sondern moderne Varianten des versifizierten Epos sind (*Neue epische Dichtungen auf dem deutschen Büchermarkt*, 1856). Erzählt werden soll „eine einheitliche, abgeschlossene, vollständig verständliche Geschichte“ wertvollen Inhalts, wobei der Ereignisverlauf den Charakteren vorgängig sei (*Für junge Novellendichter*, 1872).

Ausgaben: Die Technik des Dramas. Darmstadt 1969; Aufsätze zur Geschichte, Litteratur u. Kunst. Gesammelte Werke. 1. Serie. Bd. 8. Leipzig u. a. o. J. [ca. 1915].

Forschungsliteratur: F. Feest: G. F.s „Technik des Dramas“. Ein Beitrag zur Problematik des Verhältnisses von Kunst und Wirklichkeit in der bürgerlichen Ästhetik. Diss. Potsdam 1966; W. Dilthey: Die Technik des Dramas. In: G. F.: Die Technik des Dramas. S. 317–350; F. Martini: Deutsche Literatur im bürgerlichen Realismus 1848–1898. Stuttgart [3]1974.

Sebastian Susteck

Fried, Erich (1921–1988)

Eine kohärente dichtungstheoretische Schrift des Österreichers F. existiert nicht, allerdings lassen sich poetologische Positionen aus dem Werk erschließen. Nach überwiegend konventionellen Frühgedichten entdeckte F. unter dem Einfluss englischsprachiger Lyrik, insb. E. E. Cummings', den Ablautreim für sich, den er in der Folgezeit zu seiner hauptsächlich verwendeten Wortfigur, dem „ernsten Wortspiel“, verfeinern sollte. F. nahm die Sprache und ihre Klischees beim Wort. Der späte F. sah im Sozialismus (wie auch in der Psychoanalyse) einen Weg, Verdrängtes und (Selbst-)Entfremdung zu reflektieren und einzudämmen.

Einen größeren Bekanntheitsgrad erlangte F.s Lyrik durch die seit 1963 bestehende Mitgliedschaft in der Gruppe 47 sowie den Gedichtband *und Vietnam und* (1966), welcher zwiespältig aufgenommen wurde: ↑Grass wie ↑Domin beklagten die Wirkungslosigkeit der Verse, während ↑Rühmkorf hervorhob, diese rückten den Vietnamkrieg ins Bewusstsein der Öffentlichkeit.

F. veröffentlichte u. a. umstrittene Gedichte zum aktuellen Tagesgeschehen, etwa nach dem Tod des Generalbundesanwalts S. Buback, den er – im Rekurs auf ↑Shakespeares *Julius Caesar* – als „blutendes Stück Fleisch" apostrophierte. F.s BPR geriet zum Skandal, da er bei diesem Anlass die Ausweisung von Roma aus Darmstadt anprangerte. Neben seinen dezidiert polit. Publikationen stehen die Liebesgedichte, welche jedoch gleichfalls insofern polit. verstanden werden können, als sie von erotischen Tabus befreien wollen.

Ausgaben: Deutschland. London 1944; Oesterreich. Zürich 1946; und Vietnam und. Berlin 1966; Liebesgedichte. Berlin 1979; Anfragen und Nachreden. Berlin 1994.

Forschungsliteratur: V. Kaukoreit: Frühe Stationen des Lyrikers E. F. Darmstadt 1991.

Markus Oliver Spitz

Friedrich, Hugo (1904–1978)

F. lehrte von 1937 bis zu seiner Emeritierung 1970 als Romanist in Freiburg i. Br. Mit seinen Studien zu den *Klassikern des französischen Romans* (1939), zur *Rechtsmetaphysik der Göttlichen Komödie* (1941) und den Monografien über *Montaigne* (1949) und *Der fremde Calderón* (*1955*) setzte er in einem breit gefächerten Forschungsfeld Maßstäbe. Seine letzte Arbeit zu den *Epochen der italienschen Lyrik* (1964) ist auch als eine späte Grundlegung seines literarhistorischen Denkens zu lesen. Für F. verbinden sich die klassischen Werke der Literatur seit der Antike epochenübergreifend durch ästhetische „Ideen" und „Formen". Dieser rote Faden bildet auch die Leitschnur für seine Analyse der *Struktur der modernen Lyrik* (1956/1967), in der F. die Dichtung seit ↑Baudelaire als historisches Phänomen betrachtet. In ihrem Mittelpunkt steht die Auseinandersetzung mit Baudelaire, ↑Rimbaud und ↑Mallarmé als klassische ‚Dichter der Modernität', bei denen sich die Jahrtausende gültigen ästhetischen Kriterien in Kategorien der Destruktion verkehren. Für F. repräsentieren die drei Dichter Grundbedingungen der Moderne: Entpersönlichung, Deformation und Abstraktion (Baudelaire), Desorientierung, Zerstörung und Hässlichkeit (Rimbaud) sowie Enthumanisierung, Abkehr von der Wirklichkeit und inhaltliche Leere, das Nichts (Mallarmé). Die paradigmatisch entwickelten Negativkriterien findet F. dann in der Lyrik des 20. Jh.s bestätigt und weiter radikalisiert: In dem Bemühen der jüngeren Generation um eine neue Sprache erkennt er vornehmlich Dunkelheit, Hermetismus und Unverständlichkeit. Dieses Bild von ‚Hermetismus', das F. explizit in seiner Beschäftigung mit ↑Ungaretti entwickelt, zeigt auch die Problematik seiner einflussreichen (23. Aufl. 2006) Lyrikstudie. Denn der explizit geäußerte Verdacht, dass die Bemühungen um ein neues Sprechen letztlich nur „modisches Gebaren" und „Charlatanerie" seien, hat eine essenzielle Auseinandersetzung mit den ambitionierten Versuchen modernen Dichtens geradezu verhindert. Durch F.s terminologische Setzungen, die die Poetologie der Moderne oft negativ definieren und meist im Ungewissen bleiben, wurden Begriffe wie ‚Hermetismus' zu letztlich missbrauchten Etiketten, zu einem pseudowissenschaftlichen Vokabular, hinter dem sich eine indifferente Angst vor der Auflösung klassischer Modi in der modernen Kunst und das strukturelle Scheitern strukturorientierter Literaturwissenschaft an der hier gewonnenen Offenheit versteckte. Dichter wie ↑Celan haben über Jahrzehnte oft vergeblich gegen das von F. ausgehende Stigma des Hermetischen gekämpft. In ihrer Wirkung ist F.s verdienstvoller Versuch einer idealistischen Lyrikgeschichte der Moderne daher streng genommen eine Antipoetik, die sich den produktiven Impulsen der Moderne verweigert.

Ausgaben: Die Struktur der modernen Lyrik. Von Baudelaire bis zur Gegenwart. Hamburg 1956; Die Struktur der modernen Lyrik. Von der Mitte des neunzehnten bis zur Mitte des zwanzigsten Jahrhunderts. Erweiterte Neuausgabe. Reinbek 1967.

Forschungsliteratur: F.-R. Hausmann: „Vom Strudel der Ereignisse verschlungen". Deutsche Romanistik im „Dritten Reich". Frankfurt/M. 2000. S. 175–222; O. Ette: Die Aufgabe der Philologie. Berlin 2004; W. Erzgräber: F., H. In: A. Nünning (Hg.): Metzler-Lexikon Literatur- und Kulturtheorie. Ansätze – Personen – Grundbegriffe. Stuttgart u. a. [3]2004. S. 200 f.

Peter Goßens

Frisch, Max (1911–1991)

Ergiebige Auskunftsquellen zu F.s Anschauungen über literaturtheoretische und poetologisch-ästhetische Themen sind erstens seine Essays, Abhandlungen und Vorträge (darunter die BPR) sowie ein umfangreiches Korpus sonstiger (oft autobiografischer) Aufzeichnungen, zweitens seine lit. Werke selbst. In den Prosaschriften äußert er sich seit den 1930er Jahren zur Literatur, zu ihren Funktionen, ihren Spielformen und ihrer Situierung im historisch-gesellschaftl. Kontext, zur eigenen Rolle als Schriftsteller und zu eigenen Werken. F. votiert insgesamt für eine Literatur, die sich in ständiger kritischer Auseinandersetzung mit historisch-polit. Prozessen gegen ideologische Vereinnahmungen ebenso wehrt wie gegen das bildungsbürgerliche Bedürfnis nach Kunstgenuss, und die doch unbeschadet ihrer kritischen Funktion den Charakter eines Experiments behält, das sich an ästhetischen Kriterien zu messen hat. Die Reflexion über Literarisches in den erzählerischen und dramatischen Texten gilt v. a. Formen und Strategien der Darstellung und deren Implikationen. Im erzählerischen Werk bespiegelt sich auf inhaltlicher wie auf struktureller Ebene das Erzählen als ein Verfahren der Verarbeitung von Erfahrung und der Auseinandersetzung mit dem eigenen Ich. Im dramatischen Werk wird das Spiel zum Modell der Auseinandersetzung mit einer als kontingent begriffenen individuellen und kollektiven Geschichte. F.s Reflexionsbewegungen nehmen ihren Ausgang meist vom Einzelnen, fragen zunächst nach dem Ich, seiner Beziehung zur Gesellschaft und zu sich selbst, um von dort ausgehend allg. Diagnosen zur conditio humana mit der Frage nach ihrer sprachlichen Darstellbarkeit zu verbinden.

Die Bezüge zwischen Literatur, Gesellschaft und Politik bilden einen frühen Themenschwerpunkt des Prosawerks („Über Zeitereignis und Dichtung", 1945). Vor dem Hintergrund der historischen Erfahrungen von NS- und Nachkriegszeit und in kritischer Auseinandersetzung mit der Haltung der Schweiz fragt F. nach Möglichkeiten und Implikationen eines ‚engagierten' Schreibens, nach den kritischen Potenzialen einer Literatur, die doch mehr sein will als Vermittlerin von Weltanschauungen. Er votiert gegen Agitation und für reflexive Distanz. Seine ebenfalls früh einsetzende Auseinandersetzung mit der Ich-Thematik und mit der Darstellbarkeit von Ich-Erfahrungen erhält Impulse von existenzialistischer Seite. Die in dramatischen und Prosatexten modellierte Vorstellung vom Leben als Rollenspiel belegt den Einfluss ↑Pirandellos auf F.s Werk, der teilweise auch an seinen Stoffen ablesbar ist. Dramaturgisch stimulierend ist ferner die Auseinandersetzung mit ↑Brecht, dem

F. diverse Prosatexte widmet. Erscheint im dramatischen Werk F.s „Biografie" als ein „Spiel", das weder einsinnig noch alternativlos verläuft, so verweisen seine Modellstücke im Ausgang von der Einzelgeschichte auf die Kontingenz von Geschichte schlechthin. Deren Beliebigkeit ist zu akzeptieren; jede Suggestion eines zielgerichteten oder gar sinnvollen Geschichtsverlaufs wäre reaktionär. F. votiert darum in der Schillerpreisrede für eine „Dramaturgie des Unglaubens" und der Unsicherheit. Das Theater kann unter der Voraussetzung zum Modell von Geschichte werden, dass es sich seines Spielcharakters stets bewusst ist. F.s Vorliebe für Spiel-im-Spiel-Konstruktionen beruht nicht zuletzt auf dieser Forderung nach dramatischer Autoreflexion (*Theater ohne Illusion*, 1948; *Illusion zweiten Grades*, 1967; *Biografie: ein Spiel*, 1966–1967).

Rückt in den Romanen die Frage nach der Darstellbarkeit des Ichs und seiner Erfahrungen ins Zentrum, so folgt daraus eine Konzentration des Interesses auf Erzählvorgänge. Die Zentralfiguren in *Stiller* (1954) und *Mein Name sei Gantenbein* (1964) sind Erzählerfiguren, die ihre Geschichten, gegen konventionelle Erwartungen verstoßend, als Erkundung alternativer Erzählmöglichkeiten anlegen und statt einer Lebensgeschichte gleich eine Mehrzahl von Optionen anbieten. F. setzt sich hier mit der Textgattung der Autobiografie gleichermaßen dekonstruktiv und konstruktiv auseinander. Zu Recht ist seine Poetik als eine Poetik der Geschichten charakterisiert worden. Sie ist zugleich und in Verbindung damit eine Poetik der Skizze und eine Poetik der Umschreibung. Inhaltlich wie strukturell vermitteln die Romane, aber auch die Schauspiele die Vorstellung, hier werde das Gemeinte nicht positiv und definitiv dargestellt, sondern es erhalte in immer wieder neuen Ansätzen eine vorläufige Kontur – oft auch auf dem Weg der Negation, durch Aussparung oder bloße Umkreisung des Entscheidenden. Das von erzählerischen und poetologischen Passagen durchsetzte *Tagebuch 1946–1949* (1950) versteht sich explizit als Skizzenbuch, als Dokument tentativer Selbstdarstellung. Der selbstbiografische Text entsteht nicht nach einem festen Plan; der Schreibende ist nicht eigentlich Autor, sondern er wird geschrieben. In *Unsere Gier nach Geschichten* (1960) charakterisiert F. Geschichten als Entwürfe, in denen eine an sich nicht fassbare biografische Vergangenheit durch eine imaginativ konstituierte Wirklichkeit ersetzt wird; mit der These, alle Geschichten seien erfunden, dokumentiert er seine Nähe zu konstruktivistischen Modellen von Weltbeschreibung und Selbstentwurf. In *Mein Name sei Gantenbein* sucht ein konturlos bleibendes Ich über wechselnde Rollenentwürfe nach der zu seiner an sich sprachlosen Erfahrung passenden Geschichte. Erfahrungen, so heißt es im *Tagebuch 1946–1949* ähnlich, müsse sich lesbar machen, und das Aufschreiben der eigenen Gedanken sei ein notwendiges Bekenntnis zu diesen und zu sich selbst – notwendig gerade angesichts der fehlenden Selbsttransparenz des Ichs und der Unmöglichkeit verbindlicher Feststellungen über die Wirklichkeit. Dieses existenzialistisch inspirierte und das konstruktivistische Modell sind nicht ganz miteinander kompatibel – was beweist, dass F. auch als Theoretiker der Literatur und des Schreibens einen experimentellen Denkstil bevorzugt.

Inbegriff fixierender, reduktiver und abtötender Darstellung ist gegenüber der Skizze als einem strukturell offenen und semantisch polyvalenten Gebilde das „Bildnis", wie F. es in Aktualisierung tradierter bildkritischer Topoi, aber auch von ↑Platons Schriftkritik und der Paulinischen Formel vom toten und tötenden Buchstaben auffasst. Seine Reflexion über Bildnisse und das in verschiedenen Hauptwerken (v. a. im *Stiller*) thematisierte Bildnisverbot beziehen sich keineswegs allein auf Werke der bildenden Kunst, sondern zudem und v. a. auf sprachliche Bildnisse als gewaltsame Fixierungen. (Hier steht F., vermittelt u. a. über Pirandello, unter dem Einfluss der Dichotomie von Leben und Form in lebensphilosophischen Diskursen.) Das Bildnisverbot hat neben einer ästhetischen und erkenntniskritischen zugleich auch eine ethische Dimension: Sich von anderen ein Bildnis zu machen, ist ein Akt anmaßender und verfälschender Bemächtigung. Kritisch diagnostiziert F., dass die Beziehungen der Menschen untereinander weitgehend durch wechselseitige Fixierung auf vorgefertigte Bildnisse bestimmt werden.

Schreiben erscheint als eine Gratwanderung zwischen der Unmöglichkeit und gleichzeitigen Notwendigkeit, etwas über sich selbst und die eigenen Erfahrungen festzuhalten und damit kommunizierbar zu machen. Schreibarbeit ist ‚verzweifelte Notwehr' gegen die entropischen Kräfte der Zeit (die auch und gerade das Ich verflüchtigen), zugleich allerdings auch Verstoß gegen das Gebot der Wahrhaftigkeit, da es als Darstellung stets schon fixierende Feststellung ist. Reflexion und Negation wirken hier als Korrektive; Metaphern, die an die Stelle feststellender Begriffe treten, wirken zumindest kompensatorisch.

F.s Rekurse auf mythische Fabeln und Figuren, auf Legenden sowie auf lit. Prätexte sind Um-Schreibungen in einem anderen Sinn: überlieferte Stoffe werden umgestaltet und neu interpretiert. Der Roman *Homo faber* (1957) und F.s Variationen über den Stoff des „Rip van Winkle" demonstrieren exemplarisch, wie Mythen und Legenden sich um der Darstellung spezifisch moderner Erfahrungen willen aktualisieren lassen; Analoges gilt für den Don-Juan-Komplex (vgl. *Don Juan, oder die Liebe zur Geometrie*, 1953; *Nachträgliches zu „Don Juan"*, 1953). Reflektiert *Homo faber* das rationale wissenschaftliche Denken kritisch, so werden in *Der Mensch erscheint im Holozän* (1979) wissenschaftliche Darstellungsverfahren in die experimentelle Darstellung einbezogen.

Für bildende Kunst und Architektur interessiert sich der ausgebildete Architekt F. nicht nur unter allg. darstellungstheoretischen Aspekten. Ebenso wie in literaturkritischen Kontexten erörtert er anlässlich bildkünstlerischer und architektonischer Werke Voraussetzungen und Erscheinungsformen ästhetischer Modernität.

Ausgaben: Gesammelte Werke in zeitlicher Folge. 1931 – 1985. 7 Bde. Hg. v. H. Mayer. Frankfurt/M. 1986.

Forschungsliteratur: H. Steinmetz: M. F.: Tagebuch, Drama, Roman. Göttingen 1973; R. Kieser: M. F. Das literarische Tagebuch. Frauenfeld u. a. 1975; W. Schmitz (Hg.): Materialien zu M. F. „Stiller". 2 Bde. Frankfurt/M. 1978; D. Kiernan: Existenziale Themen bei M. F. Die Existenzialphilosophie Martin Heideggers in den Romanen „Stiller", „Homo faber" und „Mein Name sei Gantenbein". Berlin u. a. 1978; G. P. Knapp (Hg.): M. F. Aspekte des Prosawerks. Bern u. a. 1978; K. Schuhmacher: Weil es geschehen ist. Untersuchungen zu M. F.s Poetik der Geschichte. Königstein/Ts. 1979; H. L. Arnold (Hg.): M. F. Text + Kritik. München ^{3}1983; W. Schmitz (Hg.): M. F. Frankfurt/M. 1987; N. Bubner: Das Ich der Geschichten und der Raum der Möglichkeiten im Werk von M. F. Hamburg 2005.

Monika Schmitz-Emans

Frischmuth, Barbara (geb. 1941)

Spielt der Traum schon in einigen lit. Werken F.s eine thematisch zentrale Rolle, so stellt sie ihre Münchner PV (1991) unter den doppelten, auf eine komplexe Verschränkung hindeutenden Titel *Traum der Literatur – Literatur des Traums*. In Anknüpfung an die traditionsreiche poetologische Metapher des Gewebes charakterisiert sie ihre poetologischen Überlegungen als ein teppichartiges Gebilde mit vielen Mustern, der vielfältige Zusammenhänge sichtbar machen möchte. Das Bildfeld um Gespinste, Fäden und Stoffe, Weben, Nähen und Auftrennen gehört selbst zu den wichtigsten dieser Muster. Ein anderes ist die Erinnerung an Erzählerinnen bzw. Autorinnen früherer Epochen und verschiedener Kulturkreise: Scheherezâd, M. Shikibu, H. v. Bingen. Um lit. Traumerzählungen, die für diese oft charakteristische Entdifferenzierung von Schein und Sein und die latent autoreflexiv-poetologische Dimension solcher Traumerzählungen geht es in der zweiten Vorlesung („Traum der Literatur"). Die dritte Vorlesung „Literatur des Traums" statuiert eine ursprüngliche Zusammengehörigkeit von Literatur und Traum und leitet hypothetisch das Erzählen aus dem Bedürfnis nach Mitteilungen aus dem Traumreich ab. Erinnerungen an eigene Träume verknüpfen sich mit Hinweisen auf Traumdarstellungen in der Romantik und bei L. Carroll, die Verwendung poetischer Sondersprachen aus Neologismen erscheint wegen ihres spannungsvollen Bezugs zur Alltagssprache und -logik als traumaffin. U. d. T. „Von den Langexistierenden" gilt die vierte Vorlesung den mit diesem Begriff summarisch bezeichneten Märchen-, Mythen- und Fabelwesen in der Literatur und ihren möglichen Funktionen. Die fünfte Vorlesung „Der weibliche Traum" beleuchtet das Rahmenthema Traum aus feminstischer Perspektive. Auf die Vorlesungen, die mit ihren vielen Beispielen bereits die Grenze zwischen Poesie und Poetik eher umspielen als bekräftigen, folgt abschließend die sprachspielerische Geschichte „Turf-Turkey". Hatte F. früher gelegentlich eine sprachskeptische Position bezogen, so dokumentieren Vorlesungen und „Turkey"-Erzählung eher Spielfreude und ein affirmatives Verhältnis zur vieldeutigen, darum aber auch vielseitig gestaltbaren Welt der Wörter.

Ausgaben: Träume. In: Ver Sacrum. Neue Hefte für Kunst und Literatur 5 (1974). S. 125–130; Traumgrenze. Erzählungen. Salzburg u. a. 1983; Traum der Literatur – Literatur des Traums [MPV]. Salzburg u. a. 1991.

Forschungsliteratur: W. Frühwald: Der Traum, „einander Kind zu sein". Über die Erzählerin B. F. [Nachwort]. In: B. F: Traum der Literatur – Literatur des Traums [MPV]. Salzburg u. a. 1991. S. 115–122; S. Cimenti (Hg.): B. F. Graz 2007.

Monika Schmitz-Emans

G

Gadamer, Hans-Georg (1900–2002)

Im Zentrum von G.s Grundlegung der Hermeneutik stehen insb. zwei Aspekte, die allerdings nicht immer reibungslos interagieren: Gespräch bzw. Dialog und Wirkungsgeschichte. Ihr Ausgangspunkt ist die Erfahrung der Kunst als eines den Wissenschaften gegenüber alternativen Zugangs zur Wahrheit, der sich eröffnet, wenn das Kunstwerk nicht okkasionell erlebt, sondern Gegenstand eines Verstehens wird, das auf Selbstverständnis aus ist. Der Dialog, der sich in solcher Erfahrung ereignet, darf jedoch nicht als Emanzipation des Rezipienten vom Werk missverstanden werden. Zwar betont G. in späteren Jahren vermehrt das „Primat des Gespräches", was sich in diesem ereignet. Doch ist dies nicht als Verständigung irreduzibler Perspektiven gedacht, sondern als Erschließung gegebenen Sinns. Ausdrücklich gegen jede Subjektivierung der Ästhetik gerichtet, deckt G. die „Geschichtlichkeit des Verstehens" auf und rehabilitiert nicht nur Autorität und Tradition, sondern auch das „legitime Vorurteil" als Bedingung des Verstehens. G. gibt dadurch F. Schleiermachers Konzept des „hermeneutischen Zirkels" als einem Zusammenspiel von Teil und Ganzem eine neue Fassung, die ↑Heideggers Einsicht, dass das Verständnis des Textes vom „Vorverständnis dauerhaft bestimmt bleibt", aufnimmt und in der „Analyse des wirkungsgeschichtlichen Bewußtseins" ausbaut. Seine Leistung besteht darin, die geschichtliche Situation des Interpreten und dessen historische Distanz zum Werk nicht als Hürde des Verstehens, sondern als seine produktivste Voraussetzung anzuerkennen. Dabei muss jedoch angemerkt werden, dass G. diese Voraussetzung ausgesprochen restriktiv interpretiert, wenn er das Verstehen als „Einrücken in ein Überlieferungsgeschehen" fasst. Ohne die erschließende Kraft des zweiten Teils von *Wahrheit und Methode* (1960) zu bestreiten, kann G. entgegengehalten werden, dass er die Möglichkeiten einer kritischen Revision der Traditionsbestände unterschätzt. Die breite Rezeption seines Werks konnte G. durch einen zweiten Band mit Ergänzungen sowie zahlreiche weitere Aufsätzen zur Ästhetik und Poetik noch verstärken.

Ausgaben: Gesammelte Werke. Tübingen 1990 ff.; Gedicht und Gespräch. Frankfurt 1990; Hermeneutische Entwürfe. Tübingen 2000.

Forschungsliteratur: J. Grondin: H.-G. G. Eine Biographie. Tübingen 1999; U. Tietz: G. zur Einführung. Hamburg 1999; G. Figal (Hg.): Begegnungen mit H-G. G. Stuttgart 2000.

Matthias Schöning

García Lorca, Federico (1898–1936)

In seiner wohl wichtigsten poetologischen Schrift *Das poetische Bild bei Luis de Góngora* (*La imagen poética de Luis de Góngora*, 1927) entwirft G. L. eine Theorie der poetischen Rede, die die Dichtung des Barockautors zum Modell modernen lyrischen Schreibens erklärt. Die Spezifik Góngoras, die zugleich seine Aktualität begründe, sieht G. L. in dem genauen, sensiblen Umgang mit der Metapher, durch den er zugleich die Sprache bereichert habe. Das poetische Bild sei dabei v. a. Übersetzung einer Empfindung („translación de sentido"). Góngoras Lyrik erweise sich so als Suche nach einer neuen sprachlichen Ausdruckskraft und Intensität. Auch die Unverständlichkeit von Góngoras Stil sei keine gesuchte, willkürliche Dunkelheit, sondern verdanke sich der poetischen Arbeit an der Sprache. Das Künstliche, Gewaltsame der Góngoraschen Rede ergebe sich aus dem Versuch, zwei getrennte, einander entgegengesetzte Bereiche, den der konkreten Sinneswahrnehmung und den der poetischen Imagination, miteinander zu verknüpfen. Diesen Übergang vollziehe der „discurso poético" nur unvermittelt, in einem qualitativen Sprung. Der Status des Dichters bzw. des lyrischen Diskurses in diesem Prozess ist äußerst ambivalent: Denn in gleichem Maße, in dem G. L. den Dichter bzw. seine radikalisierte Begriffssuche als „absoluten Herrn über die poetische Realität" begreift, fordert er dazu auf, sich im Schreiben selbst zu begrenzen. Was den konkreten Akt lyrischer Produktion betrifft, unterstreicht G. L. das Technische und Handwerkliche, wenn er die präzise Mechanik der Góngoraschen Imagination als ein Verfahren beschreibt, in dem die poetischen Gegenstände die Camera obscura des dichterischen Gehirns passieren.

Nicht nur über Lyrik, auch über das Drama hat G. L. theoretisch reflektiert. So bietet die *Plauderei über das Theater* (*Charla sobre teatro*, 1936) ein Plädoyer für ein publikums- und bühnenwirksames Theater, das für die aktuellen Probleme der Zeit sensibilisieren solle. Als kunstübergreifende Studie versteht sich schließlich der Essay *Theorie und Spiel des gewissen Tons* (*Teoría y juego del duende*, 1935), der das scheinbar nebensächliche, unterschwellige Moment des subjektiven Tonfalls, stilistischen Beiklangs oder Temperaments des Künstlers bzw. Interpreten („el duende"), zu einem konstitutiven Element der Produktion erklärt, das letztlich über Scheitern und Gelingen des ästhetischen Akts entscheide.

Ausgaben: Obras completas. Hg. v. A. del Hoyo. Madrid 1972; Werke. 3 Bde. Hg. v. E. Beck. Frankfurt/M. 1982.

Forschungsliteratur: C. Eich: G. L. Poeta de la intensidad. Madrid 1976; D. Loughran: G. L. The Poetry of Limits. London 1978; I. Gibson: G. L. Barcelona 1998; P. Osterried: G. L. Der Dichter im Zwielicht der Melancholie. Essen 2005.

Linda Simonis

Gautier, Théophile (1811–1872)

Das von G. auf 1834 datierte Vorwort zum Roman *Mademoiselle de Maupin* (1835; dt. 1903) gilt als frühes Manifest des *L'art pour l'art*. Es ist v. a. durch einen Satz berühmt geworden, der auf G.s Gedichtband *Albertus* (1832) zurückgeht und den Eigenwert eines Kunstwerkes gegenüber Fragen von Nützlichkeit und Moral provokativ herausstellt: „Wahrhaft schön ist nur etwas, das zu nichts dient; alles, was nützlich ist, ist hässlich." Während sich hinter diesem Satz ein absolutes Kunstideal verbirgt, tritt G. in seinen seit 1834 erscheinenden Aufsätzen (*Les grotesques*, 1844) zu den von der klassizistischen Regelpoetik verworfenen Dichtern wie Th. de Viau (1590–1626) für einen relativen, historischen Kunstbegriff ein.

G.s Werk ist durch programmatische Gegensätze geprägt, die offenbar der Gefahr einer doktrinären Denkweise vorbeugen sollen. So steht etwa der romantischen Hochschätzung der künstlerischen Imagination die Ablehnung einer Darstellung romantischer Sentiments gegenüber.

Die Gedichtsammlung *Emaillen und Kameen* (*Emaux et camées*, 1852/1872; dt.

1919), die zum Vorbild sowohl der Parnassiens wie auch der Symbolisten wird, ist einem strengen Kunstideal verpflichtet: „Ja, das Kunstwerk entspringt umso schöner aus der Arbeit an einer widerständigen Form: Versen, Marmor, Onyx, Emaille.“ Im Kunstwerk findet der Traum des Künstlers seine Form und seinen eigentlichen Ort: „Forme, feile, ziseliere; dass Dein schwankender Traum im widerstrebenden Block Festigkeit gewinnt!“ Die bereits im Titel dieser Sammlung angedeutete *transposition d'art* prägt das gesamte Œuvre G.s, der nach dem Vorbild ↑Hoffmanns im Erzählwerk wie in der Kunstkritik das „Ins-Leben-Treten“ von Kunst inszeniert.

Die poetologische Komplexität von G.s Œuvre wird durch die einseitige Beschränkung auf die Rezeption durch Parnassiens und Symbolisten nur z. T. erfasst und erlaubt nicht, G.s stilistisch-thematische Spannbreite und dichterische Originalität, die u. a. ↑Baudelaires Bewunderung fand (Widmung der *Fleurs du mal*), angemessen wahrzunehmen. Wichtige Aspekte einer impliziten Autorpoetik sind v. a. die in den Werken reflektierte Intertextualität, die einen permanenten Perspektivenwechsel erzwingt, und die erwähnte *transposition d'art*, die nicht auf die thematisierte Übersetzung der Künste untereinander (Malerei, Sprache, Musik) beschränkt ist, sondern sich selbst auf mehreren Textebenen zugleich (etwa im freien Spiel mit Wortklang und -formen) inszeniert. Die neuere G.-Forschung trägt diesen Aspekten verstärkt Rechnung.

Ausgaben: Poésies complètes. Hg. v. R. Jasinski. Paris 1970; Œuvres complètes. Genf 1978 [Nachdr. d. Ausg. Paris 1878–1888; Mademoiselle de Maupin. München 1987; Emaillen und Kameen. Weimar 1999; Romans, contes et nouvelles. Hg. v. P. Laubriet. Paris 2002; Romane und Erzählungen. Hg. v. D. Oehler. Wiesbaden 2003.

Forschungsliteratur: P. E. Tennant: Th. G. London 1975; M. Voisin: Le soleil et la nuit. L'imaginaire dans l'œuvre de Th. G. Brüssel 1981 ; P. Tortonese: La vie extérieure. Essai sur l'œuvre narrative de Th. G. Paris 1992; C. G. Schick: Seductive Resistance. The Poetry of Th. G. Amsterdam u. a. 1994.

Andrea Hübener

Genazino, Wilhelm (geb. 1943)

G. bevorzugt als Helden Sonderlinge und Außenseiter mit gestörtem oder reduziertem Bezug zur Wirklichkeit; seine „Abschaffel“-Romantrilogie, eine Angestelltengeschichte der späten 1970er Jahre, wurde u. a. mit ↑Kafkas Texten verglichen. Abgestimmt auf G.s Figuren steht im Zentrum seiner Poetik die Reflexion über das prekäre und wandelbare Verhältnis des Menschen zu den Dingen seiner Umwelt. Prägend für G.s Erzähltexte ist seine Aufmerksamkeit auf das Banal-Alltägliche und das Unscheinbare (wie Kleider, Gebrauchsgegenstände, triviale Situationen); in seinen poetologischen Reflexionen proklamiert er den präzisen, durch seine Genauigkeit tendenziell verfremdenden Blick aufs Einzelne, Unauffällige. Phänomenologisch grundiert, thematisieren G.s Texte zur Poetik oft Prozesse visueller Wahrnehmung als Metaphern des Wahrnehmungs- und Darstellungsprozesses wie der Titel der Frankfurter PV, *Die Belebung der toten Winkel* (2006), bereits andeutet. Der poetische Blick verwandelt das Gesehene durch Imagination; der aus ihm hervorgehende Satz bildet eine „neue“ Wirklichkeit ab; Schreibprozesse sind Prozesse der Vergewisserung. Die Entdeckung des latent Poetischen an den Dingen konzentriert sich v. a. auf deren Kraft zur Stimulation von Erinnerungen, auf die Wahrnehmung einer in den Dingen geschichteten, nichtlinearen Zeit. Den Objekte sammelnden Künstler J. Cornell und den Photographen Ch. Boltanski, der Zeit- und Todeserfahrungen thematisiert und auf dessen Bildern laut G. gleichzeitig mit gegenwärtigen Motiven vergangene und unsichtbare Bilder sichtbar werden, nimmt er als verwandt wahr. Intensiv setzt er sich auch mit ↑Proust auseinander, dessen Schreibarbeit, mit dem Rückzug aus dem praktischen Leben verbunden, konsequente Verwandlung des Lebens sei, durch welche der lebende Proust die Distanz zu den Toten überwand. Die Wahrnehmung des Appellcharakters der Dinge durch den intensivierten, den „gedehnten" Blick führt laut G. zum Moment einer Epiphanie, wie sie schon im Zentrum der Poetik ↑Joyces steht. Modifikationen der Beziehung des wahrnehmenden Ichs zu den Dingen stehen auch im Zentrum von G.s Poetik des Humors.

Ausgaben: Achtung Baustelle. Frankfurt/M. 1998; Der gedehnte Blick. München u. a. 2004; Die Belebung der toten Winkel [FPV]. München u. a. 2006.

Forschungsliteratur: H. L. Arnold (Hg.): W. G. Text + Kritik. München 2004; A. Hirsch: „Schwebeglück der Literatur". Der Erzähler W. G. Heidelberg 2006.

Monika Schmitz-Emans

Genette, Gérard (geb. 1930)

Als Gründungsmitglied der Zeitschrift *Poétique* (1970, zusammen mit ↑Todorov und H. Cixous) und Verfasser methodologischer Schriften zur formalen Textanalyse gilt G. als Mitbegründer der strukturalen Narratologie in Frankreich. Seine Werke verstehen sich als Beiträge zur Poetik und fußen auf drei Grundannahmen: auf der Annahme a) einer Autonomie der Literatur, b) eines genuin textuellen Charakters des Literarischen, c) von Textualität als Phänomen der Schriftlichkeit. G.s Arbeiten haben zwei thematische Schwerpunkte, die mit zwei verschiedenen Aspekten der Textualität korrespondieren: 1. dem Einzeltext mit seinen immanenten Strukturen und Mechanismen, 2. der Interrelation verschiedener Texte (Intertextualität). Zu 1: In seinen frühen Publikationen *Figures I–III* (1966–1972), deren letzte die Grundlegung *Discours du récit* enthält, entwickelt G. sein narratologisches Programm, das er im *Nouveau discours du récit* (1983) weiterführt (beide Texte zusammengefasst in: *Die Erzählung*, 1994). Aufgrund der Unterscheidung dreier Aspekte des Erzählens – der erzählenden Aussage („récit"), der berichteten Ereignisfolge („histoire") und dem Akt des Erzählens („narration") – führt G. mit Zeit, Modus und Stimme drei Analysekategorien ein, um mit ihnen das komplexe Verhältnis von „récit", „histoire" und „narration" zu bestimmen. Erzähltechnisch gestaltet sich auch G.s Auseinandersetzung mit den Spezifika fiktionalen Erzählens in *Fiktion und Diktion* (*Fiction et diction*, 1991; dt. 1992). Zu 2: Unter der anfangs (*Introduction à l'architexte*, 1979; *Einführung in den Architext*, 1990) noch als Paratextualität bezeichneten, später in Transtextualität umbenannten Kategorie (*Palimpsestes*, 1982; *Palimpseste*, 1993) fasst G. die komplexen textkonstituierenden Wechselwirkungen zwischen Einzeltexten, wobei er intertextuelle Bezüge als schriftmediales Ereignis der Überschreibung begreift. Einer besonderen transtextuellen Spielart, der Kontiguitätsbeziehung zwischen lit. Text und den ihn umgebenden „Paratexten" wie Titel, Vorwort, Autorname, widmet G. schließlich die Studie *Paratexte* (*Seuils*, 1987; dt. 1989). Zusammen mit seinem Lehrer ↑Barthes war G. Anhänger einer strukturalistischen Bewegung der Nachkriegszeit, die sich gegen den in der frz. Literaturwissenschaft vorherrschenden autorzentrierten Zugang zur Literatur richtete. Aufgrund seines textimmanenten Ansatzes in Deutschland erst spät rezipiert, verdankt G. seine internationale Prominenz der narratologischen Wende der Literaturwissenschaften während der 1990er Jahre.

Ausgaben: Figures I–V. Paris 1966–2002; Introduction à l'architexte. Paris 1979; Einführung in den Architext. Stuttgart 1990; Nouveau discours du récit. Paris 1983; Die Erzählung. München 1994; Palimpsestes. Paris 1982; Palimpseste. Frankfurt/M. 1993; Seuils. Paris 1987; Paratexte. Frankfurt/M. u. a. 1992; Fiction et diction. Paris 1991; Fiktion und Diktion. München 1992.

Forschungsliteratur: C. Montalbetti: G. G. Une poétique ouverte. Paris 1998; M. Martinez/M. Scheffel: Einführung in die Erzähltheorie. München [7]2007.

Andrea Polaschegg

George, Stefan (1868–1933)

G.s *Über Dichtung* ist eine kurze zweiteilige Sammlung von Merksprüchen. Der erste Teil wurde bereits 1894 in den *Blättern für die Kunst* veröffentlicht und beschäftigt sich mit Kriterien der Produktion und Beurteilung von Kunstwerken und Künstlern: Kunst sei nicht instrumentell, ihr Wert folge aus der Form, die als „jenes tief erregende in maass und klang" dem Inhalt vorausgehe. Freiheit der Dichtung soll sich im Einhalten strengsten Maßes zeigen. Der zweite, sehr viel jüngere Teil (in *Tage und Taten*, 1925) spricht von rezeptionsästhetischen Zuständen: Dichtung entspreche dem Traum, hebe wie dieser grundsätzliche Trennungen auf. Das Gedicht soll „freudigkeit" bewirken; seine ästhetische Wirkung erschließt als „atemholen neuer noch schlafender geister" bisher Unformulierbares.

Die Sprüche *Über Dichtung* stammen aus dem weiteren Kontext der anonym erschienenen, teils von G., teils von K. Wolfskehl verfassten „Einleitungen und Merksprüche" der *Blätter für die Kunst*, dem poetischen Organ des G.-Kreises, das zwischen 1892 und 1919 in äußerst geringer Aufl. erschienen ist. Konstant ist die antinaturalistische Stoßrichtung; wandelnde Einschätzungen erfahren Schlagworte wie Dekadenz, *L'art pour l'art*, Ästhetizismus. Betont wird oft die gegenseitige Abhängigkeit der Künste: So wird poetische Besinnung auf die formalen Kriterien „auswahl maass und klang" analog zur Malerei („verteilung linie und farbe") gesehen. Lyrik ist im Grunde die einzige anerkannte lit. Gattung; der Dichter soll bewusst an strenger und schwieriger Form arbeiten. Das Sinnbild (Symbol) wird selbstreferenziell-werkästhetisch bestimmt, kann sich auf Worte, Teile oder Inhalt des Werkes beziehen und ist „so alt wie sprache und dichtung selbst", womit romantizistische Theoreme aufgegriffen werden (↑A. W. Schlegel). Die *Blätter für die Kunst* versuchen etwa seit der Jahrhundertwende sich zunehmend in eine Kunst-Tradition einzufügen, zur Definition einer Nationalliteratur beizutragen, beziehen dabei ästhetizistische, anti-bürgerliche und a-polit. Positionen.

Zentrale Begriffe der Poetik G.s sind v. a. „bild", „gestalt" und die Auffassung vom Gedicht als „gebilde". G.s Gedichte sind im hohen Grade selbstbezüglich; in ihnen ist vielfach das im Grunde diskurslose, durch bildliche Eindrücke vermittelte Einverständnis unter auserwählten „seelen" thematisch; sie spielen häufig die Opposition Kunst/Welt durch, setzen dabei verschiedene Beziehungsmöglichkeiten zwischen beiden an. Immer wieder neu erörtert werden das Verhältnis zwischen Stil- und Wirkungswillen sowie die Rollen des Dichters als fremdartiger Artist, Prophet, Mahner, Erzieher. Das Artifizielle und seine Beziehungen zur Materialität behandelt der frühe G. in *Die Spange* (*Pilgerfahrten*, 1891) und *Mein garten bedarf nicht luft und nicht wärme* (*Algabal*, 1892). Die Vogelmetaphorik von *Der Herr der Inseln* (*Bücher der Hirten*, 1895) und *Meine weissen ara* (*Buch der Hängenden Gärten*, 1895) entfaltet die Themen Gesang, Isolation und Gefangenschaft.

In den mittleren Gedichtbänden (*Das Jahr der Seele*, 1897; *Teppich des Lebens*, 1900) werden die Beziehungen zwischen Kunst und Leben, Dichter und Leser vielfältiger und als Anliegen formuliert: „Komm in den totgesagten park“ und „Das sehers wort ist wenigen gemeinsam“ reflektieren ex- und inkludierende Privatsprache, die Beziehung Poet/Prophet und deren Relevanz für Gemeinwesen und Geschichte. Die Vorstellung vom mächtigen Dichterwort findet sich in „Dem markt und ufer gelte dein besuch“. Das Leben wird erst zum wahren Leben, wenn es als „gebilde“, nicht als „rede“ (d. h. Prosa) wahrgenommen und empfunden wird, ein hochexklusiver Anspruch, der sich an Auserwählte richtet (*Der Teppich*). *Hehre harfe* (*Der Siebente Ring*, 1907) stimmt im Anschluss an die Lehrdichtung ↑Goethes Selbstgenügsamkeit, Naturerfahrung und anerkanntes Gesetz miteinander ab.

In der späten Dichtung seit *Der Siebente Ring* prägt sich immer mehr ein priesterlich-messianischer Anspruch G.s aus. Aus Fremdheit und Formvollendung der poetischen Sprache soll gezielt eine geschichtliche Wirkkraft gewonnen werden. Dies geht mit einer Privatmythologie einher, in der sich Zeitkritik und Weisungscharakter überschneiden. Das lange Gedicht „Der dichter in zeiten der wirren“ (*Drei Gesänge*, 1921) platziert den Dichter als Seher und Mahner in den Rahmen einer polit. Heilserwartung. *Das Wort* fasst die fundamentale Fremdheit zwischen Welt und Dichtung noch einmal skeptisch zusammen (*Das Neue Reich*, 1928). G.s Sprachskepsis bezieht nun auch seine eigene Dichtung mit ein.

G. entwirft eine sehr weitgehende Strategie der Ikonisierung in verschiedenen Medien: Dichtung, Schrift, sektiererischer Kunst-Ritus und fotografische Dichterporträts. Zunächst wird eine Wirkung der Dichtung fast durchweg auf Bildwirkung abgestellt. Die Bildlichkeit des Einzelgedichtes und die Zyklenbildung der Gedichte sollen untereinander in physiognomische Konstellationen treten; zunehmend setzt G. auf die – seit ca. 1910 verstärkt betriebene – Kreisbildung um den Dichter herum. Eine rituelle Ordnungsästhetik schafft um das „amt“ des Dichters herum ein Kollektiv als Gesamtgestalt. Die Sammlung *Teppich des Lebens* behandelt Inspiration und Jüngerschaft anhand von Typen: solche Typen sind Engel (als Double des Dichters), ferner Freunde, Jünger, Erkorene, Verworfene. V. a. *Der Stern des Bundes* (1914), ursprünglich als Geheimbuch für den engeren Kreis konzipiert, enthält ästhetische Lebensvorschriften, verrätselt formuliert, deren Forderung gleichwohl eindeutig verstanden wird und sich im Sozialen auswirken soll. Als an ↑Platon (oder ↑Schiller) gemahnender „ästhetischer Staat“ soll der Kreis um G. seinem Selbstverständnis nach auf einem form-, nicht inhaltsbewussten Einverständnis beruhen, das unter seinen Mitgliedern nicht eigens hergestellt werden soll, sondern ihnen – z. T. aufgrund anmutiger äußerer Erscheinung – unterstellt wird. Die Strategien der Ikonisierung reichen über die eigens entworfene Typografie, die eine kursorische Lektüre auch der Prosa erschwert (die sog. „Stefan-George-Schrift“ von M. Lechter) bis zu selbstentworfenen lit. Gedächtnisformen: Lektüre- und Diskussionsrituale sowie Auswendiglernen ganzer kanonisierter Dichtungen (wobei der Kanon dem durch ↑F. und A. W. Schlegel festgelegtem europ.-romantischen noch ziemlich entspricht). Nach außen hin bedeutsam sind die von G. und K. Wolfskehl zusammengestellten Anthologien (↑Jean Paul, Goethe, Goethezeit). Ikonisierung ist auch in der aus diesem Kreis heraus entstehenden Wissenschaft versucht worden (so bei E. Bertram, F. Gundolf, F. Kantorowicz, M. Kommerell): Sie präsentiert Goethe, ↑Shakespeare oder F. von Hohenstaufen als historisch wirksame, physiognomisch rekonstruierte „Gestalten". Sie sollen als Impulsgeber verstanden werden: Im kosmologisch-historischen Rahmen ist Wirkung eine Sache des Rhythmus, Lehre ist sekundär, Sache von und für „Jünger".

G. war Übersetzer ↑Dantes, Shakespeares und ↑Baudelaires. Dessen und ↑Mallarmés artistische Dichtung aufgreifend, soll G.s Kunst gerade durch ihre Absolutheit sozial funktional werden. Dem poetischen Wort wird ein ethischer Ernst zugesprochen, es ist die einzige Ordnung erzeugende Instanz in einer „welt die birst". Im Kontext von Symbolismus, Jugendstil, Lebensreform will G. eine formbewusste Elite schaffen und zuletzt nur noch über sie auf die Gesellschaft wirken. Ikonisierung der Schrift ist im 20. Jh. auch Praxis und Programm Konkreter und Visueller Poesie (↑Gomringer). Im Formbewusstsein wirkte G. auf ↑Benn. Anschlüsse hinsichtlich konservativ-elitärer Kulturkritik finden sich heute bei ↑Strauß.

Ausgaben: Sämtliche Werke in 18 Bänden. Stuttgart 1982 ff.

Forschungsliteratur: C. David: St. G. Sein dichterisches Werk. München 1967; K. Kluncker: Blätter für die Kunst. Zeitschrift der Dichterschule St. G.s. Frankfurt/M. 1974; G. Mattenklott: Bilderdienst. Ästhetische Opposition bei Beardsley und G. Frankfurt/M. [2]1985; S. Breuer: Ästhetischer Fundamentalismus. St. G. und der deutsche Antimodernismus. Darmstadt 1995; W. Braungart: Ästhetischer Katholizismus. St. G.s Rituale der Literatur. Tübingen 1997; R. Kolk: Literarische Gruppenbildung. Am Beispiel des G.-Kreises 1890–1945. Tübingen 1998; L. Frank/S. Ribbeck (Hg.): St.-G.-Bibliographie 1976–1997. Tübingen 2000; M. Roos: St. G.s Rhetorik der Selbstinszenierung. Düsseldorf 2000; H. L. Arnold (Hg.): St. G. Text + Kritik. München 2005; A. Schäfer: Die Intensität der Form. St. G.s Lyrik. Köln u. a. 2005; W. Waters: St. G.s Poetics. In: J. Rieckmann (Hg.): A Companion to the Works of St. G. Rochester, NY 2005. S. 25–49.

Pierre Mattern

Gerstenberg, Heinrich Wilhelm von (1737–1823)

Unter fünf verschiedenen Gesichtspunkten kann von einem eigenständigen, richtungsweisenden Beitrag G.s zur Entwicklung der (dt. und europ.) Literaturpoetik gesprochen werden. Erstens gehört er zu den frühesten Pionieren jener Genieästhetik, welche am Ende des 18. Jh.s, im Übergang vom feudalistischen zum bürgerlichen Zeitalter, maßgeblich zur Etablierung jener Dichter- und Dichtungskonzeption beiträgt, die das künstlerische Schaffen nicht mehr als Ergebnis einer bes. konsequenten Befolgung von Regeln und Normen, sondern – in Übereinstimmung mit den neuen, ‚bürgerlichen' Vorstellungen von Sprache und Identität – als Ausdruck einer alle Ausdrucksgrenzen sprengenden, unergründlichen Individualität auffasst. Insb. in seinen *Briefen über Merkwürdigkeiten der Litteratur* von 1766–1767 hat sich G. in diesem Sinne als konsequenter Kritiker der aufklärerischen und der klassizistischen Regelpoetik profiliert. Zweitens hat er sich als Dramentheoretiker und Theaterkritiker sehr früh und vehement für das Drama ↑Shakespeares eingesetzt, dessen Verstöße gegen viele der in den damaligen Macht- und Bildungseliten anerkannten Konventionen er als Ausdruck einer besonderen Natur- und Wirklichkeitsnähe interpretiert. Drittens allerdings gebührt ihm hierbei das zweifelhafte Verdienst, in seiner eigenen Dramenproduktion so weitgehend wie nur möglich gegen seine eigenen poetologischen Postulate verstoßen zu haben. Sein *Ugolino* (1768) verwirklicht das klassizistische Dogma von den drei Einheiten mit einer Konsequenz, die nicht nur als literarhistorisches Kuriosum von Interesse ist, sondern die indirekt jenen Prozess der Autonomisierung des Theoriediskurses illustriert, der die ganze Moderne charakterisieren wird. Viertens ist G.s Beitrag zur Gattungspoetik hervorzuheben. Im 20. der erwähnten *Briefe* hat er maßgeblich zu jener Neubestimmung des Lyrikbegriffes beigetragen, die der Lyrik in den beiden nachfolgenden Jahrzehnten zur Etablierung als einer dritten Ur- oder Naturform der Dichtung neben Epik und Drama verhelfen sollte. Die Lyrik wird hierbei als bes. subjektive Gattung beschrieben, in der sich die innerliche Empfindung auf natürliche Weise in Töne auflöse. Fünftens schließlich ist G.s institutionsgeschichtliche Bedeutung zu würdigen. Als Gastgeber, Berater und Organisator hat er im Umkreis ↑Klopstocks einen wesentlichen Beitrag zur Entstehung einer neuen lit. Öffentlichkeit geleistet, in deren Schutz die künstlerischen Experimente des Geniezeitalters erprobt und bis zur Publikationsreife weiterentwickelt werden konnten.

Ausgaben: Briefe über Merkwürdigkeiten der Litteratur. Hildesheim u. a. 1971; Ugolino. Eine Tragödie in fünf Aufzügen. Stuttgart 2001.

Forschungsliteratur: K. Gerth: Studien zu G.s Poetik. Göttingen 1960; A. Gerecke: Transkulturalität als literarisches Programm. H. W. v. G.s Poetik und Poesie. Göttingen 2002.

Jost Schneider

Gide, André (1869–1951)

G. hat sich zu keiner lit. ‚Schule' bekannt, sondern seinen eigenen Stil und eine primär an der persönlichen Existenz und am ‚Humanen' orientierte Thematik entwickelt. War die erste Schaffensperiode noch vom Symbolismus beeinflusst, so vermittelt sein Werk insgesamt eine Modernität, die reflexiv und kritisch gegenüber Vorläufern ausgelegt ist. Es folgt einer Ethik, welche die Auseinandersetzung mit christl. Dogmen und protestant. Strenge zugunsten eines freiheitlichen Menschenbildes sucht. Ästhetisch bleibt es dem Autonomie-Prinzip in der Kunst verpflichtet, wobei es G. gelingt, die ‚Klassizität' des frz. Sprachgestus mit individueller, teilweise experimenteller Schreibweise zu versöhnen. Seine Werke suchen den Dialog mit lit. Traditionen und Dichter-Persönlichkeiten, mit Formen, Gattungen und mythischen Grundtexten. Musterbeispiel für mythokritische Reflexion ist *Der schlechtgefesselte Prometheus* (*Le Promethée mal enchaîné*, 1899; dt. 1909), ein Text, für den G. die der ma. Farce entlehnte Gattungsbezeichnung *sotie* (frz. „sot" für „Narr") gewählt hat.

Im *Traktat vom Narziß* (*Le traité du Narcisse*, 1892; dt. 1907) wird, in einer Mischung aus Theorie und mythologischer Erzählung, ein ästhetisches Programm formuliert, das auf der gleichsam religiösen Beziehung zwischen dem Dichter und seinem Werk beruht: „Der andächtige *Dichter* versinkt in Betrachtung; er neigt sich über die Symbole, und still taucht er tief in das Herz der Dinge ein [...]. Denn das Kunstwerk ist ein Kristall – Teil des *Paradieses*, in dem die *Idee* in ihrer höheren Reinheit wieder erblüht". Zeigt sich hier deutlich die Wirkung des Symbolismus, so betrachtet G. die narzisstische Attitüde, die auch die narrative Struktur involviert, später mit Distanz: „Wie Narziß beugte ich mich über mein Spiegelbild, und alle Sätze, die ich damals schrieb, haben etwas von dieser gebogenen Linie bewahrt."

Ein für G.s poetologisches Konzept wichtiger, aber von der Kritik unterschätzter Beitrag ist *Über den Einfluß in der Literatur* (*De l'influence en littérature*, 1900; dt. 2000). G. unterscheidet zwischen dem „gemeinen" und dem „besonderen" Einfluss; Letzterer bezieht sich auf die Dichtung. Der Dichter vermag seinen Einfluss auszuwählen, v. a. durch das Lesen bestimmter Bücher: Danach „findet [man] sich nicht mehr als der vor, der man war.“ Damit Einfluss ausgeübt werden kann, bedarf es bereits der inneren Verwandtschaft. G. illustriert das u. a. anhand seiner ↑Keats-Lektüre, die ihm half, sich selbst wiederzuerkennen. Damit betont er die dialektische Basis seiner Einfluss-Theorie, die von Ähnlichkeit und produktivem Widerstand zugleich ausgeht.

Von dieser Theorie führt ein direkter Weg zu den Auseinandersetzungen mit Vorläufern und Prä-Texten. Neben befreundeten Dichtern wie ↑Mallarmé und ↑Valéry (*Correspondance 1890–1942*, 1955; *Briefwechsel 1890–1942*, 1987) sind es v. a. ↑Goethe-, ↑Nietzsche- und ↑Dostoevskij-Lektüren, die ihn anregen. So betrachtet er den russ. Dichter als „Vorwand [...], um meine eigenen Gedanken auszudrücken“. Zentrale Themen der Dostoevskij-Analyse sind u. a. die Problematiken des Übermenschen, des Bösen („Es gibt kein Kunstwerk ohne die Mitwirkung des Bösen“), der Gottlosigkeit, der Krankheit, der grundlosen Tat – Themen, auf deren Ausläufer wir u. a. in Romanen wie *Der Immoralist* (*L'immoraliste*, 1902; dt. 1905), *Die Verliese des Vatikan* (*Les caves du Vatican*, 1914; dt. 1922) oder *Die Falschmünzer* (*Les faux-monnayeurs*, 1925; dt. 1928) stoßen.

G. konterkariert auf seine Weise den realistischen Erzählstil, indem er die theoretische Reflexion über das Erzählen in den Erzählvorgang verlegt. Insb. zwei seiner schreibenden Protagonisten, André Walter im fiktiven Tagebuch *Die Hefte des André Walter* (*Les Cahiers d'André Walter*, 1891/1930; dt. 1969) und Édouard, der Tagebuchschreiber im ebenfalls autothematisch angelegten *Falschmünzer*-Roman, präsentieren sich jeweils als das Alter Ego des Autors: „Wenn ich, als Romanautor, die Figur des Édouard in mir trage, muß ich mit Sicherheit auch den Roman in mir tragen, den er schreibt.“ In den *Heften* ist die Entstehungsgeschichte eines Romans (*Allain*) identisch mit dem Romangeschehen, wobei der Verfasser (Walter) letztlich seinem narzisstischen Enthusiasmus zum Opfer fällt: Der Roman kommt nicht zustande. Demgegenüber erscheinen *Die Falschmünzer* von geradezu aufklärerischer Rationalität: In seinem „Tagebuch“ reflektiert Édouard über die Bedingungen der Produktion eines „reinen“ Romans, eines Romans „ohne Thema“: *Die Falschmünzer*. Poetologische Kriterien sind u. a. die Aufrichtigkeit (*sincérité*) des Romanciers, die Überwindung des traditionellen Realismus, das Arbeiten mit personalen Perspektiven, das Vertrauen in die Einbildungskraft des Lesers, die „Falschmünzerei“ als *fait divers* („vermischte Nachricht“) sowie als Metapher für falsche Ideen und dichterische Imagination. Auch in diesem Fall bleibt der innere Roman letztlich ungeschrieben: „‚Ließe sich fortsetzen ...‘, mit diesen Worten sollen meine *Falschmünzer* enden.“ Mit G.s *Tagebuch der Falschmünzer* (*Journal des Faux-Monnayeurs*, 1926; dt. 1929), das fast identische Aspekte der Romankunst aufgreift, erleben wir einen weiteren Grad der Potenzierung – wobei das *Journal* bereits das Material für den Roman liefert (Intratextualität), aber als eigenständige Publikation nach dem Roman erscheint. Diese Spiegeltechniken bezeichnet G. in einer frühen Tagebuchnotiz (1893) als *mise en abyme* (wörtlich: „In-den-Abgrund-Setzen“) – ein Verfahren, das er in Malerei (H. Memling), Literatur (z. B. in *Hamlet*) und Heraldik (Wappen im Wappen) beobachtet.

Im Verhältnis zu den Erzählungen und Romanen bleiben die theatralischen Produktionen G.s eher zweitrangig. Stücke wie *Philoktet* (*Philoctète*, 1899; dt. 1904), *König Kandaules* (*Le roi Candaule*, 1901; dt. 1905) oder *Oedipus* (*Œdipe*, 1931; dt. 1931) litten unter Verzögerungen bei der Realisierung auf der Bühne sowie unter geringem Publikumserfolg. Die Adaptation von ↑Kafkas Roman *Der Proceß* (*Le procès. Pièce tirée du roman de Kafka*, 1947; dt. [1950]) profitierte hingegen von der Zusammenarbeit mit J.-L. Barrault. In der Abhandlung *Über die Entwicklung des Theaters* (*De l'évolution du théâtre*, 1904; dt. 1905), entwirft G. eine Zukunftsvision, in der dem *épisodisme* (der Darstellung heldenhafter, historischer, realistischer Episoden) abgeschworen wird zugunsten einer Profilierung der „Charaktere". Sein Bsp. ist ↑Ibsen, dessen resignierende Figuren er geradezu als Verkörperungen eines „Bankrotts des Heroismus" deutet.

Beiträge wie *Nationalismus und Literatur* (*Nationalisme et littérature*, 1909; dt. 1960) oder *Gedanken über Deutschland* (*Réflexions sur l'Allemagne*, 1919; dt. 2000), die G. im Rahmen seines Engagements für die *Nouvelle Revue Française* verfasst hat, vermitteln darüber hinaus das kulturpolit. Bewusstsein des Autors, für den nationale Literatur zum Individuellen wie zum Universellen hin durchlässig sein muss.

Ausgaben: Dostoïevski – Articles et causeries. Paris 1923; A. G./P. Valéry: Correspondance 1890–1942. Paris 1955; A. G./P. Valéry: Briefwechsel 1890–1942. Frankfurt/M. 1987; Essais critiques. Hg. v. P. Masson. Paris 1999; Romans – Récits et soties – Œuvres lyriques. Paris 2001; Gesammelte Werke in 12 Bden. Hg. v. R. Theis u. a. Stuttgart 1989–2000.

Forschungsliteratur: R. Theis: Untersuchungen über „Poesie" und „Kunst" bei A. G. Köln 1954; M. Schmeling: Prometheus in Paris. Komparatistische Überlegungen zum Ertrag der Intertextualitätsdebatte am Beispiel A. G.s. In: arcadia 23 (1988). S. 149–165; M.-D. Boros Azzi: La problématique de l'écriture dans „Les faux-monnayeurs" d'A. G. Paris 1990; D. Moutote: Réflexions sur „Les faux-monnayeurs". Paris 1990; W. Geerts: Le silence sonore: la poétique du premier G., entre intertexte et métatexte. Namur 1992; S. Lavrut: Récits, soties, roman: une approche de la poétique romanesque d'A. G. Paris 1995 [Mikrofiche]; M. Schmeling: Verlorene Söhne. Rilke und G. im übersetzerischen Dialog. In: M. Engel/D. Lamping (Hg.): Rilke und die Weltliteratur. Düsseldorf 1999. S. 123–148; R. Kopp (Hg.): G. et la tentation de la modernité. Paris 2002; P. Schnyder: Permanence d'A. G.: écriture, littérature, culture. Paris 2007.

Manfred Schmeling

Goethe, Johann Wolfgang von (1749–1832)

Grundlegend für G.s antisystematische Poetik, die im empiristischen Denken der Spätaufklärung gründet, ist zunächst die annähernde Ununterscheidbarkeit von Haupt- und Nebenschriften sowie von literatur- und bildtheoretischen Stellungnahmen. Für eine weitere Streuung des Feldes sorgen die unverkennbaren poetologischen Anmutungen der naturwissenschaftlichen Beiträge und die Kunstreflexionen im fiktionalen Werk. Die Poesie scheint zu geistig und flüchtig, so die Diagnose in der weithin ironisch gestimmten Sichtung der Poetikgeschichte im 7. Buch (1812) von *Dichtung und Wahrheit*, als dass sich ihre Gesetze festhalten ließen – wenn nicht in konstitutiv unabgeschlossenen, über sich hinausweisenden Konfigurationen. G.s Kunstbetrachtung hält sich bevorzugt an einzelne konkrete Anschauungsobjekte, die das Ganze der Kunst enthalten sollen. Darin verfährt sie nach den von G. neu gefassten Verfahrensweisen der Symbolik, die im Besonderen das Allgemeine schauen lässt.

G.s Fallpoetik setzt 1771 auf einem geistesgeschichtlich rückversicherten und doch singulär weit vorgeschobenen Posten der europ. Avantgarde ein: der Offenbarung einer ‚charakteristischen Kunst', die nicht von Prinzipien der Schönheit, sondern der Wahrheit gesteuert wird, als einzige aber in der Lage ist, den Maximalwert der Schönheit zu erreichen. Die Kanzelrede *Zum Shakespeares Tag* zelebriert einen inspirierten, nicht nach der, sondern wie die Natur schaffenden Dichter, der dem ‚toten Buchstaben' Leben einzuhauchen berufen ist. Menschenbildner soll er sein und die formale *figura* zum lebendigen Charakter erwecken. Wie G. die menschliche Gestalt zur höchsten Aufgabe der bildenden Kunst erklärt, so drehen sich auch seine Literaturprogramme regelmäßig um eine Figurenpoetik, die indes mit der mangelnden Bestimmbarkeit des Individuums zu ringen hat. Die darin sich abzeichnende Uneinlösbarkeit des Lebendigen in der Kunst veranlasst G. innerhalb eines halben Jh.s immer mehr dazu, wie in *Weimarisches Hoftheater* (1802) oder *Calderons ‚Tochter der Luft'* (1822) auf das notwendig ‚Bretterhafte' einer selbstbewussten Fiktion zu pochen.

Im mit ↑Schiller erarbeiteten Diskussionsergebnis *Über epische und dramatische Dichtung* (1797/1827) scheint vieles der frühen Poetik v. a. noch für die Tragödie zu gelten: vollkommene Gegenwart statt Vergangenheit des Geschehens, Leiden statt Tätigkeit der Figur, Pathos statt Besonnenheit des Hervorbringenden, diktierte Suggestion statt selbst generierte Imagination beim Rezipienten. G.s darin anklingende Vorbehalte gegen das Theater der Affekte werden nicht einmal durch die autonomieästhetische Definition der Katharsis als innerpoetischem Ausgleich der Leidenschaften ausgeräumt (*Nachlese zu Aristoteles' Poetik*, 1827, ↑Aristoteles). Obwohl G. „Naturformen der Dichtung" (*Noten und Abhandlungen*, 1819) bestimmt, legt er es nicht darauf an, einzelne Kunstwerke jeweils einer Gattung zuzurechnen. Vielmehr pflegt er – wie in *Ballade, Betrachtung und Auslegung* (1821) – das konstante Interesse an einer Poesie, deren Elemente nicht getrennt sind. Die Unschärfen seiner Novellenumschreibung haben ebenfalls in der Bildung solcher Interferenzbereiche ihre Funktion. Selbst die durch Tradition gefestigte Tragödientheorie hebt G. als solche auf, wenn er den Dramen ↑Shakespeares, da sie mehr den inneren als den äußeren Sinn adressierten, epische Grundsätze bescheinigt (*Shakespeare und kein Ende*, 1815/1826). Umgekehrt hält er ↑Dante (*Dante*, 1826) zugute, die Geschehnisse in seinem Epos würden so gegenwärtig wie in den Bildern Giottos. Die Oper gibt ihm ein weiteres zentrales Exempel für die Verbindung der Künste und die Potenzierung des Künstlichen (*Über Wahrheit und Wahrscheinlichkeit der Kunstwerke*, 1798). Konvergenzen zwischen Raum- und Zeitkunst deuten sich in G.s Literaturtheorie auch dort an, wo er an altdt. und ma. Dichtung deren ‚Holzgeschnittenes' oder ‚Erzgegossenes' profiliert: in *Erklärung eines alten Holzschnittes vorstellend Hans Sachsens poetische Sendung* (1776), in *Des Knaben Wunderhorn* (1806), verstörender im *Nibelungenlied* (1827), das ihn wie nie zuvor für das Schrecklich-Erhabene in Dargestelltem und Darstellung empfänglich macht. Hinsichtlich der zeitgenössischen Literatur leistet sich G. eine nicht minder bemerkenswerte Vorliebe für die Kronzeugen abgründiger Sujets (*Andenken Lord Byrons*, 1824, ↑Byron) und offener Formen (*Rameaus Neffe*, 1805, ↑Diderot; *Lorenz Sterne*, 1827, ↑Sterne).

Das Ganze als die Synthese liefert G.s monistischer Theoriebildung die durchwaltende Idee: in der Gattungs- ebenso wie in der Medientheorie, im reine Objektivität und individuelle Reflexion verbindenden Stilbegriff (*Einfache Nachahmung der Natur, Manier, Stil*, 1789) ebenso wie in der Wiedererstehung des mehr typologisch als historisch gedachten Antiken im Modernen (*Antik und modern*, 1818). Der Wunsch nach strikter Trennung der Kunstformen steht dabei unter dem Vorbehalt seiner geschichtsphilosophisch diagnostizierten Unerfüllbarkeit. Wenn G. die Alten um die Klarheit ihrer Gattungsbegriffe beneidet, so rühmt er doch auch Beispiele (wie *Ruysdael als Dichter*, 1816) der wechselseitigen Durchdringung von Malerei und Poesie. In entscheidenden Punkten revidiert G. damit die Leitdifferenzen ↑Lessings, ohne epistemologisch hinter diesen zurückzufallen. Entgegen der frühklassizistischen Ausschließung des Hässlichen und Gewalttätigen aus der Kunst bewährt sich die Macht des Schönen an den Extremen des Leidens und profitiert deshalb von einer mitunter makabren Koalition mit diesen. Im Gegenzug zur Trennung von bildkünstlerischer Simultanität und lit. Sukzession besteht die leitmotivische Nachfrage nach der (vorgestellten) Bewegung von Bildern: durch die Wahl eines vorübergehenden Moments sowie die Darstellung stufenweise voranschreitender Wirkungen (*Über Laokoon*, 1798; *Relief von Phigalia*, 1818; *Julius Cäsars Triumphzug*, 1823). Das so dynamisierte Bild scheint einen Sog der Absorption zu bewirken: man ist genötigt, sich ihm hinzugeben – eine Wirkung, die rein sensueller Art und von humanen Besserungsabsichten des nur sich selbst verpflichteten Kunstwerks meist weit entfernt ist. Während die Raumkunst solcherart Eigenschaften der Zeitkunst annimmt, inszeniert G. in seinem fiktionalen Werk (*Wahlverwandtschaften* 1809; *Wanderjahre* 1821/29) wiederholt solche Augenblicke, in denen Handlung zu Bildern erstarrt.

Die Erstarrung des Lebendigen in der heiteren Kühle des Objektivismus, der sich zugleich mit dem Leiden auch über das Leben hinwegsetzt, stellt eine Bedrohung dar, die in G.s klassizistischer Grunddisposition beständig mitreflektiert wird. Dem Leben tut oft eine Inkonsequenz not, es ist gezeugt und entfaltet, während das Vollkommene Notwendigkeit verlangt und sein Gewordensein verleugnet. Der ausdrückliche Abstraktionsimpuls des Stils – die Reduktion empirischer Formen auf ästhetische, die den Menschen von allem entblößt, was ihm nicht wesentlich sei – erneuert im Zeichen des Midas die Probleme des ‚toten Buchstabens‘, die in der pygmalionischen Ästhetik der Verlebendigung (↑Rousseau) beruhigt schienen. Die Andersartigkeit der ma. Kunst, die G. nicht selten durch ihr medusenhaft Starres und Starr-Machendes schreckt (*Kunst und Altertum am Rhein und Main*, 1816), beinhaltet etwas von dieser Kehrseite des Eigenen.

Der Vorwurf ästhetischer Mortifikation lässt in G.s Wirkungsgeschichte nicht lange auf sich warten: ↑Jean Paul sieht ihn „die Wahrheit der Charaktere auf dem anatomischen Theater beweisen“ wollen und dadurch ein gespenstisches „Schein-Leben“ erzeugen. ↑Nietzsche hingegen analysiert den Umschlag der apollinischen Beruhigungsabsicht ins Zersetzend-Auflösende als wegweisend für die Dichtung der Zukunft: „Nicht Individuen, sondern mehr oder weniger idealische Masken“, „zum fast Unsichtbaren abgedämpft und mythisch gemacht“. Das Paradigma G. zu verkörpern, lenkt einzigartig den Stilwillen ↑Th. Manns: die Verpflichtung auf das Erzählen in der „Zeitform der tiefsten Vergangenheit“, die sittlich begründete Scheu vor der pathetischen Gewalt und potenziellen Distanzverletzung der Tragödie, die „Durchheiterung“ düsterer Stoffe bei gleichzeitigem Eingedenken einer lebensfeindlichen Seite der Kunst. Spätestens mit seinem *Neuen Laokoon* (1938) verlängert Rudolf Arnheim Grundlinien G.s in die Filmtheorie hinein: Der projektive Drang zur Synthese erfüllt sich historisch in der effektiven Verkoppelung der künstlerischen Mittel im Kino.

Ausgaben: Werke. Weimarer Ausgabe. Hg. im Auftrag der Großherzogin Sophie von Sachsen. Weimar 1887–1919; Sämtliche Werke nach Epochen seines Schaffens. Münchner Ausgabe. Hg. v. K. Richter. München 1985–1998; Sämtliche Werke. Briefe, Tagebücher und Gespräche. Frankfurter Ausgabe. Hg. v. F. Apel u. a. Frankfurt/M. 1985–1999.

Forschungsliteratur: E. Osterkamp: Im Buchstabenbilde. Stuttgart 1991; H. Pfotenhauer: Um 1800. Tübingen 1991; D.-M. Noé-Rumberg: Naturgesetze als Dichtungsprinzipien. Freiburg i. Br. 1993; N. Ch. Wolf: Streitbare Ästhetik. Tübingen 2001; M. Dönike: Pathos, Ausdruck und Bewegung. Berlin u. a. 2005; S. Keppler: Grenzen des Ich. Berlin u. a. 2006.

Stefan Keppler

Goetz, Rainald (geb. 1954)

G.s umfassendster poetologischer Text sind seine Frankfurter PV von 1998. Als *PRAXIS* sind sie in die Buchpublikation des Internet-Tagebuchprojekts *Abfall für alle* aufgenommen worden, den zwischen Mai 1998 und Januar 1999 geschriebenen „Roman eines Jahres". G.s Versuch, die eigene Praxis im Hörsaal ‚live' vor einem Publikum vorzuführen, zeigt ihn als Rezipienten, der an Aufnahme, Protokoll und Verarbeitung der Gegenwart interessiert ist. A. Warhols „and trying to tape it all", bereits *1989* (1993) als Motto vorangestellt, kann daher emblematisch für G.s Arbeiten seit den frühen 1980er Jahren stehen. Da dieser „Rekonstruktions-Versuch der Gegenwart" aus Vermittlung, medialer Rede und „zu 90 oder 95 Prozent: Rezeption. Rezeptivität. Aufnehmen" besteht, arbeitet G. mit Verfahren, die häufig unter dem Stichwort „Pop" diskutiert werden: Montage, zitierende und nachahmende Erfassung und Anordnung von Sprachformen einzelner Weltbereiche und Diskurse. Außerdem befasst sich G. mit der Welt der psychischen Abweichung (*Irre*, 1983), der Welt der polit. Gewalt (*Kontrolliert*, 1988), jener der Medien (*1989*; *Dekonspiratione*, 2000) und der Welt von Techno, Musik und Nachtleben (*Celebration*, 1999).

Einer der Kernsätze von G.s Poetik ist bereits in der Erzählung *Subito* (1986) zu lesen: „[D]ie notwendige Arbeit ist: die Wahrheit schreiben von allem, die keinen Biß Sinn nicht hat, aber notwendig ist, notwendig ist das einfache wahre Abschreiben der Welt". Fünfzehn Jahre später beschreibt G. sein Verfahren, das sich gegen den organisierten Arbeitsprozess auf die Emergenz des nicht geplanten ästhetischen Ereignisses setzt, so: „entweder es schwingt auf und ereignet sich, oder eben nicht."

Ausgaben: Subito. In: Hirn. Frankfurt/M. 1986. S. 9–21; PRAXIS. In: Abfall für alle. Roman eines Jahres. Frankfurt/M. 1999. S. 229–372; Interviews mit G. In: Jahrzehnt der schönen Frauen. Berlin 2001. S. 115–213.

Forschungsliteratur: M. Baisch/R. Lüdeke: Was kommt? Was geschieht? Was ergibt sich gleich? Textgenese in R. G.s FPV „Praxis". In: A. Haslinger u. a. (Hg.): Textgenese und Interpretation. Stuttgart 2000. S. 139–173; E. Schumacher: „Jetzt, ja, nochmal. Jetzt." R. G.s Geschichte der Gegenwart. In: ders.: Gerade Eben Jetzt. Schreibweisen der Gegenwart. Frankfurt/M. 2003. S. 111–154.

Volker Pantenburg

Gogol', Nikolaj Vasil'evič (1809–1852)

G.s Poetik weist eine hybride Grundstruktur auf, die zwischen radikaler Innovation und archaischer Religiosität schwankt. Der junge Autor scheiterte 1829 mit seinem Versepos *Hans Küchelgarten* (*Ganc Kjuchel'garten*; dt. 1914), einem epigonalen Verschnitt aus ↑Byron und J. H. Voss, wurde aber zwei Jahre später mit seinem Erzählzyklus *Abende auf einem Weiler bei Dikanka* (*Večera na chutore bliz Dikan'ki*; dt. 1910) berühmt. Dieses Werk markiert einen radikalen Bruch mit der dominanten Poetik der ↑Puškin-Zeit, in der die russ. Literatur dem eleganten Vorbild der frz. Rhetorik angeglichen werden sollte. G. setzte in den *Abenden* ein mit Ukrainismen versetztes kolloquiales Russisch ein – mit diesem Verfahren, das auf I. Kotljarevs'kyjs ukrain. *Aeneis*-Travestie beruht, etablierte er eine

Form der sprachlichen Groteske, deren Wirkung sich auch noch im Frühwerk von ↑Turgenev und ↑Dostoevskij nachweisen lässt. Bereits in den ukrain. Erzählungen macht sich indes in prominenter Weise ein dämonisches Element bemerkbar, das später zum dominanten Element in G.s Poetik und sogar in seiner biografischen Existenz wird. Eine lit. Verarbeitung dieses Themas findet sich in der Erzählung *Das Porträt* (*Portret*, 1. Fass. 1835, 2. Fass. 1842; dt. 1851). G. schildert hier den Niedergang eines Kunstmalers, der unter den geheimnisvollen Einfluss eines Bildes eines teuflischen Wucherers gerät und seine ästhetischen Ideale an den kommerziellen Erfolg verrät. Mit diesem Plot umreißt G. gleichnishaft seine „condition poétique“: Er sah sich hin- und hergerissen zwischen den ästhetischen Imperativen des rasch wachsenden Buchmarkts und den eigenen christl.-fundamentalistischen Idealen. Beispielhaft zeigt sich die Ambivalenz von G.s Poetik im Scheitern des zweiten Teils der *Toten Seelen* (*Mërtvye duši*, 1. Teil 1842; dt. 1846), der vom Autor 1852 verbrannt wurde. Geplant waren ursprünglich – nach dem Vorbild von ↑Dantes *Göttlicher Komödie* – drei Teile, in denen die Läuterung Russlands als Heilsgeschichte vorgeführt werden sollte. Der metaphysische Anspruch des Werks spiegelt sich bereits im Untertitel des ersten Teils der *Toten Seelen*, der den Prosatext als „Poem“ auswies. G.s satirischer Stil ließ sich allerdings nur mit der Darstellung Russlands im Griff des Teufels vereinbaren; der Versuch einer erhabenen Diktion im zweiten Teil mündete in leere Didaxe. Eine ähnliche Erfahrung machte G. mit seinem Werk *Ausgewählte Stellen aus dem Briefwechsel mit Freunden* (*Vybrannye mesta iz perepiski s druz'jami*, 1847). Dieser predigthafte Katechismus, der teilweise in der Tat auf G.s Korrespondenz beruht, markiert sein Literaturideal: Der Autor bezeugt in Demut und Askese sein schriftstellerisches Amt, durch das er seine Leser zum richtigen Leben anleitet. Ihren konsequenten Ausdruck fand diese Konzeption in den *Betrachtungen über die göttliche Liturgie* (*Razmyšlenija o božestvennoj liturgii*, 1857; dt. 1938), in denen G. sein idealtypisches Kommunikationsmodell erläuterte. Zweifellos stellte die Liturgie, die direkt auf die Seele des Gläubigen einwirkt, das Vorbild für die lit. Wirkung dar, die G. mit seinen eigenen Texten anstrebte. Dieses Ideal weist voraus auf ↑Tolstojs „Infektionslehre“ und die religiöse Überhöhung der Literatur im russ. Symbolismus. Bezeichnenderweise wurden die streng theologischen *Betrachtungen* nicht in die sowjet. Gesamtausgabe von G.s Werken aufgenommen – G. wurde in der UdSSR hartnäckig als realistischer Autor gedeutet.

Ausgaben: Polnoe sobranie sočinenij i pisem. 23 Bde. Moskau 2001; Gesammelte Werke. 5 Bde. Stuttgart 1981–2002.

Forschungsliteratur: S. Frank: Der Diskurs des Erhabenen bei G. und die longinsche Tradition. München 1999; U. Heftrich: G.s Schuld und Sühne. Versuch einer Deutung des Romans „Die toten Seelen“. Hürtgenwald 2004; J. Mann: G. Trudy i dni 1809–1845. Moskau 2004.

Ulrich Schmid

Goldschmidt, Georges-Arthur (geb. 1928)

Als eine Quintessenz seiner poetologischen Überlegungen können G.s fünf Vorlesungen gelten, die er 1996/97 in Lyon gehalten hat und die u. d. T. *Der Stoff des Schreibens* (*La Matière de l'écriture*, 1997; dt. 2005) zusammengefasst sind. Bedeutende Vorarbeit leisten die beiden Bücher über ↑Freud und die dt. Sprache (1988 u. 1996) sowie die wegweisende frühe Studie über ↑Rousseau (1978) und die Arbeit *Der bestrafte Narziß* (*Narcisse puni*, 1990; dt. 1994). Nach G. ist jede

Sprache Zeichen ihres Mangels, da stets die Möglichkeit besteht, das Gemeinte anders zu sagen. Keine Sprache vermag je das Reale zu fassen oder es abzubilden. Als paradigmatisch steht G. der stumme Grund des Sprechens beim Kind ein, die Evidenz des Sinns, für die es keinen Ausdruck geben kann. Das kindliche Selbst, das sich im Widerstreit zur Sprache der Erwachsenenwelt behauptet, steht außerhalb der Sprache („langage"). G., der an dem Konzept einer sprachlichen Uneinholbarkeit des Selbst festhält, steht als egologischer Autor wie selbstverständlich im Dienst eines autobiografischen respektive autofiktionalen Schreibens. Das Schreiben ist ein unmögliches Unterfangen, denn es kann, wie die Sprache selbst, niemals ultimativ sein; ein Gelingen ist von vornherein ausgeschlossen. „Schreiben ist nichts, als aus einer stummen Sprache zu übersetzen". Das Übersetzen von einer Sprache in die andere ist notwendig, aber es ist aufgrund des den Sprachen eigenen Mangels notwendigerweise unangemessen. Jedes Übersetzen ist ein Anders-Sagen des Selben, das, einem Intervall gleich, zwischen den Sprachen sitzt und nie restlos in ihrer jeweiligen Art des Meinens aufgeht. G. rekurriert in diesem Zusammenhang auf die „Grundsprache" D.-P. Schrebers bei Freud. Verwandt der „stummen Sprache", gilt sie als ein Name für die Begründung der Möglichkeit von Sprache in ihrer Gesprochenheit. G., der auf Französisch und auf Deutsch schreibt, ist u. a. Übersetzer der meisten Bücher von ↑Handke, von ↑Kafkas *Der Proceß* und *Das Schloß* sowie *Also sprach Zarathustra* von ↑Nietzsche. Die biografische Tatsache der Zweisprachigkeit, der Kindheit und Jugend eines Waisen wie der Züchtigung sind zentrale Themen in G.s Erzählungen.

Ausgaben: J.-J. Rousseau ou l'esprit de solitude. Paris 1978; Quand Freud voit la mer. Freud et la langue allemande I. Paris 1988; Als Freud das Meer sah. Freud und die deutsche Sprache I. Zürich 1999; Narcisse puni ou la part échappée. Paris 1990; Der bestrafte Narziß. Zürich 1994; Quand Freud attend le verbe. Freud et la langue allemande II. Paris 1996; Freud wartet auf das Wort. Freud und die deutsche Sprache II. Zürich 2006; La Matière de l'écriture. Lyon 1997; Der Stoff des Schreibens. Berlin 2005.

Forschungsliteratur: W. Asholt (Hg.): Grenzgänge der Erinnerung. Studien zum Werk G.-A. G.s. Osnabrück 1999; K. Bonn: Zur Topik von Haus, Garten, Wald und Meer – G.-A. G. Bielefeld 2003; T. Trzaskalik: Gegensprachen. Das Gedächtnis der Texte. G.-A. G. Frankfurt/M. 2007.

Klaus Bonn

Gomringer, Eugen (geb. 1925)

Seit seinem Manifest *vom vers zur konstellation* (1954) gehört G. nicht nur zu den Hauptrepräsentanten, sondern auch zu den Haupttheoretikern der Konkreten Poesie. Er hat deren Entwicklung immer wieder mit Kommentaren und programmatischen Äußerungen begleitet.

Konkrete Poesie soll auf moderne beschleunigte Kommunikationsformen reagieren und bejahender Bestandteil einer „Kommunikationsgesellschaft" werden. Sie antwortet auf Vereinfachungsprozesse, denen die Sprachen im internationalen Austausch unterworfen sind: Sie kennt keine Negation, da sie an bewusst konstruktive, konkrete Mittel gebunden bleibt; sie soll nicht als memorierter Klang, sondern als Bild einprägsam sein, nach dem Vorbild von Alltagstexten wie Schlagzeilen oder Hinweistafeln. Sie ersetzt die grammatische durch eine „spatiale" Syntax und soll, wenn fremdsprachig verfasst, einfach mit dem Wörterbuch entzifferbar sein. Auch die radikale Kleinschreibung G.s dient der Beschleunigung und Enthierarchisierung. Mit der Materialität der Sprachzeichen – Worte, Silben, Buchstaben – tritt der „absolute charakter" von Sprache und Wort wieder hervor; das Gedicht soll das von pragmatischem Sprachgebrauch und Gewöhnung eingeleitete Schweigen aufbrechen, „um ein neues schweigen zu beschwören". Der Text als stummes Bild kann meditative Züge tragen. Funktionalität der Dichtung und Absolutheitsanspruch, „mechanistisches und intuitives prinzip", werden miteinander verbunden.

Neben der Konstellation umfasst das Repertoire der Konkreten Poesie Formen wie Dialektgedicht, Palindrom, Ideogramm, Piktogramm, Typogramm (*charakteristika der gebräuchlichsten formen der konkreten poesie*, 1972/1986). Hinzu kommen Raumgedichte, die längere Betrachtung erfordern. Mit ihnen geschieht auch der Übergang zur Visuellen Poesie, die nicht mehr vom typografischen Wort ausgeht, Handschrift einbezieht und Zeichenrepertoires miteinander vermischt (*von der konkreten poesie zur visuellen poesie*, 1996).

Die Konkrete Poesie ist auf internationalen Austausch angelegt und in ihm entstanden. Schon die Bezeichnung stimmte G. mit der brasil. Gruppe *Noigandres* ab. Zudem ist die Ikonisierung der Schrift eine Fortführung europ. Impulse (Futurismus ↑Marinetti, Symbolismus ↑Mallarmé). G. hat sich von Programmatik und Verfahren der Konkreten Malerei (M. Bill, J. Albers) anregen lassen; im dt. Sprachraum wirkte er auf Autoren wie ↑Heißenbüttel, ↑Mon, D. Rot und die Wiener Gruppe.

Ausgaben: theorie der konkreten poesie. texte und manifeste 1954–1997. Wien 1997.

Forschungsliteratur: S. J. Schmidt: Perspectives on the Development of Post-Concrete Poetry. In: Poetics Today 3 (1982). S. 101–136; C. Weiss: Seh-Texte. Zur Erweiterung des Textbegriffes in konkreten und nach-konkreten visuellen Texten. Zirndorf 1984; O. Herwig: Wortdesign. E. G. und die bildende Kunst. München 2001.

Pierre Mattern

Gor'kij, Maksim [d. i. Aleksej Maksimovič Peškov] (1868–1936)

G.s Frühwerk ist durchaus romantisch geprägt und verbindet eine naturalistische Schilderung der russ. Misere mit märchenhaften Elementen (*Die alte Isergil*, 1901; *Starucha Izergil'*, 1895). Zentral ist die Figur des barfüßigen Wanderarbeiters („bosjak"), an dem sich das wachsende Bewusstsein sozialer Ungerechtigkeit konkretisiert. 1905–1908 beteiligte sich G. am sog. „Gotterbauertum", das L. Feuerbachs Religionskritik positiv umdeutete: Das Volk müsse Gott erschaffen und dann an sein eigenes Produkt glauben (*Ispoved'*, 1908: *Eine Beichte*, 1909). Gott sei letztlich nichts anderes als „die Abstraktion aller Wissensinhalte des Volkes über sich selbst". W. I. Lenin lehnte das „Gotterbauertum" scharf ab und verglich es als „gelben Teufel" mit dem „blauen Teufel" der herkömmlichen Religion. Nach der Oktoberrevolution kritisierte G. in seinen *Unzeitgemäßen Gedanken* (*Nesvoevremennye mysli*, 1917; dt. 1972) die Brutalität der roten Herrschaft und mahnte die Wahrung demokratischer Bürgerrechte ein. Nach F. Kaplans Attentat auf Lenin 1918 schwenkte G. jedoch auf eine regimetreue Linie ein. 1922 entstand die kulturpessimistische Schrift *Über das Bauerntum* (*O krest'janstve*), in der G. die Verrohung des einfachen Volks anprangerte. In den 1930er Jahren ließ sich G. von der sowjet. Kulturpolitik vereinnahmen. G. schreckte nicht davor zurück, J. Stalins Terror zu rechtfertigen oder in offizieller Mission Dokumentationsreisen zu Straflagern zu unternehmen und begeisterte Berichte über die angeblich erfolgreichen „Umerziehungsmaßnahmen" zu verfassen. Eine zentrale Rolle spielte G. auf dem Ersten Schriftstellerkongress von 1934, auf dem die russ. Literatur gleichgeschaltet und auf das Stilideal des sozialistischen Realimus verpflichtet wurde. G. rief die „Ingenieure der Seelen" dazu auf, die Ideale des sozialistischen Aufbaus lit. zu gestalten. Als Feindbild der neuen Literatur bezeichnete G. den „überflüssigen Menschen" aus der Romantradition des 19. Jh.s; bes. stark lehnte er ↑Dostoevskijs konservative Weltsicht ab. Auf dem Kongress wurde G.s Roman *Die Mutter* (*Mat'*, 1906/07; dt. 1907) zum Vorbild für die neue Stilrichtung erklärt. G.s letzter Roman *Das Leben des Klim Samgin* (*Žizn' Klima Samgina*, 1927–1936; dt. 1952–1957) kann als symbolische Autobiografie gelesen werden (vgl. das Anagramm „Maxim"–„Samgin"), in der das Scheitern des Intellektuellen an der revolutionären Wirklichkeit gezeigt wird.

Ausgaben: Polnoe sobranie sočinenij. 25 Bde. Moskau 1968 ff.; Pis'ma. 24 Bde. Moskau 1997 ff.; Unzeitgemäße Gedanken über Kultur und Revolution. Frankfurt/M. 1974.

Forschungsliteratur: H. Günther: Der sozialistische Übermensch. M. G. und der sowjetische Heldenmythos. Stuttgart u. a. 1993; A. Knigge: M. G. Das literarische Werk. München 1994; G. Kjetsaa: M. G. Eine Biographie. Hildesheim 1996; V. S. Barachov: Drama Maksima Gor'kogo. Moskau 2004.

Ulrich Schmid

Gottsched, Johann Christoph (1700–1766)

G.s *Versuch einer Critischen Dichtkunst vor die Deutschen* (1730) stellt eine Literaturkonzeption dar, die als poetologische Grundlage dienen soll und dem Anspruch folgt, die dt. Sprache und Literatur sowie das dt. Theater wieder neu an der Formenreinheit der Antike zu orientieren. Der Text folgt frz. Vorbildern und gilt als prosaische Umsetzung von ↑Boileaus *L'art poétique*. Der Begriff der Schönheit orientiert sich an Ordnung und Regelmäßigkeit. In Anlehnung an Ch. Wolffs Methodik verweist das Prädikat ‚critisch' auf die Anbindung des Konzeptes an philosophische Fragestellungen und gliedert sich in zwei Teile: Dichtungstheorie und Gattungspoetik. Die zwölf Kapitel der Dichtungstheorie vermitteln auf der Basis der ihnen vorangestellten *Ars poetica* des ↑Horaz grundlegende Kenntnisse (z. B. 4.: „Von den poetischen Nachahmungen", in Anlehnung an die *Poetik* des ↑Aristoteles; 10.: „Von den Figuren in der Poesie"). Im ersten Abschnitt, beginnend mit Oden und Liedern („Von den Geschichten, die von den Alten erfunden worden"), stellt die Gattungspoetik im „zweyten, besonderen Theil" die lit. Gattungen in Einzelkapiteln vor und folgt dabei zunächst der historischen Entwicklung: „Wir folgen der Ordnung der Natur. Oben ist erwiesen worden, dass die Musik zur Erfindung der Poesie den ersten Anlaß gegeben." Die Darstellung der Textgattungen erfolgt über den wiederholten Rückgriff auf antike Texte von ↑Homer, ↑Sophokles, ↑Aristophanes, Plautus etc., welche im Anhang („Erstes Register der angeführten Bücher und vornehmsten Schriftsteller") nochmals aufgeführt und deren Schriften in einem Begriffsregister ergänzend erläutert werden. Neben den Regeln für die Produktion lyrischer und epischer Texte steht bes. die Gattung des Dramas im Fokus der Poetik G.s: Hier sieht der Autor die beste Möglichkeit zur sittlich-moralischen Erziehung der Deutschen, wobei die Handlung nach dem Vorbild der Wirklichkeit gestaltet sein und das Gegebene nachahmen soll. G. bleibt dem tradierten Kriterium der Ständeklausel verpflichtet, wenn er die beiden dramatischen Grundformen voneinander unterscheidet: „Der Poet will also durch die Fabeln Wahrheiten lehren, und die Zuschauer, durch den Anblick solcher schweren Fälle der Großen dieser Welt, zu ihren eigenen Trübsalen vorbereiten". Des Weiteren wird die zum Teil aus der *Poetik* des Aristoteles (Zeit und geschlossene Handlung), zum Teil aus ↑Corneilles *Discours des trois unités* abzuleitende

Einheit von Zeit, Ort und Handlung als Grundprinzip des Dramas von ihm festgeschrieben. Die Regelpoetik G.s fand ihre entschiedendsten Kritiker in den Schweizer Herausgebern der Zeitschrift *Discourse der Mahlern* ↑Bodmer und ↑Breitinger. Die Auseinandersetzung kulminierte im sog. ‚Leipzig-Zürcher Literaturstreit', der nicht zuletzt auf der Basis der Dramentheorie von ↑Fénelon ausgetragen wurde. Bodmer und Breitinger setzten neue poetologische Maßstäbe, weil sie dem Konzept des regelorientierten klassizistischen Dramas einige von G. scharf kritisierte kompositorische Begriffe wie Imagination und Phantasie entgegensetzten und somit von der Existenz einer fiktiven Welt neben der empirisch fassbaren ausgingen. Der Stellenwert von G.s Normpoetik liegt daher mehr in der Komplettierung der im 17. Jh. vorformulierten gattungspoetischen Grundlagen als in der Entwicklung innovativer poetologischer Ansätze.

Ausgaben: Versuch einer Critischen Dichtkunst. Darmstadt 1962.

Forschungsliteratur: K. Wölfel: Moralische Anstalt. Zur Dramaturgie von G. bis Lessing. In: R. Grimm (Hg.): Deutsche Dramentheorien I. Wiesbaden 1978. S. 45–122; C. Zelle: Die doppelte Ästhetik der Moderne. Revisionen des Schönen von Boileau bis Nietzsche. Stuttgart u. a. 1995; P.-A. Alt: Aufklärung. Stuttgart 1996.

Martina Schönenborn

Gracián, Baltasar (1601–1658)

G.s *Kunst des ingeniösen Einfalls, Traktat über den Scharfsinn* (*Arte de ingenio, Tratado de la agudeza*, 1642) ist gattungstypologisch nicht eindeutig zu klassifizieren und wird als Rhetorik oder Dialektik und weniger als Poetik im eigentlichen Sinne bezeichnet. Dies gilt auch für die überarbeitete und erweiterte Fass. von 1648 mit dem Titel *Scharfsinn und Kunst des ingeniösen Einfalls* (*Agudeza y arte de ingenio*). Gegenstand beider Schriften ist der Scharfsinn („agudeza"), dessen vielfältige lit. Erscheinungsformen G. anhand zahlreicher Beispiele erörtert, die er der antiken, ital. und span. Literatur entnimmt. Eng verbunden mit dem Scharfsinn ist der schöpferische Erfindungsgeist („ingenio"). Das Zusammenspiel von „agudeza" und „ingenio" ist die Voraussetzung für die Schaffung der Konzetti („conceptos"), d. h. geistreich zugespitzter, raffinierter, witziger, überraschender Wörter, Bilder, Metaphern und Wortspiele. Indem G. sich der Technik des pointierten, scharfsinnigen, kunstvollen, oft auch künstlichen „concepto" in den unterschiedlichen Gattungen widmet, legt er eine deskriptive Poetik der Entsprechungen („correspondencia") vor. Ziel dieser auf rhetorischen Figuren und Tropen basierenden Technik ist es, unterschiedlichste Gegenstände und Erfahrungsbereiche in einem sprachlichen Bild zusammenzuführen und dadurch eine möglichst originelle, neuartige und unerwartete Beziehung zwischen den Objekten herzustellen.

Als mustergültige Dichter und Meister der „agudeza" präsentiert G. Martial und L. de Góngora. Seine ausgeprägte Vorliebe für den als Kulteranisten bezeichneten Góngora mag zunächst überraschen, da G.s Traktat als Theorie des konzeptistischen Stils gilt. Eine solche Abgrenzung von Konzeptismus und Kulteranismus ist im Kern jedoch nicht möglich und gilt inzwischen als überholt.

Der humanistisch gebildete Jesuit G. geht in seinen Ausführungen weit über die geläufigen Rhetorikhandbücher hinaus. Seine Traktate sind keine normative Poetik, sondern haben das Ziel, ein Analyseinstrumentarium bereitzustellen, um die unerschöpflichen Möglichkeiten sprachlicher Gestaltung und dichterischer Kreativität ganzheitlich erfassen zu können. G.s Schriften sind die ersten und bedeutendsten Traktate über den Scharfsinn, den Erfindungsgeist und die Kunst des „concepto“ in der barocken Literatur. Mit seinen Analysen, Beschreibungen, Erläuterungen und Definitionen der „agudeza“, des „ingenio“ und der „conceptos“ leistet G. einen fundamentalen Beitrag zur Literaturtheorie und -ästhetik des 17. Jh.s, in der Originalität, Kreativität und die aktive Mitwirkung des Lesers eine fundamentale Rolle spielen.

Ausgaben: Agudeza y arte de ingenio. Hg. v. E. Correa Calderón. Madrid 1981; Arte de ingenio, Tratado de la agudeza. Hg. v. E. Blanco. Madrid 1998 [Faksimileausgabe Saragossa 2005].

Forschungsliteratur: M. Blanco: Les rhétoriques de la pointe. B. G. et le conceptisme en Europe. Genf u. a. 1992; J. M. Ayala (Hg.): B. G. El discurso de la vida. Una nueva visión y lectura de su obra. Barcelona 1993; M. Batllori: B. G. i el Barroc. Valencia 1996; A. Zárate Ruiz: G., Wit, and the Baroque Age. New York u. a. 1996; M. Ayala/A. Egido (Hg.): B. G. Estado de la cuestión y nuevas perspectivas. Zaragoza 2001; S. Neumeister (Hg.): B. G.: Antropología y estética. Berlin 2004.

Cerstin Bauer-Funke

Grass, Günter (geb. 1927)

G. hat sich seit seinen schriftstellerischen Anfängen in den 1950er Jahren aus vielfältigen Anlässen über seine Arbeit und sein schriftstellerisches Selbstverständnis geäußert. Auch wenn sich daraus keine systematische Poetik ableiten lässt, konvergieren seine poetologischen Reflexionen doch durchgängig in zwei Hinsichten: Erstens ist die Frage nach der polit. Dimension von Literatur thematisch zentral, also nach dem Engagement des Schriftstellers und den Spielformen lit. Zeit- und Gesellschaftskritik, und zweitens nehmen die Reflexionen ihren Ausgang meist von eigenen Erfahrungen und Projekten.

Seine Frankfurter PV, *Schreiben nach Auschwitz* (1990), verknüpfen die kritische Stellungnahme zu ↑Adornos vieldiskutiertem Verdikt über Lyrik nach Auschwitz mit Erinnerungen an den eigenen Werdegang und an die Bedeutung der dt. Zeitgeschichte für das eigene Œuvre. Ein Ende des Schreibens käme, so G. im Gegenzug zu jeder lit. Selbstzensur, der Selbstaufgabe des Menschengeschlechts gleich. In konkreten Erfahrungen verankert (in privaten und öffentlichen, in somatischen und polit., in lustvollen und schmerzlichen), wird Literatur emphatisch als Überlebensmittel verstanden. Sie ist insb. Widerstand gegen die Zeit und wird durch das Wissen um die anhaltende Präsenz des Vergangenen ebenso geprägt wie durch die Antizipation von Zukünftigem (das laut G. nur aus vergegenwärtigter Vergangenheit einsichtig werden kann). Das Verhältnis der Literatur zur Zeit drückt G. durch den neologistischen Begriff „Vergegenkunft“ aus. Aufgabe des Schriftstellers ist es, gegen die verstreichende Zeit anzuschreiben, so die Zentralthese der Vorlesung. Sein lit. Werk illustriert diese in mehrfacher Hinsicht: als kritisch-insistente Erinnerung an die historische Schuld der Deutschen, als Bekenntnis zu einer polit. Gestaltung der Gegenwart ohne Verdrängung und Verschweigen, als Warnung vor der drohenden Selbstvernichtung der Menschheit, aber auch als analogisierende Verknüpfung verschiedener Phasen mythischer und historischer Zeit.

Als Programm zu verstehen ist der Titel eines Bandes mit Reden, Artikeln und Abhandlungen aus den Jahren 1965 bis 1996, *Der Schriftsteller als Zeitgenosse* (1996). So spricht der polit. Aktivist G. in seiner BPR mit dem Titel *Rede über das Selbstverständliche* (1965) über die eigene Tätigkeit als SPD-Wahlhelfer und setzt sich polemisch mit dem „Sprüche klopfenden Gewissen einer nicht existenten Nation“ und mit der in Deutschland nur unzulänglich geleisteten Aufarbeitung der eigenen Vergangenheit auseinander. Kritische Reflexionen über die Rolle des Schriftstellers innerhalb der Gesellschaft gelten aus verschiedenen Anlässen sowohl den realitätsfremden Radikalen als auch den gefälligen Dienern des Publikumsgeschmacks. Polit. Tagesereignisse sind keine Störfaktoren der lit. Arbeit, sondern ein realer Widerstand, an dem sich abzuarbeiten die lit. Kreativität stimuliert. Jenseits der simplen Alternative von Elfenbeinturm und Engagement votiert G. für die Verknüpfung künstlerischer Phantasie mit polit. „Dreinrede" (so bei einer Rede auf dem PEN-Kongress 1986). Die lit. Darstellung des Geschichtsverlaufs soll dessen Absurditäten nicht durch ordnende Darstellung beschönigen, sondern sie durch Fokussierung von Details, durch Überzeichnungen und durch Einsatz der Perspektive der Unterlegenen vielmehr noch verdeutlichen – so das von G. theoretisch ausformulierte Programm, das er in seinen Romanen einlöst.

Als Geschichten über Künstler, Erzähler, Schriftsteller und Zeitkritiker weisen G.s Romane – die er selbst als ein Festhalten des jeweils dargestellten historischen Augenblicks begreift – einen hohen Grad an Autoreflexivität auf. Auch sind in die Erzählerberichte vielfach explizite Reflexionen über Mythen, Märchen und Fabeln sowie über narrative und bildkünstlerische Gestaltungsprozesse integriert. Ist Literatur das ‚ungeratene', weil aufsässige Kind der Aufklärung, so wird sie von Oskar, dem buckligen, lauten, rebellischen Helden aus *Die Blechtrommel* (1959) mit seinem unbestechlichen Blick schon früh prägnant verkörpert. Die Rolle des Künstlers innerhalb der Gesellschaft verkörpert sich, oft ironisch, nicht zuletzt in Tiergestalten wie der Unke, der Rättin oder dem Butt – v. a. als fabulierende Auseinandersetzung mit der (u. a. in den Frankfurter PV gestellten) Frage, was und wie angesichts des drohenden Endes der Menschheitsgeschichte noch erzählt werden könne. *Die Rättin* (1986) stellt für G. den in Romanform gekleideten Versuch dar, „das beschädigte Projekt der Aufklärung erzählend fortzuschreiben".

Märchen und Mythen sind für G. der „Doppelboden unserer Realität"; wie Sehnsüchte und Träume prägen ihre Bilder die Realität, und die Literatur lebt von Märchen und Mythos. Vernunft und Märchenhaft-Mythisches stellen keinen Gegensatz dar; vielmehr eröffnet letzteres mit seinen „Bildern und Zeichen" der Vernunft selbst ein Spiel mit Möglichkeiten des Denkens und der Zukunftsgestaltung. Die Gegenwärtigkeit des Märchenhaften und Mythischen bespiegelt etwa *Der Butt* (1977), dessen Kernfabel das von G. wiederholt neugestaltete Märchen vom Fischer und seiner Frau ist. Der steinalte Fisch ist (nicht zuletzt auch wegen seiner Verbindung zur Sphäre der Nahrungsmittel, des Kochens und Essens als zyklisch wiederkehrender Vorgänge) Emblem einer Zeiterfahrung, die sich der linearen Chronologie widersetzt und die über das Vergangene nicht hinwegeilt, sondern es wiederholbar werden lässt. Die nicht minder fabelhafte Rättin antizipiert erzählend eine Zukunft jenseits der Menschheit.

Im Zeichen expliziter poetischer Autoreflexion stehen auch G.s Romane über Schriftstellerfiguren, die auf historische Vorbilder zurückgehen. In *Das Treffen in Telgte* (1979) lässt er eine Gruppe von Barockdichtern (darunter H. J. Ch. von Grimmelshausen, ↑Gryphius, ↑Opitz und A. Silesius) vor der Kulisse des verheerenden Dreißigjährigen Krieges zusammentreffen, um angesichts der Gebrechlichkeit aller Dinge und der Fragwürdigkeit der dichterischen Existenz über das eigene Metier, über Kunst und Gesellschaft, über Fragen des polit. wie des ästhetischen Überlebens zu diskutieren; wichtig ist dabei u. a. das Thema der Verantwortung für die dt. Sprache, deren Mundarten und deren Gestaltungspotenziale. G. setzt mit diesem Barockdichter-Roman nicht zuletzt den eigenen dichterischen Vorläufern ein lit. Denkmal. Ebenso ist sein ↑Fontane-Roman *Ein weites Feld* (1995) als Hommage an einen spezifischen Autor wie auch als Auseinandersetzung mit der Grundfrage nach dichterischer Zeitgenossenschaft zu verstehen.

Die Reflexion über Künstlertum, Schriftstellerei und die Voraussetzungen poetischer Gestaltung bleibt bei G. nicht auf das Medium Sprache beschränkt. Diverse seiner grafischen Werke stellen sowohl Figuren und Motive als auch tragende Konzepte seiner Arbeit prägnant dar. So spiegelt sich laut G. die verzweifelte Lage der Schriftsteller in *Das Treffen in Telgte* – welche ihrerseits ja als Spiegel zeitgenössischer Verhältnisse gelten darf – im Bild einer aus Steingeröll herausragenden Hand, die unbeirrt an ihrer Schreibfeder festhält. Mit seinen Porträts der Unke visualisiert er die Idee des Mahnrufs, mit denen des Butts die Gegenwart des Märchenhaft-Mythischen, mit denen der Rättin die Instanz des Erzählers und eines epochenübergreifenden Wirkens. Ebenso wenig wie der Schriftsteller und der *homo politicus* sind der Schriftsteller und der bildende Künstler G. voneinander zu trennen, und G.s Kommentare zu bildkünstlerischen Arbeiten besitzen als Betonungen der Analogie zwischen Bild- und Textwelt zugleich eine literaturtheoretische Dimension. Zeichnen und Schreiben stehen in unauflöslicher Wechselbeziehung. Wie die lit. Texte erzählen die Bilder und Bildfolgen von metamorphotischen Übergängen zwischen Menschlichem und Außermenschlichem, Lebendigem und toten Objekten; wie diese verstehen sie sich als eine Darstellung von Zeit und Wandel, die zugleich künstlerisches Aufbegehren gegen die Zeit ist; wie diese beruhen sie auf einer unbeirrbaren Anhänglichkeit an das Gegenwärtige und Gegenständliche.

Ausgaben: Werkausgabe in 10 Bden. Hg. v. V. Neuhaus. Darmstadt u. a. 1987; Bin ich nun Schreiber oder Zeichner? In: art. Das Kunstmagazin 11 (1979). S. 154; Aufsätze zur Literatur. Darmstadt u. a. 1980; Skizzenbuch. Göttingen 1989; Schreiben nach Auschwitz [FPV]. Frankfurt/M. 1990; Der Schriftsteller als Zeitgenosse. Hg. v. D. Hermes. München 1996; Wort und Bild [TPV]. Tübingen 1999; Fünf Jahrzehnte. Ein Werkstattbericht. Hg. v. G. Fritze Margull. Göttingen 2001.

Forschungsliteratur: V. Neuhaus: G. G. Stuttgart 1979; F. J. Görtz (Hg.): G. G. Auskunft für Leser. Darmstadt u. a. 1984; H. Vormweg: G. G. Reinbek 1986; H. L. Arnold (Hg.): G. G. Text + Kritik. München ^{7}1997.

Monika Schmitz-Emans

Greenblatt, Stephen (geb. 1943)

G. ist einer der Gründer und Hauptvertreter des New Historicism, der – in Reaktion v. a. auf den New Criticism – in den 1980er Jahren in den USA eine deziert kulturwissenschaftlich orientierte Literaturwissenschaft ins Leben rief, die von einem dynamischen Kulturkonzept sowie der grundsätzlichen Ebenbürtigkeit aller kulturellen Praktiken ausgeht und von G. „Kulturpoetik" („poetics of culture") genannt wird. Durch alle kulturellen Praktiken fließe „soziale Energie", die sich in den Künsten verdichte. Der zum Schlüsselbegriff avancierte Begriff der „sozialen Energie" bleibt vage und ist als Begründung des kulturellen Kanons fragwürdig, charakterisiert freilich G.s Vorliebe für metaphorische Evidenz und auch für die Anschaulichkeit des konkreten Einzelfalls.

G. lehrt engl. Literaturgeschichte an der Harvard University und war 2004 Fellow des Wissenschaftskollegs zu Berlin. Er ist Spezialist für die Kultur der

Renaissance, insb. für das elisabethanische Theater und für ↑Shakespeare, ferner für Reiseliteratur. Shakespeare wird von G. beschrieben als ein umsichtiger Aktionär, der im Interesse seiner Firma kulturelle Werte aneigne und andere verkaufe: Literatur und Theater sind für G. „Schauplätze institutioneller und ideologischer Kämpfe". Literatur, wie alle kulturellen Praktiken, gilt ihm in diesem Sinne als kollektive Hervorbringung (Polyphonie; ↑Bachtin; ↑Kristeva). In seiner Biografie *Will in der Welt* (*Will in the World*, 2004) macht er die Spekulation zum methodischen Leitfaden und lässt am Ende das Rätsel sowohl der Person Shakespeare als auch seiner lit. Schöpfung ungeachtet des immensen Materialreichtums ungelöst. Für G. wird Kulturgeschichte von Brüchen und Widersprüchen bestimmt. Entsprechend zentral sind für seine Analyse die Anekdote, der charakteristische Einzelfall – der Ausschnitt also, dessen „dichte Beschreibung" (C. Geertz) eine Vielzahl von Deutungen generiert. Die Involviertheit des Forschers (Staunen) ist G. so wichtig wie die Wirkmächtigkeit des Kunstwerks über seine eigene Zeit hinaus (Resonanz).

G. fusioniert auf originelle Weise Aspekte und Verfahren des New Criticism, des Poststrukturalismus, der Diskursanalyse ↑Foucaults, der „Nouvelle Histoire", der marxistischen Literaturwissenschaft und der interpretierenden Anthropologie. Er behält die poststrukturalistische Prämisse bei, dass die Welt nur im Diskurs und als Text erfahrbar ist, und modifiziert diese Prämisse – wenn auch für strenge Poststrukturalisten paradoxerweise – durch ein ausgeprägtes Interesse an konkreten Ereignissen und Handlungen.

Ausgaben: Renaissance Self-Fashioning. From More to Shakespeare. Chicago u. a. 1980; Shakespearian Negotiations: The Circulation of Social Energy in Renaissance England. Berkeley u. a. 1988; Verhandlungen mit Shakespeare. Innenansichten der englischen Renaissance. Frankfurt/M. 1993; Marvelous Possessions. Oxford 1991; Wunderbare Besitztümer. Die Erfindung des Fremden: Reisende und Entdecker. Berlin 1994; Will in the World. How Shakespeare Became Shakespeare. New York u. a. 2004; Will in der Welt. Wie Shakespeare zu Shakespeare wurde. Berlin 2004.

Forschungsliteratur: M. Baßler (Hg.): New Historicism. Literaturgeschichte als Poetik der Kultur. Frankfurt/M. 1996; G. Lehnert: Kulturwissenschaft als Gespräch mit den Toten? Der New Historicism. In: I. Därmann/Ch. Jamme (Hg.): Kulturwissenschaften. Konzepte, Theorien, Methoden. München 2007. S. 105–118.

Gertrud Lehnert

Grünbein, Durs (geb. 1962)

In zahlreichen programmatischen Essays und Reden zu verschiedenen poetischen, naturwissenschaftlichen und kulturhistorischen Themen äußert sich G. direkt und indirekt über Dichtung im Allgemeinen und seinen eigenen Entwurf lyrischer Dichtung im Besonderen. Kommentierenden Textformen und deren klärender Funktion misst er dabei eine Schlüsselfunktion für die moderne Dichtung zu. Den Klärungsbedarf sieht er darin begründet, dass Gedichte ihrem Wesen nach zumindest z. T. hermetisch sind. Dichtung leiste einen Beitrag zur Erkenntnis, der mit rationalen Mitteln nicht zu erklären ist.

In dem Essay *Warum schriftlos leben* (2003) betont er die Bedeutsamkeit des antiken Bruchs zwischen Gesellschaft und Dichter (↑Platon), der den Dichter in die paradoxe Situation eines gesellschaftl. Außenseiters zwingt, aus der er gleichzeitig aber alles aus unmittelbarer Nähe beobachten kann: Erst diese Position ermögliche die stoisch-reflektierende Wahrnehmung, die eine Grundbedingung lit. Schaffens sei. Intertextuelle Verweise, die der Dichtung einen polyphonen Charakter verleihen (↑Bachtin), erlauben dem Dichter mit seinen lit. Vorgängern in einen Dialog zu treten. Diese Fähigkeit zum Dialog mit Wahlverwandten wie auch die Rolle als Außenseiter drücken sich beispielhaft im Titel des Gedichtzyklus *Portrait des Künstlers als junger Grenzhund* (1991) aus, mit dem G. an ↑Joyces Entwurf des autonomen Schriftstellers anschließt. Unter Verweis auf ↑Mandel'štam, ↑Kleist und ↑Celan hebt G. hervor, Dichtung wende sich nicht an die zeitgenössische Gesellschaft, sondern als „Flaschenpost" (Mandel'štam) über ihre Zeit hinaus an ein unbekanntes zukünftiges Publikum. Gegenüber der eigenen Zeit leistet die Dichtung Widerstand, indem sie einerseits gesellschaftl. Wertvorstellungen in Frage stellt, andererseits sprachgesteuerte Denkprozesse durch Abweichung von sprachlichen Normen stört.

In dem Essay *Galilei vermißt Dantes Hölle* (1996) belegt G. die frühneuzeitliche Differenzierung von Naturwissenschaft und Dichtung exemplarisch an G. Galileis Versuch ↑Dantes Hölle anhand mathematischer Maßstäbe zu berechnen. Dass es ihm darum geht, diesen Bruch zu überbrücken, zeigt sich nicht zuletzt in seiner BPR, die u. d. T. *Den Körper zerbrechen* (1995) nicht dem Dichter ↑Büchner, sondern dem Mediziner und Anatomen gewidmet ist. Er fordert darin eine Dichtung, die sich methodisch an die objektivierenden Naturwissenschaften anschließt: Das Gedicht zeige, so G. in *Drei Briefe* (1996), „das Denken in einer Folge physiologischer Kurzschlüsse". G.s Gedichte bekräftigen dies insb. durch die Verwendung medizinischer bzw. speziell neurologischer Fachtermini, deretwegen er auch in der Nachfolge ↑Benns gesehen wurde.

Ausgaben: Den Körper zerbrechen [BPR]. Frankfurt/M. 1995; Galilei vermißt Dantes Hölle und bleibt an den Maßen hängen. Aufsätze 1989–1995. Frankfurt/M. 1996; Warum schriftlos leben. Aufsätze. Frankfurt/M. 2003; Antike Dispositionen. Aufsätze. Frankfurt/M. 2005; Gedicht und Geheimnis. Aufsätze 1990–2006. Frankfurt/M. 2007.

Forschungsliteratur: D. G.: Texte, Dokumente, Materialien. Baden-Baden u. a. 1998; R. Winkler: Dichtung zwischen Großstadt und Großhirn. Annäherung an das lyrische Werk D. G.s. Hamburg 2000; H. L. Arnold (Hg.): D. G. Text + Kritik. München 2002; A. Müller: Das Gedicht als Engramm. Memoria und Imaginatio in der Poetik D. G.s. Oldenburg 2004.

Christian A. Bachmann

Guarini, Giovanni Battista (1538–1612)

Im *Grundriss der tragikomischen Dichtung* (*Compendio della poesia tragicomica*, 1601) verteidigt G. die Gattung der *tragicommedia pastorale*, der Schäfertragikomödie, die er erfunden und in *Der getreue Schäfer* (*Il Pastor Fido*, 1589; dt. 1678) künstlerisch gestaltet hatte. Der durchschlagende Erfolg seines Schäferspiels, von dem zahlreiche Editionen, Übersetzungen und Aufführungen zeugen, verursachte auch heftige Reaktionen. Schon im *Discorso intorno alla poesia* (1587) hatte G. Denores an der Schäfertragikomödie kritisiert, dass sie keine aristotelische Gattung (↑Aristoteles) sei und keinen Erziehungscharakter habe. Die daraus entstehende Debatte stellt eine entscheidende Etappe in der Geschichte des Antiaristotelismus dar: Auf G.s Antwort (*Verrato primo*, 1588) folgten Denores' *Apologia contro l'auttor del Verrato* (1590) und G.s *Verrato secondo* (1593). G.s Thesen wurden acht Jahre später im *Grundriss* zusammengefasst, wo u. a. die gemischte Natur von *Der getreue Schäfer* gerechtfertigt wird. Die aristotelischen Regeln werden teilweise neu interpretiert. Wenn in *Der getreue Schäfer* das aristotelische Einheitsprinzip durch die Mischung von Komödie und Tragödie und das Zusammenspiel mehrerer Handlungen verletzt werde, so sei dies vergleichbar mit der Kombination verschiedener Farben und Töne bei anderen Kunstgattungen wie Malerei und Musik. Von der Tragödie übernehme die Tragikomödie die moralische Größe und die starken Gefühle der Personen, aber nicht den fatalen Ausgang, von der Komödie die positive Schlusswendung und das Lachen, jedoch ohne Anzüglichkeiten. Die gemischte Natur der Handlung verlange einen gemischten Stil und eine edle, schlichte Sprache, die jegliche Exzesse vermeidet. Betont wird im *Grundriss* auch die Unabhängigkeit der Dichtung von Moral und Politik. Ziele der Tragikomödie seien die Nachahmung der Wirklichkeit und des menschlichen Handelns, die Komik und Tragik in sich vereinen, und die Reinigung der Seele von Gefühlen wie Wehmut und Trauer durch lustvolle Freude. Diese hedonistische Auffassung der dichterischen Kunst findet v.a. im 17. Jh. mehrere Verfechter. Darüber hinaus begründet G. die Bezeichnung der Tragikomödie als „pastorale" damit, dass die Personen dem Schäfermilieu entnommen sind, was wiederum in keinem Gegensatz zu ihrem edlen Charakter steht. Dabei stützt er sich sowohl auf antike als auch auf gegenwärtige Vorbilder wie ↑ Tassos *Aminta*. Die neue Gattung der Schäfertragikomödie, deren Entstehung hier theoretisch fundiert wird, wurde nicht zuletzt dank ihrer Registervielfalt zum emblematischen Genre der Barockzeit.

Ausgaben: Il Pastor fido e il Compendio della poesia tragicomica. Hg. v. G. Brognoligo. Bari 1914; Il Pastor Fido oder Der getreue Schäfer. Hildesheim 1993 [Nachdr. d. Ausg. Wolfenbüttel 1678].

Forschungsliteratur: G. Folena: La mistione tragicomica e la metamorfosi dello stile nella poetica del G. In: AISLLI (Hg.): La critica stilistica e il barocco letterario. Florenz 1958. S. 344–349; D. Battaglin: Il linguaggio tragicomico del G. e l'elaborazione del „Pastor fido". In: G. Folena (Hg.): Lingua e strutture del teatro italiano del Rinascimento: Machiavelli, Ruzzante, Aretino, G., Commedia dell'arte. Padua 1970. S. 291–353; F. Angelini: „Il pastor fido" di B. G. In A. Asor Rosa (Hg.): Letteratura Italiana Einaudi. Le Opere. Bd. 2. Turin 1993. S. 705–724.

Tatiana Bisanti

H

Habermas, Jürgen (geb. 1929)

In zwölf Vorlesungen und fünf Exkursen (*Der philosophische Diskurs der Moderne*, 1985) verfolgt H. die philosophischen Theorien und ästhetischen Erfahrungen der Moderne seit ↑Schiller und ↑Hegel. Auf der Basis seiner *Theorie des kommunikativen Handelns* (1981), in der sich die Argumente vollständig ausgearbeitet finden, diskutiert er nun kritisch Autoren wie ↑Heidegger, ↑Bataille, ↑Foucault oder ↑Derrida. H. stellt sich dem Poststrukturalismus entgegen, der den „Gattungsunterschied zwischen Philosophie und Literatur" einebne. Er beginnt mit einer Rekonstruktion der seit ↑Nietzsche radikalisierten Vernunftkritik, deren Aporie er darin sieht, dass sie ihre eigenen Grundlagen aufzehrt, dadurch den Zusammenhang zwischen der Vernunft und ihrem Anderen vollständig zerreißt und schließlich die Differenz zwischen Logik und Rhetorik negiert. Mit den frz. Denkern solidarisch in der Funktionsbestimmung des Philosophen als vermittelndem Intellektuellen zwischen Lebenswelt und ausdifferenzierten Handlungssystemen, kritisiert H. ihre Ignoranz gegenüber den gesellschaftl. Bedingungen, die eine Depotenzierung der Philosophie bewirken, der mit Ästhetisierung nicht begegnet werden kann. Gegen die Verabschiedung der Kritik auf der einen und ihre Steigerung zur Transgression auf der anderen Seite, verficht H. den intrinsischen Vernunftanspruch der Kommunikation selbst, als deren Hüter er die Philosophie bestimmt.

Ausgaben: Der philosophische Diskurs der Moderne. Zwölf Vorlesungen. Frankfurt/M. 1985; Theorie des kommunikativen Handelns. Frankfurt/M. 1987.

Forschungsliteratur: S. Benhabib: Kritik, Norm und Utopie. Die normativen Grundlagen der Kritischen Theorie. Frankfurt/M. 1992; L. Wingert/K. Günther (Hg.): Die Öffentlichkeit der Vernunft und die Vernunft der Öffentlichkeit. Eine Festschrift für J. H. Frankfurt/M. 2001.

Matthias Schöning

Hamann, Johann Georg (1730–1788)

H.s Vorstellungen über Dichtung sind eng mit seiner Sprachreflexion verknüpft, wie denn Sprache überhaupt im Zentrum seines Denkens steht. Aufklärerisch geprägt, versteht er sich als Metakritiker der Aufklärung (*Sokratische Denkwürdigkeiten*, 1759), weist dabei insb. auf die sprachliche Bedingtheit der Vernunft und ihrer Erkenntnisse hin und betont die fundamentale sprachliche Prägung menschlichen Weltbezugs. Die Sprache, auch die vermeintlich transparente und abstrakte Begriffssprache der rationalistischen Philosophie, ist für H. bildhaft, unaufhebbar an die Sphäre der Sinnlichkeit geknüpft. Die an sie gebundene Ratio vermag sich über die sinnlich-somatische Sphäre nie zu erheben; sie wird sich selbst nur in Bildern begreifbar, wie sich auch Gott nur bildhaft offenbart. Kritisch setzt sich H. mit ↑Herders Theorie des Sprachursprungs sowie mit ↑Kants *Kritik der reinen Vernunft* auseinander (vgl. die Herder-Rezension, 1772; *Des Ritters von Rosenkreuz letzte Willensmeynung über den göttlichen und menschlichen Ursprung der Sprache*; sowie die Kant-Rezensionen von 1781 und 1784). Als Schatz an Bildern ist die Sprache ursprünglich und „poetisch". Poesie ist „Muttersprache" (*Aesthetica in nuce*, 1762) des Menschengeschlechts, die poetische Rede älter als die des Verstandes, die Dichtung älter als das theoretische Wissen. In allen Formen des Sprachgebrauchs liegt zumindest ein Restbestand an Poesie. Insofern auch die Natur für H. sinnlich-zeichenhafter Ausdruck von Geistigem ist, besteht eine Analogie zwischen dieser Natur-„Sprache" und der Menschensprache. In diesem Sinn ist Poesie „Nachahmung der schönen Natur" und eine notwendige Kompensation mathematisch-wissenschaftlicher Verformelungen und Abstraktionen. Rede- und Schreibstil des Einzelnen bringen seine Individualität zum Ausdruck. In der *Aesthetica in nuce* verschmelzen Sprach- und Dichtungstheorie zu einer Theorie des Stils, die durch H.s eigenwilligen, anspielungs- und metaphernreichen Stil zugleich illustriert wird. Gegen rationalistische Reglementierungen der Sprache polemisiert H. anlässlich einer Orthografiereform in seiner *Neue(n) Apologie des Buchstaben h von ihm selbst* (1773).

Ausgaben: Sämtliche Werke. 6 Bde. Hist.-krit. Hg. v. J. Nadler. Wien 1949–1957. Insb. Bd. II: Schriften über Philosophie, Philologie, Kritik (1950); Bd. III: Schriften über Sprache, Mysterien, Vernunft (1951); Schriften zur Sprache. Frankfurt/M. 1967; Sokratische Denkwürdigkeiten. Aesthetica in nuce. Hg. v. S.-A. Jørgensen. Stuttgart 1968.

Forschungsliteratur: F. Blanke/L. Schreiner (Hg.): J. G. H.s Hauptschriften erklärt. Gütersloh 1956 ff.

Monika Schmitz-Emans

Hamburger, Käte (1896–1992)

Mit ihrem Hauptwerk *Die Logik der Dichtung* (1957) zählt H. neben W. Kayser und F. K. Stanzel zu den Hauptvertretern der deutschsprachigen Erzähltheorie der Nachkriegszeit. In ihrer an der Sprachphilosophie orientierten Theorie der Dichtungsgattungen analysiert sie das „Verhältnis der Dichtung zum allgemeinen Sprachsystem". Anknüpfend an ↑Aristoteles versteht H. die lit. Fiktion nicht als *imitatio*, sondern als Darstellung, als Schein der Wirklichkeit und konstatiert einen kategorialen Unterschied zwischen fiktionalem und nicht-fiktionalem Sprachgebrauch. Die Eigengesetzlichkeiten epischen Erzählens in der dritten Person zeigen sich für H. v. a. an der veränderten Funktion des Tempussystems, dem Verlust der „deiktischen, existentiellen Funktion" der deiktischen Adverbien und der Anwendung von Verben innerer Vorgänge auf dritte Personen. Sie begründet ihre Thesen auf der Basis einer Aussagentheorie: Das episch-fiktionale Erzählen zeichne sich durch die Abwesenheit eines Aussagesubjekts aus, „[z]wischen dem Erzählten und dem Erzählen besteht kein Relations- und das heißt Aussageverhältnis, sondern ein Funktionszusammenhang". Lyrik nimmt in H.s theoretischer Konzeption insofern eine Sonderstellung ein, als das lyrische Ich für sie ein reales Aussagesubjekt ist und es sich bei Lyrik damit im Gegensatz zur epischen und dramatischen Fiktion genau wie in der Alltagssprache um reale Wirklichkeitsaussagen handele. In *Wahrheit und ästhetische Wahrheit* (1979) knüpft H. an die skizzierte Differenz zwischen Wirklichkeit und Fiktion an und verallgemeinert diese in kritischer Auseinandersetzung mit den Wahrheitskonzepten von ↑Hegel, ↑Heidegger, ↑Adorno u. a. auf den Bereich der Kunst insgesamt. H.s Thesen fanden v. a. in den 1960er und 1970er Jahren ein breites Echo; die Deutung des von ihr so benannten „epischen Präteritums" stieß auf heftige Kritik. Mit dieser Kritik setzt sich H. in der zweiten Aufl. von *Die Logik der Dichtung* (1968) auseinander. H.s Arbeit markiert mit ihrer konsequent sprachlogischen Ausrichtung und der Konzentration auf strukturelle Fragestellungen einen Wendepunkt in der zeitgenössischen, stark von geistesgeschichtlich orientierten, werkimmanenten Ansätzen dominierten Erzähltheorie. Darüber hinaus gab sie wichtige, bis heute einflussreiche Anstöße im Bereich der Fiktionalitätstheorie. Im angelsächsischen Raum sieht sich insb. D. Cohn explizit in der Tradition H.s.

Ausgaben: Zum Strukturproblem der epischen und dramatischen Dichtung. In: DVjs 25 (1951). S. 1–26; Das epische Präteritum. In: DVjs 27 (1953). S. 329–357; Noch einmal: Vom Erzählen. Versuch einer Antwort und Klärung. In: Euphorion 59 (1965). S. 46–71; Die Logik der Dichtung. Stuttgart [2]1968; Wahrheit und ästhetische Wahrheit. Stuttgart 1979.

Forschungsliteratur: R. Tarot: K. H.s. Lyriktheorie – eine Revision. In: W. Düsing (Hg.): Traditionen der Lyrik. Tübingen 1997. S. 257–275; J. Bossinade/A. Schaser (Hg.): K. H. Zur Aktualität einer Klassikerin. Göttingen 2003.

Nina Gülcher

Handke, Peter (geb. 1942)

Auf den ersten Blick scheint H.s Schreiben in zwei Phasen zu zerfallen, die durch deutlich verschiedene poetologische Grundinteressen gekennzeichnet sind: die experimentelle, sprachtheoretisch interessierte der Frühzeit situiert sich im auf Provokationsästhetik abgestellten Umfeld von 1968 und macht das Drama zu seinem bevorzugten Ausdrucksmittel: Schon Anfang der 1970er Jahre verschieben sich die Interessen merklich in Richtung eines Schreibens, in dem topografische Strukturen und Ding-Objekte zunehmend mehr Raum und Bedeutung erhalten, was sich auch in den theoretischen Reflexionen des Autors spiegelt. H.s sprachkritische Anfänge sind einer einsinnigen Vorstellung von Sprache als Zwang verpflichtet und bieten dementsprechend dem Schriftsteller ein eher beschränktes Tätigkeitsfeld. Als konsequente Fortführung dieses Konzepts wäre nur das Verstummen denkbar gewesen. H.s Wechsel von der Fokussierung von Sprache zur „in der Sprache erscheinenden/erzeugten Welt" folgt deshalb einer produktionsästhetisch gesehen inhärenten Notwendigkeit. Sie steht so mit der sog. „Neuen Innerlichkeit" zwar in zeitlichem Zusammenhang, aber in keiner Abhängigkeit von ihr, was sich auch an der Konsequenz zeigt, mit der H. seine Konzepte über Jahrzehnte weiterentwickelte.

Eine Trennung zwischen expliziter und impliziter Poetik ist dabei für H. nirgendwo durchführbar, weil die Spannung zwischen Welt und Sprache das integrierende Element seines Schreibens bildet. Entsprechend zeigen sich, trotz der Eindeutigkeit, mit der das bisherige Werk in zwei Teile zu zerfallen scheint, auch starke verbindende Interessen und damit Kontinuitäten: a) eine konsequente Ablehnung präfabrizierter Sprache, insb. der Massenmedien, die als erfahrungsverhindernd wahrgenommen wird (hier besteht thematische Verwandtschaft zu ↑Strauß); b) der Versuch eines Erzählens, das sein zentrales Anliegen nicht im „Plot", sondern in den „belanglosen" Nebendingen sucht; c) im Zusammenhang damit ein Bestehen auf dem kleinen und kleinsten Detail von Alltagsdingen sowie schließlich d) eine anhaltende Faszination durch das Kino, welche die frühen Aufsätze über die Filmerzählung *Falsche Bewegung* (1975) hinweg mit dem Filmbuch *Der Himmel über Berlin* (1987) verbindet.

Zu a): *Kaspar* (1968) führt vor „was MÖGLICH ist mit jemandem. Es zeigt wie jemand durch Sprechen zum Sprechen gebracht werden kann. Das Stück könnte auch Sprechfolterung heißen."

Die „Sprechfolterung" Kaspars, als gewaltsame Erzeugung des Subjekts durch Sprache verstanden, erfolgt durch beliebige sprachliche Versatzstücke, während später insb. die Schablonenhaftigkeit massenmedial verbreiteter Sprechformen in den Fokus von H.s Kritik rückt. Die „Tortur des Geredes" (*Das Spiel vom Fragen*, 1989) bleibt als Thema in Variationen durchgängig erhalten, die Parzival-Figur dieses Stücks ist eine Variante des Kaspar. Es ist ein dauerhaftes Anliegen von H.s Schreiben, der Prägekraft des sprachlich Vorgegebenen kritisch inne zu werden und sich dadurch distanzieren zu können, wobei sich der Akzent vom kritisch-analytischen Aufzeigen der Sprechstücke zur eigenen Neuschöpfung verschiebt. H.s umstrittene Jugoslawien-Bücher (*Abschied des Träumers / Winterliche Reise / Sommerlicher Nachtrag,* 1998; *Die Fahrt im Einbaum oder Das Stück zum Film vom Krieg*, 1999; *Unter Tränen fragend,* 2000) müssen so nicht nur als polit. Intervention eines Anders-Denkenden, sondern gleichermaßen als poetologische Demonstration und Fortsetzung insb. der in *Die Wiederholung* (1986) entwickelten Ästhetik verstanden werden.

Zu b): Bereits H. erster Roman, *Die Hornissen* (1966), setzte die Kritik durch Verweigerung eines Plots in Erstaunen; *Der Hausierer* (1967) benutzt wie ebenso später *Die Angst des Tormanns beim Elfmeter* (1970) Strukturen des Kriminalromans, aber nur, um an diesen „vorbei" zu erzählen. Das Narrative erscheint als eine Art Vorwand für die „dichte Beschreibung" von Gegenständen sowie v. a. von Topografien, deren intensive Wahrnehmung Zustände und Wandlungen der Figuren zu induzieren vermag. *Langsame Heimkehr* (1979) und *Die Lehre der Sainte-Victoire* (1980) (mit programmatischem Verweis auf A. Stifter) bilden frühe Höhepunkte dieser Erzählpraxis. Dennoch wird auf den Begriff des Epischen nicht verzichtet, dessen programmatisches Ideal für H. „ein Epos ohne Handlung, ohne Intrige, ohne Dramatik und doch erzählend" (*Die Geschichte des Bleistifts,* 1982) bildet. Am deutlichsten lösen wohl *In einer dunklen Nacht ging ich aus meinem stillen Haus* (1997) und *Der Bildverlust oder durch die Sierra de Gredos* (2002) dieses Ideal einer eigentümlichen Spannung zwischen der dominierenden Beschreibung realer/phantasierter Orte und verbleibender Handlung im Sinne von „Plot" ein. Anknüpfungspunkte an den Nouveau Roman (↑Robbe-Grillet) sind evident. Indessen schimmert das im traditionellen Sinn Narrative eher durch wie eine kulturelle Erinnerung. ↑Goethe wird bewundert, W. v. Eschenbach und ↑Homer spielen für den Schreibenden wichtige Rollen; in diesem Zusammenhang steht H.s Reflexion über Klassik und Klassizismus, die mit einer für die zeitgenössische Literatur ungewöhnlichen Haltung der Versöhnlichkeit einhergeht. Eine Präferenz in dieser Richtung zeigt sich ex negativo an dem kritischen Verhältnis zu ↑Kafka.

Zu c): Die oben genannte Aufwertung des Räumlichen, Gegen- und Zuständlichen im Interesse stellt sich jedoch als quantitativ wie qualitativ dominierender Aspekt dar. In *Als das Wünschen noch geholfen hat* (1974) schildert die Ich-Instanz die einstige Gewohnheit, Gegenstände mit gesenktem Blick zu betrachten; aus der Ausweich- und Verlegenheitsgeste wird jedoch eine systematisch geübte, poetologisch zentrale Praxis, wobei der Blick freilich nicht mehr beschränkt werden muss, sondern jetzt minimale Gegenstände ebenso erfasst wie Landschaften, städtische und industrielle Räume, die jedoch nicht „abgebildet", sondern übereinander projiziert werden. Der Blick des Erzählers, das Schauen deckt darin auch und gerade das ab, was das 18. Jh. als Einbildungskraft bezeichnete. H. strebt damit nach einem Wiedererscheinen der Welt in Sprache, wobei er nicht meint, abbildend verfahren zu können, sondern die rekonstruierende Kraft der Literatur in Anspruch nimmt, ein Bewusstsein, von dem schon die poetologisch wichtigen Aufsätze in *Ich bin ein Bewohner des Elfenbeinturms* (1972) zeugten.

H.s Figuren machen „Erfahrungen", indem sie diese Räume durchstreifen, wobei dem Gehen bes. Bedeutung zukommt, aber auch technische Vehikel (Bus, Auto) Verwendung finden. Dieses zur Geltung-Kommen-Lassen der (Fortbewegungs-)Technik findet seine Entsprechung in der Behandlung der Gegenstände. Zeigt sich auf der einen Seite eine ausgeprägte Präferenz für natürliche oder manuell erzeugte Objekte gegenüber technisch gefertigten (vgl. z. B. *Über die Dörfer*, 1981), so wird doch bes. in den jüngeren Arbeiten versucht, das technische Element poetisch zu assimilieren und der Gegenwart darin gleichsam „zu ihrem Recht zu verhelfen". H., in seiner kulturkritischen und ästhetischen Reserve gegenüber Produkten und Lebensweise der kapitalistischen Zivilisation deutlich durch ↑Heidegger inspiriert, gelingt es so, eine Verengung des Darstellbaren auf Naturhaftes usw. zu vermeiden und die industrialisierte Gegenwartswelt in ihrer ganzen Zerrissenheit und Problematik zur Erscheinung zur bringen.

Die Präsenzerfahrung, auf die H. abzielt, entzieht sich jedoch dem Zwang des Geschichtlichen entschieden und ist unabtrennbar von einer Technik der Epiphanie des Objekts, die Verbindungen zu ↑Joyce, ↑Hofmannsthal, ↑Proust, ↑Musil, ↑Ponge, H. v. Doderer und ↑Broch sowie zu westl. (T. v. Avila) wie fernöstl. mystischen Traditionen erkennen lässt.

Ausgaben: Aber ich lebe nur von den Zwischenräumen. Zürich 1987; Die Geographie des Menschen. Gespräche. Hg. v. P. H./M. Meier. Wien 1993; Es leben die Illusionen. Gespräche in Chaville und anderswo. Hg. v. P. H./P. Hamm Göttingen 2006.

Forschungsliteratur: P. Strasser: Der Freudenstoff. Zu H. eine Philosophie. Salzburg u. a. 1990; P. Janke: Der schöne Schein – P. H. und Botho Strauß. Wien 1993; M. Schmitz-Emans: Die Wiederholung der Dinge im Wort. Zur Poetik Francis Ponges und P. H.s. In: Sprachkunst 24/2 (1993). S. 255–287; V. Michel: Verlustgeschichten. P. H.s Poetik der Erinnerung. Würzburg 1998; J. Bossinade: Moderne Textpoetik. Entfaltung eines Verfahrens. Mit dem Beispiel P. H. Würzburg 1999; C. Zelle: Parteinahme für die Dinge. P. H.s Poetik einer literarischen Phänomenologie. In: Euphorion 97/1 (2003). S. 99–117; B. Gruber: All-Ort. P. H.s Topographien der Moderne. In: Jahrbuch der deutschen Schillergesellschaft 48 (2004). S. 329–347; A. Huber: Versuch einer Ankunft. P. H.s Ästhetik der Differenz. Würzburg 2005.

Bettina Gruber

Harig, Ludwig (geb. 1927)

Auch wenn sich H. selten in ausdrücklich poetologischen Texten geäußert hat (wie etwa in *Das Rauschen des sechsten Sinnes*, 1985), sind doch in den meisten seiner Texte Objekt- und Metasprache, konstative und performative Rede miteinander enggeführt: Die Theorie tritt meist immanent im Gewand von Sprachexperiment oder Narration auf, wie etwa im autobiografischen Roman *Wer mit den Wölfen heult, wird Wolf* (1996). Im Vordergrund steht dabei, v. a. von der idealistischen Tradition ↑Schillers motiviert und diese auch ausdrücklich zitierend, das Spielkonzept, das Leben und Kunst miteinander verbinden soll (*Das Rauschen*). Gestützt wird dies bei H. u. a. durch Auffassungen der Stuttgarter Schule um M. Bense, nämlich den spielerischen Umgang mit dem Wortmaterial als Gegenentwurf zum Pathos einer historisch von den Nationalsozialisten belasteten Sprache, aber auch als Wendung gegen abgeflachtes Gegenwartsdenken einer instrumentellen Vernunft zu kultivieren. Bei H. äußert sich das in seinen frühen Permutationen, bei denen die Austauschtechnik von Wörtern, Satzteilen und Textbausteinen nebst ihrer Synthetisierung im Vordergrund steht, wobei das mathematische Kalkül spielerisch vom Würfelprinzip konterkariert wird und sich auch in sprachexperimentellen Formen äußert.

Unter diesen Vorzeichen entsteht die von H. in Anlehnung an ↑Jean Paul sog. „Luftkutscherwissenschaft“, mittels derer die Gesetze in der äolischen Schwebe gehalten werden sollen. „Einbildungskraft“ und „Eintönungskraft“ stehen aber auch in der Tradition von Schillers Briefen *Über die ästhetische Erziehung des Menschen*, insofern dort die Vorstellung einer Kunst entworfen wird, die autonom in ihrer Entstehung ist, dann aber für das Zusammenleben nutzbar gemacht werden soll. Darin zeigt sich auch die Nähe H.s zur internationalen Moderne, insb. auch zu ↑Wittgensteins Begriff des Sprachspiels, der jenes Kontinuum kultureller und künstlerischer Symbolformen bezeichnet, deren Regeln immer im Gebrauch und in der kommunikativen Weiterbearbeitung auszuhandeln sind, um kulturelle Teilhabe zu ermöglichen (H.s 1987 gehaltene und nicht veröffentlichte Frankfurter PV trugen den Titel *Der berechnete Funke. Zum Sprachspiel*).

Zum Dichtungsprinzip wird dies auch in seinen autobiografischen Texten: Das Spiel als Experiment gilt auch für das Erinnern, das ausdrücklich als kreative Arbeit ausgewiesen wird, nicht als realistisches Wiedergeben tatsächlich stattgefundener Lebensszenen oder als Wesensschau einer wirklichen Vergangenheit. Im Maße der Fiktionalität des Erinnerns wird auch ein Möglichkeitssinn für das zukünftige Leben geweckt, das dann als zu gestaltendes erscheint. Inspiriert ist dies auch von Jean Pauls Idee einer Konjekturalbiografie, die sich nicht retrospektiv erschöpft, sondern in der Selbstschrift ein Leben entwirft, wie es zukünftig für den Schreiber noch aussteht. Es zeigt sich aber auch eine frappierende Nähe zur neueren soziologischen Biografieforschung, in deren Rahmen es nicht um Wahrheitsgehalte des Erzählten geht, sondern um das Moment der Konstruktion eines Lebens und einer Sinnstiftung durch das Erzählen. Wenn bei H. stets auch die Regeln des Erzählens offengelegt werden, bekommt der Leser Einblick in die poetischen Erfindungsstrategien und wird überdies auch zu eigenen Hypothesen ermutigt, auch dazu, selbst Erzählstränge auszudenken: Daraus kann er schließlich die Option nehmen, Anleitungen zu gewinnen und ähnlich schreibend zu verfahren.

Ausgaben: Das Rauschen des sechsten Sinnes. Reden zur Rettung des Lebens und der Literatur. München u. a. 1985; Wer mit den Wölfen heult, wird Wolf. München u. a. 1996.

Forschungsliteratur: G. Sauder: Wörterspiel – Lebensspiel. Der Schriftsteller L. H. In: A. Diwersy (Hg.): Wörterspiel – Lebensspiel. Ein Buch über L. H. Homburg/Saar 1993. S. 37–64; B. Rech (Hg.): Sprache fürs Leben – Wörter gegen den Tod. Ein Buch über L. H. Blieskastel 1997; W. Jung: „Du fragst, was Wahrheit sei?“ L. H.s Spiel mit Möglichkeiten. Bielefeld 2002.

Ralph Köhnen

Harsdörffer, Georg Philipp (1607–1658)

H.s Poetik, der sprichwörtlich gewordene *Poetische Trichter* (1647–1653), besteht aus drei Teilen. Die nach den zwölf Unterrichtsstunden unterteilten Kapitel folgen dem konventionellen Aufbau einer nach Reim- und Dichtkunst gegliederten barocken Anweisungspoetik. Hinter diesem Dispositionsschema steht die grundlegende Differenz von Sachen („res“) und Worten („verba“) aus der Rhetorik, auf die H. explizit hinweist. Erst auf die Findung der Argumente (*inventio*) und deren Anordnung (*dispositio*) folgt die Vertextung der Inhalte (*elocutio*). Letztere geschieht im Falle des Gedichtes in metrisch gebundener Rede, was zugleich den ästhetischen Vorzug der Poesie vor der Philosophie ausmacht, die ihre Sachverhalte mit einfachen Worten vorträgt. Auch für die Dichtung gelten die rhetorischen Stiltugenden der Klarheit, des Redeschmucks und der Angemessenheit. Zentrale Bedeutung für H.s Poetik (wie für die Dichtung der ‚Nürnberger' ↑Birken, J. Klaj u. a. überhaupt) haben Lautsymbolik, Onomatopoiie und spielerische Klangfiguren wie die Paronomasie, deren Fundierung H. aus ↑Schottels Sprachtheorie übernimmt.

Auf einleitende Bemerkungen zu Ursprung (unter Verweis auf ↑Scaliger), Inhalt und Zweck der Poesie folgen Ausführungen zu Prosodik, Metrik und Reim, immer mit Bezug auf den Vorzug der dt. Sprache. Diese klassifiziert er im Anschluss an Schottel als eine „Haubtsprache", die ihre eigenen Gesetzmäßigkeiten habe und sich nicht nach der lat. richten müsse. Letzteres ist eine implizite Kritik an ↑Opitz. H. folgt damit den sprachpatriotischen Bestrebungen der ‚Fruchtbringenden Gesellschaft', deren Mitglied er seit 1642 war.

Der zweite Teil des *Poetischen Trichters* beginnt mit Überlegungen zum Verhältnis von Anlage und Ausbildung beim Dichter und betont mit dem Vergleich von ‚Gehen' und ‚Tanzen' die Differenz von Rede und Poesie. Unter der Überschrift „Von den Poetischen Erfindungen" handelt H. ausführlich die topische Erfindung ab. Knapp und selektiv werden die Gattungen erörtert. Für die Tragödienpoetik greift H. insb. auf Scaliger und den Niederländer Heinsius zurück. Postuliert wird die unbedingte Geltung der poetischen Gerechtigkeit, nach der Tugend belohnt und das Laster bestraft werden muss. Eigene Ausführungen gelten den ‚Hirtengedichten', die im Rahmen des ‚Pegnesischen Blumenordens' in Nürnberg bes. gepflegt wurden.

Der dritte Teil beginnt abermals mit einer ausführlichen Erörterung des Verhältnisses von „natura" und „ars". Daran schließen sich 100 Betrachtungen zu grammatischen und poetologischen Einzelfragen an, u. a. zum Problem der Nachahmung (*imitatio veterum*), zu Gleichnissen, rhetorischen Figuren und den „Bildereyen", allegorischen Sinnbildern, die neben ihrem referenziellen Gehalt eine weitere Sinndimension aufweisen. Sie sind für H.s Poetik zentral, der sich dem *ut-pictura-poesis*-Postulat des ↑Horaz anschließt. Er liefert am Schluss auf fast 400 Seiten ein alphabetisch geordnetes Verzeichnis, das zu ausgewählten Nomina einzelne Redewendungen und allegorische Darstellungen (Personifikationen u. ä.) verzeichnet. H. eröffnet damit die in der zweiten Hälfte des 17. Jh.s äußerst produktive Gattung der poetischen Schatzkammern. Der *Poetische Trichter* ist eine der wichtigsten Poetiken der Barockzeit.

Ausgaben: Specimen Philologiae Germanicae. Nürnberg 1646; Frauenzimmer Gesprächspiele. Tübingen 1968 f. [Nachdr. d. Ausg. Nürnberg 1641–49]; Poetischer Trichter. Darmstadt 1969 [Nachdr. d. Ausg. Nürnberg 1647–1653].

Forschungsliteratur: W. Kayser: Die Klangmalerei bei H. Göttingen 1962; G. E. Grimm: Literatur und Gelehrtentum in Deutschland. Tübingen 1983; P. Hess: Poetik ohne Trichter. H.s „Dicht- und Reimkunst". Stuttgart 1986; J. Dyck: Ticht-Kunst. Deutsche Barockpoetik und rhetorische Tradition. Tübingen ^{3}1991; Th. Verweyen: Dichtungstheorie und Dichterverständnis bei den Nürnbergern. In: J. R. Paas (Hg.): Der Franken Rom. Nürnbergs Blütezeit in der zweiten Hälfte des 17. Jahrhunderts. Wiesbaden 1995. S. 178–195.

Dietmar Till

Härtling, Peter (geb. 1933)

Thema der u. d. T. *Finden und Erfinden. Erzählungen vom Erzählen* gehaltenen Frankfurter PV (1983/84) ist das Spannungsverhältnis zwischen vorgefundenem Material und schriftstellerischer Phantasie. Als Einstieg zeigt H. die Verknüpfung von Finden und Erfinden anhand von ↑Fontanes Arbeitsprozess an *Effi Briest*. Die Vorlesung soll die Entstehung einer Geschichte transparent machen. Ausgangspunkt ist R. Capas Foto vom Tod eines unbekannten Soldaten im Spanischen Bürgerkrieg, das für H. folgende Fragen aufwirft: „Was wussten sie voneinander, und wie gingen sie aufeinander zu? Was werde ich erfahren, und was lässt sich erzählen? Wie?" Am Ende der Vorlesung steht die Erzählung. Die Entscheidung, ins Zentrum seiner Erzählung die Themen Krieg und Tod zu stellen, ist einerseits bedingt durch Kindheitserlebnisse, andererseits durch die Zeitumstände (Kalter Krieg). H. sieht sich in einer thematischen Tradition von ↑Homer bis ↑Wolf. Als Hindernis für seine Textproduktion empfindet er „das Unverhältnis zwischen der Literatur und der Wirklichkeit, die wir uns geschaffen haben." H. sieht die Notwendigkeit einer neuen Ästhetik, einer anderen Literatur. Er kritisiert die Flucht der Schriftsteller in den Individualismus, das „Ich auf dem Rückzug", das sich nicht mehr erfinden, nur noch finden will. Diese Entwicklung führe zu „ästhetischer Asozialität". Analysiert werden unter diesem Gesichtspunkt Wolfs *Kassandra*, ↑Bernhards *Untergeher* sowie ↑Weiss' *Ästhetik des Widerstands*.

Die Salzburger PV *Das wandernde Wasser. Musik und Poesie der Romantik* (1994) entwerfen eine musikalisch-poetische Ästhetik des Wassers. H. verknüpft mit Wasser Motive wie Fremde, Sehnsucht, Unrast, Fernweh. Zentrales Beispiel sind Wasserfrauen, Wesen zweier Sphären, „vertrieben aus der einen, verloren in die andere". Als Geschöpfe der Natur sind sie dieser, anders als der Mensch, nicht entfremdet. Die Undine verkörpert für H. romantische Poetologie, die sich in der bewussten Verwischung der Grenze zwischen Fließendem und Festem äußert. Auch in F. Schuberts *Die schöne Müllerin* finden sich die undinische Erfahrung (Einsamkeit, Fremde) und die enge Bindung des Wanderers an das ihn begleitende Wasser. In der *Winterreise* wechselt das „Zeitalter des romantischen Wassers, [...] des Wechselspiels zwischen Seele und Element zum Zeitalter der Moderne, des ausdauernden Winters, der ausgekühlten Welt". H. betrauert den (dauerhaften?) Verlust des figurenreichen, sprechenden Wassers.

In den Dresdner PV von 2001 geht H. anhand von Stätten der eigenen Kindheit (Dresden, Brünn, Olmütz, Zwettl) dem Verhältnis von Erinnerung, Erzählen und Wirklichkeit nach.

Weitere theoretische Reflexionen H.s gelten der Kinderliteratur.

Ausgaben: Der spanische Soldat oder Finden und Erfinden [FPV]. Darmstadt u. a. 1984; Gesammelte Werke. Hg. v. K. Siblewski. Bd. 9: Erzählungen, Aufsätze und Vorlesungen. Köln 2000; Reden und Essays zur Kinderliteratur. Hg. v. H.-J. Gelberg. Weinheim 2003; Erinnerte Wirklichkeit – erzählte Wahrheit. Die Städte meiner Kindheit [DPV]. Dresden 2007.

Forschungsliteratur: P. H.: Das andere Ich. Ein Gespräch mit J. Krätzer. Köln 1998; M. Kalisz: Die Wirklichkeit des Fiktiven. P. H.s Dichterromane. Stuttgart 2000.

Claudia Schmitt

Hartman, Geoffrey H. (geb. 1929)

Der Komparatist und Anglist H., wichtiger Vertreter des amerik. Dekonstruktivismus, zunächst Schüler ↑Auerbachs und R. Welleks, wird der Gruppe der *Yale Critics* zugerechnet wie auch ↑Bloom und ↑de Man. Seine Monografie zu ↑Wordsworth von 1964 gilt der Spannung zwischen dem Anspruch unmittelbarer poetisch-visionärer Schau und der Vermitteltheit poetischen Bewusstseins in der Moderne; in *The Fate of Reading* (1975) rekurriert er auf psychologische Kategorien ↑Freuds (insb. auf dessen Konzept des Unbewussten) und Blooms. Intensiv hat er sich mit ↑Derrida auseinandergesetzt, dessen Literaturtheorie aus seiner Sicht v. a. die produktive Dimension des Interpretierens unterstreicht, und zwar in einer jüd.-hebraistischen Tradition sinnschöpferischer Exegese. In Anknüpfung hieran bestreitet H. die kategoriale Differenz zwischen lit.-kreativem und literaturwissenschaftlichem Schreiben. Interpretationen sind schöpferisch, nicht parasitär; offen ist auch die Grenze zwischen lit. und philosophischem Schreiben. Von den romantischen Literaturkritikern, deren Positionen er in *Criticism in the Wilderness* (1980) erörtert, sieht er sich hierin ebenfalls bestätigt. Mit *Saving the Text* (1981) demonstriert H. in Fortsetzung von Derridas Kommentaren zu ↑Hegel und J. Genet die Konsequenzen seines Konzepts schöpferischer Interpretation; sein eigener Stil konfrontiert den Leser absichtsvoll mit Herausforderungen, die bei Kritikern den Vorwurf der Schwerverständlichkeit provoziert haben. Zentrale Bedeutung gewinnt bei H. der Begriff der „Lektüre" – unter Akzentuierung des kreativen Zugs von Interpretationsprozessen. Mit durchgängig antiautoritärem Gestus richtet er sich damit zum einen gegen die Autorität des zu deutenden Textes; der Leser und Interpret steht nicht im Dienst dieses Textes, sondern nimmt diesen zum Ausgangspunkt neuer Sinnentwürfe. Zum anderen begehrt ein literaturkritisches Schreiben, das sich selbst als Fortsetzung des lit. Prozesses versteht, auch gegen kodifizierte wissenschaftliche Metasprachen und systematische Theorien der Literatur auf. Für die Verknüpfung zwischen ästhetischen und ethischen Interessen steht H. nicht zuletzt als Leiter des *Yale Video Archive for Holocaust Testimonies* und Shoah-Forscher.

Ausgaben: Beyond Formalism. Literary Essays 1958–1970. New Haven u. a. 1970; The Fate of Reading and Other Essays. Chicago u. a. 1975; Criticism in the Wilderness. The Study of Literature Today. New Haven u. a. 1980; Wordsworth's Poetry 1787–1814. Cambridge, MA u. a. 1987; Minor Prophecies. The Literary Essays in the Culture Wars. Cambridge, MA u. a. 1991; Saving the Text. Literature–Derrida–Philosophy. Baltimore u. a. 1995.

Forschungsliteratur: G. P. Atkins: G. H. Criticism as Answerable Style. London u. a. 1990; H. Zapf: Kurze Geschichte der anglo-amerikanischen Literaturtheorie. München 1996. S. 209–215.

Monika Schmitz-Emans

Hauptmann, Gerhart (1862–1946)

Im Unterschied zu ↑Holz und den Brüdern J. und H. Hart hat der Protagonist des dt. naturalistischen Dramas kein kunst- und literaturtheoretisches Programm hinterlassen und seine bei unterschiedlichen Gelegenheiten geäußerten und nur sporadisch und verstreut veröffentlichten Überlegungen zu einer Poetik des Dramas weder systematisiert noch abgeschlossen. Noch 1943 hofft H. laut Tagebucheintrag vom 25. 12. anlässlich seiner jüngsten Notizen zum bedrohten Zusammenhang von „Mimus", „Humor" und „Lebenskraft" in der „Volkspoesie", dass „die neuerliche Beschäftigung mit dem ‚Mimus' [vielleicht] zu der kleinen eigenen Dramaturgie [führt], an die ich schon seit Jahrzehnten gelegentlich denke" und die u. a. von einer Stichwortliste aus dem Jahre 1902 ihren Ausgang nimmt (*Das neudeutsche Drama. Beiträge zu Dramaturgie* [*Entwurf*]). Die 1963 von M. Machatzke u. d. T. *Die Kunst des Dramas* publizierte Sammlung der rudimentären poetologischen Selbstaussagen H.s in Reden, Aphorismen, bis dahin unveröffentlichten Tagebuchaufzeichnungen und kleineren Gelegenheitstexten zu eigenen Stücken und kritischen Rezensionen lässt allerdings langfristig konstante Kernaussagen einer anthropologisch erweiterten Dramenpoetik sowie deren produktions- und wirkungspoetische Voraussetzungen und H.s kunst- und literaturtheoretische, medienästhetische und literaturpolit. Schlussfolgerungen erkennen.

Schon früh zeichnet sich ein erweitertes Verständnis von ‚Drama' und ‚dramatisch' ab, das um den Begriff des ‚Urdramas' kreist, welches H. sucht „wie Goethe die Urpflanze". Die Vorstellung eines ‚Urdramas', das sowohl das individuelle Seelenleben als auch das gesellschaftl. Leben eines Volkes präge, erübrige jede spezifische Gattungspoetik, da zum einen „immer mehr ‚Undramatisches' dramatisch zu begreifen" sei und zum anderen das moderne Drama als ‚Symbol' des selbst schon ‚dramatischen' modernen Seelenlebens verstanden werden könne. Das „innere Drama auf der Bühne des Bewusstseins" im „geistigen Leben" des Menschen und der Völker (*Das Drama im geistigen Leben der Völker*, 1934) und das äußere Drama der Kunst kommen somit tendenziell zur Deckung.

Sowohl das aufgrund seiner Sujetwahl als „Armeleutekunst" kritisierte soziale Drama als auch die Hochkunst der Klassiker werden gleichermaßen von H.s vitalistisch organizistischer ‚Urdrama'-Metaphorik auf ihre Herkunft aus dem „Mutterboden des Volkstums" zurückgeführt, den das ‚neue deutsche Drama' H.s und anderer wie ein Baum „mit allen Wurzeln wieder" zu erreichen suche (*Der Baum von Gallowayshire*, 1928). Vor dem Hintergrund des „urdramatische[n] Sein[s]" eines „Volkes" erscheint nicht nur jegliche Ständeklausel als obsolet, sondern verlieren auch die Unterscheidungen von Tragik und Komik und von Epik und Drama an Relevanz und gehen im erweiterten Begriff von ‚Drama' auf: „Das, woraus jedes Gebilde der Kunst seinen Ursprung nimmt und was im Haupte des Menschen wirkt, solange er lebt, nenne ich: das Urdrama!" Insofern H. die Wahrheit des ‚Urdramas' innerhalb und außerhalb der Kunst betont, erweist sich seine Konzeption als konträr zu Vorstellungen von der Welt als Bühne (*theatrum mundi*), die den Rollenspielcharakter der Welt außerhalb des Theaters akzentuieren. Aus H.s Verständnis der Literatur als einem inneren „Denkprozess" und „sozial offenbarte[m], lebendige[m] Bewusstseins-Inhalt" ergibt sich außerdem eine Aufwertung von Buch und Lesedrama gegenüber Realisationen auf der Theaterbühne oder als Hörspiel, die – wie auch das ‚Schattentheater' des Kinos – nur unvollkommene Medien der inneren ‚Ideen' des imaginären ‚Seelendramas' sein können.

H.s psychologisierende, stellenweise kunstreligiös überhöhte ‚Urdrama'-Konzeption reicht vom ersten Selbstgespräch über das „Welttheater" des Kindes, das die Beziehungen innerfamiliärer Akteure spielerisch nachzuahmen und zu dramatisieren beginnt, bis zur Annahme, alles Denken sei dramatisch, sozial und dialogisch, der wiederum ein agonales Verständnis von Sprache zugrunde liegt, die mit ‚Ja' und ‚Nein' – wie in ↑Goethes *Faust*-Dichtung – bereits die Antagonisten von Dialog, Streit und Kampf bereithalte. Zwar verdanke sich dichterische Produktion und erfolgreiche Rezeption dem je imaginären ‚Drama' im Denken von Autor, Leser und Zuschauer, das am ‚Urdrama' der *conditio humana* partizipiere. Letzteres manifestiere sich aber noch kaum unmittelbar in je realisierten Werken, sodass R. Mittler zu recht ‚Urdrama' weder als „ein[en] Terminus einer Poetik noch einer Ästhetik", sondern „als ein[en] epistemologischen[n] Begriff" interpretiert. Darüber hinaus erfüllt das Postulat des ‚Urdramas' auch eine apologetische Funktion, ermöglicht er es H.

doch, sich gegen den Vorwurf der Literaturkritik, es mangele ihm an dramatischer Begabung, zu wehren und auf die Einsicht zukünftiger Rezipienten zu hoffen, dass seine Werke „in einer vielleicht noch nie dagewesenen Tiefe dramatisch empfangen und aus dem Urgrunde mit dramatischem Leben gesättigt sind".

V. a. ↑Shakespeares Dramen schöpften aus diesem ‚Urgrund' und enthüllten das göttliche „Urmysterium" der Tragik des „blinden, vernunftlosen Lebens" (*Deutschland und Shakespeare*, 1915). In H.s Bewertung Shakespeares während des Ersten Weltkrieges offenbart sich darüber hinaus eine prinzipielle Paradoxie zwischen Nationalismus und Humanismus: Einerseits erklärt er Shakespeare zum friedensstiftenden „ideellen Allgemeinbesitz" der Menschheit und versteht das „Stärkste im Nationalen" zugleich als das „Stärkste im Allgemeinmenschlichen", andererseits reklamiert er Shakespeare aber gerade deshalb für die dt. Nation, die mehr Anrecht auf Shakespeare erworben habe als die engl. und deren ‚Wiedergeburt' nach dem Weltkrieg nur als Kulturnation denkbar sei.

H.s Kommentare zu eigenen Werken wie zum vermeintlich ‚undramatischen' Symbolismus von *Und Pippa tanzt!* (1906) oder zur Figur des scheiternden Sozialreformers Loth in *Vor Sonnenaufgang* (1889), der die Naturalisten ↑Zola und ↑Ibsen explizit kritisiert, verweisen auf die immanente Poetik von H.s oftmals kunstthematischen und insofern implizit selbstreflexiven Dramen, die neben Literatur und Bühnenkunst (*Die Ratten*, 1911) auch scheiternde Bildkünstler thematisieren (z. B. in *Die versunkene Glocke*, 1897; vgl. auch die naturalistischen wie akademisch traditionellen Malerfiguren in *Kollege Crampton*, 1892; *Michael Kramer*, 1900; *Gabriel Schillings Flucht*, 1906 oder in der Tragikomödie *Peter Brauer*, 1910). Werkimmanent offenbart sich somit nicht nur eine desillusionierte (Selbst-)Beobachtung der gegenwärtigen und eigenen Kunst und Literatur, sondern auch eine selbstkritische Reflexion ihrer gesellschaftstherapeutischen Überforderung als Medium individueller und kollektiver Erlösungsutopien.

Ausgaben: Sämtliche Werke. 11 Bde. Hg. v. H.-E. Hass, fortgeführt v. M. Machatzke/W. Bungies. Frankfurt/M. u. a. 1962–1974 (Centenar-Ausg.). Insb. Bd. 6 u. Bd. 11; Die Kunst des Dramas. Über Schauspiel und Theater. Hg. v. M. Machatzke. Berlin 1963.

Forschungsliteratur: R. Mittler: Theorie und Praxis des sozialen Dramas bei G. H. Hildesheim u. a. 1985; P. Sprengel: Priester und Hanswurst. Inszenierungen der Dichter-Rolle im Spätwerk G. H.s. In: C. Caemmerer/W. Delabar (Hg.): Dichtung im Dritten Reich? Zur Literatur in Deutschland 1933–1945. Opladen 1996. S. 29–52; C.-M. Ort: Zwischen Degeneration und eugenischer Utopie. Die Funktion der ‚Kunst' in G. H.s Dramen. In: G. Frank/W. Lukas (Hg.): Norm – Grenze – Abweichung. Kultursemiotische Studien zu Literatur, Medien und Wirtschaft. Passau 2004. S. 147–178.

Claus-Michael Ort

Heaney, Seamus (geb. 1939)

Der Ire H. wurde bereits mit der Veröffentlichung seines ersten Gedichtbandes *Tod eines Naturforschers* (*Death of a Naturalist*, 1966; dt. 1996) international bekannt und in der Folge mit zahlreichen Preisen ausgezeichnet. In dieser frühen Sammlung manifestiert sich bereits H.s starkes Interesse an der (verlorenen) Sprache seiner ir. Heimat. Dabei ist die Dichtung für ihn eine Möglichkeit, einer nationalen (wie persönlichen) Identität neuen Ausdruck zu verleihen. Der thematisierte poetologische und polit. Konflikt einer starken ir. Tradition, die sich in der als „fremd" empfundenen engl. Sprache ausdrückt, sensibilisiert den Autor für Fragen der kulturellen Verfremdung genuin ir. Aspekte durch die als hegemonial wahrgenommene engl. Kultur. Dichtung wird dabei als erneuertes, wahrhaftigeres Wahrnehmungsidiom begriffen, um aus einer subjektiven Erfahrungswelt heraus Ansätze für eine (zukünftige) alternative Traditionslinie zu konstruieren. Als objektive Korrelate fungieren dabei das bäuerliche Umfeld, die Landschaft und die intensive Naturerfahrung, mit denen der Autor aufwuchs. H.s Fähigkeit zu sinnlicher Beschreibung der gewählten Objekte wird in frühen Kritiken gefeiert – ein Talent, welches sich auch in späteren Veröffentlichungen immer wieder zeigt. Auf diese Weise wird v. a. in den frühen Texten die Metapher des „Grabens" („digging") zur zentralen poetologischen Aussage – verbindet sie doch H.s individuelle Biografie mit seinem künstlerischen Ziel, verborgene kulturelle Werte ans Licht zu fördern. Darüber hinaus spielen die religiösen Konflikte seiner Heimat eine wichtige Rolle in H.s lyrischem Werk. Protestant., probrit. Unionisten auf der einen Seite und kathol., pro-ir. Nationalisten auf der anderen Seite sind die entscheidenden Kräfte, die im Irland des 20. Jh.s ein spannungsgeladenes kulturelles Feld schaffen. Dies äußert sich ästhetisch und inhaltlich bei H. in zahlreichen Gedichten der 1960er Jahre. Die Werke dieser frühen Zeit zeugen von lit. Einflüssen, v. a. durch R. L. Frost, R. Graves und P. Kavanagh. Die Naturbeschreibungen erinnern darüber hinaus bewusst an den engl. Nationaldichter ↑Wordsworth. Diese Tatsache exemplifiziert H.s ambivalentes Verhältnis zur engl. Kultur. In weiteren Veröffentlichungen (*Wintering Out*, 1972; *North*, 1975; *Norden*, 1987) zeigt sich H.s gesteigertes Interesse an der Erforschung imaginativ prägnanter und gleichsam visuell erfahrbarer Bilder. Polit. distanziert er sich jedoch, mit Ausnahme einiger Gedichte, weitgehend von der immer virulenter werdenden Gewaltproblematik seiner Heimat und versucht stattdessen, Aspekte persönlicher Identitätsfindung in einem von kulturellen Verwerfungen geprägten Land zum Hauptgegenstand seines Schaffens zu machen. *Field Work* (1979) markiert einen Wendepunkt in H.s Schaffen. Mit *Station Island* und *Sweeney Astray* (beide 1984) bearbeitet er erneut autobiografische Themen und evoziert neben Geistern persönlicher Bekannter auch Künstler der Vergangenheit zu einem komplexen Bild meditativer Erfahrungen. *Die Hagebuttenlaterne* (*The Haw Lantern*, 1987; dt. 1990) reflektiert den Tod seiner Mutter metapoetologisch, indem sich der Zyklus zu einer umfassenden Kritik an den Möglichkeiten der Sprache weitet.

Ausgaben: Opened Ground. Poems 1966–1996. London 1998; Norden. Leipzig 1987; Die Hagebuttenlaterne. München u. a. 1990; Tod eines Naturforschers. Lachen am Zürichsee 1996.

Forschungsliteratur: M. R. Molino: Questioning Tradition, Language, and Myth. The Poetry of S. H. Washington D.C. 1994; A. E. MacGuinness: S. H. Poet and Critic. New York u. a. 1994.

Philipp Horst

Hebbel, Christian Friedrich (1813–1863)

Neben vereinzelten Tagebuchaufzeichnungen und dem erst später erschienenen *Vorwort zur ‚Maria Magdalene'* ist *Ein Wort über das Drama* (1843) der einzige konzentrierte Versuch H.s zur Reformation des dt. Dramas. Im Zuge der polemischen Auseinandersetzung mit dem dän. Professor J. L. Heiberg, der H. „philosophischen oder kritischen Banquerott" vorgeworfen hatte, entsteht u. d. T. *Mein Wort über das Drama!* (ebenfalls 1843) eine apologetische Differenzierung seiner Position. H.s Gedanken zur Aufwertung und Neukonzeption des dt. Dramas basieren auf der Hypothese, dass die Kunst unmittelbar mit dem Leben verbunden sei. Sie gehe aus diesem unwillkürlich hervor und müsse sowohl das „Seiende" als auch das „Werdende" gleichermaßen darstellen. H. geht dabei einerseits von einer den Menschen determinierenden Schuld aus, die – völlig gleich, „ob der Held an einer vortrefflichen oder einer verwerflichen Bestrebung scheitert" – nicht erst zufällig entstehe, sondern notwendig gesetzt und schon da sei; andererseits davon, dass der Mensch „seiner Natur und seinem Geschick nach ewig derselbe" bleibe. Lebendig werde das Drama erst durch die Kontroverse des persönlichen mit dem allg. Weltwillen, wodurch die „Natur alles menschlichen Handelns" verdeutlicht werde. Das „bedenkliche Verhältnis" von Individuum und Weltganzem, auf das es H. im Wesentlichen ankommt, werde im höchsten Drama durch soziale, historische und philosophische Aspekte zugleich diskutiert und könne nur in einer Gesamtdarstellung des Lebens aufgelöst werden, die von einer auf Ausgleich und Harmonisierung getragenen Idee geleitet wird. H. selbst allerdings wurde in der Forschung immer wieder vorgeworfen, dieses Ideal zwar permanent gesucht, aber in seinen eigenen Dramen nie erreicht zu haben. In Literatur und Literaturkritik hat sein Ansatz deshalb nur wenig Resonanz erfahren.

Ausgaben: Sämtliche Werke. Hg. v. R. M. Werner. Bd. 11: Vermischte Schriften III (1843–1851). Berlin 1903. S. 3–39.

Forschungsliteratur: G. Lukács: H. und die Grundlegung der modernen Tragödie. In: H. Kreuzer (Hg.): F. H. Darmstadt 1989. S. 46–70; H. Reinhardt: Apologie der Tragödie. Studien zur Dramatik F. H.s. Tübingen 1989; M. Ritzer: H.s Tragödie der Notwendigkeit und die Poetik des realistischen Dramas. In: G. Blamberger u. a. (Hg.): Studien zur Literatur des Frührealismus. Frankfurt/M. 1991. S. 77–118.

Dirk Baldes

Hegel, Georg Wilhelm Friedrich (1770–1831)

H.s wichtigsten Beitrag zur Poetik enthalten seine *Vorlesungen über die Ästhetik* (1835–1838 postum), in denen er den Künsten ihre systematische und historische Position innerhalb jener von ihm postulierten Entwicklung des Geistes zuzuweisen versucht, die vom subjektiven über den objektiven bis hin zum absoluten Geist führt. Systematisch stellt die Kunst hierbei die unterste der drei Erscheinungsformen des absoluten Geistes dar, übertroffen nur noch von der Religion und von der (idealistischen) Philosophie. In der Hierarchie der Künste folgt bei H. auf die Architektur zunächst die Skulptur, dann die Malerei, die Musik und schließlich, an oberster Stelle, die am wenigsten auf sinnlich-konkrete Materialisation angewiesene, am besten auf den Begriff zu bringende und auf keine bestimmten Inhalte beschränkte Poesie.

Historisch unterscheidet H. zwischen drei Kunstformen. In der (1) symbolischen Kunstform, für die als Prototyp die altägypt. Monumentalarchitektur genannt werden kann, gebe es eine Inkongruenz zwischen Form und Inhalt, weil die künstlerischen Ideen selbst noch zu unbestimmt und deshalb nicht adäquat objektivierbar seien. In der (2) klassischen Kunstform, insb. in der gr. Skulptur, komme es dann zu einer vollendeten Übereinstimmung von Inhalt und Form, zu einer perfekten materiellen Realisation der Idee als des allein wahrhaft Wirklichen. In der (3) romantischen (nachantik-christl.) Kunstform werde diese Übereinstimmung dann wieder zerstört, weil der absolute, nunmehr ganz frei gewordene Geist im sinnlichen Material der Künste keine ihm angemessene Äußerungsform mehr finde und sich der Religion und schließlich der Philosophie zuwende. Die Kunst ist damit für H. schon beim Übergang von der zweiten zur dritten Kunstform am Ende ihrer Möglichkeiten angelangt, denn zur Höherentwicklung des Geistes vermag sie keinen substanziellen, genuinen Beitrag mehr zu leisten.

Wegen ihrer idealistisch-geschichtsmetaphysischen Prämissen ist H.s Ästhetik immer wieder kritisiert worden. Andererseits fand jedoch H.s Versuch, den Gehalt der Kunstwerke auf einen Begriff zu bringen und mit großmaßstäblichen geschichtlichen Entwicklungen in Korrelation zu setzen, zahlreiche Nachahmer (↑Vischer, K. Marx).

Ausgaben: Vorlesungen über die Philosophie der Kunst. Hg. v. A. Gethmann-Siefert. Hamburg 2003.

Forschungsliteratur: B. Wyss: Trauer der Vollendung. Zur Geburt der Kulturkritik. Köln 1997; W. Jaeschke: H.-Handbuch. Leben – Werk – Schule. Stuttgart u. a. 2003; D. Henrich: Fixpunkte. Abhandlungen und Essays zur Theorie der Kunst. Frankfurt/M. 2003; A. Gethmann-Siefert: Einführung in H.s Ästhetik. München u. a. 2005.

Jost Schneider

Heidegger, Gotthard (1666–1711)

Der schweizer. Theologe H. ist ein vielseitiger Autor von konfessionellen Polemiken und von Unterweisungsschriften u. a. zur Gesundheitslehre, zur Moralphilosophie und zur Philologie. Poetologisch hat er insb. in seiner umfangreichen Kritik des Romans u. d. T. *Mythoscopia Romantica oder Discours von den so benanten Romans* (1698) Stellung bezogen. Die *Mythoscopia Romantica* gehört letztlich zum Kreis der seelsorgerischen Schriften. Sie entstand im Rahmen der bürgerlichen Konversationskultur St. Gallens und vermittelt in dialogischer Form die dort geführten Diskussionen u. a. um D. C. von Lohensteins Roman *Arminius*. Dabei argumentiert H. aus der Position der reformierten Kirche prinzipiell gegen die Zulässigkeit fiktionaler Texte, die er als „Lugen-Kram" behandelt. Er hält die Produktion und Rezeption von Romanen für „Zeit-raub", zumal angesichts der negativen Wirkung von Liebesgeschichten – „Romans" wirken demnach als „Zunder der *Affect*en / und Reitzer der Gottlosigkeit". Den Hintergrund dafür bilden Stellen aus der Bibel sowie Argumente aus der patristischen Tradition. Seine Kenntnisse schöpft H. teils aus Leseerfahrungen erster Hand, v. a. aber aus der Lektüre von ↑Huets *Traité de l'origine des romans* (1670; dt. 1682). Mit der *Mythoscopia Romantica* provozierte H. Stellungnahmen aus dem Kreis um G. W. Leibniz und ↑Thomasius; die Auseinandersetzungen dauerten bis in die 1730er Jahre.

Ausgaben: Mythoscopia Romantica oder Discours von den so benanten Romans. Hg. v. W. E. Schäfer. Bad Homburg v. d. H. u. a. 1969 [Faks.-Dr. d. Ausg. Zürich 1698].

Forschungsliteratur: R. Stempfer: Roman baroque et clergé réformé. La „Mythoscopia Romantica" de G. H. (1698). Bern u. a. 1985; P. Rau: Speculum amoris. Zur Liebeskonzeption des deutschen Romans im 17. und 18. Jahrhundert. München 1994. S. 44–65; N. Werber: Liebe als Roman. Zur Koevolution intimer und literarischer Kommunikation. München 2003. S. 65–72.

Steffen Martus

Heidegger, Martin (1889–1976)

Für H. greift jede poetologische Reflexion auf den lit. Text zu kurz, weil sie letztlich von unbefragten metaphysischen Voraussetzungen ausgeht, die seinsgeschichtlich zu destruieren sind. Die fundamentalontologische Kritik an ↑Husserls Phänomenologie in *Sein und Zeit* (1927) entdeckt so die raum-zeitliche Dimension („Geworfenheit") des Daseins in ihrer Geschichtlichkeit. Diese „Erschlossenheit des Seins" („Lichtung", das „Offene") muss als eine jeder Erfahrung und Subjektivität vorgängige Artikulation, als eine „Sage“ verstanden werden, die weder mit linguistischen oder literaturwissenschaftlichen Mitteln noch philosophisch begriffen werden kann. Nur der Dichtung und den Fragmenten der Vorsokratiker traut H. zu, „[d]ie Sprache als die Sprache zur Sprache [zu] bringen“ (*Unterwegs zur Sprache*, 1959). Nicht die Hermeneutik, sondern die denkende „Zwiesprache“ mit „eigentlichen“ Dichtern, wie u. a. ↑George, J. P. Hebel, ↑Rilke, ↑Sophokles, A. Stifter, G. Trakl und insb. ↑Hölderlin, soll hörbar machen, was in der Geschichte abendländischer Metaphysik stets offenbar war, aber ungesagt geblieben ist: die anfängliche Verbergung des Seins in der ontologischen Differenz (Unterschied zwischen dem Sein und dem Seienden). In Anschluss an ↑Novalis analysiert H. die Sprache als einen tautologischen Monolog, der stets das „Selbe“ sagt und so jede Logik der Identität zugunsten eines autopoietischen Logos unterläuft. H.s enigmatischer, fragmentarischer und nominaler Sprachstil nähert sich dieser Erkenntnis an, indem Tautologien („Das Ereignis ereignet“) zu Grundsätzen seines Denkens werden. Die Wirkung auf poetologische Konzeptionen der Literatur und Theorie des 20. Jh.s ist kaum abzuschätzen: ↑Adorno, ↑Bachmann, ↑Blanchot, ↑Camus, ↑Celan, ↑Derrida, ↑Gadamer, ↑Foucault, ↑Handke, E. Meister, ↑Ponge, ↑Sartre.

Ausgaben: Sein und Zeit. Halle 1927; Vorträge und Aufsätze. Pfullingen 1954; Unterwegs zur Sprache. Pfullingen 1959.

Forschungsliteratur: O. Pöggeler: Dichtungstheorie und Toposforschung. In: Jahrbuch für Ästhetik und allgemeine Kunstwissenschaft. Bd. V. Köln 1960. S. 89–201; A. L. Kelkel: Zum Verhältnis von Dichtung und Denken bei H. Skizze eines Problems. In: V. Bohn (Hg.): Romantik. Literatur und Philosophie. Frankfurt/M. 1987. S. 279–287; C. Lafont: Sprache und Welterschließung. Zur linguistischen Wende der Hermeneutik H.s. Frankfurt/M. 1994.

Peter Risthaus

Heine, Heinrich (1797–1856)

H.s Bedeutung für die Geschichte der Poetik und Ästhetik beruht auf seinem Versuch, den Übergang von der idealistischen Literatur der „Kunstperiode“ zur kritisch-realistischen Literatur der Moderne zu vollziehen, ohne dabei den (am deutlichsten von ↑Kant formulierten) Anspruch auf Autonomie der Künste preiszugeben.

In der älteren H.-Forschung und in der populären H.-Rezeption wurde diese Janusköpfigkeit seiner Poetik dahingehend gedeutet, dass es zwei Dichter dieses Namens gebe: einen romantisch-gefühlvollen Liebeslyriker und einen ganz anderen, polemisch-kämpferischen Verfasser polit. Emanzipationsliteratur. Die neuere Forschung betont demgegenüber, dass H. sowohl in seinen Liebesgedichten als auch in seiner polit. Dichtung zugleich auf Autonomie und auf Engagement pocht.

In seiner polit. Dichtung hat er sich trotz lautstarker öffentlicher Kritik, trotz massiver Interventionen der Zensur und trotz gerichtlicher Verfolgung, die ihn schließlich zu einem Leben im Pariser Exil zwang, mit beispielhafter Zivilcourage und unerhörter Scharfzüngigkeit gegen gesellschaftl. Missstände aller Art im Europa der Restaurationsepoche zur Wehr gesetzt (*Die Harzreise*, 1826; *Deutschland. Ein Wintermärchen*, 1844). Zugleich hat er sich jedoch in polemisch-satirischer Form gegen die parteipolit. heteronome Tendenzdichtung des Vormärz gewandt und das Recht der Poesie auf Zweckfreiheit verteidigt (*Ludwig Börne. Eine Denkschrift*, 1840; *Die Tendenz*; 1842; *Atta Troll*, 1847).

In H.s Liebeslyrik finden sich zwar einzelne Texte, die, wenn man sie aus ihrem Werkkontext herauslöst, noch ganz einem naiv-utopischen, sentimental-„romantischen“ Liebesideal zu entsprechen scheinen, doch durch die Einbindung dieser Gedichte in eine kunstvoll konstruierte Zyklenstruktur stellt H. sicher, dass auf jede Versenkung in die Illusion eine Desillusionierung folgt, dass jedem ätherischen Schwelgen in Harmonie mit einer ernüchternden, handfest-sensualistischen oder kritisch-ironischen Pointe die Grundlage entzogen wird (*Buch der Lieder*, 1827; *Romanzero*, 1851).

Die Entstehung der für H.s gesamtes Werk charakteristischen Grundhaltung der inneren Zerrissenheit kann biografisch bis zu einem gewissen Grad aus seiner Außenseiterstellung als (konvertierter) Jude, als kritisch-engagierter Intellektueller und als Exilant erklärt werden. H.s Weltruhm basiert jedoch darauf, dass er diese individuellen Erfahrungen zu universalisieren und für die Erschaffung lit. Werke zu nutzen wusste, die schon früh und in paradigmatischer, publikumswirksamer Form charakteristische Empfindungen und Einstellungen des modernen Menschen veranschaulichen und problematisieren.

Die Geschichte der H.-Rezeption war bis in das dritte Viertel des 20. Jh.s hinein von scharfen Kontroversen geprägt, die sich an seiner polit. und moralischen Haltung, an seiner Stellung zum Judentum, an der Schärfe seiner Polemik und an seiner Position als Vermittler zwischen dt. und frz. Kultur entzündeten. H.s inzwischen weltweite Rezeption wurde und wird durch zahlreiche Übersetzungen und durch populäre Vertonungen maßgeblich befördert.

Ausgaben: H. H. Werke, Briefwechsel, Lebenszeugnisse. Hg. v. d. Nationalen Forschungs- und Gedenkstätten d. Klassischen Deutschen Literatur in Weimar u. d. Centre National de la Recherche Scientifique in Paris. Berlin u. a. 1970 ff.; Historisch-kritische Gesamtausgabe der Werke. Hg. v. M. Windfuhr. Hamburg 1973 ff.

Forschungsliteratur: H.-Jahrbuch. Hg. v. H.-H.-Institut Düsseldorf. Hamburg 1962–1994, Stuttgart 1995 ff.; J. Brummack (Hg.): H. H. Epoche – Werk – Wirkung. München 1980; M. Windfuhr: Rätsel H. Autorprofil – Werk – Wirkung. Heidelberg 1997; G. Höhn: H.-Handbuch. Zeit, Person, Werk. Stuttgart u. a. 2004; K. Decker: H. H. Narr des Glücks. Biographie. Berlin 2005.

Jost Schneider

Heißenbüttel, Helmut (1921–1996)

In seinem bedeutsamsten dichtungstheoretischen Text, den Frankfurter PV (1963), fordert H. die Ablösung historisch-normativer Poetiken durch eine neue lit. Typologie. Der Untertitel seiner Vorlesungsreihe (*Grundbegriffe einer Poetik im 20. Jh.*) macht deutlich, dass dies auch Konsequenzen für die poetische Terminologie haben muss, welche normative Konzepte alter Poetiken unreflektiert perpetuiert und so den Wert neuerer Literatur verkennt.

H. geht von einem engen Zusammenhang zwischen der Kunst- und Denkgeschichte jeder einzelnen Epoche aus. Die Vorstellung einer einheitlichen Welt, die der Dichter quasi als Weltschöpfer stilisierend reproduziert (vgl. ↑Gottscheds normative Poetik), wird seit dem Ende des 19. Jh.s von der Idee des Sinnzerfalls der Welt und ihrer Dezentrierung ersetzt. Daraus ergeben sich zwei zentrale Kriterien für neuere Literatur: Der Autor wird zum Erfinder und Hersteller der lit. Welt und er muss bereit sein, alles Sprachmögliche zu „probieren“ (nach ↑Brecht). An die Stelle von Regeln und einer stilisierenden Grammatik zur Qualitätssicherung treten nun Sprachspiele und Tendenzen, die ablesbar sind an „antigrammatischen“ Widerständen. Drei Grundprinzipien verbürgen die neue Freiheit des Schriftstellers: das Prinzip der „offenen Reproduktion" klar abgrenzbarer Sprachbereiche, das der „verdeckten Reproduktion" von Bedeutungs- und Ideenbereichen und das der „internen Sprachveränderung und freien Syntax". H.s Dichtungstheorie erkennt somit die Auflösung normativer Sprach- und Grammatikvorstellungen sowie die normativer Gattungsgrenzen an. Mit der veränderten Weltauffassung wird Sprache selbst zum bloßen Repräsentationsmedium; übergreifende Themenkomplexe werden nur mehr dokumentiert; das Subjekt wird nicht mehr erklärt, sondern als ein beliebiger Fall dargestellt. Literarizität ergibt sich fortan nicht mehr aus einer aufklärerischen, metaphernreichen Sprache, sondern aus dem Zugang des Schriftstellers zu einer bestimmten Methode, die Welt in einem autonomen Sprachraum zu verdoppeln. In den Mittelpunkt rückt die Einheit zwischen Form und Inhalt, wie sie u. a. in der Konkreten Poesie zu finden ist. Anstelle einer neuen Poetik bedarf es einer lit. Typologie, welche auf hierarchisierende Abstufungen zwischen verschiedenen Literaturformen verzichtet und sich auf etwas sachbezogen Vermittelndes konzentriert.

H. ist u. a. mit seinen Werken *Textbücher* (1960–1987) und *D'Alemberts Ende. Projekt 1* (1970) zu einem der einflussreichsten experimentellen dt. Schriftsteller der zweiten Hälfte des 20. Jh.s avanciert.

Ausgaben: Textbuch 1–11. Olten u. a. 1960–1987; FPV (1963). In: Über Literatur. Olten u. a. 1966. S. 123–205; D'Alemberts Ende. Projekt 1. Neuwied u. a. 1970; Von der Lehrbarkeit des Poetischen oder Jeder kann Gedichte schreiben. Mainz 1981.

Forschungsliteratur: H. L. Arnold (Hg.): H. H. Text + Kritik. München 1981; Y.-S. Hwang: Textästhetik bei H. H. Frankfurt/M. u. a. 2003.

Miriam Havemann

Heliodoros/Heliodorus
(Datierung unsicher, zw. Anfang 3. und Ende 4. Jh.)

Die *Äthiopischen Geschichten* (*Aithiopiká*, nach 222 n. Chr.) des aus Emesa in Syrien stammenden H. sind der späteste vollständig erhaltene antike gr. Roman. Die Forschung vereint unter dieser aktuellen Bezeichnung eine Reihe spätantiker Prosatexte mit weitgehend konstantem Handlungsschema: Im Mittelpunkt stehen Trennung und Wiedervereinigung eines trotz aller Verwicklungen treuen Liebespaares. H. variiert dieses Bauprinzip durch Verzicht auf die lineare Präsentation einer verschlungenen Ereignisfolge. Wechselnde „intradiegetische" (nach ↑Genette) Erzähler mit begrenztem Wissen vermitteln bei ihm eine an sich gradlinige Geschichte, die durch ihre Verrätselung aber einen aktiven Leser fordert.

Die Erzähltechnik der *Aithiopiká* beeinflusste die Entwicklung des westeurop. hohen Romans bis in das 17. Jh. In Byzanz bereits im 9. Jh. belegbar, beginnt die Verbreitung H.s im Westen in der Renaissance. Auf die *editio princeps* 1534 folgen Übersetzungen und eine umfangreiche lit. Rezeption. Ein frühes Beispiel ist die Biografie der Clorinda in ↑Tassos *Gerusalemme liberata* (*Jerusalem in Freiheit*), die H.s Erzähltechnik christl. überformt. ↑Cervantes und ↑Sidney werden von ihm beeinflusst, auch S. Richardsons *Clarissa* trägt deutliche Züge der weiblichen Hauptfigur H.s. In Deutschland erscheint das Strukturprinzip der *Aithiopiká* u. a. in der *Asiatischen Banise* von H. A. v. Zigler und ↑Wielands *Agathon*. Zwar verlieren die *Aithiopiká* im 18. Jh. ihre Stellung als Referenztext, ihre Rezeption z. B. durch ↑Bachtin verweist jedoch auf eine fortlaufende Beachtung auch im 20. Jh.

Ausgaben: Les Éthiopiques (Théagène et Chariclée). 3 Bde. Hg. v. R. M. Rattenbury/T. W. Lumb. Paris [2]1960; Aithiopika. Die Abenteuer der schönen Chariklea. Zürich 1950.

Forschungsliteratur: V. Hefti: Zur Erzähltechnik in H.s Aethiopica. Wien 1950; G. Schmeling (Hg.): The Novel in the Ancient World. Leiden u. a. 1996; R. Hunter (Hg.): Studies in H. Cambridge 1998.

Matthias Bley

Herder, Johann Gottfried (1744–1803)

Wenn H. in den Ausarbeitungen zu einer seiner ersten dichtungstheoretischen Schriften, der nie vollendeten Abhandlung *Von der Ode* – mehrfach umgearbeitet, u. a. zu *Fragmenten einer Abhandlung über die Ode* (1765) –, die Entwicklung der Poesie als Metempsychosis (Seelenwanderung) vor dem Hintergrund der Geschichte beschreibt, antizipiert er damit die Grundvoraussetzungen einer Poetik, die als erste der Literatur eine eigenständige historische Dimension einräumt und sie somit erst geschichtsfähig macht. Sein Neuansatz besteht dabei nicht in der Beschreibung historischer Differenz: Den Erben der *Querelle des anciens et des modernes* war durchaus bewusst, dass die Beurteilung älterer Literatur nicht von den Vorgaben gegenwärtiger Literaturkritik ausgehen durfte. Erst H. aber gelangte über eine rein deskriptive Wahrnehmung lit. Geschichtlichkeit hinaus. Ausgehend von Textbeispielen charakterisiert er Poesie als Teil und jeweils vorläufiges Ergebnis einer historischen Entwicklung, die nicht nur von außen auf in sich abgeschlossene Werke wirkt, sondern in diese eingeschrieben ist. Der einzelne Text erhält mit H. eine historisch bedingte Individualität – ein Gedanke, der ihn zunehmend in Konflikt mit den regelhaft-universellen Bestimmungen der Aufklärungspoetik brachte: Im *Versuch einer Geschichte der lyrischen Dichtkunst* (1766) noch auf Ansätze beschränkt, betonen spätestens die Fragmente *Über die neuere deutsche Literatur* (1767) den Zusammenhang zwischen polit., sozialen, ‚natürlichen' Rahmenbedingungen poetischer Produktion und der Eigentümlichkeit eines Werkes. Ausgehend von *Auch eine Philosophie der Geschichte zur Bildung der Menschheit* (1774) erweitert H. diesen Ansatz in der Folgezeit – im Rückgriff auf die u. a. von ↑Young eingeführten Kategorien von Ursprünglichkeit, Originalität und Vollkommenheit – zu einer umfassenden Kritik am Rationalismus aufgeklärter Kunstpoesie. Insb. der Begriff der Ursprünglichkeit ist für H. von grundlegender Bedeutung und prägt seine poetischen Schriften über *Haben wir noch jetzt das Publikum und Vaterland der Alten?* (1765) und die Rezeption der Ossian-Fälschungen J. Macphersons im *Auszug aus einem Briefwechsel über Ossian und die Lieder alter Völker* (1773) bis weit in das Spätwerk: Dichtung ist im Sinne organologischer Modelle ursprünglich, wenn sie die Anlagen zu allen späteren poetischen Entwicklungsformen als „Keim" in sich trägt. Diese Vollkommenheit realisiere sich nicht in der Befolgung abstrakter Regeln, sondern sei ihrerseits notwendige Folge des Zusammenspiels von Empfindung und Ausdruck im dichterischen Verfahren. Die durch äußere Einflüsse angeregte Empfindung des Dichters (der Affekt) und die Umsetzung des Empfundenen in Dichtung (Ausdruck und Manifestation des Affekts) müssen in ausgewogenem Verhältnis stehen. Im Zusammenspiel von Empfindung und adäquatem Ausdruck identifiziert H. den Grund für die historische Bedingtheit von Poesie: Es sind die unterschiedlichen Einflüsse z. B. des polit. und sozialen Rahmens, die diese Äquivalenzbeziehung beeinflussen; ein Gedanke, den H. in seiner *Abhandlung über den Ursprung der Sprache* (1772) und in der Schrift *Ueber die Würkung der Dichtkunst auf die Sitten der Völker* (1778) weiter ausarbeitet. Ursprüngliche Dichtung ist somit prinzipiell jederzeit möglich, seine Gegenwart sieht H. aber geprägt durch ein Fehlen der Ursprünglichkeit, welche er paradigmatisch noch bei ↑Shakespeare findet. Insb. die Anhäufung historischer Vorbilder, denen auch die Naturpoesie zu jeder Zeit genügen muss, sieht H. als Ursache für diesen Missstand: Die Gegebenheiten der eigenen Gegenwart individuell in Dichtung zu überführen sei eben nicht auf dem Weg der Nachahmung zu realisieren.

Die Wirkung, die von H.s Schriften zur Poetik und Literaturgeschichte für die Literaturproduktion der Folgezeit ausging, kann kaum ausreichend betont werden. Dichtung und Dichtungstheorie des Sturm und Drang adaptieren die von H. benutzten Kategorien von Originalität, Ursprung und Genie und erheben sie teils zu ihren Maximen. Doch auch darüber hinaus, in den Poetiken der Romantik und den philosophischen Schriften des beginnenden 19. Jh.s, z. B. bei ↑Hegel und ↑Schelling, lassen sich die Spuren H.s finden.

Ausgaben: Sämtliche Werke. 33 Bde. Hg. v. B. Suphan. Hildesheim 1967 f. [Nachdr. d. Ausg. Berlin 1877 ff.]; Werke. 10 Bde. Hg. v. G. Arnold/M. Bollacher u. a. Frankfurt/M. 1984 ff.

Forschungsliteratur: H. Bosse: H. (1744–1803). In: Klassiker der Literaturtheorie. Hg. v. H. Turk. München 1979. S. 78–91, 318–320; B. Heizmann: Ursprünglichkeit und Reflexion. Die poetische Ästhetik des jungen H. im Zusammenhang der Geschichtsphilosophie und Anthropologie des 18. Jahrhunderts. Frankfurt/M. u. a. 1980; E. u. E. v. Borries: Aufklärung und Empfindsamkeit, Sturm und Drang. Deutsche Literaturgeschichte Bd. 2. München 1991; M. Zaremba. J. G. H.: Prediger der Humanität. Eine Biografie. Köln u. a. 2002.

Matthias Bley

Hilbig, Wolfgang (1941–2007)

Es ist bezeichnend für H.s Poetik, dass man in seinen Frankfurter PV am wenigsten über sie erfährt: U. d. T. *Abriß der Kritik* (1995) sind hier Erkenntnisfragmente zum spannungsreichen Verhältnis von Literatur, Gesellschaft und Kritik unter den Bedingungen der ausgehenden Moderne versammelt, mit der für H. auch das „Zeitalter der Kritik" zu Ende geht. Dabei stellt in den Augen H.s Kritik das konstitutive Element von Demokratie und Literatur gleichermaßen dar; von Demokratie als „einer durch und durch mittelmäßigen Angelegenheit mit einem schwer überwindlichen Hang zur Korruption" und von Literatur als einer Existenzform, der die unwägbare Möglichkeit ihres eigenen Scheiterns inhärent ist. H.s Vorlesungen berühren somit Grundsätzliches, sparen indes seine Poetik aus, die als Thema und Formprinzip sein gesamtes lit. Werk durchzieht, das zugleich ein poetologisches Werk ist – von den frühen Prosastücken *Der Leser* (1978) oder *Die Angst vor Beethoven* (1981) bis hin zum Roman *„Ich"* (1993) und zur Gedichtsammlung *Bilder vom Erzählen* (2001). Einen poetologischen Nukleus bildet die Erzählung *Der Brief* (1981), die mit dem intertextuellen Bezug auf ↑Hofmannsthals wortreichen Sprachskepsis-Essay *Ein Brief* (1902) eine Kontrastfolie aufruft, vor der sich H.s Poetik in aller Schärfe abzeichnet: Der für eine schriftstellerische Existenz konstitutive Schritt aus der „warmen Masse" hat eine „inwendige Spaltung" des Ich zur Folge, die ihrerseits „ganz folgerichtig zur Verunheimlichung aller umgebenden Dinge" führt – Gießkannen eingeschlossen. Das auf H. immer wieder applizierte und von ihm immer wieder thematisierte Konzept des ‚Arbeiterschriftstellers' bezeichnet also nichts weniger als eine biografische Identität. Vielmehr setzt es sowohl die unauflösbare Aporie eines lit. Schaffens im Schoß der Masse als auch die Unmöglichkeit eines heilen Subjekts in der „geisterhaften Welt" der Individualität ins paradoxe Bild. H.s Poetik speist sich aus der apokalyptischen Dynamik einer unaufhaltsamen „Entweltlichung", die sie zugleich zu bewältigen sucht. Im Gegensatz zu Hofmannsthal steht dabei die Sprache im konzeptionellen Mittelpunkt und schafft den Möglichkeitsraum von Poetik und Welt; eine materialgesättigte Sprache in stets überschüssiger lit. Form. Jenseits dieser Form, im Genre der Poetikvorlesung etwa, fehlen H.s Poetik notwendig jene Worte, die mit apokalyptischer Wucht alle übrigen Texte H.s zu poetologischen Texten machen.

Ausgaben: Der Brief. Frankfurt/M. 1985; Die Angst vor Beethoven. Frankfurt/M. 1990; Aufbrüche. Frankfurt/M. 1992; „Ich". Frankfurt/M. 1993; Abriß der Kritik [FPV]. Frankfurt/M. 1995; Bilder vom Erzählen. Frankfurt/M. 2001.

Forschungsliteratur: H. L. Arnold (Hg.): W. H. Text + Kritik. München 1994; S. M. Bordaux: Literatur als Subversion. Eine Untersuchung des Prosawerkes von W. H. Göttingen 2000; J. Loescher: Mythos, Macht und Kellersprache. W. H.s Prosa im Spiegel der Nachwende. Amsterdam u. a. 2003.

Andrea Polaschegg

Hildesheimer, Wolfgang (1916–1991)

Ästhetische und poetologische Reflexionen sind integrale Bestandteile von H.s dichterischem Werk von dessen Anfängen an. Insb. sein erster satirischer Roman *Paradies der falschen Vögel* (1953) ist den Themen der Kunstfälschung, der fragwürdigen Authentizität künstlerischer Äußerungen und der hochartifiziellen Konstruktion von Künstlerbiografien für den Kunstmarkt gewidmet. In der Biografie *Mozart* (1977) reflektiert H. die Fiktionalisierung eines faktischen Lebenslaufes durch den Akt seiner Nacherzählung. *Marbot* (1981), die letzte umfangreichere lit. Arbeit des Autors, führt die Gattung Biografie vollends ad absurdum: Im Stil eines wissenschaftlich fundierten Lebensberichts rollt H. die Vita eines ↑Goethe-Zeitgenossen auf, der freilich eine pure Fiktion ist. Als entscheidendes Zeugnis seiner theoretischen Beschäftigung mit poetologischen Fragestellungen gelten die Frankfurter PV aus dem Jahr 1967. Hier erläutert H. eingehend sein Konzept einer Prosa des Absurden, die er als die einzig noch mögliche Form dichterischer Auseinandersetzung mit der modernen Welt deklariert. Grundlage dafür sind die Existenzphilosophie ↑Camus' und Überlegungen von H.s Autorkollegen ↑Eich. Die Welt der Gegenwart ist demnach gekennzeichnet durch absolute Vernunftwidrigkeit und durch ein totales Schweigen gegenüber den Fragen des Menschen, der sie zu ergründen versucht. Konsequenz dieser absurden Situation ist, dass der Schriftsteller der Moderne die Welt nicht hinnimmt und Wirklichkeit erst selbst über seine Fiktionen herstellt. Aufgabe von Literatur ist mithin nicht Darstellung von Welt, sondern Darstellung des Schweigens der Welt und der tragischen, weil irreführenden und der absurden, weil wirklichkeitslosen Ersatzantworten, die der Mensch auf dieses Schweigen hin sich selbst zu geben versucht. Als gelungene Beispiele einer solchen Prosa des Absurden nennt H. etwa die Romane von ↑Beckett. Die radikale Gesellschafts- und insb. Kapitalismus-Kritik, die der Autor in zahlreichen Essays formuliert, findet ihren adäquaten Ausdruck also interessanterweise nicht in einer Form der engagierten Literatur, welche die beklagten Missstände poetisch anprangert, dabei aber die Welt natürlich abbilden müsste. Alle Spielarten mimetisch-darstellender Dichtung weist H. vielmehr brüsk zurück. Der Roman *Tynset* (1965) kann als prototypische Umsetzung von H.s Poetik gelten: Der Protagonist wendet sich zunehmend von seiner als zutiefst feindlich empfundenen Gegenwart ab und kapselt sich sukzessive, mit Fiktionen spielend, von der Außenwelt ab. In seinen späten Lebensjahren gelangt der Schriftsteller zu der Ansicht, dass mit den Mitteln von Phantasie und Fiktion der naturwissenschaftlich-technisch geprägten und dadurch als apokalyptisch empfundenen Welt nicht mehr beizukommen sei. Konsequenterweise stellt H. die lit. Produktion ein.

Ausgaben: Paradies der falschen Vögel. München u. a. 1953; Tynset. Frankfurt/M. 1965; Mozart. Frankfurt/M. 1977; Marbot. Eine Biographie. Frankfurt/M. 1981; Prosa des Absurden [FPV]. In: Gesammelte Werke. Hg. v. C. L. Hart Nibbrig/V. Jehle. Bd. 7: Vermischte Schriften. Frankfurt/M. 1991. S. 43–99.

Forschungsliteratur: B. Dücker: W. H. und die deutsche Literatur des Absurden. Bensberg 1976; H. D. Zimmermann: Das Ende der Literatur und das Ende der Welt. Zu W. H.s Absage an die Literatur. In: H. D. Schlosser (Hg.): Poetik. Frankfurt/M. 1988. S. 67–78; M. Lüdke: Der Rest ist Schweigen. W. H. und „Das Ende der Fiktionen". In: K. Bullivant/ B. Spies (Hg.): Literarisches Krisenbewußtsein. Ein Perzeptions- und Produktionsmuster im 20. Jh. München 2001. S. 172–183.

Ralf Georg Bogner

Hochhuth, Rolf (geb. 1931)

H.s Werk speist sich aus den Geschichten der polit. Täter und ihrer Opfer. Er gilt als Vertreter des polit. Theaters in der Tradition ↑Brechts und E. Piscators. Fiktional überhöht und dokumentiert werden insb. die Verbrechen der NS-Zeit sowie deren individuelle Schicksale (z. B. in dem Drama *Der Stellvertreter*, 1963). Auch die Prosaarbeiten (z. B. *Die Berliner Antigone*, 1964) handeln oftmals von den negativen Facetten der Macht. Als epischer Höhepunkt lässt sich *Eine Liebe in Deutschland* (1978) fassen.

Seine Dramentheorie, die H. als Nicht-Theorie bezeichnet, wird in den 1996 gehaltenen und 2001 u. d. T *Die Geburt der Tragödie aus dem Krieg* veröffentlichten Frankfurter PV entfaltet. So kann laut H. das polit. Drama niemals auf Basis einer präexistenten Theorie geschaffen werden, da jedes Stück in Tonalität und Ästhetik dem Sujet gemäß gestaltet werden muss. Dabei beruft sich H. argumentativ auf die Weimarer Klassiker ↑Goethe und ↑Schiller, die sukzessive von Theorie und Philosophie als Anleitung zur Kunstproduktion abkehrten. Zudem wendet sich H. gegen ↑Nietzsches Auffassung von der Musik als Ursprung der Tragödie und führt den Krieg als auslösendes Moment für das Drama an. H. zufolge sind weder das Drama noch die Politik begrifflich definierbar. In beiden Fällen liegen variable und zeitbedingte Phänomene vor, die nur aktuell definierbar sind. Als wichtiges transitorisches Moment des polit. Dramas erkennt H. die Poetisierung, d. h. die dichterische Anverwandlung polit. Aspekte wie Freiheit, Macht und Geld ohne dem als trivialisierend empfundenen Naturalismus zu verfallen.

In Bezug auf die Stellung des Subjekts in der Kunst der Nachkriegszeit wendet sich H. ausdrücklich gegen ↑Adornos Maxime vom entmündigten Subjekt als Marionette anonymer Mächte und plädiert für das verantwortungstragende Subjekt im Sinne ↑Sartres. Da laut H. der Einzelne im Drama die Geschichte und ihre Konflikte sichtbar machen soll, muss er als Verkörperung von Prinzipien und sozialen Schicksalen erscheinen. Dabei dürfen auch antike Stoffe und Motive verwandt werden. Die Sprache soll dem Thema gemäß, d. h. von der poetisch bedeutsamen Realität beeinflusst, gestaltet werden. In Deutschland wurden H.s Dramen zwiespältig aufgenommen: Der hohe moralische Anspruch, so die Kritik, sei nicht immer durch die ästhetische Qualität der Stücke eingelöst worden.

Ausgaben: Alle Erzählungen, Gedichte und Romane. Hg. v. H. G. Heepe. Reinbek 2001;

Die Geburt der Tragödie aus dem Krieg [FPV]. Frankfurt/M. 2001.

Forschungsliteratur: R. Wolff (Hg.): R. H. Werk und Wirkung. Bonn 1987; H. Puknus: R. H. Reinbek 2008.

Marc Dietrich

Hoffer, Klaus (geb. 1942)

H.s Grazer PV von 1985/86 gelten den im Werk ↑Kafkas beobachteten „Methoden der Verwirrung". Gemeint ist die Verwirrung des Lesers durch komplexe Erzählstrategien, die vielfach in der Orientierungslosigkeit Kafkascher Figuren bespiegelt werden und auf Desorientierung als menschliche Grunderfahrung verweisen. H. kombiniert in seinen Vorträgen kommentierende Passagen, die am literaturwissenschaftlichen Diskurs geschult sind, mit vielen illustrierenden Zitaten Kafkas, weiterer Autoren (wie K. Vonnegut, ↑Handke, Saki und ↑R. Walser) sowie eigener Texte. Seine literaturwissenschaftlichen Textanalysen zu Kafka stellen u. a. jene Konfusionen ins Zentrum, welche aus der Kopplung differenter Systeme und Subsysteme entstehen; zur Erläuterung verweist H. auf P. Watzlawicks Analysen polysystemischer Kommunikation sowie auf die Beziehung zwischen I. Newtons Physik als einem subordinierten und A. Einsteins Relativitätstheorie als dem ihr übergeordneten System. Lit. Figuren, die sich selbst aufgrund ihres begrenzten Horizonts nur in einem einzigen semantischen, sozialen oder physikalischen System wahrnehmen, können zugleich übergeordneten Systemen angehören, welche zu jenen in Spannung stehen; so werden Äußerungen mehrdeutig, führen Orientierungsversuche zur Desorientierung. Literatur übernimmt für H. v. a. die Aufgabe, Modelle solcher Komplexität zu schaffen: durch labyrinthische Texte, durch Thematisierung gestörter Welt- und Selbstwahrnehmung, durch Reflexion über die Mehrdeutigkeiten des Lebens.

Ausgaben: Methoden der Verwirrung. Betrachtungen zum Phantastischen bei F. Kafka [GPV]. Wien u. a. 1986.

Forschungsliteratur: M. Napetschnig: K. H. Graz u. a. 1998.

Monika Schmitz-Emans

Hoffmann, Ernst Theodor (Wilhelm) Amadeus (1776–1822)

H.s Reflexionen über Literatur und Kunst haben neben seinen ästhetischen Abhandlungen und Kritiken – er wirkte als Musikkritiker und Rezensent – v. a. seine Künstlergeschichten geprägt. Von den frühen (*Ritter Gluck*, 1809) bis zu den späten Erzählungen (*Prinzessin Brambilla*, 1820; *Des Vetters Eckfenster*, 1822) sind Künstler seine bevorzugten Protagonisten. Im Zentrum der Ereignisse stehen vielfach lit., bildkünstlerische und musikalische Werke, ihre Schöpfungs- und Rezeptionsprozesse. Schöpfung wie Rezeption sind für H. v. a. Prozesse des Imaginierens und als solche tendenziell kongruent; das Wirken des Künstlers hat eine reproduktive, das des Rezipienten eine produktive Dimension. Als Poetik der Imagination erweist sich H.s Poetik insb. anlässlich der in eine Erzählung eingebetteten Explikation des so genannten „Serapiontischen Prinzips"; dieses besteht darin, sich mittels eines inneren „Schauens", also visionär, in eine andere Wirklichkeit zu versetzen – genau so wie der nur vermeintlich wahnsinnige Einsiedler Serapion, von dem es heißt, als echter Dichter habe er die Gegenstände seiner Schilderungen wirklich geschaut und darum seine Zuhörer ergreifen können (*Serapionsbrüder*, 1819–1821). Die wahren Gegenstände künstlerischer Schau sind demnach innere, nicht äußere Bilder. H. umschreibt den poetischen Produktionsprozess wiederholt als ein Geschehen, bei welchem dem Dichter „Bilder“ im Inneren aufgehen, die er dann unter prägnanter Kolorierung und Schattierung in sein Werk einfließen lassen soll, um den Leser an den visuellen Sensationen in seinem Innern teilhaben zu lassen. Dies korrespondiert seiner Neigung, die lit.-narrative Darstellung durch Metaphern aus der Malerei zu charakterisieren. So möchte er auch selbst „in Callots Manier“ (vgl. den Titel der *Fantasiestücke in Callots Manier*, 1814–1815) schreiben und erzählt etwa ein Capriccio „nach Jakob Callot“ (*Prinzessin Brambilla*). Das lebendige Bild wird zum Modell gelungener narrativer Darstellung erklärt. Im Idealfall ästhetischer Perzeption wird die Grenze zwischen Bild und umgebender Realität durchlässig; Betrachter sehen sich selbst im Bild, gemalte Gestalten werden lebendig. In vielen Varianten betont H. die Korrespondenzen und Spiegelungsverhältnisse zwischen den verschiedenen Künsten. Maler- und Musikergeschichten sowie Reflexionen über Malerei und Musik sind insofern gleichfalls als poetologische Texte zu lesen. In Malern und Musikern bespiegelt sich das Dichtertum (*Die Automate*, 1814; *Der Artushof*, 1816; *Die Jesuiterkirche in G.*, 1816); v. a. eine Gestalt wie der Kapellmeister Kreisler (*Kreisleriana*, 1814; *Kater Murr*, 1819–1821) ist ein fiktives *alter ego* des typischen Poeten bei H.

H.s poetologisch-ästhetische Reflexionen kreisen um ein Geflecht miteinander vernetzter Topoi, auf die er modifizierend immer wieder zurückgreift: Dem Topos vom „inneren Bild“ korrespondiert das Verdikt über jedes konkrete und fertige Werk. Die wahren Kunstwerke sind allein „innere“ Visionen; jede materielle Konkretisierung ist schon ein Verrat an der Idee des Werks (wie etwa auch der Komponist Ritter Gluck und der Kapellmeister Kreisler wissen). Idealiter wiederholt sich aber mittels des sinnlich wahrnehmbaren Werks im Rezipienten die Vision des Künstlers; Sichtbares und Hörbares wirkt also katalysatorisch. Kunstwerke entstehen nicht auf der Basis auktorial umgesetzter Intentionen, sondern Maler, Dichter und Musiker empfangen Eingebungen, als deren Medien sie wirken; H. entfaltet eine säkularisierte Topik der Inspiration. Wichtige Quelle künstlerischer Eingebungen ist das Unbewusste. Wohlinformiert über zeitgenössische Theorien des Vorbewussten und angeregt durch magnetistische Ideen, modelliert H. den ästhetischen Prozess als Kommunikation eines nicht vom Bewusstsein kontrollierten Wissens und in Analogie zu Vorstellungen eines universalen Rapports zwischen Einzelseele und Umwelt. Die Welt ist dualistisch organisiert: Für den ästhetisch sensibilisierten Menschen zerfällt sie in eine philiströse, triviale Alltagswelt und ein Reich der Imaginationen; die beiden Sphären, Bürger- und Künstlerwelt, Dresden und Atlantis (vgl. *Der goldne Topf*, 1814) gehören als zwei Seiten einer Wirklichkeit zusammen wie Tag und Nacht, Bewusstes und Unbewusstes. Alle Erfahrung ist perspektivisch; daher stellt sich für den imaginierenden Künstler und Phantasten die Realität anders dar als für den rationalen Alltagsmenschen – sei es, dass sie sich ins Fratzenhafte verzerrt oder aber verklärt. Aus rationaler, bürgerlicher Sicht ist der Künstler ein Exzentriker, dem Wahnsinn zumindest nahe. Es gibt keine absolute, rationale Ordnung der Dinge; Kunst und Literatur akzentuieren diese Einsicht in Opposition zu rationalen Wissensdiskursen. V. a. das imaginationsbegabte Ich erfährt die Perspektivik alles Wirklichen, für welche H. v. a. Gleichnisse aus der optischen Sphäre findet (vgl. etwa *Der Sandmann*, 1816), die aber insb. seiner Konzeption eines perspektivisch geprägten Erzählens korrespondieren. Gleichnis für die Abhängigkeit des Wahrgenommenen vom Blick selbst sind Prozesse der Mortifikation von Lebendigem bzw. der Vivifikation toter Dinge; neben der Dichotomie von „Innerem“ und „Äußerem“, „sichtbaren“ und „unsichtbaren“ Bildern ist die von lebendigen und toten Objekten zentral für H.s Poetik. Unmittelbar poetologische Bedeutung besitzen die Selbstbeobachtungen und Kommentare von H.s Erzählern sowie seine narrativen Experimente; so zerfällt im *Sandmann* und in *Des Vetters Eckfenster* die erzählerisch evozierte Welt in Lesarten, wobei sich die Abhängigkeit aller Wahrnehmung von der erzählerischen „Optik“ erweist. In dem von ↑Sternes *Tristram Shandy* inspirierten *Kater Murr* spiegelt der (angeblich) fragmentarische Zustand des Buchs die Zersplitterung von Erfahrungskontinua. Werden Erzählungen über Bilder und Maler bei H. v.a. zum Anlass poetologischer Reflexionen über die (vieldeutige) Beziehung künstlerischer Darstellung zur Wirklichkeit, so sind seine Schriften über Musik, v.a. über die zeitgenössische Instrumentalmusik, ein wichtiger Beitrag zur romantischen Autonomieästhetik; tendenziell rückt hier die (angeblich) gegenstandslose und darum absolute Musik in den Rang einer Leitkunst (*Beethovens Instrumental-Musik*, 1813; *Kreisleriana*). H.s Schilderungen eines von der Kunst eröffneten „Geisterreichs“ verbinden sich v.a. mit dem Schreiben über Musik; allerdings ist diese „absolute“ Musik eine lit. Erfindung, sie wird verbal evoziert, und die sie repräsentierenden Erscheinungen entstammen dem Reich lit. Gestalten und Imaginationen (vgl. *Don Juan*, 1813).

H.s Werk erhielt wichtige Impulse von der *Gothic Novel*, vom romantischen Kunstmärchen sowie von der Gattung des lit. Bildkommentars. In Frankreich während des 19. Jh.s zunächst höher geschätzt als in Deutschland, hat H. auf Autoren verschiedener Sprachräume ausgestrahlt (so auf Ch. Nodier, G. de Nerval, ↑Balzac und ↑Gautier, ↑Poe und W. F. Odoevskij). Maßgeblich dafür waren neben der stofflich-thematischen Dimension seiner Werke (z.B. Doppelgängermotiv, exzentrische Künstlerfiguren, Automaten- und Puppenmotiv) auch die Kombination von Schreckerregendem und Grotesk-Komischem sowie die Integration phantastischer Elemente in die Alltagswelt und die Entgrenzung von Wahrnehmung und Imagination. Reminiszenzen an H. finden sich insb. in Werken phantastischer Literatur bis heute.

Ausgaben: Sämtliche Werke in fünf Einzelbänden. München 1960–1965; Dichter über ihre Dichtungen. E. T. A. H. Hg. v. F. Schnapp. München 1974.

Forschungsliteratur: P. v. Matt: Die Augen der Automaten. E. T. A. H.s Imaginationslehre als Prinzip seiner Erzählkunst. Tübingen 1971; S. Schumm: Einsicht und Darstellung. Untersuchungen zum Kunstverständnis E. T. A. H.s. Göppingen 1974; G. R. Kaiser: E. T. A. H. Stuttgart 1988; D. Kremer: E. T. A. H. zur Einführung. Hamburg 1998.

Monika Schmitz-Emans

Hofmannsthal, Hugo von (1874–1929)

Im Verlauf seines Lebens und Schaffens hat H. eine tief greifende Wandlung vollzogen, die sich auch in seiner Poetik niederschlägt und die es erforderlich macht, zwischen der Dichtungstheorie des frühen und des späten H. zu unterscheiden.

H. beginnt seine lit. Karriere als Repräsentant des Jungen Wien, jener lit. Erscheinungsform der Wiener Moderne also, die den Übergang von der bürgerlichen zur demokratisch-pluralistischen Wirtschafts- und Gesellschaftsordnung nicht nur begleitete und reflektierte, sondern, was seine Realisierung innerhalb der Bildungseliten dieses Zeitalters betrifft, auch antizipierte und beförderte. Im Reich des Geistes äußert sich dieser Übergang v.a. in einer Flexibilisierung der Wirklichkeits-, der Sprach- und der Identitätskonzeption. An die Stelle der einen und einzigen Wirklichkeit tritt die Vielheit der Lebenswelten. Zweiwertige werden durch dreiwertige, den Interpreten als gleichrangige Konstituente neben Signifikat und Signifikant stellende Zeichenmodelle ersetzt. Psychoanalyse und Rollensoziologie enthüllen die Idee der stets mit sich selbst übereinstimmenden, in ihrem Wesenskern unveränderlichen Persönlichkeit als unhaltbare Illusion.

H.s frühe Werke, von lyrischen Dramen wie *Gestern* (1891) und *Der Tor und der Tod* (1893) über Gedichte wie *Weltgeheimnis* (1894) und *Manche freilich…* (1895) bis hin zu Prosawerken wie *Das Märchen der 672. Nacht* (1895), *Reitergeschichte* (1899) und *Ein Brief* (1902), greifen diese Probleme auf und thematisieren in erstaunlicher Klarheit und Weitsichtigkeit die Kosten und Konsequenzen des sich vollziehenden Modernisierungsprozesses. Obwohl hierbei von Beginn an auch kritische und – v. a. was die ethischen Implikationen der gesellschaftl. Erneuerung angeht – sehr skeptische Untertöne zu erkennen sind, kann doch H. in dieser ersten Phase seines Schaffens als Wegbereiter der gesellschaftl. und künstlerischen Moderne bezeichnet werden.

Bes. charakteristisch für die Poetik dieser ersten, promodernen Phase in H.s Schaffen sind seine Aufsätze *Gabriele d'Annunzio* (1893) und *Eine Monographie* (1895) sowie seine Ansprache *Poesie und Leben* (1896). Als Aufgaben des Dichters und der Dichtung bezeichnet es H. in diesen Werken, ein lebendiges neues Denken und Sprechen zu initiieren, das sich von der Last der Traditionen und von der Erstarrung in Floskeln und Konventionen befreit. Grundgedanken und -begriffe der Lebensphilosophie ↑Nietzsches werden hier vom frühen H. für die Zwecke der gesellschaftl. und künstlerischen Modernisierung instrumentalisiert (und dabei z. T. aus ihrem ursprünglichen Kontext herausgelöst und transformiert). Darüber hinaus sind Einflüsse von Philosophen und Schriftstellern wie E. Mach, F. Mauthner, ↑Ibsen und H. Bahr unverkennbar.

Schon im ersten Jahrzehnt des 20. Jh.s lässt sich dann jedoch bei H. eine allmähliche Umorientierung feststellen. Während die Kontakte zu Modernisten wie A. Schnitzler oder H. Graf Kessler tendenziell sporadischer und oberflächlicher werden, gewinnen konservative Zeitgenossen wie R. Borchardt, R. A. Schröder, R. Kassner, R. Strauss, C. J. Burckhardt und zeitweise sogar R. Pannwitz mehr und mehr an Bedeutung für H.s Leben und Schaffen. Seine schon früh geäußerte, aber vom dezidierten Modernismus des Jungen Wien stets noch ausbalancierte Kritik an der gesellschaftl. und künstlerischen Erneuerung gewinnt nun die Oberhand und kulminiert schließlich in seiner Idee einer konservativen Revolution, die eine Rückkehr zur einen und einzigen Wirklichkeit, zur stabilen Signifikat-Signifikant-Relation, zu ganz mit sich im Einklang befindlichen Individuen und kurz: zu einer vormodernen, nichtpluralistischen Gesellschaftsordnung ermöglichen soll.

Von seiner Rede *Der Dichter und diese Zeit* (1907) über seine *Briefe des Zurückgekehrten* (1907), seinen Reisebericht *Augenblicke in Griechenland* (1908–1914) und seinen Zeitungsartikel *Krieg und Kultur* (1915) bis hin zu seinen Ansprachen *Österreich im Spiegel seiner Dichtung* (1916) und *Das Schrifttum als geistiger Raum der Nation* (1927) lässt sich in H.s Schriften das allmähliche Überhandnehmen dieses antimodernistischen Denkens nachzeichnen. Dem Dichter wird dabei mehr und mehr die Funktion zuerkannt, unter den Bedingungen einer sich im Oberflächlichen, Materiellen und Ephemeren verlierenden Gegenwart den Anschluss an jene Geschichtsepochen aufrechtzuerhalten, in denen – H. ist hierin geschichtsmetaphysischen Konstruktionen wie denen von G. Brandes, Kassner und Pannwitz verpflichtet – Individuum und Kollektiv, Denken und Sprechen, Handeln und Empfinden, Inneres und Äußeres nicht entzweit gewesen seien. Die Antike, das MA und die dt. Klassik werden von H. als jene drei Geschichtsphasen identifiziert, in denen diese Spaltungen noch nicht festzustellen gewesen seien.

Sein künstlerisches Schaffen ist folgerichtig von dem Bemühen geprägt, an die lit. Traditionen dieser drei Epochen anzuknüpfen, und zwar nicht nur inhaltlich-thematisch, sondern auch formal-stilistisch. So nehmen etwa H.s *Elektra* (1904), *Ödipus und die Sphinx* (1905), *Timon der Redner* (1916–1925), *Ariadne auf Naxos* (1912/1916 in einer Neubearbeitung) und *Die Ägyptische Helena* (1928) auf Stoffe und Gestaltungsweisen des antiken Dramas Bezug. Sein *Jedermann* (1911) und *Das Salzburger Große Welttheater* (1922) greifen Elemente der ma. Festspielkunst auf. Und *Der Rosenkavalier* (1911) und *Der Schwierige* (1921) rekurrieren in vielerlei Hinsicht auf das Singspiel und auf die Lustspieltradition der Goethezeit.

Unverkennbar bleibt allerdings bei allen diesen Bemühungen um eine Wiederanknüpfung an als wertvoll betrachtete Traditionen, dass H. – was ihm selbst, wie sich bes. seiner äußerst umfangreichen, zu großen Teilen erhaltenen und edierten Korrespondenz entnehmen lässt, durchaus bewusst war – letztlich ein Repräsentant jener zerrissenen Gegenwartsgesellschaft blieb, deren Pluralisierung sich bis in das Verhalten, Denken, Empfinden und Sprechen des Individuums hinein geltend macht. Die konservative Revolution blieb für ihn ein Zukunftsprojekt, das sich nur *à la longue* verwirklichen lassen würde.

Es nimmt deshalb nicht wunder, dass die H.-Forschung trotz seiner dezidierten, expliziten Wende zum Antimodernismus auch im späten H. immer noch und immer wieder jenen Wegbereiter der Moderne erblicken wollte, als der er in den letzten Jahren des 19. Jh.s seine lit. Karriere begonnen hatte. Erst im Vergleich mit Leben und Schaffen von Autoren wie A. Schnitzler oder H. Graf Kessler kann H.s Übergang vom Modernismus über die Modernekritik zum Antimodernismus differenziert beschrieben und adäquat beurteilt werden.

Ausgaben: Gesammelte Werke in Einzelausgaben. Hg. v. H. Steiner. Frankfurt/M. 1945–1959; Sämtliche Werke. Kritische Ausgabe. Hg. v. R. Hirsch/H.-O. Burger. Frankfurt/M. 1975 ff.; Gesammelte Werke in zehn Einzelbänden. Hg. v. B. Schoeller. Frankfurt/M. 1979.

Forschungsliteratur: R. Alewyn: Über H. v. H. Göttingen ^{3}1963; G. Wunberg: Der frühe H. Schizophrenie als dichterische Struktur. Stuttgart u. a. 1965; H.-Blätter. 1968 ff.; R. Tarot: H. v. H. Daseinsformen und dichterische Struktur. Tübingen 1970; H.-Forschungen 1971 ff.; H. Rudolph: Kulturkritik und konservative Revolution. Zum kulturell-politischen Denken H.s und seinem problemgeschichtlichen Kontext. Tübingen 1971; M. Diersch: Empiriokritizismus und Impressionismus. Über Beziehungen zwischen Philosophie, Ästhetik und Literatur um 1900 in Wien. Berlin 1973; E. Koppen: Dekadenter Wagnerismus. Studien zur europäischen Literatur des Fin de siècle. Berlin u. a. 1973; Ch. König: H. Ein moderner Dichter unter den Philologen. Göttingen 2001; H. Hiebler: H. v. H. und die Medienkultur der Moderne. Würzburg 2003; H.-A. Koch: H. v. H. München 2004; U. Weinzierl: H. Skizzen zu seinem Bild. Darmstadt 2005.

Jost Schneider

Hölderlin, Friedrich (1770–1843)

In Aufsätzen, Dichtung und Briefen konzipiert H. Poetologie als Teil einer systematisch orientierten Ästhetik, die im Spannungsfeld von Spinozismus, Idealismus und Naturphilosophie auf philosophische Grundsatzfragen antwortet. Ästhetik wird zur Leitdisziplin, an der sich philosophische Reflexion und soziale Praxis orientieren sollen. Poetologie beschreibt die Vermittlung ästhetischer Einsicht durch die Dichtung. Regelpoetik geht auf in einer Theorie ästhetischer Kommunikation.

Zwischen 1798 und 1800 entwirft H. eine Ästhetik der Erinnerung, die Geschichte als Naturentwicklung rekonstruiert. Das dabei evozierte mythische Einheitserleben wirkt in tragischer Darstellung handlungsorientierend (*Das untergehende Vaterland* ...). In ‚poetischer Individualität', für die dichterische Ahnung eine adäquate Sprache und damit ein Medium ästhetischer Erkenntnis findet, vollendet sich Subjektivität als geistige Produktivität (*Wenn der Dichter einmal des Geistes mächtig* ...). Weitere Aufsätze betonen dramaturgische Aspekte dieser Ästhetik (*Grund zum Empedokles*) oder führen gattungspoetische Differenzierungen ein (*Über den Unterschied der Dichtarten*), die u. a. auf Kombinationsreihen poetischer Grundstimmungen zurückgeführt werden (*Wechsel der Töne*). Wegbereitend für diese Homburger Periode setzt der Aufsatz *Über Religion* von 1796 Religion und Poesie als wesensgleich, insofern beide auf der „Mythe" basieren.

Ein Programm nationaler Dichtung stellt H. in Briefen an C. U. Böhlendorff vor (1801/1802). Es transponiert die *Querelle des anciens et des modernes* in eine Dialektik des Fremden und des Eigenen. U. a. weil Fremdes freier gebraucht werden kann als Eigenes, sind für Antike und Moderne inverse Bedingungen gegeben. Darum soll die abendländische Moderne in der Kunst zu einem eigenen Nationalcharakter finden. Seinem Verleger F. Wilmans kündigt H. dies 1803 als Projekt „vaterländischer Gesänge" an.

H.s Spätwerk ringt mit der poetischen Organisation lokaler wie universaler Ordnung. Die Anmerkungen zu ↑Sophokles (1804) zählen es zum ‚gesetzlichen Kalkül' der Poesie, die Tragödie durch rhythmische Zäsur in ein reflexionsermöglichendes Gleichgewicht zu bringen. Solche Balance ist Teil ‚poetischer Logik', welche die menschlichen Vermögen zu einem präsentischen Ganzen anordnet. H. nennt dies auch „Rhythmus" oder das „kalkulable Gesez" der Poesie. In dieser Form kann die Tragödie die notwendigen Trennungsakte von Gott und Mensch, die sich u. a. im Antagonismus von Zeitstrom und menschlicher Augenblicksfixierung äußern, als Gedächtnisinstanz zur Einheit verklammern.

In der Frühromantik, zu der sie affin sind, haben H.s ästhetische Schriften keine Spuren hinterlassen, da sie zumeist erst Anfang des 20. Jh.s publiziert wurden. Eine angemessene Rezeption der ästhetischen Schriften H.s setzt mit der zweiten Hälfte des 20. Jh.s ein.

Ausgaben: Sämtliche Werke. Stuttgarter H.-Ausgabe. Hg. v. F. Beißner. Stuttgart 1943–1985; Sämtliche Werke. Frankfurter Ausgabe. Hg. v. D. E. Sattler u. a. Frankfurt/M. 1975 ff.

Forschungsliteratur: G. Kurz: Mittelbarkeit und Vereinigung. Zum Verhältnis von Poesie, Reflexion und Revolution bei H. Stuttgart 1975; J. Kreuzer (Hg.): H.-Handbuch. Leben – Werk – Wirkung. Stuttgart u. a. 2002; M. Luhnen: Organisation der Natur. Zur Verbindung von Naturerkenntnis, Erinnerungstheorie und ästhetischem Experiment in H.s philosophischem Fragment „Das untergehende Vaterland". Heidelberg 2007.

Michael Luhnen

Höllerer, Walter (1922–2003)

Mit der weitreichend rezipierten *Theorie der modernen Lyrik* (1965) präsentierte H. vorrangig ein Dokument der Heterogenität der Autoren und ihres Umgangs mit den „Widersprüche[n], in die [sie] geraten" sind. Am Bsp. von sechzig Autoren verdeutlicht diese Anthologie der Dichtungstheorie chronologisch die Bandbreite poetologischer Äußerungen von der Romantik über den Symbolismus bis hin zur Moderne.

Die angesichts der verschiedenen theoretischen Positionen zutage tretenden Antagonismen sind essenzieller, strukturalistischer Natur. Sie umfassen primär die Gegensatzpaare Form/Inhalt, Distanznahme/Engagement, konkret/abstrakt, Spontaneität/Reflexion, Harmonie/Disharmonie sowie Statik/Bewegung. Der Verlust der Einheitlichkeit des lyrischen Ich korrespondiert hiermit und kulminiert in synthetisierenden Werken, welche besagte Gegensätze thematisieren, ohne sie jedoch in Einklang bringen zu wollen. H. benennt ↑Baudelaires *Fleurs du mal* als Beispiel.

Die Metapher, allg. als das Stilmittel der Lyrik par excellence angesehen, habe seit dem Barock eine Entwicklung durchgemacht: Sie sei nicht mehr eindeutig wie zu jener Zeit, nicht mehr so „nahe am Alltagsgebrauch der Gesellschaft", sondern gerade in ihrer freien Handhabung paradigmatisch für die moderne Gesellschaft. Die ausdifferenzierte Moderne lässt das Unterfangen der Erstellung *der* Poetik aussichtslos und geradezu kontraproduktiv erscheinen, weshalb der Titel auch nicht *die* Theorie der modernen Lyrik verheißt. Die Pluralität der theoretischen Annäherungen an den Begriff Poetik führt jedoch nach H.s Auffassung keineswegs zu Beliebigkeit bei der Rezeption. Vielmehr gehe es darum, die „Figur" des Gedichts zu beschreiben, was gelingen könne durch Auswertungen von „Indizien" syntaktischer, rhythmischer oder semantischer Natur, wie sie dem Dialog mit dem Gedicht entspringen. Hier wird eine klassisch-hermeneutisch ausgerichtete Praxis offenbar (↑Gadamer).

H. schließt mit einem nichtprogrammatischen Plädoyer für das Langgedicht angesichts der damaligen Tendenz zum lyrischen Minimalismus in Form von Haiku und Aphorismus. Im Langgedicht sieht er Grenzüberschreitung, auch in polit. Sicht, denn die Großform „tanzt an gegen die Parzellierung [...] des Geistes."

Ausgaben: Theorie der modernen Lyrik. Reinbek 1965.

Forschungsliteratur: D. Krumme: Lesemodelle: E. Canetti, G. Grass und W. H. München 1983.

Markus Oliver Spitz

Holz, Arno (1863–1929)

H. gilt als einer der Hauptvertreter des dt. Naturalismus. Am Anfang seiner wichtigsten kunsttheoretischen Schrift *Die Kunst, ihr Wesen und ihre Gesetze* (1891) steht die These von der durchgängigen Gesetzmäßigkeit allen Geschehens. „Es ist ein Gesetz, daß jedes Ding ein Gesetz hat!" H. sieht die Welt als einen Organismus, dessen Glieder logisch ineinandergreifen. Wenn man die Zusammenhänge in diesem Organismus durchschaut, wird es dem Menschen durch Arbeit und „Selbstzucht" möglich sein, vom Sklaven seiner selbst zum Herrscher zu werden. Die wichtigste Wissenschaft auf diesem Weg ist die Soziologie, da sie die gesellschaftl. Zusammenhänge erforscht. Auch die Kunst als wichtige gesellschaftl. Erscheinung unterliegt Gesetzen, die erkannt werden müssen, damit eine Kunst-Wissenschaft entstehen kann. Diese Wissenschaft könnte nicht nur vergangene Kunst erklären, sondern auch Aussagen über zukünftige Kunst machen. H. versucht die Voraussetzung für eine solche Wissenschaft zu schaffen, indem er das jeder Kunst zugrunde liegende Kunst-Gesetz sucht. Die Analyse der Kunst im Allgemeinen stellt ihn aber vor ein unlösbares Problem. H. entschließt sich daher, nur eine einzige Tatsache aus dem Bereich der Kunst zu untersuchen. Er geht davon aus, dass wenn ein Gesetz einem gewissen Komplex von Tatsachen zugrunde liegt, dasselbe Gesetz auch jeder einzelnen Tatsache desselben zugrunde liegt. Da die Malerei die einzige unumstrittene Kunstform ist, wendet er sich ihr zu. Aber auch die Analyse eines einzigen Gemäldes ist ihm nicht möglich: Zu viele Faktoren spielen in ein solches Kunstwerk hinein. Wieder bedient er sich einer Hilfskonstruktion: Da er eine „Wesenseinheit der höheren und niederen Formen" voraussetzt, kann er jede Form von Malerei analysieren. Die Kritzelei eines Kindes und die Kreuzabnahme von Rubens sind das Ergebnis genau derselben Tätigkeit. Erkennt man an einer Kunstform das Kunstgesetz, so gilt es auch für alle anderen Kunstformen.

H. unternimmt folgenden Versuch: Im Zentrum seines Interesses steht die zunächst für ihn unkenntliche Kritzelei eines kleinen Jungen, ausgeführt auf einer Schiefertafel mit einem Steingriffel. Nachdem der Junge erklärt hat, dass es sich um einen „Suldat" handelt, erkennt H. diesen. H. stellt zunächst die Formel „Schmierage = Soldat – X" auf, um sie im berühmten Satz „Kunst = Natur – X" zu verallgemeinern. Dass der Junge mit seinem Schiefertafel-Opus nicht im Entferntesten sein Ziel erreicht hat, einen Soldaten abzubilden, liegt nicht am „Temperament", wie noch ↑Zola behauptet hat. Das „X" setzt sich vielmehr aus zwei Komponenten zusammen: Reproduktionsbedingungen (hätte der Junge einen Tuschkasten, wäre die Zeichnung anders geworden) und Handhabung des Materials. Daraus ergibt sich für H. folgender Satz: „Die Kunst hat die Tendenz, wieder die Natur zu sein. Sie wird sie nach Massgabe ihrer jeweiligen Reproductionsbedingungen und deren Handhabung."

Ausgaben: Die Kunst, ihr Wesen und ihre Gesetze. 2 Bde. Berlin 1891–1892; Werke. Bd. 5. Hg. v. W. Emrich/A. Holz. Neuwied u. a. 1962.

Forschungsliteratur: P. Schroeder: A. H. „Die Kunst" and the Problem of ‚Isms'. In: MLN 66 (1951). S. 217–224; H. Möbius: Der Positivismus in der Literatur des Naturalismus: Wissenschaft, Kunst und soziale Frage bei A. H. München 1980; M. Hechler: Die soziologische Dimension der Kunsttheorie von A. H. Frankfurt/M. u. a. 1981.

Claudia Schmitt

Home, Henry [Lord Kames] (1696–1782)

H. hat mit seinen *Grundsätzen der Kritik*, die schon 1763–1766 ins Deutsche übersetzt und mehrfach aufgelegt wurden, einen viel rezipierten Beitrag zur Geschichte der Genieästhetik erbracht. Affinitäten bestehen insb. zu Vertretern des Sturm und Drang und zu ↑Herder. H.s Leitbegriffe sind Natur, Genie und Leidenschaft; seine positive Würdigung letzterer ist rousseauistisch geprägt (↑Rousseau). Das dichterische Genie steht im Zentrum von H.s Poetik; Prototyp ist ↑Shakespeare, dessen Verehrung bei Vorromantikern und Romantikern hier vorweggenommen wird. Im Genie wirkt ein glücklicher Instinkt, der ihm das menschliche Herz erschließt, auch dessen verborgene Seiten, wie H.s Übersetzer J. N. Meinhard zusammenfasst. So vermittelt Dichtung auf direkte und die Emotionen ansprechende Weise ein anthropologisches Wissen, um das die Philosophie lange ringen muss. Geniale Schöpfung vollzieht sich nicht auf der Basis von Vorschriften und Normen, sondern intuitiv, genährt durch die Kräfte der Natur, und ist somit Zeugnis für die Übermacht der Leidenschaften und Empfindungen gegenüber Verstand und Konvention. Die angemessene Rezeption dichterischer Schöpfungen beruht zwar auf Geschmack; dieser ist für H. aber nicht mehr regelgeleitet, sondern gleichbedeutend mit der Empfänglichkeit für die ästhetische Macht des Außerordentlichen.

Ausgaben: Elements of Criticism. 2 Bde. London 1993 [Nachdr. d. Ausg. v. 1785]; Grundsätze der Kritik von H. H. Frankfurt u. a. 1775.

Forschungsliteratur: A. E. MacGuinness: H. H., Lord Kames. New York 1970; J. Schmidt: Die Geschichte des Genie-Gedankens in der deutschen Literatur, Philosophie und Politik 1750–1945. Bd. I. Darmstadt ²1988.

Monika Schmitz-Emans

Homer (2. Hälfte 8. Jh. v. Chr.)

Die *Ilias* (ca. 750 v. Chr) und die *Odyssee* (*Odysseia*, ca. 725 v. Chr.) wurden lange einem Verfasser namens H. zugeschrieben, der mittlerweile als Konstrukt gilt. Beide Epen enthalten keine direkten Aussagen über Dichtung, sodass nur indirekte Schlüsse möglich sind, insb. aus der Darstellung der Sänger. Diese besingen die Taten der Helden und verbreiten so deren Ruhm („kléos“, wörtlich: „Kunde“), v. a. in der *Odyssee* rückt aber auch die Leistung des Sängers in den Blick. Zur Erfüllung seiner schwierigen Aufgabe befähigen die Musen und Apollon (Wahrheitsanspruch); die Schwierigkeiten sind dabei inhaltlicher Natur, es existiert nur die epische Darstellungsform; gleichwohl soll der Gesang kunstgerecht sein.

Die Bedeutung der homerischen Epen für die praktische wie auch theoretische Beschäftigung mit Literatur ist kaum zu überschätzen; er wurde unweigerlich der Brennpunkt für literaturtheoretische Kontroversen. So stellt der – viele Bezugspunkte zur *Querelle des anciens et des modernes* (↑Perrault, ↑Boileau) aufweisende – Vergleich mit ↑Vergil von der röm. Kaiserzeit bis zum Ende des 18. Jh.s eine wichtige Konstante in den literaturkritischen Debatten dar: Bis um 1500 galt das antike Urteil (↑Quintilian, Macrobius) vom Vorrang H.s (z. B. ↑Petrarca, Politian). Ab dem 16. Jh. sah man Vergil als den besten Dichter (Vida, bes. ↑Scaliger). Im 18. Jh. wird er – bei einer zunehmenden Kritik an der Methode des Vergleichs – erneut von der gedachten Person H. abgelöst (z. B. ↑Diderot, ↑Lessing, ↑Herder).

War H. bis zum Ende des 18. Jh.s eine bedeutende Autorität, so wurde er mit dem Aufkommen der ‚Homerischen Frage‘ selbst zu einem Problem: Die Annahme einer komplexen, heterogenen Entstehung von *Ilias* und *Odyssee* trat in Konkurrenz zu der von einem Schöpfer beider Epen und wurde vielfach fruchtbar (z. B. Naturpoesie-Konzept der Brüder Grimm, neue (romantische) Theorie des Epischen bei ↑Schelling, ↑F. Schlegel). H. galt trotz allem etwa vielen Romantikern als ein Originalgenie (z. B. ↑Coleridge, ↑Keats, ↑Shelley); spätestens im 20. Jh. wird er zu einem allenfalls entfernten Hintergrund von Literatur (z. B. ↑Joyce, *Ulysses*).

Ausgaben: Odyssea. Hg. v. P. von der Mühll. Basel 1946; Odyssee. Hamburg 1958; Ilias. Frankfurt/M. 1975; Ilias. Hg. v. M. L. West. 2 Bde. Stuttgart u. a. 1998–2000.

Forschungsliteratur: G. Highet: The Classical Tradition. Oxford ²1951; H. W. Clarke: H.’s Readers. A Historical Introduction to the Iliad and the Odyssey. Newark u. a. 1981; J. Latacz: H. Der erste Dichter des Abendlandes. Düsseldorf ⁴2003; R. Fowler (Hg.): The Cambridge Companion to H. Cambridge u. a. 2004.

Ulrich Hamm

Hopkins, Gerard Manley (1844–1889)

Der Lyriker und Jesuit H., dessen Werke metrisch und syntaktisch sowie semantisch ungewöhnlich innovativ und anspruchsvoll sind, wurde erst in den 1930er Jahren verspätet rezipiert und emphatisch als „Zeitgenosse“ der avantgardistischen Moderne reklamiert (↑Eliot). Maßgeblich für sein Werk ist zunächst sein starker Rückgriff auf ↑Keats und die

Präraffaeliten, später wird es radikal elliptischer. Sein Stil ist von Neologismen, innovativ eingesetzten Archaismen und dem von ihm eingeführten „sprung rhythm" (↑Klopstock, ↑Hölderlin, W. Whitman) geprägt und orientiert sich am klanglichen Prinzip des lauten Lesens. Er wird von Anfang an als „manieriert" wahrgenommen, was H.s poetologischen Selbstverständnis in keiner Weise entspricht. Zwar ist für ihn Dichtung „shape which is contemplated for its own sake" („um ihrer selbst willen erwogene Gestalt"), die hochgetriebene Artifizialität seiner Sprache gilt ihm aber nicht als Selbstzweck; sie ist Resultat einer Poetik, in deren Zentrum der Versuch steht, sprachliche Konventionen abzustreifen, um dem durch diese „verdunkelten" Gegenstand zur Erscheinung zu verhelfen. (Hier liegt ein Berührungspunkt mit dem Verfremdungsgedanken des späteren russ. Formalismus sowie mit ↑Heidegger und dem gesamten Traditionsstrang einer Epiphanie des Objekts in der Moderne, also ↑Joyce, ↑Musil, ↑Handke usw.). Die poetologisch zentralen Neologismen „inshape" und „instress" beziehen sich auf die irreduzible Eigenart jedes Gegenstandes und den Blick, der diese erst hervortreten lässt. H. vertritt eine Poetik der Würde des Individuellen und seiner „thisness" („haecceitas", nach dem für H. wichtigen Scholastiker Duns Scotus), die konsequenterweise zugleich eine Poetik der möglichst konkreten Visualität und Perzeptibilität darstellt. Hier verbinden sich theologische (scholastische, ignatianische) und ästhetizistische (H. studierte bei W. Pater u. J. Ruskin) Elemente zu einem eigenständigen Dritten.

Ausgaben: The Poems of G. M. H. Hg. v. R. Bridges. Oxford u. a. [4]1990; The Collected Works of G. M. H. Hg. v. L. Higgins. Oxford 2006 ff.; Gedichte, Schriften, Briefe. Hg. v. H. Rinn. München 1954.

Forschungsliteratur: A. Astel: Ingestalt und Inkraft bei G. M. H. In: Neue deutsche Hefte 93 (1963). S. 48–66; A. Borrello (Hg.): A Concordance of the Poetry in English of G. M. H. Metuchen, NJ 1969; P. Milward: A Commentary on the Sonnets of G. M. H. Chicago 1969; R. K. R. Thornton (Hg.): All My Eyes See: The Visual World of G. M. H. Sunderland 1975; M. Sprinker: A Counterpoint of Dissonance. The Aesthetics and Poetry of G. M. H. Baltimore u. a. 1980; H. Bloom (Hg.): G. M. H. New York u. a. 1986; P. Bottalla/G. Marra/F. Marucci (Hg.): G. M. H. Tradition and Innovation. Ravenna 1991; P. Milward: A Commentary on G. M. H.s „The Wreck of the Deutschland". Lewiston u. a. 1991; E. Borkowska: Philosophy and Rhetoric. A Phenomenological Study of G. M. H.s Poetry. Katowice 1992.

Bettina Gruber

Horaz (65–8 v. Chr.)

Der Versuch, die Werke H.s anhand der Kategorien Literatur und Literaturtheorie zu differenzieren, ist aus mehreren Gründen zum Scheitern verurteilt: Ungeachtet der Tatsache, dass es sich bei der etwa 15 v. Chr. veröffentlichten *Ars poetica* um eine der einflussreichsten antiken Poetiken handelt, beinhaltet dieser Text doch gleichzeitig die lit. Erprobung des in ihm entwickelten Konzeptes, ist also seinerseits Dichtung. Umgekehrt finden sich auch in den übrigen Werken H.s immer wieder Momente poetischer Reflexion; Theorie der Dichtung und ihre praktische Ausführung scheinen bei H. kaum trennbar. Zwei dichtungstheoretische Schwerpunkte durchziehen dabei das Gesamtwerk H.s: Einerseits werkästhetische Überlegungen, die auf die Verwendung der richtigen und angemessenen Form sowie die stilistische Gestaltung zielen, und andererseits die Frage der richtigen, auf stetige Vervollkommnung ausgerichteten Haltung des Dichters im Bereich der Produktionsästhetik.

Bereits in den *Satiren* (35 bzw. 30 v. Chr.) greift H. immer wieder zentrale poetische Themen auf. Am Bsp. des Lucilius untersucht er die Verwandtschaft der röm. Satire mit der attischen Alten Komödie (↑Aristophanes). Während inhaltlich eine Gleichwertigkeit erreicht sei, bedürfe es angesichts formaler Schwächen der Orientierung am gr. Vorbild. Das hier einsetzende Streben nach exakter formaler Ausgestaltung und kontinuierlicher Verfeinerung ist ein durchgängiges Motiv H.s. Er charakterisiert das satirische Schreiben als „ridentem dicere verum"; der Satiriker agiert als aufgeklärter Moralist, der den Wahrheiten der Welt mit einem Lachen begegnet (vgl. dazu die kontrastierende Definition der Satire bei ↑Juvenal). Während sich der Blick der *Satiren* weitgehend auf Charakteristika, Gesetzmäßigkeiten und Traditionen der Gattung beschränkt, erweitern die *Epoden* (um 30 v. Chr.), *Oden* (seit ca. 33 v. Chr.) und der erste Band der *Episteln* (um 20 v. Chr.) die Perspektive zunehmend auf grundlegende poetische Fragestellungen. Diesen widmet sich dann schwerpunktmäßig der zweite Band der *Episteln* (um 13 v. Chr.). In der Überlieferung umfasst er meist drei Texte, je einen Brief an Augustus und den Dichter Florus sowie die *Ars poetica*. Der *Augustus-Brief* behandelt Fragen der Form sowie allg. dichtungstheoretische Themen und kritisiert dabei die Vorliebe des zeitgenössischen Publikums für die archaische röm. Literatur. An diese übergreifenden Fragestellungen schließen sich Einzelbetrachtungen des röm. Epos und Dramas an. Stilistisch ähnlich widmet sich auch der *Florus-Brief* in Form von Dichtung poetischen Fragen. Betont wird dabei der Arbeitscharakter dichterischer Produktion, kulminierend später im Konzept des *poeta doctus*.

Seine eigene poetische Position erarbeitet H. dann umfassend in der *Ars poetica*, die bis heute problematisch ist. Die Schwierigkeiten beginnen bereits bei der Frage des Titels: Die Bezeichnung *Ars poetica* verwendet erstmals ↑Quintilian am Ende des 1. Jh.s, spätere Editionen wählen dagegen meist den Titel *epistula ad Pisones*. Zwar betont dies den Zusammenhang des zweiten Epistel-Buches, fraglich bleibt, wie konkret die innere Struktur der *Ars poetica* diese Verbindung stützt.

Inhaltlich fragt die *Ars poetica* nach den Voraussetzungen gelungener Dichtung in produktions- wie in werkästhetischer Hinsicht. Eingeleitet durch eine Folge satirischer Bsp. bestimmt der Text zunächst allg. die Orientierung an Kunstprinzipien als Voraussetzung für die Produktion eines stimmigen Kunstwerkes. Über Fragen des Stils und der sprachlichen Gestaltung, die auf der Grundlage klassischer Vorbilder erarbeitet werden, verengt sich die Perspektive zunehmend auf das Bsp. des Schauspiels und Fragen der Stimmigkeit, insb. der Charakteranlage. Im Unterschied zu ↑Aristoteles setzt H. dabei eine funktionsfähige Handlung bereits voraus und verzichtet auf eine Behandlung der Dramenstruktur. Der zweite Großabschnitt thematisiert die Verhältnisse der Literatur in Rom und ihre grundlegenden Schwächen. Im Fokus stehen nun die Anforderungen an den Dichter: Dichterische Begabung allein wertet H. als nicht ausreichend, eine durch Studium und Beobachtung der Realität ausgebildete Menschenkenntnis und eine auf Vollendung ausgerichtete Produktionshaltung werden Voraussetzung. H. geht in seinen Ausführungen nicht systematisch, sondern spielerisch vor; der Text erscheint als komplexes Gewebe. Detailtreue und Geschwindigkeit, in der einzelne Punkte behandelt werden, variieren gleichermaßen. Die Haltung des Textes changiert zwischen Belehrung und satirischen Elementen.

Problematisch erscheint das Verhältnis der *Ars Poetica* zu ihren Vorgängertexten. Der Kommentar des Porphyrios bezeichnet im 3. Jh. die *Ars poetica* als Sammlung der poetischen Lehren des Neoptolemos von Parion und bewertet damit wohl die

Eigenleistung H.s zu gering. Der vielzitierte Passus des „prodesse et delectare" im Sinne einer doppelten Funktionsbestimmung der Dichtung bspw. scheint auf Neoptolemos zurückzugehen, wird aber bei H. neu entwickelt.

Kaum zu überschätzen ist die Wirkung der *Ars poetica* auf Literatur und Literaturtheorie: Im 1. Jh. wird die *Ars poetica* kanonischer Text der Dichtungstheorie. Neben kritischen Werkausgaben verfasst Sueton zur Zeit Hadrians die erste Vita H.s. Zunächst durch das aufkommende Christentum problematisiert, erfährt die als klassisch empfundene Form durch Prudentius am Ende des 4. Jh.s eine christl. Ausdeutung. Die ma. Rezeption beginnt in der karolingischen Renaissance und konzentriert sich v. a. auf moralisierende Versatzstücke. Umfassend wird H. von ↑Petrarca rezipiert, dessen *epistole* in Aufbau und Struktur an H. angelehnt sind, damit jedoch zunächst einen Sonderfall bilden. Erste Druckfass. der *Ars poetica* entstehen Ende des 15. Jh.s, es folgen Übersetzungen ins Italienische, ins Französische und Deutsche. Die Übertragung der *Ars Poetica* läutet dabei oft den Beginn einer formalen Literaturkritik ein (bspw. ↑Opitz). Aufgrund ihrer bes. Qualität sind im deutschsprachigen Raum die H.-Übersetzungen ↑Wielands und ↑Hölderlins zu nennen.

Bemerkenswert ist die enge Verschränkung von H. und Aristoteles in der Literaturtheorie der Renaissance. In der *Defence of Poetry* ↑Sidneys (1595) bspw. ergänzt die Aristoteles-Rezeption die als Grundlage betrachtete *Ars Poetica*. Ein grundlegender Wandel des wahrgenommenen Stellenwerts tritt erst im 18. Jh. ein, bei ↑Goethe z. B. ist die Lektüre von H. eine Ergänzung der Aristoteles-Rezeption.

Zahlreich sind auch die Neubearbeitungen und Adaptionen H.s, z. B. Oldhams *Some New Pieces* (1681) und ↑Popes *Essay on Criticism* (1711). Neben der Dichtung stand insb. das Lebensethos des *poeta doctus* bis in das 18. Jh. wesentlich in der Nachfolge der lat.-augusteischen Dichtungstradition und der H.s. Auch im 20. Jh. zeigen sich Spuren H.s bei vielen Autoren, beispielhaft seien ↑Brecht, R. Borchardt oder jüngst T. Stoppards *The Invention of Love* (1997) genannt, dessen Charaktere in enger Verbindung zu horazischen Vorbildern stehen.

Ausgaben: Q. Horati Flacci Opera. Hg. v. D. Shackleton Bailey. Stuttgart 1985; Horace on Poetry. Bd. 2. The ‚Ars Poetica'. Hg. v. C. Brink. Cambridge 1971; Ars Poetica. Die Dichtkunst. Hg. v. E. Schäfer. Stuttgart 1972.

Forschungsliteratur: E. Norden: Die Composition und Literaturgattung der H.ischen Epistula ad Pisones. In: Hermes 40 (1905). S. 481–528; P. Grimal: Essai sur l'Art Poétique d'Horace. Paris 1968; D. Russell: Ars Poetica. In: C. Costa (Hg.): Horace. London u. a. 1973. S. 113–134; B. Kytzler: H. Eine Einführung. München u. a. 1985; B. Frischer: Shifting Paradigms. New Approaches to Horace's Ars poetica. Atlanta 1991; M. Fuhrmann: Die Dichtungstheorie der Antike. Aristoteles – H. – „Longin". Eine Einführung. Darmstadt 1992; E. Doblhofer: H. in der Forschung nach 1957. Darmstadt 1992; E. Lefèvre: H. Dichter im augusteischen Rom. München 1993; H. Krasser/E. Schmidt (Hg.): Zeitgenosse H. Der Dichter und seine Leser seit zwei Jahrtausenden. Tübingen 1996; G. Maurach: H. Werk und Leben. Heidelberg 2001.

Matthias Bley

Huet, Pierre Daniel (1630–1721)

H.s *Abhandlung über den Ursprung der Romane* (*Traité de l'origine des romans*; dt. 1682) wurde erstmals 1670 als Einleitung zu Mme de la Fayettes Roman *Zayde* und 1678 abermals in einer von H. selbst besorgten erweiterten Fass. veröffentlicht. Die Bedeutung von H.s Abhandlung für die poetologische Theorie des ausgehenden 17. Jh.s lässt sich daran ermessen, dass sie teilweise noch zu seinen Lebzeiten ins Lateinische, mehrfach ins Niederländische und Englische sowie ins Deutsche übersetzt wurde. Noch ↑Blankenburg bezieht sich in seinem *Versuch über den Roman* (1774), wenn auch ablehnend, auf H.

H.s Leistung besteht darin, dem Roman gegenüber dem von der klassizistischen Poetik (↑Boileau) an die Spitze der Gattungshierarchie gestellten Epos eine Legitimation verschafft zu haben, die erst gegen Ende des 18. Jh.s mit dem Aufstieg des bürgerlichen Romans allg. Geltung gewinnt. Dabei bewegt sich H. mit seiner *Abhandlung* dezidiert im normativen Horizont der poetologischen Theorie seiner Zeit. Einerseits legt er diese als eine hochgelehrte historiografische Studie über die Geschichte der morgen- und abendländischen Romanliteratur seit ihren Anfängen an, wobei er kritisch die wichtigsten Zeugnisse der antiken, ma. und neuzeitlichen Romanliteratur diskutiert. Andererseits gelingt es H., zentrale Begriffe der klassizistischen Poetik wie Vernunft, Wahrscheinlichkeit, Wahrheit, Ordnung zu integrieren und ihre Verbindlichkeit für den Roman nachzuweisen. So kann H. den Roman als regelgeleitete Literaturform qualifizieren. Dem moralischen Vorwurf gegenüber dem Roman, er verderbe die Sitten, weil sein hauptsächliches Thema die Liebe sei, begegnet H. mit einem wirkungsästhetisch und anthropologisch akzentuierten Argument: Indem der Roman die Irrungen der Liebe vorführe, sensibilisiere er insb. die weibliche Leserschaft für deren Gefahren. Der Roman sei gewissermaßen eine verzuckerte Pille, dem es über den Umweg der Liebesgeschichte gelinge, die bitteren Lehren der Moral zu vermitteln. Schließlich schreibt sich H. mit seiner *Abhandlung* in die zeitgenössischen Diskussionen über den Vorrang der einzelnen europ. Nationalliteraturen ein, wenn er die Romane von H. d'Urfé und Mme de Scudéry als die bislang gelungensten Erzeugnisse der frz. Romanliteratur würdigt. Hier liefert er ein weiteres Argument, warum der Roman über die historiografische Dimension hinaus einer umfassenden poetologischen Reflexion und Legitimation bedarf.

Ausgaben: Lettre-traité de P.-D. H. sur l'origine des romans. Suivie de La lecture des vieux romans par Jean Chapelain. Hg. v. F. Gégou. Paris 1971; Traité de l'origine des romans. Stuttgart 1966 [Faks.-Dr. d. Erstausg. v. 1670 u. d. Happel'schen Übersetzung v. 1682].

Forschungsliteratur: H. Hinterhäuser: Nachwort. In: Traité de l'origine des romans [s. o.]. S. 1–38; F. Gégou: Avant-Propos. In: Lettre-traité de P.-D. H. sur l'origine des romans [s. o.]. S. 9–42; R. Campagnoli: Teoria e poetica letteraria nel „Trattato" di H. In: ders.: Discorsi e finzioni. Bologna 1982. S. 11–21; L. Spera: Il dibattito sul romanzo nel Settecento. Patriarchi e il „Traité" di P.-D. H. In: Rassegna della letteratura italiana 90 (1986). S. 93–103; S. Guellouz (Hg.): P.-D. H. (1630–1721). Paris u. a. 1994.

Uwe Lindemann

Hugo, Victor Marie (1802–1885)

H.s Vorwort zu seinem Drama *Cromwell* (1827; dt. 1830) gilt als Manifest der romantischen Schule in Frankreich. Es markiert den Bruch mit dem zu Beginn des 19. Jh.s noch vorherrschenden klassischen Theater (↑Boileau) und steht für Liberalismus in der Kunst („keine Regeln, keine Vorbilder"). Die programmatischen Forderungen H.s begründen das romantische Drama, dessen Aufführungen die Befürworter der klassischen Doktrin brüskieren (so bei der Premiere von H.s *Hernani*, 1830). Ausgangspunkt des Vorworts zu *Cromwell* ist eine geschichtsphilosophische Reflexion, die zahlreiche Parallelen zu ↑Hegels Ästhetik aufweist: Die Literatur wird gemäß drei Entwicklungsstadien des Menschen und der Gesellschaft in drei Zeitalter eingeteilt. Während die Gattung der Lyrik für das „primitive Zeitalter", die des Epos für das „antike Zeitalter" exemplarisch sind, ist mit dem „modernen Zeitalter" eine Stufe der „wahren, alles umfassenden Poesie" erreicht, deren Form das Drama ist. Diese moderne Epoche setzt mit dem Christentum ein, das „die Poesie zur Wahrheit [führt]", und dauert bis in die romantische Gegenwart an. Anders als F.-R. Chateaubriand in seiner Poetik des Christentums interpretiert H. die christl. Kunst als eine ‚vollständigere' im Vergleich zu der ‚einseitigen', sich auf die Darstellung des Schönen beschränkenden Kunst der Antike und Klassik. Gemäß der christl. Dualität des Menschen und der Natur formuliert er eine Ästhetik des Hässlich-Grotesken und Sublimen/Erhabenen. Indem das Drama diese Gegensätze harmonisch in sich vereint, ist ein Zugriff auf das Ganze, auf die Lebenstotalität möglich. Inbegriff der „aktuellen Form" ist das Theater ↑Shakespeares, das bereits von ↑Stendhal in seiner Schrift *Racine et Shakespeare* (1823) der klassischen Tragödie entgegengesetzt wurde. Für das romantische Drama fordert H. eine Vermischung der Gattungen – ähnlich der von ↑F. Schlegel formulierten „progressiven Universalpoesie" – und insb. von Komödie und Tragödie, eine Auflösung der Stilgrenzen, Aufhebung der aristotelischen Einheiten mit Ausnahme der Einheit der Handlung, „Lokalkolorit" und einen freieren Umgang mit dem Alexandriner. Die Modernität dieser Ästhetik zeigt sich nicht zuletzt in der Konzeption der Mimesis: Das Drama soll die Welt wie ein „Parabolspiegel", der Lichtstrahlen konzentriert, reflektieren. Die Poetik des Hässlichen und Sublimen wird zum Ausgangspunkt für eine immanente Poetik der Antithese und der Licht-/Schattenmetaphorik, die H.s Dramen, Romane, Gedichte und Epen sowie seine Zeichnungen und Fotografien prägen.

Unter H.s philosophischen Schriften hervorzuheben ist *William Shakespeare* (1864, auch dt.), die eine Synthese seiner Reflexionen über Literatur und die Rolle des Schriftstellers in der Gesellschaft darstellt. Gleichzeitig bekräftigen seine Analysen von Shakespeares Theater seine Poetik der Totalität und der Antithese. Der in dem Vorwort zu seiner Gedichtsammlung *Strahlen und Schatten* (*Les Rayons et les Ombres*, 1840; dt. 1846) bereits in nuce enthaltene Geniebegriff wird zu einer Theorie des Genies ausgearbeitet, die den Dichter als *poeta vates* begreift.

Ausgaben: Œuvres complètes. 15 Bde. Hg. v. J. Seebacher. Paris 1985; William Shakespeare. Leipzig 1864; V. H.s sämmtliche Werke. 21 Bde. 1958–1961.

Forschungsliteratur: H. R. Jauß: Das Ende der Kunstperiode – Aspekte der literarischen Revolution bei Heine, H. und Stendhal. In: ders.: Literaturgeschichte als Provokation. Frankfurt/M. 1970. S. 107–143; P. Albouy: Mythographies. Paris 1976; H. Meschonnic: Pour la poétique IV. Écrire H. 2 Bde. Paris 1977; A. Glauser: La poétique de H. Paris 1978; K. Stierle: Der Mythos von Paris. Zeichen und Bewußtsein der Stadt. München 1993; L. Charles-Wurtz: Poétique du sujet lyrique dans l'œuvre de V. H. Paris 1998.

Sabine A. Narr

Hunold, Friedrich Christian [Menantes] (1680–1721)

H. ist in die Literaturgeschichte v. a. als Verfasser galanter Lyrik und erotischer Romane eingegangen, hat daneben aber auch Verhaltenslehren für den Umgang bei Hofe, eine Rhetorik und Briefsteller publiziert. Für die Geschichte der Poetik im Übergang vom Barock zur Frühaufklärung zentral ist seine Vorrede zu E. Neumeisters *Die Allerneueste Art zur reinen und galanten Poesie zu gelangen* (^{1}1707, ^{6}1742). Das Werk geht auf Vorlesungen zurück, die Neumeister 1695–1697 gehalten hat und die er, als Theologe in

Amt und Würden gelangt, nicht publizieren wollte. H. brachte die Poetik Neumeisters ohne dessen Einverständnis zum Druck.

H. und Neumeister repräsentieren ein Übergangsstadium in der Geschichte der Poetik. Dies zeigt sich u. a. in der Distanz zur humanistischen Gelehrtenwelt mit ihrer Neigung zum Pedantismus. Sie tritt in H.s Vorrede deutlicher zum Vorschein als in Neumeisters Dichtungstheorie. V. a. bei für die ‚galante Bewegung' zentralen Themen wie der Liebe kann der Dichter sich nicht auf seine Erudition und die Wissenschaften verlassen, sondern muss auf die eigene Erfahrung zurückgreifen. Generell gilt, dass ein „gelehrtes Carmen, darinnen allerhand gute Sententien, Gleichnisse, Historien und dergleichen aus anderen ausgezogen und citiret worden" zwar Verse in sich habe, „aber keine Poesie". H. funktionalisiert die topische Unterscheidung von Reim- und Dichtkunst durch Betonung des dichterischen *ingenium* um. Darin deutet sich der Verlust des Geltungsanspruchs des poetischen Regelwerks an, wie er für die galante Literaturtheorie um 1700 typisch ist. Er äußert sich in der veränderten Rolle, die die Beispiele innerhalb der Poetiken spielen: Sie werden nun gegenüber der Theorie (den Vorschriften, „praecepta") deutlich aufgewertet.

Sowohl H. wie auch der konservativere Neumeister halten am Nutzen der Poetik fest. Ihre Kritik ist keine radikale Absage an die frühneuzeitliche Anweisungspoetik, vielmehr geht es um eine Neuvermessung des Verhältnisses von „natura" und „ars", bei der einerseits an der Notwendigkeit der Ausbildung des Poeten festgehalten wird, andererseits auf offensichtliche Auswüchse des ‚pedantischen' Schulwesens und einer allzu eruditen Gelegenheitsdichtung hingewiesen wird. Letzteres ist Ausdruck einer veränderten sozialen Situierung der Poesie, die ihren ‚Sitz im Leben' nicht in der gelehrten Welt von Schule und Universität findet, sondern auf die Rahmenbedingungen höfisch-galanter Kommunikation ausgerichtet ist.

In seinen *Akademischen Neben=Stunden allerhand neuer Gedichte* (1713) distanziert sich H. von seiner galanten Gedichtproduktion, die er wegen ihrer Freizügigkeit für ethisch nicht länger vertretbar hält. An seinen theoretischen Positionen hat er in der umfangreichen poetologischen Vorrede nichts revidiert.

Ausgaben: Die Allerneueste Art zur Reinen und Galanten Poesie zu gelangen. Allen Edlen und dieser Wissenschaft geneigten Gemüthern zum vollkommenen Unterricht, mit überaus deutlichen Regeln und angenehmen Exempeln ans Lichts gestellet von Menantes. Hamburg 1707 (^{4}1728); Akademische Neben=Stunden allerhand neuer Gedichte / Nebst Einer Anleitung zur vernünftigen Poesie. Halle/Leipzig 1713.

Forschungsliteratur: G. E. Grimm: Literatur und Gelehrtentum. Untersuchungen zum Wandel ihres Verhältnisses vom Humanismus zur Frühaufklärung. Tübingen 1983.

Dietmar Till

Husserl, Edmund (1859–1938)

Kennzeichnend für das Denken H.s, dem Begründer der Phänomenologie, sind ein universaler Geltungsanspruch sowie der Versuch einer absoluten Letztbegründung von Erkenntnis. Die Parole „Zu den Sachen selbst" steht hierbei für eine ausschließliche Orientierung an unbezweifelbar gegebenen Phänomenen. Die Basis aller Erkenntnis findet H. im Bereich des Bewusstseins, wobei er von einem irreduziblen Wechselverhältnis zwischen dem „Sein" der Gegenstände und den Wesensstrukturen des „Bewusstseins", in dem sich dieses Sein konstituiert, ausgeht. Dieses Wechselverhältnis bezeichnet H. mit dem ursprünglich von F. Brentano entwickeltem Begriff der „Intentionalität des Bewusstseins", wonach das Bewusstsein immer schon Bewusstsein von etwas und insofern immer auch schon bei den Dingen ist. H. beschäftigt sich in seinen Arbeiten auch mit dem Thema Sprache. In den *Logischen Untersuchungen* (1900–1901), in denen H. die phänomenologische Fundierung einer reinen Logik versucht, wird Sprache allerdings nur in ihrer Idealität, d. h. als Träger des Logischen behandelt, alle Faktoren, die sie in ihrem Funktionieren bedingen, werden hingegen ausgespart. Erst mit der transzendentalen Wende in H.s Denken, d. h. mit den *Ideen zu einer reinen Phänomenologie und phänomenologischen Philosophie* (1913), wird durch die Einführung eines Subjektbegriffs auch die Alteritätsdimension von Sprache und ihre Fähigkeit, zunächst nur subjektiv gewussten Sinn intersubjektiv zu vermitteln, thematisiert. Entfaltete H.s Denken zu Beginn insb. in Deutschland und Frankreich große Wirkung, wird sein Werk inzwischen weltweit rezipiert. Zu den bedeutendsten Denkern, die an H. anschließen, gehören A. Reinach, M. Scheler, E. Stein, ↑M. Heidegger, O. Becker, ↑Ingarden, A. Schütz, ↑Sartre und M. Merleau-Ponty.

Ausgaben: Husserliana. Gesammelte Werke. Den Haag u. a. 1950 ff.

Forschungsliteratur: H. Aschenberg: Phänomenologische Philosophie und Sprache. Tübingen 1978; Ch. Jamme/O. Pöggeler (Hg.): Phänomenologie im Widerstreit. Frankfurt/M. 1989; C. Beyer: Intentionalität und Referenz. Eine sprachanalytische Studie zu H.s transzendentaler Phänomenologie. Paderborn 2000; P. Prechtl: E. H. zur Einführung. 4Hamburg 2006.

Sarah Psczolla

Huysmans, Charles Marie Georges, gen. Joris-Karl (1848–1907)

Der Kunstkritiker und Schriftsteller H. beginnt seine lit. Produktion unter den Vorzeichen des Naturalismus, dem sein poetologisch bedeutendstes Buch jedoch eine Absage erteilt: *Gegen den Strich* (*À rebours*, 1884; dt. 1897). Der Roman gilt auch wegen seines gesucht-kunstvollen Stils als ‚Bibel' der Dekadenzliteratur und wirkt nachhaltig auf die Autoren der klassischen Moderne in ganz Europa. Mit der Hauptfigur Jean Floressas Des Esseintes schuf H. den Idealtypus eines dekadenten Aristokraten, extravaganten Dandys und neurotischen Ästheten, der sich aus Lebensekel („ennui") in ein solipsistisch-nostalgisches Dasein zurückzieht. In seinem Refugium umgibt sich Des Esseintes mit exquisiten Gütern und artifiziellen Reizen, die ihn zu mystizistischen Erfahrungen und immer neuen Erregungszuständen bis hin zur nervlichen Überreizung führen. Zur absoluten Ästhetisierung des Lebens, bei der alles Natürliche durch Künstliches und Kunst substituiert wird, gehören Ingredienzien wie artifizielle Duftumgebungen, farbiges Kunstlicht, eine Likörorgel, ein kleines Museum sowie eine erlesene Bibliothek. Allerdings sind für Des Esseintes nur noch wenige Bücher lesenswert: etwa lat. Dekadenzautoren (z. B. Petron, Lukian) und Avantgarde-Schriftsteller (v. a. ↑Poe, ↑Baudelaire, ↑Mallarmé). Raffinement und Konzentration werden zum zentralen Prinzip: Des Esseintes umgibt sich statt mit natürlichen Substanzen vorzugsweise mit Essenzen; entsprechend hält er das Prosagedicht, das in wenigen Worten ganze Romane kondensiert, für die ideale lit. Form.

Ausgaben: À rebours. Paris 1884; À rebours. Hg. v. R. Fortassier. Paris 1981; Gegen den Strich. München 2003.

Forschungsliteratur: E. Koppen: Dekadenter Wagnerismus. Berlin u. a. 1973; M. Cressot: La phrase et le vocabulaire de J.-K. H. Genf 1975; A. Guyaux u. a. (Hg.): H. Une esthétique de la décadence. Genf u. a. 1987; Ch. Lloyd: J.-K. H. and the Fin-de-siècle Novel. Edinburgh 1990; M. Moog-Grünewald: Poetik der Décadence – eine Poetik der Moderne. In: R. Warning/W. Wehle (Hg.): Fin de Siècle. München 2002. S. 165–194.

Andrea Landvogt

I

Ibsen, Henrik Johan (1828–1906)

Die Stücke des norweg. Dramatikers I. gehören zu den einflussreichsten der europ. Theatergeschichte. Während sein Frühwerk weitgehend vergessen und allenfalls für die I.-Forschung von Interesse ist, setzt die bis heute andauernde Wirkung mit den Stücken der realistischen bzw. naturalistischen Phase ein. I.s Spätwerk markiert eine weitere thematische und formale Weiterentwicklung innerhalb seines Œuvres. Da I. keine im engeren Sinn poetologischen Schriften verfasst hat, muss sich die Darstellung seiner Poetik an der Entwicklung des Werks orientieren.

Die frühen Stücke I.s versuchen einen Beitrag zu einer eigenständigen norweg. Nationalliteratur zu leisten. Die allegorische Gestaltung aktueller Probleme durch Rückgriff auf antike Stoffe weist in diesem Sinne in dieselbe Richtung wie der epigonale Anschluss an national-romantische Dichtungskonzepte, die sich in der Bearbeitung bekannter Balladen- und Sagenstoffe niederschlägt. Erst mit dem Versdrama *Peer Gynt* (1867; dt. 1881), in dem eine Überwindung romantischer Motive und Topoi gelingt, wird der enge Rahmen bisheriger Produktion geöffnet.

Aus literarhistorischer Sicht bedeutsam sind v. a. die Stücke der zweiten Werkphase. Angeregt durch die Forderung des dän. Philosophen und Literaturkritikers G. Brandes, die Literatur solle Probleme des Alltags darstellen und sich an der Wirklichkeit orientieren, thematisiert I. die sozialen und ökonomischen Konflikte des sich neu bildenden Bürgertums vor dem Hintergrund der zunehmenden Industrialisierung Norwegens. So behandelt I. in seinen durchaus kritischen Gesellschaftsstücken u. a. die Probleme der Arbeiterschaft (*Samfundets Støtter*, 1877; *Die Stützen der Gesellschaft*, 1878), die Emanzipationsbemühungen der Frauen (*Et dukkehjem*, 1879; *Nora (Ein Puppenheim)*, 1880) oder starre bürokratische Ordnungen (*En Folkefiende*, 1882; *Ein Volksfeind*, 1883).

Die Stücke der letzten Werkphase – *Die Wildente* (*Vildanden*, 1884; dt. 1887), *Hedda Gabler* (1890; dt. 1891), *Baumeister Solness* (*Bygmester Solness*, 1892; dt. 1893), *John Gabriel Borkman* (1896; dt. 1897), *Wenn wir Toten erwachen* (*Når vi døde vågner*, 1899; dt. 1900) – brechen diesen realistischen Wirklichkeitsbegriff auf. Von nun an steht die psychologische Verfassung der jeweiligen Figuren im Mittelpunkt. Die darstellungsästhetische Innovation besteht im Gebrauch vieldeutiger Symbole, die das Geschehen leitmotivisch strukturieren. Im gleichnamigen Stück ist bspw. die Wildente sowohl Symbol für die Hoffnungen und Ambitionen als auch Spiegel der jeweiligen seelischen Disposition der Figuren. In *Hedda Gabler* wiederum dienen solche Symbole der Charakterisierung einzelner Figuren wie z. B. die Zuordnung der Pantoffeln zur Figur des Tesman, die ihn als unmännlichen Schwächling kenntlich macht.

Gemäß den unterschiedenen Phasen erfolgte die Rezeption seines Œuvres. Gemeinsam mit ↑Zolas Romanen und theoretischen Schriften bildeten I.s Dramen die hauptsächlichen Anknüpfungspunkte für die Programme der dt. Naturalisten (↑Hauptmann, ↑Holz). Seine späten Stücke waren dagegen maßgeblich für die Entwicklung dramatischer Spielformen des Symbolismus (↑Maeterlinck). ↑Szondi stellt I. an den Beginn der von ihm konstatierten Krise des Dramas, und sogar Vertreter eines postdramatischen Theaters knüpfen thematisch an I. an (↑Jelinek).

Ausgaben: Samlede verker. 21 Bde. Oslo 1928–1957; H. I.s sämtliche Werke in deutscher Sprache. Hg. v. G. Brandes. Berlin 1898 ff.; Dichter über ihre Dichtungen. H. I. 2 Bde. Hg. v. U Arpe. München 1972; Dramen. Hg. v. G. Brandes. München [2]1995.

Forschungsliteratur: V. I. Moe: Deutscher Naturalismus und ausländische Literatur. Zur Rezeption der Werke von Zola, I. und Dostojewski durch die deutsche naturalistische Bewegung (1880–1895). Frankfurt/M. u. a. 1983; U. Ebel: H. I. Zwei Vorträge. Metelen/Steinfurt 1998; U. Englert: I.s Dramen. Stuttgart 2005; J. W. McFarlane (Hg.): The Cambridge Companion to I. Cambridge u. a. [7]2006.

Kai L. Fischer

Ingarden, Roman Witold (1893–1970)

Von der Phänomenologie ↑Husserls beeinflusst, entwickelt I. in seinem Hauptwerk *Der Streit um die Existenz der Welt* (1947–1948) eine eigene Ontologie, aus der sich sein spezielles Interesse an Kunst und ihren ästhetischen sowie ontologischen Wesensmerkmalen erklärt. Die beiden wichtigsten Schriften zu dem Thema, *Das literarische Kunstwerk* (1931) sowie *Untersuchungen zur Ontologie der Kunst* (1962), sind zwei einander ergänzende Schriften zu Literatur, Musik, Malerei, Architektur und Film. I.s Ziel ist es, die Struktur und Seinsweise von Kunstwerken zu definieren und somit ihren objektiven, ästhetischen Wert als intentionale (atemporale) Gegenstände festzustellen. Er versteht das Kunstwerk als ein intersubjektiv reproduzierbares Gebilde, dessen Sein (im Gegensatz zu seiner physisch-materiellen Form) in den schöpferischen Bewusstseinsakten des Verfassers gründet. Es kann in seinen verschiedenen Existenzphasen (Vergangenheit, Gegenwart, Zukunft) interpretiert werden sowie in seinen verschiedenen Schichten (die der Sprache/des Materials, der Bedeutungseinheiten, der schematischen Ansichten, der dargestellten Gegenständlichkeiten); der Inhalt ist nur als Wahrnehmung oder Imagination gegeben. Neben vielen verschiedenen ästhetischen Werten kann das Kunstwerk auch einen metaphysischen oder existenziellen Wert aufweisen, der die Verbindung zwischen Kunst und Realität deutlich macht. I. greift mit seinen differenzierten Überlegungen zum ästhetischen Erlebnis, welches aus mehreren Phasen bestehen kann, bereits den Erkenntnissen der Rezeptionsästhetik (↑Iser) und der neueren Kognitionswissenschaften voraus, ohne jedoch den phänomenologischen Standpunkt zu verlassen.

Ausgaben: Gesammelte Werke. 18 Bde. Hg. v. R. Fieguth. Tübingen 1992–1999.

Forschungsliteratur: E. Falk: The Poetics of R. I. Chapel Hill, NC 1981.

Miriam Havemann

Ingold, Felix Philipp (geb. 1942)

Der Schriftsteller, Übersetzer, Literaturkritiker und Literaturtheoretiker I. vertritt in seinen literaturwissenschaftlichen und poetologischen Schriften ein postauktoriales Konzept ästhetischer Produktivität. Texte beruhen auf den Echos und Verwandlungen früherer Texte; der Schreibende ist Medium solcher Verwandlung, sein Arbeitsprozess beruht auf sprachgebundenen und sprachgesteuerten Entdeckungen. Als eine dem Autor übergeordnete anonyme Autorität versorgt die Sprache diesen mit Inspirationen. Neben dem Inspirationstopos verwendet und erörtert I. zur Charakterisierung der Genese von Texten aus Texten auch die Metaphern der Befragung und die der Übersetzung; im lit. Arbeitsprozess übersetzt die Sprache sich selbst, entfalten die Wörter die ihr immanente Polysemie. So wird zunächst Unartikuliertes lesbar. Auch der Leser ist kein souveräner Interpret, sondern ein Medium des Werks, das durch ihn Sinn gewinnt.

I.s Poetik entsteht in der Auseinandersetzung mit Vertretern der lit. Moderne, insb. der Avantgarden. ↑Valéry, ↑Mandel'-štam, ↑Benn, ↑Borges und andere haben ihm zufolge bereits die Entmythologisierung des lit. Schöpfungsprozesses betrieben. Autoren wie W. Majakowskij, ↑Ponge, E. Jabès und M. Leiris werden unter Akzentuierung ihrer Erkundungen sprachimmanenter Potenziale zu Kronzeugen seines poststrukturalistischen Modells lit. Produktion und Rezeption. I.s lit., teilweise aber auch seine literaturtheoretischen Schriften illustrieren strukturell sein Modell des Textes als eines vielstimmig-zitierenden heterogenen Gebildes.

Ausgaben: Mit andern Worten. München u. a. 1986; Das Buch im Buch. Berlin 1988; Der Autor im Text. Bern 1989; „Übersetzung" als poetisches Verfahren. In: M. Leiris: Wörter ohne Gedächtnis. Große Schneeflucht. Frankfurt/M. 1991. S. 96–107; Der Autor am Werk. Versuche über literarische Kreativität. München u. a. 1992; Im Namen des Autors. Arbeiten für die Kunst und Literatur. Paderborn 2004.

Forschungsliteratur: U. Greiner-Kemptner: Subjekt und Fragment. Textpraxis in der (Post-)Moderne. Stuttgart 1990.

Monika Schmitz-Emans

Ionesco, Eugène (1909–1994)

I.s Bühnenstücke werden dem Absurden Theater (vgl. ↑Esslin) zugerechnet, das formal mit dem traditionellen Theater bricht, insb. mit dem Prinzip einer sich folgerichtig entwickelnden Handlung und deren psychologischer Motivierung durch als Individuen konzipierte dramatische Charaktere. Mit Spielsituationen, welche die Suggestion eines rational nachvollziehbaren Sinns gar nicht erst aufkommen lassen, reagiert dieses Theater auf die Wahrnehmung der Wirklichkeit selbst als sinnlos und unwirklich. Wie es in I.s Vorbemerkung zu *Die Stühle* (*Les chaises*, 1954; dt. 1959) heißt, irren seine Gestalten als angstvolle oder reuige Versager im Zusammenhanglosen umher, der Empfindung von Leere ausgesetzt. Steht die Unmöglichkeit eines individuellen und sinnerfüllten Lebens thematisch im Zentrum des Absurden Theaters, so reagiert es damit auf historische Erfahrungen, insb. auf Krieg und Holocaust, v. a. wenn es wie in *Die Nashörner* (*Les Rhinocéros*, 1959; dt. 1960) um die Masse und den Einzelnen geht. I., der auf der Unverständlichkeit seiner auf eine unverständliche Welt verweisenden Stücke beharrt und gelegentlich die Kontingenz seiner Arbeit betont, verzichtet auf die Ausformulierung einer Poetik, äußert sich aber aus verschiedenen Anlässen über sein Werk und sein Literaturverständnis insb. in Auseinandersetzung mit anderen Autoren. Nachdrücklich lehnt er die Konzeption einer engagierten Literatur ab, insistiert auf der uneingeschränkten Autonomie der Kunst sowie auf der begrifflich nicht auslotbaren Vieldeutigkeit lit. Werke. Er polemisiert gegen das Ideendrama, gegen ideologisch-weltanschauliche Funktionalisierungen des Theaters, insb. gegen die Existenzialisten (↑Sartre; ↑Camus) und gegen ↑Brecht. Etiketten wie der der „Avantgarde" oder auch des „Absurden Theaters" begegnet er ebenso mit Vorbehalten wie der Institution der Theaterkritik und ihren Vertretern. I., demzufolge das Theater eine Experimentierstätte sein sollte, betont die sprachkritische Dimension seiner Stücke, die sich mit der Floskelhaftigkeit und Sinnleere konventioneller Sprache auseinandersetzen (wie v. a. *La cantatrice chauve*, 1953; *Die kahle Sängerin*, 1959). Er versteht das Drama primär als Sprachgeschehen, v. a. als parodistisch-verzerrendes Spiel mit bürgerlicher Sprachkultur. Auch beschreibt er seine Stücke als eine Formung von Träumen und die von keinem rationalen Willen gesteuerte Phantasie als maßgebliche schöpferische Instanz. Autonomieästhetisch motivierte Vorbehalte gegenüber dem Begrifflichen verbinden sich mit dem Plädoyer für das Spontane und Widersprüchliche in der Kunst.

Ausgaben: Théâtre. 7 Bde. Paris 1954–1981; Theaterstücke. 4 Bde. Darmstadt u. a. 1959–1967; Werke. 6 Bde. Hg. v. F. Bondy/I. Kuhn. Frankfurt/M. 1985.

Forschungsliteratur: M. Esslin: Das Theater des Absurden. Frankfurt/M. u. a. 1964; M. Krüger: E. I. In: W.-D. Lange (Hg.): Französische Literatur der Gegenwart in Einzeldarstellungen. Stuttgart 1971. S. 705–728; W. Floeck: E. I. In: W.-D. Lange (Hg.): Französische Literatur des 20. Jahrhunderts. Bonn 1986. S. 309–323; D. B. Gaensbauer: E. I. Revisited. New York 1996; G. Féal: I. Un théâtre onirique. Paris 2001.

Monika Schmitz-Emans

Iser, Wolfgang (1926–2007)

Der Anglist und Literaturwissenschaftler I. entwickelte in den 1970er Jahren mit H. R. Jauss die Rezeptionsästhetik. Der Sinn eines Textes entsteht demnach erst in der Interaktion von Text und Leser. Der Text ist dabei das wirkungsweisende Element, das dem Leser eine bestimmte Struktur vorgibt, während der Leser durch seine jeweilige Erfüllung dieser Struktur den konkreten Sinn eines Textes konstituiert. Die dem Text eingeschriebene Leserrolle wird von I. der „implizite Leser“ genannt. Sein gleichnamiges Werk (1972) ist eine poetologische Untersuchung der jeweiligen Leserollen in Werken von J. Bunyan, H. Fielding, T. G. Smollet, W. Scott, W. M. Thackeray, W. Faulkner, I. Compton-Burnett, ↑Beckett und ↑Joyce.

In einem zweiten Hauptwerk, *Der Akt des Lesens* (1976), geht I. auf den Lesevorgang als zeitlichen Verlauf ein. Demnach hat der Leser im Fortschreiten des Lesens einen „wandernden Blickpunkt“ auf den Text, weshalb auch seine Vorstellungen vom Sinn immer wieder korrigiert und aktualisiert werden müssen. Nach I. verfügt der Text über ein „Repertoire“ von Normen und Sichtweisen sowie über bestimmte „Strategien“, nach denen diese Sichtweisen sinnhaft verknüpft werden. Diese untersucht er konkret anhand von verschiedenen lit. Texten, z. B. von Fielding oder Beckett. Die Rolle des Lesers ist es, die „Leerstellen“ des Textes zu füllen und damit dem Text einen konsistenten Sinn zu geben. Die Rezeptionsästhetik führt damit den Leser als poetologisch relevante Kategorie ein.

Von den 1980er Jahren an konzentrierte sich I. auf den Forschungszweig lit. Anthropologie, der die Leistungen des Fiktiven für den Menschen untersucht.

Ausgaben: Der implizite Leser. Kommunikationsformen des Romans von Bunyan bis Beckett. München 1972; Der Akt des Lesens. Theorie ästhetischer Wirkung. München 1976; Das Fiktive und das Imaginäre. Perspektiven literarischer Anthropologie. Frankfurt/M. 1991.

Forschungsliteratur: D. Pany: Wirkungsästhetische Modelle. W. I. und Roland Barthes im Vergleich. Erlangen u. a. 2000; C. Ralph (Hg.): On the Writings of W. I. Baltimore 2000.

Ulrike Herrlich

J

Jakobson, Roman Osipovič (1896–1982)

Neben vielen anderen Wissens- und Praxisbereichen verdankt auch die Poetik des 20. Jh.s dem russ. Formalisten, Strukturalisten und Semiotiker J. entscheidende Anstöße. Von der linguistischen Sprachanalyse her kommend, hat J. den Blick auf die poetische Funktion von Sprache allg. gerichtet (*Linguistics and Poetics*, 1960; *Linguistik und Poetik*, 1971) und im Gegenzug nach den sprachlichen Regeln der Poesie gefragt (*Poetry of Grammar and Grammar of Poetry*, 1961; *Poesie der Grammatik und Grammatik der Poesie*, 1979). Analog zu den zeitgenössischen lit. Avantgarden stand auch in der Poetik J.s stets die Materialität der Sprache im Mittelpunkt, insb. ihre rhythmische und klangliche Eigengesetzlichkeit, was ihn zur Lyrik als zentralem Gegenstand führte. Sie bildet den Hintergrund seiner Überlegungen zu den Kompositionsprinzipien von Dichtung, deren Besonderheit er im Moment der Wiederholung ausmacht; insb. in der Kombination äquivalenter Wörter im Syntagma des Textes, der normalsprachlich gerade durch die Selektion äquivalenter Wörter entsteht. Mit Hilfe dieser analytischen Unterscheidung zwischen „Similarität" und „Kontiguität" (Kombination) erweiterte J. die poetisch-philosophische Debatte um Metaphorizität durch einen Beitrag zur Metonymie (*Fundamentals of Language*, 1956; *Grundlagen der Sprache*, 1960). Er fasst die Metapher als Trope auf, die nach dem Similaritätsprinzip funktioniert, weist die Metonymie dagegen als Effekt von Kontiguitätsbeziehungen aus, die ihr den Anschein von Realitätsnähe geben und sie damit der analytischen Wahrnehmbarkeit entziehen.

Ausgaben: Selected Writings. 8 Bde. Den Haag u. a./Berlin u. a. 1962–1988; Poetik. Ausgewählte Aufsätze 1921–1971. Hg. v. E. Holenstein/T. Schelbert. Frankfurt/M. 1979; Semiotik. Ausgewählte Texte 1919–1982. Hg. v. E. Holenstein. Frankfurt/M. 1988.

Forschungsliteratur: E. Holenstein: R. J.s phänomenologischer Strukturalismus. Frankfurt/M. 1975; S. Rudy (Hg.): R. J. 1896–1982. A Complete Bibliography of his Writings. Berlin u. a. 1990.

Andrea Polaschegg

James, Henry (1843–1916)

J. entstammte einer begüterten nordamerikan. Familie mit hohem Bildungsstandard und Zugang zu allen Quellen der europ. Literatur. Entsprechend war sein Horizont abgesteckt durch die Weltliteratur inkl. Romantik und Realismus. Er lebte abwechselnd in New York und Europa und übersiedelte schließlich ganz nach England. Diese Konfrontation der Kulturen machte er wiederholt als „international theme" zum Gegenstand von Romanen (*The American*, 1877; *Der Amerikaner*, 1877; *The Europeans*, 1878; *Die Europäer*, 1894; *The Ambassadors*, 1903; *Die Gesandten*, 1956; *The Golden Bowl*, 1904; *Die goldene Schale*, 1963). J. war ein gefeierter Einzelgänger, der aufgrund seiner Erfolge (mit Ausnahme der scheiternden Karriere als Theaterautor) früh den Gestus scheinbarer Unbeirrtheit einnahm und sich als „master" produzierte, der als Autor die uneingeschränkte Kontrolle über den Text hat und so Perfektion erreicht. Zugleich untergrub er mit angelsächsischer Selbstironie diese Pose, indem er in zahlreichen Novellen Eitelkeit, Selbstzweifel, Schaffenskrisen, Obsessionen und v. a. viele Aspekte des leidvollen gesellschaftl. Verhaftetseins seiner fiktiven Autoren zum Thema machte (z. B. in *The Private Life*, 1892; *Das Privatleben*, 1983, und *The Aspern Papers*, 1888; *Asperns Nachlass*, 1953).

Seine Poetik kann man in verschiedenen Textkorpora finden. Erstens stammen aus seiner Feder umfangreiche Studien, Rezensionen und Essays zur angelsächsischen, frz., russ. und dt. Literatur (sowohl zu klassischen wie auch zu modernen Texten), in denen er auch wertend vorgeht (*Literary Criticism*). Man wird aus seinen Urteilen mit Vorsicht auf seine eigenen Maximen schließen dürfen. Allerdings ist J. schon früh ein ‚fertiger' Erzähler, der seine Schreibrezepte nicht mehr wesentlich ändert. Zweitens gibt das umfangreiche Briefwerk über Konzeption und Entstehung seiner Meisterwerke wie *Die Drehung der Schraube* (*The Turn of the Screw*, 1898; dt. 1953) Auskunft. Gerade auch J.s Korrespondenz ist geprägt vom Widerspiel aus Offenheit und Verhüllung, wie es viele Autorenbriefwechsel kennzeichnet. Dennoch kann man hier Werke in statu nascendi begleiten und v. a. technische Probleme des Erzählens angesprochen finden. Für seinen Roman *Die Gesandten* schrieb J. ausnahmsweise einen Entwurf speziell für seinen Verleger, der Einblicke in seine Schreibkonzepte gibt. Drittens hat J. speziell im *Tagebuch eines Schriftstellers* (*The Notebooks of H. J.*, 1878–1911, 1947 postum; dt. 1965) den Blickwinkel der Briefe fortgesetzt und dem Leser anhand konkreter Daten Aufschluss über ästhetische Problemlösungen gegeben. Immer wieder finden sich in den Notizbüchern genaue Angaben der Textlänge, sucht J. Themen und notiert sich Namen.

Der Roman ist nach J. „the illusion of life", aber was genau dies postuliert oder wo er theoretisch Grenzen für die Romanpraxis setzt, ist – jenseits der für ihn selbstverständlichen Forderung nach psychologisch subtiler Darstellung, exquisit-zurückhaltender Metaphorik und allseitiger Vollkommenheit – im Einzelnen schwer zu greifen. Der Konflikt zwischen Kunst und Leben ist Unterthema seines Schreibens (vgl. die Novelle *The Lesson of the Master*, 1892; *Die Lehre des Meisters*, 1958). Ohne Zweifel setzt J. sein Schreiben im Wesentlichen als gelingendes in Szene. Viertens hat der späte J. in den Vorworten zu den einzelnen Bänden der New Yorker Werkausgabe (1907–1917) retrospektiv seine Hauptwerke selbst gewürdigt. Daraus entsteht eine eigentümliche Textform, denn diese deskriptive Selbstanalyse, die im Fall des frühesten Texts, des Romans *Roderick Hudson* (1876; dt. 1876), mehr als dreißig Jahre überbrückt, und im aktuellsten Fall, dem des Romans *Die goldene Schale*, die unmittelbare Vergangenheit evoziert, ist in der Regel selbstbestätigend. Auch hier kommt es also implizit zur „master"-Pose. Zwar werden einige Detailfragen selbstkritisch angesprochen, doch schon von gravierenderen Textrevisionen ist nicht die Rede. Der Sprachgestus ist aus dieser affirmativen Wurzel bestimmt; seine exponierte Vornehmheit gewinnt er durch Indirektheit, Andeutung, Verallgemeinerung. Diese *prefaces*, die ein Konflikte meidender gehobener Konversationston kennzeichnet, geben nur bei präziser Lektüre und Vorkenntnis des besprochenen Texts überhaupt Aufschluss über dessen Genese. Dann freilich enthüllt sich in ihnen eine Art *narratio* zweiten Grades. Die vage alludierende Erinnerung an die Schreib- und Lebenssituation – J. geht gern von konkreten Vorfällen aus – wird zum eigentlichen Objekt des mehr erzählenden als reflektierenden oder gar argumentierenden Vorworts.

Aufgrund seiner materiellen Unabhängigkeit hat J. sich praktisch nur aus eigenem Antrieb geäußert. J.s Poetik ist weitgehend Autopoetik, selten prinzipiell, nie manifestartig. Sie wird formuliert anhand konkreter Textproduktion. Als Romanautor bevorzugt J. eine stark analytische und beobachtende, häufig implizite und auch ironische Darstellung (vielfach *showing* statt *telling*). In Bezug auf die Personendarstellung bedeutet dies eine starke Perspektivierung und Fokalisierung.

Schon die vielfältige, widersprüchliche und bis heute nicht zum Stillstand gekommene Debatte um die Deutung einiger Meisterwerke, gerade auch jener, die z. T. dem phantastischen Genre zugehören, ist Beleg dafür, dass eine decodierbare Poetik im simplen Sinn bei J. nicht gefunden werden kann. Im Gegenteil: Die berühmte Erzählung *Das Muster im Teppich* (*The Figure in the Carpet*, 1896; dt. 1958) parodiert auf geradezu konsternierende Weise den Versuch der professionellen Kritiker, den ‚roten Faden', die – formale! – Leitidee eines ganzen Lebenswerkes zu erfassen: Das Erkennen einer impliziten Poetik wird im Spiegel der Novelle ein für allemal vereitelt. Die autothematische Konstante seiner Erzähltexte weist voraus auf den metafiktionalen Schwerpunkt der Postmoderne. Die Zweifel an der Möglichkeit zuverlässiger Hermeneutik lieferten Modellfälle (*Die Drehung der Schraube*) für die neuere Literaturtheorie.

Ausgaben: The Art of Fiction. In: Longman's Magazine. September 1884. S. 502–521; The Novels and Stories of H. J. London 1921–1923; The Notebooks of H. J. Hg. v. F. O. Matthiessen/K. B. Murdock. New York u. a. 1947; Literary Criticism. 2 Bde. New York 1984; Complete Stories. New York 1996–1999; Erzählungen. Köln u. a. 1958; Die Kunst des Romans. Ausgewählte Essays zur Literatur. Hanau/M. 1984; Tagebuch eines Schriftstellers – Notebooks. Frankfurt/M. u. a. 1986.

Forschungsliteratur: L. Edel: H. J. A Life. New York 1985; R. Gale: A H. J. Encyclopedia. New York u. a. 1989.

Achim Hölter

Jandl, Ernst (1925–2000)

Für J. besteht zwischen poetischen und reflexiv-poetologischen Texten keine Abgrenzung: Viele poetische Texte J.s sind durch ihre ausgeprägte Autoreflexivität geprägt; die Essays und Vorträge zur Poetik wiederum besitzen lit. Charakter. Entscheidend für die Konvergenz von Poesie und Poetik bei J. ist deren gemeinsamer sprachreflexiver Zug. Sprache, Wörter, Redensarten und Ausdrucksweisen sind zwar nicht einziges Thema, bilden aber thematische Knotenpunkte in J.s Œuvre, das insgesamt durch die Vielfalt seiner Schreibweisen charakterisiert ist. Das Recht, immer wieder neue Wege der Sprachgestaltung zu erproben, hat J. als Dichter ausdrücklich für sich reklamiert. Als J.s poetologische Hauptschrift kann seine Frankfurter PV von 1984/85 gelten, deren Titel *Das Öffnen und Schließen des Mundes* auf Kernthemen und -thesen J.s hindeutet: auf die Einheit von Poesie, Artikulation und Lebensvollzug, auf die Bedeutung des Körperlichen für die Dichtung, auf den performativen Charakter von Gedichten, auf die Vielfalt möglicher Formen sprachlicher Artikulation zwischen Norm und Normverstoß, auf Lautgedichte sowie auf Gedichte über das Sprechen. J. betont in den Frankfurter PV die Autonomie dichterischer Arbeit gegenüber Tendenzen gesellschaftl. Funktionalisierung, sieht aber eine Möglichkeit, unter Einbezug polit. Erkenntnis, aus Sprache „Kunst" zu machen. Darüber hinaus reflektiert er den poetischen Arbeitsprozess und seine

Rahmenbedingungen – wie auch in der autoreflexiven Sprechoper *Aus der Fremde* (1980). Sprechoper und Poetikvorlesung verdeutlichen exemplarisch J.s Strategie, aus negativen Bilanzen dichterischen Gewinn zu ziehen: Dichtung entsteht gerade als Darstellung scheiternder Pläne, versagender Produktivität und unzulänglicher Sprachbeherrschung. Werden in den PV einzelne poetische Texte und deren Kommentierung immer wieder zum Anlass fundamentaler und allg. Einsichten über Dichtung, so gilt dies auch für diverse weitere dichtungstheoretische Schriften, etwa für *Voraussetzungen, Beispiele und Ziele einer poetischen Arbeitsweise. Ein Vortrag* (1969), *Die schöne Kunst des Schreibens* (1976) und die BPR (1964).

Da J. die Sprache als Material zur Produktion von Kunst betrachtet (*Das Schreiben als Produktion von Kunst*), stehen v. a. Texte über Sprachprozesse im Zeichen lit. Autoreflexion. J.s Hörspielproduktion stellt, darauf abgestimmt, verfremdete Artikulationsprozesse ins Zentrum. Weil poetisches Schreiben nicht mit externen Zwecken und Zielen begründet werden kann, muss es sich im Prozess der Autoreflexion selbst begründen.

Um Sprache, Schreiben und die „Materialien“ des Dichters geht es in vielen Gedichten (z. B. in *von papieren*, *von wörtern*, *unsagbar*, *in die dämmerung*, *weißes blatt*). Dichterische Arbeit zielt für J. auf die Infragestellung von Normen, Werten und Regeln ab, auf eine „Immunisierung“ des Bewusstseins durch Skepsis, auf ein Aufbrechen verfestigter Denk- und Redeweisen. So etwa befreit sich im Lautgedicht die Stimme von den Fesseln der Wörter.

J. beruft sich auf Dadaisten und andere Vertreter der frühen Avantgardebewegungen als Vorläufer (G. Stein, ↑Arp, ↑Ball, ↑Schwitters, J. Cage), steht der Wiener Gruppe und den Repräsentanten der Konkreten Poesie nahe. Insgesamt ist er einer Poetik der Abweichung, Deformation und Verfremdung verpflichtet. Entsprechende Gestaltungsstrategien dienen der Sensibilisierung für Sprache als ästhetisches Medium, aber auch dem Hinweis auf die Gebrechlichkeit des Menschen und seiner Institutionen.

Ausgeprägt ist J.s Interesse an intermedialen ästhetischen Phänomenen, an Visueller Poesie und Lautdichtung, an der gestisch-artikulatorisch-visuellen Dimension des poetischen Prozesses, an der Bildhaftigkeit geschriebener Texte und am Klang gesprochener Dichtung.

Ausgaben: Gesammelte Werke. 3 Bde. Hg. v. K. Siblewski. Darmstadt u. a. 1985; Poetische Werke. 11 Bde. Hg. v. K. Siblewski. München 1997 ff.; Die schöne Kunst des Schreibens. Darmstadt u. a. 1976; Das Öffnen und Schließen des Mundes [FPV]. Frankfurt/M. 1985.

Forschungsliteratur: W. Schmidt-Dengler (Hg.): E. J. Materialienbuch. Darmstadt u. a. 1982; K. Siblewski (Hg.): E. J. Texte, Daten, Bilder. Frankfurt/M. 1990.

Monika Schmitz-Emans

Jaschke, Gerhard (geb. 1949)

J.s Innsbrucker PV von 1990 bieten einen panoramatischen, dabei aber absichtsvoll subjektiven Überblick über Spielformen avantgardistischer, insb. sprachspielerischer Dichtung im 20. Jh. Berücksichtigt werden neben Dadaisten, Expressionisten und anderen Vertretern einer mittlerweile kanonisierten Avantgarde v. a. Repräsentanten der Konkreten Poesie sowie die Wiener Gruppe. Von dem ausführlich gewürdigten ↑Jandl und seiner Poetikvorlesung bezieht J.s Vorlesung wichtige Anregungen; so integriert er seinen Ausführungen viele Beispiele (die gesamte Vorlesung ist zu weiten Teilen Gedicht-Lesung), orientiert sich an Leitworten (wie Poetik), nimmt deren Spur in Wörterbüchern und Lexika auf und wählt insgesamt die Form eines mündlichen Diskurses, der immer wieder auf seine eigenen Motive und Verfahrensweisen zurückkommt. Inhaltlich wie formal ist J.s Vorlesung ein Plädoyer für die Exploration sprachgestalterischer Möglichkeiten auf mikro- und makroskopischer Ebene; in Erinnerung an Kollegen wie ↑Harig und H. Nitsch versteht er das „sprachspiel" als „lebensspiel" und Formen neuer Sprachgestaltung als Eröffnung neuer Erfahrungsmöglichkeiten.

Ausgaben: von der täglichen umdichtung des lebens alleingelassener singvögel in geschlossenen literaturapotheken am offenen meer [IPV]. Innsbruck 1992.

Monika Schmitz-Emans

Jean Paul [d. i. Johann Paul Friedrich Richter] (1763–1825)

J. P.s dichtungstheoretisches Kompendium *Vorschule der Ästhetik* (1804/1813) stellt eine Mischform aus systematisch angelegter Ästhetik und einer Autorenpoetik auf der Basis eigener Schreiberfahrungen mit verschiedenen Gegenständen dar. Es verbindet produktions-, rezeptions- und werkästhetische Erörterungen mit einer Fülle von (oft konkret beispielbezogenen) Reflexionen zu lit. Gattungen und Darstellungspraktiken. Die Terminologie der *Vorschule* lehnt sich zwar an die der zeitgenössischen Ästhetik und Erkenntnistheorie an, gibt vielen Begriffen aber eine eigenwillige Akzentuierung. Die erste Abteilung setzt sich mit ästhetischen Grundfragen, Epochen- und Gattungskonzepten auseinander; die zweite Abteilung rückt lit. Darstellungsformen und -prinzipien in den Blick. Eine dritte, in Anspielung auf die Sonntage des Kirchenjahrs gegliederte Abteilung beinhaltet eine „Kantate-Vorlesung" über die „poetische Poesie". In dieser wird die das Irdische und Endliche transzendierende Kraft der Dichtung betont, die J. P. hier als eine Entzifferungskunst des postulierten göttlichen Sinnes der Dinge versteht. Als *Kleine Nachschule zur ästhetischen Vorschule* erschienen in dem Sammelband *Kleine Bücherschau* (1825) weitere poetologische Reflexionen zu diversen Themen, welche J. P. als Material für die nicht mehr zustande gekommene dritte Aufl. der *Vorschule* verfasst hatte.

J. P.s Arbeit an Romanen wurde von ästhetischer Reflexion stets begleitet und hat sich in einer Fülle von Texten zu dichtungstheoretischen Fragen niedergeschlagen, welche seinen Romanen in Gestalt von Vor- und Nachworten oder anderen Paratexten beigegeben sind. Im Anhang zu J. P.s Roman *Leben des Quintus Fixlein* (1796) findet sich die Abhandlung *Über die natürliche Magie der Einbildungskraft*, deren Thema die Macht der Imagination ist. Statt Erfahrung und Einbildungskraft einander gegenüberzustellen, betrachtet J. P. diese als zwei unterschiedliche Grade ein und desselben Vermögens, zwischen denen als Drittes, wiederum nicht trennscharf abgegrenzt, die Erinnerung situiert ist. Der Erfahrungsstoff erscheint als bloßes und williges Substrat imaginativer Transformation. Im Prozess der äußeren Wahrnehmung wie in dem der Erinnerung und der Imagination entwirft das einzelne Ich schöpferisch, teilweise aber unbewusst, seine eigene Welt, vielfach unter Verklärung der Tatsachen. J. P.s dichtungstheoretische Reflexionen besitzen vielfach eine anthropologische Dimension, insofern sie sich auf psychische Vermögen und Dispositionen oder aber auf Wahrnehmungs-, Ausdrucks- und Darstellungsmodi beziehen, welche für den Menschen insgesamt charakteristisch sind, sich in der Arbeit des Dichters jedoch in spezifischer Form manifestieren.

Schon die satirischen Frühschriften erörtern vielfach den lit. Arbeits- und Kommunikationsprozess, oft mit Blick auf dessen materiell-ökonomische Parameter. Die Romanfabeln J. P.s sind gerahmt und durchflochten von Reflexionen über Dichtung, insb. über das Schreiben, Erzählen und den Kontakt zwischen Erzähler und Leserschaft. Dabei meldet sich oft eine Erzählerfigur zu Wort, die einerseits zur fiktionalen Ebene der Romanhandlung gehört, auf der sie die Aufgabe eines Biografen oder Historiografen übernimmt, andererseits eine Transformation der (an sich schon auf einem Selbstentwurf beruhenden) Autorinstanz J. P. ist. Dies gilt für das „Antrittsprogramm" des Romans *Titan* (1800–1803), die *Clavis Fichtiana*, den *Komische(n) Anhang zum Titan*, die *Geschichte der Vorrede* zum *Quintus Fixlein*, die Vorrede und den *Appendix* zum *Jubelsenior* (1797) sowie diverse integrierte *Hirten- und Zirkelbriefe* an den Leser, für die „Vorrede" zum *Siebenkäs* (1796–1797).

Die Protagonisten in J. P.s Romanen sind durch eine überdurchschnittlich produktive Phantasie charakterisiert. Einige von ihnen sind Schriftsteller, Satiriker oder (wie Walt in den *Flegeljahren*, 1804–1805) lyrische Dichter, sodass ihre Geschichten zum Anlass werden, Aspekte der poetischen Schöpfung und ihrer Rahmenbedingungen zu reflektieren. Poetologisch relevant sind auch die vielfachen Kontaktaufnahmen der J. P.schen Erzählerfiguren mit der (gedachten) Leserschaft, da auch sie grundsätzliche Einschätzungen und Modellierungen des lit. Kommunikationsprozesses bespiegeln. Als konstitutiv für J. P.s Poetik erscheint darüber hinaus die Profilierung des für sein Werk spezifischen Erzählertypus, der insofern eine Schwelle zwischen fiktionsimmanenter Wirklichkeit und der vom realen Leser bewohnten Welt ist, als die Erzähler oft den Namen des Autors J. P. tragen. Die Biografieentwürfe J. P.s (vgl. *Briefe und bevorstehender Lebenslauf*, 1799, und *Konjekturalbiographie*, 1798) sind pointierte Entwürfe eines Lebens als Autor.

Die Auseinandersetzung mit dem Programm einer „Nachahmung" der Natur durch die Dichtung nimmt in der poetologischen Reflexion J. P.s großen Raum ein. Die *Vorschule* erteilt sowohl den „poetischen Nihilisten" als auch den „Materialisten" eine Absage. Erstere verachten zu Unrecht den Stoff der äußeren Welt und ignorieren, dass ihre Einbildungskraft unbewusst aus dem Fundus sinnlicher Erfahrungen schöpft. Ins gegenteilige Extrem verfallend, wollen die „Materialisten" nur die Natur schildern und übersehen dabei die subjektive Komponente jeglicher Wahrnehmung und Darstellung. Als angemessene poetische Verfahrensweise wird die schöne (geistige) Nachahmung der Natur empfohlen, wobei es J. P.s eigenen ästhetischen Prämissen zufolge allerdings genau genommen weder einen reinen poetischen „Nihilismus" noch einen reinen „Materialismus" geben kann. Denn zum einen enthält schon die Sprache, deren sich der Dichter bedient, in ihrer ursprünglichen Metaphorizität Residuen konkreten Erfahrungsstoffs, und zum anderen erscheint jedem Individuum „eine andere Natur". Dass die *Vorschule* letztlich nicht allein das Handwerk des Dichters, sondern die Einbildungskraft schlechthin als transzendentale Instanz zum Gegenstand hat, wird noch deutlicher im zweiten Programm, das mit vermögenspsychologischen Konzepten von einer „Stufenfolge poetischer Kräfte" handelt. Die *Vorschule* entwirft jedoch kein konsistentes Konzept poetischer Darstellung. Die These, Dichtung sei eine „Darstellung der Ideen durch Naturnachahmung", steht in einem Spannungsbezug zur Bemerkung, ein jeder Dichter müsse „begrenzte Natur mit der Unendlichkeit der Idee umgeben und jene wie auf einer Himmelfahrt in diese verschwinden lassen". Letzteres passt zur späteren Charakteristik humoristischer Dichtkunst, derzufolge diese auf eine Überwindung der Endlichkeit abzielt.

Weitere zentrale poetologische Themen J. P.s neben jener Konzeption des Humors, die seinem eigenen Schreibstil korrespondiert, sind die Produktivkräfte des Unbewussten, insb. die Beziehung zwischen Dichtung und Traum bzw. zwischen Genialität und „Instinkt" (dem „Besonnenheit" die Waage halten muss), sowie die spezifisch sprachlichen Verfahrensweisen der Dichtung. Sprache als Mittlerin zwischen sinnlicher Erfahrungswelt und Ideenwelt verkörpert durch ihre metaphorische Struktur das Unsinnliche und beseelt das Sinnlich-Konkrete. Auf der Basis dieser dualen Grundstruktur beruhen Darstellungsverfahren, die unter dem Zentralbegriff des „Witzes" erörtert werden (wie etwa „bildlicher Witz", Allegorie und Wortspiel). J. P.s letzter, fragmentarischer Roman *Der Komet* (1820–1822) kreist u. a. um Malkunst und Bilder und verdeutlicht das auch in früheren Werken leitende Interesse an intermedialen ästhetischen Fragen.

↑Hegel hat in seinen *Vorlesungen über die Ästhetik* J. P.s subjektiven Humor mit Blick auf dessen Unfestlegbarkeit und den ständigen Themenwandel charakterisiert. J. P.s theoretische Bestimmung des „Humors" bildete im 20. Jh. einen wichtigen Ausgangspunkt für ↑Pirandellos psychologisch-ästhetische Reflexionen in der Abhandlung *Der Humor*. Bei ↑George und seinem Kreis erfuhren v. a. J. P.s Sprachästhetik und seine auch theoretisch geforderte Verklärung des Endlichen eine intensive Rezeption. Auf die Poetik ↑Schmidts wirkten sich sowohl J. P.s Konzeption poetischer Sprache als auch seine Rechtfertigung des digressiven und sprunghaften Schreibstils prägend aus.

Ausgaben: Werke. Hg. v. N. Miller. München u. a. 1959 ff.

Forschungsliteratur: M. Bergengruen: „Heißbrennende Hohlspiegel". Wie J. P. durch die optische Magie seine Poetik sichtbar werden läßt. In: Th. Lange (Hg.): Kunst und Wissenschaft um 1800. Würzburg 2000. S. 19–38; P. Heinemann: Potenzierte Subjekte – potenzierte Fiktionen. Ich-Figurationen und ästhetische Konstruktion bei J. P. und Samuel Beckett. Würzburg 2001; A. Horn: J. P. Die Poetik des „Zettelkasten". Assoziationspsychologie und die Ästhetik eines phantastischen Realismus. In: Acta Germanica 28 (2002). S. 75–85; U. Hagel: Elliptische Zeiträume des Erzählens. J. P. und die Aporien der Idylle. Würzburg 2003.

Monika Schmitz-Emans

Jelinek, Elfriede (geb. 1946)

J.s Texte leisten kompromisslose Herrschafts-, Sprach- und feministische Geschlechterkritik. Sexualität und Gewalt als zentrale Themen werden dabei nicht mythisiert, sondern distanziert und kritisch reflektiert. Ziel ist eine Sichtbarmachung der symbolischen Gewalt und der latenten, tabuisierten Sexualität in allen Bereichen.

J.s Sachtexte, Lyrik, Prosa und Dramatik richten sich „gegen den schönen Schein". Eine Trennung von Trivialliteratur und „hoher" Literatur findet nicht statt; Gattungsgrenzen werden aufgehoben. Viele Romane entziehen sich den üblichen Kategorien der Analyse: Zeit, Ort, Handlung, Personen, Erzählperspektive sind nur bedingt bestimmbar. J.s Frühwerk ist geprägt durch den Rückgriff auf die sprachexperimentelle Literatur der Wiener Gruppe (vgl. etwa ↑Jandl) sowie auf die österreich. satirische Sprachtradition eines K. Kraus oder ↑Bernhard. Die frühen Texte verbinden avantgardistische, artifizielle Form- und Sprachexperimente mit der amerik. Pop-Art-Kunst, sind polit. im Sinne von aktionistisch, antifaschistisch.

In Anlehnung an ↑Bachmann beurteilt J. das Geschlecht bei der Kunstproduktion als entscheidend und stellt sich gegen die Verherrlichung der Frau als „Natur". Im Sinne der Mythendestruktion nach ↑Barthes verknüpft sie Gesichtspunkte der strukturalistischen Semiologie mit marxistischer Ideologiekritik. Dabei werden (triviale) Mythen als entpolitisierte Aussage definiert und auf ihre gesellschaftl. Funktion hin untersucht. J.s Werk richtet sich somit nicht gegen die Tradition an sich, sondern gegen die Entdifferenzierung von Natur und Geschichte. Ihre Mythendestruktion gilt diversen Topoi (Natur, Sex, Frau, Österreich, Massenmedien, Sport, Freizeit) und erfolgt mittels spezifischer ästhetischer Verfahrensweisen.

J.s Texte erteilen realistischer Literatur eine Absage, solange diese an Begriffen wie Subjektivität bzw. Individualität festhält. Ihr Konzept des „Realistischen" ist eher im Sinne ↑Brechts zu verstehen. Es gilt, „die Dinge so zu schreiben, sie so zu verzerren, dass sie zur Kenntlichkeit entstellt werden." Durch eine Praxis des radikalen Zitierens soll keine Abbildung von Wirklichem erfolgen, sondern eine ironische Brechung des Zitierten. Zu diesem Zweck verbindet J.s intertextuelle Schreibweise in Montage- bzw. Collageverfahren vorgefertigte (häufig bearbeitete) Elemente der Trivialkultur zunehmend mit solchen der „hohen Kultur". Durch das Zitationsverfahren gelingt auch eine Annäherung an die assoziative, diskontinuierliche Bildsprache der Medien. Im Rahmen eines medientheoretischen Ansatzes (M. McLuhan) fordern J.s Werke die Zerstörung der vom hermetisch geschlossenen System der Massengesellschaft geschaffenen, synthetischen Wirklichkeit. Der sezierende Umgang mit Sprache resultiert aus der Weigerung, den Prozess der Sinnbildung als selbstverständliche semiotische (Alltags-)Praxis hinzunehmen. Die radikal negativen Texte J.s sind ideologiekritische Darstellungen sozialer Wirklichkeit, die keine Utopien zulassen.

Ausgaben: Die endlose Unschuldigkeit. Essay. In: R. Matthaei (Hg.): Trivialmythen. Frankfurt/M. 1970. S. 40–66; Ich schlage sozusagen mit der Axt drein. In: TheaterZeitSchrift 7 (1984). S. 14–16; Ich möchte seicht sein. In: Ch. Gürtler (Hg.): Gegen den schönen Schein. Texte zu E. J. Frankfurt/M. 1990. S. 157–161; E. J. im Gespräch mit Adolf-Ernst Meyer. In: E. J./J. Heinrich/A.-E. Meyer: Sturm und Zwang. Schreiben als Geschlechterkampf. Hamburg 1995. S. 7–74.

Forschungsliteratur: Ch. Gürtler (Hg.): Gegen den schönen Schein. Texte zu E. J. Frankfurt/M. 1990; K. Bartsch/G. A. Höfler (Hg.): E. J. Graz 1991; H. L. Arnold (Hg.): E. J. Text + Kritik. München 1993 [Neufass. 2007]; M. Janz: E. J. Stuttgart 1995.

Nina Polak

Jens, Walter (geb. 1923)

J., Professor für Klassische Philologie und Rhetorik, hat neben lit. Werken (Erzählungen, Romanen, Hörspielen, Fernsehspielen, Reisetagebüchern) eine große Zahl von Monografien, Abhandlungen und Essays zur Literatur, ihrer Sprache, ihrer Geschichte und ihrer Theorie verfasst; hinzu kommen literaturwissenschaftliche Kommentare und Interpretationen, Übersetzungen, Schriftstellerporträts, Kritiken sowie manifestartige Texte zur Bedeutung von Literatur und Rhetorik für die gesellschaftl. Praxis. Die Rhetorik ist für den Aufklärer J. das integrative Kernstück verschiedenster Wissensdisziplinen. Indem sie die pragmatische und polit. Dimension lit. und nichtlit. Sprachgebrauchs analysiert und vermittelnd zwischen Kunst, Wissenschaft und Gesellschaft wirkt, trägt sie maßgeblich zur Gestaltung letzterer bei. J. verbindet mit seinen Analysen stets zeit- und gesellschaftskritische Anliegen, wie v. a. seine Essays und Reden belegen. Als engagierter kirchenkritischer Christ setzt er sich auch mit der Beziehung zwischen Religion und Literatur intensiv auseinander. Seine erzählerischen und dramatischen Texte sind Dokumente einer Poetik des

Engagements, die sich einer kritischen Vernunft verpflichtet weiß und zum Widerstand ermutigt – insb. gegen Orthodoxie, polit. Reaktion und Krieg. J.s Frankfurter PV von 1992, in vier „Diskurse“ gegliedert, sind u. d. T. *Mythen der Dichter* (1993) ausgewählten Gestalten der Weltliteratur gewidmet, die durch verschiedene Dichter jeweils spezifische Profilierungen erfahren haben; diese Dichter begreift J. als Wegweiser nicht nur in die Vergangenheit, sondern auch zu zeitübergreifenden Themenkomplexen, welche sich mit ihren Figuren verbinden. Odysseus verweist auf „Das Doppelgesicht des Intellektuellen“, Antigone und Elektra auf den „Aufstand gegen das ‚verteufelt Humane‘“, Don Juan ist exemplarischer „Dämon und Schwerenöter“, Hamlet schließlich steht für „Das Genie des Poeten“. J. betont die Polyvalenz der Figuren, die bei diversen Autoren ganz unterschiedliche Auslegungen erfahren können; so sei Ulysses bei ↑Joyce ein sympathischer antimilitaristischer Schelm, bei ↑Seneca hingegen ein gemeiner Machiavellist. Die Strukturierung der Frankfurter PV als solche ist aufschlussreich für J.s Verständnis von Dichtung. Auf der Ebene der Figurengestaltung liegt für ihn das größte Wir kungspotenzial von Literatur. Neue Variationen alter Figuren dienen der Darstellung aktueller Konflikte und sind Porträts der jeweiligen Gesellschaft. Mythische Figuren werden in die Gegenwart „heimgeholt“, um dort etwa wie Antigone oder Elektra zum Sprachrohr der Klage über verweigerte Mitmenschlichkeit zu werden. Eine Sonderrolle spielt Hamlet als Reflexionsfigur dichterischer Selbstverständigung.

Ausgaben: Mythen der Dichter. Modelle und Variationen. Vier Diskurse [FPV]. München 1993.

Forschungsliteratur: U. Berls: W. J. als politischer Schriftsteller und Rhetor. Tübingen 1984; D. Marciniak: Die Diktion des poeta doctus. Zur Essayistik und Rhetorik von W. J. Münster u. a. 2000.

Monika Schmitz-Emans

Johnson, Uwe (1934–1984)

J.s wohl wichtigster poetologischer Text *Berliner Stadtbahn* (1961) weist die dt.-dt. Grenze als irritierendes Moment bei der Verwendung erzählender und beschreibender Sprache aus. Anhand einer vor dem Mauerbau noch möglichen Grenzüberquerung reflektiert J. die Bezugnahme des Schriftstellers auf Realität und die sie verbürgenden Personen. Die Schwierigkeit besteht darin, dass andere als ideologisch eingefärbte Begriffe und Informationen in dieser Situation offenbar gar nicht zur Verfügung stehen können. Dem lässt sich nach J. nur entgehen, wenn das Beschreiben selbst die Lücken und blinden Flecke der Beschreibung zeigt, das Erzählen einer Geschichte selber über die Machart der Geschichte Auskunft gibt. In solchen Selbstreflexionen liegt für J. das wesentliche polit. Moment der Literatur. Die Vermeidung ideologischer Fallen und falscher, vorschneller Illusionseffekte verlangt dabei hohe sprachliche Präzision.

Auch in den Frankfurter PV des Jahres 1979, publiziert in erweiterter Fass. u. d. T. *Begleitumstände* (1980), stellt J. eine angewandte Poetik vor, die Prinzipien seiner lit. Arbeit erkennen lässt, ohne sie theoretisch darlegen zu wollen. Dabei geht es immer wieder um die Problematik, wie reales Wissen bezeugt werden kann, ohne Verfälschung durch Totalitarismus oder Interferenz der Systeme. Dies führt J. auf unterschiedlichsten Gebieten vor: beim Wissen der Kinder, bei der Utopie eines unmittelbaren Kontaktes zu den Dingen, aber auch bei der fehlenden – von J. zeitweise übernommenen – Besprechung von DDR-Fernsehprogrammen im Westen.

J. versucht, den Realitätsbezug von Fiktion und Form abzusichern. Zwar wird die „Geschichte" zunächst einmal vom Autor „erfunden"; die polit. Verhältnisse verleihen ihr jedoch eine komplexe Form, die unabtrennbar bleibt. Um zu vermeiden, dass lit. Figuren als vereinfachend-illusionäre Projektionen des Autors entstehen, stilisiert J. Schreiben zum intersubjektiven Prozess: Er unterstellt ihnen die Konsistenz von Personen, gegenüber denen der Autor verantwortlich ist und mit denen er sich im Austausch befindet; die weitere Ausarbeitung wird so als ethisches Vertrauensverhältnis zwischen verantwortlichen Personen codiert. Letzter Grund des Schreibens ist für J. die Beziehung; Zahl und Qualität der Beziehungen ist für J. oberstes lit. Qualitätsmerkmal, in ihnen teilt sich Erfahrung mit; die Überprüfung der Beziehungen durch den Leser wird Ausweis der „Wahrheit des Romans" (*Vorschläge zur Prüfung eines Romans*, 1975). Eine Art generierender „Pakt" ist dann auch immer mehr oder weniger deutlich in J.s Romane eingearbeitet: so der Auftrag an den Journalisten Karsch in *Das dritte Buch über Achim* (1961) oder die Abmachung zwischen Gesine Cresspahl und dem „Genossen Schriftsteller" in den *Jahrestagen* (1970–1983). Die *Skizze eines Verunglückten* (1981) führt anhand einer Schriftstellerfigur die Anfälligkeit dieses Beziehungskonzepts vor: eheliche Untreue wird zum Angriff auf die Verbindlichkeit der Sprache überhaupt.

J., ausgebildeter Germanist, war nach seinem Wechsel in den Westen (1959) Mitglied der Gruppe 47. Er vertrat einen Realismus, der auf modernen Austausch- und Arbeitsbeziehungen beruht und auf die Fiktionskritik der 1960er und 1970er Jahre reagiert. Die Reflexion auf Möglichkeiten und Grenzen von Beschreibungs- und Erzählverfahren versteht sich auch als Auseinandersetzung mit dem sozialistischen Realismus nach ↑Lukács.

Ausgaben: Berliner Stadtbahn. In: Merkur 162 (1961). S. 722–733; Das dritte Buch über Achim. Frankfurt/M. 1961; Jahrestage. 4 Bde. Frankfurt/M. 1970–1983; Vorschläge zur Prüfung eines Romans. In: E. Lämmert (Hg.): Romantheorie. Dokumentation ihrer Geschichte in Deutschland seit 1880. Köln 1975. S. 398–403; Begleitumstände [FPV]. Frankfurt/M. 1980.

Forschungsliteratur: C. Riordan: The Ethics of Narration. U. J.s Novels from „Ingrid Babendererde" to „Jahrestage". London 1989; N. Mecklenburg: Die Erzählkunst U. J.s. Frankfurt/M. 1997.

Pierre Mattern

Joyce, James (1882–1941)

Neben wenigen *Notebook*-Einträgen und frühen Essays erschließt sich die Poetik von J. nur aus dem lit. Werk. Sie ist dort als sorgfältig geknüpfter roter Faden eingewoben, der mit wachsender Professionalisierung seines Schreibens immer unsichtbarer wird, bis er nur noch induktiv als Tiefenstruktur erschlossen werden kann. Trotz hermetischer Verklausulierung folgt jenes Verfahren lit. Sinn- und Strukturstiftung streng den Gesetzen logischer Folgerichtigkeit und ist somit verifizierbar. Es konkretisiert sich im Kurzgeschichtenzyklus *Dubliner* (*Dubliners*, 1904–1914; dt. 1928) als mythischer Realismus und entwickelt sich im Folgenden kontinuierlich weiter.

Das Frühwerk orientiert sich an der kathol. Philosophie des MA und der frühen Neuzeit, insb. an Augustinus und Th. v. Aquin. Modellbildend sind die Prophezeiungen J. v. Fiores, ↑Dantes *Divina Commedia* und die *Exertitia Spiritualia* des I. v. Loyola. Verschmolzen mit der Künstleresoterik des Zeitgenossen ↑Yeats, transponiert J. als abtrünniger Jesuit jenes Gedankengut in die Ersatzreligion der Kunst, die sich wie das biblische Dreikönigswunder als Epiphanie offenbart – als visionärer Moment, der die Trivialität des Alltags symbolisch durchstrahlt. Dies wird in *Epiphanies* (1901–1904) – der nur teils erhaltenen Sammlung von Prosa-Miniaturen – inszeniert und in *Stephen der Held* (*Stephen-Hero*-Fragment, 1904–1906) sowie dem daraus entbundenen Roman *Ein Porträt des Künstlers als junger Mann* (*A Portrait of the Artist as a Young Man*, 1915; dt. 1926 u. d. T. *Jugendbildnis*) expliziert. Letzterer durchmischt jene Positionen mit der Ästhetik des dt. Idealismus (↑Hegel, ↑Schelling, ↑F. Schlegel), der Romantik (↑Shelley, ↑Byron, ↑Keats, ↑Hugo), des Symbolismus (P. Verlaine, ↑Mallarmé), des Realismus (↑Flaubert) und des Renaissanceismus W. Paters.

Weitere Vorbilder liefern die Elisabethanische Lyrik und Liedkunst (*Chamber Music*, 1907; dt. 1958), die Jakobäische Humoralpathologie des Frühklassizisten B. Jonson und ↑Shakespeares *Hamlet*, der in *Ulysses* (1922; dt. 1927) die Mimesiskonzepte ↑Platons und ↑Aristoteles' dialogisch aufeinander bezieht. Zeit seines Lebens rebelliert J. gegen die Übermacht aristotelischen Denkens (*The Holy Office*, 1904, *Ulysses*), deren Vorgaben er erst in *Finnegans Wake* (1939) als Anti-Poetik im Zeichen G. Vicos überwindet. Vorbilder der klassischen Antike sind ↑Ovids *Metamorphosen* und ↑Homers *Odyssee*, die die Strukturgerüste für *Portrait* und *Ulysses* bilden.

Zentrale Impulse erhält J. aus der ir. Tradition des lit. *wit*, die über ↑Wilde, ↑Sterne und J. Swift reicht und über ↑Rabelais von Lukian, Apuleius etc. beeinflusst wird. Somit erweist sich die nichtklassische Literatur des Hellenismus – insb. die poetologisch offene Gattung des antiken Romans und der Menippea – als wichtiges Komplement zur Rezeption des klassischen Altertums. Beide Traditionen werden als auktorial indizierte Leitstruktur und ironisch verklausulierte Substruktur verschmolzen. Das Paradox, dass J. die lit. Moderne aus traditionalistischer Warte – also in Rekurs auf klassische Antike, Hellenismus, MA, frühe Neuzeit etc. – revolutioniert, ist von unüberschätzbarer Bedeutung. Als Reaktion auf das zeitgenössische lit. Umfeld ist die Absage an die Nationalisierung von Kunst durch das *Irish Literary Revival* hervorzuheben. Unmittelbar inspiriert wird J. von E. Dujardin (innerer Monolog), ↑Hauptmann, ↑Ibsen (*Exiles*, 1915; *Verbannte*, 1918) und G. B. Shaw.

Ausgaben: Exiles. New York 1951; Finnegans Wake. London 1975; Ulysses. Hg. v. H. W. Gabler. New York 1984; Poems and Shorter Writings. Hg. v. R. Ellmann u. a. London 1991; Stephen Hero. Hg. v. T. Spencer. New York 1991; Dubliners. Hg. v. H. W. Gabler u. a. New York 1993; A Portrait of the Artist as a Young Man. Hg. v. H. W. Gabler u. a. New York 1993; Werke. Frankfurter Ausgabe. 8 Bde. Hg. v. K. Reichert/F. Senn. Frankfurt/M.1969 ff.

Forschungsliteratur: U. Eco: Das offene Kunstwerk. Frankfurt/M. 1973; Z. Bowen/J. F. Carens (Hg.): A Companion to J. Studies. Westport 1984; D. Fuchs: J. und Menippos. „A Portrait of the Artist as an Old Dog". Würzburg 2006.

Dieter Fuchs

Juvenal (um 55–127 n. Chr.)

Gemeinsam mit ↑Horaz, Ennius, Lucilius, Varro, Persius und Petron gehört J. nicht nur zur Gruppe der bedeutenden röm. Satiriker, sondern, vermittelt über Literatur und Poetik des MA und der Renaissance, auch zu den zentralen Bezugspunkten der vormodernen Satiretheorie, die bis ins 18. Jh. hinein großen Einfluss auf Form und Inhalt satirischer Texte hatte (↑Boileau, J. Dryden, ↑Pope, S. Johnson u. a. m.) und auch später noch nachwirkte, etwa bei ↑Heine. Ebenso wie ↑Homer und ↑Vergil in Bezug auf das antike Epos in einem Atemzug genannt wurden, so wurden auch Horaz und J. seit der Renaissance als das maßgebliche Zweigestirn der röm. Satire angesehen. Dabei war es nicht allein eine Geschmacksfrage, ob man sich an den als vorbildhaft geltenden Satiren von Horaz oder J. orientierte, sondern v. a. eine Gesinnungsfrage.

Horaz und J. führen je unterschiedliche Prinzipien des satirischen Schreibens vor. Diese Prinzipien sind ablesbar an der von ihnen selbst geschilderten Motivation zur Produktion von Satiren, an den von ihnen behandelten Themenfeldern, am Tonfall ihrer Satiren und nicht zuletzt an den von ihnen eingesetzten rhetorischen Techniken. Die Modellhaftigkeit von J.s *Satiren* (*Saturae*), insb. in der späteren Rezeption, manifestiert sich allerdings weniger in ihren spärlichen poetologischen Selbstaussagen. Sie kommt vielmehr in Form und Inhalt der Texte zum Ausdruck. Im Gegensatz zu Horaz lassen J.s Satiren gemäßigte Stellungnahmen generell vermissen. J. entwirft düstere Sittengemälde. Seine Angriffe werden meist von Hasstiraden begleitet, die in ihrer Schärfe ihresgleichen in der antiken Literatur suchen.

Ausgaben: Saturae. Hg. v. U. Knoche. München 1950; Satiren. Lat.-dt. Hg. v. J. Adamietz. Darmstadt 1993.

Forschungsliteratur: G. Highet: J. the Satirist: a Study. Oxford 1955; J. Adamietz: J. In: ders: (Hg.): Die römische Satire. Darmstadt 1986. S. 231 – 307; W. Th. Wehrle: The Satiric Voice: Program, Form and Meaning in Persius and J. Hildesheim u. a. 1992; Ch. Schmitz: Das Satirische in J.s Satiren. Berlin u. a. 2000.

Uwe Lindemann

K

Kafka, Franz (1883–1924)

Die Poetik K.s im Sinne eines Ensembles generalisierbarer lit. Verfahren zu lexikalisieren, ist angesichts der Fragmentarizität, Heterogenität, Paradoxalität und enigmatischen Vieldeutigkeit der Texte problematisch. Eine grundsätzliche editionsphilologische Schwierigkeit besteht bereits darin, dass ein Großteil der Texte (darunter die drei Roman-Fragmente) erst postum, unautorisiert und auf der Basis von z. T. unvollständigen und ungeordneten Manuskripten publiziert worden ist. Die nicht unerheblichen Eingriffe des ersten Herausgebers M. Brod kaschieren dabei die materiellen Spuren des von Korrekturen und Ausstreichungen geprägten ‚szenografischen' Schreibaktes, der selbst Gegenstand poetologischer Fragen sein könnte. Prekär ist auch der Status der Briefe und Tagebücher (zugleich Medium skizzenhafter Bemerkungen über Schreiben und Literatur), die nicht als authentische autobiografische Dokumente der ‚eigentlichen' lit. Produktion zu lesen sind, sondern ihrerseits lit. Texte darstellen. Dies gilt v. a. für die Briefe an F. Bauer und M. Jesenská sowie den *Brief an den Vater* (1952 postum); diese sind durch ein narzisstisches Spiel der stilisierenden Selbst(de)konstitution bestimmt, das die Situation der dialogischen Briefkommunikation pervertiert. K.s auf ↑Flaubert, ↑Kierkegaard und ↑Goethe verweisende Techniken der Ästhetisierung der Existenz korrespondieren den Versuchen der lit. Figuren in den ‚kleinen' Prosatexten, Erzählungen und Romanen, sich als souveräne Subjekte in einer fremdartigen Umwelt zu behaupten und ihrer selbst zu versichern. Bereits das in *Beschreibung eines Kampfes* (1936 postum) vorgezeichnete Motiv eines Kampfes um Selbstbehauptung deutet dabei die zentrale Frage der Macht in den Texten K.s an. Thematisiert wird diese exemplarisch im *Proceß*-Roman (1925 postum), in dem Josef K. scheinbar grundlos zum Angeklagten in einem eigentümlichen, normale Verfahrensordnungen verkehrenden juristischen Prozess wird, sowie im *Schloß*-Roman (1926 postum), in dem der Landvermesser K. sich vergeblich bemüht in ein mysteriöses Schloss einzudringen, das zugleich allgegenwärtiger bürokratischer Herrschaftsapparat der Verwaltung eines Dorfes ist. Das Individuum sieht sich jeweils mit anonymen Mächten konfrontiert, deren Wirkungen bis in das Innere der Psyche zu reichen scheinen. Juristischer Prozess und bürokratische Verwaltung können entsprechend auch als innerpsychische Mechanismen einer ubiquitären Macht der Kontrolle und Disziplinierung von Subjekten aufgefasst werden. Das sich hier auf der thematischen Ebene vollziehende Verfahren der Entdifferenzierung von Innen und Außen ist dabei insgesamt für die Poetik K.s kennzeichnend. K.s Texte vollziehen einen Schrift- bzw. Textverkehr im Sinne einer lit. Umschrift von (auto)biografischen Daten (z. B. Spuren des Autornamens), von Diskursen wie Recht, Politik/Verwaltung, Ökonomie, Erziehung und Sexualität, von medientechnischem Wissen sowie von mythologischen, theologischen (jüd. wie christl.) und künstlerischen Traditionen, überdies von eigenen lit. Verfahren, Themen und Motiven. Als inter- und intratextuelles Verweissystem konstituieren sie derart eine Art labyrinthisch-rhizomatischen Bau (↑Deleuze/F. Guattari), welcher mit der hermeneutischen Kategorie des Werkes als eines organisch in sich geschlossenen Ganzen nicht mehr adäquat erfasst werden kann. Narratologisch ist vor diesem Hintergrund zunächst die Travestie narrativer Schemata signifikant. Flauberts negativen Bildungsroman *L'Education sentimentale* radikalisierend, wird insb. die Tradition des Bildungsromans seit Goethes *Wilhelm Meister* dekonstruiert. Dies betrifft den *Proceß* und *Das Schloß*, v. a. aber den Roman *Der Verschollene* (1927 postum u. d. T. *Amerika*), in dem Karl Roßmann von seinen Eltern nach Amerika geschickt wird, dort verschiedene soziale Milieus und die Welt der kapitalistischen Ökonomie kennen lernt, ohne sich aber je in einer gesellschaftl. Position zu etablieren. Das Schema der zuletzt erfolgreichen Initiation des Individuums in die Gesellschaft mit dem Ergebnis der sozialen Anerkennung wird bei K. denormalisiert. Die Versuche der subjektiven Selbstversicherung und äußeren Selbstbehauptung scheitern (mit Hinrichtung und Tod in *Der Proceß*) oder brechen ab (*Das Schloß* und *Der Verschollene*). Als Travestien narrativer Schemata lassen sich auch die Parabeln (z. B. *Vor dem Gesetz*, 1934 postum, und *Auf der Galerie*, 1921), Gleichnisse (z. B. *Von den Gleichnissen*, *Prometheus* sowie *Das Schweigen der Sirenen*, alle 1931 postum) und Fabeln (z. B. *Josefine, die Sängerin oder Das Volk der Mäuse*, 1924) lesen. Gegenüber dem üblicherweise allegorischen Charakter der Textsorten insistiert hier meist eine „wolkige Stelle" (↑Benjamin) zwischen Bild- und Sachebene. Scheinbare Sinnangebote diffundieren in ambivalente und paradoxe Verweisspuren. Die charakteristische Rätselhaftigkeit fast aller Texte K.s lässt sich narratologisch ferner aus der Weise der (Nicht-) Motivierung von narrativen Ereignissen erklären. Während kausallogische und psychologische Zusammenhänge in der Regel nicht expliziert werden (ohne genauere Begründung verurteilt z. B. in *Das Urteil*, 1913, der Vater den Sohn Georg Bendemann zum Tod des Ertrinkens, was dieser tatsächlich zu akzeptieren scheint), stiftet das dichte Verweissystem von Themen und Motiven (Macht, Familie, erotisches Begehren, Schuld, Scham, Schreiben, Verwandlung, Tod etc.) in und zwischen den einzelnen Texten dennoch ästhetisch-kompositorische Zusammenhänge. Diese bleiben aber nicht zuletzt deswegen deutungsoffen, weil sie durch (Traumlogiken verwandte) rhetorische Verfahren der Verdichtung, Verschiebung und Inversion in einen permanenten Prozess der De-konstruktion von Sinn eingeschrieben sind. K.s ‚Poetik der Winkelzüge' prägt auch die narrativen Modi der Fokalisierung. Die Technik der figurenvermittelten Fokalisierung des Geschehens suggeriert wegen der offenbaren Unsicherheit von subjektiven Wahrnehmungen und Urteilen eine Instabilität der erzählten Welt. Dies hat in der Umkehr zur Konsequenz, dass die wahrnehmenden und urteilenden Subjekte selbst in den Blick kommen. In den zahlreichen lit. Inszenierungen von scheiternden Deutungs- und Verstehenssituationen, etwa in *Die Sorge des Hausvaters* (1919) und im Dom-Kapitel des *Proceß*-Romans, in dem die ins Paradoxe führende Auslegungsdebatte einer Türhüter-Legende (*Vor dem Gesetz*) erzählt wird, werden Fragen der Deutung und des Verstehens auch explizit thematisiert. Die meisten Texte K.s können als ästhetische Experimente mit den Möglichkeitsbedingungen des Verstehens ausgelegt werden, die sie nicht nur zum exemplarischen Gegenstand, sondern auch zum lit. Beitrag der Literaturtheorie haben avancieren lassen. Literaturhistorisch verbinden die Aspekte des Nicht-Verstehens und des Nicht-Wissens samt der entsprechenden ‚List-Mechanismen' K.s Texte u. a. mit der Erzählweise ↑Kleists. Autopoetologische Dimensionen eröffnen schließlich auch die Texte des *Hungerkünstler*-Zyklus über Künstler-Figuren, Künstler-Milieus und Kunst als soziale Institution sowie v. a. die Thematisierungen von Schrift. Dabei sind die Bestimmungen der Schrift als widersprüchlich-kryptische Zeichenfolge (*Der Proceß*, *Vor dem Gesetz*), als Medium der autonomen Zeichenproduktion auf Kosten der Auslöschung des Autors (*Ein Traum*, 1919) oder als gewaltsame Einschreibung einer grammatikalisch-epistemologischen Ordnung in Bewusstsein und Körper (*In der Strafkolonie*, 1919) gemäß dem für K. typischen Prinzip einer ‚gleitenden Metaphorik' nie eindeutig und kohärent. Ohnehin durch eine sprachproblematische Doppelung von minutiös-realistischer Buchstäblichkeit und Metaphorizität charakterisiert, provozieren sie vielmehr fortlaufend neue Referenzialisierungen. K.s Einfluss auf die nationale und internationale Literatur bis in die Gegenwart ist kaum zu überschätzen. Das Kafkaeske, das insb. die prägnante Verbindung der Aspekte der Fremdheit, Rätselhaftigkeit und – in der Forschung oft übersehen – grotesk-absurden Komik betont, ist überdies heute zur gängigen Formel geworden, deren Gebrauch keinesfalls auf den Bereich des Literarischen beschränkt ist. K.s Autorname fungiert gleichsam als lit. Signatur der Moderne.

Ausgaben: Schriften. Tagebücher. Briefe. Hg. v. J. Born u. a. Frankfurt/M. 1983 ff.; Gesammelte Werke in zwölf Bänden. Hg. v. H.-G. Koch. Frankfurt/M. 1994; Historisch-Kritische Ausgabe sämtlicher Handschriften, Drucke und Typoskripte. Hg. v. R. Reuß/P. Staengle. Basel u. a. 1995 ff.

Forschungsliteratur: G. Deleuze/F. Guattari: K. Für eine kleine Literatur. Frankfurt/M. 1976; H. H. Hiebel: Die Zeichen des Gesetzes. Recht und Macht bei F. K. München 1983; D. Kremer: K. Die Erotik des Schreibens. Schreiben als Lebensentzug. Frankfurt/M. 1989; W. Kittler/G. Neumann (Hg.): F. K. Schriftverkehr. Freiburg i. Br. 1990; K.-M. Bogdal (Hg.): Neue Literaturtheorien in der Praxis. Textanalysen von K.s „Vor dem Gesetz". Opladen 1993; C. Liebrand/F. Schößler (Hg.): Textverkehr. K. und die Tradition. Würzburg 2004; C. Liebrand (Hg.): F. K. Neue Wege der Forschung. Darmstadt 2006; O. Jahraus/B. Jagow (Hg.): K.-Handbuch. Göttingen 2007.

Rasmus Overthun

Kallimachos (um 320–245/240 v. Chr.)

Der Gelehrte und Dichter K. hat sich in vielen seiner poetischen Werke über Dichtung geäußert, in direkten Aussagen und in indirekten, auf die Dichtungstheorie hin durchsichtigen. Dabei erfolgen einzelne (vorgeblich oder tatsächlich) als Reaktion auf Angriffe von Gegnern, somit situationsgebunden: K. hat keine systematische Poetik in Prosa (↑Aristoteles) oder Versen (↑Horaz) verfasst. Vehikel der Aussagen sind oft eine Reihe von bildhaften oder metaphorischen Gegensatzpaaren: klein, fein, rein, süß vs. grob, ungeschlacht, fett, lärmend; unberührter Fußpfad vs. von Volksmassen zertretene Straße; klare Quelle vs. schlammiger Fluss; zudem scheint K. eine bunte, abwechslungsreiche Darstellungsweise bevorzugt zu haben (↑Pindar). Erreicht werden die geforderten Qualitäten nur in langwieriger, mühevoller Ausarbeitung. Unter die abgelehnte Dichtung fällt z. B. das Großepos in der Nachfolge ↑Homers, für K. ein Ding der Unmöglichkeit. Keinesfalls lehnt er alle Epik ab; wie sie aussehen kann, hat er etwa mit seinem Kleinepos (Epyllion) *Hekale* demonstriert. K. praktiziert und propagiert eine Dichtung, deren wesentliche Züge inhaltliche und formale Innovation sowie große Gelehrsamkeit sind, dazu eine schier allgegenwärtige (Selbst-)Ironie sowie ein Element des Spielerischen; das Produkt bezeichnet er als „Dichtungsweisheit", „sophíe" (Pindar).

Die Wirkung von Dichtung und Dichtungstheorie des K. in der Antike war immens. Bes. auf die röm. Dichtung bis zum Ende des 1. Jh.s n. Chr. übten sie einen unwiderstehlichen Reiz aus (insb. Catull, Properz, Horaz, ↑Ovid), formale und inhaltliche Züge der *Hekale* sind bis in die Spätantike wirksam; in gr. Papyri, Kommentaren und von Grammatikern wird K. nach Homer am meisten zitiert. Da viele seiner Schriften spätestens im 13. Jh. verloren gingen, blieb seine unmittelbare Wirkung auf die (frühe) Neuzeit gering. Eine spezielle Vorliebe J. Dorats und ↑Ronsards galt den *Hymnen* (vgl. die *Hymnes* des Letzteren).

Ausgaben: Callimachus. 2 Bde. Hg. v. R. Pfeiffer. Oxford 1949–1953; Hecale. Hg. v. A. S. Hollis. Oxford 1990; Werke. Gr.-dt. Hg. v. M. Asper. Darmstadt 2004.

Forschungsliteratur: W. Wimmel: K. in Rom. Die Nachfolge seines apologetischen Dichtens in der Augusteerzeit. Wiesbaden 1960; M. Asper: Onomata allotria. Zur Genese, Struktur und Funktion poetologischer Metaphern bei K. Stuttgart 1997; L. Lehnus: K. In: Der neue Pauly. Bd. 6. Stuttgart u. a. 1999. Sp. 188–194; U. Hamm: Die Grabepigramme des K. Diss. Bochum 2003. S. 21–46 [Online-Ressource].

Ulrich Hamm

Kant, Immanuel (1724–1804)

Die *Kritik der Urteilskraft* (1790) enthält mit der Konzeption des interesselosen Wohlgefallens den wirkungsmächtigsten Bestandteil von K.s Ästhetik. Sie basiert auf einer introspektiv gewonnenen Analyse des Unterschiedes zwischen dem Reflexionsgeschmack des Mannes von Geschmack und dem bloßen Sinnengeschmack des Barbaren (§§ 2, 8). Letzterer mache sein Urteil über ein Kunstwerk in erster Linie davon abhängig, ob es Reiz und Rührung (§ 13) erzeugen und außerkünstlerischen Absichten wie Belehrung oder Unterhaltung zu dienen vermöge. Im Unterschied zu solchen unreinen Geschmacksurteilen beruhten die reinen Geschmacksurteile auf einer subtilen Lust an der Harmonie der Erkenntniskräfte. Das interesselose Wohlgefallen entstehe aus einer freien, selbstzweckhaften Beschäftigung des Verstandes und der Einbildungskraft, die sich an der zweckfreien Zweckhaftigkeit der Form des wahrgenommenen Kunstgegenstandes entzünde und auf rein innerkünstlerische Aspekte wie z. B. die Zeichnung (Malerei) oder die Komposition (Musik) rekurriere. Barbarisch wäre es demnach z. B., eine Venusstatue im Hinblick darauf zu beurteilen, ob sie sinnliche Erregung, zärtliche Gefühle oder moralisch-pädagogische Reflexionen erzeugt.

K. beharrt jedoch darauf, dass das interesselose Wohlgefallen dem interessegeleiteten, emotional-sinnlichen Lustempfinden jederzeit überlegen sei, weil es denknotwendig, zustimmungsfähig, universalisierbar sei. In der Hierarchie der Künste rangiert die – scharf von der zweckorientierten Rhetorik abgegrenzte – Poesie bei K. vor den bildenden Künsten und der Musik, da diese in geringerem Maße als die Dichtkunst von Reiz und Rührung, sinnlichen und emotionalen Empfindungen freigehalten werden könnten (§ 53).

Die ebenfalls in K.s *Kritik der Urteilskraft* enthaltene Theorie des Erhabenen (↑Burke, ↑Lyotard) postuliert, dass sich der Mensch angesichts schlechthin großer Phänomene wie z. B. der übermächtigen Gewalt eines Erdbebens in einer Art von negativer Lust (§ 23) zwar einerseits als ein ohnmächtiges Geschöpf erfährt, andererseits aber ein begeistertes Wohlgefallen (§ 28) empfinden kann angesichts seiner Fähigkeit, sich als intelligibles Wesen innerlich über alle bloß materiellen, ihrer selbst unbewusst bleibenden Vorgänge erheben zu können.

Die von K. beschriebenen Abstraktionsleistungen wurden – insb. von ↑Schiller und W. v. Humboldt – ihrer in der *Kritik der Urteilskraft* noch in Ansätzen erkennbaren sozialen Kontextualisierung entkleidet und zur Grundlage einer idealistischen Autonomieästhetik gemacht, die es auf der Basis einer normativen Anthropologie zu einem schlechthinnigen Wesens- und Erkennungsmerkmal des Menschen erklärte, interesseloses Wohlgefallen empfinden und reine Geschmacksurteile fällen zu können. Die wichtigsten neueren Analysen von K.s epochaler Schrift, die einen Meilenstein auf dem Weg zur Autonomisierung der Künste darstellt, zielen auf eine Trennung zwischen ihren deskriptiven und ihren normativen Bestandteilen.

Ausgaben: K.s gesammelte Schriften. Berlin 1908; Werkausgabe. Bd. 10. Hg. v. W. Weischedel. Frankfurt/M. 1974.

Forschungsliteratur: P. Bourdieu: La distinction. Critique sociale du jugement. Paris 1979; H. u. G. Böhme: Das Andere der Vernunft. Zur Entwicklung von Rationalitätsstrukturen am Beispiel K.s. Frankfurt/M. 1983; G. Irrlitz: K.-Handbuch. Leben und Werk. Stuttgart u. a. 2002; G. Felten: Die Funktion des sensus communis in K.s Theorie des ästhetischen Urteils. Paderborn 2004.

Jost Schneider

Kaschnitz, Marie Luise (1901 – 1974)

K.s Poetik entzieht sich nicht nur deshalb einer Festlegung, weil sie bruchstückhaft und verstreut formuliert worden ist; vielmehr hat die Dichterin umgekehrt ihre poetologischen Entwürfe nur zögernd und grob skizziert, weil sie eine solche Festlegung, und sei es auf das nur Vorläufige, scheute. Während sich ihr Abschied von der Strenge klassischer Gedichtformen und Metren bereits in den ersten Gedichten der Nachkriegszeit vorbereitet, nimmt auch ihre Irritation über die Rolle der Dichterin als Künderin und Mahnerin zu, der sie sich in ihren ersten Essays ab Ende der 1940er Jahre noch verpflichtet fühlte, die sie später aber immer mehr als Zuschreibung von außen erlebte und schließlich (vgl. z. B. *Wohin denn ich*, 1963) völlig ablehnte. An die Stelle des früheren Anspruchs tritt zunehmend die mit äußerster Bescheidenheit formulierte Absicht, lediglich beobachtende und beschreibende Zeitgenossin zu sein: Die unbedingte Notwendigkeit allein des Individuellen wird zur Grundbedingung für die Gültigkeit des Gesagten. Lediglich das kann dichterisch gelingen, was bloß „zufällt" (vgl. *Ein Gedicht*). Das Bildreservoir der Lyrik entstammt nach wie vor einer mit großer Aufmerksamkeit beobachteten Natur, auch der eigenen, wird aber im Spätwerk „gegen den Strich gekämmt" und „widernatürlich gepaart" (s. ebd.). Das dichterische Wort ist „Wüste" und „Paradies" zugleich für den, der mit ihm umgeht. Es gefällt nicht unbedingt auch dem lesenden Publikum (vgl. *Der Dichter*).

Bei der Bescheidenheit, mit der K. das eigene Werk beurteilt, und dem unprätentiösen Duktus, den sie pflegt, erstaunt es, dass sie (etwa in ihren Frankfurter PV von 1960) als ihre Vorbilder solche Dichter nennt, die mit ungewöhnlichen sprachlichen oder stilistischen Mitteln die Grenzen des Sagbaren zu erweitern suchten: ↑Kafka, ↑Beckett, ↑Celan. Für sich selbst lehnt K. eine derartige Vorreiterrolle ab und erklärt, sie wolle sich „auf die weibliche Position zurückziehen" (vgl. *Die Schwierigkeit, unerbittlich zu sein*, 1965), d. h. Vereinzelung und Außenseitertum meiden, die für sie mit der Bedeutsamkeit als Dichter einhergehen, um stattdessen in familiären und alltäglichen Bezügen leben zu können. Wenn auch unter diesem Vorbehalt, verläuft K.s Werk doch in einem Prozess stetiger Annäherung an eine hypothetische Grenze der dichterischen Ausdrucksmöglichkeiten, deren gelegentliche Überschreitung sie als fast moralische Pflicht beschreibt, da das jenseitige Wort das erlösende sein könnte: „Greif dir im Leeren / Die Osterblume". Noch in den spätesten, sich immer weiter verknappenden Gedichten dominiert die Spannung zwischen persönlicher Weltzugewandtheit und Hoffnung bei grundlegendem Zweifel an der Kraft der Sprache und am Menschen.

Ausgaben: Zwischen Immer und Nie. Gestalten und Themen der Dichtung [FPV]. Frankfurt/M. 1971; Gesammelte Werke. Hg. v. C. Büttrich/N. Miller. Frankfurt/M. 1981–1989.

Forschungsliteratur: E. Pulver: M. L. K. München 1984.

Stephanie Dressler

Kästner, Erich (1899–1974)

K.s Beitrag zur Literaturgeschichte besteht v. a. in der Etablierung sog. „Gebrauchslyrik" (↑Brecht) als Gattung. K. verwirft Verse ohne konkreten Nutzwert für die Zeitgenossen als unnütze Reimspielereien. In Abkehr von klassischer Lyriktradition und expressionistischer Dichtung verzichtet K. auf schwierige und tiefgründige Metaphorik sowie komplizierten Gedichtaufbau zugunsten einer kritischen, polit. undogmatischen Gesellschaftssatire. Durch ihren pointierten, unterhaltenden Charakter und ihre alltagsbezogene Verwendbarkeit will diese als eingängige Anregung für ein vernünftiges, moralisches Verhalten wirken und das konstatierte emotionale Defizit der Gesellschaft überwinden. Thematisch und stilistisch konsistent, beschäftigen sich K.s Vorkriegsanthologien (z. B. *Herz auf Taille*, 1928) v. a. mit Alltagsrealität und Gefühlswelt der Angestelltenschicht in der späten Weimarer Republik und üben dezidierte Kritik an Militarismus und Reaktion. Durch gezieltes Einstreuen (pseudo-)autobiografischer Elemente in seine Dichtung und das Spiel mit kleinbürgerlicher Ambivalenz gegenüber manchem Betrachtungsgegenstand, etwa der großstädtischen Demimonde, erreicht der Autor eine trotz aller sarkastischen Untertöne glaubwürdige gesellschaftl. Innenperspektive. Thematik und Duktus der Lyrik finden sich im Roman *Fabian. Die Geschichte eines Moralisten* (1931), K.s lit. bedeutendstem Werk, zu einem Panorama der Großstadt verdichtet, das in satirischer Überzeichnung und Typisierung den gesellschaftl. Verfall im Schatten von Weltwirtschaftskrise und herandrohendem Nationalsozialismus beschreibt. Nach 1945 greift K. in seiner Lyrik Motivik und Form der Weimarer Periode wieder auf.

Trotz offiziellem Arbeitsverbot im Dritten Reich reüssierte K. unter Pseudonymen insb. als Theater- und Drehbuchautor. Während das umfangreiche essayistische Werk noch weitgehend unerforscht ist, basiert K.s zeitlose Popularität v. a. auf der Autorschaft internationaler Klassiker der Jugendliteratur wie *Emil und die Detektive* (1929). Sein Verdienst als Literat für Kinder besteht in der innovativen Ausgestaltung von Kinderfiguren als individuelle Charaktere und der kindgerechten Einbringung eines moralischen und gesellschaftl. Problemhorizonts in die Geschichten (z. B. Thema Scheidung in *Das doppelte Lottchen*, 1949).

Ausgaben: Werke. 9 Bde. Hg. v. F. J. Görtz. München u. a. 1998; Der Karneval des Kaufmanns. Gesammelte Texte aus der Leipziger Zeit 1923–1927. Hg. v. K. Schuhmann. Leipzig 2004.

Forschungsliteratur: S. Hanuschek: Keiner blickt dir hinter das Gesicht. Das Leben E. K.s. München u. a. 1999; K. Doderer: E. K. Lebensphasen – politisches Engagement – literarisches Wirken. Weinheim u. a. 2002; B. Dolle-Weinkauff: E. K.s weltweite Wirkung als Kinderschriftsteller. Studien zur internationalen Rezeption des kinderliterarischen Werks. Frankfurt/M. u. a. 2002.

Norman Ächtler

Keats, John (1795–1821)

K. hat seine poetologischen Ideen nicht in einer theoretischen Schrift, sondern nur anlassbezogen und punktuell in einigen Briefen ausformuliert. Er besteht auf der Freiheit der Dichtung gegenüber allen Ideologien und praktischen Funktionen; im poetischen Werk artikuliere sich eine eigenständige Wahrheit der Imagination. Vom Platonismus beeinflusst, konzipiert K. diese „truth of imagination“ als innerlich verknüpft mit Schönheit; sie erschließt sich darum stets unter Rückbezug auf die Sinne, niemals allein dem abstrakt-logischen Verstand. Indem K. der Sensitivität, der Imagination und der Emotion zentrale Bedeutung für den Produktions- und Rezeptionsprozess zuschreibt, Dichtung von moralisch-didaktischen Kriterien löst und sie als Ausdruck von Wahrheiten begreift, die rational nicht vermittelbar sind, leistet er einen für die engl. Dichtungstheorie wegweisenden Beitrag zur Autonomieästhetik. Programmatisch stellt er dem abstrakt-rationalen Denken, dem „life of thought“, die lebendige Empfindung, das „life of sensations“, gegenüber (Brief an Bailey vom 22. 11. 1817). Zudem betont er die Opposition zwischen Dichtung und wissenschaftlich-abstraktem Denken und akzentuiert, wie auch ↑Shelley und ↑Wordsworth, die synthetisierende und vitalisierende Kraft poetischer Imagination gegenüber dem analytischen und als mortifizierend gedeuteten Begriff. Der geniale Künstler lässt sich von seinem Gefühl leiten; sein Werk ist charakterisiert durch sinnlichen Reichtum, Intensität des Ausdrucks und organische Ganzheitlichkeit. Über ihre lebendigen Empfindungen sind die Menschen untereinander sowie mit den anderen Kreaturen verbunden; das dichterische Ich vermag daher empathisch im Namen aller Geschöpfe zu sprechen. Der Dichter verfügt, wie ↑Shakespeare musterhaft zeigt, über die „negative Fähigkeit“ („negative capability“), sich unter Absehung von seiner beschränkten Person einem Größeren und Umfassenderen zu widmen. So kompensiert Dichtung die moderne Entzauberung der Welt durch Wissenschaft, Technik und abstraktes Kalkül. K. ist sich allerdings bewusst, dass sich in der Moderne jene Evidenz des Gefühls, die für ihn Grund und Ziel poetischer Artikulation ist, von Reflexion nicht ablösen lässt, und alle Ursprünglichkeitsvisionen Erzeugnisse reflektierter Rekonstruktion sind. Seine poetologischen Gedichte, darunter die *Ode to a Nightingale* und die *Ode on a Grecian Urn* (beide 1819) beschwören einerseits in mythopoetischer Weise eine verlorene Einheit von Subjekt und Natur, lassen andererseits aber die Gebrochenheit solcher Visionen sowie die Spannung zwischen Zeitlichkeitserfahrung und poetisch beschworener Überzeitlichkeit des Schönen erkennen. Poetische Wahrheit vermittelt sich als Folge jener Spannung in unbestimmter und vieldeutiger Form. Das Gedicht subvertiert Gewissheiten und wird gerade dadurch zum Medium spezifisch poetischer Erkenntnis; sein Widerspruch gegen die Rationalisierung und Entzauberung der Welt beruht nicht zuletzt auf solcher Disposition zur Vieldeutigkeit und zur Frage.

Ausgaben: The Poetical Works and Other Writings of J. K. Hg. v. H. Buxton Forman. New York 1938 ff.; Gedichte. Engl.-dt. München u. a. 1995; Werke und Briefe. Engl.-dt. Stuttgart 1995.

Forschungsliteratur: H. Viebrock: J. K. Darmstadt 1977; J. C. Robinson: Reception and Poetics in K. Basingstoke u. a. 1998; S. J. Wolfson (Hg.): The Cambridge Companion to

K. Cambridge u. a. 2001; S. J. Wolfson: J. K. New York u. a. 2007.

Monika Schmitz-Emans

Kessel, Martin (1901–1990)

Der Schriftsteller, Essayist und Aphoristiker K. ist einem kunstreligiösen Literaturverständnis verpflichtet, das auf Ideen aus der frühromantischen Literatur und Philosophie rekurriert. Er definiert Dichtung als Sphäre geheimnisvoller, autonomer Naturkräfte mit zeitübergreifender Bedeutung, einer – so auch der Titel seiner vor der Mainzer Akademie der Wissenschaften und Literatur im Jahre 1950 gehaltenen Rede – „epochalen Substanz". Dichtung fungiert als existenziell wichtiger Gegenpol zu Realität und Alltag. Sie soll als Forum der metaphysischen Sinnstiftung und der Auseinandersetzung mit anthropologischen Wesensfragen dienen. Die Beschäftigung mit aktuellen und tagespolit. relevanten Fragestellungen hingegen spielt in diesem Kontext nur in der ironischen Brechung eine Rolle. Vor diesem Hintergrund versteht K. Literatur nicht als zielgerichtetes Streben nach Anerkennung und kommerziellem Erfolg durch stringent konstruier- und planbare Formspielereien, sondern als spontanen Akt des kunstvollen Abschweifens von der Realität. Aus diesem poetologischen Verständnis ergibt sich für K. die Apotheose des Schriftstellers, da er dessen Fähigkeit, das Alltägliche mit einem poetischen Blick zu betrachten und in Dichtung zu transformieren, als eine schicksalhafte Lebensaufgabe begreift. K. bewertet diese Aufgabe als äußerst ambivalent, da sie zugleich Neigung und Zwang ist. So kann ein Schriftsteller durch sein Talent nicht nur aus den Zwängen des Alltags befreit, sondern auch getrieben werden, sich den Anforderungen des eigenen Werks total unterzuordnen. Der kunstreligiöse Duktus und die ironische Distanz zu gesellschaftl. und zeitgeschichtlich relevanten Themen machen K., dessen schriftstellerische Anfänge in der lit. Moderne und der Neuen Sachlichkeit liegen, primär zu einem Repräsentanten der Literatur der Inneren Emigration. Oft kokettiert er bewusst mit seinem Außenseitertum.

Ausgaben: Die epochale Substanz der Dichtung. Mainz u. a. 1950; Die Sache des ganzen Lebens. Dankrede [BPR]. In: DASD (Hg.): Jahrbuch 1954. Heidelberg u. a. 1955. S. 54–60.

Forschungsliteratur: C. Stockinger/S. Scherer (Hg.): M. K. (1901–1990). Bielefeld 2004.

Dominik Schmitt

Kesten, Hermann (1900–1996)

In verschiedenen Essays und in seiner BPR (1974) äußerte sich K. zur Literatur. Er unterscheidet implizit einerseits zwischen individuellen lit. Texten, die, wie ihre Verfasser, an ihre jeweilige lit. Tradition und Landessprache gebunden sind, und andererseits der Literatur als Ganzes. Grundsätzlich ist alles, was Menschen erzählen, denken, sagen und tun, Ausgangsmaterial für lit. Produktion.

Lit. Texte und die schriftstellerische Tätigkeit versteht K. ihrem Wesen nach als historisch, d. h. sie entspringen aus den Geschehnissen und dem Geist ihrer Zeit und sind ihr verhaftet. K. betont „keine Poesie ist rein": zwischen einem Autor und seinen Überzeugungen, Handlungen, Worten und Texten besteht eine unauflösliche Einheit. Lit. Texte sind dementsprechend immer auch ggf. verhüllte und unwillentliche Autobiografien ihrer Schöpfer – und diese Chronisten ihrer Zeit. Die Bedeutung, die einem Text innewohnt, kann nur vor dem Hintergrund der Entstehensgeschichte erkannt werden. Allerdings soll Dichtung nicht die „Natur", d. h. historische Ereignisse, wiederholen. Sie soll vielmehr eine Welt mit Worten neu schaffen und gleichzeitig die außerlit. Welt erklären helfen. So fragmentarisch wie die Welt ist auch die Literatur, die keinen vollendeten Zustand erreichen kann. Als oberstes Prinzip der Literatur setzt K. die Wahrheit. Sie zu suchen und lit. festzuhalten ist die Aufgabe des Dichters. Schreiben heißt sich um die Wahrheit mühen, mit den Figuren spielen, die Welt beschreiben und vielleicht einmal verändern.

Die Literatur in ihrer Ganzheit, als Menge aller lit. Texte, ist anders als ihre Teile übernational, autonom und ahistorisch; sie überdauert ihre Erschaffer und ihre Zeit. K. beschreibt Literatur als beobachtende und konservierende Instanz, die auf kleinem Raum eine große Menge Wissen speichern kann. Eine Nation ohne Literatur ist geschichtslos. Grundsätzlich ist Literatur zweckfrei, durch ihre Eigenschaften kommt ihr aber die Funktion zu, die Geschichte aller Nationen – als „Auge und Ohr der Zivilisation" – zu schreiben. Der Dichter wird so zum „Sprecher der Menschheit". Die Literatur befindet sich in einem nicht zu lösenden Zwiespalt, denn sie ist potenziell Lehrer oder Verführer, Herr oder Knecht, Gott oder Monstrum, da sie sich gegen (polit.) Instrumentalisierung nicht schützen kann. Literaten sind daher durchaus verantwortlich für das, was sie schreiben und drucken lassen, obschon sie, als Außenseiter der Gesellschaft, selbst die ersten Opfer von Krisen sind.

Ausgaben: Ein Optimist. Beobachtungen unterwegs. München u. a. 1970; Das Glück und die deutschen Dichter [BPR]. In: DASD (Hg.): Jahrbuch 1974. Heidelberg 1975. S. 44–59.

Forschungsliteratur: A. Winkler: H. K. im Exil (1933–1940). Sein politisches und künstlerisches Selbstverständnis und seine Tätigkeit als Lektor in der deutschen Abteilung des Allert de Lange Verlages. Hamburg 1977; W. Fähnders/H. Weber (Hg.): Dichter – Literat – Emigrant. Über H. K. Bielefeld 2005.

Christian A. Bachmann

Kierkegaard, Søren Aabye (Victor Eremita, Johannes de Silentio, Constantin Constantius, Vigilius Haufniensis, Nicolus Notabene, Johannes Climacus, Hilarius Bogbinder, William Afham, Frater Taciturnus) (1813–1855)

Der exzessive Gebrauch von Pseudonymen führt mitten in die Frage nach der Poetik von K.s Schriften hinein, welche sich in keine bestimmte Disziplin fügen, sondern Grenzgänge zwischen Philosophie, Literatur, Theologie und Psychologie unternehmen. Seit seiner Dissertation *Über den Begriff der Ironie mit ständiger Rücksicht auf Sokrates* (*Om Begrebet Ironi, met stadigt Hensyn til Socrates*, 1841; dt. 1929) kreisen K.s Schriften um das Verhältnis von Einzelnem und Allgemeinem, welches grundlegend für sein Denken von Existenz, Religiösem, von Verantwortung und Wahl, Interesse, Bewegung und Zeitlichkeit („Augenblick") ist. In unablässiger Kritik an ↑Hegels Begriff der Vermittlung, der die Subsumption des Einzelnen unter das Allgemeine betreibt, insistiert K. auf ein Denken des Paradoxes und der Inkommensurabilität von Einzelnem und Allgemeinem, welches an spezifische Darstellungsverfahren gekoppelt ist: indirekte Mitteilung, Einsatz von Pseudonymen, Ironie, Humor. K.s Texte versammeln unterschiedliche Genres, so etwa *Entweder-Oder. Ein Lebensfragment. Herausgegeben von Victor Eremita* (*Enten-Eller*, 1843; dt. 1885), welches Aphorismen, das bekannte *Tagebuch des Verführers*, Ansprachen, ein Lustspiel sowie Reflexionen mittels einer Herausgeberfiktion bündelt. Verhandelt K. den Begriff der Ironie in seiner Dissertation derart, dass er der romantischen Ironie als einfache Bewegung der Negation des Endlichen die Ironie des Sokrates entgegensetzt, welche in einer paradoxen Doppelbewegung das Interesse am Endlichen gerade von seiner Negation her (wieder-) gewinnt, so kommt eben diese Ironie als poetologisches Verfahren u. a. in den pseudonymen Schriften *Die Wiederholung. Ein Versuch in der experimentierenden Psychologie von Constantin Constantius* (*Gjentagelsen*, 1843; dt. 1909) und *Furcht und Zittern. Dialektische Lyrik von Johannes de Silentio* (*Frygt og Bæven*, 1843; dt. 1882) zum Einsatz. Qua ironischem Experiment verabschiedet *Die Wiederholung* jegliche Vorstellung von Wiederholung als Konstanz, womit noch das Pseudonym selbst als ironische Konstruktion lesbar wird. In *Furcht und Zittern* trägt Johannes de Silentio das Schweigen durch die Ironie in die Rede ein („Schweigen der Ironie", *Über den Begriff der Ironie*). Der in K.s Kunst der indirekten Rede installierten strukturellen Unzuverlässigkeit des Erzählens korrespondiert die Leseaufforderung zum Missverstehen: Wie Sokrates richtet K. „seine ganze Mitteilungsform kunstvoll darauf ein […], mißverstanden zu werden." (*Abschließende unwissenschaftliche Nachschrift*). Die Poetik der indirekten Mitteilung wird von K. in Hinsicht auf die Existenz des Einzelnen entwickelt, ist sie doch die einzig mögliche Form, dieses Paradox (das K. wechselweise als Wiederholung, Glauben, Ethisch-Religiöses oder Wahl bearbeitet) zu artikulieren. Ethisches bzw. Existenz lassen sich nicht direkt sagen, sondern sind eine Sache der Realisation, d. h. der Bewegung, deren paradoxe Dialektik K. in seiner Abhandlung *Die Dialektik der ethischen und der ethisch-religiösen Mitteilung* (*Den ethiske og den ethisk-religieuse Meddelelses Dialektik*, 1847; dt. 1963) entfaltet. K.s Erörterungen zur Kunst der indirekten Mitteilung lassen sich dabei zugleich als eine frühe Theorie des Performativen lesen.

Insofern sich K.s Philosophie nicht von der Poetik seiner Texte trennen lässt, die Paradoxien und Inkommensurabilitäten performativ erzeugen, vollzieht sich mit K. eine ‚Theatralisierung der Philosophie' (vgl. ↑Deleuze, *Différence et répétition*). Nachhaltig ist seine Wirkung auf die Philosophie und Literatur des 20. Jh.s, in poetologischer Hinsicht etwa auf ↑Kafka und ↑Bernhard.

Ausgaben: S. K.s Skrifter. Hg. v. S. K. Forschungszentrum. Kopenhagen 1997 ff.; Gesammelte Werke und Tagebücher. Hg. v. E. Hirsch u. a. Düsseldorf u. a. 1950–1974 [Neuaufl. Simmerath 2003/2004]; Deutsche S.-K.-Edition (DSKE). Hg. v. H. Anz u. a. Berlin u. a. 2005 ff.

Forschungsliteratur: P. D. Fenves: „Chatter": Language and History in K. Stanford 1993; I. Winkel Holm: Tanken i billedet. S. K.s poetik. Kopenhagen 1998; E. Strowick: Passagen der Wiederholung. K. – Lacan – Freud. Stuttgart u. a. 1999; T. Hagemann: Reden und Existieren. K.s antipersuasive Rhetorik. Berlin u. a. 2001; J. Bøggild: Ironiens tænker: tænkningens ironi. K. læst retorisk. Kopenhagen 2002; G. A. Hale: K. and the Ends of Language. Minneapolis u. a. 2002.

Elisabeth Strowick

Kindermann, Balthasar (1636–1706)

K.s umfangreiche Anweisungspoetik *Der deutsche Poet* (1664) kann als exemplarisch für die Barockpoetik um die Mitte des 17. Jh.s gelten. Sie führt ↑Opitz' Reformprogramm weiter, erweitert dessen dünnes *Buch von der deutschen Poeterey* (1624) aber um zahlreiche Beispiele aus der zeitgenössischen Literatur. Neben Opitz sieht K. ↑Harsdörffer, J. Rist, P. Fleming, S. Dach, A. Tscherning u. a. als mustergültig an.

Die Einleitung („Antritt") des *Deutschen Poeten* dient der Apologie der Dichtung und der Legitimation von K.s Poetik durch den Verweis auf den notwendigen Zusammenhang von Anlage („natura") und Ausbildung („ars") des Poeten. K. greift dafür extensiv auf die rhetorische Tradition (Cicero, ↑Quintilian), aber auch auf ↑Horaz' *Ars poetica* zurück. Die Frage nach der poetischen ‚Erfindung' (die *inventio* der Rhetorik) beantwortet K. durch die ausführliche Behandlung der Topik, die auch die Mythologie und Techniken der Personifikation einschließt.

Die Darstellung der einzelnen Gattungen folgt zunächst Opitz' Typologie: „Helden-Gedicht" (Epos), Tragödie und Komödie werden auch hier nur der Vollständigkeit halber abgehandelt; im Übrigen verweist K. auf ↑Scaliger. Innovativ ist eine zweite, zusätzliche Gattungstypologie, die ganz auf das Gelegenheitsgedicht („Casualcarmen") zielt. K. geht von sozialen Anlässen aus und entwirft nebenbei ein anschauliches Bild vom gesellschaftl. Ort und der Funktion von Poesie im 17. Jh. Behandelt werden u. a. Geburt, Namenstag, Hochzeit, Begräbnis, Krönung und verschiedene Formen des poetischen Glückwunsches. Weitere Erörterungen, die K. v. a. aus Harsdörffers *Frauenzimmer Gesprächspielen* bezieht, gelten u. a. dem Emblem. Am Schluss wird knapp die Metrik behandelt, wobei *Der deutsche Poet* etwa in der Frage der Alternation streng den Normen Opitz' folgt. Analog zu seiner Poetik orientiert sich auch K.s pragmatisch ausgerichtete Rhetorik (*Der deutsche Redner*, 1660) an den rednerischen Alltagssituationen, die in einer umfangreichen Gattungstypologie entfaltet werden.

Ausgaben: Der deutsche Poet. Hildesheim u. a. 1973 [Nachdr. d. Ausg. Wittenberg 1664].

Forschungsliteratur: B. Markwardt: Geschichte der deutschen Poetik. Bd. I. Berlin ^{3}1964; G. E. Grimm: Literatur und Gelehrtentum. Untersuchungen zum Wandel ihres Verhältnisses vom Humanismus zur Frühaufklärung. Tübingen 1983; J. Dyck: Ticht-Kunst. Deutsche Barockpoetik und rhetorische Tradition. Tübingen ^{3}1991.

Dietmar Till

Kirchhoff, Bodo (geb. 1948)

In seinen Frankfurter PV von 1994/95 beschreibt K. eine auf seine Beschäftigung mit ↑Lacan rekurrierende und in seinem Essay *Körper und Schrift* (1980) erstmals formulierte Poetik, die auf die Erzeugung von „Legenden um den eigenen Körper" zielt. Wie K. in der ersten Vorlesung „Das Kind und die Buchstaben" erörtert, versteht er darunter die exhibitionistische Darstellung seiner eigenen Autobiografie in lit. Texten. Eine solche Selbstentblößung dient ihm als Fundament für eine kreative Neuschöpfung seiner Identität, über deren essenzielle Mangelhaftigkeit er sich schon seit der Kindheit bewusst ist. Durch die Enthüllung seiner persönlichen Defizite will K. eine – so auch der Titel der zweiten Vorlesung – „Orthopädische Wahrheit" erzeugen, d. h. eine „stützende und zugleich geraderückende, dem Mangel durch dessen präzise Herausstellung begegnende, schmerzliche Wahrheit". Jenseits des Strebens nach Kompensation eines realen Mangels stellt das Schreiben für K. aber auch eine ästhetische Leistung dar, da seine Texte stets die Formel „Abgrund plus Handwerk" repräsentieren. Die dritte Vorlesung „Schreiben und Narzissmus" ist eine kritische Auseinandersetzung mit seinen Arbeitsbedingungen als Schriftsteller, die von einer „Poetologie des Banalen" geprägt sind. Um überhaupt Frieden mit der eigenen defizitären Vita schließen zu können, ist er dabei gezwungen, sein Talent in einem Akt der narzisstischen Hybris der verletzenden Ignoranz der meisten Leser und der unter dem Einfluss des Fernsehens zur reinen Selbstinszenierung mutierten Kritik vieler Rezensenten auszusetzen. Wie die vierte Vorlesung „Dem Schmerz eine Welt geben" illustriert, soll sein Schreiben trotz dieses Hintergrunds im Idealfall eine kathartische Funktion erfüllen: die Sensibilisierung des Lesers für den Schmerz anderer über die bewusste Konfrontation mit dem eigenen Schmerz. In der letzten Vorlesung, in der er die 1994 erschienene Erzählung *Der*

Ansager einer Stripteasenummer gibt nicht auf vorträgt, demonstriert K. die Manifestation dieser Poetik in seinen lit. Texten, die in der Tradition lit. Strömungen der 1970er Jahre wie der Neuen Subjektivität stehen.

Ausgaben: Körper und Schrift. In: Body-Building. Erzählung, Schauspiel, Essay. Frankfurt/M. 1980. S. 143–160; Legenden um den eigenen Körper [FPV]. Frankfurt/M. 1995.

Forschungsliteratur: U. Struve: Rezension zu B. K.s „Legenden um den eigenen Körper". In: Deutsche Bücher. Forum für Literatur 26 (1996). S. 17–21; A. Weber: Prozesslogik als Logik moderner Selbstreflexion. Eine soziologische Analyse zu B. K.s „Legenden um den eigenen Körper". In: Th. Kron (Hg.): Die Gesellschaft der Literatur. Opladen 2004. S. 361–397.

Dominik Schmitt

Kirsch, Sarah (geb. 1935)

K. verabscheut das Schreiben über das Schreiben. Nur einmal hat sie sich bisher darüber ausführlich im Gespräch mit Schülern geäußert: *Erklärung einiger Dinge* (*Dokumente und Bilder*) (1978). In einigen Interviews in Tageszeitungen und in Vorlesungen hat sie über ihre Poetologie gesprochen, z. B. anlässlich der Brüder-Grimm-Professur an der Universität/GHS Kassel 1996 oder der Frankfurter PV von 1996/97. Deren Buchversion war im Herbst 1999 bei DVA angekündigt, ist aber nicht erschienen: *Frankfurter Poetikvorlesungen: Von Haupt- und Nebendrachen, von Dichtern und Prosaschreibern.* In den Texten „Aufwärmen" und „Eine Poetikvorlesung – na Mahlzeit!" (2005) hat sie sich ironisch von dieser Institution distanziert – sie habe sich meist gedrückt, wenn sie in die Nähe einer Äußerung zur Poetik geriet. Sie hält sich einfach für eine Praktikerin, und das Mimen des Literaturwissenschaftlers sei das zu Vermeidende par excellence. Als Prinzipien ihrer Poetologie gelten: große Bedeutung des Rhythmus im Sinne des Atem-Tempos; Zeilenwechsel und -brechungen sollen das „Strömen" und „Atemlosigkeit" fördern; Dominanz des Optischen, des optischen Einfalls, der ‚Momentaufnahme', der Logik des Bildes; die Offenheit des Gedichts, das für den Leser Spielraum lässt und auf den Zusammenhang einer Generation (bis in polit. Anspielungen hinein) verweist. Verwandlung, Abschweifungen und „schöne Figuren-Bögen" sowie „sanfte Schwünge" sind ihren Texten wesentlich. „Spiegel" und „Bild" dienen den Gedichten und Prosatexten als Schlüssel zu einer Welt- und Innenweltdeutung, einer „okularen Poetik": „Ein Spiegel mit mir darin, weil sonst niemand da ist." Dazu gehören das Gleiten, Wechseln und Oszillieren der Bildaussage. Die Syntax evoziert Bewegung – so auch Zeilen- und Stilbrüche. Eine Maxime lautet: „Fahren und sehen und schreiben". Dies führt zu Mischformen, gelegentlich zu Prosagedichten mit Betonung des Autobiografischen: Natur-, Umwelt-, Liebes- und Politgedichte und deren Überblendung. Bruchstücke, Assoziationen und Bildmontagen führen zu einer Poetologie der „Spreu", einer Literatur des alltäglichen, kleinen Gegenstands mit starker Energie des Zerstreuens. Bildkerne und ihre Varianten liefert die poetologische Reflexion der Jahreszeiten, des Lebens am Meer mit Vögeln, Schafen, Esel, Hund und Katzen. Der Kontrast schwarz/weiß und die Erinnerung an Krieg, Nationalsozialismus und Holocaust bestimmen v. a. die frühen Gedichte, während seit den 1990er Jahren das Landschaftsgedicht dominiert. In den letzten Jahren verengt sich die frühere thematische Vielfalt auf die zivilisatorische Weltkrise bei wachsender Differenzierung der Tonalität. K. gehört zu keiner Schule – weder in der DDR-Literatur noch in der BRD. Sie dankt vielen Anregerinnen und Lehrern und pflegt imaginären Kontakt mit ihnen, bes. mit den Romantikerinnen.

Ausgaben: Erklärung einiger Dinge (Dokumente und Bilder). Ebenhausen bei München 1978 [erw. Ausg.: Reinbek 1981]; Sämtliche Gedichte. München 2005; Gesammelte Prosa. München 2006.

Forschungsliteratur: B. Mabee: Die Poetik von S. K. Erinnerungsarbeit und Geschichtsbewußtsein. Amsterdam 1989; C. Cosentino: „Ein Spiegel mit mir darin". S. K.s Lyrik. Tübingen 1990; G. Proesmans: Viel Spreu wenig Weizen. Versuch einer Poetologie der S. K. anhand von fünf Prosabänden. Frankfurt/M. u. a. 2000.

Gerhard Sauder

Kiš, Danilo (1935–1989)

Neben einem schmalen künstlerischen Werk hat K. zahlreiche Interpretationen eigener und fremder lit. Texte, poetologische Reflexionen unterschiedlichster Couleur verfasst, die in Sammelbänden verdichtet und fixiert wurden (*Po-etika*, 1972; *Po-etika, Knjiga druga*, 1974; *Homo poeticus*, 1983; dt. 1994; *Gorki talog iskustva*, 1990; *Život, literatura*, 1990). Seine Faszination für die Lyrik der frz. und russ. Symbolisten steht am Beginn dieser Poetologie. Dabei erweist sich K. als Kenner und Epigone der russ. formalen Schule. Er legt Wert auf die Künstlichkeit der Kunst, auf ihre Distanzierung von realen Phänomenen oder Prätexten durch gezielte Verfremdung und akzentuiert ihre Sinnproduktion durch neue, z. B. durch musikalische, Korrespondenzen heterogener Textbauteile. Diese ästhetische Position lässt sich auch in K.s Essays zur erzählenden Gattung wieder erkennen. Kritisch geht K. v. a. gegen die Psychologie und die *histoire* in der erzählenden Literatur vor. Waren die psychologischen Verfahren nach K. zu Beginn des 19. Jh.s noch adäquate künstlerische Ausdrucksmittel, so seien Erklärungen im 20. Jh. – und als solche fungierten chronologisch-kausale Handlungsführung oder psychologische Vertiefung – nicht nur überflüssig, sondern anmaßend. K. stellt diesen endlichen Geschichten seine unendliche Welt desintegrierter, quasi lyrisch arrangierter Textbausteine entgegen. Diese können aus Zitaten aller Art, aus gefälschten, aber auch aus realen Dokumenten bestehen. Die Isolation der Dinge, Menschen und Taten, ihre scheinbar zufällige, ungeordnete Koexistenz in einem Prosatext entreißt sie gerade dem Zeitlichen und verewigt sie. Literatur ist für K. Archiv, Speicher, Gedächtnis. Vorbilder findet er in den Texten von ↑Borges, jedoch hat der spielerische, ironische Umgang mit dem Zitat bei K. eine zusätzliche, polit. Dimension. Seine Montagetechnik soll die Lagerinsassen des 20. Jh.s vor dem Vergessen retten. So setzt K. seinem in Auschwitz verschwundenen Vater mit einer autobiografisch gefärbten Trilogie (*Bašta, pepeo*, 1965; *Garten, Asche*, 1968; *Rani jadi*, 1969; *Frühe Leiden*, 1989; *Peščanik*, 1972, *Sanduhr*, 1988), aber auch den Opfern des sowjet. Gulag (*Grobnica za Borisa Davidoviča*, 1976; *Ein Grabmal für Boris Dawidowitsch*, 1983) ein Denkmal. Die von jugosl. Kritikern geführte Polemik um seinen parasitären Gebrauch von Quellen veranlasst K. zu einer poetologischen Gegendarstellung, in der er seine Arbeitsweise akribisch genau dokumentiert (*Čas anatomije*, 1978; *Anatomiestunde*, 1998).

Ausgaben: Djela D. K. Zagreb u. a. 1983; Sabrana dela. Belgrad 1995; Ein Grabmal für Boris Dawidowitsch. München u. a. 1983; Garten, Asche. Frankfurt/M. 1985; Sanduhr. München u. a. 1988; Frühe Leiden. München u. a. 1989; Homo poeticus. Gespräche und Essays. Wien 1994; Anatomiestunde. München u. a. 1998.

Forschungsliteratur: G. Ferenczi (Hg.): Pour D. K. Paris 1992; J. Delić: Književni pogledi D. K. Ka poetici Kišove proze. Belgrad 1995; ders.: Kroz prozu D. K. Belgrad 1997; A.

Prstojević: Le temps de l'histoire. Etudes sur D. K. Paris u. a. 2003.

Andrea Zink

Kleist, Heinrich von (1777–1811)

In K.s fiktivem Dialog *Über das Marionettentheater* (1810) beklagt ein Tänzer den Verlust des Menschen an unschuldiger „Anmut" und „Grazie", den er auf den Gewinn des reflektierenden Bewusstseins durch den Sündenfall zurückführt. Die Linie, die der Schwerpunkt der Marionette beschreibt, wird als „Weg der Seele des Tänzers" aufgefasst, den der Spieler allerdings nur finde, indem er sich in diesen Schwerpunkt versetze und somit selbst tanze. Fazit des Tänzers ist, dass die Grazie in demjenigen am reinsten erscheine, der kein Bewusstsein habe, oder in demjenigen, dessen Erkenntnis unendlich sei, also in der Marionette oder in Gott. Zur erneuten Erlangung von Grazie seitens des Menschen wäre es demnach notwendig, so folgert der Gesprächspartner zögernd, durch erneute Kost vom Baum der Erkenntnis einen umfassenderen Zustand der Reflexion zu erreichen. Die Marionette fungiert in diesem anthropologisch konzipierten ästhetischen Diskurs nicht mehr als negatives Symbol mechanisch determinierter Künstlichkeit, sondern avanciert gerade aufgrund ihres fehlenden Bewusstseins zum Vorbild für menschliche Tänzer. Ihr Tanz ist durch Körperlichkeit in Form perfekt ausgeführter Motorik gekennzeichnet, und in ihren Bewegungen scheint sich eine Verschmelzung der Seele des ihren Schwerpunkt bewegenden Tänzers mit den automatisch folgenden körperlichen Gliedern der Puppe zu vollziehen.

↑Allemann hat darauf hingewiesen, dass man im dialogischen Aufbau des Textes eine performative Umsetzung der Thesen von K.s Aufsatz *Über die allmähliche Verfertigung der Gedanken beim Reden* (1805–1806) sehen kann. Darin wird zwecks deutlicherer Ausprägung bislang dunkler Vorstellungen im eigenen Inneren empfohlen, das Gespräch mit anderen zu suchen, um das eigene Gemüt konstruktiv zu erregen und die eigene Rede durch möglichst kohärenten sprachlichen Ausdruck zu strukturieren. K. vertritt hier die These einer gleichberechtigten, parallel verlaufenden Entwicklung von Gedanke und sprachlicher Form statt einer zeitlich und qualitativ vorgeordneten Stellung des Gedankens. Wie ↑Herder betont er dabei die Fähigkeit von Sprache, Gedanken in ihrer Ausprägung zu beeinflussen; so bringe Sprache Gedanken mitunter erst aus dem Inneren hervor. Auch die Schrift *Von der Überlegung. Eine Paradoxe* (1810) wendet sich gegen eine der Tat vorhergehende Reflexion. Wenngleich hier erneut die Spannung zwischen Gedanke, sprachlicher Äußerung und Handlung thematisiert wird, wird die im Text getroffene Aussage jedoch durch das lit. Stilmittel des Paradoxes nicht nur in Frage gestellt, sondern gar ad absurdum geführt, denn es handelt sich nach Aussage des Sprechers um eine potenzielle, eventuell in der Zukunft zu haltende Rede, und damit um durchaus im Voraus angestellte Überlegungen. Insofern verdeutlicht diese Schrift exemplarisch, dass sich die sprach- und kunstreflexiven Texte K.s trotz oftmals beachtlicher thematischer Überschneidungen nicht nur ergänzen, sondern mitunter auch gegenseitig in ihren Aussagen relativieren oder gar widersprechen.

In weiteren poetologisch relevanten Schriften tritt K. gegen eine überzogene Nachahmung der Kunstwerke anderer ein und empfiehlt stattdessen eine stärkere Hinwendung zum eigenen Erfindungsvermögen, da die Aufgabe des Künstlers v. a. darin bestehe, das eigene Innere zum Ausdruck zu bringen. Diese Argumentation kulminiert in der Forderung, sich auch diametral gegen bisherige künstlerische Richtungen zu positionieren, um die eigene Kunst dem Höhepunkt entgegenzutreiben (*Brief eines jungen Dichters an einen jungen Maler*, 1810). Es wird – erneut nicht ohne relativierende Signale, in diesem Falle durch ironisierende Paratexte – die Gründung von Schulen propagiert, die auf dem „Gesetz des Widerspruchs" statt auf der Annahme eines allg. Nachahmungstriebes beruhen, um das individuelle Entwicklungspotenzial jedes Kindes adäquat zu berücksichtigen und eine Weiterentwicklung der Gesellschaft zu ermöglichen (*Allerneuester Erziehungsplan*, 1810). Als Merkmale eines vortrefflichen Kunstwerks nennt K. in *Ein Satz aus der Höheren Kritik* (1811) Schönheit, Wahrheit und Erhabenheit; im *Brief eines Dichters an einen anderen* (1811) wird paradoxerweise das Ziel der formalen Gestaltung in der Kunst darin gesehen, ebendiese Form „verschwinden zu machen", sodass der zu vermittelnde Gedanke unmittelbar aus dem Werk hervortritt.

Auch zahlreiche Briefe K.s enthalten poetologische Anmerkungen. Häufig wird der Primat der Erfindung vor der formalen Erscheinung betont, da sich in ihm die Besonderheit des jeweiligen künstlerischen Geistes mitteile. Im Widerspruch dazu hebt K. jedoch auch oft die Wichtigkeit der Form in der Kunst hervor, der gegenüber er dem Stoff nur eine sekundäre Bedeutung einräumt. Wiederholt zweifelt er an der Fähigkeit der Sprache, sein Inneres adäquat darzustellen. Musik und Mathematik erscheinen in K.s Werk als Vorbilder für eine Kunst, bei der sich sorgfältig konzipierte Form mit inhaltlichen Ansprüchen vereinigt; dabei unterscheidet er zwischen Musik als einem äußeren, sich vornehmlich durch Wohlklang auszeichnenden Phänomen (*Penthesilea*, 1808), als unmittelbare, auf das Innere wirkende Form der Kunst (*Die heilige Cäcilie oder Die Gewalt der Musik*, 1810) und als autonome, nach mathematischen Regeln gebildete Form (Brief an Marie von Kleist, Sommer 1811). Im Hinblick auf den letztgenannten Aspekt bezeichnet K. Musik gar als „Wurzel" oder als „algebraische Formel aller übrigen" Künste.

Die Titelfigur in *Das Käthchen von Heilbronn* (1807–1808) gilt als Beleg dafür, dass K. die selbst formulierten poetologischen Grundsätze auch in seinem eigenen lit. Werk umgesetzt hat, denn sie wird als Präfiguration der von K. später beschriebenen Marionette angesehen. Der nachtwandelnde Protagonist des Dramas *Prinz Friedrich von Homburg* (1809–1811) wird demgegenüber als exemplarische Verkörperung eines Menschen angeführt, der ausgehend von einem Zustand der Unschuld im Traum durch Phasen zunehmender Reflexion schließlich zu einer höheren Bewusstseinsebene gelangt, auf der ihm erneut angemessenes und damit anmutiges Verhalten möglich ist. Obwohl einige Texte K.s eindeutig klassische Stoffe aufgreifen, so z. B. *Penthesilea* und *Amphitryon* (1807), oder Merkmale der Romantik aufweisen (*Das Käthchen von Heilbronn*), weichen sie in anderen Aspekten stets von den zeitgenössischen Programmatiken (↑Jean Paul, ↑Brentano, ↑F. Schlegel und ↑Goethe) ab. Somit muss seinem Werk analog zu den Zielen der Dichtung, die er in seinen eher theoretisch ausgerichteten Schriften formuliert (Abgrenzung von anderen Künstlern und Schulen, Verwirklichung individueller Fähigkeiten in einer spezifisch eigenen Form der Kunst) ein individueller Status jenseits gängiger lit. Strömungen zugewiesen werden; diese können lediglich als Kontrastfolien zur Analyse seines Werks herangezogen werden.

Ausgaben: Sämtliche Werke und Briefe. Hg. v. H. Sembdner. München 1952; Sämtliche Werke. Hg. v. R. Reuß/P. Staengle. Basel u. a. 1988 ff.; Der Dichter über sein Werk: H. v. K. Hg. v. H. Sembdner. Darmstadt 1996.

Forschungsliteratur: H. Sembdner (Hg.): K.s Aufsatz über das Marionettentheater. Studien und Interpretationen. Berlin 1967; B. Allemann: Sinn und Unsinn von K.s Gespräch „Über das Marionettentheater". In: K.-Jahrbuch 82 (1981). S. 50–65; D. Grathoff (Hg.): H. v. K. Studien zu Werk und Wirkung. Opladen 1988; K. Kanzog: H. v. K.s „Über das Marionettentheater" – wirklich eine Poetik? In: D. Borchmeyer (Hg.): Poetik und Geschichte. Tübingen 1989. S. 349–362; H. L. Arnold (Hg.): H. v. K. Text + Kritik. München 1993; K. Lutze: Tendenzen der Kleistforschung. Eine systematische Bibliographie der Sekundärliteratur zu H. v. K. Eitorf 1999; H. C. Seeba: Paukenschlag der Wahrheit: Hören und Sehen in K.s epistemologischer Poetik. In: Beiträge zur Kleistforschung 16 (2002). S. 155–173; F. Stoermer: Laut und Sinn in der Poetik H. v. K.s. In: Beiträge zur Kleistforschung 16 (2002). S. 117–138.

Britta Jubin

Klopstock, Friedrich Gottlieb (1724–1803)

Probleme der Dichtungstheorie oder Poetik sind bei K. Gegenstand sowohl einer Reihe theoretischer Prosaschriften (teils als Vorrede oder Einleitung zu eigenen Dichtungen verfasst) als auch verschiedener Oden und Epigramme aus seinem im engeren Sinn poetischen Werk. Eine eigentlich systematische Gestalt hat K. seinen Überlegungen dabei nicht gegeben. Die behandelten Themen sind vielfältig und reichen von eher abstrakten theoretischen Fragen bis zu ganz konkreten handwerklich-technischen Problemen des Schreibens. Erörtert werden u. a. das Verhältnis von Nachahmung und Erfindung oder von Regel und Genialität, die Systematik und Hierarchie der schönen Künste und Wissenschaften, die unterschiedlichen Charakteristika von Prosa und Poesie, die Bedeutung der Deklamation für den lebendigen Ausdruck oder auch diverse Probleme der Metrik, etwa bei der Übernahme gr. Versmaße (Hexameter, Odenformen) im Deutschen.

Trotz solcher Vielfalt der Fragestellungen ist ein Zentrum des poetologischen Interesses bei K. deutlich erkennbar. Es wird markiert durch die Frage nach den Modalitäten einer ‚höheren' oder ‚erhabenen' Poesie, wie sie K. selbst mit seinem das Leben Christi gestaltenden Versepos *Der Messias* (1748–1773), aber auch mit seinen Oden, die Themen wie Liebe, Freundschaft, Tod oder Vaterland behandeln, zu realisieren versuchte. Diese höhere Poesie soll den Leser/Hörer nicht einfach ‚erfreuen', sondern ‚bewegen' und ‚entzücken'. Bei aller Aufmerksamkeit für produktions- und werkästhetische Fragen trägt K.s Poetik einen besonderen wirkungsästhetischen Akzent. Die in der traditionellen Rhetorik dem *genus grande* oder *sublime* vorbehaltene Wirkabsicht des *movere* wird der Poesie insgesamt als wesentlich zugeschrieben: „Das Wesen der Poesie besteht darin, dass sie, durch die Hülfe der Sprache, eine gewisse Anzahl von Gegenständen, die wir kennen, oder deren Dasein wir vermuten, von einer Seite zeigt, welche die vornehmsten Kräfte unserer Seele in einem so hohen Grade beschäftigt, dass eine auf die andre wirkt, und dadurch die ganze Seele in Bewegung setzt" (*Gedanken über die Natur der Poesie*, 1759).

Anders als in der Redekunst soll allerdings in der Dichtkunst die Bewegung der Seele weniger im Hinblick auf einen äußeren pragmatischen Zweck als um ihrer selbst willen erstrebt werden: „Dass ihn etwas bewege, dies ist das heißeste Dürsten / Unseres Geistes; er liebt alles, was so ihn erquickt", heißt es in einem Distichon. Auch wenn K. wiederholt von der durch die Dichtung zu befördernden Tugend spricht, ist eine weitgehende Autonomisierung des Ästhetischen bei ihm nicht zu verkennen. Die stärkste Bewegung, die entschiedenste Erhebung der Seele soll die „heilige Poesie" bewirken, die ihre Inhalte aus der Religion nimmt und es vermag, „dasjenige, was uns die Offenbarung lehrt, weiter zu entwickeln" (*Von der heiligen Poesie*, 1755). Der Verfasser solcher Poesie erscheint geradezu als Verkünder oder Prophet.

K.s Lehre von der durch Dichtung zu bewirkenden Seelenbewegung steht in enger Verbindung mit seiner Theorie der „Wortbewegung". Ein Gedicht, das eine Leidenschaft zu seinem Gegenstand hat, muss diese Leidenschaft demnach auch in der Bewegung der Worte spürbar werden lassen. Ein schöner oder erhabener Inhalt allein soll noch nicht ausreichend sein, damit die Poesie ihrem Begriff gerecht wird. „Wir bekommen die Vorstellungen, welche die Worte, ihrem Sinne nach, in uns hervorbringen, nicht völlig so schnell als die, welche durch die Worte, ihrer Bewegung nach, entstehen. Dort verwandeln wir das Zeichen erst in das Bezeichnete; hier dünkt uns die Bewegung geradezu das durch sie Ausgedrückte zu sein. Diese Täuschung muss dem Dichter eben so wichtig sein, als sie ihm vorteilhaft ist" (*Vom deutschen Hexameter*, 1779). Sofern die Wortbewegungen in gleichsam natürlichen Ähnlichkeitsbeziehungen zu den Gemütsbewegungen stehen, die sie bezeichnen, soll die von K. intendierte Täuschung, die Verwechslung von Zeichen und Bezeichnetem, möglich sein. Ein Gedicht, das diesen Illusionsgrad erreicht, lässt die Vorstellungen der Dinge so „lebhaft" werden, dass „diese uns gegenwärtig, und beinah die Dinge selbst zu sein scheinen" (*Von der Darstellung*, 1779). Es leistet nach K. keine bloße „Beschreibung", sondern im emphatischen Sinn eine „Darstellung": „In der Dichtkunst gleicht Beschreibung der Schönheit Pygmalions Bilde, / Da es nur noch Marmor war, / Darstellung der Schönheit gleicht dem verwandelten Bilde, / Da es lebend herab von den hohen Stufen stieg" (*Beschreibung und Darstellung*, 1771). K.s Begriff der Darstellung impliziert die Idee der Wortbewegung als „Mitausdruck" des Wortinhalts. Von daher wird das Paradox verständlich, dass ein Gegenstand vornehmlich dann „darstellbar" sein soll, wenn er erhaben ist und viel Handlung und Leidenschaft in sich begreift (*Von der Darstellung*, 1779). Dagegen sollen „leblose Dinge" nur dann zur Darstellung geeignet sein, „wenn sie in Bewegung, oder als in Bewegung gezeigt werden"; andernfalls sei von ihnen nur eine „Beschreibung" möglich (*Die deutsche Gelehrtenrepublik*, 1774). Unter dem Namen der Hypotypose ist K.s Darstellungsbegriff in der rhetorischen Tradition vorgeprägt. Der Begriff deckt sich zudem teilweise mit dem, was die Zeitgenossen K.s gern als ‚Schilderung' oder ‚lebendigen Ausdruck' bezeichnen.

K.s Poetik leistet zu der im 18. Jh. neu entstehenden Autonomieästhetik einen wichtigen Beitrag, indem sie die Poesie von ihrer Bindung an außerästhetische Zwecke zumindest im Ansatz befreit und die rhetorisch geprägte Anweisungspoetik älteren Stils in ihre Schranken weist. Zentrale Konzepte der Rhetorik werden dabei autonomieästhetisch reformuliert. Die durch das Mittel der Darstellung auf eine tendenziell zweckfreie Bewegung der Seele zielende höhere Poesie wird im Unterschied zu Werken des Witzes als Werk des Genies begriffen. Engere Berührungen unterhalten die dichtungstheoretischen Schriften K.s insb. mit den historisch vorangegangenen Überlegungen ↑Bodmers und ↑Breitingers, an denen sie sich teils inspirieren (etwa der wirkungsästhetische Emotionalismus, die Erhebung der Seelenbewegung zum ästhetischen Wert an sich, ist im Anschluß an ↑Dubos bei den Schweizern bereits vorformuliert), sowie mit den zeitgenössischen Ansichten ↑Sulzers, ↑Lessings oder auch ↑Herders, die mit K. nicht nur viele Problemstellungen, sondern auch manche Antworten teilen.

Aufgrund der Verstreutheit seiner Schriften ist der Dichtungstheoretiker K. im 18. Jh. allerdings kaum aus dem Schatten seiner wirkungsmächtigeren Schriftstellerkollegen herausgetreten. Im 19. Jh. geriet er sogar weitgehend in Vergessenheit. Erst in der zweiten Hälfte des 20. Jh.s, v. a. seit den 1990er Jahren hat eine Wiederentdeckung eingesetzt. Das aktuelle Interesse gilt u. a. dem Verhältnis K.s zur rhetorischen Tradition sowie der nicht-repräsentationistischen Dimension seines Darstellungskonzepts.

Ausgaben: K.s sämmtliche Werke. Bd. 1–12. Leipzig 1798 ff. (Ausgabe letzter Hand). Fortsetzung: Bd. 13–18: K.s sämmtliche sprachwissenschaftliche und ästhetische Schriften. Hg. v. A. L. Back/A. R. C. Spindler. Leipzig 1830; Ausgewählte Werke. 2 Bde. Hg. v. K. A. Schleiden. München, Wien 1981; Gedanken über die Natur der Poesie. Dichtungstheoretische Schriften. Hg. v. W. Menninghaus. Frankfurt/M. 1989.

Forschungsliteratur: K. A. Schleiden: K.s Dichtungstheorie als Beitrag zur Geschichte der deutschen Poetik. Saarbrücken 1953; W. Große: Studien zu K.s Poetik. München 1977; W. Menninghaus: Dichtung als Tanz – Zu K.s Poetik der Wortbewegung. In: Comparatio 1991. S. 129–150; H. Benning: Rhetorische Ästhetik. Die poetologische Konzeption K.s im Kontext der Dichtungstheorie des 18. Jahrhunderts. Stuttgart 1997; I. Mülder-Bach: Im Zeichen Pygmalions. Das Modell der Statue und die Entdeckung der ‚Darstellung' im 18. Jahrhundert. München 1998.

Winfried Eckel

Kluge, Alexander (geb. 1932)

K. hat seine poetologischen Vorstellungen in zahlreichen ausführlichen Gesprächen und mehreren Dankesreden zu lit. Preisen dargelegt. V. a. in seinen Reden zum Heinrich-von-Kleist-Preis (1986), zum Bremer Literaturpreis (2001) und in seiner BPR (2003) entwickelt und variiert er die Vorstellung, dass das Erzählen als „Landkarte menschlicher Erfahrung" aufzufassen sei. Daneben gibt es in den vielfach untereinander vernetzten Geschichten, die K. häufig in unterschiedlichen Fass. veröffentlicht, ergänzt und neu gruppiert, immer wieder Reflexionen auf das Erzählen als „Darstellung von Differenzen" und „Herstellung von Unterscheidungsvermögen", mithin als emanzipatorische Bemühung.

Kennzeichnend für K.s Verfahren ist eine mehrfache Durchmischung. Der promovierte Jurist wechselt nicht nur zwischen den Medien Kino (1960–1983 über 30 Kurz- und Langfilme), Fernsehen (seit 1988 Hunderte von TV-Sendungen) und Buch, zwischen Erzählung, Kulturanalyse und Gesellschaftstheorie (zusammen mit O. Negt drei umfassende Untersuchungen); er vermischt auch innerhalb einzelner Texte unterschiedliche sprachliche Register: Gegen die etablierten Grenzziehungen zwischen Fakt und Fiktion, Dokumentarischem und Erdachtem setzt K. Mischformen, die häufig schon formal als Bild- und Textkombinationen kenntlich gemacht sind. Auch wenn K.s meist kurze Prosatexte immer wieder zu einzelnen Katastrophen des 20. Jh.s (Luftkrieg, Vertreibung, Tschernobyl) zurückkehren, durchzieht seine Erzählungen ein unablässiger Glaube an die Macht des Erzählens und die Möglichkeit des Gesprächs.

Zentrale lit. Bezugstexte sind die Anekdoten und Erzählungen ↑Kleists in ihrer Lakonie, v. a. aber ↑Musils *Mann ohne Eigenschaften* mit seiner Unterscheidung von Möglichkeitssinn und Wirklichkeitssinn und als beispielhaft offene narrative Form. K.s Erzählen bewegt sich ausdrücklich im Horizont der lit. Moderne, seine eigensinnigen Figuren sind gekennzeichnet von einer Mischung aus Beharrlichkeit und utopischem Vertrauen in den Zusammenhang. Gravitationszentrum auch der mittlerweile mehreren hundert Gespräche, die K. mit Schriftstellern (z. B. immer wieder mit ↑Müller), Wissenschaftlern, Künstlern und Politikern in seinen Sendungen *News and Stories* und *10 vor 11* geführt hat, sind die (individuellen und gesellschaftl.) Brüche und

Katastrophen, deren Splitter Kluge montierend nachzeichnet. K. hat bei ↑Adorno gelernt und sagt selbst von sich, seine „Loyalität gehört gedanklich der Kritischen Theorie".

Ausgaben: Verdeckte Ermittlung. Ein Gespräch mit Ch. Schulte und R. Stollmann. Berlin 2001; „Erzählungen haben den Vorteil, dass sie blind sein dürfen." A. K. im Gespräch mit C. Philipp. In: Volltext 9 (2003). S. 8–10; „Die Öffentlichkeit der Bücher. Dankrede" [BPR]. In: DASD (Hg.): Jahrbuch 2003. Göttingen 2004. S. 177–185.

Forschungsliteratur: G. Stanitzek: Autorität im Hypertext: „Der Kommentar ist die Grundform der Texte" (A. K.). In: IASL 23/ 2 (1998). S. 1–46; A. Sombroek: Eine Poetik des Dazwischen. Zur Intermedialität und Intertextualität bei A. K. Bielefeld 2005.

Volker Pantenburg

Koeppen, Wolfgang (1906–1996)

K. hat sich in der 2. Hälfte des 20. Jh.s immer wieder in Essays, Interviews und Reden zu Literatur und Dichtertum geäußert, u. a. in seinen nicht publizierten Frankfurter PV von 1982/83. In den 1950er Jahren, zur Zeit der Veröffentlichung der Trilogie – *Tauben im Gras* (1951), *Das Treibhaus* (1953), *Der Tod in Rom* (1954) –, sieht K. den Sinn lit. Produktion noch im polit. Engagement. Ab den 1970er Jahren zweifelt K. zunehmend am Sinn der Literatur, was mit der grundsätzlichen Schwierigkeit zu schreiben einhergeht (er wird für sein „Schweigen" bekannt, weil er nach der Trilogie nur noch wenig publiziert). Zugleich betont er in dieser Zeit, Sinn und Bedeutung seien keine konstitutiven Eigenschaften von Literatur.

Den Dichter versteht K. als Außenseiter, als Beobachter und Kritiker seiner Zeit, der seine Beobachtungen „als Katalysatoren der Imagination" nutzt. Literatur stehe zwar in einem Bezug zur Wirklichkeit und zur Biografie des Autors, allerdings indirekt, indem sie das Spezielle ins Allgemeingültige überführe. Den Vorwurf, die Teile der Trilogie (insb. *Das Treibhaus*) seien Schlüsselromane, weist er, unter Verweis auf die Autonomie der Literatur, nachdrücklich zurück: Literatur könne die Wirklichkeit nicht abbilden, sondern ausschließlich subjektive Positionen. In ähnlicher Weise widersprüchlich äußert sich K. über die Wirkung, die Literatur erzielen kann: einerseits akzentuiert er, dass Literatur langfristig im Leser Veränderungen von Einstellung und Haltung bewirken könne, andererseits verwirft er diesen Gedanken. Seine Einstellung zum Lesepublikum ändert sich; zunächst versteht er es als konkretes Zielpublikum („Es ist unmöglich ins Leere zu schreiben"), später als völlig unerheblich. Schreiben nimmt K. als Selbstgespräch des Autors wahr, die Beziehung des Autors zum Text endet demzufolge mit dessen Publikation.

Der Dichter ist zuallererst Leser; Literatur entstehe bewusst oder unbewusst aus bestimmten Traditionen heraus (für sich selbst nennt er u. a. ↑Th. Mann, ↑H. Mann, ↑Joyce, W. Faulkner, J. Dos Passos, ↑Döblin, ↑Proust), wobei diese nicht auf eine Nationalliteratur beschränkt sein müssen. K.s Verständnis von Literatur entfaltet sich dementsprechend vor einem internationalen Hintergrund. Den Stil, die „Seele des Schreibenden", der sich im Text zeigt, stellt er über dessen Handlung. In lit. Texten erträume sich der Schriftsteller eine ideale Gesellschaft, er ist imstande auf negative Entwicklungen hinzuweisen – die Texte können demnach retrospektiv prophetisch und der Dichter als Kassandra erscheinen.

Ausgaben: Gesammelte Werke. 6 Bde. Hg. v. M. Reich-Ranicki. Frankfurt/M. 1990; „Einer der schreibt". Gespräche und Interviews. Hg. v. H.-U. Treichel. Frankfurt/M. 1995.

Forschungsliteratur: J. Döring: „... ich stellte mich unter, ich machte mich klein ..." W. K. 1933–1948. Frankfurt/M. u. a. 2001; G.

u. H. Häntzschel (Hg.): W. K. Leben, Werk, Wirkung. Frankfurt/M. 2006.

Christian A. Bachmann

Kofman, Sarah (1934–1994)

Eine explizite Poetologie K.s gibt es nicht, doch ist ihr ganzes Leben fundamental von der Notwendigkeit eines Schreibens nach Auschwitz bestimmt. Im ersten Kapitel ihres autobiografischen Fragments *Rue Ordener, rue Labat* (1994; dt. 1995) deutet sie an, dass ihr gesamtes übriges Werk – immerhin 24 Bücher u. a. über A. Comte, ↑Derrida, ↑Freud, ↑Hoffmann, G. de Nerval, ↑Nietzsche, ↑Rousseau, ↑Shakespeare – auch eine notwendige Vorbereitung war, „um endlich ‚dies' erzählen zu können". K.s Selbstmord nach der Beendigung der Autobiografie, noch vor der Fertigstellung der deutsprachigen Fass. (1994), zeugt dabei auf tragische Weise vom Ende eines in der Kindheit initiierten Schreibprozesses. Ein Füller als Erbe des Vaters war für K. das Symbol ihrer lebenslangen Verpflichtung zu schreiben und damit den Möglichkeiten und Grenzen der Frage eines „Schreibens nach Auschwitz" von ihrer Seite eine Antwort zu geben. Der späte Band *Erstickte Worte* (*Paroles suffoquées*, 1987; dt. 1988) reflektiert dieses Schreiben am Bsp. dreier Personen und Werke, denen das Buch gewidmet ist: K.s Vater, dem Pariser Rabbiner Berek Kofman, der 1942 in Auschwitz ermordet wurde, dem Denken und Schreiben ↑Blanchots vor und nach 1945 und schließlich R. Antelme, dessen Roman *L'espèce humaine* (1947) sie einer intensiven Lektüre unterzieht. Während *Rue Ordener, rue Labat* sich mit dem eigenen Leben und der Beziehung zu Mutter auseinandersetzt, erinnert sie in *Erstickte Worte* an den Vater, dessen Namen sie in den endlosen Listen der deportierten und ermordeten Juden wiedergefunden hat. Von hier aus stellt sich die Frage, wie die Literatur nach Auschwitz überhaupt das Zeugnis individuellen Lebens sein kann. Am Bsp. von Blanchots früher Erzählung *L'Idylle* (1935) zeigt sie die veränderten Möglichkeiten des Erzählens vor und nach Auschwitz. Dagegen wird die von Blanchot angeregte Lektüre und Begegnung mit Antelme für K. zum Anlass, grundsätzlich und hoffnungsvoll über die Dimensionen eines neuen Humanismus nachzudenken. Was ist der Mensch angesichts der durch den Genozid entgrenzten Dimensionen seiner Zerstörung? Wie kann das ‚Unzerstörbare' der persönlichen Erinnerung in Sprache gefasst werden und so zeitlos von den historischen Wahrheiten zeugen? Das sind die Fragen, die nach dem Schreiben und nach der Lektüre von *Erstickte Worte* im Raum stehen und auf den auch der autobiografische Bericht *Rue Ordener, rue Labat* eine Antwort zu geben versucht.

Ausgaben: Paroles suffoquées. Paris 1987; Erstickte Worte. Wien 1988; Rue Ordener, rue Labat. Paris 1994; Rue Ordener, Rue Labat. Tübingen 1995.

Forschungsliteratur: A. Deuber-Mankowsky/ U. Konnertz: Nachruf. In: Die Philosophin 6/ 11 (1995). S. 9–11; A. Deuber-Mankowsky: In unendlicher Distanz zu sich selbst. S. K.s Denken der radikalen Alterität. In: Die Philosophin 8/15 (1997). S.24–43.

Peter Goßens

König, Johann Ulrich (von) (1688–1744)

Der Dresdner Hofdichter K. erweist sich in seiner *Untersuchung von dem guten Geschmack in der Dicht- und Rede-Kunst* (1727) als Kenner der internationalen Diskussion um den *bon goût*, wie sie im Zuge der ↑Gracián-Rezeption am Ende des 17. Jh.s auch in Deutschland rezipiert und in der Frühaufklärung zu einer ästhetischen Kardinalfrage wurde. K. ist ein geschickter Kompilator, der die ästhetischen Diskurse nach Deutschland vermittelt und damit den Kontroversen um den Geschmacksbegriff seit der Frühaufklärung (namentlich bei ↑Gottsched) den kategorialen Boden bereitet. Konkret geht es um die Rolle von Empfindung (Leidenschaften, ‚Herz') und Vernunft in der ästhetischen Erfahrung und, davon abhängig, um die Frage der Möglichkeit einer Philosophie der Kunst. Sollte, wie ↑Dubos postuliert hatte, der Kunstgenuss einzig auf der Empfindung basieren und der Geschmack ein von der Vernunft unabhängiger ‚sechster Sinn' sein, dann wäre die Ästhetik von der Ratio unabhängig. Damit wäre einer Kunstkritik, die über die Einhaltung ästhetischer Normen wacht und deren Verletzung sanktioniert, der Boden entzogen, und das kontingente Urteil des ungebildeten Publikums würde zum Maßstab der Ästhetik erhoben. Gegen diese Position wehrt sich J.-P. Crousaz im *Traité du beau* (1725), an dessen Grundpositionen K. sich anschließt: Das auf der Empfindung basierende ästhetische Urteil wird im Anschluss an G. W. Leibniz als ‚verworrene Idee' begriffen. Es wird in einem (temporalen wie logischen) Stadium vor der Reflexion gefällt, ist aber der Klärung und Rationalisierung *ex post* fähig. Geschmacks- und Vernunfturteil gelangen notwendig zu denselben Positionen: Ersteres aufgrund einer spontanen Reaktion, Letzteres aufgrund logischer Prüfung. K. vertritt eine Übergangsposition: Einerseits beharrt er auf der ‚klassizistischen' Position, dass es nur den einen Geschmack gibt, andererseits integriert er Kategorien wie Gefühl und Leidenschaft in seine Kunsttheorie. Dies ist Voraussetzung für die Erfindung der Ästhetik durch ↑Baumgarten, der systematisch an dieser Fragestellung ansetzt.

Ausgaben: Untersuchung von dem guten Geschmack in der Dicht- und Rede-Kunst. In: Fr. R. L. v. Canitz: Des Freyherrn von Canitz Gedichte. Leipzig u. a. 1727. S. 227–322.

Forschungsliteratur: A. Bäumler: Das Irrationalitätsproblem in der Ästhetik und Logik des 18. Jahrhunderts bis zur Kritik der Urteilskraft. Darmstadt 1967 [Nachdr. d. Ausg. Halle a. d. S. 1923]; M. Fick: Geschmack. In: G. Ueding (Hg.): Historisches Wörterbuch der Rhetorik. Bd. 3. Tübingen 1996. Sp. 870–901.

Dietmar Till

Köpf, Gerhard (geb. 1948)

Die Tübinger PV (1999) K.s entwerfen eine betont subjektive Literaturästhetik, die keinen Anspruch auf Allgemeingütigkeit erhebt. Im Mittelpunkt der Überlegungen steht die Beziehung K.s zu dessen „Vor-Bildern", mithin zwischen seinen Werken und den lit. Vorgängern, auf die sie sich beziehen. Der erste Vortrag „Mein amerikanischer Traum" sieht als Grundbedingung lit. Produktion v. a. eine im nicht abschließbaren Vorgang des Lesens erworbene Vorbildung. K. knüpft bewusst an eine Tradition des Wiederholens und des Neu-Erzählens (unter Berufung auf ↑Goethe, ↑Lichtenberg, ↑Heine, ↑Grass, ↑Schrott) an: „Die Literatur besteht […] nicht so sehr im Erschaffen von etwas Neuem, sondern in der Variation des Vorhandenen." Die durch Lektüre angeeigneten Vorbilder nachzuahmen ist für K. ein Ausdruck von Bewunderung und „Huldigung", kein Plagiieren. Eine Literatur, die sich im Lesen begründet, muss den Leser als Entwurf mitdenken, ohne die „republikanische Freiheit des lesenden Publikums" (↑Schiller) aus dem Blick zu verlieren. Im Zentrum seines Erzählens steht die autoreflexive Erörterung des Erzählens. Dabei ist das erklärte Ziel „das Aufgehen des Ich im Erzählprozeß." (↑Barthes, ↑Foucault). Erzählen habe die Funktion, „Bewahrenswertes" zu konservieren, gerade die Literatur solle sich in sich selbst erhalten. Bereits in *Ein Schriftsteller schreibt ein Buch* (1984) akzentuiert K. die Autopoiesis der Literatur, die lebendig bleibt, „indem sie sich immer wieder selbst zum Gegenstand macht“. K. betont die Differenz zwischen dem Ideal des Erzählers als Vermittler von Tradition und Kultur und den tatsächlichen Gegebenheiten v. a. hinsichtlich des dt. Literaturmarkts. Die zweite und dritte Vorlesung, „Die Hemingway-Melodie“ und „Die Vorzüge der Windhunde“, exemplifizieren zwei Vorbilder – E. Hemingway und G. v. Rezzori –, ohne die poetologische Position zu vertiefen. In K.s lit. Texten kommt der Anschluss an Vorbilder intertextuell durch Zitate zum Ausdruck. Zu seinen Vorbildern zählen, neben den bereits Genannten, v. a. angloamerik. Erzähler: J. London, T. Capote; in jüngerer Zeit P. Auster (als Drehbuchautor/Regisseur), R. Ford, S. O'Nan, W. P. Kinsella; außerdem A. Tabucchi, G. García Márquez, S. Lenz, G. Tunström und bes. Grass.

Ausgaben: Nachwort. In: Ein Schriftsteller schreibt ein Buch über einen Schriftsteller ... Dichter über Dichter und Dichtung. Frankfurt/M. 1984. S. 279–282; Vom Schmutz und vom Nest. Aufsätze aus zehn Jahren. Frankfurt/M. 1991; Vor-Bilder [TPV]. Tübingen 1999; Die Vorzüge der Windhunde. Essays gegen das Vergessen. Tübingen 2004.

Forschungsliteratur: F. Loquai (Hg.): G. K. Eggingen 1993.

Christian A. Bachmann

Krauß, Angela (geb. 1950)

K.s Frankfurter PV, gehalten im Frühjahr 2004, greifen im Titel *Die Gesamtliebe und die Einzelliebe* das Rahmenthema der drei Vorlesungen der 17. Paderborner Schriftsteller-Gastdozentur auf (1999/2000). In den als *Formen der inneren und der äußeren Welt* teilpublizierten Ausführungen ist mit dem Begriff der Form der Kern von K.s Poetik angesprochen. Jeder Mensch suche von Kindheit an nach Formen zur Erfassung der Wirklichkeit, erfahre die Realität über Form und werde von Formen wie der Landschaft, in der er aufwachse – so K. vom Erzgebirge – geprägt. Ausgehend von der Unmöglichkeit, dass die eigene Weltaneignung im „fühlenden Denken, unserem denkenden Fühlen“ intersubjektiv vermittelbar sei – „Was wirklich in uns ist, bleibt unsagbar“ – schwanke jede Mitteilung, und insb. die künstlerische Rede, zwischen „dem Schweigen und der Formulierung“, „zwischen dem Gestaltlosen und der Gestalt“. K.s sprachskeptische Haltung steht gegen komplexitätsreduzierende gesellschaftl. Verabredungen wie etwa die Formel „Das Sein bestimmt das Bewusstsein“ in der marxistischen Philosophie. Dass sie nicht ins Verstummen führt, liegt an der Notwendigkeit, die Welt durch Formulierung „ertragbar“ zu machen und Sinn herzustellen. In seinem Versuch, Unsagbares, Unbewusstes und Fremdes zu gestalten, wird das „dichterische Ich“ wie in der Liebe vom Wunsch nach Ergänzung angetrieben: Die Integration „ausgewählter Innen- und Außenweltteilchen“ zielt auf Selbsterkenntnis und ist zugleich geeignet, die eigene Weltaneignung zu überschreiten. Gerade indem das Erzählen individuelle Erlebnisse und Erfahrungen formt, wird Literatur zu einer Geschichtsschreibung *sui generis*.

Beispielhaft für den langen Weg von einer prägenden Erfahrung bis zu ihrer künstlerischen Formung ist die autobiografisch grundierte Erzählung *Der Dienst* (1990). K. beschreibt in einer skizzenhaft verknappten Darstellungsweise die Beziehung zu ihrem Vater, der 1968 Selbstmord beging. Eine Analogisierung von Gesteins- und Vaterkörper ist das zentrale poetologische Motiv, um die Wahrnehmbarkeit von Veränderungen im Anderen und die Möglichkeiten erinnernden Erzählens zu reflektieren.

Ausgaben: Der Dienst. Frankfurt/M. 1990; Formen der inneren und äußeren Welt. Paderborn 2000; Die Gesamtliebe und die Einzelliebe [FPV]. Frankfurt/M. 2004.

Forschungsliteratur: U. Wittstock: Bei den Worten fängt der Schwindel an. A. K. erzählt von ihrer Sprach-Skepsis. In: ders.: Von der Stalinallee zum Prenzlauer Berg. Wege der DDR-Literatur 1949–1989. München u. a. 1989. S. 234–241; I. Nagelschmidt: Das Weben am ganzen Faden – Prosa von A. K. In: H. Abret/I. Nagelschmidt (Hg.): Zwischen Distanz und Nähe. Eine Autorinnengeneration in den 80er Jahren. Bern u. a. 1998. S. 41–53; N. O. Eke: Das Schweben und die Form. A. K.s Erzählkunst. In: NDL 50/542 (2002). S. 129–138; A. Geier: Spurensuche: Gesteinskörper, Vaterkörper, Textraum in A. K.s Erzählung „Der Dienst". In: C. Gersdorf/ S. Mayer (Hg.): Natur – Kultur – Text. Beiträge zu Ökologie und Literaturwissenschaft. Heidelberg 2005. S. 257–278.

Andrea Geier

Kristeva, Julia (geb. 1941)

K., Semiotikerin und Mitglied der Tel-Quel-Gruppe, hat die Diskussion der vergangenen Jahrzehnte über den Text-Begriff maßgeblich mitgeprägt – u. a. in Auseinandersetzung mit dem affinen Konzept ↑Derridas, der den Text als ein dynamisches Gefüge von Spuren und Differenzen deutet. Schon in den 1960er Jahren verwendet (und popularisiert) K. den Intertextualitätsbegriff (den sie später selbst kritisiert), nimmt dabei Bezug auf den anti-formalistischen Poetiker ↑Bachtin und sein Konzept einer Dialogizität von Sprache und Literatur, modifiziert den Bachtinschen Ansatz jedoch – wie ihr Intertextualitätsbegriff in seiner Allgemeinheit auch von den Theorien ↑Genettes zu unterscheiden ist. K. versteht Texte in dem Sinne als dialogisch, als sie kein in sich geschlossenes Ganzes bilden, sondern aus ihrer Beziehung zu anderen Texten zu deuten sind. Wer immer spricht und schreibt, bedient sich der Sprache permutativ als eines Reservoirs von Ausdrücken; jede sprachliche Bekundung ist ein Mosaik von Zitaten. Im Raum eines jeden Textes überlagern sich insofern differente Aussagen verschiedener Herkunft und reagieren miteinander. Nachdrücklicher als Bachtin argumentiert K. im Sinne einer „Entgrenzung" des Werks: das abgegrenzte Textgebilde ist nur der Schnittpunkt einer unermesslichen Zahl von Verbindungslinien zwischen verschiedenen Werken und Kontexten. Damit rückt die Unerschöpflichkeit seiner Bedeutungspotenziale in den Blick. Eine wichtige Modifikation gegenüber Bachtin besteht in der Erweiterung des „Text"-Begriffs über sprachliche Gebilde im engeren Sinn hinaus. K. betrachtet die geschichtliche, soziale und kulturelle Wirklichkeit insgesamt als ein Ensemble von Kontexten, ein transsemiotisches Universum. Der Sprachbenutzer ist nicht Herr der potenziellen Bedeutungen seines Textes, kein auktoriales Subjekt der Äußerung, sondern ein Medium der Sprache – und nicht zwischen den Sprechern, sondern zwischen den Texten vollzieht sich der Dialog. Der Gebrauch von Zeichen geht K.s früher Pathologie der modernen Literatur zufolge auf Impulse aus dem Unbewussten zurück; mit ihrer an ↑Lacan erinnernden Konzeption des Unbewussten weicht sie von Bachtin ab, dessen Dialogkonzept gesprächsbereite Subjekte vorausgesetzt hatte. Mit ihrer Konzeption des Karnevalesken ist sie der Romantheorie Bachtins aber stark verpflichtet; ihr Denken begreift sich selbst als revolutionär, indem es das subversive Potenzial der Kunst und des Lachens betont. Gesellschaftskritisch möchte sie als Theoretikerin den offenen, unreglementierten und unkontrollierbaren Intertext gegen tradierte Konzepte lit. Subjektivität ausspielen. In ihrer Auseinandersetzung mit ↑Mallarmé und Lautréamont, die sie als Parteigänger ihres Textverständnisses liest, deutet K. die Genese des Textes als Kampf zwischen dem Sprachlichen und dem Vorsprachlichen. Brüche und gestörte Übergänge zwischen differenten Zeichensystemen gelten ihr als Indikatoren dafür, dass sich die Transposition von Psychischem in Textuelles nie reibungslos vollzieht. Die These, der Sprachbenutzer bediene sich nie einer im emphatischen Sinn eigenen, sondern unausweichlich einer ihm vorgegebenen – insofern also fremden – Sprache, stellt ein Bindeglied zwischen K.s Texttheorie und ihren Reflexionen über das Thema der Fremde dar. In letzteren wird die Erfahrung der Fremdheit unter verschiedenen (u. a. historischen, kulturellen, psychologischen, sozialen und somatischen) Aspekten zur conditio humana erklärt.

Ausgaben: Sèméiotikè. Recherches pour une sémanalyse. Paris 1969; Probleme der Textstrukturation. In: J. Ihwe (Hg.): Literaturwissenschaft und Linguistik. Bd. 2. Frankfurt/M. 1971. S. 484–507; Zu einer Semiologie der Paragramme. In: H. Gallas (Hg.): Strukturalismus als interpretatives Verfahren. Darmstadt u. a. 1972. S. 163–200; Bachtin, das Wort, der Dialog und der Roman. In: J. Ihwe (Hg.): Literaturwissenschaft und Linguistik. Bd. 3. Frankfurt/M. 1972. S. 345–375; Der geschlossene Text. In: P. V. Zima (Hg.): Textsemiotik als Ideologiekritik. Frankfurt/M. 1977. S. 194–229; La révolution du langage poétique. Paris 1974; Die Revolution der poetischen Sprache. Frankfurt/M. 1978; Polylogue. Paris 1977; Étrangers à nous-mêmes. Paris 1988; Fremde sind wir uns selbst. Frankfurt/M. 1990; Le temps sensible. Proust et l'expérience littéraire. Paris 1994.

Forschungsliteratur: I. Suchsland: J. K. zur Einführung. Hamburg 1992; B. Schmitz: Arbeit an den Grenzen der Sprache. J. K. Königstein/Taunus 1998; M. Becker-Leckrone: J. K. and Literary Theory. Basingstoke u. a. 2005; M. Gleize: J. K. Au carrefour du littéraire et du théorie. Modernité, autoréflexivité et hybridité. Paris u. a. 2005.

Monika Schmitz-Emans

Krolow, Karl [Pseudonym: Karol Kröpcke] (1915–1999)

K. entwickelt seine Poetologie 1. in den Essays und Rezensionen zu anderen Autoren (die auf die Frankfurter PV 1960/61 zurückgehende Textsammlung *Aspekte zeitgenössischer deutscher Lyrik*, 1961; *Schattengefecht*, 1964; *Unter uns Lesern*, 1967), 2. in den poetologischen Selbstreflexionen (*Poetisches Tagebuch*, 1966; *Ein Gedicht entsteht*, 1973) sowie 3. implizit in den poetologischen Gedichten (u. a. *Ode 1950*, 1951; *Worte*, 1953; *Der Augenblick des Fensters*, 1955; *Buchstabenkunde*, 1965).

K., dessen Schaffen zunächst unter dem Eindruck der Naturlyrik O. Loerkes und W. Lehmanns steht, wird im Zusammenhang mit seiner Übersetzungstätigkeit schon bald von der frz. und span. Literatur geprägt (*Die Zeichen der Welt*, 1952). Eine tragende Rolle kommt dabei dem frz. Surrealismus (↑Breton) zu, dessen Verfremdungstechnik und Metaphorik K. zu einer Loslösung vom „Stoffzwang des Naturgedichts" verhelfen, dessen „‚Überangebot' an Bild" jedoch zugleich die Befürchtung weckt, es könne nun an die Stelle einer „Knechtschaft des Stoffes" eine „Knechtschaft des Bildes" treten (*Ein Gedicht entsteht*). Zu den poetischen Verfahren, mit denen es K. gelingt, das Gegenständliche und Bildliche zurückzudrängen, gehören neben der „Entindividualisierung" subjektiver Sinneseindrücke die Destruktion und Neukonstruktion sprachlicher und natürlicher Zusammenhänge sowie die „Atomisierung des einzelnen Wortes" (*Aspekte*). Im Spiel, in der vom Realitätsdruck entlasteten Sprache, soll der semantische Stillstand der Worte zu einer Beweglichkeit gelangen, die es erlaubt, sich der Vereinnahmung durch das Bestehende („Bedeutungsballast, Bilderballast, Individualballast") zu widersetzen und logischen Eindeutigkeiten bewusst entgegenzuarbeiten (Offenheit des Kunstwerks; ↑Eco).

Unter weitgehender Beibehaltung der bisherigen Themen (Natur, Entfremdung des Menschen von seiner Umgebung und Umwelt) weicht K.s zuweilen bis ins Surreale gesteigerte Inszenierung imaginativer Wahrnehmungen gegen Ende der 1960er Jahre einer lakonischen Sprache, in der Sprödigkeit und Kühle, zuweilen auch aggressive Direktheit vorherrschen – eine Entwicklung, die zu einem konkreteren Umgang mit dem Alltäglichen und Politischen führt und von der gelegentlichen Wiederaufnahme klassischer Reimformen sowie ab 1979 (*Das andere Leben*) von einer verstärkten Hinwendung zur Prosa begleitet wird.

Ausgaben: Aspekte zeitgenössischer deutscher Lyrik. Gütersloh 1961; Schattengefecht. Frankfurt/M. 1964; Gesammelte Gedichte. 4 Bde. Frankfurt/M. 1965–1997; Poetisches Tagebuch. Frankfurt/M. 1966; Ein Gedicht entsteht. Selbstdeutungen – Interpretationen – Aufsätze. Frankfurt/M. 1973; Etwas brennt. Gesammelte Prosa. Frankfurt/M. 1994; Die Handvoll Sand. Gedichte aus dem Nachlaß. Frankfurt/M. u. a. 2001; Im Diesseits verschwinden. Gedichte aus dem Nachlaß. Frankfurt/M. 2002.

Forschungsliteratur: R. Paulus: Lyrik und Poetik K. K.s 1940–1970. Bonn 1980; N. H. Donahue: K. K. and the Poetics of Amnesia in Postwar Germany. Rochester, NY u. a. 2002.

Antje Wessels

Kunert, Günter (geb. 1929)

Kurz vor K.s Übersiedlung in die BRD erschien 1976 u. d. T. *Warum schreiben* in der DDR ein Band mit „Notizen zur Literatur", die sowohl eigenen Werken als auch anderen Autoren gelten: K. würdigt diese teils positiv, teils kritisch und profiliert so eigene Positionen.

Die Frankfurter PV *Vor der Sintflut. Das Gedicht als Arche Noah* (1985), ihrerseits vor der Wende publiziert, erörtern u. a. am Leitfaden eigener und fremder Gedichte die Situation des Schriftstellers in beiden Teilen Deutschlands und die Frage, ob es eine oder mehrere dt. Literaturen gebe. In der ersten Vorlesung „Was soll noch oder kann heute das Gedicht?" umreißt K. in polemischer Distanzierung von auf Begriffsbestimmungen abzielender literaturwissenschaftlicher Fachterminologie seine Idee vom Gedicht als „Arche Noah": das Gedicht erscheint als Remedium gegen Entpersönlichung, Nivellierung, Abstumpfung von Seh- und Sprechgewohnheiten, als „Exerzitium des Sichverweigerns". Konzepte der Verfremdungsästhetik, insb. die Idee der Entautomatisierung, verbinden sich mit dem Topos magischer und animistischer Sprache. Erscheint schon hier das schreibende Ich als maßgeblich vom poetischen Arbeitsprozess begründet und geprägt, so bestätigt sich dies in der zweiten Vorlesung „Lebenslinie", deren autobiografische Auskünfte der eigenen Entwicklung als Lyriker gelten. An Beispieltexten demonstriert K., was er als seine Wende vom Pathetisch-Affirmativen zur Frage und zur Thematisierung der „Sinnlosigkeit jeglicher Existenz" begreift. Die dritte Vorlesung „Brecht und Becher – pars pro toto" gilt der subjektiven und durchaus kritischen Auseinandersetzung mit zwei zentralen Vertretern der jüngeren Lyrikgeschichte. Bechers Abwendung von der „Subjektivität des Gedichts" um der Zuweisung „objektiver" Zwecke willen deutet er als Ausdruck einer psychotischen Selbstverstümmelung. In der vierten Vorlesung „Gedichte aus ferner Nähe" verdeutlicht K. sein Lyrik-Konzept in der Auseinandersetzung mit weiteren Beispielen: Gedichte aus der DDR werden als Zeugen für das Überleben der Lyrik unter ungünstigen historischen Bedingungen zitiert, als Beispiele der Gegenwehr, des individuellen Widerstands, als Ausdruck originalen Empfindens. Um die subjektiven, keiner polit. Doktrin unterwerfbaren Absichten lyrischen Schreibens geht es in der fünften Vorlesung

„Absolut unernst gemeinter Rat für geneigte Hörer und Leser" im selbstironischen Rekurs auf Spitzwegs Figur des „armen Poeten".

Ausgaben: Sich verwandeln in ein Gedicht. In: R. Salis (Hg.): Motive. Deutsche Autoren zur Frage: Warum schreiben Sie? Selbstdarstellungen. Tübingen u. a. 1971. S. 210–213; Warum schreiben. Notizen zur Literatur. Berlin u. a. 1976; Vor der Sintflut. Das Gedicht als Arche Noah [FPV]. München u. a. 1985.

Forschungsliteratur: B. Greiner: Exerzitien der Grenzüberschreitung. G. K., „Vor der Sintflut. Das Gedicht als Arche Noah" (1985). In: P. M. Lützeler: Poetik der Autoren. Beiträge zur deutschsprachigen Gegenwartsliteratur. Frankfurt/M. 1994. S. 95–113.

Monika Schmitz-Emans

Kunze, Reiner (geb. 1933)

K.s meist epigrammatisch anmutende Lyrik erhielt wesentliche Impulse aus der klassischen Musik und der modernen tschech. Poesie. Hier entsprang die Entscheidung für die gemäßigte Kleinschreibung im eigenen Werk und für freie Rhythmen, die zentrale Bedeutung poetischer Bilder mit einer Vorliebe für Paradoxa, kühne Metaphern und ein Vokabular, das im Anschluss an die dichterische Tradition große Emotionalität zu transportieren vermag. Neben den dichterischen Vorbildern sind solche im ethisch-moralischen Sinn für K.s Werk von zentraler Bedeutung. Er nennt E. v. Rotterdam, ↑Camus, S. Castellio als Ideengeber für seine Grundüberzeugungen: die Autonomie des denkenden Menschen, die Zweckfreiheit der Kunst, die engagierte zwischenmenschliche Toleranz.

Originär erkennbar wird K.s Poetik zuerst in *Widmungen* (1963); mit *sensible wege* (1969) gelingt ihm auch ein großer Publikumserfolg. Ab Mitte der 1960er Jahre steht der anfangs regimekonforme K. in der DDR unter Beobachtung und Zensur. In fünf knappen Anmerkungen, die er 1965 u. d. T. *Maß-Stab und Meinung* in der Zeitschrift *Neue deutsche Literatur* veröffentlicht, grenzt er sich nicht nur von den Forderungen des sozialistischen Realismus ab, sondern trifft auch wichtige Aussagen zur eigenen Poetik: „Poesie soll einfach sein. Sie kann aber nicht einfacher sein, als es die Genauigkeit erlaubt." K.s Position hat sich hin zu einer absoluten und notwendigen Autonomie des Autors entwickelt, der allein seiner Kunst und der in ihr ausgedrückten Wahrheit Rechenschaft schuldet. 1977 reist er aus der DDR aus, veröffentlicht aber erst 1986 wieder einen Band mit Gedichten (*eines jeden einziges leben*). In K.s späterem Werk verdichtet sich die Überzeugung, dass sinnliche Schönheit an sich schon Wahrheit zu transportieren vermag.

Im Zentrum von K.s Poetik steht die originäre Inspiration, der Bildeinfall. Durch die „Verknüpfung weit auseinander liegender Realitäten" (BPR, 1977) erschließt sich im Gedicht eine neue, so erst sagbare und über die Einzelelemente des Bildes hinausführende Wahrheit. Um ein zentrales poetisches Bild – meist eine auffällige Metapher – herum entstehen K.s meist kurze Gedichte. Der Zwang zur Verknappung, zu wahrnehmbaren Leerstellen im Text, begründet sich nicht nur in den Grenzen des Sagbaren, sondern verweist über das mit den Sinnen Erfassbare hinaus. In ihr öffnet sich das Gedicht auch dem Leser, um ihn zu bewegen und das Gespräch mit ihm zu fördern.

In seiner Münchner PV *Konsequenzen des Ästhetischen* (1989) nimmt K. ↑Kleists *Anekdote aus dem letzten preußischen Kriege* zum Ausgangspunkt seiner Reflexionen. Unter dem thesenhaften Titel „Die Souveränität des Kunstwerks" verfasst er eine Apologie des Textes gegen den Vorwurf nationalistischer Propaganda und betont demgegenüber den Kunstcharakter des Textes. Kunst ist Form, und das Kunstwerk ist eigengesetzlich. Es vermag sich gegebenenfalls selbst gegen Funktionszuweisungen seines Verfassers durchzusetzen, wenn dieser die Doppelrolle des Dichters und des *homo politicus* einnimmt; allenfalls temporär und gewaltsam lässt es sich für polit. Zwecke vereinnahmen. In „Sieben Nachsätzen über das Thema hinaus" bekräftigt K. seine autonomieästhetisch inspirierte Auffassung einer kategorialen Trennung zwischen Kunst einerseits, Politik, Ideologien und praktischen Funktionen andererseits.

Ausgaben: Georg-Büchner-Preis an R. K. Festgabe. Frankfurt/M. 1977; Konsequenzen des Ästhetischen [MPV]. In: Das weiße Gedicht. Frankfurt/M. 1989. S. 7–39; Gedichte. Frankfurt/M. 2001.

Forschungsliteratur: O. Knörrich: „Rhetorik des Schweigens". Zur Autorpoetik R. K.s. In: M. Zybura (Hg.): Mit dem Wort am Leben hängen… R. K. zum 65. Geburtstag. Heidelberg 1998. S. 29–38; U. Zwiener/E. Kratschmer (Hg.): Das blaue Komma. Zu R. K.s Leben und Werk. Weimar 2003.

Stephanie Dressler

L

Lacan, Jacques (1901–1981)

L.s ‚Rückkehr zu Freud' ist ein dezidiert sprachtheoretisches Projekt. Methodisch grundlegend ist seine in „Das Drängen des Buchstabens im Unbewußten oder die Vernunft seit Freud" („L'instance de la lettre dans l'inconscient ou la raison depuis Freud", 1957; dt. 1975) unternommene Reformulierung der von ↑Freud in der *Traumdeutung* analysierten zwei Mechanismen der Traumarbeit – Verdichtung und Verschiebung – mit Bezug auf F. de Saussure und ↑Jakobson als Metapher und Metonymie. L.s Formulierung, dass das ‚Unbewusste wie eine Sprache strukturiert' ist, zielt dabei nicht nur auf eine strukturalistische Relektüre der Psychoanalyse, sondern trägt im selben Zuge psychoanalytische Konzepte wie Unbewusstes, Wiederholungszwang, Begehren in ein Denken von Sprache ein. Eine Zuordnung von Signifikant und Signifikat wird auf diese Weise zugunsten eines unaufhörlichen Gleitens des Signifizierten unter dem Signifikanten verabschiedet.

Für L.s Poetik ist die Beziehung zwischen Literatur und Psychoanalyse konstitutiv. Der erste Text der *Schriften* (*Écrits*, 1966; dt. 1973–1980) ist L.s Lektüre von ↑Poes *The Purloined Letter* („Le séminaire sur ‚La lettre volée'"). In einem für L.s Poetik charakteristischen Wortspiel von *lettre* – Brief und Buchstabe – beschreibt L. die Letter als „radikale[s] Subjekt", als „das sich im Reinzustand verschiebende Symbol, an das man nicht rühren kann, ohne sogleich in sein Spiel hineingezogen zu werden", und das mithin die Position der Subjekte zueinander bestimmt.

L.s *Seminar XX: Encore* (1972–1973; dt. 1986) nimmt die Frage nach der Letter/Buchstäblichkeit erneut auf und verknüpft sie mit dem Lesen: „Der Buchstabe, das liest sich. [...] Das liest sich und buchstäblich." Das Lesen, welches L. damit als grundlegend für die Psychoanalyse herausstellt, ist keines, das auf Verstehen ausgerichtet wäre („daß Lesen uns durchaus nicht verpflichtet zu verstehen"); auch ist nicht entscheidend, dass das Unbewusste zu lesen ist. Vielmehr ist es das Unbewusste, das liest, und dieses Lesen ist eines, in welchem sich Unlesbarkeit, Genießen und Nicht-Wissen verschalten. L. entwickelt die Verknüpfung von Unlesbarkeit und Genießen anhand von ↑Joyce (*jouissance*): „Was passiert bei Joyce? Der Signifikant trüffelt das Signifikat. [...] es ist eben deshalb, daß sich das schlecht liest, oder daß sich das verquer liest, oder daß sich das nicht liest." Das Unlesbare ist dabei nicht von der gleichen Ordnung wie das Lesbare, sondern verschiebt die Bedeutung von Lesen als solche.

Nachhaltig ist die Wirkung von L.s Poetik auf die Literaturtheorie, hierbei finden sich strukturalistische (H. Gallas) und dekonstruktive Rezeptionen (S. Felman).

Ausgaben: Ecrits. Paris 1966; Schriften I–III. Hg. v. N. Haas. Olten u. a. 1973–1980; Le Séminaire de J. L. Hg. v. J.-A. Miller. Paris 1973 ff.; Das Seminar von J. L. Hg. v. N. Haas: Buch I, II, III, VII, XI, XX. Olten u. a. 1978–1986; Buch IV, V, VIII. Wien 2006–2007; Das Werk. Weinheim u. a. 1986 ff.

Forschungsliteratur: S. M. Weber: Rückkehr zu Freud. J. L.s Ent-stellung der Psychoanalyse. Frankfurt/M. u. a. 1978; H. Gallas: Das Textbegehren des „Michael Kohlhaas“. Die Sprache des Unbewußten und der Sinn der Literatur. Reinbek 1981; S. Felman: J. L. and the Adventure of Insight. Psychoanalysis in Contemporary Culture. Cambridge/MA u. a. 1987; G. D. Chaitin: Rhetoric and Culture in L. Cambridge 1996.

Elisabeth Strowick

Lange, Hartmut (geb. 1937)

Der in der DDR aufgewachsene und in seinem Werk auf ↑Hegel und K. Marx fußende Autor schrieb zunächst Theaterstücke, die sozialistischer Gesellschaftspolitik und Ideologie verpflichtete Themen behandeln (z. B. *Senftenberger Erzählungen*, 1962; *Marski*, 1965; *Die Ermordung des Aias*, 1971). Nachdem L. im Westen lebte, distanzierte er sich durch seine A. Schopenhauer-, ↑Nietzsche- und ↑Heidegger-Studien, die sich auch in seinen Werken niederschlagen, vom marxistisch-philosophischen System und wandte sich seit ca. 1983 mit der Einsicht, ein jeder sei ein absolutes Subjekt, als Novellist thematisch dem Individuum zu („Die Kunst [...] hat ihre Wurzeln in den Untiefen der Subjektivität“, *Irrtum als Erkenntnis*, 2002). L.s Novellen gestalten Befindlichkeiten des Lebens – Reales und Surreales (↑Kafka), Angst (↑Kierkegaard), psychische Leiden, Identitätsprobleme, zerrüttete Verhältnisse (*Die Reise nach Triest*, 1991), fixe Ideen (*Die Bildungsreise*, 2000), das Sein zum und nach dem Tode (*Schnitzlers Würgeengel*, 1995; *Das Konzert*, 1986). In den Alltag des Helden, der in seiner „persönlichen Verfasstheit“ dargestellt wird (*Irrtum*), bricht etwas Übersinnliches oder Unerklärliches ein (*Leptis Magna*, 2003), das rational nicht fassbar ist, ihn irritiert und orientierungslos macht. Dem einzelnen Individuum ist in seiner „seelischen Befindlichkeit“ (*Tagebuch eines Melancholikers*, 1983) das In-der-Welt-Sein mysteriös und unheimlich geworden.

Für L. hat die Kunst die Aufgabe, „Wirklichkeit und Transzendenz“ zu vereinen. Dabei ist Kunst wesensmäßig vieldeutig und spekulativ. Nach seiner Auffassung enthält die Realität immer etwas Unbekanntes, eine „Irritation“, die der Autor als „eine der Grundprämissen der Moderne“ betrachtet (*Irrtum*). Die Grenze zwischen Wirklichkeit und Vision wird bei L. fließend.

L.s Stil ist präzise, detailliert, dicht, spannend, bildreich; manches wird verschwiegen, vieles nur angedeutet, um dem Leser „die assoziative Zauberkraft der Kunst“ nicht zu nehmen, denn „dem Wirkungskreis der Kunst sind keinerlei Grenzen gesetzt“ (*Irrtum*). Seine exakten Beschreibungen (Natur, Städte, Reisen) stehen im Kontrast zu im Vagen bleibenden Vorgängen und orientierungslosen Figuren.

Ausgaben: Die Revolution als Geisterschiff. Massenemanzipation und Kunst. Reinbek 1973; Tagebuch eines Melancholikers. Zürich 1987; Irrtum als Erkenntnis. Zürich 2002; Gesammelte Novellen. Zürich 2002.

Forschungsliteratur: R. Hertling: Das literarische Werk H. L.s. Hoffnung auf Geschichte und Glaube an die Kunst – Drama und Prosa zwischen 1969 und 1992. Frankfurt/M. u. a. 1994; M. Durzak (Hg.): Der Dramatiker und Erzähler H. L. Würzburg 2003.

Charlotte Beckers

Lazarillo de Tormes ↑Anonym

Lenz, Jakob Michael Reinhold (1751–1792)

L.s literatur- und theatertheoretische Schrift *Anmerkungen übers Theater nebst angehängten übersetzten Stück Shakespeares* aus dem Jahr 1774 gilt als ein grundlegendes Dokument einer Poetik des Sturm und

Drang. Mit der darin vorgenommenen Bestimmung des Genie-Begriffs schließt der Text an ↑Gerstenbergs Überlegungen in *Briefe über die Merkwürdigkeiten der Litteratur* (1766–1770) an und führt diese im Kontext grundlegender Reformforderungen an das zeitgenössische Theater weiter aus. Darüber hinaus steht die Schrift in einem engen Zusammenhang mit ↑Goethes Rede *Zum Schäkespears Tag* (1771) hinsichtlich der Bedeutung ↑Shakespeares für die Ausbildung einer neuen Dramatik, die sich gegen die klassizistische Form der frz. Tragödien (↑Corneille, ↑Racine) richtet. Bereits die frühere theoretische Äußerung zum Theater *Zum Götz von Berlichingen* enthält, neben der Hochschätzung von Goethes Stück, Elemente von L.s Theaterästhetik wie sie in den Anmerkungen in größerem Zusammenhang explizit gemacht werden.

Leitend für die Argumentation der *Anmerkungen* wird die Auseinandersetzung mit der Poetik des ↑Aristoteles. Dabei geht es nicht nur um die Ablehnung der normativen Anteile wie der Ständeklausel oder der Einhaltung von Ort, Zeit und Raum, sondern maßgeblich um die Darstellung individueller Charaktere, deren Streben nach Freiheit in der Dichtung zum Ausdruck kommen soll. Daher fordert L. eine Dramenform, die ihre Stoffe nicht länger aus der Antike beziehen soll, sondern sich der sozialen und gesellschaftl. Wirklichkeit öffnet. Dem korrespondiert die Nobilitierung der Komödie. Zwar sei die Tragödie weiterhin die formal und inhaltlich hochwertigere Gattung, doch gerade die Komödie ermögliche es, dem Volk und seinen Bedürfnissen gerecht zu werden. Daher eigne sich insb. letztere zur Vermittlung sozialer sowie gesellschaftskritischer Inhalte. Der tradierten Konzeption von Dichtung als Nachahmung der Natur setzt L. den zentralen Begriff des Genies entgegen, das sich keinen normativen Vorgaben unterwerfen müsse. Das Genie sei nämlich eine Verkörperung des in der Natur wirkenden Prinzips selbst und von daher in der Lage, die Gegenstände nicht bloß nachahmend abzubilden, sondern in ihrer Durchdringung einem Schöpfer gleich zu erzeugen. Mit dieser Bestimmung des Genies geht die Absage an den vorherrschenden Rationalismus einher.

Schrieb er sein Jugenddrama *Der verwundete Bräutigam* noch im Stile der frz. *Comédie larmoyante*, so legen die nachfolgenden Stücke – u. a. *Der Hofmeister oder Vorteile der Privaterziehung*, *Der neue Menoza oder Geschichte des Cumbanischen Prinzen Tandi* sowie *Die Soldaten* – deutlich Zeugnis von seinen ästhetischen Reflexionen ab. Darüber hinaus trat L. als Lyriker und Erzähler in Erscheinung, wobei er in der Erzählung *Der Landprediger* mit seiner bisherigen dichterischen Produktion abrechnet.

Von den Zeitgenossen zunächst wohlwollend aufgenommen, geriet L. spätestens nach seinem Streit mit Goethe sukzessive in eine Randstellung im lit. Feld. Vermittelt durch das Werk ↑Büchners ist man auf den Dichter L. wieder aufmerksam geworden und hat in ihm eine wichtige Figur des Sturm und Drang erkannt.

Ausgaben: Werke und Schriften. Hg. v. B. Titel/H. Haug. Darmstadt 1966–1967; Werke und Briefe. 3 Bde. Hg. v. S. Damm. Leipzig u. a. 1987.

Literaturangaben: S. Damm: Vögel, die verkünden Land. Das Leben des L. Berlin u. a. 1985; D. Hill (Hg.): J. M. R. L. Studien zum Gesamtwerk. Opladen 1994; H. L. Arnold (Hg.): J. M. R. L. Text + Kritik. Göttingen 2000.

Ursel Weber/Kai L. Fischer

Lenz, Hermann (1913–1998)

L.s Frankfurter PV von 1986 tragen einen stark werkbiografischen Charakter, der schon im Titel *Leben und Schreiben* angedeutet wird. L. berichtet über seine schriftstellerischen Anfänge, die Genese vieler späteren Texte und sein Selbstverständnis. Die Werkgeschichte eines Autors ist zugleich seine Autobiografie. Vielfach verweist L. auf Autoren, denen er selbst wichtige Impulse und Einsichten verdankt, darunter ↑Th. Mann, E. Mörike und A. Stifter. Dem auf polit. Wirkung zielenden Schreiben im Sinne G. Wallrafs erteilt er eine Absage. Mit der Vergangenheit setzt Literatur sich ebenso intensiv auseinander wie mit der Gegenwart; sie wirkt mit Wörtern, nicht mit Taten. Mit seinen Berichten aus der lit. Werkstatt verknüpfen sich allgemeinere und grundsätzliche Fragen, darunter die nach der Beziehung zwischen lit. Text und epochenspezifischen Erfahrungen, wie sie gerade die Autoren der Nachkriegsgeneration vorrangig beschäftigen: Was macht den Autor zum Zeitgenossen, auf welchen Ebenen setzt sich Literatur konstruktiv und interpretierend mit Zeit auseinander? Zeit wird im Bild einer geologischen Schichtung reflektiert, deren Ebenen sich überlagern, teilweise aber auch in „Verwerfungen" durchmischen: Neben der jeweiligen Gegenwart, für den Einzelnen mit der eigenen Lebenszeit kongruent, bildet die Vergangenheit als „Geschichtetes" und „Abgelagertes" eine zweite Zeit-Ebene; hinzu kommt als dritte die des Traums, in dem Zeitelemente verschiedener Provenienz verschmolzen sind. Erinnerungen bilden oft die Basis lit. Narrationen, sind aber subjektiv und unterliegen keiner verbindlichen Chronologie. Der Schriftsteller sollte sich in die Dinge hineinversetzen, über die er schreibt. Zwischen Fiktionen und erfahrungsgegründeten Erzählungen verläuft keine klare Grenze, da alle Erfahrung subjektiv-perspektivisch ist, somit jeder nur ihm selbst Korrespondierendes erkennen kann (vgl. auch *Motive*). In den Text projiziert der Leser seine eigenen Erfahrungen hinein; die Intentionen des Autors sind für den kreativen Rezeptionsprozess aber verbindlich. Immerhin besteht zwischen Autor, Leser und lit. dargestellten historischen Figuren durch die gemeinsame Einbettung in die Geschichte ein dichtes Beziehungsgeflecht. Für die Publikation ergänzt L. seine PV um fünf Porträts lit. Autoren, die für ihn selbst wichtig waren und deren Würdigung weiteren Anlass zu poetologischen Reflexionen und eigenen Standortbestimmungen gibt: Sie gelten Mörike, Stifter, F. Grillparzer, Marc Aurel und ↑A. Schmidt.

Ausgaben: Um mir ein Bild zu machen. In: R. Salis (Hg.): Motive. Deutsche Autoren zur Frage: Warum schreiben Sie? Selbstdarstellungen. Tübingen 1971. S. 225–229; Leben und Schreiben [FPV]. Frankfurt/M. 1986.

Forschungsliteratur: H. D. Zimmermann: „Das Versunkene, das Abgelegte, das Vergessene ..." Zu H. L. In: H. D. Schlosser/H. D. Zimmermann (Hg.): Poetik. Frankfurt/M. 1988. S. 217–224.

Monika Schmitz-Emans

Leopardi, Giacomo (1798–1837)

Die poetologische Reflexion des nach ↑Petrarca bedeutendsten ital. Dichters findet – nach streng klassizistischen Anfängen in dem *Brief an die Herausgeber der Biblioteca italiana* (*Lettera ai compilatori della Biblioteca italiana*) von 1816, der sich vehement gegen Mme de Staëls zuvor dort veröffentlichten Appell an die Italiener, sich den anderen europ. Nationalliteraturen zu öffnen, wendet und eine ausschließliche Orientierung an der antiken Literatur fordert – ihren ersten repräsentativen Ausdruck in der 1818 verfassten *Rede eines Italieners über die romantische Poesie* (*Discorso di un italiano intorno alla poesia romantica*; dt. 1991). In dieser erst postum (1906) veröffentlichten Abhandlung setzt sich der gerade 20-jährige L., der nicht ohne Grund auch als „poeta pensante" (denkender Dichter) bezeichnet worden ist, kritisch mit den im selben

Jahr erschienenen *Betrachtungen über die moderne Poesie* (*Osservazioni sulla poesia moderna*) des führenden ital. Romantikers L. di Breme und dessen Konzeption einer allein vom Geist gesteuerten „poesia dell'intelletto" auseinander. Innerhalb der zeitgenössischen ital. Romantik-Debatte, die v. a. im nachnapoleonischen Mailand intensiv geführt worden ist, nimmt L. mit seiner Schrift eine ebenso eigenständige wie sich einer einfachen Zuordnung zu den herrschenden Zeitströmungen entziehende Position „zwischen der Skylla eines kritischen Klassizismus und der Charybdis der romantischen Moderne" (F. Janowski) ein, die die Bedingungen und Möglichkeiten von Dichtung in einer vom aufklärerischen Rationalismus geprägten und daher weitgehend entmystifizierten modernen Welt neu zu beschreiben sucht. Ausgehend von seiner in Vielem an ↑Rousseau anknüpfenden Kritik der modernen Zivilisation als Dekadenzphänomen und seinem Verständnis von der Antike als goldenem Zeitalter, in dem der Mensch noch weitgehend in Einklang mit der Natur gelebt und v. a. noch über die zum Leben notwendigen Illusionen verfügt habe, entwickelt L. den für seine Poetik grundlegenden Gegensatz von antiker und moderner Dichtung, der auch begrifflich an ↑Schillers Abhandlung *Über naive und sentimentalische Dichtung* (1795) erinnert, die L. allerdings nicht gekannt hat. Die antike Dichtung, deren Lektüre den auch als Altphilologen und Übersetzer gr. und lat. Werke außerordentlich begabten L. nach eigenem Bekenntnis erst zum Dichter hat werden lassen, erscheint dabei als Ideal einer „naiven", weil noch allein von der Einbildungskraft und ihren Illusionen bestimmten „poesia immaginativa", der noch die *imitatio* der Natur möglich gewesen sei. Dagegen wird die moderne Dichtung als eine „poesia sentimentale" beschrieben, die von der philosophischen Erkenntnis der Wahrheit und damit von der allg. Nichtigkeit des Seins („Alles ist nichtig") durchdrungen sei und der es daher an poetischer Kraft fehle. Ihre Fortentwicklung hat L.s Poetik in zahlreichen, allerdings nicht zusammenhängenden Aufzeichnungen seines umfangreichen Gedankentagebuchs *Gedanken aus dem Zibaldone* (*Zibaldone di pensieri*, 1817–1832, 1898 postum; dt. 1943) erfahren, in denen unter Abkehr vom klassizistischen *imitatio*-Begriff immer stärker die Rolle der Imagination als eigentlicher Quelle der Dichtung betont wird, weil nur sie allein in der Lage sei, einen Zugang zum „Unendlichen" (vgl. L.s berühmtestes Gedicht *L'infinito*) und zu der Natur innewohnenden „poetischen Wirkung" zu eröffnen, und die damit zugleich zu einem der kühlen Vernunft überlegenen Medium auch der philosophischen Erkenntnis werde. Nicht zuletzt in dieser v. a. vom späten L. konzipierten Wiederannäherung von Poesie und Philosophie erweist sich der überaus moderne, in vielem auf ↑Baudelaire und ↑Nietzsche vorausweisende Charakter seiner Poetik.

Ausgaben: Tutte le Opere. 2 Bde. Hg. v. W. Binni/E. Ghidetti. Florenz 1985; Rede eines Italieners über die romantische Poesie. Tübingen 1991; Das Gedankenbuch. Hg. v. H. Helbling. München 1992 [Auswahl].

Forschungsliteratur: H. L. Scheel: L. und die Antike. München 1959; V. Steinkamp: G. L.s „Zibaldone": von der Kritik der Aufklärung zu einer „Philosophie des Scheins". Frankfurt/M. 1991; S. Neumeister/R. Sirri (Hg.): L.: poeta e pensatore, Dichter und Denker. Neapel 1997.

Volker Steinkamp

Lessing, Gotthold Ephraim (1729–1781)

L.s dichterisches und ästhetisches Werk geht aus der Aufklärung hervor, bereitet zugleich aber schon den Weg für die Autonomieästhetik der klassisch-romantischen Ära; die Frage nach dem Nutzen lit. Werke gilt ihm zwar noch als erörternswert, aber er wendet sich klar gegen deren didaktische Funktionalisierung und betont ihren ästhetischen Eigenwert. Literatur ist mehr als eine bloß verhüllende äußerliche Form. Dass lit. Werke lehrreiche Inhalte allerdings durchaus einkleiden und dadurch wahrnehmbar machen können, erläutert L. am Bsp. der Fabel als einer Gattung, die Wahrheiten versinnbildlicht. Lit. Bilder und Geschichten vermitteln dabei v. a. Erkenntnisse über den Menschen, seine Empfindungen, Gedanken, Urteile, Vorurteile und Handlungen.

L. erwartet von der Dichtung zwar, dass sie die Gefühle des Rezipienten anspricht, wertet das moralisierende, exempelhafte Erzählen aber keineswegs generell ab, sondern bemüht sich um einen vermittelnden Ansatz. In dichterischen Texten sollen Lehren oder Normen nicht begrifflich-abstrakt, sondern anschauend erkennbar werden. Schon ↑Gottsched hatte gefordert, die Wahrheit müsse durch dichterische Mittel sinnfällig gemacht werden; L. bekräftigt dieses Postulat und begründet es zugleich: Alle Erkenntnis gehe vom Besonderen aus, und allein von diesem her erschließe sich Allgemeines. L.s Veto gegen eine funktionalisierende Deutung dichterischer Texte als Verpackungen allgemeiner Inhalte wandte sich gegen eine gängige Rezeptionsweise. Gerade die Deutung seiner eigenen Werke wurde durch Gottscheds Auffassung, das dichterische Werk vermittle eine von ihm an sich unabhängige Lehre oder Wahrheit, lange einseitig geprägt; die Ringparabel in L.s *Nathan der Weise* (1779) galt dementsprechend lange als poetisch verkleideter Ausdruck der Forderung nach Humanität und Toleranz. Moderne Interpretationen akzentuieren demgegenüber die Eigengesetzlichkeit der literarisch-poetischen Darstellungsformen und gehen von einer immanenten Wahrheit der Parabel aus, welche nicht einfach in Begriffe und Lehren auflösbar sei; sie akzentuieren die Bedeutung lit. Selbstreflexion als ein Medium der Sinnkonstitution, die Sprachimmanenz von Wahrheit und deren Abhängigkeit von Darstellungs- und Aussageweisen.

L.s poetologisches Interesse gilt stets v. a. der Wirkung lit. und künstlerischer Werke auf den Rezipienten, und er gehört insofern zu den wichtigsten Vorläufern der Rezeptionsästhetik (↑Iser). Das wird v. a. in der Schrift *Laokoon: oder über die Grenzen der Mahlerey und Poesie. Mit beyläufigen Erläuterungen verschiedener Punkte der alten Kunstgeschichte* von 1766 deutlich. Hier und in anderen Schriften erörtert er mit Blick auf Rezeptionsweisen ästhetischer Gebilde u. a. die Bedingungen, unter denen diese als schön oder als hässlich empfunden werde. Ästhetisch anziehend sind für ihn nur solche Darstellungen, die den gefühlsmäßigen Nachvollzug erlauben und zugleich der Einbildungskraft hinreichenden Entfaltungsraum lassen, sich zum sinnlich Wahrnehmbaren Weiteres hinzuzudenken. Die Subjektivität des ästhetisch gestifteten Gegenstandsbezuges betont L. auch durch seine Auffassung, nicht das Auge befinde darüber, ob etwas anziehend sei, sondern die Einbildungskraft. Die ästhetische Legitimität der Darstellung schreiender Figuren bemisst sich beispielsweise nicht daran, ob in einem Drama ein solcher Schrei als Ausdruck von Empörung berechtigt ist oder nicht; Schreie seien, so L., in der Darstellung der bildenden Kunst wie im Drama generell zu vermeiden, weil ihre hohe Expressivität beim Rezipienten ein gleichmäßiges und harmonisches Gefühl verhindere. Die Erzeugung eines solchen Gefühls hat für L. Vorrang gegenüber anderen Aspekten poetischer Darstellung.

Ein epochemachender Beitrag zur Geschichte der Poetik ist der *Laokoon* insb. als Beitrag zur vergleichenden Reflexion über die Dichtung und die Malerei. Hier wendet er sich erstens gegen die für Theoretiker wie ↑Batteux leitende Vorstellung, das Wesen der verschiedenen Künste erschließe sich dadurch, dass man sie auf ein gemeinsames Prinzip (etwa das der Naturnachahmung) zurückführe. Im Zusammenhang damit tritt er zweitens auch der traditionsreichen Vorstellung entgegen, Dichtung habe sich an den bildenden Künsten als ihrem Maßstab zu orientieren. Er betont vielmehr die Differenzen zwischen Dichtung und Malerei, und zwar unter Bezugnahme auf deren unterschiedliche mediale Verfassung, auf die Unterschiedlichkeit der Zeichen, aus welchen für ihn poetische und bildkünstlerische Werke bestehen. Schon vor L. hatten ↑Dubos (*Réflexions critiques sur la poésie et la peinture*, 1719), J. Harris (*Three Treatises, Concerning Art, Music, Painting and Poetry, Happiness*, 1744) und ↑Mendelssohn (*Betrachtungen über die Quellen und Verbindungen der schönen Künste und Wissenschaften*, 1757) sich um eine differenzierende Charakteristik der Künste auf der Basis semiotischer Erörterungen bemüht; der *Laokoon* weitet dies zur differenziellen Erörterung der für die Künste spezifischen Gegenstände aus. Ästhetische Zeichen, so L.s Forderung, müssen in einem „bequemen Verhältnis" zum Dargestellten stehen, und dadurch würden sie von zunächst „willkürlichen" zu „natürlichen" (und das heißt implizit: zu wirkungsvolleren) Zeichen. Nicht nur die Art der jeweils verwendeten Zeichen, sondern auch der Modus ihrer Verknüpfung ist für die Unterschiedlichkeit der Künste entscheidend. Dichtung bediene sich „konsekutiver", Malerei hingegen „koexistierender" Zeichen; Dichtung erstrecke sich in der Zeit, Malerei im Raum. Anders als der Dichter sei der Maler an den Augenblick gebunden. Als Folge der Temporalität ihrer Zeichen entspreche es der Dichtung am ehesten, temporale Gegenstände darzustellen; L. spricht hier spezifischer von „Handlungen". Der bildende Künstler müsse wegen seiner Bindung an den dargestellten Moment einen „fruchtbaren" Augenblick als Darstellungsobjekt wählen; fruchtbar in diesem Sinne ist dabei ein Moment, der den Rezipienten dazu stimuliert, sich zum Gesehenen Weiteres hinzuzudenken. Momente extremer Expressivität sollten nicht dargestellt werden; ästhetisch gelungen erscheint L. die Laokoon-Plastik. Poetisch dargestellte Handlungen müssen kohärent sein. Entscheidend ist die kausale Motivation der jeweils folgenden Handlungsmomente durch die vorherigen.

Dichtung und Kritik bilden für L. einen engen Zusammenhang. Er selbst ist zeit seines Lebens als Kritiker tätig, zunächst als Rezensent für die *Berlinische Privilegierte Zeitung* (seit 1785: *Vossische Zeitung)*, und für die *Critischen Nachrichten aus dem Reiche der Gelehrsamkeit*, ferner als Verfasser der *Briefe, die neueste Litteratur betreffend* (1759–1765) und der *Hamburgischen Dramaturgie*, an deren Ende L. die Bedeutung der Kritik für sein eigenes Werk betont. Mit der *Hamburgischen Dramaturgie* wendet sich L. gegen die Erwartung, das Theater habe moralisch integre Menschen vorzuführen, und widerspricht der Idee, Leidenschaften auf der Bühne verdürben den Charakter der Zuschauer. Vielmehr solle das Schauspiel gerade Leidenschaften zeigen, denn nur diese erregen Mitleid, und dies ist für L. der entscheidende Sinn des Dramas. Seine dramenpoetischen Vorstellungen stellen die Begriffe der Furcht und des Mitleids ins Zentrum, die er in reflexiver Auseinandersetzung mit der Poetik des ↑Aristoteles entwickelt. Das Schauspiel soll den Menschen mitleidsfähiger und damit besser machen; Empathie ist bei L. sowohl eine affektive wie auch eine moralische Kategorie.

L. begründet in Deutschland eine neue Gattung: das bürgerliche Trauerspiel. Neu ist nicht nur die Stimme der Empfindsamkeit, neu ist auch die Vielschichtigkeit der handelnden Charaktere und schließlich die Feinheit, mit welcher der Widerstreit von Leidenschaften und Vernunft gezeichnet wird. Moralische Prinzipien wie Vaterlandsliebe und Heroismus stellt L. in Frage, und er wirbt um Verständnis für die Gründe auch und gerade moralisch fragwürdigen Handelns. Für die jüngere Geschichte der Poetik ist L. v. a. als Verfasser des *Laokoon* wegweisend geworden; Vertreter semiotisch und mediologisch geprägter Kunst- und Darstellungstheorien haben sich auf ihn berufen.

Ausgaben: Werke. 8 Bde. Hg. v. H. G. Göpfert. Darmstadt 1970; Werke in Einzelausgaben. Hg. v. W. Woesler. Tübingen 2004 ff.

Forschungsliteratur: J. Schröder: G. E. L. Sprache und Drama. München 1972; G. Gebauer (Hg.): Das Laokoon-Projekt. Pläne einer semiotischen Ästhetik. Stuttgart 1984; I. Strohschneider-Kohrs: Vernunft als Weisheit. Studien zum späten L. Tübingen 1991; D. Müller-Nielaba: Die Wendung zum Bessern. Zur Aufklärung der Toleranz in G. E. L.s „Nathan der Weise". Würzburg 2000; M. Fick: L.-Handbuch. Leben – Werk – Wirkung. Stuttgart u. a. ²2004; U. Zeuch (Hg.): L.s Grenzen. Wiesbaden 2005; E. Köhn: Erfahrung des Machens. Zur Frühgeschichte der modernen Poetik von L. bis Poe. Bielefeld 2005; M. Schrader: Laokoon – „eine vollkommene Regel der Kunst". Ästhetische Theorien der Heuristik in der zweiten Hälfte des 18. Jahrhunderts: Winckelmann, (Mendelssohn), L., Herder, Schiller, Goethe. Hildesheim u. a. 2005; K. Bohnen: G. E. L.-Studien. Werke, Kontexte, Dialoge. Kopenhagen u. a. 2006; D. Oschmann: Bewegliche Dichtung. Sprachtheorie und Poetik bei L., Schiller und Kleist. Paderborn u. a. 2007.

Ulrike Zeuch

Lichtenberg, Georg Christoph (1742–1799)

Physiker im Hauptberuf, zugleich aufklärerischer Anthropologe und Schriftsteller, hat L. zwar keine explizit dichtungstheoretischen Schriften hinterlassen, wohl aber ein umfangreiches aphoristisches Werk (insb. die *Sudelbücher*, postum 1800–1806 u. d. T. *Bemerkungen vermischten Inhalts*) sowie diverse lit. Projekte, aus denen sich seine Ideen über Schriftstellerei, Literatur und deren Wirkungen erschließen lassen. Dass es für ihn keine trennscharfe Linie zwischen wissenschaftlichem und lit. Schreiben gibt, ist dabei bereits vorauszusetzen: Belehrende Sachtexte haben, bedingt durch Form und Stil, eine lit. Dimension; lit. Texte vermitteln Wissen – v. a. über die psychische und physiologische Beschaffenheit sowie die Institutionen des Menschen.

L.s umfangreichstes lit. Werk sind die Erklärungen zu W. Hogarths Kupferstichen, verfasst zwischen 1784 und 1799. In Hogarths zugleich moralisch belehrenden und unterhaltenden, anspielungsreichen und effektvoll arrangierten Darstellungen zeitgenössischer Sitten, Lebensformen und fingierter, aber modellhafter Individualschicksale (etwa in *The Harlot's Progess* und *The Rake's Progress*) sah L. auf exemplarische Weise realisiert, was er von Kunst und Literatur erwartete: eine Darstellung komplexer, empirisch-psychologisch fundierter Einsichten über den Menschen, deren belehrende und indirekt auch moralisch-bessernde Wirkung darauf beruht, dass sie den Rezipienten selbst zum Nachdenken bringt. Die Vorrede zu seinen Hogarth-Erläuterungen ist ein poetologischer Schlüsseltext: Zum einen als Ausdruck des Willens, ein lit. Pendant der Graphiken zu schaffen und dabei Bedeutungsgehalte vom Medium der grafischen Narration ins Medium Sprache zu übersetzen. Als prägend für die lit. wie für die bildkünstlerische Darstellung betrachtet L. zweitens deren jeweiligen Stil – überzeugt davon, Hogarth gerecht werden zu können, wenn er zu dessen Darstellungsweise ein sprachliches Pendant entwickelt. Diesen „poetischen“ Stil unterscheidet er vom rein inhaltsbezogenen „prosaischen“. Im Stil drückt sich Individualität aus; theoretisch und im lit. Experiment erkundet L. die Möglichkeiten einer solchen Individualisierung von Sprache, durch welche Texte zum Ausdruck einer persönlichen Physiognomie werden. Schreiben steht bei ihm quantitativ und qualitativ v. a. im Zeichen der Selbsterkundung (Autobiografisches, *Sudelbücher*) und der Gewinnung anthropologischen Wissens (satirische und physiognomiekritische Texte). Mit seinem Verständnis der Literatur als einer Vermittlungsform empirisch fundierten und moralisch relevanten Wissens, v. a. aber mit seinem experimentellen Schreibgestus, der ergebnisoffen Welt- und Selbsterfahrungen protokolliert, ohne auf ein geschlossenes Werk abzuzielen, repräsentiert L. die späte selbstkritische Aufklärung. Insofern er in seinen Bildkommentaren das Problem der Bedeutung von Zeichen, ihrer Lektüre und Übersetzung reflektiert, antizipiert er Themen romantischer Hermeneutik (F. Schleiermacher).

Ausgaben: Schriften und Briefe. Hg. v. W. Promies. München 1968 ff.; Kalenderaufsätze zu Hogarth. Hg. v. O. Weber. Darmstadt 1974.

Forschungsliteratur: W. Promies: G. Ch. L. in Selbstzeugnissen und Bilddokumenten. Reinbek 1964; P. Requadt: L. Stuttgart [2]1964; G. Sautermeister: G. Ch. L. München 1993.

Monika Schmitz-Emans

Lodge, David (geb. 1935)

Das umfassende Werk des engl. Literaturtheoretikers, -kritikers, -historikers und Romanautors L. zeichnet sich dadurch aus, dass seine theoretischen und poetologischen Ansätze, die er in zahlreichen Essays festhält, auch in seinen Romanen aufgegriffen werden. Zentral in L.s theoretischem Werk ist die Suche nach einer Poetik des Romans und diese, so L., sei grundsätzlich in dessen Sprache zu finden, denn „letztendlich müssen alle kritischen Fragen über Romane zurückgeführt werden können auf Fragen über Sprache“ (*The Modes of Modern Writing: Metaphor, Metonomy and the Typology of Modern Writing*, 1977). In seinen theoretischen Schriften greift er auf zahlreiche Literaturtheorien zurück, um seine poetologischen Überlegungen zu formulieren und sie anhand von Analysen vorerst engl. Schriftsteller des Realismus und der Moderne, später auch von amerik. und kontinentaleurop. Schriftstellern zu veranschaulichen. In *Language of Fiction. Essays in Criticism and Verbal Analysis of the English Novel* (1966) bedient er sich des durch den amerik. New Criticism entwickelten Instrumentariums und dessen Methoden, um einen kritischen Diskurs für den Roman zu entwerfen, der dem der Lyrikanalyse ähneln soll. Er plädiert für eine ‚textuelle‘ Methode, die sich auf wiederholte Verbelemente und -muster konzentriert, aus denen sich z. B. Formgebung und moralische Standpunkte ableiten lassen. In seinem wohl bekanntesten Werk *Modes of Modern Writing*, eine Erweiterung und Verfeinerung ersterer These, werden Literaturtheorie und Literaturgeschichte miteinander verbunden und lit. Genres nach ihrem metaphorischen oder metonymischen Sprachgebrauch klassifiziert (vgl. ↑Jakobson).

Die Werke ↑Bachtins beeinflussen L.s Suche einer Romanpoetik wesentlich (*After Bakhtin*, 1990). In den Konzepten der Dialogizität sowie des Karnevalesken findet er die Elemente, die weder der New Criticism noch die Nouvelle Critique ihm liefern konnten. Analysiert werden hier Mimesis und Diegese in modernen und postmodernen Texten.

L.s Romanwerk ist insofern vergleichbar mit dem ↑Ecos und ↑Calvinos, als er literaturtheoretische Konzepte als Basis der Erzählstruktur nimmt, sie gleichzeitig aber satirisch bricht. Dies ist explizit in seiner Rummidge-Trilogie – *Ortswechsel* (*Changing Places*, 1975; dt. 1986); *Schnitzeljagd* (*Small World*, 1984; dt. 1985); *Saubere Arbeit* (*Nice Work*, 1989; dt. 1992) –, wo jedes Werk stellvertretend für verschiedene Aspekte der Literaturtheorie sowie des Literaturbetriebs überhaupt steht.

Ausgaben: Language of Fiction. London u. a. 1966; Changing Places. London 1975; Ortswechsel. Frankfurt/M. u. a. 1988; The Modes of Modern Writing. London 1977; Small World. London 1984; Schnitzeljagd. München 1985; Nice Work. London 1989; Saubere Arbeit. München 2003; After Bakhtin. London u. a. 1990.

Forschungsliteratur: D. Ammann: D. L. and the Art-and-Reality Novel. Heidelberg 1991; I. Pfandl-Buchegger: D. L. als Literaturkritiker, Theoretiker und Romanautor. Heidelberg 1993.

Jeanne E. Glesener

Loetscher, Hugo (geb. 1929)

L.s Münchner PV wurden 1988 zusammen mit den Essays *Der erste Satz* (1982) und *Das Weiß des Papiers* (1987) u. d. T. *Vom Erzählen erzählen* publiziert. In den fünf Vorlesungen wird dieser insofern zum Programm, als L. von der Genese eigener Texte berichtet und daran allg. poetologische Reflexionen knüpft, welche das Beispielhafte der eigenen Schreiberfahrungen betonen. Erörtert werden die Phasen und Rahmenbedingungen der Schreibarbeit, „handwerkliche" Fragen, das Verhältnis zwischen auktorialen Intentionen, Einfällen und Zufallsfunden, die Bedeutung von Vokabellisten, Wörter- und Sachbüchern als Basis späterer Ausarbeitung, die Funktion von Geschichten als Darstellungsformen von Themen. Literatur dokumentiert und erzeugt einen Perspektivenwechsel, der die vertraute Beziehung zur Wirklichkeit und zur Wahrheit modifiziert. Schreibend gibt man seinem Leben eine Form, um es zu bestehen; Schreiben ist Regiearbeit mit Figuren und zugleich ein Rollenspiel des Ichs. Autobiografisches Material wird im Erzählprozess verwandelt, bis sich bearbeiteter Stoff und artifizielle Zutat nicht mehr unterscheiden lassen. Erzählerische Ironie weist auf die Mehrdeutigkeit aller Wörter sowie auf die Inkongruenz zwischen Sprache und Wirklichkeit hin und dokumentiert eine willkommene Freiheit gegenüber dem Wirklichen. Der Schriftsteller ist offen für Mögliches, für Unvorhersehbares; sein vorrangiges Interesse gilt der Sprache, die in ihrer Freiheit gegenüber dem Wirklichen zu Spielen einlädt. Die Frage nach der Erzählbarkeit von Situationen stellt sich v. a. anlässlich extremer Erfahrungen von Fremdheit und Tod; die erzählerische Arbeit an einem Thema gleicht musikalischen Kompositionsprozessen. Wenn der Schweizer L. die eigene Schriftsprache als Fremdsprache erlebt, so spiegelt sich darin exemplarisch die komplexe Beziehung zwischen Schreibendem, Sprache und polyvalenter Wirklichkeit. Die bildhafte und vieldeutige Metapher ist notwendiges Pendant des Begriffs. L.s Essay *Der erste Satz* thematisiert den Textbeginn als Nukleus des poetischen Prozesses, der sich stets nur in relativer Freiheit vollzieht. In *Das Weiß des Papiers* geht es um die zugleich beklemmende und befreiende Erfahrung der Anfangssituation. Das Weiß des Papiers ist Metapher für die Grundlosigkeit lit. Arbeit, die von keinen Zwecksetzungen und Absichtserklärungen reglementiert wird und die sich wegen ihrer Grundlosigkeit auch nicht durch poetologische Theorien explizieren lässt; die Frage nach dem Warum des Schreibens und nach dem, was Literatur überhaupt sei, bleibt offen.

Ausgaben: Vom Erzählen erzählen [MPV]. Zürich 1988.

Forschungsliteratur: Ch. Siegrist: Zeitgenossenschaft. H. L., „Vom Erzählen erzählen"

(1988). In: P. M. Lützeler (Hg.): Poetik der Autoren. Beiträge zur deutschsprachigen Gegenwartsliteratur. Frankfurt/M. 1994. S. 194–207.

Monika Schmitz-Emans

Lomonosov, Michail Vasil'evič (1711–1765)

L. entwickelte sein poetologisches Programm in ständiger Auseinandersetzung mit seinen Rivalen V. Tred'jakovskij und A. P. Sumarokov. Die Innovationen, die aus diesen Debatten hervorgingen, umfassen im Wesentlichen die Emanzipation der russ. Literatursprache von der Lexik und Grammatik des Kirchenslavischen, die Einführung des syllabotonischen Prinzips in die Dichtung sowie die stilistische Differenzierung der lit. Gattungen. L.s normative Poetik ist vor dem kulturhistorischen Hintergrund des 18. Jh.s zu sehen. Peter der Große hatte Russland in ein Imperium verwandelt; die autochthone Tradition wurde zu einer Nationalkultur nach westl. Vorbild modernisiert. Dazu gehörte auch die Schaffung einer russ. Literatursprache, die den gehobenen Ansprüchen einer eleganten Rhetorik genügen musste. L. systematisierte seine Ansichten in einer *Russischen Grammatik* (*Rossijskaja grammatika*, 1755; dt. 1764), die auf den wichtigsten frz. und dt. Regelwerken ihrer Zeit aufbaute (*Grammaire du Port-Royal*, ↑Gottsched). Bereits 1739 hatte L. seiner *Ode auf die Einnahme Chotins* (*Oda na vzjatie Chotina*) einen *Brief über die Regeln der russischen Dichtkunst* (*Pis'mo o pravilach rossijskogo stichotvorstva*) beigefügt, in dem er für die russ. Lyrik dieselbe Definitionsleistung erbrachte wie ↑Opitz gut 100 Jahre früher im dt. Kontext. In vier Regeln wies L. eine rein silbenzählende Metrik als dem stark ausgeprägten russ. Wortakzent inadäquat zurück, definierte das breite Spektrum möglicher Versfüße, ließ zwei- und dreisilbige Reimschlüsse zu und forderte das Alternieren von männlichen und weiblichen Reimen. Im Jahr 1757 erschien das *Vorwort über den Nutzen kirchlicher Bücher in russischer Sprache* (*Predislovie o pol'ze knig cerkovnych v rossijskom jazyke*). Hier entwickelte L. in Anlehnung an ↑Aristoteles seine berühmte Theorie der drei Stile: Hoher, mittlerer und niedriger Stil unterscheiden sich nach Lexik und nach Gattung. Der hohe Stil setzt buchsprachliche Wörter ein und soll im Epos und der Ode verwendet werden, der mittlere Stil mischt kirchenslavische und volksprachliche Elemente und findet v. a. in den dramatischen Gattungen Anwendung, der niedrige Stil bedient sich ausschließlich der russ. Umgangssprache und wird den scherzhaften Genres, Briefen sowie gewöhnlichen Beschreibungen zugeordnet. L.s Taxonomie determinierte das Literatursystem des russ. Klassizismus und behielt autoritative Geltung bis in die ↑Puškin-Zeit.

Ausgaben: Sočinenija. Moskau 1961.

Forschungsliteratur: I. Serman: Poėtičeskij stil' Lomonosova. Moskau 1966; J. Klein: Puti kul'turnogo importa. Moskau 2005.

Ulrich Schmid

(Pseudo-)Longinos (ca. 1. Jh. n. Chr.)

Der nur fragmentarisch erhaltene Traktat *Vom Erhabenen* (*Peri hypsus*) eines unbekannten Autors ‚Longinos' (verfasst wohl im 1. Jh. n. Chr.) ist neben ↑Aristoteles' *Poetik* und ↑Horaz' *Epistula ad Pisones* das wichtigste literaturtheoretische Dokument der Antike. In der Antike ist die Schrift offenbar unbekannt geblieben; erst seit dem Erstdruck (1554) erfuhr sie in der Frühen Neuzeit weitere Verbreitung. Zunächst wurde sie als Spezialtraktat zu einem der drei Stile aus der Rhetorik (*genera-dicendi*-Lehre) verstanden; im 17. Jh. wurde sie dann v. a. in den Diskursen über den Stil der Bibel einem breiteren Publikum vertraut. ↑Boileau machte sie schließlich als Dokument einer säkularen Ästhetik bekannt. Für alle

Diskussionen um das Erhabene ist *Vom Erhabenen* der zentrale antike Referenztext.

Der Traktat setzt bei einer konventionellen Fragestellung an und versteht sich äußerlich als Erwiderung auf eine nicht weiter bekannte Schrift des Kaikilios von Kale Akte. Das Erhabene bzw. ‚Hohe' – so lässt sich der gr. Begriff *hypsos* ins Deutsche übersetzen – wird als Gipfel sprachlicher Kunst beschrieben, das die Zuhörer nicht überzeugt, sondern in Verzückung („ekstasis") versetzt. Eindringlich ist die Metapher des Blitzes, mit der der Anonymus die plötzliche und schlagartige Macht des Erhabenen beschreibt. Sucht der Autor hier die Differenz zu der auf Persuasion zielenden Rhetorik, so bewegt sich sein Plädoyer für eine (lehr- und lernbare) Kunst („techne") des Erhabenen innerhalb der Bahnen rhetorischer Konventionen, die allerdings im Laufe der Argumentation immer mehr ausgehebelt werden. Zentral für diese Tendenz zur Subversion ist die seit U. v. Wilamowitz-Moellendorff ‚Genie-und-Regel'-Exkurse genannte Passage, in der es um die Gegenüberstellung von regelhafter Schönheit und regelbrechender Erhabenheit geht. Das Erhabene (Modellautor ist Demosthenes) sei trotz möglicher Fehler stets besser als das korrekte Mittelmaß. Während Letzteres ein Produkt der (damit deutlich abgewerteten) Kunst („techne") ist, erweist sich das Erhabene als Produkt genialer Naturen – gerade diese Stelle hat auf die Genietheorien des 18. Jh.s außerordentlich stark gewirkt. Nur das Erhabene aber garantiert einem Schriftsteller das Andenken der Nachwelt.

Die Entgegensetzung von Natur („physis") und Kunst („techne") ist für den Traktat insgesamt strukturbildend. Dies zeigt sich bes. in der Darstellung der fünf Quellen des Erhabenen, die den Großteil der Schrift einnimmt. Der Verfasser unterscheidet zwei Quellen, die auf der Natur des Dichters oder Redners beruhen, nämlich 1. die Fähigkeit, erhabene Gedanken zu haben (Seelengröße, „megalophrosyne"), und 2. starkes Pathos, von drei weiteren, die auf der Kunst basieren und konventionelles rhetorisches Gedankengut ausschreiben: 3. rhetorische Figuren, 4. Wortwahl und 5. Wortfügung („synthesis").

Theoriegeschichtlich neu ist dabei die Bindung des *hypsos* an platonische Konzepte wie den „enthusiasmos" und die „mania", die der erhabenen Rede prophetischen Charakter verleihen und das Erhabene vom hohen Stil der rhetorischen Dreistillehre (*genus grande* bzw. *gravis*) deutlich absetzen. Das zeigt auch die Diskussion der erhabenen Gedanken, die rezeptionsseitig als ‚Widerhall von Seelengröße' beschrieben werden. D. h., dass Erhabenheit kein Stilphänomen ist, es also wirkungsvolle erhabene Gedanken ohne korrespondierende sprachliche Manifestation geben kann, so etwa im berühmten Schweigen des Aias aus ↑Homers *Odyssee*. Auch ein sprachlich nüchtern und klar gestalteter Text kann nach Ps.-L.s Ansicht erhaben sein, etwa das „fiat lux" aus der Bibel (Genesis 1,3), das der unbekannte Autor in seinem Traktat als Exempel des Erhabenen zitiert.

Ausgaben: ‚L.' on the Sublime. Hg. v. D. A. Russell. Oxford ^{2}1970; Vom Erhabenen. Hg. v. R. Brandt. Darmstadt 1966; Vom Erhabenen. Hg. v. O. Schönberger. Stuttgart 1988.

Forschungsliteratur: W. Menninghaus: Zwischen Überwältigung und Widerstand. Macht und Gewalt in L.s und Kants Theorien des Erhabenen. In: Poetica 23 (1991). S. 1–19; M. Fuhrmann: Dichtungstheorie der Antike. Aristoteles – Horaz – ‚L.' Eine Einführung. Darmstadt 1992; C. Zelle: Die doppelte Ästhetik der Moderne. Revisionen des Schönen von Boileau bis Nietzsche. Stuttgart u. a. 1995; D. Till: Das doppelte Erhabene. Eine Argumentationsfigur von der Antike bis zum Beginn des 19. Jh.s. Tübingen 2006.

Dietmar Till

López de Mendoza, Íñigo [Marqués de Santillana] (1398–1458)

Der knappe, zwischen 1444 und 1449 entstandene Text *Vorwort und Brief an den Kronfeldherrn von Portugal* (*Prohemio e Carta al Condestable de Portugal*, 1779) von L., ist die erste vollständig überlieferte span. Poetik sowie der erste Abriss einer auf Spanien zentrierten roman. Literaturgeschichte. L. hat ihn einer Sammlung seiner eigener Gedichte vorangestellt, die er – daher der Titel – an den jungen, lyrikbegeisterten Kronfeldherrn und Mäzen Don Pedro von Portugal schickt. Aufgrund dieses Kontextes handelt L. im *Vorwort* nur von der Dichtung im Allgemeinen und von der Lyrik im Besonderen; obwohl ihm nicht unbekannt, bleiben Theater und Versroman unberücksichtigt. L. propagierte an der Kehre vom Spätmittelalter den span. Frühhumanismus, indem er die Lektüre und Übersetzung antiker Autoren (↑Ovid, ↑Vergil, ↑Seneca, Cicero) sowie die Rezeption der ital. Renaissance-Autoren (↑Dante, ↑Petrarca, ↑Boccaccio) maßgeblich förderte. Wie sie betont er – im Kontrast zur späthöfischen Lyrik der *Cancioneros* – die außerordentliche Würde und den Nutzen der Dichtung, die er keineswegs als bloße Unterhaltung, sondern als höchstes intellektuelles Tun auch des Adels, nicht nur in der Jugend, sondern auch im Alter, versteht. Er tendiert daher dazu, die ma. Bezeichnungen für den Dichter – „decidor" und „trobador" – durch den Latinismus „poeta" zu ersetzen.

L. bezeichnet die Dichtung noch in spätma. Terminologie als *gaya ciencia*, definiert sie jedoch insgesamt bereits eher im Geist der Renaissance als „eine Erfindung nützlicher, mit einer außerordentlich schönen Hülle bedeckter oder verborgener Dinge, [...] verfasst nach Zahl, Gewicht und Maß" („un fingimiento de cosas útiles, cubiertas o veladas con muy fermosa cobertura, compuestas [...] por çierto cuento, peso e medida"), moralisch anspruchsvoll, ohne alle Eitelkeit und Lüsternheit („cosas vanas e lasçivas"), das Betätigungsfeld „wohlgeborener und gelehrter Männer" („onbres bien nasçidos e doctos"). Dieses Wissen ist – in platonischem Sinn (↑Platon) – göttlich eingegeben („estas sçiençias de arriba son infusas") und daher allen anderen Wissensformen überlegen und zu deren Vermittlung in höchstem Maß geeignet; dennoch ist die Dichtung zugleich eine Kunst, deren einzelne metrischtechnische Regeln L. nicht angibt, weil er diesbezüglich auf den – nur fragmentarisch überlieferten – *Arte de trovar* (1423) seines Freundes und Förderers E. de Villena verweisen kann. Ein Gegensatz zwischen profaner und religiöser Dichtung besteht für L. nicht; er sieht die Dichtung vielmehr durch die Psalmen und andere Texte des AT legitimiert. In stilistischer Hinsicht unterscheidet er drei Ebenen: den gehobenen Stil der antiken, gr. und lat. Autoren; den mittleren Stil der volkssprachigen Autoren seiner Zeit, die jene nachahmen; schließlich den niederen Stil der volkstümlichen Dichtung, die der Beachtung der Gebildeten nicht wert ist.

Ausgaben: El „Prohemio e carta" del Marqués de Santillana y la teoría literaria del siglo XV. Hg. v. Á. Gómez Moreno. Barcelona 1990; Comedieta de Ponza, sonetos, serranillas y otras obras. Hg. v. R. Rohland de Langbehn. Barcelona 1997.

Forschungsliteratur: J. Weiss: The Poet's Art. Literary Theory in Castile, c. 1400–60. Oxford 1990.

Manfred Tietz

Lotman, Jurij Michajlovič (1922–1993)

L. gilt als Begründer der sog. Tartuer Schule der Kultursemiotik; sein Ansatz basiert auf dem Formalismus und dem Strukturalismus. L.s innovative Leistung besteht darin, dass er nicht nur Texte als Systeme begreift, sondern die Wechselwirkung zwischen Texten auf verschiedenen Hierarchiestufen untersucht. Er vertritt einen breiten Textbegriff: Nicht nur Bücher, sondern auch Werke aus der bildenden Kunst können ‚gelesen' werden; dasselbe gilt für individuelle Lebensentwürfe oder Stilepochen. Letztlich ist auch Kultur ein Makrotext. L. interessiert sich für das Phänomen der gegenseitigen Übersetzbarkeit solcher Texte: Welche Äquivalenzen lassen sich feststellen? Welcher Rest bleibt nach der Übersetzung übrig? Zentral ist für L. die Einsicht, dass Texte modellbildende Systeme sind und also die Kognition des Menschen determinieren. L. unterscheidet zwischen primären und sekundären modellbildenden Systemen: Natürliche Sprachen gehören zu den primären Systemen; Kunst, Wissenschaft oder Religion zu den sekundären. Diese Kulturbereiche funktionieren aus L.s Sicht wie Sprachen, die über eine Grammatik und Lexik verfügen. Die Situation des Menschen in der Welt kann laut L. nicht als objektive Realität begriffen werden, sondern unterliegt immer kulturellen Modellierungen. So entwirft jedes künstlerische Werk eine Raumkonzeption, die sich grundlegend vom physikalischen Container-Modell unterscheidet und einzelne Orte mit bestimmten Werten besetzt. Eine weitere Anwendung ergibt sich für die Untersuchung des Verhältnisses zwischen Literatur und Leben, das von L. nicht einfach als Widerspiegelung, sondern als komplexe Wechselwirkung konzeptualisiert wird. L. weist immer wieder darauf hin, dass Lebensläufe nicht einfach gegeben sind, sondern als biografische Selbstpräsentationen verstanden werden müssen. Die bewusste Modellierung von Dichterbiografien hat L. am Bsp. von N. M. Karamzin und ↑Puškin exemplarisch vorgeführt. Schließlich hat L. seinen Ansatz auch auf den Bereich der Kulturtypologie angewendet: Er stellt die binäre russ. Kultur, die sich oft auf ein Entweder-Oder beschränkt, der ternären europ. Kultur gegenüber, die immer auch ein drittes Element kennt. Aus dieser Besonderheit versucht L. die Sprunghaftigkeit der russ. Kulturgeschichte zu erklären, die keine kontinuierliche Entwicklung durchlaufen hat.

Ausgaben: Sobranie sočinenij. Moskau 1998 ff.; Vorlesungen zu einer strukturalen Poetik. Einführung, Theorie des Verses. München 1972; Die Struktur literarischer Texte. München 1972; Aufsätze zur Theorie und Methodologie der Literatur und Kultur. Kronberg/Ts 1974; Die Analyse des poetischen Textes. Kronberg/Ts 1975; Russlands Adel. Eine Kulturgeschichte von Peter I. bis Nikolaus I. Köln u. a. 1997.

Forschungsliteratur: K. Eimermacher: Sowjetische Semiotik. Genese und Probleme. In: H. Jachnow (Hg.): Handbuch des Russischen. Wiesbaden 1984. S. 881–910; B. Egorov: Žizn' i tvorčestvo Ju. M. Lotmana. Moskau 1999.

Ulrich Schmid

Luhmann, Niklas (1927–1998)

Der dt. Soziologe L. versteht seine Arbeiten zur Kunst (vgl. v. a. *Die Kunst der Gesellschaft*, 1995) als kunstsoziologische Beiträge zu einer allg. Systemtheorie. Leitinteresse ist die Rekonstruktion der evolutionären Ausdifferenzierung des modernen Funktionssystems Kunst, dem er die Literatur als Subsystem zurechnet und dessen systematische Beschreibung im Kontext der Analysen anderer funktionaler Teilsysteme der Gesellschaft (z. B. Wirtschaft, Politik, Recht, Wissenschaft) erfolgt. Deren Vergleichbarkeit sieht L. in ihrem grundlegenden Funktionsprinzip gegeben: dem Modus autopoietischer Selbstorganisation, d. h. ihrer (konkret je spezifisch geregelten) Selbst(re)produktion aus exklusiv systemeigenen Elementen. Kunst, so L.s Hypothese, sei dabei identifizier- und abgrenzbar hinsichtlich der eigenlogischen Schematisierung künstlerischer Kommunikation durch die Code-Unterscheidung schön/hässlich, die durch Kunstwerke verschieden programmiert werden könne. In der Regel dienten dabei zeitgebundene Stile als Anreizmechanismen (Attraktoren) der Werkentstehung. Kunstwerke bestimmt L. genauer als Einheiten von komplexen Medium/Form-Differenzen (Medium: lose Kopplung von Elementen, Form: rigide Kopplung), die er von Trivialformen massenmedialer Unterhaltungskunst unterschieden wissen will. Künstler und Kunstrezipient (Autor und Leser) rekonstruiert er als der systeminternen Umwelt zugehörige Beobachter von Kunstwerken: Soziale Kommunikation durch und über Kunstwerke sei systemlogisch zu unterscheiden vom (auch den Produktionsprozess begleitenden) Nachvollzug kunstwerkförmiger Arrangements in der psychischen Wahrnehmung. Gleichwohl sei es Spezifikum der Kunstkommunikation, die operativ füreinander unzugänglichen Bereiche Kommunikation und Wahrnehmung in besonderer Weise aneinander zu adressieren, denn künstlerische Formen seien eigens hergestellt zur Wahrnehmung. Funktion der modernen Kunst (deren innersystemische Selbstbeschreibung die Ästhetik leiste) sei es gleichsam, über die organische Verdichtung unwahrscheinlicher Formen Ordnungszwänge auch im Bereich des nur Möglichen (Kontingenten) beobachtbar zu machen. Erfolgreicher als einzelne Thesen L.s zur Kunst hat v. a. das konzeptionelle *framework* einer autopoietischen Systemtheorie zahlreiche Anschlüsse in den Literaturwissenschaften gefunden.

Ausgaben: Die Kunst der Gesellschaft. Frankfurt/M. 1995.

Forschungsliteratur: G. Plumpe/N. Werber: Literatur ist codierbar. Aspekte einer systemtheoretischen Literaturwissenschaft. In: S. J. Schmidt (Hg.): Literaturwissenschaft und Systemtheorie. Opladen 1993. S. 9–43; N. Werber: Nur Kunst ist Kunst. In: Soziale Systeme 2/1 (1996). S. 166–177; Stanitzek, Georg: Im Rahmen? Zu N. L.s *Kunst*-Buch. In: H. de Berg/M. Prangel (Hg.): Systemtheorie und Hermeneutik. Tübingen u. a. 1997. S. 11–30.

Rasmus Overthun

Lukács, Georg (1885–1971)

L.s *Theorie des Romans* (1916) kann als Paradigma einer an ↑Hegel orientierten ästhetischen Theorie gelten, in der sich geschichtsphilosophische Deutung der Transformation lit. Formen und kritische Zeitdiagnose verschränken. Geschrieben in den Kriegsjahren 1914–1915 im Geist eines „romantischen Antikapitalismus", entwickelt L.s Studie im ersten Teil die strukturellen formalen Differenzen zwischen den beiden großen Formen der Epik, homerischer Epopöe und modernem Roman, wobei jene als Produkt und Ausdruck eines Geschichtsprozesses begriffen werden, in dem wesensverschiedene historische Lebensformen in Erscheinung treten. Ist L. zufolge die Epopöe die der „transzendentalen Topographie des griechischen Geistes" zugehörige Form, in der sich eine sinnvolle, in sich geschlossene Totalität wesenhaften Lebens gestaltet findet, zeugt die Romanform demgegenüber von einem Zustand „transzendentaler Obdachlosigkeit". Dieser ist charakterisiert durch den fundamentalen Riss zwischen Innen und Außen, Wesen und Leben, Ich und Welt. Deren Einheit gibt es für den Romanhelden einzig noch als Postulat, dessen letztliche Unerfüllbarkeit durch die dichterische Ironie notiert wird. Im zweiten Teil untersucht L. anhand konkreter Analysen signifikanter Romane verschiedene textuelle Artikulationen des Risses von Innen und Außen. Er gelangt dabei zu einer dreigliedrigen Typologie der Romanform: Roman des abstrakten Idealismus, der Desillusionierung und Erziehungsroman. Die in der *Theorie* exponierte historisch-genetische Analyse lit. Formen hat vielfältige Spuren in den Werken von ↑Benjamin, E. Bloch, ↑Adorno, L. Goldmann und F. Jameson hinterlassen.

Ausgaben: Die Theorie des Romans. Ein geschichtsphilosophischer Versuch über die Formen der großen Epik. Neuwied u. a. 1971.

Forschungsliteratur: F. Jameson: Marxism and Form. Twentieth-Century Dialectical Theories of Literature. Princeton, NJ 1974; J. M. Bernstein: The Philosophy of the Novel. L., Marxism and the Dialectics of Form. Brighton 1984.

Lars Bullmann

Luzán Claramunt de Suelves y Gurrea, Ignacio de (1702–1754)

L.s umfängliche *Poetik oder Regeln der Dichtung im allgemeinen und deren Hauptgattungen* (*La Poética, o Reglas de la Poesía en general, y de sus principales especies*, 1737) ist die erste systematische, theoriebasierte Poetik span. Sprache; sie ist das Gründungsmanifest des span. Neoklassizismus. In ihr wird ein tief greifender Bruch mit der Epoche des Barock vollzogen, die L. als eine Phase völliger dichterischer Dekadenz ansieht. An ihre Stelle will er eine neue Literatur aus dem Geist der Aufklärung stellen, deren Grundvorstellungen der Rationalität und der Idee der Nützlichkeit verpflichtet sind. Um dies zu erreichen, greift L. auf die universellen Prinzipien der Dichtung zurück, wie sie in der Antike insb. bei ↑Aristoteles und ↑Horaz definiert und im 16. und 17. Jh. in Italien und Frankreich umfangreich kommentiert worden sind. Ein Vorgang, der, so L., in Spanien zum großen Schaden nicht nur der Dichtungstheorie, sondern auch der -praxis nicht erfolgt ist.

Die *Poetik* umfasst vier Bücher, in denen einerseits jeweils die abstrakten Prinzipien der Dichtung sowie andererseits die historischen Erscheinungsformen der Dichtung an einer Vielzahl v. a. lat., ital. und span. Beispiele umfassend erörtert werden. Im Zentrum von Buch 1 steht zunächst die Vorstellung von der herausragenden Würde und dem bes. Nutzen der Dichtung im Rahmen der Künste. Es erfolgt dann die Behandlung der *imitatio* im aristotelischen Sinn als Grundprinzip aller Kunstformen und insb. der Dichtung. Buch 2 handelt vom speziellen Nutzen und vom Vergnügen der Dichtung im Sinne des Horaz. Dichtung ist – höchst wirksame und darin sogar der Philosophie überlegene – Darstellung der Wahrheit, verborgen unter dem Schleier der Schönheit und mit dem Anreiz der Lieblichkeit und Süße („dulzura“). Voraussetzung ihrer rationalen und affektiven Wirkmöglichkeit ist die Wahrscheinlichkeit („verisimilitud“). Mit Hinblick auf die Wahrscheinlichkeit sind Imagination und Phantasie bei aller grundsätzlichen Anerkennung als dichterische Vermögen – anders als dies im Barock geschah – durch Urteilskraft („juicio“) und guten Geschmack („buen gusto“) im Zaum zu halten. Buch 2 schließt mit an der Rhetorik orientierten knappen Ausführungen zur Stil- und Verslehre, mit denen zugleich die eher implizite Behandlung der Lyrik in der *Poetik* abgeschlossen ist. Gegenstand von Buch 3 ist die Dramatik, in der die Tragödie und die Komödie im strikten Sinne der humanistischen aristotelischen Regelpoetik abgehandelt werden und zugleich – bei aller Anerkennung der Erfindungsgabe von ↑Vega und anderer Theaterautoren mit Ausnahme ↑Calderóns – eine umfassende grundsätzliche Kritik an der Theaterpraxis des *Siglo de Oro* geübt wird, weil in der Erfolgsgattung der *comedia* keine der aristotelischen Forderungen und Regeln beachtet wurde. Buch 4 ist der Narrativik gewidmet; behandelt wird jedoch ausschließlich das – in Versen geschriebene und für den gebildeten Leser bestimmte – Epos. Den Prosaroman, den L. selbstverständlich nicht zuletzt über den *Don Quijote* kannte, hat er, wie seine *Literarische Erinnerungen* (*Memorias literarias*, 1751) explizit zeigen, nicht als dichterische Kunstform angesehen.

L.s *Poetik* ist neben der Version von 1737 in einer zweiten, postumen Fass. aus dem Jahre 1789 überliefert. In ihr finden sich die Kompromisse, die L. trotz seiner radikalen Ablehnung L. de Góngoras bisweilen noch mit der Barockästhetik z. B. im Hinblick auf P. Calderón de la Barca einging, nicht mehr. Ob diese verschärft neoklassizistische Position auf L. selbst und seine in den *Erinnerungen* geschilderten späteren Erfahrungen mit der frz. Dichtung in Paris (1747–1750) zurückgehen oder ob die auch recht zahlreichen Detailänderungen von seinem Sohn oder einem Freund vorgenommen wurden, ist nicht bekannt. Zu den Hauptquellen seiner *Poetik* zählt das einschlägige ital. Schrifttum, insb. ↑Muratoris *Della perfetta poesia italiana.* Der von der span. Kritik lange massiv in den Vordergrund gestellte frz. Einfluss etwa ↑Boileaus ist als übertrieben anzusehen. Er rechtfertigt es nicht, L. als „afrancesado“ (Französling) abzuqualifizieren und mit ihm den gesamten Neoklassizismus als dem span. Wesen fremde Dichtungsform, als frz. Import und Verrat an der Größe des *Siglo de Oro* zu diskreditieren.

Über den faktischen Einfluss der *Poetik*, die nicht eine bestehende Dichtungspraxis nachträglich theoretisch ausformuliert, sondern eine neue Praxis auf den Weg bringen will, ist bereits von den unmittelbaren Folgegenerationen heftig gestritten worden. Die lange vertretene These, der ausgesprochen umfangreiche und bisweilen recht abstrakte Traktat sei von den Kreativen der Zeit selbst nicht rezipierbar gewesen, wird heute mit dem Hinweis auf L.s Nähe zu den führenden Intellektuellenkreisen (u. a. Akademien) seiner Zeit vertreten sowie aufgund der Möglichkeit der Vulgarisierung der *Poetik*, u. a. über die *Orígenes de la poesía castellana* (1754) von L. J. Velázquez de Velasco oder den für den Unterricht des Madrider Adels bestimmten *Compendio del arte poético* (1757) des Jesuiten A. Burriel.

Ausgaben: Memorias literarias de París. Madrid 1751; La Poética, o Reglas de la Poesía en general, y de sus principales especies. Hg. v. I. M. Cid de Sirgado. Madrid 1974.

Forschungsliteratur: R. P. Sebold: El rapto de la mente. Poética y poesía dieciochescas. Madrid 1970; G. Makowiecka: Luzán y su poética. Barcelona 1973; H. C. Jacobs: Schönheit und Geschmack: die Theorie der Künste in der spanischen Literatur des 18. Jahrhunderts. Frankfurt/M. 1996.

Manfred Tietz

Lyotard, Jean-François (1924–1998)

L.s Schaffen vereint Essays zur Ästhetik, Kunst- und Medientheorie sowie polit., kulturkritische und wissenssoziologische Analysen, die durch ein gesellschafts- und zeichentheoretisches Interesse bestimmt sind. Ausgehend von ↑Saussure, ↑Freud und ↑Lacan steht sein Denken am Ausgang des frz. Marxismus. Analog zu den Arbeiten ↑Foucaults und ↑Derridas ist es in der Tradition der Phänomenologie (↑Husserl) zu verorten, wobei die Ausformulierung ästhetischer und kunsttheoretischer Konzepte im Vordergrund steht. L.s erste große Veröffentlichung *Discours, figure* (1971) ist frühes Zeugnis dieser ästhetischen Denkart, in der er eine Synthese aus Marxismuskritik und der Kunsttauffassung Freuds zu konstruieren versucht. Bis in seine letzten Veröffentlichungen bildet die Auseinandersetzung mit moderner Kunst den Kern seiner Reflexionen. So fordert L. bspw. in *Das Inhumane* (*L'inhumain*, 1988; dt. 1989) eine Erweiterung der traditionellen Ästhetik und dehnt diesen Problemhorizont auf die kritische Befragung der (An-)ästhetisierungseffekte der Neuen Technologien aus.

Bekannt geworden ist L. durch die Übertragung des Begriffs Postmoderne aus dem Bereich der Architektur in das Feld der Philosophie und in kunsttheoretische Debatten. Dabei legt L. die Postmoderne als Zeitalter der dezentralisierten, divergierenden Erzählungen fest, die den Verlust der emanzipatorischen und geschichtsphilosophischen „großen“ Metaerzählungen kompensieren (vgl. *La condition postmoderne*, 1979; *Das postmoderne Wissen*, 1982). Dem Befund einer Pluralisierung der Wissensformen mit je eigenem Wahrheitsanspruch korrespondiert die Einsicht, dass die Differenz dieser widerstreitenden Elemente nicht mehr durch eine übergeordnete Idee nivelliert werden kann. Darin artikuliert sich das Anliegen der Postmoderne. Da das Konzept der Postmoderne weitläufig rezipiert und immer wieder angegriffen wurde, hat sich L. später durchaus selbstkritisch um Klärung bemüht.

In seinem aphoristisch strukturierten Hauptwerk *Der Widerstreit* (1987; *Le Différend*, 1983) hat L. den Grundgedanken durch Rückgriff auf ↑Wittgensteins Sprachspieltheorie zu einem eigenen philosophischen Ansatz ausgeweitet. *Der Widerstreit* umkreist die Regelverletzung zwischen verschiedenen Diskursarten, postuliert deren prinzipielle Inkommensurabilität und stellt die Legitimierung einzelner Diskurse zur Disposition. Da der Konflikt des Diskursgeschehens unversöhnt bleiben muss, gibt es Gerechtigkeit nur im situativen Ereignis. Dieses Grundprinzip seiner auf Dissens beruhenden Philosophie positioniert L. als Gegenfigur zu einer konsensorientierten Theorie (↑Habermas). Sein Vorgehen schließt dabei an die durch ↑Kant eingeführte ästhetisch-reflektierende Urteilskraft an. Mit dem Begriff des Erhabenen schafft L. ein Instrumentarium, um Bindeglieder zwischen Diskursgenres benennen zu können. Es ist das Verdienst L.s, den Begriff des Erhabenen wieder in die internationale Diskussion eingeführt und jenseits ästhetischer Kontexte anschlussfähig gemacht zu haben.

Ausgaben: Discours, figure. Paris 1971; La condition postmoderne. Rapport sur le savoir. Paris 1979; Das postmoderne Wissen. Ein Bericht. Bremen 1982; Le Différend. Paris 1983; Der Widerstreit. München 1987; L'inhumain. Causeries sur le temps. Paris 1988; Das Inhumane. Plaudereien über die Zeit. Wien 1989.

Forschungsliteratur: W. Welsch: Unsere postmoderne Moderne. Weinheim [2]1988; C. Pries (Hg.): Das Erhabene: zwischen Grenzerfahrung und Größenwahn. Weinheim 1989; W. Welsch/C. Pries (Hg.): Ästhetik im Widerstreit, Interventionen zum Werk von J.-F. L. Weinheim 1991; W. Reese-Schäfer: L. zur Einführung. Hamburg [3]1995.

Stefanie Schlüter

M

Maeterlinck, Maurice (1862–1949)

Es ist das historische Verdienst M.s, die zeitgenössische Poetik des Symbolismus wie kein zweiter Autor für die Theaterbühne fruchtbar gemacht zu haben und damit wesentliche Impulse für die Ausbildung einer modernen, nicht-aristotelischen Dramatik (↑Aristoteles) gegeben zu haben. Die Dramen und dramaturgischen Reflexionen der 1890er Jahre, seiner symbolistischen Phase, können deshalb bis heute ein bes. Interesse beanspruchen. Die drei Grundkonstituenten des klassischen Dramas, „Handlung", „Charakter" und „Rede", werden theoretisch und praktisch in Frage gestellt.

Statt eine in sich bewegte Handlung in drei oder fünf Akten, mit Exposition, Peripetie und Katastrophe, mit Haupt- und Nebenhandlung findet man in M.s innovativsten Dramen, in Stücken wie *Der Eindringling* (*L'intruse*, 1890; dt. 1892), *Die Blinden* (*Les aveugles*, 1890; dt. 1897) oder *Im Innern* (*L'intérieur*, 1894; dt. 1899 u. d. T. *Daheim*), immer wieder nur eine einfache, im Grunde gleichbleibende Situation, die allenfalls am Ende eine (tendenziell vorhersehbare) Wendung erfährt. Wiederholt beschränkt sich das Handeln der Figuren auf ein ostentatives Warten auf irgendwelche alltäglichen Dinge, und häufig wird durch den Tod einer der Figuren diesem Warten ein plötzliches Ende gesetzt. Die dramatischen Personen erscheinen als weitgehend passiv, dem Geschehen mehr oder weniger wehrlos ausgesetzt. Weitreichende Handlungsziele verfolgen sie von sich aus nicht. Sie sind reduziert auf einige typische Eigenschaften und bleiben von komplexen Charakteren deutlich entfernt.

Dem entspricht in den gleichzeitigen theoretischen Texten (u. a. *Le trésor des humbles*, 1896; *Der Schatz der Armen*, 1898) die programmatische Forderung nach einem „théâtre statique" und die Absage an das konventionelle Theater der Aktionen, des Interessenkampfs, der Intrigen, der Leidenschaften. Anstelle der Tragik der großen Abenteuer geht es M. um das alltäglich Tragische („le tragique quotidien"), eine Tragik, die bereits im Faktum der gewöhnlichen Existenz liegen soll. Für den Zuschauer soll diese Tragik dadurch deutlich werden, dass auf der Bühne „der seltsame Zusammenprall der Seele mit den unzähligen Aspekten des Unbekannten" gezeigt wird, das für gewöhnlich aus dem Leben der Menschen verdrängt wird, in Gestalt des Todes diese am Ende aber dennoch einholt. Der Mensch, so wird nahe gelegt, gibt sich über seine eigene Lage gern grundsätzlichen Täuschungen hin. M. reklamiert damit für seine Dichtungen einen bes. Erkenntnisanspruch. Die „Situation des Menschen im Kosmos" soll dem Zuschauer vor Augen geführt werden.

Es liegt freilich auf der Hand, dass sich das von M. immer wieder beschworene Unbekannte, auf das seine Dramen aufmerksam machen sollen, einer Logik der Repräsentation entzieht. Dies ist der Grund, weshalb der Autor in symbolistischer Manier auf Verfahren der Evokation und Suggestion zurückgreift. Seine Stücke arbeiten dort, wo es um das Unbekannte und Geheimnisvolle geht, mit indirekten Verweisen und gezielten Aussparungen; „Silence“ ist eine der immer wiederkehrenden Regieanweisungen. Das explizit Geäußerte verliert an Bedeutung, Requisiten und andere nonverbale Mittel werden dagegen wichtig. In einem Dialog zweiten Grades („dialogue du second degré“) soll durch die gewöhnlichen Gespräche des Alltags hindurch das Gespräch der Seele mit ihrem Schicksal hörbar werden.

Im Anschluss an ↑Mallarmés 1869 veröffentlichte *Herodias*-Szene (*Hérodiade*) entwickelt M. einen Typus des symbolistischen Dramas, der um 1900 auf Autoren wie ↑Hofmannsthal, ↑Rilke oder ↑Yeats großen Einfluss gewinnt. Mit dem systematischen Abbau von Handlung und Charakter und der Aufwertung des Schweigens gegenüber dem Wort antizipiert er jedoch zugleich auch weit darüber hinausreichende Entwicklungen. Zu den Reduktionsstücken eines ↑Beckett führt von M. eine direkte Linie.

Ausgaben: Œuvres. 3 Bde. Hg. v. P. Gorceix. Brüssel 1999; Die frühen Stücke. 2 Bde. Hg. v. S. Gross. München 1983; Prosa und kritische Schriften 1886–1896. Hg. v. S. Gross. Bad Wörishofen 1983.

Forschungsliteratur: L. B. Konrad: Comment comprendre le ‚tragique quotidien‘ de M.? In: Annales de la Fondation M. M. 24 (1978). S. 19–33; H.-P. Bayerdörfer: M.s Impulse für die Entwicklung der Theatertheorie. In: D. Kafitz (Hg.): Drama und Theater der Jahrhundertwende. Tübingen 1991. S. 121–138; P. McGuinness: M. M. and the Making of Modern Theatre. Oxford u. a. 2000.

Winfried Eckel

Maier, Andreas (geb. 1967)

M. hat in seinen fünfteiligen Frankfurter PV seine Poetologie dargestellt: *Ich* (2006). Eine knappe Formulierung von Leitgedanken legte er bereits in seiner Mainzer Poetik-Dozentur 2003 vor. Einige kurze poetologische Aufsätze sind in der *ZEIT* erschienen. In die bisher erschienenen Romane wurden poetologische Reflexionen immer wieder eingestreut. Sein Leben stelle die „alleinige Grundlage“ seines Schaffens dar. Die in einem korrekten Konjunktivsatz mitgeteilte Drohung, in ein Auto zu laufen, falls ihn die Eltern zum Kindergartenbesuch zwingen würden, seien sein Grundmotiv geworden; durch den Konditionalsatz der Drohung sei er zum Bewusstsein gekommen.

M. lebt aus der Logik, die „das Ich, die Welt und Gott, die Wahrheit einerseits und die Menschen andererseits, das Ich in der Mitte, die Menschen drumherum, und um alles Gott“ zusammenfasst. Er kennt nur ein einziges Ich, das seine – zwischen Ich und Welt klafft eine unüberbrückbare Kluft. An Zeit und Raum glaubt er nicht. Schreiben hat einen Wahrheitsanspruch; die Wahrheit kann aber nicht explizit ausgedrückt werden, „sondern anders“. Auch der Glaube umkreist etwas, das sprachlich nicht mitgeteilt werden kann. Dies ist der Wesenskern von M.s Büchern: das Leiden an der Differenz. „Die Differenz ist etwas, das sich um sich selbst dreht, nämlich indem man die Differenz denkt.“ Das Leben der Menschen beruhe auf der Lüge, ihre Sprache sei die Lüge. Durch „abbildende Wortstellung“ könne er sich auf die Suche nach Worten begeben, nach redundanter gesprochener Sprache. Die Sätze seiner Heimat ließen sich nur durch den Konjunktiv in einer „verfremdenden Bewahrung“ retten. So werden seine Texte als Produkte der permanenten Selbstverwirrung möglich. Verwirrtes Reden, chaotische, schlimme Dialoge seien sein eigentliches Thema; Wahrheit sei unter uns nicht möglich, nur für den Einzelnen. Seine Romanhelden könnten immer nur negative Helden, Schwächlinge und Verweigerer sein, die aus der „Menschengruppe“ herausfallen. Der Ich-Erzähler kann nicht in die Handlung eingebunden werden; auch Ich-Erzählungen funktionieren nicht. Meist gibt es ein Ich oder eine Rednerfigur als Erzähler, auktoriale Stimme. Fast alle Texte bestehen aus erzählter Erzählung, aus Kommentaren zu scheiternden Figuren, die etwas Interessantes erzählen. Das Ich hat nicht das Geringste zu sagen. Die Sprechsituationen sind die eines Gesprächs, wobei sich die Redenden ständig verwirren. So lösen sich die Formen auf.

M. ist ein *poeta doctus*. Seine Dissertation hat er über ↑Bernhard geschrieben, mit dem er oft verglichen werde. Aber Bernhard sei kein Autor der Verwirrung, sondern des zielstrebigen Behauptens. In einem seien sie sich ähnlich: sie schrieben beide, ohne sich in der üblichen Weise im Zaum zu halten – ähnlich arbeite ↑Stadler. Die wichtigsten Autoren der Weltliteratur sind für M. u. a. Lukrez, Wolfram von Eschenbach, H. J. Ch. von Grimmelshausen, ↑Th. Mann, ↑Tolstoj, ↑Proust, ↑Shakespeare und W. Schmidt. M.s ‚Urtext' ist jedoch das Matthäus-Evangelium, das größte philosophische Werk des Abendlandes, der logischste Text überhaupt – und ↑Dostoevskij, der immer die einfachsten Fragen stelle, der die klare Darstellung der Idee dessen, was der Mensch sei, in allen Höhen und Tiefen gebe. Bei M. redeten alle dauernd aneinander vorbei – so bestehe auch sein Roman *Wäldchestag* (2000) aus der Wiedergabe von Gesprächen; der ganze Roman sei ein Gesprächsbrei.

Ausgaben: Wäldchestag. Frankfurt/M. 2000; Klausen. Frankfurt/M. 2002; Kümmelchen im Konjunktiv. In: Die Zeit 03/2003; Die Verfestigung der Eitelkeit beim Schreiben. In: A. M./A. Weber: Mainzer Poetik-Dozentur 2003. Mainz u. a. 2004. S. 5–13; „Meine Literatur macht, was sie will". In: Die Zeit 26/2005; Kirillow. Frankfurt/M. 2005; Ich [FPV]. Frankfurt/M. 2006; A. M./Ch. Büchner: Bullau. Versuch über Natur. Frankfurt/M. 2006.

Gerhard Sauder

Mallarmé, Stéphane (1842–1898)

Eine strenge Unterscheidung zwischen poetischen und poetologischen Texten ist in M.s Werk nicht möglich. Denn einerseits geht es auch in den Gedichten, mindestens implizit, immer wieder um ein Nachdenken über Poesie. Andererseits bedienen sich die explizit dichtungstheoretischen Schriften ästhetischer Verfahrensweisen, die z. T. auch die Dichtungen auszeichnen, sodass der Autor mit Bezug auf die Essays, die er in die *Abschweifungen* (*Divagations*, 1897), die späte Sammlung wichtiger poetologischer Texte, aufgenommen hat, geradezu von „poèmes critiques" sprechen kann. Als das angemessene Medium der Reflexion über Poesie erscheint bei M. – wie bereits in den Äußerungen der dt. Frühromantiker – allein die Poesie selbst. Gemäß ↑F. Schlegels berühmter Definition von „Transzendentalpoesie" sind M.s Dichtungen „überall zugleich Poesie und Poesie der Poesie".

M. macht die Poesie zum zentralen Thema seines Werks, weil er von ihrem unbedingten Wert überzeugt ist. Als der Ausdruck der geheimnisvollen Seiten der Existenz, der unserem Dasein allererst Authentizität verleihe, stelle die Poesie die im Grunde einzige geistige Aufgabe des Menschen dar. Ziel des Dichters sei die orphische Erklärung der Erde („explication orphique de la Terre"; an P. Verlaine, 16. 11. 1885). Wie in der Tradition wird der Begriff der „Kunst" über den der „Natur" definiert, aber nicht um deren Nachahmung soll es gehen, sondern um deren Verwandlung („transposition"). Der Traum M.s ist der von der Aufhebung der Welt in Poesie, ein umfassendes Buch: Alles existiere nur, um in ein Buch einzugehen (*Das Buch, geistiges Instrument*; „tout, au monde, existe pour aboutir à un livre"; *Le Livre, instrument spirituel*, 1895), nichts solle übrig bleiben, ohne ausgesprochen zu sein (*Verskrise*;

„rien ne demeurera sans être proféré"; *Crise de vers*, 1886–1896). ↑Valéry hat mit Bezug auf solche Äußerungen pointiert davon gesprochen, dass M. – in einer Umkehrung der johanneischen Auffassung – das ‚Wort' nicht an den Anfang, sondern ans letzte Ende aller Dinge gesetzt habe, als deren höchste Erfüllung.

Schon früh notiert M. die Maxime: „Nicht die Sache malen, sondern den Effekt, den sie erzeugt" („Peindre non la chose, mais l'effet qu'elle produit"; an H. Cazalis, 30. 10. 1864). Die Sprache der Poesie soll die Dinge nicht benennen und abbilden, sondern sie soll sie lediglich andeuten und suggerieren. M.s Poesie-Ideal ist das eines zurückhaltenden Sprechens, das auch das Schweigen als Möglichkeit der Kommunikation nutzt; Techniken der indirekten Bezeichnung und der Aussparung werden deshalb bevorzugt. Der poetische Genuss liege gerade darin, dass der Leser den Zusammenhang der Andeutungen erraten und dazu selber kreativ werden müsse. Den Mechanismus der Suggestion beschreibt *Verskrise:* „Eine exakte Beziehung zwischen Bildern herstellen, und dass ein dritter Aspekt sich davon löse, schmelzbar und klar, der Ahnung dargeboten" („Instituer une relation entre les images exacte, et que s'en détache un tiers aspect fusible et clair présenté à la divination"). Das eigentlich Gemeinte, der dritte Aspekt, bleibt, weil ungenannt, zu erschließen. Die durch Anspielungen von den Dingen abgelösten Eigenschaften sollen schließlich von einer zentralen Idee („idée", „notion pure") integriert werden, die in den realen Dingen selbst fehlt.

Das plötzliche Aufscheinen der Idee im Gedicht ist gleichbedeutend damit, dass die versprengten Wörter und Motive des Textes, die zuvor ohne Zusammenhang schienen, auf einmal zu einer in sich plausiblen Figur („figure") zusammenschießen. Im Unterschied zu den Ideen ↑Platons wird die Idee bei M. nicht als ewiges Urbild, sondern als flüchtiger Effekt der poetischen Sprache gedacht. Die Idee ist wesentlich Produkt der lit. Imagination. Der Preis für den Hervorgang der Idee ist nach M. die Zerstörung der Dinge: „ich habe mein Werk allein durch Elimination geschaffen [...] Die Zerstörung war meine Beatrice" („je n'ai créé mon Œuvre que par *élimination* [...] La Destruction fut ma Béatrice"; an E. Lefébure, 27. 05. 1867). Die Aufgabe soll darin bestehen, ein Naturding gemäß dem Spiel der Rede in sein vibrierendes beinah Verschwinden zu übersetzen, damit daraus der reine Begriff hervorgeht. Nur Spuren der Dinge sollen im Gedicht noch enthalten bleiben.

Wie kaum ein Autor vor ihm begreift M. das Gedicht als ein radikal selbstbezügliches Gebilde aus Wörtern ohne ontologisches Fundament. So wie der Bezug auf einen vorausgesetzten greifbaren Gegenstand abgebaut werden soll, so auch der Rückverweis auf den Autor, der hinter den Reflexen, die zwischen den Wörtern hin- und herlaufen, weitgehend unsichtbar werden soll: „Das reine Werk impliziert das sprechende Verschwinden des Dichters, der die Initiative den Wörtern überlässt" (*Verskrise*; „L'œuvre pure implique la disparition élocutoire du poëte, qui cède l'initiative aux mots"). Die Spiegelungen zwischen den Wörtern sollen das in älterer Lyrik vernehmbare Atmen des Dichters oder die persönliche Satzführung ersetzen. Jede Form von Bekenntnisdichtung oder lyrischem Gefühlsausdruck wird so programmatisch ausgeschlossen. Man ist versucht, aus dieser Depotenzierung des Autorprinzips eine mindestens implizite Aufwertung des Lesers abzuleiten, wie sie in der neueren Literaturtheorie (↑Barthes, ↑Iser u. a.) vielfach anzutreffen ist. M. aber konzipiert das erträumte Buch als ein Werk, das in seiner erhabenen Einsamkeit nicht einmal eines Lesers bedarf:

„Entpersönlicht verlangt das Buch, insofern man sich als Autor davon trennt, nicht die Annäherung eines Lesers" (*Die beschränkte Aktion*; „Impersonnifié, le volume, autant qu'on s'en sépare comme auteur, ne réclame approche de lecteur"; *L'Action restreinte*, 1895). Das „reine Werk" ruht in sich selbst.

Gleichwohl wäre es verfehlt, die Position M.s auf die eines weltabgewandten Ästhetizismus oder *L'art pour l'art* festzulegen. Die Überlegungen des späten M. zielen über den Bereich des Ästhetischen im engeren Sinn weit hinaus auf eine Grundlegung der Gesellschaft mit Hilfe einer kultisch werdenden Poesie. Da der soziale Bezug eine Fiktion sei, falle er in den Zuständigkeitsbereich der Literatur. V. a. die unter der Überschrift *Kultus* (*Offices*) versammelten Texte der *Abschweifungen* träumen von einer neuen „poetischen" Religion, ohne die das Gemeinwesen nicht möglich sein soll, von einer „religion d'état" (*Desgleichen*; *De même*, 1892). Der Dichter rückt in die Nähe des Priesters, der einem erlesenen Publikum zur Begegnung mit einer Gottheit verhilft, die zwar immer nur das eigene Selbst ist (*Katholizismus*; „la Divinité, qui jamais n'est que Soi"; *Catholicisme*, 1895), aber geeignet ist, die einfachen Fundamente der Stadt abzugeben. Dass der Traum von der gemeinschaftsstiftenden Funktion der Poesie freilich nur der Traum eines vereinsamten, aus allen öffentlichen Belangen ausgeschlossenen Dichters ist, wird von M. deutlich reflektiert.

Dieses ausgreifende, Kunst und Gesellschaft integrierende Kunstkonzept ist erkennbar von ↑Wagner inspiriert. Von der Auseinandersetzung mit Wagner zeugt auch der Versuch, die Poesie in ihrem Verhältnis zu den anderen Künsten zu reflektieren und dabei die Poesie als eine die Eigenschaften dieser Künste in sich aufhebende Super- oder Totalkunst zu konzipieren. M.s Poetik impliziert so auch eine allg. Ästhetik. Die Poesie soll letztlich alle anderen Künste ersetzen können. V. a. der Musik und dem Tanz, der Pantomime und dem Theater gilt M.s bes. Aufmerksamkeit. Die Autorenpoetik M.s, die auf zugespitzte Weise Positionen des frz. Symbolismus formuliert, ist für die Entwicklung der lit. Moderne insgesamt wegweisend geworden. Ihrer nihilistischen Radikalität verdankt sie eine bis in die Gegenwart reichende Aufmerksamkeit. Sie behauptet einen zentralen Platz in den Überlegungen so prominenter lit. oder philosophischer Autoren wie Valéry, ↑Sartre, ↑Blanchot, ↑Celan, ↑Paz, Y. Bonnefoy, ↑Derrida, ↑Kristeva u. a.

Ausgaben: Œuvres complètes. 2 Bde. Hg. v. B. Marchal. Paris 1998–2003; Werke. Französisch und Deutsch. 2 Bde. Hg. v. G. Goebel. Gerlingen 1993–1998.

Forschungsliteratur: H. Friedrich: Die Struktur der modernen Lyrik. Von Baudelaire bis zur Gegenwart. Hamburg 1956; J.-P. Richard: L'univers imaginaire de M. Paris 1961; D. Steland: Dialektische Gedanken in St. M.s ‚Divagations'. München 1965; B. Marchal: La religion de M. Poésie, mythologie et religion. Paris 1988; R. G. Cohn: M.s ‚Divagations'. A Guide and Commentary. New York u. a. 1990.

Winfried Eckel

Mandel'štam, Osip Ėmil'evič (1891–1938)

Bereits in seinem ersten Essay *François Villon* (1910) skizziert M. jene Poetik der Gleichzeitigkeit aller lyrischen Texte, die sein gesamtes Werk bestimmt. F. Villon und P. Verlaine werden als Vertreter derselben lit. Richtung präsentiert. Für M. gibt es weder isolierte Texte noch originelles Schaffen – jedes Gedicht, jedes Wort hat ein Gedächtnis, das sich in den verschiedenen Verwendungskontexten gebildet hat. Programmatisch spiegelt sich diese Konzeption im Titel von M.s erster Gedichtsammlung *Der Stein* (*Kamen'*,

1913). Gerade die Gedichte aus diesem Band über die Bauwerke Notre Dame, Hagia Sophia und die Admiralität bezeugen die Analogie zwischen Wort und Stein, Gebäude und Gedicht, Architektur und Poetik. Im Essay *Über die Natur des Wortes* (*O prirode slova*, 1921) beruft sich M. auf ↑Bergson und sein Konzept der „schöpferischen Entwicklung" (*L'évolution créatrice*). Die Zeit verwandelt sich hier in einen Fächer, auf dem alle historischen Phänomene direkt zugänglich sind. M. polemisiert in diesem Text auch gegen die symbolistische Poetik der Anspielung, in der alle „realia" auf „realioria" verweisen. Für M. zerbricht damit die organische Einheit von Wort und Bedeutung, von Werk und Inhalt. In seiner eigenen Poetik, die er zunächst in die Stilrichtung des Akmeismus einordnet, fordert er eine „hellenistische Wärme", die Ausdruck der „Sehnsucht nach einer Weltkultur" ist. Als wahlverwandte Dichter nimmt M. ↑Dante und ↑Goethe wahr. Im Essay *Über den Gesprächspartner* (*O sobesednike*, 1913) vergleicht M. den lit. Text mit einer Flaschenpost, die an jeden adressiert ist, der sie findet. Das imaginäre Gegenüber ist von entscheidender Wichtigkeit: Erst in der vorgestellten Reaktion des Adressaten erfährt der Dichter die Innovationskraft seiner lyrischen Rede. Damit nimmt M. entscheidende Gedanken aus ↑Bachtins Arbeiten zur Dialogizität vorweg. In den narrativen Genres konstatiert M. *Das Ende des Romans* (*Konec romana*, 1922). Mit dem Untergang des Subjekts im Zeitalter des Modernismus sei auch der Roman unmöglich geworden. Als Probe auf das Exempel lässt sich das Prosastück *Das Rauschen der Zeit* (*Šum vremeni*, 1925) lesen. M. geht in diesem autobiografischen Text von der Unmöglichkeit aus, die eigene Biografie zu erzählen: „Ich möchte nicht über mich sprechen, sondern das Jahrhundert verfolgen, das Rauschen und das Anwachsen der Zeit. Mein Gedächtnis ist allem Persönlichen feindlich gesinnt." Die Aufgabe der Dichtung besteht für M. in einer Epoche des Zerfalls in der Aktualisierung vergangener Sinnentwürfe, im Freilegen verschütteter lit. Sedimente, im Einrichten eines „Haushalts", der die abendländische Kultur sorgsam aufbewahrt.

Ausgaben: Sobranie sočinenij. 4 Bde. Hg. v. G. Struve. Washington 1964; Das Gesamtwerk. Zürich 1988–2000.

Forschungsliteratur: N. Nilsson: M. Five Poems. Stockholm 1974; C. Cavanagh: M. and the Modernist Creation of Tradition. Princeton, NJ 1995; O. Ronen: Poėtika Osipa Mandel'štama. St. Petersburg 2002; R. Dutli: Meine Zeit, mein Tier. M. Zürich 2003.

Ulrich Schmid

Mann, Heinrich (1871–1950)

Der einerseits der roman. Kultur, andererseits dem Kommunismus nahestehende Autor orientiert sich als Essayist, Novellist, Romancier, Dramatiker und Zeitschriftenherausgeber v. a. an der polit. Satire. Mit sprachlicher Drastik widmet er sich schon früh gesellschaftskritischen Themen, so im Gedicht *Heinrich Heine* (1888), in dem er den Deutschen ein fehlendes kulturelles Bewusstsein vorwirft. Den ersten Novellen in neoromantischem Stil (*Das Wunderbare und andere Novellen*, 1897; *Ein Verbrechen und andere Geschichten*, 1898) folgt der frühe dreibändige Roman *Die Göttinnen oder Die drei Romane der Herzogin von Assy* (1903), in dem sich M.s zynische Weltsicht offenbart, hier in einer kritischen Darstellung der europ. Aristokratie. Der im gleichen Jahr erschienene Roman *Die Jagd nach Liebe* klagt die Scheinhaftigkeit ästhetischer Kunstprogramme an, die sich allein am Publikumsgeschmack orientieren; im Zusammenhang hiermit steht *Im Schlaraffenland. Ein Roman unter feinen Leuten* (1910), ein satirischer Roman über die

Berliner Gesellschaft der 1890er Jahre. Der Roman ist frz. Gesellschaftsromanen wie denen von ↑Maupassant oder ↑Balzac verpflichtet. Wie der Roman *Die Jagd nach der Liebe* thematisiert auch die Novelle *Die Branzilla* (1906) das sterile Leben der Künstler-Existenz und verbindet motivisch familiale Bezüge mit kunsttheoretischen Ausführungen, die auf den Einfluss ↑Flauberts verweisen. Mit *Professor Unrat oder das Ende eines Tyrannen* (1905) wendet sich M. erstmals detailliert den Charakteristika der dt. Provinz zu. M.s Essay *Geist und Tat* (1910; nicht identisch mit der gleichnamigen Sammlung von Essays) dokumentiert die frühe Abwendung des Autors von der Ästhetik der Jahrhundertwende, deren Bild des elitären Künstlers ihm nicht geeignet erscheint, polit.-gesellschaftl. Problematiken zu reflektieren. Ausgehend von ↑Rousseau entwickelt M. hier über einen Vergleich ↑Goethes mit Voltaire einen Freiheitsbegriff, der sich an Gleichheit und Gerechtigkeit, nicht an der Bildung von Eliten orientiert. *Der Untertan*, zwischen 1906 und 1914 verfasst und 1916 veröffentlicht, schildert kritisch die Auswirkungen nationalistischer Politik. Die Dramen *Brabach* (1917) und *Der Weg zur Macht* (1917–1918) knüpfen an sozialkritische Themen C. Sternheims an und stellen die Frage nach der Verführungskraft der Macht. M. veröffentlicht auch mehrere Essaysammlungen, darunter *Macht und Mensch* (1919), *Diktatur und Vernunft* (1923), *Sieben Jahre. Chronik der Gedanken und Vorgänge* (1929), *Geist und Tat* (1931), *Das öffentliche Leben* (1932), *Der Hass. Deutsche Zeitgeschichte* (1933). Die Sammlung *Geist und Tat* dokumentiert M.s intensive Auseinandersetzung mit frz. Schriftstellern wie Flaubert oder ↑Zola, die maßgeblichen Einfluss auf M.s Poetik hatten. Im Alter wendet M. sich dem historischen Roman zu (*Die Jugend des Königs Henri Quatre*, 1935; *Die Vollendung des Königs Henri Quatre*, 1938). M. zeigt das Lebensbild Heinrichs IV., wobei er selbst den Text im Nachwort als Gleichnis der Gegenwart bezeichnet und den König in Beziehung zum Bolschewismus setzt. Nach dem Roman *Lidice* (1943) folgt mit *Der Atem* (1946–1947) M.s letztes Werk, ein collagenartiger Zusammenschnitt von Bildern, Situationen und Stimmungen, verbunden mit moralistischer Sozialkritik. Der polit. Autor M. wurde wegen seiner sozialistischen Gesinnung im Nachkriegsdeutschland vornehmlich in der DDR als ‚humanistischer' Autor gepriesen; ausgewählte Werke wurden dort unter Titeln wie *Heinrich Mann. Der neue Humanismus wird sozialistisch sein* (Moskau 1977) rezipiert. Im Zuge dessen geriet der Autor zunächst in Vergessenheit; erst seit Ende der 1960er Jahre ist ein breit angelegtes Interesse der Forschung an M.s Werk zu verzeichnen.

Ausgaben: Gesammelte Werke in Einzelbänden. Hg. v. P.-P. Schneider. Frankfurt/M. 1994 ff.

Forschungsliteratur: R. Wolff (Hg.): H. M. Werk und Wirkung. Bonn 1984; J. Fest: Die unwissenden Magier. Über Th. und H. M. Berlin 1985; H. L. Arnold (Hg.): H. M. Text + Kritik. München [4]1986; H. Koopmann: Th. Mann – H. M.: die ungleichen Brüder. München 2005.

Martina Schönenborn

Mann, Thomas (1875–1955)

M.s Reflexionen über Literatur und Kunst verteilen sich auf unterschiedliche Textsorten – vom umfassenden Essay über einführende Vorworte bis zu Kurzbeiträgen in Presse und Rundfunk. Sie beinhalten Aussagen über Kultur, Kunst und Künstlertum, gattungsbezogene Aspekte sowie eigene und fremde Werke.

In der „Vorrede" der *Betrachtungen eines Unpolitischen* (1918) setzt sich M. mit dem feuilletonisierenden Ton und dem autobiografischen „Bekenntnisstil" dieses Werkes auseinander. Der Essay ist v. a. Selbstverortung des Autors zwischen der dt.-bürgerlichen Erzählkunst des 19. Jh.s und den Vordenkern ↑Goethe, ↑Nietzsche und A. Schopenhauer einerseits und dem „Neuen Pathos", dem Geistes-Demokratismus und den polit. Köpfen seiner Zeit andererseits. Die Schrift vermittelt einen Kunstbegriff, der streng antipodisch ausgerichtet ist und Geist gegen Politik, Kultur gegen Zivilisation, Künstler gegen Bürger, Seele gegen Gesellschaft und lit. Empfindsamkeit gegen Aktivismus und Expressionismus stellt. Die Unterscheidungen sind nationaltypisch – wenn auch nicht eindeutig nationalistisch – eingefärbt: der frz. Politik und Kultur entspringt der „Zivilisationsliterat" (Zielrichtung ist u. a. M.s Bruder ↑H. M.), wohingegen die dt. Seele den „Dichter" hervorbringt. Einen wichtigen Aspekt seiner Kunstauffassung formuliert M. in dem frühen Beitrag *Bilse und ich* (1906), der vom „Wesensunterschied" zwischen der „Welt der Realität" und „derjenigen der Kunst" handelt. Unter Berufung auf Goethe und ↑Turgenev betont er die Vorherrschaft der ästhetischen Gestaltung und der subjektiven Vertiefung über den „Mummenschanz der Fabel". Zum Leitmotiv vieler Werke entwickelt sich der Künstler-Bürger-Konflikt; u. a. in *Tod in Venedig* (1912). M. bedient sich hier des Tragödien-Konzeptes von Nietzsche, um Aschenbachs künstlerischen Absturz – vom Apollinischen zum Dionysischen – zu inszenieren. Der während des amerik. Exils fertiggestellte Roman *Lotte in Weimar* (1939) ist autothematisch angelegt und steht im Dienste der „imitatio Goethe", der – in diesem Fall ironisch-distanzierten – Erinnerung an das lit. wichtigste Vorbild M.s. Menschen aus dem Umfeld Goethes diskutieren über Charakter- und Lebensmomente, Anschauungen und Schöpfungen des „Meisters". Es liegt in der Natur des künstlerbiografischen Ansatzes, dass die schriftstellerische Arbeit Goethes in zahlreichen Anspielungen ins Blickfeld gerät, vom *Werther* über die *Wahlverwandtschaften* bis zu *Faust II.*

Zu den gattungsbezogenen Untersuchungen des Autors gehört der *Versuch über das Theater* (1908). Das Theater als Produkt der Bühne und damit „gesellschaftliche Angelegenheit" entzieht sich weitgehend dem kritischen Zugriff von Dichtern. Die Tendenz zur „Abbreviatur", die stärkere Typisierung und die Arbeitsteilung zwischen Textgestaltung und Inszenierung unterscheide das Theater vom Roman, auf der anderen Seite wendet sich M. gegen Hierarchisierungen zwischen den Gattungen: Kriterien wie „Gegenwärtigkeit", „ideelle Gedrängtheit", „Episierung" etc. können für beide Genres gelten. M. begründet den großen Stellenwert des Theaters in Deutschland mit dem Erfolg ↑Wagners. Trotz der Anziehungskraft, die Bayreuth auf die „mondäne Bourgeoisie" ausübe, bleibe es – zumindest der Idee nach – „Volkstheater". Diese Diskussion wird in *Leiden und Größe Richard Wagners* (1933) fortgesetzt. Die Verbindung von Psychologie und Mythus, das Konzept des Gesamtkunstwerkes, die symbolischen Motivzitate sowie die Fähigkeit, das Volkstümliche mit dem Geistigen zu verbinden, gelten M. als typische Komponenten von Wagners Kunst.

Prägend für M.s Erzählkunst ist seine Beschäftigung mit ↑Freud (*Freud und die Zukunft*, 1936). Die Verwandtschaft zwischen dem Dichterischen und der Psychoanalyse beruht auf der gemeinsamen Suche nach „‚psychologischer' Wahrheit" und dem „Sinn für Krankheit". Die zentralen Freud-Themen – das Unbewusste, das ‚Es', die Triebbedürfnisse etc. – sind auf die Literatur übertragbar. Bes. der Joseph-Roman als „ein In-Spuren-Gehen" und als ein „Zurück in die

Kindheit des Menschen“ bewegt sich auf diesem psychologischen Terrain.

In seinem 1939 gehaltenen Vortrag *Die Kunst des Romans* wendet sich M. gegen die Schulästhetiker, die den Romancier als „Halbbruder des Dichters“ einstufen. Der „Geist der Erzählung“ sei der „würdevollste Repräsentant“ des Dichterischen. Ironie als „apollinisches Erbe“, Verinnerlichung und Verbürgerlichung, psychologische Neugier und schöpferisches Bewusstsein lösen die alten Formen des Epischen ab. Gemäß der schon in den *Betrachtungen* verfolgten Linie unterscheidet er zwischen einer Romankunst des „Literarisch-Gesellschaftskritischen“ (↑Zola) und dem „mythisch-urpoetische[n] Geist“ des Romans dt. Prägung und Provenienz.

Häufig äußert sich M. über das eigene Werk. Im *Vorwort zu einer Schallplattenausgabe der Buddenbrooks* (1940) spricht er von „einer Kaufmannsgeschichte nach skandinavischen Vorbildern“ und betont insb. die Nähe der Norweger A. L. Kielland und J. Lie zu Lübeck. Weitere Einflüsse und „heterogene Bildungserlebnisse“ waren der frz. Naturalismus und Impressionismus, Wagners *Nibelungen*, die niederdt. und engl. Humoristik, Schopenhauer, ↑Ibsen etc. Zu den profiliertesten ästhetischen Selbstkommentaren gehört die *Einführung in den Zauberberg. Für Studenten der Universität Princeton* (1939): der *Zauberberg* sei „ein Dokument der europäischen Seelenverfassung und geistigen Problematik im ersten Drittel des zwanzigsten Jahrhunderts.“ Es handelt sich um einen „Zeitroman im doppelten Sinn: einmal historisch, indem er das innere Bild einer Epoche, der europäischen Vorkriegszeit, zu entwerfen versucht, dann aber, weil die reine Zeit selber sein Gegenstand ist […]“. Zwischen 1928 und 1948 entstehen zahlreiche Äußerungen über den Roman *Joseph und seine Brüder.* Im Vorwort zu einer Wiener Lesung, *Mein „Joseph und seine Brüder“* (1928), distanziert sich der Autor vom historistisch-ausladenden Stil ↑Flauberts (*Salammbô*), um diesem sein eigenes humoristisch-reflektierendes Verfahren entgegenzusetzen. ↑Sternes *Tristram Shandy* und Goethes *Faust* hingegen sind „Stärkungslektüre“. Das Pseudo-Kritische und Essayistische des Romans bewertet er als ein dem Erzählen und dem Dialog gleichwertiges dichterisches Kompositionsmittel. In einem 1942 in Washington gehaltenen Vortrag wird v. a. die Humanität und Zeitgenossenschaft des Werkes ins Bewusstsein gehoben. Der Mythus werde den Faschisten „aus den Händen genommen und bis in den letzten Winkel der Sprache hinein *humanisiert.*“ Über *Die Entstehung des Doktor Faustus. Roman eines Romans* (1949) äußert sich M. unter autobiografischen Gesichtspunkten, ausgehend vom Tagebuch als Erinnerungsgrundlage. Neben seinen Inspirationsquellen – das Faust-Buch, H. W. Branns *Nietzsche und die Frauen*, Luther-Briefe, Dürer-Bilder, ↑Shakespeares *Love's Labour's Lost* etc. – betont er bes. die „humanistische“ Erzählerrolle von Zeitblom, der das Dämonische mit undämonischen Mitteln auf Distanz halte. Damit verknüpft ist die Parallelität von Berichtzeit und Zeit des Berichteten, ebenso wie die Spannung zwischen fiktiver Biografie und einmontierten historischen und kulturellen Fakten. In den *Bemerkungen zu dem Roman „Der Erwählte“* (1951) bekundet M. nochmals sein Interesse an Mythus und Parodie. Die Bearbeitung der Gregoriuslegende beschreibt er als „Amplifikation“ und „Genaumachen des mythisch Entfernten“ mit den Mitteln moderner Erzählkunst. Motivklitterung und Parodie stehen hier im Dienste des selbstreflexiven Gestus, der Zitierfreude und des ästhetischen Spieltriebs.

Ausgaben: Gesammelte Werke. Frankfurt/M. 1990.

Forschungsliteratur: E. Nündel: Die Kunsttheorie Th. M.s. Bonn 1972; Th.-M-Jahrbuch.

Frankfurt/M. 1988 ff.; D. Borchmeyer: Th. M.s und R. Wagners Anti-Poetik des Romans. Tübingen 1989; H. Kurzke: Th. M. Epoche, Werk, Wirkung. München [2]1991; Y. Chevrel/ M. Schmeling (Hg.): H. et Th. Mann – Européens. Paris 1998; M. Schmeling: Th. M., Goethe et l'exile: genèse d'une conception littéraire. In: D. Chauvin/P. Brunel (Hg.): 1939 dans les lettres et les arts. Paris 2001. S. 157–168; H. Koopmann: Th.-M.-Handbuch. Stuttgart [3]2001; Th. Wilhelmy: Legitimitätsstrategien der Mythosrezeption. Th. M., Ch. Wolf, J. Barth, Ch. Ransmayr, J. Banville. Würzburg 2004; S. Schulze-Berge: Heiterkeit im Exil – ein ästhetisches Prinzip bei Th. M. Zur Poetik des Heiteren im mittleren und späten Werk Th. M.s. Würzburg 2006; H. Detering/S. Stachorski (Hg.): Th. M.: neue Wege der Forschung. Darmstadt 2008.

Manfred Schmeling

Marmontel, Jean-François (1723–1799)

Die *Elemente der Literatur* (*Éléments de littérature*, 1787) versammeln, ergänzt um zusätzliches Material und teilweise in überarbeiteter Fass., wesentliche Texte M.s zur Kunst- und Dichtungstheorie, u. a. die Beiträge, die er für die *Encyclopédie* von ↑ Diderot und J. B. le Rond d'Alembert verfasst hat. Im Bemühen um eine pointierte Diktion und mit didaktischem Anspruch entfaltet das Werk ein breites Spektrum des ästhetischen und poetologischen Denkens der Aufklärung, angefangen bei einleitenden Ausführungen zum Begriff des Geschmacks über die Theorie einzelner Gattungen und technisch-formale Aspekte der Dichtung bis hin zur Oper, der M. breiten Raum widmet. Als Summe jahrzehntelanger Beschäftigung mit Fragen der Kunst und Literatur und als Versuch einer Synthese spiegeln die *Elemente* ebenso die poetologische Reflexion einer historischen Übergangszeit, wie sie gegensätzliche Positionen zu versöhnen versuchen. Einerseits argumentiert M. noch normativ auf rationalistischem Boden, wenn er am ästhetischen Prinzip der Nachahmung einer idealen Natur festhält und den moralischen Nutzen der Dichtkunst postuliert, die er, wie die herkömmliche Poetik, in der Nähe der Rhetorik ansiedelt. Dabei sucht er nach einem einheitlichen Prinzip, das allen künstlerischen Schöpfungen zugrunde liegt. Andererseits zeichnet sich schon eine Zurückstufung allgemeingültiger Regeln und eine Anerkennung der Subjektivität auf dem Gebiet des Ästhetischen ab. So entwickelt M. ein Verständnis der dem Kunstwerk jenseits präskriptiver Vorgaben inhärenten spezifischen Strukturgesetze und betont die spontane Leistung des Genies als Garant des Einzigartigen und Unwiederholbaren sowie die Rolle des Rezipienten, der sich auf der Basis seiner subjektiven Empfänglichkeit der ästhetischen Illusion überlässt und sein Urteil fällt. Die alphabetische Struktur der *Elemente* erlaubt es M., ohne Rücksicht auf eine geschlossene Theorie den vielfältigen Erscheinungsformen der Literatur Rechnung zu tragen. Diese Vorgehensweise unterläuft nicht nur, auch wenn M. den Roman als tendenziell gattungsübergreifende Literaturform noch vernachlässigt, jede strenge Hierarchie der Gattungen, sondern bereitet insgesamt den Boden für ein historisches Verständnis der Literatur als vielfach bedingter Ausdruck ihrer Umwelt und Zeit. In dieser Hinsicht stehen die *Elemente* bereits an der Schwelle zur ästhetischen Moderne. Das Werk erlebte, bes. im 19. Jh., in Frankreich zahlreiche Neuauflagen und wurde auch in Kompilationen und Handbüchern verwertet.

Ausgaben: Éléments de littérature. Hg. v. S. Le Ménahèze. Paris 2005.

Forschungsliteratur: H. Bauer: J.-F. M. als Literarkritiker. Dresden 1937; A. Becq: Les idées esthétiques de M. In: J. Erhard (Hg.): J.-F. M. (1723–1799). De l'encyclopédie à la contre-révolution. Clermont-Ferrand 1970.

S. 147–174; M. Cardy: The Literary Doctrines of J.-F. M. Oxford 1982.

Eberhard Ostermann

Marinetti, Filippo Tommaso (1876–1944)

Standen die lit. Anfänge des zunächst auf Französisch schreibenden M. noch im Zeichen des Symbolismus, so wurde er ab 1909 zur Leitfigur des ital. Futurismus, der ersten der historischen Avantgarden im 20. Jh. Der Futurismus proklamierte nicht allein im Bereich der Künste einen Führungsanspruch, sondern verstand sich darüber hinaus als eine auf alle Bereiche der Gesellschaft abzielende polit. Bewegung. In den ersten von M. verfassten Manifesten – die gleichsam zu einer neuen literarisch-poetologischen Textsorte entwickelt werden – finden sich zunächst eher allg. gehaltene ästhetische Postulate. Im Mittelpunkt stehen, etwa in *Gründung und Manifest des Futurismus* (*Fondazione e Manifesto del Futurismo*, 20. 2. 1909; dt. 1912), zunächst die Profilierung der futuristischen Künstler als gesellschaftl. Vorhut, die Apotheose von Geschwindigkeit, Technik und Krieg, die zum Gegenstand der neuen Kunst werden sollen, und die Verachtung aller vorangehenden, als ‚passatistisch' bezeichneten Kunst, Werte und Institutionen.

Von einer futuristischen Poetik im engeren Sinne lässt sich jedoch erst mit dem Text *Technisches Manifest der futuristischen Literatur* (*Manifesto tecnico della letteratura futurista*, 11. 5. 1912; dt. 1912) und dem drei Monate später erschienenen *Supplement* sprechen. Deren Grundlage bildet der Gedanke, dass die moderne Welt eine neue Sensibilität des Menschen bedinge, welche folglich auch neuartige, der technischen Zivilisation adäquate Repräsentationsmodi nach sich ziehen müsse (in diesem Punkt folgen M. und der Futurismus trotz des avantgardistischen Gestus einem eher traditionellen Mimesis-Begriff). M. legt eine ‚Poetik der Materie' dar, d. h. die (vornehmlich technischen) Dinge selbst sollen in all ihrer Intensität in den Vordergrund treten, während das ‚Ich' in der Literatur abgeschafft werden soll, etwa durch den Bruch mit der traditionellen Grammatik (z. B. Auflösung der Syntax, Verwendung der Verben im Infinitiv, Substantivverdoppelung) und den Einsatz neuer Elemente (onomatopoetische Elemente, mathematische und musikalische Zeichen, neue typografische Gestaltungsverfahren etc.). Überlegungen zur Analogie gehen damit einher und münden im Konzept der sog. „parole in libertà", den „Worten in Freiheit", die den *vers libre* ablösen und in denen die freie Intuition des futuristischen Dichters und die Materie verschmelzen. Im Manifest *Zerstörung der Syntax – Drahtlose Phantasie – Befreite Worte* (*Distruzione della sintassi – Immaginazione senza fili – Parole in libertà*, 11. 5. 1913; dt. 1966) und weiteren Manifesten werden diese Gedanken radikalisiert und um weitere Aspekte ergänzt.

Stießen die polit. Ambitionen des Futurismus schon bald an ihre Grenzen, so übte er auf künstlerischem Gebiet einen tiefgehenden Einfluss auf zahlreiche nachfolgende Kunstavantgarden aus (z. B. Expressionismus, Dadaismus, Surrealismus).

Ausgaben: Opere. Bd. 2. Teoria e invenzione futurista. Hg. v. L. De Maria. Mailand 1968; Futurismus. Geschichte, Ästhetik, Dokumente. Hg. v. H. Schmidt-Bergmann: Reinbek 1993.

Forschungsliteratur: C. Baumgarth: Geschichte des Futurismus. Reinbek 1966; H. Schmidt-Bergmann: Die Anfänge der literarischen Avantgarde in Deutschland. Über Anverwandlung und Abwehr des italienischen Futurismus: ein literaturhistorischer Beitrag zum expressionistischen Jahrzehnt. Stuttgart 1991; U. Schulz-Buschhaus: Die Geburt der Avantgarde aus der Apotheose des Krieges. Zu M.s Poetik der „parole in libertà". In: Romanische Forschungen 104 (1992). S. 132–

151; H. Schmidt-Bergmann: Futurismus. Geschichte, Ästhetik, Dokumente. Reinbek 1993.

Christian Winterhalter

Maron, Monika (geb. 1941)

M.s Frankfurter PV *Wie ich ein Buch nicht schreiben kann und es trotzdem versuche* (2005) behandeln die Arbeit an einem neuen Buch. Der Werkstattbericht gibt anhand kommentierter Ausschnitte aus unterschiedlichen Stadien des Projekts Erläuterungen zu konzeptionellen und gesellschaftspolit. Fragen des darzustellenden Themas, Betrachtungen eigener früherer Werke und der anderer Autoren/-innen sowie grundlegender erzähltechnischer Fragen Auskunft über den von M. stets als krisenhaft erlebten Prozess des Verwerfens und Neuschreibens. Da sich unterschiedlichste gefühlsmäßige und temperamentbedingte Entscheidungen jeweils poetologisch legitimieren lassen, betont M., nur Auskunft über individuelle Charakteristika geben zu wollen; sie interessiere sich eher für Zustände von Figuren als für Ereignisse, bevorzuge eine assoziative, dem Denken und Erinnern gemäße Erzählchronologie, und der Ausgangspunkt des Schreibens sei eine Frage oder das Interesse für eine Figur. Zentrale konzeptionelle Fragen des entstehenden Romans (erschienen 2007 u. d. T. *Ach Glück*) betreffen die Problematik der Fortsetzung (des zuvor veröffentlichten Buches *Endmoränen*), die Funktion des Zufalls und die Erzählinstanz: M. wählt zum ersten Mal auch einen männlichen Ich-Erzähler.

Zentrale Aspekte immanenter Poetik in M.s Romanen sind die Problematik der Identität und die Konstruktivität biografischen Erzählens. Letzteres wird kritisch reflektiert – Rekurs auf Erzählmodelle im Roman *Stille Zeile sechs* (1991) – oder als Metadiskurs vorgeführt – Selbstfindung und -täuschung finden in *Animal triste* (1996) ihren ästhetischen Ausdruck in einer als melancholisch wie ironisch lesbaren Lebensbeichte. Auch in der Familiengeschichte *Pawels Briefe* (1999), für die sich M. u. a. auf Briefe ihres Großvaters P. Iglarz gestützt hat, wird der Zusammenhang von Erinnern und Erzählen verhandelt. Mit der Figur Johanna Märtin, die Biografien schreibt und sich fragt, wie sie sich selbst zum Sinn ihres Lebens werden kann, bearbeiten das neue Projekt und die Vorlesungen daher Grundprobleme des M.'schen Werks.

Ausgaben: Flugasche. Frankfurt/M. 1981; Stille Zeile sechs. Frankfurt/M. 1991; Animal triste. Frankfurt/M. 1996; Pawels Briefe. Frankfurt/M. 1999; Endmoränen. Frankfurt/M. 2002; Wie ich ein Buch nicht schreiben kann und es trotzdem versuche [FPV]. Frankfurt/M. 2005; Ach Glück. Frankfurt/M. 2007.

Forschungsliteratur: E. Gilson (Hg.): M. M. in perspective: „dialogische" Einblicke in zeitgeschichtliche, intertextuelle und rezeptionsbezogene Aspekte ihres Werkes. Amsterdam 2002.

Andrea Geier

Maupassant, Guy de (1850–1893)

Als Vorwort dem Roman *Pierre und Jean* (*Pierre et Jean*, 1887–1888; dt. 1889) vorausgeschickt, expliziert der Essay *Der Roman* (*Le Roman*) Erzähltheorie und Romanpoetik, insb. M.s programmatische Überlegungen zum Verhältnis von Wirklichkeit und Illusion, die in der Formulierung „Wahr gestalten heißt also, die vollkommene Illusion des Wahren zu erzeugen" ihren dichtesten Ausdruck finden. M. definiert seinen Realismus als Illusionismus: Die realistische Kunst liefert in seinem Sinne ein „Abbild [...], das umfassender, ergreifender und beweiskräftiger ist als die Wirklichkeit selbst", die Resultat von Selektion und Akzentuierung ist und sich in der Ausnahmesituation des Protagonisten kristallisiert. Dabei werden – in Abkehr von jeder Imitationstheorie und in radikaler Zuwendung zur gegenwärtigen Wirklichkeit – Konflikte des ‚Normaldaseins' dargestellt, um beim Leser eine „Erschütterung durch die schlichte Wirklichkeit" zu erwecken. Ziel ist es im Sinne seines realistischen Illusionsverständnisses, psychische Abläufe und Hintergründe nicht durch Erzählerkommentare zu präsentieren, sondern dem Leser durch Rede und Handlungen der Personen erschließbar zu machen. Subjektiv-persönliche Momente bei der erzählenden Darstellung werden zum einen minimiert durch den Verzicht auf jegliche Kommentare und psychologische Erklärungen, andererseits auch durch die Selektion und Komposition „kleiner fester Fakten", die den partikularen Einzelfall als Schnittpunkt weniger konzentrischer Linien profilieren und dessen Potenzial für die überindividuelle Erhellung des menschlichen Lebens schlechthin zur Entfaltung bringen. Kulminationspunkt des Erzählens ist bei M. – insb. in den novellistischen Erzählungen wie in *Fettkugel* (*Boule de suif*, 1880; dt. 1900) – der Schluss, der den Sinn des Dargestellten schockartig bündelt („coup de fouet"), die Erzählung abrundet und im Sinne einer Löschung des Interesses den erzählten Einzelfall wieder in die Anonymität des Partikularen zurücksinken lässt.

Mit der Aufwertung der exemplarischen Komposition und Kristallisation gegenüber der Handlung bzw. Romanintrige sowie mit dem Rückzug des Autors aus seinem Werk (↑Flaubert) und der Hinwendung zur banalen Wirklichkeit verweist die Poetik M.s auf die moderne Erzählliteratur des 20. Jh.s.

Ausgaben: Pierre et Jean. In: Romans. Hg. v. A.-M. Schmidt. Paris 1959; Pierre und Jean. In: Gesamtausgabe der Romane in sechs Bänden. Zürich 1961–1964.

Forschungsliteratur: A. Vial: G. d. M. et l'art du roman. Paris 1954; E. Köhler: Vorlesungen zur Geschichte der Französischen Literatur. Das 19. Jahrhundert II. Hg. v. H. Krauß und D. Rieger. Stuttgart u. a. 1987; C. Giacchetti: G. d. M.: espaces du roman. Genf 1993.

Stephanie Wodianka

Mayer, Hans (1907–2001)

Gleich zu Beginn seiner Frankfurter PV (1986/87) stellt M. heraus, dass es eine definitive „Poetik" nicht (mehr) gebe. Vielmehr habe der Begriff im Laufe der Jahrhunderte von der „Regelpoetik" des Barock bis zur Autorenpoetik der Gegenwart eine Transformation durchlaufen: „*Poetik* wollte stets allumfassend sein und normativ. Um geschichtliche Besonderheiten gedachte sie sich nicht zu kümmern". So heißt es über die frühere Poetik. M. selbst rekurriert demgegenüber kaum auf eine explizite „Poetik". An deren Stelle tritt die Formel von „gelebter Literatur", d. h. die Verknüpfung von individuellen mit historisch-ästhetischen Erfahrungen. Zentral sind hierbei M.s Lebensabschnitte als Jude im Dritten Reich, sodann als Deutscher im Exil und schließlich als Lehrender in Leipzig (1948–1963). Die dort kanonische, normativ-formalistische Ästhetik liefert eine zweite Erklärung, warum sich M. mit der klassischen Definition von Poetik nicht identifizieren konnte, denn seine Auffassung von Literatur als „Texte und Zeichen, die nichts bedeuten wollen als sich selbst" offenbart mit ihrer Bezugnahme auf ↑Kant den grundlegenden Anspruch von Literatur auf Autonomie.

M. vertritt somit eine individuelle Autorenpoetik, welche sich sowohl gegen Formalismus als auch gegen den sozialistischen Realismus richtet, dabei aber nach ideologiekritischer Auffassung die Frage des Verhältnisses von Poetik und Macht ausblendet.

Ausgaben: Gelebte Literatur [FPV]. Frankfurt/M. 1987; Ein Deutscher auf Widerruf. Erinnerungen. 2 Bde. Frankfurt/M. 1988.

Forschungsliteratur: M. E. Sallinger: Spiegelungen: H. M. in seiner Zeit. Ein Versuch. Innsbruck u. a. 2004.

Markus Oliver Spitz

Mayröcker, Friederike (geb. 1924)

M. ist durch dadaistische und surrealistische Schreibpraktiken sowie durch ihre Kontakte zu Dichtern der Konkreten Poesie und zur Wiener Gruppe zwar angeregt worden, versteht sich aber nicht als Angehörige einer dieser Bewegungen. Sie hat Dichtung nie definitorisch bestimmt, geschweige denn eine systematische Poetik ausformuliert, sich aber aus vielen Anlässen über Dichtung geäußert – was bei ihr heißt: über das eigene Selbstverständnis, eigene Arbeitsprozesse und Texte. Ihre Bemerkungen zu Verfahrensweisen der Textkonstitution, zur vielfach intuitiv begründeten Komposition gestatten die interpretative Rekonstruktion eines impliziten Konzepts poetischen Schaffens als einer Interaktion zwischen dem Ich und einer Sprache, die man „gegen das Fell streichen", der man manchmal aber auch „ihren Willen lassen" muss. M. sieht sich nicht in der Rolle einer souverän über Sprachliches verfügenden Autorin, sondern vielmehr in der einer Protokollantin von Konstellationen, einer Sammlerin und Ordnerin von Gefundenem. Das im Arbeitsprozess der „Bewusztseinsmaschine" entstehende sprachliche Gebilde scheint ein Eigenleben zu haben, auf das die Dichterin reagiert, indem sie es in eine Form bringt. Sie lebe in Bildern, so M., steige in diese ein und verwandle sie in Sprache.

M.s Anschauungen zum Thema Dichtung artikulieren sich über Geschichten, Erinnerungsnotate, in Prosa und Gedichte einkomponierte Ideen und Reflexionen. Explizit bezeichnet sie die Theorien zur eigenen Arbeit als Bestandteile des Arbeitsprozesses selbst und insistiert auf der permanenten Bewegung, in der sich ihre Ansichten befinden. Ist Poetik bei ihr nur in poetischer Form möglich, so besitzen ihre poetischen Texte umgekehrt poetologischen Charakter. Mehrfach betont M. deren absichtliche „Story"-losigkeit. Unter Verzicht auf konventionelle Darstellung von Ereignissen verlagert sie das Geschehen auf die sprachliche Ebene, lässt Wörter, Wendungen, Sätze miteinander interagieren; *Die Abschiede* (1980) etwa sind „Sprachstätte" und „Spracherfindungsbuch". M.s Beziehung zur Sprache durchläuft im Laufe ihres Schaffens verschiedene Phasen. Zwischen etwa 1966–1967 und 1970–1971 liegen „Experimentierjahre"; davor und danach dominiert das Autobiografische. Das eigene Ich betrachtet sie als äußerst wichtig für ihre Arbeit – allerdings bei radikaler Abweichung von konventionellen Modellen autobiografischen Schreibens. Leben findet im Wesentlichen als Schreibprozess statt, stellt sich also dadurch dar, dass sich das Schreiben selbst darstellt. Als Folge der Kongruenz von Leben und Schreiben ist nichts Erlebtes für die dichterische Arbeit, nichts Geschriebenes für das Leben irrelevant. Eine poetologische Dimension besitzen auch viele der Texte, die M. für oder über andere Autoren verfasst hat. Dies gilt v. a. für die Texte für und über ↑Jandl, in dem sie stets auch den schreibenden Dialogpartner und Repräsentanten des Dichtertums anspricht – bis hin zum Requiem für den langjährigen Lebens- und Arbeitsgefährten. Jandl hat M. umgekehrt in seiner Sprechoper *Aus der Fremde* ein poetisches Porträt gewidmet, das die Figur der Dichterin (genannt „sie") zum Modell unermüdlicher und lustvoller Kreativität stilisiert. In Kooperation mit Jandl entstanden neben experimentellen Hörspielen auch kommentierende Reflexionen über diese Kunstform.

Ausgaben: Die Abschiede. Frankfurt/M. 1980; Hörspiel-Texte. In: E. Jandl: Gesammelte Werke. Bd. 3. Hg. v. K. Siblewski. Frankfurt/M. 1990; Veritas. Lyrik und Prosa 1950–1992. Hg. v. E. Erb. Leipzig 1993; Requiem für Ernst Jandl. Frankfurt/M. 2001; Magische Blätter I–V. Frankfurt/M. 2001; Magische Blätter VI. Frankfurt/M. 2007.

Forschungsliteratur: E. Jandl: Aus der Fremde. Darmstadt u. a. 1980; S. J. Schmidt (Hg.): F. M. Frankfurt/M. 1984; G. Melzer (Hg.): F. M. Graz u. a. 1999; A. Winkler: Schatten(spiele). Poetologische Denkwege zu F. M. In „bütt oder Die seufzenden Gärten". Hamburg 2004.

Monika Schmitz-Emans

Meckel, Christoph (geb. 1935)

„Was zur Literatur geäußert wird, kann wieder nur Bestandteil von Literatur sein", und so erzählen die „Luftgeschäfte der Poesie" (Frankfurter PV, 1988/89) von den fiktiven nächtlichen Dialogen des Ich-Erzählers mit Cecco D'Angiolieri (1260–1313), dem Antiklassiker der Zeit und Antipoden von ↑Dante Alighieri, einem Lebemann und „Provokateur aus Vergnügen und ohne Grund", von der Begegnung zweier Männer bei Brot und Wein im Gespräch über das, was Literatur ausmacht: nicht poetologische Statements, sondern die lit. Praxis, nicht ein fester Kanon, sondern das lebendige, flüchtige Leben, eingefangen in Worten. Bei aller behaupteten Flüchtigkeit stehen die Aussagen über Literatur gleichwohl fest: Literatur ist sinnlich, ist konkret. Literatur deckt auf, was fehlt, sie artikuliert den Mangel: an Liebe, an Freiheit, an Menschlichkeit. Literatur ist notwendig zum Leben wie die Luft. In der Literatur ist das geeint, was sonst auseinanderfällt: das Zeichen und das Bezeichnete, das Wort und der Gegenstand. Der Gegenstand, ob Dinge in der Welt oder die menschliche Erfahrung, kommt zu sich durch das Wort, erkennt sich im Wort, in der Vielstimmigkeit der Worte. Im Wort ist der Gegenstand anwesend ohne Wertung, weder hell noch dunkel, sondern einfach da. Literatur ist für Enthüllungen gut oder für die zutreffende Maske, die als Maske erkennbar ist. Nicht ohne Grund wählt sich der Ich-Erzähler Angiolieri als Gesprächspartner, gilt er doch als Ausbrecher aus der Gesellschaft, Draufgänger, Außenseiter. Die Tagediebe sind es, die ihre „Sätze im Tagtraum vor[bereiten]" und zur Sprache bringen, was sonst sprachlos bliebe: die schonungslose Wahrheit über das, was ist und wie es ist. Wenn von Literatur zu sprechen ist, dann im Sinne von Weltpoesie. Weltpoesie ist unerschöpflich, sie ist weniger ein Wissen denn ein Wissenwollen; Weltpoesie bedeutet, sich immer wieder neugierig auf das Abenteuer einzulassen, das Sprachwerdung heißt. Weltpoesie weckt die Lust auf Sprache. Weltpoesie vergegenwärtigt Welt, ihre „realen und transcendeten Geschäfte, Zeitgenossenschaft in vielen Zeiten … und ist die Übersetzung aus Zeit und Raum, Epochen, Sprachen, Leben und Biografie, in uneingeschränkte Gegenwart". Im letzten Gespräch zwischen dem Erzähler-Ich und Angiolieri wird noch einmal der Gedanke der Romantik lebendig: die ganze Welt in ein Wort, ein Gedicht, einen Roman fassen zu können, und es endet mit einem lebensnahen, irdischen Dialog im Basler Dialekt über die Vergänglichkeit.

Ausgaben: Von den Luftgeschäften der Poesie [FPV]. Frankfurt/M. 1989.

Forschungsliteratur: U. u. W. Segebrecht (Hg.): Rede vom Gedicht. Interpretationen zu Gedichten von Ch. M. Bamberg 2005; K. Schuhmann: Vom „langen Gedicht" zum Poem. Welt im Wandel des technischen Zeitgeistes; Nicolas Born, Rolf Dieter Brinkmann, Guntram Vesper, Jürgen Becker, Ch. M., Paul Wühr. In: ders.: „Seit ein Gespräch wir sind und hören von einander". Bielefeld 2006. S. 353–375.

Ulrike Zeuch

Menasse, Robert (geb. 1954)

Der österreich. Romancier und Essayist M. präsentiert sich in seiner im Frühjahr

2005 gehaltenen Frankfurter PV *Die Zerstörung der Welt als Wille und Vorstellung* erneut als Kritiker des Zustandes der Welt. Er formuliert keine Poetik im eigentlichen Sinne, sondern einen Roman, genauer, einen „rückläufigen, bürgerlichen Entwicklungsroman, einen Rückentwicklungsroman", als dessen Hauptfigur er das bürgerliche, aufgeklärte Subjekt setzt. Darin zeichnet er in einer weit ausholenden Denkbewegung, entlang an historischen Eckdaten wie Nationalsozialismus und Stalinismus, die Besetzung Chiles am 11. September 1973 und der Terror vom 11. September 2001, ein negatives Bild vom Zustand der Welt. Er betont die Differenz zu einer noch unbeschriebenen Welt, die zu beschreiben „erst die ganze Wahrheit sichtbar macht." Dies sei laut M. die Aufgabe von Literatur und Philosophie: Intervention zu sein, Nicht-Anerkennung der gesellschaftl. Gegebenheiten unserer Zeit, „Reflexion im buchstäblichen Sinn: Zurück-Spiegeln, Zurückwerfen, und nicht stilles Wiedergeben". Als Autor reiht er sich selbst ein in die Tradition von Dichtern wie ↑Balzac, ↑Fontane, ↑ Th. Mann, und gründet seine linkspolit., geschichtsphilosophisch argumentierende Poetik auf die philosophischen Gedankengebäude B. de Spinozas, ↑Hegels, A. Schopenhauers und K. Marx'. M. setzt den Dichter als Ketzer gegen das „manichäische Welt- und Selbstbild unserer Zivilisation".

Im Ausgang von Hegels Diktum „Das Wahre ist das Ganze" lotet M. die zeitgenössischen Bedingungen für lit. Engagement aus, dessen Anspruch es ist, das Projekt einer verantwortbaren Zukunft gemeinschaftlich zu denken. Aufgabe von Literatur und Philosophie sei es, die bestmögliche Welt zu beschreiben, und sich gegen das Bedürfnis nach Wahrung des Status quo und gegen das Verschwinden der Welt in der medialen Darstellung zu wenden. M. fordert eine polit. Poetik der „Selbsterfindung", deren Aufgabe es ist, das gesellschaftl. Bewusstsein und das des Autors zu besiegen, das dem Zeitgeist Geschuldete zu verwerfen und die „Dingwelt wieder mit Menschen zu besiedeln".

Ausgaben: Die Zerstörung der Welt als Wille und Vorstellung [FPV]. Frankfurt/M. 2006.

Forschungsliteratur: K. Bartsch: R. M. Graz u. a. 2004; A. Jachimowicz: Das schwierige Ganze. Postmoderne und die „Trilogie der Entgleisung" von R. M. Frankfurt/M. u. a. 2007.

Martina Wunderer

Mendelssohn, Moses (1729 – 1786)

M. ist einer der wichtigsten Repräsentanten aufklärerischer Philosophie und Poetik. Von großer und langanhaltender poetologischer Bedeutung war M.s Beteiligung am sog. *Briefwechsel über das Trauerspiel*, den er, ↑Lessing und ↑Nicolai in den Jahren 1756 – 1757 führten (veröffentlicht 1794). Wichtige Anregungen M.s in dieser Debatte gingen später auch in Lessings *Hamburgische Dramaturgie* (1767 – 1769) ein, dessen Mitleidspoetik die dramentheoretische und dramaturgische Diskussion für lange Zeit prägen sollte. M. orientiert sich für die Bestimmung der Tragödie und ihrer Poetik an der frz. *tragédie classique*, weshalb er auch klassizistischer und noch stärker vom rhetorischen Textmodell her argumentiert als Lessing. Leitender Maßstab ist für M. nicht so sehr die Aktivierung des Gefühls; vielmehr argumentiert er im Sinn einer anderen Form von Rationalität, die sich an der Tugend und am „Sinnlichvollkommenen" orientiert. Zentrale Kategorie für die Wirkung der Tragödie ist bei M. die *admiratio*, die Bewunderung des tragischen Helden, die dem Zuschauer eine „anschauende Erkenntnis" der Vollkommenheit der menschlichen Seele vermittelt. Konstitutiv für die weitere Entwicklung von M.s Poetik bleibt diese Spannung zwischen einem klassizistischen Idealismus und einer sensualistischen Anreicherung rationalistischer Positionen der Nachahmungsästhetik der Aufklärung. Dies zeigt sich z. B. an seiner Rezeption der Ästhetik ↑Burkes, dessen *Philosophical Enquiry Into the Origin of Our Ideas of the Sublime and Beautiful* er 1758 kritisch rezensierte. Für M. ist die Mimesis noch vom *ut-pictura-poesis*-Modell her gedacht, wohingegen für Burke „die malerische Poesie keine nachahmende Kunst sei, weil sie der Einbildungskraft nie das Gemälde deutlich genug vorstellt" und „das Erhabene und Schöne in der Poesie nicht sowohl durch Bilder als durch die Erregung solcher Leidenschaften zu erhalten sei, die der Empfindung [...] ähnlich sind". Diese Kritik an Burkes Sensualismus versteht sich ebenfalls von der rationalisierenden Kritik M.s an den Empfindungen. Eine mögliche Kompromisslinie zwischen Sensualismus und Idealismus, zwischen Erhabenem und Schönem hat M. in *Ueber die Hauptgrundsätze der schönen Künste und Wissenschaften* (1757) – quasi als theologische Genieästhetik unter dem Paradigma der Nachahmung – bestimmt.

Ausgaben: Briefwechsel über das Trauerspiel. Hg. v. J. Schulte-Sasse. München 1972; Ästhetische Schriften in Auswahl. Hg. v. O. F. Best. Darmstadt 1974.

Forschungsliteratur: A. Heidsieck: Der Disput zwischen Lessing und M. über das Trauerspiel. In: Lessing-Yearbook 11 (1979). S. 7–34; T. Hlobil: Two Concepts of Language and Poetry. E. Burke and M. M. In: British Journal for the History of Philosophy 8 (2000). S. 447–458; M. Fick: Lessing-Handbuch. Leben – Werk – Wirkung. Stuttgart u. a. [2]2004. S. 135–146.

Lothar van Laak

Mill, John Stuart (1806–1873)

In seinen 1833 publizierten *Gedanken über Poesie und ihre verschiedenen Arten* (*What is Poetry?* und *The Two Kinds of Poetry*; dt. 1874) verteidigt der Philosoph, Ökonom und Publizist M. gegen seinen Lehrer J. Bentham die Erkenntnismächtigkeit der Kunst. Dabei scheidet M. zunächst Kunst von Wissenschaft, sodann poetische von unpoetischer Kunst und anschließend „natürliche" von „kultivierter" Poesie. Als poetisch begreift M. das Vermögen von Dichtung, Musik und bildender Kunst, die idiotypische Erfahrungswirklichkeit eines Individuums referenzadäquat zu kommunizieren, ohne den eigenen Status eines öffentlichen Aktes spürbar mitzureflektieren. Zeichnen sich dagegen Rücksichten auf die Belange von Rezipienten ab, schlägt M. das betreffende Werk dem Oratorischen zu, d. h. der unpoetischen Darlegungs- und Vermittlungskunst. Ebenfalls als unpoetisch – nämlich als prosaisch – gelten M. Inszenierungen markiert äußerer Wirklichkeit (etwa im Gesellschaftsroman), deren potenziell erkenntnisträchtige Sachadäquatheit er jedoch akzeptiert. Genuin poetische, emotional-expressive Kunst wiederum zerfällt für M. in eine naturwüchsige Variante, die sich der zentralen Bedeutung des Gefühls für die Lebens- und Denkwelt bestimmter Individuen verdankt, und eine qualitativ sekundäre, artifizielle Variante, die die Form subjektiver Empfindungsäußerung zur Entfaltung verstandesmäßig gewonnenen Gedankengutes nutzt. Als Exponenten der ersten Variante führt M. ↑Shelley, als Vertreter der zweiten ↑Wordsworth an.

Ausgaben: The Collected Works of J. S. M. 33 Bde. Hg. v. J. M. Robson/F. E. L. Priestley. Toronto u. a. 1963–1991; Gesammelte Werke. 12 Bde. Hg. v. T. Gomperz. Leipzig 1869–1880.

Forschungsliteratur: T. Woods: Poetry and Philosophy. A Study in the Thought of J. S. M. New York 1963; F. P. Sharpless: The Literary Criticism of J. S. M. Den Haag u. a. 1967.

Ekbert Birr

Mitgutsch, Waltraud Anna (geb. 1948)

M. geht in ihren Grazer PV von 1998/99 der Frage nach der Präsenz des schreibenden Subjekts im Text nach, der autobiografischen Dimension lit. Texte, von der sie die Autobiografie im engeren Sinn unterscheidet. Schreiben beruhe auf Erinnerungen, oft auf unverfügbaren, vorbewussten, überraschenden. Mit ihrer Darstellung verbinde sich ein Gestaltungs-, ein Fiktionalisierungsprozess, sodass die Frage nach mitgeteilten biografischen Tatsachen verfehlt sei. Verschiedene Schreibweisen deuten auf verschiedene Einstellungen zum Ich. Das eigene Ich sei dabei weder je ganz verwertbar, noch verschwinde es je ganz. Exemplarisch kommentiert M. einige Gedichte der Lyrikerin S. Plath. Mit dem Titel der zweiten Vorlesung, „Die unverzeihliche Sünde", wird N. Hawthorne zitiert und auf die „Sünde" der distanzierten Kälte und Neugier gegenüber dem eigenen Sujet als Bedingung künstlerischer Arbeit verwiesen. U. d. T. „Die Faszination des Unsagbaren" erörtert M. den lit. Gestaltungsprozess von Erfahrung als tastende Annäherung an die Grenzen des Sagbaren, als Umkreisung von Verschwiegenem durch Bilder und Chiffren. M. betont die gesellschaftl. Situierung der Literatur, ihre polit. und ethische Dimension. „Probleme beim Schreiben von Romanen", bei diversen Autoren beobachtet, können zur gelungenen Darstellung des eigenen Scheiterns führen. V. a. Romananfänge gestatten Rückschlüsse auf künstlerische Vorentscheidungen und Strategien.

Ausgaben: Erinnern und Erfinden [GPV]. Graz u. a. 1999.

Forschungsliteratur: K. Teuchtmann: Über die Faszination des Unsagbaren. A. M. – eine Monographie. Frankfurt/M. u. a. 2003; R. Cornejo: Das Dilemma des weiblichen Ich. Untersuchungen zur Prosa der 1980er Jahre von Elfriede Jelinek, A. M. und Elisabeth Reichart. Wien 2006.

Monika Schmitz-Emans

Mon, Franz (geb. 1926)

M. reflektiert seit den 1950er Jahren seine lit. Arbeiten durch poetologische Texte, sodass mittlerweile neben seinen Lautgedichten, Typogrammen, Collagen, Prosatexten und Hörspielen ein umfangreiches essayistisches Werk vorliegt. Lit. Arbeiten bedeutet für M., Sprache auf ihre akustische und Schrift auf ihre grafische Materialität hin zu konkretisieren und sie so aus dem Zusammenhang scheinbar sinnstiftender sprachlicher Äußerungen zu lösen. Durch die Konkretion wird Sprache ihrer referenziellen Funktion enthoben. Die Transformation des lit. Textes zu akustischer und visueller Kunst führt M. zu einem offenen Kunstbegriff. Programmatisch zeigt sich diese Offenheit in dem mit ↑Höllerer und M. de la Motte herausgegebenen Band *movens* (1960), der poetische und kunsttheoretische Texte sowie visuelle Arbeiten von Dichtern, bildenden Künstlern, Komponisten und Architekten versammelt. In *Text als Prozeß* (1966) bezeichnet M. es als Aufgabe der Literatur, die Möglichkeiten der Sprache zu erneuern und gleichzeitig die Erstarrungen von Sprache in funktionaler Rede aufzubrechen. Der Autor ist in diesem – zweideutig verstandenen – „Prozeß" nicht mehr mitteilendes Subjekt, das durch eine bes. Gabe des poetischen Einfalls ausgezeichnet wäre, sondern eher ein Arrangeur, der sprachliches Material auffindet, sichtet, kombiniert und dem Leser überlässt. Die Infragestellung der sinnstiftenden Autorinstanz zeigt sich auch in *herzzero* (1968), M.s längstem Prosatext, der durch seinen Verlauf in zwei Spalten und durch das systematische Offenhalten der Syntax viele Leserichtungen zulässt. In *Hörspiele werden ge-*

macht (1974) skizziert M. die Poetik des experimentellen Hörspiels: durch die im Tonstudio zur Verfügung stehenden Schnitttechniken gelingt es, sprachakustische Ereignisse zu komponieren, die im Medium der Schrift nicht darstellbar und nicht vorstellbar sind. Entscheidend für die Reflexion der eigenen Arbeit ist für M. die Auseinandersetzung mit ästhetisch nahe stehenden Kollegen, die sich u. a. in Texten über Arbeiten von C. Claus, K. O. Götz, ↑Jandl und ↑Heißenbüttel niederschlägt.

Ausgaben: movens. Dokumente und Analysen zur Dichtung, bildenden Kunst, Musik, Architektur. In Zusammenarbeit mit W. Höllerer u. M. de la Motte hg. v. F. M. Wiesbaden 1960; Gesammelte Texte. Berlin 1994 ff.

Forschungsliteratur: H.-L. Arnold (Hg.): F. M. Text + Kritik. München 1978.

Nikolaus Schneider

Montaigne, Michel de (1533–1592)

Die ersten beiden Bücher der *Essays* (*Essais*) erschienen erstmals 1580, eine um Anmerkungen, Korrekturen und ein drittes Buch erweiterte Fass. erschien 1588. Sein eigenes Handexemplar dieser Ausgabe versah M. bis zu seinem Tod mit zahlreichen handschriftlichen Notizen und fügte ganze Abschnitte ein, diese Ausgabe wurde postum 1595 publiziert. Im Vorwort gibt M. das Programm seiner *Essays* vor: Sie sollen einer umfangreichen Selbstanalyse in größtmöglicher Redlichkeit dienen; das Ich soll in der Niederschrift des Innersten gefunden werden. M. steht damit am Anfang eines Prozesses, der in die Begründung neuzeitlicher Subjektivität einmünden wird.

Die angestrengte Selbstreflexion in den *Essays* bedingt deren offene Form. Bewusst flüchtig geschrieben, tragen sie der Unergründbarkeit des augenblicklichen Ichs Rechnung und bemühen sich um eine „Kristallisation der Bewusstseinsinhalte" (↑Friedrich). Die Heterogenität des Ichs entspricht der Heterogenität der Aufsätze und ihrer Überschriften als auch ihrem tatsächlichem Inhalt: es werden Zitate aneinandergereiht und Beispiele kompiliert. Dabei stimmen die Überschriften selten mit dem überein, was darunter verhandelt wird. Der assoziative Stil lässt dem Zufall und einem transitiven Denken Raum. So soll dem unerschöpflichen Ich möglichst nahe gekommen werden. Von daher rührt auch M.s Abneigung gegen eine allzu starre Rhetorik sowie seine Absage an den hohen Stil.

M. gilt mit seinem Werk als der Begründer der Gattung des Essays. Sein Einfluss zeigt sich in der gesamten europ. Literatur, von Zeitgenossen bis ins 20. Jh., u. a. bei F. Bacon, F. de La Rochefoucauld, J. de La Bruyère, Ch. Montesqieu, Voltaire, Molière, J. de La Fontaine, ↑Balzac, ↑Goethe, ↑Nietzsche, ↑Proust, ↑Valéry, K. Kraus, ↑Benjamin.

Ausgaben: Essais. 3 Bde. Hg. v. P. Michel. Paris 1973; Essais. Frankfurt/M. 1998.

Forschungsliteratur: E. Auerbach: Mimesis. Bern ^{2}1959; H. Friedrich: M. Bern u. a. ^{2}1967; D. M. Frame: M.s Essais. A Study. Englewood Cliffs, NJ 1969; M. Kleinbauer: M. Materialien und Kommentare zu einer Poetik. Wien 1982; J. Starobinski: M. Denken und Existenz. München u. a. 1986; P. Burke: M. zur Einführung. Hamburg ^{3}2004.

Heiko Stullich

Fernández de Moratín, Nicolás (1737–1780)

Der span. Aufklärer, Lyriker und Dramatiker M. forderte im Gefolge von ↑Luzán den entschiedenen Bruch mit dem ‚unregelmäßigen' span. Barocktheater, der „comedia nueva" seit ↑Vega, sowie eine tief greifende Reform dieses Theaters im Sinne der Regelpoetik des ↑Aristoteles und deren Umsetzung in Theorie und

Praxis bei den ital. und frz. (Neo-)Klassizisten. Die Forderung nach einem Theater, das den Regeln der Kunst und der natürlichen Vernunft („arte" und „razón natural") folgt, erhob er unter Berufung auf Aristoteles, ↑Horaz, ↑Cascales und ↑Boileau zunächst im Vorwort („Disertación") zu seiner Komödie *La Petimetra* (1762), dann mit großer polemischer Schärfe in den drei *Kritischen Anmerkungen zum spanischen Theater* (*Desengaños al teatro español*, 1762–1763). In ihnen werden die allgegenwärtigen Verstöße gegen die drei Einheiten, gegen die Prinzipien der Wahrscheinlichkeit, die Vermischung der beiden Genera Tragödie und Komödie sowie die dunkle Sprache von Konzeptismus und Gongorismus bei den span. Theaterautoren des *Siglo de Oro*, auch bei Vega und P. Calderón de la Barca, scharf getadelt, auch wenn deren schöpferisches Vermögen grundsätzlich anerkannt wird. Trotz ihrer Kürze verstärkten die Texte M.s die bereits bestehende Polemik gegen das barocke Theater, die bis zum Ende des 18. Jh.s anhielt und auch noch seinen Sohn L. Fernández de M. (1760–1828) einbeziehen sollte. Die sehr scharfe Verurteilung des religiösen Theaters, insb. der *autos sacramentales* mit ihrer Verwendung der Allegorie und der Vermischung von Profanem und Religiösem, zeigt, dass es M. nicht primär darum geht, ein aristotelisches Regeltheater einzuführen. Seine Absicht und die seiner als ‚Französlinge' geschmähten Mitstreiter war es, das barocke Theater, das zu einer anspruchslosen Unterhaltung mit Tanz, Musik und Spektakel für die Massen herabgesunken war, durch ein anspruchsvolles, vernunftbasiertes Worttheater für die aufgeklärten Eliten zu ersetzen. Mit diesem Vorhaben, das Theater zur weltimmanenten „moralischen Anstalt" (↑Schiller) zu machen, wollte M. zugleich dem patriotischen Anliegen Genüge leisten, Spanien im Kontext der europ. Aufklärung auch künstlerisch auf das Niveau der anderen führenden Nationen zu heben.

Ausgaben: La Petimetra. Desengaños al teatro español. Sátiras. Hg. v. D. Th. Gies. Madrid 1996.

Forschungsliteratur: D. Th. Gies: N. F. d. M. Boston 1979; R. Andioc: Teatro y sociedad en el Madrid del siglo XVIII. Madrid ^{2}1988.

Manfred Tietz

Moréas, Jean [d. i. Joannis Papadiamantopoulos] (1856–1910)

In seinem am 18. 9. 1886 im *Figaro* erschienenen lit. Manifest *Der Symbolismus* (*Le symbolisme. Un manifeste littéraire*; dt. 1965) fasst M. eine lit. Bewegung um ↑Mallarmé und P. Verlaine, bis dahin *décadents* genannt, unter dem Schlagwort Symbolismus zusammen. Als den Ahnherrn dieser neuen Schule sieht er ↑Baudelaire an. Diese neue Schule richtet sich gegen die Romantik (↑F. Schlegel), die Parnassiens und den Naturalismus (↑Zola); sie ist, so M., deren notwendige Weiterentwicklung innerhalb der auf Innovationsästhetik beruhenden, zyklisch verlaufenden lit. Evolution. Die wesentliche Eigenschaft der symbolistischen Kunst besteht laut M. in der Darstellung sinnlicher Phänomene in ihrer „esoterischen Affinität" mit den ursprünglichen Ideen. Damit arbeitet der Symbolismus das schon immer Dagewesene heraus (↑Yeats). Für diese Synthese muss der Symbolismus auf die noch unverbrauchte Sprache von ↑Rabelais, F. Villon u. a. zurückgreifen, welche am Anfang des Französischen als Schriftsprache stehen. Des Weiteren nennt M. einige Schlagworte, die zur Zeit der Veröffentlichung des Manifests im Umlauf sind, und die auf eine Befreiung des Dichters von einer Regelpoetik abzielen: Rhythmus, *vers libre*, Suggestion, subjektive Verformung.

Obwohl der von M. beschriebene Symbolismus nur für einen äußerst beschränkten Zeitraum relevant war (er selbst wendet sich in einem 1891 wiederum im *Figaro* erschienenen Brief, *École romane*, bereits wieder davon ab), wird M. kraft seines Manifestes Namensgeber für eine sich um die Jahrhundertwende weltweit entfaltende lit. Bewegung.

Ausgaben: Les premières armes du symbolisme. Hg. v. M. Pakenham. Exeter 1973; H. H. Hofstätter: Symbolismus und die Kunst der Jahrhundertwende. Köln 1965. S. 227–229 [gekürzt]; R. L. Delevoy: Der Symbolismus in Wort und Bild. Genf u. a. 1979. S. 71 [gekürzt].

Forschungsliteratur: J. D. Butler: J. M. A Critique of his Poetry and Philosophy. Den Haag u. a. 1967; R. A. Jouanny: J. M., écrivain français. Paris 1969; J.-N. Illouz: Les manifestes symbolistes. In: Littérature 139 (2005). S. 93–113.

Patrick Stoffel

Morhof, Daniel Georg (1639–1691)

M. war ab 1665 Professor für Rhetorik und Poesie an der Kieler Universität. Am bedeutendsten ist sicherlich der umfangreiche *Unterricht von der teutschen Sprache und Poesie* ([1]1682, [4]1718), dessen drei Teile den konventionellen Rahmen einer barocken Anweisungspoetik übersteigen. M. behandelt zuerst die „Vortreflichkeit" der dt. Sprache im Vergleich mit dem Griechischen und Lateinischen und unternimmt in einem zweiten Teil erstmals den Versuch einer Darstellung der neueren europ. Literaturgeschichte; ↑Opitz' Reform bildet den Beginn der „Teutschen Poeterey dritten Zeit". Erst der dritte Teil bietet die eigentliche Poetik, in der Aspekte der Orthografie, Etymologie, Syntax, Prosodik und Metrik breiten Raum einnehmen. Das Werk zielt auf die zeitgenössischen Praxis des Gelegenheitsgedichts.

M.s Argumentation ist vom Prinzip des Ausgleichs bestimmt. Gegen die von ↑Weise postulierte Regel, nach der sich die Wortfolge in poetischen Werken von der in prosaischen nicht unterscheiden dürfe, verteidigt er das Recht der Poesie auf Abweichung. Die sprachliche Hyperbolik der ‚zweiten schlesischen Schule' lehnt M. ab und lobt opitzianische Klassizisten wie P. Fleming. Die einzelnen Gattungen werden im Anschluss an ↑Schottel nach den Versfüßen, dem Strophenbau und der „Materie" unterteilt, immer unter Einbezug der gesamteurop. Theoriediskussion. Unter dem Begriff der *Materia* des Gedichtes fasst M. die topische Erfindung auf der Grundlage von Phrasensammlungen, Exzerpten und anderen Speichern gelehrten Wissens: der Polyhistorismus und das Ideal des *poeta doctus* bedingen einander gegenseitig.

Als einer der ersten Dichtungstheoretiker behandelt M. (unter Bezug auf ↑Huet) auch den Roman, den er als ‚Helden-Gedicht' in ungebundener Rede klassifiziert. Die Gattung legitimiert er unter Verweis auf ↑Aristoteles, der in seiner *Poetik* erklärt hatte, dass Gebundenheit kein notwendiges Kennzeichen von Dichtung sei. Dabei schließt sich M. als einer der ersten dem aristotelischen Mimesis-Gebot an, das allerdings nicht zum strukturbildenden Prinzip für M.s. Poetik wird.

M. hat sich in zahlreichen weiteren Schriften mit Einzelfragen der Poetik beschäftigt, u. a. in seinem *Polyhistor* (zuerst 1688), der auch ausführliche Abschnitte zur Poetik enthält. An der europ. Diskussion um das *argutia*-Ideal beteiligt sich M. mit der *Commentatio de disciplina argutiarum* (1693 postum; [2]1705, [3]1731), dem Exzerpieren widmet sich die Schrift *De legendis, imitandis et excerpendis auctoribus* (1731).

Ausgaben: Commentatio de disciplina argutiarum. Lübeck 1693; Dissertatio de enthusiasmo seu furore poetico. In: Dissertationes academicae et Epistolicae. Hamburg 1699. S. 71–82; De legendis, imitandis et excerpendis auctoribus. Hg. v. J. P. Kohl. Hamburg 1731; Unterricht von der teutschen Sprache und Poesie. Hg. v. H. Boetius. Bad Homburg v. d. H. u. a. 1969 [Nachdr. d Ausg. Lübeck u. a. 1700]; Polyhistor literarius, philosophicus et practicus. Hg. v. J. J. Schwabe. Aalen 1970 [Nachdr. d. Ausg. Lübeck [4]1747].

Forschungsliteratur: C. Wiedemann: Polyhistors Glück und Ende. In: H. O. Burger/K. v. See (Hg.): Festschrift Gottfried Weber. Bad Homburg v. d. H. 1967. S. 215–235; G. E. Grimm: Literatur und Gelehrtentum. Untersuchungen zum Wandel ihres Verhältnisses vom Humanismus zur Frühaufklärung. Tübingen 1983; F. Waquet (Hg.): Mapping the World of Learning. The Polyhistor of D. G. M. Wiesbaden 2000.

Dietmar Till

Moritz, Karl Philipp (1756–1793)

M.s Schrift *Über die bildende Nachahmung des Schönen* (1788) hat durch die radikale Formulierung einer Werk- und Genieästhetik auch die Poetik beeinflusst. M. denkt hier Naturnachahmung neu: Kunst ahmt nicht Einzelheiten der Natur nach, sondern ihre – sonst unsichtbare – harmonische Ganzheit und folgt keinen weiteren Zwecken. Hergestellt wird Kunst allein vom Genie, das M. vermögenstheoretisch scharf vom genießend-unproduktiven Kunstkenner (Dilettanten) abgrenzt: dessen Tatkraft prägt sich allein in Empfindungskraft aus, nicht jedoch in der selbstlosen Bildungskraft des Genies. M. befasst sich darüber hinaus in geschichtsphilosophischer Perspektive mit der Beziehung zwischen künstlerischer Schöpfung, Schmerz und Zerstörung.

Die antike Mythologie stellt M. analog zum „in sich vollendeten“ Kunstwerk dar (*Götterlehre oder mythologische Dichtungen der Alten*, 1791). Das Verhältnis der antiken Metrik zur dt. soll der *Versuch einer deutschen Prosodie* (1786) klären, indem er die „natürliche“ Aussprache dt. Silben berücksichtigt. *Die Signatur des Schönen* (1788/1793) behandelt das Problem beschreibender Prosa, die Umsetzung von Bildern in Worte. Für die moderne Erzähl- und Romanpoetik wichtig ist der *Vorschlag zu einem Magazin der Erfahrungs-Seelenkunde* (1782), in dem M. zur Sammlung von psychologischen Fallbeschreibungen aufrief (erste dt. psychologische Zeitschrift *ΓΝΩΘΙ ΣΑΥΤΟΝ oder Magazin zur Erfahrungsseelenkunde,* 1783–1793, 10 Bde.). Diese sollen die „Keime von Handlungen“ im „Innersten der Seele“ ausmachen und müssen dazu auf der Fähigkeit zur Selbstbeobachtung und -distanzierung beruhen. Beides führt M. in *Anton Reiser. Ein psychologischer Roman* (1785–1790) vor. Hier setzt M. eine diagnostische Pathografie an die Stelle des nachahmungswürdigen Helden. In den „Vorreden“ und im vierten Teil fordert er vom Dichter wie vom Romanautor, falsche Idealität zu vermeiden und dazu von konkreten, zunächst unbedeutend scheinenden Einzelheiten bzw. Szenen auszugehen.

Aufgrund der *Bildenden Nachahmung* gilt M. mit ↑Kant als Begründer der Autonomieästhetik. Diese Abhandlung wird als Manifest der Weimarer Klassik angesehen, beeinflusste aber auch die Frühromantik (↑Wackenroder); dies tat auch M.s anti-allegorischer Begriff der Mythologie (↑A. W. Schlegel). Die Metrik hatte unmittelbaren Einfluss auf ↑Goethe. Die Programmatik der *Erfahrungsseelenkunde* nahm ↑Schiller auf; im 20. Jh. führte sie, mit dem *Anton Reiser*, zum wiedererwachten Interesse an M., so bei ↑Schmidt.

Ausgaben: Werke in zwei Bänden. Hg. v. H. Hollmer/A. Meier. Frankfurt/M. 1997–1999; Sämtliche Werke. Hg. v. A. Klingenberg. Tübingen 2005 ff.

Forschungsliteratur: T. P. Saine: Die ästhetische Theodizee. K. Ph. M. und die Philosophie des 18. Jahrhunderts. München 1971; A. Allkemper: Ästhetische Lösungen. Studien zu K. Ph. M. München 1990; A. Meier: K. Ph. M. Stuttgart 2000.

Pierre Mattern

Mosebach, Martin (geb. 1951)

M., der seine BPR von 2007 zum Anlass genommen hat, kritisch eine Analogie zwischen dem revolutionären Terror der Jakobiner und dem nationalsozialistischen Terror zu diagnostizieren, gilt als kulturkonservativer Romancier und Essayist, dem polit. Revolutionen und Kulturrevolutionen gleichermaßen suspekt sind. Seine Kritik an der Liturgiereform der kathol. Kirche hat zu diesem Bild beigetragen; in der Streitschrift *Häresie der Formlosigkeit* (2002) fordert M. eine Rückkehr zur lat. Liturgie und zum traditionellen Ritus. Schwer zu entscheiden ist, ob man seine Schrift als Dokument des polit. Ultramontanismus deuten soll oder aber als letztlich selbstironische und resignative ästhetische Donquijoterie, deren Verfasser sich des Anachronismus seiner Forderungen bewusst ist und mit diesen ein gezieltes Signal gegen polit. opportunere Diskurse setzen will. Insofern durch den Begriff der Formlosigkeit die Kategorie der Form betont wird, hat M.s umstrittener Text nicht zuletzt eine ästhetische und insofern autoreflexive Dimension. M. versteht ästhetische Ordnungsideale und -entwürfe als Widerstand gegenüber einer allg. Tendenz zur Unordnung, zur Auflösung und zum Wertverfall. Auf Form beharrend, reagiert der Künstler auf die Geschichte selbst als einen umfassenden Verfallsprozess. Als Romancier ist M. einem Konzept des Romans verpflichtet, demzufolge dieser die Darstellung der Totalität einer Welt anstrebt. Seine Abhandlung *Die Kunst des Bogenschießens und der Roman* (2006) gilt dem Œuvre des aus seiner Sicht unterschätzten H. v. Doderer, dessen metaphysisch fundierter lit. Realismus für ihn selbst vorbildlich ist. Als Schriftstellers sei Doderer bestrebt gewesen, sich von der Akzidentialität der eigenen Person zu lösen und Welt möglichst selbstlos zu apperzipieren. Wie M.s Kommentare zu Literatur und kathol. Ritus auf zweideutige Weise zwischen reaktionärer Haltung und reflexivem, gegen die Windmühlen des Alltäglich-Konventionellen und Hässlichen kämpfendem Schönheits- und Formkult changieren, so ist auch die Frage nach seiner Beziehung zur Moderne nicht einfach zu beantworten. Nachdrücklich zieht er die Kategorie des gesellschaftl. wie des ästhetischen Fortschritts in Zweifel und bricht provokante Lanzen für das Althergebrachte, die große Kunst der Vergangenheit, die kanonisierten Klassiker und die Monarchie; die Gegenwartswelt – bei ihm v. a. die moderne Metropole Frankfurt/M. – erscheint im Spiegel seiner Texte als Inbegriff einer Welt, die zur Schönheit unfähig ist. Doch der Zweifel am linear-progressiven Geschichtsbild der Aufklärung kann als Signatur einer Moderne verstanden werden, wie sie früh bereits durch ↑Nietzsche ausformuliert und von kulturkonservativen Autoren wie ↑Th. Mann lit. vertreten wurde, und gerade M.s Antimodernismus ist in diesem Sinne modern.

Ausgaben: Häresie der Formlosigkeit. Die römische Liturgie und ihr Feind. Wien u. a. 2002; Horaz und das Bündnis mit dem Nachruhm. In: Kursbuch 153 (2003). S. 1–8; Die Kunst des Bogenschießens und der Roman. Zu den „Commentarii" des Heimito von Doderer. München 2006; Schöne Literatur. Essays. München u. a. 2006; Ultima ratio regis [BPR]. München u. a. 2007.

Forschungsliteratur: St. Köhler: M. M. Die Schönheit des Opfers. Dettelbach 2007.

Monika Schmitz-Emans

Müller, Heiner (1929–1995)

M. hat sich immer wieder situationsbedingt in meist kurzen Texten, Statements, (offenen) Briefen und zahllosen Gesprächen zu poetologischen und theaterästhetischen Fragen geäußert.

Im Vorspruch seines DDR-Produktionsstückes *Der Lohndrücker* (1957) will M. den Konflikt zwischen dem „altem" Bewusstsein militaristischer, kapitalistischer oder faschistischer Provenienz und den „neuen" sozialistischen Bedingungen „in das neue Publikum [...] tragen, das ihn entscheidet": Anders als im sozialistischen Realismus soll Dichtung nicht stellvertretend modellhaft auf der Bühne Konflikte entscheiden, sondern im Realen hervortreiben. Nach Experimenten mit ↑Brechts Konzept des Lehrstücks fasst M. ab Mitte der 1970er Jahre das fehlende Zusammenspiel mit einem Publikum als eine Verwerfung zwischen Literatur, Theater und Öffentlichkeit auf, die sich in Deutschland historisch stets wiederhole. Ihr soll als Schreibweise das (synthetische) Fragment antworten, mit dem M. produktives Verhalten der Rezipienten herausfordern will (*Ein Brief*, 1975; *Verabschiedung des Lehrstücks*, 1977). In Fortführung, ja Verschärfung früher formulierter Prämissen – Absage an identifikatorische Angebote, Herausarbeiten des intensiven, kritischen, ja schockhaften Moments – geht M.s Weg „vom Theater der Revolution zur Revolution des Theaters" (K. Keim). Text wird nun als Medium der Kollision von Textschichten behandelt, Aufführung als Medium der Zusammenstöße zwischen Text und Körper des Schauspielers oder des Publikums (*Brief an den Regisseur der bulgarischen Erstaufführung von Philoktet*, 1983). Theatertexte sollen ihre Darstellung nun nicht mehr befördern, sondern irritieren, sie sollen heraus- und überfordern, sei es in der Einsamkeit eines „Kopf-Raum-Theaters", sei es als erinnerte, körperlose Dramen oder sprecherlose Texte. M. entwickelt eine Brechts Episches Theater noch um ein Wesentliches übersteigende „Hyperepisierung" des Theaters; sie setzt die Literatur gegen das Theater und soll das Epische mit dem Drama zusammenstoßen lassen (*Literatur muss dem Theater Widerstand leisten*, 1975).

In M.s marxistischer Perspektive beruht künstlerische Produktion auf gesellschaftl. Gewaltverhältnissen und reproduziert diese Gewalt in Gestalt geglückter Formen: „die Meisterwerke Komplicen der Macht". In Rücksicht darauf greift M. das Theorem vom Verschwinden des Autors auf und privilegiert mit der (unter DDR-Verhältnissen bes. bemerkenswerten) Formel „Was auf der Flucht ist bleibt" einen lit. Kanon „fliehender" Autoren, die in Schreiben und Leben Selbstidentität durchgestrichen haben: ↑Rimbaud, Lautréamont, ↑Kafka, ↑Joyce, W. Majakowski, ↑Artaud sowie ↑Brecht. Diese Autoren kommunizieren Distanz zum Text im Text – und hierin versucht M. ihnen zu folgen. Ein solches Schreiben wird M. zufolge menschlichem Gattungsbewusstsein gerecht: Es kann dem Verschwinden der Menschheit Aufschub geben, indem es die geschichtlich immer wieder scheiternden Glücksansprüche nicht durch „falsche", geglückte Einzelleistungen verstellt, sie vielmehr durch das Herausarbeiten oder Gewährenlassen kollektiver Aussagegefüge (↑Deleuze/F. Guattari) zur Sprache bringt. Damit stimmen auch M.s teilweise eigenwillige Deutungen mythologischer Künstlerfiguren überein. Sie alle werden von mörderischer Gewalt überwältigt: Orpheus, dem Sänger, und Dädalos, dem Techniker, stellt M. den geschundenen Marsyas gegenüber, der seinen Herrn Apoll herausfordert und seine eigene umschließende Form, die Haut, verliert. Die nicht zur zeichenhaften Narbe gerinnende Wunde, die sich auf den ganzen Körper erstrecken kann, ist überhaupt eine zentrale poetologische Metapher M.s; ihr wird oft Stein, Schlamm oder Kot als aufreibende, dämpfende, aber auch aufbewahrende Gegenkraft zugeordnet.

Voraussetzung der poetologischen Vorstellungen M.s ist die Bewegungsweise von Geschichte. Sie ist für M. das anorganische Übereinanderschieben von historischen Schichten, dem die organische und sprachliche Ausstattung des Menschen nicht gewachsen ist; Sprache ist selber eine dem Körper widerfahrende Verletzung; historisch relevante Erfahrungen sind blind und stumm, werden immer kollektiv gemacht und sind als „finsterer Grund" Nährboden der „guten Texte" (*Der Schrecken die erste Erscheinung des Neuen. Zu einer Diskussion über Postmodernismus in New York*, 1979). V. a. die dt. Geschichte häuft Katastrophen aufeinander, und schon in einem frühen Text schreibt M. den „Engel der Geschichte" ↑Benjamins um: dessen Flügelschlag geschieht zwischen den Ablagerungen, die sich mörderisch übereinanderschieben (*Der glücklose Engel*, 1958). Schmerz, aber auch Glücksanspruch bleiben im historischen Schichtengefüge „gespeichert"; dies gilt auch für Texte und Geschichten der Tradition, deren „Furchtzentrum" es in Bearbeitungen herauszustellen gilt. Damit modifiziert M. die antiaristotelische Ausrichtung (↑Aristoteles) des Epischen Theaters Brechts mit einem Verweis auf eine schockhaft mögliche Katharsis. Paradigmatisch für eine Kunst, die angemessen auf Epochenkollision reagiert, sind für M. die Bühnentexte ↑Shakespeares (*Shakespeare eine Differenz*, 1988). Als Aktualisierung vergangener Niederlagen und Glücksverlangen ist das Theater für M. „Lusthaus/Schreckenskammer" in einem, verhandelt „Schrecken/Freuden der Verwandlung", bezieht Tod und Geburt aufeinander und wird so zum „Laboratorium sozialer Phantasie" (W. Heise).

Durch die Negation der bisher üblichen Herrschaft des Textes über den Körper nähert sich M. zeitgenössischen Unternehmungen wie denen von P. Bausch und R. Wilson an (*Blut ist im Schuh oder das Rätsel der Freiheit*, 1981; *Brief an Robert Wilson*, 1987), historisch dem Theater der Grausamkeit ↑Artauds (*Artaud, die Sprache der Qual*, 1977).

Der z. T. lange Arbeitsprozess gibt sich im Text durch M.s oft kumulative Titel, durch Allusionen und Kryptozitate als Schichtung zu erkennen, als Um- und Überschreibung eigener und fremder Texte. Viele Passagen v. a. von M.s mittleren und späten Stücken fordern eine Deutung als Selbstreflexionen des Intellektuellen (*Die Hamletmaschine*, 1977), Aufklärers und Künstlers heraus (*Leben Gundlings Friedrich von Preußen Lessings Schlaf Traum Schrei*, 1982). *Verkommenes Ufer Medeamaterial Landschaft mit Argonauten* (1983) behandelt die Künstler- und Intellektuellenproblematik anhand einer nautischen Metaphernreihe, sieht die Kunst als glücklose Fahrt auf den Spuren aufgeklärt-kolonisierender Seehelden wie Jason und Odysseus. Deutung überhaupt und ihr Scheitern reflektiert *Bildbeschreibung* (1984): Bild und Sprache verweisen nicht mehr aufeinander, sie überlagern sich vielmehr und bemächtigen sich des jeweils anderen. Das längere Gedicht *Mommsens Block* (1993) reflektiert Kunst als nicht adressierte Geschichtsschreibung, als Aufruf eines absoluten Gedächtnisses der historischen Niederlagen auch noch im Verstummen des Historikers/Künstlers.

Geschichte als Katastrophenzusammenhang, Mythologie als primäre Einschreibung von Gewalt, das harmonische Kunstwerk als deren Wiederaufbereitung – damit greift M. zentrale Elemente des Diskurses der Kunstautonomie auf (↑Moritz, ↑A. W. Schlegel) und versieht sie mit einem negativen Vorzeichen, um sie so noch einmal produktiv zu machen. Konstante in M.s poetologischem Denken ist das Auseinandertreten von „Realismus" und „Popularität" (Volkstümlichkeit), wobei „Realismus" kein Abbildungsverhältnis meint, sondern Zugriff auf schmerzhafte geschichtliche Wirklichkeit.

Ausgaben: Gesammelte Irrtümer. 3 Bde. Frankfurt/M. 1986 ff.; Werke. 9 Bde. Hg. v. F. Hörnigk. Frankfurt/M. 1998 ff.

Forschungsliteratur: G. Schulz: H. M.s Theater der Sprache(n). In: S. Bauschinger/S. L. Cocalis (Hg.): Vom Wort zum Bild. Das neue Theater in Deutschland und den USA. Bern 1992. S. 199–217; R. Herzinger: Masken der Lebensrevolution. Vitalistische Zivilisations- und Humanismuskritik in Texten H. M.s. München 1992; I. Schmidt/F. Vaßen (Hg.): Bibliographie H. M. 2 Bde. Bielefeld 1993–1996; K. Keim: Theatralität in den späten Dramen H. M.s. Tübingen 1998; N. O. Eke: H. M. Stuttgart 1999; Y. Inauen: Dramaturgie der Erinnerung. Geschichte, Gedächtnis, Körper bei H. M. Tübingen 2001; K. Ebrecht: H. M.s Lyrik. Quellen und Vorbilder. Würzburg 2001; M. Ostheimer: „Mythologische Genauigkeit". H. M.s Poetik und Geschichtsphilosophie der Tragödie. Würzburg 2002; H.-Th. Lehmann/P. Primavesi (Hg.): H.-M.-Handbuch. Leben – Werk – Wirkung. Stuttgart u. a. 2003.

Pierre Mattern

Muratori, Lodovico [Ludovico] Antonio (1672–1750)

M. galt seinen Zeitgenossen als versatiler Universalgelehrter, dessen umfangreiches Werk medizinische, juristische, historische, theologische u. a. Gegenstände in aufklärerischem, liberal-kathol. Geist traktierte. Seine Poetik setzt ihre Akzente entsprechend. Zentral ist die Unterordnung der Dichtung unter die Philosophie, insb. unter die „Moral Filosofia", als deren „figliuola" („Tochter") und „ministra" („Dienerin") sie auftritt. Ihr Zweck ist „di dilettar coll'imitazione" („durch Nachahmung zu erfreuen"), zentraler Wert die Repräsentation des Wahren. Dementsprechend steht das *prodesse* über dem *delectare* (↑Horaz), das als selbständiger Wert nur zugestanden wird, soweit es der Freude am Erkennen entspringt. M. privilegiert konsequent die Signifikatseite von Dichtung: poetische Sprachgestaltung ist „ornamento superficiale" („oberflächlicher Schmuck") und „Einkleidung" von Bedeutung in Sprache. Das „Bello Poetico" ist geistige Schönheit („bellezza spirituale"), die nicht über die Sinne vermittelt, sondern durch den Intellekt genossen wird. Das Erhabene erscheint nicht als Gegenstück, sondern als Steigerung des Schönen, dessen höchstes Muster und Quelle Gott ist. Trotz dieses rationalistischen Korsetts findet M. über die Diskussion des „Verisimile" („Wahrscheinlichkeit") zu einer massiven Aufwertung des „Maraviglioso" („Wunderbaren") sowie der „Fantasia" („Einbildungskraft"), die ein Zentralkonzept in *Über die vollendete italienische Dichtung* (*Della perfetta poesia italiana*, 1706) bildet, und arbeitet damit der These vom Eigenwert des Ästhetischen vor. Die Forschung hat in M.s Lehren eine Basis für die Auffassungen der Schweizer ↑Bodmer und ↑Breitinger vom Wunderbaren gesehen. In Hinblick auf die *Querelle* weist M. die Antikenverehrung ↑Boileaus auf Kosten der Modernen zugunsten eines Mittelwegs zurück. Verbindungen zur *Critischen Dichtkunst* ↑Gottscheds bestehen v. a. über die Forderung nach einer Theaterreform (wahre Tragödie ohne Mischung komischer und tragischer Figuren, „utili Rappresentazioni Teatrali", Kritik am „Dramma musicale"), über die Geschmackskategorie sowie über die Betonung des Wertes der eigenen Sprache und Dichtung gegenüber der frz. Hegemonie.

Ausgaben: Riflessioni sopra il buon gusto nelle scienze e nelle arti. Köln 1721–1725; Kritische Abhandlung von dem guten Geschmacke in den schönen Künsten und Wissenschaften. Augsburg 1772; Opere. 2 Bde. Hg. v. G. Falco/F. Forti. Mailand u. a. 1964 [Auszüge]; Della perfetta poesia italiana. Hg. v. A. Ruschioni. Mailand 1971–1972; Della forza della fantasia umana. Hg. v. C. Pogliano. Florenz 1995; Über die Kraft der menschlichen Phantasie. Frankfurt/M. 2003.

Forschungsliteratur: I. M. Battafarano: Die deutsche Aufklärung und L. A. M. In: ders. (Hg.): Deutsche Aufklärung und Italien. Bern u. a. 1992. S. 33–65; F. Marri/M. Lieber: L. A. M. und Deutschland. Studien zur Kultur- und Geistesgeschichte der Frühaufklärung. Frankfurt/M. u. a. 1997.

Bettina Gruber

Muschg, Adolf (geb. 1934)

Kunst oder Literatur ist nicht gleich Therapie, so die Antwort, die M. auf seine eigene Fragestellung im Titel seiner Frankfurter PV, *Literatur als Therapie?*, erteilt. Dennoch teilen sich beide ein Ziel, nämlich die Befähigung zum Leben: Therapie durch das Ergründen des Selbst – Wer bin ich? – und Literatur durch das Arbeiten mit dem Selbst – Was mache ich aus mir? bzw. Wie fiktionalisiere ich mein Leben und meine Erfahrungen, um dadurch wiederum mich selbst zu erkennen? Bei beiden Verfahren steht die Phantasie als lebensverändernde Kraft im Mittelpunkt: durch sie werden die Erinnerung, das Schweigen oder der Mangel, an dem man leidet, an die Oberfläche gebracht und können so verarbeitet werden. Hierdurch erreicht die Kunst ihren Grad an Heilsamkeit, denn ebenso wie die verarbeiteten Erfahrungen als Literatur lässt M. die Krankheit als Kunstwerk gelten, als ein Konstrukt geboren aus dem Mangel. Das Kunstwerk wiederum besagt: Ändere dein Leben!, ein Appell, der auch der Therapie inhärent ist. Beide, Kunst und Therapie, zeigen verschiedene Wege auf, diesem Aufruf Folge zu leisten.

Ausgaben: Literatur als Therapie? Ein Exkurs über das Heilsame und das Unheilbare [FPV]. Frankfurt/M. 1981; Texte: Erzählungen; Literatur als Therapie? Berlin 1989.

Forschungsliteratur: R. Voris: A. M. München 1984; I. Jung: Schreiben und Selbstreflexion: eine literaturpsychologische Untersuchung literarischer Produktivität. Opladen 1989.

Lydia Reuther

Musil, Robert (1880–1942)

M. hat eine Vielzahl von Kritiken, Essays, Abhandlungen, Notizen und autobiografischen Aufzeichnungen verfasst, die seine reflexive Auseinandersetzung mit Fragen der Ästhetik und Poetik dokumentieren – mit dem Wesen des Literarischen, den Parametern lit. Arbeit, der Beziehung zwischen Literatur und anderen Wissensdiskursen, mit Produktions- und Rezeptionsprozessen. Reflexion über Kunst verknüpft sich eng mit psychologischer Beobachtung, nicht zuletzt an sich selbst. In *Skizze der Erkenntnis des Dichters* (1918) betrachtet M. die Einsamkeit als Bedingung dichterischer Erkenntnis; nur wer sich „mehrfach die Seele gebrochen“ habe, finde zur Kunst, so heißt es drastischer 1921 (*Stilgeneration oder Generationsstil*). Dichtung vermittelt aber keine Erkenntnis (wie etwa die Psychologie), sie nutzt diese bloß; die Kunst ist insofern autonom. In ihrer Bezogenheit auf Psychisches und auf das Leben des Einzelnen wie der Gesellschaft besitzt Literatur eine ethisch-moralische Dimension, die allerdings nichts mit ideologischer Belehrung zu tun hat. Auch M.s im engeren Sinn lit. Werke sind durch ihre poetologische Dimension charakterisiert. Mit der Akzentuierung des Spannungsverhältnisses zwischen Leben und Form respektive Leben und Kunst knüpft M. an den lebensphilosophischen Diskurs an. Sein Interesse für das psychische Leben wird v. a. durch Theorien des Unbewussten und der Psychoanalyse stimuliert. Die Beziehung zwischen Sprache, Denken und Wirklichkeit bildet eine bes. wichtige thematische Konstante im Œuvre M.s. Dieses steht im Zeichen des Interesses an dem, was sich der Feststellung durch Worte und Zeichen entzieht. So erkundet er Formen andeutender, indirekter, mehrschichtiger und absichtsvoll unbestimmter Rede. Neben ↑Nietzsches Kritik des begriffsgebundenen Wissens haben die Thesen E. Machs hier anregend gewirkt; M. reflektiert wie die beiden Philosophen v. a. über die Beziehung des Begriffs zum Nichtbegrifflichen. Wörter bündeln einzelne Erlebnisse und Assoziationen und schaffen künstliche Einheiten im Uneinheitlichen, Ordnung im Ungeordneten (*Literat und Literatur*, 1931). Das abstrakt-begriffliche Denken vollzieht sich stets auf dem Fundament solch sprachlicher Konstruktionen, oft allerdings unbewusst. Nur wer um die ordnungsstiftende Kraft der Begriffe weiß, kann deren Grenzen erfassen. Lit. Sprachgebrauch ist für M. durchaus einem Ideal der Präzision verpflichtet, doch über alle Differenzierungen hinausgehend entwirft er zugleich eine Welt der Analogien, der miteinander verbundenen, ineinander verfließenden Dinge, der unauslotbaren Bedeutungsgeflechte. Poetologisch relevant ist M.s Unterscheidung des „Ratioiden" vom „Nichtratioiden", also dessen, was sich begrifflich feststellen lässt, von einer innerpsychischen Sphäre des Unberechenbaren und Unbegriffenen. Lit. Schreiben wendet sich gerade dieser Dimension des Erfahrens und Empfindens zu, während die Sprache der exakten Wissenschaften am liebsten an der Oberflächenwelt des „Ratioiden" bleibt und an der Ordnung von Begriffen festhält. Das Gleichnis in seiner Uneindeutigkeit drückt „die gleitende Logik der Seele" aus (*Der Mann ohne Eigenschaften*, 1930–1952); es korrespondiert am ehesten dem „alogisch Erlebten" (*Wege zur Kunstbetrachtung*, 1921). *Die Verwirrungen des Zöglings Törleß* (1906) bespiegeln an ihrem heranwachsenden Protagonisten jenes „Seelisch-Menschliche", das um „das Greif- und Besprechbare" herumgelagert ist, „wie um ein bloßes Skelett"; weitere Gleichnisse der lit. erkundeten Spannung zwischen eindeutig Darstellbarem und Diffusem findet M. in der Mathematik, im Rechnen mit irrationalen Zahlen. Das Interesse an psychischen Grenzzuständen, wie es auch M.s übrige Erzählungen prägt (etwa *Vereinigungen*, 1911), ist als Interesse an Fragen der Darstellbarkeit des „Nichtratioiden" stets auch ein genuin poetologisches; in *Der Mann ohne Eigenschaften* setzt es sich u. a. anlässlich der Thematisierung des Wahnsinns fort.

In dieses Hauptwerk sind ästhetisch-poetologische Reflexionen zu verschiedenen Themen integriert. Programmatisch sind hier erstens die Bemerkungen über einen dem „Wirklichkeitssinn" komplementären „Möglichkeitssinn", die im Traditionshorizont der von ↑Aristoteles initiierten Poetik des Möglichen stehen und auf jene „essayistische" Grundhaltung hindeuten, welche der Roman insgesamt reflektiert und die M. zufolge für das lit. Schreiben in der Moderne konstitutiv ist. Wichtig sind zweitens die theoretischen Reflexionen über das Erzählen als Herstellung von Ordnung in einer an sich ungeordneten Fülle von Erfahrungen, über den traditionellen „Lebensfaden" als „Faden der Erzählung". Einerseits registriert M.s Held Ulrich bedauernd, dass das Leben in der Moderne seine linear-chronologische Darstellbarkeit, das „primitiv Epische", eingebüßt habe, welche stets auch Kausalverhältnisse und Sinnzusammenhänge suggerierte. Andererseits gilt es, wie M. selbst betont, das Erzählen „vom Kinderfrauenberuf zu emanzipieren" (*Über Robert Musil's Bücher*, 1913), seine Komplexität der der modernen Erfahrung anzumessen. Dass die Dichtung eine Wichtigkeit besitze, welche sie allen anderen menschlichen Tätigkeiten voranstellt, betont M. um 1914 (*Von der Möglichkeit einer Ästhetik*); andere Ausführungen gelten demgegenüber eher dem Komplementaritätsverhältnis von Dichtung und Wissenschaft. Die Erzählung *Über Robert Musil's Bücher* umreißt anlässlich eines fiktiven Spaziergangs durch das Gehirn des Dichters programmatisch M.s lit. Intentionen und seine Poetik. Kunst als Mittleres zwischen dem Begrifflichen und dem Unbegrifflich-Konkreten muss im Ausgang vom festen Gelände des Begreiflichen, Verifizierbaren und Exakten in jene fremden Zonen vordringen, wo Dinge, Namen und Individuen ihre Konturen verlieren. Der Dichter ist zwar Schöpfer und Darsteller von Gefühlen, die dichterische Darstellung bedarf jedoch gerade dafür des Verstandes. Kunstwerke sind zwar nie restlos zu dechiffrieren und zu erklären, aber sie beruhen doch auf dem Nachdenken über das Leben und auf dem Willen zu einer Genauigkeit, die der wissenschaftlichen kompatibel ist und die künstlerische Darstellung zum (notwendigen) Pendant wissenschaftlicher Arbeit werden lässt. Kunst beruht bei aller Bindung an die Sphäre des Lebens und der psychischen Bewegungen auf Abstraktion (*Der Dichter in dieser Zeit*, 1934), auf Reduktion, auf dem Willen zur Form. Sie vermittelt zwischen mystischem Erleben und rationalen „Gerüsten", welche dieses der Darstellung annähern. Alle Einzelkünste sind dazu medial verschieden disponiert. M. erörtert ihre Differenzen wie ihre fundamentalen Gemeinsamkeiten (vgl. *Ansätze zu neuer Ästhetik*, 1925, der filmtheoretische mit allg. ästhetischen Reflexionen verbindet, oder *Der Malsteller* (1923), wo M. Malerei und Dichtung vergleichend erörtert). Das Interesse an Literatur sollte nicht einem Museum der fertigen Werke gelten, sondern dem anhaltenden und undeterminierten lit. Prozess. Die Lyrik mit ihren Rhythmen und ihrer Distanz zur mitteilenden Rede ist „der innerste Brunnen" der Literatur (*Literatur und Literatur*, 1931). M.s. Werk gehört zu den bedeutendsten der modernen Literatur und ist in vielfältiger Weise, auch und gerade in poetologischer Hinsicht, rezipiert worden, z. B. bei ↑Handke, ↑Bachmann oder ↑Kluge.

Ausgaben: Tagebücher. 2 Bde. Hg. v. A. Frise. Reinbek 1976; Gesammelte Werke. 9 Bde. Hg. v. A. Frisé. Reinbek 1978.

Forschungsliteratur: H.-G. Pott: R. M. München 1984; R.-H. Kim: R. M. Poetologische Reflexionen zur Geschichtlichkeit der Literatur. Bonn 1986; J. Gunia: Die Sphäre des Ästhetischen bei R. M. Untersuchungen zum Werk am Leitfaden der „Membran". Würzburg 2000; B. Nübel: R. M. – Essayismus als Selbstreflexion der Moderne. Berlin u. a. 2006.

Monika Schmitz-Emans

N

Nabokov, Vladimir Vladimirovič (1899–1977)

N. ist in erster Linie Romancier. Zwar hat er auch Lyrik, einige Theaterstücke und die Drehbuchfass. seines Romans *Lolita* verfasst, doch ist sein Gestus der der narrativen Erinnerung. Deshalb gehört seine Autobiografie *Erinnerung, sprich* (*Speak, memory*, 1966; dt. 1984) zum zentralen Textkorpus mit poetologischer Bedeutung. Aufsätze, zahlreiche Interviews aus den späteren Jahren, literaturwissenschaftliche Vorlesungen aus seiner Tätigkeit als Universitätsprofessor in den USA und einige lepidopterologische Fachveröffentlichungen runden sein Œuvre ab. Bekannt wurden seine Vorlesungen über *Don Quijote*. Seine selbstbewussten Interviews und Artikel wurden gesammelt als *Deutliche Worte* (*Strong Opinions*, 1973; dt. 1993) und *Eigensinnige Ansichten* (2004).

N. ist ein zutiefst ironischer, von früher Lektüre der internationalen Literatur in russ., engl. und frz. Sprache geprägter Autor. Seine Texte sind intellektuelle Spekulationen, Spiele mit Erzählperspektive, Vernunft und Wahnsinn, geprägt von einer konstruktivistischen Sicht auf Erinnerung, in denen die russ. Heimat verschmilzt mit den Exilländern Deutschland, Nordamerika und Schweiz. Die skeptische, z. T. arrogant wirkende Distanzierung von fast aller vorgängigen und zeitgenössischen Literatur (Ausnahmen sind etwa ↑Cervantes und ↑Gogol') erschwert es zu unterscheiden, ob N. überhaupt poetologische Maximen mit jemandem (↑Proust?) teilte. Es scheint, als seien seine Normen nur privater, hermetischer Natur gewesen. Sie erstrecken sich sowohl auf das Niveau von Literatur wie auf Inhalte und Strukturen. Immerhin musste N. sich durch seine engl. Übersetzung von *Eugen Onegin* (1964) zu einer konkreten Methode und zum Wert von ↑Puškins Original bekennen. Zugleich schrieb er die expliziteste Parodie auf Poetik mit seinem späten Roman *Fahles Feuer* (*Pale Fire*, 1962; dt. 1968), dem 1000 Verse umfassenden Kurzepos eines fiktiven Literaturprofessors, dem als eigentlicher Romantext der fiktive Zeilenkommentar eines offenbar wahnsinnigen Editors folgt.

So verwundert es nicht, dass N. extrem elitäre Romane und Erzählungen schreibt, die einen belesenen, mehrsprachig versierten und nach Art des Schachspielers oder Kreuzworträtselspezialisten über Eck denkenden Leser postulieren. Typisch für N. sind Zitate und deren Verdrehung, so wie Wortspiele, die mehrere Sprachen involvieren. Die Romanhandlungen, auch eine gewisse *impassibilité* der Hauptfiguren, erinnern von ferne an reale Erfahrungen des Emigranten, v. a. noch in *Maschenka* (*Mašen'ka*, 1926; dt. 1976) und *Die Gabe* (*Dar*, 1935; dt. 1991), aber engagierte oder gar direkt polit. Literatur ist N. ebenso ein Gräuel wie unmittelbare Expression. Sentiment, Angst, Verzweiflung werden nur indirekt in Konstruktionen tragisch-schicksalhafter Ironie spürbar. Als Negatividee entwickelt er das russ. *poshlost'* (etwa: Gewöhnlichkeit). Das Gewicht seiner Werke liegt ganz auf der Struktur, sodass kommentierte Ausgaben im Verhältnis wenige Sachaufschlüsse geben, aber umso komplexere Deutungsoptionen nachzeichnen können.

Sein Hauptinteresse gilt (pseudo-)semiotischen Konstellationen, dem vexatorischen Spiel von Größenverhältnissen, Mustern oder Spuren, die möglicherweise keine sind, Merkwürdigkeiten, Vogelspuren, Harlekinrauten. Paradigmatisch sind etwa die akribisch zu unterscheidenden Zeichnungen der Schmetterlingsflügel (die Metapher der Schmetterlinge durchzieht N.s Werk). Dahinter lauern mögliche jenseitige Instanzen, die mit dem Menschen spielen wie ein Autor, metaphysische Ideen, die nicht fixierbar sind. Entsprechend präsentiert sich N. durch Verschachtelung, Spiel mit Erzählinstanzen, Ironie, unzuverlässige Ich-Erzähler (*Lolita*, 1955; dt. 1959), Selbst-Codierung und andere metafiktionale Kunstgriffe als souveräner Demiurg und Wegbereiter der Postmoderne.

Ausgaben: Mašen'ka. Ann Arbor, MI 1926; Dar. New York 1952; Lolita. Paris 1955; Pale Fire. New York 1962; Speak, memory. New York 1966; Gesammelte Werke. 23 Bde. Hg. v. D. E. Zimmer. Reinbek 1989–1995; Die Kunst des Lesens. Cervantes' „Don Quijote". Frankfurt/M. 1991.

Forschungsliteratur: V. A. Alexandrov (Hg.): The Garland Companion to V. N. New York 1995; B. Boyd: V. N. Bd. 1: Die russischen Jahre 1899–1940. Reinbek 1999 u. Bd. 2: Die amerikanischen Jahre 1940–1977. Reinbek 2005.

Achim Hölter

Nadolny, Sten (geb. 1942)

In seinen im Sommer 1990 vorgetragenen Münchner PV *Das Erzählen und die guten Absichten* reflektiert N. seine individuelle Vorgehensweise als Romanautor. Im Stil der Frankfurter PV entwirft er eine (betont subjektive) Werkstattpoetik, die jedoch in der Reflexion des Erzählens als eine Art Dauerzustand und der Betonung des selbstreflexiven Charakters des Erzählens auch allg. Züge annimmt. In seiner schriftstellerischen Praxis findet sich dieses metafiktionale Zusammenspiel v. a. in seinem Roman *Selim oder die Gabe der Rede* (1990). „Das Erzählen erzählt immer auch sich selbst"; die Vorlesung ist nicht nur eine Darstellung der Entstehung des fiktiven Lexikonromans *Glashütte bis Hautflügler*, sondern gleichzeitig eine exemplarische Skizze zum Thema Erzählen. Die Darstellung der Entwicklung des Romans von der Idee bis hin zu seiner Realisation erlaubt es N., einfache Grundregeln für das Erzählen aufzustellen: Erzählen sei zunächst einmal, nach einer Phase der Inspiration und des Stoffsammelns, „die Herstellung einer Reihe aus den dafür zur Verfügung stehenden Einzelheiten". Der Hauptteil der Arbeit eines Schriftstellers liege in der bewussten Selektion von für den Roman relevanten Einzelheiten aus dem vorhandenen Stoff. Danach sei es seine Aufgabe, das gesammelte Material und die Fakten in eine bestimmte Reihenfolge zu bringen, d. h. es wird für die „Herstellung eines nachvollziehbaren Zusammenhangs, sei er nun ‚real' oder ‚fiktiv'", gesorgt. Diese Art des Vorgehens nennt N. auch „Narrativierung". An die Festlegung der Person des Erzählers ist schließlich die Auswahl und Präsentation der Einzelheiten gekoppelt sowie die Perspektive und Wahrnehmung des Geschehens. Diese drei Vorgänge – Sammeln und Selektion, Herstellung von Zusammenhang und Auswahl des Erzählers – nennt N. die drei „notwendigen Absichten" des Erzählens. Dagegen stehen die titelgebenden „guten Absichten" wie bspw. „schön" schreiben zu wollen oder „Zielgruppen zu bedienen" – Absichten, die einen Roman zerstören können. Ergänzend beschreibt N. am Ende seine Erfahrungen mit dem Kulturbetrieb.

Zehn Jahre später spricht er in seinen Göttinger PV *Das Erzählen und die guten Ideen* von den „guten Ideen", von ihrem Ursprung, ihrer Entwicklung, aber auch von dem Schaden, den sie anrichten, wenn der Autor sich einer abstrakten Idee unterwirft und dadurch vom natürlichen Erzählfluss abkommt.

Ausgaben: Selim oder Die Gabe der Rede. München 1990; Das Erzählen und die guten Ideen [GöPV, MPV]. München 2001.

Forschungsliteratur: P. Günther: „‚Langsam komme ich zu mir und überlege, ob ich das aufschreiben soll'. Der Erzähler S. N." In: W. Delabar (Hg.): Neue Generation – Neues Erzählen. Deutsche Prosa-Literatur der achtziger Jahre. Opladen 1993. S. 35–44; A. Bohnenkamp: „Von der Freiheit des Erzählens: Zur Poetik S. N.s". In: W. Bunzel (Hg.): S. N. Eggingen 1996. S. 17–37.

Alexandra Pfleger

Nicolai, Christoph Friedrich (1733–1811)

N. zählt auch als dichtungstheoretischer Autor zu den einflussreichen Repräsentanten der Aufklärung. Mit der Schrift *Briefe über den itzigen Zustand der schönen Wissenschaften in Deutschland* (1755) schließt N. an ↑Baumgartens Programm einer Verbesserung der unteren Seelenkräfte an. Fortschritte im Bereich der Künste sieht N. abhängig von der Etablierung einer Kritik lit. Werke, die den Parteienstreit zwischen ↑Gottsched einerseits und ↑Bodmer und ↑Breitinger andererseits überwindet. N. widerspricht sowohl der Pedanterie im Regelfolgen als auch der Ungebundenheit des Genies und konzipiert eine Kritik, die Werke bewertet, lit. Normen jedoch nicht erfahrungsfrei deduziert. In der Dramentheorie entfernt N. den Katharsisbegriff aus der Tragödiendefinition und schränkt den Tragödienzweck auf die Erregung und nicht die Reinigung von Leidenschaften ein. Seine *Abhandlung vom Trauerspiele* (1757) regt dabei den *Briefwechsel über das Trauerspiel* an, den N., ↑Lessing und ↑Mendelssohn 1756–1757 führen. Auch wenn N. mit seinen Frühschriften die Verbindung von Kritik und Genie fordert, stellt er sich u. a. mit seiner Satire *Freuden des jungen Werthers. Leiden und Freuden Werthers des Mannes* (1775) gegen die Geniepoetik des Sturm und Drang. Mit dem Eheroman *Das Leben und die Meinungen des Herrn Magisters Sebaldus Nothanker* (1773–1776) plädiert N. für eine Abkehr vom Liebesroman und für motivierte anstelle wunderbarer Handlungsfolgen. Zwar trägt N. zur Entwicklung der Aufklärungspoetik bei, im Zuge mehrerer literaturkritischer Kontroversen gerät er später aber in eine Abseitsstellung.

Ausgaben: Briefwechsel über das Trauerspiel. Hg. v. J. Schulte-Sasse. München 1972; Sämtliche Werke, Briefe, Dokumente. Kritische Ausgabe mit Kommentar. Hg. v. P. Mitchell u. a. Berlin u. a. 1991–1995; Gesammelte Werke. Hg. v. B. Fabian/M.-L. Spieckermann. Hildesheim u. a. 1997–2001.

Forschungsliteratur: M. Sommerfeld: F. N. und der Sturm und Drang. Ein Beitrag zur Geschichte der deutschen Aufklärung. Halle 1921; B. Fabian (Hg.): F. N. 1733–1811. Essays zum 250. Geburtstag. Berlin 1983.

Achim Vesper

Nietzsche, Friedrich (1844–1900)

Poetik ist bei N. in einem doppelten Sinne zu verstehen: zum einen als Selbstreflexion auf das eigene Denken und Schreiben sowie den inneren Zusammenhang der Werkgenese. Zum anderen präsentiert sich aber die produktionsästhetische Dynamik der Philosophie N.s selbst als eine Poetik, insofern das schöpferische Moment in den Fokus der Bestimmung des Menschen und seiner Interpretationen rückt. Ausgehend von der Auffassung der Kunst als der eigentlichen metaphysischen Tätigkeit des Menschen im Horizont des europ. Nihilismus, die N. bereits in seinem Frühwerk *Die Geburt der Tragödie aus dem Geiste der Musik* (1872) vertreten hatte, bezieht sich sein philosophisches Denken auf die Schaffung ästhetischer Formen. Deren Relevanz unterliegt nicht dem Kriterium der Wahrheit, sondern dem eines je bestimmten Interesses des Denkenden. Die so angesprochene Dynamik des Produktiven in den Akten des Denkens und der von Grund auf metaphorische Gebrauch der Sprache, auf den N. in seiner frühen Sprachphilosophie abhebt, spiegeln sich in seiner eigenen Werkentwicklung und kennzeichnen die darin zu erkennende Autorenpoetik.

War das Frühwerk von einem ausgreifenden Essaystil bestimmt (*Geburt der Tragödie*, *Unzeitgemäße Betrachtungen*, 1873–1876), kommt es seit Mitte der 1870er Jahre mit der Entstehung der Sammlung *Menschliches, Allzumenschliches* (1878–1879) zu einem aphoristischen und fragmentarischen Schreibstil, der die vielfältigen Facetten und die flexible Dynamik von N.s Produktivität in sich aufnimmt und experimentell umsetzt. Auch und gerade vor dem Hintergrund der philosophischen Tradition ist von da an N.s Schreiben bewusst als Experiment angelegt. Das Aufbrechen der monologischen Diskursivität ist als ebenso kühn wie im historischen Maßstab der Philosophie neu anzusehen. N. schöpft aus diversen Quellen: aus den antiken Weisheitslehren, der frz. Moralistik und den ästhetischen Verfeinerungen der Essayistik bis hin zu einem von der dt. Romantik provokant gesetzten bewusst fragmentarischen Stil. Darin ist es markantes Kennzeichen für die Umsetzung jener doppelten Poetik, die sich bei N. zeigt. Diese Öffnung des Stils sollte sein weiteres Denken gerade der mittleren Phase voranbringen und mit ungeheurer Beschleunigung in neue Dimensionen treiben.

N.s doppelte Poetik kann in diesem Horizont einer autodynamischen Steigerungspraxis als Ausdruck eines ekstatischen Selbstbezugs des modernen Subjekts verstanden werden, dessen Kräfte und Bestrebungen unmittelbar auf den Autor zurückstrahlen. Mit *Also sprach Zarathustra* (1883–1885) wird diese Entwicklung selbstläufig und entzieht sich nach und nach immer stärker der Kontrolle einer metapositionalen Vernunft, d. h. einer rationalen Instanz, die der Ekstase des Schöpferischen noch gewachsen wäre. Im *Zarathustra* schlägt das poetische Prinzip in einen lehrhaften Duktus um. Der Autor begreift sich von nun an als „Umwerter aller Werte" und als Überwinder der abendländischen, insb. christl. Metaphysik und bereitet seine Selbsteinschätzung als „europäisches Schicksal" vor. Diese in der späten Autobiografie *Ecce homo* (1908 postum) exzessiv dokumentierte Deutung der eigenen Stellung im Rahmen der Ideen- und Kulturgeschichte führt schließlich nicht zuletzt zu einer Kontamination der Ergebnisse, die sich aus der doppelten Poetik N.s für ihn selbst ergeben haben. Daher erscheint *Ecce homo* als das herausragende Zeugnis für N.s Selbstdeutung, insofern es eine Interpretation des Menschen als poietisches, sich selbst und seine Epoche überwindendes Wesen zugleich fordert und demonstriert. Zudem wird darin die eigene Werkentwicklung einer radikalen Wertung unterzogen, die zwischen Selbstüberhebung und Selbstironie bizarr oszilliert.

In dem Kapitel „Warum ich so gute Bücher schreibe" kommt N. auf die fundamentale Bedeutung des Stils zu sprechen. Er zelebriert eine Ästhetik der Oberfläche und einen artistischen Perspektivismus, in welchem der Philosoph nicht nur den höchsten Kunstanspruch, sondern nichts weniger als eine Gipfelleistung der Kultur erblickt. N.s späte

Poetik ist die einer multiplen Stilpraxis, die von der Multiplizität der Zustände und (Selbst-)Bewusstseinsakte des Subjekts ausgeht. N. erhebt eine „Physiologie der Kunst“ zum Maßstab der Poetik, die er seit seinen Frühschriften anvisiert hatte und die den dynamischen Hintergrund seiner doppelten Poetik darstellt. Nietzsches Denken im Allgemeinen und seine Poetik im Besonderen sind der Literatur und Philosophie der Folgezeit auf vielfältige Weise rezipiert worden, etwa bei ↑Benn, ↑Hofmannsthal, ↑Feuchtwanger, ↑Musil, ↑Camus, ↑Barthes, ↑Derrida u. a.

Ausgaben: Werke. Kritische Gesamtausgabe. Hg. v. G. Colli/M. Montinari. Berlin u. a. 1967 ff.; Sämtliche Werke. Kritische Studienausgabe. Hg. v. G. Colli/M. Montinari. München u. a. 1980.

Forschungsliteratur: F. Kittler: N. (1844–1900). In: H. Turk (Hg.): Klassiker der Literaturtheorie. Von Boileau bis Barthes. München 1979. S. 191–205; H.-M. Gauger: N.s Auffassung vom Stil. In: H. U. Gumbrecht/ K. L. Pfeiffer (Hg.): Stil. Geschichten und Funktionen eines wissenschaftlichen Diskurselements. Frankfurt/M. 1986. S. 200–214; Th. Meyer: Kunstauffassung und Lebensbegriff. Tübingen 1991.

Christian Schärf

Nizon, Paul (geb. 1929)

N. hat sich in ausführlichen Selbstkommentaren zu seiner lit. Arbeit geäußert und in seinen autobiografisch geprägten Frankfurter PV (1985) die Darstellung und Kommentierung eigener Projekte mit grundsätzlichen Reflexionen verknüpft, in deren Zentrum die Wechselwirkung zwischen Leben und Schreiben steht. Schreiben ist Wirklichkeitserfindung, die auf der lebenerweckenden oder tödlichen, in jedem Fall vergegenwärtigenden Macht des Wortes beruht. N.s Bemerkungen über die Genese kommunizierbarer, „lebendiger“ Wirklichkeit durch die lit. Arbeit dokumentiert seine Affinität zu sprachhermeneutischen und konstruktivistischen Positionen, ohne dass sich seine poetologische Reflexion allerdings auf ein theoretisches Programm reduzieren ließe. Die Konzentration auf den Schreibvorgang als ein körperlich-gestisches Eintauchen in eine durch die ästhetische Aktion selbst geprägte Wirklichkeit ist konzeptionell durch die Auseinandersetzung des Kunsthistorikers und langjährigen Kunstkritikers N. mit dem *action painting* geprägt. Schreiben ist aber v. a. Selbstkonstitution. N. lässt die lit. Darstellung so radikal mit seiner Selbsterfindung als Schriftsteller zur Deckung kommen, konzipiert sich selbst (auch durch seine Lebensführung) so konsequent als ein Schriftsteller-Ich, dass sein Œuvre als singuläre Spielform autobiografischen Schreibens gewürdigt worden ist. In seinen Frankfurter PV *Am Schreiben gehen*, deren Titel auf die Abhängigkeit vom stützenden, geleitenden Schreibprozess verweist, erklärt N. das Ich zum Zentrum seines Interesses. Die Vorlesung setzt – unter Berufung auf die Selbsterschaffung V. van Goghs als Künstler – fort, was ihren Einlassungen zufolge auch das übrige Werk prägt: das Reden über sich selbst als ein Sich-in-die-Welt-Reden. In mehrfachem Sinn ist sie Selbstzitat: (ausführliche) Wiederaufnahme eigener Formulierungen und Selbstentwürfe (etwa in *Canto*, 1963), aber auch neuerliches Herbeizitieren eines „Ichs“, das erst durch die Autofiktion Konturen annimmt, nur auf dem Papier existiert – und mit dem empirisch-psychologischen Ich dabei nicht gleichzusetzen ist, denn schreibend wird das eigene Leben zu etwas Fremdem. Als Text über das Ich als Schriftsteller besitzt die Vorlesung eine performative Dimension; sie realisiert das, wovon sie spricht. N.s Selbsterzeugung im Schreibprozess lässt sich mit romantischen Ansätzen der Konstitution eines fiktionalen Autor-Ichs vergleichen; auch von einem künstlerischen Existenzialismus ist gesprochen worden, der die Kunst als Erlösung aus der Unwirklichkeit eines Daseins als Ausgestoßener und „Geworfener“ propagiere, ohne allerdings das Ich als frei zu verstehen (Ph. Derivière). Als schreibend vollzogene Konstitution des Ichs und seiner Wirklichkeit ist der poetische Prozess bei N. zugleich ein Prozess reflexiver Selbstdarstellung; seine poetischen Texte sind insofern als poetologische Texte lesbar und vice versa.

Ausgaben: Am Schreiben gehen [FPV]. Frankfurt/M. 1985; Die Innenseite des Mantels. Journal. Frankfurt/M. 1995; Gesammelte Werke. 7 Bde. Frankfurt/M. 1999.

Forschungsliteratur: M. Kilchmann: P. N. Frankfurt/M. 1985; R.-R. Wuthenow: Ausbürgerung. Zu P. N. In: H. D. Schlosser/H. D. Zimmermann (Hg.): Poetik. Frankfurt/M. 1988. S. 199–208; Ph. Derivière: P. N. – Das Leben am Werk. Frankfurt/M. u. a. 2003.

Monika Schmitz-Emans

Nossack, Hans Erich (1901–1977)

N. entwickelt seinen Poesiebegriff als Reaktion auf eine Literaturkritik, die Poesie im Wesentlichen mit deren Wirkung gleichsetzt und damit die Brauchbarkeit von Literatur allein zum Gegenstand wissenschaftlicher Untersuchungen macht. Er warnt davor, die Kunst mit dem „Kunstmittel“ zu verwechseln und sieht sowohl in seinem Essay *Die schwache Position der Literatur* (1966) als auch in seinen Frankfurter PV *Ist Poesie lehrbar?* (1967/68) die Freiheit des Schriftstellers zur Entfaltung persönlicher Inhalte im lit. Text durch wissenschaftliche Kategorisierungsversuche gefährdet.

Die Wirkung eines lit. Textes werde ausschließlich durch seine Poetik erzielt. N. versteht sie als auf Erkenntnis des Vorhandenen basierendes „Bildungsprodukt“, das alleine nicht zur Poesie führt. Als normative Gestaltungsform sei die Poetik analysierbar und deshalb auch „lehr- und erlernbar“. Poesie hingegen entstehe auf der Grundlage wirklichkeitsgebundener Erfahrungen des Autors mit jedem Text immer wieder neu und sei als „permanenter“ revolutionärer Akt zu dem bereits Vorhandenen zu verstehen. Sie sei „ganz Gegenwart“ und der „einmalige Anlaß [ihrer Entstehung] durch das Werk längst überholt“. N. ordnet die Poesie deshalb keiner normierbaren Disziplin außer dem Leben selbst zu. Sie gehört für ihn zu den „Realitäten […], die sofort aufhören, Realität zu sein, wenn man sie zu definieren versucht.“ Dadurch wird ein Literaturbegriff konstruiert, der das „Vorhandensein einer menschlichen Wirklichkeit“ im Werk beansprucht und der damit zugleich einer hermeneutischen Interpretationsvielfalt grundsätzlich widerspricht.

N.s Poetikdozentur beschließt die erste Staffel der Frankfurter Vorlesungsreihe und steht damit zeitlich in Korrespondenz zur Abkehr von einem tradierten Autorenbild, das dann im Zuge der 1968er-Revolution stark reformiert wurde. Da das Dichterwort in seiner Verbindlichkeit für den Umgang mit zeitgenössischer Literatur zunehmend an Bedeutung verlor, blieb N.s Ansatz ohne nennenswerte Resonanz.

Ausgaben: Zwanzig. Jahrbuch der Freien Akademie der Künste in Hamburg von 1968. Hamburg 1968. S. 277–302; Die Welt vom 10. Februar 1968. Nr. 35. S. III.

Forschungsliteratur: G. Söhling: Das Schweigen zum Klingen bringen. Denkstruktur, Literaturbegriff und Schreibweisen bei H. E. N. Mainz 1995; U. Volk: Der poetologische Diskurs der Gegenwart. Untersuchungen zum zeitgenössischen Verständnis von Poetik, dargestellt an ausgewählten Beispielen der Frankfurter Stiftungsgastdozentur Poetik. Frankfurt/M. u. a. 2003.

Dirk Baldes

Novalis [d.i. Georg Philipp Friedrich Freiherr von Hardenberg] (1772–1801)

N.s Poetik, die ihren umfassendsten Ausdruck in seinem Roman *Heinrich von Ofterdingen* (1802 postum) findet, steht in engem Zusammenhang mit seiner Geschichts- und Naturphilosophie.

Unter dem Eindruck der Aufklärung und der revolutionären Geschehnisse in Amerika und Frankreich entwickelten dt. Intellektuelle in den Jahrzehnten vor und nach 1800 Konzepte für eine zweite, nachhaltigere Revolution: Um zu mündigen Bürgern einer freien Gesellschaft werden zu können, sollten die Menschen zuerst eine tief greifende Veränderung ihrer eigenen Denk- und Empfindungsweise erfahren.

In seinen Sammlungen polit. Aphorismen und in seiner unmittelbar vor dem Ofterdingen-Roman entstandenen Studie *Die Christenheit oder Europa* (1799) hatte N. bereits eine umfassende Diagnose der aktuellen Situation Europas geliefert und Maßnahmen zur Umkehrung der hierbei konstatierten Abwärtsentwicklung vorgeschlagen. In provozierend freier, manchmal die Grenzen zur Manipulation überschreitender Weise interpretiert er hierin die europ. Kulturgeschichte als eine durch Protestantismus, Aufklärung und Frz. Revolution vom rechten Wege abgebrachte Fehlentwicklung, die nur durch eine tief greifende geistige Umorientierung gerettet und zu einem guten Ende geführt werden könne. Ihre poetische Ausgestaltung erfuhr diese ambitionierte Idee in dem zweibändigen Roman *Heinrich von Ofterdingen*, an dem N. von Ende 1799 bis zu seinem frühen Tod im März 1801 arbeitete. Das Werk erzählt die Geschichte eines jungen Mannes, der für eine Tätigkeit als Lehrer ausgebildet, dann jedoch von seinen konventionellen Lebensplänen abgebracht wird und der allmählich eine Heranbildung und geistig-seelische Erhöhung zum Dichter erfährt. Als Initialzündung fungiert hierbei jener berühmte Traum von einer blauen Blume, der ein unendliches Verlangen in Heinrich erweckt. Von entscheidender Bedeutung für seine weitere innere Verwandlung sind dann mehrere Begegnungen mit teils realistisch und teils exotisch-phantastisch gezeichneten Gestalten, die Heinrich auf einer Reise von Eisenach nach Augsburg trifft und die in seinem Inneren mehr und mehr den Geist der Poesie zur Entfaltung gelangen lassen. In Augsburg angekommen, wird Heinrich durch den Dichter Klingsohr in die Geheimnisse der Dichtkunst eingeweiht. Und durch die Liebe zu Klingsohrs schöner Tochter Mathilde wird Heinrich endgültig mit den höchsten Mysterien der Poesie vertraut gemacht. Der erste Band des Romans endet schließlich mit einem von Klingsohr erzählten symbol- und andeutungsreichen Kunstmärchen, in dem die Entstehung eines neuen goldenen Zeitalters auf phantasievolle Weise ausgemalt wird. Die hinterlassenen Entwurfsstudien zeigen, dass der von ↑Kant anvisierte „Ewige Frieden“ hier bei N. nicht nur auf eine republikanische Verfassung oder einen internationalen Staatenbund hinausläuft. Vielmehr imaginiert N. eine von der Dichtkunst zu initiierende, umwälzende Erneuerung des Individuums und der Gesellschaft, des Geistes und der Natur, ja des Kosmos insgesamt. So nimmt es nicht wunder, dass Heinrich am Ende sogar den Gang der Sonne anhalten, seine auferstandene Mathilde in verwandelter Form wiederfinden, die blaue Blume pflücken und die Sprache der Natur erlernen sollte. Die neue goldene Zeit ist damit zugleich das Ende aller Zeit.

Heinrich von Ofterdingen kann nicht einfach als Dokument eines verstiegenen Idealismus gedeutet werden, denn N. konnte sich bei seiner Darstellung auf den neuesten Stand sowohl der damaligen Philosophie als auch der zeitgenössischen Naturwissenschaft berufen. Im Herbst 1795 studierte N. die *Wissenschaftslehre* J. G. Fichtes, der das „x ignotum", die nach Kant nicht beschreibbare Quelle der Sinneseindrücke, zu einer Hervorbringung des erkennenden Subjektes erklärte und damit den Subjekt-Objekt-Dualismus zu einer bloßen Oberflächenerscheinung degradierte. Und nur wenige Monate vor Beginn der Arbeiten am Ofterdingen-Roman las N. ↑Schellings Werk *Von der Weltseele*, worin die Identitätsphilosophie fortgeführt wird, derzufolge Subjekt und Objekt bloß zwei Seiten ein und derselben Medaille darstellen, d. h. wesensidentisch und gleichursprünglich sind. Solche Versuche zur Aufweichung der Subjekt-Objekt-Grenze wurden damals nicht nur von philosophischer, sondern auch von naturwissenschaftlicher Seite aus für seriös und innovativ gehalten (J. W. Ritter, H. Steffens, A. G. Werner). Aus ihnen konnte N. den Schluss ziehen, dass die physische Welt in ihrer aktuell vorliegenden Gestalt bloß die partikuläre, veränderbare Erscheinungsform einer prinzipiell vergeistigbaren Natur darstelle. Seine Vision von einer umwälzenden, geradezu kosmische Dimensionen erreichenden Erneuerung von Natur und Menschenwelt, mit welcher der Ofterdingen-Roman endet, trat also durchaus mit dem Anspruch naturwissenschaftlicher Fundierbarkeit auf. Heinrichs Entwicklungsgang spiegelt damit den von N. für das gesamte Menschengeschlecht erhofften Weg zu einer Überwindung der Grenzen zwischen Menschenwelt, Tierwelt, Pflanzenwelt und dem Reich der Gesteine und Mineralien, zwischen Geist und Materie, zwischen Vergangenheit, Gegenwart und Zukunft sowie zwischen Diesseits und Jenseits. Dass hierbei ausgerechnet der Roman als diejenige Gattung aufgefasst wird, in der eine solche Universalsynthese dargestellt werden kann, hängt mit der Entwicklung der zeitgenössischen Romanpoetik zusammen. In der achten Sammlung seiner *Briefe zu Beförderung der Humanität* (1796) hatte ↑Herder die oft kritisierte Formlosigkeit des Romans zu einer Stärke umgedeutet und den Roman als eine im Unterschied zum Versepos synthetische Gattung definiert, in der Lyrik, Epik und Drama zu vereinigen seien.

Ewiges Leben, ewiger Frieden, ewiges Einverständnis: Mit diesen Grundelementen nähert sich die Zukunftsvision von N. einerseits in inhaltlicher Hinsicht christl. Jenseitsvorstellungen an, wie sie der pietistisch erzogene N. in seinen *Geistlichen Liedern* (1802 postum) und seinen *Hymnen an die Nacht* (1800) früher teilweise besungen hatte. So oder so hat N. jedoch in seinem formal wie inhaltlich hochambitionierten Roman aufgezeigt, dass die Realisierung des „Ewigen Friedens" mehr erfordern wird als die Gründung eines Staatenbundes (Kant), die Institutionalisierung einer ästhetischen Erziehung (↑Schiller) oder die Perfektionierung der individuellen Bildung unter der Leitung einer ideal-pädagogischen Turmgesellschaft (↑Goethes *Wilhelm Meister*).

Von rechts- wie von linksextremer Seite aus ist N.s radikale Utopie, die bei den Zeitgenossen ganz überwiegend auf Ablehnung stieß und nur in der Entwicklungsgeschichte des dt. Bildungs- und Entwicklungsromanes tiefere Spuren hinterlassen hat, im 20. Jh. polit. instrumentalisiert worden, wobei seine hochgespannte Konzeption des Dichters als eines Weltenerlösers und -erneuerers ihrer geschichts- und naturphilosophischen Prämissen und Implikationen beraubt wurde.

Ausgaben: Schriften. 2 Bde. Hg. v. F. Schlegel/L. Tieck. Berlin 1802; Schriften. Die Werke F. v. H.s. Hg. v. P. Kluckhohn/R. Samuel. Stuttgart u. a. ²1960–1988; Werke, Tagebücher und Briefe F. v. H.s. Hg. v. H.-J. Mähl/R. Samuel. München u. a. 1978–1987; Werke in einem Band. Hg. v. H.-D. Dahnke.

Berlin u. a. 1983; Schriften. Die Werke F. v. H.s. Hg. v. R. Samuel/H.-J. Mähl. Stuttgart 1998–1999.

Forschungsliteratur: H.-J. Mähl: Die Idee des goldenen Zeitalters im Werk des N. Heidelberg 1965; F. Strack: Im Schatten der Neugier. Christliche Tradition und kritische Philosophie im Werk F. v. H.s. Tübingen 1982; M. Frank: Einführung in die frühromantische Ästhetik. Vorlesungen. Frankfurt/M. 1989; H. Uerlings: N. (F. v. H.). Stuttgart 1998; H. Uerlings (Hg.): N. – Poesie und Poetik. Tübingen 2004.

Jost Schneider

O

Ōoka, Makoto (geb. 1931)

Ō., zentraler Vertreter der jap. Gegenwartslyrik, zugleich Kunst- und Literaturkritiker, bemüht sich mit seinem Wirken in Europa um die Vermittlung historischen und ästhetischen Wissens über die traditionelle jap. Dichtung. In Japan lehrte Ō. schon seit den 1960er Jahren klassische Literatur und ihre Formen, an die er selbst mit seiner Lyrik anschließt. Die Tradition des gemeinschaftlich verfassten Kettengedichts (*renshi*) hat er durch Organisation von Renshi-Veranstaltungen (u. a. in Berlin, Frankfurt und Zürich) belebt, in welche westl. Lyriker einbezogen wurden. Am Collège de France (Paris) hielt er 1994/95 fünf Poetikvorlesungen zur ma. jap. Dichtung. Drei sind bedeutenden Lyrikern gewidmet (Sugawara no Michizane, Ki no Tsurayuki sowie mehreren Dichterinnen der Nara- und Heian-Zeit), zwei speziellen Gattungen (der Landschaftspoesie und dem jap. Volkslied des MA). Ō.s kulturhistorisch-biografische Ausführungen werden zum Anlass, die Formen ma. Lyrik zu beschreiben (insb. die Spielformen der Waka-Dichtung und die Gattung des *kanshi*) und die in ihnen artikulierten Grundhaltungen der Dichter zur Welt, zur Gesellschaft und zu sich selbst zu erläutern. Die Vermittlung literaturgeschichtlichen Wissens soll den Leser für die in einer mittlerweile auch in Japan nicht mehr unmittelbar verständlichen Literatursprache verfassten Texte und für ihre Gegenstände ästhetisch sensibilisieren. Vordergründig allein ma. Dichtung und Ästhetik gewidmet, werfen Ō.s Ausführungen implizit die Frage nach ihrer poetologischen Relevanz für sein Werk sowie insgesamt für die Gegenwartslyrik auf – etwa anlässlich der Erläuterungen zu Formen, in denen das lyrische Ich sich auslöscht, um mit seiner Welt zu verschmelzen, angesichts der differenzierenden Beschreibung typisch männlicher und weiblicher Schreibweisen sowie im Zusammenhang der Kommentierung ostentativ zitierender und Zitiertes transformierender Schreibweisen („honkadori").

Ausgaben: Poésie et poétique du Japon ancien. Cinq leçons données au Collège de France 1994–95. Paris 1995; Dichtung und Poetik des alten Japan. Fünf Vorlesungen am Collège de France. München u. a. 2000.

Forschungsliteratur: S. Schaarschmidt: In uns ist Sprache, und von Sprache sind wir umhüllt. Der japanische Lyriker M. Ō. In: Akzente 34/4 (1987). S. 381–384.

Monika Schmitz-Emans

Opitz, Martin (1597–1639)

O. hat mehrere poetologische Schriften vorgelegt, die in einem Gesamtzusammenhang gesehen werden müssen: Neben dem *Buch von der deutschen Poeterey* (1624) sind die Widmungsvorreden zu den *Teutschen Poemata* (1624 und 1625) sowie die Schrift *Aristarchus sive de contemptu linguae Teutonicae* (1617) bedeutend. Sie zeigen O. als Reformer, der die Literatur in den Dienst eines kulturpolit. Programms stellt. Die Schriften kreisen um zwei Fragekomplexe: 1. Welche positive Rolle lässt sich dem Dichter im frühneuzeitlichen Ständeabsolutismus zuweisen? O. integriert die Poeten in das Ständegefüge und wertet den Stand dadurch entscheidend auf. 2. Wie lässt sich der desolate Zustand der dt. Literatur auf das Niveau der europ. Nachbarliteraturen heben? O.s kulturelles Leitbild ist dabei nicht die volkstümliche Tradition (etwa des Meistergesangs), sondern die Kunstpoesie des Renaissance-Humanismus (in Latein und den Volkssprachen).

Im *Aristarch* parallelisiert er den Niedergang des röm. Weltreichs mit dem Verfall der lat. Sprache, um ausgehend von dieser Verbindung der eigenen Gegenwart den Spiegel vorzuhalten: Die Deutschen sind ihrer eigenen Sprache nicht mehr mächtig, mengen immer mehr Fremdworte in die dt. Texte (das auch in der ‚Fruchtbringenden Gesellschaft' vertretene Ideal ist das des Purismus), und die Tradition der deutschsprachigen Poesie, die Tacitus in der *Germania* (dem topischen Bezugstext sprachpatriotischer Argumentationen) lobt, ist abgebrochen. Es ist die Diagnose einer umfassenden kulturellen Dekadenz, für die die Vernachlässigung der Sprache Indikator ist. V. a. im Vergleich mit der Kunstdichtung der Nachbarn, namentlich Frankreichs und Italiens, fällt die Bilanz ernüchternd aus. Sie mündet in O.s Aufforderung an seine Landsleute, Gedichte in einer unverfälschten dt. Sprache zu schreiben (und damit die von Tacitus beschriebene heldenepische Tradition zu erneuern). Er legt in dieser Schrift den Grundstein für das Programm, das er in der *Poeterey* ausarbeiten wird.

In der Vorrede zu den *Teutschen Poemata* von 1625 argumentiert O. unter Rekurs auf das enge Band von Poesie und Politik im röm. Prinzipat. Grundlage der Autoritätenkette, die von Caesar bis zum Ende des röm. Weltreiches und, vermittelt über die Denkfigur der *translatio imperii*, zu Karl dem Großen und darüber hinaus zu Franz I. reicht, ist der Topos von der Verwandtschaft von röm. Kaiserreich und Absolutismus in O.s eigener Zeit („similitudo temporum"). Deshalb zielt die eindrucksvolle Reihe, die O. vorstellt, nicht auf eine kulturhistorische Darstellung, sondern ist als expliziter Appell an den Adressaten der Widmungsvorrede, Fürst Ludwig von Anhalt-Köthen (1579–1650), Gründer der ‚Fruchtbringenden Gesellschaft', zu verstehen: „Daß nun Ewre Fürstliche Gnade auch der Poesie die hohe Gnade vnd Ehre anthut / folget sie dem rühmlichen Exempel oben erzehlter Potentaten so verstorben sind / vnnd giebet selber ein gut Exempel denen die noch leben." Seine Argumentation untermauert O. unter Verweis auf zwei topische Argumente: 1. der intrinsischen Verbindung von Poesie und zivilisatorischem Niveau; 2. der zentralen Funktion poetischer Texte, an die Taten großer Herrscher zu erinnern (Memorialfunktion). Alexander der Große habe nicht nur seinen Dolch stets bei sich getragen, sondern auch seinen ↑Homer, „ohne Zweiffel anzuzeigen / daß seine ritterliche Thaten bald musten verschwiegen bleiben / wann sie nicht durch sinnreiche Schrifften vnnd Zuthun der Poeten erhalten würden." Während Paläste, Städte und Festungen vergänglich sind, garantiert nur die Poesie (also die Schrift) ewiges Andenken.

Das Programm des *Aristarch* arbeitet O. in seinem *Buch von der deutschen Poeterey* aus. Es ist bis ins 18. Jh. der zentrale Bezugstext aller literaturtheoretischen Überlegungen (noch ↑Gottsched lobt ihn) und bringt ihm den Titel eines „Vaters der deutschen Dichtung" ein. Dabei ist das Büchlein erstaunlich dünn und bietet in den Punkten, welche die eigentliche Anweisungspoetik betreffen, nur ein Gerüst. O.s Nachfolger, beginnend mit A. Buchner und Ph. von Zesen, werden diese Systemstellen (Gattungspoetik, Metrik, Prosodie etc.) ausbauen. So ist das

Buch von der deutschen Poeterey fast mehr ein kulturpolit. Traktat als eine Poetik.

Der Haupttext besteht aus 8 Kapiteln, die sich zunächst ausführlich allg. Fragen der Dichtungstheorie widmen. Bereits im ersten Kapitel, der „Vorrede" an den Leser, weist O. alle Vorstellungen, das Verfertigen von Poesie sei wie ein Handwerk erlernbar, nachdrücklich zurück: Man könne niemanden „durch gewisse regeln vnd gesetze zu einem Poeten machen". O. leitet die poetische „Kunst" („ars") als Systematisierung aus der ‚inspirierten' Praxis ab und verweist im Übrigen auf ↑Aristoteles, ↑Horaz, M. G. Vida und ↑Scaliger als seine Vorgänger, in deren Reihe er sich selbstbewusst einordnet.

Die Kapitel 2–4 widmen sich dann Grundlagenfragen der Poetik. O. bedient sich hier aus dem reichen Schatz literaturtheoretischer Topoi, immer unter Rekurs auf die antike und neuzeitliche Tradition. Argumentiert wird für die Nützlichkeit der Poesie, die eine Quelle von Weisheit sei und alle anderen Wissenschaften in sich enthalte, entkräftet wird der Vorwurf, bei der Dichtung handele es sich um ein „geringes wesen" – im Gegenteil: O. plädiert dafür, dass der Dichter auch in „offentlichen ämptern" zu gebrauchen sei. Der Poetenstand wird im Rahmen der Dialektik von Ausbildung („ars") und Anlage („natura") aus der Rhetorik und durch Verweis auf die zum Verfertigen eines Gedichtes notwendige Inspiration (*enthusiasmós*; O. zitiert hier ↑Quintilian) aufgewertet, die Praxis der massenhaften Verfertigung von Gelegenheitsgedichten massiv abgewertet: Die Beherrschung der technischen Regeln der Poetik alleine genügt O. nicht. In einer Rahmenstruktur wird dieses Argument am Schluss der Schrift (Kap. 8) noch einmal aufgenommen, was seine apologetische Funktion verdeutlicht. Ähnlich wie in den früheren Programmschriften wird im 4. Kapitel auch hier die dt. Poesie durch Verweis auf Tacitus und Lukan legitimiert; im Übrigen lässt O. keinen Zweifel an der unbedingten Autorität der Antike.

Die Kapitel 5–7 enthalten die eigentliche Poetik, unterteilt nach den Vorgaben der Rhetorik und unter Bezug auf Scaliger in „dinge" („res") und „worte" („verba"). Unter der Rubrik „erfindung" (*inventio*) handelt O. die Gattungspoetik – insgesamt sehr knapp und eher summarisch – ab (Kap. 5). Das Epos bildet die Spitze der Gattungssystematik; der Roman fehlt wie bis zum Ende des 17. Jh.s üblich; ein geschlossener Begriff von Lyrik, wie er seit der Konstitution der triadischen Gattungspoetik um 1800 üblich ist, fehlt ebenfalls. Bedeutend ist das Kapitel v. a. wegen der deutschsprachigen Exempel, die O. liefern möchte und für die er – in Ermangelung von niveauvollen Beispielen – auf eigene Texte und Übersetzungen zurückgreift. Das folgende Kapitel (Kap. 6) handelt von der Vertextung der Gedanken, also der *elocutio* der Rhetorik, hier unter Bezug auf die *Rhetorica ad Herennium* unterteilt in *elegantia* (richtige Wortwahl unter Berücksichtigung des für O. zentralen Purismusgedankens), *compositio* und *dignitas* (Tropen und rhetorische Figuren; Dreistillehre). Das 7. Kapitel umfasst die Reimlehre und darin O.s vielleicht folgenreichste Reform, die zwei Gesetze beinhaltet: 1. Im Deutschen sind als Versfüße einzig Jambus und Trochäus erlaubt. Dies führt zum Gesetz der strengen Alternation von betonten und unbetonten Silben (was letztlich auch die Prominenz der Alexandriners in der dt. Literatur des 17. Jh.s erklärt). 2. Natürlicher Wort- und Versakzent im Deutschen müssen stets zusammenstimmen (Betonungsgesetz). O. gelangt damit auch über seine eigene frühere poetische Praxis deutlich hinaus. Gilt das zweite Gesetz bis heute, so wird die strenge Alternationsregel schnell aufgeweicht. Bereits Buchner propagiert Daktylus und Anapäst, der in der dt. Literatur bereits bei Zesen und den Nürnberger Dichtern gängig ist.

Ausgaben: Buch von der Deutschen Poeterey (1624). Studienausgabe. Mit dem „Aristarch" (1617) und den O.schen Vorreden zu seinen „Teutschen Poemata" (1624 und 1625) sowie der Vorrede zu seiner Übersetzung der „Trojanerinnen" (1625). Hg. v. H. Jaumann. Stuttgart 2002.

Forschungsliteratur: M. Szyrocki: M. O. München ^{2}1974; R. Drux: M. O. und sein poetisches Regelsystem. Bonn 1976; K. Garber: M. O. – der „Vater der deutschen Dichtung". Stuttgart 1976; V. Sinemus: Poetik und Rhetorik im frühmodernen deutschen Staat. Göttingen 1978; G. E. Grimm: Literatur und Gelehrtentum in Deutschland. Tübingen 1983; K. Garber: M. O. In: H. Steinhagen/B. v. Wiese (Hg.): Deutsche Dichter des 17. Jahrhunderts. Berlin 1984. S. 116–184; B. Becker-Cantarino/J. U. Fechner (Hg.): O. und seine Welt. Amsterdam u. a. 1990; W. Kühlmann: M. O. Deutsche Literatur und deutsche Nation. Heidelberg ^{2}2001; T. Borgstedt/W. Schmitz (Hg.): M. O. (1597–1639). Nachahmungspoetik und Lebenswelt. Tübingen 2002; J. Paulus/R. Seidel: O.-Bibliographie 1800–2002. Heidelberg 2003; N. Kaminski: Ex bello ars oder Ursprung der „Deutschen Poeterey". Heidelberg 2004.

Dietmar Till

Ören, Aras (geb. 1939)

Privatexil ein Programm? sind drei im Rahmen der Tübinger Poetikdozentur auf Türkisch gehaltene Vorlesungen. In „Vorstellungskraft und Zeit" geht es um den Zusammenhang zwischen Raum, Zeit und Wirklichkeit. Ö. spricht von der „Geschichtlichkeit" und der „Zeitlichkeit" des Schreibens und unterstreicht, dass sowohl Textproduktion als auch Textrezeption von der jeweiligen Zeit abhängen, ebenso wie vom Raum, in dem sich ein Schriftsteller befindet. Als Schreibender ist sich Ö. der Distanz zwischen Realem und Vorgestelltem bewusst, denn „[g]leich das erste Kunstwerk ist ein Verrat an dem Modell". Die Leistung des Schriftstellers liegt für ihn in der Transformation des vorhandenen Materials, in seiner Neuzusammensetzung und -interpretation. In „Selbstbild mit Stadt" entfernt er sich von poetologischen Konzepten und wendet sich konkret der Problematik des Lebens in einem neuen Land zu. Er beschreibt seine anfänglichen Eindrücke von Berlin, seiner „zweiten Heimat", seinem „privaten Exil". Dies spiegelt sich auch in seinen Werken wider, die v. a. im Milieu der Gastarbeiter spielen. Im dritten Teil der Vorlesung – „Eine Metropole ist kein Völkerkundemuseum" – beschäftigt ihn die Frage nach möglichen Formen der Integration von Einwanderern in Deutschland. Er setzt sich dafür ein, dass die ausländischen Teile der Gesellschaft nicht als homogene Masse wahrgenommen werden, sondern als Individuen mit dem Potenzial, die dt. Gesellschaft zu bereichern. Ö. selbst will dabei als Übersetzer zwischen den Kulturen ein Bewusstsein für die kulturellen Eigenheiten wecken. Mehrmals evoziert er das Bild der Bosporusbrücke als Metapher für die Verbindung zwischen den Kulturen. In einem 1984 von ihm verfassten Pamphlet, das er noch einmal in Erinnerung ruft, versucht er, die in Deutschland von Türken verfasste Literatur zu positionieren, und stellt dabei fest, dass kulturelle und sprachliche Grenzen verschwimmen und dass bei der Suche nach neuen Ausdrucksformen das Türkische und das Deutsche schon längst eine nicht mehr zu trennende Einheit bilden: „mein Türkisch ist ein berlinerisches". Er glaubt, dass mit dem Mauerfall eine neue „Zeitlichkeit" in Berlin begonnen hat, und diese birgt für ihn die Hoffnung, dass sich die Gesellschaft ändern und Differenz als existierenden und notwendigen Teil des Lebens anerkennen könne, sodass Menschen nicht nur sprachlich, sondern auch in ihrer Geisteshaltung integriert werden und damit eine kosmopolit. Großstadtkultur entsteht.

Ausgaben: Privatexil ein Programm? [TPV]. Tübingen 1999.

Forschungsliteratur: H. Friedrich: Chamissos Enkel. Literatur von Ausländern in Deutschland. München 1986; H. Rösch: Migrationsliteratur im interkulturellen Kontext. Frankfurt/M. 1992; A. Blioumi: Migration und Interkulturalität in neueren literarischen Texten. München 2002.

Alexandra Pfleger

Ovid [Publius Ovidius Naso] (43 v. Chr. – 17/18 n. Chr.)

O.s dichterische Werke bringen unter verschiedenen thematischen Akzentuierungen sein Selbstverständnis als Dichter und seine Konzeption dichterischer Gestaltungskunst zum Ausdruck. So etwa demonstrieren die *Liebeselegien* (*Amores*, um 2 n. Chr.; dt. 1777) die Möglichkeiten vieldeutiger und doppelbödiger Rede, aber auch den zentralen Stellenwert anschaulicher Gestaltung. In der *Liebeskunst* (*Ars amatoria*, um 1 n. Chr.; dt. 1482) geht es zugleich mit der Liebes- auch um die Lebens-Kunst, um Prozesse der Kultivierung und der ästhetischen Sublimierung. Im Zeichen der Kontrastierung von Kultur und Barbarei stehen v. a. die im Exil O.s entstandenen *Briefe vom Schwarzen Meer* (*Epistulae ex Ponto*, 12–16 n. Chr.; dt. 1727). Im *Festkalender* (*Fasti*, zwischen 5 v. – 8 n. Chr sowie nach 14 n. Chr.; dt. 1782) thematisiert O. seine Wandlung vom Liebes- zum Aitiendichter und versteht sich selbst als seherischen Dichter (*poeta vates*). V. a. die *Metamorphosen* (*Metamorphoseon libri*, 1 v. – 10 n. Chr.; dt. 1798), sein Hauptwerk, besitzen auf mehreren Ebenen autoreflexiv-poetologischen Charakter. Zum einen in ihrer Eigenschaft als eine poetische Kosmogonie: Ihr Thema ist die Schöpfung der Welt, in welcher sich die dichterische Schöpfung bespiegelt; ihr Stil ist bis ins vielfache Detail auf dieses Thema abgestimmt. Durch eine Vielzahl von Anspielungen nimmt der Verfasser der *Metamorphosen* zum anderen auf dichtungstheoretische Positionen und Kontroversen seiner Vorläufer Bezug – so etwa auf die Frage nach der Vereinbarkeit eines umfangreichen fortlaufenden Gedichts („carmen perpetuum“) mit der Subtilität eines feingesponnenen Gedichts („carmen deductum“). Gegen klassizistische Regeln verstößt O. auf inhaltlicher Ebene programmatisch und ostentativ; die *Metamorphosen* sind daher u. a. als kritische Auseinandersetzung mit der Gattungsnorm des klassisch-röm. Epos, und hier insb. mit ↑Vergil, gedeutet worden. Verschlüsselte Hinweise auf konkurrierende Stilideale anlässlich der Schilderung von Verwandlungsgeschichten verstärken den metapoetischen Charakter des Werks. Dichtung über Dichtung sind die *Metamorphosen* ferner auch, weil hier verschiedene Künstlergeschichten erzählt werden: die des Amphion und des Orpheus, des Pygmalion, des Prometheus, des Dädalus und der Arachne. Im Epilog der *Metamorphosen* artikuliert sich ähnlich wie bei ↑Horaz und Properz sowie auch in den *Liebeselegien* der Anspruch des Dichters auf eine durch sein Werk selbst begründete Unsterblichkeit. Der Text erscheint als ein Artefakt, das der Macht menschlicher Zerstörung, göttlichen Vernichtungswillens und der Zeit selbst Widerstand leistet und den Namen seines Schöpfers an die Nachwelt überliefert. Im poetischen Text, der sich demnach den Metamorphosen des Geschichtlichen entgegenstellt, bleibt die Erinnerung an Vergangenes lebendig, da sie sprachliche Gestalt angenommen hat; ihr Fortleben ist allerdings an das Verstehen dieser Sprache gebunden. In der lit.-sprachlichen Überlieferung gründet insofern die Identität kultureller Gemeinschaften.

Ausgaben: Metamorphosen. Hg. v. M. v. Albrecht. Stuttgart 1994.

Forschungsliteratur: R. Glei: Der interepische poetologische Diskurs: Zum Verhältnis von Metamorphosen und Aeneis. In: H. L. C. Tristram (Hg.): New Methods in the Research of Epic. Tübingen 1998. S. 85–104; P. Nicklas: Die Beständigkeit des Wandels. Metamorphosen in Literatur und Wissenschaft. Hildesheim u. a. 2002; M. v. Albrecht: O. Eine Einführung. Stuttgart 2003; J. Andrae: Vom Kosmos zum Chaos. O.s Metamorphosen und Vergils Aeneis. Trier 2003.

Monika Schmitz-Emans

Oz, Amos (geb. 1939)

Seine Tübinger PV von 2002 widmete der israel. Romancier O. der Erörterung der Frage, „Wie man Fanatiker kuriert". Ironisch regt er darin die Gründung eines universitären Fachbereichs für „Vergleichende Fanatismusforschung" an, um sich, einstiger Bewohner Jerusalems und „geheilter Fanatiker", für eine einschlägige Dozentur zu bewerben. Vordergründig handeln O.s Vorträge weniger von der Literatur als von der Zeitgeschichte, von der Geschichte seiner verfolgten und aus Europa vertriebenen Familie, von den Juden und von eigenen Erinnerungen an eine Kindheit im Schatten des israel.-paläst. Konflikts. Mittelbar wird jedoch deutlich, was O. angesichts einer von Krieg, Terror und Fanatismus geprägten Welt gerade von der Literatur erwartet: Möglichkeiten zur Artikulation schmerzlicher, oft aber auch lehrreicher Erfahrungen, von Geschichten, die Freund-Feind-Klischees und Schwarz-Weiß-Malereien entlarvend hinter sich lassen. Als Botschaft seiner Romane charakterisiert O. – der selbst zwischen lit. und polit.-essayistischem Schreiben eine klare Grenze zieht – die Notwendigkeit von Kompromissen. Literatur tritt dem Fanatismus entgegen: in der Tragödie durch Darstellung seiner zerstörerischen Folgen, in komischen und grotesken Texten durch humoristische Relativierungen oder – wie bei ↑Kafka – durch radikale Subvertierungen des Glaubens an verbindliche Wahrheiten. Nicht nur durch die Wahl seiner Themen, seine polit. Vision zweier unabhängiger Staaten auf israel.-paläst. Territorium und seine persönlichen Stellungnahmen zur Zeitgeschichte möchte O. dem Fanatismus entgegentreten, sondern auch durch die Entscheidung, einen Teil seines Vortragsspielraums an den paläst. Autor I. Ghazzawi abzutreten. Ghazzawis mit O.s Vorträgen gemeinsam publizierte Vorlesung betont angesichts des israel.-paläst. Konflikts die Verantwortung des Schriftstellers, plädiert für Gewaltlosigkeit und Toleranz – und lässt ihrerseits abschließend zitatweise andere Autoren als Zeugen humanen Denkens zu Wort kommen.

Ausgaben: Wie man Fanatiker kuriert [TPV]. Frankfurt/M. 2004.

Forschungsliteratur: A. Savery: Écrire Israël. L'œuvre d'A. O. Paris u. a. 2005.

Monika Schmitz-Emans

P

Pastior, Oskar (1927–2006)

P.s vorwiegend lyrisches Œuvre ist durch sein wort- und regelschöpferisches Spiel mit der Sprache charakterisiert, das keine Konvention achtet und sich dabei doch auf eine komplexe lyrische Tradition bezieht. Lyrikbände mit autoreflexiven und anspielungsreichen Titeln wie etwa *Offene Worte* (1964), *Vom Sichersten ins Tausendste* (1969), *Gedichtgedichte* (1973) oder *sonetburger* (1983) wollen den Leser für sprachinhärente Gestaltungsmöglichkeiten sensibilisieren. Um die vielfältigen Erscheinungsformen des Sprachlichen, seine Musikalität und seine konnotativen Potenziale geht es auch in den Frankfurter PV *Das Unding an sich* von 1993/94, wobei sich diese ebenso wie in den Gedichtbänden eher selbst darstellen, als dass sie objektivierend abgehandelt würden. Die fünf Vorträge verweigern sich jedem abstrakten Diskurs und umreißen keine Gegenstände, sondern gestalten sich als ein abwechslungsreiches sprachliches Geschehen, das immer wieder von Wörtern ausgeht; Poetik ist Poesie. Der Sprechende selbst tritt nicht auktorial auf, sondern lässt sich von seinen verbalen Einfällen und Fundstücken leiten, die sich dabei von halbwegs Vertrautem in Unerhörtes verwandeln. P.s bilanzierende Feststellung, er habe seinem Publikum fünf Stunden lang ausschließlich Texte und Gedichte vorgelesen, verdeutlicht, dass es für ihn keine theoretische Metasprache über Dichtung gibt. Texte sind „generell Primzahlen", irreduzibel auf jedes „Sinnkonstrukt". Anspielungen auf wissenschaftliche Diskurse – wie etwa auf die Chaostheorie – deuten thematische Interessen an, gestatten aber keine Entschlüsselung. Auch der konnotationsreiche Titel *Das Unding an sich* entzieht sich einer Explikation, verweist aber wiederum auf Texte und Sprachen als weltschöpferische, die Beziehung des Menschen zu den Dingen prägende und verwandelnde Instanzen. Wie im lyrischen Werk experimentiert P. auch in den Vorlesungen mit dem „Krimgotischen", einer selbst erfundenen Kunstsprache, in die v. a. roman. und slaw. Elemente sowie viele reine Neologismen eingegangen sind. Poetologische Reflexionen finden sich auch in anderen Werken P.s, vielfach in poetischer Form. U. d. T. *Halm-Messen* reflektiert der Dichter über seine Beziehung zu ↑Kafka; auch die Paratexte zu Gedichtbänden wie *Feiggehege* (1991; hier: *Listen, Schnüre, Häufungen, ein Nachwort*) und *Kopfnuß, Januskopf* (1990; hier: *Zum Buch*) enthalten Bausteine zu einer Poetik.

Ausgaben: Offene Worte. Bukarest 1964; Vom Sichersten ins Tausendste. Frankfurt/M. 1969; Der krimgotische Fächer. Lieder und Balladen. Erlangen 1978; Gedichtgedichte. Höricht. Fleischeslust. München 1982; sonetburger. Berlin 1983; Halm-Messen. In: Ingwer und Jedoch. Texte aus diversem Anlaß. Göttingen 1985. S. 29; Kopfnuß, Januskopf. Gedichte in Palindromen. München u. a. 1990; Feiggehege. Listen, Schnüre, Häufungen. Berlin 1991; Das Unding an sich [FPV]. Frankfurt/M. 1994.

Forschungsliteratur: J. H. Koepp: Die Wörter und das Lesen – zur Hermeneutik O. P.s. Über Konstruktion von Sinn und Bedeutung in Poetik und Hermeneutik. Bielefeld 1990;

C. Raboin/J. Lajarrige: O. P. lecteur de Kafka – cheminement de l'implicite. In: Études Germaniques 57/2 (2002). S. 267–286.

Monika Schmitz-Emans

Paz, Octavio (1914–1998)

P. ist einer der bedeutendsten Dichter der 1960er und 1970er Jahre und gleichzeitig einer der wichtigsten Schriftsteller Lateinamerikas (Nobelpreis 1990). Seine Lyrik ist mit bemerkenswerter Konstanz autoreferenziell und metapoetisch, sie ist gleichsam anthropologisch orientiert in ihrem Fragen nach den Grundbedingungen des Menschen, der Geschichte und der Kunst, aufgespannt zwischen den Polen von „Einsamkeit" und „Kommunität," eines der wichtigsten Begriffspaare in P.s Denken.

In über zwanzig Gedichtbänden reflektiert P. auf die Bedeutung des poetischen Wortes, welches oft ein Schweigen, eine Abwesenheit im Angesicht der „Geschichte", des Falles von einer ursprünglichen Harmonie, zum Ausdruck bringt. P.s Gedichte zeichnen sich im Allgemeinen durch eine einfache, klare Syntax aus und mobilisieren oft archetypische Bilder aus dem Reich der Natur. Auf der anderen Seite ist sein poetisches Werk aber auch ein bedeutender Beitrag zur lit. Ausformung einer mexik. bzw. lateinamerik. Identität, eine tiefgehende Auseinandersetzung mit dem indianischen Erbe. In besonderer Weise ist P.s poetisches Werk komplementär zu seinen essayistischen Werken, dessen wichtigstes zweifellos seine Sammlung *Das Labyrinth der Einsamkeit* (*El laberinto de la soledad*, 1950; dt. 1970) darstellt. P.s Lyrik vermag in ihren besten Beispielen ihre zeitgenössischen Entstehungsbedingungen zu transzendieren, da sie mit großem Augenmaß noch die radikalsten Bemühungen der künstlerischen Avantgarde sich anverwandelt und diese mit Anleihen von ↑Mallarmé, ↑Eliot, dem jap. *haikú*, in eine gleichsam „klassische" Perspektive rückt, die dem von P. betonten Ideal der „transparencia" entspricht.

Während seiner Tätigkeit als Botschafter in Paris (seit 1943) kam P. in Berührung mit dem Surrealismus und dem Kreis um ↑Breton. Die surrealistische Orientierung schlägt sich v. a. nieder in *Adler oder Sonne?* (*¿Aguila o sol?*, 1951; dt. 1991), einer Sammlung von Prosagedichten. P. übernimmt vom Surrealismus die Vorstellung einer radikal befreiten Kunst und Erotik, kritisiert aber die Idee des automatischen Schreibens. Die Sammlung schließt mit dem berühmten Gedicht *Sonnenstein* (*Piedra del sol*), dessen Titel sich auf einen aztekischen Steinkalender bezieht. Die zirkuläre Form des Gedichts behauptet sich gegen die destruktiven Kräfte der Geschichte. Seine Gedichtsammlung *Salamander* (*Salamandra 1958–1961*, 1962) ist beeinflusst durch die Formensprache des frz. Kubismus, sowie durch typografische Innovationen im Stile ↑Apollinaires. Der Band *Vrindavan und andere Gedichte aus dem Osten* (*Ladera Este 1962–1968*, 1969; dt. 1994) hingegen trägt die Spuren von P.s Beschäftigung mit fernöstl. Mythologie und Philosophie. In *In mir der Baum* (*Arbol adentro*, 1987; dt. 1990) bringt P. seine Poetik in eine enge Beziehung zur bildenden Kunst: viele Gedichte sind von Gemälden oder Kunstwerken inspiriert, etwa von J. Miró, M. Duchamp, A. Tapies oder R. Rauschenberg.

Unter seinen im engeren Sinne poetologischen Texten kommt dem Buch *Der Bogen und die Leier* (*El arco y la lira*, 1956; dt. 1983) bes. Bedeutung zu. Es ist repräsentativ für P.s Verständnis einer lyrischen Augenblicksästhetik („instante poético"). Für P. besteht die Besonderheit der Poesie darin, dass sie einerseits außerhalb der Geschichte steht, andererseits und paradoxer Weise aber auch eminent historisch ist, da der Leser sie jeweils aktualisiert. Poesie ist für P. nahe der Magie (vgl. das Kapitel über Rhythmus), Ausdruck eines analogischen, nicht-linearen Denkens, gleichbedeutend mit einer Rückkehr zu mythischen, archetypischen Ursprüngen, zur Liebe, zum Heiligen. Für P. stellt das poetische Bild eine Einheit mit dem „Anderen" her, mit der verlorenen Hälfte, dem Gegensatz, „dem anderen Ufer" („la otra orilla").

Ausgaben: Obras completas. México 1994 ff.; Der Bogen und die Leier. Frankfurt/M. 1983; Das Labyrinth der Einsamkeit. Frankfurt/M. 1998.

Forschungsliteratur: R. Phillips: The Poetic Modes of O. P. London u. a. 1972; R. Xirau: Poesía y conocimiento. Borges, Lezama Lima, O. P. México 1978; J. Wilson: O. P. A Study of His Poetics. Cambridge u. a. 1979; J. M. Fein: Toward O. P. A Reading of His Major Poems 1957–1976. Lexington 1986.

Jobst Welge

Peacock, Thomas Love (1785–1866)

Obwohl sie zum Anlass für ↑Shelleys einflussreiche *A Defence of Poetry* wurde, zeichnet sich P.s 1820 erschienene satirische Schrift *Die vier Zeitalter der Dichtkunst* (*The Four Ages of Poetry*) mehr durch argumentativen Einfallsreichtum als durch theoretischen Ernst aus.

Theorie und Praxis romantischen Kunstschaffens scharf attackierend entwirft P. ein doppeltes Vier-Phasen-Modell, nach dem gr.-röm. und ma. bis zeitgenössische Dichtung jeweils denselben Entwicklungszyklus durchlaufen. Nach den zwei „eisernen" Epochen archaischen Götter- und Herrscherkults (nämlich 1. der vorhomerischen Ära und 2. des ma. Hofsangs) erlebe die Dichtung mit ↑Homer bzw. ↑Shakespeare und ↑Ariost ihre „goldenen Zeitalter" retrospektiver Heroenevokation. In den „silbernen Zeitaltern" u. a. ↑Vergils, ↑Aristophanes' und ↑Horaz' bzw. ↑Popes und J. Drydens werde jeweils die zuvor gewonnene Formensprache imitiert und verfeinert, doch entstünden auch neue Formen – vorzüglich der Komik, Satire und Didaxe. Das spätröm. „Messingzeitalter" schließlich, sowie sein u. a. über die Namen ↑Wordsworth, ↑Coleridge und ↑Scott markiertes Pendant, sei dagegen eine Phase rein epigonaler Dekadenz. Die Dichtung beider Epochen sei ebenso kontraproduktiv wie anachronistisch, getragen von ideologischer Reaktion und rührseliger Nostalgie. Auf Basis dieses Befundes legt der Dichter seinen Zeitgenossen schließlich nahe, sich anstelle der poetischen vermehrt der wissenschaftlichen Praxis zu widmen.

Ausgaben: Works. 10 Bde. Hg. v. H. F. B. Brettsmith/C. E. Jones. London 1967.

Forschungsliteratur: A. Chandler: The Quarrel of the Ancients and Moderns. P. and the Medieval Revival. In: Bucknell Review 13 (1965). S. 39–50; F. Felton: T. L. P. London 1973; T. H. Schmid: Humor and Transgression in P., Shelley and Byron: A Cold Carnival. Toronto 1992.

Ekbert Birr

Percy, Thomas (1729–1811)

P.s Hauptwerk sind die ständig erweiterten und europaweit rezipierten *Reliques of Ancient English Poetry* (1765–1812). Sie waren angeregt durch sein primitivistisches Interesse an Volksballaden, insb. Balladen über die Grenzkriege zwischen Engländern und Schotten („border ballads") sowie den Fund eines stark beschädigten Foliomanuskripts (*Percy Folio MS*). Das dreibändige Werk enthielt vier Essays: über Minnesänger, ma. Romanzen, ma. Erzählmetrik und den Ursprung des engl. Theaters im MA. Die strikt geordnete Sammlung von Romanzen, Volksballaden, Bänkelballaden und neuen Kunstballaden sollte eher den Geschmack schulen als editorischen Ansprüchen genügen. P. gestaltete Erzählsequenzen und Reime regelmäßiger und fügte neue Strophen ein. Ferner übertrug P. ma. span. Grenzballaden über die Kriege von Christen und Mauren (1932 postum) ins Englische. Weitere Übertragungen bzw. Nachdichtungen alter, nicht klassisch-antiker Literaturen gelten Texten aus dem Chinesischen (über das Portugiesische), aus dem Altisländischen (inspiriert durch J. Macphersons *Ossian*) und aus dem Hebräischen des AT (inspiriert durch R. Lowths Vorlesungen über Bibelpoesie).

Der engl. Klassizimus war, anders als das absolutistische Frankreich, von Anfang an (Restaurationsjahr 1660) eher bereit, neben ↑Homer, ↑Vergil, ↑Horaz auch nicht-augusteische, Regeln ignorierende, von „Imagination" eher als von „Vernunft" beherrschte Literaturen früher Kulturepochen wieder aufzuwerten. Dies geschah zunächst durch Textvergleiche von „primitiver und orientalischer Dichtung" mit klassisch-antiken Autoren, um Parallelen oder Gleichwertigkeit zu erweisen (↑Addison). Später folgte die Behauptung der überlegenen Schönheit schlichter Volkspoesie. P., Antiquar und Bischof von Dromore, wirkte hier, neben Macpherson, Lowth und H. Blair, als Pionier. Er bereitete mit Lowth ↑Shelleys These vor, dass frühe Dichtung von „Kindern und Kindernationen" (↑Herder) natürliche innere Rhythmen wiedergebe und weder die klassische Unterscheidung von Vers und Prosa noch klassische Versfüße gekannt habe. Essays, Vorwörter, Anmerkungen, Briefe, Emendationen und Übertragungsstil erweisen P. als einen Ästhetiker des Übergangs, der in seinen Vergleichen mit dem „Balladensänger" Homer und mit Vergil noch immer dem klassizistischen Progressionsgedanken seines „verfeinerten Zeitalters" verpflichtet war, mit seinem Lob der „gefälligen Einfachheit" und „ungekünstelten Anmut" von Volkspoesie jedoch dem vorromantischen Primitivismus huldigte und die Romantik vorbereitete.

Ausgaben: Reliques of Ancient English Poetry. Hg. v. H. B. Wheatley. London 1876–1877; The P. Letters. Hg. v. D. N. Smith/C. Brooks. Baton Rouge, LA u. a. 1944–1988.

Forschungsliteratur: R. Wellek: The Rise of English Literary History. Chapel Hill, NC 1941; A. B. Friedman: The Ballad Revival. Chicago u. a. 1961; R. P. Lessenich: Aspects of English Preromanticism. Köln u. a. 1989; J. G. Redding: The Influence of P.s Reliques on Herder's Conception of Volkslied. In: New German Review 9 (1993). S. 17–29.

Rolf Lessenich

Perec, Georges (1936–1982)

P. gehörte der Gruppe *Oulipo* an, deren Mitglieder (u. a. ↑Queneau, ↑Calvino) ihre Werke auf der Basis selbstgesetzter Regeln zur Textkonstitution, oft im Rückgriff auf die rhetorische Tradition oder auf mathematisch-kombinatorische Prinzipien, verfassten. P. erläuterte in mehreren Abhandlungen solche Prinzipien oulipistischen Schreibens und ihre historischen Vorformen und legte seinen lit. Werken verschiedene Spielregeln zugrunde, in seinem Roman *Anton Voyls Fortgang* (*La disparition*, 1969; dt. 1986) etwa die, auf den Buchstaben ‚e' zu verzichten. Die Bedeutung der Form für seine Werke erläutert P. u. a. in einem postum erschienen Text über den Free-Jazz *Das Ding* (*La chose*, 1993): künstlerische Freiheit und Zwang („contrainte") seien einander wechselseitig bedingende Grundprinzipien ästhetischer Arbeit. Jedes Werk entsteht in einem dichten Raum der Überlieferung, auf den es wiederholend und zitierend Bezug nimmt; die Gesamtheit der kulturellen und künstlerischen Tradition wird so zum Materialfundus, der in seiner Fülle Spielraum zu neuartiger Gestaltung bietet. P.s fiktionale Texte, entstanden im Zeichen der Ambition, unter Verwendung immer neuer und anderer Textgenerierungsregeln möglichst das gesamte Spektrum lit. Gestaltungsformen zu repräsentieren (*Penser/classer*, 1985; *In einem Netz gekreuzter Linien*, 1996), inventarisieren die Bestände kultureller Überlieferungen und reflektieren zugleich über ihren archivalischen Grundzug. Eine künstlerische Originalität, welche ohne begründende Tradition auskäme, gibt es ebenso wenig wie eine Literatur, welche die Realität selbst erfassen und wiedergeben könnte, da diese zu komplex ist; „realistisch" kann Literatur nur im Sinn einer Bezugnahme auf Realität sein (*Möglichkeiten und Grenzen des französischen und zeitgenössischen Romans*; *Pouvoirs et limites du romancier français et contemporain*, 1990). Der Reflexion über die Inkongruenz von Werk und Realität sowie über die eigene Einbindung in Traditionen dient zum einen die Ironie, zum anderen die ostentative Orientierung an rhetorischen Regeln und Formen (*L.G.*, 1992). Dem Konzept einer engagierten Literatur (↑Sartre, ↑Camus) begegnet P. mit Skepsis. Mit seiner Vorliebe für rigide Textgestaltungsformen (etwa für Lipogramm, Anagramm und Palindrom; vgl. die Beiträge zu *Oulipo. Die potentielle Literatur* (*Oulipo. La littérature potentielle*, 1973), und *Oulipo. Atlas der potentiellen Literatur* (*Oulipo. Atlas de littérature potentielle*, 1981)) steht P. zum einen in der Tradition poetologischer Kalküle, zum anderen bezieht er sich mittelbar auf kabbalistische und wortmagische Ideen. Die Konstruktionsprinzipien seines nach komplexen Spielregeln konstruierten Hauptwerks *Das Leben. Gebrauchsanweisung* (*La vie mode d'emploi*, 1978; dt. 1982) hat er ausführlich durch Kommentare und Schemazeichnungen dargelegt. Zentrales Modell für P.s Konzept einer „littérature citationelle" und des lit. Textes als einer groß angelegten „citation" ist das Puzzle, dem er mit *Das Leben. Gebrauchsanweisung* inhaltlich und formal eine Hommage widmet. Das Puzzle, dem ein Stück fehlt, ist zum einen Sinnbild des einzelnen Werkes, welches sich in die gesamte Tradition einfügt, dabei aber doch sein eigenes Profil besitzt und eine Leerstelle füllt, zum anderen verweist es durch das Moment der Aussparung auf die Unmöglichkeit einer adäquaten und erschöpfenden Darstellung von realer Erfahrung. Bei aller Orientierung an teilweise strikten Regeln besitzt das lit. Werk stets insofern fragmentarischen Charakter, als es notgedrungen etwas verschweigt; der lit. Schreibprozess ist verzweifelt auf ein Unsagbares, eine Leerstelle hin ausgerichtet. P., der in mehreren Texten indirekt auf den Tod seiner dem Naziregime zum Opfer gefallenen Eltern hindeutet (*W ou le souvenir d'enfance*, 1975; *W oder die Erinnerung an die Kindheit*, 1978), setzt die eigene Arbeit in Beziehung zu einem soziologischen, einem autobiografischen, einem ludischen und einem romanesken Feld („Notes sur ce que je cherche"); das allenthalben gegenwärtige autobiografische Element, ebenso unverzichtbar wie der durch Regeln ausgeübte Zwang, macht lit. Schreiben zur weit ausgreifenden Erinnerungsarbeit, zu einer Suche nach der Vergangenheit, die ihre motivierenden Impulse nicht zuletzt aus ihrer Aussichtslosigkeit zieht.

Ausgaben: La disparition. Paris 1969; Anton Voyls Fortgang. Frankfurt/M. 1986; Oulipo. La littérature potentielle (créations, re-créations, récréations). Paris 1973; W. ou le souvenir d'enfance. Paris 1975; W oder die Erinnerung an die Kindheit. Berlin 1978; La vie mode d'emploi. Paris 1978; Das Leben. Gebrauchsanweisung. Frankfurt/M. 1982; Oulipo. Atlas de littérature potentielle. Paris 1981; Penser/classer. Paris 1985; In einem Netz gekreuzter Linien. Bremen 1996; Pouvoirs et limites du romancier français et contemporain. In: Parcours P. Colloque de Londres. Hg. v. M. Ribière. Lyon 1990 S. 31–40; L. G. Une aventure des années soixante. Paris 1992; La chose. In: Magazine littéraire 316 (1993). S. 57–63.

Forschungsliteratur: J. Ritte: Das Sprachspiel der Moderne. Eine Studie zur Literarästhetik G. P.s. Köln 1992; F. Penzenstadler: Die Poetik der Gruppe Oulipo und deren literarische Praxis in G. P.s „La disparition". In: ZfSL 104/2 (1994). S. 163–182; E. Helmlé: Marginalien zu G. P. Ein Beiheft zu „Das Leben. Gebrauchsanweisung". Frankfurt/M. [4]2002.

Monika Schmitz-Emans

Perrault, Charles (1628–1703)

Obwohl die literaturhistorische Bedeutung von P. als Popularisierer von Märchen wie Rotkäppchen, Aschenputtel oder Blaubart außer Frage steht, macht dieser Teil seines Werkes nur einen geringen Teil seiner Arbeit im Rahmen der Literatur aus. Seinen Zeitgenossen war P. einerseits als einflussreicher Kulturpolitiker bekannt, der das Kunst- und Literaturleben unter Ludwig XIV. maßgeblich mitbestimmte. Andererseits avancierte P. ab Mitte der 1680er Jahre zu einem der Wortführer in einem Literaturstreit, der als *Querelle des anciens et des modernes* in die Literaturgeschichte eingehen sollte. P. stand gemeinsam mit B. le Bovier de Fontenelle, Ch. de Saint-Évremond, P. Bayle u. a. auf der Seite der Modernen, während ↑Racine, J. de La Fontaine, ↑Boileau u. a. auf der Seite der Antikeverehrer standen. Obwohl der Streit um die Frage, ob man den als modellhaft angesehenen Kunstwerken der Antike nacheifern oder ob man lieber den Werken der zeitgenössischen Kunst und Literatur, die sich von der Antike distanzierten, den Vorzug geben sollte, in Frankreich das gesamte 17. Jh. geschwelt hatte, war es erst P., der den Streit öffentlich wirksam zuspitzte. Im Januar 1687 trug er während einer Sitzung der Académie seine Eloge *Das Zeitalter Ludwigs des Großen* (*Le siècle de Louis le Grand*) vor. In der Eloge polemisierte P. scharf gegen die Antikeverehrung seiner Zeitgenossen und pries die gegenwärtige Epoche aufgrund ihrer technischen und kulturellen Errungenschaften als der Antike weit überlegen.

Zwar hat P. keine poetologischen Texte im engeren Sinne verfasst, dennoch kann sein in Dialogform abgefasstes Werk *Vergleich zwischen den Alten und Modernen hinsichtlich Kunst und Wissenschaft* (*Parallèle des anciens et des modernes en ce qui regarde les arts et les sciences*), das zwischen 1688 und 1697 in vier Bänden erschien, als ein poetikgeschichtlich hochbedeutsames Ereignis gewertet werden. P. unternimmt in seinem *Vergleich* den Versuch, in einer systematischen Gesamtschau die Überlegenheit der zeitgenössischen Wissenschaft und Kunst über die Antike zu beweisen, indem er die Geschichte der Menschheit als unumkehrbare Vorwärtsbewegung begreift. Statt die Vergleichbarkeit verschiedener Epochen unter einem überhistorischen Primat anzunehmen, betont P. ihre Verschiedenheit im historischen Wandel. So tritt bei P. neben die absolute Schönheit des überzeitlichen Perfektionsideals, wie es die Antikeverehrer favorisierten, eine relative, je nach Epoche, Volk und Land verschiedene Schönheit. An die Seite des humanistischen Ideals der *imitatio* wird von P. das Ideal der *inventio* gesetzt, das ohne vorgängiges Modell oder Vorbild auskommt. Zudem zweifelt P. an der überzeitlichen Geltung des *bon goût*, der bislang als maßgebliches Kriterium zur Beurteilung von Kunst und Literatur diente.

Die zentrale Problematik, die P. in seinem *Vergleich* auf verschiedenen theoretischen Ebenen entfaltet, ist das Verhältnis von Fortschritt (Primat der Überbietung) und Konstanz (Primat der Nachahmung). Dabei zeigt P. in seinem *Vergleich* den Weg an, auf dem sich das geschichtliche Denken der Aufklärung bewegen wird, welches nicht nur zu einschneidenden Veränderungen in der poetologischen Theorie führen wird, sondern auch einen Literaturbegriff favorisiert, der in der Tat „modern" genannt werden kann.

Ausgaben: Parallèle des anciens et des modernes en ce qui regarde les arts et les sciences. Hg. v. H. R. Jauß. München 1964 [Faks.-Dr. d. vierbd. Orig.-Ausg. Paris 1688–1697].

Forschungsliteratur: H. R. Jauß: Ästhetische Normen und geschichtliche Reflexion in der „Querelle des anciens et des modernes". München 1964; H. Kortum: Ch. P. und Nicolas Boileau. Der Antike-Streit im Zeitalter der klassischen französischen Literatur. Berlin 1966; R. J. Howells: Dialogue and Speakers in the „Parallèle des anciens et des modernes". In: Modern Language Review 78 (1983). S. 793–803; E. L. Bery: Recognizing Differences. P.s Modernist Aesthetic in „Parallèle des anciens et des modernes". In: Papers on French Seventeenth Century Literature 18 (1983). S. 135–148; M. Soriano: Ch. P. Classique inconnu. In: Europe. Revue littéraire mensuelle 68/739–740 (1990). S. 3–10.

Uwe Lindemann

Pessoa, Fernando [d. i. Fernando António Nogueira Pessoa] (1888–1935)

Seit dem späten Fund seines Hauptwerks, *Das Buch der Unruhe* (*Livro do desassossego*, 1982 postum; dt. 1985), wird P. nicht nur als der Begründer der Moderne in Portugal, sondern auch als ein Wegbereiter der Postmoderne rezipiert (A. Tabucchi). Wie ↑Pirandello und auch ↑Valéry treibt P. ein intellektuelles Spiel mit multiplen Masken, den Heteronymen, an die er in einer Art mentaler Polyphonie seine Stimme zum Ausdruck der verschiedenen poetischen Konzeptionen delegiert. Diese ironischen Schöpfungen „selbständiger" Dichter als kreative Figuren eines Bewusstseinstheaters ermöglichen die Verstellung durch Fiktionalisierung eines fragmentierten Ich. In der Sammlung *Der Hüter der Herden* (*O guardador de rebanhos*, erstmals vollständig 1946 postum; dt. 1986) verkündet Alberto Caeiro in der Rolle des „Maestro" für die anderen Heteronyme und den Dichter P. selbst die Wiederkehr des Paganismus (ebenso wie das philosophierende Heteronym António Mora). Der auf ↑Nietzsche verweisende *Neopaganismo* wird von der Affinität zur Phänomenologie (↑Husserl, M. Merleau-Ponty) überlagert. Die in dieser Ästhetik des Schauens durch die Rhetorik evozierten Bilder spiegeln das phänomenologische Auge des Dichters, zu dem sich eine Stimme gesellt, die erklärt. 1914–1915 verdichten sich mit der Erschaffung der Heteronyme Caeiro, Ricardo Reis (Klassizist) und Álvaro de Campos (Doppelgänger P.s) die Kreativität und Produktivität P.s. Es kommt zur Erfindung verschiedener Ismen, so des *Paùlismo* (dokumentiert durch zwei Gedichte von P. selbst: „Impressionen der Dämmerung"; „Impressões do Crepúsculo"). Kreiert wird eine Spätform des Symbolismus, zugleich Überleitung zur portug. Variante des Futurismus, zum *Sensacionismo*, der mit *Ode triunfal*, *Opiário*, *Ode marítima* von Campos-Odysseus-Ahasverus das Signal zum Beginn der portug. Moderne gibt. Diese gelangt mit der Zeitschrift *Orpheu* (April/Juli 1915) zum Durchbruch. Campos steht als Avantgardist und Bürgerschreck für das Futuristische Manifest (*Ultimatum*, 1917; dt. 2007) und verfasst als Nihilist das Gedicht *Lisbon revisited* (1923). P. und F. Sá-Carneiro initiieren 1915 die Orpheus-Bewegung, inspiriert von dem durch ↑Apollinaire kreierten, auf die „peinture pure" R. Delaunays gemünzten Begriff *Orphisme*. Aus diesem leitet P. später den universalen und absoluten Anspruch der Prosa als Vereinigung aller Künste ab. In *Orpheu* (Juli 1915) begründet P. mit dem Gedichtzyklus *Schräger Regen* (*Chuva oblíqua*) den am Kubismus orientierten *Interseccionismo*, charakterisiert durch eine Durchdringung und Überlagerung von Ausdrucksebenen sowie eine Fragmentierung und Facettierung; diese bestimmt fortan die Prosa des Semi-Heteronyms Bernardo Soares (Spiegelbild P.s) im *Buch der Unruhe* (entstanden

1913–1934). Soares, der erträumte Träumer/Seher (affin zu A. Schopenhauer, ↑Borges), vertritt in seiner Textur aus simulierten Träumen die Konzeption einer Kunst, die auf dem Grundsatz der entpersönlichten Simulation von Wahrnehmung beruht (vgl. auch das Gedicht *Autopsicografia*, 1932) und in der die von einem musikalischen Untergrund gesteuerten Bilder erinnerter Wachträume und erinnerter Gemälde austauschbar sind. Die Bewegung des *Sensacionismo* (*Movimento sensacionista*, Manifest von 1916), eine Variante des *Sensacionismo* von Campos, propagiert ein Portugal-Europa mit einer einzigen großen lit. Kunst. Das *Livro* als Modell von P.s Ideal absoluter Prosa repräsentiert sein „sensacionistisches" Ziel: die totale Synthese der Künste.

Ausgaben: Obra poética. Rio de Janeiro 1960; Páginas íntimas e de auto-interpretação. Lissabon 1966; Obras completas de F. P. Lissabon 1974 ff.; Das Buch der Unruhe des Hilfsbuchhalters Bernardo Soares. Zürich 1985 [rev. u. neu übers. Fass. Zürich 2003]; Alberto Caeiro, Dichtungen. Ricardo Reis, Oden. Zürich 1986; Álvaro de Campos, Poesias, Gedichte. Zürich 1987; Faust. Eine subjektive Tragödie. Zürich 1990; Die Rückkehr der Götter – Erinnerungen an den Meister Caeiro. Zürich 2006; Álvaro de Campos, Poesia – Poesie. Zürich 2007.

Forschungsliteratur: J. Rui de Sousa (Hg.): Fotobibliografia de F. P. Lissabon 1988; C. Klettke: Le *word-painting* dans „Le Livre de l'intranquillité" de F. P. In: P. Dethurens/M.-A. Seixo (Hg.): P. – Unité, diversité, obliquité. Paris 2000. S. 275–310; dies.: Simulakrum Schrift. Untersuchungen zu einer Ästhetik der Simulation bei Valéry, P., Borges, Klossowski, Tabucchi, Del Giudice, De Carlo. München 2001.

Cornelia Klettke

Petrarca, Francesco (1304–1374)

P.s Schlüsselrolle für den Humanismus resultiert aus seiner Wertschätzung der Antike als ethisch und ästhetisch musterbildende Kultur und aus der Einsicht in die Schlüsselrolle der Philologie. P. knüpft hierzu an die frühhumanistische Verteidigung der Dichtung und ihrer Fiktion als verschlüsselte Vermittlungsform metaphysischer Wahrheiten an, verschiebt dabei aber den Akzent: Für ihn gründet die bildlich-allegorische Rede der Dichter in der Form der Dichtung und der Sprache selbst, welche ihrerseits auch biblische und theologische Texte prägen (*Brief an den Bruder Gherardo*; *Familiares* 10). Er insistiert auf dem Wahrheitsgehalt der Dichtung (*Invective contra medicum*, 1352–1355; *Beleidigungen gegen einen Arzt*) und versteht sie als integralen Bestandteil der *studia humanitatis*. Seine Verteidigung der Dichtung gilt v. a. dem eigenen Werk und der eigenen Berufung (*Collatio laureationis*, 1341; *Kapitolsrede*; *De secreto conflictu curarum mearum*, auch *Secretum* genannt, 1342–1343; *Von der Verachtung der Welt*; *Epistolae*, erstmals gedruckt 1492–1501; *Briefe*). P. bemüht sich um eine Vermittlung zwischen Antike und christl. Weltsicht, eine Reform der lat. Sprachkultur und die Entwicklung sprachlicher Ausdrucksmöglichkeiten neuzeitlicher Subjektivität; Medium dieser Bemühungen ist die Literatur. Seine Bemühungen um deren Erneuerung im Rekurs auf antike Vorbilder zeigen sich programmatisch in dem an ↑Vergils *Aeneis* orientierten Heldenepos *Africa* (1338–1343) sowie in den Bukolischen Gedichten (*Bucolicum carmen*, 1346–1364). P.s moralphilosophisch geprägte Schriften bekräftigen seine Überzeugung vom engen Zusammenhang ästhetischer und moralischer Interessen und Kompetenzen.

Schreibend setzt sich das Ich bei P. insb. mit sich selbst auseinander. Solche Ableitung lit. Werke aus dem individuellen Subjekt, dem zeitgenössischen Dichter-Ich, macht P.s poetische Werke, etwa das postum 1470 erschienene *Buch der Lieder* (*Canzoniere*), wegweisend für die Neuzeit und die Moderne. Dem reflexiven, teilweise bekenntnishaften Grundzug der Literatur korrespondiert seine Überzeugung, dem Dichter sei eine kontemplative Lebensführung angemessen; die selbstgewählte Einsamkeit konfrontiert das von Zerrissenheit bedrohte Ich mit sich selbst. Dichterische Selbstreflexion nimmt, wie P.s Schriften exemplarisch zeigen, tendenziell bekenntnishaften Charakter an. Seine Briefe (*Familiares*, *Seniles*) sind gerade als Beiträge zum umfassenden Projekt lit. Selbstdarstellung integraler Bestandteil seines lit. Œuvres.

Subjektiviert wie die Suche nach Wahrheit und nach ethischer Orientierung erscheint bei P. auch die Erfahrung der Schönheit: Um deren an die Perzeption durch ein Ich gebundenes Aufscheinen geht es v. a. mit der Darstellung der idealen Geliebten Laura im aus 366 Gedichten komponierten *Canzoniere*, in dem die Sonettform dominiert. Die Schönheit der Geliebten und die Macht der Liebe sind hier wiederum Anlass zur Auseinandersetzung des (lyrischen) Ichs mit sich selbst, zur Selbstanalyse und Kontemplation über die eigene Seele. Mit den *Triumphen* (*Trionfi*, 1470 postum) verfasst P. ein Lehrepos, in dem er den Anspruch der Dichtung auf eine für die neuzeitliche Kultur wegweisende Synthese von Moral, Wahrheit und Schönheit bekräftigt. Ästhetikgeschichtlich folgenreich war P.s Schilderung seiner Besteigung des Mont Ventoux (1336; in den *Familiares*); P. verbindet die Darstellung des Erlebens äußerer Welt mit der Reflexion über dieses Erleben und setzt das erlebende Subjekt selbst in einen neuartigen Spannungsbezug zu den Gegenständen seiner Erfahrung.

Ausgaben: Le Familiari. 4 Bde. Hg. v. U. Bosco/V. Rossi. Florenz 1933–1942; Opera omnia 3 Bde. Ridgewood, NJ 1965; Dichtung und Prosa. Berlin 1968; Die Besteigung des Mont Ventoux. Lat./Dt. Stuttgart 1995.

Forschungsliteratur: A. Buck (Hg.): P. Darmstadt 1976; K. Stierle: P.s Landschaften. Zur Geschichte ästhetischer Landschaftserfahrung. Krefeld 1979; R. Stillers: Trecento. In: V. Kapp (Hg.): Italienische Literaturgeschichte. Stuttgart u. a. 1992. S. 30–87.

Monika Schmitz-Emans

(Pseudo-)Longinos ↑Longinos

López Pinciano, Alonso (um 1547–nach 1627)

Der span. Humanist, hervorragende Gräzist und praktizierende Arzt L., genannt El Pinciano, wollte mit der *Philosophie der Dichtkunst* (*Philosophía Antigua Poética*, 1596) den Spaniern seiner Zeit jene umfassende Poetik geben, die ihnen, anders als den Italienern an der Wende zum 17. Jh., noch immer fehlte. Nach seiner Auffassung kommt der Dichtkunst („poética“) eine herausragende Rolle von größtem Nutzen im Leben der Menschen zu. Wie die hippokratische Medizin die Säfte des Körpers ins rechte, gesunde Verhältnis bringt, so ordnet und reinigt die Dichtkunst das geistig-moralische Wesen des Menschen, seine Affekte und Leidenschaften. Sie setzt die ursprüngliche, die unmittelbar anschauliche, die noch nicht vom Rationalismus geprägte Philosophie („philosophía antigua“) fort. Im Sinn der Säkularisierungstendenzen der Renaissance versteht L. die Dichtkunst als eine autonome, ausschließlich auf das Diesseits („humana“) ausgerichtete Kultur, die völlig unabhängig ist von den metaphysischen Werten und Normen der Theologie („divina“).

Um solch hohen Ansprüchen genügen zu können, muss die Dichtung allerdings, anders als dies in der zeitgenössischen span. Dichtungspraxis der Fall ist, hohen formalen und inhaltlichen Anforderungen genügen. Diese Anforderungen sieht L. in vorbildlicher Weise in der antiken

Dichtung realisiert und in der *Poetik* des ↑Aristoteles maßgeblich theoretisch festgehalten. Die *Philosophie der Dichtkunst* kann daher als umfassender Kommentar zur Poetik des Aristoteles gelesen werden, der sich nicht scheut, seine Vorlage in zentralen Punkten (Mimesis oder Katharsis) zu hinterfragen. Selbstverständlich zieht L. die ital. Aristoteles-Kommentare heran, insb. F. Robertello, A. Castelvetro, M. G. Vida, ↑Scaliger und ↑Tasso, die er jedoch an Systematik, ausgewogener Darstellung und Allgemeinverständlichkeit übertreffen will. L.s zweite antike Hauptquelle ist ↑Horaz, dem er zwar den zentralen Gedanken vom unmittelbaren Nutzen der Dichtkunst durch Unterhaltung und Belehrung entnimmt, dessen *Epistola ad Pisones* er aber ansonsten als unsystematisch, dunkel und konfus ansieht.

Formal handelt es sich bei der *Philosophie der Dichtkunst* nicht um einen scholastischen Kommentar, sondern um eine höchst originelle, künstlerisch durchgestaltete Sammlung von dreizehn Dialogen. Das Wortprotokoll des jeweiligen Dialogs wird als Brief (*epístola*) einem ‚idealen Leser', Don Gabriel, zugeschickt, der in einem Antwortschreiben die Grundideen („fragmentos") zusammenfasst und bewertet. Diese Form zeigt das didaktische Grundanliegen des Werks, aber auch das offene Denken von L., das keine dogmatischen Positionen vermitteln, sondern mit viel Ironie und Lachen den Leser zum eigenständigen Nachdenken über das Phänomen Dichtung anregen will.

In den dreizehn Dialogen und Briefen werden zunächst die allg. philosophisch-ästhetischen Aspekte der Dichtkunst (*epístola* 1–7) abgehandelt. Es folgt die systematische Darstellung nach Gattungen, zunächst die der vier Haupt-, dann die der sechs Nebengattungen (*epístola* 9–12). Den Abschluss (*epístola* 13) bildet ein Dialog zur Schauspielkunst. Im Zentrum der poetologischen Reflexion L.s steht mit Tragödie und Komödie das Theater; das bei den ital. Präzeptisten an erster Stelle behandelte Epos wird hier als bloße „Anhäufung von Tragödien" („montón de tragedias") nachgeordnet. Der erste Dialog definiert die Dichtkunst als Teil des menschlichen Glückstrebens, das im Freisein von Leidenschaften besteht. Im zweiten Dialog werden „Würde und Adel" („gravedad y nobleza") der Dichtung herausgestellt und ↑Platons – von den Theologen gern geteilte – Ablehnung der Dichter zurückgewiesen. Der dritte, für die theoretische Grundlegung der Dichtung gewichtigste Brief erklärt im Anschluss an Aristoteles „Wesen und Grundlagen" („esencia y causas") der Dichtung. Als ihr zentrales Verfahren wird – nicht ohne Vorbehalte – die „Nachahmung mit Sprache" („imitación hecha con la lengua") bezeichnet. Die Seele („ánima") der Dichtung ist die Fabel („fábula"), auf die Dialog 5 gesondert eingeht. Das Qualitätskriterium für beide ist die Wahrscheinlichkeit („verisimilitud"), die zur Abgrenzung gegenüber der Lüge („mentira") und frei erfundenen Unsinn („diparate") sowie zur Unterscheidung von Dichtung und Geschichtsschreibung („historia") dient. Als Ziel der Dichtung werden hier auch im Sinn von Horaz Vergnügen („deleite") und Belehrung („doctrina") genannt, wobei dem ästhetischen Vergnügen der Vorrang eingeräumt wird. Gegenstand der Dichtung kann grundsätzlich alles („el universal") sein, wenn auch unter möglichst weitgehender Vermeidung religiöser Themen. Der Dichter hat daher wie ↑Homer oder ↑Vergil von universaler Bildung und von einem hohen, auf Kunstwissen beruhendem Arbeitsethos zu sein. Irrationalistische Inspirationsvorstellungen im Gefolge von Platons Idee eines „furor poeticus" sind bloße Illusionen. In Dialog 4 erfolgt die Untergliederung der Dichtung in die vier Großgattungen: Epik, Tragödie, Komödie und

Dithyrambus, für den L. im Weiteren den Terminus „Lyrik“ vorschlägt. Im Anschluss wird sehr detailliert die Fabel als der komplex konstruierte Kern aller Dichtung (auch der Lyrik) behandelt. Sie findet sich in der Dichtung der Alten; sie kann aber auch frei erfunden und in ihrer Logik „neu und von niemandem übernommen“ („nuevo y de ningún otro tomado“) sein. Dies erlaubt L. ↑Heliodors *Äthiopische Geschichten* und einen Ritterroman wie den *Amadís* theoretisch begründet zu schätzen und den Roman als dichterische Möglichkeit anzuerkennen, auch wenn er ihn noch als Prosaepos einordnet. Im 6. Dialog über die poetische Sprache wird für eine „modesta medianía“ und Klarheit plädiert; die gesuchte Dunkelheit bei J. de Mena und dem ↑Petrarca der *Trionfi* wird abgelehnt. Nichts Neues enthält der 7. Dialog zur Metrik.

Die Definition der – als erster und höchster Dichtform eingeschätzten – Tragödie basiert ganz auf Aristoteles, auch wenn nachdrücklich auf Unklarheiten in dessen Argumentation hingewiesen wird (*epístola* 8). Die in der ital. Präzeptistik betonten formalen Aspekte wie die Fünfaktigkeit oder die so genannten Einheiten – außer der der Einheit der Handlung – werden als irrelevant bezeichnet. Die Komödie (*epístola* 9) wird aufgewertet und auch ihr wird eine kathartische Wirkung durch Vergnügen und Lachen („deleite y risa“) zuerkannt. Die Kritik an Aristoteles' Konzept des Hässlichen und der Ständeregel wird durch eine weit über Aristoteles hinausgehende erstaunlich kohärente und originelle Theorie des Lachens ergänzt. Demgegenüber zeigt der folgende Dialog, dass L. über keine wirklich positive noch über eine angemessene Vorstellung von Lyrik verfügt. Er sieht sie von ihren Ursprüngen her notwendigerweise mit sinnlich ausschweifender Musik und laszivem Tanz verbunden und glaubt darüber hinaus auch in ihr stets einen narrativen Kern zu erkennen. Eine „lírica honesta“ findet sich seiner Meinung nach eher selten; für sie fordert er dann allerdings eine klare Trennung von der Sphären des Religiösen. Dies wird auch für das Epos verlangt (*epístola* 11), das als „generelle Nachahmung einer ernsthaften Handlung“ („imitación común de acción grave“) für ein gehobenes Publikum, insb. die Herrschenden definiert wird, in dem die Belehrung gegenüber dem Vergnügen im Vordergrund steht. Während *epístola* 12 in sehr konventioneller Weise die üblichen sechs kleineren Gattungen erörtert, verdient *epístola* 13 nachdrückliche Aufmerksamkeit. Es wird vom Besuch einer Iphigenie-Aufführung auf einer *corral*-Bühne berichtet, der Anlass zu detaillierten Überlegungen zur Schauspielkunst ist. Zugleich werden viele der späteren Argumente gegen die moralische Zulässigkeit des Theaters („licitud del teatro“) bereits hier nachdrücklich zurückgewiesen und die Schauspieler als ehrenhafter Stand ausdrücklich gelobt.

L.s *Philosophie der Dichtkunst* gilt als der umfassendste, kreativste und originellste Kommentar der aristotelischen Poetik nicht nur im Bereich des span. *Siglo de Oro*. Es besteht kein Zweifel daran, dass sie durch das Hinterfragen und Relativieren der aristotelischen Auffassungen der Ästhetik des Barock und damit auch der span. *comedia* und dem Roman bei ↑Cervantes in vielerlei Hinsicht den Weg geöffnet hat, auch wenn ihr Einfluss im Einzelnen noch aufzudecken ist.

Ausgaben: Philosophía antigua poética. 3 Bde. Hg. v. A. Carballo Picazo. Madrid ²1973; Obras completas. Bd. 1. Hg. v. J. Rico Verdú. Madrid 1998.

Forschungsliteratur: S. Shepard: El Pinciano y las teorías literarias del Siglo de Oro. Madrid ²1970; A. García Berrio: Formación de la teoría literaria moderna. 2 Bde. Madrid u.a. 1977–1980; F. Lopez: Sobre la moderna filosofía poética de A. L. P. In: Ch. Couderc/B. Pellistrandi (Hg.): „Por discreto y por amigo“. Mélanges offerts à Jean Canavaggio. Madrid 2005. S. 579–602.

Manfred Tietz

Pindar (522/518 – nach 446 v. Chr)

In P.s *Epinikien* äußert sich der Sprecher oft zu (seiner) (Sieges-)Dichtung: Wie die Musen die Weltordnung des Zeus rühmen, hat der Dichter große Werke zu preisen (*kléos* hier, anders als bei ↑Homer, *Lobpreisen*). Der begabte Poet genügt technisch, aber auch intellektuell höchsten Ansprüchen, kurz: er ist weise („sophós“). Verfasst ist sein Lied nach dem Stilprinzip der Buntheit („poikilía“), in raschem Wechsel der Gegenstände, auf der Grundlage von sorgfältiger Auswahl und Kürze, somit in extremer Verdichtung. Der Dichter hat stets Neues zu finden, formal, aber auch in der Deutung der Mythen. So ist sein Lied ein kostbarer Kranz, bestimmt nur für die Eingeweihten. Bei der Beurteilung dieser Aussagen ist der öffentliche und rhetorische Charakter der Epinikien zu beachten: Auch sie selbst dienen (zumindest partiell) dem Lob des Siegers, ein kostbares Lied unterstreicht den Wert des gepriesenen Sieges.

Deutlichen Einfluss hat P. auf ↑Kallimachos ausgeübt; ↑Horaz imitiert ihn und bestimmt die Rezeption in der Folgezeit wesentlich mit (neben (Pseudo-) ↑Longinos und ↑Quintilian): Seit der Renaissance unterschied man zwischen ‚großen‘, pindarischen, und ‚kleinen‘, horazischen Oden, die Gedichte P.s galten als (fast) schrankenlose, enthusiastische Höhenflüge. Die (frz.) Renaissance selbst betonte gleichwohl weniger dies als das regelhafte und rhetorische Element. Nach ital. Vorgängern (G. G. Trissino, L. Alamanni) bemühte sich bes. ↑Ronsard, P. nachzuahmen und ein „Pindare françoys“ zu werden. Den großen Einfluss dieser Bemühungen bezeugen die *ode pindarique* sowie das – später negativ konnotierte – Verb *pindariser*. Im 17. Jh. zeigt sich A. Cowley stark von P. wie auch vom horazischen P.-Bild beeinflusst, in Frankreich wird P. zu einem Gegenstand der *Querelle des anciens et des modernes* (↑Perrault; ↑Boileau). Die dt. Romantiker (bes. ↑Hölderlin) bewundern ihn bei eher geringem direktem Einfluss; Literaten wie ↑Pound und ↑Eliot zeigen wenig Verständnis für P.

Ausgaben: Epinicia. Hg. v. B. Snell/H. Maehler. Leipzig ^{8}1987; Siegeslieder. Gr.-dt. Hg. v. D. Bremer. Düsseldorf ^{2}2003.

Forschungsliteratur: G. A. Highet: The Classical Tradition. Oxford ^{2}1951; E. L. Bundy: Studia Pindarica. Berkeley u. a. 1962; A. Seifert: Studien zu Hölderlins P.-Rezeption. München 1982; T. Schmitz: P. in der französischen Renaissance. Göttingen 1993; E. Robbins: P. In: D. E. Gerber (Hg.): A Companion to the Greek Lyric Poets. Leiden u. a. 1997. S. 253–277.

Ulrich Hamm

Pirandello, Luigi (1867–1936)

Die Neigung zur theoretischen Reflexion des eigenen Schreibens ist bei dem sizilian. Erzähler und Dramatiker P. offenkundig. Einer, zu dessen Leitmotiven das „Sich beim Leben Zusehen“ („vedersi vivere“) gehört, der lit. Figuren, welche in Werken gestaltet zu werden wünschen, zu bestimmten Sprechzeiten in seinem Arbeitszimmer empfängt (in der Novelle *Gespräche mit den Personen* – *Colloqui coi personaggi I*), einer, der sich selbst als Autor „mit eher philosophischer Natur“ (Vorwort zu *Sei personaggi in cerca d'autore*, 1921; *Sechs Personen suchen einen Autor*, 1925) präsentiert, ein Italiener schließlich, der in der guten alten Zeit uneingeschränkter Herrschaft romanistischer Philologie dt. Ursprungs in Bonn promoviert hat, lässt eine intensive Auseinandersetzung mit poetologischen Grundlagen erwarten.

P. lernt allerdings schon in Bonn die pedantisch-positivistische Arbeitsweise philologischer Kollegen hassen und äußert sich in geradezu angewiderter Weise über diese „Wissenschaft, die den Magen verdirbt". Und wenn er fast 20 Jahre später endlich dazu ansetzt, seine Poetik zu verfassen (den groß angelegten Essay, der u. d. T. *Der Humor – L'umorismo*; dt. 1988 – 1908 veröffentlicht wurde), verdirbt ihm die in erster Linie wirtschaftliche Notwendigkeit, sich mit diesem Buch für die Besetzung eines Lehrstuhls für Stilistik an der röm. Pädagogischen Hochschule zu qualifizieren, die Möglichkeit zur freien Entfaltung der programmatischen Vorstellungen zur Ästhetik. Zumindest zur Hälfte muss er ja als Philologe schreiben, und das verleitet ihn dazu, in manchen Passagen geradezu ein Feuerwerk der Zitate, Verweise und Erwähnungen zu inszenieren, um die entsprechende Habilitationskommission zu beeindrucken, während er die eigentlichen poetologischen Überlegungen lieber in „praktischen" lit. Texten unterbringt.

Dennoch findet sich in dieser Schrift der Kern jener Ästhetik, die als „Pirandellismo" wenigstens zeitweise weltweite Verbreitung gefunden hat: Es ist die vielzitierte Passage, in der P. den Unterschied zwischen dem Phänomen, das er Komik nennt, und seiner humoristischen Ästhetik mit dem Beispiel einer alten, grotesk geschminkten und viel zu jugendlich hergerichteten Frau erläutert. Die Komik entstehe durch das Bemerken der Normabweichung („avvertimento del contrario"). Da bleibt aber der Humorist mit der Reflexion nicht stehen, sondern fragt sich vielmehr nach dem Grund der Normabweichung, der üblicherweise mit Leiden verbunden ist – z. B. mit einer unglücklichen Liebe zu einem jüngeren Mann –, und schon ist aus dem Lachen ein bitteres Grinsen angesichts der Absurdität des Lebens geworden, gepaart mit Sympathie für den leidenden Menschen, der Objekt des Lachens ist („sentimento del contrario").

Abgesehen von der Komik-Theorie, die hier entworfen wird (und auf die schärfste Kritik des Philosophen ↑Croce getroffen ist), finden wir hier die endgültige ‚Unabhängigkeitserklärung' P.s gegenüber der Ästhetik, die seine Anfänge geprägt hat, auch wenn er ihr immer schon mit ironischer Distanz gegenüberstand: der im weitesten Sinne naturalistisch zu nennenden Ästhetik des ital. Verismo. Dessen Theoretiker L. Capuana brachte den jungen P. überhaupt erst von der Lyrik zur Erzählliteratur, und dessen bedeutendstem Vertreter, G. Verga, huldigte P. in zwei programmatischen Reden der 1920er Jahre als Vorbild eines „Dingstils" im Gegensatz zum „Wortstil" eines G. D'Annunzio. Insb. geht es dabei um die Erklärbarkeit der Ereignisse aus den soziologischen, biologischen und kulturgeschichtlichen Aspekten, die das Schicksal des Einzelnen zu einem – wie auch immer tragischen – Exempel der Fehlfunktionen des sozialen Systems machen. Diese erscheinen im Prinzip als verbesserbar, auch wenn die ital. Veristen nicht dieselbe optimistische Fortschrittsgläubigkeit an den Tag legen wie ihre frz. Kollegen. P. setzt an die Stelle dieser „wissenschaftlichen Erklärung" im Dienste des Fortschritts das verstehende Mitleiden angesichts der Unerklärbarkeit des unausweichlichen menschlichen Leids, das bei ihm ja allein schon aus der Tatsache resultiert, dass die Wirklichkeitskonzeptionen der Menschen nicht übereinstimmen und daher die Kommunikation nur eingeschränkt möglich ist.

Ein entfernter Reflex von ↑Leopardis Naturkonzeption liegt in P.s Überzeugung, dass die Natur, die Welt, das Leben, der Tod oder ein boshafter Dämon, der hinter dem Ganzen steckt, es offensichtlich darauf angelegt habe, die Erklärbarkeit und damit auch die Berechenbarkeit des Lebens zu torpedieren: *Streiche des Lebens und des Todes* (*Beffe della vita e della morte*, 1902) hieß eine der ersten Erzählsammlungen P.s, und dieses Konzept der Streiche, die Leben und Tod dem Menschen spielen, ist in seinem Werk omnipräsent. Angesichts dieser Unerklärbarkeit und Unausweichlichkeit des Leidens ist kein Platz mehr für die naturalistische Idee der objektiven Analyse typischer Elemente der Realität im Dienste des Fortschritts. An ihre Stelle tritt eine groteske Darstellung der Individuen, die zum Leiden verdammt sind, in erster Linie durch den Zwang der Gesellschaft, sich auf eine einzige Wirklichkeitskonzeption (und damit einen Verhaltenskodex) zu einigen, was wohl am deutlichsten in seinem Drama *So ist es* (*wenn es Ihnen so scheint*) (*Così è* (*se vi pare*), 1918; dt. 1925) zum Ausdruck kommt.

Der objektiven Wirklichkeit als Grundannahme jeder Mimesispoetik stellt P. den schrankenlosen Relativismus seiner Figuren gegenüber. Jeder hat seine Wirklichkeit, aber jeder ist zudem nicht einer, sondern viele: In diese Konzeption der gespaltenen Person geht auch ein, was der junge P. von Anfang an in einer Ästhetik der paradoxen Gegensätze auszudrücken versucht hat. Schon sein erster Gedichtband, *Fröhliches Leid* (*Mal giocondo*, 1889), drückt diese (ursprünglich wohl auf ↑Hugos romantische Poetik aus dem Vorwort zu *Cromwell* zurückgehende) Kontrastästhetik aus. In der Ichspaltung der *Dialoge zwischen dem Großen Ich und dem kleinen ich* (*Dialoghi tra il Gran Me e il piccolo me*, 1895; dt. 1999) und schließlich in dem Roman *Einer, keiner, Hunderttausend* (*Uno, nessuno e centomila*, 1926; dt. 1927) findet sie ihren radikalsten Ausdruck.

Neben diesen allg. „humoristischen" Ansätzen und der v. a. die Narrativik betreffenden Stilistik des nüchternen „Stils der Worte", für den der junge Autor auch einmal den rasch wieder fallen gelassenen Begriff „Sincerismo" (in etwa: „Ehrlichkeitsästhetik") prägt, ist der „Pirandellismo" durch die Formel „Leben vs. Form" charakterisiert worden. Sie stammt nicht von P. selbst, sondern von seinem Interpreten A. Tilgher und wird vom Autor zunächst akzeptiert, dann aber zunehmend mit einer gewissen Distanz betrachtet. Aus ihr hat man P.s Verwandtschaft zur vitalistischen Philosophie ableiten wollen. Tatsächlich hat der Vorrang des „Lebensflusses" gegenüber der erstarrten Form jedoch wieder mehr mit dem Vorrang der subjektiven Momentrealität gegenüber dem statischen objektiven Wirklichkeitsbegriff und der Minimierung des Leidens im Sinn des „Umorismo" zu tun.

Zu ergänzen bleibt P.s v. a. für das Theater entwickelte Theorie der lit. Kommunikation. Entwickelt ist sie in mehreren das Theater ablehnenden Texten aus der Frühzeit, am deutlichsten wohl in *Illustratoren, Schauspieler und Übersetzer* (*Illustratori, attori e traduttori*, 1908). P. zeigt dort – auf der Basis der Theorie des „personaggio vivo" L. Capuanas – den Autor als einen, der den „lebenden Figuren" zuhört und schon bei der schriftlichen Fixierung im Text immer ein Defizit gegenüber der Realpräsenz der Figuren in seiner Phantasie feststellt. Bei der Lektüre und Interpretation durch den Leser wird dieses Defizit zweifelsohne größer, aber das lässt sich nun einmal nicht ändern. Wenn man aber – frei nach dem Stille-Post-Spiel – die Zwischenstationen vermehrt, wie das auf dem Theater unumgänglich ist (Autor – Text – Regisseur – Schauspieler – Zuschauer), dann steigt diese Diskrepanz so weit an, dass das Produkt der Rezeption bis zur Unkenntlichkeit verzerrt wird. Dies wird selbst zum Gegenstand eines Theaters, das keine Geschichten mehr auf die Bühne bringt, sondern die Unmöglichkeit ihrer Kommunikation: in

Sechs Personen suchen einen Autor und anderen Werken der Theatertrilogie. Zunächst nur implizit (etwa mit dem Einakter *Das Fest unseres Heilands vom Schiff* (*Sagra del Signore della Nave*, 1925; dt. 1989), der ein ↑Artaud-Ideen vorwegnehmendes Partizipationskonzept in die Praxis umsetzt), in dem späten Fragment seines letzten „Mythos" *Die Riesen vom Berge* (*I giganti della montagna*, 1931/1934; dt. 1949) auch explizit hat P. dann im Gegensatz dazu eine avantgardistische Theaterkonzeption entworfen. Hier gibt es kein „Publikum" im eigentlichen Sinne mehr, nurmehr ein selbstgenügsames Theater der Träume, an denen die Anderen partizipieren, und das natürlich in einem utopischen Raum angesiedelt ist – in der Geistervilla „La Scalogna", in der alle Heimatrecht haben, die auf eine bedeutende Stellung im „wirklichen Leben" verzichtet haben.

Ausgaben: Opere di L. P. Hg. v. G. Macchia. Mailand 1973 ff.; Gesammelte Werke. 16 Bde. Hg. v. M. Rössner. Berlin 1997–2000.

Forschungsliteratur: F. Rauhut: Der junge P. oder Das Werden eines existentiellen Geistes. München 1964; C. Vicentini: L'estetica di P. Mailand 1970; M. Rössner: P. Mythenstürzer. Fort vom Mythos – Mit Hilfe des Mythos – Hin zum Mythos. Wien u. a. 1980; W. Krysinski: Le paradigme inquiet. P. et le champ de la modernité. Longueuil 1989; M. Rössner (Hg.): P. zwischen Avantgarde und Postmoderne. Wilhelmsfeld 1997.

Michael Rössner

Platon (427–347 v. Chr.)

P. kritisiert die Dichter als lügenhaft: Sie sprächen über nichtwirkliche Dinge so, als seien diese wirklich (*Politeia*; *Der Staat*). Kernthemen des aus zehn Büchern bestehenden Dialogs *Politeia* sind die Beziehung zwischen Glück und Gerechtigkeit, die ideale Verfassung einer Polis sowie die Idee des Guten. Vorbereitet durch Buch 1 und 2, artikuliert sich die Kritik an Dichtung und Kunst v. a. in Buch 10. Ideenwelt, Sinnenwelt und künstlerische Werke haben für P., der die Dichtung als „mimesis" versteht, unterschiedlich hohe Anteile am Sein. Die Welt der Phänomene als Mimesis der intelligiblen Welt ist schon eine abgeleitete und gegenüber den nicht-sinnlichen Urbildern defizitäre Wirklichkeit. Der Künstler nun, der die sinnlich wahrnehmbaren Dinge noch einmal nachahmt, produziert damit Gegenstände dritten Grades, die weiter als die natürlichen Dinge von der Ideenwelt entfernt sind. Indem es zum Objekt der Nachahmung erhoben wird, erfährt das Sinnlich-Wahrnehmbare eine unzulässige Aufwertung. (Darum ist der Tischler dem Maler überlegen; er produziert immerhin Realisationen der Idee des Tisches und muß etwas von dem verstehen, was er damit darstellt.) Seit ↑Homer sind die Dichter nur Nachbildner von Nachbildern, etwa auch der Tugend; dies bedeutet nicht, dass sie vom jeweils Dargestellten etwas verstünden. Das Verdikt des Sokrates über die künstlerische Darstellung als scheinhafte Nachbildnerei besitzt auch eine ethische Dimension; Künstler arbeiten fern von der Wahrheit und befassen sich mit Unvernünftigem, wobei nichts Gutes herauskommen kann. Durch Sokrates artikuliert P. einen an Maler wie Dichter gleichermaßen adressierten Vorwurf: Kunst schaffe falsche Surrogate der natürlichen Realität, welche, über die Abwesenheit des Dargestellten leichtsinnig hinwegtäuschend, dieses zu verdrängen suchten.

Dem korrespondiert P.s Kritik der Wörter als bloßer Repräsentationen, die beliebig sind und beliebig verändert werden können (*Siebter Brief*). „Wörter und Namen" sind dem Dichter das, was die Farben dem Maler sind: Materialien für die Mimesis und das heißt: für die Erzeugung von Schein (*Politeia*). Die Frage nach der Beziehung zwischen den Dingen und ihren Namen, insb. nach der möglichen Wahrheit von Namen, steht auch im Zentrum des sprachphilosophischen Dialogs *Kratylos*. Im Dialog *Symposion* (*Gastmahl*) werden anlässlich eines Festes zu Ehren des Tragödiendichters Agathon mehrere Reden über den Eros gehalten; der Komödiendichter ↑Aristophanes verdeutlicht dabei die Macht des Eros in Form mythischer Rede. Im Dialog *Ion* setzt sich P. mit der poetischen Begeisterung (*Enthusiasmos*) auseinander. Protagonist ist der berühmte und selbstgefällige Sänger Ion, den Sokrates gesprächsweise einsehen lässt, dass er – auch wenn er im Zustand scheinbar göttlichen Wahnsinns Homer interpretiert – kein wirkliches Wissen über Dichtung besitzt. Im *Phaidros* erörtern Sokrates und Phaidros die angemessene Form des Sprechens über den Eros. Der Vergleich zwischen mehreren Reden über den Eros leitet über zu rhetorischen und philosophischen Erwägungen. Von literaturtheoretischem Interesse sind die schriftkritischen Passagen im *Phaidros*. Hier wird die Schrift mit der Malerei verglichen, welche tote Gebilde produziere, die Leben vortäusche, aber auf Befragung unfähig sei zu antworten. Vaterlos, insofern ihr Urheber abwesend ist, vermögen die geschriebenen Zeichen für keinen lebendigen Sinn einzustehen; Sinn ist – so die moderne metaphysikkritisch akzentuierte Lesart – bei P. an Präsenz geknüpft. Zudem schwächt die Institution der Schrift dem *Phaidros* zufolge das Erinnerungsvermögen, da sie seine Funktion übernimmt; daher soll der ägypt. König Thamus das ihm vom Gott Thot angebotene Geschenk der Schrift zurückgewiesen haben. Philosophie als Suche nach Weisheit ist an den mündlichen Austausch gebunden. Dass P. selbst sein Denken schriftlich fixiert, hat F. Schleiermacher zu einer Würdigung des platonischen Dialogs als lit. Form veranlasst. Mit seiner Deutung der Schrift als externalisiertes und entpersonalisiertes Gedächtnis macht P., der kritischen Akzentuierung zum Trotz, auch auf die kulturstiftende Leistung der Schrift aufmerksam.

↑Blumenberg diagnostiziert, seit P. habe sich die Dichtung mit dem Vorwurf der Lügenhaftigkeit auseinanderzusetzen. Im Zeichen des poetikgeschichtlich so nachhaltig wirksamen Nachahmungspostulats wurde das Wesen ästhetischer Mimesis immer wieder neu modelliert – im 18. Jh. v. a., um für die künstlerische Schöpfung den Status einer originellen Kreation und für den Künstler den Rang eines prometheischen Schöpfers zu sichern. Während mit der Abkehr vom Mimesisparadigma den Vorbehalten gegenüber einer nachahmenden und damit derivativen ästhetischen Darstellung der Boden entzogen wurde, ist P.s Philosophie in jüngerer Zeit von der Literaturtheorie v. a. dadurch wieder in Erinnerung gerufen worden, dass sich dekonstruktivistische Zeichen- und Texttheorien kritisch mit ihr auseinandersetzen. ↑Derridas *Grammatologie* diskutiert den *Phaidros* ausführlich. ↑Genette hat in seinen *Mimologiken*, einer Abhandlung über die Geschichte der Namens- und Zeichentheorien, an den *Kratylos* angeknüpft.

Ausgaben: Sämtliche Werke. 6 Bde. Hg. v. W. F. Otto/E. Grassi/G. Plamböck. Hamburg 1957 ff.

Forschungsliteratur: J. Derrida: Grammatologie. Frankfurt/M. 1983; M. Fuhrmann: Die Dichtungstheorie der Antike. Darmstadt [2]1992; S. Büttner: Die Literaturtheorie bei P. und ihre anthropologische Begründung. Tübingen u. a. 2000; G. Genette: Mimologiken. Reise nach Kratylien. Frankfurt/M. 2001; S. Büttner: Mimesis und Literatur bei P. In: J. Schönert/U. Zeuch (Hg.): Mimesis – Repräsentation – Imagination. Literaturtheoretische Positionen von Aristoteles bis zum Ende des 18. Jahrhunderts. Berlin u. a. 2004. S. 31–63.

Monika Schmitz-Emans

Poe, Edgar Allan (1809–1849)

In dem *Brief an B –* (*Letter to B –*, 1831; dt. 1947) betitelten Vorwort seines dritten Gedichtbands (*Poems*) legt P. erstmals die Kernpunkte seiner poetologischen Ansichten dar: Er verurteilt die metaphysische Poesie der engl. *Lake School* (↑Wordsworth, ↑Coleridge, R. Southey) und stellt der angeblich belehrenden Lyrik Wordsworths das reine Vergnügen an der Dichtung gegenüber. Sie zeichne sich durch eine Verschmelzung von Idee und Klang aus und stehe daher als höchste aller lit. Gattungen zwischen der v. a. Wahrheit vermittelnden Prosa und der rhythmischen Schönheit der Musik. Dieser Gedanke einer auf das Empfinden und nicht auf den Verstand gerichteten undidaktischen Poesie prägt alle späteren dichtungstheoretischen Äußerungen P.s. So bestimmt auch der Vortrag *Das poetische Prinzip* (*The Poetic Principle*; dt. 1922), der erst nach seinem Tod 1850 im Druck erscheint, die seelische Erregung und Evokation des Jenseitigen als eigentliche Domäne der Dichtkunst. Durch die Harmonie von Form, Ton und Gegenstand des Gedichts habe der auf Wirkung bedachte Autor im Rezipienten den unmittelbaren Eindruck des Schönen zu erwecken. Dabei verweist die These von der Abhängigkeit aller künstlerischen Elemente von der „unity of effect" auf den Einfluss poetologischer Konzepte, wie sie etwa in Coleridges *Biographia Literaria* (1817) und in der dt. Romantik bes. bei ↑A. W. Schlegel aufscheinen. P. zufolge geht dieser einheitliche Effekt verloren, wenn ein Gedicht zu lang oder auch zu knapp gehalten sei, und ihm gilt deshalb die epische Poesie nicht eigentlich als poetisch. Dies veranschaulicht zudem, weshalb P. den dichterischen Prozess als eine bis hin zur Anzahl der Zeilen kalkulierende und formal deduzierende Tätigkeit ansieht und jede Teilhabe der Inspiration leugnet. Folgerichtig versucht P. in seiner *Methode der Komposition* (*The Philosophy of Composition*, 1846; dt. 1917) zu demonstrieren, wie die Lyrik ihre angestrebte Wirkung ausschließlich durch eine streng davon ableitende Textkonstruktion erziele. Am Bsp. seines Gedichts *Der Rabe* (*The Raven*, 1845; dt. 1862) zeichnet er nach, wie sich Länge, Tonfall, Thema und alle stilistischen Einzelheiten des Werks „mit der Präzision eines mathematischen Problems" aus der Wirkprämisse ergäben. Als einen gleichermaßen schönen wie melancholischen und daher bes. poetischen Gegenstand nennt P. hier den „Tod einer schönen Frau". Nach dieser gleichsam technomorphen Theorie, die P.s Überzeugung von der strikten Trennung der geistigen Fakultäten des Intellekts, der Moral und des Geschmacks folgt und zugleich auf ↑Novalis' Forderung nach einer Verbindung von Mathematik und Magie zurückgeführt werden kann, bestimmen also nicht inhaltliche Anliegen, sondern die vom beabsichtigten Effekt diktierten Formalia wie Silbenklang und Rhythmus die dichterische Komposition. Dem offenbaren Bestreben, dem – bes. durch R. W. Emerson repräsentierten – Glauben des Transzendentalismus an die dichterische Intuition entgegenzutreten und der Wirkpotenz der Lyrik eine rationale Grundlage zu verleihen, entspringt ebenso P.s *Logik des Verses* (*The Rationale of Verse*, 1848; dt. 1989). Diese erste amerik. Abhandlung zur Verslehre unternimmt den Versuch, alle bisherigen Ansätze zu korrigieren und ein unfehlbares System zur metrischen Analyse von Gedichten zu entwickeln.

Das Ideal einer Literatur, die sich mit jedem Wort und in abwechslungsreichem Stil an einem einzigen zuvor festgelegten Effekt orientiert und dabei auf unnötige Länge sowie alles Belehrende und Allegorische verzichtet, prägt auch P.s Theorie der Erzählung, die er v. a. in seiner Kritik von N. Hawthornes *Twice-Told Ta-*

les (1842) entwirft: In der Prosa habe der originäre Autor die – vorzugsweise in eingänglicher Sprache geschilderten – Begebenheiten so anzuordnen oder zu erfinden, dass sein Text eine Wirkeinheit bilde und auf einen dramatischen Höhepunkt zusteuere, wie es dem umfangreicheren Roman nicht möglich sei. Als in dieser Beziehung für die amerik. Literatur vorbildlich führt P. hier wie auch andernorts die Erzählungen Hawthornes und W. Irvings an.

Den genannten Schriften P.s, die trotz ihrer Knappheit alle Hauptmerkmale seiner poetologischen Forderungen enthalten, sind die zahlreichen Artikel und Rezensionen an die Seite zu stellen, die er im Rahmen langjähriger journalistischer Arbeit und als Herausgeber verschiedener Zeitschriften veröffentlicht. Dort führt P. in oft polemischem Ton die Darlegung lit. Prinzipien fort, nicht zuletzt um der Entwicklung eines autochthon-amerik. Schrifttums den Weg zu ebnen und es von der kulturellen Vormundschaft Englands zu befreien. Ebenso ist P. darum bemüht, seine poetologischen Vorstellungen auch in künstlerischen Texten umzusetzen. So belegen seine Gedichte eine präzise Beachtung klassischer Prinzipien des Reims, Metrums und der Lautung, die jedoch weniger auf Inhaltsvermittlung als auf ein unwägbar-seelisches und sinnliches Fühlen zielen. Auf ähnliche Weise ist P.s Prosawerk durch die Polarität von Intellekt und Imagination gekennzeichnet: Es umfasst ebenso die sog. *Tales of ratiocination* – *Die Morde in der Rue Morgue* (*The Murders in the Rue Morgue*, 1841; dt. 1875), *Das Geheimnis um Marie Rogêt* (*The Mystery of Marie Rogêt*, 1843; dt. 1882), *Der Goldkäfer* (*The Gold Bug*, 1843; dt. 1853), *Der stibitzte Brief* (*The Purloined Letter*, 1844; dt. 1882) –, die das logische Denken triumphieren lassen und als Gründungstexte der Detektivliteratur gelten, wie auch die phantastischen Erzählungen, die sich wahnhaften Seelenzuständen, dem Unheimlichen und Erhabenen widmen. Darüber hinaus begegnet man dem Spannungsfeld von Ratio und Einbildungskraft auch innerhalb der Erzählungen. Bereits sein Text *Manuskriptfund in einer Flasche* (*Ms. Found in a Bottle*, 1833; dt. 1922), mit dem P. erstmals öffentliche Anerkennung erlangt, kontrastiert den nüchternen Verstand des Protagonisten mit einer unnennbar-mystischen Erkenntnis, die der Sturz in einen gewaltigen Meeresstrudel verheißt – ein Motiv, das P. u. a. in seiner einzigen längeren Novelle *Umständlicher Bericht des Arthur Gordon Pym von Nantucket* (*The Narrative of Arthur Gordon Pym of Nantucket*, 1838; dt. 1883) wieder aufnimmt. Auch Geschichten, die sich wie *Ligeia* (1838; dt. 1853) oder *Der Fall des Hauses Usher* (*The Fall of the House of Usher*, 1839; dt. 1883) an der Ästhetik der *Gothic Novel* orientieren, lassen sich in Bezug auf die Charakterzeichnung als Verschränkung stringenter Analyse und schwermütiger Imagination und daher als dichterische Fortführung der poetologischen Postulate P.s verstehen. Insofern wirken sein lyrisches, erzählerisches, essayistisches und kritisches Werk durchaus als einheitlicher lit.-theoretischer Korpus.

Insb. aufgrund eines von R. W. Griswold 1849 veröffentlichten diffamierenden Artikels nahm P.s Werk zunächst nur geringen Einfluss auf die amerikan. Dichtung. Lange Zeit überwiegen Urteile wie die ↑James' oder ↑Eliots, die P.s Schaffen und poetische Ansichten als minderwertig und pubertär abtun. Hingegen finden P.s konsequente Ästhetisierung der Literatur und ihre Verteidigung gegen jeden Nützlichkeitsgedanken Anklang in den Kreisen des frz. Symbolismus und werden von ↑Baudelaire und den Parnassiens ebenso wie von ↑Mallarmé oder ↑Valéry mit Bewunderung aufgenommen. Es sind jedoch v. a. P.s theoretische Äußerungen zur Short Story, welche die Entwicklung nicht nur amerik. Kurzprosa bis in die Gegenwart nachhaltig bestimmen.

Ausgaben: The Complete Works of E. A. P. 17 Bde. Hg. v. J. Harrison. New York 1902; Werke. 4 Bde. Hg. v. K. Schuhmann/H. D. Müller. Olten u. a. 1966–1973.

Forschungsliteratur: M. Alterton: Origins of P.s Critical Theory. Iowa City 1925; E. W. Carlson (Hg.): The Recognition of E. A. P.: Selected Criticism since 1829. Ann Arbor 1966; A. Staats: E. A. P.s symbolistische Erzählkunst. Heidelberg 1967; U. Horstmann: Ansätze zu einer technomorphen Theorie der Dichtung bei E. A. P. Bern u. a. 1975; R. Jakobson: Language in Operation. In: ders.: Selected Writings III. Den Haag u. a. 1981. S. 7–17; C. Gregorzewski: E. A. P. und die Anfänge einer originär amerikanischen Ästhetik. Heidelberg 1982; M. Preußner: P. und Baudelaire. Ein Vergleich. Frankfurt/M. u. a. 1991; H. Schwarztrauber: Fiktion der Fiktion: Begründung und Bewahrung des Erzählens durch theoretische Selbstreflexion im Werk N. Hawthornes und E. A. P.s. Heidelberg 2000; H. J. Schnackertz (Hg.): POEtic Effect and Cultural Discourses. Heidelberg 2003.

Ulrich Meurer

Ponge, Francis (1899–1988)

P. bestimmt es als sein poetologisches Programm, die „Partei der Dinge“ zu ergreifen. Statt um die Artikulation subjektiver Empfindungen gehe es darum, im poetischen Text etwas von der Welt selbst zum Aufscheinen zu bringen. Die Wörter sind keine Instrumente des Ichs; sie haben ein Eigenleben, sinnliche Qualitäten, eine Geschichte und konstituieren einen Raum der Sprache. Der Dichter muss der Sprache etwas „entreißen“, was er als seinen Ausdruck akzeptieren kann; dabei respektiert er die gewohnte Bedeutung der Wörter nicht immer, sondern modifiziert sie manchmal durch seinen Bearbeitungsprozess. Mit der Übersetzung der Dinge ins Wort vollzieht sich deren Erlösung aus ihrer Stummheit. P.s *Notizbuch vom Kiefernwald* (*Le carnet du bois de pins*, 1952; dt. 1982) ist zugleich ein poetischer und ein poetologischer Text; hier verbindet sich die evokative Beschreibung von Gegenständlichem mit der Reflexion über das eigene Tun. Eine Synthese aus poetischem und reflexivem Diskurs prägt auch die Textsammlung *Schreibpraktiken oder Die stetige Unfertigkeit* (*Pratiques d'écriture*, 1984; dt. 1988), wo es u. a. um das Dichtertum, die Inspiration, die Materialität der Wörter und die latente Sprache der Dinge geht. Affinitäten bestehen zwischen P.s Poetik und der phänomenologischen Philosophie. ↑Handkes poetologisches Konzept der sachgerechten Beschreibung ist durch P. nachhaltig geprägt worden.

Ausgaben: Ausgewählte Werke. Zweisprachige Ausgabe. 2 Bde. Frankfurt/M. 1965; Le carnet du bois de pins/La Mounine ou note après coup sur un ciel de Provence. In: La rage de l'expression. Paris 1952; Das Notizbuch vom Kiefernwald/La Mounine. Frankfurt/M. 1982; Kommentar zu „Bords de mer“. In: W. Höllerer (Hg.): Ein Gedicht und sein Autor. Lyrik und Essay. Berlin 1967. S. 294–303; Petite suite vivaraise. Paris 1983; Kleine Suite des Vivarais. Salzburg u. a. 1988; Pratiques d'écriture ou l'inachèvement perpétuel. Paris 1984; Schreibpraktiken oder Die stetige Unfertigkeit. München u. a. 1988.

Forschungsliteratur: E. Walther: F. P. Eine ästhetische Analyse. Köln u. a. 1965; I. Vowinckel: F. P. Poesie und Poetik. Freiburg i. Br. 1967; G. Butters: F. P. Theorie und Praxis einer neuen Poesie. Rheinfelden 1976; S. Koster: P. Paris 1983.

Monika Schmitz-Emans

Pope, Alexander (1688–1744)

P. ist als Dichter wie als Dichtungstheoretiker ein wichtiger Vertreter des engl. Klassizismus, für den Ordnung und Klarheit leitende ästhetische Prinzipien darstellen und das ideale dichterische Werk im Zeichen der Harmonie und Proportion steht. Im Lehrgedicht *Versuch über die Kritik* (*An Essay on Criticism*, 1711; dt. 1745) verbindet P. sein rationalistisches Kunstideal mit moralischen Maximen und Ideen eines aufgeklärten Humanismus; er erwartet vom Dichter Vernunft und Urteilsvermögen („wit" und „judgement"), Bändigung der Phantasie und Verzicht auf funktionslosen Schmuck. Dichterische Selbstdisziplin dient v. a. der Vermeidung exzessiver Bildlichkeit und besitzt durchaus eine moralische Dimension. In der ästhetischen Ordnung des von P. geforderten dichterischen Werks spiegelt sich zum einen die – in Anlehnung an I. Newtons Theorie vom harmonischen Zusammenspiel antagonistischer Kräfte konzipierte – Ordnung des Kosmos. Das alle Einzelelemente in eine wohlproportionierte Ganzheit integrierende Werk ahmt also die „Natur" nach, unter der P. die naturgesetzlich geordnete Welt versteht. Zum anderen korrespondiert das proportionsgerechte Werk der polit.-gesellschaftl. Ordnung, deren Stabilität aus zeitgenössisch-engl. Sicht auf klaren Hierarchien und einer Ausbalancierung der gesellschaftl. Kräfte beruht. Vorbildlich wurden die naturanalogen ästhetischen Ordnungsprinzipien von den antiken Dichtern umgesetzt, weshalb die Nachahmung der antiken Kunst, genauer gesagt, die Orientierung an deren Regeln, gleichbedeutend mit der geforderten Naturnachahmung ist. P. sieht sich selbst mit Blick auf seine Forderung nach Korrektheit und stilistischer Angemessenheit dichterischer Texte insb. als Nachfolger des ↑Horaz (*The Satires and Epistles of Horace Imitated*, 1738; *Satiren und Episteln im Stil von Horaz*, 1778); seine Poetik synthetisiert platonistische (↑Platon) mit rationalistischen Prämissen. Dichtung gilt ihm als ästhetische Darstellung vorgegebener Wahrheiten, als deren angemessene und gefällige Verkleidung, nicht als Medium neuer Erfahrungs- und Ausdrucksformen; so ist die Forderung nach Dominanz des Intellekts nur konsequent. Die aus späterer autonomieästhetischer Perspektive problematisch wirkende Unterordnung der dichterischen Phantasie unter die Ratio ist aus klassizistischer Perspektive Voraussetzung für eine selbstbewusste Legitimation der Dichtung als vernünftige, der Wissenschaft und Ethik komplementäre und antiken Mustern gleichrangige Kunst.

Ausgaben: The Twickenham Edition of the Poems of A. P. 12 Bde. Hg. v. J Butt. London u. a. 1939–1969; Poetry and Prose. Hg. v. A. Williams. Boston u. a. 1969; Versuch über die Critik. Dresden 1745.

Forschungsliteratur: G. Stratmann: ‚Easy and familiar' – Zur klassizistischen Theorie des Prosastils. In: R. Ahrens/E. Wolff (Hg.): Englische und amerikanische Literaturtheorie. Studien zu ihrer historischen Entwicklung. Bd. I. Heidelberg 1978. S. 237–251; H. Zapf: Kurze Geschichte der anglo-amerikanischen Literaturtheorie. München 1991; J. N. Schmidt: Von der Restauration zur Vorromantik. In: H. U. Seeber (Hg.): Englische Literaturgeschichte. Stuttgart 1991. S. 140–216; P. Baines: The Complete Critical Guide to A. P. London u. a. 2000.

Monika Schmitz-Emans

Pound, Ezra Loomis (1885–1972)

Sowohl P.s zahlreiche Essays und kritische Schriften (u. a. sein *ABC of Reading*, 1934; *ABC des Lesens*, 1957) als auch die Lyrik dienen der unablässigen Erläuterung und Demonstration poetologischer Grundsätze. Über den Imagismus, der bildliche Konkretheit in knapper Textverdichtung und freien Metren anstrebt (*Hugh Selwyn Mauberley*, 1920; dt. 1959), und dessen Radikalisierung im Vortizismus findet P. in den *Cantos* (1917–1959; ab 1956 in verschiedenen Publikationen ins Deutsche übersetzt) zu einer äußerst vielschichtigen Poetik, die neben ästhetischen zunehmend moralischen Überzeugungen folgt: Durch kreative Übersetzung, Zitation und Anspielung spannt P.

einen Bogen von ↑Homers *Odyssee*, ↑Ovid, dem Neuplatonismus, der Lyrik der provenzalischen Troubadours und ↑Dante über das Werk Konfuzius', das Nō-Theater und die chin. Poesie bis hin zu modernen Avantgarden, ökonomischen Theorien und zur Geschichte der Vereinigten Staaten. Jenes formale wie argumentative Verschmelzen unterschiedlichster Epochen und kultureller Räume entspringt P.s komparatistischem, dem Konzept der ‚Nationalliteratur' misstrauenden Bildungs- und Dichtungsideal. Ferner zielen das Einstreuen fremdsprachiger – etwa ital. oder gr. – Passagen wie auch der durch die Studien des Kunsthistorikers E. Fenollosa angeregte Gebrauch chin. Ideogramme auf die bildhafte Veranschaulichung („phanopoiia"), die klangliche Evokation („melopoiia") und die Assoziationserweiterung („logopoiia") des poetischen Worts. Schließlich will der palimpsestische Charakter der Texte beständige, wiederkehrende bzw. kontingente geistige Konzepte vorstellen, um einem von P. diagnostizierten zivilisatorischen Niedergang entgegenzuwirken. Angesichts der Krise westl. Kulturen richtet sich seine Dichtung bes. gegen ideologischen und geldwirtschaftlichen Monopolismus und Wucher („usura") und führt dabei mythische wie auch historische Vorbildfiguren und visionäre Denker in Form poetischer „Masken" („personae") ins Feld – hiermit in Zusammenhang steht auch P.s Bewunderung für den ital. Faschismus und B. Mussolini, den er als neuen Renaissancemenschen feiert (*Jefferson and/or Mussolini*, 1935).

V. a. die Forderung nach dichterischer Unmittelbarkeit und Präzision sowie die Auflösung traditioneller Metren machen P. zu einem der einflussreichsten Dichter der englischsprachigen Moderne, an dem sich Autoren wie ↑Eliot, W. C. Williams, E. E. Cummings, die Dichter des Black Mountain College, der amerik. Objektivismus oder die Beat-Generation (A. Ginsberg) orientieren.

Ausgaben: Literary Essays of E. P. Hg. v. T. S. Eliot. Norfolk, CT 1954; Collected Early Poems. Hg. v. M. J. King. New York 1976; The Cantos. Hg. v. R. J. Dilligan. New York 1981; Cantos I–XXX. Zürich 1964; Pisaner Cantos. Zürich 1969; Letzte Texte. Entwürfe und Fragmente zu Cantos LX–LXX. Zürich 1975; Usura – Cantos XLV und LI, Texte, Entwürfe und Fragmente. Zürich 1985; Die ausgefallenen Cantos LXXII–LXXIII von E. P. Zürich 1990.

Forschungsliteratur: C. Beach: ABC of Influence. E. P. and the Remaking of American Poetic Tradition. Berkeley, CA 1992; T. F. Grieve: E. P.s Early Poetry and Poetics. Columbia, MO 1997; R. Preda: E. P.s (Post)modern Poetics and Politics. Logocentrism, Language and Truth. New York 2001.

Ulrich Meurer

Propp, Vladimir Jakovlevič (1895–1970)

P. hat mit seiner *Morphologie des Märchens* (*Morfologija skazki*, 1928; dt. 1972) eine wegweisende Untersuchung zur Struktur und Funktionsweise folkloristischer Texte vorgelegt. Für P. ist das Märchen kein Phänomen der Literatur, sondern der Sprache. Wie die Sprache haben folkloristische Texte keinen Autor, sie erscheinen und verschwinden je nach Veränderung der kulturellen Rahmenbedingungen. P. betrachtet die Gesamtheit der russ. Zaubermärchen als ein System, dessen syntagmatische und paradigmatische Konstruktionsregeln sich durch taxonomische Analysen bestimmen lassen. P. reduziert das Personeninventar des Zaubermärchens auf sieben Aktantentypen: Held, scheinbarer Held, Antagonist, Entsender, Geber, Helfer, Königin. Diese Aktanten können in einer begrenzten Zahl von Handlungsfunktionen auftreten. P. unterscheidet 31 verschiedene Handlungsformen, z. B. Verbot, Erhalt eines Zaubermittels, Auszug, Rückkehr, Transfiguration, Hochzeit usw. Er bezieht sich ausdrücklich auf ↑Goethes Morphologiebegriff (und von Goethe stammen auch die Epigraphen zu den einzelnen Kapiteln der *Morphologie des Märchens*): P. geht davon aus, dass ein Märchen eine bestimmte erzählbare Urgestalt hat, die immer neue narrative Ausprägungen annimmt. Diese Urgestalt präsentiert sich als einheitliches Kompositionsschema, aus dem die konkreten Texte generiert werden. Die tatsächliche narrative Komposition ergibt sich für P. aus der logischen Folgerichtigkeit der Handlungsfunktionen, die im Märchen selbst angelegt ist. C. Lévi-Strauss kritisierte 1960, dass P. eine rein textimmanente Analyse vorgelegt hatte, ohne auf den ethnografischen Kontext Rücksicht zu nehmen. P. verteidigte sich mit dem Hinweis darauf, dass ähnliche folkloristische Schemata in ganz unterschiedlichen Kulturzusammenhängen auftreten können und sich hinsichtlich ihrer narrativen Ausdifferenzierung überhaupt nicht an die historische Genealogie halten müssen. Als Beispiel für diese Auffassung verbindet P. in einem Aufsatz über *Ödipus im Licht der Folklore* (*Ėdip v svete fol'klora*, 1944) den antiken Mythos mit ital., slaw., mongol. und sogar mikronesischen Sagenmotiven. In seinem zweiten Buch *Die historischen Wurzeln des Zaubermärchens* (*Istoričeskie korni volšebnoj skazki*, 1946; dt. 1987) begreift P. die Poetik folkloristischer Texte als funktionalen Archetyp, der sich als marxistischer Überbau in bestimmten Produktionsverhältnissen konstituiert. Im Märchen findet deshalb gerade keine Widerspiegelung der Wirklichkeit statt, sondern nur eine Sinnstiftung für eine konkrete historische Situation. P. stützt sich mit seiner funktionalen Poetik nicht zuletzt auf Vorarbeiten von ↑Žirmunskij, dem er im Vorwort zur ersten Ausgabe der *Morphologie des Märchens* bes. dankt.

Ausgaben: Sobranie trudov. Moskau 1998 ff.; Morphologie des Märchens. München 1972; Die historischen Wurzeln des Zaubermärchens. München u. a. 1987.

Forschungsliteratur: E. Meletinskij: Strukturno-tipologičeskoe izučenie skazki. In: V. P.: Morfologija skazki. Moskau 1969. S. 134–162; ders.: Tipologičeskie issledovanija po fol'kloru. Sbornik statej v pamjati V. J. P. Moskau 1975; A. Dundes: Binary Opposition in Myth. The P./Lévi-Strauss Debate in Retrospect. In: Western Folklore 56 (1997). S. 39–50; S. Grazzini: Der strukturalistische Zirkel. Theorien über Mythos und Märchen bei P., Lévi-Strauss, Meletinskij. Wiesbaden 1999.

Ulrich Schmid

Proust, Marcel (1871–1922)

In seinem Roman *Auf der Suche nach der verlorenen Zeit* (*À la recherche du temps perdu*, 1913–1927; dt. 1953–1957) erhebt P. fiktionsimmanent die subjektive, außerzeitliche Erfahrung willkürlicher und unwillkürlicher Erinnerung zum Ausgangspunkt und Gegenstand lit. Produktion. Gemäß der intern vorgestellten Poetik der Erinnerung ist auch der Roman selbst konzipiert: In inwendiger Schau imaginiert der Erzähler einzelne Momente der Vergangenheit, in denen sich unterschiedliche Ich-Erfahrungen manifestieren. Diese überlagern sich im Moment des Erinnerns mit aktuellen Erfahrungsgehalten und entheben den Erinnernden der linearen Chronologie. Einzelne, in engerem zeitlichem Kontext wahrgenommene Orte, Personen und Ereignisse weisen Ähnlichkeiten auf, die durch Kontiguitätsbeziehungen gestiftet werden. Auf sprachlicher Ebene äußert sich dies in der spezifischen Form der „metonymischen Metapher“ (↑Genette), für die Proust den zeit-räumlichen Erfahrungskontext des Erzählers zum *tertium comparationis* erhebt. Die inwendige, als Imaginationsleistung ausgewiesene Schau auf die eigene Vergangenheit wird mit dem Prozess der Lektüre analogisiert, der zudem einen Prozess der Selbsterkenntnis darstellt. Lektüre ist für P. eine Dechiffrierung der im Gedächtnis eingeprägten Zeichen. Als Voraussetzung für die lit. Produktion betrachtet er das Lesen im „inneren Buch", die gleichzeitig einen „Schöpfungsakt" bildet. Die zur Wahrnehmung und Formung ästhetischer Gebilde erforderliche Imagination bedarf der Abwesenheit des imaginierten Objektes und eignet sich daher als kreatives Instrumentarium zur Restituierung der verlorenen Zeit. Insb. in P.s extensiven Beschreibungssequenzen erweist sich die lit. Produktion als Anschreiben gegen das Vergessen sowie als Ausdruck eines Erkenntnisbegehrens gegenüber der metonymisch erfahrenen Welt. Eingeflochtene Pastiches exemplifizieren, dass P. lit. Produktion als aneignende Auseinandersetzung mit anderen Schreibweisen und Stilarten begreift. Adaptiert werden spezifische Strukturmerkmale anderer Kunstgattungen wie Musik, Architektur, Malerei sowie mediale Eigenschaften z. B. von Fotografie und Film. So werden bestimmte Darstellungs- und Wahrnehmungskonventionen bzw. Erkenntnismuster zitiert, die ihrerseits wiederum auf die semantische und syntaktische Konzeption des lit. Textes einwirken. Während sich Autoren wie ↑Beckett, ↑Benjamin oder ↑Deleuze in kritischen Essays mit P.s Poetik beschäftigen, findet sich insb. im Œuvre P. Modianos eine lit. Rezeption von P.s Erinnerungspoetik. In Modianos Romanen (z. B. *Rue des boutiques obscures*, 1978; *Une jeunesse*, 1981; *Accident nocturne*, 2003) erfahren die Figuren, dass sowohl Erinnerung als auch Identitätsbildung erst im Medium der Erzählung gelingen kann und das eigene Leben erzählt werden muss, um gegen die Bedeutungslosigkeit des Vergessens zu bestehen.

Ausgaben: À la recherche du temps perdu. 4 Bde. Hg. v. J. Tadié. Paris 1987; Auf der Suche nach der verlorenen Zeit. 7 Bde. Hg. v. L. Keller. Frankfurt/M. 1994–2002.

Forschungsliteratur: H. R. Jauß: Zeit und Erinnerung in M. P. „À la recherche du temps perdu". Heidelberg 1970; G. Genette: Métonymie chez P. In: ders.: Figures III. Paris 1972. S. 41–63; G. Deleuze: P. und die Zeichen. Frankfurt/M. 1978; A. Henry: M. P. Théories pour une esthétique. Paris 1981.

Katrin Fischer-Junghölter

Puškin, Aleksandr Sergeevič (1799–1837)

P. markiert mit seinem Werk den Beginn einer ästhetisch autonomen russ. Literatur. Während der russ. Klassizismus weitgehend auf den von ↑Batteux, ↑Boileau oder ↑Gottsched entwickelten Normen basierte, verfocht P. ein Dichtungsideal, das gerade die Freiheit von allen poetischen Regeln zur Regel erhob. Bes. deutlich zeigt sich diese Besonderheit in seiner Erneuerung des Dramas: In *Boris Godunov* (1831; dt. 1840) löste P. ↑Stendhals Forderung nach einem historischen Drama ein, das die klassizistische Einheit von Zeit und Raum durchbrechen solle. Auch in der Lyrik experimentierte P. mit neuen Formen: Er orientierte sich an der frz. Syntax und Lexik, führte den *vers libre* in die russ. Literatur ein und schuf neue Reimschemata. P. trennte die Prosa strikt von der Poesie. Die Lyrik stellte zwar für P. die höchste Kunstform dar, der ideale Status des *poeta vates* war aber im Zeitalter der Kommerzialisierung des russ. Buchmarkts nicht mehr zu halten. P. stellte in zahlreichen poetologischen Gedichten den göttlich inspirierten „Dichter" dem „Pöbel" gegenüber und beklagte die Auflösung der Aristokratie, die er als kulturelle Voraussetzung für das Funktionieren von Poesie sah. Es ist deshalb kein Zufall, dass sich P. nach 1830 der Prosa zuwandte. Ausgehend vom Befund einer *Nichtexistenz der russischen Literatur* (*O ničtožestve russkoj literatury*, 1834), der sich konsequenterweise nur auf die Prosa bezog, versuchte P. in seinen Novellen und Kurzromanen eine genuin russ. Erzähltradition zu begründen. In einem Fragment benannte P. mit Kürze und Genauigkeit die wichtigsten Eigenschaften der Prosa, die ihm als reines lit. Medium erschien. In der Prosa komme alles auf den Gedanken an, der nicht durch ästhetische Stilisierung oder gar Poetisierung verfälscht werden dürfe. P.s narrative Texte sind gezielt auf die Täuschung des Lesers angelegt; sie bilden keine Realität ab, sondern präsentieren sich als metalit. Gebilde, die den Prozess der dichterischen Sinnstiftung ironisch reflektieren. So versteckte sich P. in den *Erzählungen Belkins* (*Povesti Belkina*, 1831; dt. 1922) hinter einer fiktiven Herausgeberfigur, die sich gerade durch ihre lit. Inkompetenz auszeichnet. Die Texte selbst, denen eine ausgesprochen moderne Ästhetik zugrunde liegt, wurden von der zeitgenössischen Literaturkritik nicht verstanden: Man warf P. mangelndes gesellschaftskritisches Engagement vor. Die *Erzählungen Belkins* stellen gewissermaßen die Meisterprüfung des Lesers dar, dessen ästhetische Urteilskraft von P. seit 1825 mit der jeweils kapitelweisen Publikation seines byronistischen (↑Byron) Versromans *Evgenij Onegin* (1825–1832; dt. 1840) gebildet und erzogen worden war. P.s Poetik der Regelfreiheit hatte auch polit. Implikationen: Sein Verhältnis zum Hof schwankt zwischen Distanz und Nähe. Einerseits wollte er einen eigenen, rein lit. Prestigeraum jenseits des gesellschaftl. *comment* etablieren, andererseits erfüllten ihn die Konsekrationsakte des Zaren mit Genugtuung. Ihren lit. Niederschlag hat dieses Dilemma in P.s Privatmythos der „mächtigen Skulptur“ gefunden, die im Poem *Der eherne Reiter* (*Mednyj vsadnik*, 1833; dt. 1891) eine bes. prominente Rolle spielt. Im 20. Jh. wurde der überzeugte Aristokrat P. über eine ähnliche Argumentationsfigur für die sowjet. Literatur rehabilitiert: P. habe die russ. Sprache von den „Fesseln der höfisch-aristokratischen Ästhetik des Klassizismus“ befreit und dürfe deshalb als Vorkämpfer der Revolution gelten.

Ausgaben: Polnoe sobranie sočinenij. 20 Bde. St. Petersburg 1999 ff.; Gesammelte Werke. 6 Bde. Hg. v. H. Raab. Frankfurt/M. 1973.

Forschungsliteratur: S. Bočarov: Poėtika Puškina. Moskau 1974; R. Jakobson: Pushkin and His Sculptural Myth. Den Haag 1975; K. Städtke: Ästhetisches Denken in Russland. Kultursituation und Literaturkritik. Berlin u. a. 1978; A. Ebbinghaus: P. und Russland. Zur künstlerischen Biographie des Dichters. Wiesbaden 2004.

Ulrich Schmid

Pyra, Jacob Immanuel (1715–1744)

Für die Geschichte der Poetologie des 18. Jh.s ist P. in mehrfacher Hinsicht von Bedeutung. Zum einen hat er in der zentralen ästhetischen Auseinandersetzung zwischen Leipzig und Zürich entschieden Position bezogen. Gegen die normative Nachahmungsästhetik ↑Gottscheds und der Gottschedianer argumentiert er in seiner Schrift *Erweis, dass die Gottschedianische Sekte den Geschmack verderbe* (1743 f.; *Fortsetzung des Erweises*, 1744). Zum anderen stellt seine Beschäftigung mit (Pseudo-)↑Longinos' *Vom Erhabenen* ein frühes und bedeutendes Zeugnis der Reflexion des Erhabenen als dem zweiten Strang der modernen Ästhetik dar. Mit der Reflexion des Erhabenen wird auch eine spezifische Konzeption „Heiliger Poesie“ entworfen, die sich am deutlichsten in seinem *Tempel der wahren Dichtkunst* (1737) zeigt. Schließlich hat P. angesichts der zeitgenössischen Diskussion um Rhythmus und Reim auch die Option einer rhythmisierten, aber reimlosen Lyrik schon vor ↑Klopstock verdeutlicht.

In der Auseinandersetzung mit Gottsched und den Gottschedianern unterstützt P. ↑Bodmers Lesart von J. Miltons *Paradise Lost* und die von den Schweizern daraus abgeleitete Wertschätzung der Einbildungskraft und des Wunderbaren. Der poetologische Blick auf das Wunderbare führt zu einer Neueinschätzung des Erhabenen, das P. ganz dezidiert wirkungsästhetisch fasst, als Erhebung der Seele. So bleibt für P.s Rezeption von (Pseudo-)Longinos' *Vom Erhabenen* die rhetorische Stillehre auch noch verbindlich. Die wirksame Ordnung der Worte integriert Begriff und Vorstellung, Gedanke und Empfindung in einen gemeinsamen Sprach- und Bildraum, der vermittels der Sprache wieder auf den Rezipienten zurückwirkt. Rezeptionsmodus des Erhabenen ist wie bei ↑Mendelssohn die Bewunderung (*admiratio*). Die Bedeutung P.s für die Konzeption einer „Heiligen Poesie" in seinem *Tempel der wahren Dichtkunst* liegt in einer dichterischen Veranschaulichung von Heiligkeit – so in der Figur Davids – durch die mnemotechnisch geordnete Freisetzung der Worte und deren Koordination mit dem erhabenen Gedanken (J. Jacob). Dieses Epos, das sich auch auf ↑Popes *Temple of Fame* (1715) bezieht, und P.s reimlose Lyrik in den *Freundschaftlichen Liedern* (1745) lassen sich auch als frühe Beiträge zu einer empfindsamen Poetik der Geselligkeit deuten.

Die klare Verortung P.s im poetologischen Streit zwischen Zürich und Leipzig auf Seiten Bodmers und ↑Breitingers, sein früher Tod und schließlich auch die dominierende Position Klopstocks in der Lyrik der Jahrhundertmitte hat P. aus dem Bewusstsein verdrängt. Erst die aktuelle Diskussion des Erhabenen hat ihn wieder in den Blick rücken lassen.

Ausgaben: Der Tempel der wahren Dichtkunst. Ein Gedicht in reimfreyen Versen. Halle a. d. S. 1737; Erweis, dass die Gottschedianische Sekte den Geschmack verderbe. Beigebunden ist die Fortsetzung des Erweises, dass die Gottschedianische Sekte den Geschmack verderbe. Hildesheim 1974 [Nachdr. d. Ausg. Hamburg u. a. 1743–1744; beigeb. Teil Berlin 1744].; Über das Erhabene. Mit einer Einleitung und einem Anhang mit Briefen Bodmers, Langes und P.s. Hg. v. C. Zelle. Frankfurt/M. 1991.

Forschungsliteratur: C. Zelle: „Logik der Phantasie" – Der Beitrag von I. J. P. zur Dichtungstheorie der Frühaufklärung. In: Th. Verweyen/H.-J. Kertscher (Hg.): Dichtungstheorien der deutschen Frühaufklärung. Tübingen 1995. S. 55–72; J. Jacob: Heilige Poesie. Zu einem literarischen Modell bei P., Klopstock und Wieland. Tübingen 1997.

Lothar van Laak

Q

Queneau, Raymond (1903–1976)

Nach seiner Loslösung von der Surrealistengruppe um ↑Breton 1929 sowie nach ersten lit. Erfolgen mit den Romanen *Der Hundszahn* (*Le Chiendent*, 1933; dt. 1972) und *Mein Freund Pierrot* (*Pierrot mon ami*, 1942; dt. 1950) publiziert der Romancier und Mathematiker Q. die *Stilübungen* (*Exercices de style*, 1947; dt. 1961), die, ohne als poetologisches Programm konzipiert zu sein, grundlegende Aufschlüsse über Q.s Auffassung von Literatur geben. In 99 Kurztexten wird eine belanglose Begebenheit in einem Pariser Autobus unter Rückgriff auf unterschiedliche rhetorische Figuren, Sprachregister, fachsprachliche Wortfelder und Textsorten variiert. Dabei sind die Variationen nicht nur als kunstfertige Sprachspiele anzusehen, sondern auch als Aufforderung an den Leser, die Abbildbarkeit der außersprachlichen Wirklichkeit sowie das Verhältnis von Form und Inhalt von Literatur zu reflektieren. Auch andere Texte Q.s leiten den Leser zur Reflexion über den Produktions- und Rezeptionsprozess von Literatur an. Bekanntes Beispiel sind die *Hunderttausend Milliarden Gedichte* (*Cent mille milliards de poèmes*, 1961; dt. 1984), eine Sammlung von 10 Sonetten, deren Verse aufgrund von identischen Reimschemata und paralleler Syntax beliebig miteinander kombinierbar sind. Da die Lektüre der titelgebenden Anzahl von Gedichten, die sich auf diese Weise ergibt, jedoch einer Rechnung Q.s zufolge 190 258 751 Jahre dauern würde, kann jeweils nur ein begrenzter Anteil tatsächlich rezipiert werden.

Die genannten Texte kündigen die Arbeiten des *Ouvroir de littérature potentielle* (kurz: *Oulipo*), der „Werkstatt für potentielle Literatur“ an, die Q. 1960 gemeinsam mit dem Mathematiker F. Le Lionnais gründet und zu deren prominentesten Mitgliedern ↑Perec und ↑Calvino zählen. Die poetologische Programmatik der Gruppe formuliert Q. in seiner Schrift *Littérature potentielle* (in *Bâtons, chiffres et lettres*, 1965; *Striche, Zeichen und Buchstaben*, 1990). An ein vormodernes Konzept von Literatur anknüpfend, postuliert Q. darin, Literatur müsse als Handwerk verstanden werden: Um lit. Texte zu schreiben, bedürfe es formaler Regeln, sog. „contraintes“, die vom Autor frei wählbar, dann aber streng zu befolgen sind. Ziel ist es, die Literatur auf eine formal-logische Grundlage zu stellen und jede Form von Zufall aus dem lit. Prozess auszuschließen. Die Wiederbelebung lit. Formen und Gattungen vorheriger Epochen (z. B. des Lipogramms oder der Sextine) steht gleichberechtigt neben der Entwicklung neuer Strukturen. Die in der „Werkstatt“ entstandenen Arbeiten sind in den Bänden *Die potentielle Literatur* (*La littérature potentielle*, 1973) und *Atlas der potentiellen Literatur* (*Atlas de littérature potentielle*, 1981) zusammengestellt.

Ausgaben: Oulipo: La littérature potentielle. Paris 1973; Oulipo: Atlas de littérature potentielle. Paris 1981; Œuvres complètes. 3 Bde. Paris 1989–2006; Zazie in der Metro. Frankfurt/M. 1960; Stilübungen Autobus S. Frankfurt/M. 1961; Striche, Zeichen und Buchstaben. München 1990; Hunderttausend Milliarden Gedichte. Frankfurt/M. ^{4}1994.

Forschungsliteratur: J. Bens: R. Q. Paris 1962; U. Eco: Exercices de style de Q. In: Conséquences 3 (1984). S. 101–110; G.-E. Clancier (Hg.): Q. aujourd'hui. Paris 1985; M. Bourdette-Donon: R. Q. L'œil, l'oreille et la raison. Paris 2001.

Barbara Storck

Quintilian (Marcus Fabius Quintilianus) (um 35–um 100)

Die *Institutiones oratoriae*, ein Lehrbuch der Rhetorik, dokumentieren Q.s jahrzehntelange Erfahrung als erfolgreicher Rhetorikdozent. Wohl im Jahr 95 als eine Art Vermächtnis veröffentlicht und von persönlich-biografischen Mitteilungen (in den Vorreden) begleitet, gliedern sie sich in zwölf Bände, in denen schrittweise die Ausbildung eines Heranwachsenden zum idealen Redner dargestellt wird. Buch 1 gilt den elementaren Voraussetzungen, Buch 2 den Anfangsgründen, die Bücher 3 bis 11 der klassischen Rhetorik selbst, Buch 12 dem vollkommenen Rhetor. Das Gebiet der Rhetorik selbst gliedert sich klassisch in *inventio* (Sammlung der Argumente), *dispositio* (Anordnung des Materials) *elocutio* (Ausformulierung), *memoria* (Einprägung ins Gedächtnis) und *pronuntiatio* (Vortrag). Q. bezieht sich im 10. Buch auf eine Vielzahl gr. und röm. Werke, die ihm lit. Beispiele für seine Ausführungen über stilistische Verfahren und Qualitäten liefern. In seinem Kompendium wird die Ausbildung zum ‚bonus orator' zum Bildungsprogramm schlechthin. Damit erscheint die Kultivierung der Rede als eigentliche Erziehung zum Menschen. Mensch und Rede sind eins; sittliche und rhetorische Bildung gehören eng zusammen, und rednerische Leistungen verweisen auf charakterliche Qualitäten. Als Anhänger der Schule des Theodoros kritisiert Q. die doktrinäre Festschreibung bestimmter rhetorischer Regeln und plädiert für eine Anpassung der Redekunst an den jeweiligen einzelnen Zweck und die Natur der jeweils verhandelten Sache. Stilistisch votiert er für Mäßigung und tritt sowohl einer manieristischen als auch einer betont expressiven Redegestik entgegen. In Orientierung an Cicero vertritt er ein Ideal der Anschaulichkeit und Klarheit. Die Humanisten rezipierten Q. intensiv; das humanistische Ideal des gleichermaßen guten und gelehrten Menschen erhielt hier wichtige Impulse.

Ausgaben: Institutionis oratoriae. 2 Bde. Leipzig 1959; Ausbildung des Redners. Zwölf Bücher. 2 Bde. Hg. v. H. Rahn. Darmstadt 1972–1975.

Forschungsliteratur: M. Fuhrmann: Die antike Rhetorik. München u. a. 1984; E. Zundel: Clavis Quintilianea. Q.s „Institutio oratoria" aufgeschlüsselt nach rhetorischen Begriffen. Darmstadt 1989; G. Ueding/B. Steinbrink: Grundriß der Rhetorik. Geschichte, Technik, Methode. Stuttgart u. a. [4]2005.

Monika Schmitz-Emans

R

Rabelais, François (1494–1553)

Im Mittelpunkt der in vier bzw. fünf Bücher gegliederten Erzählung R.s, *Gargantua und Pantagruel* (*Gargantua et Pantagruel*, 1532–1564 postum; dt. 1575), stehen die beiden im Titel genannten Riesen, Vater und Sohn, zwei in hohem Maße groteske Gestalten. Die Erzählung selbst ist ein von metafiktionalen Einschüben unterbrochenes Konglomerat unterschiedlichster Textsorten und Schreibverfahren, die von einem stark satirisch-komischen Akzent geprägt sind. Zentrale Motive von R.s Erzählung sind einerseits der materiell-leiblichen und volkstümlich-festlichen Sphäre entlehnt. Hierbei schöpft R. v. a. aus volkstümlichen Quellen, deren Darstellung und Ausdruck die Erzählung selbst ist. Andererseits wird von R. aber auch die offizielle, hohe Kultur der Renaissance thematisiert und mit der niederen Volkskultur als Gegenkultur konfrontiert. Dieser Konfrontation, insb. im Karneval, entspringt das „höchste Gut" des Menschen: das Lachen. Lachend wird die dargestellte Welt bewältigt und erneuert, da alle willkürlich gesetzten Grenzen, die zwischen hoher und niederer Kultur, zwischen Geist und Körper usw., überwunden werden. Dieses Lachen, wie auch das Verfahren der komischen Inventarisierung, worin Begriffe neu (und befremdend) kontextualisiert werden, wurde von der Forschung auch in einem bes. spielerischen Umgang mit Signifikat und Signifikant verortet.

Auf der Sprachgrenze zwischen Latein und Vulgärsprache schreibend, gilt R. als Begründer der frz. Prosa, in welcher seine Wortschöpfungen noch heute nachwirken. Teilweise wird R.s Erzählung auch als Gründungstext der neuzeitlichen europ., ja der modernen Romanliteratur überhaupt gewertet. Insb. auch über ↑Sterne wirkt der Text in der Romantik fort (↑Hugo, ↑Gautier, ↑Jean Paul). Durch ↑Bachtins Arbeiten, die R. als den Formgeber und zugleich bedeutendsten Vertreter des „grotesken Realismus" würdigen, erfährt sein Werk in der zweiten Hälfte des 20. Jh.s eine Neurezeption in den Literaturwissenschaften auch jenseits des frankophonen Raumes.

Ausgaben: Œuvres de F. R. Hg. v. A. Lefranc. Paris 1913–1955; Œuvres complètes. Hg. v. G. Demerson. Paris 1995; Gargantua und Pantagruel. Hg. v. H. u. E. Heintze. Leipzig 1970.

Forschungsliteratur: M. Beaujour: Le jeu de R. Paris 1969; M. Jeanneret: Polyphonie de R.: ambivalence, antithèse et ambiguïté. In: Littérature 55 (1984). S. 98–111; F. Gray: R. et le comique du discontinu. Paris 1994; M. Bachtin: R. und seine Welt. Volkskultur als Gegenkultur. Frankfurt/M. 1995; G. M. Poutingon: F. R. Paris 1996.

Patrick Stoffel

Racine, Jean (1639–1699)

R.s Vorwort („préface") zu seiner Tragödie *Bérénice* (1670; dt. 1888) dient, wie alle seine Vorreden von *Alexander der Große* (*Alexandre le Grand*, 1665; dt. 1706) bis *Phädra* (*Phèdre*, 1677; dt. 1749), der Darlegung der eigenen Ästhetik und ihrer Rechtfertigung gegenüber Kritikern. Dem Vorwort zu *Bérénice* kommt insofern aber die Bedeutung eines poetologischen Programms zu, als es eine Tragödiendefinition enthält und R. es im Gegensatz zu seinen anderen Vorworten auch in die Gesamtausgabe von 1676 aufnimmt.

R. definiert die Tragödie von ihrer Wirkungsweise her, die im Unterschied zum Diktum des ↑Horaz nicht im „Nützen oder Erfreuen", sondern im „Gefallen" („plaire") liegen soll. Die aus der Poetik des ↑Aristoteles abgeleiteten und auf der Ratio beruhenden Regeln der klassischen Doktrin werden dem „plaire" untergeordnet. Inhaltlich wird die Tragödie durch die Darstellung zerstörerischer Leidenschaften und die Grundstimmung der „tristesse majestueuse", formal durch die lyrische Eleganz des Ausdrucks bestimmt. R. unterstellt sein Werk dem Schutz antiker Autoritäten, deren Nachahmung die frz. Klassik empfiehlt. Trotz deutlicher Abweichungen von den antiken Vorlagen beruft er sich in der Wahl des Sujets auf ↑Vergil, in der Einfachheit („simplicité") der Handlung, durch die er sich von der Barockästhetik und seinem Konkurrenten ↑Corneille unterscheidet, auf ↑Sophokles und Horaz. Die Forderung des „plaire", die ↑Boileau in seinem *Art poétique* aufgreift, bestimmt mit den irrationalen Kategorien des Geschmacks, des Sublimen und des *je-ne-sais-quoi* die Ästhetik der zweiten Hälfte des 17. Jh.s, den *classicisme Louis XIV*.

Ausgaben: Œuvres complètes. 2 Bde. Hg. v. R. Picard. Paris 1999; Dramatische Dichtungen. 2 Bde. Darmstadt u. a. 1956.

Forschungsliteratur: J. Scherer: La dramaturgie classique en France. Paris 1950; A. Niderst: Analyse de la préface de „Bérénice". In: U. Döring u. a. (Hg.): Ouverture et Dialogue. Tübingen 1988. S. 319–324; Ch. Biet: R. Paris 1996.

Pia Claudia Doering

Rakusa, Ilma (geb. 1946)

Die Grazer PV der Lyrikerin und Übersetzerin R. gelten vielfältigen Formen poetischer Sprachgestaltung und Sprachverfremdung in der lit. Moderne, insb. in den Avantgarden – ausgehend von dem Leitgedanken, in der Dichtung sei nicht der Stoff, sondern die Sprache „das Abenteuer, das Unwägbare". Am Leitfaden von Lyrik und Prosa reflektiert R. über die sprachliche Konstitution von Welten im Märchen, im Roman und in der Experimentaldichtung, über sprachmagische Konzepte und ihre Signifikanz für das (Selbst-)Verständnis der Dichtung sowie über die evokative und meditative Dimension von Gedichten. Barocke Permutationstexte und andere Formen regelgeleiteter Textproduktion wie Akronymgedichte und Anagrammgedichte, aber auch Texte in poetischen Sondersprachen illustrieren exemplarisch R.s unter Verweis auf ↑Novalis, G. Stein, V. Chlebnikov und andere Poeten entfaltete Kernthese: In der Dichtung behauptet die Sprachwelt ihre Autonomie, versteht sich aber zugleich als appellativ. Ausgehend von Stofflichem erkundet sie Formen sprachlicher Sinnkonstitution, die oft den Charakter einer Annäherung an Unsagbares haben; hierauf verweisen insb. Verfahren der Umschreibung, der indirekten Darstellung, der Negation. ↑Blanchot, ↑Celan, ↑Eich und I. Aichinger sind wichtige Repräsentanten einer solch paradoxalen Poetik. Ausgehend von ↑Kafka, D. Charms und A. Bely gilt die dritte Vorlesung der Selbstbeobachtung lit. Autoren und der Erinnerung als Motiv des Schreibprozesses. Kronzeuge für die Affinität zwischen poetischem Schreiben und Übersetzungsarbeit ist ↑Mandel'štam. Eigene Texte kommentiert R. als zitierenden, auf echoartige Effekte zielenden, übersetzerischen Dialog mit lit. Kollegen wie ↑Dostoevskij, ↑Strindberg, M. Duras, I. Svevo, A. Thomkins und A. D. Sinjawski. Der poetische Schreibprozess als Suchbewegung gilt nicht zuletzt dem Verlorenen, dem Zerstörten, den Toten.

Ausgaben: Farbband und Randfigur [GPV]. Graz u. a. 1994; Zur Sprache gehen [DPV]. Dresden 2006.

Forschungsliteratur: A. Ruckaberle: I. R. In: H. L. Arnold (Hg.): KLG. 86. Nlg. München 2007.

Monika Schmitz-Emans

Ricœur, Paul (1913–2005)

Als Vertreter einer hermeneutischen Philosophie befasste sich R. allg. mit der Bedeutung der Dichtung für die menschliche Erfahrung. In seinen sprachphilosophischen Werken untersucht er die welterschließende und sinnstiftende Kraft der dichterischen Sprache v. a. am Bsp. von Metapher und Erzählung. So entwickelt R. in *Die lebendige Metapher* (*La métaphore vive*, 1975; dt. 1986) eine „Spannungstheorie" der Metapher, nach der die ungewöhnliche bzw. „impertinente" Zuschreibung von Prädikaten im metaphorischen Satz eine „semantische Innovation" und damit eine „Neubeschreibung der Wirklichkeit" bewirken kann. Auf der Grundlage seiner in den 1970er Jahren ausgearbeiteten Theorie des Textes und der Interpretation (vgl. bes. die Aufsätze in *Du texte à l'action*, 1986; z. T. dt. in *Vom Text zur Person*, 2005) legt R. dann in *Zeit und Erzählung* (*Temps et récit*, 1983–1985; dt. 1988–1991) eine Philosophie der Zeiterfahrung vor, die auf einer Theorie der narrativen „Fabelkomposition" aufbaut. Die zentrale These lautet, dass die Zeit erst durch die narrative „Mimesis einer Handlung" (im Sinne der *Poetik* des ↑Aristoteles) den Sinn der spezifisch menschlichen, „geschichtlichen" Zeit annimmt, wobei die „Konfiguration" zeitlicher Abläufe in der Erzählung über die Lektüre zu einer „Refiguration" der Zeitauffassung des Lesers führen kann. Dabei bemüht sich R. bes. um eine Klärung des Verhältnisses zwischen dem historischen, auf eine vergangene Wirklichkeit bezogenen und dem lit., fiktionalen Erzählen. In *Das Selbst als ein Anderer* (*Soi-même comme un autre*, 1990; dt. 1996) schließlich arbeitet R. den Begriff der „narrativen Identität" aus, der für die Aneignung der je eigenen Lebensgeschichte ebenso wie für die Bildung kollektiver Identitäten über Erzählungen steht.

Ausgaben: La métaphore vive. Paris 1975; Die lebendige Metapher. München 1986; Temps et récit. 3 Bde. Paris 1983–1985; Zeit und Erzählung. 3 Bde. München 1988–1991; Du texte à l'action. Essais d'herméneutique. Bd. 2. Paris 1986; Vom Text zur Person. Hermeneutische Aufsätze (1970–1999). Hamburg 2005; Soi-même comme un autre. Paris 1990; Das Selbst als ein Anderer. München 1996.

Forschungsliteratur: J. Mattern: P. R. zur Einführung. Hamburg 1996; J. Greisch: P. R. L'itinérance du sens. Grenoble 2001.

Andris Breitling

Rilke, Rainer Maria (1875–1926)

R. hat keine explizite Poetik formuliert. Auch seine wenigen kunst- und dichtungstheoretischen Schriften (etwa *Rodin*, 1903 oder die *Briefe an einen jungen Dichter*, 1929) arbeiten mit Metaphern, die keineswegs einen Schlüssel zu seinem Werk bieten wollen. So hielt gerade die ältere Forschung R.s Gedichte mit ihrer scheinbar fehlenden Begriffsschärfe für raunende Lebenshilfe. Doch lässt sich aus den Werken durchaus eine kohärente und präzise Thematik herauslesen. Nach den puerilen Anfängen von *Larenopfer* (1895), *Traumgekrönt* (1897) und *Mir zur Feier* (1899), die weitgehend noch jugendstilhaft die Innerlichkeit des Dichter-Ichs ausloten, gelangte R. durch intensive ↑Nietzsche-Lektüre zu einem anderen Begriff von Dichtung. Insofern diese Erfindung sei, müsse sie auch imstande sein, Welt und Gott neu zu schaffen, welche durch das nur funktionale Realitätsverständnis der Moderne sowie durch die tradierte Metaphysik lebensfeindlich geworden seien. Schon in den unveröffentlichten *Christus-Visionen* (1896–1898) hatte R. ein neues Gottesbild eingefordert, das die Affirmation des hiesig Seienden wieder ermöglichen sollte. Der Zyklus *Das Stunden-Buch* (1905) denkt den Ansatz in scheinbar erbaulicher Sprache weiter, modifiziert den christl. Gott indes zur Chiffre ästhetischer Weltganzheit, die vom Dichter auszusprechen wäre. Dabei erfährt sich der Mensch jedoch deshalb als defiziente Existenz, weil ihm der Bezug zum imaginierten Einheitsgrund unverfügbar bleibt. Diesen Mangel, der sich in Fremdheit und Tod manifestiert, sollen daher ab dem *Buch der Bilder* (1. Fass. 1902, 2. Fass. 1906) die zunächst unauffälligen Dinge der Welt kompensieren. Im Unterschied zum Menschen besitzen sie eine fraglose phänomenale Realität, die der Blick des Dichters in einer epiphanischen „Verwandlung" offenbar macht. R.s mittleres Werk, insb. die *Neuen Gedichte* (1907–1908), erhebt daher das „Kunst-Ding", in dem diese gesteigerte Wirklichkeit aufscheint, zum Muster idealen Daseins. In der Auseinandersetzung mit A. Rodin und P. Cézanne entwickelte R. eine Poetik des „sachlichen Sagens", welche die Bekenntnishaftigkeit des Frühwerks überwindet. Sie kulminiert im nüchternen und ichlosen Schauen, das über den konstituierten Gegenstand für einen flüchtigen Moment Ding- und Selbsterkenntnis vermittelt. R.s einziger Roman, *Die Aufzeichnungen des Malte Laurids Brigge* (1910), sucht demgegenüber, unter Bezugnahme auf Nietzsches *Zarathustra*, die Fiktion eines Ichs als Bedingung des Dichtens zu setzen. Doch Malte, dem sich der affirmierende Bezug zu Welt und Gott infolge seiner Todesangst und einer vernichtenden Erfahrung der modernen Großstadt verschließt, scheitert an Selbstbegründung und dichterischer Ambition. Erst R.s Spätwerk feiert das Diesseits uneingeschränkt. Die *Duineser Elegien* (1912/1922) suchen das Defizit des Menschen zu überwinden. Dafür werten sie gerade seine Beschränktheit und Vergänglichkeit zur Voraussetzung einer Wirklichkeitserfahrung auf, die ihn im Zusammenwirken mit Reflexion erst zum potenziellen Substrat imaginierter Ganzheit macht. Nietzscheanische Lebensbejahung und die entschiedene Hinnahme alles Faktischen prägen auch die *Sonette an Orpheus* (1922). Unter Berufung auf den Mythos des idealen Dichters, der den Tod noch singend überlebte, wird die orphische Verwandlung von Klage in Rühmung vorgeführt und eine Daseinsganzheit beschworen, zu der Dichtung den Menschen ermutigen will.

Ausgaben: Sämtliche Werke. 6 Bde. Hg. v. R.-Archiv in Verbindung mit R. Sieber-R., besorgt durch E. Zinn. Frankfurt/M. 1955–1966 [Bd. 7 Frankfurt/M. 1997]; Werke. Kommentierte Ausgabe. 4 Bde. Hg. v. M. Engel u. a. Frankfurt/M. 1996 [Suppl.-Bd. 2003].

Forschungsliteratur: M. Engel (Hg.): R.-Handbuch. Leben – Werk – Wirkung. Stuttgart 2004; R. Görner: R. M. R. Im Herzwerk der Sprache. Wien 2004; M. Krings: Selbstentwürfe. Zur Poetik des Ich bei Valéry, R., Celan und Beckett. Tübingen 2005.

Marcel Krings

Rimbaud, Jean Nicolas Arthur (1854–1891)

Seine „Poétique du fragment" („Poetik des Fragments") formuliert R. in den *Briefen des Sehenden* (*Lettres du voyant*, 1912/1926; dt. 1961) an G. Izambard und an P. Demeny aus dem Jahre 1871 sowie in den „Délires II, Alchimie du verbe" in *Eine Zeit in der Hölle* (*Une saison en enfer*, 1873; dt. 1927): „Es geht darum, das Unbekannte zu erreichen, durch die ENTREGELUNG aller Sinne […] ICH denke: man müßte sagen: ES DENKT

MICH." Denn das Ich ist mit sich selbst entzweit, wird sich selbst fremd: „Ich ist ein Anderer" („Vokale"; „Voyelles", 1883). In dem Prosagedicht *Vies II* aus den *Illuminationen* (*Illuminations*, 1886; dt. 1907) bezeichnet sich R. als einen Erfinder, einen „Musiker, der so etwas wie den SCHLÜSSEL DER LIEBE gefunden hat". Das Credo des aus dem Paradies vertriebenen Kindes lautet: „Eine Sprache finden" („2. Brief"). Der enigmatische, immaterielle, musikalische Duktus poetischer Sprache erzeugt in R.s Texten eine Art von Vibration. R.s *Alchemie* erinnert an alte Alphabete, wie sie A. Kircher im *Theatrum Hieroglyphicum* als Piktogramme auf Tafeln präsentiert. Sein Einfluss reicht von den Präraffaeliten über den Symbolismus (↑Mallarmé) bis hin zu den Surrealisten und der *écriture automatique* (↑Breton). Seine Rezeption erstreckt sich von ↑Curtius, S. Zweig, E. Starkie, Y. Bonnefoy, H. Miller, ↑Mayer bis hin zu ↑Braun. R.s Poetik, sein „système" oder „Operativprogramm" (↑Eco), steht in Beziehung zu Mallarmé *Poèmes en prose*, ↑Baudelaires *Fleurs du mal* und P. Verlaines *„art poetique"*. Das künstlerische Werk ist zugleich ein linguistisches und kabbalistisches „System" von Relationen zwischen verschiedenen Ebenen. Der für R.s Œuvre bedeutende literarhistorische Topos ist der der „Kindheit" („enfance"). R. zufolge gilt es mittels poetischer „Alchemie" eine neue poetische Sprache zu erfinden, die im Rausch den Intellekt des Okzidents hinter sich lässt. Das Ophelia-Motiv der Nazarener und Präraffaeliten assoziiert R. mit dem Topos „Kindheit". R.s Gedicht *Ophelia* (1870) liest sich wie ein Kommentar zu J. E. Millais Gemälde „Ophelia" (1852) zur *Hamlet*-Szene. Die Bewegung im Horizont der Poetik R.s vom belebten Körper zum unbelebten Text ist ein sukzessiver Prozess des Konservierens der künstlichen Kindheits-Paradiese.

Ausgaben: Œuvres complètes. Hg. v. A. Adam. Paris 1972; Poetische Werke. 3 Bde. Hg. v. H. Therre/R. G. Schmidt. München 1979–1980.

Forschungsliteratur: C. A. Hackett: R. l'enfant. Paris 1948; P. Brunel: R. Projets et réalisations. Genf 1983; S. Sacchi (Hg.): R. Le poème en prose et la traduction poétique. Tübingen 1988.

Petra Renneke

Robbe-Grillet, Alain (1922–2008)

Argumente für einen neuen Roman (*Pour un nouveau roman*, 1963; dt. 1965), das einflussreichste literaturtheoretische Werk des Romanautors und Filmemachers R., ist keine geschlossene poetologische Abhandlung, sondern eine Sammlung von Aufsätzen aus den Jahren 1953–1963, die jedoch im polemischen Klima der Auseinandersetzung mit der etablierten Literaturkritik schnell als Manifest für den damals weithin abgelehnten sog. Nouveau Roman verstanden wurde.

Ausgangspunkt von R.s Überlegungen ist die Tatsache, dass „der Roman, seit er existiert, immer ein ‚neuer' Roman gewesen ist", dass sich die Literatur nur in der Überwindung automatisierter Formen konstituiere (↑Šklovskij), und dass darum die Innovationen des Nouveau Roman keinen Bruch mit vermeintlich ewigen Gattungsgesetzen darstellen, sondern lediglich eine konsequente Weiterführung von Entwicklungen, die sich bereits im Roman der klassischen Moderne vorbereiteten (↑Dostoevskij, ↑Flaubert, ↑Kafka usw.). Insofern sei es verfehlt, vom zeitgenössischen Roman die Kohärenz und evidente Sinnhaltigkeit des „Helden" und der „Geschichte" erwarten zu wollen: diesen Grundpfeilern des bürgerlichen Realismus à la ↑Balzac sei längst die weltanschauliche Grundlage eines in sich bedeutungs- und sinnvollen Universums abhanden gekommen. Die Abwesenheit vorgegebener Bedeutung in der Welt hat

R. zufolge nicht mehr (wie noch für die Literatur des Absurden) als Mangel, sondern als Bedingung menschlicher Freiheit zu gelten. Für R., der sich darin explizit gegen die engagierte sozialistische Literatur wendet, kann diese Veränderung der Weltwahrnehmung nicht durch den Transport kritischer Inhalte in der alten bürgerlichen Form geschehen; die Form ist es, die vom jeweiligen Verhältnis zur Welt zeugt und die allein die „Absetzung der alten Mythen der Tiefe" der humanistischen Metaphysik leisten kann. Nur in ihr kann das Engagement, aber auch der Kunstcharakter des Romans liegen. Ausgedehnte Beschreibungen, fragmentiertes Erzählen und Verzicht auf anthropomorphisierende Metaphern und Adjektive sollen den Dingen ihre Daseinsautonomie zurückgeben und den Menschen auf seine Freiheit von vorgegebenen Sinnstrukturen verweisen.

Der Verzicht auf psychologische Innenansichten und der Versuch, die Realität der Objekte gegen metaphysische Vereinnahmung zu verteidigen, hat dem Nouveau Roman den Ruf kalter, unparteiischer Neutralität eingetragen, dem R. energisch widerspricht: „Selbst wenn man sehr viele Gegenstände darin findet, die mit strenger Genauigkeit beschrieben sind, so ist es doch immer und zuerst der Blick, der sie sieht, das Denken, das sie wiedersieht, die Leidenschaft, die sie verzerrt." Nur dass der subjektive Blick in dieser neuen Form des Realismus auf eine Welt der Oberfläche trifft, der auch obsessives Beobachten keine tiefere Bedeutung abgewinnen kann.

Später wird R. explizit reflektieren, dass sich der in einigen Passagen der *Argumente* erhobene Anspruch, die Realität so darzustellen, wie sie ist, mit der Intention einer Zerstörung einengender Sinnkonstruktionen nicht vereinbaren lässt. Er hat in der Folge seine Poetik lediglich in Form von verstreut publizierten Vorträgen, Interviews und Diskussionsbeiträgen weiterentwickelt, von denen eine thematisch offene Auswahl 2001 u. d. T. *Le Voyageur* (*Der Reisende*) veröffentlicht wurde. Dafür findet die Reflexion über Erzählen und Fiktion zunehmend Eingang in den Roman selbst. Schon in den frühen Werken des Nouveau Roman waren Elemente zu identifizieren, die das poetische Prinzip des Textes im Sinne einer *mise en abyme* metaphorisch spiegelten; in den als Nouveau Nouveau Roman bezeichneten Werken der späten 1960er und der 1970er Jahre wird nicht nur die Auflösung der Handlungs- und Figurenkohärenz sowie der Autorität des Erzählers radikal vorangetrieben, sondern die Erschaffung fiktionaler Welten aus mythischen und populärkulturellen Intertexten sowie obsessionellen sadoerotischen Phantasmen auch ausdrücklich sichtbar gemacht. Hatte R. in den *Argumenten* die Überwindung festgefahrener Deutungsschemata noch als historischen Prozess ständiger Neuerung beschrieben, so wird die notwendige Offenhaltung der Bedeutungsstruktur hier – unter dem Einfluss poststrukturalistischer Argumentationsmuster – zunehmend in das Werk selbst verlegt, das nur durch Leerstellen, Widersprüche und den Ersatz von Linearität durch Zirkularität davor bewahrt werden könne, sich zu einem kohärenten Sinngefüge zu verhärten.

Theoretikern wie J. Ricardou erschien der Nouveau Nouveau Roman als perfekte Illustration ihrer Poetik der reinen Textualität, der Literatur als eines a-referenziellen, autonomen Spiels mit der Sprache, doch R. hat sich von solchen reduktionistischen Deutungsversuchen bald distanziert. Er sah den letztlich polit. Anspruch seines Schreibens nur darin zu verwirklichen, dass er das poetische Material nicht aus seiner semantischen Funktion entlässt, sondern diese manipuliert und dekonstruiert.

R.s autobiografische Trilogie *Romanesques* (*Le Miroir qui revient*, 1984; *Der wieder-*

kehrende Spiegel, 1986; *Angélique ou l'enchantement*, 1987; *Angélique oder die Verzauberung*, 1989; *Les derniers jours de Corinthe*, 1994; *Corinthes letzte Tage*, 1997) prangert die Ideologiehaftigkeit des A-Referenzialismus dann an, ohne doch zum traditionellen humanistischen Menschenbild zurückzukehren. In einer Mischung aus Kindheitserinnerungen und lit. Selbstbesinnung legen die *Romanesques* jene Verbindung von persönlichem Erleben, ästhetischer Kreation und durchaus polit. verstandenem Engagement gegen ästhetisch-epistemologische Dogmen offen, die R.s Schreiben immer zugrunde gelegen hat. Fragmentcharakter und partielle Fiktionalisierung des Erzählens suchen jedoch zu verhindern, dass seine Darstellung zu einer versteinerten und unanfechtbaren „Wahrheit" gerinnt.

R.s Werdegang ist sowohl im militanten Anspruch seiner Theorie wie in deren ständiger Infragestellung durch die schöpferische Praxis exemplarisch für die frz. Nachkriegsavantgarde. In seiner Verteidigung der Historizität des Kunstwerks gegen den Klassizismus ewiger lit. Werte, in seinem Plädoyer für Formalismus und Kunstautonomie macht R. sich in den *Argumenten* zum Vertreter einer modernistischen Ästhetik, ohne sich deren Hermetismus anzuschließen. Seine Ablehnung der humanistischen Konzeptionen des Subjekts und der Geschichte weisen jedoch bereits auf die poststrukturalistische und postmoderne Theoriediskussion voraus.

Ausgaben: Pour un nouveau roman. Paris 1963; Argumente für einen neuen Roman. Essays. München 1965; Romanesques. Paris 1984–1994; Der wiederkehrende Spiegel. Frankfurt/M. 1986; Angélique oder die Verzauberung. Frankfurt/M. 1989; „Warum und für wen ich schreibe". In: K. A. Blüher (Hg.): R.-G. zwischen Moderne und Postmoderne. Tübingen 1992. S. 17–64; Corinthes letzte Tage. Frankfurt/M. 1997; Le voyageur. Textes, causeries et entretiens (1947–2001). [Paris] 2001.

Forschungsliteratur: Obliques 16/17 (1978). Sondernr. „A. R.-G."; R.-M. Allemand: A. R.-G. Paris 1997.

Jeanne Ruffing

Rodari, Gianni (1920–1980)

Der Kinderbuchautor R. hat 1973 mit seiner *Grammatik der Phantasie* (*Grammatica della fantasia*; dt. 1992) eine auf langjähriger Praxis beruhende Erfindungskunst für Geschichten vorgelegt, in die seine poetologischen Konzepte eingeflossen sind. Seine ganz auf praktische Experimente ausgerichtete Poetik leitet dazu an, aus Wörtern und Wortkonstellationen Texte, aus Themen Geschichten, aus alten Geschichten neue zu entwickeln. Sie erörtert die Ausgangsmaterialien und Rahmenbedingungen lit. Erfindungen, verschiedene Strategien kreativer Verfremdung konventioneller Ausdrucksweisen, Verdrehungen, Zerlegungen und Neukombinationen sprachlicher Elemente, das stimulierende Potenzial von Gedankenspielen, von Fehlschreibungen und Zufallsfunden, die Gestaltbarkeit tradierter Märchenstoffe und -motive, die Generierung von Geschichten im Rahmen von Gruppenspielen sowie insgesamt den Spielcharakter poetischer Produktion, etwa auch bei der phantasievollen narrativen Auslegung von Bildsequenzen. R.s Programm einer intertextuell fundierten Kombinations- und Transformationskunst des Erzählens ist beeinflusst durch ↑Propps *Morphologie des Märchens*; integriert sind Exkurse zu Theorien der Imagination und der Kreativität. In den Spuren der modernen Verfremdungsästhetik, insb. ↑Šklovskijs, begreift R. den von Konventionen abweichenden Umgang mit Sprache und Geschichtenmustern als ein Aufbrechen erstarrter Beziehungen zur Wirklichkeit selbst, als Impuls zur De- und Rekontextualisierung der Dinge und zur Entdeckung neuer Bedeutungspotenziale.

Ausgaben: Grammatica della fantasia. Introduzione all'arte di inventare storie. Turin 1973; Grammatik der Phantasie. Die Kunst, Geschichten zu erfinden. Leipzig 1992.

Forschungsliteratur: M. Argilli (Hg.): Le provocazioni della fantasia. G. R. scrittore e educatore. Rom 1993; E. Catarsi (Hg.): G. R. e la letteratura per l'infanzia. Tirrenia 2002; G. Leo (Hg.): G. R., maestro di creatività. Neapel 2003.

Monika Schmitz-Emans

Ronsard, Pierre de (1524–1585)

Die kurze Poetik (*Abrégé de l'art poétique françoys*, 1565; *Abriss der französischen Dichtkunst*) des neben ↑Du Bellay wichtigsten Mitglieds der Pléiade gibt sich als in wenigen Stunden verfasstes Gelegenheitswerk für einen jungen Zeitgenossen aus und lehnt sich im Aufbau stark an ↑Sébillets *Art poétique françois* an, etwa in der traditionellen Aufteilung in *inventio*, *dispositio*, *elocutio*, bevor metrische und orthografische Fragen behandelt werden. Inhaltlich führt R. Sébillets Argumente und christl.-platonisierende Theoreme z. T. radikalisierend oder in subtilen Verschiebungen weiter: In ihrem Ursprung war Dichtung „allegorische Theologie", waren Dichter nicht so sehr göttlich Beseelte als vielmehr Mittler zwischen Sehern und dem Volk. Dichtung wird als etwas nicht in erster Linie Lehr- und Lernbares charakterisiert; wichtig ist der Geist/Verstand („entendement") des Dichters, der sich auf Göttliches richten soll. Hauptelement der Dichtung ist die *inventio*, die der „guten Natur" dichterischer Imagination ebenso geschuldet ist wie der Lektüre guter (antiker) Vorbilder. Dichtung hat die aristotelischen Wahrscheinlichkeitsforderungen (↑Aristoteles) zu beachten. R. räumt dennoch dem Unwahrscheinlichen und Grotesken viel Platz ein: In Anspielung auf die monströsen Traumbilder der Poetik des ↑Horaz empfiehlt er, diese zu meiden, kann jedoch für das ‚Richtige' keine Regel an die Hand geben; zwischen Melancholie und Wahn wird – auch in R.s Gedichtzyklen – der faszinierend zwiespältige freie Raum dichterischer Imagination evoziert. Verstärkt wird diese Tendenz durch die abschließende Mahnung an den jungen Dichter, das Tradierte zu übertreffen (*aemulatio*) und unbeirrt das Neue zu suchen. Ähnliche Positionen finden sich auch in den beiden Vorreden zum unvollendeten Nationalepos *La Franciade* (1572): die *Epistel an den Leser* (*Épître au Lecteur*, 1573) und das *Vorwort* (*Préface*). Die auf ↑Platon zurückgehende Theorie des *furor poeticus* verarbeitet R. prägnant in der *Ode à Michel de l'Hôpital* (1552), in der er in großer Bilder- und Gedankenfülle („copia") einen Begründungsmythos der Poesie schreibt, dichterische Prinzipien behandelt (*imitatio*), auf Theoreme aus Platons Dialogen *Ion* und *Phaidros* sowie auf M. Ficinos Lehre von den vier *furores* zurückgreift, dabei jedoch ein Konzept des Eigenwerts der Dichtung jenseits von metaphysischer Funktionalisierung anlegt. Innerhalb seiner *Amours*-Gedichtzyklen (1552; dt. 1948) führt R. permanent eine implizite oder explizite Auseinandersetzung mit den Dichtungskonzepten ↑Petrarcas und des Petrarkismus sowie mit neuplatonischen Liebeskonzeptionen. Hier werden die Prinzipien der Poetik von Du Bellay insb. in einer produktiven, nicht-epigonalen Antikenrezeption umgesetzt. R.s Werk geriet im 17. und 18. Jh. in Vergessenheit, bis es im 19. Jh. bes. von C.-A. Sainte-Beuve und anderen Romantikern wiederentdeckt und v. a. von ↑Baudelaire intensiv rezipiert wurde.

Ausgaben: Œuvres complètes. 2 Bde. Hg. v. J. Céard u. a. Paris 1993–1994; Amoren für Cassandre. Hg. v. C. Fischer. Berlin 2006.

Forschungsliteratur: Y. Bellenger u. a. (Hg.): R. en son IVe centenaire. 2 Bde. Genf 1988–1989; P. Lajarte (Hg.): Aspects de la poétique ronsardienne. Caen 1989; O. Pot: Inspiration et mélancolie. L'épistémologie poétique dans les „Amours“ de R. Genf 1990; K. Westerwelle: Die Groteske in der Poetik P. d. R.s. In: dies.: Montaigne. Die Imagination und die Kunst des Essays. München 2002. S. 352–363.

Harald Nehr

Rosei, Peter (geb. 1946)

R.s Grazer PV (1995) deuten schon durch ihren Titel *Beiträge zu einer Poesie der Zukunft* (der wie auch ihr Inhalt an ↑Calvinos chaostheoretisch inspirierte Harvard Lectures erinnert) ihre Ambitionen an: Unter häufiger und ausführlicher Einbeziehung eigener lit. Texte und Notizen erörtert R. so fundamentale Themen wie die Beziehung zwischen Literatur und Wirklichkeit, Ordnung und Unordnung, Sinn und Unsinn. Dichterische Arbeit, so R.s Prämisse, bewege sich stets zwischen den Polen von Ordnung und Unordnung, die sie im Auge behalten müsse. Angesichts der undurchdringlichen Dichte der Welt beruhe der sprachlich-dichterische Darstellungsprozess auf einer Isolation von Strukturen. Kunstwerke setzen der chaotischen und kontingenten Welt ihre ordnenden Kalküle und die daraus resultierenden Formen entgegen; Kunst bändigt das Chaotische durch Gestaltung, beruht zugleich aber auf Regelverletzung und bleibt bei bereits gefundenen Formen daher niemals stehen. Synkretistisch orientiert sich R. an ↑Wittgensteins Sprachreflexion, an Konzepten der Polyphonie im Roman sowie schließlich am Rhizom-Konzept ↑Deleuzes und F. Guattaris. Seine von eingeschalteten Selbstkommentaren (sog. „Adhocs“) unterbrochenen Ausführungen verweigern sich einer Systematisierung, sprechen aber immer wieder von Grundspannungen, wie schließlich auch von Musikalischem und Rationalem, Wohlklang und Kalkül als antagonistischen ästhetischen Prinzipien.

Ausgaben: Beiträge zu einer Poesie der Zukunft [GPV]. Graz u. a. 1995.

Forschungsliteratur: G. Fuchs (Hg.): P. R. Graz u. a. 1994; W. Vogl (Hg.): Basic R. Wien 2000.

Monika Schmitz-Emans

Rosenkranz, Johann Karl Friedrich (1805–1879)

R. war einer der produktivsten Philosophen des 19. Jh.s und erster ↑Hegel-Biograf (*G. W. F. Hegels Leben*, 1844). Neben seinen literaturhistorischen Werken und seiner selbstreflexiven Komödie *Das Centrum der Spekulation* (1840) ist die *Ästhetik des Häßlichen* (1853) seine kunstphilosophische Hauptschrift, die R. im Zuge der romantischen Aufwertung des Hässlichen durch ↑F. Schlegel (1795) und ↑Hugo (1827) nahezu zeitgleich mit ↑Baudelaire (1857) verfasste. In Anlehnung an C. H. Weißes in *System der Ästhetik als Wissenschaft von der Idee der Schönheit* (1830) entwickelten Grundgedanken, dass das Schöne aus sich selbst heraus das Hässliche als seine eigene Negation erzeugen müsse, wurde R.s Schrift begriffsbildend.

Im metaphysischen Bereich, den er hier als einen a-historischen definiert, stellt R. das Hässliche als Negativschönes dem Schönen gegenüber und ordnet es ihm unter. In den Erscheinungsweisen des Hässlichen, der Formlosigkeit, der Inkorrektheit und der Defiguration/Verbildung erscheine das Hässliche geradezu als Karikatur des idealistisch Schönen, so R. im Vorwort. Die dialektische Absicht R.s weicht aber einer empirischen Phänomenologie des Hässlichen, seine Arbeit in Gegensatzpaaren läuft auf einen Beispielkatalog bes. der zeitgenössischen Kunst und Literatur hinaus.

Poetologisch lässt sich die *Ästhetik des Häßlichen* implizit als eine Anleitung zum Komischen und zur Karikatur lesen. R.s zahlreiche Beispiele aus allen Gattungen demonstrieren immer wieder Kippfiguren zum Hässlichen (E. Sue, ↑Hebbel, ↑Byron, ↑Heine, ↑Hoffmann). Solche Verkehrungen des Ideals retten das Hässliche mit den Mitteln der Übertreibung und der Aufhebung der Einheit ins selbstbewusste Zerrbild des absolut Schönen (↑Aristophanes, ↑Cervantes, ↑Dante, ↑Shakespeare, ↑Goethe). Die *Ästhetik des Hässlichen* wirkte bes. auf ↑Nietzsche und das späte 20. Jh.

Ausgaben: Ästhetik des Häßlichen. Hg. v. D. Kliche. Leipzig [2]1996.

Forschungsliteratur: G. Oesterle: Entwurf einer Monographie des ästhetisch Häßlichen. Die Geschichte einer ästhetischen Kategorie von F. Schlegels Studium-Aufsatz bis K. R.' „Ästhetik des Häßlichen" als Suche nach dem Ursprung der Moderne. In: D. Bänsch (Hg.): Zur Modernität der Romantik. Stuttgart 1977. S. 217–297; D. Kliche: Häßlich. In: K. Barck u. a. (Hg.): Ästhetische Grundbegriffe. Historisches Wörterbuch in sieben Bänden. Bd. 3. Stuttgart 2001. S. 25–66.

Eva Werth

Roth, Patrick (geb. 1953)

R.s poetologische Hauptschriften sind seine 2001/02 gehaltenen Frankfurter PV *Ins Tal der Schatten* (2002) und seine daran anschließende PV *Zur Stadt am Meer* (2005), die er 2004 in Heidelberg gehalten hat. Züge impliziter Poetik weisen zudem seine Erzählung *Meine Reise zu Chaplin* (1997) und die Texte *Johann Peter Hebels Hollywood oder Freeway ins Tal von Balzac* und *Lost In Your Shadow. Aus dem Tagebuch eines Filmbesessenen* im Sammelband *Riding with Mary* (2003) auf. Darüber hinaus kennzeichnet R.s Prosa insgesamt ein hohes Maß an poetologischer Selbstreflexion und Selbstdeutung.

R.s Poetik lässt sich als eine Poetik der Evidenz, genauer: als eine Poetik des performativen, evident machenden Erzählens bezeichnen. Erzählen soll zu einer bildhaft sich einstellenden (Selbst-) Erkenntnis, aber auch zu einer tieferen Einsicht in die Bildhaftigkeit der eigenen Seelenerfahrung führen. Sie wird, wie auch schon in der Ästhetik der Romantik vorgeprägt, durch eine erzählerische Traumarbeit und eine – von R. als alchemistisch verstandene – produktionshermeneutisch eingesetzte Traumdeutung ermöglicht. Diese das eigene Selbst und die individuelle wie kollektive Psyche erschließende Leistung des Erzählens wurde als „revelatorische Ästhetik" (R. Zwick) charakterisiert. Die erzählerische Geste des Aufdeckens versteht R. dabei durchaus auch als im Wortsinn offenbarend: als apokalyptisch. So werden R.s zentrale Themen – der Kinofilm (Ch. Chaplin, A. Hitchcock, das Hollywoodkino), die antiken Mythen (Orpheus und Eurydike), die Geschichten der Bibel und die moderne Literatur (J. P. Hebel, ↑Poe, ↑Joyce) – durch die aus diesem ästhetischen Material abgeleiteten poetologischen Verfahren selbst verwandelt zu einem Existenzielles aufdeckenden, apokalyptischen Erzählen von mythisch-numinoser Qualität. Literatur erhält bei R. deshalb auch eine religiöse Dimension.

Die Traumerfahrung wird in der vierten Frankfurter und den vier Heidelberger PV R.s mit der die archetypischen Bilder entfaltenden Tiefenpsychologie C. G. Jungs erschlossen. Sein poetologisches Verfahren begreift R. als alchemistisch, insofern er die Alchemie als „Erfahrungskunst" auffasst, mit der sich diese Schichten des Unbewussten lit. erschließen lassen. R.s ästhetische Traumarbeit, ihr alchemistisches Verfahren und die (selbst-)transgressive Tendenz in überindividuelle Bereiche, wie die Religion oder den Mythos, einschließlich ihrer Nachtseiten, stellt eine Kontinuität zur romantischen Ästhetik her. Die Einbeziehung der Psychoanalyse und des Films als Bereich des kollektiven Imaginären verleiht R.s Poetologie ihren bes. Charakter von Gegenwärtigkeit.

Ausgaben: Meine Reise zu Chaplin. Ein Encore. Frankfurt/M. 1997; Ins Tal der Schatten [FPV]. Frankfurt/M 2002; Riding with Mary. 10 mal Sehnsucht. Frankfurt/M. 2003; Zur Stadt am Meer [Heidelberger PV]. Frankfurt/M. 2005.

Forschungsliteratur: H. Gottwald: Mythos und Mythisches in der Gegenwartsliteratur. Studien zu Ch. Ransmayr, P. Handke, B. Strauß, G. Steiner, P. R. und R. Schneider. Stuttgart 1996; E. Garhammer/U. Zelinka (Hg.): „Brennender Dornbusch und pfingstliche Feuerzungen". Biblische Spuren in der modernen Literatur. Paderborn 2003; G. Langenhorst (Hg.): P. R. – Erzähler zwischen Bibel und Hollywood. Münster 2005.

Lothar van Laak

Rousseau, Jean-Jacques (1712–1778)

Die Bedeutung, die R. dem Selbst und dem Schreiben dieses Selbst zumaß, ist geradezu zum Ausgangspunkt einer Tradition dichterischer Selbstbeschreibung geworden, welche man als „Poetik der Authentizität" bezeichnen kann und die in immer wieder erneuerten Wellen bis in die Gegenwart reicht. Letztes Beispiel dürfte die „Neue Innerlichkeit" der späten 1970er Jahre sein, aber auch die Popliteratur weist, wenn auch in teilweise ironisierter Form, Elemente dieses Authentizitätskults auf. Schließlich bildet sie als Authentizitätsgebot weit über die Poetik hinaus einen integrierenden Teil der kulturellen Praxis verschiedener Alternativ- und Subkulturen, als deren Gegenpol die auf die frühneuzeitliche höfische Unbefangenheit (*disinvoltura*) zurückgehende *coolness* fungiert. Es handelt sich dabei um eine Autorpoetik in dem betonten Sinne, dass der Autor sich selbst als Grundprinzip seines Schreibens postuliert, freilich ohne sich damit als Dichter etablieren zu wollen. R. begreift sein autobiografisches Schreiben als größtmögliche Annäherung an eine Wahrheit, also als radikal mimetisch, und damit als Gegenpol zur im herkömmlichen Sinne als fiktional begriffenen Dichtung. Das Subjekt ist aus dieser Sicht als Schreibendes deshalb von Bedeutung, weil es das Erzählte gelebt hat. Nur auf der Basis dieses Paradigmas kann hundert Jahre später etwas wie „Lebensphilosophie" entstehen. *Die Bekenntnisse* (*Les confessions*, 1782/1788 postum; dt. 1782) zu verfassen, ist unmittelbare Konsequenz dieser nicht so sehr poetologisch als lebensweltlich interessierten Haltung. Dass R. schon mit der Wahl des Titels die Absicht kundtut, das Werk seines Vorgängers Augustinus zu ersetzen, wird umso plausibler, wenn man bedenkt, dass er bereits vor den *Bekenntnissen* in seinem philosophischen Werk eine Anthropologie entwickelt, die als genaues Gegenteil derjenigen des Augustinus begriffen werden muss: die Annahme der natürlichen Güte der Menschen richtet sich direkt gegen die auf den Kirchenvater zurückzuführende Erbsündelehre. Für seine Auffassung findet er in der *Abhandlung über den Ursprung und die Gründe der Ungleichheit unter den Menschen* (*Discours sur l'origine et les fondements de l'inégalité parmi les hommes*, 1755; dt. 1756) das eindrucksvolle Bild der Statue des Glaucus, die ein Bild der „menschlichen Seele" („âme humaine") nach dem Durchgang durch die Erfahrungen der Zivilisation darstelle: Die Statue ist durch die Witterung „entstellt" („défigurée"), die Seele durch den verderblichen Einfluss der Gesellschaft „fast bis zur Unkenntlichkeit verändert" („changé d'apparence au point d'être presque méconnaissable"). Die Lehre von der gesellschaftl. korrumpierten ursprünglichen Güte bildet das Kontrastprogramm zum ursprünglich (nämlich durch den Sündenfall) immer schon korrupten Menschen des Augustinus. Sie ist wichtig für das lit. Programm des Autobiografen R., weil sie dessen zentralen Wert der Ehrlichkeit ermöglicht: R. betrachtet sich selbst als fundamental gut und ohne Arg, gewissermaßen als den in die Gesellschaft hineingeschleuderten Naturmenschen, und kann deshalb seine Verstöße und (sexuellen) Eigenheiten eingestehen, die mit seinem „Wesen" nichts zu tun haben. Alles Böse wird durch den Wert der Ehrlichkeit getilgt. Die Bedeutung, die das Subjekt sich als Gelebt-habendes, Schreibendes und Bekennendes zuspricht, zeigt sich anhand des imaginären Publikums der Autobiografie: Es ist die versammelte Menschheit beim Jüngsten Gericht samt göttlichem Richter. Bezeugt eben dieser Moment nach konventioneller Auffassung die Unterordnung der Einzelseele unter das allg. Prinzip der Gerechtigkeit, so wendet R. dieses entscheidende Motiv europ. Ikonografie zugunsten des Individuums. Es sind die „Anderen", die sich rechtfertigen müssen, und Gott selbst wird dabei eine Vorgehensweise vorgeschrieben. Die wahnhafte Vergrößerung des Ich, das sich hier als Einzelnes buchstäblich dem physischen und metaphysischen „Rest der Welt" gegenüberstellt, bildet die Voraussetzung für das folgenreiche poetologische Selbstverständnis der Romantiker. Die Poetik der Authentizität führt damit in das irritierende Spiegelkabinett eines stets nach Echtheit strebenden Subjekts, dessen Schreibpraxis zu einem großen Teil der Suche nach seinem „wahren Ich" dienen wird. Die Problematik der Fälschung und Unwahrhaftigkeit gehört als Kehrseite dazu und wird spätestens im Ästhetizismus um das Motiv der „Lebenslüge" angereichert, das in der Totalüberhöhung des Ich bei R. noch keinen Platz hat.

Nicht nur die *Bekenntnisse* machen die implizite Poetik R.s deutlich. Die schreibkonstitutive „Verinselung" des Subjekts durchzieht auch R.s spätere Schriften, der nicht zufällig D. Defoes *Robinson Crusoe* zum Lieblingsbuch deklarierte. Die drei Dialoge *Rousseau richtet über Jean-Jacques* (*Rousseau juge de Jean-Jacques*, 1780–1782 postum; dt. 1978) und *Die Träumereien eines einsamen Spaziergängers* (*Rêverie d'un promeneur solitaire*, 1782 postum; dt. 1782) stellen den Grundimpuls manchmal noch deutlicher heraus. Die Fernstellung zwischen Welt und Ich hat sich beim „einsamen Spaziergänger" zum Verfolgungswahn gesteigert, der den einzigen Genuss aus der Spiegelung seines Selbst durch die Natur und der Aufzeichnung dieser Gefühle bezieht. R.s schriftstellerisches Ich-Konzept bildet den Nukleus einer Fülle intertextueller Bezüge in der europ. und amerik. (H. D. Thoreau, W. Whitman) Literatur und katalysiert häufig auch feindselige Stellungnahmen (z. B. ↑Balzac, ↑Baudelaire, ↑Flaubert). Einfluss im klassischen Sinne auf ↑Mme de Staël, ↑Shelley, U. Foscolo, ↑Leopardi, ↑Schiller, ↑Hölderlin, ↑Jean Paul, A. de Lamartine, G. Sand, N. M. Karamzin u. v. a.

Wichtig für das Verständnis seines Verhältnisses zur Kunst ist R.s *Brief an d'Alembert* (*À Monsieur d'Alembert*, 1758; dt. 1978). Dieser hatte in der Enzyklopädie der Stadt Genf die Errichtung eines Theaters empfohlen. R. kritisiert das Theater aus moralischer Sicht nachhaltig als Verstärker rein persönlicher, der öffentlichen Sache nicht dienlicher Leidenschaften. Noch massiver als in diesem offenen Brief fällt die Kritik in der am Platonismus orientierten Schrift *De l'imitation théâtrale* (1764) aus: Das Theater werde Tugend und Gerechtigkeit beeinträchtigen, die Menschen empfindsam und schwach machen. Ebenso stehen R.s Romane *Emil oder Über die Erziehung* (*Émile ou de l'éducation*, 1762; dt. 1762) und *Julie oder Die neue Heloïse* (*Julie ou la nouvelle Héloïse*, 1761; dt. 1761) unter didaktischem Vorzeichen.

Ausgaben: Œuvres complètes. Hg. v. B. Gagnebin/M. Raymond. Paris 1959 ff.; Schriften. 2 Bde. Hg. v. H. Ritter. München u. a. 1978.

Forschungsliteratur: R. Trousson: R. et sa fortune littéraire. Paris 1977; L. Trilling: Das Ende der Aufrichtigkeit. Frankfurt/M. u. a. 1983; W. Matzat: Diskursgeschichte der Leidenschaft: zur Affektmodellierung im französischen Roman von R. bis Balzac. Tübingen 1990; D. Marie: Création littéraire et autobiographie. R., Sartre. Paris 1994; B. Nübel: Autobiographische Kommunikationsmedien um 1800. Studien zu R., Wieland, Herder und Moritz. Tübingen 1994; F. Werschkull: Ästhetische Bildung und reflektierende Urteilskraft. Zur Diskussion ästhetischer Erfahrung bei R. und ihrer Weiterführung bei Kant. Weinheim 1994; P. Geyer: Die Entdeckung des modernen Subjekts: Anthropologie von Descartes bis R. Tübingen 1997; E. Cassirer: Die Einheit des Werkes von J.-J. R. Köln 1998; R. Trousson: Dictionnaire de J.-J. R. Paris 2001; C. W. Thompson: Walking and the French Romantics. R. to Sand and Hugo. Oxford u. a. 2003.

Bettina Gruber

Roussel, Raymond (1877–1933)

In dem Titelaufsatz des postum veröffentlichten Buches *Wie ich einige meiner Bücher geschrieben habe* (*Comment j'ai écrit certains de mes livres*, 1935; dt. 1977) legt R. ein sprachkombinatorisches Verfahren dar, das einem Teil seines Gesamtwerkes zugrunde liegt, v. a. den beiden Romanen *Eindrücke aus Afrika* (*Impressions d'Afrique*, 1910; dt. 1980) und *Locus Solus* (1914; dt. 1968), einigen frühen Erzählungen und zwei Dramen. Es baut auf der Möglichkeit auf, zwei annähernd gleich lautende Sätze bilden zu können, die in ihrer niedergeschriebenen Form jedoch von völlig verschiedener Bedeutung sind. In den Erzählungen dienen die beiden Sätze als Anfang und Ende, exponieren dabei aber das Verfahren. Für die Romane hat R. das Verfahren so abgewandelt, dass es im Produktionsprozess verschwindet. Zum einen stützt es sich nun auf substantivische Komposita, zu denen homonym-homophone Doppel gebildet werden. Zum anderen geht es darum, eine beliebige Wortfolge (z. B. Liedvers oder Postadresse) hinsichtlich der aus ihr ableitbaren Homonyme oder Homophone so erschöpfend wie möglich auszuwerten. Ergibt sich im ersten Fall ein neues Kompositum, so im zweiten Fall eine asyntaktische Reihe von Vorstellungsbildern, mit denen R. wiederum Gegenstände, Situationen, Episoden der Romane generiert. R. sah darin ein „wesentlich poetisches Verfahren“, das dem Reim verwandt ist und mit dem „durch Klangverbindungen etwas überraschend Neues geschaffen“ werden kann. Die Handlungen der Romane setzen die phonetische Wiederholungsstruktur in Verfahren sichtbarer Wiederholungen um: Die Vorführung phantastischer Apparate in *Locus Solus* und der Festdarbietungen in *Eindrücke aus Afrika* machen aus dem generativen sprachlichen Verfahren der Lautwiederholung ein Verfahren sichtbarer maschineller bzw. theatraler Wiederholung.

R., der sich selber in der Tradition von Autoren wie J. Verne oder P. Loti sah, stieß – lit. weitgehend isoliert – zu Lebzeiten auf das Interesse von Surrealisten wie R. Desnos, ↑Breton und M. Leiris. Auch aufgrund der Detailversessenheit seiner Beschreibungen und der Verschachtelung seiner Episoden wurden eine Generation später Autoren des Nouveau Roman wie ↑Robbe-Grillet und ↑Butor auf R. aufmerksam. Das textgenerierende Verfahren war ein historischer Bezugspunkt der Gruppe *Oulipo* (↑Perec, ↑Queneau). Auf R.s spezifische Spracherfahrung bezog sich ↑Foucault.

Ausgaben: Œuvres complètes. 9 Bde. Paris 1963–1965; Locus Solus. Frankfurt/M. 1977; Eindrücke aus Afrika. München 1980.

Forschungsliteratur: R. Heppenstall: R. R. A Critical Study. Berkeley u. a. 1967; H. Grössel (Hg.): R. R. Eine Dokumentation München 1977 [darin enthalten: Wie ich einige meiner Bücher geschrieben habe]; M. Butor: Über die

Verfahrensweisen R R.s. In: ders.: Kreuzfahrten durch die moderne Literatur. Frankfurt/M. u. a. 1984. S. 83–101; M. Foucault: R. R. Frankfurt/M. 1989.

Pierre Mattern

Rühmkorf, Peter (1929–2008)

R.s Nachdenken über Literatur steht im Kontext einer Selbstvergewisserung über sein eigenes Tun als Schriftsteller. Gemäß dem Schwerpunkt seiner lit. Produktion kreisen seine literaturtheoretischen Reflexionen v. a. um Fragen der Lyrik, die er als die vornehmste der lit. Gattungen begreift. Der das lyrische Werk prägende Gegensatz von Artistik und Engagement, von Verzauberungswillen und Aufklärungsabsicht, von formalem Ehrgeiz einerseits und thematischen Interessen andererseits reflektiert sich auch in R.s theoretischen Schriften.

In einem spannungsvollen Zugleich erscheint das Gedicht für R. als Ausdruck und Stimme der Subjektivität, als Reflex gesellschaftl. Widersprüche, als praktisch wirksame Magie der Form (*In meinen Kopf passen viele Widersprüche*, 1978). Diese unterschiedlichen Konzeptualisierungen werden dadurch miteinander vermittelt, dass im Gedicht die Widersprüche der Gesellschaft zugleich als innere Zerrissenheiten und Unvereinbarkeiten des Ich erscheinen sollen, so allerdings, dass das Ich (der Leser) durch das Gedicht die eigene Verstörung gleichzeitig „angezeigt" und „aufgehoben" sieht. Die Aufhebung der Zerrissenheit des Subjekts in sprachlichen „Sinnbildern" wird dabei v. a. als eine magische Leistung der lyrischen Form begriffen. Das Gedicht erhält so nach R. eine utopische Qualität, weil in ihm „das gesellschaftlich zerteilte Unteilbare [d. h. das Individuum] sich einige befreiende Atemzüge lang gesammelt zu erleben vermag" (*Meine Damen und Herren Studierende der Literaturwissenschaft*, 1978). Literatur und Kunst generell erscheinen als ein Ort, an dem einerseits gesellschaftl. Widersprüche in aller Deutlichkeit zur Darstellung kommen können, an dem aber andererseits dadurch, dass das Unvereinbare in einen kompositorischen Zusammenhang gebracht wird, eine Ahnung von Ganzheit entstehen kann. Utopismus und Realismus bedingen einander.

Spezielle Überlegungen R.s gelten u. a. dem von ihm selbst gern praktizierten Verfahren der Parodie (*Anleitung zum Widerspruch*, 1962), der Bedeutung des Einfalls für die lyrische Produktion (*Einfallskunde*, 1979), dem Phänomen des Reims und seiner Wirkung (u. a. in den im Sommersemester 1980 gehaltenen Frankfurter PV, die 1981 u. d. T. *agar agar – zaurzaurim* erschienen) sowie dem Verhältnis von Literatur, Kritik und Publikum (*Bindet die Bauchläden fester!*, 1984).

Ausgaben: Werke 3: Schachtelhalme. Schriften zur Poetik und Literatur. Hg. v. H. Steinecke. Reinbek 2001

Forschungsliteratur: S. Brunner: R.s Engagement für die Kunst. Essen 1985; H. L. Arnold (Hg.): P. R. Text + Kritik. München 1988; M. Durzak/H. Steinecke (Hg.): Zwischen Freund Hein und Freund Heine. P. R. Reinbek 1989.

Winfried Eckel

Rushdie, Salman (geb. 1947)

Neben punktuellen werkimmanenten Aussagen in der Mehrzahl seiner Romane finden sich R.s poetologische Überlegungen v. a. in seinen zahlreichen, in zwei Sammelbänden erschienenen Aufsätzen. Seine zentralen Themen sind (häufig in Kombination) kulturelle Hybridität, der Stellenwert des Romans und die Freiheit der Kunst.

R. verwahrt sich vehement gegen unscharfe Konzepte wie „Postkoloniale Literatur" – seine Vorbehalte sind polemisch in der Frage zusammengefasst, ob hierzu auch farbige US-Amerikaner gezählt werden müssten –, betont aber die Produktivität der unvermeidlichen Vermischung von östl. und westl. Kulturgut, nicht ausschließlich, aber bes. bei Autoren aus ehemaligen Kolonien („‚Commonwealth Literature' doesn't exist"/„Es gibt keine ‚Commonwealth-Literatur'"). Auch Schriftsteller, die nicht wie R. selbst zwischen zwei Kulturen aufgewachsen sind (etwa in Lateinamerika), bezögen aus der Rezeption europ. und amerikan. Autoren maßgebliche kreative Einflüsse („Influence"/„Einfluss"). In seinen Überlegungen zum Stellenwert des Romans greift R. den Gedanken der Hybridität auf: Das Besondere des Romans sei seine Vermischung aus Fakten und Fiktion, die in dieser Form einzigartig sei und von den „Neuen Medien" unberührt bleibe. Romankunst sei daher stets aktuell, aber immer nur für Minderheiten von Interesse – zumindest bis diese Texte Klassikerstatus erlangten („In Defense of the Novel, Yet Again"/„Wieder einmal – Zur Verteidigung des Romans").

Seit den 1989 gegen ihn ausgesprochenen Mordaufrufen bilden Reflexionen zu Zensur und Meinungsfreiheit das Zentrum von R.s theoretischen Schriften. Diese befassen sich häufig konkret mit den Auswirkungen seines Romans *Die Satanischen Verse* (*The Satanic Verses*, 1988; dt. 1989) auf R.s Lebens- und Arbeitsbedingungen („Botschaften aus den Jahren der Heimsuchung"/„Messages from the Plague Years"). Die weniger autobiografischen Texte heben die Notwendigkeit freier Meinungsäußerung für alle Kunst, bes. aber den Roman hervor. Als diejenige Kunstform, die die wenigsten Kompromisse einginge, besitze er die privilegierte Möglichkeit, kontroverse Diskurse direkt in die Köpfe der Leser zu tragen („Is nothing sacred?"/„Ist gar nichts heilig?").

Ausgaben: Imaginary Homelands: Essays and Criticism. 1981–1991. London 1991; Heimatländer der Phantasie: Essays und Kritiken 1981–1991. München 1992; Step Across This Line. Collected Nonfiction 1992–2002. New York 2002; Überschreiten Sie diese Grenze! Schriften 1992–2002. Reinbek 2004.

Forschungsliteratur: A. Gurnah (Hg.): Cambridge Companion to S. R. Cambridge u. a. 2007.

Hans-Joachim Backe

S

Sade, Donatien-Alphonse-François, Marquis de (1740–1814)

Der *Essay über die Romane* (*Idée sur les romans*) erschien 1800 als Vorwort zur Novellensammlung *Die Verbrechen der Liebe* (*Les crimes de l'amour*; dt. 1803) und beinhaltet sowohl S.s Bestimmung der romanesken Tradition als auch eine Selbstverortung in dieser. Es handelt sich dabei um die ersten Texte, die S. unter eigenem Namen statt anonym publizierte. Im Mittelpunkt des *Essay* steht die Forderung, dass der Schriftsteller in der Gattung des Romans originell sein müsse. Allerdings konturiert S. die Grenzen der Innovation auf neuartige Weise und fordert zudem einen eigenen Zugang zur Natur als spezifische Form der *imitatio naturae*. Ausgangspunkt seiner Poetik sind die Fragen nach dem Ursprung des Romanesken sowie nach den Regeln romanesken Schreibens. Dabei behauptet er einen Zusammenhang von entstehendem religiösen Glauben und dem Ursprung der Fiktion, die er beide im antiken Ägypten ansiedelt; der Roman erscheint in S.s Perspektive als verschriftlichte Form der religiösen Fiktion, die aus den menschlichen Schwächen, dem Glauben und der Liebe, resultiert. Demgegenüber fordert er ein romaneskes Schreiben, das die Opposition von wahrem Sein und trügerischem Schein zur Darstellung bringt, indem der Mensch in dem Augenblick porträtiert wird, wo er seine äußerlichen Leidenschaften abstreift und zugleich sein Innenleben sichtbar wird. Des Weiteren verändert S. den Blickwinkel auf die *imitatio* durch ihre Ausrichtung auf das Verhältnis zwischen dem Schriftsteller und seiner Erkenntnis der menschlichen Natur. Wahre Beobachtung des Menschen gelingt nur aus der Distanz, weshalb S. die Reise und die Opferrolle als präferierte Positionen zur Wahrnehmung des Menschen setzt. Das ideale Verhältnis von Schriftsteller und Natur beschreibt er als inzestuös, wobei der Autor distanzierter Liebhaber der Natur ist, die er zu beschreiben strebt. Der bewusste Inzest ermöglicht es ihm, sich in der Natur so zu versenken, dass er wahrhaftig aus ihr schöpfen und sie zugleich malen kann. Allerdings muss ein Schriftsteller bedenken, dass die menschliche Natur bizarrer und grausamer ist, als man dies gewöhnlich wahrhaben will. Daher fordert S., dass der Roman kein Produkt der Einbildungskraft sei, sondern ein Abbild der menschlichen Natur; im Zentrum steht die Beschreibung der Handlungen und Psychodynamiken des Menschen. Als Fiktion zielt der Roman auf die Wahrscheinlichkeit der Darstellung ab, die dadurch gegeben ist, dass die Wahrheit der Geschichte durch den Ornatus sublimiert wird. Bes. das Erhabene produziert bei der Darstellung der menschlichen Grausamkeit jenen Schrecken, der dem Leser keine Bewunderung des Vorgestellten ermöglicht, sondern allein Abscheu hervorruft. Im idealen Roman wird die menschliche Grausamkeit auf romaneske Weise so dargestellt, dass sie zugleich wahrscheinlich und abscheuerregend ist.

Ausgaben: Les crimes de l'amour, nouvelles héroïques et tragiques, précédées d'une Idée sur les romans. Hg. v. Michel Delon. Paris 1987.

Forschungsliteratur: H.-U. Seifert: S.: Leser und Autor. Quellenstudien, Kommentare und Interpretationen zu Romanen und Romantheorie von D. A. F. d. S. Frankfurt/M. u. a. 1983; S. Friedrich: Die Imagination des Bösen. Zur narrativen Modellierung der Transgression bei Laclos, S. und Flaubert. Tübingen 1998; J. Steigerwald: Origo und Originalität der Novellistik d. S.s. In: RZLG 24 (2000). S. 297–327.

Jörn Steigerwald

Said, Edward Wadie (1935–2003)

S., Anglist und Komparatist aus paläst. Familie und ein Hauptvertreter der postkolonialen Literatur- und Kulturwissenschaft, hat v. a. mit seinem Buch *Orientalismus* (*Orientalism*, 1978; dt. 1981) maßgeblich zur diskurskritischen Auseinandersetzung mit Kolonialismus und Postkolonialismus sowie zur Erforschung des Bedingungszusammenhangs von Kultur und Imperialismus beigetragen. In das Schlüsselkonzept des „Orientalismus" sind Ideen aus A. Gramscis Theorie der Hegemonie sowie aus ↑Foucaults Diskurstheorie eingeflossen. Demselben Themenfeld gelten auch die kritischen Analysen von *Kultur und Imperialismus* (*Culture and Imperialism*, 1993; dt. 1994), wobei S. seine Beobachtungen über westl. Konzepte des Orientalischen hinaus auf Modelle kontrastierender Interpretation auch nichtorient. Kolonien ausdehnt. S. bemüht sich – nachhaltig erfolgreich – um die Sensibilisierung für Euro- und Ethnozentrismen. Mit seiner Betonung der sozio-polit. Dimension von Texten grenzt S. sich gegen die aus seiner Sicht in diesem Punkt ignorante Dekonstruktion à la ↑Derrida ab. Mit seinen Analysen zur Kultur der Karibik, Afrikas, Indiens etc. versteht er sich als Parteigänger der Auflehnung gegen kolonialistische Denkmuster, deren wirklichkeitsprägende Macht er betont. Er entwickelt Lesestrategien, die er als kontrapunktisch beschreibt und die sich v. a. gegen binäre Oppositionen und essenzialistische Deutungen der Kulturen unterworfener und unterwerfender Völker richtet. Ein Leitkonzept ist dabei u. a. das der Hybridität. Das Bedeutungspotenzial kulturell hybrider und heterogener ästhetischer Phänomene untersucht er nicht nur anlässlich zeitgenössischer Literatur, sondern auch im Rückblick auf Werke des 17. bis 19. Jh.s. Einem postkolonialen Zeitalter, das auf der Wiederentdeckung der eigenen Kultur durch die einst kolonialisierten Völker und auf der Entwicklung von Alternativkulturen aufbauen müsste, entspräche in S.s Vision einer transnationalen Kultur auch eine neue interkulturell geprägte Weltliteratur.

Ausgaben: Orientalism. London u. a. 1978; Orientalismus. Frankfurt/M. u. a. 1981; The World, the Text, and the Critic. Cambridge, MA 1983; Die Welt, der Text und der Kritiker. Frankfurt/M. 1997; Culture and Imperialism. London 1993; Kultur und Imperialismus. Einbildungskraft und Politik im Zeitalter der Macht. Frankfurt/M. 1994; Representations of the Intellectual. London 1994; Götter, die keine sind. Der Ort des Intellektuellen. Berlin 1997.

Forschungsliteratur: H. K. Bhabha (Hg.): E. S. Continuing the Conversation. Chicago u. a. 2005; F. J. Ghazoul: E. S. and Critical Decolonization. Kairo 2005; B. B. Mohanty: E. W. S.s Orientalism. A Critique. Jaipur 2005.

Monika Schmitz-Emans

Sarraute, Nathalie (1900–1999)

In ihrer ersten Veröffentlichung *Tropismen* (*Tropismes*, 1939; dt. 1959) entwickelt S. in Form von 24 minimalistischen Kurzgeschichten eine Schreibweise, die ihr Programm zur Erneuerung der Literatur ankündigt. Aus einer neutralen Sicht, die nicht der des Erzählers oder der des Lesers entspricht, entfalten die Texte ausschließlich vage, zumeist flüchtige Situationen. Im Mittelpunkt stehen dabei Personen, die in einem labilen, unsichtbaren Bedeutungsgeflecht situiert sind und deren Komplexität von der Einförmigkeit ihrer sprachlichen Selbstdarstellung verdeckt wird. Der programmatische Werktitel *Tropismen* deutet auf einen besonderen Zustand des Vorbewussten hin. Er impliziert nicht nur innerlit. eine Absage an die (Schul-)Psychologie, sondern leitet zudem den Anfang der Reflexion über die Poetik des Romans ein. Die *Tropismen* beziehen sich auf eine innere Regung des Verstandes, die einerseits verhaltensbestimmend, andererseits weder rational fassbar noch in Sprache zu übersetzen ist. Das Moment der Bewegung, das wirkungsästhetisch Unsicherheit erzeugt, ist für die Funktionsweise der Romankonstruktion maßgeblich. Ihre 1959 veröffentlichte Sammlung von kritischen Essays über Probleme des Romans (*L'ère du soupçon*, 1956; *Zeitalter des Argwohns*, 1963) enthälz u. a. einen Aufsatz, in dem eine Differenzierung der unterschiedlichen Erzählebenen vorgenommen wird.

Mit dem *Portrait eines Unbekannten* (*Portrait d'un inconnu*, 1948; dt. 1962) wird zum ersten Mal der Typ des „Anti-Romans" (↑Sartre) erschaffen, der ohne kohärente Fabel, auktorialen Erzähler und namentlich benannten Helden auskommt und stattdessen, dem Charakter der *Tropismen* gemäß, ein differenziertes Bild von Emotionen generiert. Diese radikale Neubestimmung des Romans verleiht dem Misstrauen des Lesers gegenüber der Fiktion Ausdruck, erhebt es zugleich zum poetologischen Konzept und bereitet eine Absage an die Übernahme tradierter Romanformen vor. In dem Essay *Zwischen Leben und Tod* (*Entre la vie et la mort*, 1968; dt. 1969) wird der „Tropismus" als lit. Methode anhand der Problematik des Schreibens und des Schriftstellertums entfaltet. Formale Neuerungen, die die Leitideen der Unzulänglichkeit von Sprache sowie der Skizzenhaftigkeit von Persönlichkeit Raum gewinnen lassen, beherrschen das Romanschaffen S.s. Sie gilt als Wegbereiterin des Nouveau Roman und zählt mit ↑Robbe-Grillet und ↑Butor zu den bedeutendsten Vertretern der modernen frz. Literatur.

Ausgaben: Œuvres complètes. Hg. v. J. Tadié. Paris 1999; Tropismen. Pfullingen 1959; Portrait eines Unbekannten. Köln u. a. 1962; Zeitalter des Argwohns. Über den Roman. Köln 1963; Zwischen Leben und Tod. Köln u. a. 1969.

Forschungsliteratur: S. Bell: N. S. A Bibliography. London 1982; F. Du Prel: Suggestive Techniken des Tropismus. Variationen über ein Thema bei N. S. Marburg 2003; J. S. Gjerden: Éthique et esthétique dans l'œuvre de N. S. Paris 2008.

Stefanie Schlüter

Sartre, Jean-Paul (1905–1980)

Im Werk des frz. Philosophen und Schriftstellers S. stehen umfangreiche lit. Produktion, literaturtheoretische Reflexionen sowie literaturhistorisch-biografische Untersuchungen gleichberechtigt nebeneinander. Bekannt geworden durch seinen ersten Roman *Der Ekel* (*La nausée*, 1938; dt. 1949), machte ihn die Veröffentlichung von *Das Sein und das Nichts* (*L'être et le néant*, 1943; dt. 1962) weit über die Grenzen Frankreichs hinaus berühmt. Zusammen mit ↑Camus gilt er als Hauptvertreter des frz. Existenzialismus, an dessen Popularisierung er selbst mitwirkte. Lässt sich seine grundlegende literaturtheoretische Arbeit *Was ist Literatur?* (*Qu'est-ce que la littérature?*, 1947; dt. 1950) sowohl vor dem Hintergrund bestimmter philosophischer Grundannahmen als auch als Ausdruck einer zunehmenden Politisierung S.s verstehen, zeichnen sich frühe Stellungnahmen S.s zur Literatur durch sein Interesse an der amerik. Literatur aus. Neben der grundlegenden Bestimmung dessen, was Literatur ist und welche – insb. auch gesellschaftl. wirksame – Funktion ihr zukommt, nehmen die literaturhistorisch-biografischen Werke über ↑Baudelaire, J. Genet, ↑Mallarmé und v. a. ↑Flaubert eine prominente Stellung innerhalb des Werks S.s ein.

Die Auseinandersetzung mit den amerik. Romanciers W. Faulkner und J. Dos Passos, deren Rezeption in Frankreich S. maßgeblich initiiert, leitet die Absage an den traditionellen Roman ein. In diesen Essays plädiert er für die Zerstörung der Illusion eines auktorialen Erzählers, der durch sein Eingreifen in die zeitliche Abfolge der Ereignisse diesen fälschlicherweise Kausalität zuspräche. Diese formalkritischen Überlegungen flossen in den seit 1945 erscheinenden Romanzyklus *Die Wege der Freiheit* (*Les chemins de la liberté*, 1945–1949; dt. 1949–1951) ein. Um der Gefahr dieser Kausalität zu entgehen, bedient sich S. der durch die Lektüre von Dos Passos angeregten Simultantechnik, die es ermöglicht, ein polyperspektivisches Panorama von Figuren ohne den ordnenden Eingriff eines auktorialen Erzählers darzustellen. Nach dem dritten Band gab S. den Romanzyklus auf; eine Fragment gebliebene Fortsetzung wird erst nach seinem Tod veröffentlicht.

Im Gegensatz zum ambitionierten Romanprojekt zeichnen sich die Theaterstücke S.s durch formale Konventionalität aus. Die thematische Ausrichtung am tagespolit. Geschehen und ihre konventionelle Form haben den Stücken nicht zu Unrecht den Vorwurf eingebracht, Tendenzliteratur zu sein.

Noch in einem anderen Zusammenhang ist S. der Vorwurf gemacht worden, Tendenzliteratur nicht nur zu verteidigen, sondern zu ihrer Produktion aufzufordern. In dem Text *Vorstellung von „Les Temps Modernes“* (*Présentation des „Temps Modernes“*, 1945), den S. anlässlich der ersten Ausgabe der gleichnamigen Zeitschrift schrieb, findet sich bereits der an Schriftsteller gerichtete Aufruf zum Engagement. Um den Kritikern zu antworten, die S. die polit. Instrumentalisierung der Literatur vorwarfen, veröffentlichte S. 1947 den Essay *Was ist Literatur?* Durch die zunehmende Politisierung S.s wird seine Ansicht, dass die Trennung zwischen Gesellschaft und Literatur überwunden werden müsse, konstitutives Moment seiner weiteren literaturtheoretischen Reflexion. Dem *L'art-pour-l'art*-Prinzip der modernen Dichtung hält S. den Begriff des Engagements bzw. der *littérature engagée* entgegen. Doch soll dieses Engagement nicht Ausdruck einer spezifischen ideologischen Orientierung sein, sondern aus dem Wesen der Literatur selbst abgeleitet werden können.

Der Essay gliedert sich in vier Kapitel, von denen die ersten drei („Was heißt Literatur?“, „Warum schreiben?“, „Für wen schreibt man?“) die philosophisch-theoretische Grundlegung enthalten. Das vierte Kapitel mit dem Titel „Die Situation des Schriftstellers 1947“ exemplifiziert dann diese abstrakten Überlegungen. S. unterscheidet im Verlauf der ersten drei Kapitel des Essays drei verschiedene Formen des Engagements, die erst zusammengenommen der Komplexität des Konzeptes einer engagierten Literatur gerecht werden.

Die erste Form des Engagements siedelt S. auf der sprachlichen Ebene an. Er führt im Anschluss an die von ↑Valéry vorgenommene, idealtypische Unterscheidung zwischen Poesie und Prosa („littérature“) aus, dass nur Prosa für das Engagement des Schriftstellers geeignet ist. Die zweite Form des Engagements basiert auf den existenzphilosophischen Begriffen „Entwurf“ und „Freiheit“. Zwar vermag der Schriftsteller ein Kunstwerk zu entwerfen, vollständig realisiert wird es jedoch erst, wenn es einen Leser gibt, der sich auf das Kunstwerk einlässt. In diesem „Appell an die Freiheit des Lesers“ offenbart sich die zweite Form des Engagements: die reziproke Anerkennung der Freiheit des anderen. Die dritte und letzte Form des Engagements reflektiert die historischen Veränderungen im Verhältnis des Schriftstellers zum Publikum und stellt den Begriff der Verweigerung in den Mittelpunkt. Während der Schriftsteller im 18. Jh. noch im Dienst der Aufklärung stand, wurde er in der Moderne zunehmend mit den Ansprüchen einer Bourgeoisie konfrontiert, die die Kunst ausschließlich im Kontext kapitalistischer Zweck-Mittel-Relationen wahrnahm. Die Entwicklung hin zur modernen, selbstreferenziellen Literatur und ihren Verweigerungsstrategien deutet S. somit als historisch notwendigen Schritt der Emanzipation.

Damit muss natürlich auch S.s Ablehnung des *L'art-pour-l'art*-Prinzips der modernen Literatur modifiziert werden. Wird die Entwicklung hinsichtlich des Verweigerungspotenzials der Literatur in historischer Perspektive durchaus positiv bewertet, muss angesichts der polit. Ereignisse im frühen 20. Jh. genau diese Haltung aufgegeben werden, um gesellschaftl. Veränderungen herbeizuführen.

Einen weiteren essenziellen Teil in S.s lit. Werk machen Studien über verschiedene Dichter aus. Standen die ersten Studien, namentlich die über Baudelaire und über Genet sowie die fragmentarisch gebliebene Studie über Mallarmé noch im Zeichen des Versuchs einer existenziellen Daseinsanalyse, wie sie in *Das Sein und das Nichts* konzipiert wurde, so unterscheidet sich das Flaubert-Projekt eindeutig davon. Vor dem Hintergrund des Spätwerks *Kritik der dialektischen Vernunft* (*Critique de la raison dialectique*, 1960; dt. 1967) entfaltet S. in der vierbändig geplanten, jedoch unvollendet gebliebenen Flaubert-Studie eine Kombination aus existenzieller Daseinsanalyse und totalisierender historischer Hermeneutik, wodurch sowohl eine Erklärung der Person Flauberts als auch eine Analyse des objektiven historischen Geistes ermöglicht werden sollte.

Obwohl S.s literaturtheoretische Reflexionen in ihrem strikt gattungspoetologischen Gehalt u. a. von den Vertretern des Nouveau Roman (↑Robbe-Grillet) rezipiert worden sind, blieb das Konzept einer engagierten Literatur unberücksichtigt. Auch die Forschung ließ die Schriftsteller-Studien weitgehend unbeachtet.

Ausgaben: Situations I. Paris 1947; Baudelaire. Paris 1947; Situations II. Paris 1948; Situationen. Essays. Reinbek 1965; Saint Genet, comédien et martyr. Paris 1952; Qu'est-ce que la littérature? Paris 1964; L'Idiot de la famille. Gustave Flaubert de 1821 à 1857. 3 Bde. Paris 1971–1972; Mallarmé. La lucidité et sa face d'ombre. Paris 1986; Mythos und Realität des Theaters. Reinbek 1979; Schriften zur Literatur. 8 Bde. Reinbek 1986.

Forschungsliteratur: D. Schmidt-Schweda: Werden und Wirken des Kunstwerks. Untersuchungen zur Kunsttheorie von J.-P. S. Meisenheim am Glan 1975; A. Müller-Lissner: S. als Biograph Flauberts. Zu Zielen und Methoden von „L'Idiot de la famille“. Bonn 1977; T. König (Hg.): S. Ein Kongreß. Reinbek 1988; B.-H. Lévy: S. Der Philosoph des 20. Jahrhunderts. München 2005.

Kai L. Fischer

Scaliger [d. i. Bordon], Julius Caesar (1484–1558)

Die postum erschienenen *Sieben Bücher über die Dichtkunst* (*Poetices libri septem*, 1561) stellen das ausführlichste poetologische Werk des 16. Jh.s dar. Als Wegbereiter seiner Poetik nennt S. ↑Aristoteles, ↑Horaz und M. G. Vida, denen er indes fehlende Systematik (Aristoteles, Horaz) und zu großen Voraussetzungsreichtum (Vida) vorhält. S. hat den Anspruch, eine theoretisch-systematische und zugleich praxisbezogene Regelpoetik zu erstellen. Dies schlägt sich in der Disposition des

Werkes nieder, worin auf einen theoretischen Teil (1–4) ein praktischer folgt (5–6); den Schluss (7) bilden v. a. einige Nachträge.

Das 1. Buch stellt die poetischen Gattungen und ihre sozialen Grundlagen dar, nachdem das Wesen der Dichtung bestimmt wurde. Ausgehend vom *imitatio*-Begriff entwickelt S. ein rationalistisches Dichtungsverständnis, das vom Dichter eine plausible Abbildung der Realität fordert (die Bejahung der Inspirationslehre bleibt ohne Konsequenzen). Dichtung ist für S. lern- und lehrbares Handwerk; die dazugehörigen Mittel werden in den Büchern 2–4 dargestellt: in Buch 2 die Bauelemente (v. a. die Metrik), in Buch 3 die Einzelaspekte der „res", ihre passende Form (v. a. die Gedankenfiguren) und ihre Gattungszugehörigkeit, in Buch 4 die sprachliche Form, d. h. die Stilistik (inklusive der Wortfiguren).

Der praktische Teil konzentriert sich auf die (nach damaligem Verständnis) höchste poetische Gattung: die Epik. In Buch 5 vergleicht S. lat. und gr. Autoren der Antike (v. a. ↑Homer und ↑Vergil), um konkret zu zeigen, was gute Dichtung ausmache; eine Beurteilung neulat. Autoren folgt in Buch 6. Charakteristisch für diesen Teil ist das Wechselspiel zwischen den Konzepten *imitatio* und *aemulatio*: einerseits erfolgt eine Orientierung an den antiken Vorbildern, v. a. an Vergil, andererseits artikuliert sich das Bestreben, diese Vorbilder zu übertreffen. Der Zweck der Dichtkunst wird schließlich im 7. Buch (in Anlehnung an Horaz) als „docere cum iucunditate" bestimmt.

Die Abfassung der *Sieben Bücher* geschah zu einer Zeit, da sich die europ. Volkssprachen als vollwertige Literatursprachen etablierten. Unter diesen Umständen konnte ein lat. Werk, das lat. Dichtung lehren will, nicht den Nerv der Zeit treffen. Auch Weitschweifigkeit, Detailversessenheit und ein Übermaß an selbstgerechter Polemik trugen dazu bei, dass das Werk weniger einflussreich war, als man oft annahm. Eine verhältnismäßig starke Nachwirkung hatte S.s Poetik in Frankreich. Auf ihn berief sich etwa J. Chapelain in seiner *Préface à l'Adone de Marino* (1623), worin die Regel von den drei dramatischen Einheiten zum ersten Mal explizit formuliert wird (von denen S. aber nur die Einheit der Zeit thematisiert); ↑Boileau hingegen beurteilt die *Sieben Bücher* sehr abfällig. Deutlich schwächere Resonanz fand S. im deutschsprachigen Raum und erst recht in Italien. „Eine kritische Auseinandersetzung mit der gesamten *Poetik* lässt sich in keinem einzigen Fall nachweisen; den häufig beschworenen ‚Scaligerismus' hat es in der europäischen Literatur nie gegeben." (Deitz/Vogt-Spira)

Ausgaben: Poetices libri septem. Stuttgart-Bad Cannstatt 1964/1987 [Faks.-Dr. d. Ausg. Lyon 1561]; Poetices libri septem. Sieben Bücher über die Dichtkunst. Hg. v. L. Deitz/G. Vogt-Spira. Stuttgart u. a. 1994 ff.

Forschungsliteratur: M. Billanovich: Benedetto Bordon e Giulio Cesare Scaligero. In: Italia Medioevale e Umanistica 11 (1968). S. 187–256; C. Balavoine/P. Laurens (Hg.): La statue et l'empreinte. La poétique de S. Paris 1986; I. Reineke: J. C. S.s Kritik der neulateinischen Dichter. München 1988; S. Rolfes: Die lateinische Poetik des Marco Girolamo Vida und ihre Rezeption bei J. C. S. München u. a. 2001.

Raphael Dammer

Schelling, Friedrich Wilhelm Joseph von (1775–1854)

Im frühen 17. Jh. ersetzt Descartes die Religion als Lieferantin unbezweifelbarer Wahrheiten durch die Vernunft. Dagegen halten J. Locke und F. Bacon die sinnliche Erfahrung für die einzig sichere Quelle unumstößlicher Erkenntnis. Der Streit zwischen kartesianischen Rationalisten und antikartesianischen Empiristen dauert ein gutes Jh. fort, bis ↑Kant 1781 mit seiner *Kritik der reinen Vernunft* die beschriebene Grundfrage mit einem Sowohl-als-auch beantwortet, d. h. er räumt ein, dass die Vernunft und die sinnliche Anschauung zusammenwirken müssen, damit es überhaupt zur Bildung von Vorstellungen kommt. Die *Kritik der reinen Vernunft* ist jedoch von einer bedenklichen Asymmetrie in der Behandlung von Subjekt- und Objektseite geprägt. Während Kant in einer Kategorientafel detailliert auflistet, welche Operationen von Seiten der Vernunft durchgeführt werden müssen, um eine Vorstellung zu erzeugen, beschränkt er sich im Falle der Sinneseindrücke fast ganz auf die bloße Behauptung ihres Vorhandenseins.

Es nimmt deshalb nicht wunder, dass in der Folge allerlei philosophische Systeme ersonnen wurden, die diesen blinden Flecken zu beseitigen versuchten. So hatte J. G. Fichte in seiner *Wissenschaftslehre* (1794) das „x ignotum", die nach Kant nicht beschreibbare Quelle der Sinneseindrücke, zu einer bloßen Hervorbringung des erkennenden Subjektes erklärt und damit den Subjekt-Objekt-Dualismus zu einer Oberflächenerscheinung degradiert. S.s Werke *Ideen zu einer Philosophie der Natur* (1797) und *Von der Weltseele* (1798) entwerfen dann eine (spinozistische) Identitätsphilosophie, derzufolge Subjekt und Objekt bloß zwei Seiten ein und derselben Medaille darstellen, d. h. wesensidentisch und gleichursprünglich sind. In der intellektuellen Anschauung, v. a. aber in der Kunst ist es nach S. möglich, Einsicht in diese Ursprungs- und Wesensgleichheit von Subjekt und Objekt, Geist und Natur, zu erlangen. In seinem *System des transcendentalen Idealismus* (1800) und in seiner *Philosophie der Kunst* (1859 postum) hat er diesen Gedanken – mit leichten Variationen – detailliert ausformuliert. Die Kunst, insb. die (versifizierte) Literatur, besitzt nach S., der sich in seinen mystisch-theologischen Spätwerken allerdings kritischer über Stellung und Leistung der Künste äußerte, eine herausragende Bedeutung für die geistige Entwicklung des Individuums wie der Allgemeinheit: Die Einsicht in die verborgene innere Identität von Geist und Natur stellt ein Nonplusultra der menschlichen Erkenntnis dar; und ausgerechnet im Medium der Literatur soll diese höchste Einsicht realisiert werden können.

Von ↑F. Schlegel und ↑Tieck über ↑Novalis bis hin zu ↑Goethe haben zahlreiche Autoren des späten 18. und frühen 19. Jh.s diese Konzeption, die zu den charakteristischsten und wirkungsmächtigsten Hervorbringungen der Philosophie des Deutschen Idealismus gehört, aufgegriffen und – wenn auch oft nur in abgeschwächter oder variierter Form – zu einem Element ihrer Poetik und Ästhetik gemacht.

Ausgaben: Historisch-kritische Ausgabe. Hg. v. W. G. Jacobs/H. M. Baumgartner. Stuttgart 1976 ff.

Forschungsliteratur: G. Lukács: Die Zerstörung der Vernunft. Der Weg des Irrationalismus von S. zu Hitler. Berlin 1954; M. Frank: Eine Einführung in S.s Philosophie. Frankfurt/M. 1985; X. Tilliette: S. Biographie. Stuttgart 2004.

Jost Schneider

Scherer, Wilhelm (1841–1886)

Der Philologe S. fasst zentrale poetologische Überlegungen in seiner postum edierten *Poetik* (1888, hg. v. R. M. Meyer) zusammen, deren historisch interessierte, neutral-deskriptive Haltung er u. a. auf ↑Herder zurückführt. Charakteristisch sind für S. auf der einen Seite das Interesse an naturwissenschaftlichen Fragestellungen (insb. an der Psychophysik und an der empirischen Psychologie), auf der anderen Seite Überlegungen zur Kulturökonomie. Auf diese Weise gelangt S. zu einer Vorstellung von künstlerischer Kreativität, die prinzipiell intertextuell organisiert ist. Dabei konzentriert er sich nicht zuletzt auf die mediale Vermitteltheit lit. Kommunikation. Korrespondierende sozialgeschichtliche Ansätze beziehen sich v. a. auf Grundmuster der Produktion und Rezeption, etwa auf den „Tauschwerth der Poesie“ und auf den „litterarische[n] Verkehr“. Insgesamt gilt dabei, dass das Etikett des ‚Positivisten‘, das S. bis heute anhaftet, die tatsächliche Komplexität seiner Position nur unzulänglich charakterisiert. Zwar zielt S. durchaus auf eine kausalgenetische Entschlüsselung dichterischer Produktivität, hält diese aber letztlich für unergründbar. Die hermeneutischen Grundlagen von S.s Poetologie wurden von seinen Schülern und den nachfolgenden Vertretern einer sich ‚antipositivistisch‘ verstehenden Literaturwissenschaft verdrängt. S. avancierte so zum zentralen Vertreter eines reduktionistischen Literaturbegriffs und blieb als solcher dauerhaft ein wichtiger Bezugspunkt für methodische und methodologische Überlegungen innerhalb der Germanistik.

Ausgaben: Poetik. Mit einer Einleitung und Materialien zur Rezeptionsanalyse. Hg. v. G. Reiss. Tübingen 1977.

Forschungsliteratur: J. Sternsdorff: Wissenschaftskonstitution und Reichsgründung. Die Entwicklung der Germanistik bei W. S. Eine Biographie nach unveröffentlichten Quellen. Frankfurt/M. u. a. 1979; W. Höppner: Das „Ererbte, Erlebte und Erlernte“ im Werk W. S.s. Ein Beitrag zur Geschichte der Germanistik. Köln u. a. 1993; H.-H. Müller: W. S. In: Ch. König u. a. (Hg.): Wissenschaftsgeschichte der Germanistik in Porträts. Berlin u. a. 2000. S. 80–94.

Steffen Martus

Schiller, Friedrich von (1759–1805)

Zu den „großen Abhandlungen“ S.s darf man – mit der Nationalausgabe – *Über Anmut und Würde*, *Über die ästhetische Erziehung des Menschen* und *Über naive und sentimentalische Dichtung* zählen. Anthropologie, polit. Denken und Geschichtsphilosophie sind in ihnen, wie in allen ästhetischen Schriften des promovierten Mediziners und berufenen Historikers, einer Poetik integriert, die nach dem Ganzen des Menschen fragt. In *Über Anmut und Würde* (1793) legt S. diese Anthropoetik nach intensiver ↑Kant-Lektüre erstmals systematisch und mit einer Öffentlichkeitswirkung dar, die auch die höfliche Anerkennung durch den Königsberger Lehrmeister einschließt. Anmut bestimmt sich als Körperausdruck, der unter den Voraussetzungen der Natur, aber unter dem Einfluss der Vernunft Regelmaß und Freiheit miteinander vereinbart. Ihr Inbild ist die schöne Seele, die sinnliche und sittliche Tendenzen in sich zum Ausgleich bringt. Würde zeichnet hingegen die erhabene Gesinnung aus, in der das Sittliche über das Sinnliche gebietet. Solche Charaktermuster stehen in Beziehung zu moralischen Selbstverpflichtungen, die S. dem Künstler aufgibt.

Die Schönheit als die Mittelkraft zwischen Leib und Seele, die der Mediziner S. unmsonst zu verifizieren suchte, steht auch im Zentrum der Schrift *Über die ästhetische Erziehung des Menschen* (1795). Das Erfordernis ästhetischer Kultur ergibt sich dort aus der Analyse eines unter Modernisierungsbedingungen entfremdeten Lebens, das der Rettung durch die Kunst bedarf. Im Spiel des Scheins lanciert sie uns in den schwerelosen Raum zwischen den Gravitationskräften des (Welt fassenden) Stoff- und des (nach Innen gerichteten) Formtriebs: der ästhetische Zustand, in dem man ganz bei der Sache, ganz bei sich selbst ist. Die schmelzende, abspannende Schönheit zieht den Unzivilisierten vom Stofftrieb ab, die energische, anspannende Schönheit den Überzivilisierten vom Formtrieb. Mit letzterer Idee knüpft S. an die

Theorie des Erhabenen an, der es um die Darstellung des moralischen Widerstandes gegen das Leiden der Natur zu tun ist. Die Spielräume für die Kunstwürdigkeit des Grausamen und Hässlichen werden im Rahmen dieses eigentlichen ästhetischen Ernstfalls beträchtlich erweitert. Autonomie und Erziehungsanspruch der Kunst sind dabei auf zwei unterschiedliche Ebenen verteilt: Nur indem sie an sich selbst zweckfrei ist, versetzt sie uns in einen Zustand, der einem Zweck dient: der Vervollkommnung des Individuums.

Verlust und stetig annähernde Wiedergewinnung der Vollkommenheit erörter S. in dem Essay *Über naive und sentimentalische Dichtung* (1795–1796). Er stellt eine Dichotomie von antik und modern, sowie von naiv-realistischem und sentimentalisch-idealistischem Dichter nur auf, um sogleich die Identität in deren Differenz herauszuarbeiten. Die naive Einheit mit sich selbst erweist sich als Produkt, als Wunsch- und Gegenbild der sentimentalischen Identitätsspaltung. Aus den Beziehungsmöglichkeiten zwischen beiden Bewusstseinsstrukturen entwickelt S. eine geschichtsphilosophisch abgeleitete Gattungslehre, in der das idyllische Register zum Vorschein der Versöhnung von wahrem Ideal und unwahrer Wirklichkeit avanciert.

Die Kanonisierung dieser großen, nachkritischen Theorieentwürfe darf nicht darüber hinwegtäuschen, dass S. den skizzierten Fragenkreis weithin bereits gegen Ende der vorkritischen Ära abgesteckt hat und seine lit. Produktion vielfach eher noch von den historiografischen Texten und denjenigen Schriften bestimmt scheint, die in der Nationalausgabe als „kleinere“ firmieren. Allein ihre Vielzahl lässt auf ein beträchtliches Selbstvergewisserungsbedürfnis des Dichters S. schließen. Bereits die *Räuber* benötigen gleich zwei Vorreden (1781) und die Schaubühnenpraxis eine Schaubühnenrede (1784). Der *Don Karlos* muss in *Briefen über Don Karlos* (1788) fortgeschrieben und die Praxis anderer (↑Goethe, ↑Bürger, F. v. Matthisson) in Rezensionen umgeschrieben werden. Zentral für die Tragödientheorie ist die Abhandlung *Vom Erhabenen* (1793) aus der dann die Betrachtungen *Über das Pathetische* sowie neuerliche Versuche *Über das Erhabene* (beide 1801) entwickelt werden.

Umrissen werden in solch komplexer Konfiguration eine überschaubare Zahl von Grundproblemen von existenzieller Dringlichkeit v. a. die doppelte Unfreiheit des Menschen angesichts der zwanghaften Triebstruktur seiner individuellen und der moralischen Anarchie seiner gesellschaftl. Verfassung. Die dagegen aufgebotenen Lösungsfiguren beschreiben das Theater als Labor der Affekte und Erprobungssituationen, die Sprache als Ort der Idealisierung und symbolischen Verallgemeinerung, die Kunst mithin als Psychagogin einer doppelten Ästhetik: des Schönen, das nichts anderes als die sinnliche Erscheinungsform des Sittlichen ist, sowie des Pathetischerhabenen, durch welches das Individuum – zum Gefühl seiner moralischen Würde erwacht – die Ordnung in sich gegen die Unordnung außer sich behauptet. Wer im Bewusstsein solch gangbarer Auswege noch Zwang erleidet, tut dies aus Feigheit. S. selbst, obgleich für die Leistungen der Sprachintelligenz voreingenommen, rettet sich an Krisenpunkten der theoretischen Überzeugungsleistung wiederholt zu den Evidenzofferten der Bilder, die mit dem Schauspiel den Vorzug unmittelbarer Gegenwart und ‚lebendiger Anschauung‘ teilen. So soll sich etwa die simultane Gleichberechtigung und Unterwerfung der Natur in der Synthese von Anmut und Würde, Schönheit und Erhabenheit in der idealschönen Skulptur der Juno Ludovisi offenbaren. Bei allem Ungenügen an der theoretischen Kultur der Aufklärung rechnet S. mit dem Terror der

Vernunft weit weniger als mit der Unvernunft der Natur, womit nicht zuletzt die poetologische Forderung einer unbedingten Herrschaft der Form des Kunstwerks über dessen Stoff korrespondiert.

Im Profil des Erhabenen mitleidlos-gewalttätige Züge zu erkennen, gehört denn auch, wie an ↑Jean Paul abzulesen, zur frühen Wirkungsgeschichte S.s. Höchste Auszeichnung erfahren die Grundsätze des Dichters indes von ↑Hegel: Noch bevor es in der dialektischen Philosophie formuliert worden sei, realisierten sie das Verfahren, in den Gegensätzen die Einheit aufzuspüren. Dass ↑Nietzsche den „Moral-Trompeter von Säckingen" verächtlich macht, trifft weniger den Dialektiker S., der die menschlichen Verirrungen kennt und mit ihnen zu spielen weiß, als das gipsklassizistische Rezeptionsphänomen einer heiter-schönen Beruhigungsästhetik, über deren Kritik noch ↑Adorno die antithetische Provokationskraft des Erhabenen verkennt. Auf die antirationalistischen Kanäle, in die die Konzepte des Schönen und Erhabenen einströmen, deuten namentlich die faschistischen Choreografien von L. Riefenstahls *Triumph des Willens* hin.

Ausgaben: Werke. Nationalausgabe. Begr. v. J. Petersen. Hg. v. N. Oellers. Weimar 1943 ff.; Sämtliche Werke. Hg. v. P.-A. Alt/A. Meier/ W. Riedel. München 2004.

Forschungsliteratur: P. Szondi: Poetik und Geschichtsphilosophie. Frankfurt/M. 1974; U. Rainer: S.s Prosa. Berlin 1988; W. Ranke: Dichtung unter den Bedingungen der Reflexion. Würzburg 1990; J. Bernauer: „Schöne Welt, wo bist du?". Berlin 1995; H. Koopmann (Hg.): S.-Handbuch. Stuttgart 1998; S. M. Schneider: Die schwierige Sprache des Schönen. Würzburg 1998; P.-A. Alt: S. München 2000; M. Luserke-Jaqui (Hg.): S.-Handbuch. Stuttgart u. a. 2005.

Stefan Keppler

Schlag, Evelyn (geb. 1952)

Die durchgängige Thematik von S.s Grazer PV von 1992 deutet sich bereits in deren Titel mit dem Stichwort „Krankheit" an: Alle Vorträge gelten den Beziehungen zwischen Literatur und Krankheit als einer zum Schreiben stimulierenden und lit. facettenreich reflektierten existenziellen Erfahrung, deren „umstürzlerische Kraft" das Leben aller Menschen präge. V. a. Dichter, die zugleich Ärzte waren, spielen in S.s poetologischer Pathologie zentrale Rollen (u. a. W. C. Williams, H. Carossa, ↑Benn). So wird v. a. das Œuvre Williams' zum Leitfaden des Diskurses über lit. Bespiegelungen von Leid und Tod, über medizinische Diagnostik als Lektüre von Leben und Krankheit sowie deren Übersetzung in Literatur. Komplementär zur Perspektive des Mediziners ist die des Kranken oder Verletzten selbst und seiner Angehörigen vielfach lit. fruchtbar gemacht worden, oft zur Bewältigung von Angst und Trauer. Beispiele aus der dt. und englischsprachigen Literatur illustrieren zudem die Affinität zwischen Dichtertum und suizidalen Neigungen. Die Tuberkulose als lit. Sujet und als Krankheit vieler Autoren (darunter S. selbst) hat gleichsam Literaturgeschichte gemacht. Die 6. Vorlesung, „Elegien. Vom guten und schlechten Leben", gilt – wie schon frühere Passagen – anlässlich des Lyrikers D. Dunn der dichterisch artikulierten Trauer um eine Verstorbene. S.s Blick auf die Literatur ist bewusst einseitig. Ihre obsessive Erörterung von Krankheit und Tod als Sujets und als Anlässe lit. Arbeit interpretiert Literatur in Radikalisierung älterer Ästhetiken des Pathologischen als Diagnostik und Trauerarbeit.

Ausgaben: Keiner fragt mich je, wozu ich diese Krankheit denn brauche [GPV]. Graz u. a. 1993.

Forschungsliteratur: R. Novello: Das Leben in den Worten, die Worte im Leben. Eine symptomatische Lektüre als Literatur- und Lebensforschung zu E. S., M. Fritz, M. Streeruwitz. Mailand 2003; B. D. Eddy (Hg.): E. S. Readings of Text. New York u. a. 2004.

Monika Schmitz-Emans

Schlegel, August Wilhelm (1767–1845)

S. hielt in den Jahren 1801–1804 in Berlin die Privatvorlesungen *Über schöne Literatur und Kunst* (1884 postum) in drei Zyklen: *Die Kunstlehre*, *Vorlesungen über schöne Literatur* (später auch *Geschichte der klassischen Literatur*) und *Vorlesungen über die romantische Poesie* (später auch *Geschichte der romantischen Literatur*). Der erste Teil, *Die Kunstlehre*, auch „allgemeine Poetik" genannt, gilt als „Summa poetica" der Frühromantik. Nach einer eingehenden Auseinandersetzung mit älteren Ästhetikern, v. a. mit ↑Burke und ↑Kant, behandelt S. „das Poetische" als produktives Element aller Künste, der Mythologie und der Sprache. Sprache führt den menschlichen Geist zu Selbstbesinnung, Vorstellungsverknüpfung und Ausdruck. Ihr kommt eine ursprüngliche Poetizität zu; die in ihr angelegte Metaphorik ist kein bloßer Bestandteil rhetorischer Formkunst, sondern ursprüngliche Denkform, Mittel der Welterschließung und Konsistenzbildung. Dem entspricht eine romantische Naturphilosophie (↑Schelling), für die das „Universum" durch symbolische Bezüge organisiert, d. h. aufgrund der Verweise seiner Elemente aufeinander erfahr- und konstituierbar ist (Begriff der „Natursymbolik" bei ↑Herder).

Material der Poesie ist die bereits poetisch verfasste Sprache, sodass Poesie zur „Poesie der Poesie" wird – eine romantische Potenzierungsformel, die S. ins Sprachphilosophische wendet und daher anders gebraucht als ↑F. Schlegel. Poesie ist in ursprünglicher Einheit mit Musik und Tanz entstanden. Der späteren Scheidung in Gattungen setzt S. drei (eher systematisch als historisch zu verstehende) Bildungsepochen voran: 1. Ursprache als Elementarpoesie, 2. Rhythmus als erstes formales Gesetz, 3. Mythologie als Synthese poetischer Elemente zu einer Weltdeutung (↑Moritz), die noch ohne Bewusstsein der eigenen Fiktionalität ist. Sie ist keine allegorische Begriffssprache mehr, sondern ahmt die symbolische Verkettungsweise der Natur nach. Kunstpoesie erzeugt damit einen – freilich seiner selbst bewussten – „mythischen Zustand". Phantasie wird zur Grundkraft des menschlichen Geistes, und zwar sowohl als rezeptiv-erkennendes Organ wie auch als Medium produktiv-künstlerischer Gestaltung. Der Vorrang der Poesie vor den anderen Künsten und ihr primärer Poiesis-Charakter werden anthropologisch, natur- und sprachphilosophisch fundiert. Dichtung gleicht sich der Natur an, insofern beide als tendenziell unendliche Bedeutungsgefüge angesehen werden. Hauptepochen der Dichtkunst sind für S. die klassische und die romantische Phase; klassisch meint die heidnisch-gr.-antike Dichtung, romantisch ist Poesie, insofern sie sich nicht nach antiken Vorbildern ausrichtet, was v. a. die christl.-ma.-frühmoderne Poesie betrifft. S. will einerseits romantische Dichtung als Impulsgeberin für die zeitgenössische Kunstproduktion erschließen, zum anderen aber auch die gleichrangige „Dignität" der beiden Epochen betonen. Von daher zielt er auf die gegenseitige Absicherung von Theorie (d. h. philosophische Kunsttheorie), Kritik und Geschichte.

In seiner Literaturgeschichtsschreibung grenzt sich S. vom „Chroniken-Styl" seiner Vorgänger ab: Nur solche Werke sollen aufgenommen werden, die „Epoche machen", indem sie der Forderung nach dem „unendlichen Fortschritt des Menschengeschlechtes" gerecht werden. In einer genetisch-historischen Kritik soll nicht die korrekte Nachahmungsbeziehung innerhalb einer Gattungstradition, sondern die unter historischen Bedingungen erfolgte Anverwandlung oder auch Verwerfung von Gattungsregeln beurteilt werden (Ableitung, Schulen); die Semantik der Kritik verschiebt sich bei

S. in Richtung historisch funktionalisierbarer Kategorien (Symbol, Ausdruck, Stil). Als Vorstufe gelten die 1798–1799 an der Universität Jena gehaltenen *Vorlesungen über philosophische Kunstlehre* (1911 postum). Schon die *Briefe über Poesie, Silbenmaß und Sprache* (1795) behandeln die Poetizität der Sprache; sie betonen ihre Anlage in der Physiologie des Menschen und ihre therapeutische Funktion als Mittel zur Dämpfung der Leidenschaften. S.s Wiener Privatvorlesungen aus dem Jahre 1808, *Über dramatische Kunst und Literatur* (1809–1811), wenden das Programm der Berliner Vorlesungen auf das Drama an und wurden anders als diese von S. selbst in Buchform veröffentlicht. Noch vor der Explikation dramaturgischer Grundbegriffe (dramatisch, theatralisch, tragisch, komisch) entfaltet S. die Grundunterscheidung klassisch/romantisch durch weitere Differenzen: In Form und Wirkung ist das klassische Werk einheitlich, das romantische gemischt; stilprägendes Leitmedium ist dort Plastik, hier Malerei; klassische Poesie erzeugt ihren Gegenstand als gegenwärtigen Besitz, romantische Dichtung mittels Verlust, Sehnsucht und Ahnung; klassische Harmonie kontrastiert dem romantischen Bewusstsein innerer Entzweiung in geistiges und sinnliches Streben. „Romantisches Schauspiel“ bezeichnet die Dramen vom Spätmittelalter bis P. Calderón de la Barca; dieser gilt nun zusammen mit ↑Shakespeare als paradigmatisch romantischer Dramenautor. Um die historische Verschiedenheit der dramatischen Materialien und Verarbeitungsweisen auf einen Nenner zu bringen, exponiert S. hier den Begriff der „organischen Form“, die „mit der vollständigen Entwicklung des Keimes“ ihre Bestimmtheit erreicht. Die Ausprägung nationaler Charakteristika – hier spielt der zeitgeschichtliche Kontext der napoleonischen Kriege eine Rolle – soll im Drama bes. deutlich erfolgen, sie ist dem Theaterschaffen daher v.a. aufgegeben. Weil Begriffsklärung der dt. Mentalität bes. entspreche, bestehe die zukünftige Aufgabe des dt. Theaters in der Klärung und Darstellung des Begriffes dramatischer Poesie selbst. Diesem Anspruch wird S. zufolge freilich kaum ein dt. Bühnendichter gerecht, auch ↑Goethe nicht immer, schon gar nicht die populären Erfolgsautoren seiner Zeit.

S. war zunächst äußerst fruchtbarer Literaturkritiker, begründete mit seinem Bruder F. Schlegel das *Athenaeum* als Hauptorgan der Jenaer Frühromantik, gehörte dem Coppet-Kreis liberaler antinapoleonischer Intellektueller um ↑de Staël an, war namhafter Shakespeare-Übersetzer und einer der ersten Indologen. Die Wiener Vorlesungen sind (wenn auch nicht in Deutschland) eine der wirkmächtigsten Schriften der dt. Romantik, wurden bald in mehrere europ. Sprachen übersetzt und beeinflussten u.a. ↑Coleridge, B. Constant, ↑Hugo, ↑Puškin und ↑Poe. Zunächst im Gefolge, dann in Absetzung gegenüber Kant begründete S. einen allg. und singulären Begriff der Kunst; er nahm wesentliche Gedanken ↑Hegels vorweg (die historische Notwendigkeit des Wirklichen, das Poetische als Erkenntnismedium). S. war maßgeblich an der Ausbildung eines modernen Literaturbegriffs beteiligt, einflussreich in Hinblick auf Epocheneinteilung, Rückbesinnung auf ma. Literatur und Etablierung des romantischen Kanons (Minnesang, Nibelungenlied; ↑Dante, ↑Boccaccio, ↑Petrarca; Shakespeare, Calderón de la Barca; Goethe) mit der Aufwertung altfrz., ital. und span. Literatur. Im Anschluss an S. prägte sich eine vergleichende Konzeption nationaler Literaturgeschichte aus (de Staël, J. de Sismondi, Ch. de Villers), die geschichtliche Betrachtung der Nationalcharaktere und die Vorstellung vom Organizismus der Form. S.s Hauptbeitrag liegt in der Historisierung ästhetischer Normen und dem Versuch einer philosophischen Fundierung von Kunst- und Literaturkritik.

Ausgaben: Kritische Schriften und Briefe. Hg. v. E. Lohner. Stuttgart 1962–1974; Kritische Ausgabe der Vorlesungen. Hg. v. E. Behler. Paderborn u. a. 1989 ff.

Forschungsliteratur: H.-D. Dahnke: A. W. S.s Berliner und Wiener Vorlesungen und die romantische Literatur. In: Weimarer Beiträge 14 (1968). S. 782–796; G. Th. Mico: A. W. S. The Berlin Lectures and the Romantic Theory of Language and Literature. Stanford 1979; H. M. Paulini: A. W. S. und die Vergleichende Literaturwissenschaft. Frankfurt/M. u. a. 1985; U. Schenk-Lenzen: Das ungleiche Verhältnis von Kunst und Kritik. Zur Literaturkritik A. W. S.s. Würzburg 1991; E. Behler: Frühromantik. Berlin u. a. 1992; C. Becker: „Naturgeschichte der Kunst". A. W. S.s ästhetischer Ansatz im Schnittpunkt zwischen Aufklärung, Klassik und Frühromantik. München 1998; S. Holmes: Synthesis der Vielheit. Die Begründung der Gattungstheorie bei A. W. S. Paderborn u. a. 2006.

Pierre Mattern

Schlegel, Friedrich (1772–1829)

Das literaturkritische, -theoretische und -geschichtliche Werk S.s erstreckt sich über seine gesamte Lebenszeit, seit er 1795 begann, aktiv in Fragen der Antike-Rezeption einzugreifen. Allerdings müssen abweichende Gewichtungen unterschieden werden. In die Literaturgeschichte eingegangen ist S. vordringlich als theoretischer „Feuerkopf" der Jenaer Frühromantik, Herausgeber ihrer Zeitschrift *Athenaeum* (gemeinsam mit ↑A. W. Schlegel) und Verfasser zahlreicher Programmschriften und Kritiken sowie der für ihn charakteristischen „Fragmente". In diese Zeit (1797–1800) fällt die durch S. geleistete (Neu-)Prägung zahlreicher poetologischer Begriffe wie „Ironie", „Kritik", „Fragment" und seine Theorie des Romans sowie der modernen Literatur insgesamt. Auf diese Phase großer Produktivität und dauerhafter Resonanz folgen verschiedene Lebensabschnitte, die durch wachsende Abkehr von der Frühromantik gekennzeichnet sind und die Tendenzen der jeweiligen Gegenwart allg. kritisch begleiten. S.s Perspektive auf die Literatur wird historischer und bezieht nun das MA affirmativ mit ein, seine Philosophie sucht nach Lebensnähe und überhaupt wird er, kulminierend in seiner Konversion zum Katholizismus, religiöser. So scharf S. stellenweise auch mit seiner Umwelt ins Gericht geht, die Auseinandersetzung mit seiner eigenen Frühzeit bleibt meist implizit und bemüht sich um den Anschein von Kontinuität selbst dort, wo Begriffe geradezu umgedreht werden. Jede Auseinandersetzung mit S. bleibt deshalb auf sein Frühwerk verwiesen und hat die permanente Umarbeitung seiner Begriffe durch ihn selbst zu berücksichtigen.

Am Anfang der Theoriearbeit S.s steht seine monografische Arbeit *Über das Studium der Griechischen Poesie*, verfasst 1795, erschienen 1797, die gegenläufig zu ihrem Titel mehr und mehr das spezifisch Moderne der modernen Literatur zu bestimmen versucht. Parallel zu ↑Schillers Aufsatz *Über naive und sentimentalische Dichtung* greift S. die von der klassischen *Querelle des anciens et des modernes* (↑Perrault) entwickelte Frage nach dem Maßstab der modernen Literatur auf und prägt dafür den Begriff des Interessanten. Der natürlichen, zyklisch verlaufenden Bildung der Antike mit dem ästhetischen Maßstab des Schönen wird die künstliche Bildung der Moderne entgegengestellt, die dem Entwicklungsgesetz „unendlicher Perfektibilität" folge und dementsprechend auf Steigerung und Überbietung hin angelegt sei. Die Moderne muss demnach einen grundsätzlich anderen Charakter haben als die Antike, und wenn sie dieser gegenüber auch noch als defizitär erscheinen mag, so geben ihre Mängel doch zugleich Anlass zur Hoffnung, denn sie zeigen ein unerschöpfliches Potenzial an. Die damit einhergehende Kanonisierung der klassischen Antike zur abgeschlossenen Epoche einerseits und die komplementäre Historisierung der ästhetischen Begriffe andererseits haben eine grundsätzliche Dynamisierung eines jeden modernen Konzepts von lit. Kommunikation zur Folge. Bei S. schlägt sich dies in den Begriffen Ironie, Fragment und Kritik nieder, die dahingehend konvergieren, dass sie die Instanzen Autor, Werk und Leser als Elemente unendlich prozessierender Kommunikation verstehen. Die Konfrontation zwischen Genieästhetik und Regelpoetik unterlaufend, begreift der romantische Autor den Schaffensprozess als „steten Wechsel von Selbstschöpfung und Selbstvernichtung" der durch Einbeziehung von Kritikern und Koautoren durchaus auch die Form von „Symphilosophie und Sympoesie" annehmen kann. Der Jenaer Kreis um die Brüder Schlegel und ihre Lebensgefährtinnen D. Veit und C. Schlegel, dem u. a. ↑Novalis, ↑Schelling und F. Schleiermacher angehörten, hat solche Verfahren ebenso praktiziert wie S. als Redakteur des *Athenaeums*, der aus Texten und Briefen seiner Freunde Fragmente rekrutiert und wieder distribuiert. Die zugrunde liegende Einsicht läuft darauf hinaus, das Werk als unerschöpflichen Anlass immer neuen Verstehens zu begreifen, das sich in Kritiken niederschlägt, die, wie S.s Beitrag *Über Goethes Meister* (1798), zugleich auf die Bedingung der Möglichkeit differierender Interpretationen reflektieren. Die provozierende Stellungnahme *Über die Unverständlichkeit* (1800), die S. seinen Kritikern entgegenhält, hat hier ihren systematischen Grund. Unmittelbar lit. innovativ werden S.s Überlegungen für die Nobilitierung des Fragments zur Subgattung nicht-fiktionaler kleiner Prosa, die er selber in drei Fragmentsammlungen erprobt hat. Der entsprechende Begriff des Fragments, der, in „transzendentalpoetischer" Manier, zugleich in Form von Fragmenten entworfen wird, geht jedoch über eine nur gattungspoetische Bestimmung hinaus. Der Begriff des Fragments zieht vielmehr die Summe aus der folgenreichen Einsicht in die Dynamisierung moderner Literatur und dehnt seinen Referenzrahmen auf Werke aller Gattungen aus, die nun, ob faktisch abgeschlossen oder nicht, insofern als Fragmente begriffen werden, als sie ein Potenzial bergen, das zu keiner Zeit erschöpft ist, sodass jedes Werk als nur zum Teil, nur fragmentarisch verstanden gelten muss.

Den schwierigsten Terminus frühromantischer Theoriebaukunst stellt der Begriff der Ironie dar, in dem der universalpoetische Anspruch derselben sich ausdrückt. Wenn die romantische Universalpoesie sich modernistisch als stets „im Werden" begriffen versteht, dann markiert die romantische Ironie den eigentümlichen Modus der Perfektion unter den Bedingungen des herrschenden Imperfekts. Etwas „bis zur Ironie" vorantreiben heißt demnach, alle möglichen Perspektiven auf es zusammenzutragen, sodass der Möglichkeitshorizont gleichsam gesättigt erscheint. Der romantische Begriff von Ironie bezeichnet insofern die Schwundform des Absoluten, die ein vollständig historisiertes und perspektiviertes Denken noch erreichen kann, dem die Einsicht in die unendliche Perfektibilität zur skeptischen Imperfektibilität verdorben ist. Als solcher aber hat er Furore gemacht und kann bis heute als Symbol einer Moderne gelten, der alle Gewissheit abhanden gekommen ist und die in einem Relativismus Zuflucht sucht, der jeder Feststellung die Anmerkung folgen lässt, dass alles auch anders sein könnte.

S. selbst hat deshalb die Kritik der Romantik, die ↑Hegel und C. Schmitt in scharfer Form vorgebracht haben, in seinen späteren Arbeiten z. T. selbst vorweggenommen und manchen seiner Begriffe revidiert. So gibt er das Geschäft der Kritik ausdrücklich auf, kritisiert die genuin modernen Gattungen sowie den entsprechenden Begriff des Romantischen und bemüht sich, auch dem Begriff der Ironie eine neue Fass. zu geben und ihn einer religiös grundierten Weisheit anzunähern, die den Widersprüchen des Lebens mit „leisem Lächeln" begegnet. Am bahnbrechenden Erfolg der Frühromantik, die der experimentellen Prosa der Moderne bis hin zu J. Cortázars *Rayuela* ebenso vorgearbeitet hat wie der poststrukturalistischen Literaturtheorie oder dem Neopragmatismus R. Rortys, konnte dies allerdings nichts mehr ändern.

Ausgaben: Kritische F.-S.-Ausgabe. Hg. v. E. Behler. München u. a. 1958 ff.

Forschungsliteratur: F. Mennemeier: F. S.s Poesiebegriff dargestellt anhand der literaturkritischen Schriften. München 1971; H. Weber: F. S.s „Transzendentalpoesie". Untersuchungen zum Funktionswandel der Literaturkritik im 18. Jahrhundert. München 1973; H. Schanze (Hg.): F. S. und die Kunsttheorie seiner Zeit. Darmstadt 1985; V. Bohn (Hg.): Romantik – Literatur und Philosophie. Internationale Beiträge zur Poetik. Frankfurt/M. 1987; P. Schnyder: Die Magie der Rhetorik. Poesie, Philosophie und Politik in F. S.s Frühwerk. Paderborn u. a. 1999; M. Schöning: Ironieverzicht. F. S.s theoretische Konzepte zwischen „Athenäum" und „Philosophie des Lebens". Paderborn u. a. 2002.

Matthias Schöning

Schmidt, Arno (1914–1979)

Anfänglich noch vom Expressionismus beeinflusst, erarbeitet sich S. in den 1950er Jahren durch die intensive Lektüre von ↑Joyce, L. Carroll und ↑Freud eine eigenständige Poetik und Produktionsästhetik, die den „Inneren Monolog" mit Einsichten der Psychoanalyse verbindet. Das Ergebnis ist ein Hyperrealismus („Meta = Litteratur"), der sich einerseits am mathematischen Ideal konformer Abbildung der Wirklichkeit orientiert, andererseits den lit. Text durch Zettelkästen verwaltungstechnisch vorstrukturiert. In den *Berechnungen I – III* (1955 – 1980) stellt S. seine poetologischen und narratologischen Ideen vor, die auf eine radikale Überkodierung des Textes durch „schärfste Wortkonzentrationen" (*Aus julianischen Tagen*, 1979) hinauslaufen. Der Text wird so zum Medium einer äußerst präzisen Kompositionstechnik, die nicht im disseminativen Zerfall von Bedeutungen sein Ideal hat, sondern im möglichst vollständigen und genauen Denotat unterschiedlicher Bewusstseinsebenen. Das sprachlich strukturierte Unbewusste schreibe sich beständig mit und finde, allerdings nur bei bes. dafür begabten und sexuell impotenten Autoren, seinen Ort in den sog. „Etyms". S. erweitert Freuds Topologie um eine „vierte Instanz", die phonetische Wortassoziationen, Bildersymbolik und andere Wortverwandtheiten aufeinander pfropft, um einen sexuellen Subtext zu produzieren, der zwischen Un- und Vorbewusstsein stattfindet: „der obere Teil des Unbewussten: spricht ‚Etyms'" (*Zettels Traum*, 1970). Durch biografisch gestützte Dekodierung der „Etyms" soll diese Verdrängungspoetik sichtbar gemacht werden, wie S. es in seinen biografischen Versuchen zu K. May, F. de la Motte Fouqué und ↑Poe vorführt. Die hieraus gewonnen Einsichten werden wiederum auf die eigene Literatur und Methode angewandt: Souveräne Eingriffe in Orthografie, Zeichensetzung und Typografie, Mehrsprachigkeit sowie neue Darstellungsformen für Bewusstseins- und Gedächtnisprozesse, bspw. die „Foto-Text-Einheiten" (*Die Umsiedler*, 1953; *Seelandschaft mit Poccahontas*, 1955) und das „Längere Gedankenspiel" (*Kaff auch Mare Crisium*, 1960), strukturieren einen palimpsesthaften Text, der starke Züge sekundärer Oralität trägt.

Um diese Komplexität lesbar zu halten, werden die späten Texte großformatig auf mehrere Spalten verteilt und nicht mehr als Buch, sondern als Faksimile des Originalmanuskripts veröffentlicht. Eine überzeugende Fortschreibung dieser Poetik liefert H. Wollschläger mit seinen *Herzgewächsen* (1982), indem er S.s Poetik entzerrt und um musikalische Kompositionstechniken erweitert.

Ausgaben: Zettels Traum. Stuttgart 1970; Aus julianischen Tagen. Frankfurt 1979; Bargfelder Ausgabe. Werkgruppe I: Romane – Erzählungen – Gedichte – Juvenilia. Hg. v. W. Schlüter. Zürich 1986.

Forschungsliteratur: Bargfelder Bote. Materialien zum Werk A. S.s. Frankfurt/M. 1972 ff.

Peter Risthaus

Schottel(ius), Justus Georg (1612–1676)

S.s eigentliche Poetik ist die *Teutsche Vers- oder Reimkunst* (1645). Aber auch das vierte, „Poetica Germanica" überschriebene Buch seiner *Ausführliche[n] Arbeit Von der Teutschen HaubtSprache* (1663) behandelt die Dichtungstheorie und stellt im Wesentlichen eine Zusammenfassung seiner früheren Schriften dar. S. entwickelt seine Überlegungen zur Poetik ganz von der Sprachtheorie her. Er geht von den kleinsten linguistischen Einheiten der dt. Sprache, den Silben, aus und errichtet auf dieser Grundlage seine Prosodik und Metrik, auf die sich die Ausführungen der *Teutschen Vers- und Reimkunst* beschränken.

Die drei Teile seiner Poetik beschäftigen sich 1. mit der „Maasforschung" und der „Reimfügung". Unter Ersterem versteht S. die Elementarbausteine des Verses, also die kürzeren oder längeren Silben („Wortzeit"), und das „Reimmaas", wodurch einzelne Versfüße unterschieden werden können. Neben Trochäus und Jambus („Langkurtze" und „Kurtzlange" Reimart) lässt S. auch Spondäus, Pyrrhichius, Daktylus und Anapäst zu, was gegenüber ↑Opitz' strengem Alternationsgesetz eine entscheidende Erweiterung bringt. Im Falle des Daktylus verweist S. auf A. Buchner als Vorbild. 2. Die Abteilung „Reimfügung" baut auf diesen Einheiten auf und kombiniert sie mit der Zäsur zu „Reimgliedern", die wiederum zu einem Vers zusammengesetzt werden. S. präsentiert hierzu eine Fülle möglicher Kombinationen (ausgehend von der jeweiligen Silbenzahl) und erläutert sie mit Beispielen von Opitz, A. Tscherning, J. Rist, J. Klaj u. a. In diesem Buch finden sich insb. auch Überlegungen zum Problem der Adaptation der antiken Versmaße, der S. reserviert gegenübersteht, weil sie nicht „nach Teutscher art recht auffzubringen" sind. Ältere indigene Traditionen wie den Meistergesang beurteilt S. ebenfalls kritisch 3. Das letzte Buch behandelt mit dem „Reimschluß" ein zusätzliches Ordnungskriterium, das zu den bekannten Versmaßen wie dem Alexandriner, dem *Vers commun* oder dem elegischen Versmaß führt. Auch komplexere Strophenformen wie das Sonett oder die pindarische Ode werden in der sehr ausführlichen Typologie als Kombinationstypen metrischer Elementareinheiten behandelt. S.s Hauptaugenmerk gilt solchen Reimkombinationen, die bes. Klangeffekte hervorbringen, wie sie auch für die Dichtung der ‚Nürnberger' Klaj, ↑Harsdörffer, ↑Birken u. a., die S.s Poetik und seine Sprachtheorie stark rezipiert haben, prägend geworden sind.

S.s sprachwissenschaftliche Überlegungen sind für die Dichtungstheorie des 17. Jh.s eine zentrale Basistheorie. Seine Poetik hat v. a. die gattungstheoretische Diskussion beeinflusst.

Ausgaben: Ausführliche Arbeit Von der Teutschen HaubtSprache. Hg. v. W. Hecht. Tübingen 1967 [Nachdr. d. Ausg. Braunschweig 1663]; Teutsche Vers- oder Reimkunst. Hildesheim u. a. 1976 [Nachdr. d. Ausg. Lüneburg ²1656].

Forschungsliteratur: R. Schmidt: Deutsche Ars Poetica. Meisenheim am Glan 1980; J. J. Berns: J. G. S. In: H. Steinhagen/B. v. Wiese (Hg.): Deutsche Dichter des 17. Jh.s. Berlin 1984. S. 415–434; S. Trappen: Gattungspoetik. Heidelberg 2001.

Dietmar Till

Schrott, Raoul (geb. 1964)

Als Literaturwissenschaftler ausgebildet, spricht der Lyriker und Essayist S. gern als *poeta doctus*; sein Interesse gilt v. a. der Geschichte der Lyrik seit ihren Anfängen, ihren vielfältigen historisch und kulturell differenten Erscheinungsformen sowie den allg. Voraussetzungen und Implikationen dichterischer Arbeit. Die Grazer PV *Fragmente einer Sprache der Dichtung* (1997) belegen dieses Interesse am Fundamentalen und Ursprünglichen exemplarisch – einem Ursprünglichen, das hier, wie auch in *Die Erfindung der Poesie* (1997), im Rekurs auf historisches Wissen begrifflich konstruiert wird. In Erinnerung an frühe Spielformen lyrischer Rede betont S. die enge innere Verbindung zwischen Musik und Dichtung (*Fragmente*). Die neben der klanglichen für das Gedicht ebenfalls konstitutive Inhaltsebene ist geprägt durch Bildlichkeit und Metaphorik. Sprachkunst hat für S. im Sprach-Zauber seine Wurzeln; charakteristisch für archaische Poesie waren sprachmagische Akte der Evokation um der Aneignung und Beherrschung des Benannten willen. Der Poesie und Musik verbindende Rhythmus als Strukturierung von Zeit hat daran maßgeblichen Anteil. S. erörtert ferner die gegenseitigen Abhängigkeiten von Wissenschaften und Poetik, v. a. die Beziehungen zwischen Poesie und Mathematik und die Affinitäten von Literatur und Quantenmechanik, wiederum unter Betonung der einstigen Einheit dieser Wissensdiskurse. Er umreißt die Geschichte schriftgestalterischer Dichtung von den antiken Anfängen bis zur Konkreten Poesie und stellt schließlich den eigenen Werdegang dar; auch Biografik ist für ihn Poetik. U. d. T. *Die Erfindung der Poesie* hat S. „Gedichte aus den ersten viertausend Jahren“ zusammengetragen. Dass die von der Anthologie repräsentierte Zeitspanne vom 24. Jh. v. Chr. bis zum 14. Jh. reicht und Dichter verschiedener Teile der (alten) Welt in Übersetzungen von S. vertreten sind, entspricht S.s Interesse an poetischen Universalien und seiner Konstruktion einer bei aller historisch-kulturellen Ausdifferenzierung doch im Prinzipiellen homogenen Poesie. Die Anthologie ist selbst eine „Erfindung“ der Poesie, welche letztlich an das romantische Projekt einer Selbstbegründung der Poesie anschließt. Einer auch hier explizierten ästhetischen Prämisse zufolge ist die Lyrik aller Zeiten und Kulturen für S., der dem Imagismus ↑Pounds wichtige Anregungen verdankt, durch ihre Bildlichkeit konstituiert. Dies ist u. a. für sein Verständnis von Übersetzung entscheidend, denn S. geht hier theoretisch und praktisch davon aus, dass Übersetzung gelingt, wenn der Übersetzer Äquivalente der poetischen Bilder findet. Sind es in dem Gedichtband *Tropen* (1998) die Sprachen und Diskurse der Naturwissenschaft und der Mathematik, welche in den Dienst der „Erfindung der Poesie“ genommen werden, so ist es in *Die Musen* (1997) der kulturhistorische und mythografische Diskurs. Der Mythos erscheint in S.s Auslegung als poetische Grundstruktur, als stets gegenwärtiger Erklärungsmodus von Welt; anders als die Historiografie akzentuiert er die Gegenwärtigkeit des Vergangenen. Im *Musen*-Buch sucht er sich seinem Gegenstand stilistisch zu assimilieren, u. a. durch Verzicht auf eine lineare Darstellung, durch die Erzeugung eines „fragmentarischen“ Eindrucks – und durch Verwischung der Grenzlinie zwischen Dichtung und metapoetischem Sprechen.

Ausgaben: Fragmente einer Sprache der Dichtung [GPV]. Graz u. a. 1997; Die Erfindung der Poesie. Gedichte aus den ersten viertausend Jahren Frankfurt/M. 1997; Die Musen. München 1997; Tropen. Über das Erhabene. München u. a. 1998; Handbuch der Wolkenputzerei. Gesammelte Essays. München u. a. 2005.

Forschungsliteratur: M. Schmitz-Emans: Die Erfindung der uralten Maschine: R. S. als Dichter und Archäologe. In: D. Burdorf (Hg.): Die eigene und die fremde Kultur. Exotismus und Tradition bei D. Grünbein und R. S. Iserlohn 2004. S. 11–49. H. L. Arnold (Hg.): R. S. Text + Kritik. München 2007.

Monika Schmitz-Emans

Schutting, Julian (geb. 1937)

S.s Grazer PV von 1989 gelten u. d. T. *Zuhörerbehelligungen* v. a. der Lyrik in ihren facettenreichen Erscheinungsformen, die im buchstäblichen Sinn als Spiel-Formen vorgestellt und kommentiert werden. Der Duktus der Vorlesungen selbst ist unakademisch, teilweise absichtsvoll subjektiv, etwa anlässlich der kritischen Auseinandersetzung mit ↑Hofmannsthals Chandos-Brief. Eine Fülle von Texten aus der Geschichte der (deutschsprachigen) Lyrik wird jeweils im Ausgang von punktuell neu ansetzenden Fragen und neu eröffneten Perspektiven präsentiert, mehrfach auch spielerisch de- und rekomponiert oder variiert. Solche Beispiele, auch aus dem eigenen Œuvre, und ihre Kommentare reflektieren die Genese lyrischer Texte als Transformation sprachlicher Ausgangssubstrate, begonnen bei systematischen Spielformen wie dem Permutationsgedicht bis hin zu Texten, die ohne rekonstruierbare Spielregel aus sprachverfremdenden und sprachschöpferischen Prozessen hervorgehen. Als wegweisend für S.s Verständnis dichterischen Sprachgebrauchs erweist sich v. a. ↑Jandl; zur Orientierung dient auch ↑Benns Vortrag *Probleme der Lyrik*. S. experimentiert nicht nur mit lyrischen Formen, sondern auch mit Formen des Sprechens über Lyrik; in seinen Diskurs über Gedichte integriert sind Reflexionen über affine Themen und Theoreme: über die Adressierung an den Leser, das Schöne und den Geschmack, die Problematik ästhetischer Urteile und Definitionen von Kunst, Komik und Ernst, Nonsense und Mysterium, Personalstil und Rhetorik, Kunst und Natur, bildende Kunst und Dichtung und denkbare Kriterien der Vollkommenheit eines Gedichts. Weitere Auskünfte über die Ausgangsbedingungen seiner lit. Produktion und über die Genese eigener Texte gibt S. auch in seinen (komplementär zu den Grazer PV betitelten) *Leserbelästigungen*.

Ausgaben: Zuhörerbehelligungen [GPV]. Graz u. a. 1990; Leserbelästigungen. Graz u. a. 1993.

Forschungsliteratur: G. Zeillinger: Kindheit und Schreiben. Zur Biographie und Poetik des Schriftstellers J. S. Stuttgart 1995; H. Murphy (Hg.): Critical Essays on J. S. Riverside, CA 2000.

Monika Schmitz-Emans

Schwitters, Kurt (1887–1948)

S. stand der Dada-Bewegung nahe, bezeichnete seine eigene künstlerische Arbeit aber mit einem Neologismus als „Merz“-Kunst und artikulierte seine Leitideen in Essays, Manifesten und anderen kritischen Schriften. Charakteristisch für die Merzkunst ist erstens die ästhetisierende Einbeziehung von Materialien verschiedenster Art in das Kunstwerk sowie zweitens eine Entgrenzung der Künste. S. erstrebt eine integrale Erneuerung aller Künste und wirkt v. a. im Bereich der Lautdichtung („ursonate“) sowie der Collage und Assemblage als Pionier. Gegen zeitgenössische Tendenzen zur Politisierung der Kunst betont er deren Autonomie. Als Theoretiker der Wortkunst bekennt er sich zum Programm der Verfremdung und Entautomatisierung konventioneller Ausdrucksmittel (*Die Bedeutung des Merzgedankens in der Welt*, 1923); diese Poetik konkretisiert sich etwa in seinen buchstaben- und wortspielerischen Texten. Zentrale ästhetische Kategorie ist insb. der Rhythmus, den S. auf sprachliche, visuelle wie auch akustische Phänomene bezieht, wie etwa im Kommentar zu seinem „i-Gedicht", wo „Kunstwerk" und „Rhythmus" zu Synonymen werden. S.s Vision eines Merz-Gesamtkunstwerks ist die eines polyrhythmischen Geschehens (*Merz*, 1920). Kunstpraxis in ihren medial differenten Spielformen verwandelt konkret (durch „Vermerzung") sowie im übertragenen Sinn (durch Entformelung) die Welt – so S.s utopistischer Leitgedanke, der auch seinen Umgang mit sprachlichen „Materialien" prägt.

Ausgaben: Das literarische Werk. 5 Bde. Hg. v. F. Lach. Köln 1998.

Forschungsliteratur: W. Schmalenbach: K. S. Köln 1967; H. Richter: DADA – Kunst und Antikunst. Der Beitrag Dadas zur Kunst des 20. Jahrhunderts. [3]Köln 1973; L. Wiesing: Stil statt Wahrheit. K. S. und Ludwig Wittgenstein über ästhetische Lebensformen. München 1991; K. Orchard/I. Schulz (Hg.): Merzgebiete. K. S. und seine Freunde. Köln 2006.

Monika Schmitz-Emans

Schwob, Marcel (1867–1905)

Über die poetologischen Konzepte S.s geben die Vorworte zu seinen Erzählungsbänden Aufschluss. Leitthemen sind u. a. die Abgrenzung der Geltungsbereiche von Kunst und Wissenschaft sowie die Rivalität zwischen lit. Fiktion und realem Leben. In *Das gespaltene Herz* (*Cœur double*, 1891; dt. 2005) attackiert S. Naturalismus und psychologischen Roman und wirft ihnen Pseudowissenschaftlichkeit und geistlose Reproduktion von Wirklichkeit vor. Stattdessen fordert er eine Rückbesinnung auf formalästhetische Kategorien und, mehr oder weniger implizit, die Nachahmung großer Meister. Zu den Vorbildern seiner eigenen Kunst zählen ↑Poe, R. L. Stevenson und ↑Wilde. Im Vorwort zu *Der König mit der goldenen Maske* (*Le Roi au Masque d'Or*, 1892; dt. 1988) treten poetologische Überlegungen zurück hinter eine philosophische Gesamtschau: In einem hypothetisch als Sprache Gottes gedachten Universum seien die Menschen zu einem Bewusstsein ihrer selbst gelangte Worte. In den *Mimen* (in: *Mimes*, 1893; *Die Gabe an die Unterwelt*, 1926) ahmt S. die Miniaturen des Herondas nach. Im Prolog erscheint ein Schatten aus der Unterwelt als Mittler zwischen Autor und antikem Dichter. In *Das Buch von Monelle* (*Le Livre de Monelle*, 1894; dt. 1988) ersetzt eine poetologische Erzählung das Vorwort. Darin verwirft S. unter Berufung auf lebensphilosophisches Gedankengut Erinnerung und Tradition zugunsten unmittelbarer Erfahrung. Die übrigen Erzählungen variieren jedoch Motive aus Märchen und Dichtung und treten so in ein Spannungsverhältnis zu diesem Anspruch. Im Vorwort zu *Der Roman der zweiundzwanzig Lebensläufe* (*Vies imaginaires*, 1896; dt. 1925) entwirft S. das Konzept einer allein an ästhetischen Gesichtspunkten orientierten Biografie und entbindet sie von der Pflicht zur Treue. Die Erzählungen über meist wenig bekannte historische Persönlichkeiten fügen sich zu einem Irrgarten lit. Motive und versteckter Zitate. Bemerkenswert ist *MM. Burke et Hare, Assassins*, weil S. durch metaphorisches Ineinssetzen von Kunst und Mord seine Thesen aufgreift und ironisch bricht. Dem Vorwort steht der Essay über Stevenson aus dem Band *Spicilège* (1896) gedanklich nahe. S. prägt darin den für sein eigenes Schreiben aufschlussreichen Begriff des „irrealen Realismus“.

Rezeptionsgeschichtlich wurde S. häufig dem Symbolismus (↑Mallarmé) zugeordnet, doch lässt die Vielfalt seines Schaffens eine solche Festlegung nicht zu. Elemente des Phantastischen machten ihn für die Surrealisten (↑Breton) interessant, und ↑Borges ließ sich durch den fiktiv-dokumentarischen Charakter seines Erzählens anregen.

Ausgaben: Œuvres complètes. Hg. v. P. Champion. Paris 1927–1929; Œuvres. Hg. v. A. Gefen. Paris 2002.

Forschungsliteratur: M. Jutrin: M. S. Cœur double. Lausanne 1982; C. Berg/Y. Vadé (Hg.): M. S. d'hier et d'aujourd'hui. Seyssel 2002; A. Lhermitte: Palimpseste et merveilleux dans l'œuvre de M. S. Paris 2002; G. Krämer: M. S. Werk und Poetik. Bielefeld 2005.

Gernot Krämer

Sebald, Winfried Georg (1944–2001)

Über die Beschwerlichkeiten, Unverlässlichkeiten, aber die letzthinnige Unerlässlichkeit der Schreibarbeit hat S. mehrfach Auskunft gegeben (bes. in *Logis in einem Landhaus*, 2000). Dabei ist nicht zu unterscheiden zwischen poetischem und essayistischem und kritischem Schreiben. Die Malerei, erst recht die Fotografie, kann als Stimulus der lit. Arbeit dienen. Die Bildmedien vermögen aber nicht das Schreiben selbst einzuholen, genauso wenig wie das Schreiben ins Fotografieren übergehen kann. S.s Reflexionen zur Interdependenz von Wort und Bild – insb. in den Essaysammlungen *Die Beschreibung des Unglücks* (1985) und *Campo Santo* (2003) – führen zurück auf Überlegungen zu einer Ästhetik des fotografischen wie filmischen Mediums bei S. Kracauer, ↑Benjamin, S. Sontag und ↑Barthes. S.s emphatische Einforderung einer historisch-gesellschaftl. Wahrheit, welche die lit. Tätigkeit herauszuarbeiten habe, steht dem eschatologischen Denken ↑Adornos nahe. Sie kommt zum Ausdruck in einer Vorstudie zu den viel diskutierten Zürcher Vorlesungen über *Luftkrieg und Literatur* (1999): „Das Ideal des Wahren, das in der Gestalt eines gänzlich unprätentiösen Berichts beschlossen ist, erweist sich als der unwiderrufliche Grund aller literarischen Bemühung“ (*Campo Santo*). S.s Prosa verschränkt die das Vergessen befördernde fotografische Abbildung mit dem der poetischen Sprache eigenen Eingedenken zu einer nur scheinbaren Dokumentarizität, die dem Tatsachenbericht fernsteht. Im Zentrum der Erzählungen stehen überwiegend traumatisierte Figuren, deren Lebensgeschichten ganz oder ausschnittsweise nachgezeichnet werden, wie etwa in *Die Ausgewanderten* (1992) und *Austerlitz* (2001). Ausführungen ↑Freuds zur Hysterie, Melancholie, zum Erinnerungsprozess und zum Wiederholungszwang finden ihren Widerhall in S.s Texten. Zudem sind diese in hohem Maße intertextuell angelegt.

Ausgaben: Die Beschreibung des Unglücks. Zur österreichischen Literatur von Stifter bis Handke. Salzburg u. a. 1985; Die Ausgewanderten. Vier lange Erzählungen. Frankfurt/M. 1992; Luftkrieg und Literatur. Mit einem Essay zu A. Andersch. München u. a. 1999; Logis in einem Landhaus. Über G. Keller, J. P. Hebel, R. Walser und andere. Frankfurt/M. 2000; Austerlitz. München u. a. 2001; Campo Santo. Hg. v. S. Meyer. München u. a. 2003.

Forschungsliteratur: J. J. Long/A. Whitehead (Hg.): W. G. S. – A Critical Companion. Edinburgh 2004; A. Fuchs: Die Schmerzensspuren der Geschichte. Zur Poetik der Erinnerung in W. G. S.s Prosa. Köln 2004; M. Atze/F. Loquai (Hg.): S. Lektüren. Eggingen 2005.

Klaus Bonn

Sébillet, Thomas (1512–1589)

Die anonym erschienene Poetik S.s, *Die französische Dichtkunst* (*Art poétique françois,*

1548), ist die erste Dichtungslehre der frz. Renaissance im engeren Sinn. Das Werk steht zwar zum großen Teil noch in der Tradition der (spät-)ma. Rhetorik- und Versifikationstraktate, die insb. technische Aspekte abhandeln, doch darüber hinaus empfiehlt S. das gründliche Studium der gr. und lat. Antike und reflektiert v. a. Fragen nach dem Eigenwert der Dichtkunst, der dichterischen Inspiration und Imagination. Dichtung ist ursprünglich göttlicher Natur, wie sowohl christl. als auch antike Beispiele belegen. Der Dichter ist traditionell privilegierter Mittler zwischen dem Göttlichen und den Menschen, der Einsicht in Wahrheiten spiritueller Natur nimmt und sich dadurch vom Redner und Versemacher unterscheidet. Wichtigstes Element ist die *inventio*, bei der S. unter Berufung auf ↑Quintilian und ↑Horaz die fein- und scharfsinnige Natur des Dichters über die handwerkliche Kunstfertigkeit stellt. S. bespricht als Erster die in Frankreich neue Form des Sonetts; er stellt antike Gattungen (Ode, Epos, Elegie, Epistel) neben und teilweise über die Textarten aus der frz.-volkssprachlichen Tradition (z. B. Lai, Rondeau, Blason), ohne jene aber gänzlich abzulehnen. Er propagiert als wichtigste Gedichtform das Epigramm, wie es C. Marot und M. Scève beispielhaft verfasst haben und das sich durch Kürze und v. a. gedankliche Schärfe auszeichnet. Dieses Ideal wirkt musterbildend auch in der Dichtung der Pléiade und nimmt Stilformen des Barock und Manierismus vorweg. In S.s Abhandlung finden sich bereits wesentliche Aspekte von ↑Du Bellays *Deffence et illustration de la langue françoyse* (1549), doch hatte dieser als Mitglied der Pléiade weitaus stärkeren Einfluss.

Ausgaben: Art poétique françois. Hg. v. F. Gaiffe. Paris 1988; F. Goyet (Hg.): Traités de poétique et de rhétorique de la Renaissance: S., Aneau, Peletier, Foquelin, Ronsard. Paris 1990.

Forschungsliteratur: F. Rigolot: Le sonnet et l'épigramme, ou: L'enjeu de la ‚superscription'. In: J. C. Nash (Hg.): Pre-Pléiade Poetry. Lexington 1985. S. 97–111; E. Ahmed: Du Bellay, S. and the Problematic Identity of the French Humanist. In: Neophilologus 75 (1991). S. 185–193.

Harald Nehr

Seneca, Lucius Annaeus (um Chr. Geb. – 65 n. Chr.)

S.s *Medea* ist eines der wirkungsmächtigsten Stücke der Dramen-Geschichte. Konzeptionell weicht es von der *Medeia* des ↑Euripides stark ab. So scheint z. B. Medea zunächst noch von Liebe zu Jason und den Kindern bestimmt zu sein und erst allmählich zu der dämonischen Medea zu werden. Bezugnahmen auf dieses traditionelle Medea-Bild („Medea …" – „Fiam!"; „Medea nunc sum") zeigen zugleich S.s zuspitzenden, stark rhetorisierten Stil. Umstritten ist, ob S. seine Stücke zur Inszenierung konzipiert hat oder ob es nicht eher Rezitationsdramen sind.

Das Drama der Neuzeit ist ohne S. undenkbar. Von der ersten nachantiken Tragödie (A. Mussatos *Ecerinis*, 1314) bis zu Renaissance und Barock nahm man ihn zum Vorbild (z. B. ↑Opitz). Die hohe Zahl der Drucke, Übersetzungen und Bearbeitungen (z. B. ↑Corneilles *Médée*, 1635) spricht für sich. Erst im 18. Jh. änderte sich dies; als die Vernunftpoesie (↑Gottsched) S. Naturwidrigkeit und Unglaubwürdigkeit vorwarf. Ein vermeintlich schwülstiger Stil und formale Präzision trugen seinen Stücken den Ruf zu artifizieller Kunst ein (trotz ↑Lessings Verteidigung). Als dann die Romantik vom Dichter Ursprünglichkeit forderte, galt S. nicht mehr als Autorität. Für ↑A. W. Schlegel verhielten sich seine Stücke zu denen der Griechen „wie eine hohle Hyperbel gegen die innigste Wahrheit". Diese Ablehnung hat bis ins 20. Jh. nachgewirkt, weicht aber inzwischen einer günstigeren Bewertung.

Ausgaben: Medea. Hg. v. C. Costa. Oxford 1973; L. Annaei Senecae Tragoediae. Hg. v. O. Zwierlein. Oxford 1986.

Forschungsliteratur: E. Lefèvre (Hg.): Der Einfluss S.s auf das europäische Drama. Darmstadt 1978; A. Boyle: Tragic S. London u. a. 1997; S. Grewe: Die politische Bedeutung der Senecatragödien und S.s politisches Denken zur Zeit der Abfassung der Medea. Würzburg 2001.

Raphael Dammer

Shaftesbury, Anthony Ashley Cooper, Third Earl of (1671–1713)

S. hat keine Poetik im Sinne einer vollständig der Dichtungstheorie gewidmeten Schrift vorgelegt. Er versteht sich selbst als Philosoph. Die Bildung seiner Leser zu Philosophen, nicht zu Dichtern, ist das ethische Ziel seiner Schriften. Entsprechend sind seine Anmerkungen zur Poetik auf unterschiedliche Schriften verstreut, insb. auf die *Unterredung mit sich selbst* (*Soliloquy*, 1710; dt. 1738) und die *Miscellanien* (*Miscellaneous Reflections*, 1711; dt. 1776) beide in *Characteristicks of Men, Manners, Opinions, Times* (1711, ^{2}1714).

S. wandte sich gegen das systematische Philosophieren des Rationalismus. Ihm ging es darum, ein antikes Verständnis von Philosophie im Sinne einer der Ökonomie des Kosmos entsprechenden Lebenskunst zu reaktivieren, nicht zuletzt durch eine der Lebenskunst korrespondierende Stilhaltung literarisierten, essayistischen, eleganten Schreibens. Seine epistolaren Essays, v. a. aber der philosophische Dialog *Die Sitten-Lehrer* (*The Moralists*, 1709; dt. 1745) liefern eine implizite Poetik philosophischen Schreibens, die durch explizierte Momente einer Poetik des Dialogs und des Essays gedeckt wird. Um die intendierte Stilhaltung in einer lit. Öffentlichkeit zu verankern, entwirft S. ein Kommunikationsmodell der gegenseitigen öffentlichen Kritik zur Geschmacksbildung. Er verleiht damit zentralen Konzepten der Poetik und Kunsttheorie des 18. Jh.s eine spezifische Deutung. S.s Bestimmung des Dichters wurde nicht bei den Zeitgenossen, sondern erst in der dt. Germanistik um 1900 berühmt. In S.s Bemerkung, der wahre „Dichter ist in der Tat ein zweiter Schöpfer; ein wahrer Prometheus unter Jupiter" – einer der wenigen Stellen, an denen es tatsächlich um den lit. Autor geht –, sah man den trotzigen Gestus des dt. Sturm-und-Drang-Genies vorweggenommen. S.s Intention ist jedoch kritisch: Prometheus gewinnt seinen Sinn in der Unterordnung unter Jupiter. Der Dichter soll einschränkend auf ein rechtes Verständnis seines „Schöpfertums" verpflichtet werden. Dichtung basiert für S. auf Selbst- und Menschenkenntnis, die in einem die Affekte klärenden Selbstgespräch gewonnen werden kann. Poesie hat die Aufgabe, menschliche Handlungen und naturwahre Charaktere darzustellen, damit der Leser zu einer analogen Kenntnis gelangen kann. Der Produktionsakt nimmt nur dann quasi-göttliche Züge an, wenn sich die dargestellten Handlungen und Charaktere imitierend an den Struktureigenschaften des Kosmos, den S. als harmonische Einheit begreift, orientieren.

Ausgaben: Standard Edition. Sämtliche Werke, ausgewählte Briefe und nachgelassene Schriften. Hg. v. G. Hemmerich/W. Benda. Stuttgart-Bad Cannstadt 1981 ff.

Forschungsliteratur: E. Wolff: S. und seine Bedeutung für die englische Literatur des 18. Jahrhunderts. Tübingen 1960; L. E. Klein: S. and the Culture of Politeness. Cambridge u. a. 1994; B. Schmidt-Haberkamp: Die Kunst der Kritik. Zum Zusammenhang von Ethik und Ästhetik bei S. München 2000.

Mark-Georg Dehrmann

Shakespeare, William (1564–1616)

B. Jonsons vielzitierter Kommentar, S. habe „small Latine, and lesse Greeke" beherrscht, wird generell als Verweis auf S.s mangelnde klassische Bildung verstanden. Tatsächlich spielt die antike Poetik für S.s dramatisches Werk keine bedeutende Rolle, und im Gegensatz zu Zeitgenossen wie z. B. ↑Sidney hat er keine poetologischen Schriften verfasst. Gleichwohl findet sich in seinen Dramen wie auch den nicht-dramatischen Dichtungen eine Vielzahl von Passagen, die sich auf die Poetik und Rhetorik der Renaissance beziehen lassen. Die Sonette verhandeln Möglichkeiten und Grenzen der (Sonett-)Dichtung, indem petrarkistische (↑Petrarca), neoplatonische (↑Platon) wie ovidische (↑Ovid) Dichtungstraditionen gleichermaßen aufgerufen, gegeneinander ausgespielt, miteinander verwoben oder verworfen werden. Die Kritik gilt insb. der petrarkistischen Panegyrik, doch die Zurückweisung der Künstlichkeit ihrer Rhetorik und das Projekt, eine neue Sprache der Liebe bzw. des Begehrens zu entwickeln, kann selbst der Rhetorik nicht entkommen. In S.s Dramen (z. B. im *Hamlet*) findet die selbstreflexive Problematisierung von Theater- und Dramentraditionen, Gattungsmodellen, der Wirkungsmacht der Rhetorik und des Verhältnisses von Dichtung und Wirklichkeit statt, wobei die Widersprüche zwischen Poetik und Rhetorik auf der einen und der performativen Praxis auf der anderen Seite zum Thema der Stücke selbst werden. Versuche, aus solchen Fragmenten eine in sich geschlossene werkimmanente Poetik zu kondensieren, haben sich jedoch als problematisch erwiesen. Trotzdem ist S.s Werk – nicht nur im englischsprachigen Sprachraum – immer wieder Gegenstand dichtungstheoretischer Überlegungen gewesen. Während S. im Klassizismus für seinen Verstoß gegen die Prinzipien der Gattungsreinheit oder der Einheit von Zeit und Ort kritisiert wird, setzt sich ab Mitte des 18. Jh.s eine zunehmend enthusiastische S.-Rezeption durch. S. avanciert zum Inbegriff des Dichters, dessen Größe sich gerade in der Irregularität und Unkonventionalität seiner Dramen zeigt (↑Pope) und der schließlich zum Bezugspunkt wird, um mit der klassizistischen Regelpoetik abzurechnen und zu brechen. Im Zentrum der romantischen Diskussion um S. steht der Glaube an die Schöpferkraft der Imagination, die S. als Dichtergenie verkörpert. Für ↑Coleridge bspw. repräsentiert S. eine Kunst, die sich nicht auf die Abbildung der Natur (*natura naturata*) beschränkt, sondern ein schöpferisches Prinzip (*natura naturans*) zu erfassen sucht. Die dt. Auseinandersetzung mit S., die auf die engl. S.-Rezeption in der Romantik zurückwirkt, kulminiert in der Klassik und Romantik, wo S. gleichermaßen Anlass wie Kristallisationspunkt der poetologischen Reflexionen u. a. von ↑Herder, ↑A. W. Schlegel, ↑Tieck, ↑Goethe und ↑Schiller ist. Auch in den literaturtheoretischen Debatten des 20. Jh.s ist S. präsent, scheint sein Werk doch das Interesse der Postmoderne an künstlerischer Selbstreflexivität, dem unabschließbaren Aufschub von Bedeutung oder der sprachlichen Konstitution des Subjekts zu antizipieren. S. ist zudem der Fokus der Bestrebungen des New Historicism um eine kulturhistorische Situierung der Literatur, die Infragestellung ihrer privilegierten Position im Vergleich mit anderen Textsorten und Diskursen und der Entwicklung einer „Poetik der Kultur" (↑Greenblatt).

Ausgaben: The Norton Shakespeare. Hg. v. S. Greenblatt. New York u. a. 1997; Sämtliche Werke. 4 Bde. Darmstadt 2005.

Forschungsliteratur: J. Bate: S. and the English Romantic Imagination. Oxford 1986; E. Faas: S.s Poetics. Cambridge 1986; J. Fineman: S.s Perjured Eye: The Invention of Poetic Subjectivity in the Sonnets. Berkeley 1986; R.

Weimann: S. und die Macht der Mimesis. Autorität und Repräsentation im elisabethanischen Theater. Berlin 1988; S. Greenblatt: Verhandlungen mit S. Innenansichten der englischen Renaissance. Berlin 1990; H. F. Plett (Hg.): Renaissance-Poetik – Renaissance Poetics. Berlin u. a. 1994; P. Kiernan: S.s Theory of Drama. Cambridge 1996; I. Schabert (Hg.): S.-Handbuch. Stuttgart 2000.

Sabine Schülting

Sidney, Philip, Sir (1554–1586)

S. entstammte einer der einflussreichsten protestant. Adelsfamilien Englands und war einer der glänzendsten Höflinge Elisabeths I. Durch seine persönlichen Kontakte und seine Schriften, die zunächst handschriftlich zirkulierten – autorisierte Druckversionen der Werke erschienen zwischen 1593 und 1598 –, wurde er zu einer Schlüsselfigur für die Blüte der engl. Literatur in der Renaissance. S. verfasste für seine Schwester Mary ab 1580 die Pastoralromanze *Arcadia der Gräfin von Pembrock* (*The Countess of Pembroke's Arcadia* [in zwei Versionen: *Old Arcadia/New Arcadia*], 1590; dt. 1629), die ihn zu einem Wegbereiter des Romans macht, und den Sonettzyklus *Astrophel und Stella* (*Astrophil and Stella*, 1591; dt. 1936), der eine engl. Variante des Petrarkismus entwickelte und damit eine intensive Sonettmode in England auslöste. Auch fertigte er gemeinsam mit seiner Schwester eine Psalmenübersetzung in Gedichtform an, die von hoher Bedeutung für die religiöse Lyrik ist. Seine vielbeachtete Poetik *Verteidigung der Poesie* (*A Defence of Poesie*, auch *Defence of Poetry* oder *An Apology for Poetry*) entstand ca. 1582, wurde 1595 gedruckt und seitdem immer wieder aufgelegt sowie in verschiedene Sprachen übersetzt. S. bestimmt hier die Dichtung nicht primär formal, obwohl er auch Fragen der Gattungshierarchie und Metrik erörtert, sondern inhaltlich-moralisch. Die „Verteidigungsschrift" folgt dem klassischen Aufbau der Gerichtsrede. Im *exordium* beklagt S. die aktuelle Geringschätzung der Dichtung, in der *narratio* wird auf die zivilisierende Rolle der Poesie in der Antike verwiesen, die den Menschen über seine fehlerhafte Natur hinausheben und zu einer „zweiten Natur" führen könne. Dies geschieht laut *propositio*, indem die Imagination des Dichters nach der platonischen Auffassung (↑Platon) der Mimesis „sprechende Bilder" erzeugt, eikastische (nicht krankhaft phantastische) schön-gute Idealbilder, die belehren und – zum Zweck gelingender Belehrung – erfreuen sollen. Durch die *energia* der Dichtung, die auf eine visuelle Epistemologie hinzielt, in Verbindung mit *memoria*, wird der Mensch effektiver als durch die Lehren der Geschichte und der Moralphilosophie zum Guten bewegt. Diese bes. Betonung der Bewegung („move") ergänzt im Einklang mit Ciceros Rhetoriktheorie das *prodesse et delectare* des ↑Horaz. In einer *digressio* prangert S. das schlechte Niveau der Dichtung und das mangelnde *decorum* des Theaters in England an und ruft in der *peroratio* nach einer Erneuerung der Literatur, die dann tatsächlich mit ↑Shakespeare und Zeitgenossen erfolgte. Noch in der romantischen Poetik ↑Shelleys und ↑Coleridges ist S.s Einfluss spürbar.

Ausgaben: The Countess of Pembroke's Arcadia. (The Old Arcadia). Hg. v. K. Duncan-Jones. Oxford u. a. 1985; The Countess of Pembroke's Arcadia. (The New Arcadia). Hg. v. V. Skretkowicz. Oxford 1987; Sir Ph. S. Hg. v. K. Duncan-Jones. Oxford u. a. 1989; Astrophel und Stella. Hg. v. M. Lanckovońska. Krefeld 1947; Arcadia der Gräfin von Pembrock. Darmstadt 1971 [Nachdr. d. 4. Aufl. v. 1643].

Forschungsliteratur: J. Buxton: Sir Ph. S. and the English Renaissance. London u. a. 1954; K. Duncan-Jones: Sir Ph. S. Courtier Poet. London 1991; H. R. Woudhuysen: Sir Ph. S. and the Circulation of Manuscripts 1558–1640. Oxford u. a. 1996; W. Trimpi: Sir Ph. S.s

„An Apology for Poetry“. In: G. P. Norton (Hg.): The Cambridge History of Literary Criticism. Bd. 3. The Renaissance. Cambridge 1999. S. 187–198.

Ina Habermann

Shelley, Percy Bysshe (1792–1822)

Der neben ↑Byron und ↑Keats zur zweiten Romantikergeneration in England zählende S. verfasste neben Dramen, Gedichten und Erzählungen bereits früh, insb. in der Auseinandersetzung mit den Schriften W. Godwins, philosophisch und sozialpolit. fundierte Essays wie *Die Notwendigkeit des Atheismus* (*The Necessity of Atheism*, 1811) und *Die Reform aus philosophischer Sicht* (*A Philosophical View of Reform*, 1819; dt. 1985). Obwohl S.s Dichtung deutlichen Schwankungen unterworfen ist, lassen sich philosophische und sozialpolit. Interessen als konstitutive Motive seines Kunstschaffens insgesamt festhalten. Dies gilt auch für die an ↑Sidney orientierte, 1821 verfasste Apologie der Dichtung, *A Defence of Poetry* (1840), die insb. auf die Vorwürfe ↑Peacocks gegen Stand und Status der Dichtung reagiert. S. strebt in seiner Widerlegung Peacocks keine systematische Theorie der Dichtung an, sondern ihre ostentative Rechtfertigung mittels weit ausgreifender kunst- und literaturgeschichtlicher Exkurse. Seine Argumentation umreißt in einem umfassenden Sinn eine Poetik der Inspiration. Doch ersetzt er die transzendente Fundierung des platonischen Konzepts durch die Korrelation von Subjekt und Imagination. Diese ist ein „schöpferisches Vermögen“ („creative faculty“) und den „technischen Künsten“ („mechanical arts“) von Wissenschaft und Technik überlegen. Die Kontrastierung von „reason“ und „imagination“ als zwei Arten geistiger Arbeit verbindet S. mit analogen Vorstellungen von ↑Jean Paul, ↑Coleridge und ↑Wordsworth. Wie ↑F. Schlegel geht es S., vor dem Hintergrund seines Fragment gebliebenen Essays *On Life* (1832), um eine „Poesie des Lebens“ („poetry of life“), in der Rationales und Irrationales kongruieren. Die Imagination hat eine ethische und eine soziale Dimension. Die Einheit von Schönheit und Wahrheit findet ihren kreativen Ausdruck in der Autonomie der Dichtung, wobei der Dichter gleichermaßen Prophet und Priester sein kann. Dichtung kann insofern eine *vita activa* mit kulturellem, sozialem sowie polit. Engagement begründen.

S. zählt zu den umstrittensten Vertretern der engl. Romantik: Wurde ihm unter den Viktorianern Bewunderung zuteil, so lehnten ihn die Vertreter des New Humanism und New Criticism (↑Eliot) rigoros ab. Eine späte Anerkennung fand S. unter den Dekonstruktivisten (↑Derrida, ↑de Man), die insb. die Autonomie der dichterischen Sprache als wegweisend für die Autoreflexivität der Moderne hervorheben und an S.s Rehabilitierung seit dem späten 20. Jh. ihren Anteil haben.

Ausgaben: Complete Works. 10 Bde. Hg. v. R. Ingpen/W. Peck. London u. a. 1926–1930; Ausgewählte Werke. Dichtung und Prosa. Hg. v. H. Höhne. Leipzig 1985; S.s Poetry and Prose. Authoritative Texts, Criticism. Hg. v. D. Reiman/N. Fraistat. New York u. a. 2002.

Forschungsliteratur: F. Delisle: A Study of S.s „A Defence of Poetry“: A Textual and Critical Evaluation. 2 Bde. Salzburg 1974.

Sebastian Hartwig

Šklovskij, Viktor Borisovič (1893–1984)

Š.s Buch *Theorie der Prosa* (*O teorii prozy*, 1925; dt. 1966) enthält den für den russ. Formalismus (Formale Schule) programmatischen Aufsatz *Kunst als Verfahren* (*Iskusstvo, kak priëm*, 1916). Kunst verfolge, so Š., das lebensphilosophische Ziel, automatisierte Wahrnehmungen zu unterlaufen. Sie sei kein „Denken in Bildern", sondern Beziehung zwischen Material und Verfahren („material"/„priëm"). Epische Verfahren wie Rahmung, Abschweifung, Spannungserzeugung führten zur Sujetfügung („sjužet") der Geschichte („fabula").

„Literarische Evolution" wird daher durch Werke bewirkt, die ihre als konventionell empfundenen Verfahren offenlegen und damit deren Verfremdung („ostranenie") bewirken, z. B. in parodistischen Romane wie ↑Sternes *Tristram Shandy*. Solche Verfahren der Verfremdung erzeugen auch die prinzipielle Mehrschichtigkeit lit. Texte und verhindern deren ideologische Fixierung; inhaltlich zentrale Ideen oder Charaktere sind ebenfalls Effekte von Verfahren.

Š.s autobiografische Texte wie *Dritte Fabrik* (*Tret'ja Fabrika*, 1926; dt. 1988) montieren lit.-anekdotische und essayistische Sprechweisen. Sie sind am Ideal „sujetloser" Literatur ausgerichtet, die auf retardierende und totalisierende epische Verfahren zur Sujetfügung verzichtet und ihnen die knapp-überraschende Notiz entgegenstellt.

Š. war Mitglied der Theoretikergruppe *Opojaz* (↑Tynjanov), schrieb Drehbücher und war Filmtheoretiker. Er begründete die strukturale Analyse von Prosa (Š.s Unterscheidung von „fabula"/„sjužet" wurde im Strukturalismus zu „histoire"/ „discours") und wirkte v. a. auf die Märchenanalyse (↑V. Propp). Das Projekt der Verfremdung als Offenlegung darstellender Verfahren hat ↑Brecht für das Theater aufgegriffen.

Ausgaben: O teorii prozy. Moskau 1925; Theorie der Prosa. Frankfurt/M. 1966; Tret'ja Fabrika. Moskau 1926; Dritte Fabrik. Frankfurt/M. 1988.

Forschungsliteratur: J. Striedter: Zur formalistischen Theorie der Prosa und der literarischen Evolution. In: ders. (Hg.): Russischer Formalismus. Texte zur allgemeinen Literaturtheorie und zur Theorie der Prosa. München 1969. S. IX–LXXXIII.

Pierre Mattern

Sloterdijk, Peter (geb. 1947)

S.s poetologische Reflexionen stehen im Kontext seines existenzialistisch geprägten Philosophierens. Dieses thematisiert immer wieder die Geburt als eine existenzielle und schockhafte Erfahrung, welche die erste, aller Sprache und Kommunikation vorangehende Bedingung menschlichen Weltbezugs darstelle. U. d. T. *Zur Welt kommen – zur Sprache kommen* hat S. seine Frankfurter PV von 1988 gestellt, die chronologisch wie thematisch sein philosophisches Werk einleiten (z. B. *Sphären I–III*, wo der menschliche Bezug zu seiner Welt am Leitfaden topologischer Konzepte, von „Blasen", „Globen" und Sphären", erörtert wird). Er betont die existenzielle Fundierung von Dichtung und deutet die Sprache als maßgebliche Bedingung des „Zur Welt Kommens" und der Welteröffnung. Der Mensch vermag sich seines eigenen Anfangs niemals zu bemächtigen, denn der Anfang des Seins ist dem der Sprache vorgängig. Was ohne Anfang und Ende ist, ist aus menschlicher Sicht monströs, wie S. unter Anspielung auf eine Erzählung von ↑Borges (*Das Sandbuch*) erklärt. Immer schon angefangen habend, bevor er selbst etwas anfangen kann, ist der Mensch ständig auf dem Weg zur Sprache. Seiner Seele sind – metaphorisch gesprochen – Spuren eingeprägt: „existenzielle Tätowierungen", über denen sich die „Grundwörter der Poesie" als deren Übersetzung bilden. So entsteht aus „Brandmarkung" Sprache, aus Tätowierung Kunst, und der Dichter setzt sich vor allen Anderen aus, entblößt seine Narben. Auch das autobiografische Erzählen reicht nie an die eigenen Anfänge heran, macht das Unauslotbare der eigenen Existenz aber stärker bewusst. Dichtung entsteht v. a. aus der Todeserfahrung und findet insofern in der Gestalt des mythischen Sängers Orpheus ihr stärkstes Bild. Durch existenzielle Erfahrungen grundiert, ja somatisch geprägt, ist Dichtung auch, insofern der Atem ihr Element ist, wie S. unter Berufung auf Formulierungen des wiederholt zitierten ↑Celan betont. Wenn er dabei die Schriftzeilen als „Atemzüge", die Strophen als „Atemwenden" deutet, so illustriert dies – ebenso wie seine unter Anspielung auf die Maieutik des Sokrates entfaltete „Poetik der Entbindung" – exemplarisch S.s Reflexionsstil: Dieser nimmt seinen Ausgang von Bildern und Metaphern, die begrifflich unhintergehbar sind und deren jeweilige Geschichte insofern auch immer schon angefangen hat, bevor sie sich im Diskurs über Dichtung weiter ausfaltet. S.s letzte Vorlesung gilt der Literatur als „Weltliteratur" und „Weltversprechen"; er votiert hier für eine Hinwendung zur Mehrsprachigkeit im Sinne einer „Entbindung" aus der Sprachgemeinschaft, in die man hineingeboren ist – für eine Emanzipation von muttersprachlich vorgegebenen „Lebensmustern". S.s Auseinandersetzung mit der Geschichte der Theorien des Unbewussten – als eines auf dem Weg zur Sprache befindlichen Anfänglichen – verbinden die Poetikvorlesungen thematisch mit seinem Romanessay *Der Zauberbaum* (1985).

Ausgaben: Der Zauberbaum. Die Entstehung der Psychoanalyse im Jahr 1785. Frankfurt/M. 1985; Zur Welt kommen – Zur Sprache kommen [FPV]. Frankfurt/M. 1988; Sphären I: Blasen. Frankfurt/M. 1998; Sphären II: Globen. Frankfurt/M. 1999; Sphären III: Schäume. Frankfurt/M. 2003.

Forschungsliteratur: R. Ruffing: P. S. In: ders.: Einführung in die Philosophie der Gegenwart. Paderborn 2005. S. 72–85; S. v. Tuinen: P. S.: ein Profil. Paderborn [2]2007.

Monika Schmitz-Emans

Solger, Karl Wilhelm Ferdinand (1780–1819)

S.s Poetik ist einerseits im Hauptwerk *Erwin* (1815), andererseits unter einer didaktischeren Form in den postum herausgegebenen *Vorlesungen über Ästhetik* (1829) dargestellt. Der lit. bemerkenswerte Dialog *Erwin* (auch die 1817 publizierten *Philosophischen Gespräche* sind poetisch bedeutsam) ist zugleich die erste veröffentlichte systematische Ästhetik. Wie bei ↑Schelling und ↑Hegel wird hier das Wesen der Kunst im Allgemeinen sowie die Einteilung der bes. Künste aus einem einzigen Prinzip abgeleitet, und zwar aus der „Offenbarung" der absoluten Idee in die sinnliche Wirklichkeit. Das Wesen aller Kunst wird bestimmt als „Symbol", d. h. sinnliche Existenz bzw. Erscheinung der Idee. Das so „im Allgemeinen" verstandene Symbol (selbst in „Symbol im engeren Sinne" und „Allegorie" zergliedert) soll aber immer zugleich als Ironie aufgefasst werden, d. h. mit dem Bewusstsein, dass die phänomenale (zeitliche) Existenz der (ewigen) Idee immer zugleich ihre Vernichtung impliziert.

Insb. die Poesie spielt eine wichtige Rolle in der Architektonik der Künste, weil die Wirklichkeit, die sich die Idee hier durch die Phantasie schafft, nicht mehr etwas der Idee Äußerliches ist wie in den bildenden Künsten. Die poetische Sprache ist die reale, objektive Seite des Denkens, nicht bloß sein Mittel. In der Poesie wird die Tätigkeit der Phantasie als Tätigkeit (und nicht als Gegenstand) zur Erscheinung. Das Verhältnis dieser Tätigkeit zum poetischen „Stoff" (Gehalt) liefert das Prinzip der Einteilung der Poesie in verschiedene Arten. Die epische Poesie stellt den Übergang der Idee zum poetischen Gehalt als immer schon vorhanden bzw. vergangen dar; im Gegensatz dazu wird in der lyrischen Poesie die Tätigkeit der Phantasie als ein

Werden aufgefasst. Als Einheit beider stellt die dramatische Poesie die Gegenwart der Idee in der Existenz am vollendetsten dar. Tragödie und Komödie werden zu dieser gemeinsamen Wurzel der Offenbarung der Idee zurückgeführt – zum einen wird diese als Untergang der zeitlichen Existenz betrachtet, zum anderen als „Entstellung“ der Idee in den Widersprüchen der endlichen Existenz.

S. war mit ↑Tieck befreundet und mit den frühromantischen Ideen von ↑F. und ↑A. W. Schlegel vertraut; ebensowohl aber teilte er mit seinen Lehrern J. G. Fichte und Schelling das nachkantische idealistische Anliegen. Bis zum Ende des 19. Jh.s wurde er als Klassiker der idealistischen Ästhetik rezipiert (z. B. von ↑Vischer).

Ausgaben: Erwin. Vier Gespräche über das Schöne und die Kunst. Zusammen mit S.s Rezension von A. W. Schlegels „Vorlesungen über dramatische Kunst und Literatur“. Hg. v. W. Henckmann. München 1971; Philosophische Gespräche. Darmstadt 1972; Vorlesungen über Ästhetik. Hg. v. K. W. L. Heyse. Darmstadt 1980.

Forschungsliteratur: R. Wildbolz: Der philosophische Dialog als literarisches Kunstwerk. Untersuchungen über S.s „Philosophische Gespräche“. Bern u. a. 1952; F. Decher: Die Ästhetik K. W. F. S.s. Heidelberg 1994; A. Baillot (Hg.): L’esthétique de K. W. F. S. Symbole, tragique et ironie. Tusson 2002; M. Ophälders: Romantische Ironie. Essay über S. Würzburg 2004.

Mildred Galland-Szymkowiak

Sophokles (um 496 – um 406 v. Chr.)

Das Drama *König Ödipus* (*Oidipus Tyrannos*, 436 – 433 v. Chr.) zählt zu den bedeutendsten antiken Tragödien. Sie hat über mehr als zweitausend Jahre zahllose Dichter zur poetologischen und ästhetischen Auseinandersetzung mit der gr. Tragödienform angeregt. Die bis heute anhaltende Bedeutung verdankt sie der hohen Wertschätzung, die ihr schon in der gr. Antike zuteil wurde. So erklärt ↑Aristoteles in seiner *Poetik* das sophokleische Drama zum Musterfall der Tragödie, v. a. unter dem Gesichtspunkt der Handlungsführung, des Umschlagens von Glück in Unglück sowie von Verblendung zur Selbsterkenntnis. Die aristotelische Wertschätzung führte in der Renaissance dazu, dass *König Ödipus* das erste antike Drama war, das in einer neuzeitlichen Übersetzung gespielt wurde. In der stark an der antiken Dramenpoetik orientierten frz. Klassik des 17. Jh.s wurde die sophokleische Tragödie durch die Bearbeitung des Stoffes von ↑Corneille (*Œdipe,* 1659) in ihrem Modellcharakter bestätigt. In der Folgezeit verlor das Drama aber zunehmend an Bedeutung. Unter den veränderten Produktionsbedingungen von Literatur im 18. Jh. konnte es nicht mehr vorbildhaft im Sinne der frz. Klassik sein, auch wenn Autoren wie ↑Lessing, ↑Goethe oder ↑Schiller in ihren dramentheoretischen Schriften noch auf *König Ödipus* rekurrieren. Im 20. Jh. erlebte es durch ↑Freuds Deutung des Mythos eine erneute Renaissance, was sich u. a. in den Bearbeitungen von ↑Hofmannsthal oder J. Cocteau niederschlug. H. Nitschs Orgien-Mysterien-Theater stellt einen der letzten, radikalen Adaptionsversuche der antiken Tragödie dar.

Ausgaben: Oedipus Rex. Hg. v. R. Dawe. Cambridge u. a. 1982; König Oidipus. Gr.-dt. Hg. v. B. Zimmermann. Düsseldorf u. a. 1999.

Forschungsliteratur: K. Hamburger: Ödipus. In: dies.: Von S. zu Sartre. Griechische Dramenfiguren antik und modern. Stuttgart 1962. S. 175 – 188; H. Flashar: Inszenierung der Antike. Das griechische Drama auf der Bühne der Neuzeit 1585 – 1990. München 1991; J. Bollack: S., König Ödipus. Frankfurt/ M. u. a. 1994.

Uwe Lindemann

Spender, Stephen (1909–1995)

Der Amerikaner zählte in den 1930er Jahren zu der polit. linksgerichteten Dichter-Gruppe MacSpaunday. Aus einem starken persönlichen sozialen Engagement heraus kreist S.s Dichtung immer wieder um gesellschaftsrelevante Themenstellungen, wie z. B. soziale Ungerechtigkeit und Klassenkampf. Diese Themen werden in seinem Frühwerk ästhetisch aufgegriffen und spiegeln sich u. a. in diffizilen metrischen Strukturen wider. In den Bänden *Poems* (1933) und *The Still Center* (1939) drückt sich diese Tendenz klar aus – und wird polit. mit einem sehr individuell geprägten, humanistischen Sozialismus kombiniert. In stark romantisierender Art, der die idealistische Einstellung S.s und seiner Mitstreiter untermauert, klagt er die gesellschaftl. Missstände seiner Zeit an und protestiert gegen Armut und Unterdrückung. Dabei nutzt er die Erfahrungen, die er in den Kriegswirren Spaniens und Londons gemacht hat, um z. T. präzise Momentaufnahmen einer Zeit im Wandel zu liefern. Zunehmend werden auch Fragen der eigenen Existenz und Identität behandelt. In der Wechselwirkung zwischen Identitätsfragen und z. B. Metrik wird poetologisch reflektiert, inwieweit – und ob – Dichtung als adäquate künstlerische Ausdrucksform zwischen persönlichen Gefühlen und sozialen Realitäten nutzbar gemacht werden kann.

In den folgenden Veröffentlichungen – v. a. *Ruins and Visions* (1942) und *Poems of Dedication* (1946) – wendet er sich in Fortführung der in früheren romantisierenden Schriften bereits angeklungenen eskapistischen Bestrebungen u. a. dem Thema Liebe zu. Anfang der 1950er Jahre schreibt und veröffentlicht S. nur noch wenige Gedichte und arbeitet in erster Linie als Herausgeber und Übersetzer. In einem essayistischen Beitrag (1938) zu dem Sammelband *Ein Gott, der keiner war* (*The God that Failed*, 1949; dt. 1950) und in dem Band *The Creative Element* (1953) schwört er einer kommunistischen Grundhaltung ab und wendet sich einem liberalen Individualismus zu. In seinen späten lyrischen Veröffentlichungen entwickelt S. einen ruhigeren, sachlicheren Stil. *The Generous Days* (1971) ist ein Beispiel hierfür und weist Bezüge zu W. H. Auden auf.

Ausgaben: Collected Poems. 1928–1985. London u. a. 1985.

Forschungsliteratur A. K. Weatherhead: S. S. and the Thirties. Lewisburg u. a. 1975; H. B. Kulkarni: S. S. Works and Criticism. An Annotated Bibliography. New York u. a. 1976; S. N. Pandey: S. S. A Study in Poetic Growth. Salzburg 1982; S. S. Hussain: Ideology and the Poetry of S. S. New Delhi 1998; D. A. Leeming: S. S. A Life in Modernism. London 1999.

Philipp Horst

Sperber, Manès (1905–1984)

Die Poetologie S.s ist Konsequenz einer spezifischen lebensgeschichtlichen Krisenerfahrung. Der spätere Belletrist ist in jungen Jahren als Psychologe und psychologischer Fachautor tätig und zudem intensiv im Dienste der Kommunistischen Partei gegen Faschismus und Nationalsozialismus engagiert. Unter dem erschütternden Eindruck des stalinistischen Terrors vollzieht er eine radikale Abkehr auch von allen linken Ideologien und widmet sich fortan mit allen Mitteln dem Kampf gegen jedwede Form von autoritärer Politik und Totalitarismus. Als einen Teil davon versteht S. seine breite polit. Publizistik, exemplarisch zusammengestellt in *Zur täglichen Weltgeschichte* (1967), als anderen Teil davon sieht er die in den 1940er Jahren einsetzende fiktionale Schriftstellerei. Deren eminent polit.

Grundlagen erläutert er in seiner BPR von 1971. Künstlerisch-kreative Produktion ist demnach – zumindest seit den Katastrophen seit Beginn des 20. Jh.s – Arbeit an der Befreiung der vielen Millionen Menschen, die Opfer inhumaner Herrschaftsverhältnisse sind. Da diese ihrerseits auf trügerischen Ideologien basieren, hat der Schriftsteller das von ihnen geschaffene falsche Bewusstsein zu entlarven. Literatur wirkt gemäß dieser Poetologie auf die Leser ein, nicht um sie zu zerstreuen oder zu belustigen, sondern um sie polit. um der Vergrößerung ihrer eigenen Freiheitsmöglichkeiten willen zu sensibilisieren. Literatur bietet aber nicht selbst polit. Konzepte, sondern stellt radikal zweiflerische Fragen an die herrschenden Verhältnisse und die sie legitimierenden Ideologien. Diese skeptizistische Position begreift S. zugleich als das Erbe seiner jüd. Herkunft.

Ausgaben: Zur täglichen Weltgeschichte. Köln u. a. 1967; „Ich habe keine Gewissheiten zu bieten" [BPR]. In: DASD (Hg.): Jahrbuch 1975. Heidelberg 1976. S. 52–60.

Forschungsliteratur: T. Schmidt: Die Macht der Bilder und Strukturen. M. S.s literarisches System. Egelsbach 1994; W. Hemecker/M. Stančić (Hg.): Ein treuer Ketzer. M. S. – Der Schriftsteller als Ideologe. Wien 2000; M. Stančić: M. S. Leben und Werk. Frankfurt/M. u. a. 2003.

Ralf Georg Bogner

Spielhagen, Friedrich (1829–1911)

S.s dichtungstheoretisches Hauptinteresse gilt der Epik, speziell dem modernen Roman, den er in die Tradition des antiken Epos, insb. der Epen ↑Homers stellt. In *Beiträge zur Theorie und Technik des Romans* (1883) legt S. die Grundgedanken seiner Poetik dar: Durch Beobachtung gelangt der Dichter zu seinem „Erfahrungsstoff", den er durch die Phantasie „befruchtet" und als Idee, als „verklärtes Bild der Welt" wiedergibt. Ziel ist die Darstellung der Totalität des Weltbildes, wie sie der Dichter in der Menschheit seines Volkes und seiner Zeit vorfindet. Epische Totalität setzt die Prosaform voraus und wird erreicht durch die Anhäufung von Figuren, Ereignissen, Fakten und Handlungen. Oberstes Gesetz ist die Objektivität, gewährleistet dadurch, dass der Autor nicht durch Reflexion hervortritt, sondern handelnde Menschen in ihrer gesellschaftl. und physischen Bedingtheit „vorführt". Der Held als „Repräsentant der ganzen Menschheit" dient dem Leser als Identifikationsfigur. Die *Neuen Beiträge zur Theorie und Technik der Epik und Dramatik* (1898) vertiefen diese Darstellung, zeigen sich jedoch versöhnlicher im Poetikstreit zwischen Idealisten, Realisten und Naturalisten. Weitere poetologische Schriften S.s umfassen, zeitlich und thematisch uneinheitlich, Vorträge und Aufsätze zu Themen wie Humor, Objektivität, Figuren, Wahrscheinlichkeit und zu dt. und ausländischer, speziell frz. und englischsprachiger Literatur. Auch in den autobiografischen Schriften thematisiert S. seine Poetik, detailliert in *Finder und Erfinder* (1890). Indirekt tritt die Poetik in S.s epischen Werken hervor, in denen der Held selbst Dichter ist, die Figuren verschiedene (zeitgenössische) poetologische Standpunkte erörtern oder Intertextualität wertend eingesetzt wird, z. B. in *Sonntagskind* (1893) oder *Alles fließt* (1897). Letzteres nimmt den versöhnlicheren Standpunkt der *Neuen Beiträge* vorweg.

S. wird heute dem bürgerlichen Realismus zugeordnet, versteht sich selbst jedoch als Idealist in Abgrenzung zu den Realisten (↑Fontane) und Naturalisten (↑Zola, ↑Hauptmann) seiner Zeit. Das idealisierende Moment und die Anbindung an die lit. Tradition, beide charakteristisch für S.s Poetik, sind es auch, die S. zwischen Tradition und Moderne positionieren. Sie werden, ebenso wie seine Auffassung von Tendenz und Subjektivität, zum Hauptangriffspunkt seiner Kritiker, z. B. ↑Scherer oder der Brüder H. u. J. Hart.

Ausgaben: Vermischte Schriften. Sämmtliche Werke Bd. 7. Leipzig ^{2}1872; Finder und Erfinder. Erinnerungen aus meinem Leben. 2 Bde. Leipzig 1890; Aus meiner Studienmappe. Beiträge zur litterarischen Aesthetik und Kritik. Berlin ^{2}1891; Neue Beiträge zur Theorie und Technik der Epik und Dramatik. Leipzig 1898; Am Wege. Vermischte Schriften. Leipzig 1903; Beiträge zur Theorie und Technik des Romans. Göttingen 1967 [Faks.-Dr. d. 1. Aufl. v. 1883].

Forschungsliteratur: G. Klatt/H. H. Klatt: Zur Romantheorie F. S.s. In: Zeitschrift für Germanistik 10/1 (1989). S. 34–44.

Kai Christina Ullrich

Stadler, Arnold (geb. 1954)

In seiner BPR *Erbarmen mit dem Seziermesser* (1999) entwickelt S. Grundgedanken seiner Poetik, die in dem Band *Mein Stifter* (2005) implizit weitergeführt und modifiziert werden. Wie bereits das Romanwerk bezieht sich auch die BPR auf die zentrale Kategorie des Schmerzes, die S.s Konzeption von Selbst und Welt zu Grunde liegt: „es tut weh, also bin ich". Im Schmerz erfährt der Mensch seine Heimatlosigkeit in der Welt. S.s Texte führen diese im Modus einer verfremdeten Heimatliteratur vor, mit deren Motiven sie operieren. Die „Beschreibung der Heimatlosigkeit des Menschen vor Ort" wird zur Aufgabe einer Literatur, deren „Erbarmen" mit den Personen gerade darin besteht, dass sie den Schmerz der Menschen „bezeugt". Die biblischen Obertöne dieses Vokabulars sind dabei von S., der eine eigene Psalmenübertragung *Die Menschen lügen. Alle* (1999) vorgelegt hat, bewusst einkalkuliert, wodurch er sein Werk immer wieder in den Horizont einer religiösen Weltdeutung unter den Bedingungen der sinnentleerten Moderne rückt. Formal erfolgt das Bezeugen nicht als naturalistische Elendsschilderung, vielmehr wird das komische Format der Figuren S.s mit der Ernsthaftigkeit ihres nie eingelösten Glückanspruches in einem melancholischen Erzählmodus verschränkt. Der Literatur wird damit die doppelte Funktion zugewiesen, den unheilen Zustand der Welt zu dokumentieren, zugleich aber der Sehnsucht nach der Möglichkeit einer besseren Welt Ausdruck zu verleihen. Sprache ist so „Seziermesser" und „Schmerzmittel" zugleich. Die für S.s Werk zentralen Kategorien von Schmerz, Glück, Unglück und Sehnsucht leiten auch die Analyse von A. Stifters *Nachsommer*, dessen „Schönschreiben" der Welt jene utopische Funktion von Literatur einlöst, die für S. aber nur aus der lit. Korrektur der unglücklichen Biografie Stifters ihre Legitimität bezieht. Dessen Verfahren stellt S. die reine Negativität der Texte ↑Bernhards als unterkomplex gegenüber. Die Kontrastierung von Stifter und Bernhard dokumentiert S.s Bemühen, den utopischen – in anderer Lesart: sinngebenden – Restgehalt von Literatur zu bewahren, ohne die Darstellung der schmerzhaften Wirklichkeit („wie sie ist") zu unterschreiten.

Ausgaben: Erbarmen mit dem Seziermesser [BPR]. Köln 2000; Mein Stifter. Köln 2005.

Forschungsliteratur: H. Weber: Katholizismus und Glaube im Werk A. S.s. In: Stimmen der Zeit 129 (2004). S. 760–770; H. Weber: Literarischer Katholizismus? Erkundungen im Werk A. S.s. In: Wort und Antwort 46 (2005). S. 165–171.

Thorsten Wilhelmy

Staël-Holstein, Germaine Necker, Baronne de (1766–1817)

Über Deutschland (*De l'Allemagne*, 1810/1813; dt. 1814) stellt dem frz. Publikum die dt. Literatur der Goethezeit vor und führt den ↑A. W. Schlegel entlehnten Begriff des Romantischen in Frankreich ein. Wie Schlegel unterscheidet S. zwischen einer paganen ‚klassischen' Antike und einem nachantik-christl. Zeitalter, das v. a. im ma. Rittertum und in der Minnelyrik wurzele. Konkrete Prinzipien ihrer ‚romantischen' Poetik entwickelt S. anhand des Bildes, das sie von der dt. Literatur und der idealistischen Philosophie entwirft, sowie in theoretischen Kapiteln etwa zum Drama. S. plädiert für eine authentische, unvermittelte Selbstaussprache des Subjekts. Mit der Propagierung der Seelenpoesie („poésie de l'âme" – wobei „poésie" nicht Versform, sondern die emotionale Wirksamkeit etwa der Texte ↑Rousseaus meint) knüpft S. an die Tradition der Empfindsamkeit an. Literaturschaffen gründet nach S. in der Inspiration, der auf Naturbetrachtung gerichteten Imagination und dem Genie bzw. dem Enthusiasmus des Autors, die sich aus der „Natur" speisen. S. wendet sich gegen ein Verständnis von Literatur als Kunstfertigkeit („ars", ↑Horaz) und gegen die Regelpoetik der *doctrine classique* (↑Boileau).

Die Regeln diskutiert S. näher anhand des Dramas, für das die detailliertesten Vorschriften gelten. Wie u. a. A. W. Schlegel verwirft S. die Einheiten von Zeit und Ort, behält aber die der Handlung bei. Die nach der Frz. Revolution neu zu schaffende *tragédie nationale* ersetze zudem antike Sujets durch solche der eigenen Geschichte und Religion. ↑Shakespeare hebt S. als positives Beispiel für ein volksnahes Theater hervor. Bezüglich der Literaturrezeption kritisiert S. den konventionalisierten Geschmack (*bon goût*) der *doctrine classique* und lobt die „originalité individuelle" des Kunsturteils in Deutschland. Die dt. Literatur bespricht S. – wie auch in *Über die Literatur in ihren Beziehungen zu den gesellschaftlichen Institutionen* (*De la littérature considérée dans ses rapports avec les institutions sociales*, 1800; dt. 1804) – im Kontext der gesellschaftl. Umstände. Diese ‚soziologische' Methode, hervorgegangen aus der Klimatheorie (↑Dubos), demontiert den Universalitätsanspruch der klassischen Regeln zugunsten eines historischen und geografischen Relativismus. *Über Deutschland* macht die dt. Literatur und Philosophie um 1800 in Europa und Amerika bekannt und leitet maßgeblich den Streit zwischen Klassikern und Romantikern in Frankreich ein.

Ausgaben: De l'Allemagne. 4 Bde. Hg. v. S. Balayé. Paris 1958–1960; Über Deutschland. Hg. v. M. Bosse. Frankfurt/M. 1985.

Forschungsliteratur: P. Bénichou: G. d. S. et B. Constant. In: ders.: Le sacre de l'écrivain. Essai sur l'avènement d'un pouvoir spirituel laïque dans la France moderne. Paris 1973. S. 228–245; E. Köhler: Mme d. S. und die Entdeckung der deutschen Romantik. In: ders.: Vorlesungen zur Geschichte der französischen Literatur: Das 19. Jahrhundert I. Hg. v. H. Krauß/D. Rieger. Stuttgart 1987. S. 33–38.

Astrid Bauereisen

Staiger, Emil (1908–1987)

Wie bereits der Titel von *Die Kunst der Interpretation* (1955) erahnen lässt, vertritt S. dort die Annahme, die Auslegung lit.-künstlerischer Werke sei nur bis zu einem bestimmten Grad erlernbar. Sie verbleibe zu einem Gutteil bei denjenigen, welche über die Sensibilität und die ästhetische Kompetenz verfügten, sich in das Werk hineinzudenken und es von innen zu erschließen. Bis in S.s Wortwahl scheint hierbei eine klassisch-romantische Sicht des Literaturinterpreten durch, welcher dem Dichter vergleichbare Voraussetzungen mitzubringen habe. S. bezeichnet als „wahre Interpretation" diejenige, welche einerseits einen Kommentar im Sinne von kultur- und sprachgeschichtlichem Hintergrund und anderseits das Werk „sub specie aeternitatis" deute. Dadurch weist S.s werkimmanente Methode außertextuellen Faktoren wie Autor und Leser, Psychologie und Ideologie eine für die Interpretation sekundäre Rolle zu.

Im Hauptwerk *Grundbegriffe der Poetik* (1946) führt S. die Ende des 18. Jh.s in Deutschland etablierte Dreiteilung der lit. Genres in Lyrik, Epik und Dramatik weiter, indem er mit den Kategorien „lyrischer", „epischer" und „dramatischer Stil" die ontologischen Kategorien „Erinnerung", „Vorstellung" und „Spannung" assoziiert. Dieses starre Schema in Kombination mit dem Postulat der Autonomie der Kunst geriet jedoch in Gegensatz zu denjenigen Individualpoetiken, welche tradierte Formen aufzubrechen gedachten und gesellschaftskritischen Anspruch erhoben. Insofern überrascht nicht, dass S. 1966 mit einer Polemik gegen die dt. Gegenwartsliteratur den „Zürcher Literaturstreit" entfachte.

Ausgaben: Grundbegriffe der Poetik. Zürich 1946; Die Kunst der Interpretation. Zürich 1955; Stilwandel. Studien zur Vorgeschichte der Goethezeit. Zürich, 1963.

Forschungsliteratur: M. B. Benn: Problematische Aspekte der Stilkritik. Bemerkungen zu der literaturwissenschaftlichen Methode E. S.s. In: R. Grimm/J. Hermand (Hg.): Methodenfragen der deutschen Literaturwissenschaft. Darmstadt 1973. S. 255–267.

Markus Oliver Spitz

Stendhal [d. i. Henri Beyle] (1783–1842)

S. wirkte zunächst als Kritiker und Essayist zur Literatur- und Musiktheorie sowie zur bildenden Kunst, bevor er ab 1830 Romane veröffentlichte. In der *Geschichte der Malerei in Italien* (*Histoire de la peinture en Italie*, 1817; dt. 1924) und *Von der Liebe* (*De l'amour*, 1822; dt. 1888) kritisiert S. den Klassizismus in der Kunstkritik und die lit. Romantik bzw. den Punkt, an dem sie sich überschneiden und den S. unter dem Begriff des antiken Idealschönen („beau idéal antique") zusammenfasst: Sie fundieren die Kunst im moralisch Guten, Wahren und Göttlichen; das Idealschöne begreifen sie als Materialisierung einer geistigen Idee. In der Differenz zum „beau idéal antique" entwirft die *Geschichte der Malerei* das „beau idéal moderne". *Von der Liebe* führt diese Reflexionen weiter zur berühmten Bestimmung der Schönheit als Glücksversprechen („Die Schönheit ist ja nichts anderes als eine *Verheißung* des Glücks"), die u. a. ↑Baudelaire und ↑Nietzsche zitieren, und zur sog. Kristallisationsmetapher. S. vergleicht den Vorgang im Bewusstsein eines Liebenden mit der Anlagerung von Salzkristallen um einen entlaubten Reisigzweig in den Tiefen einer Salzmine. Nimmt man den Zweig nach zwei Monaten heraus, ist er von glitzernden Kristallen bedeckt, sodass der ursprüngliche Zweig nicht mehr zu erkennen ist. Die Kristallisationsmetapher ist ein Bild für die Imagination, sowohl auf Seiten der Produktion als auch auf der der Rezeption. Der Autor oder Künstler überformt in seiner Imagination die Wirklichkeit. Der Leser entspricht zum einen dem Betrachter der Kristalle. Zum anderen vollzieht er wiederum eine Kristallisation.

Die Bestimmung der Schönheit als Glücksversprechen und die Kristallisation betonen die nicht-mimetische, imaginäre Dimension von Kunst und Literatur. Sie fassen das Idealschöne nicht als statische Präsenz, die vom Betrachter erkannt würde, sondern als individuelles Bild, das die affektiv-erotische Imagination des Rezipienten ausgehend vom Kunstwerk oder lit. Text entwirft. Dieser imaginäre Prozess, der das Schöne erst konstituiert, verbleibt in einer Dynamik: Die Schönheit hat den differenziellen Charakter eines Versprechens; die Kristallisationsmetapher fokussiert das ständige Anlagern oder Wegnehmen der Kristalle sowie das Funkeln auf der Oberfläche, wenn der Zweig gedreht wird. Die Kristallisation ist zugleich eine poetologische Metapher: S.s Texte gleichen in ihrer elliptischen, andeutenden Schreibweise einem Reisigzweig, der auf eine Kristallisation in der Imagination des Lesers zielt.

Racine et Shakespeare (1823/1825; dt. 1982) greift in den frz. Klassiker-Romantiker-Streit ein, der in den 1820er Jahren um die Verbindlichkeit der Regelpoetik der frz. Klassik (↑Boileau) kreist. Der Titel der Schrift nennt jene Autoren, die die jeweiligen Parteien zum Referenzpunkt ihrer Ästhetik stilisieren: ↑Racine seitens der ‚Klassizisten', ↑Shakespeare seitens der Romantiker. S. distanziert sich von beiden Positionen.

Den ‚Klassizismus' kritisierend wendet sich S. gegen den Verszwang und die Einheiten im Drama, gegen eine nur kopierende Nachahmung der Antike und der frz. Klassik und gegen die Beschränkung des Sujets auf antike Geschichte und Mythologie. Er plädiert für eine „tragédie nationale en prose", insb. für Themen der jüngeren Vergangenheit oder der Gegenwart, die die polit. Zensur verbietet. Die Verabschiedung der Regelpoetik begründet S. mit dem Epochenumbruch durch die Revolution: „kein Volk [hat] jemals in seinen Lebensgewohnheiten eine schnellere und vollständigere Veränderung erfahren als diejenige von 1780 bis 1823; und immer noch will man uns die gleiche Literatur bieten."

In Abgrenzung zur frz. Romantik wählt S. den ital. Begriff *romanticisme*, den er nicht wie ↑de Staël als Epochenmodell, sondern ahistorisch bestimmt: „Der *Romantizismus* ist die Kunst, den Leuten die literarischen Werke zu bieten, die beim gegenwärtigen Zustand ihrer Gewohnheiten und Anschauungen geeignet sind, ihnen das größtmögliche Vergnügen zu bereiten." Mit dem programmatischen „Aktualismus" (↑Jauß), der aus der Rezeptionsperspektive – dem Vergnügen des Publikums – begründet ist, konterkariert S. die MA-Nostalgie der frz. Romantik. Er spottet über deren christl.-empfindsame Innerlichkeitslyrik und spricht ihr den Status des Romantischen ab. Als Romantiker präsentiert S. keine Zeitgenossen, sondern kanonisierte Autoren der Tradition, auch Racine: „Alle großen Autoren waren zu ihrer Zeit Romantiker". Nachahmenswert an diesen Vorbildern sind ihr Studium der zeitgenössischen Vorstellungswelten und das Kunstschaffen für das jeweilige Publikum. Im Unterschied zur frz. Romantik fragt S. ferner nach dem Komischen (ein Teilkapitel heißt „Das Lachen"); Baudelaire wird diese Frage in *De l'essence du rire* (1855) weiterführen.

Die späteren Romane enthalten zahlreiche metapoetische Reflexionen. Berühmt ist die sog. Spiegelmetapher in *Rot und Schwarz* (*Le Rouge et le Noir*, 1830; dt. 1901–1908). Im Kapitel „Opera buffa" wird der Roman mit einem Spiegel verglichen, den ein Mann an einer Kiepe befestigt hat und über die Landstraße trägt, sodass bald das Himmelsblau, bald die Schlammpfütze der Straße reflektiert wird. Wenn der Spiegel den Schlamm zeigt, so könne der Immoralismus-Vorwurf unmöglich den Spiegelträger, also den Autor, treffen, sondern müsse sich an die Straße und v. a. den Straßeninspektor richten.

Die Forschung interpretiert die Metapher als Manifest des Realismus. Realismus soll hier verstanden werden als „phantasiefreie Wirklichkeitserfassung" (↑Friedrich), die auf eine ästhetische Transformation verzichtet. Betont wird die Auswahl des wandernden Spiegels (Jauß) ebenso wie die Zufälligkeit dieser Auswahl, da der Spiegel am Rücken montiert ist (Schöning). Als poetologisches Bild steht der Spiegel in der Gattungstradition von Komödie, Roman und *drame* (↑Diderot) als Bild für die Erfassung aller Lebensbereiche im Unterschied zur sozial eingegrenzten Wirklichkeit der ‚hohen' Gattungen Epos und Tragödie (Lotz). Die Vollständigkeit der Wirklichkeitsbereiche zitiert die Spiegelmetapher auch mit dem Gegensatzpaar von reflektiertem Himmel und Schlamm – d. h. im kunsttheoretischen Diskurs um 1800: Ideal und Materie. Anhand des Spiegels diskutieren ferner ↑Platon und Diderot das trugbildnerische Potenzial der Kunst (Warning).

Probleme für die Interpretation von S.s Spiegelmetapher bereiten die Ironie des Kontextes sowie die Platzierung innerhalb des Romans. Die Spiegelmetapher unterbricht ein Kapitel, welches das affektive Innenleben der Protagonisten schildert. In einem folgenden Kapitel, das deutlich auf zeitgenössische polit. Ereignisse anspielt, weist der fiktive Autor dagegen ironisch ein rigoroses Widerspiegeln zurück: Die Nennung polit. Details in einem lit. Text wirke wie ein Pistolenschuss inmitten eines Konzerts. Insb. auch angesichts konträrer Bewertungen des Spiegels in den theoretischen Schriften ist die Spiegelmetapher in *Rot und Schwarz* als kritische Auseinandersetzung mit Funktionalisierungen des Spiegels in zeitgenössischen Ästhetiken zu lesen (Jefferson), v. a. mit ↑Hugos *Préface de Cromwell*.

S.s Romane werden in der Forschung zumeist als ‚Realismus' gekennzeichnet, die Spiegelmetapher gilt als dessen kritische Reflexion. S.s frühe ästhetische Schriften (*Geschichte der Malerei in Italien*, *Von der Liebe*) zitiert Baudelaire als Vorgängertexte der Moderne. ↑Sebald greift in seinem halbfiktionalen S.-Buch (*Schwindel. Gefühle*, 1990) die poetologische Kristallisationsmetapher auf und macht sie zum Symbol der Mortifikationen.

Ausgaben: Œuvres complètes. Hg. v. V. Del Litto/E. Abravanel. Genf u. a. 1986; Werke. Hg. v. C. P. Thiede u. a. Berlin 1978–1982.

Forschungsliteratur: H. R. Jauß: Nachahmungsprinzip und Wirklichkeitsbegriff in der Theorie des Romans von Diderot bis S. In: ders. (Hg.): Nachahmung und Illusion. München 1964. S. 157–178; H. Friedrich: Drei Klassiker des französischen Romans. S., Balzac, Flaubert. Frankfurt/M. 1966; H. R. Jauß: Literaturgeschichte als Provokation. Frankfurt/M. 1970; U. Schöning: Literatur als Spiegel. Zur Geschichte eines kunsttheoretischen Topos in Frankreich von 1800 bis 1860. Heidelberg 1984; A. Jefferson: Reading Realism in S. Cambridge 1988; W. Matzat: Diskursgeschichte der Leidenschaft. Zur Affektmodellierung im französischen Roman von Rousseau bis Balzac. Tübingen 1990; H.-J. Lotz: Komödie und Roman als Spiegel des alltäglichen Lebens. Zur Vorgeschichte von S.s *Miroir*-Metapher. In: C. Armbruster/K. Hopfe (Hg.): Horizont-Verschiebungen. Interkulturelles Verstehen und Heterogenität in der Romania. Tübingen 1998. S. 35–62; R. Warning: Die Phantasie der Realisten. München 1999.

Astrid Bauereisen

Sterne, Laurence (1713–1768)

S.s Roman *Leben und Ansichten von Tristram Shandy, Gentleman* (*The Life and Opinions of Tristram Shandy, Gentleman*, 1759–1767; dt. 1769) hat wie kaum ein anderes Werk des 18. Jh.s die Entwicklung der modernen Literatur beeinflusst. Auch wenn der Text keine Poetik im engeren Sinne entwirft, enthält er doch zahlreiche poetologische Reflexionen von großer Reichweite. Indem der Roman den Schreibprozess in allen nur erdenklichen Formen thematisiert, unterläuft er nicht nur gängige Rezeptionserwartungen. Er zeigt auch, humoristisch grundiert, die Grenzen und Möglichkeiten eines Erzählens auf, in dessen Mittelpunkt die individuelle Erfahrung und Erinnerung eines Ichs steht, das jenseits der eigenen Subjektivität keine Orientierungspunkte mehr finden kann. S.s Roman steht literaturgeschichtlich an der Schwelle zwischen Vormoderne und Moderne. Einerseits adaptiert der Text eine Vielzahl von Schreibverfahren früherer Literatur. Hier bezieht er sich v. a. auf die Tradition des metafiktionalen Erzählens (↑Cervantes, ↑Rabelais). Andererseits nimmt der Roman teils kritisch, teils satirisch Stellung zu früheren Literaturformen, etwa zur an der Antike orientierten Literaturkonzeption des engl. Klassizismus (↑Pope). Schon im 18. Jh. wurde der Roman in alle europ. Sprachen übersetzt und zu einem Markstein auf dem Weg zu einer modernen Literaturauffassung. Über die frz. Spätaufklärung (↑Diderot) und die dt. Frühromantik (↑Jean Paul u. a.) wurde der Text bis in die Gegenwart vermittelt (↑Joyce, ↑Borges, ↑Schmidt, P. Auster u. a.). Einen bedeutenden Einfluss hatte S.s Roman auch auf die Konstitution bestimmter methodischer Parameter des russ. Formalismus (↑Šklovskij). Bis heute bildet er einen wichtigen Bezugspunkt literaturwissenschaftlicher Theoriebildung (↑Iser).

Ausgaben: The Life and Opinions of Tristram Shandy, Gentleman. Hg. v. M. u. J. New. Gainesville 1978; Leben und Ansichten von Tristram Shandy, Gentleman. Zürich 1984.

Forschungsliteratur: A. Fredman: Diderot and S. New York 1955; P. Michelsen: L. S. und der deutsche Roman des 18. Jh.s. Göttingen 1962; V. Šklovskij: Der parodistische Roman. S.s ‚Tristram Shandy'. In: J. Striedter (Hg.): Texte der russischen Formalisten. München 1969. Bd. 1. S. 245–299; W. Iser: L. S.s ‚Tristram Shandy'. Inszenierte Subjektivität. München 1987; H. Bloom (Hg.): L. S.s ‚Tristram Shandy'. New York 1987; The Shandean. An Annual Volume Devotes to L. S. and his Works. 1989 ff.

Uwe Lindemann

Strauß, Botho (geb. 1944)

Als Kunst und Pflicht eines Schriftstellers definiert S. in seiner BPR (1989) die „Anamnesis", ein poetisches Erinnern an eine mythische, überzeitliche Vergangenheit. Die Konservierung der Erinnerung und die damit verbundene Rückbeziehung auf die Vergangenheit fungieren allerdings nicht allein als Gegengewicht zu der pseudo-rationalen, leidenschaftslosen Gesellschaft der Gegenwart, sondern ebenfalls als Grundbedingung für jede Weiterentwicklung. Da aber die gegenwärtige Gesellschaft lediglich auf die Umsetzung des auf die gleichnamige ↑Büchner-Figur rekurrierenden „Leonce-Prinzips", d. h. auf oberflächliche Zerstreuung bedacht ist, ist sie nicht in der Lage, die rückwärtsgewandten Bemühungen der Schriftsteller zu würdigen. Darum entfremdet sie sich mehr und mehr von ihnen. Obwohl die von S. propagierte Literatur vor diesem Hintergrund zu einer Selbstbezüglichkeit neigt, die sich primär in dem intertextuellen Rekurs auf ästhetische und lit. Traditionen manifestiert, sollen ihr aktuelle Bezüge jedoch nicht fremd sein. Durch den Verweis auf ↑Foucaults Begriff der „Archäologie" entwickelt S. in seinem Aufsatz *Versuch, ästhetische und politische Ereignisse zusammenzudenken* (1970) den Ansatz, in der Theaterarbeit aktuell polit. und traditionelle Inhalte zu vereinen, ohne die grundsätzlichen Unterschiede beider Referenzsysteme zu negieren. Dergestalt wird das Theater der Gegenwart in S.s poetischem Konzept zu einem Ort originaler Mehrzeitigkeit. Das Spiel mit ästhetischen Traditionen und lit. Vorlagen macht ihn zu einem Vertreter postmoderner Literatur. Die „Anamnesis" wird in der Forschung als Annäherung an Paradigmen der Romantik bewertet, die Literatur als eine poetische Gegenwelt versteht. Die immanente Gesellschaftskritik dieser Poetik, die S. in dem Aufsatz *Anschwellender Bocksgesang* (1993) auch explizit geäußert hat, brachte ihm den Vorwurf ein, rechtskonservative Positionen zu vertreten.

Ausgaben: Versuch, ästhetische und politische Ereignisse zusammenzudenken. Neues Theater 1967–70. In: Theater heute 11/10 (1970). S. 61–68; Die Erde – ein Kopf. Dankrede [BPR]. In: DASD (Hg.): Jahrbuch 1989. Göttingen 1990. S. 176–183; Anschwellender Bocksgesang. In: Der Spiegel 47/6 (1993). S. 202–207.

Forschungsliteratur: M. Radix: S. lesen. München 1987; S. Willer: B. S. Zur Einführung. Hamburg 2000; C. Kappes: Schreibgebärden. Zur Poetik und Sprache bei Th. Bernhard, P. Handke und B. S. Würzburg 2006.

Dominik Schmitt

Streeruwitz, Marlene (geb. 1950)

Die promovierte Literaturwissenschaftlerin S. erörtert in ihren PV (Tübingen 1995/96; Frankfurt 1997/98) Fragen nach der gesellschaftl. Funktion von Literatur sowie nach dem Zusammenhang von Gewalt, Sprache und Kunst. In jeder Kultur würden verborgene „Aufträge" von Sozialisationsinstanzen vermittelt und insb. in der (klassisch-traditionellen) Kunst tradiert. „[I]mperiale Blickformen" und verharmlosend-harmonisierende Idealisierungen der Wirklichkeit bestätigten offen oder implizit bestehende Machtkonstellationen. Diese „Erbschaften" führten zur Entscheidung über Sagbares und Unsagbares (z. B. über den Erfahrungsbereich Mutterschaft) und zu unbewussten ‚Programmierungen' (insb. einem antagonistischen Geschlechterverhältnis). Alltägliche Arbeit und Kunst haben für S. daher die Aufgabe einer „Entkolonialisierung". Kunst soll produktions- wie rezeptionsseitig einen Raum der Suche und Selbsterkenntnis öffnen, ein „Sprechen als Selbstbefragung" ermöglichen und „Unsagbares beschreibbar" machen. Eine zentrale Voraussetzung ist für S., dass der Autor/die Autorin die eigene Position im lit. Text und den Prozess der Suche sichtbar werden lässt. Ziel ist eine Sprache, der es gelingt, „die Geschichte der Gewalt zu erzählen, ohne damit selbst Gewalt zu sein".

S. charakterisiert ihre lit. Arbeit durch die „Poetik des Banalen" und „Poetik des Schweigens": Ausgehend von der Überzeugung, dass der „vollständige Satz eine Lüge" sei, will sie mittels ihrer Stilistik des Elliptischen dazu beitragen, dem „Unsagbaren zur Erscheinung" zu verhelfen und auf diese Weise die Literatur (wieder) zum Mittel der Erkenntnis über Wirklichkeit werden lassen. In beiden Vorlesungen übt S., die als Dramatikerin begonnen hat, Kritik am Theater, das sich auf die Inszenierung von Klassikern konzentriere und zum Ort der „Nostalgie" mache, während es die Gegenwartsdramatik missachte oder verfälschend inszeniere. Ihre postdramatischen Texte, die in Gewaltinszenierungen gesellschaftl. Gewaltmechanismen entlarven, erklärt sie zu „theaterauflösende[n] Stücke[n]".

Im jüngsten Roman *Entfernung* (2006) greift S. ihre Kritik am Umgang mit Gewalt in der Kunst auf und beklagt einen Gewalt-Flirt des Kunstbetriebes, der zeittypische Tendenzen der Globalisierung und des Neoliberalismus affirmiere. *Lisa's Liebe* (1997) und *Nachwelt* (1999) führen die Funktion von Literatur als Mittel der Emanzipation bzw. der realistischen und ethisch angemessenen Darstellung von Biografie vor. Insgesamt inszenieren S.s Prosatexte seit *Verführungen* (1996) quälende Introspektionen weiblicher Figuren, die Erzählhaltung wirkt jedoch Identifikation oder empathischer Einfühlung (wie in einer Prosa der Subjektivität oder Innerlichkeit) entgegen.

Ausgaben: Verführungen. 3. Folge Frauenjahre. Frankfurt/M. 1996; Sein. Und Schein. Und Erscheinen [TPV]. Frankfurt/M. 1997; Lisa's Liebe. Roman in drei Folgen. Frankfurt/M. 1997; Können. Mögen. Dürfen. Sollen. Wollen. Müssen. Lassen [FPV]. Frankfurt/M. 1998; Nachwelt. Ein Reisebericht. Frankfurt/M. 1999; Entfernung. 31 Abschnitte. Frankfurt/M. 2006.

Forschungsliteratur: N. Hempel: M. S. Gewalt und Humor im dramatischen Werk. Tübingen 2001; A. Geier: ‚Gewalt' und ‚Geschlecht'. Diskurse in deutschsprachiger Prosa der 1980er und 1990er Jahre. Tübingen 2005.

Andrea Geier

Strindberg, August (1849–1912)

In der frühen Phase seines lit. Schaffens, die Ende der 1880er Jahre in der naturalistischen Dramatik ihren Höhepunkt findet, positioniert sich S. in Bezug auf den von G. Brandes programmatisch angestoßenen „Modernen Durchbruch" in den skandinav. Literaturen als Wortführer der realistischen und gesellschaftskritischen Strömung in Schweden. Das Vorwort zu *Fräulein Julie* (*Fröken Julie*, 1888; dt. 1888) reflektiert im Anschluss an ↑Zolas naturalistisches Programm die Funktion von Theater und Drama in der modernen Zeit, „in der das rudimentäre, unvollständige Denken, das durch die Phantasie vor sich geht, sich offenbar zu Reflexion, Untersuchung, Prüfung entwickelt". Notwendig seien nicht nur neue Inhalte, sondern neue Formen: Konzentration durch Kürze und Verzicht auf die Akteinteilung (als Ideal vorausweisend auf S.s Einakter von 1889), Natürlichkeit der Dialogführung und größtmöglicher Realismus in szenischem Spiel und Bühnenausstattung, wobei S. hier in Absetzung von Zola schon wahrnehmungspsychologisch argumentiert. Ausführlich entwickelt S. seine Dramenpoetik im Essay *Über modernes Drama und modernes Theater* (*Om modernt drama och modernt teater*, 1889; leicht gekürzt bereits 1902 u. d. T. *Der Einakter*). Im Drama selbst, das wegen der offenherzigen Thematisierung der sexuellen Verbindung des Adelsfräuleins Julie mit dem Diener Jean lange als Skandalstück galt, kündigt sich im Übergewicht des Psychologischen – S. war mit den Hypnose- und Suggestionstheorien der frz. Psychologen J. M. Charcot und H. Bernheim vertraut – schon die Abwendung von einem physiologisch mechanistischen Naturalismus an. Das Interesse für psychologische Phänomene führt S. in den 1890er Jahren zur Beschäftigung mit Übernatürlichem, Religiösem, Okkultem und über eine zeitweilige Wendung von der Literatur zur Wissenschaft in der sog. Inferno-Krise zum Symbolismus. S.s ästhetische Reflexionen aus dieser Zeit verraten eine hohe Sensibilität für die technischen und medialen Voraussetzungen der menschlichen Wahrnehmung und des künstlerischen Schaffens, z. B. in *Neue Kunstformen! oder Der Zufall im künstlerischen Schaffen* (*Des arts nouveaux! Du hasard dans la production artistique*, 1894; dt. 1962) und *Was ist die „Moderne"?* (*Qu'est-ce que le „moderne"?*, 1894; dt. 1895).

Auf die Inferno-Krise folgte mit der *Nach Damaskus*-Trilogie ein dramentechnischer Innovationsschub, der international von großer Bedeutung für die Entwicklung des modernen Dramas war. *Nach Damaskus I* (*Till Damaskus I*, 1898; dt. 1899) ist als Prototyp des Stationendramas mit typenhaften Figuren und irreal traumartigen Handlungssequenzen Vorläufer expressionistischer Dramatik und weist aufs epische Drama (E. Piscator, ↑Brecht) voraus. Im *Traumspiel* (*Ett drömspel*, 1902; dt. 1903) wird die Erzählinstanz in die Psyche des Ich selbst verlegt. Das Schauspiel versuche, so S.s Vorbemerkung, „die scheinbar logische Form des Traums nachzuahmen", in dem die Gesetze von Zeit und Raum, der Einheit von Handlung und Personen aufgehoben seien. „Aber ein Bewusstsein steht über allen, das des Träumers." Damit ist die Monoperspektivik und epische Struktur, die sich in der alptraumhaften Dramaturgie des naturalistischen Dramas *Der Vater* (*Fadren*, 1887; dt. 1887) schon ankündigt, auch formal realisiert. „Ein episches Spiel über Menschen" nennt ↑Szondi das *Traumspiel* und stellt S. an den Beginn seiner *Theorie des modernen Dramas.*

Für S. als Dramatiker und Theaterpraktiker sind in Verbindung mit der Gründung seines Intima teatern in Stockholm die *Kammerspiele* (*Brända tomten*; *Die Branstätte*; *Oväder*; *Wetterleuchten*; *Pelikanen*; *Der Pelikan/Der Scheiterhaufen*; *Spöksonaten*; *Gespenstersonate*, alle 1907; dt. 1908) von bes. Bedeutung, die er in veröffentlichten Memoranden an die Theatermitarbeiter theoretisch reflektiert. Auch den *Kammerspielen* eignet die Traumlogik der Stationendramen. Die lebensgeschichtlich angelegten Handlungsentwürfe sind aber auf Situationen konzentriert, in denen die Vergangenheit enthüllt wird – ein Verfahren, das ↑Ibsens analytischer Technik nicht fern liegt. Darin entsprechen die *Kammerspiele* der naturalistischen Dramenpoetik, ersetzen aber den Realismus durch Musikalität und lyrische Stimmung. Vorbild sei, so S., „die Idee der Kammermusik, übertragen auf das Drama. Das intime Verfahren, das bedeutungsvolle Motiv, die gepflegte Behandlung." Rezeptionsgeschichtlich wirksam werden die *Kammerspiele* durch die Inszenierungen M. Reinhardts ab 1912, die in den Weltkriegsjahren einen S.-Boom auf deutschsprachigen Bühnen einläuten. Aufgefasst als groteske und pathetische Zerrbilder der bürgerlichen Gesellschaft nehmen sie nachhaltigen Einfluss auf das Drama der Zeit, werden aber auch zur Zielscheibe der Kritik seitens der Verfechter einer an aristotelischen Prinzipien (↑Aristoteles) orientierten Dramatik (z. B. J. Bab oder B. Diebold).

Ausgaben: Samlade verk. Nationalupplaga. Stockholm 1981 ff.; Über Drama und Theater. Hg. v. M. Kesting/V. Arpe. Köln 1966; Werke in zeitlicher Folge. Frankfurter Ausgabe. Hg. v. A. Gundlach. Frankfurt/M. 1984 ff.; Verwirrte Sinneseindrücke. Schriften zu Malerei, Fotografie und Naturwissenschaften. Hg. v. T. Fechner-Smarsly. Dresden 1998.

Forschungsliteratur: C. Dahlström: S.s Dramatic Expressionism. Ann Arbor 1930; P. Szondi: Theorie des modernen Dramas. Frankfurt/M. 1956; B. G. Madsen: S.s Naturalistic Theatre. Its Relation to French Naturalism. Seattle 1962; F. Paul: A. S. Stuttgart 1979; G. Stockenström: S.s Dramaturgy. Stockholm 1988; W. Baumgartner/T. Fechner-Smarsly (Hg.): A. S. Der Dichter und die Medien. München 2003.

Wolfgang Behschnitt

Sulzer, Johann Georg (1720–1779)

Die Poetik ist bei S. Teil einer allg. „Philosophie der Künste" oder „Ästhetik", die der gebürtige Schweizer in unsystematischer Gestalt, aber mit umfassendem Anspruch als ein alphabetisches Lexikon u. d. T. *Allgemeine Theorie der schönen Künste* (zuerst in zwei Teilen 1771 und 1774; einige Artikel stammen von Kollegen) herausgebracht hat. Er erkennt das Wesen der schönen Künste in der „Einwebung des Angenehmen in das Nützliche", ihren Zweck in der ästhetischen Bildung und Erziehung des Menschen, darin, „die Gemüther der Menschen mit Zuneigung für alles Schöne und Gute zu erfüllen, – die Wahrheit würksam zu machen, und der Tugend Reizung zu geben" (Art. „Künste; Schöne Künste"). Die platonische Einheit des Schönen, Wahren und Guten (↑Platon), die spätestens mit der Romantik in Frage gestellt wird, ist bei S. noch vorausgesetzt. Die Unterscheidung der drei „ursprünglichen" Kunstgattungen – Musik, zeichnende Künste, redende Künste – folgt der Unterscheidung der „Wege", auf denen der Mensch durch sinnliche Empfindungen „erhöht" werden kann: Gehör, Gesicht, Sprachverstehen. Zu den redenden Künsten zählt S. die Beredsamkeit im engeren Sinn sowie die Dichtkunst.

Im Vergleich mit Musik oder Malerei sollen die redenden Künste nur eine geringe „Kraft" auf die Seele ausüben, an

„Lebhaftigkeit“ seien die von ihnen vermittelten Vorstellungen die schwächsten. Dafür aber sollen sie „alle Arten“ von Vorstellungen erwecken können, sogar Empfindungen der gröberen Sinne wie Geschmack oder Geruch, die S. als Medien der Kunst ausscheidet. Sie sollen an „Ausdehnung“ gewinnen, was ihnen an Kraft oder Lebhaftigkeit abgeht. Doch soll die Kraft der Rede, d. h. ihr spezifisches Vermögen, eine Empfindung in uns hervorzubringen (Art. „Kraft (Schöne Künste)“), nicht nur in den von ihr vermittelten Bedeutungen liegen, sondern auch – und oft mehr – in dem, was S. ihren „Ton“ nennt. Darunter versteht er zunächst den „Klang der Stimme“, dann auch den „ganzen Charakter der Rede“, insofern sie „ohne Betrachtung des Bedeutenden der Wörter“, also „durch ganz undeutliche Vorstellung“ die „Empfindung des Sittlichen oder Leidenschaftlichen“ wecken (Art. „Ton (Redende Künste)“). Dieser Ton sei auch in unbekannten Sprachen zu bemerken, zudem auch in Reden, die wir nur lesen, ohne sie zu hören. Für die Wirkung einer Rede könne ihr Ton wichtiger sein als ihr Inhalt. Durch den Ton sei die Rede mit der Musik verwandt, die für S. eine begriffslose Sprache der Empfindung ist.

Auch wenn Beredsamkeit und Dichtkunst „mehr durch Grade, als durch wesentliche Kennzeichen“ unterschieden sein sollen (Art. „Gedicht“), zielt S. auf eine Abhebung des Dichters vom Redner. Während letzterer seine Vorstellungen bewusst auswähle und anordne, um auf sein Publikum zu wirken, zeige sich ersterer ganz von seinem Gegenstand eingenommen und rede, selbst wenn ihm vielleicht niemand zuhöre. Den Dichter kennzeichne oft ein schwärmerisch-phantastischer Ton. Zwischen dem Vergangenen und dem Zukünftigen, dem Gegenwärtigen und dem Abwesenden mache er keinen Unterschied. Er erwecke den Eindruck, „daß er alles, was man sich sonst blos vorstellt, körperlich vor sich sieht, oder in seinem Gemüth, als gegenwärtig fühlt“ (ebd.). Seine Gedanken blieben nicht abstrakt, sondern würden stets mit Materie umkleidet. Die Hauptgattungen der Gedichte seien die lyrischen, die dramatischen, die epischen und die lehrenden.

Der Spätaufklärer S. schreibt das von ↑Baumgarten auf der Basis der Wolff'schen Empfindungslehre begründete Projekt der „Ästhetik“ als „Wissenschaft von der sinnlichen Erkenntnis und Darstellung“ fort. Mit der Entdeckung des Rede-Tons als einer prärationalen Schicht im rationalen Medium der Sprache treibt er den aufklärerischen Rationalismus zugleich an seine Grenzen und weist auf Positionen der Romantik bereits voraus. Seine Poetik weist eine mitunter große Nähe auf zu den Überlegungen ↑Bodmers, ↑Breitingers, ↑Klopstocks, ↑Rousseaus, ↑Herders u. a.

Ausgaben: Allgemeine Theorie der schönen Künste. 4 Bde. Hildesheim u. a. 1994 [Nachdr. d. Ausg. 1792].

Forschungsliteratur: A. Tumarkin: Der Ästhetiker J. G. S. Frauenfeld u. a. 1933; O. Walzel: J. G. S. über Poesie. In: ZfdPh 62 (1937). S. 267–303; W. Riedel: Erkennen und Empfinden. Anthropologische Achsendrehung und Wende zur Ästhetik bei J. G. S. In: H.-J. Schings (Hg.): Der ganze Mensch. Anthropologie und Literatur im 18. Jahrhundert. Stuttgart u. a. 1994. S. 410–439.

Winfried Eckel

Szondi, Peter (1929–1971)

Ein Blick in die Gesamtausgabe von S.s Schriften und Vorlesungen zeigt, dass die Auseinandersetzung mit der Phänomenologie des poetischen Denkens ein Lebensthema des Literaturwissenschaftlers war: Schon seine frühe Studie zur *Theorie des modernen Dramas* (1956) setzt mit einer Reflexion über die „Grundkategorien der

Poetik“ ein: Nach der Historisierung des Formbegriffs und der Ausbildung systematischer Gattungsdefinitionen von Lyrik, Epik und Dramatik entwickelt sich, so S., eine zeitlose Existenzialpoetologie. Sie wendet sich von normativen Gattungskriterien ab und macht die „‚Extasen‘ der Zeit“ und damit Begriffe wie lyrisch, episch und dramatisch zu ihrem Thema (↑Staiger). Eine dritte Dimension poetologischer Wahrnehmung erkennt S. in den Arbeiten ↑Benjamins, ↑Lukács und ↑Adornos: Sie entwerfen übergreifende Modelle einer historischen Ästhetik, innerhalb derer die Kunstwerke „geschichtlich problematisch“ werden. S. stellt seine eigene Arbeit in die Tradition dieser Poetologen der Moderne: „Die Widersprüche zwischen der dramatischen Form und den Problemen der Gegenwart sollen nicht in abstracto, sondern im Innern des konkreten Werks als technische, das heißt als ‚Schwierigkeiten‘ erfaßt werden.“ Damit ist der Leitgedanke umrissen, unter dem sich S. der Poetikgeschichte widmet. Zu Beginn seiner großangelegten Vorlesungsreihe *Poetik und Geschichtsphilosophie* (1961–1970) definiert er dementsprechend: „Poetik ist die Lehre von der Dichtung oder Lehre von der Dichtkunst, was nicht ganz dasselbe bedeutet. Denn während die Lehre von der Dichtung eher eine Theorie der Poesie darstellt, eine Anschauung [...] dessen, was Dichtung ist, stellt die Lehre von der Dichtkunst eine Lehre von der poetischen Technik dar, eine Kunde davon, wie Dichtung zu verfertigen sei.“ Die textorientierte Arbeitsweise von S. wird in seinen teilweise postum veröffentlichten *Celan-Studien* (1972) auf die Probe gestellt: Er arbeitet hier auf verschiedene Weise mit der schwierigen Spannung zwischen dem Gedicht und seinem Bezug zu den Realien der Gegenwart und muss erkennen, dass sich die Lexik eines poetischen Kunstwerk angesichts der Erfahrung von Realität verändern kann und dann eine Rückkehr zur poetologisch bestimmbaren Textualität nicht mehr zulässt.

Ausgaben: Studienausgabe der Vorlesungen. 5 Bde. Hg. v. J. Bollack. Frankfurt/M. 1973–1975; Schriften. 2 Bde. Hg. v. J. Bollack. Frankfurt/M. 1978.

Forschungsliteratur: P. Goßens: Die Arbeit des Interpreten: P. S. In: A. Gellhaus (Hg.): „Fremde Nähe“ – Celan als Übersetzer. Marbach am Neckar 1997. S. 448–459; Ch. König: Engführungen. P. S. und die Literatur. Marbach am Neckar 2004.

Peter Goßens

T

Tabori, George (1914–2007)

Beeinflusst von der Dramatik ↑Shakespeares, ↑Brechts und ↑Becketts, mit der er sich in viel beachteten Regiearbeiten auseinandersetzte, gelang T. in autobiografisch motivierten Dramen wie *Die Kannibalen* (*The Cannibals*, 1968; dt. 1981), *Mutters Courage* (*My Mother's Courage*, 1979; dt. 1981) und *Mein Kampf* (1987) die Verarbeitung der Schrecken des Holocaust mit Mitteln der Groteske und Farce. „Seine Art, mit dem Entsetzen Scherz und Erinnerungsarbeit als Spiel zu betreiben, hat ↑Adornos Diktum, nach Auschwitz lasse sich kein Gedicht mehr schreiben, im deutschen Theater ad absurdum geführt." (C. Dössel) *Die Kannibalen* markiert 1969 in Deutschland einen zweifachen Tabubruch: inhaltlich durch das Thema (Kannibalismusphantasien in Auschwitz) und T.s makabren Witz, formal durch Verfremdungseffekte (Wechsel der Figuren von einer Realitätsebene in die andere), die den von ↑Weiss u. a. formulierten Prinzipien eines dokumentarischen Theaters radikal widersprechen. Sein erfolgreichstes Stück, die Farce *Mein Kampf*, führt Hitler 1910 in einem Wiener Männerwohnheim als mittellosen Pseudokünstler vor, den sich „Frau Tod" zu ihrem zukünftigen „Würgeengel" und Massenmörder auserwählt – weder Hassliebe und Dienstfertigkeit noch Gleichgültigkeit seiner jüd. Mitbewohner Herzl und Lobkowitz können dies verhindern. Auch T.s spätere Werke, die er meist selbst zur Uraufführung brachte, kreisen um die Frage einer jüd. Identität nach dem Holocaust, häufig verbunden mit dem Topos der Welt als Theater (in *Die Goldberg-Variationen*) und dem Spiel im Spiel. Als Theaterschaffender nennt sich T. konsequent einen „Spielmacher". 1992 beschreibt er sich auch als Fremder, der „die Wörter wörtlich nehmen und so […] in den Eingeweiden der Sprache herumwühlen kann", und begreift den Dichter als einen allen Schrecken zum Trotz Liebenden, einen prophetischen Sänger, „das Schlimmste erwartend, ein Hoffender bleibend, weil das Schlimmste doch noch nicht stattgefunden hat".

Ausgaben: The Cannibals. London 1968; Liebeserklärung [BPR]. In: DASD (Hg.): Jahrbuch 1992. Darmstadt u. a. 1993; Theaterstücke. 2 Bde. Frankfurt/M. 1994.

Forschungsliteratur: H.-P. Bayerdörfer: Theater gegen das Vergessen. Bühnenarbeit und Drama bei G. T. Tübingen 1997; C. Dössel: Das Ärgste kommt noch [Nachruf]. In: Süddeutsche Zeitung (25. 7. 2007). S. 11.

Ellen Brüwer

Tasso, Torquato (1544–1595)

T. hat neben der Arbeit an seinen bekannteren fiktionalen Werken wie *Das Befreite Jerusalem* (*Gerusalemme Liberata*, 1581; dt. 1626) auch zur poetologischen Diskussion der Spätrenaissance entscheidend beigetragen. V. a. in den *Reden über die Dichtkunst und insbesondere über das Heldenepos* (*Discorsi dell'arte poetica e in particolare sopra il poema eroico*, 1564, erweiterte Fass. 1594; dt. 1978 in Auszügen) entwickelt T. eine umfassende, aristotelische und rhetorische Elemente vereinende Dichtungstheorie, die trotz ihrer Zuspitzung auf eine Gattungspoetik des Epos im Prinzip auch für andere Formen der lit. Fiktion gelten will. Ein Hauptanliegen der *Reden* ist es, den Anspruch auf ‚Wahrheit' bzw. ‚Wahrscheinlichkeit', den die geschichtliche Handlung des Epos nahelegt, mit dem fiktionalisierenden Impuls der Dichtung zu vermitteln. Diese beiden für die epische Dichtung gleichermaßen konstitutiven Aspekte, das Wahrscheinliche (*il verisimile*) und das Wunderbare (*il meraviglioso*), zusammenzuführen, vermag T. zufolge nur ein christl. Erklärungsmodell, das die übernatürlichen Geschehnisse in letzter Instanz Gott als Urheber zuschreibt. Überdies solle der Dichter die Sinne der Leser ansprechen und jenen die erzählten Handlungen sinnlich vergegenwärtigen. Ein weiteres Grundproblem der *Reden* ist die Frage nach der Einheit des Werks, die sich für die epische Dichtung angesichts einer Mehrzahl von Episoden und Perspektiven in erhöhtem Maße stellt. T. löst diese Schwierigkeit durch die paradox anmutende Formel einer „varietà nell'unità", die sowohl eine Auffächerung des Geschehens und der Beobachtungsperspektiven als auch stilistische Variation legitimiert, sofern sich darin der Bezug auf ein gemeinsames, fundierendes Prinzip manifestiere. Die Abhandlung entwirft zudem, in den Abschnitten über die *elocuzione*, eine Differenzierung der Stilarten, die über das epische Genre hinaus für die Lyrik relevant ist. T.s poetologisches Interesse gilt überdies dem Dialog, dem er in *Über die Kunst des Dialogs* (*Discorso dell'arte del dialogo*, 1586) eine eigene Untersuchung widmet. Aufgabe des Dialogs, den T. seinem Ideal nach als Synthese aus philosophischer und poetischer Form begreift, sei es, ein dialektisches Verfahren der Gesprächskunst (↑Platon) mit den Anforderungen poetischer Darstellung, d. h. v. a. dem Mimesispostulat, zu vereinen. T. gelingt es so, den Dialog gegen den Vorwurf, dass dieser den Forderungen der Dichtung nicht entspreche, zu verteidigen und ihn als lit. Form zu profilieren.

In Frankreich war T., auch durch die persönliche Begegnung mit ↑Ronsard und ↑Montaigne, schon früh bekannt. Der frz. Hof des 16. Jh.s, der neben machtpolit. auch kulturelle Interessen für Italien zeigte, hatte an der Vermittlung T.s entscheidenden Anteil. T.s Wirkung blieb dabei nicht auf die Literatur beschränkt, sondern erstreckte sich auch auf die bildende Kunst. So entnahm z. B. N. Poussin aus T.s Dichtungen nicht nur Sujets seiner Gemälde, sondern adaptierte auch T.s Poetik in seiner Theorie des Historienbilds. In England sind v. a. E. Spenser und J. Milton poetologisch von T. inspiriert. In der dt. T.-Rezeption blieb die poetologische Dimension des Werks zunächst durch andere Motive verdeckt. Suchte eine frühe adlige Leserschaft im Umkreis der Habsburger in T.s Werken Muster höfischer Lebenskunst, war es seit dem 18. Jh. vorwiegend die biografische Figur des Melancholikers, die die aufklärerische und romantische T.-Deutung bestimmte.

Ausgaben: Dialoghi. 3 Bde. Hg. v. E. Raimondi. Florenz 1958; Discorsi dell'arte poetica e del poema eroico. Hg. v. L. Poma. Bari 1964; Gerusalemme Liberata. Hg. v. L. Caretti. Turin 1971; Werke und Briefe. München 1978.

Forschungsliteratur: G. Baldassari: Introduzione ai „Discorsi dell'arte poetica" del T. In: Studi tassiani 26 (1977). S. 99–110; G. Regn: Mimesis und autoreferentieller Diskurs. Zur Interferenz von Poetik und Rhetorik in der Lyriktheorie der italienischen Spätrenaissance. In: W.-D. Stempel/K. Stierle (Hg.): Die Pluralität der Welten. München 1987. S. 387–414; A. Aurnhammer: T. T. im deutschen Barock. Tübingen 1994.

Linda Simonis

Tawada, Yoko (geb. 1960)

T.s Tübinger PV (Frühjahr 1998) erschienen u. d. T. *Verwandlungen*. Die erste thematisiert konkrete sinnliche Erfahrungen von Sprache in der geografisch-kulturellen Fremde sowie die Körperbezogenheit sprachlicher Artikulation. Das Ich erfährt sich als geprägt durch den es umgebenden Sprachraum und wandelt sich mit diesem. Komplementär zur Stimme geht es in der zweiten Vorlesung um die Schrift; Lesen und Schreiben erscheinen gleichfalls als metamorphotische Prozesse. Die Dritte erörtert die Bedeutung von Metamorphosen als Thema und als Gestaltungsprinzip der Dichtung auf den Spuren ↑Ovids, dem T. auch mit *Opium für Ovid* (2000) eine intertextuelle Hommage gewidmet hat. Um Prozesse der Artikulation, der Lektüre und des Übersetzens geht es in den Erzählungen T.s immer wieder. So sind Zunge und Sprache die Protagonistinnen in dem Erzählungsband *Überseezungen* (2002). Auch im Band *Talisman* (1996) werden Übersetzungsprozesse arrangiert und reflektiert, so in dem dt.-jap. Beitrag *Das Wörterbuchdorf* und in einem Essay über ↑Celans Affinität zum Japanischen.

T.s Interesse gilt generell der „Buchstäblichkeit" von Phänomenen sowie der physiognomisch-gestischen Qualität von Schriftzeichen. Mit verfremdendem, vielfach „ethnologisch" inspiriertem Blick erzählt sie von sinnlich-körperlichen Erfahrungen mit Wörtern, vom Befremden im Umgang mit Rede und Schrift. Nicht nur die Fremdsprache, auch die Muttersprache erscheint eigenwillig, oft rätselhaft. Literatur beschreibt, vollzieht und reflektiert Metamorphosen verschiedenster Art; als einer, der „mit fremder Zunge spricht", ist der Schriftsteller zugleich „Vogel" und „Ornithologe" (*Verwandlungen*). T.s den erzählerischen Texten eingeschriebene Poetik ist eine Poetik des Übersetzens und der Transformation. Buchstaben werden als dingliche Objekte beobachtet und beschreibend oft in lebendige Wesen verwandelt, gelesene und gehörte Texte bezeugen körperliche Präsenz, weisen oft „physiognomische" Qualitäten auf; komplementär dazu werden Dinge und Strukturen als Buchstaben und Texte betrachtet: Körperteile, Physiognomien, Landschaften, Tiere und Gegenstände des alltäglichen Gebrauchs. Mit ↑Benjamin, v. a. mit den Schriften über Buchstaben, ABC-Bücher und Bilderrätsel, setzt sich T.s Dissertation *Spielzeug und Sprachmagie in der europäischen Literatur* (2000) auseinander.

Ausgaben: Talisman. Tübingen 1996; Verwandlungen [TPV]. Tübingen 1998; Spielzeug und Sprachmagie in der europäischen Literatur. Tübingen 2000; Opium für Ovid. Ein Kopfkissenbuch von 22 Frauen. Tübingen 2000; Überseezungen. Tübingen 2002.

Forschungsliteratur: R. Kersting: Fremdes Schreiben. Y. T. Trier 2006; D. Slaymaker (Hg.): Y. T. Voices from Everywhere. Lanham 2007.

Monika Schmitz-Emans

Thomasius, Christian (1655–1728)

Der Jurist und Philosoph T. kündigte mit seinem *Discours von der Nachahmung der Franzosen* (1687) nicht nur die erste deutschsprachige Universitätsvorlesung an, er legte damit auch eine explizite Kulturtheorie sowie eine implizite Dichtungstheorie vor. Im Zentrum seiner Überlegungen stehen die Fragen, inwieweit eine Nachahmung der dominanten frz. Kultur, der Galanterie, in Deutschland nötig ist und wie eine sinnvolle Nachahmung derselben vonstatten geht. Er unterscheidet dafür zwischen einer unkritischen und einer kritischen Nachahmung, wobei Letztere sowohl nach der real gegebenen Vorbildlichkeit fragt als auch nach der möglichen Äquivalenz eines bereits vorhandenen eigenen Ideals in der sozialen oder dichterischen Praxis. Als nachahmungswürdige Vorbilder präsentiert er den „galant homme", eine distinguierte Habitusform der höfischen Gesellschaft, den „bel esprit", einen der höfischen Gesellschaft zugehörigen Gelehrtentypus, und im Bereich der Dichtung die Romane und Dialoge von Mlle de Scudéry. Dabei stellt er die Bedeutung der Darstellung einer vorbildlichen sozialen Praxis in der Fiktion heraus, die zur Nachahmung in der eigenen Praxis anleitet. T. fordert zudem ein neues Selbstverständnis der dt. Gelehrtenkultur, d. h. eine selbstbewusste Verwendung der eigenen Sprache und die Etablierung einer Übersetzungskultur, um die antiken und modernen Texte einer größeren Leserschaft zuzuführen. Des Weiteren propagiert er eine Umsetzung der galanten Ideale in Deutschland, um die aktuellen Vorbilder nicht nur nachzuahmen, sondern auch zu übertreffen. Daher fasst er seine Vorlesung auch bewusst in Deutsch und nicht Latein ab und schafft damit die Grundlage für die weitere dt. Poetik der Galanterie (↑Hunold).

Ausgaben: Der galante Stil. Hg. v. C. Wiedemann. Tübingen 1969; Ausgewählte Werke. Bd. 22: Kleine Teutsche Schriften. Hg. v. W. Schneiders. Hildesheim u. a. 1994.

Forschungsliteratur: E. Peter: Geselligkeiten: Literatur, Gruppenbildung und kultureller Wandel im 18. Jahrhundert. Tübingen 1999; J. Steigerwald: Galanterie als kulturelle Identitätsbildung: Französisch-deutscher Kulturtransfer im Zeichen der „Querelles" (D. Bouhours – Ch. T. – B. Neukirch). In: Ch. Emden/D. Midgley (Hg.): German Literature, History and the Nation. Oxford u. a. 2004. S. 119–141.

Jörn Steigerwald

Tieck, Ludwig [Pseud.: Gottlieb Färber, Peter Lebrecht] (1773–1853)

T. ist neben ↑Novalis und den Brüdern ↑F. Schlegel und ↑A. W. Schlegel der wichtigste Vertreter der Frühromantik, und zwar aufgrund seiner lit. formulierten wie auch seiner – im ästhetischen Selbstbezug einer transzendentalpoetischen Kunst – sich darstellenden poetologischen Konzepte. Diese prägen insb. seinen Künstlerroman *Franz Sternbalds Wanderungen* (1798), seine Theaterstücke *Der gestiefelte Kater* (1797) und *Die verkehrte Welt* (1800) sowie seine Kunstmärchen wie z. B. *Der blonde Eckbert* (1797) und *Der Runenberg* (1804). Für die romantische Kunstauffassung sind außerdem seine mit ↑Wackenroder verfassten *Herzensergießungen eines kunstliebenden Klosterbruders* (1797) und *Phantasien über die Kunst* (1799) von zentraler Bedeutung. Die spätere lit. Produktion T.s ab den 1820er Jahren ist durch die Gattung der Novelle geprägt, wie die Künstlernovellen und die sich an ↑Scott orientierenden historischen Novellen zeigen. Auch wenn in ihnen die forcierte frühromantische Ästhetik der Potenzierung (in einer „progressiven Universalpoesie") und der romantischen Ironie in ein z. T. schon frührealistisches Erzählen zurückgenommen ist, bleibt die Künstlerproblematik weiterhin thematisch relevant. Bedeutend ist T. auch aufgrund seiner Übersetzungen aus der Weltliteratur (↑Cervantes, ↑Shakespeare), die er auch poetologisch reflektiert und die deren dt. Rezeptionsgeschichte sehr geprägt haben.

T.s hohe Bedeutung für die romantische Ausgestaltung einer modernen Poetik hat zahlreiche Gründe: T.s Werke entfalten die dichterische Phantasie so, dass der Wirklichkeit nicht nur eine sie überbietende Kunstwelt entgegengestellt wird, sondern die Wirklichkeit selbst als eine ‚verkehrte' und ästhetisch zu verkehrende Welt erscheint. Auch die Überreizungen der Phantasie, ihre Schattenseiten und Abgründe haben bei T. ihren Ort. So führt er das „freie Spiel der Einbildungskraft" ↑Kants in die Bereiche des Unbewussten und Unheimlichen. Er entgrenzt somit das im 18. Jh. bei ↑Bodmer und ↑Breitinger aufgewertete Wunderbare. In den frühen Romanen, dem für die europ. Tradition des Briefromans bedeutenden *Geschichte des Herrn William Lovell* (1795) und insb. dem Künstlerroman (und darin auch Gegenstück zu ↑Goethes *Wilhelm Meister*) *Franz Sternbalds Wanderungen* entwirft T. das dieser Poetologie entsprechende romantische Künstlerbild. Es ist gekennzeichnet von einem emphatischen und kunstreligiösen, aber auch deutlich selbstreflexiven Kunstverständnis. Poetologische Leitmedien der Literatur sind nicht die Skulptur wie im Klassizismus, sondern die Malerei und die Musik, wie später auch bei ↑Hoffmann. Die Malerei wird dabei als Ausdruck höherer Ideen und einer höheren Wirklichkeit verstanden. Die Annäherung an die Musik wiederum vollzieht sich unter dem Signum einer freien Entfaltung von Musikalität: Charakteristisch ist, dass T. den zweiten Teil seiner Gemeinschaftsarbeiten mit Wackenroder *Phantasien über die Kunst* betitelt. Deren Figur des Komponisten Berglinger ist Inbegriff romantischer Kunst, zeigt aber auch deren soziale Disfunktionalität und radikale Unvereinbarkeit mit der Kunstauffassung eines philisterhaften Publikums. Eine Rücknahme und Ermäßigung dieser emphatischen frühromantischen Kunstkonzepte und auch eine Transformation der kritischen und hochgradig selbstreflexiven Ironiekonzepte (F. Schlegel, J. G. Fichte, ↑Solger) zeigen dann T.s spätere Novellen. T.s zentrale Stellung in der ästhetisch-lit. Bewegung der europ. Romantik, der sein Lebenswerk in all seinen differenzierten Facetten verpflichtet ist, erklärt seine hohe Bedeutung für die sich um 1800 herausbildende moderne Kunst und Literatur.

Ausgaben: L. T.s Schriften. Berlin 1966 [Nachdr. d. Ausg. 1828–1854]; Schriften in zwölf Bänden. Hg. v. H. P. Balmes u. a. Frankfurt/M. 1985 ff.

Forschungsliteratur: C. Brecht: Die gefährliche Rede. Sprachreflexion und Erzählstruktur in der Prosa L. T.s. Tübingen 1993; J. Bong: Texttaumel. Poetologische Inversionen von „Spätaufklärung" und „Frühromantik" bei L. T. Heidelberg 2000; A. Hölter: Frühe Romantik – frühe Komparatistik. Gesammelte Aufsätze zu L. T. Frankfurt/M. u. a. 2001; D. Kremer (Hg.): Die Prosa L. T.s. Bielefeld 2005.

Lothar van Laak

Tišma, Aleksandar (1924–2003)

Zu den Regeln der lit. Kunst äußert sich T. en passant in verschiedenen Reisenotizen (*Drugde*, 1969), Reden (*Leipziger Buchpreis*, 1996) und Tagebucheinträgen (*Dnevnik 1942–1951*, 1991; *Reise in mein vergessenens Ich*, 2003), primär jedoch in Interviews, die in dem Band *Was ich gesagt habe* (*Šta sam govorio*) 1996 zusammengefasst wurden. T.s poetologische Reflexionen gehen von seinem eigenen künstlerischen Werk aus, erklären und reflektieren damit die Arbeitsweise eines Prosaschriftstellers, der sich zunehmend auf die polit.-soziale Lage in der Vojvodina während des Zweiten Weltkriegs konzentriert. Obwohl T.s Aussagen kaum Verallgemeinerungen beanspruchen, lassen sich einige grundsätzliche poetologische Positionen erkennen. Gleichsam als Medium vermittelt der Schriftsteller nach T. zwischen einer realen Welt der Fakten und einer ideellen Welt des Sinns, er ordnet die chaotischen Details des Alltags und gibt ihnen damit eine wie auch immer geartete Erklärung. Motiviert durch existenzielle Einsamkeit und die Unfähigkeit im Leben agieren zu können sucht der Künstler eine andere, sublimierte Form der Aktion und des Austauschs mit seiner Umgebung. T. geht unmissverständlich von einem sozialen Auftrag der Kunst aus. Dabei schreibt er dem Pessimismus als einer ästhetisch-ethischen Grundhaltung eine bes. produktive Rolle zu. Jedes lit. Werk enthalte eine Problematisierung, der pessimistisch gestimmte Schriftsteller radikalisiere jedoch dieses Problem, er gestalte die Präsenz des Bösen und erprobe das Verhalten seiner Figuren angesichts einer gottlosen Welt. ↑Dostoevskij, den T. neben ↑Proust als

Quelle seiner Inspiration angibt, steht bei diesen Konstellationen Pate. Indem er das Böse zeige, spreche der Schriftsteller eine Warnung an seine Leser aus und beuge der Möglichkeit neuer Leiden vor.

Die weitgehend dem Realismus verpflichtete Poetik T.s wird begleitet von der Forderung nach Wahrhaftigkeit, nach einer Nähe des lit. Werks zum Faktischen und einer Überprüfbarkeit seiner Inhalte. T. ist nach eigenen Aussagen kein phantasievoller Schriftsteller. Pathos und Sentimentalität lehnt er ebenso ab. Um größte Authentizität bemüht, verortet er seine Werke zumeist in seiner Heimatstadt Novi Sad, er schreibt über Ereignisse, deren Zeitzeuge er selbst war. Obwohl sich T. offen gegenüber den Varianten realistischen Schreibens gibt, reklamiert er für sich selbst, von einer subjektiv-bewegenden Fragestellung, nicht aber vom formalen Experiment ausgehen zu müssen. Formale Fragen spielen in T.s Poetik nur eine marginale Rolle.

Ausgaben: Drugde. Belgrad 1969; Dela. Belgrad 1983; Dnevnik. 1942–1951. Novi Sad 1991; Reise in mein vergessenes Ich. München u. a. 2003; Šta sam govorio. Novi Sad 1996; Leipziger Buchpreis zur Europäischen Verständigung. Frankfurt/M. 1996.

Forschungsliteratur: Č. Mirković: Od kratke priče do kompleksnog romana. In: Savremenik 7 (1973). S. 259–264; B. Novaković: A. T. romansjer. In: Izraz 31 (1977). S. 63–70; M. Marković: Izazov života. In: Forum 40 (1980). S. 521–562.

Andrea Zink

Todorov, Tzvetan (geb. 1939)

T. stammt wie ↑Kristeva aus Bulgarien und darf neben ihr als wichtigster Vermittler der russ. Literaturtheorie im frz. Strukturalismus gelten. Am Formalismus (↑Šklovskij) interessierte T. v. a. das Großprojekt einer Poetik der Prosa. Damit entfernte sich T. von der traditionellen begriffsunscharfen Identifizierung der Poetik mit der Poesie und hob den Kunstcharakter der ungebundenen Rede hervor. T. verfocht in seinen frühen Arbeiten das formalistische Prinzip der Literarizität und versuchte die Poetik als autonome Wissenschaft zu begründen, die ihren lit. Gegenstand im Gegensatz zu psychologischen, soziologischen, ethnologischen oder ideengeschichtlichen Ansätzen aus sich selbst heraus beschreiben will. Deswegen gilt T.s Interesse auch nicht dem Einzeltext, sondern dem lit. Diskurs, der das Entstehen bestimmter Werke erst möglich macht. T.s origineller Beitrag zu einer so verstandenen literaturwissenschaftlichen Poetik liegt in seiner Theorie des Phantastischen (*Introduction à la littérature fantastique*, 1970; *Einführung in die fantastische Literatur*, 1972). Der Eindruck des Phantastischen stellt sich laut T. dann ein, wenn der Leser zögert, ob er seine ästhetische Erfahrung der Kategorie des Unheimlichen oder des Wunderbaren zuordnen soll. Das Unheimliche gibt vor, die Regeln der Alltagswelt zu transzendieren, ist aber nur ein Scheineffekt, der rational erklärt werden kann (↑Poe). Das Wunderbare hingegen räumt – wie im Märchen – die Möglichkeit übersinnlichen Geschehens ein. Das Phantastische ergibt sich gerade aus dem Moment des Zweifels an der Natur des dargestellten Phänomens (↑James). Nach dieser ersten Schaffensphase wandte sich T. von der Poetik ab und versuchte unter dem Eindruck von ↑Foucault den Gebrauch von Diskursen zu analysieren. 1981 veröffentlichte T. ein Buch über das dialogische Prinzip bei ↑Bachtin, das er als konstitutiv für dezentrale moderne Wahrheitsentwürfe ansah. Wahrheit ist für Bachtin und für Todorov nicht mehr eine feste ideologische Position, sondern ergibt sich aus der Kommunikation mit dem Anderen. Mit dieser Einsicht ist auch der Grundstein gelegt für T.s späte Arbeiten, in denen er moralisches Verhalten wie ↑Habermas als kommunikatives Problem versteht. T. gelangt in seinen späten Arbeiten (Azteken, Kollaboration, Holocaust) zum Schluss, dass rein ästhetische Urteile wertlos seien und deshalb durch moralische Wertschöpfung ergänzt werden müssen.

Ausgaben: Introduction à la littérature fantastique. Paris 1970; Einführung in die fantastische Literatur. Frankfurt/M. 1972; Poétique de la prose. Paris 1971; Poetik der Prosa. Frankfurt/M. 1972; Théories du symbole. Paris 1977; Symboltheorien. Tübingen 1995; La conquête de l'Amerique. La question de l'autre. Paris 1982; Die Eroberung Amerikas. Das Problem des Anderen. Frankfurt/M. 1991; Face à l'extrême. Paris 1991; Angesichts des Äußersten. München 1993; La vie commune. Essai d'anthropologie générale. Paris 1995; Abenteuer des Zusammenlebens. Versuch einer allgemeinen Anthropologie. Frankfurt/M. 1998.

Forschungsliteratur: J. Verrier: T. T. Du formalisme russe aux morales de l'histoire. Paris 1995.

Ulrich Schmid

Tolstoj, Lev Nikolaevič (1828–1910)

T.s Poetik richtet sich gegen die angeblich moralisch verderbliche Wirkung der Ästhetik. Der schöne Schein ist aus T.s Sicht ein gefährliches Phänomen, das vom wahren Wesen der Dinge ablenkt. T.s Poetik richtet sich deshalb im Wesentlichen gegen die Kunst selbst, die ihm bereits im frühen Essayfragment *Warum schreiben die Menschen?* (*Dlja čego pišut ljudi?*, 1851) als Ausdruck individuellen Prestigestrebens gilt. Mit gleicher Verve geht T. auch gegen gesellschaftl. Konventionen und öffentliche Institutionen vor. Bereits die frühesten Texte, etwa *Die Geschichte des vergangenen Tages* (*Istorija prošedšego dnja*, 1851), werden von dem für T. so typischen inquisitorischen Blick dominiert. Paradigmatisch ist in dieser Hinsicht die Erzählung *Leinwandmesser* (*Cholstomer*, 1886; dt. 1887), in der etwa der Eigentumsbegriff aus der Sicht eines Pferdes dekonstruiert wird. Aber auch in *Krieg und Frieden* (*Vojna i mir*, 1865–1869; dt. 1885) gibt es eine Reihe berühmter Verfremdungsszenen, so etwa die Schilderung der Schlachten von Schöngraben, Austerlitz und Borodino aus der subjektiven Perspektive ausgewählter Protagonisten oder die berühmte Beschreibung eines Opernbesuchs, in der das Kulissenhafte und Aufgesetzte des Musiktheaters kritisiert wird. T.s Kampf gegen eine ästhetisierende Kunst gipfelt in seiner Verdammung Napoleons. Der frz. Imperator gilt ihm als Inbegriff des Gauklers und Schauspielers, der alles seinen auf Prunk angelegten persönlichen Zielen unterordnet. Die paradoxe Pointe dieser kunstfeindlichen Poetik liegt freilich darin, dass der Künstler T. sich selbst in den Rücken fällt. Einen Wendepunkt in T.s Schaffen markiert deshalb die *Beichte* (*Ispoved'*, 1884; dt. 1886, allerdings u. d. T. *Bekenntnisse*), in der T. seine eigene „Verführung durch die Schriftstellerei“ anprangert und ein enthaltsames Leben als Bauer ins Auge fasst. Seine kunstphilosophischen Ansichten hat T. erst später im Traktat *Was ist Kunst?* (*Čto takoe iskusstvo?*, 1898; dt. 1898) systematisiert. Nach einem Rundumschlag gegen die modernistische Ästhetik von ↑Baudelaire und P. Verlaine entwirft T. seine eigene Infektionstheorie. Das Kunstwerk ist für T. ein reines Medium, durch das der Autor sein Publikum mit einem wertvollen religiösen Gefühl ansteckt. Dabei liegen wahre und falsche Kunst eng beieinander: Gerade weil Kunst die Menschen leicht beeinflussen kann, ist die Kontrolle über die Zuträglichkeit der Inhalte entscheidend. Unter Generalverdacht steht bei T. die Musik, die – wie die *Kreutzersonate* (*Krejcerova sonata*, 1891; dt. 1891) als Gedankenexperiment vorführt – das sexuelle Begehren anstacheln und letztlich sogar zu Mord führen kann. T.s Abneigung richtet sich auch gegen Vertreter der klassischen Kunst wie ↑Homer oder ↑Dante. Bes. rabiat sind T.s Ausfälle gegen ↑Shakespeare, der ihm als großer Halluzinator erscheint. T.s Poetik stieß auf starke Resonanz bei Lenin, der ihn 1908 im Aufsatz *Tolstoj als Spiegel der Revolution* (*Lev Tolstoj kak zerkalo russkoj revoljncii*) für seine Sache vereinnahmte. T.s Infektionstheorie ist auch in der Produktionsästhetik der 1920er Jahre (↑Arvatov) als Subtext präsent.

Ausgaben: Polnoe sobranie sočinenij. 100 Bde. Moskau 2000 ff.; Gesammelte Werke. 20 Bde. Berlin 1973–1984.

Forschungsliteratur: H.-J. Gerigk: Entwurf einer Theorie des literarischen Gebildes. Berlin u. a. 1975; F. P. Ingold: L. T. und Max Nordau. Zur Rezeption und Diskussion des Dekadentismus in Rußland. In: F. Rinner/K. Zerinschek (Hg.): Komparatistik. Heidelberg 1981. S. 399–416; D. Orwin (Hg.): The Cambridge Companion to Tolstoy. Cambridge u. a. 2002; M. Aucouturier (Hg.): Tolstoï et l'art. Idées esthéthiques et création artistique. Paris 2003.

Ulrich Schmid

Torres Naharro, Bartolomé de (um 1480/90–um 1531)

Das wenige Seiten umfassende Vorwort (*Prohemio*), das T. seinen 1517 in Neapel in span. Sprache erschienenen *Erstlinge der Pallas* (*Propalladia*) vorausschickt, stellt die erste span. Dramentheorie dar. Wie eine Reihe von lat. Zitaten zeigen, ist T. – wohl über zeitgenössische Kompilationen – mit der antiken Theatertheorie (Cicero, ↑Horaz, Helenius Acro) vertraut, verwirft jedoch deren komplexe Kategorien.

T.s Ausführungen beziehen sich im Weiteren ausschließlich auf die Komödie (*comedia*), die er als ein „von verschiedenen Figuren dargestelltes kunstvolles Gebilde von bemerkenswerten Geschehnissen mit heiterem Ausgang" („un artificio ingenioso de notables y finalmente alegres acontecimientos por personas disputado") definiert. Er fordert in Anlehnung an Horaz eine Gliederung der *comedia* in fünf Akte, die er für das Verstehen und die Aufführung des Theaterstücks als unabdingbar ansieht. Die Akte bezeichnet er als „jornadas" und prägt damit den im Theater des *Siglo de Oro* gängigen Terminus. Hinsichtlich der auftretenden Personen schlägt er eine Anzahl zwischen sechs und zwölf vor, damit beim Publikum weder Langeweile noch Verwirrung entsteht. Im Zentrum steht für T. die Angemessenheit („decoro") aller Phänomene hinsichtlich der Handlungsführung, der Orte und des Sprachgebrauchs, sodass der Diener nicht wie der Herr sprechen und handeln darf. Dieser Hinweis zeigt – was auch T.s Theaterpraxis belegt –, dass T. ↑Aristoteles' Ständeklausel nicht folgt.

T. lässt sich auf Spekulationen über die Herkunft der Komödie nicht ein und beschränkt sich auch hinsichtlich der überlieferten Ausdifferenzierung der Komödie in zahlreichere Untergattung auf lediglich zwei Typen: die *comedia a noticia*, die auf tatsächliche Geschehnisse der Erfahrungswelt zurückgeht („cosa nota y vista en realidad de verdad") und die *comedia a fantasía*, die erfundene oder gar phantastische Dinge enthalten kann unter der Voraussetzung, dass die Wahrscheinlichkeit gewahrt ist („cosa fantástiga o fingida, que tenga color de verdad, aunque no lo sea"). Jeder *comedia* sollten zwei das Publikum orientierende Texte vorausgehen, eine Einleitung („introito") und eine Zusammenfassung der Handlung („argumento"). Der „introito" weist auf die „loa" als „captatio benevolentiae" im Theater des *Siglo de Oro* voraus. Die Empfehlung, der Aufführung des Textes eine Zusammenfassung der Handlung vorauszuschicken, wird in der Zeit nach T. als theateruntauglich aufgegeben. Die

Ausführungen von T. stehen deutlich in der Tradition der antiken Theaterpräzeptistik, öffnen jedoch deren eindeutige Festlegungen und weisen damit auf die spätere Praxis der *comedia nueva* bei ↑Vega voraus.

Ausgaben: Propalladia and Other Works of B. d. T. N. Bd. 1–3. Hg. v. J. E. Gillet. Bryn Mawr, PA 1943–1951; Bd. 4. T. N. and the Drama of the Renaissance. Hg. v. O. H. Green. Philadelphia 1961; Obra completa. Hg. v. M. Á. Pérez Priego. Madrid 1994.

Forschungsliteratur: S. Zimic: El pensamiento humanístico y satirico de T. N. 2 Bde. Santander 1977–1978; C. C. Stathatos: B. d. T. N.: a Bibliography (1517–2003). Kassel 2004.

Gero Arnscheidt

Treichel, Hans-Ulrich (geb. 1952)

T.s Frankfurter PV *Der Entwurf des Autors* von 2000 präsentieren sich als Entstehungsbericht über einen ersten ernst zu nehmenden Prosasatz. T., zunächst Literaturwissenschaftler, Lyriker und Librettist, beschreibt den Durchbruch zur erzählenden Prosa als Konsequenz von „Lektionen der Leere". Die westfälische Heimat wird als ursprüngliche Objektlosigkeit erfahren, der spätere Wohnsitz West-Berlin und mediterrane Urlaubsorte als „Durchgangsräume". Erzählbarkeit beginnt dort, wo gegenwärtige Leere den distanzierenden Zugang zu vergangener Leere ermöglicht. In diesem Zusammenhang entwirft T. eine „Geographie des Sehnens", welche die Himmelsrichtungen im „faszinationsgeschichtlichen" und „imaginationslogischen" Sinne behandelt. Hier steht der Norden als Ort allzu müheloser Selbstauffindung dem Süden als Richtung der Intensitäten und der Selbstüberschreitung, der auf Dauer gestellten Enttäuschung und ihrer Verarbeitung gegenüber. Der Gedanke, dass „Selbstverhältnisse" lit. Schreiben zugrunde liegen, findet sich auch in T.s Textsammlung *Der Felsen, an dem ich hänge* (2005). Autobiografisches Schreiben antwortet dabei aber gerade nicht auf Authentizitätsdruck, sondern entlastet vielmehr von ihm, weil es „Ich-Disponibilität" herstellt und so „Wunschautobiographien" ermöglicht. Schreiben dient der „Transformation der Sinnfrage in die Stilfrage". Wenn das (auch autobiografisch fundierte) Motiv des verlorenen Bruders aus der Erzählung *Der Verlorene* (1998) im Roman *Menschenflug* (2005) umund neu geschrieben wird, führt T. Ich-Disponibilität und Transformationsvermögen werkgeschichtlich vor.

Dass Verlust- und Abwesenheitserfahrungen allg. in der Moderne als „Guthaben" zu begreifen sind, behandelt T. in seiner Habilitationsschrift *Auslöschungsverfahren* (1995) und der Essaysammlung *Über die Schrift hinaus* (2000). Hier zeigt er an Texten von ↑Hofmannsthal, ↑R. Walser, ↑Kafka, ↑Weiss, A. Andersch, ↑Koeppen, ↑Handke, ↑Strauß und E. Jünger, wie jeweils ein „welt- und selbstnegatorischer Impuls" als „produktives Prinzip" auftritt und Schreiben zum „Schreiben gegen die Schrift" und gegen das Organische werden kann. Als paradoxer Prozess ermöglicht Schreiben sich immer wieder selbst, indem es sich selbst vergessen macht; seine produktive Spannung entsteht aus dem „Versprechen auf mediale und materiale Selbstüberschreitung" und der obsessiven Bindung des Schriftstellers an sein Medium zugleich.

Ausgaben: Auslöschungsverfahren. Exemplarische Untersuchungen zur Literatur und Poetik der Moderne. München 1995; Der Entwurf des Autors [FPV]. Frankfurt/M. 2000; Über die Schrift hinaus. Essays zur Literatur. Frankfurt/M. 2000; Der Felsen, an dem ich hänge. Essays und andere Texte. Frankfurt/M. 2005.

Forschungsliteratur: D. Basker (Hg.): H.-U. T. Cardiff 2004; D. Wohlleben: Schwindel der Wahrheit. Ethik und Ästhetik der Lüge in Poetik-Vorlesungen und Romanen der Gegenwart. Freiburg i. Br. u. a. 2005. S. 183–207; Colloquia Germanica 38/1 (2005): H.-U. T. Tübingen 2005.

Pierre Mattern

Turgenev, Ivan Sergeevič (1818–1883)

T. begann seine lit. Karriere mit kurzen Prosastücken, die er 1852 als Erzählzyklus u. d. T. *Aufzeichnungen eines Jägers* (*Zapiski ochotnika*; dt. 1854) publizierte. T.s frühe Poetik ist deutlich den ursprünglich frz. Physiologien (↑Balzac) verpflichtet, die 1845 über den Sammelband *Physiologie von Petersburg* (*Fiziologija Peterburga*) auch Eingang in den russ. Kulturkontext fanden. Die physiologische Skizze zeichnet sich durch einen weitgehenden Verzicht auf einen narrativen Plot aus und rückt stattdessen die äußere Erscheinung des beschriebenen Phänomens in den Vordergrund. 1852 ist aber auch das Jahr, in dem T.s Suche nach neuen lit. Formen immer dringender wurde. In einem Brief kritisierte er die statischen Personencharakterisierungen seines bisherigen Werks und kündigte eine „neue Manier" des Schreibens an. Mit diesem poetologischen Wechsel legte T. das Fundament für seine sechs Romane, die um die konfliktreiche Wechselbeziehung zwischen Individuum und Gesellschaft kreisen. In T.s Romanpoetik steht der zögernde Held im Vordergrund, der seine kritischen Gedanken oft nicht in die Tat umsetzen kann. Im Aufsatz *Hamlet und Don Quijote* (*Gamlet i Don-Kichot*, 1860; dt. 1991) entwirft T. ein Charakterkontinuum, dessen Extrempole durch den in sich gekehrten Hamlet einerseits und den selbstvergessenen Don Quijote andererseits markiert werden. Hamlet ist ein zentripetaler, nördlicher Charakter, während Don Quijote in südlicher Schwärmerei an ein Ideal außerhalb seines Selbst glaubt. T. deutet seine Romanfiguren als Mischtypen, die komplementäre Anteile aus beiden Extremen aufweisen. Es ist für T. bezeichnend, dass er solche theoretischen Erörterungen aus seinem lit. Werk ausgelagert hat. Der auktoriale Erzähler in T.s Romanen übt jeweils äußerste Zurückhaltung in der Kommentierung und Bewertung der Figuren. Mit letzter Konsequenz hat T. dieses Programm einer auktorialen Enthaltsamkeit im späten Prosastück *Tropmanns Hinrichtung* (*Kazn' Tropmana*, 1870; dt. 1928 u. d. T. *Eine Hinrichtung*) umgesetzt, in dem die schockierende Guillotinierung eines Verbrechers ohne jede subjektive Anteilnahme geschildert wird. In seinem Spätwerk wendet sich T. wieder vom gesellschaftskritischen Roman ab und emanzipiert die Textstruktur von der empirischen Realität. In den späten Novellen überlagern sich Figurenbewusstsein und Autorrede; der Eindruck des Phantastischen ergibt sich im Sinne ↑Todorovs aus dem Schwanken des Lesers, ob das geschilderte Phänomen illusionär oder übernatürlich sei. Die Aufwertung des Textes gegenüber der dargestellten Realität führt T. schließlich 1878 zur Übernahme des Genres des Prosagedichts (↑Baudelaire) in die russ. Literatur. Als Konstante zieht sich die Suche nach dem „mot juste" durch T.s Gesamtwerk – in der Aufmerksamkeit für Stilfragen traf sich T. auch mit ↑Flaubert.

Ausgaben: Polnoe sobranie sočinenij i pisem. 30 Bde. Moskau 1978 ff.; Gesammelte Werke. 10 Bde. Berlin 1994.

Forschungsliteratur: M. Ledkovsky: The Other T. From Romanticism to Symbolism. Würzburg 1973; P. Brang: I. S. T. Sein Leben und sein Werk. Wiesbaden 1977; W. Koschmal: Vom Realismus zum Symbolismus. Zu Genese und Morphologie der Symbolsprache in den späten Werken I. S. T.s. Amsterdam 1984; E. Allen: Beyond Realism. T.s Poetics of Secular Salvation. Stanford 1992.

Ulrich Schmid

Tynjanov, Jurij Nikolaevič (1894–1943)

T. ist im russ. Formalismus v. a. mit seinen Arbeiten zur historischen Poetik hervorgetreten. Programmatisch hielt er gemeinsam mit ↑Jakobson im Thesenkatalog *Probleme der Literatur- und Sprachforschung* (*Problemy izučenija literatury i jazyka*, 1928; dt. 1966) fest, dass eine rein synchrone Betrachtung des lit. Textes ungenügend sei. Jedes Werk verfüge über eine eigene Funktion in der literarhistorischen „Reihe", die ihrerseits ein System bilde. T. wandte sich v. a. gegen ↑Šklovskijs mechanistische Vorstellung, die lit. Evolution sei ein Kampf der Söhne gegen die Väter. T. zeigte etwa, dass ↑Dostoevskij zu ↑Gogol' sowohl in einem Verhältnis der Epigonalität als auch der parodisierenden Herausforderung stand, und nahm damit entscheidende Punkte von ↑Blooms Konzept der „Einflussangst" vorweg. T. fordert eine umfassende Literaturbetrachtung, in der sich synchrone und diachrone Aspekte vereinigen. Aus T.s Sicht handeln „Archaisten" und „Neuerer" die Stilpräferenzen einer Epoche aus und bestimmen, was ein „literarisches Faktum" ist. T. versteht die Literatur als ein dynamisches System, das immer wieder Erscheinungen aus dem Alltag in seinen Bereich integrieren oder aber auch wieder ausstoßen kann. Im 19. Jh. war etwa die lautmalerische Kindersprache ein außerlit. Faktum, bis sie im Futurismus als lit. Gestaltungsmittel eingesetzt wurde. Grundsätzlich kennt das lit. System nur labile Zustände. In einer frühen Untersuchung zur Verssprache weist T. darauf hin, dass jede Erscheinung – so etwa die rhythmisierte Prosa oder der *vers libre* – immer in einer bestimmten „Reihe" gedeutet werden müsse und deshalb trotz scheinbarer Nähe eine ganz unterschiedliche Bedeutung annehmen könne. Eine berühmte Anwendung fand T. für seine Theorie im Aufsatz *Die Ode als oratorisches Genre* (*Oda kak oratorskij žanr*, 1927; dt. 1972), in dem er das klassizistische Gattungssystem durch die Besonderheit der mündlichen Deklamation der Ode erklärte. Interessant ist bei T. die Doppelung von belletristischer und wissenschaftlicher Bearbeitung des gleichen Themas: In drei Romanen über die Dichter V. K. Kjuchel'beker, A. S. Griboedov und ↑Puškin zeichnete er die lit. Entwicklung im Russland des frühen 19. Jh.s nach, die er auch in seinen Aufsätzen analysierte. Durch die offene Fiktionalisierung verwies T. auf die grundlegende Problematik des literaturwissenschaftlichen Genres der Werkbiografie, die ihrerseits immer nur eine wertbestimmte und spekulative Narration darstellt. Letztlich lassen sich einzelne Passagen aus T.s Romanen als Parodie auf literaturwissenschaftliche Arbeiten lesen, die in jeder biografischen Situation nach einem lit. Prätext forschen.

Ausgaben: Poėtika. Istorija literatury. Kino. Moskau 1977; Die Ode als oratorisches Genre. In: J. Striedter (Hg.): Texte der russischen Formalisten. Bd. 1 München 1972. S. 273–337; Das Problem der Verssprache. Zur Semantik des poetischen Textes. München 1977; Poetik. Leipzig u. a. 1982.

Forschungsliteratur: L. P. Joseph: From Literary Theory to Fiction. An Interpretive Biography of Y. T. in the 1920s. Diss. Stanford 1994; M. Weinstein: T. ou la poétique de la relativité. Saint-Denis 1996; Ch. Veldhues: Formalistischer Autor-Funktionalismus. Wie T.s Puškin gemacht ist. Wiesbaden 2003.

Ulrich Schmid

U

Ungaretti, Giuseppe (1888–1970)

U. ist nicht nur einer der bedeutendsten Vertreter und Erneuerer der ital. Dichtung, sondern hat auch als Interpret seiner eigenen Arbeiten und als akademischer Lehrer Berühmtheit erlangt. Schon in den 1930er Jahren in Brasilien, dann ab 1942 nach seiner Rückkehr nach Italien hielt er an der röm. Universität *La Sapienza* regelmäßig Vorlesungen zu Fragen der modernen Poetik, aber auch zu den Klassikern der ital. Literatur, die er einer eigenwilligen Lesart im Sinne seines poetischen Denkens unterzog. Seine Vorlesungen, die Vorworte zu seinen Gedichtbänden und Übersetzungen sowie die Essays zur Poetik bilden ein komplexes poetisches Prosawerk, das nicht weniger kommentarbedürftig ist als die oft als dunkel und unverständlich bezeichneten Gedichte. Die Leistung von U.s lyrischem Frühwerk besteht v. a. in der Entwicklung einer modernen ital. Lyriksprache, deren poetologische Grundlagen er selbst im Spannungsfeld von „Unschuld und Erinnerung" („innocenza e memoria") sieht. In seinen frühen Essays, wie etwa dem Vorwort zum Gedichtband *Il Porto sepolto* mit dem programmatischen Titel *Auf dem Weg zu einer neuen klassischen Kunst* (*Verso un'arte nuova classica*, 1919), beschreibt er seine Ablösung vom frz. Symbolismus und die Entwicklung einer neoklassizistischen Kunst, die den Materialcharakter der Worte in den Vordergrund rückt und ihre memorialen Tiefendimensionen auszuloten versucht. Programmatisch weist U. in diesem kurzen Text auf die „pittura metafisica" hin, als deren poetisches Pendant sein ganzes Werk gelesen werden kann. Trotz dieser Bemühungen um einen neuen Klassizismus gilt U. v. a. als Ahnherr des sog. Hermetismus, der nicht mit den Traditionen eines metaphysischen Hermetismus in der Nachfolge des Hermes Trismegistos zu verwechseln ist. Der ital. Literaturkritiker F. Flora entwickelte den Begriff 1936 in seiner Schrift *La poesia ermetica.* In seiner Polemik sieht er – im Anschluss an ↑Croce – das Ideal einer traditionellen ‚italischen' Klassizität durch die modernen Lyriker und bes. durch U. gefährdet. Mit hermetisch bezeichnet Flora den allzu großen Einfluss der modernen frz. Dichtung auf U.s Lyrik und die vermeintliche Auflösung formaler, d. h. metrischer und rhetorischer Verbindlichkeiten. Die Wirkung wie die Haltlosigkeit dieses Begriffes zeigt sich an zahlreichen einflussreichen Studien wie etwa ↑Friedrichs *Struktur der modernen Lyrik* (1956). U. überarbeitete seine frühen, teilweise recht polemischen Invektiven zur Dichtung seit den 1930er Jahren; in dieser Zeit wird der Bezug auf klassische Autoren wie ↑Dante Alighieri, ↑Petrarca, ↑Leopardi und G. D'Annunzio zu einer grundlegenden Konstante seines poetischen wie literaturkritischen Denkens. Zentral ist hier – neben universitären Vorlesungen – der späte Essay *Begründungen einer Dichtung* (*Ragioni di una poesia*, 1949), in dem U. selbst seine poetologische Arbeit der vergangenen dreißig Jahre einer kritischen Relektüre unterzieht.

Ausgaben: Vita d'un uomo. Tutte le poesie. Hg. v. L. Piccioni. Mailand 1969; Vita d'un uomo. Saggi e interventi. Hg. v. M. Diacono/ L. Rebay. Mailand 1974; Ein Menschenleben. Werke in sechs [vier] Bänden. Hg. v. A. Baader/M. von Killisch-Horn. München 1991–2001.

Forschungsliteratur: M. Koch: Flüsse des Lebens – Erinnerungsstrom. In: Italienisch 17 (1987). S. 68–86; E. Görner: U.s frühe Schriften zur Literatur. Tübingen 1996; A. Baader: „Unschuld" und „Gedächtnis". Bewußtsein und Zeiterfahrung in G. U.s Poetik und Lyrik. München 1997; St. Dressler: G. U.s Werk in deutscher Sprache. Unter besonderer Berücksichtigung der Übersetzungen Ingeborg Bachmanns und Paul Celans. Heidelberg 2000; P. Goßens: Paul Celans U.-Übersetzung. Edition und Kommentar. Heidelberg 2000.

Peter Goßens

V

Vadian, Joachim (von Watt) (1484–1551)

Die Poetik des ↑Celtis-Schülers und späteren Bürgermeisters von St. Gallen (*De poetica et carminis ratione*, 1518) markiert einen End- und Höhepunkt humanistischer Vers- und Dichtungslehre im deutschsprachigen Raum. Am Vorabend der Reformation verfasst, hat die Schrift zeitgenössisch kaum eine Rezeption erfahren; auch der Autor selbst hat ihre Impulse nicht weiter verfolgt. V. distanziert sich mit seiner Schrift ausdrücklich von den konventionellen, rein präskriptiv-didaktischen Verslehren (*Artes versificatoriae*, *Artes metricae*) mit ihrer praktischen Ausrichtung auf die korrekte Abfassung lat. Verse und reflektiert in 32 Kapiteln über prinzipielle Fragen der Dichtkunst, ihre Entwicklung, Bedeutung und Funktion. Hinzu treten zentrale Themen humanistischer Poetik wie *imitatio*, Inspiration und *furor poeticus*, Fragen der Gattungs- und Stillehre, der disziplinären Abgrenzung gegenüber Grammatik und Rhetorik sowie, in apologetischer Perspektive, Argumente für die Legitimität der Dichtkunst im Spannungsfeld von Ethik, Religion und Gemeinwesen. Bemerkenswert ist ein an ↑Quintilians Dichterkatalog (Kap. 6: *Latinorum poetorum successio*) anschließender historischer Überblick über die wichtigsten lat. Autoren, der von der Antike über das MA bis in V.s Gegenwart reicht und mit einer Würdigung dt. Humanisten (R. Agricola, J. Reuchlin, Celtis) schließt. Sogar volkssprachige Autoren wie ↑Dante und ↑Boccaccio werden gewürdigt. Sein spezifisches Gepräge erhält V.s Werk durch reflektierte Eigenständigkeit im Umgang mit Bezugsquellen und Vorgängern sowie durch eine Fülle autobiografischer Reminiszenzen, gerichtet an den primären Adressaten, den Bruder Melchior V.

Ausgaben: J. Vadianus: De poetica et carminis ratione. 3 Bde. Hg. v. P. Schäffer. München 1973–1977.

Forschungsliteratur: J. Nadler: Joachim von Watt: De Poetica et Carminis ratione. In: Anzeiger der österreichischen Akademie der Wissenschaften. Philosophisch-historische Klasse 16 (1949). S. 279–306.

Jörg Robert

Valéry, Paul (1871–1945)

V. gilt in der Literaturgeschichte als einer der bedeutendsten frz. Lyriker und Dichtungstheoretiker. Seine immer neuen Versuche, die Gesetzmäßigkeiten des Geistes und der dichterischen Produktion zu durchdringen, haben ihn zum Muster des auf Präzision bedachten, kartesianischen Geistesmenschen gemacht. Dieses Thema beleuchten neben V.s Werken auch die zahlreichen Essays, Aphorismen, kunsttheoretischen, philosophischen und kulturkritischen Schriften, die der Dichter in den Sammlungen *So wie es ist* (*Tel Quel*, 1941/1943; dt. 1959 [Auszug]) sowie *Diverses* (*Variété*, 1924–1944; dt. 1956 [Auszug]) herausgab. Letztere enthält u. a. einflussreiche Aufsätze zu ↑Baudelaire und v. a. zu ↑Mallarmé, dem lit. Lehrer und stilistischen Vorbild V.s. Gleichwohl hat V. seine Ästhetik aus einem Misstrauen gegen jegliche Fixierung des produktiven Geistes niemals systematisch formuliert. Sie ist daher aus den einzelnen Werken, noch eindringlicher indes aus den knapp 30.000 Seiten von V.s *Hefte* (*Cahiers*, 1957 ff. postum; dt. 1987 ff.) herauszulesen, die der Autor von 1894 bis zu seinem Tode tagebuchartig führte. In einer Vielzahl von kürzeren Reflexionen, dichterischen Entwürfen, Zeichnungen und mathematischen Gleichungen wird in ihnen der Versuch des Bewusstseins deutlich, sich über sich selbst Klarheit zu verschaffen. Ausgehend vom kartesianischen Diktum *Cogito, ergo sum* sieht V. als höchste Leistung des Geistes vollständige Selbstergreifung und intellektuelle Transparenz an. Sie ermögliche, die Genese von Dichtung im Spannungsfeld von Körper und Geist oder von Intuition und Konstruktion zu explizieren. Demzufolge hat V. sein lyrisches Frühwerk vom Anfang der 1890er Jahre verworfen, dessen Gefühlsüberschwang und Geniepoetik dem strengen Erkenntniswillen des Geistes zuwiderlief. Bereits V.s erste gültige Dichtung, *Der Abend mit Herrn Teste* (*La soirée avec Monsieur Teste*, 1896; zum Zyklus erweitert 1926 und 1946; dt. 1926), berichtet aber von den Aporien der Subjektivität. Herr Teste (von lat. „testis“, Zeuge und „testa“, Kopf) ist der personifizierte reine Intellekt, der den Mechanismus seines Denkens mit dem Ziel beobachtet, sich und alles Faktische vollkommen zu durchdringen. Nur seinen natürlichen Grund, den Körper, kann er nicht auf den Begriff bringen. Obwohl er sich bemüht, die Physis allein als rational-mathematischen Funktionszusammenhang zu denken, muss er feststellen, dass die Verfasstheit des Körperlichen geheimnisvoll bleibt. Im Schmerz, der das Denken unmöglich macht und den Teste nur durch ein Anästhetikum zu ertragen vermag, erfährt er schließlich die Grenze des nur scheinbar autonomen Geistes und verdämmert in der Bewusstlosigkeit des Physischen. Reflexion muss also auf ihren uneingeschränkten Erkenntnisanspruch verzichten und bleibt dem zyklischen Wechsel von Präsenz und Absenz unterworfen. Damit ist sie kein statisches Phänomen, das begrifflich fixiert werden könnte. Vielmehr kann sie nur der Dichter im flüchtigen Prozess ihres Entstehens sowie in ihren unendlichen Kombinationsmöglichkeiten zureichend darstellen. Schöpferisches Vorbild ist L. da Vinci, dem V. seinen Essay *Einführung in die Methode Leonardo da Vincis* (*Introduction à la méthode de Léonard de Vinci*, 1895; dt. 1923–1924) widmet und in dem er das unübertroffene Muster apollinischer Konstruktion und geistiger Präzision sieht. V.s an Mallarmé geschulte, symbolistische Texte erzeugen mit ähnlichem Formwillen ein komplexes Gewebe lautlich-inhaltlicher Entsprechungen, Vieldeutigkeiten und Bezüge, das sich von außersprachlichen Verweisen und der Irrationalität des Gefühls abwendet. Damit wird Dichtung ein strenges Geistesprodukt, das Inspiration und ihre intellektuelle Beherrschung zur Synthese bringt. Es ist als Analogie eines Bewusstseins zu verstehen, das sowohl seines Grundes als auch der Kraft seiner Reflexion innegeworden ist. Das Konzept eines solchen Ichs erinnert an die Tradition transzendental-absoluter Subjektivität, modifiziert sie indes ästhetisch. Denn der Moment der Selbstergreifung ist eine leere, rein poetische Transzendenz und restituiert kein Absolutes, sondern rühmt die Fiktion dichterischer Macht. Diese fand V. in ↑Nietzsches *Zarathustra* entworfen, den er im Jahre 1900 begeistert las.

Dass sich jedoch weder eine Sprache ohne Verweise noch ein Geist ohne Körper vorstellen lassen, zeigen auch V.s spätere Werke, die ab 1917, nach mehr als zwanzigjährigem Schweigen des Dichters, zu erscheinen begannen. Sie kreisen ebenfalls um das unvermeidliche Umschlagen des Bewusstseins in reflexionslose Physis, bemühen sich allerdings zunehmend um eine Überwindung des Dualismus. Das bedeutende und äußerst komplexe Langgedicht *Die junge Parze* (*La jeune Parque*, 1917; dt. 1947) etwa inszeniert anhand des Mythos vom Sündenfall die Versuchung des Geistes zur Fleischlichkeit. Ängstigt sich das Denken zunächst auch vor demütigender Sinnlichkeit, so erkennt es doch seine solipsistische Lebensfeindlichkeit und vermag sie schließlich in einer rauschhaften, die Sterblichkeit annehmenden Hinwendung zum Irdischen zu bezwingen. Ähnlich beschreibt der Gedichtzyklus *Charmes* (1920; dt. von ↑Rilke 1925) zunächst das Spannungsverhältnis von Geist und Natur im Menschen, der wie ein Baum mit der Erde verbunden sei und zugleich in den Himmel strebe. Das Gedicht *Der Friedhof am Meer* (*Le cimetière marin*) überformt diese Zerrissenheit durch die Aufforderung, die Zeitlichkeit und das Wirken der Elemente anzuerkennen und das Dasein als Präsenz, die schon auf Absenz verweist, zu verstehen. Damit vollzieht sich eine paradoxe Bejahung des Lebens, zu der nur der Körper, nicht der Geist, fähig ist. In einer Einsicht, die an den späten Rilke erinnert, leitet V. die Dignität des Menschen aus seiner elementar-naturhaften Hälfte ab, die er gerade dem ästhetisch imaginierten Absoluten voraushabe. Die unvollendete Dramenskizze *Mein Faust* (*Mon Faust*, 1941; dt. 1948) schließlich modifiziert ↑Goethes Protagonisten zu einer nach vollständiger Erkenntnis seiner geistigen Möglichkeiten strebenden Existenz, die freilich zunächst leidvoll unter die von Mephisto angezettelte Herrschaft der Sinnlichkeit gerät. Damit stellt V. Denken und Sein in ihrem zyklischen Umschlagen ebenso dar wie die Gefahr der Geisteshybris, die alles Seienden überdrüssig wird.

Wie das Frühwerk, so werden auch V.s Dichtungen ab der *Jungen Parze* von kunsttheoretischen Reflexionen begleitet. 1923 erschienen gleich zwei bedeutende Essays, *Die Seele und der Tanz* (*L'âme et la danse*; dt. 1927) und *Eupalinos oder der Architekt* (*Eupalinos ou l'architecte*; dt. 1927), die erneut nach dem Prozess der künstlerischen Produktion fragen. Im Bild des Tanzes markiert der erste Essay die Einheit von Form (Geist) und Handeln (Sein). Diese Ganzheit sei der Moment vollkommener Schönheit, das ästhetisch imaginierte Absolute und damit Sinnbild der stets vergänglichen höchsten Möglichkeit der Kunst. *Eupalinos* behandelt in Form eines Dialogs zwischen Sokrates und Phaidros die Bedingungen des Kunstschönen. Nach dem Vorbild des Architekten Eupalinos, der nach strengen Regeln seine Werke schuf, habe Kunst eine Kombination aus Erkenntnis und schöpferischer Hervorbringung zu sein. Die dabei entstehende Synthese von Chaos und Ordnung sei das Signum eines gelungenen Kunstwerks.

Ausgaben: Œuvres. 2 Bde. Hg. v. J. Hytier. Paris 1957–1960; Cahiers. 29 Bde. Paris 1957–1961; Cahiers. 2 Bde. Hg. v. J. Robinson. Paris 1973–1974; Cahiers/Hefte. 6 Bde. Hg. v. H. Köhler/J. Schmidt-Radefeldt. Frankfurt/M. 1987–1993; Werke [Frankfurter Ausgabe]. 7 Bde. Hg. v. J. Schmidt-Radefeldt. Frankfurt/M. 1989–1995.

Forschungsliteratur: E. Gaède: Nietzsche et V. Paris 1962; K. Löwith: P. V. Grundzüge seines philosophischen Denkens. Göttingen 1971; N. Celeyrette-Pietri: V. et le Moi. Paris 1979; M. Tison-Braun: L'introuvable origine. Le problème de la personnalité au seuil du 20e siècle: Flaubert, Mallarmé, Rimbaud, V., Bergson, Claudel, Gide, Proust. Genf 1981; J. Robinson-Valéry (Hg.): Funktionen des Geistes. P. V. und die Wissenschaften. Frankfurt/M. u. a. 1993; H. Holzkamp: Reine Nacht. Dichtung und Traum bei P. V. Heidelberg 1997; J. Schmidt-Radefeldt (Hg.): P. V. Tübingen 1999; M. Krings: Selbstentwürfe. Zur Poetik des Ich bei V., Rilke, Celan und Beckett. Tübingen 2005.

Marcel Krings

Vargas Llosa, Mario (geb. 1936)

Seit er etwa 1960 unter dem Einfluss des frz. Existenzialismus (↑Sartre) das Schreiben zu seinem Beruf machte, reflektiert V. im Romanwerk, in Essays, lit. Analysen und Rezensionen die Eigenheiten des Typus „Romanschriftsteller" sowie die charakteristischen Formen und Leistungen großer Romane. Den idealtypischen Romancier (erste Vorbilder sind A. Malraux, ↑Hugo, ↑Flaubert und W. Faulkner) bewegt ein Unbehagen an der realen Welt, das ihn obsessiv zu fiktiven Gestaltungen nötigt. In der Preisrede *Literatur ist Feuer* (*La literatura es fuego*, 1967; dt. 1994) besteht V. – damals selbst noch der kuban. Revolution verpflichtet – auf der intellektuellen und ästhetischen Freiheit auch des polit. engagierten Schriftstellers. Seit *Geheime Geschichte eines Romans* (*Historia secreta de una novela*, 1971; dt. 1992), einer Analyse der Entstehungsgeschichte seines Romans *Das Grüne Haus* (*La casa verde*, 1965; dt. 1968), zeichnet er den Romancier als von seinen Idiosynkrasien („Dämonen", „Obsessionen") getriebenen, gesellschafts- und geschichtskritischen Schöpfer von Gegenwelten. Das angestrebte, in großen Gattungsbeispielen historisch vorfindbare Ergebnis ist der „totale" (auch „totalisierende") Roman. Da die intendierte Totalität im Modus der Fiktion verbleibt und realiter unerreichbar ist, bewirkt das Schreiben keine Katharsis, sondern drängt zu immer neuen Gestaltungen. Die komplementären Tätigkeiten des Ausplünderns einer als unzureichend erfahrenen Welt und der gottgleichen Schöpfung autonomer Fiktionen verdichten sich in den Bildern des „Aasgeiers" und des „Gottesmörders". Eine erste Summe dieser Fiktionstheorie formuliert V. in der Untersuchung *García Márquez. Historia de un deicidio* (1971). Variierende und amplifizierende Veranschaulichungen enthalten die Interpretationen des 1490 erschienenen Ritterromans *Tirant lo Blanc* von J. Martorell (*Carta de batalla por Tirant lo blanc*, 1969; *Fehdebrief zur Verfechtung der Ehre von Tirant lo Blanc*, 1990) sowie von Flauberts *Madame Bovary* (*La orgía perpetua*, 1975; *Die ewige Orgie*, 1996) und Hugos *Les Misérables* (*La tentación de lo imposible*, 2004; *V. Hugo und die Versuchung des Unmöglichen*, 2006). V.s Aufmerksamkeit gilt zunehmend auch der bildenden Kunst, wobei v. a. in *Ein trauriger, rabiater Mann. Über George Grosz* (zuerst frz. *Un homme triste et féroce*, 1992; dt. 2000) die zunächst dem Romancier zugeschriebenen Eigenschaften nun als allg. Charakteristika des Künstlertums erscheinen.

Als Kennzeichen des Eigenwerts narrativer Realitäten pflegt V. eine Reihe von Erzähltechniken zu erörtern. Das „verborgene Faktum" hebt Elemente der Wirklichkeit durch Auslassung oder verzögerte Darstellung hervor. Das aufgrund eigener Vorlieben oder Abneigungen „hinzugefügte Element" betont die Souveränität des Autors und die Autonomie der fiktiven Gestaltung. Die „kommunizierenden Röhren" erzeugen durch Verschmelzung raumzeitlich differenter Elemente eine gewollte Ambiguität. Das als „chinesische Schachteln" bezeichnete Erzählen im Erzählen schafft durch Vervielfältigung der Erzählerstandpunkte komplexe Systeme von Subjektivitäten. Weitere technische Möglichkeiten zur Ausübung schöpferischer Souveränität sind die Verfügung über die erzählte Zeit, die Wahl der Perspektive und die extreme, zu einem „qualitativen Sprung" führende Akkumulation von Fakten, Beziehungen und Spannungen. In den fiktiven Briefen an einen jungen Schriftsteller *Wie man Romane schreibt* (*Cartas a un joven novelista*, 1997; dt. 2004) veranschaulicht V. seine Lehre an Beispielen aus der Weltliteratur.

Ausgaben: Obras completas. 6 Bde. Hg. v. M. V. L./A. Munné. Barcelona 2004 ff.; Die ewige Orgie. Flaubert und Madame Bovary. Reinbek 1980; Fehdebrief zur Verfechtung der Ehre von Tirant lo Blanc. In: Neue Rundschau 101 (1990). S. 124–143; Geheime Geschichte eines Romans. Frankfurt/M. 1992; Literatur ist Feuer. Hamburg 1994; Ein trauriger, rabiater Mann. Über George Grosz. Frankfurt/M. 2000; Wie man Romane schreibt. Frankfurt/M. 2004; Victor Hugo und die Versuchung des Unmöglichen. Frankfurt/M. 2006.

Forschungsliteratur: J. J. Armas Marcelo: V. L. El vicio de escribir. Madrid 1991; T. Scheerer: M. V. L. Leben und Werk. Frankfurt/M. 1991; B. Angvik: A Novelist who Feeds on Social Carrion. M. V. L. San José 1997; H. Establier Pérez: M. V. L. y el nuevo arte de hacer novelas. Alicante 1998; E. Kristal: Temptation of the Word. The Novels of M. V. L. Nashville 1998; C. Schwalb: La narrativa totalizadora. New York u. a. 2001.

Thomas M. Scheerer

Vaugelas, Claude Favre de (1585–1650)

V.s Wirken ist z. T. als Gegenreaktion auf den im 16. Jh. von der Dichterschule Pléiade (↑Du Bellay, ↑Ronsard) propagierten – ungezügelten – Ausbau der frz. Sprache wie auch auf die anschließende sprachpuristische Tätigkeit des Hofdichters F. de Malherbe (1555–1628) zu verstehen; zudem fehlte im Frankreich des 17. Jh.s eine feste sprachliche Norm, lediglich geografisch war die Vormachtstellung von Paris unumstritten. Der Sprachkritiker V., jahrzehntelanger Besucher des königlichen Hofes, stellt in seinen *Bemerkungen zur französischen Sprache* (*Remarques sur la langue françoise*, 1647) klar, dass er weder Reformer noch Purist sein will – er fühlt sich einzig und allein dem Sprachgebrauch verpflichtet, weswegen ihm selber nur eine Beobachterrolle zukommt. V. wendet sich sprachlichen Feinheiten zu, deren Zugehörigkeit zu einer vorbildlichen Norm nicht geklärt ist. In unsystematischer Anordnung werden über 600 Einzelprobleme aus den Bereichen Aussprache, Orthografie, Morphologie, Syntax und Lexik erörtert. Auch wenn die meisten von V. präsentierten Lösungen heute noch gültig und verbindlich sind, so haben doch seine theoretischen Überlegungen zur sprachlichen Norm die Nachwelt nachhaltiger beeinflusst. In seinem wichtigen Vorwort differenziert V. zwischen schlechtem und gutem Sprachgebrauch. Während der „mauvais usage" den Gepflogenheiten des größten Teils der Bevölkerung entspricht, wird der „bon usage" qualitativ bestimmt: Es ist der mündliche Sprachgebrauch am Königshof, so wie er von einer ausgewählten, aber letztlich unbestimmt bleibenden, Personengruppe gepflegt wird und welcher in Übereinstimmung mit der von den besten zeitgenössischen Autoren verwendeten (Schrift-) Sprache stehen sollte. Dem gesprochenen Wort wird allerdings mehr Bedeutung zugeordnet als dem geschriebenen (Schriftsprache als sekundäre Erscheinungsform), was sich auch in V.s Forderung äußert, dass man – die guten Autoren! – so zu schreiben hat, wie zu Hofe gesprochen wird. Somit prägt der Hof weitaus stärker den „bon usage", zumal andererseits selbst hervorragende Schriftsteller öfter gegen diesen verstoßen. Die Priorität der gesprochenen Sprache, aber auch der stete Wandel lebender Sprachen bedeuten für V. jedoch, dass nur der aktuelle „usage" Relevanz besitzen kann. Bei unsicherem oder unbekanntem Sprachgebrauch wird die Konsultation der (guten) Autoren und der Sprachgelehrten angeraten; als letzte Instanz fungiert das Prinzip der Analogie (der Logik wird keine größere Bedeutung beigemessen). Die *Bemerkungen* sollten aber auch eine Art Ratgeber für diejenigen sein, die sich am Hofe nicht als Fremdkörper bzw. Nonkonformisten präsentieren wollten; gleichzeitig ermöglichten sie, sich von anderen Mitgliedern des Hofes sprachlich abzuheben und so in den engeren, normbildenden Kreis aufzusteigen.

Ausgaben: Remarques sur la langue françoise. Hg. v. J. Streicher. Genf 2000 [Faks.-Dr. d. Ausg. Paris 1647; Nachdr. d. Ausg. Paris 1934].

Forschungsliteratur: H. Weinrich: V. und die Lehre vom guten Sprachgebrauch. In: Zeitschrift für Romanische Philologie 76 (1960). S. 1–33; W. Blochwitz: V.' Leistung für die französische Sprache. In: Beiträge zur romanischen Philologie 7 (1968). S. 101–130; Z. Marzys: Pour une édition critique des „Remarques sur la langue françoise" de V. In: Vox Romanica 34 (1975). S. 124–139; L. Wolf: La normalisation du langage en France. De Malherbe à Grevisse. In: E. Bédard/J. Maurais (Hg.): La norme linguistique. Québec u. a. 1983. S. 105–137; E. Körver: C. F. d. V. Die Grundlegung der französischen Grammatik. Aachen 1992.

Joachim Christl

Vega, Lope de (1562–1635)

V.s 1609 erschienene *Neue Kunst der Theaterdichtung in dieser Zeit* (*Arte nuevo de hacer comedias en este tiempo*; dt. 1998) gilt als die wichtigste Theaterpoetik des span. Barock. Es handelt sich jedoch nicht um eine systematische Abhandlung, sondern um einen in Versen gefassten Vortrag (379 ungereimte Elfsilber, 5 lat. Distichen), den V. im Auftrag einer nicht genauer genannten Madrider Akademie verfasst hat. Diese Kommunikationssituation ist konstitutiv für das Verständnis des Textes. V. spricht mit rhetorischem Bescheidenheitsgestus, doch mit unverkennbarer Ironie vor einem Gremium, das sich als Kenner der klassischen Poetik in der Tradition von ↑Aristoteles und ↑Horaz sowie deren Kommentatoren der ital. Renaissance, insb. des „doctísimo Utinense Robertello" versteht, jedoch über keinerlei Theaterpraxis verfügt. Ihrem theoretisch-normativen Wissen stellt er die Prinzipien seiner eigenen Theaterpraxis entgegen, nicht ohne wiederholt auf deren außerordentlichen Erfolg beim zeitgenössischen Publikum zu verweisen. Voller Ironie führt er an, dass er bereits 483 dieser bühnenwirksamen Stücke verfasst habe, von denen keine sechs der klassischen Regelpoetik entsprächen.

Im Hauptteil des Textes legt V. unter ständigem Bezug auf die aristotelischen Prinzipien, die *ars* der Renaissance-Präzeptistik, die Regeln seiner publikumswirksamen neuen Kunst, *arte nuevo*, dar, die er im Übrigen in einer richtig verstandenen aristotelischen Poetik bereits angelegt sieht. Im Vordergrund der Überlegungen V.s steht jedoch nicht das Regelwerk der Theoretiker, sondern das als solches voll anerkannte Unterhaltungsbedürfnis („deleite") breiter Publikumsschichten, deren Geschmack („gusto") – ein Schlüsselwort V.s – es entgegenzukommen gilt. Aus diesem Grund finden sich bei ihm keine Ausführungen zur Tragödie, die zwar von den Theatertheoretikern der Zeit immer noch an erster Stelle behandelt wird, die jedoch in der Theaterpraxis keine Rolle mehr spielt. Allerdings plädiert er dafür, in die *comedia* Elemente der Tragödie aufzunehmen, weil die Mischung von Tragischem und Komischem („lo trágico y lo cómico mezclado") als bes. publikumswirksam gilt („que aquesta variedad deleita mucho") und der gesellschaftl. Realität, die als Natur („naturaleza") nachzuahmen ist, entspricht. Für diese Mischform der Tragikomödie, die bei V. und im *Siglo de Oro* durchgehend als *comedia* bezeichnet wird, lehnt er – mit dem ironischen Hinweis auf die bereits bei Plautus geübte Praxis – sowohl die nach der aristotelischen Poetik geforderte Differenzierung der Themen in Komödie und Tragödie als auch die Trennung der *dramatis personae* nach ihrem sozialen Stand konsequenterweise ab. Damit rechtfertigt er das in der *comedia* übliche gleichzeitige Auftreten von „König" und „komischer Person" („gracioso"). Was die *fabula* angeht, so plädiert er entschieden für ihre Einheit, während er die Einheiten von Zeit und Ort als nicht mit dem Geschmack des span. Publikums der Zeit vereinbar ansieht. Grundsätzlich gliedert sich die *comedia* in drei Akte, die durch Tänze und Zwischenspiele getrennt werden, was er gegenüber den Puristen mit Hinweis auf Aristoteles rechtfertigt. Ausdrücklich hingewiesen wird auf das Phänomen der Spannung, weshalb die einzelnen Akte eine gewisse Länge („cuatro pliegos", vier Bögen) nicht überschreiten dürfen, die Handlung konsequent aufgebaut und ihre Lösung erst in der letzten Szene erkennbar sein soll. Hinsichtlich der psychologischen und moralischen Akzeptanz des Theaters fordert V. grundsätzliche Wahrscheinlichkeit („verosimilitud") und logische Konsequenz, eine einfache, der jeweiligen Figur angemessene Sprache ohne konzeptistische Dunkelheit und ohne Exkurs ins Religiöse oder Offen-Satirische. Zugleich weist er darauf hin, dass Sprachwitz, eine gewisse Erotik etwa in der Figur der als Mann verkleideten Frau („disfraz varonil") und bestimmte Themen wie die der Ehre den bes. Erfolg beim Publikum garantieren. Dies gilt auch im Bereich der sprachlichen Form, wo rhetorische Figuren als Ornatus und die Verwendung verschiedener metrischer Elemente im Bereich von Versformen und Strophen den angestrebten ästhetischen Genuss steigern.

Als programmatische Schrift ist die *Neue Kunst* im 17. Jh. von den Dramatikern nicht wahrgenommen worden. Diese haben sich hinsichtlich ihrer eigenen Produktion weit mehr an V.s Theaterpraxis orientiert. Erst das 18. Jh. mit seinem Plädoyer für ein klassizistisches Regeltheater hat die *Neue Kunst* als programmatischen Beleg für ein fehlgeleitetes, popularisierendes Theater verstanden, in dem V. seine angebliche Unkenntnis der aristotelischen Präzeptistik offenbart. Im 19. Jh. dagegen wurde die *Neue Kunst* im Kontext der Romantik als Programmschrift eines poetischen, typisch span. „Nationaltheaters" gesehen, und als Möglichkeit zum Bruch mit der frz. Klassik verstanden. Im 20. Jh. wird V.s ironischer Ansatz in den Vordergrund gerückt und Wert auf die Feststellung gelegt, dass V. in diesem Text mit der ihm – sehr wohl bekannten – aristotelischen Tradition in dem Bewusstsein bricht, selbst Schöpfer einer eigenen, außerordentlich erfolgreichen Theaterform zu sein.

Ausgaben: Arte nuevo de hacer comedias. Hg. v. E. García Santo-Tomás. Madrid 2006; Der Arte nuevo von L. d. V. Theaterwissenschaftliche Erschließung eines „der am häufigsten mißverstandenen Texte der spanischen Literatur". Hg. v. A. Eglseder. Frankfurt/M. u. a. 1998.

Forschungsliteratur: J. M. Rozas: Significado y doctrina del „Arte nuevo" de L. d. V. Madrid 1976; E. Orozco Díaz: ¿Qué es el „Arte nuevo" de L. d. V.? Anotación previa a una reconsideración crítica. Salamanca 1978.

Gero Arnscheidt

Vergil (70 – 19 v. Chr.)

V. galt bereits seinen Zeitgenossen als Klassiker, und ↑Quintilian hielt ihn für den größten Dichter nach ↑Homer. Für die nachvergilischen Epiker war nicht mehr Homer das primäre Vorbild, sondern V., so z. B. für Lucan, der ein poetologisches Gegenkonzept zur *Aeneis* (17 v. Chr.) versuchte, für Silius Italicus und für Statius, der seine *Thebais* der „göttlichen *Aeneis*" hintanstellte. Die bedeutendste ma. Nachdichtung ist H. v. Veldekes *Eneit* (1187 – 1189). Der Einfluss der *Aeneis* auf die neuzeitlichen Epiker hinsichtlich Thematik, Motivik, Aufbau, Metaphorik ist immens (vgl. z. B. ↑Ariostos *Orlando furioso*, L. de Camões' *Os Lusíades*, ↑Ronsards *La Franciade*, ↑Tassos *Gerusalemme liberata*, J. Miltons *Paradise lost*, Voltaires *La Henriade*). Die *Aeneis* wirkte auch auf die Nachfolgegattung des Epos, den Roman (vgl. z. B. ↑Brochs *Der Tod des Vergil*). In der Literaturkritik spielte die *Aeneis* stets eine zentrale Rolle: In der frühen Neuzeit wurde in den Poetiken M. G. Vidas (*Ars poetica*, 1527) und ↑Scaligers (*Poetices libri septem*) die *Aeneis* über Homers Epen gestellt. Eine Relativierung der Bedeutung V.s zeigte sich in der literaturkritischen Debatte der *Querelle des anciens et des modernes* (↑Perrault) seit dem ausgehenden 17. Jh., wo im Zuge der von ↑Winckelmann ausgelösten Griechenlandbegeisterung Homer gleichsam als Originalgenie dem klassizistischen Epigonen V. vorgezogen wird. Im 20. Jh. sieht ↑Eliot in V. den einzigen Klassiker Europas (*What Is a Classic?*).

Ausgaben: Opera. Hg. v. R. A. B. Mynors. Oxford 1969; Aeneis. Lat.-dt. Hg. v. J. Götte. München [6]1983.

Forschungsliteratur: Ch. Martindale (Hg.): Virgil and His Influence. Bimillenial Studies. Bristol 1984; F. Della Corte (Hg.): Enciclopedia Virgiliana. 6 Bde. Rom 1984–1991; W. Suerbaum: V. In: Der Neue Pauly. Bd. 12/2. Stuttgart u. a. 2003. S. 42–60.

Markus Schauer

Vischer, Friedrich Theodor (1807–1887)

V.s voluminöses, bis zum Ersten Weltkrieg sehr erfolgreiches Werk *Aesthetik oder Wissenschaft des Schönen* (1846–1857) unternimmt im Anschluss an ↑Hegel den Versuch einer metaphysischen Begründung des Schönen und der Kunst. Das Schöne ist für V. eine Form des absoluten Geistes, der die Gegensätze versöhnt und bes. die Differenz von Subjekt und Objekt überwindet. Im Schönen wird die „absolute Idee", die „Einheit aller Gegensätze" ist, zur Anschauung gebracht. Dies geschieht „mittelbar", indem Partialideen, die Momente der absoluten Idee sind, sinnlich „vollkommen verwirklicht" werden. Definiert wird das Schöne folgerichtig als „die Idee in der Form begrenzter Erscheinung". Das Schöne vereint mehrere widerstreitende Momente, die in konkreter Materialisation isoliert existieren können, sich in summa aber wechselseitig korrigieren. Hierzu gehören das ‚objektive' Erhabene, das die Idee über die sinnliche Darstellung, und das ‚subjektive' Komische, das die Darstellung über die Idee privilegiert. Wo das Schöne Wirklichkeit wird, begegnet es V. zufolge zunächst „einseitig", nämlich objektiv und unmittelbar als „Naturschönes" sowie subjektiv und vermittelt als „Phantasie". Das objektive Naturschöne strebt der subjektiven Phantasie zu, die umgekehrt in die Objektivität finden muss und nicht ‚rein' bestehen darf. Naturschönes und Phantasie heben sich in dieser Weise zur Kunst auf. Detailreich bespricht V. die ‚objektiven' bildenden Künste, die ‚subjektive' Musik und die ‚subjektiv-objektive' Poesie, die das System der übrigen Künste in sich fasst. In der Poesie wird erneut zwischen objektiver Epik, subjektiver Lyrik und dem subjektiv-objektiven Drama getrennt.

Ausgaben: Aesthetik oder Wissenschaft des Schönen. 3. Bde. Reutlingen u. a. 1846–1857.

Forschungsliteratur: E. Volhard: Zwischen Hegel und Nietzsche. Der Ästhetiker F. Th. V. Frankfurt/M. 1932; W. Oelmüller: F. Th. V. und das Problem der nachhegelschen Ästhetik. Stuttgart 1959; W. Göbel: F. Th. V. Grundzüge seiner Metaphysik und Ästhetik. Würzburg 1983.

Sebastian Susteck

W

Wackenroder, Wilhelm Heinrich (1773–1798)

Zu Lebzeiten veröffentlichte W. gemeinsam mit ↑Tieck nur die *Herzensergießungen eines kunstliebenden Klosterbruders* (1796). Nach seinem Tod erschienen die *Phantasien über die Kunst für Freunde der Kunst* (1799), die Texte aus dem Nachlass und Beiträge Tiecks enthalten. Weder die *Herzensergießungen* noch die *Phantasien* bieten eine Poetik im engeren Sinne; die primären Gegenstände sind bildende Kunst und Musik. Es handelt sich um fiktionale Texte, die von der Figur eines ‚Klosterbruders' bzw. von dem Komponisten Berglinger mitgeteilt werden. Die in beiden Bänden entfaltete Kunstauffassung ist allerdings nicht nur für die Ästhetik von Bedeutung, sondern auch für die Dichtung und Poetik der dt. Frühromantik und der Folgezeit (z. B. ↑F. Schlegel, ↑Novalis), aber auch ↑Hoffmanns.

Kennzeichnend für die *Herzensergießungen* ist ein zunächst religiös motiviertes Verständnis von Kunst, das sich in einer scheinbar naiven Begeisterung für die Kunst der ital. Renaissance, aber auch für A. Dürer äußert. Der Klosterbruder geht zwar von den Prämissen seines kathol. Glaubens aus, doch proklamiert er im Grunde eine Art Kunstreligion. Wertet er die (philosophische) Sprache ab, da sie nicht in der Lage sei, transzendente Wahrheiten zu vermitteln, so gerät damit implizit auch der offenbarte Glaube in die Kritik. Demgegenüber bieten Natur und Kunst vermittels unserer „dunkeln Gefühle" einen Zugang zu Gott bzw. dem Göttlichen im Menschen. Gleicht die Natur dabei nur „abgebrochenen Orakelsprüchen aus dem Munde der Gottheit", so ist die Kunst in ihren Ausdrucksmöglichkeiten dem Menschen angemessen und wird so zum präferierten Ersatzmedium religiösen Empfindens. Die Ablehnung einer systematischen Ästhetik durch den Klosterbruder impliziert dabei das Postulat einer radikalen Individualität und Autonomie des einzelnen Kunstwerks: Es kann nur aus sich selbst heraus und mit künstlerischem Enthusiasmus beurteilt werden.

Die (Instrumental-)Musik, der sich v. a. die *Phantasien* widmen, wird im Kontrast zur (sprachlichen) Darstellung konturiert. Gerade weil sie keine eigentlich darstellerische Dimension hat, kann sie unmittelbar das Innerste des Menschen ansprechen und in seiner Struktur wiedergeben. Gegenüber dem Klosterbruder akzentuiert der Komponist Berglinger, dem diese Ausführungen in den Mund gelegt werden, auch Schattenseiten des Autonomiepostulats: Autonome Kunst entledigt sich tendenziell nicht nur jedes Transzendenzbezuges, sondern läuft zudem Gefahr, in sozialer Hinsicht blind und damit irrelevant zu werden. Trotz ihrer reflexiven Distanz zur sprachlichen Darstellung ist den Texten auch eine autonomieästhetische Poetik inhärent. Malerei und Musik werden zu Reflexionsmedien einer Dichtung, die sich der Artikulation des ‚Unsagbaren' widmen soll. Dies wird deutlich, wenn die Texte versuchen, in ihren Darstellungsmodi den beschriebenen, künstlerisch autonomen Gegenständen gerecht zu werden. Die Verwendung lyrischer oder dialogischer

Formen zeigt, dass weniger der Gegenstand poetischer Darstellungen als vielmehr deren Verfahren ästhetisch entscheidend sind. Den Horizont des beiden Texten innewohnenden poetologischen Entwurfs bildet so das frühromantische Programm einer Poetisierung der Welt.

Ausgaben: Sämtliche Werke und Briefe. Historisch-kritische Ausgabe. Hg. v. S. Vietta. Heidelberg 1991.

Forschungsliteratur: D. Kemper: Sprache der Dichtung. W. H. W. im Kontext der Spätaufklärung. Stuttgart u. a. 1993; J. Schneider: Autonomie, Heteronomie und Literarizität in den „Herzensergießungen eines kunstliebenden Klosterbruders" und den „Phantasien über die Kunst". In: ZfdPh 117 (1998). S. 161–172; M. Schmitz-Emans: Die Literatur, die Bilder und das Unsichtbare. Spielformen literarischer Bildinterpretation vom 18. bis zum 20. Jahrhundert. Würzburg 1999. S. 131–160.

Till Dembeck

Wagner, Richard (1813–1883)

W. hat sich in diversen Schriften und Briefen zu den theoretischen Grundlagen seines Schaffens geäußert. Am bekanntesten ist seine Schrift *Oper und Drama* (1852), die die gedankliche Basis der *Ring*-Tetralogie darstellt. Die Schrift besteht aus drei Teilen: „Die Oper und das Wesen der Musik", „Das Schauspiel und das Wesen der dramatischen Dichtkunst" und „Dichtkunst und Tonkunst im Drama der Zukunft".

In Teil 1 analysiert W. den notwendigen Niedergang der Oper; notwendig, da man der Musik aufgeladen habe, Inhalt und Zweck des Dramas zu sein. Sie sei aber ein Mittel des Ausdrucks, könne nur Empfindung vermitteln. Bisher habe in der Oper der Musiker Vorrang vor dem Dichter. Der Dichter „blieb immer der Bereiter von Unterlagen für die ganz selbständigen Experimente des Komponisten." Operntexte bestünden deshalb aus „nichtssagenden Phrasen", es gebe keine wirklichen Charaktere, die Handlung werde vernachlässigt. Musikhistorisch geht W. nicht von der Oper aus, die er mehr oder minder ablehnt, sondern er sieht Parallelen zu L. van Beethovens Neunter Symphonie. Teil 2 widmet W. dem Drama, der Kunstform, die in der Lage sei, andere Künste in sich zu vereinen, und somit als Basis seines Konzeptes dient. Historisch gesehen habe sich das Schauspiel im Spannungsfeld zwischen Roman und gr. Drama in ↑Aristoteles' Nachfolge entwickelt. ↑Shakespeares Dramen seien bürgerliche Romane für die Bühne, die sich durch Vielfalt der Figuren, Handlungsstränge, Szenen und Motivation der Handlung durch äußere Umstände (Zeitkontext) beschreiben ließen. Shakespeare könne aber allein durch die Sprache innere Handlungsmotivationen nur begrenzt vermitteln, eine Aufgabe, die im ‚musikalischen Drama' von der Melodie übernommen werde. In der Nachfolge des klassischen Dramas stehe ↑Racine, der allerdings nur Nachahmer der gr. Tragödie bleibe. Die weitere Entwicklung des Dramas laufe „zwischen diesen äußersten Gegensätzen, dem Shakespeareschen und dem Racine'schen Drama" ab: ↑Schillers Wahl historischer Stoffe verwirft er, da durch diese keine dramatische Einheit erreichbar sei, ↑Goethes Verwendung des Mythos erscheint ihm zwar als gelungen, doch insgesamt biete das klassische Drama wenig Anknüpfungspunkte für das „Drama der Zukunft", in dem die Handlung durch das Zusammenwirken von Gebärde, Versmelodie, Orchestermelodie und Szene zum Ausdruck gebracht werden soll. Stoffliche Grundlage dieses Dramas soll der Mythos sein, da hier die Handlung auf wenige zentrale Handlungselemente konzentriert ist, was „Verdichtung" und „Steigerung" der Wirklichkeit bedeute. Der Roman zeige das Individuum als von außen bestimmt, der Mythos im gr. Drama zeige den Menschen an sich. W.s Ziel ist es, mit dem Drama der Zukunft die Trennung zwischen Gefühl (gr. Tragödie) und Verstand (bürgerlicher Roman) aufzuheben, eine „Gefühlswerdung des Verstandes" zu erreichen. In Teil 3 stellt W. sein Drama der Zukunft als Synthese von Dicht- und Tonkunst in szenischer Darstellung vor. Eine Annäherung an die Tonsprache sei der Wortsprache durch die Verwendung des Stabreims (Alliteration) möglich. Er geht auf die Rolle des Orchesters ein, das in der Zukunft die Funktion des gr. Tragödienchors übernehmen werde. Mithilfe der musikalischen Motive kann das Orchester bestimmte Gefühlslagen zum Ausdruck bringen und damit sowohl verdeutlichend für Text als auch für die Handlung wirken und die Einheit des Dramas gewährleisten. W. benennt drei Funktionen der Motive: „Ahnung", „Vergegenwärtigung", „Erinnerung". Das Publikum wird zum „Mitschöpfer des Kunstwerkes", indem es im gegenwärtigen Motiv Vergangenes und Zukünftiges erkennt.

Ausgaben: Oper und Drama. Hg. v. K. Kropfinger. Stuttgart 1984; R. W. – Werke, Schriften und Briefe. Hg. v. S. Friedrich. Berlin 2004 [CD-ROM].

Forschungsliteratur: U. Müller (Hg.): R.-W.-Handbuch. Stuttgart 1986; S. Friedrich: R. W. – Deutung und Wirkung. Würzburg 2004.

Claudia Schmitt

Walser, Martin (geb. 1927)

W.s Frankfurter PV aus den Jahren 1980/81 erschienen ein Jahr später gesammelt u. d. T. *Selbstbewusstsein und Ironie.* W., der zu Anfang der Vorträge bekennt, er habe sich nun sieben Jahre „nebenberuflich" mit Meinungen über Ironie beschäftigt, und der sich in seinem eigenen Werk oft des Mittels der Ironie bedient, bezeichnet seine Vorlesungen als eine Literaturgeschichte des Ironiebegriffs. Hierbei arbeitet er im Kontext der dt. Literatur- und Geistesgeschichte zwei große Traditionsstränge heraus, die er als nahezu unversöhnlich gegensätzlich betrachtet: einerseits die sog. „sokratische Ironie", die von Autoren wie bspw. ↑Kierkegaard, ↑R. Walser, ↑Beckett oder ↑Kafka vertreten wird; andererseits die „romantische Ironie", repräsentiert u. a. durch ↑F. Schlegel, den er als „Stifter der romantischen Ironie" sieht, und ↑Th. Mann, den er als archetypischen Vertreter eines bürgerlichen ironischen Stils kritisiert.

W. bezieht in diesem Konflikt der Ironien eindeutig Stellung, indem er die romantische Ironie als bürgerlich abtut und am Bsp. Manns deutlich zu machen versucht, dass diese Form der Ironie zur „Legitimierung der Nicht-Teilnahme" diene und ein Sich-Heraushalten aus gesellschaftl. und polit. Prozessen zur Folge habe. Manns ironische Haltung laufe letztlich nur auf Distanzierung hinaus und bezwecke nicht die Änderung oder Besserung der bestehenden Verhältnisse. Dieser „Haltung" setzt er mit der sokratischen Ironie einen anderen ironischen „Stil" entgegen, der dem Leser die Selbsttäuschung des Kleinbürgers vor Augen führt, eine Ironie also, die auf eine „reale, gesellschaftlich allgemeine Emanzipation" abzielt. Während nämlich der bürgerliche Ironiker den Freiheitsbegriff der Aristokratie nachahmt, also eine „ironische Haltung" an den Tag legt, unternimmt der sokratische Ironiker den Versuch, „etwas im Stile einer Errungenschaft zu erzählen, was dann, als Resultat, doch überraschend wenig, eher das Gegenteil einer Errungenschaft ist."

Was W. letztlich anvisiert, ist eine Politisierung des Ironiebegriffs, indem er sein Verständnis von ‚ironischem Stil' als Aufforderung zur gesellschaftl. Partizipation deklariert. Er wendet sich damit gegen die in seinen Augen ‚ironische Haltung', die er als affirmativ und den Herrschaftsverhältnissen angepasst betrachtet.

Ausgaben: Ironie als höchstes Lebensmittel oder Lebensmittel der Höchsten. In: H. L. Arnold (Hg.): Sonderband Th. Mann. Text + Kritik. München 1976. S. 5–26; Selbstbewusstsein und Ironie [FPV]. Frankfurt/M. 1981.

Forschungsliteratur: H. A. Doane: W.s Ironiebegriff: Definition und Spiegelung in drei späteren Prosawerken. In: Monatshefte für Deutschen Unterricht, Deutsche Sprache und Literatur 77/2 (1985). S. 195–212; R. Luckscheiter: M. W. und die Ironie als demokratische Waffe. In: S. Parkes/F. Wefelmeyer (Hg.): Seelenarbeit an Deutschland. M. W. in perspective. Amsterdam u. a. 2004. S. 107–118.

Sascha Seiler

Walser, Robert (1878–1956)

Obgleich in W.s Œuvre eigenständige poetologische Schriften nicht zu finden sind, macht die poetologische Reflexion auf die Bedingungen und Konsequenzen des modernen Literatursystems einen außerordentlich gewichtigen Teil von W.s Lyrik und Prosa aus; sie ist mit deren Erzähl- und Darstellungsverfahren konstitutiv verwoben. Das gilt für alle drei großen Werkphasen, die man nach W.s Aufenthaltsorten Berlin (1905–1913), Biel (1913–1920) und Bern (1921–1933) zu benennen pflegt.

Bereits der Prosaerstling *Fritz Kochers Aufsätze* (1904), dessen Herausgeberfiktion den Nachlaß eines frühverstorbenen Schülers zu präsentierten behauptet, stellt das Zentralthema dieser poetologischen Reflexion heraus: das Schreiben. Beobachten die Aufsätze das Voraussetzungsgefüge des Schreibens an und zugleich in dem per se nicht literaturfähigen Genre des Schulaufsatzes, stellen sie so die Prämissen lit. Schreibens in vielfacher ironischer Brechung quasi an dessen pädagogischem Fundament zur Disposition. Die drei in kurzer Folge entstandenen und publizierten Romane *Geschwister Tanner* (1907), *Der Gehülfe* (1908) und *Jakob von Gunten* (1909) hingegen arbeiten sich in weitaus subtilerer, wenn auch nicht minder radikaler Subversion an einem geläufigen narrativen Textmuster des 19. Jh.s ab: dem Bildungsroman. Die Aufmerksamkeit der kleinen Prosa aus der Berliner Zeit – gesammelt in den Bänden *Aufsätze* (1913) und *Geschichten* (1914) – ebenso wie die der Bieler Prosa (*Kleine Dichtungen*, 1914; *Kleine Prosa*, 1917; *Der Spaziergang*, 1917 und *Poetenleben*, 1918) gilt vornehmlich dem Verhältnis von Wahrnehmung und (lit./schriftlicher) Darstellung. Spätestens mit der Berner Prosa aber, von der als Buchpublikation zu Zeiten von W.s schriftstellerischer Aktivität nur noch der Band *Die Rose* (1925) zu nennen ist, wird das Schreiben selbst in allen nur denkbaren Facetten zum Hauptakteur des Œuvres und damit jeder Differenzierungsversuch zwischen poetologischer und lit. Dimension dieser Texte problematisch. Das gilt für den gesamten ‚Mikrogramm'-Komplex, für W.s aufsehenerregendes Produktionssystem und die daraus entstandene Feuilletonprosa, aber auch für die nachgelassenen umfangreicheren ‚Mikrogramm'-Konvolute wie den ‚*Räuber*'-Roman (1925) und das ‚*Tagebuch*'-Fragment (1926).

Mit einer Präzision und analytischen Schärfe, die dem vornehmlich geistesgeschichtlich-hermeneutisch orientierten Mainstream der damaligen Literaturwissenschaft ohne Zweifel weit überlegen ist, reflektieren W.s Texte die Konstituenten des Systems ‚Literatur', an dem sie zugleich zu partizipieren wissen – obschon zunehmend an dessen Rändern. Der Fokus auf das Schreiben erlaubt dabei eine geradezu enzyklopädistische Integration der Systemkomponenten, in der Strukturmodelle (Autorschaft, Textualität) ebenso verhandelt werden können wie die kulturelle Situierung von Literatur (z. B. ihre ästhetische und ökonomische Wertigkeit). Das erlaubt W., eine eigenständige und eigensinnige literaturgeschichtliche Legitimationsreihe zu bilden, v. a. aber Eigen- und Fremdzuschreibungen des Literatursystems auf die Probe zu stellen. Die Basis dafür ist die Beobachtung des im ‚Handwerk' des Schreibens implizierten Voraussetzungsgefüges. Die poetologischen Reflexionen in W.s Texten entwerfen eine umfassende, wenn auch nicht systematisch verfaßte Poetik der modernen Literatur.

Ausgaben: Briefe. Hg. v. J. Schäfer/R. Mächler. Frankfurt/M. 1979; Aus dem Bleistiftgebiet. Mikrogramme 1924–1933. 6 Bde. Hg. v. B. Echte/W. Morlang. Frankfurt/M. 1985–2000; Sämtliche Werke in Einzelausgaben. 20 Bde. Hg. v. J. Greven. Frankfurt/M. 1986.

Forschungsliteratur: K.-M. Hinz u. a (Hg.): R. W. Frankfurt/M. 1991; P. Utz: Tanz auf den Rändern. R. W.s „Jetztzeitstil". Frankfurt/M. 1998; D. Borchmeyer (Hg.): R. W. und die moderne Poetik. Frankfurt/M. 1999; S. Kammer: Figurationen und Gesten des Schreibens. Zur Ästhetik der Produktion in R. W.s Prosa der Berner Zeit. Tübingen 2003.

Stephan Kammer

Weise, Christian (1642–1708)

Im umfangreichen Werk W.s nimmt die Poetik eine marginale Rolle ein. Ihre Stellung ist gleichwohl signifikant für das Ende des 17. Jh.s und die Funktion der Poesie im Kontext des polit. Gesellschaftsideals. Als Schulmann denkt W. vom ‚Politicus', dem höfischen Beamten im Territorialabsolutismus her, auf dessen Ausbildung seine gesamte Pädagogik ausgerichtet ist. Die muttersprachliche Rhetorik, die W. in zahlreichen, umfangreichen Büchern in dt. wie lat. Sprache behandelt, nimmt im Ausbildungsgang eine zentrale Position ein. Ihr muss sich die Poesie gänzlich unterordnen: Dichten zu können wird Teil eines gesellschaftl. Verhaltensideals, das ganz von der Beredsamkeit her gedacht ist und neben der Literatur auch Rhetorik und Epistolografie umfasst. Das prägt schon die poetologischen Reflexionen in der Schrift *Der grünenden Jugend nothwendige Gedancken* (1675), die zahlreiche Grundaxiome seiner Dichtungsauffassung bereits enthält.

W.s eigentliche Poetik sind die umfangreichen *Curiösen Gedancken Von Deutschen Versen* (1692). Hier postuliert er, dass die „Poeterey nichts anders als eine Dienerin der Beredsamkeit" sei. Die Dichtung wird ausschließlich auf die lehr- und lernbare Gelegenheitsdichtung, die Kasualpoesie, beschränkt; zum Broterwerb taugt sie nicht. Poesie ist nicht das Hauptgeschäft des Politicus, sondern nur Zeitvertreib in dessen ‚Neben-Stunden'. Ihr Nutzen besteht darin, dass der angehende Hofmann „eine angenehme Manier bekömmt" und zu allen möglichen Vorkommnissen des alltäglichen Lebens „der eingeführten Gewohnheit nach etwas gedrucktes oder geschriebenes übergeben kan." Zentral sind für den Poeten v. a. die Beherrschung der topischen Erfindung, für die Gelehrsamkeit und eigene Erfahrung (‚Experienz') benötigt werden. Die nötige Erudition verschafft sich der Politicus durch das Studium der Rhetorik.

Wirkungsgeschichtlich bedeutend ist W.s Regel, nach der sich die syntaktische Konstruktion eines Satzes in Poesie von der in Prosa nicht unterscheiden dürfe: „Welche Construction in prosâ nicht gelitten wird / die sol man auch in Versen darvon lassen." W. legitimiert diesen Verlust an poetischer Lizenz mit den spezifischen Verhältnissen des Sprachsystems des Deutschen, das weniger Freiheiten in der Wortstellung erlaube als andere Sprachen, v. a. das Lateinische. W.s Prosakompositions-Regel folgen zahlreiche Schulpoetiken vom Beginn des 18. Jh.s (J. G. Neukirch, J. S. Wahll, A. Köhler, ↑Hunold/Neumeister u. a.), wenngleich sie unter den Zeitgenossen umstritten war (↑Morhof). Mit dem Postulat der Prosanähe der Poesie hat W. ein implizites Gegenprogramm zur Hyperbolik der ‚zweiten schlesischen Schule' (C. H. v. Hofmannswaldau, D. C. v. Lohenstein) formuliert.

Ausgaben: Curiöse Gedancken Von Deutschen Versen / Welcher gestalt Ein Studierender In dem galantesten Theile der Beredsamkeit was anständiges und practicables finden soll / [...]. Leipzig 1692. In: Poetik des Barock. Hg. v. Marian Szyrocki. Stuttgart 1977. S. 224–238 [Auszüge]; Der grünenden Jugend nothwendige Gedancken. In: Sämtliche Werke. Hg. v. J. D. Lindberg. Bd. 21: Gedichte II. Berlin u. a. 1978. S. 298–397.

Forschungsliteratur: B. Markwardt: Geschichte der deutschen Poetik. Bd. I. Berlin [3]1964; E. A. Blackall: Die Entwicklung des Deutschen zur Literatursprache 1770–1775. Stuttgart 1966; H. A. Horn: Ch. W. als Erneuerer des deutschen Gymnasiums im Zeitalter des Barock. Der ‚Politicus' als Bildungsideal. Weinheim 1966; W. Barner: Barockrhetorik. Untersuchungen zu ihren geschichtlichen Grundlagen. Tübingen 1970; G. E. Grimm: Literatur und Gelehrtentum. Untersuchungen zum Wandel ihres Verhältnisses vom Humanismus zur Frühaufklärung. Tübingen 1983; F. van Ingen: Temperament und Funktionalität – Ch. W.s Dichterbegriff. In: P. Behnke/H.-G. Roloff (Hg.): Ch. W. Dichter – Gelehrter – Pädagoge. Bern u. a. 1994. S. 283–295.

Dietmar Till

Weiss, Peter (1916–1982)

Explizite poetologische Überlegungen finden sich bei dem Dramatiker und Erzähler W. sowohl werkimmanent als auch in zahlreichen Interviews, Artikeln, Essays und tagebuchartigen Aufzeichnungen. Immer wieder legt der Autor über sein lit. Schaffen, das durch Antinomien, Brüche und Kontinuitäten im inhaltlichen und formalen Bereich gekennzeichnet ist, Rechenschaft ab. Vom lit. Frühwerk an befasst W. sich mit autobiografischen Elementen, Fragen der Künstlerexistenz in einer bürgerlichen Welt sowie Aspekten der visuellen Wahrnehmung. Das surrealistische Credo einer „halluzinatorischen" Traumlogik, das W. aus den bildenden Künsten vertraut war („Avantgardefilm"), verbindet sich im schriftstellerischen Werk der 1940er und 1950er Jahre mit psychoanalytischen Mustern, von denen auch die traditionelleren autobiografischen Romane *Abschied von den Eltern* (1961) und *Fluchtpunkt* (1962) geprägt sind. Der nach 1945 im schwed. Exil verbleibende W. schwankt zwischen den Sprachen, bevor er sich in dem 1952 entstandenen experimentellen „Mikro-Roman" *Der Schatten des Körpers des Kutschers* (1960) – einer präzisen und gerade dadurch verfremdend wirkenden visuell-auditiven Erfassung der fiktiven Wirklichkeit eines Bauernhofs – die dt. Muttersprache in all ihrer Komplexität erneut erarbeitet. W. sieht sich selbst als deutsch*sprachigen* Schriftsteller.

Kommt in den Positionen der beiden Antagonisten des Theaterstücks *Marat/Sade* (fünf Fass. 1963–1965) noch exemplarisch der Widerstreit zwischen dem Weg dezidierten polit. Engagements und einem individualistischen „dritten" Standpunkt zum Ausdruck, bekennt W. sich 1965 in den „10 Arbeitspunkte[n] eines Autors in der geteilten Welt" öffentlich zum Sozialismus, womit er sein Werk auf eine neue Grundlage stellt. In der Folge steht seine Produktion ganz im Zeichen der Suche nach Möglichkeiten der Darstellung der Katastrophen des 20. Jh.s im künstlerischen Medium der Sprache. Das große Projekt einer säkularisierten *Divina Commedia* nach dem Vorbild ↑Dantes löst der Autor in einzelne Werke auf. Ausgehend von der marxistisch-dialektischen These, gesellschaftl. Zustände seien vom Menschen gemacht und daher veränderbar, entwickelt W. in den *Notizen zum dokumentarischen Theater* (1968) das Modell eines aufklärerisch-operativen, parteilichen Theaters. Die poetische Bearbeitung authentischen Faktenmaterials soll zu einer besseren Einsicht in die Mechanismen der historischen Wirklichkeit führen. Überzeugendstes Ergebnis der Methode ist das kapitalismuskritische Stück *Die Ermittlung* (1965), szenisches „Konzentrat" des ersten Frankfurter Auschwitz-Prozesses. In seinem lit. Hauptwerk, dem dreibändigen Roman *Die Ästhetik des Widerstands* (1975–1982), folgt W. dem Konzept einer Geschichtsschreibung „gegen den Strich" (↑Benjamin), indem er das in den sozialistischen Staaten wie im Westen größtenteils „vergessene" tragische Schicksal des kommunistischen Widerstands in Westeuropa zwischen 1937 und 1945 erzählt. In dieser historischen Rekonstruktion gesteht W. der Welt der Fakten und dem surrealistischen Traumelement die gleichen Rechte zu, führt somit die Fäden seiner lit. Arbeit zusammen. In der Betrachtung zahlreicher Werke der bildenden Kunst und der Literatur entwickelt *und* praktiziert der Roman eine von Dogmatismus befreite Ästhetik.

Ausgaben: Rapporte 1. Frankfurt/M. 1968; Rapporte 2. Frankfurt/M. 1971; Werke in sechs Bänden. Hg. v. Suhrkamp Verlag in Zusammenarbeit mit G. Palmstierna-Weiss. Frankfurt/M. 1991.

Forschungsliteratur: G. Palmstierna-Weiss/J. Schutte (Hg.): P. W. Leben und Werk. Frankfurt/M. 1991; R. Cohen: P. W. in seiner Zeit. Leben und Werk. Stuttgart u. a. 1992.

Ingrid Streble

Wellershoff, Dieter (geb. 1925)

W. gehört zu den literaturtheoretisch reflektiertesten Schriftstellern der jüngeren dt. Literaturgeschichte. Angefangen mit der Monografie über ↑Benn haben zahlreiche Essays und Vorlesungen über Autoren der Moderne (*Der Roman und die Erfahrbarkeit der Welt*, 1988) und literaturtheoretische Aufsätze (*Wahrnehmung und Phantasie*, 1987) seine lit. Arbeit flankiert. Im Zentrum steht die Frage, wie die Literatur dem Leben dienen kann, ohne ihre Autonomie preiszugeben. Nahezu systematisch hat W. seine Literaturtheorie in den im Wintersemester 1995/96 gehaltenen Frankfurter PV *Das Schimmern der Schlangenhaut* (1996) dargestellt. Sein lebensweltlich gesättigter Literaturbegriff entfaltet sich hier zu einer Theorie lit. Kommunikation zwischen Autor, Werk und Leser unter den Bedingungen einer unübersichtlichen Moderne. Hinsichtlich des Erzählten interessiert W. primär die Objektivierung aus der Not geborener Fluchten ins Imaginäre. Ausgehend von der Alternative, „phantasiegeleitete Wirklichkeitsverkennung" zu betreiben oder vorzuführen, sieht er den Autor auf der Seite der Aufklärung, ohne das in der Imagination angezeigte Verlangen zu diskreditieren. Schließlich gelten die fiktiven Wirklichkeiten der Literatur nicht nur als Flucht-, sondern auch als Gegenwelten. Die Funktion der Erzählungen ist deshalb weniger persönliche Kompensation als soziale Konstruktion, denn das Imaginäre wurzelt laut W. nicht nur in den Interessen der Akteure, sondern gehört zu den Konstitutionsbedingungen der Welt selbst. Von dieser Einsicht her eröffnet sich sein zweites Thema: die Schwierigkeiten der Verständigung angesichts des grundsätzlichen „Fiktionscharakters des menschlichen Denkens". Nicht etwa meinungsförmige Pluralität ist das Problem, sondern die Koexistenz ganz anders konstituierter Welten auf engem Raum, wie sie W. selbst in seinen lit. Werken entfaltet hat. Beide Dimensionen der Literatur spiegeln sich ineinander: Die Kontingenz der phantasiegestützten Welterzeugung, die die Werke im Einzelnen darstellen, demonstrieren sie an sich selbst im Medium der Form und in ihrer dissensuellen Kommunikation untereinander.

Ausgaben: Gottfried Benn. Phänotyp dieser Stunde. Eine Studie über den Problemgehalt seines Werkes. Köln u. a. 1958; Wahrnehmung und Phantasie. Essays zur Literatur. Köln 1987; Das Schimmern der Schlangenhaut. Existentielle und formale Aspekte des literarischen Textes [FPV]. Frankfurt/M. 1996; Werke. Hg. v. K. Bullivant/M. Durzak. Köln 1997.

Forschungsliteratur: W. Jung: Im Dunkel des gelebten Augenblicks. D. W. – Erzähler, Medienautor, Essayist. Berlin 2000.

Matthias Schöning

Welsh, Renate (geb. 1937)

W.s Innsbrucker PV von 1994 gelten dem von ihr selbst vertretenen Genre der Kinder- und Jugendliteratur. Der Titel „Geschichten hinter den Geschichten" zielt dabei auf die eigenen und fremden Lebenserfahrungen, die in W.s Texte eingeflossen sind und von deren prägender Bedeutung für die eigenen Bücher sie berichtet: vielfach Geschichten leidvoller Erfahrungen und mühsam errungenen Selbstbewusstseins. Mit ihrem betont persönlichen Bericht über Autobiografisches und über die Genese eigener Erzählungen aus der Begegnung mit vielen Menschen verbindet W. das Bekenntnis zu einer Literatur, die allen Ernüchterungen zum Trotz die Hoffnung nicht aus den Augen verliert: Literatur könne durch Eröffnung und Darstellung von Gefühls- und Erlebnisräumen zur Realisierung einer besseren, einer humaneren Welt beitragen

Ausgaben: Geschichten hinter den Geschichten [IPV]. Innsbruck 1995.

Forschungsliteratur: N. C. Erickson: Writing the I/Eye. Women's Narratives in Works by Anna Mitgutsch, Elisabeth Reichart, and R. W. In: Modern Austrian Literature 32/1 (1999). S. 90–111.

Monika Schmitz-Emans

Widmer, Urs (geb. 1938)

Für die Publikation hat W. seine Grazer PV „Die sechste Puppe im Bauch der fünften Puppe ..." von 1990 in die rahmende Erzählung über seinen Aufenthalt in Graz eingebettet. In die Vorträge selbst sind wiederum narrative Passagen integriert, darunter eine Erzählung, die W. selbst als eine in Geschichten versteckte Poetik charakterisiert; so korrespondiert der Gesamtaufbau dem vom Titel evozierten Modell ineinander steckender Puppen. W.s ausgeprägte Literarisierung seiner Poetik – auch in *Das Normale und die Sehnsucht* (1972) verbindet er Narrationen und Reflexionen – entspricht seiner Skepsis gegenüber begrifflich-abstrakten Konzepten der Literatur; er versteht letztere als vieldeutig und als Verbündete des Vieldeutigen und umstellt sie daher mit Geschichten, in denen sie sich bespiegelt – gern auch mit autobiografischen. Das Warum des Schreibens rückt ins Zentrum: Es ist motiviert durch den Willen zur Wahrhaftigkeit, durch spielerische Distanz zum Leben, oft durch Mühen mit der Sprache; wer schreibt, übt Magie und droht zugleich doch stets zu scheitern, strebt nach Erkenntnis und sucht deren Schmerzhaftigkeit zu kompensieren, schließt Kompromisse, statt sein Wissen auf den Begriff zu bringen. Die Vorlesungen gelten unter ständiger Verknüpfung von Narration und Reflexion dem Thema Anfangen und der Suche nach einer eigenen lit. Sprache, der Suche nach dem Utopischen. Auch geht es um das in Geschichten verborgene Unerzählte als verschwiegenem Subtext, das Zusammenspiel von Traum und Intuition mit Nüchternheit einerseits und Kalkül andererseits. Ausgewählte Schriftsteller, insb. die Schweizer J. Gotthelf, G. Keller, ↑R. Walser und ↑Frisch, geben Anlass zur Reflexion der Beziehungen zwischen Schweizern und der Literatur. Schließlich stehen W.s Reflexionen über eigene Lieblingsautoren, insb. über ↑Nabokov, im Zeichen grundsätzlicher poetologischer Fragen.

2007 hielt W. fünf Frankfurter PV, deren Titel *Vom Leben, vom Tod und vom Übrigen auch dies und das* bereits andeutet, dass hier fundamentale, aber auch divergente poetologische Themen zur Sprache kommen – verknüpft mit persönlichen Lese- und Lebenserinnerungen. Vorlesung 1 („Vom Abweichen von der Norm") gilt unter verschiedenen Aspekten der Sprache des Dichters, den Folgen des NS-Sprachmissbrauchs für den Umgang mit dem Deutschen, rezenteren sprachsoziologischen Entwicklungen sowie der bes. Sensibilität von Grenzgängern für Sprachliches; Dichtung wird als „Abweichen von der Norm" charakterisiert. Vorlesung 2 thematisiert das Leiden als notwendigen und fruchtbaren Motor poetischer Arbeit, sowie das Verstummen und den existenziellen Pessimismus wichtiger Autoren („Vom Leiden der Dichter"). Vorlesung 3 spricht, v. a. in Erinnerung an G. Keller, „Vom Traum, namenlos mit der Stimme des Volks zu singen", vom Wunsch der Dichter, sich als Sprecher der Gemeinschaft verstehen zu dürfen, und von Kellers kompensatorischem Schreiben. Vorlesung 4 gilt der Erfahrung, schreibend den Impulsen einer definitorisch nicht bestimmbaren Phantasie zu folgen und dabei zum Medium eines nicht-auktorialen ‚Es' zu werden („Von der Phantasie, vom Größenwahn, vom Gedächtnis, vom Tod und vom Leben"); die 5. Vorlesung bietet eine Paraphrase und einen Kommentar zum *Ödipus* des ↑Sophokles.

Ausgaben: Das Normale und die Sehnsucht. Essays und Geschichten. Zürich 1972; Die sechste Puppe im Bauch der fünften Puppe im Bauch der vierten und andere Überlegungen zur Literatur [GPV]. Graz u. a. 1991; Vom Leben, vom Tod und vom Übrigen auch dies und das [FPV]. Zürich 2007.

Forschungsliteratur: H. L. Arnold (Hg.): U. W. Text + Kritik. München 1998; Ch. Bourquin: Schreiben über Reisen. Zur ars itineraria von U. W. im Kontext der europäischen Reiseliteratur. Würzburg 2000.

Monika Schmitz-Emans

Wieland, Christoph Martin (1733–1813)

1757 versuchte W. sich in Zürich mit leicht verständlichen Vorlesungen zur Philosophie und zur Poetik ein Zubrot zu verschaffen. Zu diesen Vorlesungen gehört auch das kleine Korpus seiner *Theorie und Geschichte der Red-Kunst und Dicht-Kunst*, eine Schrift, die allerdings mitnichten den Rang einer innovativen Poetik beanspruchen will – vielmehr werden hier knapp (zur pädagogischen Verwendung) die Gemeinplätze der poetologischen Diskussion der ersten Hälfte des 18. Jh.s zusammengefasst. ↑Bodmer in Zürich nahestehend, befand sich W. im Zentrum des Leipzig-Züricher-Literaturstreits, im Spannungsfeld rationalistischer Poetik (↑Gottscheds) und ihrer empfindsamen Kritik (Bodmers und ↑Breitingers). Diese Auseinandersetzung allerdings hatte einerseits in den 1750er Jahren ihren Höhepunkt längst überschritten, andererseits bezieht W. schon in kleinen Details seiner *Theorie* Positionen, die auch über Bodmer hinausgehen (etwa zur Anwendung des Reims; vgl. 2, § 19).

Aus der Feder W.s gibt es ansonsten keine explizite Poetik; zentral sind vielmehr seine impliziten Aussagen zu poetologischen Fragestellungen in Roman- oder Epenvorreden und gegebenenfalls in Erzähler-Exkursen – auf die hier nur exemplarisch zugegriffen werden kann. Die thematischen Felder dieser poetologischen Reflexionen sind erstens Fragestellungen von Historizität, Wahrscheinlichkeit und Fiktionalität – und damit verbunden Fragen dichterischer Kreativität –, zweitens wirkungsästhetische Überlegungen und innovative Anstöße und drittens Aspekte der Gattungspoetik – in den Feldern, in denen der Schriftsteller W. tätig war: Versepos, Roman, Singspiel und Märchen.

Im Vorbericht zur *Geschichte des Agathon* (1766) heißt es: „Der Herausgeber der gegenwärtigen Geschichte siehet so wenig Wahrscheinlichkeit vor sich, das Publicum überreden zu können, daß sie in der Tat aus einem alten Griechischen Manuskript gezogen sei; daß er am besten zu tun glaubt, über diesen Punkt gar nichts zu sagen, und dem Leser zu überlassen, davon zu denken, was er will." Die Wahrhaftigkeit historischer Narration, die der Aufklärungsroman (etwa in J. G. Schnabels *Insel Felsenburg*) bis dahin glaubhaft machen wollte, wird hier ins Belieben der Leser gesetzt. Ihr wird die Wahrheit lit. Fiktion gegenübergestellt: Wahrscheinlich muss sie sein, so, „daß alles mit dem Lauf der Welt übereinstimme", „aus dem unerschöpflichen Vorrat der Natur selbst hergenommen" zu sein scheine, dass „auch der eigene Charakter des Landes, des Orts, der Zeit, in welche die Geschichte gesetzt wird, niemal aus den Augen gesetzt" werde. Diese Abgrenzung zwischen historischem und lit. Schreiben definiert den Bereich des Literarischen als autonomen Bereich: Das fiktional Erzählte existiert nur auf der Ebene des lit. Textes, nicht primär über die Welt lernt der Leser etwas im Lesen; die fiktive, nur mögliche Welt des lit. Textes behauptet sich als eigene und eigenständige Welt – die allerdings nur im jeweiligen Text existiert, die sich etabliert neben oder emanzipiert von der realen Welt. Das Insistieren der Vorworte W.s auf dem Fiktionscharakter seiner Romane behauptet die Autonomie der erzählten Welt, ihre Unabhängigkeit von der realen, nicht erzählten; indem die Werke mit den Vorworten die Eigenständigkeit ihrer fiktiven Welt behaupten, konstituieren sie gleichsam autopoietisch Literatur als Text über etwas, das eben nur in Literatur existiert – ein erster Schritt in Richtung Autonomie, in Richtung Ausdifferenzierung des Literatursystems.

Eine Selbstreflexion des *Agathon*-Erzählers führt diesen Gedanken produktionsästhetisch weiter: Dem Dichter stehe „die ganze grenzenlose Welt des Möglichen zu freiem Gebrauche" offen, er könne „volle Freiheit" genießen, „die Natur selbst umzuschaffen" und als „andrer Prometheus" eine Welt gestalten. Hier schließt W. unmittelbar an zwei zentrale Programmschriften des Geniediskurses an – an Breitingers *Critische Dichtkunst* (1740, 3. Abschnitt „Von der Nachahmung der Natur"; 8. Abschnitt „Von der hertzrührenden Schreibart") und an ↑Shaftesburys Formel vom „artist as a second maker, a just Prometheus under Jove" (*Characteristics*, 1711). Diesem freien Schöpfer steht bei W. der „auf die Fußstapfen der vor ihm hergehenden Wahrheit" verpflichtete Historiker gegenüber, dem ebendiese Autonomie abgehe. Genauso bricht W. im Vorwort seiner *Geschichte der Abderiten* (1781) das Beglaubigungsprinzip der Augenzeugenschaft bzw. der historischen Verbürgtheit des Erzählten und eröffnet die poetische Möglichkeit einer gleichsam naturmäßigen Neuschöpfung des Erzählten durch den Dichter selbst.

Der Autonomie der lit. Schöpfung steht bei W. aber ein Rest von Heteronomie gegenüber: Das horazische Paradigma des „prodesse" wird nicht aufgelöst, sondern behält (partielle) Gültigkeit. „Diese Wahrheit [des nur Möglichen, Fiktiven] allein kann Werke von dieser Art nützlich machen", behauptet der Vorbericht des *Agathon* – der Nutzen bleibt aber unbestimmt. Deutlicher wird er beim Blick auf andere Vorreden und ihre wirkungsästhetischen Implikationen. In seiner Vorrede zu S. von La Roches

Geschichte des Fräuleins von Sternheim liefert W. ein Modell neuartiger Lektüre – mit Herzrührung und Identifikation: nützen kann der lit. Text nur noch im Sinne des Zeigens eines idealen Modells sowie der Einübung einer neuartigen, empfindsamen Lesehaltung.

Idealtypisch präsentiert der Vorbericht des *Don Sylvio* (1764) W.s neuartige wirkungsästhetische Programmatik: Die Vorrede erzählt von eigener und fremden Lektüren des Romans. Der nur unterhaltenden Leseabsicht steht die orthodoxe, applikationsorientiert-aufgeklärte (und letztlich polemisch abgewehrte) Lektüre gegenüber sowie eine vermittelnde: Gerade im Lachen über die Ticks des Helden sieht Letztere eine befreiende, auch belehrende Funktion – der Roman adaptiert hier aufgeklärte Komödienästhetik. Letztlich aber überlässt es der Herausgeber seinen Lesern, „was sie thun wollen, ob sie dabey lachen, lächeln, sauer sehen, schmählen oder weinen wollen.“ Diese Lizenz zur freien Rezeption markiert auch auf der Seite der Rezeption den Gewinn von Autonomie. Literatur löst sich zunehmend aus den Funktionszusammenhängen anderer gesellschaftl. Systeme, aufgeklärter Nutzen von Literatur wird allenfalls halbernstironisch zitiert in dem abschließenden diätetischen Hinweis, „daß die Medici in hypochondrischen und Milz-Krankheiten, in allen Arten von Vapeurs, und hysterischen Zufällen, und so gar im Podagra, ihren Patienten künftig den Don Sylvio statt einer Tisanne einzunehmen verschreiben“ könnten.

In seinen drei *Briefen an einen jungen Dichter*, die er 1782 im *Teutschen Merkur* veröffentlichte, gibt W. präzise Hinweise zu seiner „klassizistischen“ Stilistik und Werk-Ästhetik: Das ästhetische Ideal sei erreicht, „wenn alles wie mit *Einem Guß gegossen*, oder mit *Einem Hauch geblasen* dasteht, und nirgends einige Spur von Mühe und Arbeit zu sehen ist“. Darüber hinaus reflektiert W. hier über die Differenzen zwischen der dt. und den roman. Dichtungssprachen und die dichterisch individuelle Ausprägung der Sprache. Seine Nähe zur Literatur der Romania, speziell der Renaissance, wird auch in den Gattungsoptionen und deren formaler Reflexion deutlich: W.s Leistung ist die Gewinnung des Stanzenepos für die dt. Literatur (ohne die Reimstrenge ↑Ariosts) und die gattungstheoretische Ablösung des Romans aus dem Bereich des historischen Erzählens. Implizit wird mit dem *Agathon* der Roman zur lit. Form der Auseinandersetzung zwischen Ideal und Wirklichkeit und der Gestaltung von Entwicklung, implizit wird hier wie in allen anderen Romanen das Erzählte vom in den Vordergrund drängenden, an H. Fielding geschulten Spiel mit dem Leser übertönt; im *Don Sylvio* wie in *Dschinnistan* (1786–1789) wird die Poetik des Wunderbaren, rein Fiktionalen, als Gattungstypik des Märchens etabliert, mit *Alceste* (1772) und *Rosamund* (1776–1778) gibt er dem dt. Singspiel entscheidende Impulse.

Ausgaben: Gesammelte Schriften. Hg. v. der Dt. Kommission der Königl. Preuß. Akademie der Wissenschaften. Ab 1954 hg. v. der Dt. Akademie der Wissenschaften zu Berlin. Seit 1969 hg. v. H. W. Seiffert. 1. Abt.: Werke. Berlin 1909–1972; 2. Abt.: Übersetzungen. Berlin 1909–1975 [Akad.-Ausg.]; W.s Briefwechsel. 20 Bde. Berlin 1963–2007; Sämmtliche Werke. Hamburg 1984 [Nachdr. d. Ausg. Leipzig 1794–1811]; Werke. 12 Bde. Hg. v. G.-L. Fink u. a. Frankfurt/M. 1986 ff. [3 Bde. erschienen]; Werke in Einzelausgaben. Hg. v. J. Ph. Reemtsma u. a. Zürich 1993–1997.

Forschungsliteratur: J. Jacobs: W.s Romane. Bern u. a. 1969; K. Oettinger: Phantasie und Erfahrung. Studien zur Erzählpoetik Ch. M. W.s. München 1970; C. Sommer: Ch. M. W. Stuttgart 1971; J. Jacobs: Die Theorie und ihr Exempel. Zur Deutung von W.s „Agathon“ in Blanckenburgs „Versuch über den Roman“. In: GRM 31 (1981). S. 32–42; H. Schelle: Ch. M. W. Darmstadt 1981; W.-Studien. Heidelberg u. a. 1991 ff.; K. Schaefer: Ch. M. W. Stuttgart u. a. 1996.

Benedikt Jeßing

Wilde, Oscar Fingal O'Flahertie Wills (1854–1900)

Die literatur- und kunsttheoretischen Texte W.s sind häufig in Anlehnung an die Form sokratischer Dialoge oder in einer Mischform von Erzählung und Essay verfasst. Dies ermöglicht W. nicht nur eine Diskussion z. T. radikaler ästhetischer Positionen aus verschiedenen Perspektiven, sondern auch die performative Vorführung des Ausgesagten. Dialogform und fiktionale Elemente erschweren zudem die Zuschreibung der jeweiligen Positionen zum Autor selbst, der sich hinter die spielerischen Ebenen der Essays zurückzieht. In *Der Verfall des Lügens* (*The Decay of Lying*, 1889/91; dt. 1903) setzt der fiktive Verfasser eines Artikels mit identischem Titel unter Verweis auf ↑Platon Lüge und Poesie gleich. Dann jedoch ordnet er Lüge ohne Referenzobjekt in der Realität der Wahrheit über und erklärt, dass das Leben die Kunst viel mehr imitiere als die Kunst das Leben. So biete die Kunst Formen an, durch die das Ziel des Lebens, Ausdruck zu finden, realisiert werden könne. Auch die Natur – W.s Sammelbegriff für alle dem Menschen externen Phänomene – imitiere die Kunst, da sie dem Betrachter nur Effekte zeigen könne, die dieser schon durch die Poesie oder Malerei gesehen habe. Im Zuge der Abkehr von einem mimetischen Literaturverständnis und damit zugleich auch vom Realismus als lit. Stil wird zwar die Möglichkeit der Nutzung von Leben und Natur als Rohmaterial für die Kunst eingeräumt, doch müssten diese in künstlerische Konventionen übersetzt werden. Lügen als Erzählen schöner unwahrer Dinge wird als legitimes Ziel der Kunst postuliert, die nichts anderes als sich selbst ausdrücken dürfe. So sei die Kunst nicht Schöpfung ihrer Zeit, sondern stehe in direkter Opposition zu ihr.

Der Künstler als Kritiker (*The Critic as Artist*, 1890; dt. 1903) setzt bereits mit einem performativen Widerspruch ein, wenn es heißt, nichts, was als Wissen Wert hat, könne gelehrt werden. Die Literatur wird den anderen Künsten übergeordnet, da sie einen zeitlichen Verlauf aufweise, während die bildenden Künste nur imstande seien, Momentaufnahmen zu liefern; zudem fördere sie die Imagination des Rezipienten. Den übrigen Thesen über Literatur wird Gültigkeit für alle Künste zugeschrieben, wobei Kunst nicht von einer moralischen, sondern stets von einer rein ästhetischen Perspektive aus zu betrachten sei. Im Rahmen einer Abweichungsästhetik wird die Entstehung von Kunst v. a. auf Gegenbewegungen zu vorherigen Schulen bzw. Formen und Regeln zurückgeführt; Form und Stil gebühre dabei Vorrang vor dem Inhalt. Obwohl die höchste Form der Kritik als reinste Form persönlichen Eindrucks für kreativer angesehen wird als künstlerische Schöpfung und der Individualität des Schaffenden größte Bedeutung beigemessen wird, wird die Stellung des Urhebers von Kunst zugunsten derjenigen des Rezipienten relativiert. So werde das Kunstwerk im Rezeptionsakt aktualisiert, könne an Sinndimensionen hinzugewinnen und zum Ausgangspunkt neuer Schöpfungen werden. Ziel der Kunst sei die Anregung zur Reflexion und damit letztlich zur geistigen Weiterentwicklung. Der Ästhetik wird ein höherer Stellenwert zugewiesen als der Ethik, da Erstere einer geistigeren Sphäre angehöre. Die Liebe zur Schönheit wird unter Bezug auf Platon als wahres Ziel der Erziehung definiert, welches auf natürliche Weise dazu führe, Gutes Bösem vorzuziehen. In *Feder, Stift und Gift* (*Pen, Pencil and Poison*, 1889; dt. 1903) wird von einem Künstler erzählt, der zugleich als Serienmörder in Erscheinung getreten ist; ihm werden zahlreiche künstlerische Qualitäten und Überzeugungen zugeschrieben, die auch in anderen Essays positiv hervorgehoben werden, so z. B. die Ablehnung zeitgenössischer imitativer und realistischer Tendenzen, die Auffassung des Lebens als Kunstform und das Ideal eines äußerst individuellen, suggestiven Stils. Dabei wird eine essenzielle Widersprüchlichkeit zwischen Verbrechen und Kultur negiert und die künstlerische Behandlung auch vermeintlich unmoralischer Themen legitimiert.

W.s Roman *Das Bildnis des Dorian Gray* (*The Picture of Dorian Gray*, 1890/91; dt. 1901) erzählt von einem ungewöhnlich schönen Mann, dessen Porträt statt seiner selbst altert; dadurch wird der Titelfigur ein rücksichtsloser hedonistischer Lebenswandel ermöglicht, ohne dass sich dessen Spuren in der eigenen äußeren Erscheinung offenbaren. W. reflektiert in diesem Werk konträre Auffassungen von Kunst, weist dabei der ästhetischen Kategorie der Schönheit jedoch stets zentrale Bedeutung zu; bereits im Vorwort wird der Künstler als Erschaffer schöner Dinge definiert. Ziel der Kunst sei es, sich selbst zu enthüllen und den Künstler zu verbergen. Die Möglichkeit einer Wertung von Büchern als moralisch oder unmoralisch wird verneint; so seien Laster und Tugend nur Material für die Kunst, nicht ihr Ziel, und die Kunst spiegele letztlich den Betrachter, nicht das Leben. Auf der Handlungsebene fungiert das Bildnis analog als enthüllendes Porträt des Modells und späteren Rezipienten Dorian, spiegelt aber auch persönliche Empfindungen seines Produzenten während des Schaffensprozesses. Die Vorstellung einer Beseelung des Betrachtenden durch die Kunst wird invertiert, da Dorians Bewusstsein der eigenen Schönheit erst bei der Betrachtung des Porträts geweckt wird, was letztlich zum Verlust seiner Seele führt. Auslöser dieser Entwicklung ist der Wortkünstler Lord Henry, der während der Fertigstellung des Porträts das hedonistische Ideal der Auslebung des Willens ohne Korrektiv entfaltet. Er preist Schönheit als das höchste Ziel und verleitet damit Dorian zu dem als Gebet geäußerten Wunsch, das Porträt möge statt seiner altern. Unter Rückgriff auf sprachmagische Vorstellungen wird hier Worten und damit indirekt der Literatur die Fähigkeit zugesprochen, das Leben zu formen. Dorian wandelt sich durch Lord Henrys lit.-musikalischen Impuls vom bloßen Modell der Kunst, also ihrem Material, zu einem lebenden Kunstwerk. Indem einzelne poetologische und kunsttheoretische Aussagen im Roman immer wieder durch Äußerungen anderer Figuren in Frage gestellt oder relativiert werden, findet sich hier eine Grundtendenz vieler Essays wieder. Dieses variierende Spiel mit diametral entgegengesetzten Positionen ist ein charakteristischer Zug zahlreicher Werke W.s, der sich auf der sprachlichen Ebene auch in der bevorzugten Verwendung entsprechender rhetorischer Stilmittel (Paradoxon, Oxymoron, Antithese etc.) offenbart.

In seinen Erzählungen und Märchen greift W. häufig Themen und Motive auf, die in engem Zusammenhang mit seinen literatur- und kunsttheoretischen Auffassungen stehen (*Lord Arthur Savile's Crime*, 1887; *Lord Arthur Saviles Verbrechen*, 1910; *The Happy Prince*, 1888; *Der glückliche Prinz*, 1903; *A House of Pomesgranates*, 1891; *Ein Granatapfelhaus*, 1904). In seinen Gesellschaftskomödien (*The Importance of Being Earnest*, 1895; *Bunbury oder die Bedeutung, Ernst zu sein*, 1903; *An Ideal Husband*, 1895; *Ein idealer Ehemann*, 1903) ist die Verwendung von Sprache sowohl als bloßes Spiel mit Worten, aber auch als potenzielle soziale Waffe zu verzeichnen; lit. Mittel werden zur satirischen

Bloßstellung zeitgenössischer gesellschaftl. Normen eingesetzt.

W. wird dem Ästhetizismus zugerechnet und gilt in seinem Schaffen als von W. Pater beeinflusst, der die Losung *L'art pour l'art* von den frz. Symbolisten (↑Mallarmé) übernahm. In W.s Werk zeigen sich Spuren des Symbolismus v. a. in der Lyrik und in der Tragödie *Salome* (*Salomé*, 1893; dt. 1903). In seinem Spätwerk (*Epistola: in carcere et vinculis*, 1897, veröffentlicht als *De Profundis*, 1905) propagiert W. zwar noch immer das künstlerische Ziel der Selbstverwirklichung, entwickelt jedoch eine Ästhetik, für die die Fähigkeit des Mitempfindens essenziell ist. Leid wird als Voraussetzung für die Erkenntnis von Schönheit und damit als Urform der Kunst herausgestellt; zugleich wird es als ultimative Realisation des künstlerischen Lebens aufgefasst.

Ausgaben: The Works of O. W. London u. a. 1948; Complete Works of O. W. London u. a. 1994; The Complete Works of O. W. Hg. v. R. Jackson/I. Small. Oxford 2000 ff.; Werke in zwei Bänden. Hg. v. R. Gruenter. München 1970; Sämtliche Werke in zehn Bänden. Hg. v. N. Kohl. Frankfurt/M. 1982; Werke in fünf Bänden. Frankfurt/M. 2004.

Forschungsliteratur: N. Kohl: O. W. Das literarische Werk zwischen Provokation und Anpassung. Heidelberg 1980; T. A. Mikolyzk: O. W. An Annotated Bibliography. Westport, CT u. a. 1993; M. P. Gillespie: O. W. and the Poetics of Ambiguity. Gainesville u. a. 1996; L. Danson: W.s Intentions. The Artist in his Criticism. Oxford 1997; J. P. Brown: Cosmopolitan Criticism. O. W.s Philosophy of Art. Charlottesville u. a. 1997; P. Raby (Hg.): The Cambridge Companion to O. W. Cambridge u. a. 1997; W. Schwandt: Bekenntnis, Pose, Parodie. O. W. und das Ästheten-Stereotyp. Trier 2002.

Britta Jubin

Winckelmann, Johann Joachim (1717–1768)

Auch wenn W. keine Poetik im engeren Sinne geschrieben hat, haben seine kunsthistorischen und -theoretischen Schriften großen Einfluss auf die Geschichte der Poetik ausgeübt. Mit seiner überaus erfolgreichen Erstlingsschrift, den *Gedancken über die Nachahmung der Griechischen Wercke in der Mahlerey und Bildhauer-Kunst* (1755), begründete W. eine neoklassizistische Ästhetik, die nachhaltig dem Postulat ästhetischer Autonomie vorarbeitete. Sein Hauptwerk, die *Geschichte der Kunst des Alterthums* (1764), gilt als Gründungsdokument der wissenschaftlichen Kunstgeschichte. Von bes. Interesse für die Poetikgeschichte sind W.s Statuenbeschreibungen sowie seine Auseinandersetzung mit dem Allegoriebegriff, die bereits die *Gedancken* prägt und in dem *Versuch einer Allegorie, besonders für die Kunst* (1766) ihren Höhepunkt findet.

W.s neoklassizistischer Ansatz, wie ihn die *Gedancken* programmatisch entfalten, gründet in einem paradoxen Anliegen: Die gr. Kunst, insb. die Bildhauerei, soll einerseits als zeitloses künstlerisches Ideal stilisiert werden, durch dessen Nachahmung allein die zeitgenössischen Künstler ihrerseits „unnachahmlich“ werden können. Andererseits wird diese Sonderstellung der gr. Kunst abgeleitet aus den spezifischen historischen Bedingungen, aus denen sie hervorgegangen ist. Der darin inhärente und von W. durchaus reflektierte Sprung – aus kontingenten Rahmenbedingungen erwächst ein als notwendig-zeitlos vorgestelltes Ideal – begleitet fortan das Unternehmen nicht nur des Neoklassizismus, sondern auch der Autonomieästhetik insgesamt. Das Idealische der gr. Kunstwerke liegt für W. insb. in ihrem „Contour“. Charakteristisch für diesen Begriff einer geschlossenen ästhetischen Form ist das Postulat, dass sich nicht begrifflich explizieren lasse, worin die Perfektion der Linienführung liege. Darin artikuliert sich der autonomieästhetische Grundzug von W.s Ästhetik: Künstlerische Idealität wird nicht mehr auf der Grundlage vorgegebener begrifflich gefasster Regeln bestimmt (bspw. in Abhängigkeit von metaphysischen Grundsätzen), sondern kann nur im einzelnen ästhetischen Objekt zur Erscheinung kommen. Dem perfekten „Contour“ wohnt allerdings eine gewisse Ambiguität inne. Jene sprichwörtlich gewordene „edle Einfalt und stille Größe“, die W. den gr. Werken attestiert, gründet insb. in einer Spannung zwischen beruhigter Oberfläche und aufgewühlter Tiefenstruktur. Diese Spannung ist für W. bes. sinnfällig in der *Laokoon*-Gruppe. Seine Beschreibungen dieser Gruppe waren Anlass einer der wirkmächtigsten ästhetischen Diskussionen im dt. Sprachraum, die ihre Höhepunkte in den Beiträgen ↑Lessings, ↑Herders und ↑Goethes fand. W.s Bemühen um eine adäquate sprachliche Erfassung der unbeschreiblichen Einheit des ästhetischen Gegenstandes wurde dabei oftmals seinerseits als künstlerisch-poetisch charakterisiert.

Für Irritationen sorgt hingegen bis heute W.s Wertschätzung der Allegorie, scheint sie doch der tendenziell autonomieästhetischen Grundlegung seiner Ästhetik zu widersprechen. Nur die allegorische Darstellung, so W., gewährleistet die Allgemeinverständlichkeit bildnerischer Darstellung. W. setzt einerseits auf eine Wiederbelebung und Anverwandlung antiker Allegorik. Andererseits artikuliert er eine Präferenz für die sich selbst erklärende Allegorie, die ohne Referenz auf mythologische oder historische Zusammenhänge auskommt. In der Fortsetzung dieses zweiten Arguments bringt später Goethe seinen Begriff des Symbols gegen die Allegorie in Stellung.

Ausgaben: H. Pfotenhauer u. a. (Hg.): Frühklassizismus. Position und Opposition: W., Mengs, Heinse. Frankfurt/M. 1995 [hier insb. Abdruck der *Gedancken*, mit ausführlichem Kommentar]; Schriften und Nachlaß. Hg. v. A. H. Borbein/M. Kunze. Mainz 1996 ff.

Forschungsliteratur: P. Szondi: Poetik und Geschichtsphilosophie I. Studienausgabe der Vorlesungen. Frankfurt/M. 1974. S. 21–46; B. Fischer: Kunstautonomie und Ende der Ikonographie. Zur historischen Problematik von ‚Allegorie‘ und ‚Symbol‘ in W.s, Moritz’ und Goethes Kunsttheorie. In: DVjs 64 (1990). S. 247–277.

Till Dembeck

Wittgenstein, Ludwig (1889–1951)

Die Philosophie W.s geht konsequent mit der Entwicklung und Reflexion jener lit. Formen einher, in denen sich sein spezifischer Denkstil entwickelt. In einem Brief über den *Tractatus logico-philosophicus* an L. v. Ficker heißt es programmatisch: „Die Arbeit ist streng philosophisch und zugleich literarisch“. Der von ihm unterstellten Geschwätzigkeit der Philosophie, ihrem „schwefeln“, hält er eine strenge Aphoristik entgegen, die dialogisch angelegt und stilistisch äußerst reduziert wird. Im *Tractatus* (1921) ist die philosophische Methode zunächst negativ und unterliegt zuletzt einer Poetik paradoxer Selbstaufhebung des Textes. Das Sagbare wird auf die Sätze der Naturwissenschaft begrenzt und die philosophischen, logischen, ethischen und ästhetischen Sätze als sinnlos bzw. unsinnig klassifiziert. Diese Sätze müssen überwunden und zuletzt verschwiegen werden, um zu einer richtigen Einstellung zur Welt zu gelangen. Nach der Wende zur Gebrauchstheorie der Sprache ersetzt W. dieses Schweigeverdikt durch mehrstimmig konzipierte Aphorismen und Bemerkungen, die immer wieder neu angeordnet und durchkomponiert werden. In den *Philosophischen Untersuchungen* (1953 postum) sowie in den *Vorlesungen über Ästhetik* (1966 postum; dt. 1968) finden sich Bemerkungen, die Poesie und Ästhetik als Sprachspiel oder Lebensform auffassen und so bereits neuere Perspektiven kulturwissenschaftlicher Provenienz vorbereiten: „Um dir über ästhetische Begriffe klar zu werden, musst du Lebensweisen beschreiben". Ethische, poetologische und ästhetische Reflexionen nähern sich dabei äußerst an, wie W.s Tagebücher beweisen. Mit seinem Denk- und Sprachstil hat W. verschiedene Autoren, bes. ↑Bachmann und ↑Handke, beeinflusst.

Ausgaben: Briefwechsel mit B. Russell, G. E. Moore u. a. Frankfurt/M. 1980; Werkausgabe. Frankfurt/M. 1984; Vorlesungen und Gespräche über Ästhetik, Psychoanalyse und religiösen Glauben. Hg. v. C. Barrett. Düsseldorf u. a. [2]1996.

Forschungsliteratur: M. Frank/G. Soldati: W. – Literat und Philosoph. Pfullingen 1989; G. Gabriel: Zwischen Logik und Literatur. Erkenntnisformen von Dichtung, Philosophie und Wissenschaft. Stuttgart 1991.

Peter Risthaus

Wolf, Christa (geb. 1929)

W.s Frankfurter PV von 1982 behandeln die Arbeit am Erzählprojekt *Kassandra*, das heute zu den wichtigsten Mythosrevisionen der deutschsprachigen Gegenwartsliteratur zählt. Die Formen Reisebericht (Kap. 1/2), Arbeitstagebuch (3) und Brief (4) sowie W.s Begriffe der „Reise" und des „Gewebes" spiegeln das prozesshafte und subjektive Moment des Einblicks, den W. von früheren Regelpoetiken abgrenzt. Ebenso ist ihre Erzählung, die den 5. Teil der Vorlesung bildet, gegen Darstellungskonventionen der abendländischen Literatur gerichtet: Ausgehend von der lit. und archäologisch-historischen Überlieferung will W. den Kassandra-Mythos „in die (gedachten) sozialen und historischen Koordinaten" zurückführen. Die korrigierende „Arbeit am Mythos" (↑Blumenberg) ist von der eigene Mythen ausbildenden Gegenwart im Kalten Krieg inspiriert: Die Zeiten verbindet Krieg(svorbereitungen) sowie deren rhetorische Legitimation, der blutige Zivilisationsprozess, eine idealisierende heldenzentrierte Geschichtsschreibung sowie die ambivalente Rolle der Literatur. Die Problematik, mittels überlieferter Quellen herausfinden zu wollen, wer Kassandra war, „ehe man von ihr schrieb", führt W. zu kritischen Lektüren, in denen die Faszination an den Texten wie ↑Aischylos' *Orestie* spürbar bleibt. Die klassischen Formen sind für die Beschreibung der Gegenwart obsolet, doch bleibt die Literatur seit der Antike ein Schlüssel zum Verständnis einer Kultur, als deren Gedächtnis sie dient. Verstrickt in Machtverhältnisse, lässt sie Einblicke in Ausgeschlossenes zu. Die Entstehung der Kassandra-Figur ist in diesem Sinne eine „Schlüsselerzählung", die „Grundkonstellationen der Menschheitsgeschichte" sichtbar werden lässt. Zu den Darstellungsintentionen und ihren historischen Bedingungen der Antike zählt W. im Anschluss an J. J. Bachofen den Umbruch von matriarchalischen zu patriarchalischen Verhältnissen – mit Priesteramt und Politik als männlichen Vorrechten. Die historische Objektmachung der Frauen wiederholte sich in der Literatur, indem das gr. Epos allein der Linie männlichen Handelns folgte und eine Geschichte als Erzählung von Helden und Siegern begründete. In W.s Version wird Kassandra zu einer Figur der Zeitgenossenschaft für die Hilflosigkeit der „Wissenden" im polit. Machtfeld sowie für empathische Teilhabe, das Ertragen von Schmerz. Im Mittelpunkt der Figurenkonzeption steht die Sehergabe, die weniger als übersinnliche Fähigkeit denn als schonungslose Betrachtung der Wirklichkeit verstanden wird. Ergänzend zur Kritik am Rationalismus und technizistischen Fortschritt, der statt dem Humanum dem Krieg zu Gute kommt, will W. den wenigen weiblichen archäologischen wie lit. Spuren, einer ‚weiblichen Genealogie', folgen. Allerdings warnt sie vor Irrationalismen und einer Idealisierung der Vergangenheit. Ihr Plädoyer für eine weibliche Ästhetik verbindet sich daher mit einer Skepsis hinsichtlich deren additiver, ergänzender Funktion.

In der Erzählung *Kassandra* (1983) begegnen wesentliche Elemente der Vorlesung wie die Veränderung der Sprache als Folge der Kriegsvorbereitung, u. a. die Sehnsucht nach einem weiblichen Gegenort zur männlichen Kriegsgeschichte. Der Beginn setzt programmatisch eine Reflexion über das Erzählen des Mythos ins Bild: Bevor die rückblickende Ich-Erzählung Kassandras einsetzt, thematisiert eine heterodiegetische Erzählinstanz die Überblendung von Vergangenheit und Gegenwart. Die Kassandra-Figur ist damit als eine Projektion aus heutiger Sicht, als Versuch einer empathischen Annäherung an die historische Realität markiert. Im Roman *Medea* (1996) setzt W. ihre Mythenrevision an einer zweiten wirkmächtigen Frauenfigur fort. Wiederum stellt sie gegen das tradierte Bild – eine Mutter, die aus Rache ihre Kinder tötet – das einer Außenseiterin, die für ihre Kritik an den Gründungsmythen einer Gemeinschaft und damit deren Infragestellung bestraft wird.

Ausgaben: Voraussetzungen einer Erzählung: Kassandra [FPV]. Darmstadt u. a. 1983; Kassandra. Eine Erzählung. Darmstadt u. a. 1983; Medea. Stimmen. Frankfurt/M. 1996.

Forschungsliteratur: J. Ryan: Poetik als Experiment. Ch. W., „Voraussetzungen einer Erzählung: Kassandra“ (1983). In: P. M. Lützeler (Hg.): Poetik der Autoren. Beiträge zur deutschsprachigen Gegenwartsliteratur. Frankfurt/M. 1994. S. 80–94; H.-P. Preußer: Mythos als Sinnkonstruktion. Die Antikenprojekte von Ch. W., H. Müller, S. Schütz und V. Braun. Weimar u. a. 2000; K. Theml: Fortgesetzter Versuch. Zu einer Poetik des Essays in der Gegenwartsliteratur am Beispiel von Texten Ch. W.s. Frankfurt/M. 2003.

Andrea Geier

Woolf, Virginia (1882–1941)

Die komplexen poetologischen Schriften W.s sind oft als bloße Manifeste für modernistische Schreibweisen, insb. für den ‚Bewusstseinsroman‘, missverstanden worden. Ihre programmatischen Essays *Mr. Bennett und Mrs. Brown* (*Mr. Bennett and Mrs. Brown*, 18. 05. 1924; dt. 1960 in *Granit und Regenbogen*), *Die schmale Brücke der Kunst* (*The Narrow Bridge of Art*, 14. 08. 1927; dt. 1960 in *Granit und Regenbogen*) und *Moderne Romankunst* (*Modern Fiction*, 1919; dt. 1989, überarbeitet für den *Common Reader I*, 1925; *Der gewöhnliche Leser I*, 1989) sind jedoch im Zusammenhang eines umfangreichen essayistischen und literaturkritischen Werks zu verstehen, in dem W. ihre ästhetischen Grundsätze immer wieder veranschaulichte und verfeinerte. In diesen Kontext gehören auch ihre Überlegungen in *Frauen und Literatur* (*Women and Fiction*, März 1929; dt. 1989), die sie kurze Zeit später in *Ein Zimmer für sich allein* (*A Room of One's Own*, 1929; dt. 1978) genauer ausführte und in denen sie ihre Prinzipien auf die Situation von Schriftstellerinnen anwandte. W.s Poetik liegt die Auffassung zugrunde, dass Schreiben ein Kommunikationsprozess ist und die Erwartungen der Leser von großer Bedeutung für die geltenden literaturkritischen Maßstäbe und damit auch für zeitgenössische Literatur sind. In ihren Essays versucht sie daher, Leser für die Komplexität lit. Werke und den Wandel literaturkritischer Normen zu sensibilisieren, indem sie um Verständnis für teilweise schwer zugängliche lit. Werke vom MA bis zur Gegenwart wirbt. Dabei stellt sie sich auf eine Stufe mit ‚durchschnittlichen‘, nicht-akademischen Lesern und vermittelt lit. Prinzipien auf eine anschauliche, scheinbar assoziative Weise, die ihr den Ruf einer impressionistischen Kritikerin einbrachte. Sogar in den wenigen poetologischen Artikeln geht W. essayistisch vor; in *Mr. Bennett und Mrs. Brown* nimmt sie etwa eine fiktive Reise in einem Eisenbahnabteil zum Anlass, über zeitgenössische Literatur zu reflektieren.

Grundlegend für ein Verständnis von W.s Poetik ist ihre Überzeugung von der Bedeutung historischen Wandels, dem sowohl die jeweiligen Wirklichkeitsmodelle und die Auffassungen davon, was zu bestimmten Zeiten für ‚realistisch' gehalten wird, als auch die Gattungskonventionen lit. Werke unterworfen sind. Ein gutes Kunstwerk verleiht einer tief empfundenen „vision of reality" des Autors Ausdruck. Diese erschöpft sich weder in der Wiedergabe von Gefühlen noch in der Mimesis der empirisch fassbaren Wirklichkeit, die W. von einer diese transzendierenden Realität unterscheidet. Die Umsetzung einer solchen „vision" kann nur gelingen, wenn der Schaffensprozess – in einer Art Vereinigung klassizistischer und romantischer Prinzipien – von intensiver Emotion und zugleich von Unpersönlichkeit geprägt ist. Letztere äußert sich in einem Absehen von persönlichen Belangen und gewährleistet eine völlige Konzentration auf die „vision". Ein Bewusstsein der eigenen Situation, etwa der Diskriminierungen, mit denen Autorinnen im 18. und 19. Jh. zu kämpfen hatten, störte W. zufolge bspw. den Schaffensprozess von Ch. Brontë und führte zu vereinzelten feministischen Stellungnahmen in deren Werk, was W. als „Predigen" bezeichnet. Diese beeinträchtigen jedoch die Einheit, Abgeschlossenheit und Qualität des Kunstwerks.

Wesentlich für ein Kunstwerk, das als autonomes Gebilde eigenen Regeln gehorcht, sind durch unterschiedliche lit. Verfahrensweisen erfüllbare formale Kriterien wie Abgeschlossenheit nach außen, innere Kohärenz, Ökonomie sowie Einheit von Form und Inhalt. Von zentraler Bedeutung ist zudem W.s Vorstellung von „perspective", durch die formale Kriterien mit dem Gehalt des Werkes verbunden werden und die als bedeutungsstiftendes Prinzip die Eigengesetzlichkeit des jeweiligen Werkes bestimmt. Die lit. Verfahrensweisen müssen daher auf die individuelle „perspective" ausgerichtet sein.

W.s Kritik an damals etablierten zeitgenössischen Autoren wie A. Bennett, J. Galsworthy und H. G. Wells ist entsprechend vielschichtig. Diese Autoren befassten sich ihrer Ansicht nach nicht mit der tieferen Realität, sondern lediglich mit oberflächlichen Alltäglichkeiten, wobei bes. ihre Sozialkritik der Autonomie ihrer Werke abträglich war. Zudem ignorierten sie die Veränderungen des Menschen- und Weltbilds, die sich laut W. zu Beginn des 20. Jh.s mit der Rezeption ↑Freuds und zentralen kultur- und mentalitätsgeschichtlichen Entwicklungen vollzogen, die zu einer Einsicht in die unaufhebbar subjektive Verfasstheit aller Wirklichkeitserfahrung führten. Die von ihr als ‚Materialisten' bezeichneten Autoren hielten an überkommenen Darstellungskonventionen fest; sie konzentrierten sich auf äußere Ereignisse, orientierten sich an Plotschemata und zwangen menschliches Erleben in eine traditionelle Form, die ihm nicht mehr gerecht wurde.

W.s Programm des ‚neuen Romans' entwirft eine Alternative zu den Schreibweisen dieser Autoren. Zunächst plädiert W. für die Darstellung des Bewusstseinsstroms: Ihr zufolge empfängt das Bewusstsein in jedem Moment eine Unzahl von Eindrücken, die wie „ein unaufhörlicher Schauer unzähliger Atome" inkohärente Impressionen in einen kontinuierlichen Bewusstseinsstrom integrieren. Für Autoren gilt es zunächst, diese subjektive Erfahrungswirklichkeit anzuerkennen. Eine bloße mimetische Wiedergabe eines Bewusstseinsstroms macht jedoch, wie auch W.s Kritik am Werk D. Richardsons zeigt, noch keinen guten Roman aus. W. fordert keinen psychologischen Realismus. Vielmehr gilt es, die inkongruenten Bewusstseinsinhalte in einer einheitsstiftenden „perspective" zu integrieren und dadurch die Realität aufscheinen zu lassen. Dafür erweist sich eine Strukturierung als notwendig, die über die Anordnung des Geschehens nach Kriterien der äußeren Handlung oder des Bewusstseinsstroms hinausgeht. Die Darstellung des Bewusstseins muss einer Ordnung unterworfen werden, selbst abrupte Kontraste sollten in einer umfassenden „perspective" vereinigt werden, um den Eindruck von Geschlossenheit zu vermitteln.

Neben ihrem bekannten und provokativen Plädoyer für diese Art des Bewusstseinsstroms greift W. für die Bestimmung des ‚neuen Romans' auf eine Konzeption des Prosaischen und Poetischen zurück, deren Charakteristika sie aus den Merkmalen von Romanen und Gedichten ableitet. Dem Poetischen ordnet sie Abstraktion und Symbolhaftigkeit zu, die eine hohe Intensität ermöglichen. Das Prosaische erlaubt demgegenüber die Beobachtung von Details und die Darstellung psychologischer Feinheiten. Die Chance auf eine angemessene Umsetzung zeitgenössischer „visions of reality" lag für W. in der Verbindung des Poetischen und Prosaischen in der für Innovationen offenen Form des Romans, die ihres Erachtens am besten geeignet war, der Fragmentarisierung zeitgenössischer Wirklichkeitserfahrung gerecht zu werden. Die Verbindung gegensätzlicher Elemente sowie die Anordnung scheinbar zufälliger Inhalte des Bewusstseinsstroms einzelner Figuren ermöglicht W. zufolge „moments of vision", in denen die Realität aufscheint. Diese plötzliche Transparenz alltäglicher Dinge, die eine über sie selbst hinausweisende Bedeutung erlangen, wird durch ein schwer zu erreichendes Gleichgewicht zwischen Prosaischem und Poetischem oder durch semantisch aufgeladene Beziehungen zwischen prosaischen Elementen ermöglicht.

Die Rezeption von W.s Poetik wurde durch die scheinbar impressionistische Vorgehensweise ihrer Essays erschwert; ihre Theorie des ‚neuen Romans' wird meist auf die Befürwortung des Bewusstseinsstroms reduziert. Große Bedeutung erlangte sie für Theorien ‚weiblichen Schreibens', die sich allerdings in der Regel nur auf wenige Aussagen aus ihrem Essay *Ein Zimmer für sich allein* stützen.

Ausgaben: The Essays of V. W. 4 Bde. Hg. v. A. McNeillie. London 1986–1994; Gesammelte Werke. Essays, Prosa, Tagebücher. 19 Bde. Hg. v. K. Reichert. Frankfurt 1989 ff.

Forschungsliteratur: M. Goldman: The Reader's Art. V. W. as Literary Critic. Den Haag u. a. 1976; V. L. Sharma: V. W. as Literary Critic. A Revaluation. Neu Delhi 1977; J. Klein: V. W.s Idee des neuen Romans. In: Neue Rundschau 96/1 (1985). S. 143–152; V. Nünning: Die Ästhetik V. W.s. Eine Rekonstruktion ihrer philosophischen und ästhetischen Grundanschauungen auf der Basis ihrer nichtfiktionalen Schriften. Frankfurt/M. u. a. 1990; V. Nünning: V. W. als Literaturkritikerin. In: A. Lavizzari (Hg.): V. W. Frankfurt/M. 1991. S. 179–200; B. C. Rosenberg/J. Dubino (Hg.): V. W. and the Essay. New York 1998; N. Würzbach: V. W.s feministische Literaturtheorie im Wandel kultureller Kommunikation. Bestandsaufnahme, Reinterpretation und Rezeption. In: Anglia 116 (1998). S. 1–29; H. Lee: V. W.s Essays. In: S. Roe u. a. (Hg.): The Cambridge Companion to V. W. New York u. a. 2000. S. 91–108.

Vera Nünning

Wordsworth, William (1770–1850)

W. ist ein Inaugurator romantischer Poetik in England. Deren Gründungsmanifest ist seine Einleitung (*Preface*) in die zweite Aufl. der gemeinsam mit ↑Coleridge publizierten *Lyrical Ballads* von 1800 (Erstausg. 1798), wo er sich gegen die neoklassische Dichtung und Poetik wendet und eine neue Dichtung fordert. Charakteristisch für diese sei der Ausdruck von Leidenschaften und Empfindungen sowie eine einfache, volkstümliche Diktion, welche ein möglichst großes Publikum, darunter auch das ungebildete, in der ihm vertrauten Sprache anspreche. Im Herzen jedes Menschen liege ein Wissen, das die Poesie anspreche und artikuliere; W. stellt es in seiner Wahrheit und Allgemeinheit über jedes wissenschaftliche und abstrakte Wissen und postuliert eine Verwurzelung der Poesie im menschlichen Leben und in der persönlichen Existenz. Dichtung ist nicht Nachahmung (*Mimesis*), sondern autonome Schöpfung und bezieht ihre Energie aus der Sphäre des Emotionalen – wobei im poetischen Schaffensprozess Emotion und Reflexion miteinander zu synthetisieren sind, der dichterische Ausdruck aber nicht durch Regeln und Konventionen gebändigt werden darf. W.s Interesse an der Selbstdarstellung des Individuums bedingt die Bedeutung der lyrischen Gattung sowie eine tendenzielle Entdifferenzierung von Dichterpersönlichkeit und lyrischem Ich. Sein umfangreiches lyrisches Werk ist durch seine ausgeprägte Subjektivität charakterisiert und steht, der Poetik W.s gemäß, im Zeichen des Programms einer harmonischen Verschmelzung des Ichs mit der Natur; es trägt teilweise pastorale Züge, stellt aber auch das Leiden einfacher Menschen an der geschichtlichen Welt dar. Zugleich illustriert es exemplarisch, wie Gefühle durch die Imagination reinszeniert, durch Kontemplation überhöht und verdichtet werden. In poetologischen Gedichten wie *Präludium* (*The Prelude*, 1850 postum; dt. 1974) wird die Selbstdarstellung des Dichters zum Anlass reflexiver Umsetzung der eigenen ästhetischen Ideen. Mit seiner Aufwertung des Gefühls und der Imagination reagiert W. auf gesellschaftl., polit. und ökonomische Modernisierungstendenzen, auf eine Hegemonie des abstrakten Verstandes und des Nützlichkeitsdenkens. Dichtung erscheint aus seiner Perspektive eines reflektierten Irrationalismus als Kompensation für die säkulare Entzauberung der Welt; der Dichter als Prophet, als Visionär ersehnter Synthesen, von den anderen Menschen aber nicht grundsätzlich unterschieden, sondern nur sensibler und ausdrucksfähiger als sie. Zentrale Bedeutung in W.s Poesie und Poetik besitzt die Landschaft als Projektionsfläche subjektiver Befindlichkeit und als Inbegriff des Erhabenen (vgl. ↑Burke).

Ausgaben: Lyrical Ballads. Hg. v. R. L. Brett/A. R. Jones. London 1965; Gedichte. Heidelberg 1959; The Prelude. Hg. v. J. Wordsworth. New York u. a. 1979; Präludium oder Das Reifen eines Dichters. Stuttgart 1974.

Forschungsliteratur: J. A. W. Heffernan: W.s Theory of Poetry: The Transforming Imagination. Ithaca u. a. 1969; H. Wurmbach: Das mystische Element in der Dichtung und Theorie von W. W. Heidelberg 1975; St. Gill (Hg.): The Cambridge Companion to W. Cambridge u. a. 2003.

Monika Schmitz-Emans

Y

Yeats, William Butler (1865–1939)

Für Y. gehen Literatur und Schreiben über Literatur fließend ineinander über. Sein dichterisches Schaffen begleitet er mit Essays und Einführungen, die die sich wandelnden Positionen in der Entwicklung seines Werks reflektieren. In den 1890er Jahren schreibt Y., stark beeinflusst von den Romantikern ↑Shelley und ↑Blake, gegen das stagnierende Viktorianische Zeitalter an. Dessen wissenschaftlichen Rationalismus sucht er mithilfe der Imagination, die allein Schönes erschaffen kann, zu überwinden. Hierin folgt er Blakes Forderung nach positiven Gegensätzen, z. B. dem Kontrast von (physischer) Natur und Kunst. Eine solche Rückwendung zur Imagination erkennt er auch im wahren, „ständigen" Symbolismus: Mit Elementen der Evokation und Suggestion, mit zugleich emotionalen als auch geistigen Symbolen, welche die Gesetze der Kunst und damit die verborgenen Gesetze der Welt sind, lässt sich die Imagination und damit ein überzeitliches Schönes binden (*The Symbolism of Poetry*, 1903; *Der dichterische Symbolismus*, 1957). Wiewohl sich Y.s Dichtung dieser Zeit auf die Romantik stützt (wobei unter Romantik weniger eine Epoche als eine Serie von lit. Verfahren zu verstehen ist, die es ermöglicht auch ↑Dantes Werk zu intergrieren), schöpft sie doch aus dem Fundus der kelt. Mythologie und der ir. Folklore, und trägt so zur Schaffung eines ir. Nationalbewusstseins bei.

Sowohl in seinen Schriften zum Dramaals auch in Theaterkritiken richtet sich Y. explizit gegen ↑Ibsens naturalistisches Theater. Selbst stark durch ↑Maeterlincks symbolistisches Theater beeinflusst, bemüht sich Y. um einen visuellen und verbalen Minimalismus, um die Aufmerksamkeit, ähnlich der Lyrik, auf einen einzigen intensiven Ausdruck zu fokussieren; die Emphase liegt auf dem gesprochenen Wort. *Deirdre* (1907; dt. 1933) ist ein solch exemplarisch lyrisches Drama, worin Handlung und Charaktere ihrer theatralen Funktion zugunsten des lyrischen Ausdrucks enthoben sind.

In verschiedenen Essays, darunter *Per Amica Silentia Lunae* (1918; dt. 1971) und (*The Death of Synge*, *Synges Tod* 1928; dt. 1973), erläutert Y. sein Selbstverständnis als Dichter. Der Dichter schreibt aus einer Phantasmagorie heraus; er erschafft eine Maske, durch welche sein Selbst („self") erst vervollständigt wird, ganz im Sinne der Gegensätze Blakes. Indem Y.s Konzeption die der romantischen Autorschaft ablöst, ebnet er zusammen mit ↑Pound, ↑Eliot und ↑Joyce den Weg in die Moderne. Es verwundert daher, dass Y. im deutschsprachigen Raum kaum rezipiert wurde.

Ausgaben: The Collected Works of W. B. Y. Hg. v. R. J. Finneran. New York 1989 ff.; Werke. Hg. v. W. Vordtriede. Neuwied u. a. 1970 ff.; Die Gedichte. Hg. v. N. Hummelt. München 2005.

Forschungsliteratur: M. O'Neill: The Poems of W. B. Y. London u. a. 2004; D. Holdeman: The Cambridge Introduction to W. B. Y. Cambridge u. a. 2006; M. Howes/J. Kelly (Hg.): The Cambridge Companion to W. B. Y. Cambridge u. a. 2006.

Patrick Stoffel

Young, Edward (1683–1765)

Als Dichtungstheoretiker und als Dichter gehört Y. zu den wichtigsten Wegbereitern des Sturm und Drang sowie der Romantik. Seine *Gedanken über die Original-Werke* (*Conjectures on Original Composition*, 1759; dt. 1760) propagieren zentrale Konzepte einer irrationalistisch gefärbten Ästhetik; sein neunteiliges episches Gedicht *Nachtgedanken* (*Night Thoughts*, 1742–1745; dt. 1760–1761) ist wegweisendes Dokument einer primär von subjektiven (melancholischen) Empfindungen getragenen Dichtung, die radikal mit dem Nachahmungspostulat bricht. Y. wertet – beeinflusst von antiker Inspirationstopik – die individuelle Kreativität des Dichters gegenüber der klassizistischen Forderung nach Regelhaftigkeit und Naturnachahmung auf; die *Nachtgedanken* werden dadurch zu einem Basistext der Genieästhetik, für welche die Dichotomie von Organischem und Mechanischem ebenso zentral ist wie die produktionsästhetische Akzentuierung der „originalen" Schöpfung. Bloße Gelehrsamkeit und Regeltreue, gegenüber der Genialität inferior, bringt allenfalls Mittelmäßiges hervor. Wahre Dichtung ist innovativ, artikuliert Unerhörtes. Das Schaffen des Genies ist naturanalog und organisch; seine Werke, vom poetischen Feuer inspiriert, sind erhaben. Inbegriff des „prometheischen" poetischen Genies ist ↑Shakespeare, der Y.s enthusiastischer Deutung zufolge aus seinem originalen Wesen heraus alle seine Figuren schuf, statt der Orientierung an klassischen Vorbildern zu bedürfen, und insofern bezeugt, dass wahre Dichtung von Mustern unabhängig ist. Auch ↑Pindar gilt als prototypisches Genie; Y. erinnert an dessen Selbstverständnis als eines Dichters, der sich kreativ über seinen Mangel an Gelehrsamkeit hinwegsetzte, da er seine Weisheit von der Natur selbst bezog (2. Olympische Ode). Y.s emphatische Betonung individuell-subjektiver Schöpfung ist mit seiner Affinität zur Lyrik verknüpft. Sein *Discourse on Lyric Poetry* (1728) gilt allein der Ode und schließt an den zeitspezifischen Diskurs über das Erhabene in der Dichtung an. Y.s emphatische Apologie genialer Schöpferkraft, die sich gegenüber allen Vorschriften und Regeln emanzipiert, wurde von ↑Lessing (vgl. u. a. den 17. Literaturbrief), ↑Herder (Fragmente *Über die neuere deutsche Litteratur*), ↑Hamann, dem jungen ↑Goethe, ↑Gerstenberg, ↑J. M. R. Lenz, S. Mercier (*Du théâtre*) und vielen anderen Zeitgenossen bekräftigt; auch seine Shakespearebegeisterung fand vielfaches Echo.

Ausgaben: The Complete Works, Poetry and Prose. 2 Bde. Hildesheim 1968 [Nachdr. d. Ausg. v. 1854]; Nachtgedanken. Frankfurt/M. 1825; Gedanken über die Original-Werke. Heidelberg 1977 [Faks.-Dr. d. Ausg. v. 1760].

Forschungsliteratur: I. S. Bliss: E. Y. New York 1969; H. Forster: E. Y. The Poet of the Night Thoughts, 1683–1765. Alburgh 1986.

Monika Schmitz-Emans

Z

Žirmunskij, Viktor Maksimovič (1891 – 1971)

Ž. gilt als Begründer der Komparatistik in Russland. Sein epochen- und nationenübergreifendes Erkenntnisinteresse trennt ihn von den Formalisten, deren Methodologie er jedoch in zahlreichen Punkten nahe steht. So stellt das lit. Kunstwerk auch für Ž. ein geschlossenes System von poetischen Verfahren dar, die auf einen bestimmten ästhetischen Effekt gerichtet sind. Allerdings wandte sich Ž. gegen die formalistische Beschränkung des Textes auf seine Literarizität. Er erweiterte die formalistischen Grundkategorien „Material" und „Kunstgriff" um den Begriff des „Stils". Er forderte v. a. für die Erklärung der lit. Evolution die Berücksichtigung breiterer kultureller Kontexte, die für die Einzeltexte stilbildend wirken. Als Stil eines Kunstwerks bezeichnete Ž. jene ästhetische Einheit, die als teleologisches Konstruktionsprinzip den lit. Text dominiert. In weitgehender Übereinstimmung mit den Formalisten wusste sich Ž. auch in seiner Konzeptualisierung des Verhältnisses von Form und Inhalt, die für ihn untrennbar miteinander verbunden waren. Er kritisierte indes die maximalistische Position ↑Šklovskijs, der den Inhalt nur als einen Aspekt der Form verstand. Dabei verwies Ž. auf den „philosophisch-poetischen Synkretismus" etwa von ↑Nietzsches *Zarathustra*, dessen Poetik sowohl hinsichtlich der Thematik als auch hinsichtlich der Komposition beschrieben werden müsse. Verallgemeinernd hielt Ž. fest, dass ein Kunstwerk sich nicht in seiner ästhetischen Qualität erschöpfe, sondern darüber hinaus philosophische, moralische oder religiöse Wirkungen entfalte.

Ž. unterschied zwischen einer systematischen und einer diachronen Dimension der Poetik: Die theoretische Poetik müsse die ästhetische Funktion einzelner Kunstgriffe in einem Gedicht beschreiben, während die historische Poetik das sprachliche Kunstwerk im Epochenstil und in seinen Beziehungen zu den vorausgehenden und folgenden Perioden in der Literaturgeschichte verorten solle.

In konkreten Einzelanalysen wandte sich Ž. immer wieder Epochenschwellen zu. So beschrieb er den Übergang vom Klassizismus zur Romantik als Wechsel in der Konzeption des Kunstwerks: Während das Kunstwerk für den Klassizisten ein „Objekt" darstelle, das bestimmten ästhetischen Maßstäben zu genügen habe, liege die Kunstqualität für den Romantiker nicht im Werk, sondern in der subjektiven Einstellung, die das Werk erst hervorbringt. Einen ähnlichen Unterschied stellte Ž. bei den „Überwindern des Symbolismus" fest: A. Achmatova und ↑Mandel'štam lösen in ihren akmeistischen Werken die symbolistische Mystik ab und stellen der neoromantischen Musikalität eine klare Sprache entgegen, die an den Klassizismus erinnert.

Ausgaben: Voprosy teorii literatury. Leningrad 1928; Teorija literatury. Poėtika. Stilistika. Leningrad 1977.

Forschungsliteratur: P. Steiner: Russian Formalism. A Metapoetics. Ithaca u. a. 1984; L. Genin: Akademik V. M. Ž. Biobibliografičeskij očerk. St. Petersburg 2001.

Ulrich Schmid

Zola, Émile (1840–1902)

Z. gilt zusammen mit den Brüdern Goncourt als Begründer des lit. Naturalismus. Sowohl durch sein umfangreiches lit. Werk (mehr als dreißig Romane) als auch durch seine theoretischen Schriften hat Z. nachhaltig Einfluss auf die Entwicklung der Literatur Ende des 19. Jh.s ausgeübt. Dieser Einfluss beschränkte sich aber nicht nur auf Frankreich, sondern Z. hat maßgeblich auch auf die Literatur Mittel-, Süd- und Nordeuropas gewirkt (↑Holz, J. Schlaf, ↑Hauptmann, ↑Ibsen, ↑Strindberg u. v. a. m.). Im Anschluss an die Literatur des Realismus (↑Balzac, ↑Stendhal, ↑Flaubert) und in dezidierter Abgrenzung zur frz. Spätromantik (↑Hugo) vertritt Z. eine Literaturauffassung, die, in Anlehnung an neueste Strömungen der zeitgenössischen Natur- und Geisteswissenschaft, die Begriffe „Beobachtung", „Dokumentation" und „Analyse" in den Mittelpunkt der poetologischen und ästhetischen Reflexion stellt.

Z.s literaturtheoretische Reflexion kann in zwei Phasen unterteilt werden. Zur ersten Phase werden die Textsammlung *Was ich hasse* (*Mes haines*, 1866) sowie das Vorwort zur zweiten Aufl. seines Romans *Thérèse Raquin* (1868; dt. 1884) gezählt. Die zweite Phase umfasst die mehr als zehn Jahre später geschriebenen, in den Jahren 1880–1881 veröffentlichten Textsammlungen *Der Experimentalroman* (*Le roman expérimental*; dt. 1904), *Der naturalistische Roman in Frankreich* (*Les romanciers naturalistes*; dt. 1893), *Les romanciers contemporains* (*Die Gegenwarts-Romanciers*), *Le naturalisme au théâtre* (*Der Naturalismus im Theater*) und die *Documents littéraires* (*Literarische Dokumente*).

Sieht man von einigen frühen literaturtheoretischen Reflexionen ab, lässt sich *Was ich hasse* als Gründungsakte der literaturprogrammatischen Anliegen Z.s auffassen. V. a. in den Abschnitten über den Roman *Germinie Lacerteux* der Brüder Goncourt und über H. Taine entwickelt Z. grundlegende Prinzipien seines Literatur- und Kunstverständnisses, auch wenn der Begriff Naturalismus noch nicht fällt. Im Mittelpunkt der Reflexionen steht der Begriff des künstlerischen Temperaments, welches die objektiv gegebenen Fakten der Wirklichkeit („Natur") in die Individualität des einzelnen Kunstwerks vermittelt. Das Temperament des Künstlers ist von drei Einflüssen geprägt: von persönlichen Anlagen („Rasse"), dem sozialen Umfeld („Milieu") und der zeitgeschichtlichen Situation („historischer Moment"). Für Z. besitzen Schriftsteller das richtige Temperament, wenn sie ihre Figuren und deren Umwelt nach wissenschaftlichen Prinzipien analysieren und sie künstlerisch so darzustellen vermögen, dass jede Form der Idealisierung oder Mystifizierung ausgeschlossen ist. Im Vorwort zur zweiten Aufl. von *Thérèse Raquin* erweitert Z. sein Temperament-Konzept, indem er die lit. Figur nicht mehr als in sich geschlossenen Charakter versteht, sondern ebenfalls als Temperament, in dem es selbst zu einem Widerstreit von Anlage und Milieu kommt. Z. beschreibt seinen Roman als eine Art Forschungsprojekt, in dem er vorurteilsfrei die Temperamente seiner Figuren herausgearbeitet habe, um die „Mechanismen des Menschseins", auch und gerade in ihren psychischen und physischen Deformationen, zu analysieren.

Was sich im Vorwort zu *Thérèse Raquin* andeutet, wird von Z. in seinem bedeutendsten theoretischen Text *Der Experimentalroman* zu einer umfassenden naturalistischen Poetik ausgearbeitet. Durch die Lektüre von C. Bernards *Introduction à l'étude de la médecine expérimentale* gewinnt Z. nicht nur den Begriff des Experiments, sondern gleichfalls das methodische und analytische Instrumentarium zur Durchführung seiner lit. Experimente. Z. geht es insb. darum, das problematische Verhältnis von partikulärem

Kunstwerk (mit seiner letztlich immer artistisch und damit subjektiv vermittelten Wahrheit) und einer universalistisch agierenden Wissenschaft (mit objektivem Wahrheitsanspruch) zu klären. Z. reagiert damit einerseits auf die zunehmende Marginalisierung von Kunst und Literatur im Industriezeitalter sowie andererseits auf die positivistische Neuformierung der Naturwissenschaften ab Mitte des 19. Jh.s. In diesem Sinne begreift Z. den Roman nur noch als „Protokoll" eines Experiments. Den Romancier sieht er als Experimentator, der nicht das Warum der Natur zu klären versucht, sondern das Wie. Er habe keine Schlussfolgerungen zu ziehen, sondern das Werk selbst müsse Hypothesen über den Zusammenhang von Mensch und Gesellschaft formulieren. Es könne damit aber auch veralten, wenn aus neuen wissenschaftlichen Erkenntnissen andere Schlussfolgerungen gezogen werden müssen.

Hand in Hand mit der Tendenz zur Verwissenschaftlichung der lit. Produktion geht bei Z. ein Erkenntnisoptimismus, der eine durch die wissenschaftliche Forschung ermöglichte Verbesserung der Lebensbedingungen der Menschen anstrebt. Der naturalistische Romancier sei letztlich ein „experimentierender Moralist". Das poetologische Projekt, das Z. in *Der Experimentalroman* verfolgt, mündet insgesamt in eine umfassende Destabilisierung der seit der Romantik selbstverständlichen Kunstautonomie ein. Indem von Z. der naturalistische Roman in die zeitgenössische Fortschrittssemantik eingeschrieben wird, versucht er der Literatur erneut eine gesellschaftl. Aufgabe zu verleihen. Die anderen theoretischen Schriften aus den Jahren 1880–1881 sind bei weitem nicht so avanciert wie *Der Experimentalroman.* So liefert Z. mit *Der naturalistische Roman in Frankreich* eine Art literaturgeschichtliche Rückversicherung seiner eigenen Programmatik, indem er dort Vorläufer wie Balzac oder Stendhal und zeitweilige Weggenossen wie Flaubert auf ihre pränaturalistischen Züge hin untersucht, oder er fordert in *Der Naturalismus im Theater* eine Verwirklichung seiner naturalistischen Programmatik auf der zeitgenössischen Theaterbühne.

Der frz. Zola-Forscher H. Mitterand hat darauf hingewiesen, dass Z.s theoretische Schriften die Produktions- und Rezeptionsbedingungen einer naturalistischen Literatur skizzieren, von der niemals ein Werk geschrieben wurde. Mitterand macht damit auf eine eklatante Differenz aufmerksam, die zwischen den naturalistischen Prosa- und Theatertexten und dem theoretischen Metadiskurs besteht, den Z. selbst forciert hat. Entgegen den Postulaten der theoretischen Schriften beschränken sich Z.s Romane keineswegs darauf, lediglich „Protokolle" von Experimenten zu sein, sondern entfalten, insb. im Rahmen des zwanzig Romane umfassenden *Rougon-Macquart*-Zyklus (1871–1893; dt. 1892–1899), mit künstlerischen Mitteln ein komplexes Diskursuniversum, das, wie die Forschung gezeigt hat, seine eigenen Semantiken, Bilder und Mythologien aufweist, die Z.s Anspruch auf eine Verwissenschaftlichung der Literatur nicht selten zuwiderlaufen.

Ausgaben: Œuvres complètes. Hg. v. H. Mitterand. 15 Bde. [theoretische und kritische Schriften Bd. 10–14] Paris 1966–1970; Der naturalistische Roman in Frankreich. Stuttgart u. a. 1893; Der Experimental-Roman [Auszüge]. In: F.-R. Hausmann (Hg.): Französische Poetiken II. Texte zur Dichtungstheorie von Victor Hugo bis Paul Valéry. Stuttgart 1978. S. 283–297.

Forschungsliteratur: F. W. J. Hemmings: The Origin of the Terms Naturalisme, Naturaliste. In: French Studies 7/2 (1954). S. 109–121; Les cahiers naturalistes. 1955 ff.; H. Suwala: Naissance d'une doctrine. Formation des idées littéraires et esthétiques de Z. (1859–1865).

Warschau 1976; H.-U. Gumbrecht: Z. im historischen Kontext. Für eine neue Lektüre des Rougon-Macquart-Zyklus. München 1978; C. Charle: La crise littéraire à l'époque du naturalisme. Paris 1979; Y. Chevrel: Le Naturalisme. Paris 1982; J. Best: Expérimentation et adaptation. Essai sur la méthode naturaliste d'É Z. Paris 1986; H. Mitterand: Z. et le naturalisme. Paris 1986; A. Pagès: Le naturalisme. Paris 1989; C. Becker/G. Gourdin-Servenière/V. Lavielle: Dictionnaire d'É. Z. Paris 1993; D. Baguley: Le naturalisme et ses genres. Paris 1995.

Uwe Lindemann

Poetikdozenturen und -vorlesungen im deutschsprachigen Raum (in Auswahl)/Georg-Büchner-Preis

Hinweis:
Die nachfolgend aufgeführten Poetikvorlesungen werden im Allgemeinen mit Titel und unter Angabe einer etwaigen Veröffentlichung genannt (sofern die Veröffentlichung der Vorlesungen regelmäßig erfolgte). Vorlesungen, die länger als drei Jahre zurückliegen und bisher noch nicht erschienen sind, werden mit dem Vermerk ‚nicht publ.' gekennzeichnet.

Aufgrund der Schwerpunktsetzung des Lexikons auf den Frankfurter PV und den BPR, werden diese gesondert zu Beginn aufgeführt. Die Auflistung anderer Poetikvorlesungen und -dozenturen erfolgt anschließend in alphabetischer Reihenfolge (nach dem jeweiligen Ort der Veranstaltung).

Stiftungsgastdozentur Poetik der Johann Wolfgang Goethe-Universität Frankfurt am Main (Frankfurter Poetik-Vorlesungen)

Gründungsdatum/Laufzeit: 1959– (Unterbrechung zwischen 1968 und 1979)
Veranstalter: Johann Wolfgang Goethe-Universität Frankfurt am Main
Förderer: 1959–1963 S. Fischer Verlag; seit 1963 Suhrkamp Verlag und Vereinigung von Freunden und Förderern der Johann Wolfgang Goethe-Universität Frankfurt am Main e. V.

Wintersemester 1959/60
Ingeborg Bachmann: Fragen zeitgenössischer Dichtung.
[publ. u. d. T.: Probleme zeitgenössischer Dichtung. In: Werke. Bd. 4. München u. a. 1978.]

Sommersemester 1960
Marie Luise Kaschnitz: Gestalten der europäischen Dichtung von Shakespeare bis Beckett.
[publ. u. d. T.: Zwischen Immer und Nie. Gestalten und Themen der Dichtung. Frankfurt/M. 1971.]

Wintersemester 1960/61
Karl Krolow: Fragen zeitgenössischer Dichtung.
[publ. u. d. T.: Aspekte zeitgenössischer deutscher Lyrik. Gütersloh 1961.]

Sommersemester 1961
Absage von Rudolf Alexander Schröder
Einzelvorträge von
Pierre Bertaux: Eine Theorie des Poetischen. (31. 05. 1961)
Yves Bonnefoy: Rimbaud et la fonction de la poésie. (14. 06. 1961)
Cecil Day Lewis: Poetry and Translation. (28. 06. 1961)
Cecil Day Lewis: Poetry and Reading. (29. 06. 1961)

Mathias Braun: Die Wirklichkeit auf dem Theater. (05. 06. 1961)
[nicht publ.]

Sommersemester 1963
Helmut Heißenbüttel: Grundbegriffe einer Poetik im 20. Jahrhundert.
[publ. in: Über Literatur. Aufsätze und Frankfurter Vorlesungen. Olten u. a. 1966.]

Sommersemester 1964
Heinrich Böll: Zur Ästhetik des Humanen in der Literatur.
[publ. u. d. T.: Frankfurter Vorlesungen. Köln 1966.]

Wintersemester 1964/65
Hans Magnus Enzensberger: Spielen Schriftsteller eine Rolle?
[nicht publ.]

Wintersemester 1966/67
Reinhard Baumgart: Aussichten des Romans.
[publ. u. d. T.: Aussichten des Romans oder Hat Literatur Zukunft? Neuwied u. a. 1968.]

Sommersemester 1967
Wolfgang Hildesheimer: Prosa des Absurden.
[publ. in: Interpretationen: James Joyce, Georg Büchner. Zwei Frankfurter Vorlesungen. Frankfurt/M. 1969.]

Wintersemester 1967/68
Hans Erich Nossack: Ist Poesie lehrbar?
[teilw. publ. in: Die Welt am Samstag, 10. Februar 1968.]

Zwischen 1968 bis 1979 fanden keine Poetikvorlesungen statt.

Sommersemester 1979
Uwe Johnson: Bemerkungen zur Poetik.
[publ. u. d. T.: Begleitumstände. Frankfurt/M. 1980.]

Wintersemester 1979/80
Adolf Muschg: Literatur als Therapie?
[publ. u. d. T.: Literatur als Therapie? Ein Exkurs über das Heilsame und Unheilbare. Frankfurt/M. 1982.]

Sommersemester 1980
Peter Rühmkorf: Über den Reim.
[publ. u. d. T.: agar agar – zaurzaurim. Zur Naturgeschichte des Reims und der menschlichen Anklangsnerven. Reinbek 1981.]

Wintersemester 1980/81
Martin Walser: Über Ironie.
[publ. u. d. T.: Selbstbewußtsein und Ironie. Frankfurt/M. 1981.]

Sommersemester 1981
Günter Kunert: Vor der Sintflut. Das Gedicht als Arche Noah.
[München u. a. 1985.]

Wintersemester 1981/82
Peter Bichsel: Geschichten über Literatur.
[publ. u. d. T.: Der Leser. Das Erzählen. Darmstadt u. a. 1982.]

Sommersemester 1982
Christa Wolf: Voraussetzungen einer Erzählung: Kassandra.
[Darmstadt u. a. 1983.]

Wintersemester 1982/83
Wolfgang Koeppen: Ist der Schriftsteller ein unnützer Mensch?
[nicht publ.]

Wintersemester 1983/84
Peter Härtling: Finden und Erfinden. Erzählungen vom Erzählen.
[publ. u. d. T.: Der spanische Soldat oder Finden und Erfinden. Darmstadt u. a. 1984.]

Sommersemester 1984
Paul Nizon: Am Schreiben gehen.
[Frankfurt/M. 1985.]

Wintersemester 1984/85
Ernst Jandl: Das Öffnen und Schließen des Mundes.
[Darmstadt 1985.]

16. 11. 1984 (Einzelvortrag)
Friedrich Dürrenmatt: Kunst und Wissenschaft.
[publ. u. d. T.: Kunst und Wissenschaft oder Platon oder Einfall, Vision und Idee oder Die Schwierigkeit einer Ausrede oder Anfang und Ende einer Rede. In: Gesammelte Werke in 7 Bänden. 7. Band. Zürich 1996.]

Sommersemester 1985
Absage von Thomas Brach
Kolloquium „Poetik und Zeitbewusstsein" mit Peter Härtling, Wolfgang Hildesheimer, Adolf Muschg und Reinhard Baumgart.
[nicht publ.]

Wintersemester 1985/86:
Hermann Burger: Die allmähliche Verfertigung der Idee beim Schreiben.
[Frankfurt/M. 1986.]

Sommersemester 1986
Hermann Lenz: Leben und Schreiben.
[Frankfurt/M. 1986.]

Wintersemester 1986/87
Hans Mayer: Gelebte Literatur. Lebenserfahrungen seit dem Expressionismus.
[Frankfurt/M. 1987.]

Sommersemester 1987
Ludwig Harig: Der berechnete Funke. Zum Sprachspiel.
[nicht publ.]

Wintersemester 1987/88
Hilde Domin: Das Gedicht als Augenblick von Freiheit.
[München u. a. 1988.]

Sommersemester 1988
Peter Sloterdijk: Zur Welt kommen – zur Sprache kommen. Grundrisse einer maieutischen Poetik.
[publ. u. d. T.: Zur Welt kommen – zur Sprache kommen. Frankfurt/M. 1988.]

Wintersemester 1988/89
Christoph Meckel: Von den Luftgeschäften der Poesie. Poesie als Element und Form von Sprache.
[Frankfurt/M. 1989.]

Sommersemester 1989
Jurek Becker: Warnung vor dem Schriftsteller.
[Frankfurt/M. 1990.]

Wintersemester 1989/90
Günter Grass: Schreiben nach Auschwitz.
[Frankfurt/M. 1990.]

Sommersemester 1990
Hans Christoph Buch: Die Nähe und die Ferne. Bausteine zu einer Poetik des kolonialen Blicks.
[Frankfurt/M. 1991.]

Wintersemester 1990/91
Karl Dedecius: Poetik der Polen.
[Frankfurt/M. 1992.]

Sommersemester 1992
Walter Jens: Arbeit mit Mythen.
[publ. u. d. T.: Mythen der Dichter. Modelle und Variationen. Vier Diskurse. München 1993.]

Wintersemester 1992/93
Dieter Kühn: Mein Lebensroman. Skizzen zum Modell einer Autobiographie.
[nicht publ.]

Sommersemester 1993
„Das Fremde im Eigenen, das Eigene im Fremden: Erfahrungen mit der Muttersprache im doppelten Exil".
Einzelvorträge von:
Klaus Hensel: Die Aufgabe von Buch-Haltung. Sprachbilanz in einer demoralisierten Welt (15. 06. 1993)
Franz Hodjak: Der sanfte Zwang in einer sanften Gegend. Identitätsprobleme und Schreiben unter Zensur. (22. 06. 1993)
Richard Wagner: Die Bedeutung der Ränder oder Vom Inneren zum Äußeren und wieder zurück (29. 06. 1993)
Werner Söllner: Die Entstehung der Wahrheit im Kaleidoskop. (06. 07. 1993)
[nicht publ.]

Wintersemester 1993/94
Oskar Pastior: Das Unding an sich.
[Frankfurt/M. 1994.]

Wintersemester 1994/95
Bodo Kirchhoff: Legenden um den eigenen Körper.
[Frankfurt/M. 1995.]

Sommersemester 1995
Wolfgang Hilbig: Abriß der Kritik.
[Frankfurt/M. 1995.]

Wintersemester 1995/96
Dieter Wellershoff: Das Schimmern der Schlangenhaut. Existentielle und formale Aspekte des literarischen Textes.
[Frankfurt/M. 1996.]

Sommersemester 1996
Rolf Hochhuth: Politik in der Literatur.
[publ. u. d. T.: Die Geburt der Tragödie aus dem Krieg. Frankfurt/M. 2001.]

Wintersemester 1996/97
Sarah Kirsch: Von Haupt- und Nebendrachen. Von Dichtern und Prosaschreibern.
[nicht publ.]

Wintersemester 1997/98
Marlene Streeruwitz: Können. Mögen. Dürfen. Sollen. Wollen. Müssen. Lassen.
[Frankfurt/M. 1998.]

Sommersemester 1998
Rainald Goetz: PRAXIS.
[publ. u. d. T.: Innerhalb des Romans: Abfall für Alle. Roman eines Jahres. Frankfurt/M. 1999.]

Wintersemester 1998/99
Eva Demski: Zettelchens Traum oder „Warum sollte der Mensch nicht sein Geheimnis haben? Oder ein Tagebuch?“
[Frankfurt/M. 1999.]

Sommersemester 1999
Einar Schleef: Deutscher Monolog.
[nicht publ.]

Wintersemester 1999/2000
Hans-Ulrich Treichel: Der Entwurf des Autors.
[Frankfurt/M. 2000.]

Sommersemester 2000
Robert Gernhardt: Was das Gedicht alles kann: Alles.
[nicht publ.]

Sommersemester 2001
Elisabeth Borchers: Lichtwelten. Abgedunkelte Räume.
[Frankfurt/M. 2003.]

Wintersemester 2001/02
Patrick Roth: Ins Tal der Schatten.
[Frankfurt/M. 2002.]

Wintersemester 2003/04
Tankred Dorst: Sich im Irdischen zu üben.
[Frankfurt/M. 2005.]

Sommersemester 2004
Angela Krauß: Die Gesamtliebe und die Einzelliebe.
[Frankfurt/M. 2004.]

Wintersemester 2004/05
Monika Maron: Wie ich ein Buch nicht schreiben kann und es trotzdem versuche.
[Frankfurt/M. 2005.]

Sommersemester 2005
Robert Menasse: Die Zerstörung der Welt als Wille und Vorstellung.
[Frankfurt/M. 2006.]

Wintersemester 2005/06
Wilhelm Genazino: Die Belebung der toten Winkel.
[München 2006.]

Sommersemester 2006
Andreas Maier: Ich.
[Frankfurt/M. 2006.]

Wintersemester 2006/07
Urs Widmer: Vom Leben, vom Tod und vom Übrigen auch dies und das.
[Zürich 2007.]

Sommersemester 2007
Josef Winkler: Sprache. Ich kann dich nicht besiegen. Meine Waffe bist du.

Wintersemester 2007/08
Walter Kempowski
[wegen des Todes von W. Kempowski am 05. 10. 2007 entfielen die Frankfurter PV]

Sommersemester 2008
„Kempowski lesen"
Einzelvorträge von Wilhelm Genazino, Andreas Maier, Josef Winkler, Eva Demski, Urs Widmer.

Georg-Büchner-Preis

Gründungsdatum/Laufzeit: 1923–1950 (als Kunstpreis); 1951– (als Literaturpreis)
Veranstalter: Volksstaat Hessen (bis 1950); seit 1951 Deutsche Akademie für Sprache und Dichtung, Darmstadt

1923: Adam Karrillon und Arnold Ludwig Mendelssohn (Komponist)
1924: Alfred Bock und Paul Thesing (Maler)
1925: Wilhelm Michel und Rudolf Koch (Kalligraf)
1926: Christian Heinrich Kleukens (Drucker) und Wilhelm Petersen (Komponist)
1927: Kasimir Edschmid und Johannes Bischoff (Kammersänger)
1928: Richard Hoelscher (Maler) und Well Habicht (Bildhauer)
1929: Carl Zuckmayer und Adam Antes (Bildhauer)
1930: Nikolaus Schwarzkopf und Johannes Lippmann (Maler)
1931: Alexander Posch (Maler) und Hans Simon (Komponist)
1932: Albert H. Rausch (Pseudonym: Henry Benrath) und Adolf Bode (Maler)

1933–1944 nicht verliehen
1945: Hans Schiebelhuth
1946: Fritz Usinger
1947: Anna Seghers
1948: Hermann Heiß (Pseudonym: Georg Frauenfelder; Komponist)
1949: Carl Gunschmann (Maler)
1950: Elisabeth Langgässer

Seit 1951 ausschließlich als Literaturpreis vergeben.

1951: Gottfried Benn
1952: nicht verliehen
1953: Ernst Kreuder
1954: Martin Kessel
1955: Marie Luise Kaschnitz
1956: Karl Krolow
1957: Erich Kästner
1958: Max Frisch
1959: Günter Eich
1960: Paul Celan
1961: Hans Erich Nossack
1962: Wolfgang Koeppen
1963: Hans Magnus Enzensberger
1964: Ingeborg Bachmann
1965: Günter Grass
1966: Wolfgang Hildesheimer
1967: Heinrich Böll
1968: Golo Mann
1969: Helmut Heißenbüttel
1970: Thomas Bernhard
1971: Uwe Johnson
1972: Elias Canetti
1973: Peter Handke (Preisgeld 1999 zurückgegeben)
1974: Hermann Kesten
1975: Manès Sperber
1976: Heinz Piontek
1977: Reiner Kunze
1978: Hermann Lenz
1979: Ernst Meister, postum
1980: Christa Wolf
1981: Martin Walser
1982: Peter Weiss, postum
1983: Wolfdietrich Schnurre
1984: Ernst Jandl
1985: Heiner Müller
1986: Friedrich Dürrenmatt
1987: Erich Fried
1988: Albert Drach
1989: Botho Strauß

1990: Tankred Dorst
1991: Wolf Biermann
1992: George Tabori
1993: Peter Rühmkorf
1994: Adolf Muschg
1995: Durs Grünbein
1996: Sarah Kirsch
1997: Hans Carl Artmann
1998: Elfriede Jelinek
1999: Arnold Stadler
2000: Volker Braun
2001: Friederike Mayröcker
2002: Wolfgang Hilbig
2003: Alexander Kluge
2004: Wilhelm Genazino
2005: Brigitte Kronauer
2006: Oskar Pastior, postum
2007: Martin Mosebach
2008: Josef Winkler

[Die BPR werden jeweils im Jahrbuch der DASD publ. Daneben auch in gesammelter Form in: Büchner-Preis-Reden 1951–1971. Bibliografisch erg. Ausg. Stuttgart 1987; Büchner-Preis-Reden 1972–1983. Stuttgart 1984; Büchner-Preis-Reden 1984–1994. Stuttgart 1994.]

Dresdner Chamisso-Poetikdozentur

Gründungsdatum/Laufzeit: 2000–
Veranstalter: MitteleuropaZentrum der Technischen Universität Dresden und Robert-Bosch-Stiftung unter Mitwirkung des Lehrstuhls für Neuere deutsche Literatur und Kulturgeschichte der Technischen Universität Dresden; seit 2005 in Zusammenarbeit mit der Sächsischen Akademie der Künste

2000
Yüksel Pazarkaya: Odyssee ohne Ankunft.
[Dresden 2005.]

2001
Carmine Gino Chiellino: Ich in Dresden. Eine Poetik.
[Dresden 2003.]

2004
Adel Karasholi: Ich und Ich.
[nicht publ.]

2005
Ilma Rakusa: Zur Sprache gehen.
[Dresden 2006.]

2006
Vladimir Vertlib: Spiegel im fremden Wort. Die Erfindung des Lebens als Literatur. [Dresden 2007.]

2007
José F. A. Oliver: Für eine Poetik der Anerkennung.

2008
Zsuzsanna Gahse: Mont Sainte-Victoire.

Dresdner Poetikdozentur zur Literatur Mitteleuropas

Gründungsdatum/Laufzeit: 1998–2003
Veranstalter: Lehrstuhl für Neuere deutsche Literaturwissenschaft und der Lehrstuhl für Slawistische Literaturwissenschaft der Technischen Universität Dresden, Dresdner Literaturbüro
Förderer: Kulturstiftung Dresden der Dresdner Bank

1998
Gert Neumann
[publ. u. d. T.: Verhaftet. Dresden 1999.]

1999
Jiří Gruša
[publ. u. d. T.: Das Gesicht – der Schriftsteller – der Fall. Vorlesungen über die Prätention der Dichter, die Kompetenz und das Präsens als die Zeitform der Lyrik. Dresden 2000.]

2000
Stefan Chwin
[publ. u. d. T.: Stätten des Erinnerns. Gedächtnisbilder aus Mitteleuropa. Dresden 2005.]

2001
Peter Härtling
[publ. u. d. T.: Erinnerte Wirklichkeit – erzählte Wahrheit. Die Städte meiner Kindheit. Dresden 2007.]

2003
Petr Borkovec
[publ. u. d. T.: Aus dem Binnenland. Drei Arten zu übersetzen. Dresden 2006.]

Grazer Poetikvorlesungen

Gründungsdatum/Laufzeit: 1985–2001
Veranstalter: Institut für Germanistik der Karl-Franzens-Universität Graz, später Franz-Nabl-Institut für Literaturforschung der Karl-Franzens-Universität Graz

1985/86
Klaus Hoffer: Methoden der Verwirrung. Betrachtungen zum Phantastischen bei

Franz Kafka.
[Graz u. a. 1986.]

1986
Jürg Laederach: Der zweite Sinn oder unsentimentale Reise durch ein Feld Literatur.
[Frankfurt/M. 1988.]

1987
Michael Scharang: Zur Diskussion der literarischen Moderne.
[nicht publ.]

1988
Libuše Monikova (entfallen)
[Wegen eines kulturpolit. Konflikts mit den Sudetendeutschen reiste die Vortragende vorzeitig ab.]

1989
Julian Schutting: Zuhörerbehelligungen.
[Graz u. a. 1990.]

1990
Urs Widmer: Die sechste Puppe im Bauch der fünften im Bauch der vierten und andere Überlegungen zur Literatur.
[Graz u. a. 1991.]

1991
Anselm Glück: beim lesen schreiben, beim schreiben lesen.
[nicht publ.]

1992
Evelyn Schlag: Keiner fragt mich je, wozu ich diese Krankheit denn brauche.
[Graz u. a. 1993.]

1993
Ilma Rakusa: Farbband und Randfigur.
[Graz u. a. 1994.]

1994
Franz Josef Czernin: Die Kunst des Dichtens.
[nicht publ.]

1995
Peter Rosei: Beiträge zu einer Poesie der Zukunft.
[Graz u. a. 1995.]

1996/97
Raoul Schrott: Fragmente einer Sprache der Dichtung.
[Graz u. a. 1997.]

1998/99
Anna Mitgutsch: Erinnern und Erfinden.
[Graz u. a. 1999.]

2001
Franz Schuh: Memoiren in alphabetischer Reihenfolge.
[nicht publ.]

Heidelberger Poetik-Dozentur

Gründungsdatum/Laufzeit: 1993–
Veranstalter: Germanistisches Seminar der Karl-Ruprechts-Universität Heidelberg
Förderer: Stadt-Heidelberg-Stiftung

1993: Martin Walser
1994: Ulla Hahn
1995: Dieter Kühn
1996: Volker Braun
1997: Brigitte Kronauer
1998: Hanns-Josef Ortheil
1999: Michael Rutschky
2000: Eckhard Henscheid
2001: Ulla Berkéwicz
2002: Ralf Bentz, Ralf-Rainer Rygulla, Alexa Hennig von Lange, Elke Naters, Eckhard Schumacher und andere (Thema: Der Sound des Jetzt – Pop und Literatur)
2004: Patrick Roth: Zur Stadt am Meer
2006: Louis Begley: Between Facts and Fiction
2008: Peter Bieri (Pseudonym: Pascal Mercier): Was die Sprache mit uns macht

Innsbrucker Poetik-Vorlesungen

Gründungsdatum/Laufzeit: 1985–1995 (unregelmäßig)
Veranstalter: Institut für Germanistik der Leopold-Franzens-Universität Innsbruck

1985
Ernst Schönwiese: Dichtung als Urwissen des Menschen.
[Innsbruck 1985.]

1992
Gerhard Jaschke: von der täglichen umdichtung des lebens alleingelassener singvögel in geschlossenen literaturapotheken am offenen mehr.
[Innsbruck 1992.]

1995
Renate Welsh: Geschichten hinter den Geschichten.
[Innsbruck 1995.]

Internationale Jenaer Poetik-Vorlesungen „Literatur zu Beförderung der Humanität"

Gründungsdatum/Laufzeit: 1993–2001
Veranstalter: Collegium Europaeum Jenense (CEJ) an der Friedrich-Schiller-Universität Jena
Förderer: Heinrich-Böll-Stiftung (bis 1999); Kulturstiftung der Deutschen Bank (1999–2001)

1993/94
Jürgen Fuchs: Poesie und Zersetzung. (16. 06. 1993)

Ludvík Kundera: Patera, Klamm und die anderen. (10. 11. 1993)
Pavel Kohout: Reden aus dem eigenen Land oder Paß auf – die Deutschen. (08. 12. 1993)
Wolf Biermann: Wir bleiben auf ewig im selben Boot – und fahren längst auf verschiedenen Flüssen. (16. 02. 1994)
Herta Müller: Das Ticken der Norm. (04. 05. 1994)
Elazar Benyoëtz: Mein Weg als Israeli und Jude ins Deutsche. (15. 06. 1994)
Andrzej Szczypiorski: Reden über Deutschland oder Die Vorliebe der Deutschen für Perfektionismus und Kitsch. (06. 07. 1994)
Adolf Endler: Ede Nordfalls Wende-Roman. (14. 12. 1994)

[Alle Vorlesungen vollständig publ. in: E. Kratschmer (Hg.): Dem Erinnern eine Chance. Köln 1995. Teilw. gekürzte Fass. publ. in: E. Kratschmer (Hg.): Poesie und Erinnerung. Erlangen u. a. 1998.]

1995/96
Daniil Granin: Held der Güte. (12. 04. 1995)
Tadeusz Różewicz: Zu den Quellen. (17. 05. 1995)
Lutz Rathenow: Versuche, zu keinem Schluß zu finden. (14. 06. 1995)
Hans Joachim Schädlich: Zwischen Schauplatz und Elfenbeinturm. (25. 10. 1995)
István Eörsi: Zwischen Schwejk und Don Quijote. (15. 11. 1995)
Joachim Walther: Vom Klirren und Krähen der Fahnen. (17. 04. 1996)
Marcos Aguinis: Literatur und Diktatur. (05. 06. 1996)
Lew Kopelew: Einander erkennen. (23. 10. 1996)
Gottfried Meinhold: Utopia sacra. (20. 11. 1996)
Gabriele Stötzer: Der Große Bruder. (11. 12. 1996)

[Alle Vorlesungen publ. in: E. Kratschmer (Hg.): Erinnern Provozieren. Köln 1996.]

Jiří Gruša
Uwe Grüning
Imre Kertész
Milo Dor

1999–2001
Reiner Kunze: Der Dichter Jan Skácel. (27. 04. 1999)
Hugo Loetscher: War meine Zeit meine Zeit. (08. 12. 1999)
Günter Kunert: Selbstinterpretationen. (19. 04. 2000)
Ivan Klima: Schaffensfreiheit und Verantwortung. (07. 06. 2000)
Bogdan Bogdanović: Die Stadt als Allegorie. (28. 06. 2000)
Tankred Dorst: Meine Stücke – mein Leben. (29. 11. 2000)
Ingo Schulze: Lesen und Schreiben. (18. 04. 2001)
Adolf Muschg: Engagement als Drama und Farce. (09. 05. 2001)

[Alle Vorlesungen publ. in: E. Kratschmer (Hg.): Humanum Literatur. Erlangen u. a. 2001.]

Leipziger Poetikvorlesungen

Gründungsdatum/Laufzeit: 2007–
Veranstalter: Deutsches Literaturinstitut Leipzig und Kulturstiftung des Freistaats Sachsen

2007
Ingo Schulze: 1000 Geschichten sind nicht genug.
[Frankfurt/M. 2008.]

Münchner Poetikvorlesungen

Gründungsdatum/Laufzeit: 1987–1990; 2007–
Veranstalter: Ludwig-Maximilians-Universität München

1987
Horst Bienek: Das allmähliche Ersticken von Schreien. Sprache und Exil heute.
[München u. a. 1987.]

1988
Hugo Loetscher: Vom Erzählen erzählen.
[Zürich 1988.]

1989
Reiner Kunze: Konsequenzen des Ästhetischen.
[In: Das weiße Gedicht. Frankfurt/M. 1989.]

1990
Barbara Frischmuth: Traum der Literatur – Literatur des Traums.
[Salzburg u. a. 1991.]

1990
Sten Nadolny: Das Erzählen und die guten Absichten.
[München 1990.]

Wintersemester 2007/08
Helmut Krausser

Paderborner Gastdozentur für Schriftstellerinnen und Schriftsteller am Institut für Germanistik und Vergleichende Literaturwissenschaft der Universität Paderborn

Gründungsdatum/Laufzeit: 1983–
Veranstalter: Institut für Germanistik und Vergleichende Literaturwissenschaft der Universität Paderborn

Wintersemester 1983/84
Max von der Grün: Erfahrungen mit Büchern und Lesern. (Rahmenthema)
[nicht publ.]

Wintersemester 1984/85
Erich Loest: Literatur und literarisches Leben hüben und drüben. (Rahmenthema)
[publ. u. d. T.: Bruder Franz. Drei Vorlesungen über Franz Fühmann. Paderborn 1986.]

Wintersemester 1985/86
Peter Rühmkorf: Reime – Märchen – Kinderverse. Über Gedichte, Lese- und andere Bücher. (Rahmenthema)
[nicht publ.]

Wintersemester 1986/87
Peter Schneider: Autobiographisches Schreiben und Politik. (Rahmenthema)
[teilw. publ. u. d. T.: Das Ende der Befangenheit. Paderborn 1987.]

Wintersemester 1987/88
Dieter Wellershoff: Erfahrene und hergestellte Welt. Zur Formgeschichte des Romans. (Rahmenthema)
[publ. u. d. T.: Der Roman und die Erfahrbarkeit der Welt. Köln 1988.]

Wintersemester 1988/89
Eva Demski: Literatur und Engagement. (Rahmenthema)
[publ. u. d. T.: Käferchen & Apfel. Kleine Anleitung zum Lesen und Verschlingen. Frankfurt/M. 1989.]

Wintersemester 1989/90
Herta Müller: Der ganz andere Diskurs des Alleinseins. (Rahmenthema)
[publ. u. d. T.: Der Teufel sitzt im Spiegel. Wie Wahrnehmung sich erfindet. Berlin 1991.]

Wintersemester 1990/91
Günter Kunert: Literatur in der Geschichte. (Rahmenthema)
[nicht publ.]

Wintersemester 1991/92
Uwe Timm: Zu einer Ästhetik des Alltags. (Rahmenthema)
[publ. u. d. T.: Erzählen und kein Ende. Versuche zu einer Ästhetik des Alltags. Köln 1993.]

Wintersemester 1992/93
Alle bisherigen Dozentinnen und Dozenten: Gewandelte Wirklichkeit – verändertes Schreiben? (Rahmenthema)
[publ. u. d. T.: Literarisches aus erster Hand. 10 Jahre Paderborner Gastdozentur für Schriftsteller. Hg. u. mit einer Einführung v. H. Steinecke. Paderborn 1994.]

Wintersemester 1993/94
Hanns-Josef Ortheil: Das Element des Elephanten – Autobiographie der Schrift. (Rahmenthema)
[publ. u. d. T.: Das Element des Elephanten. Wie mein Schreiben begann. Zürich 1994.]

Wintersemester 1994/95
Friedrich Christian Delius: Die Zukunft der Wörter. (Rahmenthema)
[teilw. publ. u. d. T.: Die Zukunft der Wörter oder: Warum ich immer noch kein Zyniker bin. Paderborn 1995.]

Wintersemester 1995/96
Anne Duden: Zungengewahrsam. (Rahmenthema)
[publ. u. d. T.: Zungengewahrsam. Kleine Schriften zur Poetik und zur Kunst. Köln 1999.]

Wintersemester 1996/97
Hartmut Lange: Meine Realitätserfahrung als Schriftsteller. (Rahmenthema)
[teilw. publ. u. d. T.: Meine Realitätserfahrung als Schriftsteller. Paderborn 1997.]

Wintersemester 1997/98
Wilhelm Genazino: Über das Komische. (Rahmenthema)
[teilw. publ. u. d. T.: Über das Komische. Der außengeleitete Humor. Paderborn 1998.]

Wintersemester 1998/99
Volker Braun: Der Ort des Dichters. (Rahmenthema)
[teilw. publ. u. d. T.: Der Gang ins innerste Afrika. Lyotard oder die Leute lassen sich alles erzählen. Paderborn 1999.]

Wintersemester 1999/2000
Angela Krauß: Die Gesamtliebe und die Einzelliebe. (Rahmenthema)
[teilw. publ. u. d. T.: Formen der inneren und äußeren Welt. Paderborn 2000.]

Wintersemester 2000/01
Arnold Stadler: Sätze fürs Leben. (Rahmenthema)
[nicht publ.]

Wintersemester 2001/02
Josef Haslinger: Die literarische Wirklichkeit. (Rahmenthema)
[teilw. publ. u. d. T.: Leben mit Novalis. Paderborn 2002.]

Wintersemester 2002/03
Marcel Beyer: Auge, Ohr und Literatur. (Rahmenthema)
[nicht publ.]

Wintersemester 2003/04
Robert Schindel: Etwas wird sichtbar – zu den Mäandern des poetischen Prozesses. (Rahmenthema)
[nicht publ.]

Wintersemester 2004/05
Ulrich Woelk: Der Autor im Container oder „Ist da draußen wer?". Über das Schreiben im Zeitalter der pausenlosen Kommunikation. (Rahmenthema)
[teilw. publ. u. d. T.: Warum schreiben (Sie?) – Aufbruch vom Ich. Paderborn 2005.]

Wintersemester 2005/06
Robert Menasse: Die Zerstörung der Welt als Wille und Vorstellung. (Rahmenthema)
[Frankfurt/M. 2006.]

Wintersemester 2006/07
Judith Kuckart: Vom Vorteil des Stolperns. (Rahmenthema)
[teilw. publ. u. d. T.: Vom Vorteil des Stolperns. Paderborn 2007.]

Wintersemester 2007/08
Werner Fritsch: Mnemosyne: Mutter Sprache. (Rahmenthema)

Poetik-Dozentur der Akademie der Wissenschaften und der Literatur an der Universität Mainz

Gründungsdatum/Laufzeit: 1980–
Veranstalter: Akademie der Wissenschaften und der Literatur an der Universität Mainz

Wintersemester 1980/81
Jürgen Becker

Wintersemester 1981/82
Helmut Heißenbüttel

Sommersemester 1982
Hans Jürgen Fröhlich

Wintersemester 1982/83
Hans Bender

Sommersemester 1983
Walter Helmut Fritz

Wintersemester 1983/84
Paul Wühr

Sommersemester 1984
Herbert Heckmann

Wintersemester 1984/85
Klaus Hoffer

Sommersemester 1985
Ludwig Harig

Wintersemester 1985/86
Ralf Thenior

Sommersemester 1986
Guntram Vesper

Wintersemester 1986/87
Christoph Meckel

Sommersemester 1987
Eva Zeller

Wintersemester 1987/88
Franz Mon

Sommersemester 1988
Gabriele Wohmann

Wintersemester 1988/89
Hans-Jürgen Heise

Sommersemester 1989
Paul Wühr

Wintersemester 1989/90
Hilde Domin

Sommersemester 1990
Dieter Hoffmann

Wintersemester 1990/91
Heinz Czechowski

Sommersemester 1991
Zsuzsanna Gahse

Wintersemester 1991/92
Franz Mon
Walter Helmut Fritz
Guntram Vesper
Rainer Malkowski
Wulf Kirsten
Uwe Wittstock

Sommersemester 1992
Herbert Heckmann
Harald Hartung

Wintersemester 1992/93
Elisabeth Borchers

Sommersemester 1993
Ulrich Woelk

Wintersemester 1993/94
Michael Zeller

Sommersemester 1994
Dagmar Leupold

Sommersemester 1994/95
Harald Hartung

Sommersemester 1995
Arnold Stadler

Wintersemester 1995/96
Durs Grünbein

Sommersemester 1995
Hugo Dittberner

Wintersemester 1996/97
Thomas Kling

Sommersemester 1997
Herbert Rosendorfer

Wintersemester 1997/98
Robert Schindel

Sommersemester 1998
Brigitte Oleschinski

Wintersemester 1998/99
Matthias Politycki

Sommersemester 1999
Zoe Jenny

Sommersemester 2000
Marlene Streeruwitz

Wintersemester 2000/01
Daniel Kehlmann

Sommersemester 2001
Rüdiger Safranski

Wintersemester 2001/02
Albert von Schirnding

Sommersemester 2002
Thomas Hettche
Malin Schwerdtfeger

Wintersemester 2001/02
Andreas Maier

Sommersemester 2003
Anne Weber

Wintersemester 2003/04
Michael Lentz

Sommersemester 2004
Christoph Peters

Wintersemester 2004/05
Heinrich Detering

Sommersemester 2005
Ulrike Draesner

Wintersemester 2005/06
Karl-Heinz Ott

Sommersemester 2006
Hans Ulrich Treichel

Sommersemester 2007
Felicitas Hoppe
Silke Scheuermann

Wintersemester 2007/08
Antje Rávic Strubel

Sommersemester 2008
Anja Utler

[Vorträge teilw. publ. in: Bruno Hillebrand (Hg.): Wo steht die Dichtung heute? Vorträge und Statements der literarischen Gäste der Poetik-Dozentur der Akademie der Wissenschaften und der Literatur und der Universität Mainz. Darmstadt 2002.]

Tübinger Poetik-Dozentur

Gründungsdatum/Laufzeit: 1996–
Veranstalter: Deutsches Seminar der Eberhard-Karls-Universität Tübingen
Förderer: Würth-Gruppe

Frühjahr 1996
Marlene Streeruwitz
[publ. u. d. T.: Sein. Und Schein. Und Erscheinen. Frankfurt/M. 1997.]

Sommer 1996
João Ubaldo Ribeiro
[nicht publ.]

Frühjahr 1997
Tankred Dorst
[nicht publ.]

Sommer 1997
Aleksandar Tišma
[nicht publ.]

Frühjahr 1998
Yōko Tawada
[publ. u. d. T.: Verwandlungen. Tübingen 1998.]

1998
Jacques Roubaud
[nicht publ.]

Sommer 1998
Andrzej Szczypiorski
[nicht publ.]

Frühjahr 1999
Gerhard Köpf
[publ. u. d. T.: Vor-Bilder. Tübingen 1999.]

Winter 1999
Aras Ören
[publ. u. d. T.: Privatexil ein Programm? Drei Vorlesungen. Tübingen 1999.]

Sommer 1999
Günter Grass:
[publ. u. d. T.: Wort und Bild. Tübingen 1999.]

Jubiläums-Dozentur Sommer 2000
Anna Maria Carpi
Batya Gur
Barbara Honigmann
Zoe Jenny
Herta Müller
Yōko Tawada

Dubravka Ugrešić
Alissa Walser
[publ. u. d. T.: Zukunft? Zukunft! Tübingen 2000.]

Winter 2001
Herta Müller
[nicht publ.]

Sommer 2001
Peter Rühmkorf
[nicht publ.]

Winter 2002
Amos Oz
[publ. u. d. T.: Wie man Fanatiker kuriert. Frankfurt/M. 2004.]
Izzat Ghazzawi
[nicht publ.]

Sommer 2002
Juan Goytisolo
[nicht publ.]

Winter 2003
Peter Turrini
[nicht publ.]

Sommer 2003
Susan Sontag
[nicht publ.]
Adam Zagajewski
[nicht publ.]

Winter 2004
André Heller
[nicht publ.]

18. Poetik-Dozentur 2005
Ruth Klüger
[nicht publ.]
Doron Rabinovici
[nicht publ.]

19. Poetik-Dozentur 2005
Lars Gustafsson
[publ. u. d. T.: Augenblick und Gedicht. Künzelsau 2006.]
Peter Bieri (Pseud.: Pascal Mercier)
[nicht publ.]

20. Poetik-Dozentur 2006
Péter Esterházy
[publ. u. d. T.: Über die Sprache des 21. Jahrhunderts. Künzelsau 2007.]
Terézia Mora

21. Poetik-Dozentur 2007
Feridun Zaimoglu
Ilija Trojanow

22. Poetik-Dozentur 2008
Kiran Nagarkar
Christoph Peters

Zürcher Poetikvorlesung

Gründungsdatum/Laufzeit: 1996–
Veranstalter: Deutsches Seminar der Universität Zürich in Zusammenarbeit mit dem Literaturpodium der Stadt Zürich (bis 2007), seit 2007 in Zusammenarbeit mit dem Literaturhaus Zürich

1996: Anne Duden
1997: Winfried Georg Sebald
1998: Volker Braun
1999: Monika Maron
2000: Robert Schindel
2001: Ralph Dutli
2002: Barbara Honigmann
2003: Franz Hohler
2004: Christoph Ransmayr
2005: Hanns-Josef Ortheil
2006: Durs Grünbein
2007: Herta Müller
2008: Michael Donhauser

Bibliografie

Hinweis:
In der Regel wird bei den bibliografischen Angaben die neueste Auflage verzeichnet.

B. Allemann: Ironie und Dichtung. Pfullingen 1956.
B. Allemann (Hg.): Ars Poetica. Texte von Dichtern des 20. Jahrhunderts zur Poetik. Darmstadt [2]1971.
M. Allot (Hg.): Novelists on the Novel. London [7]1973.
R. Alter: Partial Magic. The Novel as a Self-Conscious Genre. Berkeley u. a. 1975.
R. Amossy (Hg.): L'analyse du discours dans les études littéraires. Toulouse 2004.
J. E. Antonsen: Poetik des Unmöglichen. Paderborn 2007.
T. Anz/M. Stark (Hg.): Expressionismus. Manifeste und Dokumente zur deutschen Literatur 1910–1920. Stuttgart 1994.
M. Aquien/G. Molinié (Hg.): Dictionnaire de rhétorique et de poétique. Paris 2002.
D. Arendt: Der „poetische Nihilismus" in der Romantik. Studien zum Verhältnis von Dichtung und Wirklichkeit in der Frühromantik. Tübingen 1972.
J. Ashton: From Modernism to Postmodernism. American Poetry and Theory in the Twentieth Century. Cambridge u. a. 2005.
A. Assmann: Die Legitimität der Fiktion. Ein Beitrag zur Geschichte der literarischen Kommunikation. München 1980.
E. Auerbach: Mimesis. Dargestellte Wirklichkeit in der abendländischen Literatur. Tübingen [10]2001.
G. Bachelard: Poétique de l'espace. Paris 1957. (Übers.: Poetik des Raumes. Frankfurt/M. [8]2007.)
M. Bachtin: Untersuchungen zur Poetik und Theorie des Romans. Hg. v. E. Kowalski u. a. Berlin 1986.
Ch. S. Baldwin: Medieval Rhetoric and Poetic (to 1400). Interpreted from Representative Works. Nachdr. der Ausg. v. 1928. St. Clair Shores, MA 1972.
Ch. S. Baldwin: Renaissance Literary Theory and Practice. Classicism in the Rhetoric and Poetic of Italy, France and England 1400–1600. Nachdr. der Ausg. v. 1939. Gloucester, MA 1959.
J. J. Barabaš: Fragen der Ästhetik und Poetik. Berlin 1982.
W. Barner: Barockrhetorik. Untersuchungen zu ihren geschichtlichen Grundlagen. Tübingen [2]2002.
W. Barner (Hg.): Literaturkritik – Anspruch und Wirklichkeit. Stuttgart 1990.
H. Baumgart: Handbuch der Poetik. Eine kritisch-historische Darstellung der Theorie der Dichtkunst. Nachdr. der Ausg. v. 1887. Hildesheim u. a. 2003.
R. Baur: Didaktik der Barockpoetik. Die deutschsprachigen Poetiken von Opitz bis Gottsched als Lehrbücher der „Poeterey". Heidelberg 1982.
H.-P. Bayerdörfer: Poetik als sprachtheoretisches Problem. Tübingen 1967.
A. Beck: Englische Dichtungstheorie von der Renaissance bis zur Gegenwart. Herne 2007.
B. Bergonzi: The Situation of the Novel. London 1979.
P. Bichsel u. a.: Wenn Schreibende reden … Gespräche zur Frankfurter Gastdozentur Poetik. Frankfurt/M. 1998.
E. B. Bissell (Hg.): The Question of Literature. Manchester u. a. 2002.

B. Boesch: Die Kunstanschauung in der mittelhochdeutschen Dichtung von der Blütezeit bis zum Meistergesang. Nachdr. d. Ausg. v. 1936. Hildesheim u. a. 1976.

H. Boetius (Hg.): Dichtungstheorien der Aufklärung. Tübingen 1971.

K.-M. Bogdal (Hg.): Neue Literaturtheorien. Eine Einführung. Göttingen ^{2}2005.

D. Borchmeyer (Hg.): Poetik und Geschichte. Viktor Žmegač zum 60. Geburtstag. Tübingen 1989.

D. Borchmeyer/V. Žmegač (Hg.): Moderne Literatur in Grundbegriffen. Tübingen ^{2}1994.

R. Borgards: Poetik des Schmerzes. Physiologie und Literatur von Brockes bis Büchner. Paderborn 2007.

K. Borinski: Die Antike in Poetik und Kunsttheorie vom Ausgang des klassischen Altertums bis auf Goethe und Wilhelm von Humboldt. 2 Bde. Nachdr. der Ausg. v. 1914–1924. Darmstadt 1965.

I. Braak: Poetik in Stichworten. Literaturwissenschaftliche Grundbegriffe. Berlin u. a. ^{8}2001.

M. Bradbury (Hg.): The Novel Today. Contemporary Writers on Modern Fiction. London 1990.

F. Braitmaier: Die Geschichte der poetischen Theorie und Kritik. Von den Diskursen der Maler bis auf Lessing. 2 Bde. Nachdr. der Ausg. v. 1888–1889. Hildesheim u. a. 1972.

R. Brandt: Kleine Einführung in die mittelalterliche Poetik und Rhetorik. Mit Beispielen aus der deutschen Literatur des 11. bis 16. Jahrhunderts. Göppingen 1986.

M. Brauneck/Ch. Müller (Hg.): Naturalismus. Manifeste und Dokumente zur deutschen Literatur 1880–1900. Stuttgart 1994.

H. Brinkmann: Zu Wesen und Form mittelalterlicher Dichtung. Nachdr. der Ausg. v. 1928. Tübingen 1979.

U. Broich/M. Pfister (Hg.): Intertextualität. Formen, Funktionen, anglistische Fallstudien. Tübingen 1985.

G. Brugier: Geschichte der deutschen Nationalliteratur. Nebst kurzgefasster Poetik. Freiburg i. Br. ^{11}1904.

M. Bucher/W. Hahl/G. Jäger u. a. (Hg.): Realismus und Gründerzeit. Manifeste und Dokumente zur deutschen Literatur 1848–1880. 2 Bde. Stuttgart 1975–1976.

A. Buck: Italienische Dichtungslehren vom Mittelalter bis zum Ausgang der Renaissance. Tübingen 1952.

R. Bunia: Faltungen. Fiktion, Erzählen, Medien. Berlin 2007.

D. Burdorf: Poetik der Form. Eine Begriffs- und Problemgeschichte. Stuttgart 2001.

Ch. Bürger/P. Bürger (Hg.): Postmoderne. Alltag, Allegorie und Avantgarde. Frankfurt/M. ^{4}1992.

P. Bürger: Vermittlung – Rezeption – Funktion. Ästhetische Theorie und Methodologie der Literaturwissenschaft. Frankfurt/M. 1979.

P. Bürger (Hg.): Zum Funktionswandel der Literatur. Frankfurt/M. 1983.

P. Bürger: Prosa der Moderne. Frankfurt/M. 1992.

M. Chaouli: The Laboratory of Poetry. Baltimore u. a. 2002. (Übers.: Das Laboratorium der Poesie. Paderborn 2004.)

S. Chatman: Story and Discourse. Narrative Structure in Fiction and Film. Ithaca ^{8}2000.

T. Chevrolet: L'idée de fable. Théories de la fiction poétique à la Renaissance. Genf 2007.

D. C. Cohn: Transparent Minds. Narrative Modes for Presenting Consciousness in Fiction. Princeton, NJ 1983.
K. O. Conrady: Lateinische Dichtungstradition und deutsche Lyrik des 17. Jahrhunderts. Bonn 1962.
J. Culler: Structuralist Poetics. Structuralism, Linguistics and the Study of Literature. London u. a. 2002.
J. Culler: The Literary in Theory. Stanford, CA 2007.
E. R. Curtius: Europäische Literatur und lateinisches Mittelalter. Tübingen [11]1993.
R. Dachselt: Pathos. Tradition und Aktualität einer vergessenen Kategorie der Poetik. Heidelberg 2003.
J. Daley: Great Writers on the Art of Fiction. From Mark Twain to Joyce Carol Oates. Mineola, NY 2007.
D. Davies: Aesthetics and Literature. London 2007.
K. P. Dencker: Kleine Poetik. Köln 2001.
L. Doležel: Occidental Poetics. Tradition and Progress. Lincoln, NE u. a. 1990 (Übers.: Geschichte der strukturalen Poetik. Von Aristoteles bis zur Prager Schule. Dresden 1999.)
M. Durzak: Gespräche über den Roman. Formbestimmungen und Analysen. Frankfurt/M. 1976.
J. Dyck: Ticht-Kunst. Deutsche Barockpoetik und rhetorische Tradition. Tübingen [3]1991.
J. Ehrnsberger: Literarisches Schreiben. Von der Poetik zum Schreibprozessmodell. Waldburg 2005.
K. Eibl: Animal Poeta. Bausteine der biologischen Kultur- und Literaturtheorie. Paderborn 2004.
W. Emrich: Protest und Verheißung. Studien zur klassischen und modernen Dichtung. Frankfurt/M. [3]1968.
W. Engler (Hg.): Texte zur französischen Romantheorie des 19. Jahrhunderts. Tübingen 1970.
P. Ernst: Der Weg zur Form. Ästhetische Abhandlungen vornehmlich zur Tragödie und Novelle. München [3]1928.
D. W. Fokkema (Hg.): Comparative Poetics. Poétique Comparative. Vergleichende Poetik. Amsterdam 1976.
A. Friedman: The Turn of the Novel. The Transition to Modern Fiction. London u. a. 1970.
H. Friedrich: Epochen der italienischen Lyrik. Frankfurt/M. 1964.
M. Fuhrmann: Die Dichtungstheorie der Antike. Aristoteles – Horaz – ‚Longin'. Eine Einführung. Düsseldorf u. a. 2003.
F. Gaede: Poetik und Logik. Zu den Grundlagen der literarischen Entwicklung im 17. und 18. Jahrhundert. Bern 1978.
R. Geißler: Romantheorie in der Aufklärung. Thesen und Texte zum Roman des 18. Jahrhunderts in Frankreich. Berlin 1984.
A. Gellhaus/C. Moser/H. Schmeider (Hg.): Kopflandschaften – Landschaftsgänge. Kulturgeschichte und Poetik des Spaziergangs. Köln 2007.
G. Genette: Figures I–V. Paris 1966–2002. (teilw. Übers.: Die Erzählung. München 1994.)
G. Genette: Introduction à l'architexte. Paris 1979. (Übers.: Einführung in den Architext. Stuttgart 1990.)

G. Genette: Nouveau discours du récit. Paris 1983. (teilw. Übers.: Die Erzählung. München 1994.)
G. Genette: Palimpsestes. Paris 1982. (Übers.: Palimpseste. Frankfurt/M. 1993.)
G. Genette: Seuils. Paris 1987. (Übers.: Paratexte. Frankfurt/M. u. a. 1992.)
G. Genette: Fiction et diction. Paris 1991. (Übers.: Fiktion und Diktion. München 1992.)
H. H. Glunz: Die Literarästhetik des europäischen Mittelalters. Frankfurt/M. 1963.
P. Goetsch: Die Romankonzeption in England 1880–1910. Heidelberg 1967.
L. Goldmann: Pour une sociologie du roman. Paris 1964. (Übers.: Soziologie des modernen Romans. Frankfurt/M. 1984).
G. v. Graevenitz: Die Setzung des Subjekts. Untersuchungen zur Romantheorie. Tübingen 1973.
J. Grage (Hg.): Literatur und Musik in der klassischen Moderne. Mediale Konzeptionen und intermediale Poetologien. Würzburg 2007.
K. Graham: English Criticism of the Novel, 1865–1900. Oxford 1966.
E. Grassi: Die Theorie des Schönen in der Antike. Köln 1980.
E. Greber: Textile Texte. Poetologische Metaphorik und Literaturtheorie. Studien zur Tradition des Wortflechtens und der Kombinatorik. Köln 2002.
W. F. Greiner: Studien zur Entstehung der englischen Romantheorie an der Wende zum 18. Jahrhundert. Tübingen 1969.
G. Grimm: Metamorphosen des Dichters. Das Selbstverständnis deutscher Schriftsteller von der Aufklärung bis zur Gegenwart. Frankfurt/M. 1992.
R. Grimm: Strukturen. Essays zur deutschen Literatur. Göttingen 1963.
R. Grimm (Hg.): Deutsche Romantheorien. Beiträge zu einer historischen Poetik des Romans in Deutschland. Frankfurt/M. ^{2}1974.
M. Groden/M. Kreiswirth (Hg.): The Johns Hopkins Guide to Literary Theory and Criticism. Baltimore, MD ^{2}2005.
P. Gropp: Szenen der Schrift. Medienästhetische Reflexionen in der literarischen Avantgarde nach 1945. Bielefeld 2006.
C. Guillén: Literature as System. Essays Toward the Theory of Literary History. Princeton, NJ 1971.
K. S. Guthke: Geschichte und Poetik der deutschen Tragikomödie. Göttingen 1961.
W. Hahl: Reflexion und Erzählung. Ein Problem der Romantheorie von der Spätaufklärung bis zum programmatischen Realismus. Stuttgart u. a. 1971.
P. Hahn (Hg.): Literatur in Frankfurt. Ein Lexikon zum Lesen. Frankfurt/M. 1987.
J. Halperin (Hg.): The Theory of the Novel. New York 1974.
K. Hamburger: Die Logik der Dichtung. Stuttgart ^{4}1994.
B. Haršhav: Explorations in Poetics. Stanford, CA 2007.
D. Harth/P. Gebhardt (Hg.): Erkenntnis der Literatur. Theorien, Konzepte, Methoden der Literaturwissenschaft. Stuttgart 1989.
Ch. L. Hart Nibbrig: Ästhetik. Materialien zu ihrer Geschichte. Ein Lesebuch. Frankfurt/M. 1978.
W. Haug: Literaturtheorie im deutschen Mittelalter von den Anfängen bis zum Ende des 13. Jahrhunderts. Darmstadt ^{2}1992.
F.-R. Hausmann/E. Mandelsloh/H. Staub (Hg.): Französische Poetiken. Texte zur Dichtungstheorie vom 16. bis zum Beginn des 19. Jahrhunderts. Stuttgart 1975.
F.-R. Hausmann/E. Mandelsloh/H. Staub (Hg.): Texte zur Dichtungstheorie von Victor Hugo bis Paul Valéry. Stuttgart 1978.

K. Heilmann: Geschichte der deutschen Nationalliteratur. Nebst einem Abriss der deutschen Poetik. Breslau [10]1920.

B. Heimrich: Fiktion und Fiktionsironie in Theorie und Dichtung der deutschen Romantik. Tübingen 1968.

W. Heise: Die Wirklichkeit des Möglichen. Dichtung und Ästhetik in Deutschland 1750–1850. Berlin 1990.

K. W. Hempfer: Poststrukturale Texttheorie und narrative Praxis. Tel Quel und die Konstitution eines nouveau „Nouveau Roman". München 1976.

D. Henrich/W. Iser (Hg.): Funktionen des Fiktiven. München 1983.

G. Herholz (Hg): Experiment Wirklichkeit. Renaissance des Erzählens? Poetikvorlesungen und Vorträge zum Erzählen in den 90er Jahren. Essen 1998.

H. P. Herrmann: Naturnachahmung und Einbildungskraft. Zur Entwicklung der deutschen Poetik von 1670 bis 1740. Bad Homburg u. a. 1970.

H. Hiebel: Individualität und Totalität. Zur Geschichte und Kritik des bürgerlichen Poesiebegriffs von Gottsched bis Hegel anhand der Theorien über Epos und Roman. Bonn [2]1980.

O. Hildebrand (Hg.): Poetologische Lyrik von Klopstock bis Grünbein. Gedichte und Interpretationen. Köln u. a. 2003.

B. Hillebrand (Hg.): Zur Struktur des Romans. Darmstadt 1978.

B. Hillebrand: Theorie des Romans. Erzählstrategien der Neuzeit. Stuttgart [3]1993.

W. Hinck: Schläft ein Lied in allen Dingen. Das Gedicht als Spiegel des Dichters. Poetische Manifeste von Walther von der Vogelweide bis zur Gegenwart. Frankfurt/M. 1985.

W. Hinck: Magie und Tagtraum. Das Selbstbild des Dichters in der deutschen Lyrik. Frankfurt/M. 1994.

Ch. Hintze: Poetiken – Dichter über ihre Arbeit. Wien 1994.

W. Höllerer: Theorie der modernen Lyrik. 2 Bde. München 2003.

N. Holzberg: Der antike Roman. Eine Einführung. Darmstadt [3]2006.

Th. Homscheid: Interkontextualität. Ein Beitrag zur Literaturtheorie der Neomoderne. Würzburg 2007.

P. Hühn/J. Kiefer (Hg.): The Narratological Analysis of Lyric Poetry. Studies in English Poetry from the 16th to the 20th Century. Berlin u. a. 2005.

L. Hutcheon: A Poetics of Postmodernism. History, Theory, Fiction. New York u. a. 2005.

R. Imhof: Contemporary Metafiction. A Poetological Study of Metafiction in English since 1939. Heidelberg 1986.

W. Iser: Das Fiktive und das Imaginäre. Perspektiven literarischer Anthropologie. Frankfurt/M. 1991.

F. Jacques: De la Textualité. Pour une textologie générale et comparée. Paris 2003.

R. Jakobson: Poetik. Ausgewählte Aufsätze 1921–1971. Hg. v. E. Holenstein/T. Schelbert Frankfurt/M. [4]2005.

U. Janetzki/W. Rath (Hg.): Tendenz Freisprache. Texte zu einer Poetik der achtziger Jahre. Frankfurt/M. 1992.

M. Jarrety: La poétique. Paris 2003.

H. R. Jauß (Hg.): Nachahmung und Illusion. München [2]1991.

H. R. Jauß: Ästhetische Erfahrung und literarische Hermeneutik. Frankfurt/M. 1982.

J. Joachimsthaler/M. Grimberg: Poetik versus Grammatik. Dresden 2008.

J.-L. Joubert: Genres et formes de la poésie. Paris 2003.
W. Jung: Von der Mimesis zur Simulation. Eine Einführung in die Geschichte der Ästhetik. Hamburg 1995.
W. Jung: Kleine Geschichte der Poetik. Hamburg 1997.
W. Jung: Poetik. Eine Einführung. München 2007.
V. Kapp (Hg.): Italienische Literaturgeschichte. Stuttgart u. a. ^{3}2007.
W. Keller (Hg.): Beiträge zur Poetik des Dramas. Darmstadt 1976.
Ch. Kiening: Das wilde Subjekt. Kleine Poetik der Neuen Welt. Göttingen 2006.
W. Killy (Hg.): Die deutsche Literatur. Texte und Zeugnisse. 7 Bde. München 1967–1988.
D. Kimpel/C. Wiedemann (Hg.): Theorie und Technik des Romans im 17. und 18. Jh. 2 Bde. Tübingen 1970.
T. Kindt/H.-H. Müller (Hg.): What is Narratology? Questions and Answers Regarding the Status of a Theory. Berlin u. a. 2003.
E. Kleinschmidt: Autorschaft. Konzepte einer Theorie. Tübingen u. a. 1998.
C. Klinger: Flucht – Trost – Revolte. Die Moderne und ihre ästhetischen Gegenwelten. München u. a. 1995.
P. Klopsch: Einführung in die Dichtungslehren des lateinischen Mittelalters. Darmstadt 1980.
V. Klotz (Hg.): Zur Poetik des Romans. Darmstadt ^{2}1969.
J. Knape: Poetik und Rhetorik in Deutschland 1300–1700. Wiesbaden 2006.
E. Köhn: Erfahrung des Machens. Zur Frühgeschichte der modernen Poetik von Lessing bis Poe. Bielefeld 2005.
S. Kohl: Realismus. Theorie und Geschichte. München 1977.
J. Kolkenbrock-Netz: Fabrikation, Experiment, Schöpfung. Strategien ästhetischer Legitimation im Naturalismus. Heidelberg 1981.
H. Koller: Die Mimesis in der Antike. Nachahmung – Darstellung – Ausdruck. Bern 1954.
J. Körner: Einführung in die Poetik. Frankfurt/M. ^{3}1968.
R. Koskimies: Theorie des Romans. Nachdr. d. Ausg. v. 1935. Darmstadt 1965.
E. Kratschmer (Hg): Dem Erinnern eine Chance. Jenaer Poetik-Vorlesungen „Zu Beförderung der Humanität“ 1993–1994. Köln 1995.
E. Kratschmer (Hg): Literatur und Diktatur. Internationales Autorencolloquium „Kunst und Freiheit. Literatur + Diktatur“ (14.–16. November 1997) an der Friedrich-Schiller-Universität Jena. Jena u. a. 1997.
E. Kratschmer (Hg): Poesie und Erinnerung. Internationale Jenaer Poetik-Vorlesungen „Zu Beförderung der Humanität“ 1993–1998. Jena 1998.
E. Kratschmer (Hg): Humanum Literatur. Internationale Jenaer Poetik-Vorlesungen „Zu Beförderung der Humanität“ 1999–2001. Jena 2001.
M. Krause/S. Speicher (Hg.): Absichten und Einsichten. Texte zum Selbstverständnis zeitgenössischer Autoren. Stuttgart 1990.
S. Kyora: Eine Poetik der Moderne. Zu den Strukturen modernen Erzählens. Würzburg 2007.
E. Lämmert (Hg.): Romantheorie 1620–1880. Dokumentation ihrer Geschichte in Deutschland. Frankfurt/M. 1988.
E. Lämmert/D. Scheunemann (Hg.): Regelkram und Grenzgänge. Von poetischen Gattungen. München 1988.

D. Lamping: Literatur und Theorie. Über poetologische Probleme der Moderne. Göttingen 1996.

R. Lehmann: Poetik. München ²1919.

W. Lockemann: Die Entstehung des Erzählproblems. Untersuchungen zur deutschen Dichtungstheorie im 17. und 18. Jahrhundert. Meisenheim/Glan 1963.

D. Lodge: The Modes of Modern Writing. Metaphor, Metonymy, and the Typologie of Modern Literature. London ¹¹2002.

J. M. Lotman: Aufsätze zur Theorie und Methodologie der Literatur und Kultur. Hg. v. K. Eimermacher. Kronberg/Ts. 1974.

O. Lubrich: Das Schwinden der Differenz. Postkoloniale Poetiken. Bielefeld 2004.

O. Ludwig: Romane und Romanstudien. Hg. v. W. J. Lillyman. München u. a. 1977.

P. M. Lützeler (Hg.): Poetik der Autoren. Beiträge zur deutschsprachigen Gegenwartsliteratur. Frankfurt/M. 1994.

G. Lukács: Die Theorie des Romans. Ein geschichtsphilosophischer Versuch über die Formen der großen Epik. Frankfurt/M. ¹²1989.

B. Maeder (Hg.): The Seeming and the Seen. Essays on Modern Visual and Literary Culture. Bern u. a. 2006.

H. Maehler: Die Auffassung des Dichterberufs im frühen Griechentum bis zur Zeit Pindars. Göttingen 1963.

B. Markwardt: Geschichte der deutschen Poetik. 5 Bde. Berlin 1937–1967.

M. Martinez/M. Scheffel: Einführung in die Erzähltheorie. München ⁷2007.

N. Masanek: Männliches und weibliches Schreiben? Zur Konstruktion und Subversion in der Literatur. Würzburg 2005.

V. Meid: Das Reclam-Buch der deutschen Literatur. Stuttgart 2004.

G. Melnyk: Poetics of Naming. Edmonton, Alberta 2003.

S. Mengel/V. Vinogradova (Hg.): Linguistische Poetik. Hamburg 2002.

F. N. Mennemeier: Die romantische Konzeption einer objektiven Poesie. Friedrich Schlegels Poesiebegriff dargestellt anhand der literaturkritischen Schriften. Berlin ²2007.

H. Meschonnic: Les états de la poétique. Paris 1985.

H. Meyer: Das Zitat in der Erzählkunst. Zur Geschichte und Poetik des europäischen Romans. Frankfurt/M. 1988.

F. Mierau: Die Erweckung des Wortes. Essays der russischen Formalen Schule. Leipzig ²1991.

N. Miller (Hg.): Romananfänge. Versuch zu einer Poetik des Romans. Berlin 1965.

N. Miller/V. Klotz/M. Krüger (Hg.): Bausteine zu einer Poetik der Moderne. München u. a. 1987.

J.-C. Mühlethaler (Hg.): Poétiques en transition. Entre Moyen Âge et Renaissance. Lausanne 2002.

J.-D. Müller/J. Robert (Hg.): Maske und Mosaik. Poetik, Sprache, Wissen im 16. Jahrhundert. Berlin 2007.

M.-M. Münch: Recherches sur l'histoire de la poétique. Études. Bern u. a. 1984.

A. Mura-Brunel/K. Cogard (Hg.): Limites du langage. Indicible ou silence. Paris u. a. 2002.

F. Nies (Hg.): Genres mineurs. Texte zur Theorie und Geschichte nichtkanonischer Literatur (vom 16. Jahrhundert bis zur Gegenwart). München 1978.

A. Nivelle: Frühromantische Dichtungstheorie. Berlin ²1970.

A. Nivelle: Kunst- und Dichtungstheorien zwischen Aufklärung und Klassik. Berlin ^{2}1971.

L. Nunez: Les écrivains contre l'écriture (1900–2000). Paris 2006.

H.-J. Ortheil: Der poetische Widerstand im Roman. Geschichte und Auslegung des Romans im 17. und 18. Jahrhundert. Königstein/Ts. 1980.

J. G. Pankau: Literatur – Rhetorik – Poetik. Tübingen 2001.

J. Petersen: Die Wissenschaft von der Dichtung. Berlin ^{2}1944.

J. H. Petersen: Fiktionalität und Dichtung. Eine Philosophie der Dichtung. Berlin 1996.

J. H. Petersen: Mimesis – Imitatio – Nachahmung. Eine Geschichte der europäischen Poetik. München 2000.

H. Pfotenhauer/W. Riedel/S. Schneider (Hg.): Poetik der Evidenz. Die Herausforderung der Bilder in der Literatur um 1900. Würzburg 2005.

J. Phelan/P. J. Rabinowitz (Hg.): A Companion to Narrative Theory. Malden, MA u. a. 2007.

E. Platz-Waury (Hg.): English Theories of the Novel. Tübingen 1972.

H. F. Plett (Hg.): Renaissance-Poetik. Renaissance Poetics. Berlin u. a. 1994.

G. Plumpe: Ästhetische Kommunikation der Moderne. 2 Bde. Opladen 1993.

G. Plumpe (Hg.): Theorie des bürgerlichen Realismus. Eine Textsammlung. Stuttgart 1985.

Poetik mündlicher und schriftlicher Literatur. Bayreuth 1987 (Komparatistische Hefte; 15/16).

P. Pörtner (Hg.): Literaturrevolution 1910–1925. Dokumente, Manifeste, Programme. Bd. 1: Zur Ästhetik und Poetik. Darmstadt 1960.

R. Pordzik: Begehrte Texte. Literaturwissenschaft als Poetik des Unbewussten. Hamburg 2007.

S. Pott: Poetiken. Poetologische Lyrik, Poetik und Ästhetik von Novalis bis Rilke. Berlin u. a. 2004.

W. Preisendanz: Wege des Realismus. Zur Poetik und Erzählkunst im 19. Jh. München 1977.

R. G. Renner/E. Habekost (Hg.): Lexikon literaturtheoretischer Werke. Stuttgart 1995.

S. Reuvekamp: Sprichwort und Sentenz im narrativen Kontext. Ein Beitrag zur Poetik des höfischen Romans. Berlin 2007.

F. Rhöse: Konflikt und Versöhnung. Untersuchungen zur Theorie des Romans von Hegel bis zum Naturalismus. Stuttgart 1978.

S. Richter: Trauerarbeit der Moderne. Autorenpoetiken in der Gegenwartsliteratur. Wiesbaden 2003.

P. Robinson: Poetry, Poets, Readers. Making Things Happen. Oxford u. a. 2002.

G. H. Rötzer (Hg.): Texte zur Geschichte der Poetik in Deutschland. Von M. Opitz bis A. W. Schlegel. Darmstadt 1982.

H.-H. Rudnick (Hg.): Englische Literaturtheorie des 19. Jh.s. Texte von Blake bis Yeats. Stuttgart 1979.

E. Ruprecht/D. Bänsch (Hg.): Literarische Manifeste der Jahrhundertwende. 1890–1910. Stuttgart 1994.

H. Sanders: Institution Literatur und Roman. Zur Rekonstruktion der Literatursoziologie. Frankfurt/M. 1981.

J. Sartorius (Hg.): Minima poetica. Für eine Poetik des zeitgenössischen Gedichts. Frankfurt/M. 2003.

M. Scheffel: Formen selbstreflexiven Erzählens. Eine Typologie und sechs exemplarische Analysen. Tübingen 1997.

W. Scherer: Poetik. Mit einer Einleitung u. Materialien zur Rezeptionsanalyse. Hg. v. G. Reiß. Nachdr. d. Ausg. v. 1888. München 1977.

D. Scheunemann: Romankrise. Die Entstehungsgeschichte der modernen Romanpoetik in Deutschland. Heidelberg 1978.

H. Schlaffer: Poetik der Novelle. Stuttgart u. a. 1993.

H. Schlaffer: Poesie und Wissen. Die Entstehung des ästhetischen Bewußtseins und der philologischen Erkenntnis. Frankfurt/M. 2005.

D. Schlenstedt: Wirkungsästhetische Analysen. Poetologie und Prosa in der neueren DDR-Literatur. Berlin 1979.

H. D. Schlosser/H. D. Zimmermann (Hg.): Poetik. Essays über Ingeborg Bachmann [...] und andere Beiträge zu den Frankfurter Poetik-Vorlesungen. Frankfurt/M. 1988.

M. Schmeling/J. Bessière (Hg.): Littérature – Modernité – Réflexivité. Paris 2002.

M. Schmitz-Emans: Spiegelt sich Literatur in der Wirklichkeit? Überlegungen und Thesen zu einer Poetik der Vorahmung. Göttingen 1994.

M. Schmitz-Emans: Schrift und Abwesenheit. Historische Paradigmen zu einer Poetik der Entzifferung und des Schreibens. München 1995.

J. Schönert/P. Hühn/M. Stein (Hg.): Lyrik und Narratologie. Text-Analysen zu deutschsprachigen Gedichten vom 16. bis zum 20. Jahrhundert. Berlin u. a. 2007.

R. Scholes/R. Kellog: The Nature of Narrative. Oxford 2006.

K. Schuhmann: Lyrik des 20. Jahrhunderts. Materialien zu einer Poetik. Reinbek 1995.

U. Schütte: Die Poetik des Extremen. Ausschreitungen einer Sprache des Radikalen. Göttingen 2006.

W. Segebrecht: Das Gelegenheitsgedicht. Ein Beitrag zur Geschichte und Poetik der deutschen Lyrik. Stuttgart 1977.

R. Simon (Hg.): Theorie der Komödie – Poetik der Komödie. Bielefeld 2001.

E. Staiger: Grundbegriffe der Poetik. München ^{5}1983.

H. Steinecke (Hg.): Theorie und Technik des Romans im 19. Jahrhundert. Tübingen ^{2}1979.

H. Steinecke: Romantheorie und Romankritik in Deutschland. Die Entwicklung des Gattungsverständnisses von der Scott-Rezeption bis zum programmatischen Realismus. 2 Bde. Stuttgart 1975–1976.

H. Steinecke (Hg.): Theorie und Technik des Romans im 20. Jahrhundert. Tübingen ^{2}1979.

H. Steinecke. Romanpoetik von Goethe bis Thomas Mann. Entwicklungen und Probleme der „demokratischen Kunstform“ in Deutschland. München 1987.

H. Steinecke (Hg): Literarisches aus erster Hand. 10 Jahre Paderborner Gast-Dozentur für Schrifsteller. Paderborn 1994.

H. Steinecke/F. Wahrenburg (Hg): „Man blickt zurück und schaut nach vorn“. 20 Jahre Paderborner Gast-Dozentur für Schriftstellerinnen und Schriftsteller. Paderborn 2005.

R. Stockhammer (Hg.): Grenzwerte des Ästhetischen. Frankfurt/M. 2002.

I. Stöckmann: Vor der Literatur. Eine Evolutionstheorie der Poetik Alteuropas. Tübingen 2001.

P. Stoellger (Hg.): Genese und Grenzen der Lesbarkeit. Würzburg 2007.
T. Strässle (Hg.): Poetiken der Materie. Stoffe und ihre Qualitäten in Literatur, Kunst und Philosophie. Freiburg i. Br. 2005.
K. Stüssel: Poetische Ausbildung und dichterisches Handeln. Poetik und autobiographisches Schreiben im 18. und im beginnenden 19. Jahrhundert. Tübingen 1993.
D. Suvin: Metamorphoses of Science Fiction. On the Poetics and History of a Literary Genre. New Haven, CT 1979. (Übers.: Poetik der Science Fiction. Zur Theorie und Geschichte einer literarischen Gattung. Frankfurt/M. 1979.)
P. Szondi: Poetik und Geschichtsphilosophie. 2 Bde. Frankfurt/M. 1974.
M. Szyrocki (Hg.): Poetik des Barock. Stuttgart 1982.
P. Taminiaux: Poétique de la négation. Essais de littérature comparée. Paris 1997.
W. Tatarkiewicz: Geschichte der Ästhetik. 3 Bde. Basel u. a. 1979 – 1987.
W. Theile: Immanente Poetik des Romans. Darmstadt 1980.
T. Todorov: Poétique de la prose. Paris 1971. (Übers.: Poetik der Prosa. Frankfurt/M. 1972.)
S. Trappen: Gattungspoetik. Studien zur Poetik des 16. bis 19. Jahrhunderts und zur Geschichte der triadischen Gattungslehre. Heidelberg 2001.
H. Villiger: Kleine Poetik. Eine Einführung in die Formenwelt der Dichtung. Frauenfeld [5]1969.
J. Vogl (Hg.): Poetologien des Wissens um 1800. München 1999.
J. Vogt: Aspekte erzählender Prosa. Eine Einführung in Erzähltechnik und Romantheorie. Opladen [7]1990.
U. Volk: Der poetologische Diskurs der Gegenwart. Frankfurt/M. 2003.
W. Vosskamp: Romantheorie in Deutschland. Von Martin Opitz bis Friedrich von Blanckenburg. Stuttgart 1973.
W. Wackernagel: Poetik, Rhetorik und Stilistik. Hg. v. L. Sieber. Nachdr. d. Ausg. v. 1873. Hildesheim u. a. 2003.
F. Wahrenburg: Funktionswandel des Romans und ästhetische Norm. Die Entwicklung seiner Theorie in Deutschland bis zur Mitte des 18. Jahrhunderts. Stuttgart 1976.
E. Weber: Die poetologische Selbstreflexion im deutschen Roman des 18. Jahrhunderts. Zu Theorie und Praxis von „Roman", „Historie" und pragmatischem Roman. Stuttgart u. a. 1974.
E. Weber (Hg.): Texte zur Romantheorie. 2 Bde. München 1974 – 1981.
H. Wiegmann: Geschichte der Poetik. Ein Abriß. Stuttgart 1977.
H. Wiegmann: Von Platons Dichterkritik zur Postmoderne. Bielefeld 1989.
H. Wiegmann: Literaturtheorie und Ästhetik. Frankfurt/M. u. a. 2002.
S. Willer: Poetik der Etymologie. Texturen sprachlichen Wissens in der Romantik. Berlin 2003.
J. Williams: The Idea of the Novel in Europe, 1600 – 1800. London u. a. 1979.
S. Winko: Kodierte Gefühle. Zu einer Poetik der Emotionen in lyrischen und poetologischen Texten um 1900. Berlin 2003.
W. Wintersteiner: Transkulturelle literarische Bildung. Die „Poetik der Verschiedenheit" in der literaturdidaktischen Praxis. Innsbruck u. a. 2006.
D. Wohlleben: Schwindel der Wahrheit. Ethik und Ästhetik der Lüge in Poetik-Vorlesungen und Romanen der Gegenwart. Freiburg i. Br. u. a. 2005.
E. Wolff: Der englische Roman im 18. Jahrhundert. Wesen und Formen. Göttingen [3]1980.

R.-R. Wuthenow: Muse, Maske, Meduse. Europäischer Ästhetizismus. Frankfurt/M. 1978.
H. Zapf: Kurze Geschichte der anglo-amerikanischen Literaturtheorie. München ^{2}1996.
P. V. Zima: Critique littéraire et esthétique. Les fondements esthétiques des théories de la littérature. Paris u. a. 2004.
V. Žmegač: Der europäische Roman. Geschichte seiner Poetik. Tübingen ^{2}1991.
R. S. Zons: Randgänge der Poetik. Würzburg 1985.
R. Zymner: Gattungstheorie. Probleme und Positionen der Literaturwissenschaft. Paderborn 2003.

Register

A

Absurde, das Camus
Absurdes Theater (siehe auch Absurde, das) Beckett, Esslin, Hildesheimer, Ionesco
aemulatio Byron, Fénelon, Ronsard, Scaliger
Akmeismus Mandel'štam
Allegorie Benjamin, Poe, Solger, Winckelmann
Angemessenheit Boileau-Despréaux, Harsdörffer, Pope, Torres Naharro
Anthropologie, lit. Iser, Schiller
Antike/Antikenrezeption Aischylos, Aristophanes, Aristoteles, Blumenberg, Boileau-Despréaux, Curtius, Dante Alighieri, Euripides, Gide, Goethe, Heliodoros/Heliodorus, Homer, Horaz, Juvenal, Kallimachos, (Pseudo-)Longinos, Th. Mann, Ovid, Pindar, Platon, Quintilian, Racine, Schiller, Seneca, Sophokles, Staël-Holstein, Stendhal, Vergil, Winckelmann
Apokalypse Hilbig, Th. Mann, Roth
aptum (siehe Angemessenheit)
Archiv Foucault, Kiš, Perec
Artistik Benn, Rühmkorf
Ästhetik (siehe auch Produktionsästhetik; Rezeptionsästhetik; Werkästhetik; Wirkungsästhetik) Adorno, Arvatov, Baumgarten, Bourdieu, Bürger, Burke, Croce, Handke, Härtling, Hegel, Jean Paul, Kant, König, Lessing, Queneau, Rosenkranz, Schelling, Schmidt, Solger, Sulzer, Valéry, Vischer, R. Walser
Ästhetizismus (siehe auch Fin de siècle; Dekadenz/Décadence; L'art pour l'art; Symbolismus) Gautier, George, Hopkins, Huysmans, Wilde
Aufklärung Blankenburg, Bodmer, Breitinger, Diderot, Dubos, Engel, Fénelon, Fernández de Moratín, Hamann, Lessing, Lichtenberg, Marmontel, Mendelssohn, Muratori, Nicolai, Sulzer, Wieland
Autobiografie/Biografie Bienek, Biermann, Canetti, Chwin, Demski, Domin, Duden, Federman, Freud, Frisch, Goldschmidt, Harig, Heaney, Hildesheimer, Jean Paul, Kirchhoff, Kirsch, Kofman, H. Lenz, Lichtenberg, Loetscher, Maier, Mandel'štam, Th. Mann, Maron, Mayröcker, Mitgutsch, Rousseau, Schwob, Treichel, Weiss
Autonomie(ästhetik) Adorno, Arvatov, Bichsel, Bourdieu, Coleridge, De Quincey, Domin, Eliot, Genette, Gide, Goethe, Heine, Ionesco, Kant, Keats, Klopstock, Koeppen, Kunze, Th. Mann, Mayer, Moritz, Puškin, Pyra, Rakusa, Schiller, Staiger, Tieck, Wackenroder, Wieland, Winckelmann, Woolf, Wordsworth
Autopoiesis Gide, Köpf, Luhmann, Th. Mann
Autoreflexivität (siehe Metafiktionalität)
Autorschaft (siehe auch Tod des Autors) Allemann, Artmann, Barth, Barthes, Booth, Borges, Brentano, Calvino, Eco, Gide, James, Th. Mann, Pound, R. Walser, Yeats
Autorfunktion Booth, Foucault
Avantgarde (siehe auch Dadaismus; Futurismus; Surrealismus) Adorno, Apollinaire, Arvatov, Ball, Breton, Eliot, Esslin, Federman, Hopkins, Ingold, Ionesco, Jandl, Jaschke, Marinetti, Paz, Pirandello, Pound

B

Ballade Bürger, Deschamps, Fontane, Goethe, Percy
Barock Balde, Birken, Díaz de Rivas, Gracián, Guarini, Harsdörffer, Hunold, Kindermann, Opitz, Racine, Schottel(ius), Sébillet, Tasso, Vega, Weise
bienséance (siehe Angemessenheit)
Bildungsroman (siehe Entwicklungsroman)
Biografie (siehe Autobiografie)
bon goût (siehe Geschmack)

C

carmen casuale (siehe Gelegenheitsdichtung)
Collage (siehe Montage)

D

Dadaismus Arp, Ball, Federman, Jandl, Jaschke, Marinetti, Schwitters
Dekadenz/Décadence (siehe auch Ästhetizismus; Fin de siècle; L'art pour l'art; Symbolismus) Croce, George, Hofmannsthal, Huysmans, Mallarmé, Rimbaud
Dekonstruktion (siehe auch Poststrukturalismus) Bhabha, Blumenberg, de Man, Derrida, Hartman, M. Heidegger,
Detektiv-/Kriminalliteratur Borges, Dürrenmatt, Eco, Poe
Dialog Andrič, Celan, Gadamer, Kristeva, Platon, Tasso, Wilde
Dialogizität (siehe auch Polyphonie) Bachtin, Celan, Chiellino, Kristeva, Lodge, Mandel'štam, Todorov
Dichtung, höf. Birken, Chrétien de Troyes, Hunold, Staël-Holstein, Thomasius, Vaugelas, Weise
Diskurs Butler, Foucault, Greenblatt, Habermas, Lyotard
Diskursanalyse (siehe auch Poststrukturalismus) Bachelard, Foucault, Greenblatt, Said, Todorov
doctrine classique (siehe auch Klassik, dt.) Boileau-Despréaux, Corneille, Hugo, Racine
Dokumentarliteratur Baumgart, Hochhuth, Sebald, Weiss
Dramentheorie (siehe auch Absurdes Th.; Episches Th.; Drei-Einheiten-Lehre; Komödie; Tragödie; Tragikomödie; Trauerspiel, bürgerliches) Aristoteles, Brecht, Corneille, Cueva, Dürrenmatt, Engel, Esslin, Freytag, Gerstenberg, Goethe, Gottsched, Hauptmann, Hebbel, Hochhuth, Hugo, J. M. R. Lenz, Mendelssohn, Fernández de Moratín, Nicolai, López Pinciano, A. W. Schlegel, Shakespeare, Staël-Holstein, Strindberg, Torres Naharro, Vega, Vischer
Drei-Einheiten-Lehre Boileau-Despréaux, Corneille, Gerstenberg, Gottsched, Hugo, Vega

E

écriture automatique (siehe auch Surrealismus) Bachelard, Breton, Federman
écriture (siehe Schreibweise)
elegantia Celtis, Opitz
eloquentia Celtis
Engagement (siehe auch littérature engagée) Bichsel, Böll, Frisch, Grass, Heine, Jens, Kiš, Koeppen, Menasse, Oz, Rühmkorf, Sartre, Spender, Sperber, Vargas Llosa
Entwicklungsroman (Bildungsroman) Blankenburg, Fénelon, Flaubert, Goethe, Menasse, Novalis, R. Walser
Epiphanie Genazino, Handke, Hopkins, Joyce, Rilke
Episches Theater Brecht
Epos Ariosto, Arteaga, Blankenburg, Byron, Chrétien de Troyes, Dante

Alighieri, Freytag, Gogol', Homer, Kallimachos, López Pinciano, Lukács, Opitz, Ovid, Petrarca, Tasso, Vergil
Erfahrung Bachmann, Blanchot, Dilthey, Duden, Hoffmann, Hunold, Krauß, Mayer, Mitgutsch, Oz, Sperber
Erhabene, das Addison, Boileau-Despréaux, Burke, Byron, Goethe, Hugo, Kant, Klopstock, (Pseudo-)Longinos, Lyotard, Mendelssohn, Muratori, Pyra, Racine, Sade, Schiller, Vischer, Wordsworth
Erinnerung Baudelaire, Bergson, Celan, Chwin, Frischmuth, Genazino, Handke, Harig, Hoffer, Hölderlin, Jean Paul, Krauß, H. Lenz, Maron, Mitgutsch, Oz, Perec, Proust, Pyra, Sebald, Strauß, Tabori, Ungaretti
Erkenntnis Husserl, Mill, Schelling
Erotik Bataille, Calvino, Diderot, Hunold, Ovid, Paz, Sade
Erzählen (siehe Narratologie; Theorie des Erzählens)
Essay Benn, Borges, Calvino, Canetti, De Quincey, H. Mann, Th. Mann, Montaigne, Musil, Nietzsche, Shaftesbury, Valéry, Woolf
Ethik/Moral Andrič, Aristoteles, Bachmann, Balzac, Baudelaire, Baumgart, Böll, Boileau-Despréaux, Camus, Corneille, Croce, De Quincey, Diderot, Flaubert, Gautier, George, Gide, Hartman, Hochhuth, Huet, Kästner, Kunze, Lessing, Lichtenberg, H. Mann, Marmontel, Musil, Nietzsche, Petrarca, Platon, Pope, Quintilian, Rousseau, Schiller, Shaftesbury, Sidney, Stendhal, Streeruwitz, Todorov, Tolstoj, Tišma, Wilde, Wittgenstein, Zola
Ethnozentrismus (siehe auch Fremdheit/Fremdes/Fremde, das; Kolonialismus; Postkolonialismus) Fanon, Said
evidentia Balde, Celtis
Evolution Alberti, Bölsche, Moréas, Šklovskij, Tynjanov, Žirmunskij
Exil Bienek, Brecht, Domin, Goldschmidt, Heine, Th. Mann, Mayer, Nabokov, Ören, Ovid, Weiss
Existenzialismus Camus, Esslin, Fanon, Frisch, M. Heidegger, Sartre, Sloterdijk, Vargas Llosa
Experiment Artmann, Bölsche, Butor, Harig, Mayröcker, Mon, Zola
Expressionismus Ball, Benn, Büchner, Edschmid, Marinetti, Schmidt, Strindberg

F

Fabel Gottsched, Lessing, López Pinciano
Feminismus Butler, Frischmuth, Jelinek, Ören, Streeruwitz, Wolf, Woolf
Fiktion/Fiktionalität Baumgarten, Bernhard, Calvino, Cervantes y Saavedra, Forster, Genette, Hamburger, G. Heidegger, Hildesheimer, Jean Paul, Muschg, Nadolny, Ricœur, Robbe-Grillet, Wieland
Film Baumgart, Beckett, Benjamin, Brinkmann, Handke, Ingarden, Kluge, Musil, Robbe-Grillet, Roth, Šklovskij, Weiss
Fin de siècle (siehe auch Ästhetizismus; Dekadenz/Décadence; L'art pour l'art; Symbolismus) Freud, George, Gide, Hofmannsthal, Huysmans, H. Mann, Th. Mann, Rilke, Wilde
Folklore Percy, Propp, Rabelais
Form Benn, Bucharin, Lukács, Mosebach, Poe, Wilde
Formalismus Arvatov, Bucharin, Jakobson, Lotman, Šklovskij, Todorov, Tynjanov, Žirmunskij
Fragment Dorst, Hoffmann, Kafka, Kirsch, Nietzsche, Novalis, F. Schlegel
Fremdheit/Fremdes/Fremde, das (siehe auch Ethnozentrismus) Buch, Hölderlin, Kafka, Kristeva

Frühromantik (siehe auch Romantik) Brentano, Elísio, A. W. Schlegel, F. Schlegel, Tieck, Wackenroder
Futurismus Marinetti

G

Gattungspoetik Boileau-Despréaux, Cascales, Freytag, Gerstenberg, Goethe, Gottsched, Hamburger, Huet, Juvenal, Marmontel, Morhof, Opitz, Staiger, Vischer, Wieland
Gattungstheorie Boileau-Despréaux, Cascales, Federman, Freytag, Szondi
Gebrauchslyrik Brecht, Kästner
Gedächtnis (siehe auch Erinnerung) Baumgarten, Bergson, Celan, Chiellino, Hölderlin, Kiš, Mandel'štam, Proust
Gefühl Arteaga, Dilthey, Keats, König, Wordsworth
Gelegenheitsdichtung Fontane, Hunold, Kindermann, Morhof, Opitz, Weise
Gelehrsamkeit Díaz de Rivas, Dubos, Hunold, Kallimachos, Morhof, Thomasius, Weise
Gender/Geschlechteridentität Bachmann, Borchers, Butler, Jelinek, Streeruwitz, Wolf, Woolf
Genie(ästhetik) (siehe auch Originalität) Alberti, Batteux, Benn, Breitinger, Coleridge, Gerstenberg, Herder, Home, Hugo, Klopstock, J. M. R. Lenz, Marmontel, Mendelssohn, Moritz, Nicolai, Shakespeare, Staël-Holstein, Young
Gesamtkunstwerk Mallarmé, Th. Mann, Pessoa, Schwitters, Wagner
Geschichtsphilosophie Adorno, Balzac, Becker, Feuchtwanger, Goethe, Hegel, Herder, Hugo, Lukács, Menasse, Müller, Novalis, Peacock, Schiller, Szondi
Geschmack Arteaga, Batteux, Bodmer, Boileau-Despréaux, Burke, Byron, Cueva, Dubos, Eschenburg, Home, Kant, König, Luzán Claramunt de Suelves y Gurrea, Marmontel, Muratori, Perrault, Racine, Shaftesbury, Staël-Holstein, Vega
Gesellschaftskritik (siehe auch Engagement; littérature engagée) Becker, Biermann, Böll, Braun, Demski, Drach, Enzensberger, Flaubert, Fried, Frisch, Grass, Heine, Hilbig, Hildesheimer, Hochhuth, Ibsen, Jelinek, Kästner, Kristeva, J. M. R. Lenz, H. Mann, Menasse, Spender, Sperber, Strauß
Gesellschaftsroman Balzac, Flaubert, Fontane, Grass, H. Mann, Th. Mann, Maupassant, Zola
Globalisierung Bhabha
Groteske, das (siehe auch Karneval) Baudelaire, Dürrenmatt, Gautier, Gogol', Hugo, Kafka, Rabelais, Ronsard
Gruppe 47 Bachmann, Eich, Fried, Grass, Handke, Johnson, M. Walser
goût (siehe Geschmack)

H

Haiku Ōoka
Hässlichkeit/Hässliche, das Baudelaire, Boileau-Despréaux, Gautier, Goethe, Hugo, Rosenkranz, Schiller
Hermeneutik Dilthey, Frank, Gadamer, M. Heidegger, Lacan, Ricœur
Hermetismus Friedrich, Ungaretti
Hierarchie der Künste (siehe auch Künstevergleich) Bodmer, Deschamps, Hegel, A. W. Schlegel, Solger, Sulzer
Hirten-/Schäferdichtung Birken, Guarini, Harsdörffer
Humanismus (siehe auch Renaissance) Celtis, López de Mendoza, López Pinciano, Petrarca
Humor (siehe auch Komische, das; Lachen) Jean Paul, Kierkegaard, Th. Mann, Pirandello
Hybridität Bhabha, Rushdie, Said

I

Idealismus Canetti, Champfleury, Novalis, Stendhal
Idealismus, dt. Hegel, Kant, Schelling, Schiller
Identität Bachmann, Bhabha, Burger, Butler, Demski, Frisch, Hilbig, Kafka, Kirchhoff, Lange, Maron, Proust, Ricœur, Rushdie, Spender
Ideologie de Man, Dostoevskij, Eagleton, Eich, Enzensberger, Fanon, Johnson, Sperber
Imagination (siehe auch Phantasie) Addison, Artaud, Arteaga, Bachelard, Baudelaire, Baumgarten, Blake, Bodmer, Borges, Breitinger, Byron, Coleridge, García Lorca, Gautier, Genazino, Gracián, Hoffmann, Jean Paul, Keats, Krolow, Leopardi, Proust, Pyra, Ricœur, Rodari, Ronsard, Sébillet, Staël-Holstein, Stendhal, Tieck, Wellershoff, Wordsworth, Yeats
imitatio (siehe auch Mimesis; Nachahmung) Byron, Celtis, Du Bellay, Harsdörffer, Leopardi, Luzán Claramunt de Suelves y Gurrea, Th. Mann, Perrault, Racine, Ronsard, Sade, Scaliger, Stendhal, Vadian
Individuum/Individualität Blake, Canetti, Herder, Kaschnitz, Lacan, Lange, Maier, Spender
Inspiration Batteux, Birken, Blake, Ingold, Kunze, Ronsard, Sébillet, Staël-Holstein
Interkulturalität (siehe auch Ethnozentrismus, Globalisierung) Buch, Chiellino, Flaubert, Nadolny, Ören, Pound, Rushdie, Said
Intermedialität Duden, Goethe, Grass, Jandl, Jean Paul, Kluge, Sebald, Weiss
Interpretation Eco, Gadamer, Hartman, Ingarden, Ricœur, Staiger
Intertextualität Bachtin, Barthes, Bloom, Byron, Calvino, Canetti, Eco, Federman, Frisch, Gautier, Genette, Gide, Grünbein, Hilbig, Jelinek, Kristeva, Nabokov, Pound, Scherer, Strauß
inventio Balde, Breitinger, Harsdörffer, Kindermann, Opitz, Perrault, Quintilian, Ronsard, Sébillet
Ironie Diderot, Kallimachos, Kessel, Kierkegaard, Loetscher, Lukács, Th. Mann, Nabokov, F. Schlegel, Solger, Tieck, M. Walser

J

Jugendstil George, Rilke
Junges Wien Hofmannsthal

K

Karneval (siehe auch Groteske; Lachen) Anonym (Lazarillo de Tormes), Bachtin, Butor, Kristeva, Lodge, Rabelais
Kasualpoesie (siehe Gelegenheitsdichtung)
Katharsis Aristoteles, Artaud, Goethe, Guarini, Nicolai
Kinder-/Jugendliteratur Härtling, Kästner, Rodari, Welsh
Klassik, dt. (siehe auch doctrine classique) Goethe, Herder, Hölderlin, Schiller, Wieland
Klassizismus Arteaga, Boileau-Despréaux, Byron, Cascales, Corneille, Elísio, Freytag, Gide, Luzán Claramunt de Suelves y Gurrea, Mendelssohn, Percy, Pope, Racine, Staël-Holstein, Stendhal, Tieck, Winckelmann
Kolonialismus (siehe auch Ethnozentrismus; Fremdheit/Fremdes/Fremde, das; Postkolonialismus) Bhabha, Buch, Fanon, Said
Komische, das (siehe auch Humor; Komödie; Lachen) Baudelaire, Bergson, Bernhard, Kafka, Pirandello, Rosenkranz, Stendhal, Vischer
Kommunikation, lit. Frank, Gomringer, Habermas, Luhmann, Pirandello, Scherer, Wellershoff

Komödie (siehe auch Humor; Komische, das; Lachen) Aristophanes, Bergson, Cascales, Corneille, Cueva, Dante Alighieri, Dürrenmatt, J. M. R. Lenz, Torres Naharro, Wilde
Konkrete Poesie (siehe auch Visuelle Poesie) Arp, Artmann, Federman, Gomringer, Heißenbüttel, Jandl, Jaschke, Mayröcker
Krankheit Bachmann, Bernhard, Burger, Dostoevskij, Gide, Hölderlin, Huysmans, Th. Mann, Muschg, Schlag
Krieg Bachmann, Chwin, Eich, Esslin, Fontane, Fried, Härtling, Hauptmann, Hochhuth, Jens, Kirsch, Marinetti, Sebald, Spender, Tišma, Wolf
Kunst, bildende (siehe auch Malerei; Text-Bild-Beziehung) Apollinaire, Grass, Lessing, Wackenroder, Weiss, Winckelmann
Künstevergleich (siehe auch Hierarchie der Künste; Laokoon; Text-Bild-Beziehung; ut pictura poesis) Batteux, Bodmer, Dubos, Hoffmann, Lessing, Mallarmé, Rilke, Sulzer, Tieck
Kunstsoziologie Arvatov, Bourdieu, Holz, Luhmann
Kunstwerk Arvatov, Boileau-Despréaux, Bucharin, Gautier, Ingarden, Kleist, Luhmann, Žirmunskij
Kurzgeschichte Maupassant, Poe, Sarraute

L

L'art pour l'art (siehe auch Ästhetizismus; Dekadenz/Décadence; Fin de siècle; Symbolismus) Gautier, George, Wilde
Labyrinth Borges, Dürrenmatt, Eco, Hoffer, Kafka
Lachen, das (siehe auch Humor; Komische, das; Komödie) Baudelaire, Bergson, Kristeva, López Pinciano, Rabelais, Stendhal
Laokoon (siehe auch Hierarchie der Künste; Künstevergleich) Goethe, Lessing, Schiller, Winckelmann
Lautdichtung Ball, Jandl, Mon, Pastior, Schwitters
Lesen/Lektüre Barthes, Bichsel, Borges, Burger, Butor, Calvino, Derrida, Eco, Iser, Lacan, Proust, Wieland
Literaturkritik Baumgart, Benjamin, Eagleton, Eliot, Fanon, Gide, James, Lodge, Nicolai, Nossack, Peacock, Sartre, A. W. Schlegel, F. Schlegel
Literaturtheorie Barthes, Booth, Deleuze, de Man, Derrida, Eagleton, Eco, Genette, Greenblatt, Hartman, Kristeva, Lodge, Lukács, Lyotard, Nabokov, Scherer
littérature engagée (siehe auch Engagement) Becker, Blanchot, Camus, Robbe-Grillet, Sartre

M

Magie Ball, Coleridge, Kunert, Paz, Perec, Widmer
Malerei (siehe auch Kunst, bildende; Text-Bild-Beziehung; ut pictura poesis) Balde, Beckett, Blake, Breitinger, Goethe, Hoffmann, Holz, Rilke, Sebald, Tieck, Wackenroder
Märchen Calvino, Grass, Hoffmann, Propp, Tieck
Marxismus (siehe auch Sozialismus) Arvatov, Balzac, Brecht, Breton, Eagleton, Fanon, Feuchtwanger, Lange, Lukács, Lyotard, H. Mann, Müller
Mehrsprachigkeit/Vielsprachigkeit Beckett, Chiellino, Goldschmidt, Sloterdijk
Metafiktionalität (Autoreflexivität, Selbstreferenzialität, Selbstreflexivität) Broch, Burger, Cervantes y Saavedra, Diderot, Federman, Gide, Höllerer, James, Th. Mann, Nabokov, Nadolny, Puškin, Rabelais, Sterne, Strauß, Tabori, Wieland

Metamorphose/Verwandlung Canetti, Grass, Kafka, Ovid, Tawada
Metapher Blumenberg, Borges, García Lorca, Höllerer, Jakobson, James, Lacan, Lodge, Ricœur, A. W. Schlegel
Metaphorologie Blumenberg
Metonymie Celan, Jakobson, Lacan, Lodge
Metrik Birken, Celtis, Chiabrera, Deschamps, Harsdörffer, Kindermann, Lomonosov, Morhof, Moritz, Opitz, Schottel(ius)
Mimesis (siehe auch imitatio; Nachahmung) Aristoteles, Arteaga, Auerbach, Batteux, Blumenberg, Bodmer, Boileau-Despréaux, Breitinger, Champfleury, Hugo, Joyce, Lodge, Mendelssohn, Morhof, López Pinciano, Platon, Ricœur, Sidney, Stendhal
mise en abyme Calvino, Gide, Robbe-Grillet
Mittelalter Celtis, Chrétien de Troyes, Curtius, Dante Alighieri, Deschamps, Novalis, Staël-Holstein
Moderne Adorno, Allemann, Bachmann, Ball, Barth, Baudelaire, Beckett, Blumenberg, Breton, Broch, Büchner, Camus, Canetti, Eliot, Federman, Friedrich, Frisch, Habermas, Handke, Harig, Heine, Hildesheimer, Hofmannsthal, Hölderlin, Höllerer, Hopkins, Huysmans, James, Joyce, Kafka, Kluge, Lukács, Mallarmé, Marinetti, Musil, Pessoa, Pound, Rakusa, Rilke, Rimbaud, Strindberg, Treichel, Valéry, R. Walser, Wellershoff, Woolf, Yeats
Modernismus Barth, Benn, Bucharin, Hofmannsthal
Montage (Collage) Artmann, Brinkmann, Demski, Federman, Goetz, Jelinek, Kirsch, Kiš, Kluge, Mon, Schwitters
Moral (siehe Ethik)
Musik Deschamps, Hoffmann, Kleist, Mallarmé, Schrott, Tieck, Wackenroder, Wagner
Mythologie Blake, Gide, Th. Mann, Moritz, Müller, Ovid, A. W. Schlegel, Yeats
Mythos/Mythosrezeption Barthes, Blumenberg, Camus, Euripides, Freud, Frisch, Gide, Grass, Jelinek, Jens, Th. Mann, Müller, Roth, Schrott, Wolf

N

Nachahmung (siehe auch imitatio; Mimesis) Arteaga, Balde, Boileau-Despréaux, Breitinger, Cascales, Champfleury, Cueva, Gottsched, Guarini, Hamann, Hugo, Jean Paul, Marmontel, Mendelssohn, Moritz, Muratori, Pope, Pyra, Racine, Schwob, Stendhal, Thomasius, Winckelmann
Narratologie (siehe auch Theorie des Erzählens) Booth, Forster, Genette, Hamburger
Natur Addison, Alberti, Arp, Batteux, Bernhard, Boileau-Despréaux, Byron, Christensen, Du Bellay, Home, Rousseau, Sade, Staël-Holstein
Naturalismus Alberti, Bölsche, Büchner, Champfleury, Hauptmann, Holz, Huysmans, Ibsen, Strindberg, Zola
Naturwissenschaft (siehe Wissenschaft)
Neue Innerlichkeit Handke
Neue Sachlichkeit Brecht, Döblin, Feuchtwanger, Kästner, Kessel, H. Mann
New Criticism Lodge
Nouveau Roman Balzac, Blanchot, Butor, Robbe-Grillet, Sarraute
Nouvelle Critique Blanchot, Genette, Todorov
Novelle Boccaccio, Freytag, Goethe, Kleist, Lange, Tieck, Turgenev
Nutzen (siehe prodesse et delectare)

O

Oper Goethe, Jandl, Marmontel, Wagner

Originalität (siehe auch Autonomie(ästhetik)) Balde, Barth, Gracián, Herder
Oulipo Calvino, Perec, Queneau

P

Parnassiens Baudelaire, Gautier, Mallarmé, Poe
Parodie Bachtin, Cervantes y Saavedra, Th. Mann, Nabokov
Petrarkismus Petrarca, Ronsard, Sidney
Phantasie Bodmer, Eschenburg, Härtling, Hildesheimer, Ionesco, A. W. Schlegel, Solger, Tieck, Vischer, Wieland
Phantastische, das Dostoevskij, Hoffmann, Poe, Todorov
Pikaro, der (siehe Schelmenroman)
Platonismus Craig, Pope, Sidney
poeta creator Balde
poeta doctus Burger, Horaz, Maier, Morhof
poeta vates Hugo, Ovid, Puškin
Polyphonie (siehe auch Dialogizität) Bachtin, Brinkmann, Eco, Federman, Grünbein, Ingold, Pessoa, Rosei
Popliteratur Brinkmann, Goetz
Postkolonialismus (siehe auch Ethnozentrismus; Fremdheit/Fremdes/Fremde, das; Kolonialismus) Bhabha, Buch, Fanon, Rushdie, Said
Postmoderne Barth, Borges, Broch, Calvino, Canetti, Eagleton, Eco, Federman, Lyotard, Robbe-Grillet, Rushdie, Strauß
Poststrukturalismus (siehe auch Strukturalismus) Bachtin, Barthes, Blanchot, Deleuze, Derrida, Foucault, Frank, Greenblatt, Robbe-Grillet
prodesse et delectare Horaz, Muratori, Racine, Sidney, Wieland
Prosodik Birken, Celtis, Harsdörffer, Morhof, Schottel(ius)
Psychoanalyse Bachelard, Bhabha, Breton, Burger, Freud, Fried, Lacan, Th. Mann, Muschg, Musil, Roth, Schmidt, Sloterdijk

Q

Querelle des anciens et des modernes Boileau-Despréaux, Corneille, Fénelon, Hölderlin, Homer, Perrault, Pindar
Quête Chrétien de Troyes

R

ratio (siehe auch Vernunft) Bachelard, Boileau-Despréaux, Pope, Racine, Valéry
Realismus Alberti, Auerbach, Balzac, Baumgart, Becker, Bölsche, Brecht, Bucharin, Büchner, Champfleury, Dostoevskij, Flaubert, Fontane, Freytag, Gor'kij, Heine, Ibsen, Johnson, Maupassant, Stendhal, Tišma, Tolstoj
Regelpoetik Boileau-Despréaux, Cascales, Elísio, Freytag, Gottsched, Harsdörffer, Huet, Kindermann, Lomonosov, Luzán Claramunt de Suelves y Gurrea, Opitz, Racine, Scaliger, Schottel(ius), Stendhal, Vadian, Weise
Regietheater (siehe auch Theaterpraxis) Craig
Religion Maier, Roth, Rushdie, Stadler, Wackenroder
Renaissance (siehe auch Humanismus) Ariosto, Boccaccio, Cascales, Cueva, Du Bellay, López Pinciano, Petrarca, Rabelais, Scaliger, Sébillet, Shakespeare, Sidney, Tasso
Revolution (siehe auch Marxismus; Sozialismus) Breton, Feuchtwanger, Hofmannsthal
Rezeptionsästhetik Bourdieu, Goetz, Iser
Rhetorik (siehe auch aemulatio; aptum; elegantia; eloquentia; eviden-

tia; imitatio; inventio; Mimesis; Metrik; Prosodik; septem artes liberales) Balde, Baumgarten, Birken, Booth, Breitinger, Celtis, Curtius, Deschamps, Díaz de Rivas, Du Bellay, Eagleton, Fénelon, Gracián, Harsdörffer, Jens, Kindermann, Klopstock, Lacan, (Pseudo-)Longinos, Mendelssohn, Opitz, Pyra, Quintilian, Ronsard, Sébillet, Shakespeare, Sidney, Sulzer, Vadian, Weise

Rhizom Deleuze, Eco, Federman, Kafka, Rosei

Rhythmus Deschamps, George, Hölderlin, Jakobson, Moréas, Schwitters

Roman(poetik) Bachtin, Birken, Blankenburg, Cervantes y Saavedra, Döblin, Dostoevskij, Engel, Federman, Fontane, Forster, Freytag, Gide, G. Heidegger, Huet, Joyce, Lodge, Lukács, H. Mann, Th. Mann, Maupassant, Musil, Nicolai, Novalis, Robbe-Grillet, Roussel, Sade, Sarraute, Sartre, Stendhal, Sterne, Tieck, Tolstoj, Turgenev, Vargas Llosa, Zola

Romantik Bachelard, Blake, Boileau-Despréaux, Brentano, Byron, Canetti, Champfleury, Coleridge, De Quincey, Hoffmann, Hugo, Jean Paul, Kirsch, Leopardi, Poe, Rosenkranz, Roth, A. W. Schlegel, F. Schlegel, Staël-Holstein, Stendhal, Tieck, Wackenroder, Wordsworth, Young

Romanze Ariosto, Bürger

S

Satire Anonym (Lazarillo de Tormes), Byron, Cervantes y Saavedra, Gogol', Heine, Hildesheimer, Horaz, Juvenal, Kästner, H. Mann, Peacock, Sterne, Tabori

Schelmenroman Anonym (Lazarillo de Tormes)

Schönheit/Schöne, das Arteaga, Batteux, Baudelaire, Baumgarten, Burke, Coleridge, Croce, Dubos, Gautier, Goethe, Gottsched, Kant, Keats, Kleist, Petrarca, Rosenkranz, Schiller, Stendhal, Vischer

Schreibweise Balzac, Barthes, Blanchot, Proust, Rousseau

Schrift Borges, Calvino, Derrida, Genette, Kafka, Platon

Selbstreferenzialität (siehe Metafiktionalität)

Selbstreflexivität (siehe Metafiktionalität)

Semiotik Bachelard, Barthes, Eco, Jakobson, Kristeva, Lotman

septem artes liberales Deschamps

short story (siehe Kurzgeschichte)

Siglo de Oro Díaz de Rivas, Luzán Claramunt de Suelves y Gurrea, Torres Naharro

Sonett Petrarca, Rilke, Sébillet, Sidney

Sozialismus (siehe auch Marxismus; Revolution) Fried, Gor'kij, H. Mann, Mayer, Spender, Weiss

Spätromantik (siehe Romantik)

Spiel Harig, Heißenbüttel, Ionesco, Jaschke, Kallimachos, Krolow, Pastior, Perec, Queneau, Rodari, Schutting, Schwitters

Sprachkritik/Sprachskepsis Bachmann, Ball, Burger, Eich, Enzensberger, Flaubert, Grünbein, Handke, Heaney, Ionesco, Jelinek, Krauß, Maier, Vaugelas

Sprachphilosophie M. Heidegger, Husserl, Lacan, Ricœur, Wittgenstein

Sprachreflexion Bachmann, Beckett, Blumenberg, Borchers, Burger, Christensen, Domin, Duden, Enzensberger, Goldschmidt, Hamann, Handke, M. Heidegger, Heißenbüttel, Hilbig, Hofmannsthal, Hopkins, Jakobson, Jandl, Kleist, Kofman, Mon, Pastior, Ponge, Rakusa, Rimbaud, Rosei, A. W. Schlegel, Wittgenstein

Stationendrama Strindberg

Stil Auerbach, Champfleuy, Drach, Fénelon, George, Goethe, Gracián, Hamann, Hopkins, Hugo, Klopstock, Lichtenberg, Lomonosov, López de

Mendoza, Montaigne, Nietzsche, Pirandello, Pyra, Shaftesbury, Staiger, Turgenev, Tynjanov, Wilde, Žirmunskij
Stillehre (siehe Stil)
Strukturalismus (siehe auch Poststrukturalismus) Barthes, Genette, Jakobson, Lacan, Lotman, Propp, Todorov
Sturm und Drang Bürger, Goethe, Herder, Home, J. M. R. Lenz, Nicolai, Schiller, Young
Subjektivität Baudelaire, Beckett, Benn, Hölderlin, Husserl, Kirchhoff, Montaigne, Petrarca, Rilke, Rousseau, Rühmkorf, Schelling, Valéry, Vischer
Sublime, das (siehe Erhabene, das)
Surrealismus Apollinaire, Artmann, Breton, Federman, Krolow, Queneau, Weiss
Symbol Goethe, Ibsen, Winckelmann
Symbolismus (siehe auch Ästhetizismus; Dekadenz/Décadence; Fin de siècle; L'art pour l'art) Gautier, George, Maeterlinck, Mallarmé, Moréas, Poe, Valéry, Wilde, Yeats
Systemtheorie Luhmann

T

Tanz Klopstock, Mallarmé, Valéry
Text Butor, Genette, Iser, Kristeva, Lotman, Ricœur
Text-Bild-Beziehung (siehe auch Malerei; ut pictura poiesis) Apollinaire, Butor, Frisch, Goethe, Grass, Hoffmann, Jandl, Lichtenberg, Sebald
Textualität de Man, Genette, Kristeva, Lodge
Theaterpraxis (siehe auch Regietheater) Artaud, Brecht, Craig, Engel, Lessing, Müller, López Pinciano, Tabori, Torres Naharro, Vega
Theatertheorie Artaud, Brecht, Craig, Diderot, Dorst, Frisch, García Lorca, Lessing, Maeterlinck, Müller, Pirandello, Staël-Holstein, Stendhal, Strauß, Strindberg, Weiss
Theorie des Erzählens (siehe auch Narratologie) Baumgart, Bichsel, Boccaccio, Borges, Broch, Calvino, Döblin, Engel, Flaubert, Frisch, Frischmuth, Genette, Härtling, Harig, Heliodoros/Heliodorus, Hilbig, James, Jean Paul, Kluge, Köpf, Loetscher, Th. Mann, Maron, Maupassant, Nabokov, Nadolny, Proust, Puškin, Ricœur, Robbe-Grillet, Roth, Sloterdijk, Sterne, Treichel, Widmer
Tod Bachmann, Barthes, Bernhard, Burger, Camus, Canetti, Celan, Christensen, Chwin, Demski, Härtling, Kafka, Loetscher, Maeterlinck, Perec, Pirandello, Rilke, Schlag, Sloterdijk
Tod des Autors Barthes, Calvino, Foucault
Tradition Borges, Chiabrera, Eliot, Gadamer, Hofmannsthal, Joyce
tragédie classique (siehe auch doctrine classique; Klassizismus) Corneille, Fénelon, Mendelssohn, Racine
Tragikomödie Cascales, Corneille, Guarini, Vega
Tragödie Aischylos, Aristophanes, Aristoteles, Boileau-Despréaux, Cascales, Corneille, De Quincey, Euripides, Fénelon, Goethe, Harsdörffer, Hölderlin, López Pinciano, Mendelssohn, Nicolai, Racine, Seneca, Shakespeare, Sophokles
Transzendentalpoesie (siehe auch Romantik) Mallarmé, Brentano, Novalis, Poe, F. Schlegel, Tieck
Trauerspiel, bürgerliches Lessing, Mendelssohn, Nicolai
Traum Borges, Breton, Freud, Frischmuth, Gautier, Ionesco, Kafka, Lacan, Roth, Tieck

U

Überschreitung/Transgression Bataille, Habermas

Übersetzung/Übersetzen Borchers, Dedecius, Eich, Goldschmidt, Ingold, Lotman, Rakusa, Schrott, Tawada
Unbewusste, das Breton, Freud, Hoffmann, Kristeva, Lacan, Musil, Roth, Schmidt
Universalpoesie (siehe Transzendentalpoesie)
Unterhaltung (siehe prodesse et delectare)
Utopie Bachmann, Canetti, Celan, Novalis, Stadler
ut pictura poiesis (siehe auch Malerei; Text-Bild-Beziehung) Bodmer, Breitinger, Harsdörffer, Mendelssohn

V

Verfremdung (siehe auch Episches Theater) Brecht, Buch, Burger, Dürrenmatt, Genazino, Heaney, Jandl, Kiš, Krolow, Kunert, Rakusa, Rodari, Schutting, Schwitters, Šklovskij, Tabori
Vernunft (siehe auch ratio) Kant, König, Schelling, Schiller
Versepos (siehe Epos)
vers libre Marinetti, Moréas, Puškin
Visuelle Poesie (siehe auch Konkrete Poesie) Gomringer, Jandl, Mon
Volkssprache (volgare) Ariosto, Curtius, Dante Alighieri, Deschamps, Du Bellay, Rabelais
vraisemblance (siehe Wahrscheinlichkeit)

W

Wahrheit Boileau-Despréaux, Gadamer, Hamburger, Homer, Keats, Kleist, Kunze, Lessing, Luzán Claramunt de Suelves y Gurrea, Maier, Petrarca, Platon, Pope, Rousseau, Tasso, Todorov, Wieland
Wahrscheinlichkeit Aristoteles, Batteux, Birken, Boileau-Despréaux, Corneille, Freytag, Huet, Fernandez de Moratín, Muratori, López Pinciano, Luzán Claramunt de Suelves y Gurrea, Ronsard, Sade, Tasso, Torres Naharro, Vega, Wieland
Werkästhetik Bourdieu
Wiederholung Beckett, Jakobson, Kierkegaard, Köpf, Robbe-Grillet, Roussel
Wiener Gruppe Arp, Jandl, Mayröcker
Wirkungsästhetik Nossack, Poe, Racine, Schiller, Tolstoj, Vega, Wieland
Wissenschaft Alberti, Balzac, Bölsche, Borges, Broch, Canetti, Diderot, Dürrenmatt, Flaubert, Grünbein, Lichtenberg, Musil, Scherer, Schrott, Zola
Witz Baumgarten, Jean Paul
Wunderbare, das Baumgarten, Boileau-Despréaux, Nicolai, Pyra

Z

Zeit Bergson, Borges, Ricœur
Zufall Arp, Bachmann, Breton